絆の音楽性
つながりの基盤を求めて

Communicative Musicality
Exploring the Basis of Human Companionship

スティーヴン・マロック, コルウィン・トレヴァーセン 編
edited by *Stephen Malloch and Colwyn Trevarthen*

根ケ山光一, 今川恭子, 蒲谷槙介, 志村洋子, 羽石英里, 丸山慎 監訳

音楽之友社

Communicative Musicality: Exploring the Basis of Human Companionship, First Edition
by Stephen Malloch and Colwyn Trevarthen

Copyright © Oxford University Press 2009

Communicative Musicality: Exploring the Basis of Human Companionship, First Edition
was originally published in English in 2009.
This translation is published by arrangement with Oxford University Press.

日本語版の翻訳に寄せて

　私達は，私達の本を日本語に翻訳して下さった根ケ山光一，今川恭子，志村洋子，蒲谷槙介，羽石英里，丸山慎ほかの各先生に謝意を表したいと思います。この本はおもにヨーロッパのコミュニケーションと音楽文化の伝統に基礎をおく人々が読者として想定されたものでしたが，人間に普遍的なコンパニオンシップと創作の生得的基盤の証拠を探ろうとするものであって，それが私達と異なる対人生活と音楽芸術の文化を持つ国で評価されたことを嬉しく思います。

　本書には，音楽性が生後すぐから私達の生活のなかで，家族やコミュニティにおけるあらゆる年齢の人々に対して，いかに目的に応じた価値と意味をともなう音と動きを生じさせるかについて探索するエッセイが集められています。私達は私達のコミュニケーションのなかに存在する生まれながらの音楽性の生物学的もしくは心理学的な起源，発達，癒やし機能について考察するさまざまな分野の専門家を執筆者として招きました。私達は音楽の喜びが生まれた直後から備わっている人間特有の才能であり，集団の文化的意味の創造や言語の発明と効果的な利用にとって基本的重要性をもつと信じています。

　この翻訳にとくに関連がある第10章は，ニキ・パワーズによって報告されたものですが，日本とスコットランドの母子コミュニケーションを比較していて，とても啓発的な結果が示されています。彼女の研究は，根ケ山教授の支援と監督の下に行なわれたものですが，発達途上の乳児とその成熟したコンパニオンが互いにその身体と心を意図的な動きと音声によって調整して価値ある物語を作り出し，それがまたこれらの能力を支え洗練するというかたちで，両者間における協力的活動としてコミュニカティヴ・ミュージカリティが生じるという重要な仮説を補強するものです (Powers, 2001)。根ケ山教授を筆頭とするグループは最近，日本の母親と乳児が生後6か月と9か月時にどのように抱き下ろし・抱き上げ・抱き歩きをするかを観察し，その2国間で「身体化された間主観的関わり」について微妙な差異があることを報告しています (Negayama et al., 2015)。私達はこのような研究がさらに展開され，人間の音楽性の始まりと，動きにおけるコンパニオンシップの新しい習慣を作り出す私達の能力に光があたることを期待しています。それは「私達」の空間 (Nakano, 1997)，分かち合われた「ココロ」の意味の基礎を確証してくれることでしょう。

　私達の作業は，英国のレバーヒューム基金 (Leverhulme Foundation) が支援してくれたプロジェクトに端を発しています。そのプロジェクトとは，言葉を使うには幼すぎる人間の乳児とその養育者の間での親和的シェアの発達を追うものでした。50年間にわたってコルウィンは，乳児の遊び心とその乳児に魅了された母親との間で乳児が関わりの儀式を編み出す様子を撮影した大量の映像を蓄積してきました。その開始期から，赤ん坊は原会話のゲームのなかで母親とともに在り，ただ単に声で表出する仕方を教えられるのではなく，ときに母親をリードしていました。その中でも最も興味深く目を引きつけられたのは生後6週のスコットランド人の少女であるローラがその母親ケイと静かな部屋で対面しておしゃべりしているビデオでした。

　その撮影後16年を経て，熟練した音楽家のスティーヴンはエディンバラ大学の音楽と工学の教授であるピーター・ネルソンと，音楽の音響学の教授であるマレー・キャンベルのもとで博士の学位論文を書き上げました。この作業のなかで，彼らはスティーヴンが音楽の作曲における音色の役割を分析するソフトウェアを作るのを助けました。その後ポスドクの研究をコルウィンとまもなく開始するというときに，スティーヴンはコルウィンの録音を聞いて，母親と乳児が楽しそうに会話する音声に博士論文で分析するのに使用したのと同じテクニックを適用し始めました。スティーヴンは同僚であるデイヴィッド・シャープ博士にプログラミングを助けてもらいながら，ローラとケイ母子のスペクトログラフ，ピッチプロットとリズム，大きさ，音色の分析を行ないました。母子の「原会話」を聞きながら，彼はその母子が鋭敏に測ったようにしてメロディーを一緒に創り出し，短い物語を音で作曲もしくは即興演奏することに気づいて驚きました。そして彼はその母子の行動を「communicative musicality」と呼んだのです。彼のグラフからは，赤ん坊と母親が規則正しいパルスを共同生成し，その音声が注意深く同期もしくは交替し，両者のパフォーマンスが真にメ

ロディーの性質を表していることが読み取れました——それはまるでジャズのデュエットのように，美しく話しかけそれに応える26秒の即興でした。彼らが共同生成したものは，誘うような序，熱心な展開，高揚したクライマックス，満足した解決からなる優雅なナラティヴでした。彼らがシェアしていたナラティヴの効果は素晴らしいものでした（Malloch, 1999/2000を参照）。

その後数年にわたってスティーヴンは，もっと月齢が上の乳児と母親の歌遊びや行為遊びの場面におけるコミュニケーションのパターンを明らかにしました。母親が赤ん坊にこの世界におけるさまざまな在り方を手ほどきするか，また彼らの想像的な遊びがいかに言語の習得へとつながっているかを私達が探究するにつれて，母子が私達に教えてくれているものが何なのか明らかになり，強化されました。それは人間の行為やマナー，私達の関心を引きつけ分かち合われるべきモノに対して特別な名前を与えるものなのです。後にスティーヴンは，他者の癒やしを助けようとする音楽性の役割について注意を向けるようになりました——それは，人生の浮沈と格闘する人たちに希望と力を与える，私達の身体の動きと音声の優美な人間性です（Trevarthen & Malloch, 2000; Malloch et al., 2012; Malloch, 2017）。

本書の著者はすべて，音楽が人間であることにとって基本的であると主張しています。そしてそれは，世界中のコミュニティを調査する人類学者が気づいていることです。何人かの言語学者は，私達が気づいていることすべては名前をつけることによって初めて自覚されると信じていますが，しかし音楽を作ることはそのような考えとは違っています。それは文学から，あるいは論理と科学における合意されたルールから学習されるような，うわべだけで戯れの装飾ではありません。前半の章でディサナーヤカ，ブラント，マーカー，クロスとモーリーらが説明しているように，文化を創ることは私達の感情に満ちた経験を音楽やダンスとしてシェアすることが必要なのです。リーとシェーグラー，パンクセップとトレヴァーセン，ターナーとイオアニデスは，すべての身体運動における基本的にリズミカルな統語論と韻律を論じています。これには，リスクと利得を査定する感情的調整をともなって，メロディーの形をとってなされる前方視的な制御が要求されます。それは多くの複雑な要素をともに活性化させることによって，目的と作動中の感情とコミュニケーションとを統合し同期させることができる大脳によってなされることです。

当然のことながら，音楽の本質を精神生物学的に理解する試みにおける中心的なトピックは，乳幼児が愛するコンパニオンと相互に交わす親密な遊びのための音楽的感覚と技能の発達の調査に存在します。これはクレタのマゾコパキとクジュムザキス，日本とスコットランドを比較したパワーズとトレヴァーセン，スウェーデンのエッケダールとマーカー，オーストラリアのブラッドリー，スコットランドのマーウィックとマレー，フランスのグラティエとアプター＝ダノンによって検討されました。異文化を比較することによって，活き活きとしたパフォーマンスへの強い生得的な欲求と好みが，個々の関係に特有のスタンダードに合わせて変形されたり，それぞれのコミュニティの文化において正常と受け入れられたりするように適応しています。私達は自然の恵みを，文化に特有の影響下で，適切に使うことを学習するのです。

音楽を聴いたりそれが演奏されるのを見たり，あるいは音楽を作ったりするときに喚起される感情は，ときに情緒を安定させる薬物を探すような医療にとっては，しばしば過小評価されるものです。音楽に精通した経験豊かなセラピストであるオズボーン，パヴリチェヴィックとアンスデル，ロバーツ，ボンド，ウィグラムとエレファントは，音楽やダンスの実践が，重篤な心的外傷体験をした個人や自閉症のような発達障害を持った個人に治療的効果をもつこと，あるいは集団やコミュニティにおけるセラピーが，一緒になって演奏する人達にもたらしうる支援につながることを示しました。

エリクソンはメロディーによる表出が子どもの教育にとって重要であると主張しています。バナンとウッドワード，フレーリッヒは同様の考えから，子どもをよりしとやかで共同的にするために音楽やダンスを教えました。クストデロは音楽の即興における親密な反応性が，大人のアーティストと若い学習者のスキルをともに上達させることを示しています。最後に，喜び動く関わりにおける詳細な検討の原理が同様に，ディサナーヤカ，オズボーン，デイヴィッドソンとマロック，ロドリゲスとコレイアによって，練習を積んだアーティストが全身を音に合わせて優雅に動かすのに注意を払うことによって，いかに自分たちのスキルの

レベルを引き上げられるかを評価するのに適用されました。

　さまざまな分野と実践において専門の知識を持つ人々によるこれらの報告はすべて，理性的な個人主義と，心の「言語獲得装置」もしくは「心の理論」の助けを借りて (Nakano, 1998) 気づきと反応の習慣を築きあげる情報処理にのみ関心を向ける認知心理学に対して異議を唱える哲学を支持しています。

　本書で私達は，ナラティヴ時間を共有感覚としてもちつつ，創造的な身体運動を通して共同的意識を分かち持つという認識を表明しています。私達が共同調整するのは美的感情を含む私達の音楽性を通じて，また「ココロ」において協働する道徳性または衝動の共感的理解を通じてなのです。したがって私達は，本書を不満や混乱をなだめる子守歌や娯楽的気晴らしとするのではなく，参加のための起床をめざした喚起の歌声として提示します。ノルウェーの音楽学者であるヨン・ロアル・ビョルクヴォルはこう言っています。「私達は皆このミューズを内に必要とする。なぜならば私達はいわゆる**音楽的存在**（*muse-ical beings*）だからである。**音楽性**（*museicality*）を失うことは，私達の人間性の奥にある基本的部分を失うことに匹敵するだろう。」(Bjørkvold, 1992)。

　最後に，ヤーク・パンクセップに特別の賛辞と謝意を献じたいと思います。彼は感情神経科学の創設者であり，それによって私達が遊びの喜びをシェアするようにいかに突き動かされ，社会的世界に豊かな意味をもたらすか示してくれました。そのヤークは2017年4月18日に鬼籍に入りました。彼は私達にインスピレーションを与えてくれ，かつ皆からとても愛されたコンパニオンとして，私達の記憶にとどまっています。

Colwyn Trevarthen & Stephen Malloch

引用文献：

Bjørkvold, J-R. (1992) *The Muse Within: Creativity and Communication, Song and Play from Childhood through Maturity*. New York: Harper-Collins.

Malloch, S. (1999) 'Mother and infants and communicative musicality.' *Musicae Scientiae* 3, 1, suppl. 29-57.

Malloch, S. (2017). Establishing a Therapy of Musicality: The Embodied Narratives of Myself with Others. In Stuart Daniel and Colwyn Trevarthen (eds). *Companionship: The Rhythm of Relating in Children's Therapies*. London: Jessica Kingsley.

Malloch, S., Shoemark, H., Črnčec, R., Newman, C., Paul, C., Prior, M., Coward, S., Burnham, D. (2012). Music therapy with hospitalized infants: The art and science of communicative musicality. *Infant Mental Health Journal*, 33(44), 386-399.

Nakano, S. (1997). Heart-to-heart (inter-Jo-) resonance: A concept of intersubjectivity in Japanese everyday life. *Annual Report, 1995-1996, No. 19. Research and Clinical Center for Child Development, Faculty of Education, Hokkaido University, Japan*, pp. 1-14.

Nakano, S. (1998). Toward a sympathetic propensity theory of mind. *Annual Report, 1996-1997, No. 20. Research and Clinical Center for Child Development, Faculty of Education, Hokkaido University, Japan*, pp. 81-91.

Negayama K, Delafield-Butt JT, Momose K, Ishijima K, Kawahara N, Lux EJ, Murphy A and Kaliarntas K (2015) Embodied intersubjective engagement in mother-infant tactile communication: a cross-cultural study of Japanese and Scottish mother-infant behaviors during infant pick-up. *Frontiers of Psychology*, 6:66. doi:10.3389/fpsyg.2015.00066

Powers, N. (2001) Intrinsic musicality: Rhythm and prosody in infant-directed voices. *Annual Report, 1999-2000, No. 23. Research and Clinical Center for Child Development, Faculty of Education, Hokkaido University, Japan*. pp. 1-19.

Trevarthen, C. (2017). Health and happiness grow in play: Building vitality in companionship from birth. In, S. Daniel and C. Trevarthen (Eds.), *Rhythms of Relating in Children's Therapies: Connecting Creatively with Vulnerable Children*. London: Jessica Kingsley, pp. 28-44.

Trevarthen, C. and Bjørkvold, J.-R. (2016). Life for learning: How a young child seeks joy with companions in a meaningful world. In D. Narvaez, J. Braungart-Rieker, L. Miller-Graff, L. Gettler, & P. Hastings (Eds.), *Contexts for Young Child Flourishing: Evolution, Family and Society*. New York, NY: Oxford University Press, pp. 28-60.

Trevarthen, C. and Malloch, S. (2000) The dance of wellbeing: defining the musical therapeutic effect. Nordic *Journal of Music Therapy 9*, 2, 3-17.

訳者まえがき

　私がこうして訳者代表としてこの文章を書いているのは，編者のお一人であるトレヴァーセン教授と私の長年にわたる交流があってのことである。

　トレヴァーセン教授にとって私は，先生のもとに長期滞在した初めての日本人であった。また私にとっても，海外で深く研究交流を持ち得た初めての研究者であった。滞在中先生は，宿舎の手配に始まって，スコットランド政府の研究費申請，研究補助者の手配，観察フィールドの紹介など何かと私の研究活動をサポートして下さり，おかげで私と私の家族のエディンバラ滞在はとても楽しく実り多いものとなった。もう30年近くも前の話である。その後も古都エディンバラには何度か長期滞在することになったし，また彼のお弟子さんたちとの親交も得て，それは私の後の日英共同研究にもつながった。本書10章に収録されている日英比較研究も，実は私との共同研究がベースになっている。

　最初の滞在中，トレヴァーセン教授の自宅に家族で招かれたとき，先生が私に子守歌に対する興味を語ってくださったことがあった。その時はユニークな観点だなという印象をもちつつ拝聴していただけだったが，本書を翻訳する今にして思えば，そのあたりがこの問題意識の源流であったのかと感慨深いものがある。

　その後私の研究テーマに，くすぐりや抱き，身体接触といった身体にまつわるいくつかのトピックスが加わったが，とくにそれらの行動に含まれるリズムや，そのリズムを行動のやり取りの中で共有し同期させたり，またわざとタイミングずらせて遊んだりすることに強く関心を持つようになっていった。そういう中でこの本と出会ったのである。「音楽性」という概念に強く惹かれ，ゼミの院生や他大学・他学部の院生の皆さんと一緒に，この本の勉強会を行なうことになった。本書の訳者の中にも，その時のお仲間が何人か含まれている。

　しかし本書は大著であるので，当時は和訳して議論はしたものの，翻訳書を出そうなどという大それた発想はまったく持ち合わせていなかった。翻訳という作業は，大変な労力を要する仕事であるという思いが私にはあった。そんなこんなで，この本の勉強会は道半ばで中断していた。

　そんなおりに，この本の意義を音楽学の立場から高く評価して，私にアプローチしてこられた先生方がおられた。この本の共訳者である今川恭子先生と志村洋子先生である。先生方は，昨今の音楽教育の一部の歪みを問題視され，その改善のヒントがこの本の中にあるという確信を私に熱く語られ，私に翻訳の協力を請われたのである。この大著を翻訳することは厖大な作業であり，尻込みしていた私が結局翻訳のお仲間に加えていただくことを決意したのは，何よりもこの先生方の熱意ゆえであった。

　しかしながら，翻訳作業は予想した通り，いや予想をはるかに超えて，並大抵の作業ではなかった。それでも何とか比較的短時間で出版に漕ぎ着けたのは，とくに今川先生の一貫した熱意と，それを見守り続けた音楽之友社の粘り強い励ましのおかげである。音楽を下敷きにしつつも心理学の書物であるといってもいいこの大著の翻訳の版元を引き受けることは，大きな英断と言うほかない。音楽と心理学の協働に道を開くその炯眼に，心から敬意を表したい。この本が，音楽界だけでなくヒトのコミュニケーションの基本的重要性の一端に新たな光を当て，この分野の理解がさらに進展することを願うものである。

2017年5月17日

訳者を代表して　　根ケ山光一

目　次

日本語版の翻訳に寄せて＝トレヴァーセンとマロック（根ケ山光一訳） ── iii
訳者まえがき＝根ケ山光一 ── vi
原著者の所属と経歴 ── x
日本語版のための凡例 ── xv

第1章　音楽性：生きることの生気(ヴァイタリティ)と意味の交流 ── 1
　　スティーヴン・マロックとコルウィン・トレヴァーセン（今川恭子訳）

第1部　音楽性の起源と精神生物学 ── 13
　　［序文］スティーヴン・マロックとコルウィン・トレヴァーセン（根ケ山光一訳）

第2章　根，葉，花，または幹：音楽の起源と適応的機能について ── 16
　　エレン・ディサナーヤカ（根ケ山光一訳）

第3章　音楽と人間形成 ── 認知記号論の視点から（想像的仮説の探究） ── 29
　　ペール・オーエ・ブラント（小川容子訳）

第4章　ヒトの固有性に関する儀礼的基盤 ── 43
　　ビョルン・マーカー（高田明訳）

第5章　音楽の進化：理論，定義，エビデンスの性質 ── 59
　　イアン・クロスとイアン・モーリー（渡辺久子・香取奈穂訳）

第6章　音楽的表現におけるタウ ── 78
　　デイヴィッド・N. リーとベンジャマン・シェーグラー（蒲谷槙介訳）

第7章　音楽における情動の神経科学 ── 101
　　ヤーク・パンクセップとコルウィン・トレヴァーセン（福山寛志訳）

第8章　脳と音楽，そして音楽性：神経画像法からの推論 ── 141
　　ロバート・ターナーとアンドレアス・A. イオアニデス（源健宏訳）

第2部　乳児期における音楽性 ── 175
　　［序文］スティーヴン・マロックとコルウィン・トレヴァーセン（志村洋子訳）

第9章　乳児のリズム：音楽的コンパニオンシップの表現 ── 178
　　カタリナ・マゾコパキとジャニス・クジュムザキス（坂井康子訳）

第10章　情動と意味を共有する声：スコットランドと日本における幼い乳児とその母親 —— 200
　　　　ニキ・パワーズとコルウィン・トレヴァーセン（岸本健訳）

第11章　乳児の発達における「音楽」と「遊び歌」：解釈 —— 231
　　　　パトリシア・エッケダールとビョルン・マーカー（山本寿子訳）

第12章　早期のトリオ：乳児間の意味の発生における音と動きのパターン —— 251
　　　　ベンジャミン・S. ブラッドリー（石島このみ訳）

第13章　対乳児発話と会話関与の音楽性における母親のうつの影響 —— 269
　　　　ヘレン・マーウィックとリン・マレー（麦谷綾子訳）

第14章　帰属の即興的音楽性：母子音声相互作用における反復と変奏 —— 287
　　　　マヤ・グラティエとジゼル・アプター＝ダノン（嶋田容子訳）

第3部　音楽性と癒し —— 313
　　　　［序文］スティーヴン・マロックとコルウィン・トレヴァーセン（羽石英里訳）

第15章　紛争中・紛争後の地域の子どもたちのための音楽：精神生物学的アプローチ —— 315
　　　　ナイジェル・オズボーン（沼田里衣・渡部基信訳）

第16章　コミュニカティヴ・ミュージカリティとコラボレイティヴ・ミュージキングのはざまで：
　　　　コミュニティ音楽療法からの展望 —— 339
　　　　メルセデス・パヴリチェヴィックとゲイリー・アンスデル（沼田里衣訳）

第17章　マインドフルネスと意味の発達を支えること：
　　　　性的虐待を受けた児童対象の音楽療法における臨床的手法 —— 361
　　　　ジャクリン・ロバーツ（岡崎香奈訳）

第18章　踊るという人間の本性：美的コミュニティ理論に向けて —— 385
　　　　カレン・ボンド（田原ゆみ訳）

第19章　音楽における療法的対話：自閉症スペクトラムとレット症候群の子どもにおける
　　　　コミュニケーションとしての音楽性を育む —— 407
　　　　トニー・ウィグラムとコハヴィト・エレファント（羽石英里訳）

第4部　子どもの学びにおける音楽性 —— 429
　　　　［序文］スティーヴン・マロックとコルウィン・トレヴァーセン（今川恭子訳）

第20章　話すことと聴くことにおける音楽性：学びの環境としての教室談話の鍵 —— 431
　　　　フレデリック・エリクソン（市川恵訳）

第21章　子どもの音楽性と音楽学習にみる自発性 —— 445
　　　　ニコラス・バナンとシェイラ・ウッドワード（早川倫子・今川恭子訳）

第22章　音楽と舞踊の基礎的実存経験としての生気（ヴァイタリティ）：音楽指導への適用 —— 474
　　　　シャーロット・フレーリッヒ（長井覚子訳）

第23章　即興的な音楽パフォーマンスにおける親密性と相互性：
　　　　成人アーティストと幼児から教育学的に学ぶこと —— 491
　　　　ロリ・A. クストデロ（伊原小百合訳）

第5部　演奏行為における音楽性 —— 509
　　　　［序文］スティーヴン・マロックとコルウィン・トレヴァーセン（丸山慎訳）

第24章　音楽に揺さぶられる身体：儀式上の儀礼と一体化した時間芸術 —— 511
　　　　エレン・ディサナーヤカ（丸山慎訳）

第25章　音楽リズムの時間生物学に向けて —— 525
　　　　ナイジェル・オズボーン（山原麻紀子・丸山慎訳）

第26章　音楽的なコミュニケーション：演奏における身体の動き —— 547
　　　　ジェーン・デイヴィッドソンとスティーヴン・マロック（村上康子・丸山慎・今川恭子訳）

第27章　創造的参加としてのコミュニカティヴ・ミュージカリティ：乳幼児期から高度な演奏まで —— 566
　　　　ヘレナ・マリア・ロドリゲス，パウロ・マリア・ロドリゲスとジョルジェ・サルガド・コレイア
　　　　（石川眞佐江訳）

参考資料 —— 591
　　アタッチメント（愛着）…592／アフォーダンス…593／一般タウ理論と近年の音楽研究…595／ウェルビーイング…596／歌とチャント…596／音声分析と音声情報…597／間主観性…598／コンパニオンシップ…599／生気，生気情動と自己感…600／ナースリー・ライム…600／内発的動機パルス…601／内分泌および神経伝達物質補足説明…602／ナラティヴ…603／乳児の音声コミュニケーションとその発達…604／脳地図——本書に登場する脳の各部位について…606／浮動する意図性…610／身振り（ジェスチャー）…611／ミュージシャンシップとミュージキング…612／モダリティ…613

訳者あとがき＝今川恭子 —— 615
索　引 —— 616
訳者紹介 —— 636

著者の所属と経歴

　本項は原書の記載をそのまま訳出したものであり，原書刊行時（2009年当時）の情報である。並び順は，原綴による姓のアルファベット順による。（訳者）

ゲイリー・アンスデル　　Gary Ansdell
ノードフ＝ロビンズ音楽療法センター（イングランド，ロンドン）
ロンドンのノードフ＝ロビンズ音楽療法センター研究部門共同代表，音楽療法修士課程共同専攻責任者（ノードフ＝ロビンズ音楽療法センター／コミュニティ音楽療法），シェフィールド大学コミュニティ音楽療法名誉リサーチ・フェロー。指導者・研究者として，成人の精神医学分野で音楽療法士として活動している。*Community Music Therapy*（Jessica Kingsley, 2004，パヴリチェヴィックも著者の1人）をはじめ出版物は多岐にわたる。

ジゼル・アプター＝ダノン　　Gisèle Apter-Danon
ドゥニ・ディドロ・パリ第7大学（フランス）
乳児と周産期の精神医学者，研究者。パリのエラスムス病院精神病理学及び精神医学研究長であり周産期精神科救急センター長，ドゥニ・ディドロ・パリ第7大学周産期精神病理学助教授。フランコフォーン乳児精神衛生世界協会（WAIMH）副総裁を務める。

ニコラス・バナン　　Nicholas Bannan
西オーストラリア大学
西オーストラリア大学（UWA）で音楽教育を教える作曲家，合唱指揮者。西オーストラリア大学聖ジョージ・カレッジでウィンスロップ・シンガーズを指揮。ヒトの進化の特質としての音楽をめぐる学際的課題に貢献する研究を深めつつ，このアプローチを聴覚教育，音楽療法，子どもの創造的プロジェクトにも生かしている。

カレン・ボンド　　Karen Bond
テンプル大学（USA，フィラデルフィア）
フィラデルフィアのテンプル大学舞踊学科舞踊教育学修士課程准教授，コーディネーター。メルボルン大学舞踊専攻上級講師を務めたことがあり，オーストラリアのダンスセラピー分野発展における先駆者である。研究と出版は，舞踊における参加者の参与と意味に焦点を当てている。

ベンジャミン・S. ブラッドリー　　Benjamin S. Bradley
チャールズ・スタート大学（オーストラリア）
心理学の教授。彼の乳児期に関する概念では，人の新皮質は集団生活の必要性を通じて進化したと仮定している。心は第一義的に共時的に構成されるという彼の議論は，10代青少年との参加型アクション・リサーチの中で，歴史的には*Visions of Infancy*（Polity Press, 1989）において，理論的には*Psychology and Experience*（CUP, 2005）および乳児の「第三次性」の獲得に関する著述において練り上げられてきた。

ペール・オーエ・ブラント　　Per Aage Brandt
ケース・ウェスタン・リザーヴ大学（USA，オハイオ州クリーヴランド）
ケース・ウェスタン・リザーヴ大学の認知科学と現代語教授，認知と科学センター長。著書は多数あり，言語の認知と記号論，文法，美学，芸術，そして音楽に関して150以上の論文を世に出している。研究の中心は，意味のパターンを記述するための一連のモデルの精緻化である。

ジョルジェ・サルガド・コレイア　　Jorge Salgado Correia
アヴェイロ大学（ポルトガル）
哲学と音楽の背景をもち，ポルトガル，オランダ，イングランドで学んだ。現代フルート音楽を専門とし，彼の

ために書かれた作品も含めて多数の作品の世界初演を行なってきた。盛んな演奏活動に加えてアヴェイロ大学の講師でもある。*The Science and Psychology of Music Performance: Creative Strategies for Teaching and Learning* (Oxford University Press, 2002, 邦訳『演奏を支える心と科学』パーンカット, E.マクファーソン編, 安達真由美・小川容子監訳, 誠信書房, 2011) の1つの章を著している。

イアン・クロス　Ian Cross
ケンブリッジ大学（イングランド）
ケンブリッジ大学の音楽と科学の教授, 同大学の音楽と科学センター長, ウルフソン・カレッジの研究員。もともとはクラシックギター奏者として教育を受け, 音楽認知の分野で幅広く著作を世に出している。研究の主な焦点は, 生物文化的現象としての音楽であり, 心理学者や文化人類学者, 考古学者, そして計算論的神経科学者たちと共同研究している。

ロリ・A. クストデロ　Lori A. Custodero
コロンビア大学ティーチャーズ・カレッジ（USA, ニューヨーク）
コロンビア大学ティーチャーズ・カレッジの音楽と音楽教育准教授, コーディネーター。研究の中心は, 音楽経験, とくに音楽家や教師や親である成人と乳児や幼児・児童との相互作用である。リンカーン・センターをはじめとするニューヨーク市の諸施設や国際的に多様な人々との協働は, 現実世界の実践における理論的枠組みを生み出す機会となっている。

ジェーン・デイヴィッドソン　Jane Davidson
シェフィールド大学（イングランド）と西オーストラリア大学
シェフィールド大学音楽演奏研究コースおよび西オーストラリア大学キャロウェイ＝タンリー音楽講座教授。音楽, 声楽, コンテンポラリー・ダンスの学士号と修士号を持つ。演奏, 表現, 音楽療法, 芸術的センスの決定要因に関する100を超える学術論文の著者である。音楽心理学ジャーナル誌*Psychology of Music*の前編集委員であり, 2003年から2006年までヨーロッパ音楽認知科学協会の副会長を務めた。

エレン・ディサナーヤカ　Ellen Dissanayake
ワシントン大学（USA, シアトル）
独立した研究者としてその学際的研究は, 芸術がヒトの本質に本来的に根差した進化的行動であると主張する。著書*What is Art for?* (1988), *Homo aestheticus: Where art comes from and why* (1992), *Art and Intimacy: How the arts began* (2000)はすべてワシントン大学出版から刊行されている。シアトルに在住し, そこでワシントン大学音楽学校客員教授を務めている。

パトリシア・エッケダール　Patricia Eckerdal
ウプサラ大学病院（スウェーデン）
ウプサラ大学病院医師。音楽学学士の学位も持つ。スウェーデンのエステルスンドの生物音楽学研究所ならびにストックホルムのロイヤル音楽カレッジにおいて「ヒトの個体発生における音楽」に関しての客員研究者である。

コハヴィト・エレファント　Cochavit Elefant
ベルゲン大学（ノルウェー）
ベルゲン大学グリーグ・アカデミー音楽療法准教授, ノルディック音楽療法ジャーナル誌*Nordic Journal of Music Therapy*共同編集者。イスラエル・レット症候群の評価と治療チーム・センター創設者の1人で, そこの音楽療法士である。この分野での功績に対して, 2000年に国際レット症候群協会から表彰されている。

フレデリック・エリクソン　Frederick Erickson
カリフォルニア大学（USA, ロサンジェルス）
ロサンジェルスのカリフォルニア大学の教育人類学ジョージ・F・クネラー講座教授, 応用言語学客員教授。作

曲と音楽史を学んだ後，相互作用的社会言語学とマイクロエスノグラフィーにおけるビデオ解析の専門家となった。*Talk and Social Theory: Ecologies of speaking and listening in everyday life* (Polity Press, 2004)ほか多数の著述を出版している。

シャーロット・フレーリッヒ　Charlotte Fröhlich
ノースウェスタン応用科学大学（スイス）
ノースウェスタン応用科学大学音楽教育教授。幼稚園，小学校，中学校，特別支援学校，そしてドイツとスイスの大学で音楽を教えてきた。すべての年齢にわたって動きと音楽の中で集団をどのように指導するかを，教員に教えている。ISME（国際音楽教育学会）前幼児音楽教育部会長。

マヤ・グラティエ　Maya Gratier
ナンテール・パリ第10大学（フランス）
ナンテール大学音楽心理学科准教授。研究の中心は，母子間の音声相互作用の音楽性と即興演奏における音楽的コミュニケーションである。周産期精神医学および精神病理研究所（ラウビエ）客員研究者。

アンドレアス・A. イオアニデス　Andoreas A. Ioannides
理化学研究所脳科学総合センター脳機能ダイナミックス研究チーム（日本，和光市）・脳機能ダイナミックス研究所（キプロス共和国，ニコシア）
理化学研究所脳機能ダイナミックスチーム，キプロス島ニコシアの脳機能ダイナミックス研究所のリーダー。物理学を学び1988年まで原子物理学の研究をしていた。1987年に脳磁図（MEG）の研究に転じ，1990年以降は健常なヒトの脳機能およびその病理学的変化を中心に研究し，断層映像によるMEGデータ解析のさきがけとなった。

ジャニス・クジュムザキス　Giannis Kugiumutzakis
クレタ大学（ギリシャ）
クレタ大学哲学・社会科学科発達心理学と心理学における認識論教授。彼の研究の中心は乳児の模倣，算数能力，リズム的でふざけたりからかったりする行動，想像力の情動的基盤である。彼の見方によれば，音楽芸術は人間の間主観的生命を構成するもののひとつであり，音楽以外の論争的で競争的「芸術」とは本質的に対照をなしており，これが人間の本質のドラマの2側面である。

デイヴィッド・リー　David Lee
エディンバラ大学（スコットランド）
エディンバラ大学名誉教授（知覚・行動・発達分野），エディンバラ大学知覚運動行為研究センター長。原生動物からヒトに至る動物の運動制御を研究している。彼の一般タウ理論は，目的を持った運動の誘導が，効果器とその目標の間の空間的・力量的間隙の閉鎖猶予時間の制御，同期化，そして順序付けによって，どのように達成されるのかということを明らかにしている。彼はこの理論を，熟達化したパフォーマンスや初期発達の研究，そして運動障害を持つ人の援助に応用している。

スティーヴン・マロック　Stephen Malloch
西シドニー大学MARCS聴覚研究所（オーストラリア）
現在はMARCSの補助研究員。ヴァイオリン奏者として教育を受けた後，音楽理論と音楽分析を学び，作曲における音色の構造的役割について研究した。博士号取得後の研究は，とくに乳児のコミュニケーションや音楽療法や産後鬱などのノンバーバル・コミュニケーションにおける音楽性に関する心理学分野に中心を置いている。変化の時期に組織と個々人を支援する専門家である。研究の情報源は自身の学術研究と指導実践とカウンセリングと思索である。

ヘレン・マーウィック　Helen Marwick
ストラスクライド大学　国立自閉症研究センター（スコットランド）

発達心理学者および心理言語学者。主な関心は人間のコミュニケーションの発達と社会的機能である。ストラスクライド大学の国立自閉症研究センター共同代表，同大学教育学部子ども研究科講師。

カタリナ・マゾコパキ　Katerina Mazokopaki
クレタ大学（ギリシャ）
クレタ大学哲学校の哲学と社会科学部で発達心理学の博士号を授与されている。音楽家であり，ピアニストでありピアノ教師である。関心の中心は，人間の経験における音楽性の間主観的力動性にあり，乳児の自発的リズム表現と音楽的コンパニオンシップへの参加に関する研究へと繋がっている。

ビョルン・マーカー　Bjorn Merker
セゲルトルプ（スウェーデン）
行動生物学において幅広い関心を持つ神経科学者。1980年にMITでハムスターの中脳に関する研究で博士号を取得した後，猫の眼球運動生理，マカクザルの一次視覚野，テナガザルの歌の発達と鏡像自己認知，ヒトの音楽の進化的・発達的背景の研究を行なってきた。ニルス・ウォーリン，スティーヴン・ブラウンとともに学際的書籍 *The origins of Music*（The MIT Press, 2000. 邦訳『音楽の起源〈上〉』山本聡訳，人間と歴史社，2013）の編者を務めた。

イアン・モーリー　Iain Morley
オックスフォード大学（イングランド）
オックスフォード大学人類学と民族学博物館に所属。心理学を学んだ後，旧石器時代の研究に転じ，ヒトの認知の進化研究の専門家となった。彼の関心は，音楽の進化的起源と考古学，儀式と宗教の出現，儀式と音楽の関係におよぶ。

リン・マレー　Lynne Murray
レディング大学（イングランド）
レディング大学ウィニコット研究チーム共同代表者，発達心理学特任教授であり，ケンブリッジ大学の児童青年精神医学部門名誉上級研究員。親の精神疾患とくに産後鬱が子どもの発達に及ぼす影響，精神病理の世代間連鎖を研究の中心としている。

ナイジェル・オズボーン　Nigel Osborne
エディンバラ大学（スコットランド）
エディンバラ大学リード音楽講座教授。作品は多くの主要な国際フェスティヴァルで取り上げられ，世界の多くの一流オーケストラや室内楽団によって演奏されている。紛争の犠牲者である子どもの治療とリハビリテーションに音楽を用いた先駆者であり，彼の仕事はバルカン諸国，コーカサス，アフリカ，中東で行なわれている。

ヤーク・パンクセップ　Jaak Panksepp
ワシントン州立大学（USA）
ワシントン州立大学獣医学部動物ウェルビーイング科学ベイリー寄付講座教授。彼は情動的行動の神経解剖学的及び神経化学的メカニズムの研究に取り組んでおり，分離時の反応や社会的結合，社会的遊び，恐れ，予測処理，薬物渇望が脳内でどのように組織化されるかについて，特に鬱などの精神疾患との関係から解明することに焦点を当てている。感情神経科学という新しい専門領域の確立に貢献した。

メルセデス・パヴリチェヴィック　Mercedes Pavlicevic
ノードフ＝ロビンズ音楽療法センター（イングランド，ロンドン）
ノードフ＝ロビンズ音楽療法センター研究部門共同代表，教育部門代表。南アフリカのプレトリア大学音楽学部准教授であり，エディンバラのクィーン・マーガレット大学音楽療法講師。研究の関心は文化実践としての音楽療法と音楽療法における即興にあり，実践家としての関心は音楽以外の芸術療法家と協同でのコミュニティに根

差したプロジェクトにある。

ニキ・パワーズ　Niki Powers
エディンバラ大学（スコットランド）
児童心理学の博士研究員，教師。乳児期のコミュニケーションという身体活動を通してどう経験が共有されるかに関心を持つ。乳児の養育と幼稚園の文化比較で日本の研究者と協同研究し，研究成果をコミュニケーションに困難を持つ若い人の支援に生かしている。現在はトラウマを持った若い人々を支援するプロジェクトに参加している。

ジャクリーン・ロバーツ　Jacqueline Robarts
ノードフ＝ロビンズ音楽療法センター，シティ大学（イングランド，ロンドン）
ノードフ＝ロビンズ音楽療法センター上級療法士であり，マスター・プロフェッショナル・トレーニング・プログラムで臨床的即興を教える。専門は子どもと青年の精神保健に関わる。以前はシティ大学の研究員であり，音楽療法における自己の確立と象徴化に関する著作は，幅広い条件下でのとくに幼い時にトラウマを持った子どもや成人との臨床の仕事に基づいている。

ヘレナ・マリア・ロドリゲス　Helena Maria Rodorigues
ニュー・リスボン大学社会人間科学部社会学と音楽美学研究センター（ポルトガル）
ニュー・リスボン大学社会人間科学部音楽科学科の音楽心理学と音楽教育の教授。学際的芸術プロジェクトを手がけるポルトガルの音楽グループ，コンパニーア・デ・ムシカ・テアトラルの芸術監督でもある。

パウロ・マリア・ロドリゲス　Paulo Maria Rodorigues
アヴェイロ大学（ポルトガル）
アヴェイロ大学コミュニケーションと芸術学科教授。彼が創設したコンパニーア・デ・ムシカ・テアトラルは，音楽を他の芸術的言語やテクノロジーの領域に拡張して生まれた教育的かつ芸術的プロジェクトを数多く生み出して発展させた。ポルトガルのポルト市のカーサ・ダ・ムシカの教育責任者である。

ベンジャマン・シェーグラー　Benjaman Schögler
エディンバラ大学（スコットランド）
エディンバラ大学知覚運動行為研究センター研究員。プロのジャズ・ミュージシャンであり，音楽づくり，コミュニケーション，そして人間が表現者となる実際の姿に関心を寄せている。彼は我々が「いかに」動くのかに関する研究に従事しており，この分析を，特に音楽や視覚的芸術における応用技術に焦点を当てながら，創造的パフォーマンスや学術的理解に活かしている。

コルウィン・トレヴァーセン　Colwyn Trevarthen
エディンバラ大学（スコットランド）
エディンバラ大学児童心理学および精神生物学名誉教授。カリフォルニア工科大学でロジャー・スペリーに師事し，意識の大脳システムと運動を支える視覚調整に関する研究で精神生物学の博士号を取得。その後，ハーヴァード大学認知研究センターにて研究員としてジェローム・ブルーナーに師事し，乳児研究を開始した。出版物の分野は，神経心理学，脳の発達，乳児のコミュニケーション，子どもの学習と情動的健康と多岐にわたる。文化学習への生来的動機，自閉症などの障害や鬱病の影響について研究している。

ロバート・ターナー　Robert Turner
マックス・プランク認知科学脳科学研究所（ドイツ，ライプツィヒ）
マックス・プランク認知科学脳科学研究所神経物理学部門長。物理学と数学を学び，磁気共鳴画像（MRI）の傾斜磁場コイルを設計し，現在は広く脳梗塞の臨床評価に用いられている拡散強調エコプラナー法の先駆けであり，機能MRIの共同開発者である。2002年には，楽譜の学習に伴う脳の変化の非侵襲的研究をはじめて行なった。

トニー・ウィグラム　Tony Wigram
オールボー大学（デンマーク）
オールボー大学人間学部，コミュニケーションと心理学科音楽療法教授，音楽療法博士課程長。メルボルン大学音楽科の正リサーチフェロー，ケンブリッジのアングリア・ラスキン大学音楽療法教授である。研究の関心は，臨床評価，自閉症，音楽療法で用いられる方法とテクニックのドキュメンテーションにわたる。

シェイラ・ウッドワード　Sheila Woodward
南カリフォルニア大学（USA）
南カリフォルニア大学ソーントン音楽学校，音楽教育の教授。受賞歴をもつ研究者として著作は出版され国際的に紹介されており，音楽とウェルビーイングに焦点化したものを含む。研究は，ミュージックメディスン，胎児と新生児，幼児，少年犯罪者におよぶ。国際音楽教育学会（ISME）理事。

日本語版のための凡例

1. 本書は，Stephen Malloch and Colwyn Trevarthen (2009). *Communicative Musicality: Exploring the Basis of Human Companionship,* Oxford University Press. の訳出である。
2. 引用文献中，邦訳のあるものについては確認できる範囲で書誌情報を補った。
3. 原書本文中のイタリックは中ゴシック体で，'　'は「　」で表した。
4. 脚注で示された原注のほか，適宜，訳注を補った。原注および訳注の通し番号は章ごとに付し，各ページの掲出は原注 1，2…，訳注 1），2）…の順とした。本文中に［　　］で訳者補足を示した箇所もある。
5. 原書本文の節や分節の通し番号に関する明らかな間違いは，ことわりなく訂正した。
6. 原書本文に見られた，マイノリティ等に関する配慮すべき表現は原書ママとし，訳注においてことわりを加えた。
7. 原著者の専門性が多岐にわたることに鑑み，訳語の一部については章内の統一にとどめ，全体では複数の訳語を当てている場合もある（例：身振りとジェスチャー，相互作用とインタラクション）。
8. 巻末に日本語版独自の「参考資料」を加えた。
9. 原書索引は用語や人名のほか，節や分節名を含む文脈索引である。訳出に当たり，専門用語のイニシャル略記はアルファベット順に整序して正式名称を示し，50音順索引で引けるようにした。
10. 原書カラー口絵の一部（第8章）に関しては，原出版社の好意により，弊社サイト上で閲覧できるようにデータをアップした。下記のURL参照：
    https://www.ongakunotomo.co.jp/web_content/communicative139090/

本文フォーマット・組版・トレース：武者礼子（共同印刷）

第1章

音楽性：生きることの生気(ヴァイタリティ)と意味の交流

スティーヴン・マロック と コルウィン・トレヴァーセン

    音楽は，言葉では表わせないけれども沈黙してはいられないものを表現する。

ヴィクトル・ユーゴー

1.1　発見の背景

　人と人とは身振り[1]や音声を通して意思と感情をたちどころに共有する。これがどうなされるのかについての新しい理論に科学が関心を向けるようになったのは，ここ40年のことである。人の本質にこうして新しいまなざしを向けることに貢献したひとにぎりの研究者たちというのは，小児科医であったり小児精神科医であったり動物行動学者や人類学者や社会言語学者であったりしたのだが，かれらそれぞれの立場から自然で双方向的に喜びに満ちてコミュニケーションする母親と乳児を観察し，コミュニケーション的な身振りそのものの生気[2]があればそれだけで十分に記憶に刻まれる語り合いが生み出されると考えた。本書が探究するコミュニカティヴ・ミュージカリティは，こうした萌芽から話が始まっている。

　しかしながら1960年代終盤までの医学と心理学の主流は，乳児が複雑な技能や創造的知的能力をもつとか，他者の思考や感情に能動的に共感するといったことを認めようとはしなかった。母親の役割は，生きるための基本的な保護と栄養を与えることだとみなされていた。しかし，条件に恵まれた研究環境下でこうした従来的な医学や心理学の研究や出版物の常識にとらわれない人々の中から，異なる考えかたを呈し始める者がでてきた。こうした人々は乳児の行動の綿密な観察にもとづいて，思考というものが対象操作における実際的な問題解決からまず始まるという考えかたや，人のコミュニケーションが言語の文法生成原理と認知的情報処理に本質的に支配されているといった一般的な見方に，疑問を投げかけ始めたのだ。

　乳児と母親の間を行き交う繊細な表現と敏感な反応を発見した乳児研究者たちは，それを「音楽的」とか「舞踊[3]のような」といった言葉で言い表せるような交流のリズム的パターンという点から描写して報告した。かれらは自分たちが観察したノンバーバル・コミュニケーションの動的かつ明らかに意図的な現象を捉えるために，特定の対象を指し示す言葉ではなく「原会話」「調律」「意味の行為」といったメタファーを同調的な動きに対して用いた。文化人類学者メアリー・キャサリン・ベイトソンは，大人が乳児と行なう原会話が「嬉々とした儀式的礼儀」（1979，p. 65）をもって行われると述べ，ターンテイ

---

1) 巻末の参考資料「身振り（ジェスチャー）」を参照。
2) 巻末の参考資料「生気と生気情動(アフェクト)」を参照。
3) ここではdanceの語が上演芸術としての舞踊の意味で用いられていると思われるので「舞踊」の語を用いる。

キング[4)]を支えるリズム的基盤の共有に注目した。乳児は物理的なモノやコトよりも，人の存在とその活動と愛情に敏感であることがわかっている。人に対するこうした強い好奇心は，応答的な笑みや喚声，身振りに表され，それが母親たちを刺激し，今ここでのやりとりの流れに母親たちを「巻き込む」のである。

そこで観察されたものは，1970年代の新しい発想を集めた歴史的名著（Bullowa 1979）のタイトルが言い当てたところのことばの前のコミュニケーションであり，言葉をもたない乳児とその母親たちはまさにこれを得意とするのだ。マーガレット・バロワは子どもの「コミュニケーション能力」という当時としては斬新な概念について，人類学者であり音楽家であり写真家であるポール・バイヤーズの考えを引用しながら書いている。バイヤーズは「行動体制の多様な次元で時間形式を共有してコミュニケーション的に繋がる人と動物一体の世界」を見つめることについて，次のように言っている：

> 個人と個人の間をリズムが運ぶ情報は，人から人に向かって直接的に移動するわけではない。ここでの情報はいつも同時的に共有され，関わりかたそのものを示すものであるから，簡単にメッセージとして概念化はできない。
> （Byers 1976, p. 160）

我々が「共感」と呼ぶところのものをバイヤーズはみごとに言い表している。バイヤーズのやり方について，バロワは「音楽の流れに『音符』をあてはめるときのように，コミュニケーション参加者それぞれの発話や活動の中にビートを探知する」ことだと述べている（Bullowa 1979, p. 16）。

続く20年の間に，母親が乳児を惹きつけ喜ばせるときに使う独特な発話スタイルと乳児の発声とが詳細に分析されるにつれて，この話は発展した。人の話し声のプロソディ[5)]に通じる音楽的な音響特徴の知覚実験が，乳児にとどまらず胎児にまで行なわれた（Stern 1974; Alegria and Noirot 1978; DeCasper and Fifer 1980; Fernald 1985, 1989; Papoušek 1987; Trehub 1987; Hepper 1988など）。こうした動向が，それまで受け入れられていた乳児についての理論および成人の心の成り立ちの理論との両方に根底から挑むことによって，発達科学に変化をもたらした。「ソフィスティケイトされていない」乳児は生得的なスキルでコミュニケーションし，親から有無を言わせず共感的な反応を引き出したり感情の協同的なナラティヴ[6)]を生み出したりしていた。生後数か月で，乳児はモノの世界への興味を増大し共有し始めるようになり，モノでゲームを共有することを楽しむようになる。赤ちゃんは明らかに「生得的な間主観性[7)]」をもっており，これによって生後1年の間に文化的に規定された意味の学習に導かれるのだ。赤ちゃんは愛情と喜びの感情に統制された意識の共有の中にあり，このような意識の共有は，調整された動きのリズムというかたちで表現され，有意味な形式を与えられていた。本書の著者コルウィン・トレヴァーセンは，1979年に自分のラボラトリーで実施した生後6週のスコットランド人女児ローラとその母親の録音を音響分析することで，このことを実証した。ここでは，情動的に調整された模倣的な音声によって母親が娘を助け，乳児のクーイング[8)]を引き出し共有する時間の中に引き入れる様子が示された（Trevarthen 1984）。母－児間の遊びは知的で創造的であるというシンプルな前提からのあらたな発見という機会に魅力を感じた若き才能ある共同研究者たちの助けを得て，エディンバラでコルウィンは，人との交わりの中にあって意図と感情を共有しようとする乳児の動機の成長を追った（Trevarthen *et al.* 1981）。その間，スコットランドでもナイジェリアでも，ドイツでもスウェーデンでも日本でも，

---

4) たとえば会話であれば，一方が話して（発信して）いる間，他方は聞いて（受信して）待ち，一方が話し終わったところで役割交代して他方が話す。このように互いに反応を見合いながら，発信と受信の役割を交代すること。話者交代。
5) 発話において，声の高さや強さ，長さなどによって伝わる音声特徴。詳しくは，巻末の用語解説「音声特徴と音声分析」を参照。
6) 巻末の参考資料「ナラティヴ」を参照。
7) 巻末の参考資料「間主観性」を参照。
8) 巻末の参考資料「乳児の音声コミュニケーションとその発達」を参照。

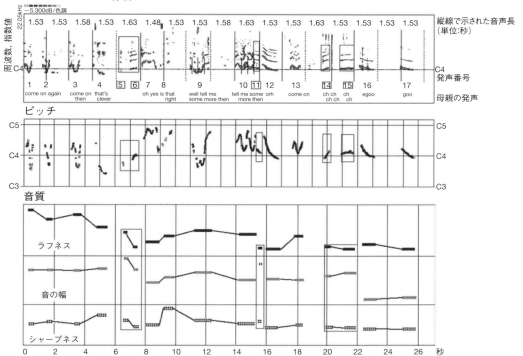

図1.1 生後6週間の女児ローラとその母親が一緒に話している場面についてのスペクトログラムとピッチ，音質のプロットである。その発声は基本周波数と倍音によりスペクトログラム上に示されている。母親の発声についてはスペクトログラムの下部に書かれている。

それぞれの発声については，発声のテキスト上部に番号が直接に付けられており，それらの番号は図1.2に相互参照される。C4で示したピッチ（261.63 Hz）は，スペクトログラム上を横切る水平線で示されている。そしてC4に沿って，C3とC5がピッチ・プロットに示されている。スペクトログラム上で長方形に囲まれた発声番号，発声，ピッチと音質の測定は，乳児の音声であることを示している。

縦線で記されている音声長はスペクトログラムの上部にある数字で示している。縦線は音響的に重要なものが生起したときに測定されており，例えば発声の開始から終了まで，ピッチの「湾曲」の上部から下部まで，もしくは言葉の強調部分などの場合である。断続線は音声的表現がないことを示しているが，その音声長は周囲の縦線の音長から推測できる。

ピッチ表記は小さい丸で示されている。音としてのピッチの強さを黒または灰色または白の丸で示唆しており，言い換えれば，これはその音が純粋な高調波スペクトルに近いかどうかを表している。丸の色がより濃くなれば，その音はより「ピッチを持つ」ことを明示している。

音質は音の多様な特質であり，音質の表記は3種の補完する音質測定によって示した。

音のラフネスは，音響的変動強度の度合いを測定している。音の幅は，音がどのように「拡大」，または「縮小」して聞こえるかの度合いを測定している。音のシャープネスは，音のスペクトラムに重みづけした変動強度と関連している。

母親の声は，彼女の赤ちゃんが発声するたびに，その音質が変化することに注目してほしい。全3件の赤ちゃんによる発声の直後，母親の声の音質がほぼ下降している。これは母親が赤ちゃんに対して，その声を聴いたよ，というシグナルを送るために，赤ちゃんの声に似せようとしている可能性が示唆される。詳細については1999年のマロック論文の説明と分析を参照のこと。（図はMalloch 1999より抜粋）［志村洋子 訳］

母親が乳児に対して同じようなリズムと抑揚で話しかけ，乳児が同調的に動くことを研究者たちは発見した（Fernald *et al.* 1989; Kuhl *et al.* 1997; Masataka 1993; Mundy-Castle 1980; Papoušek 1992; Papoušek *et al.* 1991）。

　新しい洞察がその後この研究にもたらされた。本書の著者スティーヴン・マロックがトレヴァーセンのもとで博士号取得後の研究プログラムを始めた1996年，エディンバラ大学心理学科の上階にある窓のないオフィスに座っていたときのことだ。マロックはトレヴァーセンが何年も前に録音した，母親と赤ちゃんが互いに「お喋りしている」テープを聞いていた。最初に聞いていたテープのひとつは，ローラとその母親の音声相互作用のものであった（図1.1）。

　　コミュニケーションの流れるようなやりとり，そして母親が赤ちゃんに語りかける歌うような発話に興味をそそられて耳を傾けていた私は，足をタップし始めていた。私は音楽の訓練を受けてきたので，音楽的な音を聴くといつのまにかビートを感じとるということにはとても慣れていた。母親の旋律的な発話がある種の音楽的特質をもっていることは，私にとって疑いのないものだった。私は，自分が人の発話に合わせてフットタッピングしていることに突然気づいた――そんなことはそれまで一度もやったことがなかったどころか，できると思いもしなかったことだ。私は何度もテープを再生し，ローラの母親の優しい声かけとそれに応えてローラが出すピッチのある声との中に，はっきりとしたリズム性と旋律的なやりとりを感じることができた。
　　これは私が博士号取得後の研究を始めたばかりのときのことで，何年も前に母子間コミュニケーションの音楽的特徴に言及したパプチェクらの研究をまだ読んでいなかった。数週間後，階下にあるコルウィンのメインラボに降りていく途中で，私が聞き取ったものを言い表す言葉「コミュニカティヴ・ミュージカリティ」がひらめいた。

　この旋律的でリズム的な共創造性を証明するために，相互作用からスペクトログラムとピッチ・プロット[9]が作成され，母親と赤ちゃん双方の発声の始まりと終わりの時間が正確に測定された（図1.1参照）。マロック（Malloch 1999）で報告したこの作業をもとに，コミュニカティヴ・ミュージカリティ理論は3つのパラメータ「パルス」「クオリティ」「ナラティヴ」の観点から整理されて説明がなされた。

　「パルス」とは，音声にせよ身振りにせよ時間の中で行動事象1つ1つが整然と継起することである。こうした行動の産出と受容という過程を通して，2人もしくはそれ以上の人が自分たちのコミュニケーションを調整したり，時間を共に過ごしたりすることができ，我々はこの過程があるから何がいつ起こりそうなのか予期できる。「クオリティ」とは，時間にともなって動く表現が輪郭をもったものを指す。これらの輪郭とは発声の心理音響学的な属性――音質，音高，強度――あるいは動く総体の方向性と強度という属性から成りたつ。クオリティのこれら属性は，手を振ると声の「急な動き」が一緒に起こったりするように，マルチモーダル[10]に共起することがよくある。ダニエル・スターンら（Daniel Stern *et al.* 1985）は，「生気の輪郭」という言葉でこのことを言い表している。パルスとクオリティが合体して，表現と意図の「ナラティヴ」を形成する。こうした「音楽的」ナラティヴがあることで，大人と子ども，大人と大人が，時間の経過を共に感じながら共感していることを実感しあい，状況に埋め込まれた意味を共有することが可能になるのだ。ローラと母親のやりとりの劇的ナラティヴ構造は，かれらのやりとりのピッチ曲線の形に見てとることができる（図1.2）。やりとりの開始時にはC4に集まっていた発声から，母親はローラの上昇する発声に影響されて突然ピッチをC5に動かす。この急な上昇は，発声番号9で母親のピッチが鋭く上昇することで「反復」される。ここから終わりにかけて，ピッチレベルはゆっくりとC4に降りて戻っていき，これはローラの下向きに動くピッチ（発声番号11）に反映される。図1.2を見ると，ナラティヴ構造は，序－展開－クライマックス－解決という物語の「古典的な」4部展開構造を思わせるものであることも示唆される。原会話の「詩的形式」，すなわちそのリズムとプロソディ

---

9) 巻末の参考資料「音声分析と音声情報」を参照。
10) 巻末の参考資料「モダリティ」を参照。

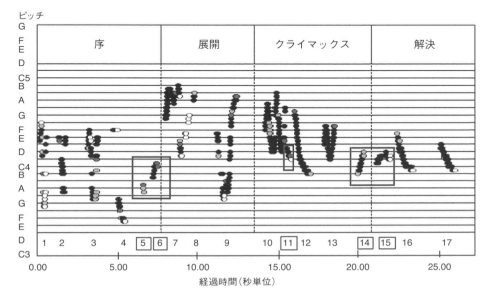

図1.2 写真はローラと母親の会話における表情を示している。ピッチ・プロットは図1.1に示したものの短縮版であり，ナラティヴが4部分すなわち序―展開―クライマックス―解決を体現しているさまを示している。発声番号は時間軸のすぐ上と表中にある（Malloch 1999より）

の規則性は，デイヴィッド・マイアルとエレン・ディサナーヤカ（2003）が認めているものである。

　コミュニカティヴ・ミュージカリティを論ずるにあたって，我々が「音楽性」とか「音楽的」といった語を特別な意味で用いていることは明らかだろう。母親と赤ちゃんの相互作用における「音楽性」と言う時，我々は有名作曲家や演奏家によるいわゆる音楽について語っているのではない。音楽は文化の力によって形づくられるものであり，ブラジルの熱帯雨林に住む部族の歌はベートーヴェンの交響曲とは全く違って響くだろうし，ベートーヴェンの作品はシュトックハウゼンのような作曲家の作品とは大いに違って響くだろう。我々が音楽性と言う時に意味しているのは，音楽の産出と鑑賞を可能にするよう

な人間の生得的な能力のことである（Blacking 1969/1995）。そして音楽だけでなく舞踊も，さらに宗教儀礼や上演芸術など時間芸術と見なされうるようなあらゆる営みの努力，「人間が真剣に演ずること」（Turner 1982）のすべてがこれにあてはまる。我々は音楽性を，文化学習への人間としての希求の表れであり，他者と共感的に動き，記憶し，計画する生得的なスキルの表れであると定義する。このスキルによって，無限に多様な劇的時間的ナラティヴの受け入れと産出が可能になるのだ——そのナラティヴとは，音楽や舞踊や詩や儀礼といった特定の文化的形式で成り立つこともあれば，お互いに静かに会話する母親と赤ちゃんの普遍的なナラティヴのこともあり，複数の大人同士や教師と生徒間の会話の底に流れる言葉のない情動的で動機的なナラティヴということもある——。実際の作業場面での協同がうまくいくためには，直感的に通じ合った理解の共有が不可欠である。音楽性を共有しているからこそ，我々は情動的な豊かさと構造的な関連性をもって意味ある時間を共有することができるのであり，喜びをもって予期したり想起したりしながらアダム・スミス（1777/1982）いうところの「模倣芸術」に参与することができるのである。

　本書の著者たちがコミュニカティヴ・ミュージカリティを探究するのは，この意味においてである。メヒティルトとハヌス・パプチェク夫妻（1981）が乳児のコミュニケーションに関する文献で「音楽性」という言葉を用いたのも，この意味においてである。パプチェク夫妻は自分たちが幼い娘との間で共有した発声を詳細に音響分析して，ペアレンティング[11]の「直観的音楽性」について述べ，それが乳幼児期の文化的言語的自覚の発達に果たす役割について説明した。1980年代を通じて彼らは，声に表された旋律や感情の表現を共有することが我々にとってどういう意味をもつのかを丁寧に説明した。本書はここから着想を得ている。

　1997年秋，"Musicae Scientiae" 誌の編者イレーヌ・ドリエージュは，エディンバラ大学音楽科の会議に出席して，トレヴァーセンと音楽心理学にかかわる問題，特に乳児が親と行なう声と身振りによる相互作用における時間的およびリズム的特徴について議論した。これが，リエージュ大学のURPM（音楽心理学研究ユニット）における共同研究につながった。1998年，「予期と認知と音楽」というテーマで開催された第2回CASYS（予測計算システム）会議に招待されて，ドリエージュとトレヴァーセンはURPMで「リズム，音楽的ナラティヴ，そして人のコミュニケーションの起源」に関するシンポジウムをおこなった。このシンポジウムの論文を収めた "Musicae Scientiae" 特集号はESCOM（ヨーロッパ音楽認知学会）から2000年に刊行されている（特集号は1999/2000）。ビョルン・マーカー，ベン・シェーグラー，マヤ・グラティエ，そしてマロックとトレヴァーセンの論文がここに含まれている。コミュニケーションにおける脳の時間的メカニズムを音楽の知覚と演奏に焦点を当てて報告したマルク・ヴィットマンとエルンスト・ペッペル，産後うつの母親の声における音楽性の変化とそれが乳児に与える影響について音響分析をおこなったルイーズ・ロブの研究も，ここに含まれている。

1.2　音楽性と自己のエネルギー

　コミュニケーションにおいて意味を円滑に伝え活性化する音楽性の力は，音楽療法とダンスセラピーにきわだって表れている。こうして自己をはぐくむということの中で音楽性が重要な役割を果たしていることをみると，音楽性が我々の生物学的－心理学的組成において本質的な役割を果たしていることがはっきりわかる（Trevarthen and Malloch 2000; Sacks 2007）。安定と予測可能性から新奇性と驚きへ，そしてまた安定と予測可能性に戻るという連なりをもつ音楽と舞踊は，他者との相互交渉が困難な人々に，安全で支えとなるような「いま，ここ」（Stern 2004）の環境を提供することができる。心的外傷をもつ子どもたちや，自閉症やレット症候群のように発達上の問題からコミュニケーション的に孤立して

11）親として子どもを育てる，子どもの世話をすること。

いる人々にとって，他者と音楽性で結びつくことは人間社会との命綱になりうる。たとえ相手が言葉をもたず，極めて制限されたコミュニケーション能力の持ち主であっても，音楽性を共有することで我々の意図は他者につながることができる。このことの中に，我々は他者と時間の中で交わろうとする我々の欲求がもつ力強い治癒的な本質を見る。事実や物への実際的行為を共有したいときに言語がその必要を満たすように，音楽性はコンパニオンシップ[12]を求める我々の役に立つ。ここで，イアン・クロスが音楽の「浮動する意図性[13]」として述べていることが参考になる（Cross 1999; 本書第5章）。クロスは次のように言う。音楽は，個別的で「微分化」された言語的意味がもたらす潜在的不一致の可能性（オーエ・ブラントが本書第3章で指摘している）を和らげ，協調的で具現化された時空間を共有する手立てを我々に与えてくれる。これによって，音楽は言語では伝えられないものを補う，と。我々は音楽や舞踏という具現化された時空間の中で「一致」することができても，言語による議論という客観的共有空間では互いが抱く「現実」の相違ゆえに不一致になったりする。1人と1人，あるいは多数と多数とを間主観的に関わり合わせるという音楽性の特質は，音楽性の治癒的可能性の本質である。

　パトリシア・エッケダールとビョルン・マーカーが論じているように（本書11章），乳児は遊びに参加することを通して自文化にいざなわれる。このいわば儀式的な学習環境の中で赤ちゃんは歌の身振りや「儀礼的」動きを習得して，自分が信頼する人にむけてプライドをもって披露する（Trevarthen 2002）。赤ちゃんは音楽的ジョークを理解し，人を笑わせる（Malloch 1999; Reddy 2003）。他者の行為のこうした特有の形式がはっきり意識され始めるのと同時に，赤ちゃんは見知らぬ人の前での間違いを恐れ，コミュニケーションがうまくいかないと恥ずかしがって引いてしまうようにもなる（Trevarthen 2002）。こうした恥，あるいは，はにかみは重要である。それは，親密で安定した身近な人々とともに生成し共有する文化的意味の成長を守るはたらきをし，間違いを限定的にするからである。創造的な芸術活動も含めた大人同士の関係や交渉もまた，相互作用しあう意思と想像とが動的にバランスをとりながら，このプライドと恥を結ぶ線上に生み出される（Scheff 1988），と我々は考える。このように，健全なプライドと恥は他者から認められたり誤解や判断されたりすることで生まれるわけだが，乳児であれ大人であれコミュニカティヴ・ミュージカリティの多彩な文化的ナラティヴを表現する能力がこの恥とプライドの次元上を流れるという点で重要である。いうまでもなく，社会環境からの求めに直感的に応えることなくこの次元上の片側に停滞することは，他者と意味を共有する我々の能力を深刻に損ない，人を衰弱させることにつながる可能性がある。母親の自己感覚が「停滞した恥」と呼べるような方向に向かって文化的に混乱することに起因する，妊娠中や産後のうつや孤独のケースがこれにあたる（本書第13章マーウィックとマレー，第14章グラティエとアプター＝ダノン）。我々は戦争が子どもたちにもたらす情緒的損傷の中に，成人の「停滞した恥」の反映を見る（本書第15章オズボーン）。こうした例では，音楽の力と人本来の音楽性が再び自由な流れを人の心にもたらす力を見ることができる。しかしこのプライドと恥の次元だけでは，コミュニカティヴ・ミュージカリティを通して調整される広範な人間の諸経験を十分説明することはできない。

　仏教などの東洋思想や，西洋の宗教哲学者マルティン・ブーバー（Buber 1923/1958など），そしてメルセデス・パヴリチェヴィックとゲイリー・アンスデルによる本書第16章などを手がかりとして，音楽や時間芸術の経験には，プライド－恥の次元とならんで，分離－つながりという次元も見出されると我々は信じる。パヴリチェヴィックとアンスデルが「協同的ミュージキング」[14]と呼ぶところのものを通して，人は本来的にもっているつながり合いを自覚するようになる。孤立していると感じる状態から，共同体の中の欠かせない一員であると感じる状態に変わるのだ。集合的な「私」の中で，主体性を失うと

---

[12] 巻末の参考資料「コンパニオンシップ」を参照。
[13] 巻末の参考資料「浮動する意図性」を参照。
[14] 巻末の参考資料「ミュージシャンシップとミュージキング」を参照。

同時に保持するという意味で「多重主観的」と呼ぶところの経験を，パヴリチェヴィックとアンスデルは述べている（p. 353）。イアン・クロスとイアン・モーリーが述べるように（第5章，p. 66），舞踊と音楽は逆説的な観点をもちうることで，この過程に貢献するだろう。ここで我々は，人のコミュニカティヴ・ミュージカリティが直角に交わる2つの次元の緊張関係の中ではたらくという1つのモデル（実際の経験を単純化したものにならざるを得ないが）を提案する。ひとつは我々の文化学習を支えるプライド－恥の次元（Scheff 1988）である。そしてもうひとつは分離－つながりの次元である。これは，我々と（おそらくあらゆる）他者との間の相互関係や「帰属」感を支え，社会での調和的な行為や巧みな対象操作ができると我々に感じさせる。両方の次元が，関係性への人の生得的な意識，すなわち個（一人称）と客体（三人称）の行為と経験の心理学に意味を与える「二人称心理学」にかかわる（Reddy 2008）。どちらの次元であっても，固定されたり「停滞」したりすることで，人にとっても人を取り巻く環境にとっても不和が引き起こされると我々は考える。人の健全な心理は，この交差する次元上を状況に応じて自由に流れるのである。

あらゆる色合いの情動をもってこうして「浮動」しエネルギーに満ちて「流れる」意志を，幼い子どもたちは遊びと学習両方にとってのエネルギーとインスピレーションの源として，そして「音楽文化」の本質的な部分として生き生きと経験する（Bjørkvold 1989）。教師でもある本書の執筆者たちは，寛大に共有しあう中での表現の生気を支持し，学習を盛り立てるためには大人が双方向的に意味生成する即興のリズムとアクセントに参加しなければならないと認め，そして教師と生徒の音楽性がカリキュラムを通じてどれほどかれらの教育実践の助けになっているかについて考えた。教育とは，動きを共有する時間の中で行為・発見・感情に意図的に参加することが求められる協同的な作業である，と我々は信じる。

1.3　二分法とこれからの道筋

人類が音楽する衝動の発見にみるコンパニオンシップは楽しく勇気づけられるものであったが，話は到底ここでは終わらない。我々の科学的興味はアリストテレスの昔からおなじみである神秘的二分法——心身の問題，そして共感という問題——に行きあたる。

- ◆我々の速やかで軽やかな思考が重く込み入った可動体である身体をどうやって動かすことで，行為が我々の自覚的ないわば喋る自我の精神に従うことになるのか。
- ◆我々は他者の身体と動きを，触れて・見て・聞いて・味わって・嗅いでしか知覚できないのに，個人内の一貫した意識をどうやって互いにわかちあい，互いに心の中をわかりあうのか。

これらの問いに答えようとするための第一歩として認めるべきは，我々がリズムをもって動くこと，そして同時にこの動きが「我々の内」に由来する時間を刻むことである，と本書の著者全員は確信している。我々は情動的な思い，いわば我々が音楽性と呼ぶところのものをもって，互いに測りながら語り合う。この音楽性が通じ合うのはなぜか。それは，我々は討論したり説明したり，客観的な現実として心が「外側に」再構成してつくりあげた想像力と希望に満ちた物語を説いたりするより前に，まず最初に人の動きの源をそれ自体として主観的に探知するアクターとして出会うからである。

人は調和的で統合的な時間管理のもと，すなわちエネルギーを統制する内発的動機パルス（IMP）[15]（Trevarthen 1999）のもとで動くと我々は確信する。脳は，リズムたちがひとつになった流れの規則に従うダイナミックな諸システムのネットワークであり，システムの効果的な働きをオーケストレーションして未来へ動機づけられた欲求を成就させたり，過去の経験を想起させたりする。そうでなければ，自分の身体の全筋肉が，過去の経験に基づいて未来に向けた気持ちや欲求を修正しつつ，今という瞬間に同時にあるいは次々とその力を発動したり行使したりしながら，協調して効率的に働くことはできな

---

[15]　巻末の参考資料「内発的動機パルス」を参照。

いだろう。意図はこうして現われ出るのであり，他者に探知されるのである。時間を作りだすこのIMPのもと共感的な調和と一致があってはじめて，我々は関わり合いの中で，言い換えれば社会的に協同することができる。このとき我々はIMPの緊張の特質や未来に向かう衝動や共有する旋律を尊重しながら，IMPのリズムで「いっしょに」踊っているのだ。

デイヴィッド・リーが示したように（Lee 2005; 本書第6章），動きおよび行為中の知覚の科学的分析は，我々が単なる情報処理者ではないことを示している。そうではなく，我々そしてすべての動物は意識的な情報のつくり手なのである。つまり，想定されるゴールとみなされる多様な可能性の世界で何が必要か見計らいつつ，時空間の中での自分の成長と動きの見通しを生み出すつくり手なのである。行為の共有によってこれらのゴールは意味を帯び，ヤーク・パンクセップが探究した生得的な情動の神経化学によって，我々は自分の人生経験に再帰的な価値を与えることができ，その価値を伝達することができるのである（Panksepp 1998; パンクセップとトレヴァーセンによる本書第7章）。我々にとって重要なことは，動く中で何が正しいと感じるか，行為の中で何が当り前になるか，ということである。

本書は端的にいえば，人の心と身体がいかに一緒に働き緊密に相互依存しているかについて，ひとつの考え方を探究するものである。それは，我々が共同体の中でいかに生命を共有し文化を理解するのかを精査することである。動機をもったリズミックな時間の中を生き，意味とつながりのエネルギーとハーモニーを共有する感情に合わせて生きるという意味において，我々は動きながら知り，思考し，コミュニケーションし，新しい事物を創造し，互いに思いやるように進化している――こうした我々の見解を支持する多くの種類のエビデンスを，本書は提示する。本書の著者たちは，ホワイトヘッド（1926），ランガー（1942, 1953），ギブソン（1979），レイコフとジョンソン（1999），そしてメルロ・ポンティ（1962）やフッサール（1964）ら現象学者たちの立場をとり，生体全体が動く中での，そして動く身体の感覚（Damasio 1999）の中での創造的な時間経験を，心と意識的知覚の理論の中に取り戻す。著者たちは，思考の客観的糧や言語の内容として知覚される構造と情報のインプットに現代心理学が注意を払い過ぎていることに対して，バランスを取りたいと考えているのだ。そして，動く意識を生成する直観的で主観的なプロセスについて，さらにこうした動機が間主観的に語ってくれる巧みで含意豊かな内容についての見解を発展させていく。

ここから先の道筋は，乳児と母親もしくは父親がいかに接触や視界や音によって自分たちの目的と感情を共有するのかを，予断のない好奇心で精緻に分析することによって開かれている。そして道筋を開いているもうひとつは，脳内に生成される一次的運動イメージの次元に関して運動科学から出されているエビデンスである。我々は動きながら生き，考え，想像し，記憶する。動きの本質と価値を捉えるために，我々は「音楽性(ミュージカリティ)」というメタファーを使う。動きながらの我々の経験はかならず共感的に共有されるということをはっきりとさせるために，我々はこの活動を「コミュニカティヴ」と呼ぶ。我々の学習，予期と記憶，そして話し言葉・書き言葉を含む無限に多様なコミュニケーションはすべて，我々が生まれながらにもつコミュニカティヴ・ミュージカリティによって生命を与えられると確信する。

（今川恭子訳）

引用文献

Alegria J and Noirot E (1978). Neonate orientation behaviour towards the human voice. *Early Human Development*, **1**, 291–312.

Bateson MC (1979). The epigenesis of conversational interaction: A personal account of research development. In M Bullowa, ed. *Before speech: The beginning of human communication*, pp. 63–77. Cambridge University Press, London.

Bjørkvold J-R (1989). *The muse within: Creativity and communication, song and play from childhood through maturity*. Harper Collins, New York.（ビョルクヴォル，福井 信子訳『内なるミューズ（上）（下）我歌う，ゆえに我あり』日本放送出版協会，2004）

Blacking J (1969/1995). The value of music in human experience. *The 1969 Yearbook of the International Folk Music Council*.

(Republished in P Bohlman and B Nettl, eds, 1995, *Music, culture and experience: Selected papers of John Blacking*. Chapter One, Expressing human experience through music.) University of Chicago Press, Chicago, IL.

Buber M (1923/1958). *I and Thou*. Translated by RG Smith. Charles Scribner and Sons, New York.（ブーバー，田口義弘訳『我と汝・対話』みすず書房，1978；植田重雄訳『我と汝・対話』岩波書店，1979；田口義弘訳『我と汝・対話 – 新装版』みすず書房，2014）

Bullowa M (ed.) (1979). *Before speech: The beginning of human communication*. Cambridge University Press, London.

Byers P (1976). Biological rhythms as information channels in interpersonal communication behavior. In PPG Bateson and PH Klopfer, eds, *Perspectives in ethology*, pp. 135–164. Plenum, New York.

Cross I (1999). Is music the most important thing we ever did ? Music, development and evolution. In SW Yi, ed., *Music, mind and science*, pp. 10–39. Seoul National University Press, Seoul.

Damasio AR (1999). *The feeling of what happens. Body, emotion and the making of consciousness*. Willam Heinemann, London.（ダマシオ，田中三彦訳『無意識の脳　自己意識の脳：身体と情動と感情の神秘』講談社，2003）

DeCasper AJ and Fifer WP (1980). Of human bonding: newborns prefer their mothers' voices. *Science*, **208**(**4448**), 1174–1176.

Fernald A (1985). Four-month-old infants prefer to listen to motherese. *Infant Behavior and Development*, **8**, 181–195.

Fernald A (1989). Intonation and communicative intent in mothers' speech to infants: Is the melody the message? *Child Development*, **60**, 1497–1510.

Fernald A, Taeschner T, Dunn J, Papoušek M, Boysson-Bardies B de and Fukui I (1989). A cross-language study of prosodic modifications in mothers' and fathers' speech to preverbal infants. *Journal of Child Language*, **16**, 477–501.

Gibson JJ (1979). *The ecological approach to visual perception*. Houghton Mifflin, Boston, MA.（ギブソン，古崎敬他訳『生態学的視覚論：ヒトの知覚世界を探る』サイエンス社，1985）

Hepper PG (1988). Fetal 'soap' addiction. *Lancet*, **1**, 1347–1348.

Husserl E (1964). *The phenomenology of internal time-consciousness*. (Translated by JS Churchill). Indiana University Press, Bloomington, IN.

Kuhl PK, Andruski JE, Chistovich LA et al. (1997). Cross-language analysis of phonetic units in language addressed to infants. *Science*, **277**(**5326**), 684–686.

Lakoff G and Johnson M (1999). *Philosophy in the flesh: The embodied mind and its challenges to Westernthought*. Basic Books, New York.（レイコフ＆ジョンソン，計見一雄訳『肉中の哲学：肉体を具有したマインドが西洋の思考に挑戦する』哲学書房，2004）

Langer SK (1942). *Philosophy in a new key: A study in the symbolism of reason, rite and art*. Harvard University Press, Cambridge, MA.（ランガー，矢野万里ほか訳『シンボルの哲学』岩波書店，1981）

Langer SK (1953). *Feeling and form: A theory of art developed from philosophy in a new key*. Routledge and Kegan Paul, London.（ランガー，大久保直幹訳『感情と形式』太陽社，1970）

Lee DN (2005). Tau in action in development. In JJ Rieser, JJ Lockman and CA Nelson, eds, *Action as an organizer of learning and development*, pp. 3–49. Erlbaum, Hillsdale, NJ.

Malloch S (1999). Mothers and infants and communicative musicality. *Musicae Scientiae* (*Special Issue 1999–2000*), 29–57.

Masataka N (1993). Relation between pitch contour of prelinguistic vocalisations and communicative functions in Japanese infants. *Infant Behaviour and Development*, **16**(3), 397–401.

Merleau-Ponty M (1962). *Phenomenology of perception*. Routledge and Kegan Paul, London.（メルロ＝ポンティ，竹内芳郎・小木貞孝訳『知覚の現象学』みすず書房，1967；中島盛夫訳『知覚の現象学』法政大学出版局，1982；同新装版，2009）

Miall DS and Dissanayake E (2003). The poetics of babytalk. *Human Nature*, **14**, 337–364.

Mundy-Castle A (1980). Perception and communication in infancy: A coss-cultural study. In D Olson, ed., *The social foundations of language and thought*, pp. 231–253. Norton and Co., New York.

Panksepp J (1998). *Affective neuroscience: The foundations of human and animal emotions*. Oxford University Press, New York.

Papoušek M (1987). Models and messages in the melodies of maternal speech in tonal and non-tonal languages. *Abstracts of the Society for Research in Child Development*, **6**, 407.

Papoušek M (1992). Early ontogeny of vocal communication in parent–infant interactions. In H Papoušek, U Jurgens and M Papoušek, eds, *Nonverbal vocal communication. Comparative and developmental approaches*, pp. 230–261. Cambridge University Press, Cambridge.

Papoušek M and Papoušek H (1981). Musical elements in the infant's vocalization: their significance for communication, cognition, and creativity. LP Lipsitt and CK Rovee-Collier, eds, *Advances in infancy research*, Vol. 1, pp. 163–224. Ablex, Norwood, NJ.

Papoušek M, Papoušek H and Symmes D (1991). The meanings and melodies in motherese in tone and stress languages. *Infant Behavior and Development*, **14**, 415–440.

Reddy V (2003). On being the object of attention: implications for self–other consciousness. *Trends in Cognitive Sciences*, **7**(**9**), 397–402.

Reddy V (2008). *How infants know minds*. Harvard University Press, Cambridge MA/London.（レディ，佐伯胖訳『驚くべき乳幼児の心の世界：「二人称的アプローチ」から見えてくること』ミネルヴァ書房（2015））

Sacks O (2007). *Musicophilia: Tales of music and the brain*. Random House, New York/Picador, London.（サックス，太田直子訳『音楽嗜好症（ミュージコフィリア）：脳神経医と音楽に憑かれた人々』早川書房（2010））

Scheff TJ (1988). Shame and conformity: the deference-emotion system. *Sociological Review*, **53**, 395–406.

Smith A (1777/1982). Of the nature of that imitation which takes place in what are called the imitative arts. In WPD Wightman and JC Bryce, eds, *Essays on philosophical subjects*, pp. 176–213. (With Dugald Stewart's account of Adam Smith, edited by IS Ross. General editors, DD Raphael and AS Skinner) Liberty Fund, Indianapolis, IN.

Stern DN (1974). Mother and infant at play: The dyadic interaction involving facial, vocal and gaze behaviours. In M Lewis and LA Rosenbum, eds, *The effect of the infant on its caregiver*, pp. 187–213. Wiley, New York.

Stern DN (2004). *The present moment: In psychotherapy and everyday life*. Norton, New York.（スターン，奥寺崇・津島豊美 訳『プレゼントモーメント：精神療法と日常生活における現在の瞬間』岩崎学術出版社（2007））

Stern DN, Hofer L, Haft W and Dore J (1985). Affect attunement: the sharing of feeling states between mother and infant by means of intermodal fluency. In T Field and N Fox, eds, *Social perception in infants*, pp. 249–268. Ablex Publishing Corporation, Norwood, NJ.

Trehub SE (1987). Infants' perception of musical patterns. *Perception and Psychophysics*, **41**, 635–641.

Trevarthen C (1984). How control of movements develops. In HTA Whiting, ed., *Human motor actions: Bernstein reassessed*, pp. 223–261. Elsevier (North Holland), Amsterdam.

Trevarthen C (1999). Musicality and the intrinsic motive pulse: Evidence from human psychobiology and infant communication. *Musicae Scientiae* (*Special Issue 1999–2000*), 155–215.

Trevarthen C (2002). Origins of musical identity: Evidence from infancy for musical social awareness. In RAR MacDonald, DJ Hargreaves and D Miell, eds, *Musical identities*, pp. 21–38. Oxford University Press, Oxford.

Trevarthen C and Malloch S (2000). The dance of wellbeing: Defining the musical therapeutic effect. *Nordic Journal of Music Therapy*, **9**(**2**), 3–17.

Trevarthen C, Murray L and Hubley P (1981). Psychology of infants. In J Davis and J Dobbing, eds, *Scientific foundations of clinical paediatrics*, 2nd edn, pp. 235–250. Heinemann Medical Books, London.

Turner V (1982). *From ritual to theatre: The human seriousness of play*. Performing Arts Journal Publications, New York.

Whitehead AN (1926). *Science and the modern world*. Lowell Lectures, 1925. Cambridge University Press, Cambridge.（ホワイトヘッド，上田泰治・村上至孝訳『科学と近代世界』松籟社（1981））

第1部

音楽性の起源と精神生物学

スティーヴン・マロック と コルウィン・トレヴァーセン

　音楽とダンスがもたらす楽しく冒険に満ちた経験は，人間社会に不可欠の部分である。まさにそれがどこにでも見られるものであるからこそ，そのことが当然視されるのであろう：人間であれば誰でも，踊りかつ歌うものである。とはいえ，我々は何ゆえまたいかにして音楽的なのだろうか？　快適な音を楽しむことと音楽性を巧みに創り出すことは，どのような進化史の産物なのか？　音楽やダンスを行なうことは我々の生存の一助になるのか，もしくはそれに必須だろうか？　そしてもし音楽性が人間であることの本質的な側面なのだとしたら，我々が人間として生き，「人間であること」を感じ，考えるにあたって，それ自体はどのように表現されるのだろうか？　我々の心理や生物性にはそれへのどのような基盤が備わっているのだろうか？

　第1部の著者諸氏は，進化理論と考古学的証拠，ヒトと類人猿の文化研究，記号論，生物学，数学と脳科学といった異なる立場から，こうした問いを発している。すべての章が共通にテーマとして強調しているのは，人間が協同でイメージして神話を作り上げ，社会関係を創出し維持するために，生得的な音楽性がこれまで果たしてきて今後とも果たし続けるであろうきわめて重要な役割である。社会関係をもつことで人は，独りで行うよりもより多くを達成し，考え，想像することができる。それは我々の人生を維持し，豊かにし，育んでくれるものである。エレン・ディサナーヤカ（第2章）は，互いに必要としあう2者間の行動的情動的協力のなかに，我々の音楽性の種が胚胎すると考えている。彼女がとくに母子の親密な関係を語ったのに対し，ペール・オーエ・ブラント（第3章）は，人の名前が持つ音の響きが，大人の恋愛関係の文脈の中でその人物を表すために重要であることを指摘する──その人物は，相手から特別な美または「意味」を持っていると見なされるのである。ペールが言うように，「人の名前が，個性の音楽性の視点から理解されるべきだということである…名前は情動（愛）を『意味する』，あるいは指し示す。その愛は，ある個人を初めてある人ならしめる」(p.32-33)。

　しかしながら社会関係は，2者間のアタッチメントについてのみではなく，集団成員間についてのこともある。全ての著者は，音楽性が集団の凝集性を促進する際に果たす重要な役割と，集団の社会史において認めることのできる空想による創造性を強調している。エレン・ディサナーヤカは，音楽とダンスを含む集団の儀式がもつ，宗教的な信念と実践を支えつつ未知なものに対する不安を軽減させる機能について書いている。ビョルン・マーカー（第4章）は社会的な心の進化を考える上で，人間と動物，とくにトリのいくつかの科に顕著に見られる発声学習がいかに重要であるか指摘する。彼は，人間の心の産物である身振り，ピッチ，リズムという要素から音楽とダンスのディスプレイが構成されており，

それによって我々の際限なく入念に作られた儀式的文化が情緒的に彩られていること，それは実用的ではるかに単純な模倣を貧弱にしかできない近縁の類人猿と比べて，ヒトを彼らから決定的に分かつかつ特徴であることを論じている。彼は，そのような複雑な儀式的活動が言語における意味の比類なき発明性を可能にしたと信じている。

> （人間の）儀礼を通してみると，生命の中核的な関心事は，素敵なドレスと複雑な身振りに装われている。これは，生命がたった1本の糸で吊るされているのではないこと，単に生命自体の維持のために必要とされるものを越えるような資源があること…の具体的かつ生き生きとした証しとなっている
>
> （本書p. 50）

ビョルンは，とくに子どもにおける音楽性の儀式の発達（第11章のマーカーとエッケダールに詳述）に関する新たな研究を生み出すような音楽的創出の進化理論にむけて問題提起した。

社会がその団結とその成員間の相互サポートを守るひとつの方法は，非対決的な相互作用の儀式化である。社会関係は協力を促すように進化する（AxelrodとHamilton 1983）。イアン・クロスとイアン・モーリー（第5章）は，このセクションの著者全員と同じく，音楽を身体化された表出運動と考え，特に楽しい社会的まとまりを育む上で，音楽の意図への曖昧な参照と音楽の創出における不確かさの処理が果たす役割を指摘している。言語における特定化された参照とは対照的なこの曖昧さもしくは「浮動する意図性」こそが，我々の社会的環境において音楽が果たすユニークな貢献である。浮動する意図性とは生身の身体が生み出す経験である：「音楽的経験の最も重要な決定要素は，知覚した音が人間の動く身体において体験された時間的構造にどう当てはまるか，ということなのかもしれない」（p. 69）。

もし我々が身体を「通じて」音楽の形態や意味を知覚するならば，それはいかに生じるかという問いが成立する。デイヴィッド・リーとベンジャマン・シェーグラー（第6章）は，タウ理論による数学的検討を通じて，この過程——声であれ手であれ全身であれ，ある位置から別の位置へと「予期的意識」によって洗練された形で生じる動きのまさに全過程——を支えているところの，身体と脳においてつくり出される精神生物学的普遍性を指摘する：「結局のところ，知覚と認知は，動機付けされた心理学的時間…を生みだすことと固有の関連性を持っており…それは全ての動物の社会的コミュニケーションのカギとなるのである」（p. 79）。ヤーク・パンクセップとコルウィン・トレヴァーセンは，他の動物において生命を支える情緒と行動とその神経化学的基盤に人間の複雑な音楽性を関連づけることを通じて，動物生活における感情生物学（アフェクティヴ・バイオロジー）の普遍性を検討した（第7章）。遊んでいるラットの赤ん坊や子どもにおける笑いの伝染，傷ついた子犬や子どもの泣き声，孤独なニワトリや恋人の悲しい呼び声，オオカミや怒れる親の怒鳴り声，ワシの悲鳴や運動選手の勝利の雄叫び，身振りにともなうリズムの変化，これらはすべて我々が脳の深部において他の動物と共有する神経化学から発生する。それは我々の関係の中でも，我々の芸術や仕事におけるユニークな共同製作においても活性化する：「（これらの普遍的な特徴は）音楽がどのように我々の社会生活を支えているのか，そして音楽への選好が社会における我々の『アイデンティティ』をどのように定義しうるのかを説明する助けになるだろう」（p. 102）。我々が好む形態とは，集団で美を共有するという必要を通じて皆から承認を得てきたものなのである。それらは私たちの儀式としてかけがえのないものとなる。

ロバート・ターナーとアンドレアス・イオアニデス（第8章）は，身体内過程，とりわけ生き，思考し，知覚し，活動する人間の脳全体において見出されうるダイナミックな身体内過程に再度目を向け，脳機能画像の文献をレビューした。そして生得的な音楽性やそれが発話や言語と関係する可能性に関していかに新しい情報が収集されつつあるかを示している。この新たな科学の分野において，音楽とダンスの時間的要素や，それが作るリズムとその知覚は，神経組織の統合的活動の発見につながる方法を明らかにしうるだけでなく，人間の脳が多種の基本的な精神過程の夥しい要素配列を同時処理するという理論

にも道を開くものである。オリヴァー・サックスが音楽嗜好症(ミュージコフィリア)で議論したように（Sacks 2007），我々の脳はその中に深く埋め込まれた音楽的過程を，通常のコミュニケーションとプロの音楽活動の基本的な過程として持っている。この本質的にコミュニカティヴな過程は想像力を刺激し，創出する力を呼び覚ますか，もしくは意識の尋常ではない混乱へと導きうる；それは混乱した動機や思考，社会感情をもった個人が自分の心のコントロールと他者との親交を回復する手助けとして用いられうる（第3部の各章を見よ）。

（根ケ山光一訳）

引用文献

Axelrod R and Hamilton W(1983). The evolution of cooperation. *Science*, **211**, 1390–1396.
Sacks O (2007). *Musicophilia: Tales of music and the brain*. Random House, New York/Picador, London. （サックス，大田直子訳『音楽嗜好症（ミュージコフィリア）：脳神経科医と音楽に憑かれた人々』早川書房，2010）

第2章

根，葉，花，または幹：
音楽の起源と適応的機能について

エレン・ディサナーヤカ

2.1　はじめに

　芸術の適応的機能についての考え方に関する初期の研究（Dissanayake 1994）のなかで私は，「群盲象を評す」という古い比喩を引き合いに出して，ゾウの胴がその耳や尻尾と異なるのと同様に，芸術もさまざまな特徴から成り立っていると述べた。だが芸術の機能（または起源）の問題を適切に議論するためには，より全体を捉える視点を持たねばならない。

　そのことは「音楽」でも同じことだ。音楽は「芸術」と同じく，多くの社会，あるいは我々が音楽や芸術と呼びうるものに明確に従事している人たち[1]の間においてすら，単一の言葉や概念ではない。本書の編者や著者と同様に，私のここでのテーマはコミュニカティヴ・ミュージカリティ（複雑で多面的ないわゆる音楽というものについての新たな思考の道筋を与えてくれる用語）としての音楽である。この本のエッセイはすべて，音楽性が音楽を含めた人間のすべてのコミュニケーションの基礎になる精神生物学的能力であるということを実証しようとしている。それは人間性の共通特性として進化してきた。人間性の要素つまり人間を人間たらしめている部分として，音楽性と音楽自体，進化的な起源と機能を持っている。言語能力や道具製作と同じく，それらはもともとは存在していなかった。どんな先行能力から，なぜそれらが生じたのだろうか？

　音楽の起源として進化によらない説明はおそらく何千年も昔から存在する。たとえば私たちは，多くの文化においてそれが複数の，もしくは特定の神の贈り物とされてきたと理解している。しかしながら，啓蒙主義の影響を受け，とくに19世紀後半におけるチャールズ・ダーウィンの理論の出版以降，より「科学的」で擬似進化的な起源と機能の議論が登場した。音楽の起源と機能に関する私自身の仮説を提示する前に，これらと最近の2つの進化論的提案について紹介しておくことは無駄ではない。

　私の議論をまとまりのいいものにするために，ここでは大きな生物として動物よりも植物の比喩を用いる。「小学生たちのなかで」という詩で　ウィリアム・バトラー・イェイツはこう問うている，

　　ああ　栗の樹よ，深く根を張りつつ花を咲かせるおまえよ
　　おまえは葉なのか，花なのか，それとも幹なのか。

W.B.イェイツ（1928）

---

1) 専門家。

巨大な根を持つ音楽性全体から発生したものとして音楽を理解しようとする場合，初期の擬似進化論的推論は個々の葉であり，現在の進化心理学からの有力な理論は花（性的パートナーを引きつける装飾としての音楽），そして——議論のために詩的な自由裁量もしくは駄洒落にこだわるならば——こぶ（他の適応からの非適応的な副産物としての音楽）であると私は考える。イェイツがさまざまなパーツの寄せ集め以上のものを暗示したように，音楽とは栗の木全体を支える幹になぞらえられるというのが私の仮説である。この本の他のエッセイで描かれているように，コミュニカティヴ・ミュージカリティは木全体に栄養を供給する根である。比喩とはいつもそういうものだが，読者諸賢には私がここで述べることを寛大に受けとめ，どうか拡大解釈しないでいただきたい。

2.2 葉：初期の推論

19世紀後半になって，音楽についての記述には進化的起源と今日で言うところの適応的機能への推論（実際の音楽の効果をもとにしたものが多かった）が含まれるようになった。これらの示唆は科学的仮説というよりも，「原始」社会の音楽行動の観察に大きく由来するアイディアであった。周知の通り，ダーウィンの自然淘汰説は人間についての考え方に与えた影響が大きく，その影響は必ずしも好ましいものばかりではなかった。ダーウィン理論の誤解と誤用にもとづく「進歩」「改良」の考えは，人種差別主義者による人間の社会的知的差異に対する「説明」に利用され，人間進化のテーマをすっかり人種的偏見と自民族中心主義で汚してしまった（Degler 1991）。それから1世紀経って，何人かの人道主義者や社会科学者までもが人間行動の進化的起源と機能について意見を表明するにいたり，人間の本性という概念そのものが疑いの目を持って見られるようになっていった。

それにもかかわらず私と同僚は，さまざまな芸術に関する適応主義的研究に携わり，その進化的起源ととりわけ適応的機能について可能性のある仮説を提示しようとしている（たとえば，Aiken 1998; Brown 2000a, b; Carroll 2004; Coe 2003; Dissanayake 1995/1992, 2000a, b; Miller 2000a, b; Mithen 2005）。初期の理論化が当初人間の個人や社会に音楽を創発するもしくはそれを促すものをつきとめなくてはならないと考えていたわけではないにしても，先人の行った示唆は有益な出発点となる。本稿では音楽の栗の木にちなんで，音楽の起源と機能についての諸々の示唆を，木に栄養を送りカサカサと快い音をたてたあと役割を終えて脱落する葉にたとえよう。

18世紀末から現在にかけて，人間の音声表出とコミュニケーションが音楽の生物学的起源と機能に関する最大の推論の対象となってきた：たとえば，強い感動や警戒を禁じ得ない感情的な怒り——嘆き，むせび泣き，助けを求める声，興奮して乱高下する話し声，歓喜の叫びなど（Combarieu 1894; Lacépède 1785; Spencer 1857）——それらはアイブル＝アイベスフェルト（1975, pp. 498-499）が後に「生得的解発機構」と呼んだものである（本書第7章のパンクセップとトレヴァーセンを参照）。

さらに，音楽の起源をリズム音（Rowbotham 1880）や，運動への一般的な欲求による（Wallaschek 1893）もしくは網を引いたり穀物を挽いたりする作業を促す（Bücker 1899）ときのリズム欲求に求める理論家もいた。また「音楽」というにはリズムだけでは足らず，音と音程が必要という研究者も存在した（Hornbostel 1975; Stumpf 1911）。

音楽の起源はまた，動物の鳴き声やトリのさえずりを真似た狩猟のコール（Lucretius 1937, in Rowbotham 1880, p. 661; Geist 1978）；谷や遠隔地間での掛け声（Hall-Craggs 1969）などの信号（Révész 1941; Stumpf 1911）；遊び（Bücker 1910）；ダンスや祭の興奮への伴奏（Stumpf 1911）など，人間の活動に伴う音にあるという考えもあった。これらの音は，作業や儀式を容易にし調子をとるという社会的目的を獲得し，より洗練されたものとなっていった。

他には，同じ音節でもピッチが異なれば意味が変わる（Kuttner 1990; Schneider 1957）中国語やヨルバ

語[2)]のような音調言語や，言葉を話し始める前の赤ん坊の喃語（McLaughlin 1970における引用）など，人間の発話自体に注目する理論もあった。人間進化の歴史の中で音楽が先か（Darwin 1874; Monboddo 1774; Rousseau 1761），それとも言語が先か（たとえばPole 1924/1879; Spencer 1857）は，今日まで長らく続いている論争である。

　これらの示唆はそれなりにあるものの，それはしばしば美的体験についての西洋的憶測に影響された，基本的に机上の推論でしかない。たとえばマックス・ウェーバー（1958, p. 40）は，西洋先進国の音楽の奇妙な合理的特性について，「原始的音楽」（「純粋な美的楽しみ」のためにではなく，社会的に重要で実際的な目的——厄除け（保護）や祈祷——のために使われた）と対比させて書いている。

　今日研究者が芸術の適応機能というときは，その対象は大部分視覚的芸術か文学であって音楽ではない。最初の「文学」（口承文学）に関していえば，それはおそらく歌や動きと分かちがたく結びついており，声楽と最も初期の暗唱や弁論との間には共通の進化的起源や適応機能を想定できる。進化における音楽の位置づけについてしっかりした根拠のある仮説は，ブラウン（2000a, b），クロス（2003），ディサナーヤカ（2000a, b），ヘイゲンとブライアント（2003），ヒューロン（2001），マーカー（2000），モーリー（2002），ミラー（2000a, b），ミズン（2005）など限られている。ピンカー（1997, 2002）は，音楽は適応ではないと主張する（本章2.4節）。このエッセイではこれらの仮説を比較したり評価したりするつもりはない。ただし，ミラーとピンカーのものは社会の関心を呼んだものなので，それについて次の2つの節で検討しよう。

2.3　花：性的装飾と高コスト・シグナルとしての音楽

　芸術に関して広く普及した適応主義の仮説は，とくに性淘汰理論から音楽のことを論じたジェフリー・ミラーのものである（Miller 2000a, b）。木に咲く花は繁殖に必須で，通常目立つため，性淘汰仮説を音楽性の「花」として扱う。

　ミラーは音楽についても他の芸術についても，とくに進化的起源を示唆しているわけではない。彼は，人間の音楽が求愛のディスプレイとして進化したのかもしれないというダーウィン（1874）の示唆から始めて，進化心理学の最近の理論的定式とくに「高コスト・シグナル」理論として現在受け入れられているダーウィンの「性淘汰」理論の現代的理解を引き合いに出している。紙幅の関係でここでは，これらの考えの概要しか述べることはできない。

　ダーウィンは，他種の動物における身体の明らかに無用な装飾的飾り立て，とくに雄の鳥の美しく彩られて目立ち，ときに大型化したトサカ・尾・翼・その他の身体部位をとりあげ，人間の芸術が，文化によって異なるものの，それと同類ではないかと考えた。そもそもそれらはどうして進化するのか？不必要な羽をもつことで（音楽やそれ以外の芸術も一見そうだが），餌を見つけたりつがったり休憩したりといった明らかにもっと有用な活動を行う際に時間とエネルギーが奪われる。その上，それは他者の目を引きやすく，捕食者を引きつけさえする。重い角や大げさな尾は移動の妨げとなり，生命維持に必要な活動にエネルギーを注ぎにくくなる。それらは適応度を下げこそすれ上げることはない。

　ミラーはこの明らかな問題に「高コスト・シグナル」理論（Zahavi and Zahavi 1997）を適用する。鳥や動物の装飾は，貧弱な雄だとその誇示に必要な力と活気を「偽装する」ことはできないため，自ずと彼らの高い適応度を示していることになる。そのような遺伝的優位性のシグナルを好み（つまり美しく快いと感じ），そのような雄をつがいの相手として選ぶ雌は，同じように優れた雄の子どもと，同じ好みを持つ雌の子どもを産むであろう。世代が継続されると，明らかに負担であるにもかかわらず，こういった装飾は「選択され」種の特性として定着する。ミラーは同様に，人間の音楽（歌・ダンスとそれをうま

[2)]　アフリカのニジェール・コンゴ語族に属する言語。

く行う技巧）も女性による性淘汰を通じて進化してきたと主張する．

　雌は明るさ，トサカの高さ，尾の激しい振動，最も装飾的なあずま屋，最も複雑で朗々たるさえずりなど，何であれ最も華々しさを備えた雄を選ぶのであり，このモデルは競争を抜きには語ることができない．鳥の雄はしばしばなわばりやつがい相手を巡って，さえずりやディスプレイで直接に競い合うし，また他のより優れた求婚者に雌がなびいてしまわないようにその雌の前でパフォーマンスする．

　雄が音楽行動をディスプレイとして用いて競争するというミラーの仮説は，ここで簡単に紹介しただけではあるが，それを支持する証拠がある．全てではないにしても多くの社会で，若い男性は歌とダンスによって自分の元気や美や性的望ましさを示し，それや他の特技によって地位を勝ち得る．ミラーが生まれた頃に，クルト・ザックス（1962）は「未開社会」における音楽の競争的使用を報告した：チペワ族[3]では歌い手の「声域の広さ」を賞賛する；ハワイでは胸を利用した深く力強い共鳴が評価される；キクユ族[4]の女性は笛の名手を飲食で讃える（1962, p. 134）．トロブリアンド諸島[5]では上手な歌い手の男性は女性を得ることに成功する：「喉は膣（wila）に似た長い管で，その2つは互いに引きつけ合う．美声の男性は女性を好み，また女性も彼を好む」（Malinowski 1929, p. 478）．似たような例は他にもたくさん見つけることができる．

　しかしながら私は，女性を巡る男性の競争的ディスプレイが音楽の起源ということはないであろうし，またその第一義的な機能でもないのではないかと思う．まず，動物界における「音楽性」は雄間の競争だけではなく，単婚のペアの絆となわばり維持のためにもよく用いられる——たとえばテナガザルのデュエット（Geissmann 2000; 本書第4章のマーカー）や両性が参加するツルなどの求愛の「ダンス」などがそうである．スギヤマとスカリーズ・スギヤマ（2003, p. 182）が主張するように，高コスト・シグナルはつがい以外の目的でも「ときに多様なメッセージを送ることができる」．音楽やダンスを含めて負担のかかる儀式の芸術では，スキルや男性の競争ばかりではなく，血縁・寛大・社交（Ottenberg 1989, p. 180）や集団の名声（van Damme 1996, p. 270）が示される．なぜならば集団も個人も高コスト・シグナルを示すからである．過剰と負担は「私を見よ，こんなに贅沢に耐えられる」というメッセージのシグナルであるばかりではなく，「私（たちの集団）はこのメッセージを重んじており，口にしたことには金を惜しまない」ということも伝えている．高価でまれな，あるいは手間のかかる工芸品や衣装，構築物，演技による儀式のパフォーマンスにおいて自分の時間・物・資源を提供することは，その儀式がもたらそうとしている成果を達成しようとする情熱と力を集団メンバーに見せつけることになる．このように芸術で満たされた儀式は，雄の負担なディスプレイのごとく贅沢で無駄で病理的なことと見えるかも知れない．しかしそれはおそらく異性とつがう際の有利さとは異なる適応性を持っている（本章2.5節）．

　ミラーの仮説では，創造性と技巧が他を欺くことのできない能力であり，音楽とダンスがその証拠である．しかしながら，独創性はいくつかの社会においてそれ自体で評価されるのに対し，人間の典型的な芸術は特異というよりも，むしろ保守的である（Coe 2003）．それは祖先または超自然的な魂に由来し，意図した通りに働くよう正確に再現されねばならない．技能も，通常は賞賛されるが嫉みも生みかねない．コールとアニアカー（1984）は，ウムンゼ・イグボ[6]の割れ目太鼓の某彫刻師はとても技巧が優れていたのがたたり，より大きな太鼓を他の村のために彫ることがないように殺害されたという（van Damme 1996, p. 348）．バウレ族[7]では，彫り手は通常は身体障害者で，農耕ができない（van

---

[3]　アメリカ合衆国及びカナダの先住民族．
[4]　アフリカ東部地域に住む民族．
[5]　ニューギニアの東部沖にある島々．
[6]　ナイジェリアに住む部族．
[7]　コートジボワールに住む民族．

Damme 1996, p. 232)。これらはおそらく例外的なケースであるが，音楽が男性の適応度を示すサインであるという法則の証拠として解釈されうるかもしれない；しかしながら少なくとも視覚的芸術においては，男性によるディスプレイは芸術のただひとつの（しかも最重要ではない）機能にすぎないということを示している。

前近代社会の音楽と他の芸術には，性淘汰機能の妥当性を疑わせる文脈と使用法がたくさん見られる。それらはしばしば，片方の性のみからなる集団内でディスプレイされ演奏される。年老いた男性または女性が最高の芸術家もしくは演奏家とみなされるかもしれない。どこの民族学博物館でも，展示物の工芸品をひと目見れば，その工芸品やそれとセットの音楽は，性的関心をひきおこすのと同様に，恐怖や畏敬の念を惹起する場面でよく用いられることがわかる。

スティーヴン・ブラウン（2000b, 2002）は，性淘汰理論を音楽に厳密に適用することへのもう一つの問題を指摘した。ダーウィンの理論は性的二型[8]的な特性を説明するためのものであった——上手なさえずりで相手の注意を喚起し仰々しい飾りを持つのは雄の鳥である。しかしミラーは男性の音楽作りを強調するものの，人間の音楽能力は女性にも等しく備わっていると記しているし，ふつう両性ともに音楽を創作する。東アジアのいくつかの社会では，たとえばモソ族[9]のように（Namu and Mathieu 2003）求愛時に少女が主な歌い手となる——そしてモン族[10]（Catlin 1992），クム族[11]（Proschan 1992），マラナオ族[12]（Cadar 1975），モソ族（Namu and Mathieu 2003）など他の多くの部族において，求愛中の2人は互いに掛け合いで恋愛対話を交わして，身体リズムを調整したり身体的情緒的な相性をチェックしたりする。

ミラーの仮説は極めて高い才能についてのものであるが，音楽性は一握りの巨匠に恩恵が限定されるのではなく，全ての人が恩恵に浴するものである。その仮説は全般に，音楽というよりも巨匠の才能と大きな脳を持つことの利点について論じている。ミラー（2000b）は，人間の脳の産物を全て性的シグナルの形態として扱っているのであって，もともと音楽（もしくは芸術一般）に適用される認知的機能というものを提唱しているわけではない。他の技能やディスプレイ行動ではなく固有な特性によってしか充足されないような認知機能は必要としていないのである（Carroll 2004, p. xxi）。

性淘汰説のもう1つの大きな困難は，民族音楽学のパイオニアであるジョン・ブラッキングが強調している通り（たとえばBlacking 1995, p. 31; 本書第16章のパヴリチェヴィックとアンスデル，本書第24章のディサナーヤカ），世界中の音楽でまったく自明な事実であるにもかかわらず，その説には音楽を協力して用いるとする余地がないことである。スティーヴン・ブラウンが「他の音声コミュニケーションの性質と比べて，音楽の最も顕著な2つの特徴はピッチの混合と時間的な同期の使用である」と指摘している（Brown 2006, p. 297）ことは重要である。これらの特徴は個人間の調整と協力を促し，また競争的相互作用からは生じにくい。ブラウンはこれら2つの認知的能力が，集団の個人同士の調整と情緒的統合のために進化してきたのではないかと推察している。

2.4 こぶ：機能をもたない副産物としての音楽

ウィリアム・ジェームズ（1890, p. 419）は音楽を，「目的論的には意味を持たない，神経系の単なる偶然の特異性」と考えた。その1世紀後スティーヴン・ピンカー（1997）は，ジェームズや，それと同じく芸術は他の適応に由来する余計な副産物であると考える人たちに共鳴している。それはむしろ皮脂膿

---

[8] 雌雄間で形態や行動が異なる性質。
[9] 中国雲南省に住む民族。
[10] 中国，タイなどの山岳地帯に住む民族。
[11] ラオスに住む民族。
[12] フィリピンに住む民族。

腫や腫瘍のように，木の幹に半球状に生じた木の派生物またはこぶのようなものだろうというわけである。この見解の典型的な例は，ピンカーのストロベリーチーズケーキのたとえだ。人間がそれを好むように進化してきたのは，砂糖と脂肪が乏しい更新世において，もし手に入るならば高カロリー高エネルギーの食物は塊茎や葉よりも有利だったからである（そのような食物へのこういった祖先由来の選好性は今日，適応的機能をほとんどもしくはまったく失っており，むしろ過剰摂取は不適応ですらある）。砂糖や脂肪，アルコール，違法ドラッグ，自慰，ポルノと同じように，音楽を含む芸術も他の文脈では適応的であった（ある）欲求を利用しているにすぎない。それらは機能をもたないが，それでも我々に「快ボタンを押させてくれる」ので，これらの濃縮された感覚・精神的喜びの摂取を好むのである（Pinker 1997, p. 525）。

　ピンカーのたとえは巧みで面白い。音楽は食のように，ときどき耽ってしまう。しかし，小さな自給自足社会に多種多様な芸術が存在することはよく知られているし，旧石器時代の祖先がフランスやスペインで，洞窟の奥深くに芸術性豊かな行動の証拠を残しているのは，芸術の創出と経験が単に快ボタンを押すことではないことを雄弁に示唆している。挽歌，葬儀芸術，暗く湿って狭い洞窟を1キロも，壁面にバイソンや他の動物を描く（もしくはそれを見その前で儀式をする）ために這って行くこと，こういったことはどれも気晴らしや楽しみですることではない。儀式の行動のために，厖大な時間・人的エネルギー・物質資源（そこには音楽，ダンス，視覚的装飾，文学表現が全て混ざっている）が貢がれる。歴史上もしくはときに有史以前を含めて，夥しい数の人間社会においてそういったことが皆の関心を集め持続的になされてきたという事実は，快のみがその唯一の理由ではないし，それどころか最大の理由ですらないことを示している。音楽は人々に，仲間感覚，約束，厳粛さ，悲哀，超常性の予感などさまざまな情動状態を引き起こす。それは自己満足的な快には還元されえないものである。

2.5　幹：原音楽（プロトミュージック）から音楽へ

　音楽の進化的起源と機能についての私の論点は2つの部分，つまり原音楽的段階と音楽的段階にわかれる。私はここではそれを，コミュニケーションにおける音楽性に根ざし時空間に広がる栗の木の幹にたとえる。

2.5.1　コミュニカティヴ・ミュージカリティにおける原音楽

　私は，人間の原音楽的能力が，進化の中で直立歩行と脳の大型化という矛盾する解剖学的変形を遂げた結果に部分的に起因するのではなかろうかと思う。2足直立によって，もともと4足歩行に用いられていた骨と筋肉に変化が生じた。その変化は骨盤の狭窄を含み，母親と脳の大きくなった乳児の両方に分娩時の困難さをもたらした。それは160万年前までに十分に進行していた傾向である（Falk 2004, p. 499）。その解決（ないし妥協）は，乳児が徐々に未熟の状態で生まれるようになるという進化であった。ヒト科の赤ん坊は進化的時間のなかで，他の霊長類よりも出産時にはるかに無力になっていった（Dunbar 1996, pp. 128-129）。

　出産と授乳において，オピオイドやオキシトシンといったホルモン[13]の分泌は哺乳類の母親が彼女の乳児の世話に専心することを保証した（Miller and Rodgers 2001; Pederson et al. 1992）。しかしながらヒト科の母親が無力で手のかかる子に何年もの間いつも進んで注意を向け世話をするのを保証するためには，他にも付加的な保険が必要であっただろう。出産後まもなく（少なくとも早くも4週間のうちに）世界中どこでも，人間の母親と乳児が2者間で行動と情動を調整して種特異的相互作用を行えることは，マロックとトレヴァーセンが提唱する「コミュニカティヴ・ミュージカリティ」によってしか説明は不

---

[13]　巻末の参考資料「内分泌および神経伝達物質補足説明」を参照。

可能であろう（本書第7章のパンクセップとトレヴァーセンを参照）。この相互作用は「マザリーズ」または「対乳児発話」における抑揚のある単純な言葉かけ以上のものであり，特別な顔面表情と頭や胴体の動きを伴う。

「音楽性」とは適切なラベルである。なぜならば，その相互作用はさまざまな時間の流れのなかで，メロディの音声輪郭，リズミカルで規則正しい発声と体動，大小・上下などの空間的多様性と早遅・長短などの時間的多様性，表出的で力動的対比といった音楽的特徴を利用しつつ，バウト（句）が「休止」と静寂を伴いながら組織化されているからである。相互作用は母親のマルチモーダル[14]な（もしくは多チャンネルの）「パフォーマンス」であり，そこでは音声，顔と身体の動きが一緒に共通のパルスによって時間的に組織化された形で生じる。

母子相互作用はよく研究されているテーマだが，私はそれが音楽の進化に関わっているという仮説をもっている。それには相互に関連し合う次の3つの調査が求められている：(a) 母親によって示されるシグナルの顕著性; (b) その刺激に対する乳児の強く生得的な感受性；そして (c) コミュニケーションに対するその乳児の積極的関与。母親によって「パッケージ」としてマルチモーダルに用いられる視覚・聴覚・運動的要素は，大人に対して行うコミュニケーションシグナルを単純化し，反復し，誇張し，入念にしたものである。それらは注意を喚起するために刺激と強調を必要とする未熟な赤ん坊を引きつけ，その関心を維持するために必要と思われがちである。しかしながらこう言ってしまうと，これらのシグナルを惹起し適切に選好するという赤ん坊の役割をないがしろにしてしまう。そのやりとりは興味深いことに，大人が通常の好意的で社会的な相互交渉で互いに用いる愛情表現（口を開け，瞬きをし，ほほえみ，見つめ，頭を後ろに引き，身体を前に倒し，うなずき，柔らかで甲高く抑揚のついた声を出し，さわり，トントンたたき，キスをする）と似ているし，おそらくはそこから派生している。ついでにいえば，それらの多くは霊長類社会の愛情的・服従的な文脈でなにがしか示されるものである（Dissanayake 2000b, p. 41; King 2004）。

大人が赤ん坊にこれらの類のシグナルを好むように「教化する」のではない。それどころか，赤ん坊は大人に，他の大人や年長の子どもに示そうとは思いもよらないような仕方で自分たちと関わり合うように促すのである。母親が普通の愛情的コミュニケーションシグナルを単純化，反復化，誇張，精緻化することは，彼女が乳児に対して愛の感情とアタッチメントを伝える際，同時に自己受容感覚的フィードバック（Scherer and Zentner 2001, pp. 371-372）を介して，彼女の脳内の愛情神経回路を強化してきたことなのだとすることは合理的な想定であるように思う（母子のやり取りにおける双方の神経生物学的の記述とその個体発達のより包括的な理論については，本書第7章のパンクセップとトレヴァーセン，本書第8章のターナーとイオアニデスを参照）。そういう強化は母親の繁殖成功度と乳児の生存の両方にとって適応的であっただろう。この章が準備された後で出版された音楽の起源についての書籍の中でスティーヴン・ミズン（2005）も，母子間で進化してきた相互作用が，初期の人間社会（ホモ・エルガステル［180万年前］とホモ・ハイデルベルゲンシス［50万年前］）において皆で一緒に歌い踊るのを可能にしたのではないかと示唆している。しかし本章ではそれと私の仮説との異同点を議論することはしない。

私は，コミュニカティヴ・ミュージカリティ活動またはその要素——同時的な音声・視覚・運動的表出の単純化・形式化・反復・誇張・精緻化（さらに年長児の場合は期待の操作やサプライズ）——は，祖先の母子が相互作用のなかで系統発生的に発達させてきたもので，それが後に人間が音楽を創りそれに反応する能力をもつようになる起源なのではないかと考えている。成人した個人がいわゆる音楽（と，小規模社会では通常皆が一緒に行う音楽以外の時間芸術）を意図的に創り始めるよりもはるか以前に，これらの行動は養育者と乳児にとって適応的である。なぜならば，それによって行動と情動が協調し，

[14) 巻末の参考資料「モダリティ」を参照。

そうすることでペアを結びつけ緊密化させるからである（多くの研究者が指摘しているように，乳児に対するそういった行動には他にも適応的利点があり，そのうちのいくつかについてはディサナーヤカ〔2000a, p. 393〕によっても列挙されている）。

この図式においては，結果的に音楽を生むようになる能力は性（つまり性的ディスプレイ）ではなく，愛もしくは「相互性」に由来するのだ（Dissanayake 2000b）：その行動と情動は，赤ん坊にとっては生存，母親にとっては繁殖成功度という，異なる個人的な理由から必要とし合う2者間の協調なのである。換言すれば，コミュニケーションはコミュニカティヴ・ミュージカリティによって豊かに支えられていて，マルチモーダルに単純化され，反復され，誇張され，精緻化された母親から乳児へのシグナルの元々の機能は，配偶相手を求めて競ったりそれを誘惑したりすることではなく協和を強化することにあったのであろう。

2.5.2 個人間の協調と結合としての音楽

私が次にしたい議論は，我々の祖先がどのように原音楽から音楽を生み出したのかということであるが，そのヒントは，音楽が「親密な社会」——6000〜8000年前までは人間の唯一の社会組織であった伝統的［狩猟採集］社会——で生じる（Givón and Young 2002）というもっとも共通に観察される文脈性にある。これらの社会や昨今の小規模社会において，音楽と他の芸術は人間の祭式における不可欠の要素となっている（本書第4章のマーカー，本書第24章のディサナーヤカも参照されたい）。

私は以前に儀式を「芸術の集合体」であるとし，それがなければ儀式自体が成り立たないと考えた（Dissanayake 2000b）。母親と乳児の相互作用において発声が表情や身体運動と離れては生じ得ないのと同じように，儀式における芸術の集合体（歌，詠唱，吟唱，楽器演奏，踊り，打ち鳴らし，ビートに合わせた動き）も，同時に発現し効果が生じる。芸術を扱う初期の民族学者（たとえばBoas 1925, p. 329; Hornbostel 1975/1905, p. 270）は，それに続く無数の民族学者と同様に，小規模社会における音楽・詩の言葉・表出運動間の密接な関係について記述している。

音楽を進化的に記述するとき，たとえば情緒的な怒声やリズミカルな動きへの好みなど単一の起源を仮定する必要はない。音楽の起源と機能に関する他の進化的もしくは擬似進化的仮説と異なり，私の仮説は音楽が，通常の音声・視覚・運動的行動にいくらか変容（単純化・形式化・反復・誇張・精緻化され，ときに期待を遅延もしくは撹乱させるための加工）が加わり，それによってそれを非日常化させることに起源をもっていたというものである（本章2.6節）。

このように通常の行動を情動的に力強く変容させることは，はじめは母親と乳児の間の相互作用におけるコミュニカティヴ・ミュージカリティとして自発的に（非意図的に，教わることなく）発達し発現するものであって，美的もしくは原美的（つまり音楽的もしくは原音楽的）と呼ばれうるであろう。加えていうとそれは，あらゆるメディアの芸術家が人々の注意を喚起し，情動を生み出し形にしようとして意図的に行うものである。しかしながら初期のヒト成人が，もともと母親と乳児の相互性におけるコミュニカティヴ・ミュージカリティから進化した原美的もしくは原音楽的能力と感受性を，宗教儀式になぜどのようにして使い拡張し始めたのかはまだ謎のままである。

さきに私は，ヒト科における脳の大型化と神経接続の複雑化の傾向について触れた。ヒトの祖先の大型化した脳で可能となった高度精神作用の中には，記憶の拡張（正負両方の重要な出来事の記憶）と見通し（予測し計画する能力）がある。初期の人類は他の動物のように，現下の空腹・危険・病気その他生存に直結する重要で変化しつつある状況に単に本能的・随伴的に反応するのではなく，その記憶力と見通し力によって，どこかの時点で不確実なことについてなにがしかことを行なおうと望むということが起こったのではないか（Malinowski 1948; 本書第3章のペール・ブラント）。

過去と未来に拡張された意識とそれに付随する因果への関心は，いわゆる宗教，煎じ詰めれば吉凶が

生じることや，それがいかにしてそのように起きるか，それにはどう対処しうるか，という関心への基盤・動機となる。そういった関心と芸術は一緒に発達してきたように思われる。音楽と関連の芸術からなる儀式は，まさに宗教的教義と信心の行動的もしくは表出的対応物であるといっていいのではなかろうか。それは過去・現在・未来を問わず我々を覆う死の実存の認識，その問題と不確実性に対処しようとする際に「特別な」（形を与えられ飾られた）何かをもたらすものとなる。儀式において，コミュニカティヴ・ミュージカリティの原美的作用に基づく時間芸術は人々を似た者同士として調和的にまとめ，集団の力が行き渡るという情緒的安心をもたらす（本書第24章のディサナーヤカ）。

2.6 不安のコントロール

　性淘汰の議論とは違って，集団と個人が儀式の中であえて伝えようとするメッセージは，未来のつがい相手を魅了するよりも，自分の命に影響を与え，狩り・戦での無事・財産や恵み・人生の重要な節目通過・癒やしなどを求めて霊魂・祖先やその他の力を呼び寄せるためにある。ここで不思議に思うことは，（現代の科学的な目で見ると）荒唐無稽な宗教的信心と実践では救いとなる霊魂を呼び寄せられることなどないにもかかわらず，なぜそれが維持されるのだろうかという点である。つまり，無駄な儀式行動における究極の機能は何だろうか。おそらく人は，音楽や芸術で満たされた儀式行動において他者と合流することで，その儀式を通じて不確実な状況に対処できている感覚をより強く持つことができ，独りで不安な対処をする場合よりもストレス反応の効果が緩和されるのだ。コントロールできているという感覚は健康と加齢にかなりいい効果をもたらすということが心理学で明らかになっており（たとえばMaier and Seligman 1976; Peterson, Seligman and Vaillant 1988），社会的サポートの存在にも同様の効果がある（Uchino, Cacioppo and Kiecolt-Glaser 1996）。

　長期間のストレスによるホルモンは，免疫機能，精神活動，成長と組織の修復，生殖生理と行動など，広範な身体機能を低下させる（Sapolsky 1992）。しかしながら，脳と身体を他者との間で同期させる生理学的・神経学的効果──それはコミュニカティヴ・ミュージカリティと究極的には儀式の実践における音楽・芸術の確立のために進化した声・視覚・動作行動と美的活動を通じてなされる──には行動コントロールの感覚が必要で，かつそれを確かなものにする。そしてそれは実際に我々の祖先をして不確実性に対して情緒面でうまく対処することを**可能にした**（Mithen 2005, p. 220）。

　乳児も大人も，自分を落ち着かせるときに動作と発声の反復を行うし，それは度を超すと身体を揺すったり頭を打ちつけるといった病理的状態にまで至ることもある（Perry and Pollard 1998）。一見病理的な反復的行動を見せる捕獲動物ですら，常同的・反復的行動を示さない個体に比べてストレスが低いことがわかっている（Charmove and Anderson 1989）。母親は乳児をなだめ情動状態を調整しようとして，コミュニカティヴ・ミュージカリティを原音楽的に使用する。現代社会において音楽が，人の情動の質とレベルを調整し，強め，変化させるために用いられることについては多くの本が出版されている（DeNora 2001, p. 169）。

　芸術が不安の対処に有効であるとする私の本章やこれまでの示唆（Dissanayake 1995/1992）は，一般的知能が行動の柔軟性（それはこれまでは適応的なものであった）を可能にすると同時に混乱と不確実性をも生むというE.O.ウィルソンが後に行なった示唆と似たものである（Wilson 1998, p. 225）。ウィルソンに言わせると，芸術は「日々の物事の混沌から秩序と意味を創出し…超自然的なものに対する我々の切望を育むために」デザインされたものであった（Wilson 1998, p. 232）。我々は，祖先が儀式を通じてストレス低減を行なう上で芸術が果たす**行動的・情動的**貢献を無視すべきではない。その貢献は，もともとは母親と乳児の相互性において結合を促進していた原音楽的活動（もしくはコミュニカティヴ・ミュージカリティのメカニズム）に由来するものである。つまり，人間の行動と情動による調整を通じた安心の適応的機能は，認知的指令や理解と同様に強調されてしかるべきものである（たとえばTaylor

2002, pp. 48, 79, 133；本書第24章のディサナーヤカ）。

不確実性への時間的まとまりをもち儀式化された反応は，いかにして始まったのだろうか？　人間は強いストレス状況におかれると，集まり合う傾向がとりわけ大きくなる（Taylor 2002, p. 77）。マリノウスキー（1922）とミード（1976/1930）はともに，現在パプアニューギニアに位置する小集団で，嵐を鎮めるために人々が集まり，魔除けの歌を読経口調で歌ったと書き記している。ストレス時に，独りで不安がるよりも，誰かと一緒になって何かの行動，たとえばリズミカルに動いたり声を出したりなどすることができれば，その方が気も安らぐし安全でもある。もし嵐が何の災難も伴わずに鎮まってくれれば，そのときの歌は次に嵐がやってきたときにはもっと公式的なものとなり精緻化されるだろう。それ以外にも，初期の人間における音楽の起源として挽歌をモデルとすることも可能である。愛する人との別離や死による喪失の悲しみから泣いたり嘆いたりするというのは自然な行動であるが，それが歌・詩・動きとして公式化され精緻化され，死によって個人や集団生活が中断される際に生じる無力感・孤独・絶望・不安の緩和のために他者と共有される。挽歌とは広範囲の個人や集団に見られるそのようなパフォーマンスのことである。2001年9月の攻撃以降米国で起こった個々人の自発的な反応でさえも，時間的に整えられ精緻化された行動（他者の歌を聴くこと，典礼や詩歌，手にろうそく・花・旗を持ちつつ厳粛に歩くこと，公的な場での静かな儀式のために詩を作ること）に参加することが癒やし効果をもつことを示している。

2.7　結論

　私は，コミュニカティヴ・ミュージカリティが明白な母親と乳児の相互作用への第一義的な適応的機能（ペアの情動的調整を作り上げ強化して，結びつきの相互感情を盛り上げる）が，儀式においても，2者間ではなく集団という違いはあるが，音楽を具体化し精緻化して付加的に使用することで同様に適応的であったと提案してきた。そういった精神生物学的な凝集性は，個人・2者関係・集団のいずれにおいても繁栄をもたらしてくれる。

　私の仮説は，音楽が集団の協同を助けるとするブラウン（2000a, b），フリーマン（2000），ベンゾン（2001），ミズン（2005）による刺激的な考えと合致するし，音楽の機能について他の仮説のさきがけとなったり代替となったりすることが期待できる。私が構想を膨らませているとき，母親と乳児の相互作用が音楽の源であるという可能性に短く言及している研究者を発見した（Hodges 1996, p. 46）。さらに，本章を準備し始めてからも，母親と乳児の相互作用がヒトの音楽の進化にとって決定的に重要であるとの考えをミズン（2005）が述べていることを知った。彼はまた，ネアンデルタール人における音楽のストレス低減と癒やしの治癒的効果についても考察し，現代人が逆境下で音楽を行うことを観察した（Mithen 2005, p. 236）。イアン・クロス（2003，本書第5章）は，音楽が幼形成熟化[15]（つまり子どもの特性の大人期までの持続）の進行に伴う過程の部分的結果として始まったのかもしれないと示唆している。またヤーク・パンクセップとギュンター・ベルナツキー（2002）は，歌の進化を愛情希求的もしくは愛情表出的発声のアタッチメント／親和機能であるとみなしている。

　マーカー（2000，本書第4章）は，共通の拍子に合わせるという独自の能力を含め，人間に特別発達し，ヒトの音楽の進化に先行しそれに貢献した能力について強調している。彼の説はヒト科の母親と乳児の相互作用からではなく後期中新世の祖先における同期するコーラスと足踏みから始まっており，それによって男性集団のまとまりがよくなり，女性を引きつけたり他集団と競ったりすることができたのではないかと示唆している。ヘイゲンとブライアント（2003）は民族誌の事例の優れたレビューを行ない，おそらくなわばりをまとまって防衛するシグナルに端を発する連合シグナリングシステムとして音楽と

---

[15]　第5章の訳注5）を参照。

ダンスが進化してきたという仮説を提出している。マクニール(1995)は，ダンスや軍事教練において「一緒にタイミングを合わせる」際に生じる「雄々しい絆」のことについて述べている。これらの研究者は男性同士の絆をまとめ強め，それによって他集団と競争できるというところに音楽の祖型があると強調している。しかしそれはなにも母親と乳児の相互作用における原音楽的なパフォーマンスに音楽の起源があるとする仮説を損なうものではない。

　ベンゾン(2001)は，脳の異なる多部位の関与を引き起こすことによって，音楽が神経回路に統合的な時間体系を作り上げることを可能にし，この統合性が主観的には快適で満足な体験を生み，不統合による不安を軽減するのだと示唆している。ベンゾンは進化的起源についてのいくつかの考え（彼自身は母親と乳児の相互作用における原音楽的要素と作用については考慮していない）を検討し，「ミュージキング」（彼はそれを音楽行動の意味で用いた）の前駆となるものの進化において生物学的適応がある役割を果たしてはいるかもしれないが，自身は音楽に関する文化の効果がより適切であることを見出したと結論づけている(Benzon 2001, p. 190)。

　ヒトの音楽現象は多くの枝・葉・花（と，1～2のこぶ）を持つ古く巨大な木である。コミュニカティヴ・ミュージカリティの根から，情動的コミュニケーションと結合を育むこんもりとした一揃いのメカニズムとしての幹が立ち上がっている。これらのメカニズムは次に，さまざまな生物学的・社会的・文化的な明示と意図によって音楽の上部構造を支えるが，それらのいくつかは，音楽を独りで聴いて楽しんだり，独りで音楽を創ったりするとき(Kivy 1990)のように，その起源からは大きく隔たるか，まったく異なりさえしている。このようなコミュニカティヴ・ミュージカリティに根ざすとする人間の音楽の見解は，音楽が人間の経験を情動的なものにし変容させるパワーをもつこと，それが古い起源と我々の種における独自な重要性をもつものであることを正しく理解する助けとなる。

（根ケ山光一訳）

引用文献

Aiken NE (1998). *The biological origins of art.* Praeger, Westport, CT.
Benzon W (2001). *Beethoven's anvil: Music in mind and culture.* Basic Books, New York. (ベンゾン，西田美緒子訳『音楽する脳』角川書店，2005)
Blacking J (1995). *Music, culture, and experience: Selected papers of John Blacking*, edited and with an introduction by R Byron. University of Chicago Press, Chicago, IL.
Boas F (1925). Stylistic aspects of primitive literature. *Journal of American Folklore*, **38**, 329–339.
Brown S (2000a). The 'musilanguage' model of music evolution. In NL Wallin, B Merker and S Brown, eds, *The origins of music*, pp. 271–300. MIT Press, Cambridge, MA.
Brown S (2000b). Evolutionary models of music: from sexual selection to group selection. In NS Thompson and F Tonneau, eds, *Perspectives in ethology* XIII: *Evolution, culture, and behavior*, pp. 231–281. Plenum, New York.
Brown S (2002). The great debates: Rameau vs. Rousseau, Spencer vs. Darwin, Miller vs. Brown. Paper presented in session on evolutionary musicology, *International Musicological Society Meetings*, Leuven, Belgium, 1–7 August, 2002.
Bücher K (1899). *Arbeit und Rhythmus*, 2nd edn. BG Teubner, Leipzig (original publication 1896).
Bücher K (1910). *Die Entstehung der Volkswirtschaft.* H Laupp, Tübingen.
Cadar UH (1975). The role of Kulintang in Maranao society. *Ethnomusicology*, **2**, 49–62.
Carroll J (2004). *Literary Darwinism: Literature and the human animal.* Routledge, New York and London.
Catlin A (1992). *Homo Cantens*: why Hmong sing during interactive courtship rituals. *Selected Reports in Ethnomusicology*, **9**, 43–60.
Charmove AS and Anderson JR (1989). Examining environmental enrichment. In EF Segal, ed., *Housing, care and psychological well being of captive and laboratory animals*, pp. 183–202. Noyes Publications, Park Ridge, NJ.
Coe K (2003). *The ancestress hypothesis: Visual art as adaptation.* Rutgers University Press, New Brunswick, NJ.
Cole H and Aniakor CC (1984) *Igbo arts: Community and cosmos.* Museum of Cultural History, University of California, Los Angeles, CA.
Combarieu J (1894). *Les rapports de la musique et de la poésie considerées au point de vue de l'expression.* Flammarion, Paris.
Cross I (2003). Music and evolution: Consequences and causes. *Contemporary Music Review*, **22(3)**, 79–89.

Damme W van (1996). *Beauty in context: Towards an anthropological approach to aesthetics*. Brill, Leiden.
Darwin C (1874). *The descent of man and selection in relation to sex*, 2nd edn. AL Burt, New York.（ダーウィン，長谷川眞理子訳『人間の進化と性淘汰』文一総合出版，1999）
Degler CN (1991). *In search of human nature: The decline and revival of Darwinism in American social thought*. Oxford University Press, New York.
DeNora T (2001). Aesthetic agency and musical practice: New directions in the sociology of music. In PN Juslin and JA Sloboda, eds, *Music and emotion: Theory and research*, pp. 161–180. Oxford University Press, Oxford.
Dissanayake E (1994). Chimera, spandrel, or adaptation: Conceptualizing art in human evolution. *Human Nature*, **6**, 99–117.
Dissanayake E (1995). *Homo aestheticus: Where art comes from and why*. University of Washington Press, Seattle, WA (original publication 1992).
Dissanayake E (2000a). Antecedents of the temporal arts in early mother-infant interaction. In NL Wallin, B Merker and S Brown, eds, *The origins of music*, pp. 389–410. MIT Press, Cambridge, MA.
Dissanayake E (2000b). *Art and intimacy: How the arts began*. University of Washington Press, Seattle, WA.
Dunbar R (1996). *Grooming, gossip and the evolution of language*. Faber, London.（ダンバー，松浦俊輔・服部清美訳『ことばの起源：猿の毛づくろい，ヒトのゴシップ』青土社，1998）
Eibl-Eibesfeldt I (1975). *Ethology: The biology of behavior*, 2nd edn, translated by Erich Klinghammer. Holt, Rinehart and Winston, New York.（アイブル＝アイベスフェルト，伊谷純一郎・美濃口坦訳『比較行動学１・２』みすず書房，1978・1979）
Falk D (2004). Prelinguistic evolution in early hominins: whence motherese? *Behavioral and Brain Sciences*, **27(4)**, 491–503.
Freeman WJ (2000). A neurological role of music in social bonding. In NL Wallin, B Merker and S Brown, eds, *The origins of music*, pp. 411–424. MIT Press, Cambridge, MA.
Geissmann T (2000). Gibbon songs and human music from an evolutionary perspective. In NL Wallin, B Merker and S Brown, eds, *The origins of music*, pp. 103–123. MIT Press, Cambridge, MA.
Geist V (1978). *Life strategies, human evolution, environmental design*. Springer, New York.
Givón T and Young P (2002). Cooperation and interpersonal manipulation in the society of intimates. In M Shibatani, ed., *The grammar of causation and interpersonal manipulation*, 23–56. John Benjamins, Amsterdam.
Hagen E and Bryant GA (2003). Music and dance as a coalition-signaling system. *Human Nature*, **14**, 21–51.
Hall-Craggs J (1969). The aesthetic content of bird song. In RA Hinde, ed., *Bird vocalizations*, pp. 367–381. Cambridge University Press, Cambridge.
Hodges DA (1996). Human musicality. In DA Hodges, ed, *Handbook of music psychology*, 2nd edn, pp. 29–68. IMR Press, San Antonio, TX.
Hornbostel EM von (1975). The problems of comparative musicology. In KP Wachsmann, D Christensen and H-P Reinecke, eds, *Hornbostel Opera Omnia I: 247–270*. Nijhoff, The Hague. Translated by R Campbell (original publication 1905).
Huron D (2001). Is music an evolutionary adaption? *Annals of the New York Academy of Sciences*, **930**, 43–61.
James W (1890). *Principles of psychology*, Vol. 2, Henry Holt, New York.
King BJ (2004). *The dynamic dance: Nonvocal communication in the African great apes*. Harvard University Press, Cambridge, MA.
Kivy P (1990). *Music alone: Philosophical reflections on the purely musical experience*. Cornell University Press, Ithaca, NY.
Kuttner FA (1990). *The archaeology of music in ancient China: 2000 years of acoustical experimentation, ca. 1400 BC–AD 750*. Paragon, New York.
Lacépède M le comte de (1785/1970). *La poétique de la musique*. Slatkin Reprints, Geneva (original publication 1785).
Lucretius Carus Titus (1937). *De rerum natura*, English translation by RC Trevelyan. Cambridge University Press, Cambridge.
Maier SF and Seligman MEP (1976). Learned helplessness: Theory and evidence. *Journal of Experimental Psychology: General*, **105**, 3–47.
Malinowski B (1922). *Argonauts of the Western Pacific*. Routledge and Kegan Paul, London.
Malinowski B (1929). *The sexual life of savages*. G Routledge and Sons, London.（マリノウスキ，泉靖一・蒲生正男・島澄訳『未開人の性生活』新泉社，1999）
Malinowski B (1948). *Magic, science, and religion*. Beacon Press, Boston, MA.（マリノウスキ，宮武公夫・高橋巌根訳『呪術・科学・宗教・神話』人文書院，1997）
McLaughlin T (1970). *Music and communication*. Faber, London.
McNeill WH (1995). *Keeping together in time: Dance and drill in human history*. Harvard University Press, Cambridge, MA.
Mead M (1976). *Growing up in New Guinea*. Morrow, New York (original publication 1930).（ミード，金子重隆訳『マヌス族の生態研究：ニューギニア水郷部落の住民』岡倉書房，1943）
Merker B (2000). Synchronous chorusing and human origins. In NL Wallin, B Merker, and S Brown, eds, *The origins of music*, pp. 315–327. MIT Press, Cambridge, MA.
Miller G (2000a). Evolution of human music through sexual selection. In NL Wallin, B Merker and S Brown, eds, *The origins*

of music, pp. 329–360. MIT Press, Cambridge, MA.

Miller G (2000b). *The mating mind: How sexual choice shaped the evolution of human nature*. Doubleday, New York.（ミラー，長谷川眞理子訳『恋人選びの心：性淘汰と人間性の進化』岩波書店，2002）

Miller WB and Rodgers JL (2001). *The ontogeny of human bonding systems: Evolutionary origins, neural bases, and psychological mechanisms*. Kluver, Dordrecht.

Mithen S (2005). *The singing Neanderthals: The origins of music, language, mind and body*. Weidenfeld and Nicolson, London.（ミズン，熊谷淳子訳『歌うネアンデルタール：音楽と言語から見るヒトの進化』早川書房，2006）

Monboddo JBL (1774). *Of the origin and progress of language*, Vol. 1. Balfour, Edinburgh.

Morley I (2002). Evolution of the physiological and neurological capacities for music. *Cambridge Archaeological Journal*, **12**, 195–216.

Namu YE and Mathieu C (2003). *Leaving mother lake: A girlhood at the edge of the world*. Little, Brown, Boston, MA.（ナムとマシュー，早野依子訳『「女たちの国」のナム：神秘の湖から世界へ羽ばたいた少女』PHP研究所，2003）

Ottenberg S (1989). *Boyhood rituals in an African society: An interpretation*. University of Washington Press, Seattle, WA.

Panksepp J and Bernatzky G (2002). Emotional sounds and the brain: The neuro-affective foundations of musical appreciation. *Behavioural Processes*, **60**, 133–155.

Pedersen CA, Caldwell JD, Jirikowski GF and Insel TR (eds) (1992). Oxytocin in maternal, sexual and social behaviors. *Annals of the New York Academy of Sciences* Vol. 652.

Perry BD and Pollard R (1998). Homeostasis, stress, trauma, and adaptation: a neurodevelopmental view of childhood trauma. *Child and Adolescent Psychiatric Clinics of North America*, **7**, 33–51.

Peterson C, Seligman MEP and Vaillant GE (1988). Pessimistic explanatory style is a risk factor for physical illness: a thirty-five-year longitudinal study. *Journal of Personality and Social Psychology*, **55**, 23–27.

Pinker S (1997). *How the mind works*. Norton, New York.（ピンカー，椋田直子訳『心の仕組み』筑摩書房，2013）

Pinker S (2002). *The blank slate: The modern denial of human nature*. Viking, New York.（ピンカー，山下篤子訳『人間の本性を考える：心は「空白の石版」か』日本放送出版協会，2004）

Pole W (1924). *The philosophy of music*, 4th edn. Harcourt Brace, New York (original publication 1879).

Proschan F (1992). Poetic parallelism in Kmhmu verbal arts: From texts to performances. *Selected Reports in Ethnomusicology*, **9**, 1–31.

Révész G (1941/1953). *Introduction to the psychology of music*, translated by GIC de Courcy. Longmans Green, London (original publication 1941).

Rousseau JJ (1761/1986). Essay on the origin of languages which treats of melody and musical imitation. In JH Moran and A Gode, eds, *On the origins of language*, pp. 5–74. University of Chicago Press, Chicago, IL (original publication 1761).

Rowbotham JF (1880). The origin of music. *Contemporary Review*, **38**, 647–664.

Sachs C (1962). *The wellsprings of music*. M Nijhoff, The Hague.

Sapolsky RM (1992). Neuroendocrinology of the stress response. In JR Becker, SM Breedlove and D Crews, eds, *Behavioral Endocrinology*, pp. 287–324. MIT Press, Cambridge, MA.

Scherer KR and Zentner MR (2001). Emotional effects of music: production rules. In PN Juslin and JA Sloboda, eds, *Music and emotion: Theory and research*, pp. 361–392. Oxford University Press, Oxford.

Schneider M (1957). Primitive music. In E Wellesz, ed., *New Oxford history of music I: Ancient and oriental music*, pp. 1–82. Oxford University Press, Oxford.

Spencer H (1857). The origin and function of music. *Fraser's Magazine*, **56**, 396–408.

Stumpf C (1911). *Die Anfänge der Musik*. JA Barth, Leipzig.

Sugiyama LS and Scalise Sugiyama M (2003). Social roles, prestige, and health risk: social niche specialization as a risk-buffering strategy. *Human Nature*, **14**, 165–190.

Taylor SE (2002). *The tending instinct: How nurturing is essential to who we are and how we live*. Henry Holt, New York.（テイラー，山田茂人監訳『思いやりの本能が明日を救う』二瓶社，2011）

Uchino BN, Cacioppo JT and Kiecolt-Glaser JK (1996). The relationship between social support and physiological processes: a review with emphasis on underlying mechanisms and implications for health. *Psychological Bulletin*, **119**, 488–531.

Wallaschek R (1893). *Primitive music: An inquiry into the origin and development of music, song, instruments, dances and pantomimes of savage races*. Longmans Green, London.

Weber M (1958). *The rational and social foundations of music*. Southern Illinois University Press, Carbondale, IL (original work published 1921).

Wilson EO (1998). *Consilience: The unity of knowledge*. Knopf, New York.（ウィルソン，山下篤子訳『知の挑戦：科学的知性と文化的知性の統合』角川書店，2002）

Yeats WB (1928). *The Tower*. Macmillan, London.（イェイツ，小堀隆司訳『塔―イェイツ詩集』思潮社，2003）

Zahavi A and Zahavi A (1997). *The handicap principle: A missing piece of Darwin's puzzle*. Oxford University Press, Oxford.（ザハヴィとザハヴィ，大貫昌子訳『生物進化とハンディキャップ原理：性選択と利他行動の謎を解く』白揚社，2001）

第3章

音楽と人間形成——認知記号論の視点から
（想像的仮説の探究）

ペール・オーエ・ブラント

3.1 はじめに

　古生物学的証拠によると，現生人類のホモ・サピエンスは16万年前に生物学的に安定し，生理学的に現代の形になったとされている（Stringer 2003）。その15万年後に氷期が終わり，農耕や文字，歴史——文字によって象徴的にあらわされた，共通の過去にもとづく文化的生活が誕生した。この長い期間の中頃のどこか，恐らく5万年ほど前に，どうやら人間は共に「意味を作る」こと——象徴化し，描き，話し，そしてコミュニティを共に保持する親族関係を形成すること——を始めたらしい。そして，その筋書きに従って私が提唱するところでは，ことによると，人間は最初に音楽を作った。一般的に，後期旧石器時代（4万年前から1万年前，ヴュルム氷期[1)]の間），オーリニャック文化期[2)]の技術を持ち，火を使って料理をすることを習得していた人類は，洞窟に絵を描いたり，踊ったり，音楽的な響きを出すことを始めたと推測される。彼らは高低のついた響きを創り出すために，共鳴する物体を叩き，空洞の物体に息を吹き込み，鍾乳石を打つことで，ピッチやリズム，旋律風な音列を選んだのだろう（より広範な進化論については，ウォーリンら2001の文献を参照）[1]。

　音楽的実践が，現生人類の象徴的，あるいは意図的に行なわれる記号的メッセージの発信の実践に先立つ，という仮説にたどり着くにはいくつもの経路がある。次の節では，この仮説についての議論を紹介しよう。

3.2 死や危険に直面して

　記憶にもとづいた感情——死者の集団的追悼や，故人と想像的な意思疎通を行う儀式，また祖先を崇拝するゆえに霊魂や亡霊として彼らが存在すると信じること，その霊魂の召喚に伴う経験，といったことに関連する感情——は，おそらく，現代における「神々」の祖先である。とりわけ，集団の危機的状

1　ボーヌ（1995, pp. 220-225）は，オーリニャック（旧石器文化後期）時代，そしてその後の洞窟（イスリッツ，南西フランスに位置する村）で見つかったフルートや，ペック-メレ，ポルテ，クラストレスのような洞窟で見つかった湾曲した石筍が，石筝としての利用を示唆するものだと語っている。音響分析の結果から，とりわけ，壁画が出土したニオー，フォンタナ，ポルテのような洞窟ではとても良い反響が得られていることが示されている。彼女はしかしながら，こうした楽器としての使用について証明することは，困難であるとしている。

1)　およそ7万年前に始まり，1万年前に終了した最後の氷期（最終氷期）のこと。
2)　フランス・ピレネー地方を中心とする地域の旧石器時代後期に属する一文化のこと。

況において，こうした実体のない存在は厳粛な儀式行為を通して呼び出され，人間の感情や活動といった領域を活性化させる。現在，我々はこれを，信仰と名づけている。すべての文化的コミュニティにおけるこれらの儀式は，音楽演奏と結びついている（本書第4章のマーカー，第5章のクロスとモーリー，第24章ディサナーヤカを参照のこと）。

歌うこと，すなわち人が安定した音や安定した音程で声を発することは，その息づかいの感情を身体の動きのリズムと結びつける。元のグリッサンド音を，別個の音高段階の連続へと変換する「離散化」は，叫ぶことを，朗唱することや歌唱することへと変化させるために重要である。明瞭に表現された歌唱や，旋律楽器やリズム楽器による，歌を真似た音の共有された経験は，普遍的に，「非実用的状態」，すなわち，非機能性の状態——瞑想，高揚あるいはトランス状態さえも含む——を創り出すことによって，我々の身体化された心に影響を与える。それは，祝賀，慰霊，祈祷といった神聖な状況において典型的に期待され，また前提とされるものである。

集団的な音楽体験は，機能的な言語コミュニケーションの制度的ジャンルとして，多くの自明で実用的な（労働と結びついた）交渉や協同作業の，美的な枠組みをも形づくる。これらはいまだに，特別な行事用の讃美歌の朗唱，遂行的詠唱，そして（例えば，礼儀正しさを伝えるような）儀礼的な振り付けおよび身振りの統制を必要としうる。全校集会やパレード，現代のテレビのニュース番組においてすら，コミュニティの連帯感の強化と社会的恐怖の鎮静，安全確認のために，音楽あるいは音楽性は準実用的に使われている。

3.3 言語における音楽の痕跡

すべての知られている言語では，標準的な音調（イントネーション）のパターンは，語彙と構文上の構造を結びつけている。言語の表現性は，さまざまなレベルの「音楽的」フレージングを含み，つまり，音節（シラブル）の数，強調（ストレス），口調から，旋律のまとまりや構造の強調にいたるまで，また，そこから発話モードと会話のジャンル（「ナラティヴ」対「論争」，「訓告」，「命令」など）をつくるグローバルな音調の特徴まで組み込んで，包括している。現代の音声学では，音調の特徴によって，発話の意味が命令的なのか，尋問調なのか，肯定的なのか，情緒的なのかを，普遍的に区別できるとされている（Bolinger 1983を参照のこと）。発話者の交代にみられる対話的リズムと，感情的に決定されたレガートやスタッカート，異なるテンポのルバートのフレージングに同調することは，会話や言語活動で，適切に言語を用いる際に重要である（Fonagy 2001）。

これらの，構成上の「超分節的」構造，または強弱の特徴は，以前の，そして今なお機能している音楽の表現性の基盤の名残なのだろう。しかしもちろん，失われた過去から，この仮説を証明する決定的な証拠を探すのは，不可能である。埋め込まれた節（たとえば，母型文に挿入された完了節や関係節，副詞的な語句の挿入）は，テンポや声の調子を変えることで，自由に節回しを表現できる。日常的な会話の中で，我々は，目的や間主観的な状況に対応させながら，文法構造のすべてを無意識に「歌っている」わけである。意外なことに，この現象の起源について，うまく整理された理論は存在しない。とはいえ，乳児や幼児の，初期の喃語段階から，節をいくつか使って話す段階にいたるまでの，言語獲得の際の遊びに満ちた歌や韻を踏むことの役割に注意を払ってみさえすれば，わかることである。それは，表情に富んだ音楽性の形成に関する，強力な証拠を提供している（本書第10章パワーズとトレヴァーセンを参照）。

3.4 音楽に入り込む言語

文章から韻文への転換は，普遍的に起こっており，常に，詩作に特有の作法として理解されている。詩はあらゆる文化において，口承表現における審美的分野として存在し，その文言（テキスト）は，一種の音楽によっ

て枠付けされている。詩は唱えられ，歌われ，厳粛に吟じられ，しばしば音楽伴奏を伴う。音楽が音のない韻律的パターンとなって消えたように見える時でさえ，無伴奏の詩の「詩脚」[3]のパターンは，意味作用の詩的様式のための形式的枠組みとして残されており（例えば，西洋文化の過去5世紀に渡る型にはまった詩において，そうであるように），このリズミカルな構成あるいは統合は，現象上はその詩の要素として存続している。詩において，言語から音楽への，驚くほどスムーズなマッピングによって，言語と音楽は一体となっている。もし言語がすでに，音楽のフレーズや音楽的な時間を「内在させて」，それを基に成り立っているのであれば，この転位は容易に説明される（Turner and Pöppel 1999; Miall and Dissanayake 2003）。

　言語は，社会化された人間の心の独特な活動である。言語は，それ特有の3つの組成要素を備えている――言語の「構造」における音声的，統語的，意味的な要素は，我々が，今目の前に無いもの，過去のもの，遠くにあるものについて思考し，それについての考えを共有することを可能にする。我々の心的かつ神経的な構造が，言語と音楽の関係をいかに形づくってきたかについては，今はまだよくわかっていない（本書第8章のターナーとイオアニデスを参照）。音楽と言語が，独立して進化したかどうか，また，言語が音楽無しで進化したかどうかについても，未だ，不明である。にも拘わらず，言語が，音楽に「埋め込まれて」出現したという仮説は妥当であり，詩は，散文より先に登場したことが示唆されている（本書第5章のクロスとモーリーを参照）。

　我々の反実仮想的な想像として，もし，言語と音楽という2つの準自動的なコミュニケーションシステムが相互に繋がりが無く，また繋がりが無いままであったとしたら，これらは両方とも，多くの動物がするのとほとんど変わらない，参照的あるいは明示的な語りの能力が制限された，機能的な発信システムへと成り下がっていただろう。私は，音楽あるいは音楽性には何かがある，と信じている。それは，言語が（技術的な意味で）象徴的であるために，構造的に必要としている何かである。つまり，コミュニケーションにおいて，個人の「ここで―今」を直接に示している状況の，外側で起こっている事柄の状態を意図的に説明するために，言語は，音楽性を必要としているということである。この「何か」には，とりわけ，表情豊かな動きに内在する，リズムの祈りの効果が含まれている。

　次節以降では，「象徴的な種」（Deacon 1997）としての人間の，成り立ちにおける音楽の役割について，もっと具体的なアイディアを述べてみたい。

3.5　アイデンティティの命名に不可欠な情動的背景

　音楽と感情，その中でも，特に我々が愛と呼ぶ人間同士の情動的状態との間には，根本的で変わることのない，原始時代からのつながりがあることを示す，圧倒的な証拠がある。歌やリート，讃美歌，演劇著作物，バラード，オペラ，すなわち言語に関連づけられた音楽的創造物のテキストや世界中の楽譜資料の中にある言語的−音楽的構成物は，一般に，この情緒的カテゴリを主題とすることを不変的かつ意味論的に好む。世界の文学にみる詩は，圧倒的にこの特別なテーマである愛という感情的な状態に「ついて」，題材としている。

　このような，ある特定の領域への意味論的な連携には，記号論的投影が求められる。いたる所にある恋愛歌の中で，何が，記号化されているのだろうか。そこには，人間同士の情動の領域と，「音楽性」の間に，非常に強いつながりがあるに違いない。私のあまりロマンチックではない示唆は，以下の通りである。

　道具や武器の技術のおかげで，男女それぞれの作業領域が拡がると，すなわち男たちは遠い場所で狩りをし，女たちは近場を歩き周って魚釣りのような採集をするようになり，子連れの大人のパートナー，

---

[3]　詩の韻律の単位。

いわゆる「夫婦」は，長期間の別離に耐えなければならなかったに違いない。魚釣りや近場での食料の採集は，より定住型の生活習慣を促進し，それによって，1か所に腰を落ちつけて子どもを育てることを選ぶようになる。装飾品や魚釣りの道具に見られる女たちの指先の器用さは，初期の，象徴的家族形態の時代に発達したと考えられる（Cleyet-Merle 1990）。親であることや，家族関係および安定的な協力関係――「愛し合うカップル」の観念――という人間らしい概念は，「（重要な）他者」を思い出し認識する能力，最愛の人とその顔を同定し，最終的には，それらをある一定の名前と永久に関連づける能力が前提となる。

　この意味における名前というのは，ありふれた人工物やモノ，動物を指し示すために使われるものではなく，主として人に対してであり，ここではその人が所有しているモノ，あるいは縄張り（テリトリー）を示すために使われる。「固有名詞」と「普通名詞」は，言語学的にも記号学的にも，はっきりと異なる。名詞が，分類化の自然な心的プロセスに属する一方で，固有名詞は，言語活動と所有を示す，間主観的な関係に基づく――個人間の結びつきに属する。しかしながら固有名詞は，加えて，絶対的に，明確な記号論的性質を有するものである。それらは，ひとりの特定の個人の数的同一性[4]を示すことを可能にし，そしてそれゆえ，ある個人の実体の単一性を表すことを可能にする。それは，その実体の単に質的な，あるいは有用な特性を示すことではない。これは，まさに我々が人に名前をつける時にしていることである。この，数的同定と質的同定の間にある哲学的区別の意味は，現代の「唯物論的」文化においては，なかなか理解されない。「同一性」とは，ひとりの人間が時間を越えて存在し続ける（同じであり続ける）こと，あるいは，複数の個人によって共有される属性（互いに「似ている」ということ）の，どちらかである。私は，数的同定として「私」であるが，質的同定としては「ある人」である。この説明は，人々の間の特別な情緒的関係，および精神間の関係を度外視している。

　存在が人であるにせよそうでないにせよ，一旦，名づけるという行為が始まると，ひとつのものは，その唯一性によって，抽象的な存在論的存在，つまり，数的自己同定（徹底的な個別意識）によって知覚され，「数えることのできる」存在として「認識」することができる。名づけられた存在は，時を経ても変わらず，まさに，（同じ）「唯一無二の人」を「生涯をかけて愛する」のである。この，唯一の存在への情動的な結びつきは，他の種では存在があいまいであり，特定の精神病理学的状態にある人が失いうるものである。妄想型統合失調症のカプグラ症候群は，この典型的な症例であり（Huang *et al.* 1999），恋愛関係における比較的軽い妄想はよく見られる。嫉妬は最もしばしば認められる症状だろう。

　不在の恋人を，愛おしく思う気持ちを表現したノスタルジックな歌は，歌詞を伴うすべての音楽に，共通しているように見える。大切な人の名前は，こうした歌の，無くてはならない部分のようである。現代のジャズ歌集には，《愛するポーギー》《ジンジ》《星影のステラ》《ミッシェル》《マイ・ファニー・バレンタイン》《愛おしいローレン》のような歌が，必ず含まれている。亡くなった愛おしい人を思い起こす嘆きの歌も，通常，これらと同じようなパターンに従っており，その名前をもつ人の魂の存在を，ありありと呼び起こす。名前は，それ自体が小さな音声学的歌（ソング）であり，ある名前の歌の旋律は，ある人を同定できる（オペラや映画で利用される主題的法則である）。我々が離れた場所でお互いを呼ぶとき，その一連の音列の旋律的性格は，特に，効果を発揮する。「C—A—A—F」のような旋律は，「セバスチャン Se-bas-ti-an」を呼ぶ時によく聞かれるだろうし，「ジョナサン Jo-na-than」は「A—A—F」のように，「ジョニー John-ny」であれば「A—F」のように，より短い旋律になるだろう（Rainey and Larsen 2002）。

　ここで重要となるのは，人の名前が，個性の音楽性の視点から理解されるべきだということである。これらの名称上の実体は，遂行的な儀式によって確立される，恣意的で，まったく因習的で，象徴的な符号である。また基本的に，名前は情動（愛）を「意味する」，あるいは指し示す。その愛は，ある個人

---

[4] ひとりの人間の数に着目して「1人」とみなすという意味である。

を初めてある人ならしめる。つまり，ある個人を親族関係の中に刻み込まれた，単一かつ個人名を付された存在として，認識される対象ならしめるのである。名前はもちろん，親としての感情や，生を「与える」ことと類似した名を「与える」という行為や，乳児と親との間の，声による意思疎通の普遍的営みの存在と，密接に結びついている（Trevarthen and Malloch 2002; 本書第2章のディサナーヤカ）。同様に，固有名詞がつけられた動物は，そうでない動物よりも食するのが困難に感じられる。それらの名前が，動物を「人物化」するためである。しかしながら，愛を内包する唯名論と，音楽はそもそも，誰かへの愛「について考える」（そして，愛とは誰かのための音楽を考える）ものだとする，音楽と詩にみられる個人化志向によって，さらなる記号論的要因と，伝達環境に関しての基礎知識が必要となる。このことについては次の節で考えてみたい。

3.6 芸術的で音楽的な記号におけるホムンクルス

グローバルな音楽記号には，それ自体やその裏側の動機，その感情的な使い方において，重要な必須条件がある。そこでまず，より身近な，絵画における類似について説明したあとで，この記号論的現象について説明しよう。

絵画の中でも，たとえば風景画というのは，色付けられた表面に現れる図柄と色の，多様な複合物を枠に入れたキャンバスと，窓から見た，あるいは限られた地点から切り取った枠どりされた眺めとの間の，図像（画像）の関係を，まず，提供する。対象の風景は，その絵のタイトルとして登場する現実の場所，つまり実在する地理的な場所の描写であったり，あるいは画家による純粋な創造物であったりするだろう。その絵は，鑑賞者に，ありえそうな特別な「世界」の一断片を見せる。それは，ちらっと見ることで全体の大体の感じがわかるというように，その特別な世界への意図的な一瞥を与える。つまり，部分は隠された，より一般的な全体を象徴しており，それが，その場所全体を「表していること」になる。

このように，最初の図像は，象徴化という意図的な行為を引き起こし，描かれた風景画はただちに，空間環境における特徴や様式，雰囲気，あるいは心理状態の象徴となる。我々の目の前にある絵画は，それ以上の説明なしに，我々の注意を引きつけるので，我々はそれを，明記されてはいないが存在する指標として「読む」。つまり人間の感情は，そこにあり，その作品自体を通してその場所を示しながら，物質化され象徴化されたモノとして，今や我々とともに，ここにある。象徴化というのは，常に象徴するモノの換喩的（置き換え的な）存在を生み出す。逆説的に言えば，換喩は，常に，そのモノを象徴化する行為を含んでおり，置き換えることができるという記号論的な言い方が可能になる。

したがって絵画は，IC（図像）→SY（象徴）→IN（指標）のように，記号が縦つなぎになったカスケード[5]としてあらわすことができる。図に表したように，最初の知覚である図像は，記号であると同時に

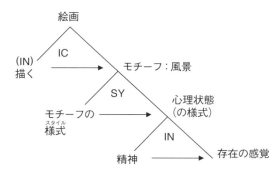

図3.1 絵画に見られる記号の意味を示したカスケード図：図中のICは図像，SYは象徴，INは指標を示している。

---

5) 段階的に連なっているという意味である。

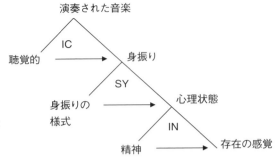

図3.2 音楽活動に見られる記号の意味を示したカスケード図：図中のICは図像，SYは象徴，INは指標を示している。

象徴であり，画家の「精神」（魂）の存在を含む，3つめの指標でもあることが示されている（**図3.1**）。

絵画的図像性から生み出されたこの三連構成は，音楽活動を体験する際におこっていることと，比較することができる。

1. リズムや旋律の身振りは，それを生み出す肉体を暗示するだろう。この意味において，図像としての聴覚的な形態は，たとえその動きが実際には見えず，単に楽音のなかに「演奏され」，聞こえるだけだとしても，身体的身振りを意味（表象）する。
2. 音における身体的身振りの考え方は，象徴になりうる。心と感情の動きが一致した人を，意味したりあらわしたりするだろう。
3. この，非常に抽象的な感情の意味付けや図像の象徴的な内容は，音楽を聞いている瞬間に起きるため，最終的には指標として，音楽家の魂や精神，化身（あるいはそれに類するもの）の存在を感じるという，音楽経験の共有者に移譲される。

このように，音楽的な活動の場合もカスケード図に対応させることができる（**図3.2**）。

進行する記号論的な意味を，カスケード図として示す方法は，芸術の諸事例と関連しており，わかりやすい。だが記号論的カスケードは，たとえば顔の表情，芝居がかった大仰な仕草，実用的な道路案内標識や掲示板などのように，恣意的にコード化されていようがいまいが，明確な表現記号を用いるコミュニケーションの他の形態においても，認知的に機能している。とはいえ，人間が芸術のカスケードに特別興味を示すのは，紛れもなく，芸術における洗練された図像的な構えによって，より力強い感情が醸し出されるためである。この洗練された図像的構えによって，象徴的機能は，図像の中に埋め込まれるため，内在的で目には見えないものとなり，だからこそ，象徴化された心理状態は，演者の痕跡ではなく，芸術作品に内在する意味として留まり続ける。鑑賞者たちは「その場に存在すること」なく，その時々の心の情動的な状態を受け入れ，感じ，理解することができるだろう。鑑賞者たちが感じるその時の心にあるものは，私が「ホムンクルス」[6]と名づけているもので，その芸術作品の精神的なものであり，想像上のペルソナであり，「仮想の他者」である。芸術が宗教を含め，文化的，制度的，あるいはさまざまな営みと結びつくのであれば，芸術的表現のあらわな体験としての声は，権威となって，抽象的なホムンクルスと結びつき——その目に見えない状態は，特別な象徴的な力によって裏打ちされ，おそらく我々が「神聖さ」と呼ぶような，ダイナミックな効果に寄与するだろう。

文化的活動の進化において，私はまず，この象徴的な力を生み出している権威という必然的存在が——とりわけ，演じられた行為や儀礼に見られるように——，記号論的ホムンクルスに起因すると考えている。音楽は，神聖さをつくり出している。さらに視覚カスケードは，おそらく，聴覚カスケー

---

[6] 複数の意味があるが，ここでは想像上の精神的存在。

ドに続く，後の進化において出現するだろう。その図像の内容から象徴的な意味を引き出すことは，描写の異なるモードが「様式」，あるいは生き生きと表される表情豊かな身振り——それは，変化にとんだ心的「様式」，あるいは見ることの知覚的モードを（筆づかい，色彩，輪郭，光の加減によって）特徴づける——として知覚される限りにおいて可能である。対照的に，音楽のリズム（筆づかいに相当する），音色（色あい），旋律のフレーズ（輪郭）は，その意味を解き放つために，我々の身体に直接，どのように身体を動かすかを伝える。我々は即座に，ホムンクルス的で体外離脱した心的存在，あるいは魂の状態を把握する。語ったり奏でたりすることによって，誰かが何かを「意味」しているという意味は，ホムンクルスであり，それは演者を超越するのである（本書第5章のクロスとモーリーの「浮動する意図性」についての記述を参照のこと）。

　この聴覚イメージに見られる優位性が，時々刻々の現象に対する，我々の運動的な知覚の反応特性として常に存在する限り，音楽は他の表現様式や，ひいては言語をも誘導すると考えられる。さまざまな話し方で発せられる声（皮肉，頓降[7]，命令，疑問など）は，間接的であり，話者と演劇的に結びつき，そして，このホムンクルス的な象徴力と，直接関連づけられる。フィクションやユーモアで想定される暗黙の語り手や，人間味のない官僚的な形式主義，法律の文体性といったものは，すべてこのホムンクルス的話し方・発声にもとづいている。法律は「語られ」，あるいは詠唱されるものであり，その語りが良い音楽あるいは悪い音楽のように聞こえることで，我々は，この権威づけられた声に共感したり冷笑したりする。

　人間の心の機能的構造には，ある構造化されたプロセスがある。それは記号論的カスケード，およびそれらに関連する表現豊かな身体の符号化を「果たす」ものであり，また，自我（その主体が覚知する自己）に対する，虚像のホムンクルス的他者を表象するものである。では，認知美学と音楽学についての考察の根本となる，一般的な記号論的見解を推測し，簡単に概観してみよう。

3.7　心的な構造と音楽のコミュニカティヴな役割

　人間の心は，空間や時間の世界，最も身近なところでは，心を司る肉体を含む世界についての知識を体系化している。同様に重要なのは，我々人間は複数のホムンクルスを共有し，それによって突き動かされ，一方で，イメージや音楽を共有する社会の一員として，その宿主の機能的，表現的行為を体系化しているということである。このように，我々は知覚し，そしてまた演じるのである。この理論的あるいは哲学的な用語における，我々の主観性に関する2つの視点を説明することは，非常にやっかいである。近年の研究は，技術的かつ実証的な調査が指向する処理の点で，精密なモデルからはほど遠い。とはいえ，心の中で何がおこなわれているかについて，最小限の，秩序だった見解を形成する基本原則は，存在している。その際，次の2つの次元は，区別されねばならない。

1. 「縦」の次元：インプットによって情報を求心的に統合・組み立て，アウトプットとしての我々のプログラムを遠心的に組み立てる。この意味で神経科学の用語を使うなら，求心性認知と遠心性認知，つまり，経験と意図といえるだろう（求心性というのは，中心部に運ぶ，内側に向かうという意味で，神経科学においては電気信号（インパルス）が中枢神経系に向かうことを言う。遠心性というのは，組織の外側に向かうという意味で，電気信号を効果器（エフェクター）（たとえば筋肉）[8]に送ることである）。
2. 「横」の次元：機能的に分割したり連結したりして，心的作業の異なるレベルが明確化される。
    (a) 求心性認知では，少なくとも，次の5つの多層レベルが，比較的独立した，意味の生成レベルとして，並行して機能する。
        (i) 知覚する：(ii)に先行するレベル

---

[7] 荘重な調子が突然ナンセンスで滑稽な調子に変わること。
[8] 原文にはないが（　）内を補足。

(ii) 分類し概念づける：状況形成のレベルである(iii)に先行するレベル
(iii) ナラティヴ[9]的認知
(iv) 比較し，内省して，想起する：意識の4つ目にあたるレベル
(v) 最終的段階の，他からの縛りのない想像や，「オフライン」の表象，着想，そして夢想といった諸現象。上述の秩序に則り，それぞれのレベルは，先行するレベルが生成した産物（モノやコト）への，体系的アクセスを前提とする。

(b) 遠心性認知は外側に向かう最終レベルであり，我々自身の身体活動を，我々が知覚する周りの環境において形づくる。そこでは，橋桁のような何らかの形で，求心性認知の最初のレベルと，緊密に関連し合う共有レベルが創られているに違いない。なぜなら，固有の，感覚的な知覚（ゲシュタルト）は，直接的かつ自発的に，ある身振りや反射を引き起こしたり，それと確認できたりするからである。これは典型的な直示活動であり，これによって，我々は感知したものを肯定的あるいは否定的に判断する。それは，我々がそのように行動したときに得るであろうモノやコトを予測し，よりよく知覚するためである。この直示や判断のレベルの裏側，あるいはその根底では，2番目の橋桁によって，求心性認知の分類活動が，遠心性認知の目的指向の，お決まりの型と結びついているに違いない。つまり，求心性認知と遠心性認知とをつなぐ2番目の橋桁は，言語の語彙構造と関連していると考えられる。さらに次のレベルにおいて，遠心性認知は，上位概念である意図的意味を持つ順序だった活動を準備する。これは，時々刻々の体験の「計画者」あるいは，ナラティヴの組み立て者による，求心性認知の状況理解と結びついている（言語における，統語的‐構文構造と関連している）。この水準の下支えとして，我々の記号論的身体はその情緒的トーヌス（感情的姿勢）を見出す。それによって，記号論的身体は反射的に，我々の進行中の行為と行動の連なりを維持する。この感情的姿勢は言語における発音ぶりの変動と結びつきうる。求心性の想像は，遠心性のリズムの鼓動によって調和が取られる。純粋なリズムへの注意，そして意図された行為の予期される経験へと足を踏み入れることは，求心性‐遠心性の橋梁かもしれない。これは一見

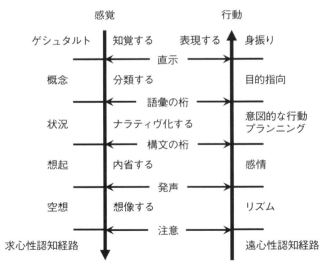

図3.3 人間の心的構造に関する仮説モデル

---

[9] 巻末の参考資料「ナラティヴ」を参照。

奇妙な主張かもしれないが，我々は，そうせずにはいられないと，待ちわびる状態をつくり出すこととしての想像と，リズムをとること――それは指や足でトントン叩くことを含む――とを繋がりのある諸現象として考えてもよかろう。換言すれば，我々は，抑うつ的あるいは興奮に満ちた夢想にふけること（想像的思考）が，我々の反復的で，型どおりの所作のテンポに影響する過程を考えてもよかろう。この最後の，空想とリズムの間の橋桁は，オフラインで再現される意識と，オンラインでの今の意識とを相互に接続させるものであり，哲学者たちは，この橋桁を，純粋な現象学的意識と名づけるであろう（ここでは単に「注意」としている）。

　我々の心の内的構造を，仮説モデルとして**図3.3**に示す。

　意味の形態として，記号学者と哲学者たちが言及する現象は，求心性認知経路や遠心性認知経路に排他的には含まれていない心の内容であるが，明らかに，言語を性格づける構造形態であり，両経路の左右随所に存在していると考えられる。言語構造は，両方向における体系化の原則として理に適っていると思われるが，それは，我々が同じ文法構造に依拠して，聞いたり話したりすることからも分かる。ただし，外国語の習得過程においては（さらに幼児期においても），求心的能力と遠心的能力の間に，有意な違いを観察することができる。ちなみに，我々は，外国語を書くことよりも読むこと，話すことよりも聞くことに長けている（そして驚くべきことに，幼児は話せること以上に，ずっとよく理解している！）。この違いは恐らく，言語を習得する際の，他者の行為や表現に向ける意識の役割によるものだろう。多くの説明によれば，誰かが発したメッセージを受け取る際，発信（遠心性の内容）よりも，受信（求心性の内容）に注意を向ける方がたやすいとされている。個人レベルでも，遠心性認知よりも求心性認知において，長けた処理能力をもつ人たちが多い（子どもは，我々大人をじっと見ながら大きくなる）。

　もし，ここで提案した心的構造仮説が揺るぎないものになるとすれば，音楽は本質的に，聴覚認知の問題であり，また深部における抽象的観念，つまり，身体を動かすという衝動に端を発する，すなわち行為を伴う観念の問題でもある，ということになる。さまざまな聴覚現象（騒音や環境音）が，客観的観念のマルチモーダルなかたまりとして――「モノやコト」は多様な感覚をもたらすので――まとめて知覚される一方，音楽的な音は，ビートのようにリズム的意味をもった音として知覚される。我々は，どのような原則が，この不思議な事実を支配しているのかを明らかにする必要がある。「不思議な事実」というのは，もちろん一般に，美術や絵画，グラフィックの図像主義で起こっていることと比較される。視覚の様態は，他の感覚でとらえられるゲシュタルトから分離されており，そうでなければ「イメージ」はなくなってしまうだろう。聴覚的認知はしたがって，文脈の意味によって埋没することなく，すべての基本的な段階――分類，ナラティヴ，内省，想像――を通って伝えられ，その後，精神的な実存を司る事象として解釈される。

　我々は，この象徴的-美的奇跡の簡潔さを，音楽的な音が，意図的な身振りとして知覚されることを強調しながら，説明したいと思う。ここでいう身振りというのは，特殊な表現方法にみられる，誰かの動きの「兆候」のようなものである。それは，意図的な表現として即座に理解されるので，我々は「他者が意識的におこなっているコト」に，注意を向ける。音楽的な音が意識的に生成される時というのは，実際に「誰か」が演奏しているということを，我々が意識して知覚する時であり，結果として，次のように3種類の意図的な処理過程：参加しているという聞き手の意識，何を演奏するかという演奏者の意識，演奏している音楽そのものに向けられる演奏者の意識が，同時におこっている。この最後の意識は，実は，聞き手が直面するものである。これはその演奏者の（技術の）自動制御ではなく，その演奏者が制御しようと意図する音楽的フローであり，それゆえそれは生成の過程で，自発的な出来事として対象

化される。つまり，演奏されたものの意味である。

　このかなり扱いづらい現象学的分析は，我々が扱っているトピックを理解する上で，基礎的なことなので，少し言い方を変えてみよう。何かを描いたり演奏したりというのは（単に，自動詞としての描くや演奏するではなく），その何かを具現化し，そこに内在させることであり，実際の遠心性認知が模倣したり活性化する前遠心性認知として，それを経験することである。音楽の，あるいは絵画の体験者が注目する事前の「意図」が，演者自身の遠心性認知を越えたところにあるというのは，きわめて特殊なことである。処理過程に包括的に埋め込まれた3種類の主観性は，演者の規範的な計画から生じている。その演者が「何か」を創り出すので，したがってそれを生み出すことに失敗あるいは成功しうるが，その何かに内在する意味はそのパフォーマンスによって保持される。美的な提示には，不確かで，儚い，超越的な志向性の感覚が極めて自然と付随するものなのである。

　このように，象徴化のすべての行為は規範的なパフォーマンスの投影であり，超越の感情を含んでいる。さらに，音楽の「ここで－今」という経験において，それ以外の分野よりも，もっと直接的で明確に感じられる。象徴化は，おそらく，ヒトの原初的な音楽実践から派生したものだろう。

　しかしながら，象徴化の構成的側面は，まだ解明されていない。我々は，単独に意味づけられた個別のシンボルを，いかに切り離し，一方で，それらをいかに組み合わせ，連続体とみなすのだろうか。この，バラバラなものと連続するもののアイディアは，いったいどこで，ヒトの認知に入り込んできたのだろうか。再度の繰り返しになるが，音楽は，この形式的且つ認知的創造物の源泉に位置するのではないだろうか。このことについて，次の節で簡単に述べ，本章のまとめとしたい。

3.8　名前と数字：拍節的，リズム的な時間から暦的な時間へ

　大抵の音楽において，器楽奏者，歌手そしてダンサーが，彼らのパフォーマンスの拠り所とするリズム的秩序は，有限の時間的単位から構成される。その単位は，一定のパルス，あるいは拍の短い連なりから成る反復的な小節として，描写されうるものである。これらの小節は，演奏者たちが共有参照できるように形づくられており，彼らの表現を同期させられるようになっている（本書第6章のリーとシェーグラーを参照）。小節の有限性により，入れ子になったサイクルが循環運動をするという，高度に構造化された行程として，時間の流れを概念化することが可能になる。取り囲んでいる複数の小節は旋律全

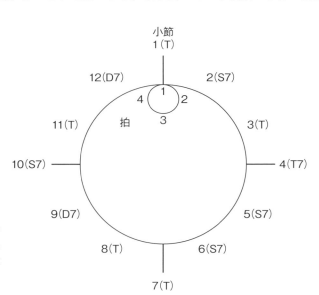

図3.4　ブルースコードを示した円環図
小節の番号は，円の外側を取り囲む数字で示しており，各小節の拍番号は，1小節めの所に示した小さな円の回りを取り囲む数字で示している。Tは主和音，Dは属和音，Sは下属和音，7はセブンスである。

体と関連づけられ，さらに複合的な包括的旋律が存在し，旋律や特定の音階，和声によって結合づけられ，あるいは分割される（本書第25章のオズボーン，「時間生物学」を参照のこと）。説明のために，**図3.4**で12小節のブルースコードの枠組みを示す。

　図に示したこのような構造は，小節の拍に番号が付けられた（名付けられた）限りにおいて可能であり，演奏家は「1，2，3，4／2，2，3，4／3，2，3，4‥」のように数えることができる。最初の「1」が，拍と小節の，いわば二重の存在についてカウントしているわけである。これはそれ自体すでに，数字システムそのものであり，十進法や二進法に相当する。4つひとまとまりの単位として同定することが可能であり，少なくとも2つの繰り返される要素［拍と小節］が，名前と名字から構成される人名のように，単位を象徴化している。限られた名前リストの中から拍に名前をつけることができれば，我々は，時の瞬間を時間の「場所」として概念づけることができる。回帰する場所は，何かが戻ってくる場所であり，無形の何かは「時間の経過に伴って」そこにあり，未来の時点での誰かの存在は，同時に起こったり起こらなかったりする。計画遂行は可能になり，あるいは直感的なプランニングが可能になる。このようにして暦が生まれるのである。

　根本的な奇跡は，誰かがそこに訪れようが訪れまいが，その場所がそこにあるということである。拍や小節は，たとえ何もなくても（！）存在する。空（カラ）（記されていない，演奏されない）拍は，我々が聞くことのできない聴覚的現象であり，たとえるなら，聴覚的ゴーストということになる。それは明白に数値的に存在している。拍として小節内を充足しようとしまいと，自然数がいかに明確に存在しているかということを，私は強く主張しておこう。名づけられた拍は，分数でいえば，まとまりとしての分母の上の，充足していない分子である。算数の具現化された起源は，このように，入れ子になった音楽リズムの循環性のようなものだといえる。

　レイコフとヌーニェス（2000, p. 52）は，数字が我々の指を使って「直感的に把握すること」に起源をもつと考えていることを，ここで述べておく。おそらく数字は，建物の床，あるいは遊びやダンスに興じるための場所を「踏み鳴らす」ことから生じたのだろう。多くの可能性があるが，そのすべては，あらゆる種類の動きを段階的にグループ化する，入れ子になったリズムや時間の感覚に依拠しているのだろう。音楽は，こうした動物の動きの特徴を，人間の体系化された意識の中に入れたと考えられる。

　文化的に位置づけられた詩のリズムを，拍節的に実証することは，韻脚や音，アクセント，量に関する陳腐な説明を越えて，拍に基づいた，まさに時間的認知となる。ここで，ロバート・バーンズの一節を例にあげる（1791年作「スコットランド女王，メアリー」から，Noble and Hogg 2001による）。

O! Soon, to me, may Summer suns	おお！　ほどなく私にとっては　夏の太陽は
Nae mair light up the morn!	もはや来る朝を　輝かさないであろう！
Nae mair, to me, the Autumn winds	北風は　もはや[10]　私に　とっては
Wave o'er the yellow corn!	黄色いからす麦を　ゆるがせないであろう！
And in the narrow house o' death	そして　狭っこい死の家の中でもって
Let Winter round me rave;	冬風をして　私の回りに　荒れ狂わしめよ
And the next flow'rs, that deck the Spring,	かくて春の女神をかざる来るべき花々をして
Bloom on my peaceful grave!	私のやすらぎの奥津城をして花開かしめよ！

（難波利夫訳，1975年）

　4拍を1小節として，各節を構成すると：

---

10) 難波利夫『ロバート・バーンズ詩の研究』（東洋出版，1975）では，「はもはや」となっているが，「もはや」のプリントミスと思われる。

```
     1         2         3       4
O!  Soon, to  me, may  Summer  suns
Nae mair light up  the morn! − ［4］
```

注目すべきことは，2行目の4拍目の［4］が，空白になっていることである。この節の構文的アクセントは，音節を強調することによってリズミカルな拍の実現と対立している：

And **the** next **flow'rs**...
Bloom **on** my...

ここでもし，その音声的強勢が4拍子のリズムに従うとしたら，言語的に強勢のない形態素に，異様な過剰強勢が付されることになるだろう。しかし実際にはそうではなく，代わりに，それらは僅かによりゆっくりのテンポで，わざとらしく均一化された半強勢的な重みを伴って，発音されるのである。このような相補的強勢解決法は，知覚可能な詩的効果を生み出すのである。

もう1つ例をあげよう。ストリックとイケモト (1977, p.91) が注目した，松尾芭蕉（1644〜1694）による日本の有名な俳句である：

古池や　　　　　　　Furu ike ya
蛙飛び込む　　　　　Kawazu tobikomu
水の音　　　　　　　Mizu no oto

英訳は，以下のようになっている：Old pond,/ leap-splash- /a frog. (http://www.teeweg.de/de/literatur/basho/furuikeya.htm も見よ)

俳句の各連は，5（音節）−7（音節）−5（音節）から成っている。しかし，1行ずつ強拍をつけて，4拍の中に無理矢理入れると：

```
 1    2    3    4
ふる  いけ  や   ［4］
かわ  ずと  びこ  む
みず  のお  と   ［4］
```

結果として，最後の［4］の部分——「おと」に続く空拍(カラ)部分——は，ポチャンという音が入る時間的な場となる。これは，空拍を動きで埋めた詩のトリックであり，あるいは「純粋な」時間的隙間を意味している。

我々は，音楽が，文化の垣根を越えて昼夜の時間と関連づけられていたことを知っている。事実，時間と日にちの定義は，音楽的な拍節そのものと，同じ拍節が入れ子になった循環性に起因している。時間の名称はたいてい数字風であり，日にちもまたそうである（例えばポルトガル語の曜日[11])は，セグンダフェイラ：セグンダは2番目という意味，テルサフェイラ：テルサは3番目，クワルタフェイラ：クワルタは4番目，キンタフェイラ：キンタは5番目，セスタフェイラ：セスタは6番目という意味であり，このような言い方で月曜日，火曜日…をあらわす）。時間の社会文化的概念化は，時にもとづく音楽的形態の枠組みと同じ異種同形である。数字として，聖人の名前をつけている暦は，まさに同じような象徴的意味からできている。象徴化は，時間認知から生じ，時間認知は「心の中の時間」を司り，

---

[11] 原文の（ ）内にはないが，「：」を用いて補足。

音楽にリズムを与えていると結論づけることができる。

3.9 総合所見と考察

いよいよ，音についての最後の考察に入る。騒音ではなく，すでに楽音として特定された調性音を，フォルマント（倍音）によって細分化することと，人間の声を模した楽器によって生成された異なるピッチを，旋律的に組み合わせることは，それらが拍と結びついたときに，発生したのだろう。拍を明確化する音は，同じ循環あるいは複層的循環の他の拍を示すような，後続の音を集める（図3.4の歯車のようなブルースコードを参照）。したがってその音の長さは，小節中の複数の拍を，韻律的で量的なものさしとして参照するに至る。なぜなら，1つの拍から次の拍への，認知的連続性あるいは漸進的移行というものがないため，その拍の音的シニフィアンは，不連続的で，特定可能な開始点を持つ分離した音響的出来事——そのあとに続いて，同一あるいは別の音の新たな開始点，あるいは休止（空拍）が生じる——として認識されるだろうからである。

リズム的秩序が，連続的で，有限かつ循環的であるため，音と拍との連携は，有限音階の創出と安定化へと向かう。つまり，安定化した音階というのは，安定した音程で区切られた音系列であり，認知的かつ感情的に明確な旋律形態の中に，構文的に組み込まれた要素集団の一体感によって，ひとまとまりになったものである。音が，音階上に組み入れられると同時に，各音には，ドレミやC，D，Eのように名前がつけられる。音楽文化によって，異なる音階が，異なった気分や状況に対応した適切なものとして処理されるように，音階は，しばしば，感情的な気分や社会的状況に則って構成される（このことは，フラメンコの音階とインドのラーガが全く異なっていることからも，明白である）。こうした音階システムそれ自体が，ある意味，心理学的な，また社会学的な「理論」でもある。共有される人間の重要な時は，受容の慣習と同様，普遍的な感情的アピールによって「解釈」される。

分離性（音は，個別の単位であり，グリッサンドではない）と，有限性（拍は，有限で繰り返されるまとまりであり，果てしなく続く連続要素ではない）は，このように象徴的表現の起源に関する，基本的特徴である。人間の声が，最終的に音素と呼ばれる言語的な音のまとまりとして安定するとき，それは音節（シラブル）現象としての安定であるが，音素レベル——単一の子音や母音よりもたやすく経験できるレベル——としては分離化し，ある程度まで有限化している。音節化現象により，音節ごとに区切って，言葉を明確に発音することが自然になり，音と拍を音楽的に結合させることができる。統語的なフレーズ構造は，旋律のより上部に位置する付加的構造となるだろう。

旋律的フレーズの再現性，およびそれらを容易に対人間で伝達できることは，行為の結果の，我々の聴覚記憶が特に洗練されていることによるのだが，それにより，旋律的フレーズは，状況への注目の対人間モニタリングに適したものとなっている。旋律の統合は，音節－語彙の合体物の非連続性を排除するものではないために，分散する言葉と集成的な節の間の緊張が，音列と旋律の間のように（テーマのバリエーションに見られる動的原則），いわゆる，文法と呼ばれるものを生成する。文法はシステムではなく，どちらかといえば，分離の危機：言葉が，フレーズや節に分解するのではなく，離散性や自律性に向かう状態，を常に抱えている。したがって発せられた言葉は，明瞭な言葉遣いによるよりもむしろ，身体動作や抑揚によって完全になる。我々は，言葉によって文章を言い始めて，「ナナナ…ナナナ」と続けても，すべての聞き手はそれを理解するだろう。最終的には，より上位の抑揚的発話の輪郭線は，これまで見てきたように感情とリズムに根ざし，補足的な表現統一，あるいはひとまとまりの均一化を再現するだろう。

行為と意識の音楽性は，言語の構成要素である語彙（対象指向）と，構文（命題的で評価的，主体指向）を結合させる要因そのものであり，だからこそ，我々人間ならではの言語概念が創られた。言語の最初の出現は，現在，我々が詩と呼ぶものだっただろう。居住の跡が見られないような，深くて音響的によ

く響く洞窟に描かれた壁画は，文化を形成した音楽演奏やリサイタルの痕跡だったのではないだろうか。その洞窟絵画に見られる対象物の重ね描きは，バロック期のフーガにおける，旋律の重ね合わせに似ているのかもしれない。今日，多くの刺激に満ちている世界におけるさまざまな経験のように，共感覚は，美の認知において一般的に理解されている。私はここで，ラマチャンドランとハバード（2001）の，芸術と言語の共感覚を扱った，興味深い研究論文を読むことを薦めたい。恐らく，クロマニョン人は，不揃いな文化を束ねるヒトとして出現した。まず，石（反響する石）や鍾乳石[12]，葦笛や太鼓を使い，続いて弦や動物の骨を曲げ，やがて認知的で情動的な心的構造物をつくり上げた。それはやがて，想像力や理性の礎となり，言語への道を開くことになった。

　現代の，そして今後の研究において，音楽学，認知科学，記号論のさまざまな学問形態は，こうした枠組みと同じような進化のシナリオに則って，実証的な論証の発見と，仮説のより詳細な精緻化をめざし，人間の象徴化の起源に関する理路整然とした仮説構築に向けて，協働するだろう。すでに圧倒的に支持されている仮説は，象徴化が時間認知に基づいており，人間の時間の概念化が音楽に基づいているというものである。

（小川容子訳）

引用文献

Beaune SA de (1995). *Les hommes au temps de Lascaux.* 40000–10000 avant J.-C. Editions Hachette, Paris.
Bolinger D (1983). Intonation and gesture. *American Speech*, **58(2)**, 156–174.
Brandt PA (2004). *Spaces, domains, and meaning. Essays in cognitive semiotics.* Series European Semiotics, 4. Peter Lang, Bern, Switzerland.
Cleyet-Merle J-J (1990). *La préhistoire de la pêche.* Edition Errance, Paris.
Deacon T (1997). *The symbolic species. The co-evolution of language and the brain.* Norton, New York.（ディーコン，金子隆芳訳『ヒトはいかにして人となったか——言語と脳の共進化』新曜社，1999）
Fonagy I (2001). *Languages within language: An evolutive approach.* Foundations of Semiotics 13. John Benjamins, Amsterdam/Philadelphia.
Huang T-L, Liu C-Y and Yang Y-Y (1999). Capgras Syndrome: Analysis of nine cases. *Psychiatry and Clinical Neurosciences*, **53**, 455–460.
Lakoff G and Núnez RE (2000). *Where mathematics comes from. How the embodied mind brings mathematics into being.* Basic Books, New York.（レイコフ，ヌーニェス，植野義明，重光由加訳『数学の認知科学』，丸善出版，2012）
Miall DS and Dissanayake E (2003). The poetics of babytalk. *Human Nature*, **14(4)**, 337–364.
Noble A and Hogg PS (eds) (2001). T*he Canongate Burns: The complete poems and songs of Robert Burns.* Canongate, Edinburgh.
Rainey DW and Larsen JD (2002). The effects of familiar melodies on initial learning and long-term memory for unconnected text. *Music Perception*, **20(2)**, 173–186.
Ramachandran VS and Hubbard EM (2001). Synaesthesia – A window into perception, thought and language. *Journal of Consciousness Studies*, **8(12)**, 3–34.
Stringer C (2003). Out of Ethiopia. *Nature*, **423(6941)**, 692–693.
Stryk L and Ikemoto T (1995). *The Penguin book of Zen poetry.* Penguin Books Ltd, Harmondsworth.
Trevarthen C and Malloch S (2002). Musicality and music before three: Human vitality and invention shared with pride. *Zero to Three*, **23(1)**, 10–18.
Turner F and Pöppel E (1999). The neural lyre: Poetic meter, the brain and time. In RS Gwynn, ed., *New expansive poetry*, pp. 86–119. Story Line Press, Ashland, OR.
Wallin NL, Merker B and Brown S (eds) (2001). *The origins of music.* MIT Press, Cambridge, MA.（ウォーリン，マーカー，ブラウン（編），山本聡訳『音楽の起源』上，人間と歴史社，2013）

---

[12] stalagtite ではなく，鍾乳石 (stalactite) もしくは石筍 (stalagmite) のスペルミスだと思われる。

第4章

ヒトの固有性に関する儀礼的基盤[1]

ビョルン・マーカー

4.1 はじめに

　本章では，ヒトの文化の自然史についての論考を提示する。この論考は，私が1990年代後半にコルウィン・トレヴァーセンと行なった母子間相互行為における音楽についての研究から生じたパズル（難問）に端を発している。そのパズルのピースがようやくピタリとはまり，ヒトの文化の本質と起源についての予期していなかった観点が明らかになってきた。この機会に私は，乳児の発達に関する刺激的な詳細を論じること（これについては，本書の第11章でエッケダールとマーカーが取り上げている）からは一歩退いて，この進化的な観点の概要を描いてみたい。それにより，我々と最も近縁な動物である類人猿が持つ文化と，我々がヒトとして持つ文化を区別する（言語以外の）決定的な相違を明らかにする。この相違は，言語の起源，ヒトの文化の固有性，および文化的学習における模倣の本質と役割に関する進化的背景についての我々の理解に関わってくるであろう。そしてこの相違について，数こそ少ないが深く研究されている発声学習という生物学的現象と関連付けながら論じる。最後に，今日我々を固有な種たらしめている興味深い進化の軌跡を素描した後，ヒトの文化についての3層からなる概念を提示する。

4.2 文化と儀礼的文化

　かつて文化は，非遺伝的手段による世代間の継承を通じて種の副次集団によって持続的に共有される行動特性という意味において，ヒトに特徴的かつ固有な特性であると考えられていた。今日ではこうした考えは，ヒトの固有性を示しているであろうとされてきた他の特徴（道具の製造や使用，二足歩行など）と同じく，行動生物学や古生物学の進歩によって否定されるに至っている。世代間の文化継承は，サル（Imanishi 1957; Itani 1958）や類人猿（Whiten *et al.* 1999）だけでなく，霊長類以外の種（Fragaszy and

---

[1] 本章で著者は，文化の媒介物は道具的文化，儀礼的（ritual）文化，言語的文化の3層からなると考えている（4.5節参照）。これと関連して，著者はおもに以下の3つの意味でritualという語を用いている：(a) 実際に観察されるヒトの習慣・慣習としてのritual。これは，以下に見る(c)が言語的文化の影響を受けたものだと想定される。社会学的・文化人類学的な用法におけるritualに近い；(b) 動物行動学的な用法としてのritual。進化的な過程で行動のある面が生得的な行動パターンとして形式化されたもの；(c) 3層からなる文化の媒介物の第2層として想定されるritual。(b) とは異なり，後天的に学習される。ヒトの祖先となる種，鳥類，クジラなどが発達させたと想定される。著者の主張のユニークさは，(b) と (c) を区分し，さらに (c) と言語をつなげて考えることにある。ritualは社会学，文化人類学では儀礼，動物行動学では儀式という訳語が定着している。これらを考慮して，訳文では(a)と(c)を儀礼，(b)を儀式と訳し分けた。

Perry 2003) でも記録されてきている。それでも，ヒトの文化が固有のものであるという考えを放棄させない，説得力のある理由がいくつかある。その1つは，言うまでもなく，我々が言語を持ち，話すことである。すべての動物はコミュニケーションを行なうが，話すのはヒトのみである：少なくとも，自然な生息環境において個体発生が完了した場合にはそうである。私はこの相違の背後に，もう1つもっと根本的で，それゆえにこれまで見落とされてきた差異が潜んでいると考えている。この差異は，ヒトの文化の精神的基盤と類人猿のうち我々の最も近縁な種のそれとを区別する。すなわち，我々の文化は**儀礼的**文化であり，チンパンジーの文化はそうではない。こうした区別はヒトと動物の文化の比較には含まれてこなかったので，以下ではこれについて少し詳しく論じる。

儀礼的文化とは，ある行動がその目的，目標，あるいは機能によらず，「正しい」形式を持つ文化のことである。そしてこれは，後天的に獲得されたある特定の実行様式が，他の数ある代替可能な様式のうちでその手段や実用の面で必ずしも優れているわけではないのにもかかわらず，その遂行に欠かせないという点において「正しい」のである。この意味での儀礼の形式は恣意的であり，この恣意的な形式の義務的性格こそが，儀礼と道具的行動を区別する（さらなる形式の詳細についてはMerker 2005を参照）。道具的行動においては，目標——実践的な最終結果——が何より優先される；効率という見地からある実行様式が他の様式より好まれることはあるかもしれないが，原則として一定の結果（その行動の目的または機能）を達成できる実行様式であれば十分である。儀礼はそうではない。儀礼では，実行の正確な形式とその細部が何よりも優先される。一定の結果が達成されても，儀礼の形式が乱されてしまったら何の意味もない。食事のエチケットを守らなくても，まったく問題なく空腹を満たすことはできる。しかし，それは儀礼の形式を乱すことになり，無作法をとがめられる恐れがある。この場合の成功は，正確な実行によって定義される。つまり，その人にとっての結果や有用性のみではなく，社会的に認められた儀礼の形式自体の遵守が，適切性の評価基準となる。したがって，儀礼は習慣や慣習と一緒にすべきではない。一部の慣習についてはそれほどはっきりと区別できないかもしれないが，一般的にはこれらは義務的で形式的な特定の実行様式によっては定義されない。

またここでの儀礼は，動物行動学において行動パターンの形式化を説明するために用いられる「儀式化」という用語と混同してはいけない。この動物行動学の用語は，行動のある面が儀礼化された**生得的**な行動パターン（ディスプレイ・シグナル）となる進化的な過程を指している。これに対して本章では，後天的に学習される文化的儀礼のみについて検討する。

上記の意味において，**儀礼としての儀礼**はそれ自体が目的である。儀礼の目的はそれが遂行されること，そして正確に遂行されることである（Staal 1989）。これは，儀礼の参加者が外的な目標や機能に関して儀礼が有効であることを信じていない，あるいはそう主張しないということではない。まったく反対である：こうした仮定は，たとえば宗教的儀礼の遂行に深く埋め込まれている。そうした儀礼の遂行者は，特定の儀礼を遂行する特定の形式は恣意的でも任意のものでもなく，ある外的な目的の達成に適切かつ有効な唯一の方法だと主張するであろう。結婚式などの儀礼では，この仮定が儀礼自体に内在している：人はただ結婚式を正しく遂行することによって結婚するのである。これらすべてに一貫しているのは，その結果にかかわらず，特定の形式の義務的性格に固執することである。

我々と最も近縁な類人猿の文化には，シロアリ／アリ釣りやその他の形での道具の使用といった道具的な文化的伝統が多く見られる。これに対して，純粋な儀礼的文化は，まったくないわけではないようだが，著しく少ない。若いチンパンジーは大人のチンパンジー（たいていは母親）が釣りに用いる棒をこしらえ，シロアリ塚からシロアリを釣り上げるためにそれを使っているところを観察することによってシロアリ釣りを学ぶようになる。しかしながら，その際に若いチンパンジーは，母親の動きを細部まではコピーしない。母親も毎回決まった方法でそれを行なうわけではない。そうしたシロアリ釣りは儀礼ではない：これは，その度ごとに実用性に基づき，環境の配置やその時々の偶然の出来事に応じて柔

軟に行われる，目的を持った道具的な文化的伝統である。不必要な一定の形式を用いてエサを取るという負担をかぶるには，チンパンジーは実践的すぎる，あるいは「合理的」すぎるとさえいえるかもしれない。もしもシロアリ釣りの儀礼があるとすれば，どのようなものになるであろうか？　たとえば，あるメスのチンパンジーが釣り棒をこしらえた後，それをシロアリ塚に差し込む前に，毎回腕を伸ばしてその棒をまっすぐ高くかかげ，フーッとうなってからエサ取りを始めるとしよう。そして，若いチンパンジーたちが学習を通じてこの行動を身に付けた結果，この行動がそのチンパンジーの副次集団に特有なものとなるのに対し，ほかの副次集団にはそれが認められない（あるいは明らかに異なる形式で存在する）。この場合，それは儀礼とみなせるであろう。野生のチンパンジーにおける虫釣りで記録されている，「手で虫を棒からこそぎ落とす」型（Goodall 1986──ゴンベ[2]）にて）と「口で虫を棒からこそぎ落とす」型（Sugiyama 1993──ボッソウ[3]）にて；Boesch 1996──タイ[4]）の森にて）という2つの文化的変異形は，私が定義しようとしている儀礼の意味に近い。なぜなら，これには物事のやり方（この場合はシロアリを棒からこそぎ落とすのに用いる身体の部位）に，明らかに恣意的な相違が認められるからである。しかしながら，これが儀礼であるとはっきり結論付けるには，以下の例で示すように，食される昆虫種の行動やその他の特徴の違い，あるいは釣り棒をこしらえるのに使用する植物種の特徴の違いなど，行動を実行するにあたってその有用性に関する制約となるかもしれない影響について，多くの詳細を知る必要がある。

　マウンテンゴリラは，ちくちくするイラクサの葉をむしり取ってエサとしている（Byrne and Byrne 1993；Byrne and Russon 1998）。これは複雑で，両手を用い，階層的に組織化された形で行われる。この形は，最も鋭いトゲを葉の内側に包み込むことにより，むしり取る速さの点においても，イラクサのトゲが刺さるのを最小限に抑える点においても効率的なものとなっている。葉は必ず枝の根元から先端へ向かってむしり取られていく。この恣意的だが固定された方向性は，イラクサ取り儀礼とみなすことができるであろうか？　否である。なぜなら，イラクサは根元の方が先端より硬いことだけでなく，茎の刺毛も葉の刺毛も根元から先端へ向かって斜めに生えているという点でも，イラクサの形状がこの部分的な行動をも制約しているからである。これによって，根元から先端へ向けて葉をむしることは，刺毛が折れて毒が放出されるのを避け，作業を安全に行うための手段となる（これは私の個人的経験からもわかる）。したがって，マウンテンゴリラがイラクサの葉をむしる方向性は，類人猿に多く見られる道具的な行動の例の1つなのである。

　類人猿の文化的伝統（先に確立した意味において）は，完全にではないが主として，ヒトにおいて物質文化，生業技術，およびその他の実践的な生活領域と分類されるタイプの行動に集中しているようである。最近行われたチンパンジーの文化に関する大規模調査（Whiten *et al.* 1999）において文化的伝統とみなされた39の行動のうち，34の行動（87パーセント）はこのタイプの行動であった。それらの行動には，エサの調達，処理，または消費（19例），個人的快適さ（9例），注意獲得（5例），および標的に向かって物を投げること（1例）を目的とした直接的な道具的行為が含まれていた。残る5つの行動には，「リーフ・クリッピング」（指や門歯を用いて葉を引き裂くことにより特徴的な音を出すこと）や「レイン・ダンス」（雨の降り始めに見られる興奮した集まり）などのコミュニケーション的なシグナルやディスプレイが含まれた。以下に見るように，こうしたディスプレイの領域は自然界において儀礼の出現に最もつながりやすいところなので，異なるチンパンジー集団におけるリーフ・クリッピングの伝統では，その実行が異なるだけでなく，その用途にも違いがあるのは興味深いことである。したがってこれらの行動は，我々に最も近縁な種における真の儀礼とみなせる行動の最有力候補であろう。レイン・ダンスやチ

---

2) タンザニアにあるチンパンジーの生息地。
3) ギニアにあるチンパンジーの生息地。
4) コートジボワールにあるチンパンジーの生息地。

ンパンジーの肉食行動といった集合的ディスプレイも，この点において同様に興味深い。

　ヒトに目を向けると，儀礼的行動の証拠に関する限り，根本的に状況が異なる。大型類人猿における純粋な儀礼の証拠が貧弱であることに比べ，ヒトの文化は小規模なものから大規模なものまで儀礼であふれている (van Gennep 1908; Durkheim 1912; Radcliffe-Brown 1961; Glukman 1965; Turner 1969)。**表 4.1**は，一部の文化に散見される儀礼ではなく，多くのヒトの文化を通じて立証されている一般的なタイプの儀礼をまとめたものである。ただし，各儀礼は文化ごとに固有の形式を取る。

　これらの儀礼の一部が実践的な生活の営みの文脈において生じるのに対し，他の多くは実践的な有用性からは明らかに切り離されている。また，同じく注目すべき点として，個人的衛生などの実践的な領域における一部の儀礼の表向きの目的は，それを遂行する際の儀礼の作法によりなし崩しになる。そのため儀礼的浄化においては，必ずしも実際に関連する身体の部位をきれいにする必要はない。最も重要なのは正しく「動作を経る」ことであり，その身体の部位が実際に汚れているかどうかや，その儀礼的動作により汚れが取り除かれるかどうかとは関連しない。言い換えれば，道具的行為の目的はその文化的儀礼化を通じて損なわれる，あるいは失われる可能性がある。これは道具的文化と儀礼的文化の根本的な違いを明確に示している。

　儀礼と有用性の問題含みの関係性にもかかわらず，ヒトの社会では，それぞれの文化において維持されている儀礼，そしてその実施が自らの文化を特徴づける定義の一部ともなっている儀礼に多大な資源を投資している。インドの伝統的なヴェーダ文化[5]のアグニチャヤナ祭式[6]，準備とリハーサルに数か月を要し，チャントと儀礼的パフォーマンスが複雑に絡み合って構成される，形式的には全体で12日間にもわたる儀礼である。17人の司祭が参加し，それぞれがこの祭式を進行させる壮大なヴェーダ讃歌と供犠の祭文からなる聖典群の特定部分の詠唱を専門に受け持つ (Staal 1989, 1993)。何千年にもわたり，インド亜大陸のバラモン・カーストのうちのかなりが，この聖典群を一言一句違えず完璧に覚え，正確に詠唱すること，そしてその詠唱の過程で行う多数の儀礼を保存していくことにその知的資源を捧げてきた。そうした実践は，ヴェーダのような文明に限られたことではない：オーストラリアのアボリジニなどの狩猟採集文化でも，一連の聖歌，儀礼，そしてそれに関連する物質や神話を記憶し，後世に伝えている。このような伝統を伝える儀礼を習得するため，伝承者は多大な時間と労力を投資する必要がある。聖なる教えの伝承者となるにふさわしいかどうかを証明するために，厳しい肉体的苦痛に耐えることが求められる場合もある (Elkin 1945; Strehlow 1947)。識別可能なあらゆるヒトの副次集団は，儀礼を発達させ，実践する可能性が高い。子どもを見てみればよい。どこの子どもたちも，遊びやゲームの一部として独自の儀礼を行なっている (イギリスでの驚くべき例については，Opie and Opie 1960を参照)。母子間相互行為の領域における儀礼については，本書の第11章でエッケダールとマーカーが取り上げている。

　儀礼は，特定の状況において行なうことが可能な一連の行為のうちの特定の部分集合と定義される (まったく行為しないこともその1つに数えられる)。儀礼を習得するためには，その文化特異的な形式を学ぶ必要がある。したがって，その儀礼を遂行することになる者は，儀礼の習得に学習資源を投資することが必要になる。ある文化における適切な挨拶の儀礼のような，単純なことについての正しい形式や文脈を身に付けることは，その文化の内部にいる者にとっては大したことではないように思われるかもしれない。しかし，外国に行ってみるとわかるように，それらは我々の人間性にもともと備わっているものではない。相当期間に及ぶ個人的な経験を経て，また親や友達，あるいは教師といった人々との密接な相互行為において，習得しなければならないものである。こうした習得は通常，特定の文化において成長する際の密接に関係し合った無数の側面のうちの単なる一側面として生じる。そのため，こう

---

[5] ヴェーダはヒンドゥー教／思想の聖典。ヴェーダ文化はこれに由来する文化。
[6] ヴェーダ文化で古来から伝わる儀礼。複雑かつ厳格なパフォーマンスで知られる。

表4.1 ヒトの儀礼実践における主要カテゴリーの概要

儀礼のタイプ	宗教的	宗教的および／または世俗的	主に世俗的
純粋な儀礼	呪文, まじない, マントラ	結婚や命名などを含む通過儀礼	組織における儀礼(同業組合, 協会, 会社など)
	魔術および占い	葬儀および埋葬における儀礼	子どもの遊びにおける儀礼
	典礼	儀礼的浄化	求愛儀礼
	祈祷儀礼	儀礼的身体装飾	食における儀式
	供犠儀礼	祭礼	エチケット
	奉献儀礼	誓い, 誓願, 呪い	モットーおよびスローガン
	お清めおよびお祓い	歓迎および別れの儀礼	狩猟の儀礼
	癒しの儀礼	統治儀礼(王朝, 国家など)	交渉の儀礼
	祝福の儀礼	反逆の儀礼	戦争および平和の儀礼
	祈願		スポーツおよびゲームにおける儀式
儀礼的芸術	歌, 音楽, 舞踊, 行進, 朗唱／詩吟, 偶像		

した形で儀礼を習得する者は，それが必要とする学習資源を費やしていることにはほとんど気付かないままである．それは第二の素地となり，アイデンティティや文脈を誤るなど，儀礼が不成功に終わった場合のみ注目される．

　学習によって身に付くという儀礼の性質には，別の一面がある：ここで言うような，儀礼の形式が恣意的であるという意味において，儀礼は実際の意図的な指導と教示，そしてそれと対となる「模倣」が行なわれるために特に適した場を提供し，場合によってはそれらに対する強い必要性をもたらす(本書第11章のエッケダールとマーカー；Merker 2005)．前述の洗練されたヴェーダの儀礼には，これが明らかにあてはまる．バラモンの見習いたちは，子ども期と青年期を徒弟制のもとに過ごし，師からの積極的指導や教示の助けを得て，何千もの讃歌を記憶し，伝承儀礼を完璧に行なえるようになる．しかしながら，指導や教示は，異なるジャンルにおける舞踊の正しいステップを学んだり，異なる社会的状況における正しいエチケットの作法を身に付けたりするなど，ヴェーダの儀礼よりはるかに習得しやすい文化的文脈における，数え切れない儀礼の習得をも特徴づけている．意図的な指導は，文化的学習の里程標とみなされている(Tomasello *et al*. 1993)．それは，チンパンジーにおいてはほとんど見られないが，ヒトにおいては至るところで見られる．この違いを説明するものはまさにヒトの文化の儀式的性質であり，それはヒトによる意図的な指導の実践を解釈するにあたって，いわゆる「心の理論」(Premack and Woodruf 1978)の発達における仮説的段階を形式的にあてはめるよりも，はるかにシンプルかつ堅固な枠組みを提供するのではなかろうか．

　儀礼の遂行に顕著にあらわれている内容を通じて，ヒトの文化は類人猿の文化にはほぼ見られない内容を有している．この特に儀礼的な内容こそ，多くの場合その習得に意図的な教示を必要とするものである．儀礼がなければ，人間の営みにおけるはっきりした教示的指導の範囲はそれだけ限定されるであろう(Rogoff *et al*. 2003)．さらに指導は，第一義的には儀礼のための教示的指導や助言が発達したものであり，この文脈に起源を持ち，二義的にのみ儀礼以外の知識や技術の習得へと拡張されていったのではなかろうか．模倣についても同様なことがいえる：模倣は，道具的状況よりも儀礼において有用性が高い．多くの実践的な技術や伝統の習得は，**観察学習**で十分に可能である．いっぽう，儀礼の恣意的な部分(これはほぼ儀礼の定義のかなめである)を複製するには，通常の辞書的な意味においての模倣による**模倣学習**が必要となる．道具的な文化や伝統と儀礼的な文化や伝統が区別されず，また指導と模倣のいずれもが儀礼と密接な関係にあることが，模倣の概念を不必要に複雑なものとし，論争を招いてきた(例えばWhiten and Byrne 1991; Tomasello *et al*. 1993; Call and Tomasello 1995; Meltzoff 1996; Byrne and Russon 1998; Miklosi 1999など）。模倣に対して儀礼的な観点をとることにより，道具的，そしてその拡張としての適者生存的な用語で模倣を解釈する必要はなくなる。こうした観点は，モデルの意図と関連づけた構成概念[7]で模倣の意味を複雑にする代わりに，模倣の辞書的な定義に忠実であることを可能にする。したがって，たしかに模倣者は，模倣の能力に加えて，モデルの側の動機を推測する認知的な能力を持つかもしれないが，後者の能力は［トマセロらの見方のように］模倣の問題に内在するものではなく，それとは切り離して論じるべきものである可能性がある（本書第11章のエッケダールとマーカー）。

すでに述べたように，純粋な儀礼は，機能性や有用性ではなく，その形式によって特徴付けられる：さらに一部の儀礼では，その儀礼が属している道具的な領域における表向きの目的が犠牲になる。また，その儀礼に含まれる機能的には意味のない特徴やその儀礼の習得・遂行にかかるコストは，道具的行動にとって当面明らかな代償的利益や目的が認められないような外的な負担をもたらす。こうした儀礼の形式における明白な有用性の欠如には，儀礼の本質，機能，そして起源を解明する鍵が隠れている。この鍵を見つけだすためには，純粋な儀礼は我々と進化上最も近縁な大型類人猿ではほとんど見られないものの，ヒト以外の生物においてまったく見られないわけではないということを思い出す必要がある。それどころか，目を見張るような洗練された文化的儀礼の例は，動物界のあちこちで見られる。我々の儀礼的文化の進化的な類似物を正しく評価することは，我々の儀礼的文化の起源，さらにはその機能や形式的な力を理解することにつながるであろう。そこで次に，「儀礼はどこから，なにゆえ生じたのか？」という問いを提示する。

4.3 儀礼はどこから，なにゆえ生じたのか？

ヒトは発声学習を行なうが，類人猿の中でも我々に最も近縁な種はそうではない。これは，ヒトには聞き取った聴覚モデルのパターンに合わせて自分の発声を作り上げていく学習能力があることを意味する。我々に最も近縁な類人猿にさえ，この能力はない。ヒトのこのような能力は，主にヒトの声の音域内で構造化された音のうちの幅広い領域をカバーする。ヒトは発音法を把握しているすべての言葉でこれを行なう。歌うときも，いかなる種類の生物や無生物の音源を模倣するときも，これを行なう。この能力がごく普通のことに思えるとすれば，それは我々がその能力を備えているからに他ならない。とはいえ，系統発生という観点からみれば，これは非常にまれな能力である。哺乳類は学習する能力に優れているが，発声学習は滅多に見られない（1997年のJanik and Slaterによるレビューを参照）。ヒト，クジラ，アザラシなど，いくつかの哺乳類を除けば，鳥類こそが聴覚モデルからさえずりや呼び声のパターンを学習する能力のきわだった例を提供してくれる。それでも，この能力を備えた種として特徴づけられるのは鳥類24目中の3目のみ，すなわちオウム（Todt 1975; Pepperberg 1981），ハチドリ（Baptista and Schuchmann 1990），および真正鳴禽類に含まれる大部分の鳴鳥たち（ただし，亜鳴禽類を除く）（Kroodsma and Baylis 1982; Kroodsma 1988）である。

純粋に記述的な観点にしぼり，多くの詳細や種の違いを無視した場合，孵化したての鳴鳥では，さえずり学習の最初の段階は，（典型的には）同種のモデルとなる個体が産出する（学習された！）さえずりのパターンを聴き取ることである。その後の発達において幼いトリは，「副次さえずり」ともいえる実践の段階として，複数のさえずりの要素を乱雑に産出し始める。これは，機能的にはヒトの乳児の喃語に似ている（Marler 1970; Doupe and Kuhl 1999）。この後の段階として，「形成的さえずり」といえるものが続き，最終的に「さえずりの結晶化」の段階に至ると，幼いトリは忠実にモデルのパターンを複製してそれを自ら産出するようになる。幼いトリはこれによって文化的学習の本質ともいえる行為を遂行

---

[7] トマセロらによる模倣の定義を示している。モデルとは，模倣される行為の提示者のこと。

している。それは壮大な時間をかけた模倣の実例である。その結果として生じるさえずりの伝統は，副次集団ごとに特異的であり（Nottebohm 1972），その行動の目的によって規定されることのない形式をとる；ただし，その集団のその個体においては，その特異性は義務的となる[8]。言い換えれば，こうした行動には上記の文化的儀礼の特質すべてがあてはまる。これは，少なくともトリのさえずりと同じくらい，クジラの鳴き声にもあてはまる（Payne 2000）。さらにクジラの鳴き声には，個体ごとの刷新があり，鳴き声を出す群れの全員がそれをコピーするという特徴がある。これにより，その群れが産出する鳴き声のレパートリーは変化していく。また鳥類では，上で素描した以外にも，数百種類さらには数千種類ものタイプからなる膨大なさえずりのレパートリーを個別に習得する（Kroodsma and Parker 1977）など，数多くの発声学習のパターンがある（Marler and Mundinger 1971）。オウムや九官鳥といった一部の種は，あらゆる種類の音をコピーする（Baylis 1982）。

したがって，さえずりの発声学習は，動物における儀礼的文化の典型的な例をあたえてくれる。模倣学習はモデルを忠実に複製することで，儀礼的な特徴をもつ文化的伝統の不可欠な部分をなす，形式的にパターン化された行動の持続的な習得につながる。こうした模倣学習のかたちの起源と仕組みを知るために，類人猿の行動におけるまれな例を探し回る必要はない：このような類人猿を取り囲んでいる樹木には，トリのさえずりのすばらしい例がこだましているではないか！この問題を論じるにあたって類人猿ばかりが注目されてきたことは，適応とは系統発生的に伝えられる家宝のようなものであるという誤った考え方，また我々の特性の起源の探求はすべからく我々に最も近縁な種に行きつくという誤った考え方に由来しているのかもしれない。そうしたアプローチは，定義上，ある生物種を特徴づけているとされる性質（すなわち，ある種を進化的にみてその最も近縁な種から区別する特性）について考える場合には決してうまくいかない。ヒトの場合は，発声学習，歌，発話がそのような特性にあたる。大型類人猿にそれらの類似物を探しても無駄である[1]。儀礼的な内容に関する類人猿とヒトの文化の間の根本的な違いについて理解するためには，ヒトとチンパンジーにつながる系統上の分岐点やその後に，我々が儀礼的行動に対する重要で実際的な適応を行ったと仮定しさえすればよい。私は，さえずりの発声学習こそが，そのような実際的な適応を可能にしたと提案する。こうした発声学習は，哺乳類やトリのさまざまな集団内で独立に進化し，再三再四起こってきた。そして，ヒトには明らかに存在するものの，チンパンジーには存在しない。この提案で私は，古くはダーウィン（1871）が言語の起源に関して提唱し，1970年代以降はトリのさえずりの研究者が強調してきた提案（Marler 1970, 2000; Nottebohm 1975, 1976; Doupe and Kuhl 1999; Wilbrecht and Nottebohm 2003; Jarvis 2004; Merker 2005; Merker and Okanoya 2007）を，儀礼に焦点を合わせつつ更新しているに過ぎない。

次に，さえずりの発声学習を生じさせた進化的状況とそれがさまざまな動物種を通して果たしている機能について問うならば，我々は個々の動物の生存を志向した物理的環境との交渉における有用性とはかけ離れたところにたどり着く。すなわち我々は，社会的な領域，より具体的には，チャイロツグミモドキの1800曲を下らないメロディのレパートリーやクジャクの尾のような，自然の美的な豪華さすべて

1　大型類人猿において発声学習の明らかな証拠が欠如していることは，ヒトの言語が身振りに起源を持つとする説を支持すると理解されてきた（Janik and Slater 1997の考察を参照）。しかしそのような説明においても，（発声学習が欠如しているため）すでに身振りによって身体化された言語を持つ種が，発声学習を行う能力をすでに持ち合わせることなく，いかにして発声言語へ切り替えることができたのかは謎のままである。そのような説では，言語の起源となる（視覚－操作的な）身振りの様式が，相当の犠牲を払いながら，どのようにして根本的に異なる（聴覚－発声的な）様式にとって代わられたかについて説明する際には，当初に身振りを好んだ（発声学習の）欠如は，都合よく忘れられているにちがいない。そうした時点での発声学習の能力の欠如を仮定すると，身振りによる言語に手を使わなくて済むことによる利点は非常に大きく，新たに発声学習の能力を発達させる進化上のコストを払うに足るものであった，そしてそれは機能的な言語の1つのかたちを他のかたちにとって代えることに過ぎなかったと仮定せざるを得ない。このような帰結はそれを導く誤り，すなわち我々の進化上最も近縁な親類は，我々自身の特徴的な性質について必ずや何らかの対応物を持っているにちがいないという前提の誤りを認めれば，容易に回避される。

8）　それぞれの個体は必ず，その副次集団ごとに発展してきた特定のさえずりの形式を学ぶ。

を包含する，動物のコミュニケーションにおけるシグナルやディスプレイという広大な舞台に到達する（Kroodsma and Parker 1977）。これらは，配偶者とすることをせがんだり選択したりすること，ライバルたちを退けること，そして繁殖を成功させることなどに関する親密な社会的問題の追求に動物を導いている。なぜなら，ディスプレイの目的は印象づけること，言い換えれば，その個体が配偶者，戦士あるいは扶養者として真剣に取り上げる価値があることを示すことだからである。具体的にこれを行なう方法はたくさんあるが，ディスプレイを通してこれを達成する場合に共通する特徴は，何らかの方法で，そのディスプレイが単に「やり過ごす」だけのために必要とされるもの以上の資源を必要とするということである（Zahavi and Zahavi 1997）。これは，並外れたエネルギー，粘り強さ，複雑性，あるいは学習能力を要する活動に関わることで可能となる。発声の領域では，これは並外れて大きく，粘り強く，あるいは複雑な（学習された）呼び声を意味する。習得された長いさえずりはこれらのすべて，つまり音量（発声量に関してトリの身体サイズを考慮せよ），持続性（交尾期には，1日10時間鳴き続けることもままある），構造的なパターンとレパートリーの複雑性（Catchpole and Slater 1995），およびその習得を可能にした学習能力をあわせ持つ。したがって，一見軽やかで美的な余剰物のように見えるトリのさえずりは，生命の中心となる再生産のドラマの中核をしめる真剣な目的のもとに行なわれていることがわかる。

　この解釈によれば，ヒトの儀礼における明白な有用性の欠如は，まさにその見かけ通りのものである。表面的な見解では軽やかで余剰に見えるものの下には，そして部外者には「単なる儀礼」にしか見えないであろうものに費やす気前のよい時間やエネルギーの背後には，巧妙な隠れたダイナミクスがあるのだ。儀礼を通してみると，生命の中核的な関心事は，素敵なドレスと複雑な身振りに装われている。これは，生命がたった1本の糸で吊るされているのではないこと，単に生命自体の維持のために必要とされるものを越えるような資源があること，首尾よくその資源を利用することができた者には真剣に考察する価値，さらにはそれを祝う理由さえあることの具体的かつ生き生きとした証しとなっている。したがって，多くの儀礼には祝賀的な側面がある。これらのことから，我々は生命の重要な局面を祝っているといえるのかもしれない：文脈ごと，また儀礼ごとに，我々が何者であり何を持っているのか，何をしようとしているのか，あるいは何になろうとしているのか，何を得て何を与えたのか，何を成し遂げたのか，あるいは成し遂げようとしているのか，誰に，あるいは何に対して我々はコミットしている，あるいはコミットしようとしているのか。祝賀はある意味では軽やかなものであり，別の意味では真剣な確認である。祝賀は資源を消費し，それ自体では祝賀されるようなことを達成しない。ただし，祝賀に結果が伴わないことはない：1つには，それは祝われるものごとを知らせ，それに賛同する。儀礼の形式において，それは参加者および遠くからの観察者が状況を把握できるようにする；それは誰もが見ることのできるディスプレイであり，その遂行のための手段を証明している。真剣に考慮し，印象づけるという目的を達成するためには，ディスプレイはつまらないものやニセモノであってはならない，あるいは欺かれうるものでさえあってはならない。明らかに余剰的な気前のよさやそのコストは，それが必要とする時間，エネルギー，物質的資源，あるいは学習の努力を示すことによってそれがニセモノではありえないことを保証する（Zahavi and Zahavi 1997）；このことは，我々の儀礼的パフォーマンスと同様に，交尾期の鳴鳥のさえずりにもあてはまる。

　発声学習を通して獲得したさえずりを含む，さまざまなタイプの儀礼の形式的な性質と複雑性は，その儀礼を模造できなくするための重要な手段となる。多くの子どもたちの遊び場での文化において発展した相互的な手拍子の儀礼に参加するために，あなたもこれを実践したことがあるにちがいない。その複雑で義務的な（手拍子の）パターンは，あらゆる誤りを即座に明らかにすること受け合いである。あなたはその動作をすでに学んでいるかもしれないし，学んでいないかもしれない。いずれにせよ，子どもたちは互いに教え合ってこの儀礼の実施を完全なものにしようとする。そして，あなたはそれを知っ

ているかもしれないし，知らないかもしれない。後天的な複雑性の獲得は，時間，努力，注意に関する必須の資源を前提とすることから，成功したパフォーマンスは過去と現在においてそれをうまく使いこなしてきたことの証明となる。形式性は，その儀礼に対する熟達さを容易に判断させる。そして複雑性は，必須の技術をうまく使いこなす必要があることを保証する。これは，ある文化や文脈にふさわしい挨拶の形式のような，些細な例にさえもあてはまる。前述のように，これらの技術は注意を払って獲得しなければならず，それらを遂行することは，それを行なったことがあり，現在もそれに気にかけていることの証しとなる。この点において儀礼は，我々の社会的交わりを形式的に結びつけ，それにその文化特有の通貨を提供するものである。それはその文化における有能さの，模造できない簡略な証明書でもある。この証明書は，我々が儀礼に参加することを通じてその儀礼に対する熟達さを示すとき，それを見ている者すべてに対して発行される。

4.4 儀礼の一般的な性質

　動物とヒトの文化的儀礼はかなり似ているが，やはり違いもある。一概にすべてがというわけではないが，ヒトの儀礼にはたいてい，その遂行に共同で関わる2名以上の参加者がいる。ヒトの儀礼は，この意味で共有されている。確かに邪術の儀礼など，単独で実施されうるものもある。しかし，それらはヒトが実施する多くの社会的儀礼の中では比較的まれなものである。そうした意味では，合唱行動のような例外は存在するものの（例としてStaicer *et al.* 1996を参照），動物の歌の儀礼は一般に共有されるものではない。それは，たいてい個別に行われたり，「一斉放送」されたりする。動物の間では，ここで考察してきたような学習された儀礼は一般に，歌で使用される1対のモダリティ[9]，すなわち聴取と発声に関するものに限られている。この主張は，このような儀礼が羽毛によるディスプレイや身体による動作などの視覚的なシグナルを伴うことを否定するものではない(Williams 2004, pp. 20-24)。むしろ，歌を学習する種においてその裏付けとなる習得パターンの複雑性に関して，発声のモダリティの優位性を強調するものである。もともとはソープが示唆したように，聴覚‐発声モダリティには，他の表出的なモダリティよりも，モデルとなるパターンとの比較において自らが産出する結果をより完全に（耳で）モニタリングすることができるという利点がある(Thorpe 1961, p. 69)。この問題は，ヒトの発話のモダリティにおける聴覚‐発声的な展開にもまったくあてはまる。したがって，けっして些末なことではない(Marler 1970; Doupe and Kuhl 1999)。しかしながら，ヒトが習得した儀礼は概して，このような1対の固定したモダリティには限定されない。むしろ，視覚，触覚，手の器用さ，道具における手の拡張，さらにはヒトの全身は，それ自体で，あるいは他者のそれと調整されつつ，多くのヒトの儀礼においてさまざまな組み合わせで用いられる。こうしてそれらは，儀礼に関する我々の性質に深く関連する，表出的なミメシス（模擬）に関わるヒトに固有の能力に，マーリン・ドナルドが論じた意味での(Donald 1991)「道具」を提供する。動物の儀礼と比較した場合のヒトの儀礼における表出の幅広さのいくぶんかは，間違いなく我々が言語を持つことの二次的な帰結である。しかしながら，とりわけそれ（ヒトの儀礼における表出の幅広さ）がヒトの儀礼の社会的な志向を支えていることから，そこにはより根本的な理由があるのかもしれない。このことは以下に記す，行動に関する特定の状況に我々の目を向けさせる。こうした状況は，ヒトにおいて発声学習を進化させた可能性がある。

　我々は，そうした状況はごく当初から非常に社会的であった——これは我々がチンパンジーと共有する社会性の証明となる——と描写せねばならない。さらに，それは類人猿における遠距離向けの呼び声に伴う身体的なディスプレイの独特な精巧さに光をあてるかもしれない。これには，足を踏み鳴らすこと，枝を振ること，ドンドン叩くことなどが含まれる(Geissmann 2000, pp. 118-19)。私は以前，我々

---

[9] 巻末の参考資料「モダリティ」参照。

が（ヒトと他の類人猿の）共通の祖先から分岐して間もなく，我々の先祖の遠距離の呼び声を真に協力的で拍に基づいた一斉合唱へと転化させた，生物学的にもっともらしい淘汰圧について示唆した（Merker 1999, 2000）。このヒトの祖先における遠距離の呼び声における形式の変化は，おそらく（類人猿の間では共通する）活発な身体的ディスプレイとの生来のつながりを断ち切ることはなかっただろう。リズミカルな集団的チャント[10]に付随するものとして，このような身体的ディスプレイはおそらく，集団的チャントを一斉に発し続けるために均一な拍によって区切られた，ある種のダンスの形式をとっていたであろう（Fraisse 1982）。そうした拍は，最も簡単なものとしては，歩くリズムから派生したと思われる（Merker 1999）。発声学習が我々の先祖の間でいつごろ進化したにしても，行動に関する状況としてはこのように，リズミックなチャントやダンスによる集合的なディスプレイが生じていた可能性が高い。これは，少し異なるヒトの発声学習につながる可能性があった：つまり，発声をコントロールする学習の中核では，鳴き声を忠実にコピーする（Merker 2005）ためのミメシス（模擬）の（「共形の」）動機が同時に，その進化的な状況をもたらす身体的ディスプレイの他の側面にもつながっていたであろう。一斉に行われる集合的ディスプレイにおけるこうした姿勢および歩行行動とのつながりは，ヒトの発声学習の進化がより一般的な身体的ミメシスの能力へと拡張されたとする，別の可能な道筋を提供してきた（Donald 1991参照）。

　もしそうであるならば，発声学習を身体の（姿勢および身振りの）表出的な学習へと拡張するというこの新しい能力は，ヒトを「模倣のゼネラリスト」の種へと変えたことになる（Meltzoff 1996）。おそらく，集合的ディスプレイにおいて発声の側面，身振りの側面，社会的な側面は決して切り離されることはなかったし，今日でさえ多くの非西洋の人々の概念上のカテゴリーにおいてはこれらが結びついている。これらの言語では，1つの統合的な概念の下にリズム，歌，ダンス，儀礼（祝賀）が包摂されており，これは私が提案した起源説ときわめて整合的である（Merker 1999）。これは，ネイティヴアメリカンのうちのブラックフットのサーパブ（saapup）[11]，あるいは古代ギリシアのムーシケー（mousiké）[12]，さらにはバントゥー諸語のンゴマ（ngoma）[13]にもあてはまる。このうちムーシケーは，我々の「音楽」の概念に加えて詩とダンスを含むものである。音楽（music）という名称は，より広義のこのギリシア語の単語から派生した。

　後に我々の表出的な学習のための能力を進化させるまさにその状況において，もしも発声の究極的な役割や集合的なシンクロがなかったとするならば，我々の祖先はまったく発声学習なしで身体的ミメシスのための才能を発展させたことになる。そのような能力があるとすれば，その内容は文化的学習によって代々引き継がれてきたローカルな伝統によって定まるのであろう。そしてそれは，言語が出現するよりもはるか以前からヒトの儀礼的な文化を洗練させる媒介物を提供し，おそらくそれ（言語）が出現する舞台を整えたであろう。

　すでに述べたように，ヒトの儀礼は概して社会的である；つまり，遂行は参加をうながす。したがって，儀礼の形式と適切な遂行の基準は，個々の選択や好みの問題ではなく，これらを通じて定義される文化に内在的なものである。ここに，その形式が義務的なものであることの意義がある：これについて，我々には選択の余地はない。なぜなら，参加するということは，このように参加する，あるいはまったく参加しないことであるからである。判決を下すために審判は必要ない。その形式自体が，その常同性と複雑性を通してこの機能を遂行するのである。ただし，義務的な形式がいったん伝統に根ざすと，そ

---

[10] 巻末の参考資料「歌とチャント」を参照。
[11] ブラックフットは北米に住むネイティヴアメリカンの1グループ。カーパブはブラックフットの人々が実践する音楽，踊り，儀式の一体となったパフォーマンス。
[12] 古代ギリシアで用いられていた音楽，踊り，詩などを指す語。ムーシケーは音楽（music）の語源となった。
[13] バンドゥー諸語で広く用いられる。太鼓，歌，治療儀礼などを指す語。

れは個々人がすでに従っていた儀礼の遂行の仕方を通じて他に抜きんでるかもしれないフォーラムを提供する。基本的な形式は儀礼そのもののパターンによって固定されているため，これはそれが実施される際の柔らかさ，優雅さ，または妙技といったかたちをとる。

　実行における違いを理解し，評価しうる一般的な基準を提供するのは，固定された形式である。人気のあるダンスの様式におけるステップは，その実行に際して，単に許容されるものから優雅なものまで，その様式内での幅を持つ。優雅な踊り手はより不得手な踊り手と同じ形式上の要点を見ているが，その基本をその様式上，さらに洗練させるに至る。妙技の段階になると，自分が見聞きした儀礼的なパターンには含まれていなかった構造的な要素を導入することさえ可能となる。その場合は，これらは受け取った形式の枠組みに継ぎ目なく適合することで，誤りというよりもむしろ名人による装飾として認められる。明らかに，これらの実行様式は印象に残りやすい。これがさらなるエミュレーション[14]をもたらし，この名人による遂行さえ凌ごうとさせる。したがって，洗練と変化のダイナミクスは，儀礼の文化的な文脈に内在するものであり，差異化と複雑化に向かって発展を推し進める傾向がある。

4.5　ヒトの文化の3層からなる媒介物

　こうして我々は，我々の祖先となる種にたどりつく。この種は，発声学習の中核的な仕組みのうちに一般化された表出的なミメシスの能力を備えていた。また，構造化された意味を持たない音節の連なり，あるいは歌，の共有されたレパートリーによって特徴づけられる，文化的に伝達された集合的儀礼に従事していた。この状況は，アリソン・レイ（1998; Hurford 2000も見よ）が言語の起源に関する発達的基盤において一定の役割を果たすと提案し，さらには多世代にわたる学習者の集団における言語の創発についてのコンピュータ・シミュレーションによって探求された（Batali 1998, 2002; Kirby 1998, 2000, 2001, 2002），「全体論的な」タイプの仕組みに，理想的でパターンの豊富な出発点を提供する。そうしたコンピュータ・シミュレーションは以下を明らかにしている：世代間の伝達のプロセス自体が，「学習者のボトルネック」の作用（Smith 2003の，いわゆる「刺激の貧困」の側面）を経て，はじめはランダムな文字列だった内容をその学習者の認知世界に合った，共有された効果的な文法へと形式的に構造化する意外な力を持つ。そしてこれは，その結果を差異化する強化，あるいはそのプロセスにおける自然淘汰の介在なしに起こるのである。したがって，そのプロセスは純粋に歴史的かつ文化的なものであるといえよう。

　マーカーとオカノヤ（2007）では，このような歴史的なダイナミクスが，我々の儀礼の原型であるもともとは意味のない鳴き声の連なりをヒトの言語の文法化された形式へと変換する方法について説明した（例えば，DeLancey 1994; Lehmann 1995; Bybee 1998; Campbell 1998）。ここではその説明を繰り返すことはしない。ただ，以下を注記しておきたい：この説明は，我々の種が意味のコミュニケーションのためではなく，潜在的な配偶者やライバルに強い印象を与えるために採用された鳴き声の連なりのレパートリーを文脈上差異化したり区切ったりするプロセスによって，ヒトの言語に偶然たどりついたことを示す（Miller 2000参照）。この手段によったかどうかにかかわらず，我々が最終的にはヒトの言語の生物学的な特異性にたどりつき，そしてこれにより，ヒト以外の動物界で記録されてきた文化的伝統をその豊かさと力において上回る文化の様式が発展した，という事実は疑いようがない。そして，このヒトに固有な文化の様式の特徴的な内容をとらえるためには，少なくとも3種の文化のレベル，あるいは層が必要となる。

　このヒトの文化の3領域のうち，もっとも基本的なレベルは**道具的文化**である。我々はそれを類人猿

14）トマセロがしばしば用いる概念で，行動の結果を自力で再現すること。これと関連する概念として，トマセロはミミック（見えた行動をそのまま再現する），イミテーション（行動の意図を再現する）を提案している（例えば，Tomasello 1999: 59-60, 81-84）。

と共有しており，それを「類人猿文化」と名付けて称えることもできる。このレベルには，我々が文化の中で育つ過程で獲得してきた，身体と精神に関する多くの直観的で暗黙的な道具的習性が含まれる。この道具的なレベルに属している，生活における文化的に規定された無数の局面からほんの少し例をあげるならば，ベッドや草の上で眠ること，適切な食物を見つけたりとらえたりする方法，調理すべきものを知る方法，さまざまな実施や使用の様式を形作る方法，生きるためにある種の活動を追求すること，などがある。このレベルには，ヒトの物質的文化と生業技術の多くが含まれる。原則として，これらを類人猿の道具使用から分けるのは，その質においてというよりはその差異化と洗練の程度においてである。そうした（ヒトの道具的文化と類人猿の道具使用との）つながりは，第3のレベルのヒトの文化である言語の影響によって，我々に見えにくくなる傾向がある。言語の存在は，それがよってたつ2つの先行するレベルのいずれについても，新たな洗練の可能性を生み出す。これは言語の注目すべき力の一つであるが，先行する2つのレベルがそれ（言語）なしで隆盛する可能性があり，言語の性質を不明瞭にすることなしにはそれ（言語）に同化され得ないという基本的な事実を変えるものではない。それらが儀礼化されない場合，類人猿の文化あるいは道具的文化には，発声，姿勢，身振りを通じた非言語的な表出のうちの学習された面が含まれる。道具的文化を持つためには，我々が他の哺乳類と共有する大脳皮質によって与えられているような学習能力（Merker 2004），あるいは鳥類における革新的な給餌方法を支えているような学習能力（この能力は，鳥類のさえずりの仕組みを支えている脳核とは別に発達したと考えられている）を超える，特別な仕組みは必要ない（Lefebvre *et al.* 1997; Timmermans *et al.* 2000）。

　次のレベルあるいは層は，この章で詳述してきた**儀礼的な文化**のそれである。ここでこれについて言うべきことは，それ（儀礼的な文化）には特別な仕組み，すなわち道具的な考察あるいは有用性に関わりなく儀礼的なモデルの形式の複製を保証する仕組み，が必要であるということだけである。脳組織の受容的部位（聴覚，後部）および生産的部位（発声，前部）のどちらにも必要な学習能力に加えて，それは出力が入力に適合するような方法で2つを合致させる仕組みを必要とする。鳴き声にさらされることとそれに熟達することの間には，たいてい長い訓練期が介在する。したがって，このプロセスには十分な合致が達成されるまで，訓練を止めてしまわないための動機づけが必要であろう。私はこの動機を「共形動機」と呼んでいる（Merker 2005）。これは，より幅広いミメシスの能力における動機づけの土台を特徴づけるために，特に適した表現である。私はこの能力が，ヒトの祖先の系統においては発声学習と身体的ミメシスの双方を含んでいたと考えている。それは，学習プロセスを通じて本質的に恣意的なパターンを複製することにより，それらをどのくらい受容し，自らの行動に組み込むかについてのレディネスを与えてくれる。このレディネスは，野生チンパンジーにおいてそのような複製のよい例が不足していることからも分かるように，進化的にはけっして簡単に獲得されたものではない（Tomasello *et al.* 1993）。

　生得的な動機の素因としてこのレディネスを獲得したことは，我々の種が行動面で進化させた何物にも代えがたい適応だといえる。もっとも最近では，それは機能不全に陥りやすいといえるかもしれない。こうした観点からは，強迫性障害ならびに自閉症スペクトラム障害の特定の徴候は，風変りかつ個人的な儀礼によって社会的に共有されている儀礼のあらわれが発達的に妨げられてしまった例として解釈できるかもしれない。さらに統合失調症においては，社会的に共有されている思考のパターンにしたがうことができないという点で，言語のメタ儀礼のレベルで類似したことが生じているのかもしれない。しかしながら，適切に機能している共形動機の素因は，我々がそのメンバーであることを願う文化の形式を採用したいと思わせることで，儀礼的文化のかなめとなっている。それは，言語の「メタ儀礼」とも呼べるものを獲得するために欠くことのできない手段でもある。

　我々の3領域からなる文化の第3の，そして最終的なレベルは，**言語**そのものである。言語は，我々

の最も強力な，そして問題含みの達成である．ショーペンハウアーは以下を気づかせてくれている：

> 動物は決して，自然の道から大きく逸れることがない．なぜなら動物の動機は，あり得ることのみ，現実的なことのみが住まう知覚の世界にあるからである．いっぽう，単に想像しうるあるいは考えうるだけのこと，したがって，偽りのこと，不可能なこと，不条理なこと，非常識なことはすべて，抽象的な概念，思考，観念，そして言葉（の世界）に入ってくる．
>
> （1844/1969, v. II, p. 69）

否定という単純な文法的装置は，上記の好例である．したがって，言語は知覚に基づく経験的な世界全体について参照し，コミュニケーションを行なうための比類のない力を我々に与えてくれるだけではなく，「どんなに理性を経験的に働かせても，またはそこから引き出される原則によっても答えることができないような質問」によって我々を苦しめる (Kant 1781, p. 14)．

それらがどのように表現されるかについての文法にしたがうならば，どんな概念が言葉で表現されうるかについては制限がないことが，私がメタ儀礼として言語を特徴付けた理由である．言語は儀礼と，そこから適切な形式について強調するようになった様式を共有している．いっぽう言語は，有限な特殊性から解放されているという点で儀礼とは異なる．言語とは思考，すなわち本質的に畏怖の念を起こさせる真の新規性，を構成し，コミュニケーションを行なうための我々の多目的な儀礼なのである．この力を通して，それ（言語）は我々の認知のあらゆる側面に浸透するようになった．さらにそれを通じて，先行していた２層のヒトの文化の媒介物の双方を支配するようになった．我々が行なうほとんどすべてのことは，必ず言語によって媒介されるとまではいえないが，少なくとも言語を伴っている．そして言語の道具性によって，その他の２層はそれなしではありえなかったほどの細分化と複雑化の域に達している．このヒトの文化のこの上ない達成を邪魔しているようにみえる債務（他の２層）についての理解が深まれば，それ（言語）は３つの主要な構成要素のひとつに過ぎないという，正しい認識に至ることができるであろう．第３の層は，他の２つの層にまったく依存している．これに対して他の２つの層は，原則的に第３の層には依存していない．そして，言語はその独自の力を他の２つの層もが使えるようにすることで，これらの先輩たちにその恩義の一部を返しているというべきであろう．この新参者が我々の精神の唯一の支配者であるふりをする，という傾向は許容しがたい．なぜならそれは，我々の文化は３層からなっており，言語はそうした構造から形成されたが，その一部をなすに過ぎないという我々の見解を隠蔽してしまうからである．また，この３層構造からなる文化の構築物の全体が，より基本的な地盤の上に建っているということを忘れるべきではない：進化的な歴史の創造物として生み出された我々の性質は，我々の文化的な歴史よりはるかに先立っており，前者（進化的な歴史）なしには後者（文化的な歴史）はありえなかったのである．

（高田　明　訳）

謝辞

私が本章の構想を追究できたのは，コルウィン・トレヴァーセン氏の励ましがあったおかげである．また，ペール・セゲルダール氏には，そのカンジ[15]，言語，チンパンジー属／ヒト属の文化に関する文献によって，インスピレーションを受けるという恩恵を賜った．それらを読み込むことで，本章で提示したヒトの文化についての概念は，よりはっきりしたものとなった．本章の執筆にあたって，ガイ・マディソンと著者はスウェーデン中央銀行300年記念基金の助成を受けた．また，本章の基礎となる著者の以前の研究も，著者が同基金から受けた以前の助成によって支援された．

---

15) ボノボの個体名．

引用文献

Baptista LF and Schuchmann K (1990). Song learning in the Anna hummingbird (*Calypte anna*). *Ethology*, **84**, 15–26.

Batali J (1998). Computational simulations of the emergence of grammar. In JR Hurford, M Studdert-Kennedy and C Knight, eds, *Approaches to the evolution of language: Social and cognitive bases*, pp. 405–426, Cambridge University Press, Cambridge.

Batali J (2002). The negotiation and acquisition of recursive grammars as a result of competition among exemplars. In T Briscoe, ed., *Linguistic evolution through language acquisition: Formal and computational models*, pp. 111–172. Cambridge University Press, Cambridge.

Baylis JR (1982). Avian vocal mimicry: Its function and evolution. In DE Kroodsma and EH Miller, eds, *Acoustic communication in birds*, pp. 51–83. Academic Press, New York.

Boesch C (1996). The emergence of cultures among wild chimpanzees. *Proceedings of the British Academy*, **88**, 251–268.

Bybee J (1998). A functionalist approach to grammar and its evolution. *Evolution of Communication*, **2**, 249–278.

Byrne RW and Byrne JME (1993). Complex leaf-gathering skills of mountain gorillas (*Gorilla g. beringei*): Variability and standardization. *American Journal of Primatology*, **31**, 241–261.

Byrne RW and Russon AE (1998). Learning by imitation: A hierarchical approach. *Behavioral and Brain Sciences*, **21**, 667–721.

Call J and Tomasello M (1995). Use of social information in the problem solving of orangutans (*Pongo pygmaeus*) and human children (*Homo sapiens*). *Journal of Comparative Psychology*, **109**, 308–320.

Campbell L (1998). *Historical linguistics. An introduction.* Edinburgh University Press, Edinburgh.

Catchpole CK and Slater PJB (1995). *Bird song: Biological themes and variations.* Cambridge University Press, Cambridge.

Darwin C (1871). *The descent of man and selection in relation to sex.* D Appleton & Company, New York.（ダーウィン，長谷川眞理子訳『人間の進化と性淘汰（ダーウィン著作集）』文一総合出版，1999-2000.)

DeLancey S (1994). Grammaticalization and linguistic theory. In J Gomez de Garcia and D Rood, eds, *Proceedings of the 1993 Mid-America Linguistics Conference and Conference on Siouan/Caddoan Languages*, pp. 1–22. Department of Linguistics, University of Colorado, Boulder, CO.

Donald M (1991). *Origins of the modern mind.* Harvard University Press, Cambridge, MA.

Doupe AJ and Kuhl PK (1999). Birdsong and human speech: Common themes and mechanisms. *Annual Review of Neuroscience*, **22**, 567–631.

Durkheim É (1912/1995). *The elementary forms of religious life.* Free Press, New York.（デュルケム，古野清人訳『宗教生活の原初形態（上）（下）』岩波書店，1975)

Elkin AP (1945/1980). *Aboriginal men of high degree.* University of Queensland Press, Brisbane.

Fragaszy DM and Perry S (eds) (2003). *The biology of traditions. Models and evidence.* Cambridge University Press, Cambridge.

Fraisse P (1982). Rhythm and tempo. In D Deutsch, ed., *The psychology of music*, pp. 149–180. Academic Press, New York.

Geissmann T (2000). Gibbon song and human music from an evolutionary perspective. In NL Wallin, B Merker and S Brown, eds, *The origins of music*, pp. 103–123. MIT Press, Cambridge, MA.（ガイスマン「テナガザルの歌とヒトの音楽の進化」ウォーリン・マーカー・ブラウン編，山本聡訳『音楽の起源（上）』人間と歴史社，2013所収)

Glukman M (1965). *Politics, law and ritual in tribal society.* Blackwell Publishers, Oxford.

Goodall J (1986). *The chimpanzees of Gombe: Patterns of behavior.* Harvard University Press, Cambridge, MA.（グドール，杉山幸丸・松沢哲郎監訳，杉山幸丸ほか訳『野生チンパンジーの世界』ミネルヴァ書房，1990)

Hurford JR (2000). The emergence of syntax (editorial introduction to section on syntax). In C Knight, M Studdert-Kennedy and J Hurford, eds, *The evolutionary emergence of language: Social function and the origins of linguistic form*, pp. 219–230. Cambridge University Press, Cambridge.

Imanishi K (1957). Identification: A process of enculturation in the subhuman society of *Macaca fuscata*. *Primates*, **1**, 1–29.

Itani J (1958). On the acquisition and propagation of a new food habit in the troop of Japanese monkeys at Takasakiyama. In K Imanishi and S Altmann, eds, *Japanese monkeys: a collection of translations*, pp. 52–65. University of Alberta Press, Edmonton, Canada.

Janik VM and Slater PJB (1997). Vocal learning in mammals. *Advances in the Study of Behavior*, **26**, 59–99.

Jarvis ED (2004). Learned birdsong and the neurobiology of human language. In HP Ziegler and P Marler, eds, *Behavioral neurobiology of birdsong*, pp. 749–777. Annals of the New York Academy of Sciences, **1016**.

Kant I (1781/1966). *Critique of pure reason.* Translated by F Max Müller. Doubleday (Anchor Books), Garden City, New York.（カント，有福孝岳訳『純粋理性批判（カント全集4～5)』岩波書店，2001.)

Kirby S (1998). Language evolution without natural selection: From vocabulary to syntax in a population of learners. Technical Report, *Edinburgh Occasional Papers in Linguistics, 98–1*, Department of Linguistics, University of Edinburgh.

Kirby S (2000). Syntax without natural selection: How compositionality emerges from vocabulary in a population of learners. In C Knight, M Studdert-Kennedy and J Hurford, eds, *The evolutionary emergence of language: Social function and the origins of linguistic form*, pp. 303–323. Cambridge University Press, Cambridge.

Kirby S (2001). Spontaneous evolution of linguistic structure: An iterated learning model of the emergence of regularity and irregularity. *IEEE Transactions on Evolutionary Computation*, **5**, 102–110.

Kirby S (2002) Learning, bottlenecks and the evolution of recursive syntax. In T Briscoe, ed., *Linguistic evolution through language acquisition: Formal and computational models*, pp. 173–204. Cambridge University Press, Cambridge.

Kroodsma DE and Baylis JR (1982). A world survey of evidence for vocal learning in birds. In DE Kroodsma and EH Miller, eds, *Acoustic communication in birds*, pp. 311–337. Academic Press, New York.

Kroodsma DE and Parker LD (1977). Vocal virtuosity in the brown thrasher. *Auk*, **94**, 783–785.

Kroodsma DE (1988). Song types and their use: developmental flexibility of the male blue-winged warbler. *Ethology*, **79**, 235–247.

Lefebvre L, Whittle P, Lascaris E and Finkelstein A (1997). Feeding innovations and forebrain size in birds. *Animal Behaviour*, **53**, 549–560.

Lehmann C (1995). *Thoughts on grammaticalization*, 2nd, revised edn. LINCOM Europa, München.

Premack DG. and Woodruff G (1978). Does the chimpanzee have a theory of mind? *Behavioral and Brain Sciences*, **1**, 515–526.

Marler P (1970). Bird song and speech development: could there be parallels? *American Scientist*, **58**, 669–673.

Marler P (2000). Origins of music and speech: Insights from animals. In NL Wallin, B Merker and S Brown, eds, *The origins of music*, pp. 31–48. The MIT Press, Cambridge, MA.（マーラー著「音楽の起源と音声言語の起源：動物たちから学べること」ウォーリン・マーカー・ブラウン編，山本聡訳『音楽の起源（上）』人間と歴史社，2013所収）

Marler P and Mundinger P (1971). Vocal learning in birds. In H Moltz, ed., *The ontogeny of vertebrate behavior*, pp. 389–449. Academic Press, New York.

Meltzoff AN (1996). The human infant as imitative generalist: A 20-year progress report on infant imitation with implications for comparative psychology. In CM Heyes and BG Galef, eds, *Social learning in animals: The roots of culture*, pp. 347–370. Academic Press, San Diego, CA.

Merker B (1999). Synchronous chorusing and the origins of music. *Musicae Scientiae (Special Issue 1999–2000)*, 59–74.

Merker B (2000). Synchronous chorusing and human origins. In NL Wallin, B Merker and S Brown, eds, *The origins of music*, pp. 315–328. The MIT Press, Cambridge, MA.

Merker B (2004). Cortex, countercurrent context, and dimensional integration of lifetime memory. *Cortex*, **40**, 559–576.

Merker B (2005). The conformal motive in birdsong, music and language: An introduction. In G Avanzini, L Lopez, S Koelsch and M Majno, eds, *The neurosciences and music ii: From perception to performance*, pp. 17–28. Annals of the New York Academy of Sciences, **1060**.

Merker B and Okanoya K (2007). The natural history of human language: bridging the gaps without magic. In C Lyon, CL Nehaniv and A Cangelosi, eds, *Emergence of communication and language*, pp. 403–420. Springer Verlag, London.

Miklosi A (1999). The ethological investigation of imitation. *Biological Reviews*, **74**, 347–377.

Miller GF (2000). *The mating mind: How sexual choice shaped the evolution of human nature*. New York: Doubleday.（ミラー，長谷川眞理子訳『恋人選びの心：性淘汰と人間性の進化1・2』岩波書店，2002.）

Nottebohm F (1972). The origins of vocal learning. *American Naturalist*, **106**, 116–140.

Nottebohm F (1975). A zoologist's view of some language phenomena, with particular emphasis on vocal learning. In EH Lenneberg and E Lenneberg, eds, *Foundations of language development*, pp. 61–103. Academic Press, New York.

Nottebohm F (1976). Discussion paper. Vocal tract and brain: A search for evolutionary bottlenecks. In SR Harnad, HD Steklis and J Lancaster, eds, *Origins and evolution of language and speech*, pp. 643–649. Annals of the New York Academy of Sciences, **280**.

Opie I and Opie P (1960). *The lore and language of schoolchildren*. Oxford University Press, Oxford.

Payne K (2000). The progressively changing songs of humpback whales: A window on the creative process in a wild animal. In NL Wallin, B Merker and S Brown, eds, *The origins of music*, pp. 135–150. The MIT Press, Cambridge, MA.（ペイン著「変化し続けるザトウクジラの歌：野生動物の創造性」ウォーリン・マーカー・ブラウン編，山本聡訳『音楽の起源（上）』人間と歴史社，2013所収）

Pepperberg I (1981). Functional vocalization by an Africal grey parrot. *Zeitschrift für Tierpsychologie*, **55**, 139–160.

Radcliffe-Brown AR (1961). *Structure and function in primitive society*. Free Press, Glencoe, IL. （ラドクリフ＝ブラウン，青柳まちこ訳『未開社会における構造と機能』新泉社，2002.）

Rogoff B, Paradise R, Arauz RM, Correa-Chávez M and Angelillo C (2003). Firsthand learning through intent participation. *Annual Review of Psychology*, **54**, 175–203.

Schopenhauer A (1844/1969). *The world as will and representation*, 2 vols. Translated by EFJ Payne. Dover, New York. （ショーペンハウアー，斎藤忍随ほか訳『意志と表象としての世界』（ショーペンハウアー全集2-7）白水社，1996（新装復刊））

Staal F (1993). From meanings to trees. *Journal of Ritual Studies*, **7**, 11–32.
Staal F (1989). *Rules without meaning. Ritual, mantras and the human sciences.* Peter Lang, New York.
Staicer CA, Spector DA and Horn AG (1996). The dawn chorus and other diel patterns in acoustic signalling. In DE Kroodsma and EH Miller, eds, *Ecology and evolution of acoustic communication in birds*, pp. 426–453. Comstock, Ithaca, NY.
Smith K (2003). Learning biases and language evolution. In S Kirby, ed., *Language evolution and computation. Proceedings of the Workshop on Language Evolution and Computation, 15th European Summer School on Logic, Language and Information, Vienna, Austria*, pp. 22–31.
Strehlow TGH (1947). *Aranda traditions*. Melbourne University Press, Melbourne.
Sugiyama Y (1993). Local variation of tools and tool use among wild chimpanzee populations. In A Berthelet and J Chavaillon, eds, *The use of tools by human and non-human primates*, pp. 175–187. Clarendon Press, Oxford.
Thorpe WH (1961). *Bird-song*. Cambridge University Press, Cambridge.
Timmermans S, Lefebvre L, Boire D and Basu P (2000). Relative size of the hyperstriatum ventrale is the best predictor of feeding innovation rate in birds. *Brain, Behavior and Evolution*, **56**, 196–203.
Todt D (1975). Social learning of vocal patterns and modes of their application in grey parrots (Psittacus erithacus). *Zeitschrift für Tierpsychologie*, Suppl. **4**, 1–100.
Tomasello M, Kruger AC and Ratner HH (1993). Cultural learning. *Behavioral and Brain Sciences*, **16**, 495–552.
Turner V (1969). *The ritual process*. Aldine, Hawthorne, New York.（ターナー，冨倉光雄訳『儀礼の過程』新思索社．1996（新装版））
van Gennep A (1908/1960). *The rites of passage*. University of Chicago Press, Chicago, IL.（ヘネップ，綾部恒雄・綾部裕子訳『通過儀礼』岩波書店．2012）
Whiten A and Byrne RW (1991). The emergence of metarepresentation in human ontogeny and primate phylogeny. In A Whiten, ed., *Natural theories of mind*, pp. 267–281. Blackwell Publishers, Oxford.
Whiten A, Goodall J, McGrew et al. (1999). Cultures in chimpanzees. *Nature*, **399**, 682–685.
Wilbrecht L and Nottebohm F (2003). Vocal learning in birds and humans. *Mental Retardation and Developmental Disabilities Research Reviews*, **9**, 135–148.
Williams H (2004). Birdsong and singing behavior. In HP Ziegler and P Marler, eds, *Behavioral neurobiology of birdsong*, pp. 1–30. Annals of the New York Academy of Sciences, **1016**.
Wray A (1998). Protolanguage as a holistic system for social interaction. *Language and Communication*, **18**, 47–67.
Zahavi A and Zahavi A (1997). *The handicap principle: a missing piece of Darwin's puzzle*. Oxford University Press, Oxford.（ザハヴィとザハヴィ，大貫昌子訳『生物進化とハンディキャップ原理：性選択と利他行動の謎を解く』白揚社．2001）

第5章

音楽の進化：
理論，定義，エビデンスの性質

イアン・クロス と イアン・モーリー

5.1 はじめに

　ヒトと他種族間の生物学的連続性について，近年科学者間に異論はない。しかし，ヒトがする多くのことは他の動物とは共有されない。ヒトの行動は，遺伝的資質と同じくらい生まれてから身につけた文化により動機づけられるようだ。しかし，音楽に関する学問と研究のほとんどは，単に文化的観点からしか音楽を扱っていない。過去50年にわたり，認知学的研究は音楽というものを個人の才能や，多分基本的な生物現象としてアプローチしてきたのだろう。この音楽の心理学は，いかにして音楽がまぎれもない文化的現象になったかという問いを難しすぎるので無視し，あるいは除外してきた。文化の「本質」が真剣に考慮されたり，文化的な学習のために必要な心の働きが明らかに多くの文化研究者の関心を集めた（D'Andrade 1995; Shore 1996）のは実にたったこの10年ほどのことである。音楽というもの，そして心そのものの本質というものに関し，「文化的」アプローチと「生物学的」アプローチを融和させていく問題は残るのである。
　この問題に取り組む1つの方法は，進化の観点から音楽を見ることである。民族誌学的研究とダーウィンの進化論の高まりを受けて，音楽が進化的な起源と淘汰的な利益をもつという考えが20世紀の初めに広く思索された（例えばWallaschek 1893）。このアプローチは，人類学と音楽学の分野において生物学的および普遍主義的考えが拒絶されるとともに，科学的な理由と同じくらい政治的理由により，第二次世界大戦の前の数年で急速に廃れた（Plotkin 1997）。しかしながら進化的思考は科学と最近の哲学的なアプローチにおいて再び中心となり，進化的プロセスと音楽の関係はこの20年でますます調査されている（本書第2章と第24章のディサナーヤカ，第3章のブラント，第4章のマーカーを参照）。

5.2　進化的思考における音楽

　音楽する能力の進化についての過去の論文は，2つの仮説をもつ。その2つとは，音楽は他の認知的，生理的適応の副産物であるのか，もしくは音楽的行動それ自体と関連する利益があるのか，ということである。過去20年にわたり，音楽の非適応的な根源を主張する見解が目立っている。広く知られた見解（Pinker 1997）は以下のように提唱している。音楽の複雑な音のパターンは，音楽特有の機能に関連し

ない淘汰圧[1]により独立的に進化した言語，感情，微細運動への適応を刺激的に利用する。

音楽は，食べることや呼吸をすることのように生き延びるために必要不可欠なことではないかもしれないが，おしゃべりのように淘汰的な利益をもたらし，強力な適応力のある動機づけとなる原動力を表現するだろう。音楽は，生命を維持する目的のために進化した機能から，さらにその生命維持という同じ目的を精緻化し強化して特殊化されたものとして発展してきたのかもしれない。ヒューロン（2001, p.44）は言った。「音楽が進化的な適応であるならば，複雑な起源をもちそうである。どんな音楽的適応も，前音楽的または原音楽的と言われる他の適応の上に築き上げられていそうである。」

我々の音楽の才能がどのように進化したかを説明するために提唱されてきた理論を考えてみよう。

5.2.1 集団の凝集性を高める音楽

H.パプチェク（1996）とディサナーヤカ（2000; 本書第2章と第24章）のようにローダラー（1984）は，音楽は母子のコミュニケーションから発達したと提唱する。音楽的な母子相互作用は母子の情緒的な結びつきを強化し，例えばいくつかの東洋の言語で培われる母音，抑揚とピッチのような会話の音楽的構成要素から話している情報を引き出す練習をする，と彼は提唱する。ローダラーは音楽が情緒的な情報を多くの人に一度に伝えることができることに注目している。それにより集団の感情を均一化し，集団のメンバーの間で絆が生まれる効果がある。これはブラッキング（1969）により以前から明らかにされていた効果である。

スロボダ（1985）は，すべての文化は実践の認知社会的組織と生き残りのための精神的技術を要し，そして現代文化が「我々が必要とし尊重する組織を外面化，客観化するのに役立つ多くの複雑な人工産物」をもつ一方で，文字のない社会において「組織的構造」は，人々がお互いに作用しあう表現力豊かな方法で明示され，表現されなければならないと述べる。たとえば社会的関係の構造を表す方法と同様に，音楽はコミュニティの知識に記憶の枠組みを与えることができる（本書第2章と第24章のディサナーヤカ，第4章のマーカー）。

5.2.2 音楽は集団淘汰の産物である

集団レベルの淘汰における音楽の潜在的機能は，集団レベルの淘汰のメカニズムの性質と存在に関する最近の進化的な思考における広範な議論に照らして評価される必要がある。シェナン（2002）は，人間の先史時代の理論に適用できる進化的な淘汰モデルの包括的評価において，淘汰は集団を含む多数のレベルで起こりうると述べる。集団行動は，個人が生きて，食べて，繁殖する社会的環境に影響を及ぼす。シェナンは以下のように述べている。

> 個々の包括適応度のレベル以外の，進化的経過のレベルについて懐疑的なものを含むすべての理論的な学派は，このような［個人的な］利益は同じ種族の他人と競合するよりも協力することにより供給されると認識する。

(2002, p. 213)

同じ人々との幾度もの相互作用の結果，個人の行動は集団内で認められた向社会的基準を獲得するだろう。これらの基準を順守することは，集団のメンバーが個人として選ぶ行動に対して追加報酬を与えることにより，彼らの利益になる（Bowles and Gintis 1998）。言い換えると，個人の幸福のための最適な行動は，各々の個人とヒト以外の環境との間と同様に同種間での関わり合いを通して決定される。社会的種族において，個人が生き延びて生むか，もしくは高い出産率を持つかという見込みは彼らの「文化

---

[1] 生物種を環境が淘汰しようとする圧力。

的適応度」に依存する。——彼らがどのように社会的集団内の他人との関係においてふるまうかであり，それは単に彼らの身体的適応度ではない。

「集団凝集性」に貢献する行動は，他の協調的な行動をより起こりやすくするかもしれない。「同調の問題がうまく解決されるような方法で相互作用が構築される集団は（中央集積的な支配なしに）成長し，他の集団を吸収し，他の集団により真似される傾向がある」とボウルズとギンタス（1998）は彼らのゲーム理論モデルによって証明した (Shennan 2002, p. 216)。

グループ内で調整を助けている向社会基準としての音楽的行動の出現が，集団の成長とそれらの行動の広がりを促したと思われる。音楽的行動はそれ自体で行動基準となるだけでなく，社会的認識と表現力豊かな行動に向かう強力な動機の基礎をもつがゆえ，音楽的行動と認識が十分に発達している個々人は，社会的な双方向のふるまいの他の基準を認識しかかわり合うことに長けているはずである。それゆえ理論的には音楽的行動は，音楽的行動の発展と広がりがどのように可能であったかを示す淘汰のモデルに，個人と集団両レベルにおいてよく適している。

5.2.3 社会情緒的絆は音楽的なシグナルの進化により支持される

ブラウン（2000a）は，音楽と言語はひとつのコミュニケーションシステムにおける共通した起源をもつと提唱する（Scherer 1991も参照）。ブラウンによれば，音楽と言語は「音韻」と「意味」のレベルで機能すると考えることができる。話し言葉を構成する音の流れは，「音韻システム」による語彙項目と解釈される。この音韻システムの産物は，その単位が関係的（構文的）で参照的（意味的）な価値をもつ話し言葉産出のための「命題システム」に合流する。ここから類推して，音韻システムは音楽の音の流れを個別的な実体（例えばモチーフ，和声の配列）に変えると考えることができる。つまり「音のパターンと感情の関係のセットを特定し，音の感情，緊張と緩和，リズミカルな拍動などの問題を扱うピッチ混合構文のシステムに流れ込む」(p. 274)。このモデルにおいて，音楽と言語両方の音情報を扱うシステムは，分離されたものだが類似した「処理過程」のつながりを使用していると考えられる。そしてそのシステムそれぞれが，行動と経験の中で言い回しを解釈したり生み出したりするための原則として，音楽と言語に共通して仮定されるひとまとまりの原則群に由来している（本書第3章のブラントも参照）。

この共通した原則が単一の声のコミュニケーション媒体である「音楽言語 (musilanguage)」として最初に起こり，そして相違と機能的な特殊化の経過で言語と音楽は別々の機能になった，とブラウンは提唱する。言語は「真理値」の表現のような命題機能を果たすようになり，一方で音楽はずば抜けて社会的もしくは個人間の現象を構成するようになった。「音楽を作る主な目的は，集団の協力，調整と凝集を推進することだ」と，彼は提唱する (p. 296)。

「連合形成を支持し，集団の仲間に対する協調的行動を促進し，集団の外に対する潜在的な敵意をつくる諸特徴」と彼が定義する (p. 252) ところの「集団らしさ」を音楽は増強する，という概念をブラウンは後に加える（2000b）。**集団アイデンティティ**の形成と表明のために，**集団的考え**（集団の歴史の移行と行動の計画のような）を管理するために，**同期**を通した集団協調のために（集団の仲間で時間を共有する），そして**集団カタルシス**（感情の共同的な表現と経験）のために音楽が提供する機会を通して，音楽はこれらの特徴を支える。最終的にブラウンは，音楽が「儀式的報酬システム」としての役割を通して人間文化の中で確立されてきたとみなす。彼にとって音楽は，「生き残りのために…これらの活動の強化価値を伝達するために集団レベルで作用する調節的なシステム」なのである (p. 257)。ブラウンにとって音楽の生存価は，このように直接的でもなく個人的でもないが，集団凝集力を推進するその能力にある。

ヘイゲンとブライアント（2003）は異なった見解を持つ。音楽とダンスは社会的凝集を引き起こすというよりはむしろ，他の手段で達成される社会的凝集のしるしになる，と彼らは提唱する。ヘイゲンと

ブライアントの論文の概要は以下のようである。

> ヒトとヒトの祖先にとって，音楽をディスプレイすることは1つには，なわばりを守るために（そしておそらく集団アイデンティティを示すためにも）機能したかもしれない。そしてこれらのディスプレイが現代の人間の音楽的行動の進化の土台を築いたのかもしれない。
>
> (2003, p. 25)

彼らは音楽とダンスが集団安定性と複雑な協調行動を行う能力の指標として働く，と提唱する（おそらく，ニュージーランド・オールブラックス・ラグビーの叫び，ハカのように）。音楽とダンスを作り出し練習するのに要した時間はそれを行う連合の質と一致し，それは彼らの腕前をあげるためにどれだけの時間を捧げたかを示す，と彼らは提唱する。

音楽的行動が集団の生存に寄与する個人の能力のよい指標ではない，ゆえに音楽的行動は集団の凝集に直接的に寄与できない，という理由でヘイゲンとブライアントは自分たちの立場を正当化し，他の解釈を拒絶する。しかし，すぐに認識される集団メンバーシップの損失と利益の点にのみ準拠する集団凝集のこの見解は，相互的な感情の経験によって生まれる感情的絆と忠誠を全く無視している。個人は集団の生存に貢献する能力の点で集団内での信頼性をすでに確立しているかもしれないが，だからといってこれは彼らがそうするという見込みや，彼らが援助を向ける徴候は提供しない。メンバーシップと信頼の強力な感覚につながる統合された，複雑な，調整された集団活動を実行するための土俵として働く音楽の能力は，集団レベルでこれらの行動がなぜ続いたかについて首尾一貫した説明を提供する。この役割の1つは「同調するきかっけ」であったかもしれず，そしてこれが永続したのかもしれない。しかし，これは音楽の発展のための主要な淘汰的な力ではなさそうである。

行動や社会レベルよりもむしろ，精神生物学的レベルや個体レベルで，音楽の経験は生命を支える調整ホルモンの放出と作用との関連がある。神経ペプチド[2]伝達物質であるオキシトシンが，強い肯定的な感情記憶の形成と否定的な感情記憶を押しのけるのを助け，トラウマやエクスタシーに最も強い影響があるとフリーマンは報告する（1995）。オキシトシンは授乳の間，女性の脳に放出される。そしてオキシトシンは性的なオルガスムの後，男性にも女性にも生み出される。それはカップルの絆と母子の絆両方で個人間の絆を成立させる。人が単に音楽を聴いている間にオキシトシンが放出されるようである，とフリーマンは批判的に提唱する。社会的絆の形成つまり人々との親密な相互作用でも，群衆聖歌のような集団音楽活動でも，これは強い神経学的正当性を音楽の役割に与える（Huron 2001；本書第7章のパンクセップとトレヴァーセン，第25章のオズボーンを参照）。

5.2.4 音楽は性淘汰を促進する

チャールズ・ダーウィンは，ヒトの音楽の進化は求愛の歌に根源があるという。類人猿はオスがつがい相手を誘うときに，最も大きなピッチ変化のある発声を作り出すと彼は信じていた（Darwin 1871）。ミラー（2000, 2001）は，音楽的行動は地位，年齢，身体的な健康さと出産能力のしるしとなる性的適応度を示すことができると言う。ダンスは有酸素性の強健，バランス，強さと健康を表すと彼は論じる。声の調整は自信と地位を表すだろうし，リズミカルな能力は「連続した複雑な運動の確かな能力」を示すだろう。一方，名人的パフォーマンスそのものは「運動協調性と，学んだ複雑な行動を自動化する能力，そして練習する時間を持つことを表すだろう」（Miller 2000, p. 340）。最後の特徴は，それが子育て要求の不在を意味して若者の性的受け入れ状態をも示すだろう。音楽的で劇的に誇示するこれらの特性は，彼らの行動の特定の美的好みにつながった。それはミラー（2000）の以下の提案につながっている。

---

[2] 第7章訳注8)を参照のこと。

我々が魅力を感じる音楽のどの側面も，我々の祖先をも魅了していただろう。そしてそうだとしたら，その心を動かす力は，彼らの好みを満たす音楽作品のために性淘汰圧を生じさせてきたのであろう。
(2000, p. 342)

しかしながらこの論理は，好まれるどんな音楽の特徴も，後に性淘汰によって選択されるだろうということを意味する。これには重要な限定子を適用しなければならない。定義上，特定の特徴の性的またはその他の淘汰は，遺伝子変異により生じ，遺伝された場合にのみ起こりうる。行動と技術（たとえば，特定の言語や音楽）は，他の方法で伝えられることができる。加えて，性淘汰が大部分の人間に音楽の美的魅力を気づかせる動機の進化の原因であるならば，音楽表現の行動や，喜びを与える音楽の側面においては収束することが期待されるだろう。音楽的行動はすべての文化でみられ，ダイナミックな特徴付けと社会的動機付けと用途を共有しているが，美的な嗜好はしばしば文化に特有である。

「人が誰かの音楽の質，創造性，妙技，感情的な深さと精神的な展望を感知することができるならば，つがい相手の選択を通して性淘汰もそれに気づくことができる」とミラーは主張する (p. 355)。しかしながら，彼はそのような理論的解釈が推論的であると認める。彼の論文は経験的検証を必要とするが，音楽的適応度－ディスプレイ特性のミラーの仮説は直観的に理にかなっている。人間の進化において音楽的行動が洗練され，恒久化され，広げられただろうメカニズムを，それは提供したかもしれない。音楽的行動がどのように魅力的になったかということよりも，音楽的行動がその種族においてどのように進化したか説明しようと彼の理論は試みる。音楽的行動の質（そして芸術的に発達したその創造性と妙技）の認識における中心的要因は，それを知覚することで有無を言わさぬ感情的な反応がどれほど誘発されるかというまさに「感情的な深さ」であり，こうした感情の経験は性淘汰の産物ではないかもしれない（本書第2章のディサナーヤカ；動きにおける感情表現に関する第6章のリーとシェーグラーを参照）。

5.3　音楽の包括的な定義の必要性

音楽がどのように進化してきたかという学説は明らかに多様である。ピンカーにとって音楽は技術であり，進化的意義を持たない，最終的には必ずしも必要ではないものである。ローダラー，スロボダ，ブラウン，ヘイゲン，ブライアントにとって音楽は集団レベルの淘汰において重要な適応の役割をもっているだろう。一方でミラーにとって音楽は，性淘汰において役割を果たしていただろう。にもかかわらず，これらのすべての学説はヒューロン (2001, p. 44) が「不透明な慣例の**音楽**」と述べたところのものに基づいている。彼らは「音楽」という用語によって意味されることのはっきりした境界を示さない。これらの著者は音楽の標準的な辞書的定義のような何かを採用しているようにみえる。たとえば，『コンサイス・オクスフォード英語辞典』(Sykes 1982) にいずれも載っている「声や楽器の音を結合して形式の美しさと感情表現を成し遂げた芸術」あるいは「快い音」といった定義であるとか，『ペンギン音楽辞典』(Jacobs 1972) の「望ましいパターンまたは効果を与えるための音を音色とリズムにまとめる芸術または科学」といった定義である。

現代の音楽学者や民族音楽学者にとってこれらの定義は満足できるものではない。例えばベートーヴェンの弦楽四重奏のCD録音やコールドプレイなどのロックバンドの生演奏には適用できるかもしれない。辞書の定義がブライアン・ファーニホウなどの現代音楽の作曲家の音楽的意図，電子ダンス音楽などの現代ポピュラー系の音楽，あるいはボルネオのシャーマン儀式に使われる太鼓と踊りの音楽に当てはまるかは定かではない。音楽学者や民族音楽学者にとってこれらの現象は確実に音楽ととれるものだが，何がその中で音楽的なのかという説明として「形式の美しさを作り出し，感情を表現するために組み合わせられた音」と言ってもほとんど意味がない。音楽的行動と音楽鑑賞がどのように人が進化す

る中に出現したかという科学的な概念のいくつかは（例えばMiller 2000, 2001），暗黙的に少人数によって作り出され多数が鑑賞する，という現在西洋で行なわれている風習をもとに音楽を定義している。

　これらの音楽概念は，能動的な変動プロセスである広義の社会経済・政治的な力が加わって，観念的に創り上げられたものである。マグリーニ(2000)が書いているように，音楽の表され方が変わることで，音楽との慣習にとらわれない関わりのあり方，それはとくに日常生活における能動的な要素という点でしばしばより古い関わり方であったりするのだが，そうした関わりのあり方を阻むことになる。音楽と関わる際の文化的流儀の具体化により，音楽習慣の「抑制」が起こる可能性はある。どのようなところにそれが起こっているかといえば，音楽活動の参加者あるいは日常的実践者の対極である音楽の消費者という役割が創出されて強化され，知識獲得の過程が体制化され商品化されることでついには強制される，というところにである。役割，背景，状況や実践の排除によって音楽作りが抑制されることがある。そして，貧弱になった音楽とその社会的役割がまるで存在するすべての音楽を象徴するかのように音楽学者によって取り上げられる可能性がある。音楽と進化の関係を評定する前に，研究の対象を別の角度——あらゆる形態の音楽を認める——から取り上げることが必要である。

5.3.1　文化と時間を越えた音楽

　私たちに知られている文化はすべて音楽と呼べるものを過去にもっていたか，現在ももっている。ジョン・ブラッキングの言葉（1995, p. 224）を借りてもっと正確に表現すると，「認識されているすべての人間社会には**専門知識のある音楽学者**が音楽と認めるものがある」（太字は筆者による強調）。音楽の形態と意義は，文化と時間を越えて非常に多様である。多数（おそらくほとんど）の非西洋文化では，音楽は明白な活動と集団での積極的な参加を含む。演奏者と観客という役割の分担と専門化は異例とも言える。ほとんどの文化で音楽は娯楽と求愛だけにではなく，様々な人生段階（たとえば青年から大人になる）を記念することが多く，この結果行われる葬式や季節の祭りごとなどの行事に使われる。この場合の儀式とは，記憶に残りやすいという利点から，口述によって受け継がれている伝統を維持する働きをしているとも考えられる。すべてでなくとも大部分の文化に，養育者と幼児の触れ合いの中に音楽と見なされる要素が存在するようだ。

　音楽は万国共通の社会的事実のように思える。しかし，上記のブラッキングの引用文の続きが明白に表現しているように「（アフリカ大陸に限定されているわけではないが）音楽を意味する言葉をもたなかったり，音楽という概念を普通「音楽」として理解されるものから非常にかけ離れて解釈したりする社会もいくつかある」。特筆すべきは，非西洋社会内で西洋の音楽学者が音楽と理解する行動を含むような用語，例えばイボ族の*nkwa*（Waterman 1991）のような語が存在する場合，その意味は音楽とダンスを区別しない傾向がある，ということである。

　世界的に存在する現代西洋文化以外の社会で，音楽として認識できる習慣は一般的に音と動きが一緒になっていることが特徴的である。そして集団演奏を含むことが多い，つまり音と動きだけではなく演奏者間のふれ合いが特徴的なのである。これらは，(1) 演奏することが地域内での物質的な取引や参加者のその後の振る舞いにはっきりと直接影響せず，明白に「効果を意図しない」行為である。(2) 日常や特別な行事に広く「組み込まれている」という点が顕著である。すべてでなくてもほとんどの例で，快楽的な価値が多く含まれていることが確認されている（第7章のパンクセップとトレヴァーセン）。

　実践する人によって音楽とは認識されていなくとも，すべての人間文化の中に何かしら音楽に似たものが存在する，と解釈すると，辞書の定義が満足できるものではないことが明白になる。「音楽」という万国共通の人間的な行動を特徴づけるのは，音，活動，ふれ合い，代償を求めないこと，多数の社会的な機能と感情に及ぼす多様な効果，である。以下，音楽の実用できる定義に到達し，進化過程との関係（もし存在すれば）を包括的に取り上げるために，これらの特徴を具体的に見ていきたい。

5.3.2　表現行動に組み込まれた音楽

　録音ができるようになって以来，西洋社会では音楽に携わる際，聴き手側が明白な行動を伴わないで鑑賞することが普通となった。しかし，録音が可能になる前の時代には音楽という概念が動きを含んでいることは自明であった。音楽を奏するのに何かしらの活動が必要だと提言するのは，取るに足りないことのように聞こえるかもしれない。しかし音のパターンは活動によって作り出されるだけではなく，活動することそのものとその制御から切り離せない構造と独自性をもつ場合が多数ある。旋律は時には音高のパターンよりもその旋律を奏でる動きの繋がりに依存している，とブラッキング（1961）の南アフリカの親指ピアノ，カリンバの研究でもはっきりとした結果がでている。似たような報告を，アフガニスタンのドゥタールのレパートリーの研究をしたベイリー（1985）やブルースギターのソロの旋律パターンを研究したネルソン（2002）も行なっている。

　これら3例では演奏者の動きが音楽の独自性に不可欠な要素である。演奏者と聴衆の区別がない場合に，音楽的な音のパターンを明白にするための基本的枠組みとして参加者の活動が組み込まれているケースもいくつかある（例えばStobart and Cross 2000）。最近行なわれた音楽認知の神経科学的メタ分析研究では受動的な音楽認知に，動作を扱う脳の部分を使っていると立証している（Janat and Grafton 2003）。体の動きを反映した音楽パターンにそれが誘発されている可能性もある（Scherer and Zentner 2001, pp. 377-78; Benzon 2001）。音楽は無動作の中で頭で考えられた音の抽象的なパターンとしてよりも，完全に体現された人の動作としての方が理解されやすい（本書第6章のリーとシェーグラー，第8章のターナーとイオアニデス）。

5.3.3　他人を引き込み，動きに参加させる音楽

　音楽が生まれるほとんどの状況では，そこに活動があるだけではなく，集団音楽行為として積極的な人の参加を明白に必要とする。1人の参加者の音楽的行動と他の参加者の行動とを時間的に同期させる「同調」（Clayton et al. 2004）が，この参加の本質的な要素である。この過程は，連続するリズム的な事象から規則的な拍や拍子を知覚的に推定または抽出し，刺激となる拍に合わせて動きと音のタイミングを直観的または認知的に組み立てることを含んでいるようである。拍から予想されるタイミングを予知することに集中力は向けられ，同時に拍の周りにある音楽の時間的な流れを認知するために使う集中力が定期的に調整される（Drake et al. 2000）。

　1つの認知科学的な解釈では，拍の抽出が行われる間，集中力は非常に効率良く機能する。推定された拍に時間的に合った事象は，拍からずれた事象よりも簡単に探知されて認識される，と実験で実証されている（Jones and Yee 1993）。「集中力の負荷」とされるものは，本人の予想する拍に合わせて調節される。神経生理学的には，拍の経験は粗大運動と微細運動の協調に使う様々なタイミングと密接な関係にある（Thaut 2005）。自分の外にある拍への同調は意志的なもの（意識的にコントロール）と前意識的なものがあるようだ（Stephan et al. 2002）。

　参加者同士の音楽的相互作用は，一人ひとりの中で起きる直観的で精神的な拍の抽出／生成過程を原点としているとの結論に達する。この過程は，理想的な集中力の配分（時間的な調整）を実行し，階層的な時間構造の中で経験を焦点化することもあるだろう。予想する定期的行動を時間的に調整するには，認識する過程が必要である。社会的相互行為としての音楽は，こうして1人の参加者と他の参加者の動きを同期するという体験の場を与えてくれる。そして，個人と集団（間主観的）が音楽の時間的な流れを追って，決まった瞬間や連続したパターンに集中することを支える（本書第25章のオズボーン参照）。

5.3.4　音楽が目的とするものの多義性と音楽の意味の定義

　社会参加型音楽行動をこうして同調過程または予期的知覚管理と広義に解釈することで，同じような特質を言語に見ることができる。会話型言語も一個人の行動のタイミングを他人と協調させる性質にだけではなく，参加者の注意力の配分を同期させる性質に依存する（Auer *et al.* 1999）。しかし言語では世の中の対象について言及する場合，かなり正確ではっきり述べることができる。これは音楽ではできないことである。

　「外」の意味や音楽の外延的意義について，曖昧さを残すことなく捉えることができるのは稀である。ジョン・ブラッキング（1995）が書いたように，「同じ社会の中で『同じ』音のパターンでも，異なる社会的文脈により異なる意味を持つことができる」（p. 237）。ランガー（1942）は，音楽では「意味を持つという機能は恒久的な内容を必要とするため満たされない。他の可能性を退け，1つだけの意味をそれぞれの型に当てはめるということは決して明白には行なわれないからだ」と書いている（p. 195）。その結果，同じ曲が演奏者と聴き手に違う意味に受け取られることができるし，共通点のない多数の意味を1人の参加者が同時に解釈することすらも可能である。音楽は言語よりもずっと強く「浮動する意図性」[3]（Cross 1999）をもつ。音楽が生起した状況から意味を集めたり，どこでどう生起したという記憶を辿ったりしてその状況にまた意味を与えているのである。

　言語は，世の中のある事態の1つだけを指し示すと解釈可能な複雑な命題を明確に表現することができ，その点では「真理値」を含んでいるかもしれないが，音楽ではそれは不可能である。言語に似た複雑な統語的な構成を流れの中で表現したりその存在を示したりすることができても，音楽は音楽そのものと音楽以外の両方を表現していると解釈することができるが（フレーゲ 1952が「内在的意味」と「指示的意味」を両方持っているというように），音楽そのものを指し示す意味（それ自体の意味）が理解されたときにおいてのみ，その曖昧さが減らされもしくは完全に解消されうる（Cross 2005；本書第3章のブラント参照）。

　音楽は時間の中で流れているため，リズムや旋律のパターンによってどのようにいつまで続くだろうという期待を聴き手や参加者にもたせることができる。リズムの流れではこの期待は実現されるか外れるかわからない。このため，音楽はこの先どう展開していくかという可能性をほのめかすことができる。その未来の可能性が実現すると過去の音楽的事象の意味がはっきりすることもあり，意味（すくなくともその一部）が明確になり，メイヤー（1956）が音楽の明白な意味と呼んだものを生み出すことになる。

　明白な意味を表すそれらのパターンは，音楽のもつ音響的および身振り的本質が明らかになるとともに，ある程度音楽外の意味を生み出すかもしれない。その結果，感情が誘発されるか特定の概念的 - 意図的な複合体が心の中に呼び覚まされることになる。この場合の複合体とは，音楽の諸側面が個人的な経験や文化的な慣例を通して，または生物社会的な傾向に起因して結び付けられたアイディアの複合体である（Cross 2005; Lavy 2001; Morley 2003, pp. 150-162）。しかし，この概念的 - 意図的な複合体はそれ自体が複雑であって，人間の特定な思考や行動に関わって命題的であったり，分析可能であったりすることはない。この経験は参加者1人1人異なるもので，メイヤー（1956）が含意複合体と呼んだものに形を得る。それらの内在的意味と指示的意味は特定の状態や決められたいくつかの状況に縛られているのではなく，様々な状態の集合体に結び付けられている。なぜならどの1人の人間にとっても，特定の感情的または気分的な心 - 脳 - 体の状態は様々な状況に当てはまるからである（Oatley and Johnson-Laird 1998）。このため音楽の意味のいくつかの側面は（振り返って考えると）明らかにすることができるが，客観的な指示的意味は明らかにできない。

3）　巻末の参考資料「浮動する意図性」を参照。

それでもある状況下では，音楽は言語と同じように意味を担えるように思える。この結論は脳機能画像研究の結果から得ることができる。ケルシュら（2004）は「意味論的ミスマッチ」において，音楽も言語も似たような脳の反応を呼び起こすことを立証した。ただし音楽的文脈への反応は言語的文脈への反応ほど一貫した結果ではなかった。音楽も言語も**意味**を持ち，どちらも概念的‐意図的な枠の中で意味を表すという役割を受け持つことができる。それでも言語は内容的に分析可能な命題を表現でき，複雑な世の中の出来事を明確に表せる。音楽は本質的に曖昧さを含んでいてこれを活用するため，この点では言語と音楽とはコミュニケーションの連続体の中の対極に位置し，詩の辺りで交わっている（Cross 2003c）。この内在する曖昧さが，音楽に不可欠とした先述した行為と相互行為の質と相まって，音楽を言語から十分区別することができる。またこのことによって，明確に解釈される必要ゆえに言語が無効で無力な状況下では，音楽が個人に対しても集団的に対しても効果的なのである（本書第3章のブラント）。

結果，音楽を広く実践的に定義すると，音楽は時間を具体化し，同調させ，意図をもって音と動きに置き換える（Cross 2003a）。それは典型的には声と楽器によって音高とリズムと音色から成るパターンを使って表現され，相互関係にある体の動きのパターンを伴う。この動きは音の生成に繋がる場合も繋がらない場合もある。この定義は一般的な辞書の定義の代替をすることが目的ではない。辞書の定義は昨今の西洋文化の中で重要とされる音楽の面のみに効果的に範囲を限っている。この広義を提案するのは，どの共同体においても音楽を人間の他の活動から区別する属性と思われるものの輪郭を描き，音楽と文化的ならびに生物学的プロセスとの関係を評価できるようにするためである。構成的であることや本質主義的であることを目的としているのではない。

5.4　音楽的行動の共同的機能

上記で示した広義の音楽は，社会と集団と個人を引き込み，見返りを与えることができる。集団的音楽的行動では，共有する有意義な時間内で起こる出来事に，一個人は参加し経験を得る。集団行動の協調的な質を経験することで，コミュニケーションの喜びを伴った集団アイデンティティの強い感覚が生まれる可能性が強くなる。音楽は運動も体験も同調させることができ，それぞれの参加者が全体の音楽的行動に害を与えずに，その意義を個人的に解釈することができる。個人においても他者との間においても音楽が有する曖昧さ，言い換えればその「浮動する意図性」は，参加者を結ぶ媒体となり社会的柔軟性を維持することから，集団にとって非常に好ましいものと言える。

個人に対する音楽の効力を探す手がかりは，メイヤー（1956）の次の提案の中に見つけることができるかもしれない。音楽は隠喩を具体化するだけではなく，「隠喩を作り出す媒体」であり，それを通して一見共通点のないいくつかの発想が関係づけて体験されて個人の変容体験の一部となる。音楽は，多数の個人的および社会的状況に当てはまるであろう概念的‐意図的複合体と隠喩的表現へのアクセスとその形成を支えるような媒体になると思われる。メイヤーは以下のように表現している。

> 音楽は［例えば］死という概念やイメージを表現するのではない。それよりも死と暗さ，夜と寒さ，冬と眠りと静けさがすべて合わさって1つの内包的な複合体に統合されたところの豊かな体験を含意しているのだ…。音楽はこれらの隠喩的事象を1つも表現せず，代わりにすべてに共通するものを表すことによって1つの隠喩が他の隠喩となることを可能とする。音楽は包括的な出来事を表す「内包的な複合体」であり，聴き手ひとりひとりの体験によって特定のものとなる。
>
> （1956, p. 265）

このため音楽は様々な領域の体験を横断した概念的‐意図的複合体の構成を促進させると解釈できる。音楽は，異なる状況や概念の諸経験を，個別の命題の集まりに分解不能な全体像たる形式にひとまとめにすることができるような，総合的媒体となる。このことは儀式や宗教的な状況で見られるように，

基本的に不和な特性を持つ２つ以上の種類の経験が共存するかのように思えるときに特に重要性を帯びてくる (Cross 2003c; 本書第 4 章のマーカー)。

5.4.1　音楽の発達的価値

　音楽が，ある文化の成人構成員にとって，概念をつなぐ媒体として機能することができる一方で，乳幼児期および児童期においてもまた，個々の子どもや 2 人組または集団にとって，強力に効果的であることを我々は提唱する。「原音楽的行動」(M. Papoušek 1996) は，乳児が他者と予測的に交流するための，すなわちトレヴァーセンが「第一次間主観性」(1979, 1980, 1999；本書第 2 章のディサナーヤカ) と言うところの能力を乳児が発揮するための基礎であると確認されている。成長した子どもと大人にとって，音楽的行動はその曖昧さや内容の柔軟性によって社会的対立を最小限に留めながら交流する方法を提供する，と解釈することができる。子どもが何人かで音楽をして一緒に遊んでいる場合，ひとりひとりの子どもにとって自分の音楽的行動の意味は個人的なものであり，他の子の音楽的行動の意味とには大きな差があるかもしれない。しかしだからといって全体の音楽的交流の完全さとそこから出る喜びは，かならずしも損なわれない。音楽の曖昧さによって，言語という明確な指示対象をもつ媒体を使った場合に生じがちな対立や誤解のリスクを最小限に抑えつつ，他者との交流に必要な能力の探求とその練習が可能になる。音楽遊びは自分が代償を払うことなく参加者が相互に報酬を与え合う中で，社会的力量と社会内で自信を持つことを練習して身に着ける 1 つの手段となりうる。

　乳幼児期における原音楽能力と原言語能力は，同じ特徴を多数共有し，子どもの認知と行動に共通するシステムに依存して，密接に結びついている。子どもの明示的／推論的コミュニケーション能力が発達するにつれて，言語的な文脈の中で音声行動と身振りとが互いに置き換え合うことはどんどん制約されていく。発言の趣旨と意味は固定され明白になっていく。対照的に，原音楽的行動と音楽的行動は特に喃語期において，ある程度の曖昧さもしくは「アバウトさ」での置き換え可能性を持ち続ける (Elowson *et al.* 1998)。社会的交流によって共有することのできる共同的行為や身体的事象，そして感情的状態の経験や感情状態の変化がもたらす時間的な力動性を反映，またはこれに参加しようとする前言語的発声の能力の中に，この曖昧さをはっきりと見つけることができる。乳幼児と子どもが世の中を経験する中で起きる様々なタイプのどの出来事，もしくはすべての出来事に原音楽的行動の要素は関係づけることができる。

　今のところ非西洋社会における子どもの音楽と音楽性の唯一の大規模研究の中で，ブラッキング (1967) はアフリカ南方のヴェンダ社会の子どもにとって音楽はまず社会的な機能があると書いている。「ヴェンダの子どもたちはほとんどが有能な音楽演奏者である…。しかし，彼らはフォーマルな音楽指導を受けてはいない。彼らは大人の演奏や他の子どもの演奏を真似することで音楽を学んでいる」(p. 29)。儀式的にも日常的にも社会的関係の形成に重要な役割を果たし主に交流行動として音楽が存在する社会では (Blacking 1976)，文化化過程から生まれる音楽性は子どもの社会化に深い影響を与える。ブラッキングの発見は，様々な文化において子どもがすべての形の知識や能力をいかに修得するか，という研究に直接関係している。特に制度化された学校教育がわずかにしか，または全く存在しない大多数の社会で「意図的な参加型学習」が普及している (Rogoff *et al.* 2003) ことに直接関係している。ブラッキングの研究対象のヴェンダ文化が例外的に社会的関係の形成において音楽を重視すると見ることもできるが，他の非西洋社会でも音楽は同じくらい社会的に重要であることが知られている。例えばアンデスの田舎 (Stobart 1996) や部分的に都市化された異言語圏の中国北西部 (フアエア[4]歌として、Yang 1994) が挙げられる。乳幼児期および児童期における音楽および音楽性を発揮する活動は，社会的柔軟

---

4)　9 つの異なる人種によって共有される音楽伝統。2009 年ユネスコの無形文化遺産に登録された。

性を獲得し維持することを可能にする媒体を提供していると見ることができる。

音楽は一個人の認知的柔軟性の発達を助けているとも思える。過去20年間，認知心理学者によって乳児は白紙で生まれてくるのではないことが立証されてきた(Spelke 1999)。新生児には非常に特別な方法で経験を集め消化する能力が備わっている。事象や物体を意識する能力はあまりに早く現れるため，一般的な学習メカニズムの機能として説明することができないが，それら能力の目的は今やはっきりと確認されるようになった。さらに乳児が物理的なモノやコトを扱うのに関わる情報を処理する方法は，人間や社会的な事象に向かう意図を学んだり扱ったりするのとは全く異なることが立証されている。例えば幼い子どもが高度に発達した能力で社会を理解することはできても，物体についての理解は曖昧なことがある (Donaldson 1992; Cummins 1998)。乳児は根本的に「物体」と「心理」をそれぞれ領域固有のやり方で処理するように準備されて生まれてくるとも言える。それでも乳児も子どもも最終的には，どんな文化的文脈における意味をも理解するのに通用する領域一般の能力と言えるものを身に付ける。音楽，あるいはむしろ原音楽的行動は，その曖昧さ，すなわち置き換え可能性や浮動する意図性という利点によって，領域一般の文化的能力の出現に重要な役割を果たすと思える。乳児は，心理学者が物理学とか心理学と呼ぶものを探求する能力が備わってこの世に生まれてくるだけではなく，この２つの分野のどちらでもないか両方に当てはまる，音楽的な活動によって養育者と交流するという性質を持って生まれる。ゆえに，生来の音楽性とも言えるこれら原音楽的活動の焦点と意味は，両方の分野に均等にある (Cross 1999)。身体的経験と社会的経験を通じて情報を統合していく可能性を強め，認知的に固有の領域に縛られない汎用的な能力の成形を促すことで，原音楽的活動はもっと根本的な動機レベルで機能している可能性がある (Cross 2005)。

この提議の仮説的な証拠はシェレンベルク（2003）が取り上げたいくつかの研究で，IQと音楽的活動の相関関係という形で表れている。彼は自身が行なったもっと精密な研究 (Schellenberg 2004) で，音楽のレッスンを受けることによってIQ値がわずかにだが統計学上有意に上がることを立証している。この証拠は音楽が一部の人の知的能力に限られた影響を与えているということを暗示している一方，シェレンベルクの研究参加者にとって，西洋の正式な音楽レッスン（これは学校の授業にとても似た形をとる傾向がある）は非常に特有の文化的学習状況を作り出し，そこでは目に見える音楽の社会的効力の探求と利用が最小化された可能性がある（こうした学習状況の例外については本書第22章のフレーリッヒを参照）。

音楽と言語は異なる種類のコミュニケーション手段でありながら，どちらも人間が必要とする共同活動と相互行為に役立つ重要な統語的な枠組を提供している，と我々は結論する。どちらを使うのにも，複雑で階層構造的な出来事の連結（音と動き）を作り出すことができたり，他者が作り出したパターンから構造を抽出することができたり，という同じような能力が基盤にある。しかし言語と音楽の違いは，それらのパターンの構造にどう意味が与えられるか，というその方法にある。言語では世の中の出来事のありさまに対する指示性と関連性を考えることが最も重要である (Sperber and Wilson 1986)。音楽では，はっきりとした指示性と関連性は言語に比してずっと重要度が低い。音楽的経験の最も重要な決定要素は，知覚した音が人間の動く身体において体験された時間的構造にどう当てはまるか，ということなのかもしれない。

5.4.2 音楽性とは人類共通の才能なのか，もしそうであれば，どんな才能なのか

音楽の機能に関する我々の考慮は，音楽は文化的にだけでなく人間的にも普遍的であることを前提としている。つまり知られているどの文化も音楽と呼べる実践を持っているだけではなく，その文化に所属する誰もが音楽性という能力をもっている，というのである。もし，正常な成長過程にありながら音楽的行動をとれないという人が人口に対してかなりの割合で存在するという証拠が出てきた場合，この

前提は深刻なダメージを受ける。しかし今までのところはそのような証拠は見られていない。

多くの伝統的社会では，音楽的行動に参加できる能力をもつということが社会に属する人すべてに期待されている（Blacking 1995; Arom 1991）。他人よりも音楽に精通していたり創造的であったりする人がいるということが受け入れられる一方，誰にでも話す能力と同様に音楽的能力が備わっていると思われている。現在の西洋社会でも同じような状況が普及している：明白な音楽的行動に参加できる能力がないと感じている人に対しても，音楽を聴いてある程度理解することは一般的に期待されている。

それでも非音楽的と分類される人々が存在する。検査してみると，音楽的行動に参加したり音楽的行動から生ずる音を把握したりできない，と思われる人々である。脳外傷の結果，欠損が生まれることもあるが，特定の検査方法では神経的なダメージが見受けられない人にもこの音楽的な能力の不足が発見されている（Peretz 2003）。こういう人は典型的に音高と時間的な情報を処理する能力に差があり，リズムよりもメロディーの処理が劣っていることが多い。細かな音高差を認知できないことは音楽的活動に参加する能力の発達を妨げている，とペレツは提唱し，「失音楽症（アミュージア）」と呼んでいる。これ以前のいくつかの研究（Kalmus and Fry 1980など）では普通人口の5パーセントが失音楽症であるとされていたが，さらに洗練された検査方法であるモントリオール音楽不能評価バッテリー（MBEA）を用いると失音楽症は非常に稀であるという結果がでている。検査対象の2パーセントのみが平均より2SD未満のスコアだった反面，その人たちでも約70パーセントは正しいパフォーマンスをしているのである（Peretz et al. 2003）。

音楽性が普遍的に人間的な性質でない，というはっきりした証拠はないように思える。しかし，現代の西洋社会外での音楽的能力の有無については非常に少数の科学的な研究しかされていなく，もっと広範囲の実態を得るには民族誌的記録を用いなければならない。民族誌的文献と科学的な文献を合わせてみると，人間すべてに（非常に少ない例外を含むが）言語能力のように，音楽的行動に参加する能力がある，と我々は結論する。

音楽が他の人間行動の領域といかに深く絡み合っているかを考慮すると，人間の音楽的能力は様々な淘汰圧の影響を受けて生まれてきた多くの要素を含んでいる，と提案することが可能になる。現代に生きる人間の音楽性を作っている統合的な行動的能力の集合体は，先史時代の適応変化の様々が元になっているのかもしれない。

音楽は進化的適応価を含まない技術だというピンカー（1997）の表現は，音楽は音響パターンのみでできていると言う見解に明らかに基づいているもので，我々には容認できない。先に見てきたように音楽を音のパターンのみに還元することはできず，その効果は個人に単純で即時的，快楽的な反応を呼び起こすことよりも深いものである。ミラー（2000）の性淘汰理論はディスプレイとしての音楽に焦点を当てているが，音楽性が人間の進化の中でいかに適応してきたかということの何らかの説明となるかもしれない。しかし前述した内容ではっきりしたように，音楽はディスプレイ以上のものであり，個々のパフォーマンスの中に調和された**相互作用**を典型的に含む。ブラウン（2000b）の提案するように音楽は，その活動に引き込む能力と浮動する意図性によって人間同士の集団の凝集性を形作り，維持することに重要な役割を果たしている可能性が高い。音楽と言語には違いはあっても機能的に類似点があると見ることができ，このことはどちらも共通な深い進化的起源をもっているというブラウン（2000a）の見解を支持している。

5.4.3 晩成性と遊び

万人共通の人間的行動と解釈すると，音楽にははっきりとした直接的効果があるようだ。しかしこの効果は根本的原因と衡平である必要はない。人の進化過程の中での音楽の地位を評価するためには，音楽的行動がいかにして人間の行動レパートリーの一部になったかを考える必要がある。後期ヒト科系統

に現れる進行的幼形成熟[5])が，現代人の音楽能力の中心となる行動を促進させたと提唱したい。ヒト科系統では，後から出現する人類は先祖よりも晩成的であり，全体の寿命の中で幼い状態で過ごす期間がどんどん長くなり，特殊化した状態になっていった (Bogin 1999)。

　ジョフィ（1997）は複雑な社会的組織を持つ霊長類ほど晩成性を持つ可能性が高いと示した。彼女は複雑な社会的組織は，その種のメンバーが社会的相互行為をより柔軟な形で管理し学習期間の延長を行うことによって可能となると言っている。特に捕食性，あるいは社会性を持つ種の幼い動物の明白な特徴は，遊びがあることである。遊びとは，参加者が作り上げた世界で目的がないかのように見える (Bekoff 1998) 行為と相互行為であると定義することができる。

　普通，遊びには機能的行動が変形されて取り入れられ，個人同士で行われる場合には協同的な合意のために交渉が必要となる (Bekoff 1998)。遊びは子どもに，行動を通して環境内の特色を試すことによって環境にどう対応したらよいかを学べる場を与え，社会的相互作用に必要な能力を練習して洗練しながら同属種と接するために必要な能力を身に付けることを可能にする。遊びは，それ自体がまぎれもなく自己刺激的な楽しみでもある（Panksepp and Burgdorf 2003）。したがって遊びにはいくつもの音楽的な特徴があり，音楽に似た個人的かつ社会的な効果がある。ハヌス・パプチェク（1996, pp. 46-47）は，乳児と幼い子どもの音楽的行動が，「探索能力」を育てる高度な統合的過程を含む遊びの形をとると説明している。喃語という形のヴォーカル・プレイ[6)]は人に限られたことではないようだ。エローソン他（1998）はこの行動はピグミー・マーモセットの子どもにも見られ，子どもが声を出していた方が養育成体が反応する可能性が高まると記録している。そしてピグミー・マーモセットの喃語は人間の音声発達の進化過程を理解する手がかりであると提唱している。ヴォーカル・プレイと養育個体の反応の連合がこれらの遊びの社会的機能を強めている可能性がある。

　晩成性的な系統であるほど，子どもの認識や動機や行動のし方を使う構成員が増えるという人口構造に適応する必要性から（他の要素は同じとして），そうした子どもの探索的な認識方法の価値を，その表現形式を管理しながら大人の行動レパートリーに同化させる手段として音楽性のようなものが出現する環境が生まれた，と我々は考える。遊びは社会的哺乳類の子どもの行動的特徴であり，遊びをする種のメンバーがより高い生存価を持つ見込みがあると考えると，遊びを許容しながら管理してその有用性を大人のレパートリーの中に取り込む集団行動は，適応か外適応の要素を含んでいる可能性がある。音楽はその仕組みの1つとして解釈することができ，後期ヒト科系統の子ども時代の漸進的延長と発達段階の分化の淘汰圧から生まれたのである。

5.5 考古学的記録

　考古学的証拠は明らかである。何千年も前から音楽的行動は人の生活の一部であった。ヨーロッパ大陸の現生人類は少なくとも3万6千年前には鳥の骨から笛を作っており，この楽器の精巧さは多くの中世や現代の類似する笛を超えていた (Scothern 1992)。現生人類がヨーロッパに現れた4万年前頃には，すでに楽器を用いた音楽的行動を発展させていた。楽器はさらに前から使用されていて，声と体の動きを使った音楽的行動には音楽的人工品が発達する以前にすでに長い歴史があった可能性が高い。

　しかし3万年前から鑢型の擦奏楽器，打楽器，さらに多くの骨笛などの音楽的活動の証拠や岩や洞穴が音響上利用されていた形跡がたくさん出てくる (Cross and Watson 2006; Morley 2003)。音楽的活動はかなり広まっていたと考えられ，図画芸術などを含む人間活動が集中する場に出現する。この証拠は断片的ではあるが，音楽演奏は選抜された数人で行われるのではなく集団活動だったことを暗示してい

---

5) 性的に成熟した個体でありながら非生殖器官に幼生さが残る現象。
6) 巻末の参考資料「乳児の音声コミュニケーションとその発達」を参照。

る。骨と他の有機物質の保存状態の差異によってこれらの記録には偏りが出ている可能性がある。そして考古学的研究はヨーロッパを中心に行なわれており，解剖学的観点から現代人とされる人類が占有していたヨーロッパ外の旧世界の研究はおろそかにされている。音の作成に使われた道具がさらに見つかる可能性もある。分析方法が進歩し（例えばd'Errico *et al.* 2003）発掘手段もどんどん洗練されていき，考古学的用具による音を生み出す可能性のある物の実験的研究（Cross *et al.* 2002参照）などによって，先史時代の音楽的行動の記録の穴を埋められていくはずだ。しかし我々はすでに音楽的行動が非常に古いもので，遅くとも解剖学的観点から見て現代人類とされるホモ・サピエンスに行動的な複雑さが出てきたころまで遡る，と断言できるだけの情報をもっている。

初期現代人にすでに音楽性のための統合的な能力がはっきりと備わっていたことは明らかだが，音楽性は多くの精神的能力から成り立っているようだ。この精神的能力は複雑な音と動きの連結を作りだし知覚する能力，社会的同調の能力，音と動きのパターンに創造的に参加する能力などを含み，これらはすべて多元的意図性を明示するものである。古解剖学と考古学の記録からこれらの多様な能力は，現代人に繋がるヒト科系統の中で異なる時点に出現したことが提唱される（Morley 2002; 2003）。

我々に一番近い系統の霊長類でも，音楽的と呼べる能力はわずかにしかないのではないかと考えられる結果がでている。チンパンジーとボノボは人との体格の大きな違いなどにより複雑な音声合図を可能にする発声能力を持っていないし（Morley 2002），どちらの種も視覚的もしくは音響的な定期的なパターンに同調できるという証拠は出ていない（しかし，Fitch 2006は要参照である）。最近行なわれた動物のコミュニケーションの調査（Seyfarth and Cheney 2003）によると，霊長類でさえも，仲間同士の音声的な合図は一般的に現在の状況を気づかせることに非常に強く結びついているため，参照的とは認められないとしている。仲間に対して状況に繋がらない情報を含むコールととれるものも，自分の感情状態の表現であって指示対象や他人に伝えようという意思をもたないものと解釈される。セイファースとチェニーは，「数々の結果をまとめると，ヒト以外の霊長類はヒトとは対照的に別の個体に気付かせるという目的や情報が必要だという理由から音声を発することはないと論ずる」（p. 159）と述べている。特にギボン等，ヒト以外の霊長類の一部は複雑で長く連結した音や動きを作り出すことができても，音楽性の主要素である，そのように連結したものの意図性に関与することはない（本書第4章のマーカー）。

他の霊長類とアウストラロピテクス（現代人の先祖の種類として現在最も古いとされているもの）の生活様式に明白な繋がりがある可能性から，後者の集団において人の音楽的能力の明白な要素は何も出現していないことが示唆される。しかし，2足歩行の発達がある程度リズム的なステップや身振りの同調能力の土台を築いた，と仮定することはできる。最近の進化論（Wood and Collard 1999参照）では非常に初期の人類のホモ・ハビリス[7]（おそらくホモ・ルドルフェンシス[8]も）（現在から2百万年前以降）は，アウストラロピテクスの生活様式と能力を非常に高い割合で引き継いでいたと解釈している。それでも彼らに関係するとされる発掘物から，工具作りとその伝統を後世に伝える方法が大きく変化したことがわかる。ホモ・ハビリスとホモ・ルドルフェンシスの骨は断片的でその解釈は論争の種だが，工具の作成と使用からみておそらく先祖よりも筋肉的に発達した，もしかしたらもっと長い親指のついた手を持っていて，手を使った動きもかなり洗練されていたと思われる（Wilson 1998）。このような能力が，現代人のすべてのコミュニケーション的システムに内在する，細かく調整された表現的な手振りの原点となった可能性がある。

ホモ・エルガステルとホモ・エレクトス（現在から約180万年前以降）から，大きな変化が起きた。脳の大きさが約1000ccに達し，体の大きさと外形もほぼ現代人並みとなった。ホモ・エルガステルとホモ・

---

[7] 現在分かっている限り最も初期のヒト属。
[8] ホモ・ハビリスよりも大きな脳容量を持つ。

エレクトスは先駆者よりもずっと複雑な生活様式と道具を持っていて，地域的にも広範囲に生存していた．筒状の胸をもち，発声器官内の発音機能が発達し我々とほぼ同等な大きさの外耳道をもつことで，発声を細かく調整する能力をもつようになり，音声がこの種にとってますます重要になってきたことが見受けられる．これは，発声能力の範囲が広がり対人間の相互行為の他の形式に取って代わるという，社会生活の重大な変化を表しているかもしれない（Dunbar 1992による「猿の毛づくろい，人のゴシップ」モデルに適合する）．音楽性の基本的な要素もすでにあったことが見受けられる．これはおそらく，社会関係を管理するために音声によって複雑な感情的状態を表現することが行なわれ，参照的な情報も伝えた可能性もある．

しかし，ホモ・ハイデルベルゲンシス[9]（約70万年前から50万年前まで）が出現してはじめて，我々のような音声器官と音声周波数に非常に敏感な聴覚器官を見出すことになる（Martinez et al. 2004）．この共適応は，この種にとって環境音よりも音声が特に重要だったことを暗示している．様々な人工物の生産と使用がなされた証拠によって支持されるように，これに先立つホモ・エルガステルの能力がさらに洗練されていったと解釈することができる．この創造力の発達は，私たちが歌と理解することができる行動も含め，さらに複雑な音声やその連結を作り出して知覚する能力に繋がったと思われる．

現在から約15万年遡って解剖学的に現代人類とされるホモ・サピエンスの登場によって象徴的知能，または「サピエンスの完全な現代的行動」（Henshilwood and Marean 2003），そしてはっきりとした音楽的行動の証拠を最終的に見つけることができる．この行動は上記したように先行するヒト科に現れた認知的，生理的，行動的な基盤をもとにしている．記号と指示対象との恣意的な組み合わせによって意味を伝えるという点から見て，どの時点からこれらの行動が象徴的とみなされうるかは，論争の対象である．しかし，おそらくホモ・エルガステルにおいて出現してホモ・ハイデルベルゲンシスで発達した能力には，感情的内容と音声的および身体的身振りの密接な結びつきという特徴があったと言えよう．象徴文化においては，記号が人間精神の生態の特色を構成していく意味深い相互関係の絡み合い（Chase 1999）の一部となる．この象徴文化は現代的なホモ・サピエンスから発生したものである．

したがって，ホモ・エルガステルとホモ・エレクトスに見られる社会的に複雑な状況から生まれた入り組んだ手と声の身振りの出現と発達は，旋律的な発声，つまり歌の土台となったと提唱できる．複雑な音声による音の連結を作り出して知覚することは，ホモ・ハイデルベルゲンシスの時代までに重要性が増していったと考えられる．そして，社会的相互作用を練習して洗練することになりうる行為を含めた発声の社会的役割はさらに発達し，現代人の完全な象徴文化における音楽と言語の一部になったのである．

5.6 結論

ブラウン（2000a）の提唱した音楽言語のようなものは，おそらく社会的情報の交換に限定された形でホモ・エルガステルの時代に出現し，より一般的な指示対象を表現する能力がホモ・ハイデルベルゲンシスにおいて発達したであろうとする説は，進化論的に読み取ることができる．音楽と言語の分岐は，言語が伝達的かつ直示的で命題的機能によって直接効果を得るという役割を果たすことによって，現生人類の時代になってから始まった可能性がある．より長い時間尺度を越えて作用する音楽は，人間の様々な領域の経験を統合する基盤を提供しながら，社会的相互作用を管理する能力の維持（おそらく育成も）をするために出現した．音楽と言語は現代人の社会的および個人的な認知の柔軟性（Cross 1999）の出現を可能にした，と我々は提唱する．音楽と言語は共に人のコミュニケーション手段の一部であり，様々な所要時間と多様な方法を通じて人の相互作用の生産性を向上させる相補的な2つの機能である，と

---

[9] ネアンデルタール人と現代人の最後の共通祖先と言われる．

我々はみなす。

　言語の出現のための淘汰圧は自明的だと広く考えられているが（Pinker 1994），音楽の淘汰圧はあまりよく理解されていない。その理由は，音楽の効力が言語ほど即時的直接的ではなく，はっきりしていないからだと考えられる（Mithen 2005）。しかし後期ヒト科系統に見られる個人的成熟度における変化への適応ぶりは，言語とは全く異なり，そしておそらく言語の基礎となる音楽性のための人間的能力に繋がった，と我々は提唱する（Cross 2003b）。

　音楽的能力は基本的に重要な社会的かつ生理的な機能の上に形成され，本質的にはそのように処理される。複雑な社会状況において必要となる能力を音楽は使用する。これらの能力の基となる音声，顔の表情，相互作用は他の高等な霊長類にも見られ，このような能力は集団の規模が大きくなり複雑さが増すほど重要となり，洗練されていく。音声による感情表現，ふれ合い，他者の感情への敏感さは能力の中でも重要と特定されるもので，これらの能力が発達した人ほど選り好まれることが多かっただろう。リズム的な運動協調性は音声を複雑につなぎ合わせる際，その計画と調整に基本的に統合され，そうして連結されたものの韻律的リズムに結びつく。そのような発声行動の刺激に反応するように運動器官はできており，その結果身振りは音声行動に組み入れられる。

　淘汰的優位性の可能性という点からみると，発達した音楽的行動はその原点が感情的かつ効果的に伝達したり，共感したり，親密になったり，忠実さを引き出したりする能力にあるがゆえに，個人を性淘汰的に優位な位置に置くと考えられる。音楽的能力は，社会的な強いネットワークと忠実さがもてるか，集団に寄与できるかという個人の器量を測る手段となりえる。音楽的行動は，こうした社会的ネットワークと忠実さを促進し維持するメカニズムともなる可能性がある。それはどういうことかというと，音楽的活動に参加することによって感情的経験の共有が促されるがゆえに，音楽は強い共感的な結束感と集団への所属感を生み出すのである。音楽あるいは原音楽的行動は，生物学的，心理的，社会的そして身体的な機能の融合と調整によって，いくつかの認知能力を同時に活用する可能性を有する。また低リスクの環境であれば，音楽あるいは原音楽的行動はこの融合された能力を実践し発達させる場を与えてくれる。

　社会的相互作用，感情的表現，そして身体と発声の筋肉の細かい操作と計画を基礎とした完全な音楽的行動（原音楽的行動の対義語としての特殊化された音楽的行動）の出現は，重要な認知的諸能力を融合するのに非常に適している。音楽的活動の実行は集団内と集団同士の関係がより複雑になるほど，個人にとっても集団にとっても大切になり有益になっていく。音楽の産出と知覚は，人間同士の相互作用と社会的絆の形成とに結びついた形で複雑に脳内で処理されるがゆえに，多くの関連する機能をも刺激する。歌詞や象徴的な関連がなくとも，音楽に参加することは人に訴えかけるように脳に作用する。これは，他者の立場を想像しながら影響しあうという根本的に重要な人間の関わり合いの能力ゆえである。

　この音楽性出現のモデルは民族誌学的，認知的，比較的，古解剖学的，考古学的な証拠と一致するように思われるが，生態学的に観察できる他の行動からは，進化論的な考察が必要なさらなる面があることが示唆されている。人類の音楽的行動の起源と出現と本質の研究はまだ初期段階にあり，まだまだ発見されることがある。ピンカー（1997）の意見に反して，仮に突然失われたとしたら大半の人が非常にさびしく思うだろう人間の行動の一要素に関わるものである。人間であるために本質的であるような社会認知能力の多くを失わずに音楽を放棄することは不可能であろう。

（渡辺久子・香取奈穂訳）

引用文献

Arom S (1991). *African polyphony and polyrhythm.* Cambridge University Press, Cambridge.

Auer P, Couper-Kuhlen E and Muller K (1999). *Language in time: The rhythm and tempo of spoken language.* Oxford

University Press, Oxford.
Baily J (1985). Music structure and human movement. In P Howell, I Cross & R West, eds, *Musical structure and cognition*, pp. 237–258. Academic Press, London.
Bekoff M (1998). Playing with play: What can we learn about cognition, negotiation and evolution? In DD Cummins & C Allen, eds, *The evolution of mind*, pp. 162–182. Oxford University Press, Oxford.
Benzon W (2001). *Beethoven's anvil: Music, mind and culture*. Basic Books, New York.（ベンゾン，西田美緒子訳『音楽する脳』角川書店，2005）
Blacking J (1961). Patterns of Nsenga *kalimba* music. *African Music*, **2(4)**, 3–20.
Blacking J (1967). *Venda children's songs: A study in ethnomusicological analysis*. Witwatersrand University Press, Johannesburg.
Blacking J (1969). The value of music in human experience. *Yearbook of the International Folk Music Council*, **1**, 33–71.
Blacking J (1976). *How musical is man?* Faber, London.（ブラッキング，徳丸吉彦訳『人間の音楽性』岩波現代選書，1978）
Blacking J (1995). *Music, culture and experience*. University of Chicago Press, London.
Bogin B (1999). *Patterns of human growth*, 2nd edn. Cambridge University Press, Cambridge.
Bowles S and Gintis H (1998). The moral economy of community: structured populations and the evolution of pro-social norms. *Evolution and Human Behaviour*, **19**, 3–25.
Brown S (2000a). The 'musilanguage' model of music evolution. In N Wallin, B Merker and S Brown, eds, *The origins of music*, pp. 271–300. MIT Press, Cambridge, MA.
Brown S (2000b). Evolutionary models of music: From sexual selection to group selection. In F Tonneau & NS Thompson, eds, *Perspectives in ethology 13: Behavior, evolution and culture*, pp. 231–281. Plenum Publishers, New York.
Chase P (1999). Symbolism as reference and symbolism as culture. In C Knight, R Dunbar and C Power, eds, *The evolution of culture: An interdisciplinary view*, pp. 34–49. Edinburgh University Press, Edinburgh.
Clayton M, Sager R and Will U (2004). In time with the music: The concept of entrainment and its significance for ethnomusicology. *ESEM Counterpoint*, **1**, 1–82.
Cross I (1999). Is music the most important thing we ever did? Music, development and evolution. In S W Yi, ed., *Music, mind and science*, pp. 10–39. Seoul National University Press, Seoul.
Cross I (2003a). Music and biocultural evolution. In M Clayton, T Herbert and R Middleton, eds, *The cultural study of music: A critical introduction*, pp. 19–30. Routledge, London.（クロス著「音楽と生物文化的進化」クレイトン，ハーバート，ミドルトン編著／卜田隆嗣・田中慎一郎・原真理子・三宅博子・若尾裕訳『音楽のカルチュラル・スタディーズ』アルテスパブリッシング，2011所収）
Cross I (2003b). Music and evolution: causes and consequences. *Contemporary Music Review*, **22(3)**, 79–89.
Cross I (2003c). Music, cognition, culture and evolution. In I Peretz and R Zatorre, eds, *The cognitive neuroscience of music*, pp. 42–56. Oxford University Press, Oxford.
Cross I (2005). Music and meaning, ambiguity and evolution. In D Miell, R MacDonald and D Hargreaves, eds, *Musical Communication*, pp. 27–43. Oxford University Press, Oxford.（クロス著「音楽と意味，多義性，そして進化」ミール，マクドナルド，ハーグリーヴズ編著／星野悦子訳『音楽的コミュニケーション：心理・教育・文化・脳と臨床からのアプローチ』誠信書房，2012所収）
Cross I, Zubrow E and Cowan F (2002). Musical behaviours and the archaeological record: a preliminary study. In J Mathieu, ed., *Experimental archaeology: Replicating past objects, behaviors and processes*, pp. 25–34. British Archaeological Reports International Series 1035. Archaeopress, Oxford.
Cross I and Watson A (2006). Acoustics and the human experience of socially organised sound. In C Scarre and G Lawson, eds, *Acoustics, space and intentionality: Identifying intentionality in the ancient use of acoustic spaces and structures*, pp. 107–116. McDonald Institute for Archaeological Research, Cambridge.
Cummins DD (1998). Social norms and other minds: the evolutionary roots of higher cognition. In DD Cummins and C Allen, eds, *The evolution of mind*, pp. 30–50. Oxford University Press, Oxford.
D'Andrade R (1995). *The development of cognitive anthropology*. Cambridge University Press, Cambridge.
D'Errico F, Henshilwood C, Lawson G, et al. (2003). Archaeological evidence for the emergence of language, symbolism, and music – an alternative multidisciplinary perspective. *Journal of World Prehistory*, **17(1)**, 1–70.
Darwin C (1871). *The descent of man and selection in relation to sex*. Murray, London.（ダーウィン，長谷川眞理子訳『人間の進化と性淘汰』文一総合出版，1999）
Dissanayake E (2000). Antecedents of the temporal arts in early mother–infant interactions. In N Wallin, B Merker and S Brown, eds, *The origins of music*, pp. 389–407. MIT Press, Cambridge, MA.
Donaldson M (1992). *Human minds: An exploration*. Allen Lane/Penguin Books, London
Drake C Jones MR and Baruch C (2000). The development of rhythmic attending in auditory sequences: attunement, referent period, focal attending. *Cognition*, **77**, 251–288.

Dunbar R (1992). Neocortex size as a constraint on group size in primates. *Journal of Human Evolution,* **22**, 469–493.
Elowson AM, Snowdon CT and Lazaro-Perea C (1998). 'Babbling' and social context in infant monkeys: parallels to human infants. *Trends in Cognitive Sciences,* **2**, 31–37.
Fitch W Tecumseh (2006). The biology and evolution of music: a comparative perspective. *Cognition,* **100(1)**, 173–215.
Foley RA (1995). *Humans before humanity.* Blackwell, Oxford.(フォーリー，金井塚務訳『ホミニッド：ヒトになれなかった人類たち』大月書店，1997)
Freeman WJ (1995). *Societies of brains. A study in the neurobiology of love and hate.* Erlbaum, Mahwah, NJ.
Frege G (1952). On sense and reference. In P Geach and M Black, eds, *Translations from the Philosophical Writings of Gottlob Frege.* Blackwell, Oxford.
Hagen EH and Bryant GA (2003). Music and dance as a coalition signaling system. *Human Nature,* **14(1)**, 21–51.
Henshilwood CS and Marean CW (2003). The origin of modern human behavior: critique of the models and their test implications. *Current Anthropology,* **44(5)**, 627–651.
Huron D (2001). Is music an evolutionary adaptation? *Annals of the New York Academy of Science,* **930**, 43–61.
Jacobs A (1972). *New dictionary of music,* 2nd edn. Penguin Books, Harmonsdworth.
Janata P and Grafton ST (2003). Swinging in the brain: Shared neural substrates for behaviors related to sequencing and music. *Nature Neuroscience,* **6(7)**, 682–687.
Joffe TH (1997). Social pressures have selected for an extended juvenile period in primates. *Journal of Human Evolution,* **32(6)**, 593–605.
Jones MR and Yee W (1993). Attending to auditory events: The role of temporal organization. In S McAdams and E Bigand, eds, *Thinking in sound,* pp. 69–112. Oxford University Press, Oxford.
Kalmus A and Fry DB (1980). On tune deafness (dysmelodia): Frequency, development, genetics and musical background. *Annals of Human Genetics,* **43(4)**, 369–382.
Koelsch S, Kasper E, Sammler D, Schultze K, Gunter T and Frederici A (2004). Music, language and meaning: brain signatures of semantic processing. *Nature Neuroscience,* **7(3)**, 302–307.
Langer S (1942). *Philosophy in a new key.* Harvard University Press, Cambridge, MA.(ランガー，矢野万里ほか訳『シンボルの哲学』岩波書店，1981)
Lavy M (2001). *Emotion and the experience of listening to music: A framework for empirical research,* Ph.D. thesis.University of Cambridge. Available at http://www.scribblin.gs
Magrini T (2000). From music-makers to virtual singers: New musics and puzzled scholars. In D Greer, ed. *Musicology & sister disciplines,* pp. 320–330. Oxford University Press, Oxford.
Martinez I, Rosa M, Arsuaga J-L *et al.* (2004). Auditory capacities in Middle Pleistocene humans from the Sierra de Atapuerca in Spain. *Proceedings of the National Academy of Sciences,* **101(27)**, 9976–9981.
Meyer LB (1956). *Emotion and meaning in music.* University of Chicago Press, London.
Miller G (2000). Evolution of human music through sexual selection. In N Wallin, B Merker and S Brown, eds, *The origins of music,* pp. 329–360. MIT Press, Cambridge, MA.(ミラー，長谷川眞理子訳『恋人選びの心：性淘汰と人間性の進化』岩波書店，2002)
Miller G (2001). *The mating mind: How sexual choice shaped the evolution of human nature.* Vintage/Ebury, London.
Mithen S (2005). *The singing Neanderthals: The origins of music, language, mind and body.* Weidenfeld & Nicolson, London.(ミズン，熊谷淳子訳『歌うネアンデルタール：音楽と言語から見るヒトの進化』早川書房，2006)
Morley I (2002). Evolution of the physiological and neurological capacities for music. *Cambridge Archaeological Journal,* **12(2)**, 195–216.
Morley I (2003). *The evolutionary origins and archaeology of music: An investigation into the prehistory of human musical capacities and behaviours.* Ph.D. thesis. University of Cambridge, Cambridge. Darwin College Research Reports, DCRR-002, available online at www.dar.cam.ac.uk/dcrr/
Nelson S (2002). *Melodic improvisation on a twelve-bar blues model: an investigation of physical and historical aspects, and their contribution to performance.* Ph.D. thesis. City University London, Department of Music, London.
Oatley K and Johnson-Laird PN (1998). The communicative theory of the emotions: Empirical tests, mental models and implications for social interactions. In JM Jenkins, K Oatley and NL Stein, eds, *Human emotions: A reader,* pp. 84–97. Blackwell, Oxford.
Panksepp J and Burgdorf J (2003) ''Laughing'' rats and the evolutionary antecedents of human joy? *Physiology and Behavior,* **79**, 533–547.
Papoušek H (1996). Musicality in infancy research: Biological and cultural origins of early musicality. In I Deliège and JA Sloboda, eds, *Musical beginnings,* pp. 37–55. Oxford University Press, Oxford.
Papoušek M (1996). Intuitive parenting: A hidden source of musical stimulation in infancy. In I Deliège and JA Sloboda, eds, *Musical beginnings,* pp. 88–112. Oxford University Press, Oxford.

Peretz I (2003). Brain specialization for music: New evidence from congenital amusia. In I Peretz and R Zatorre, eds, *The cognitive neuroscience of music*, pp. 192–203. Oxford University Press, Oxford.

Peretz I, Champod AS and Hyde K (2003). Varieties of musical disorders: The Montréal Battery of Evaluation of Amusia. *Annals of the New York Academy of Sciences: The Neurosciences and Music*, **999**, 58–75.

Pinker S (1994). *The language instinct.* Allen Lane, London. (ピンカー, 椋田直子訳『言語を生みだす本能』日本放送出版協会, 1995)

Pinker S (1997). *How the mind works.* Allen Lane, London. (ピンカー, 椋田直子訳『心の仕組み：人間にどう関わるか』日本放送出版協会, 2003)

Plotkin H (1997). *Evolution in mind.* Allen Lane, London.

Roederer JG (1984). The search for a survival value of music. *Music Perception*, **1**, 350–356.

Rogoff B, Paradise R, Arauz RM, Correa-Chévez M and Angelillo C (2003) First-hand learning through intent participation. *Annual Review of Psychology*, **54**, 175–203.

Schellenberg EG (2003). Does exposure to music have beneficial side effects? In I Peretz and R Zatorre, eds, *The cognitive neuroscience of music*, pp. 430–448. Oxford University Press, Oxford.

Schellenberg EG (2004). Music lessons enhance IQ. *Psychological Science*, **15(8)**, 511–514.

Scherer C and Zentner MR (2001). Emotional effects of music: Production rules. In P Juslin and JA Sloboda, eds, *Music and emotion: theory and research*, pp. 361–392. Oxford University Press, Oxford.

Scherer KR (1991) Emotion expression in speech and music. In J Sundberg, L Nord and R Carlson, eds, *Music, Language, Speech and Brain*, 146–156. MacMillan Press, Basingstoke.

Scothern PMT (1992). *The music-archaeology of the palaeolithic within its cultural setting.* Ph.D. thesis. University of Cambridge, Cambridge.

Seyfarth RM and Cheney DL (2003). Signalers and receivers in animal communication. *Annual Review of Psychology*, **54**, 145–173.

Shennan S (2002) *Genes, memes and human history.* Thames and Hudson, London.

Shore B (1996). *Culture in mind: Cognition, culture, and the problem of meaning.* Oxford University Press, Oxford.

Sloboda JA (1985). *The musical mind.* Oxford University Press, Oxford.

Spelke E (1999). Infant cognition. In RA Wilson and FC Keil, eds, *The MIT encyclopedia of cognitive sciences*, pp. 402–404. MIT Press, Cambridge, MA.

Sperber D and Wilson D (1986). *Relevance: Communication and cognition.* Blackwell, Oxford. (スペルベルとウィルソン, 内田聖二ら訳『関係性理論：伝達と認知』研究社, 2000)

Stephan KM, Thaut MH, Wunderlich G *et al.* (2002). Conscious and subconscious sensorimotor synchronization – prefrontal cortex and the influence of awareness. *NeuroImage*, **15**, 345–352.

Stobart HF (1996). *Tara and Q'iwa*: Worlds of sound and meaning. In MP Baumann, ed., *Cosmología y música en los Andes (Music and cosmology in the Andes)*, pp. 67–81. Biblioteca Iberoamericana and Vervuert Verlag, Madrid and Frankfurt.

Stobart HF and Cross I (2000). The Andean anacrusis? Rhythmic structure and perception in Easter songs of Northern Potosí, Bolivia. *British Journal of Ethnomusicology*, **9(2)**, 63–94.

Sykes JB (1983). *Concise Oxford dictionary,* 7th edn. Oxford University Press, Oxford.

Thaut MH (2005). Rhythm, human temporality, and brain function. In D Miell, R MacDonald and D Hargreaves, eds, *Musical Communication*, pp. 171–191. Oxford University Press, Oxford.

Trevarthen C (1979). Communication and cooperation in early infancy. A description of primary intersubjectivity. In M Bullowa, ed., *Before speech: The beginning of human communication*, pp. 321–347. Cambridge University Press, London. (トレヴァーセン, 鯨岡峻編訳著・鯨岡和子訳『早期乳幼児における母子間のコミュニケーションと協応：第1次相互主体性について』ミネルヴァ書房, 1989所収「母と子のあいだ」(pp. 69-101))

Trevarthen C (1980). The foundations of intersubjectivity: Development of interpersonal and cooperative understanding in infants. In D Olson, ed., *The social foundation of language and thought*, pp. 316–342. Norton, New York.

Trevarthen C (1999). Musicality and the intrinsic motive pulse: Evidence from human psychobiology and infant communication. *Musicae Scientiae (Special Issue 1999–2000)*, 155–215.

Wallaschek R (1893). *Primitive music.* Longmans, Green & Co., London.

Waterman CA (1991). Uneven development of African ethnomusicology. In B Nettl and PV Bohlman, eds, *Comparative musicology and anthropology of music.* University of Chicago Press, London.

Wilson FR (1998). *The hand: How its use shapes the brain, language, and human culture.* Pantheon Books, New York.

Wood B and Collard M (1999). The human genus. *Science*, **282**, 65–71.

Yang M (1994). On the hua'er songs of north-western China. *Yearbook for Traditional Music*, **26**, 100–116.

第6章

音楽的表現におけるタウ[1]

デイヴィッド・N. リー と ベンジャマン・シェーグラー

6.1 音楽的表現

　偉大な俳優，音楽家，プリマバレリーナ，パフォーマンス・アーティストを生み出すものはなんだろうか。多くの，そして様々な才能というものがあるだろうが，全てに共通するものとして，彼らの芸術を特徴づける身体の動きを制御することで，伝えるという能力が挙げられる。創造的で芸術的な表現は，度々，異なったモダリティ[2]において「ナラティヴ」[3]を同時的に操作することによる複雑な着想や感情の伝達を引き起こし，それゆえ［受け手の］感情を刺激するのである（Malloch 2005）。躍動的な芸術が我々に及ぼす影響というものは表現し難いが，それがうまく影響を及ぼす時には，視聴者はその絵画，映像，パフォーマンスが発する非言語的な「メッセージ」を経験し，感動するのである。音楽やダンスや身振りの動きの流れのパターンに潜む何かが，［受け手に］直接的に伝わり，感情や，時折，共鳴的な動きを引き起こす。その何かとは，一体何なのだろうか。それはどのように翻訳され，我々の間に共有されるのだろうか。

　異なったモダリティで経験された表現的身振りに対し，感覚を合わせて反応するという我々の能力がこの謎の核心にある。音楽的表現を分析するということに対する関心は長い歴史を持つ（Clarke 1998, 1999; Clynes 1973; Dogantan 2002; Krumhansl 1996, 2002）。音楽を理路整然と理解する際の助けになることに加え，音楽的表現がどのようになされるかということに関する知識は脳科学に極めて重要な示唆を与え（Molinari *et al.* 2003; Panksepp and Bernatzky 2002; Zatorre and Krumhansl 2002），また音楽を意識することと演奏に関わる脳活動の観測は注目すべき洞察を生み出している（Buccino *et al.* 2004; Keysers *et al.* 2003; Peretz and Zatorre 2005; Schlaug 2001）。

　最近の研究では，音楽において別々に測定された表現的な質や次元（ピッチ，リズム，タイミング，音色，緊張）の効果に着目し，それに対応する表現者の運動行為と聴き手の知覚において比較を行なってきた（Baily 1985; Friberg *et al.* 2000; Dahl and Friberg 2003; Mitchell and Gallaher 2001; Shove and Repp 1995; Todd 1994）。他の研究は相互作用的システムのデザインに関わるものであり，例えばそこでは身振りやダンスが音に変換される（Camurri *et al.* 2000, 2003）。しかしながらカムリたちが指摘しているよ

---

[1] 巻末の参考資料「一般タウ理論と近年の音楽研究」を参照。
[2] 巻末の参考資料「モダリティ」を参照。
[3] 巻末の参考資料「ナラティヴ」を参照。

うに，コミュニケーション的な表現に関わる全ての身体の動きをより詳細に理解する必要がある。これは特に，我々が主張するところでは，表現的動きにおける流れのパターンを理解するために必要である。本章では音楽の響きにおける表現に焦点化するが，我々の研究結果は，発話や身振りを使う他の芸術形態における表現を理解する手助けにもなるかもしれない（Donald 1999; MacNeilage 1999; 本書第2章のディサナーヤカ，および本書第3章のブラント）。

6.2 表現的な動きをいかにして科学の俎上に載せるか

全ての身振りと意図的な発声は，究極的には筋肉組織の活動である。

ドナルド（1999, p. 41）

特に演劇，音楽，ダンスといった躍動的な芸術における人間の活動中の躍動的な感情的やりとりの分析は，知覚と認知の心理学的プロセスについての豊富な情報を科学にもたらしうる。結局のところ，知覚と認知は，動機付けされた心理学的時間，つまり感情的に調整された動きと経験の時間を生みだすことと固有の関連性を持っており（Donald 1999; Schögler 1999），それは全ての動物の社会的コミュニケーションのカギとなるのである（MacLean 1990; Panksepp and Bernatzky 2002）。

芸術家は無数の具体化の中で，感情と審美的意識（aesthetic awareness）を媒介する者として演じ，異なったモダリティにおいて表現や経験のパターンを操作する。ダンサーや音楽家は何千年もの間，他者

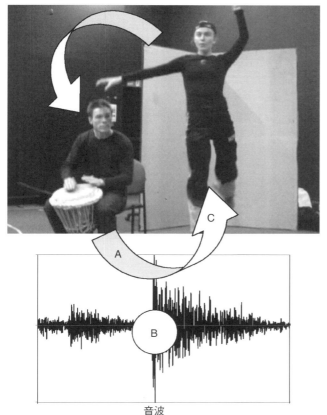

図6.1 運動，音，視覚を通じた音楽的表現の循環的な流れ。表現は演奏者から（A），音を媒体として（B），ダンサーへと受け渡され（C），それから視覚を通じて演奏者へと戻る。

を引き込み自身の身体の動きを通してストーリーを伝える方法を模索し，音楽における「感情的ナラティヴ」を創り出し，それに反応してきた (Hanna 1979)。**図6.1**に描かれているように，音楽家とダンサーの間のやりとりは，パフォーマー間のコミュニケーションをリアルタイムに記録するという方法で，我々の研究の対象となってきた。我々が答えようとしている問いは，ある表現や身振りが音楽家の心からダンサーの身体の中へ，音という媒体を通じていかに受け渡されるのかというものである。

音楽が持つ豊富な表現的情報は，芸術的創造性と美的感覚の法則を研究するにあたって長年注目の的となり (Camurri et al. 2003; Dogantan 2002; Hagendoorn 2004; Iyer 2004; Stevens et al. 2003)，そのような現象は様々な研究関心を持つ心理学者たちの注目を惹きつけてきた (例えば, Gibson 1966; Schmidt, Carello and Turvey 1990; Trevarthen 1999)。今では広く認められるところであるが，創造的な表現行為に関する情報 (それは生理的，筋肉，神経的，行動的システムが関わる) は，その芸術の理解に，またより基礎的な意味では心理学およびコミュニケーションの全ての形式にとって，中核的に重要なものである (例えば, Panksepp and Bernatzky 2002)。しかし我々が，これらの分野からの情報を統合するために必要な，表現的な運動制御に関する，［表現の］多次元性と時間的性質に充分敏感な，一貫した理論を欠いていることもまた明らかである。我々は，音楽を，我々の身体がそれを創造するプロセスの観点から検証しなければならない。

音楽は，通常理解されているように，人間の行動によって創造される音であり，それはまさに，音楽的表現を規定する身体の動きの流れや調整された変化の性質である (ただし電子音楽の中には例外もある)。音楽的な響きは，瞬間的に，個別の音や和音として維持されるかもしれない。しかしながら，こういった一見静的な要素においてすら，響きは動的である。音は声や楽器の演奏によって奏でられ，それはいつでも音量，ピッチ，音色が変動するものであり，この生理的に調整された変動は奏者が音の間を表現的に動く時，大変効果的に用いられる。我々が主張するところでは，音楽的な表現とは，演奏された音がその音の中で，また音と音の間で変化する作法なのである (意味の伝達における表現の役割については，本書第3章のブラントを参照)。

奏者は動きを感情的に制御する音楽的センスでもって表現を生みだす (Scholes 1960; Clynes 1973)。歌手や器楽奏者は，彼らが動く方法によって音楽的表現を達成する。それは発声器官をどう調節するか，弦の上でどう弓をすべらせるか，ピアノの鍵盤をどのように押すか，といったものである。よく制御された運動は，身体および (もし用いられたならば) 楽器の物理的性質との相互作用の中で，音楽的表現を形作る。注目すべき事実は，非常に類似した音楽的表現は，違う楽器を使って全く異なった動きをすることでも達成されうるもので (例えば，ボウイングと鍵盤を押すこと)，それは全く異なった音の質を作り出すということである (ヴァイオリンとピアノ)。その上，人は音楽の中から表現をピックアップし，それと同じ表現を身振りやダンスという形で「そっくり真似る」ことができる。

我々は，音楽的表現が動きや音の流れにおけるある特定の測定可能な表現的変数の中で具体化され，それが図6.1に見られるように，表現方法の違いに左右されない不変項であると提案する。本章における我々の目標は，動きや音の中に，パフォーマーの脳内および制御された動きの実行の中で生成されるこういった共通の表現的変数を同定することである。

6.3　一般タウ理論

我々のアイディアは，運動の内生的で知覚的な誘導の理論に根付いており，その理論はバーンスタイン (1967)，ギブソン (1966)，ラシュレー (1951) に端を発するものだが，特にこれらの理論から発展させた一般タウ理論 (Lee 1998, 2005) に依拠している。この理論は，乳児と大人，様々な種の動物を対象にした実験で支持されており，広範なスキルに対しても拡張されつつある (Lee, Craig and Grealy 1999; Lee 2005)。まずこの理論の概要を示そうと思う。次いで，我々はこの理論を検証するために行なわれ

た音楽の演奏を対象にした実験について報告し，演奏に見られた表現を検討するのに我々が用いた分析的手法を示す[1]。

音楽の演奏には，運動の生成と，それらの運動から作り出された音の把握が要求される。誰かが記憶を頼りにピアノである曲を演奏しているところを考えてみよう。この活動には，どのように動くかという**内生的誘導**（intrinsic guidance）と，聴覚や他の感覚を通しての**知覚的誘導**（perceptual guidance）の両方が関わっている。その曲と，それがどのように演奏されるかということに関する命令はそのピアニストの中からやってくるが，聴覚，触覚，視覚を通した情報もまた，指がピアニストの音楽的意図に従うようにするために必須のものなのである。

6.4　動き・知覚の間隙

一般タウ理論の基本となる概念は，身体もしくは身体の一部，あるいは意識（awareness）[4]の現在の状態と，それが目的を果たした時の状態との間の間隙を同定することである。目的を持ったどんな動きも，異なった次元で，数多くの間隙を閉じていくということに関わっている。例えば，ピアニストは指や手や腕の動きでもって，鍵盤の現在の位置と狙い定めた目標の位置との間の「距離的間隙」の閉じを制御しなければならない（その目標の位置とは，ピアノのメカニズム上ハンマーが振り出される位置であり，それ以降は純粋に機械的な動きとなる）。あるメロディーを歌う時，歌い手は連続する音と音の間の基本周波数における間隙（f_0 間隙）の閉じ方を，吐息を調整し，胸，喉，声帯や口の筋肉の活動を変化させることで制御する。ヴァイオリンの演奏では，数ある中でも，楽器から望ましい音を生み出すために，弓の最初の位置とそれを止める位置との距離的間隙の閉じ方を制御することを必要とする。演奏や歌唱でクレッシェンドを表現するには，最終的な強さに至るまでの，強さの間隙の閉じ方を制御することを必要とする。すなわち，間隙は種々の異なった次元で知覚・測定されうるものであり，それは距離，周波数，強さといったものである。音楽家は，ちょうどヴァイオリンを上手に弾く時のように，幾つかの次元における間隙を同時にかつ迅速に制御しなければならない。

6.5　間隙のタウ

進化的な視点からすると，動物の知覚運動システムは，信頼性と効率性の観点から，ある共通の次元で全ての間隙を測定するようになっていることが考えられる。人間の動きにおいてこのような核となる測度を同定することは，音楽家がいかにして（知覚された音のピッチ，持続時間，強さ，音色といった異なった次元に同時的に影響を与える）身振りを伴って，美しい効果を生みだすことができるのかを説明する助けになるかもしれない。一般タウ理論の仮定では，全ての間隙を測定するための共通の次元は，時間である。この理論が提唱するところでは，原則として，間隙の閉じ方を制御するためには，動物はその間隙に関する時間的情報さえあればよいのであり，その間隙の閉じの大きさや速度に関する他の情報は必要ない。間隙の閉じを誘導するのに十分な情報となるこの特別な時間的測度は，現時点での閉

---

[1] 本章で報告される実験はエディンバラ大学・行動内知覚研究室で行われている研究の一部である。歌唱とコントラバスの演奏を対象とした実験はリーとシェーグラーの指導の下，R.バーガー，P.ビッグス，B.ハーヴィ，J.スクリブン，そしてE.ウォードによって，2004年度心理学学士論文研究のために実施された。歌唱の実験はエディンバラのクイーン・マーガレット大学音声言語科学研究センターにおいて，N.ヒューレットと共同研究者たちの助力を得て実施された。また我々はマレー・キャンベル教授がトロンボーンを演奏してくれたことに感謝する。

[4] 本稿では他の邦訳書にならってawarenessを「気づき」ではなく「意識」と訳出した。生態心理学の領域では，環境のアフォーダンスを特定する情報の検知をawarenessとしており，一般的な意味での「気づき」とは異なるニュアンスを帯びている。なおここで言うawarenessは，通例「意識」と訳されるconsciousnessとも異なる概念であるため，本訳文における「意識」という用語の理解には注意を要する（参考文献：Edward S. Reed (1996). *Encountering the World: Toward an Ecological Psychology.* Oxford University Press, New York（リード，細田直哉訳・佐々木正人監修『アフォーダンスの心理学：生態心理学への道』新曜社，2000）。

じの速度での間隙の閉鎖猶予時間 (the time-to-closure) である．この変数はギリシャアルファベットのτにちなんで，「タウ」と名付けられる (Lee 1976)．

6.6 間隙のタウ・カップリング

ピアノの演奏の例に戻ると，一般タウ理論が提唱するところでは，鍵盤が押される時，その鍵盤[の現在位置]とその目標の位置の間の間隙のタウがピアニストに感じ取られ，この感覚フィードバックがピアニストの脳内で動きの間隙の「理想の」タウと比較される．その「理想の」タウは脳によって生み出され，その鍵盤の望ましい動きのパターンを規定する．この内生的タウ (intrinsic tau) はτ_GもしくはタウGとして参照され，ニューロンの集合を通過する電気的エネルギーのパターン化された流れとして脳内で実現する (Lee 2005)．タウGはある特定の数学的関数によって定義される．適切なタウの情報を，指を動かす筋肉に伝えることによって，脳はτ_X (鍵盤とその目標位置の間の間隙Xのタウ) を調整し，運動が続く間，τ_X/τ_Gという比を脳が設定した$k_{X,G}$という値で一定に保つことを試みる．言い換えれば，脳は式(1)のような関係性を維持しようとする．

(1) $\tau_X = k_{X,G}\, \tau_G$

これはタウ・カップリングの一例であり，$k_{X,G}$は「カップリング係数」である．我々は式(1)をタウG誘導方程式とし，またこの方程式に従った間隙を閉じていく運動を，タウGに誘導された運動とする．休止から始まり休止で終わる間隙に関して，タウGは式(2)によって規定される[2]．

(2) $\tau_G = \frac{1}{2}(t - T_G^2/t)$

T_GはタウG誘導の持続時間であり，tは間隙の閉じ始めを0とした経過時間である (Lee 1998)．この形式のタウG誘導の経験的エビデンスは，リー (2005) に要約されている．

タウG誘導は一般タウ理論において核となる概念である．タウG誘導あるいはタウ・カップリング方程式(1)は，タウGに誘導された運動の流れのパターンを決める．この制御された運動を達成するために，人は2つのタウ情報が，式(1)で規定される$k_{X,G}$という一定の比の下で維持されるように運動を調節する．その2つのタウとは，まずτ_X，すなわち制御下の間隙のタウであり，これはその人の知覚システムによって記録されるものである．そしてもう1つはτ_Gで，これは脳内で生成されたタウG誘導である．この方法で運動を誘導することにより，人は間隙の閉じ方を(速く，遅く，ギクシャクと，なめらかに，急な加速や減速を伴って)制御することができる．例えば$k_{X,G}$の値が大きければ大きいほど，その運動はよりじわじわと始まり，より不意にそれが止まる (Lee 2005)．要するにその運動はより急なものとなる．タウG誘導はまた，その人が間隙の閉鎖[予定]時間を測ることを可能にする (例えばある音が，弦を打つことで，爪弾くことで，擦ることで，あるいはかき鳴らすことで出される時)．というのも，タウG誘導の持続時間は神経システムにより設定されているため，タウGがその終点に到達した時にその間隙が閉じられるからである．要するに，一般タウ理論は，音楽家がどのようにして正しい音を，正しい方法で，正しいタイミングで奏でるかを理解するための手助けとなり，またそれは演奏における表現の測定を可能にするだろう．

---

[2] τ_Gのための式(2)は，休止から一定の加速を伴って目標位置までを閉じていくある間隙 (G) のタウに相当する．τ_Gの式は，ニュートンの運動方程式から導出される．Gが一定の加速を伴って閉じていくということが仮定されるのは，一定の加速というものが，動物が体験する通常の運動における単純で一般的な形式であり (例えば，重力による落下)，ゆえにそれが神経システムの中に間隙の閉じ方の基本形として取り込まれ，それを雛形に他の形式の間隙の閉じ方が構築されるようになったと考えられるためである．

6.7　神経システムにおけるタウ

　もし運動がタウGによって内生的に誘導されているならば，神経システムを駆け巡るタウGの情報があるはずである．この神経的情報は，「神経運動量」（電気的パルスの連続または活動電位としての，ニューロンの集合を通る電気的エネルギーの流量）の（数学的）関数として表されるようである．なぜなら，その神経システムは神経的（つまりは電気的な）運動量の調整によって機能するからである．しかしながら，タウGは神経運動量とこのように一致することはない．なぜならばその次元が合致しないからである．タウGは時間単位で測定される一方で，神経運動量は電力単位で測定される（例えば，経時的なエネルギーの変化率）．しかしタウGは，それが神経運動量の間隙のタウとしてならば，神経的に包含されうる．この仮説は，サルが目的を持ったリーチング運動をしている時に，その運動野と頭頂皮質5野[5]から得られた神経運動量（発火率 スパイク・レート）のデータを分析することによって検証された（Lee et al. submitted）．そのどちらの皮質においても，ある神経運動量の間隙が見出され，その「タウメロディー」（タウの時間的なパターン）はタウGメロディー，およびサルの手とターゲットの間の間隙のタウメロディーと比例した．運動野では，神経的タウメロディーは手の運動のタウメロディーと一致し，それが運動を誘導していたことを示唆していた．感覚的な頭頂皮質5野では，神経的タウメロディーは運動のタウメロディーの後に続き，これは運動をモニタリングしていたことを示唆した．

6.8　音楽的表現におけるタウG

　正しい音を，正しいタイミングで，正しい方法で制御するために，タウGに誘導された運動には $k_{X,G}$ に加えて2つの他のパラメータがあり，それは間隙 X の閉じ方の躍動感や表現を決定する．1つは，A_X，つまりその間隙の最初の大きさであり，もう1つは T_G，つまりタウG誘導の持続時間である．タウGに誘導された運動における大きさの A_X と持続時間の T_G は，音楽家によって作り出される音に異なった影響を与えるが，それは彼らが使用する楽器や，演奏形式に依存する．例えば，ピアノを演奏する時（サステイン・ペダルあるいはダンパー・ペダルを用いる時）と打楽器のキックドラムやハイハットを使う時とを比較してみると，個々の楽器の機械的特性によって足の運動の大きさは全く異なる結果をもたらす．

　作曲の世界では，拍子，リズム，メロディー，ハーモニーに関わる様々な種類の質は楽譜の中に示されなければならない．それらは全て，音楽の中の芸術的イメージや感情を伝えるために必須の要素である．音楽を奏でたり即興したりする時には，こういった側面の全てが，音楽家がその作品を解釈することを通して表現される．つまり，その響きを作るために動く方法によって表現されるのである．すなわち，我々の主張では，拍子，リズム，メロディー，そしてハーモニーは楽曲の基礎的な構成要素ではあるけれども，演奏における表現の源は音楽家の運動なのである．その上，音楽的創作物の因習的な構成要素は，もしそれらに相当する身体の運動がなければ，存在しないのである．

　奏者がいかにして音楽的表現を創出するのか，その分かりやすい例は特に初期のジャズに見られる．ジャズミュージシャンは初め，その時代の人気の楽曲や，それを基にした曲を用いて彼らの芸術的感覚やイメージを伝えていた．彼らはある曲を，彼らの表現のための媒体として用いて，それを自身の独特で個性的な方法で演奏したのである．その楽曲の面影はまだ残るので，それは例えば「私のお気に入り」であったりするのだが，それがジョン・コルトレーンによって演奏されればその楽曲は新しいジャンルのものとなった．奏者自身の表現が，聴き取られる芸術的創作物と，聴き手に向けられるメッセージを決めたのである．楽譜や曲は，そういったコミュニケーションのための媒体であった．

---

[5]　ブロードマンが分類した大脳の52の領野のうちの1つ．5野は頭頂付近に位置し，皮膚や筋肉などが受けた感覚情報を認識する体性感覚野（1～3野）と隣接している．

6.9 仮説

音楽的表現の探究へ一般タウ理論を適用する時，我々の作業仮説は以下のようなものとなる。

1. 音楽家は音をつくりだす際に，間隙Xを閉じるのにタウG誘導を用いるだろう（これは式1に従う）。また表現を伝達するために，タウ・カップリング係数$k_{X,G}$の値，間隙Xの大きさの初期値A_X，タウG誘導の持続時間T_Gを調整するだろう。
2. これらの運動は，$k_{X,G}$，A_X，T_Gの値と必ずしも同一ではないものの，それと関連する，タウGに誘導された音をつくりだす。
3. 同じ$k_{X,G}$，A_X，T_Gの値はその音の中に表現され，それは聴き手によって知覚されうる。そしてその聴き手は，関連する$k_{X,G}$，A_X，T_Gの値を伴ったタウG誘導された動きをつくり出し，その音楽に動きを合わせることができる。

要するに，図6.1で描かれているように，我々の仮説では，$k_{X,G}$，A_X，T_Gは音楽的相互作用において用いられる表現的変数である。また，τ_X/τ_G（タウX/タウG）という割合の時間的プロフィールによっても，付加的な表現的情報がもたらされるとする。タウG誘導された運動が成されている間，音楽家はτ_X/τ_Gという比が目標の値である$k_{X,G}$に等しくなるように保とうとする。我々はτ_X/τ_Gという比を$\kappa_{X,G}$（カッパXG）と表記する。実際のところ，この$\kappa_{X,G}$は時間に沿って全体的に変動するだろう。というのも，音楽家の内部および環境からやってくる可変力は，音楽家に$\kappa_{X,G}$の値を$k_{X,G}$の値に近づけ続けるように運動を調節することを強いるからである。音楽家が受け取る知覚的フィードバックは間隙Xのタウであるτ_Xをモニターすることを可能にし，それを制御し，$\kappa_{X,G}$の値を$k_{X,G}$の値と比較する。それはちょうど綱渡りをしている人が，側面のポジションと重心の動きを感じとり，それをロープの現在の位置と関連付けるのと同じような方法である。熟練の綱渡り師は，エネルギー的に効率的な形式で（もしくは優美に）自身の体重を系統的に左右に移動させバランスをとる。それと同じように，タウG誘導された動きをする熟練の音楽家は，その運動が生じている間$\kappa_{X,G}$の値を目標の値である$k_{X,G}$のまわりで系統的に推移させることが予想される。そして，彼らがしようとしている音楽的表現に適したやり方で，その推移が成されるということが予測される。

この仮説は，異なった音楽的表現に関わるタウG誘導された運動について，その持続時間に対して$\kappa_{X,G}$をプロットすることで検証でき，また$\kappa_{X,G}$プロフィールの様相が各種音楽的表現で異なるかどうかを見ることでも検証できる。異なった表現の目的ごとに，一貫した形式で$\kappa_{X,G}$プロフィールが展開されるとすれば，それは根底にある表現的イメージやプランを垣間見せることになるだろう。つまりそれは，筆づかい，バレエのピルエット，ヴィブラート，歌声の舞い上がりなど何であれ，芸術家が各々選んだ芸術における運動を通して伝える感情的身振りである。

以下で，このアプローチを探究し検証するために行なわれた，音楽の演奏に関するの研究を紹介しよう。そこでは$k_{X,G}$，T_G，$\kappa_{X,G}$の測定が行なわれ，正しい音を正しい方法，正しいタイミングで出すことにおいて何が関わっているかを理解するのに一般タウ理論がいかに役立つかということを描き出している。

6.10 歌唱におけるf_0移行

この研究（Schögler et al. 2008）[6]では，2人の熟練女性歌手がペルゴレージの二重唱曲である〈お行き，

---

[6] この論文は原文刊行時に印刷中であったが，現時点では公刊されているため，本稿では文献リストにその書誌情報を追加した。

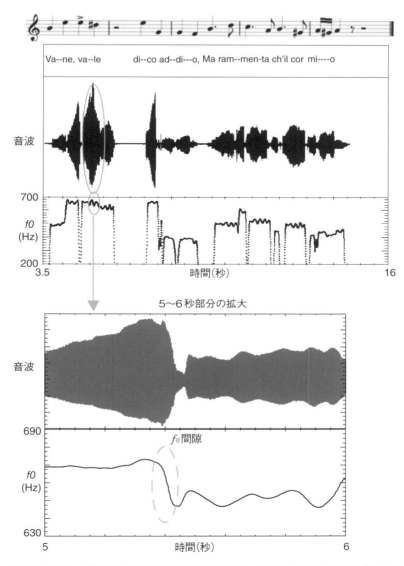

図6.2 隣接した音を繋ぐf_0移行（基本周波数移行）の略図。歌手から記録された音波はf_0プロフィールを可視化するためコンピュータで分析された。f_0移行はf_0における大きく急激な推移によって示され，それは楽譜における音の変化と連携している。

さらばよ，さようなら〉を伴奏なしで歌った。その歌い方はレガートであったので，ある音から次の音へ移る時に，その2音の基本周波数（f_0）の幅の分，声が（迅速に）すべるように移行する「f_0移行」が出現した。2人の個々の歌唱を録音できるように，各々が別々の録音ブースに入った状態で二重唱が行なわれた。2人にはヘッドホンを装着してもらい，歌っている間にお互いの歌声を聴けるようにした。この二重唱からは，音響記録と，喉頭運動記録が収集された。喉頭撮影装置laryngograph（Fourcin 1981）は，喉頭における声帯ヒダのパターンを「Lx波形」として直接記録するものである。喉頭撮影装置で作られた音声波形記録は，声帯ヒダの筋活動を直接的に反映する。この音声記録は，声における歌手の基本周波数f_0の制御と声帯ヒダの運動の制御とを比較するために使われた。

歌手が音と音の間を移行する方法を測定するために，コンピュータプログラム「Praat」（Boersma and

コラム 6.1　タウG誘導の測定

　図6.3は間隙の閉じのデータを分析するステップを示している。それは，(1) ある間隙の閉じがタウG誘導されている度合い，および (2) 間隙の閉じの運動学的形態を測定するためのものである。その手続きを示すために，本章でも取り上げられている歌唱を対象とした研究で得られた典型的なf_0移行のデータを用いる。しかしながら，同様の手続きはどんな間隙の閉じの分析にも適用される。図6.3(a)は，f_0の間隙であるXと，その変化率である$\dot{X}$（これはXを微分することで得られる）が，f_0移行の間にどのように変化したかを示したものである。縦線はf_0移行の始まりと終わりを示しているが，これはそれぞれ，$\dot{X}$がその頂点の値のちょうど10％を超えたところと対応するようになっている（図6.3 (a) におけるピークは負の値であるが，それはこのf_0移行が下降形のためである）。これらのカットオフは，低い値におけるノイズの混じった$\dot{X}$の推定値を除去するために使われる。図6.3 (b) は，経過時間に沿ってf_0間隙Xのタウであるτ_Xがτ_G（これは式2から算出される）とどのように共変するかを示したものである。図6.3(c)は，τ_Gに対してτ_Xをプロットしたものである。データポイントを通る直線は再帰的線形回帰アルゴリズムを適用した結果である。このアルゴリズムからはその間隙の閉じがタウG誘導されている度合いの2つの測度，すなわち「間隙がタウG誘導された％」と「分散説明率％」が導かれる。「間隙がタウG誘導された％」とは，説明されない分散が5％未満の時（すなわち線形回帰のr^2が0.95より大きい時），［間隙の閉じの］終局に至るまでにタウG誘導モデル（式1）に合致するデータポイントの［全データポイントに占める］割合であり，その中で最も高い値［を指標とするもの］である[7]。図6.3 (c) では，これは97.6％である（すなわち，図示されていない最も左側のデータポイントを除いた全て）。タウG誘導モデルによる「分散説明率％」は，そのアルゴリズムで算出された線形回帰のr^2に100を掛けたものに等しい。図6.3 (c) では，これは99.0％である。このアルゴリズムで算出された線形回帰の傾き（図6.3cでは0.655）は，タウG誘導方程式(1)におけるカップリング比$k_{X,G}$の推定値，$\hat{k}_{X,G}$である。

　間隙Xの閉じのタウG誘導においては，$k_{X,G}$はその間隙の閉じ方の険しさを示す。それは次のような具合である。(1) $k_{X,G}$の値が大きいほど，始めの加速が長くなり，終わりの減速が短く急になる。(2) $0 < k_{X,G} \leq 0.5$の時，その間隙の終わりにおける到着の仕方は緩やかなものとなる。というのも，終局点で$\dot{X}$がゼロになるからである。しかしながら，$k_{X,G} > 0.5$の時は，その間隙の終わり方は衝突となる。というのもこの場合，$\dot{X}$は間隙が閉じ終わる際にゼロより大きいからである (Lee 1998)。具体的な例として，ある交差点から次の交差点までを車で移動する時，その移動がタウG誘導されているところを想像してほしい。ピークまで加速し，そして止まるためにブレーキをかけるわけだが，$k_{X,G}$の値が大きいほど信号機までの到達が急なものとなり，その運転はより怖いものとなる！

---

[7] 原文での説明は概略的であるが，「間隙がタウG誘導された％」を算出する際には，図6.3 (c) の分析段階で単にデータに線形回帰を適用するだけでなく，その回帰分析で算出されるr^2の値が0.95を上回るまで，間隙の閉じ始めのτデータポイントから順に除去していくという作業を行うようである（なお，全データポイントを用いた段階で$r^2 > 0.95$となる場合には除去の必要はない）。すなわち，τ_Gを説明変数とした線形回帰で$r^2 > 0.95$となる時にτ_Xはτ_Gによって誘導されていると見なした上で，その基準を満たすためにいくつの初期データポイントを捨てなければならないかを考える。そしてその除去すべきデータポイントを全体から差し引き，残りを「タウG誘導されたデータポイント」とする。要するに，$r^2 > 0.95$を満たすために捨てる必要のある最低限の初期データポイント数を求め，それを差し引いた残りを基に「間隙がタウG誘導された％」を求めるようである。（参考文献：Rodger, M. W., O'Modhrain, S. & Craig, C. M. (2013). Temporal guidance of musicians' performance movement is an acquired skill. *Experimental Brain Research,* 226(2), 221-230. doi: 10.1007/s00221-013-3427-2. Epub 2013 Feb 8.）

タウG誘導方程式（式1）に従おうとする時に，動物や人がとる［運動の］形式は，その運動のカッパ・プロフィール（$\kappa_{X,G}$）によって測定され，それは各サンプル時間において，$\kappa_{X,G}=\tau_X/\tau_G$である。例えば，図6.3(d)は図6.3(a)におけるf_0移行のカッパ・プロフィールをプロットしたものだが，それはスムーズな波形となっている。一般的に，カッパ・プロフィールは波打つ。というのも，人にせよ動物にせよ，間隙を閉じていく間，$\kappa_{X,G}$を（というよりどんな変数も）全く一定に保つことは物理的に不可能なためである（もし$\kappa_{X,G}$が一定に保たれたとしたら，そのカッパ・プロフィールは直線で水平となり，全運動の間，$\kappa_{X,G}$は$k_{X,G}$と等しくなる）。それゆえ，$\kappa_{X,G}$を目標の値である$k_{X,G}$に十分近づけ続けるためには，その目標の値の近辺で，$\kappa_{X,G}$を制御の効いた方法で変化させなければならない。それゆえ我々は，f_0移行をタウG誘導している熟練の歌手が，あるいは強さの移行をタウG誘導している熟練のコントラバス奏者が，$\kappa_{X,G}$の値を目標の値である$k_{X,G}$の近辺でスムーズに推移させると予測する。そしてその形式は，彼らが伝えたい音楽的表現に合致したものであるだろう。我々はこの仮説を，本章で報告される研究において，f_0移行および強さの移行がタウG誘導される度合いと，その運動の運動学的特徴を同時に測定することを通して検証した。

Weenink 2000）が使用され，録音された音声を500Hzで変換し，各歌唱で基本周波数（f_0）のグラフにした。今度はそのf_0グラフが精査された。すなわち音の間の各推移がタウG分析プログラム[3]によって測定され，f_0の間隙であるXの変化が，その歌手の間隙の閉じのタウG誘導に従うかどうか，つまり式(1) $\tau_X = k_{X,G}\tau_G$という関係が成り立っているかどうかが検討された。具体例として，**図6.2**に見られる，フレーズの第1小節におけるEの音からD♯の音へのf_0移行を挙げる。歌手はVa-leという歌詞を，1つの連続的な声の基本周波数f_0の動きでもって歌っている。

　我々は225の音響的f_0移行について，**図6.3**で示した方法を用いて，タウG分析を行なった。そのタウG誘導測定の平均（標準偏差）について，①間隙XがタウG誘導された割合は99.03%（1.54%）であり，②タウG誘導方程式（1）によるデータの分散説明率は98.7%（1.4%）であり，$k_{X,G}$の値は0.552（0.115）であった。すなわち，このデータは，歌手がf_0移行をタウG誘導しているという仮説を強く支持するものであった。

6.11　f_0移行における強調

　音楽的強調がf_0移行の形に関連していたかどうかを検証するため，その歌手が自身の音楽的判断でもって楽譜を読みこみ，隣り合う音符間の推移において，強調するところとしないところを20箇所ずつ同定した。その40の推移におけるf_0移行がタウG分析にかけられた。f_0移行の分析によると（**図6.4a**），$\hat{k}_{X,G}$の値は，強調されたf_0移行の方で有意に高かった（$t(19) = -3.699$, $p<0.05$）。しかしながら，強調されたf_0移行と強調されなかったそれとでは，その持続時間に有意な差がみられなかった。すなわちこの結果から，$k_{X,G}$がf_0移行における表現のパラメータであった一方で，T_Gはそうではなかったということが示唆された。強調されたf_0移行における$k_{X,G}$の高い値は，強調されたf_0移行がよりゆったりと始まり，f_0の変化率（「f_0速度」）はより後にピークを迎え，終局における「f_0減速」がより急であったことを意味する（Lee 1998）。その歌手はまた，f_0移行を強調する時としない時とで，決められた$k_{X,G}$の値の近辺で安定させるやり方を変えていた。**図6.4b**に見られるように，強調されたf_0移行の$\kappa_{X,G}$（カッパXG）プロフィールは，［強調されなかった移行よりも］その最初の約60%で値が有意に高かった（$p<$

---

[3]　タウG分析プログラムはG-Jペピングにより作成された。

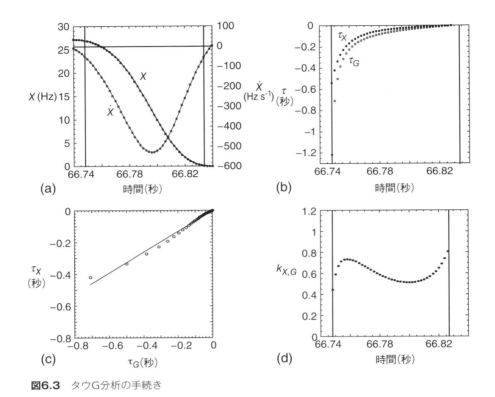

図6.3 タウG分析の手続き

0.05, 両側 t 検定)[4]。もしこれが維持されれば，動き始めにおける高い $k_{X,G}$ は，その運動が急に終わることを予言する。すなわち，f_0 移行の始まりを特に険しくすることが，強調という表現に繋がるようである。

6.12 喉頭部における f_0 移行

1人の歌手による42の f_0 移行について，その音響データと喉頭運動データをタウG分析にかけたところ，その2つは事実上同一であったことが明らかとなった。$k_{X,G}$ の平均（標準偏差）は音響記録と喉頭運動記録の両方とも0.563 (0.103)であり，間隙がタウG誘導された平均パーセンテージ（標準偏差）は，声については99.23％ (1.27％) で，喉頭運動データでは99.09％ (1.32％) であった。そして $\kappa_{X,G}$ プロフィールは事実上重なった（**図6.5**）。この結果から，神経システムが喉頭筋の緊張を調整した結果として，f_0 移行のタウG誘導が喉頭において生じたということが確認された。喉頭で生み出された基本周波数（f_0）は，声帯ヒダの緊張のベキ関数であると想定することは合理的である[8]。すなわち，声帯ヒダの緊張を誘導するタウGは，結果として f_0 移行を誘導するタウGとなるのである（Lee 1998）。よってこのデータは，神経システムによる喉頭筋の緊張のタウG誘導によって，f_0 移行がタウG誘導されるという仮説を支持するものである。

---

[4] カッパXGプロフィールにおける差異の有意性は，プロフィール中の連続する各タイム・ポイントに t 検定を適用することで検証された。

[8] リーによれば，知覚可能な任意の変数がある間隙Xの幅についてのベキ関数であるとき，その変数はXのタウについての情報になるという。すなわち，喉頭で生み出された基本周波数（f_0）が声帯ヒダの緊張のベキ関数であると想定することで，f_0 移行のタウと声帯ヒダの緊張のタウの関連性を論じることができる。

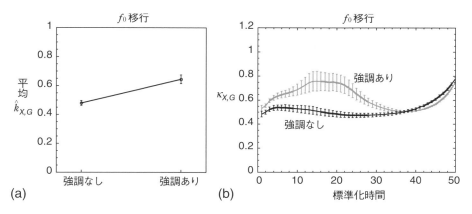

図6.4 強調ありと強調なしのf_0移行。(a) 歌手のタウG誘導されたf_0移行におけるカップリング係数を推定する$\hat{k}_{X,G}$の平均値。縦線は標準誤差。音楽的に強調されたf_0移行の方で$\hat{k}_{X,G}$の平均が有意に高いことは，それが終局においてより急になるということを示す。(b) f_0移行の制御の異なった形式を測定する，音楽的強調ありと強調なしのf_0移行における標準化時間に沿った平均$\kappa_{X,G}$（カッパXG）プロフィール。縦線は標準誤差。曲線の太線部分はプロフィール間の統計的な有意差を示す（$p<0.05$，両側t検定）。音楽的に強調されたf_0移行の前半部において$\kappa_{X,G}$の平均値が有意に高くかつ上昇していることは強調ありとなしのf_0移行の制御の異なった形式を示している。強調ありのf_0移行では，特に移行の冒頭において急であった。

6.13　歌唱とf_0移行のジェスチャー

プロのジャズシンガーを招いて，「ザ・ビート・ゴーズ・オン」（ソニー&シェール）をアカペラで歌ってもらい，それを記録した。録音自体はこれまで通りのセッティングで行われたが，1つだけ課題が加えられ，彼女は自身の歌声に合うように，特にピッチの動きに注目して右手を上げ下げするように言われた。すなわち，彼女が高い音から低い音へ移る時にはその手は下に動き，逆もまた同様であった。その歌は繰り返しのブルースだったので，それは個々のピッチの移行において複数の比較点を生みだした。

その歌手の縦方向の「手の移行」は，Selspot^{TM}モーションキャプチャーシステム[9]を用いて，500Hz

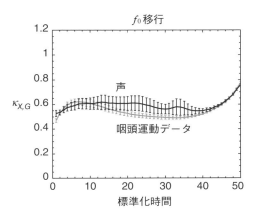

図6.5 標準化時間に沿った，歌手のf_0移行の音響的および喉頭運動的な平均$\kappa_{X,G}$（カッパXG）プロフィールには有意差がなく，これは音響的なf_0移行が喉頭において生成されていたことを示す。縦線は標準誤差。

---

[9] 人物，動物，物体の所定の位置（手や関節部など）にマーカーを付け，専用のカメラを通じてその動きをデジタル的に記録するもの。本章では，歌手の手の上下の動きや，コントラバスの弓の移動を微視的に捉えるために使われている。

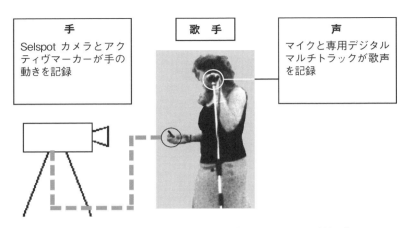

図6.6 歌手の声と手の振り方の間の関係性を測定するための同時的記録

で記録された。同時に，その歌声も録音された（**図6.6**）。彼女のf_0移行は，それに付随する手の移行と共にPraatを用いて500Hzでグラフ化され，その両方が図6.3にあるようにタウG分析にかけられた。そのパフォーマンスからは16組のf_0移行－手の移行のペアが得られた。その16のf_0移行および手の移行の$\kappa_{X,G}$の平均・標準誤差が，**図6.7**にあるように，標準化時間に対してプロットされた。度々手の移行はf_0移行の2倍近く持続したという事実にもかかわらず，標準化時間下における$\kappa_{X,G}$の経時的プロフィールは非常に似通っていた。このことは，同じような$k_{X,G}$という目標の値を基に，同じような$\kappa_{X,G}$の制御のパターンでもって，声と手がそれぞれ独立にタウG誘導されたということを示唆する。

6.14 トロンボーンのf_0移行

歌唱においては，f_0移行の源（喉頭）は体内にあるが，トロンボーンの演奏ではその行動の核となる部分が外にあるため，視覚的に記録することが可能である。トロンボーン奏者は，トロンボーンスライドの動き，そして唇の緊張の調節によってf_0移行を作り出す。この研究では，あるアマチュアトロンボーン奏者による1全音離れた2音の間でのf_0移行を対象とした。トロンボーンスライドの動作の有無にかかわらず，そのf_0移行は極めて速く奏でられた。トロンボーンのスライドの動きはSelspot^{TM}モーションキャプチャーシステムを用いて500Hzで記録され，それが音声記録と同期化された。なおその音声記録からPraatを用いて，f_0の変化が算出された。トロンボーンスライドの移行と音響的なf_0移行は図6.3にあるようにタウG分析にかけられた。**表6.1**は，唇のみによるf_0移行，スライドによるf_0移行，スライドの移行が，全て，同様の有意差のない平均して0.55近辺の$k_{X,G}$の値を伴って，タウG誘導されていたという強力なエビデンスを示している。

2つ目の研究では，そのトロンボーン奏者がモーツァルトの曲をゆっくりと演奏した。スライドの移

表6.1 1全音離れた2つの音の間のf_0移行をトロンボーンで奏でた際のタウG誘導のパラメータの平均（SD）

	分散説明率%	間隙がタウG誘導された%	$\hat{k}_{X,G}$
唇のみによるf_0移行	98.8 (1.0)	99.2 (0.9)	0.519 (0.059)
スライドによるf_0移行	96.2 (1.0)	98.9 (1.7)	0.551 (0.078)
スライドの移行	98.2 (1.5)	100 (0)	0.572 (0.053)

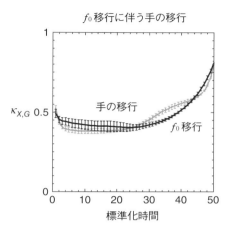

図6.7 標準化時間に沿った，ジャズシンガーの f_0 移行およびそれに伴う手の移行（手の縦の動作）の平均 $\kappa_{X,G}$（カッパ XG）プロフィール。縦線は標準誤差。2つのプロフィール間に有意差はなく，これは f_0 移行と手の移行の制御が共通の形式をとっていることを示す。

行と，その結果として生じた，曲中の連続する音と音の間の f_0 移行が記録され，これまでの研究の様にタウG分析にかけられた。再び，この両方がタウG誘導されていたという強力なエビデンスが得られた（**表6.2**）。特に興味深かったのは，トロンボーンのスライドの単一移行がよく複数の音を包含しており，ゆえに複数の f_0 移行を持つということであった。トロンボーンのスライドは複数の各音でいちいち止まらないにもかかわらず，音声記録が示すところによれば，実際のところ各音は短い時間鳴っていた。どうもそのトロンボーン奏者は，フレーズの各音について唇の緊張を調節し，トロンボーンスライドの連続的な移行によって生じうる f_0 移行を打ち消すための，逆向きの f_0 移行を生み出していたようである。

6.15 ボウイングの強さの移行

これまで我々は，音声や運動から得られる**タウ**の情報が，音楽家がいかにして正しい音を作り出すかということについていかに洞察を与えうるかと共に，歌手の例でみたように，音楽的表現の強さを探究するにあたりこの情報がいかに役立つかということを見てきた。コントラバス奏者を対象にした次の実験（Schögler *et al.* 2008）では，図6.1で描かれたような運動の記録のためのパラダイムが用いられ，表現や雰囲気の操作について探究をより深めることを目指した。コントラバスを弾くにあたり，奏者は左手の指で弦を押さえることで正しいピッチをとり，一方右手は弦の上で弓の動きを制御する。歌手の f_0 移行の分析が示したように，タウG分析は，特定の音や変化の生成に依存しない表現についての情報を提供しうる。より重要なことに，それは音がいかに作られるかということに関連している。弓の運動は，コントラバスの音がどのように出されるかということに影響を与えるのだが，以下の実験の焦点はそこにある。コントラバス奏者の左手が演奏の操作において重要な役割を果たすのはもちろんだが（音にヴィブラートをかける，音を維持する，あるいは調節するなど），単純化のために，そして第1段階ということで，音楽家の右手の弓の運動に焦点を当てた。弦の上で弓をどう滑らせるかは，その音の「アタック」（音の強さの最初のフェーズ）の調整に関わる。ピンと張った弦を擦ることで音を出す場合，その音の

表6.2 モーツァルトの楽曲において f_0 移行をトロンボーンで奏でた際のタウG誘導のパラメータの平均（*SD*）

	分散説明率%	間隙がタウG誘導された%	$k_{X,G}$
f_0 移行	97.1 (1.5)	90.9 (18.2)	0.506 (0.168)
スライドの移行	97.7 (1.2)	99.7 (0.5)	0.395 (0.077)

強さは3つの異なったフェーズに分かれる。それはアタック，維持，減衰である。アタックのフェーズでは，その音のレベルは急速にピークに達するが，これを我々は「強さの移行」と呼んでいる。音の強さは維持フェーズにおいて徐々に減っていき，減衰フェーズにて急激に減る。周波数スペクトラムは音の3つのフェーズで異なっており，アタックのフェーズには，3つ全てのフェーズを通して聴き取られるその音の特徴に関する極めて重要な情報が豊富に含まれている（Galembo *et al.* 2001）。熟練の音楽家は音のアタックと強調の仕方に変化をつけ，様々な音響効果を作り出すのである。ある音のアタックはまた，その音がいつ生じたと知覚されるかをも規定する。コントラバスを弾くことにおける，ボウイングの運動とアタックの関係性が，以下の実験で検証された。

あるプロのコントラバス奏者が，チャイコフスキーの「金平糖の踊り」の有名なフレーズを，「幸せ」と「悲しみ」の2つの雰囲気で数回演奏した。その演奏は専用のオーディオ・マルチトラッキング機器で録音され，弦の上の弓の移行はSelspot^{TM}モーションキャプチャーシステムを用いて500Hzで記録された。その動きの移行は音響記録と同期化され，［音響データについては］Praatを用いて強さの変化が算出された（**図6.8**）。アタック・フェーズにおける強さの移行と，その源となった「弓の移行」が図6.3に描かれている技法を適用することでタウG分析にかけられた。全部で146の強さの移行およびそれに伴う弓の移行が分析され，それがタウG誘導されていたということが明らかとなった（タウG誘導による分散説明率が95％以上の時，間隙の平均タウG誘導率は，強さの移行では86.2％，弓の移行では89.2％であった）。

図6.9 (a) と**図6.9 (b)**は，強さの移行と弓の移行の両方において，タウG誘導パラメータである$k_{X,G}$とT_Gの値が，「幸せ」に比べて「悲しみ」の方で有意に高かったということを示している（$p<0.001$, t検定）。また2つの雰囲気間には$\kappa_{X,G}$（カッパXG）プロフィールにおける有意な差もあり（**図6.10**），強さの移行も弓の移行も，悲しみの雰囲気においてより険しかった。すなわちこのデータからは，歌手のf_0移行のように，音のアタックにおける強さの移行とその源となった弓の移行は，それぞれ奏者の神経システムによってタウG誘導され，また$k_{X,G}$およびT_Gパラメータの値は幸せから悲しみの表現モードへと推移するために増大したということが示唆される。

6.16 調子の合った演奏

他者と調子を合わせて演奏することには，共有された拍動と音楽的表現の流れを伝え，維持することが関わってくる。オーケストラの演奏では全ての奏者が指揮者のリズミカルな「ダンス」に焦点を合わせる一方で，他のメンバーの音を聴き，［その動きを］見ることでこれが達成されうる。より小さなアンサンブル，例えばジャズや室内楽などでは指揮者がいないため，オーケストラ以上に，各奏者の動きにおける情報が，微細な共有拍動や音楽的表現をお互いに伝える役目を果たす。この情報のおかげで，音楽家たちは先を見越して自身の運動を制御し，拍動と表現の両方においてお互いに同期させることができる。つまり，彼らは他者がしようとしていることを知覚する必要がある。我々の研究が示唆するように，もしも全ての奏者の動きが，そしてそれによって生じる音楽的な響きがタウG誘導されていたら，拍のレベルでこれが可能かもしれない。なぜなら，各奏者が共演者のタウG誘導された運動の最初の部分を知覚することができるため，その運動の残りの部分を外挿的に推定することができるかもしれないためである。

一緒に演奏している時に奏者によって知覚されるタウG情報はまた，次に述べるような方法で，より大きいスケールで拍動をリズミカルに解釈する基礎を形作るかもしれない。まず，各奏者はそれぞれ持続時間T_Gを持つタウG誘導された動きと音響の糸を作り出すが，それは音や楽器によって様々なものとなる。奏者は一緒になって，自身のタウGの糸を互いに編みあわせていき，共有された拍動を伴った1本の組みひもを作り上げる。そして1枚の織物になった時，その織物中に含まれる種々の要素によっ

音楽的表現におけるタウ | 93

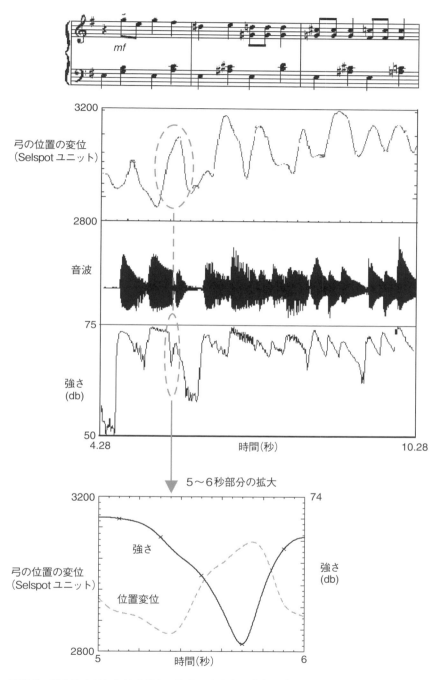

図6.8 音の始まりにおける強さの移行の上向きの動きの略図。弓の動きと音波は電子コントラバスから記録された。強さのプロフィールを可視化するために音響はコンピュータで分析された。強さの移行は，楽譜の音符の始まりと連携した大きく急激な強さの上昇によって示され，それは弓の移行に対応する（弦の上での弓の大きな位置変位）。

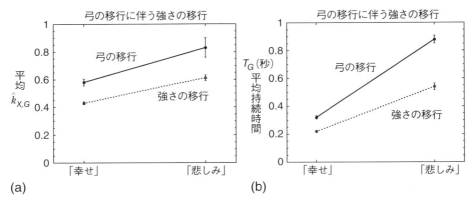

図6.9 （a）「悲しい」および「幸せな」調子で演奏された際の，タウG誘導されたコントラバス奏者の弓の移行とその結果としての強さの移行におけるカップリング係数を推定する$\hat{k}_{X,G}$の平均値。縦線は標準誤差。「悲しく」演奏された方で平均$\hat{k}_{X,G}$が統計的に有意に高いということは，弓の移行とその結果としての強さの移行が終局に向かうにつれ，より急になるということを示す。（b）コントラバス奏者のタウG誘導された弓の移行とその結果としての強さの移行の持続時間T_Gの平均。縦線は標準誤差。T_Gは「悲しい」演奏においてより長く，それは全体的な遅めのテンポに即したものであった。

て，その織物の色合いやパターンが作り出される。そして微視的レベルで行われた微細な匙加減が全体に劇的な効果をもたらしうる。これは一緒に演奏している時に奏者間に流れる有機的リズムにおいても同様である。アンサンブルに異なった声が加わることによって，組み合わせの方法の中で，その曲の重要なリズム的特徴を変えることができる。重要なのは，リズムは［決まりきった］時計時間（clock-time）に基づいているのではなく，奏者によって紡がれるタウGの糸に流れる動的時間（action-times）に従っているということであり，またそれは時計時間と比べて変化に富むものということである。

　我々は，動きや音響のタウG誘導が，その曲の根底に流れるリズムや表現を背景にして，2人以上の

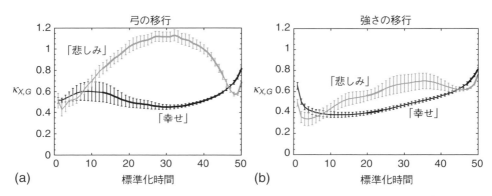

図6.10　（a）標準化時間に沿った，タウG誘導された弓の移行の平均$\kappa_{X,G}$（カッパXG）プロフィール，そして（b）図6.9で描かれた「悲しい」および「幸せな」演奏における結果としての強さの移行。縦線は標準誤差。曲線の太線部分はプロフィール間で統計的に有意差があったことを示す。「悲しみ」の弓の移行およびその結果としての強さの移行の前半部における有意に高くかつ上昇した$\kappa_{X,G}$の平均値は，「悲しみ」と「幸せ」の移行で制御の形式が異なるということを示す。「悲しみ」移行は特にその冒頭においてより急であったが，これは歌唱における強調のある・強調のないf_0移行間の違いに類似するものであった（図6.4b）

音楽家が調子を合わせることを可能にすると信じている。彼らの音楽的な動きや音響は1つの行為の中に統合され，ちょうど2人のタンゴダンサーの動きのように，単なる複数パートの合算を超えた何かを創りだす。いわばこれは「一緒にノッた状態」，つまりその瞬間の行為に特有かつ他の誰かと一緒にいるということに依存する方法で，完璧に合っているという感覚である。デュエットをしている2人の奏者はもはや別々のことをしている2人の個人ではなく，1つに統合された2人組なのであり，その結果は機能的で美しいものである。

6.17 即興ジャズデュエットにおける強さの移行の同期

音楽家とそうでない人の両方を対象に行われた音楽的拍動の知覚に関する研究の結果は，音の流れの知覚的分節（perceptual segmentation）におけるアクセントと動的な変化の重要性を確認するものであった（Deliège 1987）。音楽理論においてアクセントは「旋律上のもの」もしくは「強弱上のもの」と定義されるが，強弱上のアクセントは音楽の全てのモダリティにおいてアクセス可能な突出点を作り出すものであり，アフリカの打楽器音楽の伝統でも西洋の調性音楽でもそれは共通している。楽器や声の制御における基礎的な強弱上のアクセントは，ピッチや音色の複雑な調節は不要であり，音の強さの変化で完全に表現でき，それは乳児でも大人でも，ジャズマンでも素人でも容易に知覚されるものである。つまり，音楽家が一緒にセッションする際，強弱上のアクセントを印づける簡単な方法は，同期した強さのピークを作り出すことである。それは，適切なタウG分析の対象となりうる，識別可能な共有された間隙の閉じの完了から構成される。すなわち，動きと音響のタウG誘導の概念は，その音楽家の芸術を判読する助けになりうるものであり，また彼らがいかにして共演を可能としているのかを理解する助けにもなりうる。

我々は，ジャズデュエットの奏者間の音響の同調を測定するため，そして個々の奏者によって作り出された音響変化がその2人組のより一貫した演奏の中でどのように結合するのかについて正確な情報を得るために，タウG分析を援用した（Schögler 1998, 1999, 2003）。タウG分析は，演奏中の同期点における音の生成の制御について適用された。各奏者が，自身の出す音が音楽的時間における特定のポイントにちょうど来るように，正確に制御しているということが予想された。コントラバスの演奏の研究で描写されたように，音楽的な音の強さは，アタック，維持，減衰という3つの別個のフェーズを通じて生じる。アタック・フェーズには強さの移行が含まれ，その音の特徴に重要な情報を含み，その音がいつ生じたと知覚されるかを規定する。音以外では分離した2つのスタジオ（ゆえに互いの姿を見ることはできない状態）に演奏者が隔離され，5つのデュエットが敢行された。以下に示す楽器の組合せが分析のために記録された。それは(1)ドラムセットとエレキベース，(2)ドラムセットとウッドベース，(3)ドラムセットとエレキギター，(4)エレキギターとウッドベース，(5)ドラムセットとウッドベースであった[10]。各デュエットはマルチトラック機器を用いてデジタル録音され，一緒になった演奏と，個々の奏者の音響が記録された。乳児のコミュニケーションの微視的分析研究のために発展した，ピッチ，音色，音量を抽出するためのアルゴリズム（Malloch *et al.* 1997; Malloch 2001）が即興デュエットの録音に適用され，100Hz精度でソーン単位[11]により音量変化の測度が作成された[5]。続いて，2人の各演奏における音量変化と，彼らのコンビネーションにおける音量変化を検証し，音量のピークの一致として同

5　知覚された音量のソーン・スケールは，現在，イギリス国内でも国際的にも音量測定の基礎となっている（Campbell and Greated 1994）。

10）原文では(2)と(5)がいずれもkit drums and double bassとなっており重複しているが，これは引用元のSchögler（2003）でも同様であったため，訳文でもそのままとした。

11）音の大きさの単位。40dBかつ1,000Hzの純音を耳にした時に感じられる音の大きさを1ソーンとし，それを基準に，感じられる音の大きさが2倍になれば2ソーン，半分になれば0.5ソーンと表すもの。

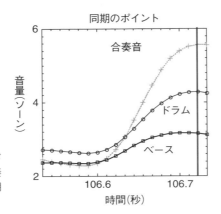

図6.11 2人の演奏者のベースとドラムの即興によって生み出された合奏音および各奏者の音，そしてその同期のポイントにおける音量変化

期の瞬間を同定した。

　図6.11は，ベースとドラムによる即興デュエットによってつくりだされた，合奏音およびそれぞれの奏者の音の同期ポイントにおける音量変化を示している。3つの強さの移行の下限からピークまでのタウは，図6.3 (b) に描写されたようにタウGに対してプロットされた。これらのプロットはタウG分析の対象となり，演奏者の音のアタックにおける強さの移行のタウG誘導の度合いが確かめられた。合奏音は，2人の奏者の活動の結果であったにもかかわらず，個々の奏者の音よりも，間隙がタウG誘導された割合がより高く，よりばらつきが少なかった。平均（標準偏差）はそれぞれ，99.06%（5.33%），97.63%（9.56%）であった。平均割合の差は統計的には有意ではなかったものの，合奏音の分析で見られた分散の著しい減少は有意であった（$F(495, 256) = 3.21, p < 0.001$）。この顕著な差異は，合奏音（実際の演奏）において知覚可能なタウG情報により高い一貫性があること，それに対して，それを創り上げる要素というものがあることを示唆している。つまり，共有されたリズミカルな目標に向けた，奏者の音作りにおける協力というものを実証している。同期的活動のポイントに関しては，奏者の個々の演奏は，どうも彼らの間で共有された時間感覚に従属するものであったらしい。実際の演奏において知覚可能な結果として生じたタウG誘導はより安定的であり，結束した「行為の時間」を提供し，それを通じて奏者は共同的活動を同調させたのである。

6.18　ジャズデュエットにおける表現的な $k_{X,G}$

　調子を合わせて演奏するのに必要な知覚的要素を提供するのはもちろんのこと，同期的活動のポイントにおけるタウG誘導は，これらの同期の瞬間がその曲の音景の中でどのように作られるかに関しても示唆を与える。$k_{X,G}$ の調整は，表現を調節する手段と仮定され，あるいは言い換えれば，その曲における音楽的身振りの表現的な質である。しかしながら，もし $k_{X,G}$ が音楽的身振りの表現的構成要素の測度として受け入れられるならば，それは音楽家によって系統的に変化させられるパラメータであり，単にその楽器の音響的特性の産物ではないということが示されなければならない。即興の進行の中で，同期の瞬間はその曲における種々のリズミカルな，物語風（ナラティヴ）の位置で生じる。もし，個々人の音および合奏音のタウG分析による $k_{X,G}$ の値が，代表値の周辺で正規分布するようであれば（帰無仮説），それは同期の瞬間がその楽器の音響的特性に起因するものであったことを示唆するだろう。これを検証するために，エレキギターとドラムのデュエットが1000HzでタウG分析され，$k_{X,G}$ が即興的ジャズデュエットにおいてどのようにばらつくのかを詳細に検討した。$k_{X,G}$ と，デュエットにおける位置もしくはリズム的構造との間には，有意な関連性は見出されなかった。しかしながら，個々の音およびその2人の演奏者の合

奏音に関する3つのタウG分析を平均法クラスター分析の対象としたところ，その$k_{X,G}$データは，中心的な$k_{X,G}$の値がそれぞれ0.32, 0.56, 0.88となる3つの主要なグループに分けることができた。これは，その演奏者たちが，3つの異なった階級のタウG誘導された運動を使い分けていたことを示唆する。

6.19 展望

音楽的表現の研究に一般タウ理論を適用することは，表現がどのように達成されるのかを明らかにし，それを測定可能にする。この理論を用いることで，我々は音楽の（そしてコミュニケーション全般の）根底に横たわる，パターンを持った運動の流れにあるものを理解しようとしてきた。それは感覚と美を表現するために調節されるものである。主要なアイディアは以下のとおりである。

1. どんな熟練した運動にも，現在の状態と目標の状態との間の間隙の閉じを誘導することが含まれている。
2. 間隙の閉じを誘導するには，その間隙のタウに関する知覚的情報（その時点での閉じの速度に基づく間隙の閉鎖猶予時間）さえあればよく，この情報は全ての感覚モダリティにおいて容易に利用可能である。
3. ヒト（そして動物）は，間隙の閉じをタウG誘導する。その誘導には神経システムで生成される特別なタウG「公式」が使われ，それは数学的関数として表現可能である。

間隙XのタウG誘導には，3つのパラメータ（$k_{X,G}$, A_X, T_G）があり，その値は，その間隙をどう閉じていくかを制御するために，人や動物によって調整されうるものである。$k_{X,G}$はその間隙の閉じ方の時間的形状（すなわち時間に沿ってどう展開するのか）を規定し，A_Xはその間隙Xの幅の最大値であり，T_GはタウG誘導の持続時間である。間隙の閉じ方の時間的形状はまた，その運動の$\kappa_{X,G}$（カッパXG）プロフィールの調節によっても調整され，それは，タウG誘導の制御の形式を測定する。我々の仮説では，音楽家は演奏において，彼らの楽器や声を操る際に，時間的に重なったタウG誘導された間隙を生成し，それによって，時間的に重なった音の間隙を音楽の中に創り出す。タウの非モダリティ的性質は音楽を奏でる手段に左右されない音楽的表現の同調と制御を可能にし，運動のタウG誘導は，その音楽のリズム，メロディー，ハーモニー，質感，感覚を組み立てる。

我々の実験が示したところでは，間隙Xの閉じ方に関するタウG誘導のパラメータである$k_{X,G}$とT_G，そして間隙の閉じ方の$\kappa_{X,G}$プロフィールは，全て音楽における表現的運動と音響に関係している。しかしながら，これらの表現的運動と音響（例えば，f_0移行，強さの移行，そして弓の移行）の持続時間は，どれも比較的短いものであった（1秒未満）。今後の実験では，この理論がより長い表現的運動や音響，例えばクレッシェンド，ディミヌエンド，アッチェレランド，リタルダンド，そして全体的フレージングなどにも適用されるかどうかを検証する必要がある。異なった楽器間，そして異なった音楽形式間での比較を拡充することが，音楽家がいかにしてタウG誘導された運動によるタウG誘導された音響を創り出すかをより包括的に理解するために求められる。我々は本章で描いてきたこの理論と実験的アプローチを用いることで，ヒトの運動がいかにして音楽の美と表現性を形作るのかを，よりよく理解できると信じている。

一般タウ理論の助けを借りて，二者間の音楽的交感がいかにして可能になるのかを検証することで，我々は，何が制御されるのかを問うべき時期に到達している。多くのプロの音楽家が，自分の動きについては全く考えていないと言うかもしれないが，彼らは自分が奏でる音楽については考えている。彼らの動きは，彼らが経験し，彼らが表現したい意図や情動を規定するのである。我々は，音楽的パフォーマンスにおける制御を，弓の移行における物理的間隙の閉じ方を強さの移行における音楽的間隙の閉じ

方に翻訳することとして示してきた。しかしながら，我々が音楽的パフォーマンスの中に本当に見出しているのは，歌手，器楽奏者，ダンサーが自身の動き方でもって伝える，**情動的間隙の閉じ**なのかもしれない。

　我々が時間に沿った $\kappa_{X,G}$ グラフの中に見出した特筆すべき一貫性は，例えばジャズの即興において明白な，音楽の意味の源を示唆する。このような社会的で創造的な活動において，どのようにしてモチーフや身振りのリズム形状が生ずるのかという問いが，エディンバラ大学・知覚運動行為研究センターの現在の研究トピックである。異なった楽器を用いた分析をより拡充することで，音楽における「意味のストーリー」を伝達するために**タウ**変数がどのように操作されるのかについて，より情報が得られると我々は期待している。このパズルの別のピースは，ダンスの研究により検証されるだろう。音楽家がいかに音を創り出しその演奏を聴衆がいかに知覚するのかということのみならず，これらの音にダンサーがいかに反応するのかを研究することで，運動－音楽－運動のサイクルの研究を完全なものにすることができるだろう。

〈蒲谷槙介訳〉

謝辞

　本研究はミネソタ大学からの助成を受け，また執筆には第一著者に対するレイヴァーフーム基金（The Leverhulme Trust）の研究助成金が充てられた。

訳者謝辞

　訳出にあたり，早稲田大学人間科学学術院の古山宣洋教授より大変貴重なご助言を賜りました。この場を借りて，心より御礼申し上げます。

引用文献

Baily J (1985). Music structure and human movement. In P Howell, I Cross and R West, eds, *Musical structure and cognition*, pp. 237–258. Academic Press, London.
Bernstein NA (1967). *The co-ordination and regulation of movements*. Pergamon Press, Oxford.
Boersma P and Weenink D (2000). Praat 3.9: A system for doing phonetics by computer. http://www.praat.org
Buccino G, Vogt S, Rotzl A, Fink G R, Zilles K, Freund H-J and Rizzolatti G (2004). Neural circuits underlying imitation learning of hand actions: An event-related fMRI study. *Neuron*, **42**, 323–334.
Campbell M and Greated C (1994). *The musicians guide to acoustics*. Oxford University Press, Oxford.
Camurri A, Hashimoto S, Ricchetti M, Trocca R, Suzuki K, Volpe G (2000). EyesWeb – toward gesture and affect recognition in interactive dance and music systems. *Computer Music Journal*, **24**, 57–69.
Camurri A, Leman M, Mazzarino B, Vermeulen V, Voogdt L De and Volpe G (2003). Relationship between musical audio, perceived qualities, and motoric responses – a pilot study. In R Bresin, ed., *Proceedings of the International Stockholm Acoustic Conference 2003 (SMAC03), Stockholm*, pp. 631–633. Royal Swedish Academy of Music, Stockholm, Sweden.
Clarke EF (1988). Generative principles in music performance. In J Sloboda, ed., *Generative processes in music*, pp. 1–27. Clarendon Press, Oxford.
Clarke EF (1999). Rhythm and timing in music. In D Deutsch, ed., *The psychology of music*, 2nd edn, pp. 437–500. Academic Press, NewYork.
Clynes M (1973). Sentics: Biocybernetics of emotion communication. *Annals of the New York Academy of Sciences*, **220**(3), 55–131.
Dahl S and Friberg S (2003). What can the body movements reveal about a musician's emotional intention? *Proceedings of Stockholm Music Acoustics Conference*, pp. 599–602, August 6–9, Stockholm.
Deliège I (1987). Grouping conditions in listening to music: An approach to Lerdahl and Jackendoff's grouping preference rules. *Music Perception*, **4**, 325–360.
Dogantan M (2002). *Mathis Lussy: A pioneer in studies of expressive performance. Varia Musicologica*, 1, Peter Lang, Bern, Switzerland.
Donald M (1999). Preconditions for the evolution of protolanguages. In MC Corballis and SEG Lea, eds, *The descent of mind:*

Psychological perspectives on hominid evolution, pp. 138–154, Oxford University Press, Oxford.

Fourcin AJ (1981). Laryngographic assessment of phonatory function. In SHA Report 11, pp. 116–127. The American Speech Language Hearing Association, Maryland.

Friberg A, Sundberg, J and Frydén L (2000). Music from motion: Sound level envelopes of tones expressing human locomotion. *Journal of New Music Research*, **29(3)**, 199–210.

Galembo A, Askenfelt A, Cuddy L and Russo F (2001). Effects of relative phase on pitch and timbre in piano bass range. *Journal of the Acoustical Society of America*, **110(3)**, 1649–1666.

Gibson JJ (1966). *The senses considered as perceptual systems*. Houghton Mifflin, Boston, MA. (ギブソン．佐々木正人．古山宜洋．三嶋博之監訳『生態学的知覚システム：感性をとらえなおす』東京大学出版会.)

Hagendoorn I (2004). Some speculative hypotheses about the nature and perception of dance and choreography, *Journal of Consciousness Studies*, **11**, 79–110.

Hanna JL (1979). *To dance is human. A theory of nonverbal communication*. University of Texas Press, Austin, TX.

Iyer V (2004). Improvisation, temporality and embodied experience. *Journal of Consciousness Studies*, **11**, 159–173.

Keysers C, Kohler E, Umilta MA, Nanetti L, Fogassi L and Gallese V (2003). Audiovisual mirror neurons and action recognition. *Experimental Brain Research*, **153**, 628–636.

Krumhansl CL (1996). A perceptual analysis of Mozart's Piano Sonata, K. 282: Segmentation, tension and musical ideas. *Music Perception*, **13**, 401–432.

Krumhansl CL (2002). A link between cognition and emotion. *Current Directions in Psychological Science*, **11**, 45–50.

Lashley KS (1951). The problem of serial order in behavior. In LA Jeffress, ed., *Cerebral mechanisms in behavior: the Hixon symposium*, pp. 112–136. Wiley, New York.

Lee DN (1976). A theory of visual control of braking based on information about time to collision. *Perception*, **5**, 437–459.

Lee DN (1998). Guiding movement by coupling taus. *Ecological Psychology*, **10(3/4)**, 221–250.

Lee DN (2005). Tau in action in development. In JJ Rieser, JJ Lockman and CA Nelson, eds, *Action as an organizer of learning and development*, pp. 3–49. Erlbaum, Hillsdale, NJ.

Lee DN, Craig CM and Grealy MA (1999). Sensory and intrinsic coordination of movement. *Proceedings of the Royal Society of London, Series B*, **266**, 2029–2035.

Lee DN, Georgopoulos AP, Lee TM and Pepping G-J (submitted). A neural formula that directs movement.

MacLean PD (1990). *The triune brain in evolution: Role in paleocerebral functions*. Plenum Press, New York.

MacNeilage PF (1999). Whatever happened to articulate speech? In MC Corballis and SEG Lea, eds, *The descent of mind: Psychological perspectives on hominid evolution*, pp. 116–137. Oxford University Press, Oxford.

Malloch S (2001). Timbre and technology: An analytical partnership. *Contemporary Music Review*, **19**, 155–172.

Malloch S (2005). Why do we like to dance and sing? In R Grove, C Stevens and S McKechnie, eds, *Thinking in four dimensions: Creativity and cognition in contemporary dance*, pp.14–28. Melbourne University Press, Melbourne.

Malloch S, Sharp D, Campbell DM, Campbell AM and Trevarthen C (1997). Measuring the human voice: Analysing pitch, timing, loudness and voice quality in mother/infant communication. *Proceedings of The International Symposium of Musical Acoustics, Edinburgh, 19–22 August 1997, Vol. 19, Part 5*, pp. 495–500. Curran Associates, Redhook, New York.

Mitchell RW and Gallaher MC (2001). Embodying music: Matching music and dance in memory. *Music Perception*, **19**, 65–85.

Molinari M, Leggio ML, DeMartin M, Cerasa A and Thaut MH (2003). Neurobiology of rhythmic motor entrainment. *Annals of the New York Academy of Sciences*, **999**, 313–321.

Panksepp J and Bernatzky G (2002). Emotional sounds and the brain: The neuro-affective foundations of musical appreciation. *Behavioural Processes*, **60**, 133–155.

Peretz I and Zatorre RJ (2005). Brain organization for music processing. *Annual Reviews of Psychology*, **56**, 89–114.

Schlaug G (2001). The brain of musicians: A model for functional and structural adaptation. *Annals of the New York Academy of Sciences*, **930**, 281–299.

Schmidt RC, Carello C and Turvey MT (1990). Phase transitions and critical fluctuations in the visual coordination of rhythmic movements between people. *Journal of Experimental Psychology: Human Perception and Performance*, **16**, 227–247.

Schögler BW (1998). Music as a tool in communications research. *Nordic Journal of Music Therapy*, **7(1)**, 40–49.

Schögler BW (1999). Studying temporal co-ordination in jazz duets. *Musicae Scientiae (Special Issue 1999–2000)*, 75–92.

Schögler BW (2003). The pulse of communication in improvised music. In R Kopiez, AC Lehmann, I Wolther and C Wolf, eds, *Proceedings of the 5th Triennial European Society for the Cognitive Sciences of Music Conference, 8–13 September, Hannover University of Music and Drama, Germany*. Hannover University of Music and Drama, Hannover, Germany.

Schögler B, Pepping G-J and Lee D.N. (2008). TauG-guidance of transients in expressive musical performance. *Experimental Brain Research*.189(3), 361-372.

Scholes PA (1960). *The Oxford companion to music.* Oxford University Press, London.
Shove P and Repp B (1995). Musical motion and performance. Theoretical and empirical perspectives. In J Rink, ed., *The practice of performance*, pp. 55–83. Cambridge University Press, Cambridge.
Stevens C, Malloch S, McKenchnie S and Steven N (2003). Choreographic cognition. The time-course and phenomenology of creating dance. *Pragmatics and Cognition,* **11**, 276–326.
Todd NP (1994). The kinematics of musical expression. *Journal of the Acoustic Society of America,* **97**, 1940–1949.
Trevarthen C (1999). Musicality and the intrinsic motive pulse: Evidence from human psychobiology and infant communication. *Musicae Scientiae (Special Issue 1999–2000),* 155–215.
Zatorre RJ and Krumhansl CL (2002). Mental models and musical minds. *Science,* **298**, 2138–2139.

第 7 章

音楽における情動の神経科学

ヤーク・パンクセップ と コルウィン・トレヴァーセン

7.1 序曲：ヒトはなぜ音楽的−情動的やり方で動き，コミュニケーションを取るのか

　音楽は我々を動かす。そのリズムは我々の身体を踊らせ，その音やメロディーは情動を掻き立てる。音楽は孤独な思索や回想を昂揚する。音楽は孤独感を和らげ軽くし，個人のあるいは共有された幸福を促すこともあれば，深い悲しみと喪失感を生じさせることもある。その音は情動を生き生きと伝える。それは言葉やその他の多くの芸術形式にも真似できない。音楽は，母親と乳児との間で初めて交わされる韻律的な歌に似た会話のように，我々を情愛的な親密さによって結び付ける。音楽は，フォークソングやグランド・オペラへの愛着や論争において目まぐるしく変化する情動を伝え，大きな社交の場では群衆の情熱を掻き立てる。

　これらの事実は現代の認知科学や神経科学への挑戦である。音楽の精神生物学は，情動脳を研究する神経科学者を感情経験の神経的特質に関する謎解きへと，そして学習と記憶を心がどのように生じさせるのかについての全くもって新しいヴィジョンの探求——「意味」の本質の解明——へと誘う。コミュニカティヴ・ミュージカリティの科学——身体的，音声的身振りのダイナミックな形式と機能——は，人々の意欲を掻き立てるような音楽の推進力がどのように魅力ある物語を教えてくれるのかを調べる助けになる。このことはまた，我々の動物的な情動の遺産や情動を伝えるダイナミックな本能的動きにヒトの音楽がどのように関連するかという問いにつながっていく。

　動物の情動システムに関する研究によって，我々は，ヒトの感情経験の未だ神秘的な側面，そしてそれゆえ音楽の情動的な力の解明へと近づいている。脳内の未解明な神経化学反応によって，内因性オピオイド[1]や他の多くの感情的化学物質が音楽的に調整された心の中に集まることで，楽音は喜びをもたらし，鋭い痛みを和らげる（Panksepp and Bernatzky 2002; Panksepp 2005c）。これらの情動システムについて及びそのシステムが我々の認知能力とどのように相互作用するかについての動物研究が助けとなり，我々はコミュニカティヴ・ミュージカリティに関する新たな観点を見出すかもしれない。それは，遊び心と尽きることのない独創性に満ちた社会的行動の形式であり，それによって我々の子ども達の社会脳が後成的に形作られ，向社会的感情に満ちた精神的，身体的健康と学習が促される（Panksepp 2001, 2007b）。

---

[1] 生体内で作られる鎮痛作用や陶酔作用のある物質の総称。エンドルフィンなど。巻末の参考資料「内分泌および神経伝達物質補足説明」も参照。

筆者らは本章で，動物の情動とその神経化学的基盤，そしてそれを表現する身体運動と発声が人類の音楽的感性の深い根源を解明しうる証拠を概観する。それらは音楽がどのように我々の社会生活を支えているのか，そして音楽への選好が社会における我々の「アイデンティティ」をどのように定義しうるのかを説明する助けになるだろう。本章では，情動の比較神経科学と母子間コミュニケーションにみられるリズミカルな音楽的特性との関連について述べる。脳損傷と子どもの脳の発達における遺伝性疾患の影響について検討することで，我々は音楽についての後天的な認知的理解が大脳半球に特異的に関与する皮質下の情動システムに依存すると結論付ける。我々は，音楽の教育的，治癒的な力に注目し，音楽における情動のコミュニケーションと文化学習への動機，特に言語獲得の進化との関連性について述べる。

7.1.1 音楽的意味：音楽的文化の動機

動物の中にもリズムや感情的な音を用いた表現豊かな行為は見受けられるが，音楽に関する芸術は，我々のほとんどが理解しているように，ヒトらしいものである。我々は，ダンスを踊り，シンボルを探求し，物語を話すといった独特な方法によって豊かな生活を送っている。我々のコミュニケーション的表出や振舞いはヒトの動きの特別な多層的時間を表している。それは，足踏みや手の身振り，そして非常に速く動き回る目，顔，音声システムによる可視・可聴的メッセージを伴うものであり，それら全てが，滑るような，揺れるようなよりゆっくりとした全身のリズムの中で変化し，感情的ナラティヴを生み出すことに熟達していく（Trevarthen 1999；本書第15章のオズボーンも参照）。音楽は，子どもの発達が始まるときから，想像していることを伝えるのが大好きな冒険的で創造的かつ冷静な活動におけるヒトの身体のポリリズム的な音なのである。その構成時間はほんの一瞬から数分，数時間にまで及ぶ（Kühl 2007；Trevarthen 2009）。発達が進むにつれて，情動は驚き，憧れ，喜び，怒り，誇り，恐れ，あるいは穏やかな愛情の瞬間を表現するようになる。これらは，複雑なリズムとメロディーへと編み込まれ，歴史的文化の芸術において忘れられない貴重な記憶になるかもしれない。これはヒトが一緒に動き感じるようになる方法を決める多くの種類の儀式と不可分である（Turner 1982；Blacking 1995）。我々は特定の音楽作品やジャンルを，強く長期にわたり好むようになる。こうして，音楽は我々の忠誠心さや社会的地位を動機づける（MacDonald *et al.* 2002）。

現代の心理学において，音楽における情動と認知の正確な関係性はまだ曖昧で議論が続くところである。それにもかかわらず，音楽の「埋め込まれていない（分離された）」情報や構造をシンボルや分析的思考によって知覚する以前から，我々はまず身体の中で生き，感じられる**経験**として，間主観的，文化的ダイナミクスに「埋め込まれた」ものとして音楽を知ることは明らかである。このことは，明瞭な合理性やシンボル的な言語コミュニケーションを重視する者に音楽を虚飾的なもの——重要でない経験，ただのエンターテインメントのためのもの——と思わせることになってしまっている。こうした学識者達は，我々を動かしている本物の，日常的な音楽の力とそれを共有する必要性を理解していないように思える（Sacks 2006）。

音楽は共同体におけるヒトの生活の実に多くの重要な側面と容易に調和する。それどころか，社会的コミュニケーションや学習，文化的意味の創造の主要な進行役として発展したことが示唆される（Blacking 1976, 1988, 1995；Bjørkvold 1992；Schubert 1996；Wallin, Merker and Brown 2000；Donald 2001；Mithen 2005；Cross 1999, 2007；Kühl 2007）。アポロンの竪琴の正確に測定された音の秩序を評価するようなデカルト思想家の合理的で情報伝達的な意識にとっての取るに足らぬ情動的副作用とは程遠く，音楽的ナラティヴに対する情動的反応は，激情的なディオニソス的出会いにおける記憶や想像，思考を活性化させ形成する脳の原動力である。それはまた，難題からの気晴らし的な逃避や良い物語の楽しみのためでもある（Freeman 2000）。

> 音楽と形式的特性が似ているいわゆる「内面生活」——身体的あるいは精神的——にはいくつかの側面がある——動きと休み,緊張と解放,一致と不一致のパターン,準備,達成,興奮,突然の変化等。
>
> ランガー（1942, p. 228）,キュール（2007, p. 223）による引用

音楽芸術は,ヒトの意味と喜びを求める行為の一次エネルギーから,推論の論理的過程や言語の機知に富んだ参照の基盤にもなっている統語論的な時間軸に基づき洗練されていく。そのようにして音楽的意味は作り出され,伝えられ,だからこそ音楽は非常に大きな意味を持つのである。

音楽的形式は,確かに,それらが演奏された文脈での特定の認知的表象あるいは意味と容易に結びつく。キュール（2007, p. 50）はこのことを「原・意味論（ur-semantics）」と呼んでいる。そのメロディーとハーモニーは情動だけでなくイメージ——記憶された場面,人物,冒険,空想,人間関係——を喚起する。それは特別な瞬間,人間関係の情動に満ちた「時間の芸術」という特別な瞬間を思い出させる（Imberty 2000, 2005）。しかし,これらの重要な音楽的意味の外側への現れは,どのような形式的事柄にも従属することはないし,それから作られるわけでもない——たとえその表現形式が音楽文献の精巧な慣習である楽譜に従順であったとしても。音楽は「それ自体について」のままであり,その形成過程に情動がある（Trevarthen 2008; 本書第5章のクロスとモーリー,第27章のロドリゲス,ロドリゲスとコレイアも参照）。

誰の脳も,言語的－命題的記号の進行役になる何か月も前から,音楽的－情動的意味を感じている。子どもにとって,音楽的表現は自分自身が動くのと同じくらい自然なことである。もしヒトの高次の脳の中の何かに遺伝的に予め定められた進化史があるとすれば,それは果てしなく創造的な原音楽性を原動力として,情動的動きの時間的リズムに乗ってコミュニケーションを取ろうとする基本的な衝動である。このことは,音楽がなぜこれほど広く大切にされているかを理解するヒントになる。まさにそのルーツにおいて,音楽性は我々に特有の動物的性質,数えきれないほど様々な文化的焼き菓子に再構成されうる情動的－認知的遺産の一部である。

音楽的意味は,確かに,言語学的な用語や機能にとって進化的にも個体発生的にも親のような存在であるらしく（Brown 2000; Mithen 2005）,単なる軽薄な若い親戚ではない。赤ちゃんの初めてのクーという発声や言葉のような喃語には音楽的／詩的構造があり,それらの行動に調和する親の直観的な励ましはその構造とぴったりと合う（Papoušek and Papoušek 1981; Stern et al. 1985; Papoušek1994; Miall and Dissananayake 2003）。歌において,音楽は詩という抑揚のついた言語の自然なパートナーであり,イヴァン・フォナギーが「言語の内の言語」,「生の発話の中になお存在している遠い過去」と呼ぶダイナミックで間主観的な同期における韻律的な情動表現である。

> 言語の複雑さによって,発話者は情動的及び知的発達という異なる様相に属する心的内容を反映させることができる。各々の創造的な言語行為の中で——そしてより広い意味で,全ての発話行為が創造的なのであるが——我々はまず始めに個体発生的,系統発生的により深い,そしてより早期の層に降りて行かなければならない。
>
> フォナギー（2001, pp. 687–688）

さらに,音楽のスタイルやリズムパターンは社会におけるヒトや役割,集団を定義しうる（MacDonald et al. 2002）。そのリズミカルな循環はルーティン作業の共同的達成を促す。それは,過去についての話をする時に我々が前提とするように,ヒトの先史時代の農業革命を育んだ社会的共同の基盤となっている。ひとたび基本的な身体的要求が満たされると,音楽は,ダンスとともに,しばしば文化の中心的な情熱になる。その情熱によって,結束の強い集団が生気（ヴァイタリティ）についての快い語りを共有しながら,ともに動き,考えるようになる（Becker 2004; Benzon 2001; Schubert and McPherson 2006）。音楽,とりわけ

お気に入りのまたは大好きな作品の特定の構成には鼓舞する，癒す，あるいは教える力があり，そのことは次のことを証明する．すなわち，音楽表現とその伝達は，心身のウェルビーイング[2]を調節し，深い愛情関係における自信に満ちた連想や記憶の形成を導く脳の中核的メカニズムに関与しうるということである（Pratt and Spintge 1996; Pratt and Grocke 1999; Peretz and Zatorre 2003; Klockars and Peltomaa 2007; 本書第25章のオズボーン）．

我々のこれまでの進化の物語がどんなものであろうと，脳の本能的－情動的中核，音楽のこれら全ての現象に不可欠な要素は，今生きている動物の心の中にルーツがあると我々は信じている．ヒトの脳マッピングからの証拠は，情動的な動きのある音楽がいかに他の種の対応する皮質下の情動経路内で共鳴しているかを強調する（Blood and Zatorre 2001）．たとえヒトが音楽を作り楽しむ唯一の種だとしても，音楽性のあるリズムや音声は他の動物の，時に長く複雑な社会的ディスプレイにおいてもはっきり見て取れる（Rogers and Kaplan 2000; Wallin, Merker, and Brown 2000の第2節）．それもまた，音楽の神経科学への新たな道筋を開く．

7.1.2　ヒトの音楽性の進化論

我々は音楽性の進化の起源は動きの源における反復的なリズムと情動にあるにちがいないと思っている．とりわけ重要なのは，鳥類や哺乳類がコミュニケーションに用いる情動的音声である．我々哺乳類は，他者の内なる目的や関心事との共鳴に大きく左右される社会的生き物である．我々は時に他者に助けを求めたり，情愛的なつながりやコンパニオンシップを求めたり，配偶行動や無防備な子どもの世話という重要な課題を共有する必要がある．音楽的ダイナミクスは，コミュニケーションをおこなう動物の儀式的行動においてはっきり見て取れる情動的運動や感情のダイナミクスに似ている（Darwin 1872; Tinbergen 1951; MacLean 1990; Rogers and Kaplan 2000）．我々の進化の旅では，我々の乳児期のように，調和した楽しい遊びのときでも不和や苦痛の場面でも，情動の音が我々を結び付け，我々の行為や人間関係，協力を導いてきたのである（Dissanayake 2000; Mithen 2005）．

我々は，マーリン・ドナルド（2001）とオーレ・キュール（2007）と同様，生得的でリズミカルな音楽性が感情的にコミュニケーションをおこなおうとする我々の叙情的な衝動の全てに韻律的背景を与えると信じている；そのコミュニケーションとシンボル化の技法がどんなに人工的で洗練されたものになっていようとも；また，身体活動とその知覚された文脈からどんなに脱身体化あるいは抽象化されようとも．幼い子どもや若者は人生への強い興味や創造性，自信，憧れ，社交性を元気いっぱいの音楽的な行動を見せて触れ回る（Bjørkvold 1992; Miller 2000; MacDonald et al. 2002; Miell, MacDonald and Hargreaves 2005; Custodero 2005; Schubert and McpHerson 2006）．生後6か月になったばかりの乳児でも，愛情のこもった称賛を期待して，手を叩く歌のような行為で伝染的な歓喜を示す（Trevarthen 2002; 本書第14章のグラティエとダノンも参照）．さらに，その2か月前に音楽的ジョークを理解し，実際におこなう（Stern 1990, 1999; Malloch 1999, p. 47）．それは乳児が気のある素振りの照れ隠しを示し始める時期である（Reddy 2003; Reddy and Trevarthen 2004）．数えきれないほど多くの幼い子ども達が，壮大で感動的な想像力をドラマチックな歌に表現してきた．聴衆は，母なる自然だけである．

それゆえ，ヒトの音楽性は社会情緒的システムの進化的な外適応として進化したように思える．社会情緒的システムとは，我々の祖先が，親密なやり取りだけでなく，大きくて危険な動物を狩ったり，作物を収穫したり，敵対する世界で小さな家族集団を守ったり，若者を教育したりするような，野心的な集団活動を調和的にまとめるための媒体である（Cross 2007; 本書第3章のブラント，第5章のクロスとモーリー）．エレン・ディサナーヤカは，無力だが知的な乳児と敏感で応答的な母親の間の親密なコミュ

---

[2]　一般的には，病気ではないなど身体的に健康であるだけでなく，精神的，社会的に良好な状態にあり，幸福であることを指す．巻末の参考資料「ウェルビーイング」も参照．

ニケーションがヒトの音楽性が最初に育つ場所であること，そしてこれが源となって表現行動を他の共同的，社会的な場面で利用するようになることを示唆している（Dissanayake 2000; 本書第2章および第24章のディサナーヤカ）。これらの可能性（Roederer 1984; Storr 1992; Walllin, Merker and Brown 2000の第3節および第4節; Mithen 2005）は，確信を持って道筋を描けない心理－進化的過去において永遠に失われるかもしれない（Wallin 1991; 本書第5章のクロスとモーリーも参照）。しかし，他の生き物の情動的なダイナミクスの研究によって，ゆくゆくは，ヒトの音楽性に関する感情の進化的，発達的基盤が解明されるかもしれない。

7.1.3 音楽性の比較精神生物学

まず，我々はヒトの音楽に対する直観的な感情的反応は他の現生動物にもまだ残っている脳プロセスを含んでいると想定している。したがって，ほとんどの哺乳類と鳥類は**原音楽性**を示しているかもしれない。また，我々はそれらの生きている脳システムと情動活動を，我々の心理－進化的過去を詳細に解読するためのロゼッタ・ストーン［解読の鍵］として調査することができるかもしれないことを提案する（Panksepp 1998a, b, 2003; 本書第4章のマーカー，第5章のクロスとマーカー，第8章のターナーとイオアニデスを参照）。

例えば，鳥のさえずりの脳メカニズムは，［ヒトの］子どもの発話の練習と学習のための脳メカニズムのように発達するように思える。鳥が歌を歌い，聴き，学習するために必要な脳部位に関する研究から，成鳥のより洗練された歌を維持する方法や他個体の歌を区別する方法，つまり彼らを社会の成熟した一員として定着させるスキルを教師から学ぶためには，幼鳥は自分自身の歌を聴いて，身体の動かし方について実験してみなければならないことが明らかになってきた（Marler and Doupe 2000）。この自他の表現の積極的な音声学習とその脳メカニズムは，［ヒト］乳児の発話学習と比較されてきた（Doupe and Kuhl 1999）。いずれにしても，発声における情動表出の主観的及び間主観的調整への動機づけの神経メカニズムはよく分かっていない。

中核的な情動プロセスと音楽の意識的経験の関連を解明するためにデザインされた実験からの証拠は，「センティック・フォーム[3]」の理解に関するクラインズ（1977, 1995）とクルムハンスル（1997）の考えを支持する。「センティック・フォーム」とは，様々な情動の強さやナラティヴの重要性によって，脳内で時間的に統合され，検知される運動の形状のことである。これらの形式は情動的運動の普遍的でダイナミックな原則に従っているように思える。そして，それらは動物の本能的行為の力と効率を調整する（Clynes 1982; Lee *et al.* 1999; Lee 2005; Schögler and Trevarthen 2007; 本書第6章のリーとシェーグラー）。全ての健康な動物の運動はリズミカルであり，力と優雅さがある。これらの特徴は，ヒトの音楽において特に目立つ情動コミュニケーションにおいて強調されるようになっている。

動物とヒトは，特別な感覚器官に定位し焦点化することによる選択的意識の調整と情動コミュニケーションの両方に適応している運動器官によってコミュニケーションをおこなう（Trevarthen 2001）。ヒトの意図や関心，感情を特に豊かに表現するのは，手，目，顔，声——変わりやすい内的状態，「動機」を意識的に導く運動 —— である（MacLean 1990; Scherer 1986; Goldin-Meadow and McNeill 1999; Zei Pollermann 2002）。したがって，ヒトの行為と経験がとてつもなく複雑であることを受け入れる一方で，我々は，身振りやダンスによるコミュニケーションのリズミカルな儀式だけでなく，ヒトの歌と音楽作りを他の高度に社会的な動物における本能的な親和的発声，情熱の音声表現，身体運動における意図の表現に関連付ける（Darwin 1872; Wallin, Merker and Brown 2000の第3節; 本書第2章のディサナーヤカ，

---

[3] 喜びや尊敬，怒り，悲しみ等の情動を動的な形（曲線）として把握，表現しようとしたマンフレッド・クラインズによる造語。クラインズは，ヒトを対象とした情動計測実験から，各情動にはそれぞれ固有の時間的変化パターンがあることを見出し，その時間的変化を曲線で表現した（Clynes 1977 参照）。

第3章のブラント，第4章のマーカー，第16章のパヴリチェヴィックとアンスデルも参照）。

　我々の種がまず最も生産的な技術の1つ——おしゃべりの仕方——を習得するのは，メロディーのある情動的イントネーションを通してである（Bateson 1979; Trevarthen 1974, 1993, 1998, 2005）。妊娠の最後3か月間，リズミカルなメロディーのある発声に対する選好と認識が発現する。それは命題的発話からあらゆる感覚が作られるずっと前である（Fifer and Moon 1995; Lecanuet 1996）。音楽的な応答性の発達は，乳児の自発的なリズム運動の音楽による変化によって（Condon and Sander 1974; Condon 1979; Trevarthen 1999; 本書第9章のマゾコパキとクジュムザキス），そしてそれに伴う自律神経の変化を計測することによって調べることができる。例えば，チャンとトレハブ（1977）は乳児が生後6か月になる前から，メロディーのある音調曲線が変化すると心拍が変化することを報告している。ゼントナーとケーガン（1996）は生後4か月の乳児が不協和音刺激に対して視覚的に回避したこと，そうした反応は協和音に対しては明確でなかったことを報告している。

　小さな赤ちゃんは母親の子守歌のメロディーにくぎ付けになるし，彼らの身体は音楽のリズムに引き込まれるようになる。彼らはコミュニケーション相手の表現リズムの随伴性と信頼性や，身振りや声音の調子で表現される共感に対してとても敏感である（Murray and Trevarthen 1985; Nadel *et al.* 1999; Robb 1999; Trevarthen 1995, 2005; 本書第10章のパワーズとトレヴァーセン，第13章のマーウィックとマレー，第14章グラティエとダノン）。

7.1.4　ではなぜ，ヒトの「音楽性」はこんなに神秘的なのか，そして，こんなに新しいアイディアなのか？我々がずっとしてきた勘違い

　ヒトの生活やヒトの心と脳についての科学的分析において，我々にとって本質的な情動的音楽性がなぜこんなにも無視されてきたのかと問うてきた書き手もいる（Cross 1999, 2003; Mithen 2005）。我々の確立された科学的思考様式のこうした盲点は，コンピュータモデルベースの認知革命によって生じた心についての過剰に知性化された見方を反映しているかもしれない。ヒトのコミュニケーションの初期の身体化は，近年の発達研究を除き，大部分忘れられている。この文化的に引き起こされた無視は，東洋（Becker 2004）やアフリカ（Blacking 1988; Froshaug and Aahus 1995; 本書第21章のウッドワードとバナン，第27章のロドリゲスらも参照）における，より密着した間主観的社会的実践や信念とは対照的である。同様に，もっと現代的な脳科学は音楽に意味を与える脳の感情メカニズムには関心がない。

　この偏った見方を克服するためには，生得的あるいは直観的な音楽性についての妥当な科学的理論が必要である。そこで，我々はヒトの音楽性が明確な動機システムを表すという見方を前進させる。そのシステムは，共同体の中で協力的に動き，実践的，感情的に生きるために他の社会的動物が持つ想像力に関連する。ヒトにおいて，この動機は，ターナー（1996）が「文学的」と呼ぶ，しかし同時に「詩的」，「音楽的」，あるいは「演劇的」である心の寓話作りの想像力を刺激する（本書第3章のブラント，第5章のクロスとモーリー）。

　ブラウン（2000）とドナルド（2001），ストコー（2001）は，ミメーシス——思い出されたあるいは想像された思考や経験を世界との関わりにおける投影として描くための表現豊かな身振り手振り——が最初の真にヒト的なコミュニケーション形式であると提案してきた。身振りのリズムや叙情的－感情的表現を用いた芸術が持つ象徴する力は伝統的な古典的インディアン・ダンスの形式にはっきり見て取れ（Hejmadi *et al.* 2000），また，とても活発な身体を持つ幼児の遂行的な才能においても見られ始める（Bjørkvold 1992; Custodero 2005）。この快活さのダイナミックで十分にヒト的な様式は，その向社会的なユーモアや喜びとともに，西洋における知性化したサブカルチャーにおいて，思い出され，再評価されるに値する（Bjørkvold 1992; Froshaug and Aahus 1995）。この社会化する活発さを理解しなければ，

ヒトの脳，したがってヒトの心を十分に見通すことはできないかもしれない。そしてそれは文化の衰退を招くかもしれない。

7.2 音楽の社会情緒的精神生物学
7.2.1 動物の鳴き声と母子間の対話は音楽的であり，学習につながる

　2つの現象が，音楽の神経生物学的基盤が社会情緒的であることを示している。1つは，動物同士の音楽のような発声コミュニケーションが本質的に社会的機能を果たすということである。多くの種において，性的魅力をアピールしたり，社会的覚醒を高めたりするために進化してきた発声活動の量は並外れている（Bradbury and Vehrencamp 1998; Hauser 1996）。2つ目は，声の情動的使用が，母親が我が子をヒトの文化的世界に導くために使う主要な媒体となるということである。ここには，有性生殖と「包括適応度」[4]の調整を越えた，新しい何かがある。

　対乳児発話のメロディーのあるおしゃべりや音楽的なダンス遊びや歌は，起こり得る冒険について話したり，親の共同体を何世代も遡る文化的及び後成的歴史を乳児に気づかせたりする，リズムや感情的メロディー，間主観的なハーモニーの発明と学習を必要とする（本書第14章のグラティエとダノンを参照）。それらのリズムや韻律的な音は，情動で満たされることで，想像性という点で意味を持つ。乳児は自分の母親に対して，自分自身の発声表現によって「原会話的」に正確に応答する。自分自身についてさえ，大人の手助けなしで，集団の中での乳児は自分の感情を表現できるし，人間関係のドラマや意味を音楽的な方法で調整することができる（本書第12章のブラッドリー）。

　母親と乳児がこのようにコミュニケーションし始める時，心の革命において重大な感情－認知的移行が達成される（Fernald 1992a, b; Papoušek et al. 1991; Dissanayake 2000）。この感情共有は，「思考のゆりかご」としてしっかり説明される（Hobson 2002）。それは，手を器用に用いること及びそれらを自己感覚と意図の繊細な流れの身振りコミュニケーションへと統合することの調整に必要な実効的思考と関連して進化してきたようだ（Donald 2001; Pollick and de Waal 2007）。確かに，新生児は多くの複雑でとても表現豊かな手の運動をおこなう。ただ，それは今のところほとんど研究されていない（Trevarthen 1986; Rönnqvist and Hofsten 1994）。

　動物が出す音における生気やウェルビーイングの社会的コミュニケーションを動機づける祖先から受け継がれてきたダイナミクスは，ヒトのコミュニカティヴ・ミュージカリティと音楽的意味の出現のため，そして言語のために不可欠な我々の脳内における調整であるかもしれない（Kühl 2007; 本書第3章のブラント，第5章のクロスとモーリー）。ラットやマウスでさえ，楽しげな，じゃれ合うような，あるいは性的な相互作用をおこなっているときに情動的に気を引く音を発する（Panksepp and Burgdorf 2003; Holy and Guo 2005）。我々の近縁の祖先は樹上生活であった。そこでは，音が，団結ある集団活動をまとめ，社会的絆を周期的に強化，再構築し，身体損傷を最小限に抑えつつ主従関係を維持するのに効率の良い方法であった（Hauser 2000; Seyfarth and Cheney 2003; Richman [1987]によるゲラダヒヒ

---

[4] 適応度とは，個体が生物として繁栄していく能力を捉えるための概念であり，個体が生んだ子の数で表される。しかし，生物が適応度を上げる方向に淘汰されていくと考えると，説明できない現象がある。例えば，働きバチ等は自分の子を残すことなく，女王バチの子を育てることに一生を費やす。このような利他的行動を説明するためにウィリアム・ドナルド・ハミルトンが提唱した概念が，包括適応度である。包括適応度は，血縁のある他個体の適応度も考慮した，遺伝子レベルでの適応を説明する。包括適応度は，自分と遺伝子を共有する他個体（兄弟や親せき）の繁殖を助けることによっても上昇する。

の社会的「歌」についての記述5)，そしてMerker and Cox［1999］が記録したテナガザルの歌についての報告6)も参照）。

他の霊長類の情動的鳴き声はヒトのそれよりも紋切り型であるが（Marshall and Marshall 1976; Hauser 2000），それらは共同集団の維持のために生命に関わる微妙なメッセージを媒介するように進化してきた（Cheney and Seyfarth［1990］の研究で明らかになったベルベットモンキーの微妙な鳴き声の社会的機能7)も参照）。それらは集団における個体のアイデンティティと階層についてだけでなく，好機や危険についての集団的認識のための情報を伝える（Seyfarth and Cheney 2003; 本書第4章のマーカー）。そのような韻律的な社会的コミュニケーションへの原始的な衝動が，言語へとつながるヒトの音楽性の進化のために不可欠な基盤として機能してきたのかもしれない。

音楽性は確かに，非音楽的スキルの学習を助け，かつそれらを利用する。新たな情報は，感情的な音楽形式に符号化されることで比較的容易に獲得される（Panksepp and Bernatzky 2002; Shepard 1999）——重篤な遅滞のある子どもにおいてさえ明白な効果がある（Farnsworth 1969; Merker and Wallin 2001; 本書第19章のウィグラムとエレファント）。音楽トレーニングは多くの形態学的レベルにおいて明らかに脳機能を強化することができる（Schlaug *et al.* 2005; 本書第8章のターナーとイオアニデス）。そこには発話や音楽を聴くための皮質下のシステムも含まれる（Musacchia *et al.* 2007）。実際，音楽によって促される身体運動，そしてそれに伴う自律神経的及び気分の変化は，音楽が，ヒト社会で生き残るために有用である複雑な運動，自覚的な意識，概念，記憶等の中核的調整にいかに力強く関与しているかを示している。感情状態は，情報処理メタファーでは説明されない神経系の活動的な状態，つまり「生気情動〔アフェクト〕」（Stern 1999）を反映している（Ciompi and Panksepp 2005; Panksepp 2005a, b）。

ダイナミックな「関係性の感情」（Stern 1993）が認知よりも優先されることは，我々の個人的で文化的な生活の際立った特徴であり続けている。アダム・スミス（1777/1982）が言ったように，楽音は，劇場やダンスとともに，「我々の最も愉快な発明」であり，社会的に才能がある者が創り出す音楽的環境においては何万もの人々が心を通わせようとするだろう。それに対して，まじめな認知的コミュニケーションは，たとえ話者がその分野において著名であっても，大衆の気を引くことはめったにないだろう。

7.2.2　ヒトの音楽性と相互作用的遊びの身体的活発さ：重要な差異

哺乳類やいくつかの鳥類において，個体を社会機構に組み込むことを促す基本的な脳プロセスは，社会的遊びである（Bekoff and Byers 1998; Burghardt 2005; Panksepp 1998a）。荒っぽいけんかごっこや追いかけっこのようなからかい遊びは，あらゆる哺乳類種に本来備わっており，経験的に洗練されていく能力であり，それらが社会的親和性と十分に社会的な脳の後生的な発達を促すことを助ける。

子ども達のけんかごっこを公式で初めて実験的に調べた研究において，我々は，道具的なおもちゃの

---

5) ゲラダヒヒは非常に豊富で複雑な音を発することができる。Richman (1987) は，ゲラダヒヒの発声を類型化するため，動物園や研究施設で飼育されるゲラダヒヒの集団の発声を録音し，分析した。音韻情報や音の種類，リズムとメロディー，構文といった音声分析により，ゲラダヒヒの集団における発声のやり取りにおけるリズムやメロディーの特徴がヒトの発話や歌に似ていることが示された。特に，いくつかのまとまりに区切って発声することや，そのまとまりには複数の種類があり区別して発声し分けること，発声のまとまりに複数の下位構造があること，社会集団内で生じた情動的葛藤を解決するために発声を調整することなどが見出された。

6) テナガザルは歌のような独特で複雑なリズムで互いに叫び合うデュエットをおこなうことが知られているが，その発達過程は分かっていなかった。Merker and Cox (1999) は，動物園で飼育されているテナガザルのメスの子どもとその親の叫び声のやり取りを録音し，子どもの叫び方の発達的変化を分析した。歌のいくつかの要素は生後早期から既にみられるが，最終的に大人と同様に歌うことができるようになるまでに長い発達停滞期があった。他個体との協調における問題がその要因となっている可能性がある。

7) ベルベットモンキーが捕食者に遭遇した時に発する警戒音は，ヒョウ，ワシ，ヘビなど捕食者の種類によって異なり，警戒音を聴いた個体は警戒音の種類によって異なる応答を示す。一方で，同種の他集団が近づいてきた時にも2種類の異なる叫び方をするが，この場合，聴き手の個体は，叫び方の音響特徴よりも，叫んでいる個体が何に対して叫んでいるのかに応じて行動する。

ようなバイアスをかける物の存在なしで，音楽（この場合，楽しげなアイリッシュ・ジグ）がこの最も基本的な社会的関わりの形式を活気づけるかどうか検証した (Scott and Panksepp 2003)。驚いたことに，そのような影響はなかった。様々なダンスのような動きは明らかに激しくなったものの，笑いが促進されることすらなかったのである。したがって，原始的なけんかごっこ的関わりが無条件に促進されるわけではなく，表現豊かなダンスのような運動が促進されたのである（本書第9章のマゾコパキとクジュムザキスを参照）。音楽とは，どうやら子ども時代のけんかごっこへの原始的な衝動とは異なるレベルで情報を伝えているらしい。それはおそらく部分的には，そのような遊びは大部分が皮質下で組織化されているからであろう (Panksepp et al. 1994)。

　しかし，遊びには多くの形式がある。音楽は，想像力に富んだ模倣的な象徴遊びの演劇 (Turner 1974, 1982) の可能性，つまり，おそらく我々の種に特有で母子間の歌の相互作用で最初にみられる自己表現における芸術や物語作りの想像性の可能性に，幼い子どもが初めて没頭するための媒体のようである (Dissanayake 2000; 本書第11章エッケダールとマーカー)。このことにより，我々はヒトの情動性と音楽性の複雑さについて2つの重要な区別をする。それは他の哺乳類の原始的な社会能力からの進化的前進を示す区別である。

　第1に，音楽性は，ヒトのあらゆる営みを導くメタファーにおける高度に分節化された思考の冒険性に直結していると思われる。そしてその美しさは固有情動によって高められる。第2に，そして二次的に，音楽は学習した儀式の複雑さを求め，リズムやメロディーの語りを獲得し (Kühl 2007; Trevarthen 2008)，最終的に人工的な技術の機微と記憶や「記録」を伴う（本書第3章のブラント，第4章のマーカー）。もしそうなら，再度我々は，音楽性を，あらゆる形式の芸術の，そしてヒトの性質独自の認知的・合理的なものの，非常に基礎的で進化的に深く根差した側面――身体的活発さと合理性の境界で，あるいはそれらを行き来しながら，創造的に機能する活動――と見なさなければならない (Turner 1983)。

7.2.3　音楽的情熱：伝えられる動きの意味または価値の固有情動的評価

　動物の統合された行為や関心の全ては，情動的にコントロールされ，行動から予測される危険と利益のバランスを取る。これらの情動的価値づけは，様々な特異的な神経伝達物質の信号により機能する一連の適応的な感情神経システムを定義する敏感さや表現豊かな形式の設定を進化させてきた；これらのシステムは，体細胞組織や内臓器官の生命状態を調整し，保護するために身体を通して情報を拡散する身体的なホルモン生産システムに統合される (Panksepp 1998a)。

　多様な感情神経システムが，現在の動きや感覚を制御し，生理的資源や将来についての認識を調整する (Bernstein 1967; Jeannerod 1994; Lee 1998, 2005; 本書第6章のリーとシェーグラー)。運動調整システムは，その情動とともに，動きの経験を思い出させ，活動的な未来を想像させ，動きの意図や情動についてのありえないアイディアを夢見させる (Solms 1997; Levin 2004)。それは脳幹ドーパミンとその他の情動行為システムの時間保持機能と神経ダイナミクス (Holstege et al. 1996) を，より認知的に意識させる前脳の環境-感覚-学習及び思考的領域につなげる。

　音楽で感じられる情動は，おそらくこの動機づけ的な脳の中核において引き起こされる。その領域には，様々な哺乳動物の脳に対する限局的な電気刺激を用いて同定されてきた基本情動脳システムが含まれている (Panksepp 1998a)。これらの情動ネットワークは，受容的な探求 (SEEKING)，危機に対する恐怖 (FEAR)，資源に接近できないときの怒り (RAGE)，生殖を保証する性欲 (LUST)，子どもの世話を保証する配慮 (CARE)，子どもが迷子になったとき養育者を呼ぶ際のパニック (PANIC)／分離苦痛，社会的スキルの練習を促し向社会的な脳を形成するためのけんかごっこ (PLAY)[8] を媒介している。そ

---

[8] 原文では小文字で表記されていたが，原著者に確認の上，大文字で表記。パンクセップが提唱する7つの基本情動の1つであり，文化的な協調における創造性や楽しさ，美しさを生み出し，調整する。LUST，CARE，PANICとともに社会的情動の1つ。

して全てが脳内の身体についての原初的な神経象徴的表象を促す中核的な自己 (SELF) と相互作用している。最後の4つの社会的情動は，創造的な社会活動の形成と推進のために特に重要である (Panksepp 1998a)[1]。

これらのシステムは全ての本能的行為と世界の価値づけを促す。心理的レベルでは，それらは我々の基本的な感情能力を反映する——強い興味で世界に関わり，もし我々の行為の自由が制限されれば激怒し，もし我々の行為が個人的な危害につながれば恐怖し，社会的関わりへの欲望や配慮，喜びを感じ，我々が価値をおいているもの，特に我々が愛する人々を失うときには苦痛を感じることができる能力である (Panksepp 1998a, 2003c)。これらの感情全て，あるいはそれらと似ているものは，音楽によって引き起こされうる。

音楽がヒトの脳内の活動をどのように調整あるいは形成するのかについての最近の多くの発見 (Peretz and Zatorre 2003 による最近の総説) は，本章の範疇ではない。というのも，そういった研究は脳内のダイナミックで情動的な効果と調整を同定しようとしてきたわけではなく，もっぱら実践的な音楽の知覚と認知そして音楽スキルの獲得に関心を持ってきたからである。

感情的な変化をもたらす音楽のリズミカルな要素のいくつかが明らかにされつつあるが (Gabrielsson 1995; Peretz et al. 1998)，脳の情動的変化がどのように音楽理解を促進するかについては，ヒトの脳画像による予備的な証拠しか得られていない (Blood and Zatorre 2001)。我々は，基本情動が認知構造と相互作用することで生起する多くの創発的な情動を考慮して，違った情動のカテゴリ化をする必要があるのかもしれない。言語ベースの，状態記述型の「カテゴリ的感情」(幸福，悲しみ，怒り，嫌悪など) は，音楽で経験される情動を適切に定義していないかもしれない。情動のこもった身振りの動きや個人間のメッセージにおける力強さや慈悲の感覚を特徴づけるダイナミックで関係的な感情に焦点を当てることも必要である (Stern 1993, 1999)。

音楽は感情の質を伝える。それらは，明瞭に立ち上がる曲線とともに伝えられる。そしてそれらは，「『次第に強く (crescendo)』，『次第に弱く (decrescendo)』，『消えゆくように (fading)』，『爆発させるように (exploding)』，『破裂するように (bursting)』，『引き延ばされるように (elongated)』，『はかなく (fleeting)』，『脈打つように (pulsing)』，『揺らめくように (wavering)』，『一生懸命に (effortful)』，『ゆったりと (easy)』などと言った運動用語よって捉えられる」(Stern 1993, p. 206)。スターンいわく，これらは「生気形式」を情動に与え，その情動はおそらく，マンフレッド・クラインズがよりカテゴリ化された感情の音楽表現において記述した「センティック・フォーム」に相同する (Clynes 1995; Clynes & Nettheim 1982)。これらは，基本情動の感情神経科学に関連しうる (Panksepp 1998a)。一貫して聴き手に知覚される音程もある。聴き手は，「単調な」，「悲しい」，「楽しい」，「不協和な」，「穏やかな」，「完全な」，「意思の固い」等々の言葉を情動の質に当てはめるよう求められる。それらの用語は，様々な身体の動き方と関連しうる——「上へ-下へ」，「外へ-内へ」，「緊張-リラックス」，「追い返す-受け入れる」，「非対称-対称」，「まっすぐな-まるみをもった」，「快活な-陰気な」(Krantz 2007)。そうした音程は明らかに，様々な聴き手の様々な動きの質や取り組みに対して同じ考えをはっきりと想い起こさせる。

脳波研究によって脳活動が音楽の影響を受けることが示されているが (例えば Petsche 1996; Sarnthein et al. 1997)，音楽における感情特性がどのようにヒトの脳活動を調整するかについてはまだほとんど分かっていない (例えば Hodges 1995; Panksepp and Bekkedal 1997; Panksepp and Bernatzky 2002)。おそらくは，情動の調整的評価と運動活動のリズミカルな調整の関係が，それらの多感覚的で

---

1 大文字化された語は，基本情動システムを示している。大文字化の理由は，(i) 部分と全体の混同を避けるため，(ii) これらがそういったタイプの情動的行動や感情に必要な脳システムであるかもしれないという主張を読者に気づかせるため (現実世界の活動におけるそれらのシステムから生じる情動の現れの全てを表すのに決して十分ではないが)，(iii) 特定の行動心理学的な脳システムがこれらのラベルの指示対象であることを強調するためである。

予想的な知覚制御とともに，見つかるだろう（本書第6章のリーとシェーグラー）。多様な脳活動が音楽の産出と知覚に関与するようになることは明らかである（Kühl 2007; 本書第8章のターナーとイオアニデス）。

7.2.4 音楽的ナラティヴまたは「冒険」：脳の意図的中核とその時間

リズミカルな過程は，環境の変化に合わせて柔軟に応答できる生物学的時計によってペースを調整されるものであり，新陳代謝を担う生命機能の調整や身体のエネルギー節約においては特に，神経網を含む細胞組織にみられる顕著な特徴である——それらは，心臓の鼓動や呼吸において最も明瞭であるだけでなく，毎日の睡眠と覚醒のリズムの調整や季節の変化の予測においてもみられる（Bernardi and Sleight 2007）。全ての動物は自分の身体をリズミカルに動かすことで移動する。そして，飛ぶトリや，動き回るネズミ，のしのし歩くゾウ，歩いたり，早歩きしたり，駆けたりするウマ，木と木の間を飛び移るテナガザルなどのリズムは，音楽に模倣を招き入れる。

音楽は，テンポの合った表現豊かな動きのリズムの度合いやリズムをつなげることで創り出される緊張に依存する（本書第15章のオズボーン）。流れゆく心理的時間の「構成」と「語り」は，現実であれ想像したものであれ，一定のリズムのヒトの行為や経験，コミュニケーションという形で表現される——その情動の質及びそれらと身体の生命機能との関連とともに（Trevarthen 2009）。これらの精神生物学的過程は，3つの物理的あるいは科学的な時間の帯域あるいは幅で測定される：(1) 感じられるあるいは想像される「拡張された現在」（10秒～数年）；(2) 意識的な「心理的な現在」（Stern 2004），それは呼吸や心拍の変動の生理的なリズムに結び付いたそのリズミカルな運動制御を伴う（0.3～7秒）；(3) 意識して予期的に制御される動きによって調整するには速過ぎる「反射経験」と「丁度可知差異」（5～200ミリ秒）。（この情報の詳細と出典については，Trevarthen 1999を参照）。

音楽的ナラティヴの時間，アンベルティ（2000）が音楽のマクロ構造または「言葉のない物語」と呼ぶものは，母子間の直観的な音声や身振りの遊びによる「原ナラティヴ的な包み」を形成する表現行動の時間に関連する（Stern 1985, 1995; Malloch 1999）。20～40秒の節や連に対応する期間は，ガンマ波や副交感的周期のように脳内で調整され，心臓や呼吸の自律神経機能を制御するのかもしれない。それは睡眠時を通して，夢の中での記憶の再現や固定に関連するかもしれない大脳皮質の電気的活動だけでなく，呼吸や心拍の変動を生み出し続ける（Delamont et al. 1999）。覚醒状態においては，ナラティヴの循環に満ちており，それは間主観的な意味のために，歌手の発声や楽器演奏者の指の熟達した動きの制御，そして聴き手の耳の中で緊迫さや手際の良さを表現する情動の「微分音的」そして「テンポ的に微視的」なバリエーションによって調整される（Imberty 1981, 2000; Gabrielsson and Juslin 1996; Juslin 1997, 2001; Kühl 2007; 本書第15章のオズボーン）。音楽は，呼吸や心臓活動の生理的機能の同期を促し，移動活動の向上をもたらしうる。そして，音楽は脳の同期による認知過程や記憶過程を向上させうる。主観的選好には個人差があるにもかかわらず，音楽の生理学的影響は大体予測することができる（Bernardi and Sleight 2007）。

7.2.5 音楽的共感：運動と情動の間主観性

こうした意図の解剖学的構造や生理機能（つまり，行為における情動的な意図；Panksepp 2003cを参照）は，社会的な協力を間主観的に調整することを促す。脊椎動物の脳における中核的な情動は，情動的に相互作用する個体間で共鳴するように進化してきた。その情動は，根源的な中核的自己を構成し（Panksepp 1998a, b），自己参照情報処理と社会的自己認識の両方の発達に関与する脳の高次の内側領域において自他を定義する動機づけを構築する（Schore 1994; Northoff et al. 2006; Schilbach et al. 2006）。

動物の自己間における意図や感情の社会的コミュニケーションが構築された進化過程において，前脳

の高次な領域における複数感覚領域は他の個体の意図や感情に共鳴するように働き，いわゆる「鏡のような」表象を構成するようになる．しかし，それは他個体がしようと意図していることを反映する以上のことをする (Gallese 2001; Gallese, Keysers and Rizzolatti 2004; Jeannerod 2004; Rizzolatti *et al.* 2006; Molnar-Szakacs and Overy 2006; Braten 2007)．情動的に制御されることで，このような自己の内の他者という間主観的表象が，おそらく新皮質よりずっと下に位置する固有感情システムを通じて，共感的共鳴，そして間主観的伝染を，確かなものにする (Watt and Pincus 2004)．このプロセスと，経験により後成的にプログラムされた新皮質処理を経て，他者の身体の身振りに表現され，視覚・聴覚・触覚的に知覚される知性と感情が相補的に調整される．この情動的自他認識の大脳機械装置 (Thompson 2001; Reddy 2003) は，「言語獲得装置」(Rizzolatti and Arbib 1998) よりずっと古い祖先である；それは社会文化的存在とその道徳的基盤を動機づけるものであり，言語を含む文化スキルを学習しようとする乳児期からみられる各個体の衝動を動機づけるものである (Trevarthen 2004; Braten and Trevarthen 2007)．

7.2.6　間奏曲：ウィリアムズ症候群における音楽的で社会的な心の遺伝学

　神経学的に障害がある子ども達の中には，その知的能力の発達が深刻に損なわれている場合でも，音楽的，社会的欲求が保持されている者もいる (Sacks 2007)．このことは，空間的な理解や活動において重篤なハンディキャップがあるにもかかわらず音楽的才能と社会的／言語的衝動を示す，ウィリアムズ症候群の子ども達において明白である (Mervis *et al.* 1999)．この稀な発達障害は男子と女子の両方においてみられ，2万人に1人の有病率がある．その子ども達は，運動や実践的知能にハンディキャップがあるが，外交的で，社交を楽しみ，コミュニケーションを好む．その特異的な一群の症状は，重要な成長調整遺伝子の異常から生じるようである（その概要については，Peterson and Panksepp 2004を参照）．ウィリアムズ症の子ども達は，通常，精神遅滞があり，全体的にIQ50程度である（例外的に正常値に近い場合もある）．彼らは視空間能力に障害があるが，発話や音楽の聴覚－社会的能力においては精神年齢以上の成績を示すことが多い．その身体的，生理的，心理学的特徴は，ニュージーランドの小児科医であるJ.C.P.ウィリアムズ医師により，1961年，独特な症候群として初めて認識された (Williams *et al.* 1961)．この障害の遺伝的特徴は詳しく述べられてきており，7番染色体の7q11.23長腕で確認された3から5つの主要な遺伝子の異常が原因であることが分かっている (Nickerson *et al.* 1995; Frangiskakis *et al.* 1996; Peoples *et al.* 1996)．明らかに，これら欠陥のある遺伝子が前脳の発達を阻害し，正常な空間－認知能力の発現を妨げている一方で，聴くことにより依存している他の知覚運動あるいは社会的能力は免れている (Jernigan *et al.* 1993; Bellugi 2001)．

　ウィリアムズ症の子ども達の読み書き計算が良くなることはないだろうが，その多くは音楽やダンス，劇について注目に値する技術を身につけ，非常に美しい物語の話術を持つ．ウィリアムズ症の子ども達は，多くの自閉症の子ども達と違って，自分の感情を表現豊かに伝えようとする．ウィリアムズ症の子ども達の認知的強みと弱みは，ダウン症の子ども達のそれとも大いに異なる．ウィリアムズ症の子ども達は階段を降りるのが苦手かもしれないが，楽器演奏に必要な動きを見事に調整することができる．彼らはゾウや自転車を描くことができないが，それらを生き生きと述べることができる．身の回りの物について述べる際，彼らは，正常発達の子ども達がかなわないほどとても多くの詳細情報や情動的な意味を付け加えることが多く，比較すると正常発達の子ども達が退屈で控えめに思えるほどである（概観について，Bellugi 2001を参照）．

　多くのウィリアムズ症の子ども達が，自閉症の子ども達にもみられるのと同様に，絶対音感を持つ——単一の音を音階上の音として正確に同定し，言い当てることができる (Levitin and Bellugi 1998)．この能力は，多くの成人では失われているが，能力として学習する（し直す）ことができる．逆説的だが，乳児は，成人の場合一般的に見つけることが容易な楽譜中の相対的な音程の識別能力よりもむしろ，単

一音の絶対的な音程を知覚することが示されている（Saffran and Griepentrog 2001）。どうやら，発達的脳障害がある子ども達は音程の認識の再組織化をすることができないようだ；このことはおそらく，発話における意味が豊かな音程遷移の識別学習にも関連しているだろう。ウィリアムズ症の子ども達の音楽形式に対する分析能力は高度ではないかもしれないが，音による情動表現の手段として音楽や歌に関わる彼らの姿は注目に値する（Don *et al.* 1999; Hopyan *et al.* 2001）。こうした子ども達の心理学的表現型は，社会的情動性，音楽性及び言語の衝動が脳内でいかに劇的に調和しているかを強調している。

異常な脳発達の他のケースでは，例えば成人では永続的な植物状態につながるような重篤な高次脳機能障害がある場合，十分なケアが必要な子どもは，基本的に無傷な高次脳領域が無いが，情動的意識は保持しており，彼らの苦痛は音楽や世話をする他者の音楽的表現によって和らげられる（Shewmon *et al.* 1999; Merker 2006）。我々は一般に，正常な音楽理解がいくつかの認知能力に実に深く浸透しているということを受け入れているが，より根本的だと思われる基礎的な音楽性が存在する。そのことは，我々の音楽愛が中核的な情動的及び動機づけ的過程に関わる我々の遺伝的遺産と密接に関わるという仮説を支持する（重大な精神的ハンディキャップに打ち克つ音楽的コミュニケーションの力の例については，本書第19章のウィグラムとエレファントを，音楽療法が薬物乱用による情動的混乱をいかに弱めるかについての説明は，本書第17章のロバーツを参照）。

7.3　音楽の神経科学
7.3.1　間主観的共感の脳処理の可視化

脳波計測により，生後8週の乳児の脳が女性の顔の提示に対して反応することが示されてきた。それは後に社会的に重要な概念や能力を獲得する皮質領域における活動だった；その能力は，顔や声で様々な人々やその人の特徴を認識するだけでなく，彼らのコミュニケーション的身振りを見たり聞いたりし，表出言語を発音したり理解したりする能力である（Tzourio-Mazoyer *et al.* 2002）。赤ちゃんの脳でも，お互いの発話や手の身振りを理解するようになると成人の脳で覚醒するのと同じ領域が活動するようになる（Willems and Hagoort 2007）。成人の音楽学習者に関する研究では，音楽スキルに関連する脳領域は発話や言語に関わる領域に相当することが示されている（Schlaug *et al.* 2005; Molnar-Szakacs and Overy 2006; 本書第8章のターナーとイオアニデス）。

このヒトのコミュニケーションの才能の「身体化」に関する魅力的な情報は，高次脳機能がいかに生じるかについての我々の見方を覆しつつある。しかし，個人全体の情動的な「心の中の時間」——動き，考え，思い出し，想像することについての（Clynes 1982; Clynes and Nettheim 1982; Wittmann and Pöppel 1999）——を生み出すヒトの脳ネットワークの場所と機構についてはまだ曖昧なままである。この不足は，音楽性とその生物学を取り巻く謎の大部分を占める。

7.3.2　感情神経科学，脳半球の認知神経心理学，音楽の意識

我々の自発的な音楽的本性は，ヒトの心の高次な情報処理活動は我々の感情経験を覚醒させるために必須ではないことを示唆する（Zajonc 2004; Sacks 2006, 2007）。感情的意識は認知的意識と十分区別できる（それらが大いに相互作用していることは言うまでもないが）。もしそれらを1つにしてしまうと，中核的な感情状態が脳内でどのように創り出されるのか（Ciompi and Panksepp 2005; Panksepp 2003a, b, 2005a, b），そして高次な情動が認知的相互作用を通じてどのように生じるのかについて容易に誤解してしまうだろう。大脳の損傷の場所が異なると効果も異なることがこの見方を裏付けている。

音楽性に関する広範囲に及ぶ脳メカニズムは脳損傷によってゆがめられ，混乱させられる一方で（Sacks 2007），認知的な脳の重篤な減少に耐えうる。モーリス・ラヴェルは，左脳半球の負傷により音

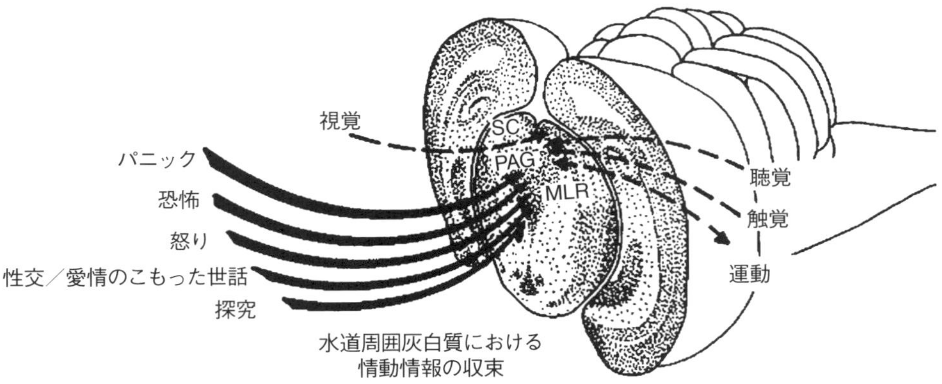

図7.1 中脳における水道周囲灰白質（periaqueductal grey, PAG）の自己調整メカニズムへの主要な情動システムの収束。（訳者補足：SC＝superior colliculus, 上丘；MLR＝mesencephalic〔midbrain〕locomotor region, 中脳歩行誘発野）

　楽を書く能力を失ってしまったが，他の多くの同じような脳損傷者もそうであったように，音楽を理解し楽しみ続けた（Peretz et al. 1998）。その他の限定的な脳損傷者も，知的機能，実行機能の多くを失っても，音楽の理解は保持し続けた（Peretz and Zatorre 2005; Srewart et al. 2006）。本来，音楽性はヒトの脳において非対称的である。我々の多くが，乳児期から，左半球より右半球で，自発的に音声の韻律を認識し，音楽を楽しんできた。我々は，左半球より右半球で，他者の情動に関与する（参考文献については以下を参照, Trevarthen 1984, 1996; Storr 1992; Schore 1994; Siegel 1999）。これらの非対称性は，我々が身振りで考えや感情を表現する方法においてもはっきり見て取れる（Kimura 1982; MacNeilage 1999）。
　乳児は，もちろん認知能力より感情能力を多く持って生まれる。我々は，ダイナミックで対人的な精神的，情動的生活とともにこの世に生を受ける。それは深い皮質下の情動的，感情的辺縁系前脳システムに集中しており，とても活発である（Chugani 1998; Panksepp 1998b）。音楽や発話を聴くことは聴覚新皮質の「中に」だけあるわけではない。乳児の音声認識に関わる脳皮質下システムは確かに聴覚皮質よりも活発であり，他の種の音声聴覚システムと直接的に比較することができる（Ploog 1992; Hauser 2000）。聴覚処理に必須の脳幹の経由地，頂部の下丘は，全ての情動システムが有機体の一貫した自己表象――原始的な中核的意識――に集中する場所である水道周囲灰白質（PAG）の上に横たわるように分布している（Damasio 1999; Panksepp 1998a, b; Merker 2005）。その脳領域は明らかに全ての哺乳類における感情処理を媒介している（Bagri et al. 1992）。こここそが母親の声が最初の感情的痕跡を残す場所かもしれないし，音楽的才能の実践によって培われる聴くことの洗練化において明らかに活発である（Musacchia et al. 2007）。そこには，我々が愛する者の声，したがってそこから推測すると，あるタイプの音楽への同調（Panksepp 1995）を含む社会的アタッチメントを媒介することを促すオピエート受容体[9]が十分にある（Panksepp and Bishop 1981）（**図7.1**）。

7.3.3　音楽の認識に関わる大脳の非対称性，そしてその情動的基盤

　より命題的で，言語的に定義される左半球的な能力を発達させる前から，赤ちゃんは我が子を愛する養育者と情動的なやり取りをするために準備された右半球優位性を示す（Schore 1994, 1998）。生後3か

---

[9] オピオイド受容体に同じ。中枢神経系に分布し，鎮痛作用の発現に関与している。オピエートはケシから生成される天然の鎮痛薬であるのに対し，オピオイドは同様の効果をもたらす合成化合物または体内で生成される化合物（内因性オピオイド[1]）を指す。

月の幼い赤ちゃんは，音楽に対する脳の覚醒効果が生後12か月よりも大きく，成人と同様，ポジティヴ及びネガティヴな情動がそれぞれ乳児の左及び右半球機能を覚醒させる傾向がある（Trainor and Schmidt 2003）。

音楽の神経学（例えばCritchley and Henson 1977; Steinberg 1995; Sacks 2007）では，長い間，感情的な音楽の理解と表現において，右の情動的‐韻律的な半球（Bogen 1969）は言語的‐命題的な左半球より影響力が大きいと考えられてきた（Peretz 1990; Perry et al. 1999; Zatorre 1984）。音楽のより分析的で学習的な側面は，左の新皮質の発達的潜在能力により依存していると思われる（Peretz 1990; Sergent et al. 1992）。左の新皮質は，より焦点化され一連のパターンがある動きとの特別な関係性を獲得する（Kimura 1982）。したがって，音楽への自発的で感情的な敏感性は，大人の脳では，典型的には右半球により媒介されており，このことは，ダイナミックで自己調整的な情動機能と音楽的処理の間の発達を通じた密接な関係性を示唆する。

脊椎動物の脳の生理学的，社会情緒的調整における非対称性には長い系譜がある（Bradshaw and Rogers 1993; Quaranta et al. 2007）。脳の右側は両生類まで遡り（Malashichev and Rogers 2002），ウェルビーイングのための「栄養向性」エネルギー節約型の調整への特化を示す一方，左側は「作業向性」エネルギー消費型の環境への関与により適応している。これらの非対称性はヒトの乳児において生得的であり，自己調整とコミュニケーションやパーソナリティの情動制御の両方において生涯を通じて機能する（Davidson and Hugdahl 1995; Trevarthen 1996; Davidson 2001; Tucker 2001）。それらは，視床下部‐下垂体‐副腎系（hypothalamo-pituitary-adrenal, HPA），交感神経‐副腎髄質系（sympathetic-adrenal medullary, SAM）の調整と関連する脳幹の非対称的なシステムに根を下ろしている。これらは両方とも神経化学的，ホルモン的結合媒介システムである。HPAはストレスの脅威に対する「苦痛」あるいは「保護的撤退」に関連しており，SAMは積極的な「努力」あるいは逃走と闘争を促すシステムに関連している（Trevarthen et al. 2006）。

7.3.4　音楽的‐情動的脳はどのように成長するか：胎児期にみられる内発的な動機と感情の起源

> 原初的な動機システムは大脳皮質以前の胎芽の皮質下及び辺縁系においてみられる。これらは，誕生後の子どもの脳の成長も導き続けると考えられている。我々は次のことを提案する。「内発的動機構造」(intrinsic motive formation, IMF) は胎児期から集合し，誕生時すぐに養育者と情動を共有できるようにし，子どもの皮質の発達を調整する。そしてその発達によって，文化的認知や学習が可能になる。
>
> トレヴァーセンとエイトケン（1994, p. 599）

我々の中核的な時間感覚と全身の生体力学における作動力の制御——柔軟な胴体を頭，腕，足と統合すること——は，広範囲に及ぶ内発的動機構造（IMF）によってリズミカルな制御，一貫性，エネルギー調整が可能になる（Trevarthen and Aitken 1994）（**図7.2**）。IMFは，運動を活性化，統合，操縦する神経システムの集合と定義され，動く身体の知覚的手引きを目標としており，四肢を調整したり，身体部位の慣性の力と外的媒介物との接触により生じる力に応じて全体の均衡を保ち，多様な感覚器官の認識に焦点を当てることによって目標を選択する（Trevarthen and Aitken 1994, 2003; Trevarthen 1997）。それは，脳幹，胎芽期の中枢神経系の中核，で生起し，運動器官と感覚領域の全ての表象を体性感覚的に，つまり，身体の極性と対称性に応じて，マッピングする（Trevarthen 1985）。IMFの全体的な解剖学的構造，そしてそのリズミカルな活動は，感覚神経や運動神経が有機的な生気と潜在的な身体的知性を外界の条件とつなげる前に胎芽期の脳において構築される。胎児の脳は，この経験探求的な意味において既に「意図的」なのである（Zoia et al. 2007）。

大脳半球が成熟し意識的な想像や思考のダイナミクスや，発話と音楽両方の詳細な経験を調整できる

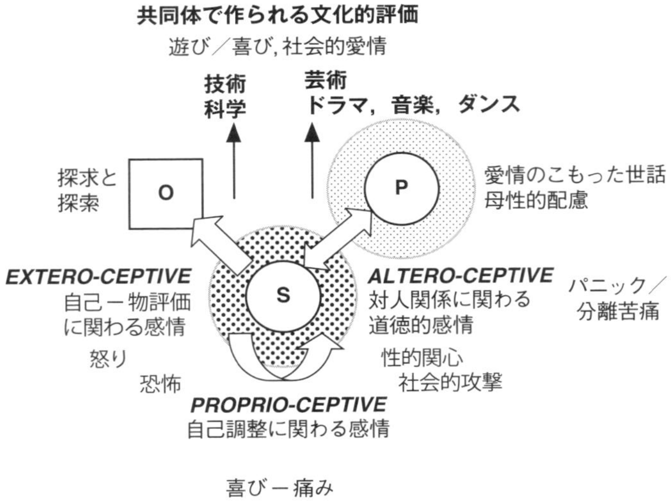

図7.2 内発的動機構造（Trevarthen and Aitken 1994）はヒトの生命状態を調整し，身体化された自己（S）の環境への関与を方向づける。そこには運動と知覚の情動的調整に関する3つの異なるシステムがある：身体的なウェルビーイングについての感情のための自己受容感覚（*proprioceptive*）；物理的な世界の物体（O）との関わりについての感情のための外受容感覚（*exteroceptive*）；他者（P）の意図や情動への共感のための共鳴受容感覚[10]（*alteroceptive*）。ヒトの音楽的な活動や経験は文化的過程の一部である。その過程において，これら3つ全ての調整システムの実践的及び情動的側面が伝達されることによって歴史的な共同体の技術と芸術が発達する（Trevarthen 1998, 2005）。基本情動システム（Panksepp 1998a）は，身体や物理的な物体に関わる経験（左）あるいは他者とのコミュニケーション（右）との関連において必要である。

ようになると（Callan *et al.* 2006），それらは脳の皮質下の統合的制御の中でおこなわれるようになる（Merker 2006）。全ての運動インパルスあるいは運動計画は，現在及び未来における有機体のウェルビーイングにとっての価値の観点から情動的に評価される。また，IMFの投射は，小脳における非常に強い統括的な力を調整し，協同する。小脳は，全身運動の筋骨格メカニズム全体に渡り，そして全ての感覚による予測的制御の下で，運動行為のタイミングを正確にし，秩序を与える（Bell *et al.* 1997; Bell 2001）。IMFの構造基盤の統合において，脳の感情システムと呼応して（Panksepp 1998a），多感覚情報に，自己についての成熟した構造基盤に関する先行する意図や注意，意識的経験に応じた意味が与えられる（Merker 2005, 2006; Northoff *et al.* 2006）。

7.3.5 ヒトの脳／心の皮質下領域において認知の下の音楽性を捜し出す

ヒトの神経心理学における古典的な業績の多くは，脳損傷患者の研究によるものである。しかし，今や脳損傷のない人々の脳活動を画像化することが可能であり，脳半球の関与の非対称性を検証し，音楽

---

10) 他者の身体の動きからその意図や感情を瞬時に，共感的に知覚すること。トレヴァーセンが提唱した「alteroception」の筆者による和訳。運動や姿勢の制御は，「自己受容感覚」（筋肉や関節等の緊張・伸縮といった自己身体感覚）を常に知覚し続けることで可能となる。トレヴァーセンは，コミュニケーションにおいて他者を知覚する際にも同様のシステムが機能していると考えた。つまり，トレヴァーセンは，他者の動きの運動学的，活動的，性格的側面からその動機や感情を常に知覚し続けることでコミュニケーションや協調的な活動が可能になると考えたのである。（参考文献：Trevarthen, C. Development of intersubjective motor control in infants. In M. G. Wade & H. T. A. Whiting (Eds.), *Motor Development in Children: Aspects of Coordination and Control*. Dordrecht: Martinus Nijhoff, pp. 209–261, 1986; Trevarthen, C. Infant semiosis: the psycho-biology of action and shared experience from birth. *Cognitive Development* 36, pp. 130–141, 2015）

的に引き起こされる感情経験に関連する効果を示すこともできる（本書第8章のターナーとイオアニデス）。例えば，協和音や不協和音の愉快なあるいは不愉快な側面は脳の特定の領域の活動の覚醒に関連している（Blood et al. 1999）。陽電子放出断層撮影法（PET）は，ヒトの脳の皮質下領域の活動の程度を強調することに優れていることが分かってきた。その領域は動物の情動性に関して長く示唆されてきた部位と相同であり，高次な感情に関与する（例えば Blood and Zatorre 2001）。価値のある仮説として，音楽は，心の中のダイナミックで感情的な過程を能動的に伝える役割を果たし，脳があらゆるレベルでそのようにすることに関与する一方で，身体状態の神経体液性調節に直接関わる脳幹の神経処理と関連する中核的自己における基本情動の感覚の覚醒に依存する（Panksepp 1998b）。環境認識に関わる高次認知処理や複雑な獲得スキルが，単独で，音楽理解の感情状態や本能的なコミュニケーションを支えられるとは考えにくい。音楽の報酬は，部分的には，報酬の探求と認識を統合する脳のドーパミンシステム（Alcaro et al. 2007）から生じるのかもしれない（Menon and Levitin 2005）。

脳の変化の相関分析に加え，音楽によって引き起こされる感情の原因となる構造基盤をいくらか理解するために脳の化学反応を直接操作することも重要である。脳のオピオイドシステムにおけるシナプス

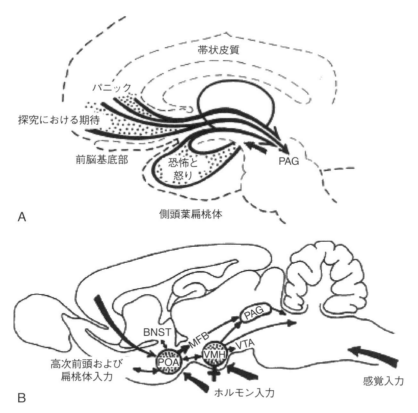

図7.3 情動は個体内及び共同体において身体と心の間を媒介し，意図，気づき，ウェルビーイングを調整する。哺乳類の脳皮質下情動システム（A）及びげっ歯類の性行動を調整するシステム（B）の概略図。BNST = bed nucleus of the stria terminalis（分界条床核）. POA = preoptic area（視索前野）. VMH = ventromedial nucleus of the hypothalamus（視床下部腹内側核）. VTA = ventral tegmental area（腹側被蓋野）. MFB = medial forebrain bundle（内側前脳束）. PAG = periaqueductal grey（水道周囲灰白質）(Panksepp 1998)

伝達を調整するナロキソンやナルトレキソンといった薬剤を使うことで，研究者達は既にオピオイド快システムが音楽理解の調節を促すかどうか評価してきた。既に述べたように，音楽によって喚起される情動は，オピオイド遮断によって著しく減じられる (Goldstein 1980)。一方で，末梢の自律神経系の効果を抑制する主な精神安定剤の少量の使用によって音楽の情動への影響が減じられることは報告されていない (Harrer and Harrer 1977, p. 216)。そのような検証はまだ初期であるが，我々の作業仮説としては，一般的な情動的影響は中枢の生命活動に必須のアミンシステムにおける変化から生じる可能性があり，より特定の気持ちや情動は内因性の神経ペプチド[11]システムによってもたらされる。同様に，多くの身体システムや処理に影響を与える音楽の効果に関する研究はだんだんと発展しつつあり（例えば Pratt and Grocke 1999; Kreutz *et al.* 2004; Stefano *et al.* 2004; Klockars and Peltmaa 2007），7.3.7節で，我々は，鳥肌感[12] (chills) という身体的感覚を生じさせる音楽の情動的な至高体験に関する研究について考える。

概して，脳機能画像によって深部の情動の発生器の部位を特定するためには，我々が今持っているものより感度が高くより反応性が良い技術が必要になるだろう（本書第8章のターナーとイオアニデス）。基本情動の覚醒が脳のとても広い範囲にまたがる変化の速い神経共鳴につながることは既に明らかである。情動回路は木のような構造に似ており，皮質下に幹と根があり，皮質領域に広範囲に及ぶ林冠がある (Panksepp 1998a) (図7.3)。したがって，我々は，音楽は多くのレベルで情動システムにアクセスし，全身に効果をもたらすと推測している。

音楽情報についての熟達した聴覚処理には，脳の多くの高次な領域が必要であり，（側坐核の動機づけ回路にみられるように）聴覚側頭葉から扁桃体と大脳基底核への入力に関連し，前頭，頭頂，辺縁系 - 帯状皮質領域が含まれる。これらは，小脳における運動ダイナミクスの洗練された統合とそれらの多感覚調整と密接に関連して機能する (Blood *et al.* 1999; Blood and Zatorre 2001; Menon and Levitin 2005)。

心理テストで調べられるような音楽的知性に不可欠な複雑な情報処理のためだけでなく，洗練された音楽理解能力や熟達した演奏のためには，多くの高次脳システムが必要である (Penhune *et al.* 1999; Peretz *et al.* 1994; Peretz and Zatorre 2003)。熟達した音楽家になると，音楽理解に関わる脳制御は右半球の感情的なスキルからより左半球の分析的スキルに切り替わるようだ (Zatorre 1984)。

つまり，音楽的知性の限局的な脳「モジュール」はありえず，多くの広範囲に及ぶ情動システムが音楽の感情的質を脳全体に伝えるのだろう。したがって，脳の高次領域には音楽理解に特異的な進化的適応があるはずだが，音楽の情動的な力は，音楽以前の脳の情動的な適応に大きく依存しているかもしれない。身体運動欲求を掻き立て，様々な自律神経系の変化を引き起こす力が音楽の律動にあることは，音楽の皮質下における強い影響力と合致する (Hodges 1995; Blood and Zatorre 2001)。

7.3.6 音楽に引き起こされる情動とその時の脳活動

熟達した音楽家も日常的な聴き手も同じように音楽の基本情動的，動機づけ的内容を認識する（例えば Juslin 1997, 2001; Robazza *et al.* 1994; Imberty 2000）。小さな子どもでさえ，かなり上手に音楽の情動的なテーマを同定する (Terwogt and Van Grinsven 1991)。ほとんどのヒトは，大人でも子どもでも，身

---

[11] 知覚や情動制御，摂食，生殖等を支える神経系の活動において，神経伝達物質やホルモンとして働く物質。神経ペプチドの一種であるオキシトシンは，ホルモンとして子宮収縮等を促すだけでなく，神経伝達物質として脳内で働くことも分かっており，親子関係等の形成に必要な親和的行動に関与していると考えられている。

[12] 本来「chill」は肌寒さや悪寒，転じて恐怖等を表す語であるが，本書（第7章及び第8章）では音楽を聴いた時のゾクゾクするような強い感動経験として用いられている。森と岩永による最近の和文総説にて，「chill」に対してこの訳語が当てられている（森数馬・岩永誠「音楽による強烈な情動として生じる鳥肌感の研究動向と展望」心理学研究 85(5), pp. 495–509, 2014)。

体の動きが異なる4つの命名された情動——喜び，悲しみ，怒り，恐れ——を区別する。そして同じ情動は，音楽のダイナミクスと調性によってはっきり異なるので，かなりの自信を持って容易に伝えられる。さらに，演奏家はこれらの個々の情動のダイナミックな「描写」を即興で演奏することもできる（Gabrielsson and Juslin 1996; Gabrielsson and Lindstroem 1995; Juslin 1997, 2001; Nielzen and Cesarec 1982）。しかし，これらの基盤についての理解はまだ始まったばかりである。なぜなら，音楽における動きが豊富な「生気情動」，スターン（1999）によって定義された，身体それ自体の中及び世界の中で動く感覚に関連する情動，を伝えることは明らかだからである（Krantz 2007; 本書第6章のリーとシェーグラー）。

　脳による音楽情報処理の足取りをつかんだと主張するデータは実にたくさんあるが（概略と考察については，Peretz and Zatorre 2003を参照），高次な大脳神経活動が生じる際に音楽の動機づけと情動がそれらをどのように引き起こし，調整しているのかについてはほとんど検証されてこなかった。ここで，機能的磁気共鳴画像法（fMRI）とPETは神経細胞の発火を直接観察しているわけではなく，皮質組織における局所的な新陳代謝性の生理的変化のみを計測しており，時空間解像度が限られていることを心に留めておこう。脳波または脳磁図だけがヒトの脳の電気活動をリアルタイムで直接観察できる技術である（Petsche *et al.* 1998; 本書第8章のターナーとイオアニデス）。

　そのギャップを埋めるため，パンクセップとベッケダル（1997）は，タウォークトとファン・フリンスフェン（1991）から選び出した標準化された「悲しみ」と「喜び」に対する局所的（脳波）変化を評価した。大脳面全体の局所的分析を用いて，これらの楽しい，悲しい音楽の最適な一節を約30回繰り返した。この繰り返しにより，ファーツシェラーら（1990）が開発した感度の高い事象関連脱同期及び同期（ERD及びERS）[13]アルゴリズムを利用することができた。

　結果は様々であった。感度の良いアルファ域（8〜12Hz）において，わずかな傾向のみであったが，主に女性について，とりわけ後部の多感覚皮質領域において，楽しい音楽が皮質の覚醒をより弱め（より同期），悲しい音楽はより覚醒（より脱同期）させた（Panksepp and Bekkedal 1997）。男性では，この逆のパターンであった。しかし，被験者本人達はこれらの音楽の選択には「関与」していなかった。自分で選んだ「大好きな」音楽を繰り返し聴いたときは，脳の変化がより頑健であった。楽しい音楽はより頑健な事象関連同期を生じさせ（つまり，皮質的な覚醒の減少），悲しい音楽はより強い事象関連脱同期を生じさせた（つまり，皮質的な覚醒の増加）。このパターンは，ヒトは悲しい情動状態ではより認知的で不安を掻き立てる問題についてくよくよと悩み，それが事象関連脱同期を促すと予想されることを考えると，理にかなっている。（リラックスした）幸せな気分のときでは，そのような認知的な覚醒は必要ない。しかし，デイヴィッドソン（1992）による記述や，音やメロディの単純な繰り返しの研究（Breitling *et al.* 1987）において記述されたものに相当する持続的な左右差は明確には観察されなかった。音楽は，宣言的記憶システムよりむしろエピソード記憶システムに関与しているようであり，それが情動経験に富んだ個人の生活史を築く（Tulving and Markowitsch 1998）。したがって，音楽は半球間で創造的かつ社会的に「振る舞い」，それらの相補的な精神適性の利用を促進しているかもしれない（Turner 1982, 1983）。

　上述のような皮質測定は，新皮質下の情動システム——感情状態の一次過程発生器——において生じているかもしれないものの良い指標にはならないことは強調しておくべきだろう（Liotti and Panksepp 2004; Panksepp 2000a, 2005a）。そのため，既に述べたPETやfMRIアプローチのようなより直接的ではない神経活動推定方法を使用する必要がある（Blood and Zatorre 2001; Menon and Leitin 2005）。

---

[13] 何らかの事象（運動や認知）に関連する脳波の特定の周波数帯域における振幅の減少及び増加のこと。例えば，後頭部におけるアルファ帯域（8〜13Hz）の振幅は，目を開けている時や課題等に取り組んでいる時には減少し，目を閉じている時や安静にしている時に増加する。

7.3.7 音楽の身体感覚：「鳥肌感」(chills) に焦点を当てて

これまでの多くの実験研究は，音楽が身体内の調整に与える効果を検討してきた（自律神経機能に与える効果についての初期の研究のまとめとして，Critchley and Henson 1977；より近年の研究として，Hodges 1995; Steinberg 1995）。音楽が意図的動作の準備に関連した自律神経機能と情動的感覚の両方をとても効果的に覚醒させ，変化させるという理由だけでも，音楽が身体ダイナミクスに与える効果も予想できる（Jeannerod 1994）。しかし，音楽に対する生理的な反応は，通常，人によって異なることがますます明らかになってきている（Nyklicek *et al.* 1997; VanderArk and Ely 1992）。このことは，動機づけについてのパーソナリティあるいは習性や身体化された生活イベントについてのエピソード記憶が，人々が音楽や他の社会情緒的経験にどのように反応するかについての重要な要素であることを裏づけている。この多様性は，ヒトの心理生理学と脳画像研究では一般的なのだが（Barrett 2006），音楽鑑賞においてなぜ感情的な関わりを好む人もいれば冷静な認知的観点を好む人もいるのかを明らかにするかもしれない(Storr 1992)。生命に関わる身体機能についての親密な対人的「共感的」調節は，誕生以前から，対人的な大胆さや臆病さ，自信や親密な支援の必要性における個人差を形成する。このことは同じ遺伝子を持つ双子さえ当てはまる（Piontelli 2002; Trevarthen *et al.* 2006）；おそらくそれらは，我々の音楽性や音楽の好みにも影響を与える。

音楽によって喚起されるひとつの劇的で一貫した身体的効果は，情動的に力強い音楽によって，強烈な感動を覚えたときに経験する震えの感覚，鳥肌感である（Sloboda 1991）。とりわけ，報われない愛や願望について，そして戦没兵士に敬意を示す祝典から沸き起こる愛国的な誇り（このことは集団の結束ダイナミクスを反映しているかもしれない）についての歌によって感じられる（Panksepp 1995）。これらの感情は強烈で望ましい感情的な至高体験として経験される。補足しておくと，黒板を爪で引っ掻くような他の鳥肌感を催すとても回避的な音（Halper *et al.* 1986）は，おそらくここでの議論とは異なる脳反応によって生じている。

この反応の生起にはかなりの個人差がある。典型的には，人々は既に情動的関係を築いている音楽作品に対してより鳥肌感を経験するが，鳥肌感は情動的に動かされる新たな音楽に対して素早く構築されることもありうる。このことは，それが個人が楽しんでいる音楽に対して発達させる愛着に基づく反応であることを示唆する。中には——おそらく社会的に情動的でなくより無感情な人——音楽的に喚起される鳥肌感をめったに感じない人もいる。しかし，ほとんどの人はその経験を楽しむ。女性は男性よりもその反応を示す。それはおそらく，その反応が「内面の」社会情緒的な敏感さに依存しており，女性は楽しく和やかなものとして経験した音楽よりもむしろ，悲しいもの，孤独や喪失の表現として経験

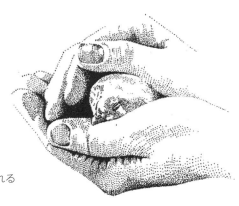

図7.4 ヒナは温かい手に包まれると眠りに落ちる

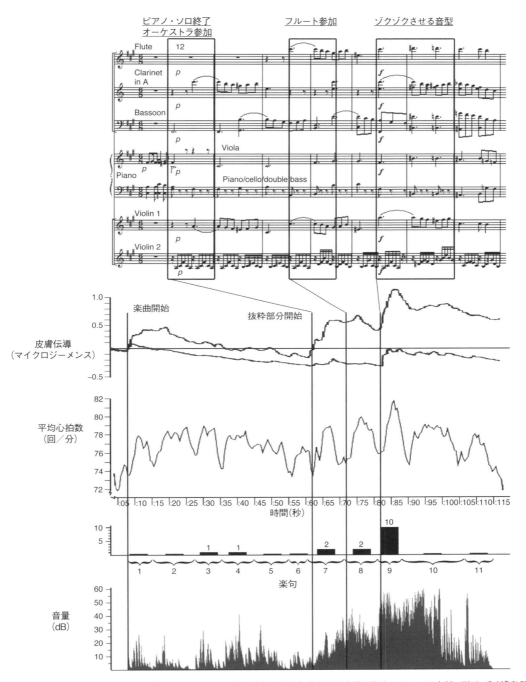

図7.5 Guhn *et al.* 2007による。モーツァルトのピアノ協奏曲（K488）第2楽章，11～18小節；聴き手が「鳥肌感」を経験するパッセージ，16～17小節（上の図）を含む。鳥肌群（n＝10；上の曲線）及び非鳥肌群（n＝11；下の曲線）それぞれのベースラインに対する平均皮膚伝導曲線（単位：マイクロジーメンス）（**皮膚伝導**）。参加者全員（n＝27）の平均心拍曲線（単位：1分間あたりの拍動回数）（**平均心拍数**），時間基準軸の単位は秒。縦棒グラフは指定された楽句1～11の区間において鳥肌感を経験した参加者の人数（合計n＝16）（**鳥肌感**）。音楽の**音量**曲線（単位：デシベル）。なお，楽譜の長さは演奏された音楽の長さと一致しない。また，ピアノ，チェロ，コントラバスのパートは似通っているため，紙幅の都合で1段で記譜されている。

した音楽からそのような経験をするからであろう (Panksepp 1995)。

ピッチの高さが維持されるクレッシェンドは鳥肌感を喚起する刺激の典型である。ひとつの仮説として，その反応を引き出す影響力のある聴覚的性質は，その音が赤ちゃんの分離時の泣き——特に母親の社会的ケアと注意を引きつける初期ケア要求信号——に似ているという可能性が考えられる。音楽的に喚起された鳥肌感は，社会的喪失の痛みを伴う情動的印象を媒介する我々の脳にある分離苦痛システムの共鳴から生じているのかもしれない (Panksepp 1981, 2003c)。部分的には，この反応の感情的印象は，社会的な再会を動機づける衝動を促進する分離経験によって引き出される恒常性の体温調節を反映しているかもしれない。社会的動機づけの進化的起源は，部分的には脳の体温調節ネットワークに関連している (Panksepp 1998a)。迷子の泣き声は我々の背筋をゾクゾクさせる。これは再会への衝動と身体と身体の接触を伴う社会的温もりの再構築を促進するかもしれない (**図7.4**)。実際，左耳 (そして右脳) へのポジティヴな情動価を持つ音楽は体温を上げる傾向があるのに対し，ネガティヴな情動価を持つ音楽には逆の効果がある (McFarland and Kennison 1989)。鳥肌感を喚起する音楽演奏は，切ない喪失感と再会や贖罪の可能性を混ぜ合わせる。そのような美的経験によって，我々は人間らしさ——我々の重要な社会的アタッチメントと愛情深い依存性，他人や自然との関係性——を思い出す。

薬理学的にオピエート受容体を遮断すると鳥肌感の発生を減少させることができるため (Goldstein 1980)，鳥肌感の反応は，部分的には，脳内で起こる内因性オピオイド活動の変化に起因することが分かる。その直接性はまだ曖昧である——鳥肌感の経験はエンドルフィンの大量分泌の後，あるいは反対に，おそらく内因性オピオイド活動の急激な減少の後に起こるのかもしれない (Panksepp 1995)。最近のヒトの脳のPET画像研究では，悲しみは辺縁系のオピオイド活動を伴うことが示されている (Zubieta et al. 2003)。ブラッドとザットーレ (2001) の研究は，鳥肌感を喚起する音楽を聴いている時の脳の社会情緒的な辺縁系領域における大きな覚醒について強調している。皮質下の情動的調整領域 (腹側線条体や中脳水道周囲灰白質領域) におけるポジティヴな感情反応との正の相関がはっきりとみられたのである。

鳥肌感の精神生物学に関する研究はようやく始まったところだが，その反応についての生理学的性質やそうした感情を喚起するであろう音楽の側面を解明しようとしている新世代の研究者を魅了しつつある (Craig 2005; Grewe et al. 2007; Guhn et al. 2007)。そうした音楽的に誘発された脳反応は，音楽の美的性質の解明を促すだけでなく，音楽の中毒性を明らかにするだろう (**図7.5**)。

7.3.8 音楽と社会的魅力及び「中毒」の神経化学

音楽の魅力，それは音楽的経験がいつまでも記憶に残るという特質を持っていることであるが，そのことは我々に音楽は明白な適応価を持つ記憶や情動の神経化学的性質を刺激しうるのではないかと思わせる。その通りだという証拠が増えてきている。動物の社会的絆は部分的には脳のオピオイドが調整する分離苦痛感情によって制御されている。それは中毒的な衝動を促進するかもしれない感情状態である (Panksepp 1981)。似たような脳のダイナミクスはヒトにおいても確認されてきた。例えば，ヒトの悲しみは新皮質外のオピオイド活動を伴うことが示されている (Zubieta et al. 2003)。重要な社会情緒的過程のいくつか，例えば母子間の絆のようなものには中毒性があるのだが (Panksepp 1998a)，もし音楽の情動的魅力がそうした過程の活性化に広く依存しているならば，音楽はそれと同等の中毒的特徴を持っているかもしれない。そしてその特徴は，社会的絆のある生活に有益，ともすれば不可欠なものかもしれない。

オピオイドに加えて，乳児と母親の絆形成には強力なオキシトシン性要素がある (Panksepp 1998a)。そして，成人の魅力は脳の似たような化学的性質によって促進されることがますます明らかになってきており (Insel and Young 2001)，脳の探求欲求，ドーパミンに媒介される衝動 (Insel 2003) の中毒的側面

と比較されている（Alcaro et al. 2007）。薬理学及び脳画像研究により，脳のオピオイド及びドーパミンシステムが音楽的な至高体験に関与することが示されている（Blood et al. 1999; Blood and Zatorre 2001; Goldstein 1980）。これは複雑な神経化学的カスケード反応[14]のほんの一端に過ぎず，詳細はまだ分かっていない。進化的観点で音楽的性質を考えるならば，音楽の情動的経験は究極的にはヒトの声のメロディー的な力に基づき，それは母子の愛に満ちたデュエットにおいて初めてはっきり現れるという結論に至るだろう。このことについての理解の価値は，ヒトに特異的な情動的財産が相変わらず動物的情熱の古い神経化学に基づいていることを認識したからといって，おとしめられるわけではない。

7.3.9 動物の脳における感情システムの神経化学 —— 他の種にとっての音楽とは？

音楽を聴くことには社会的過程を促す生得的な神経化学システムが関与するという考えを支持する証拠があるが，神経薬理学研究が間接的な情報を提供することはあるものの，ヒトの脳の神経伝達物質システムの活動を計測することは難しい（Goldstein 1980）。研究者達は例えばコルチゾールを評価するために，たいてい血漿あるいは唾液成分を計測してきた（例えば Kreutz et al. 2004; VanderArk and Ely 1992）。残念ながら，そのような末梢指標が脳の神経伝達物質のダイナミクスを正確に反映していることはなさそうである。

こうした方法論的な困難さのために，我々は実験動物の脳や行動に音楽がどのような影響を与えるかを測定することに心血を注いできた。初めのうちは，我々は（他の多くの人々と同様に），一般的な実験動物の中には我々の音楽を楽しんでいる，あるいは音楽を報酬として受け入れているものもいるだろうと素朴な期待を抱いていた。我々の知る限り，我々も他の誰も，動物がヒトの音楽を好むという確かな証拠をつかむことはできていない。このことは動物が音楽的刺激に影響されないということを意味するわけではない；動物も確かに音楽に影響されるのである（Panksepp and Bernatzky 2002; Chikahisa et al. 2006, 2007）。我々は，発声の情動コミュニケーションを典型的には超音波帯域（20〜60kHz）でおこなっている実験室ラットから，我々自身と同じ聴覚帯域でコミュニケーションを取る飼育ヒナの新生仔に焦点を移すことで，著しく一貫した結果が得られてきた[2]。

ちょうどぐずる赤ちゃんを母親が歌いかけてなだめるように，飼育ヒナが社会的仲間から短期間隔離

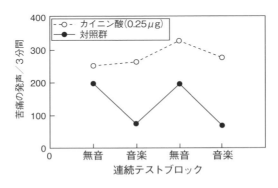

図7.6 音楽による飼育ヒナの苦痛の鳴きの減少

2　残念ながら，その研究のほとんどがまだ公表されておらず，総説論文で言及されるだけである。なぜなら，そのような研究は，影響力のあるジャーナルからは現在あまり重要でないとみなされているからである。これらの結果のまとめとして，Panksepp and Bernatzky (2002, pp. 147-148) を参照。

14）最初の1つの反応が引き金となって段階的に次々と別の反応が起こり，その積み重ねによって全体として大きな反応を引き起こすこと。カスケード（cascade）とは階段状に広がる連続的な小さな滝のことである。

されたときに発する分離による泣きを音楽が減少させることを我々は発見してきた。音楽によるこのなだめ効果は，大脳内カイニン酸によって動物が過剰に情動的な興奮状態に誘導されると消去される（**図7.6**）。内因性オピオイド，オキシトシンやプロラクチンといった神経ペプチドはヒナの分離苦痛を軽減させることに極めて効果的なので，我々は音楽がヒナの脳内のこうした内因性神経化学媒介物を活性化させると予想している。残念ながら，そうした脳の低密度な化学的性質の放出は測定が難しい。しかし，脳に直接作用するペプチドの1つ，オキシトシンはヒナにおいて音楽による作用と同様の決まった行為パターンを生み出すことが分かっている。オキシトシンあるいは鳥類でそれに相当するバソトシンを（神経ペプチドは血液－脳間の壁をすぐに越えないので）心室システムに直接投与すると，ヒナはリラックス行動──あくび，弾くような頭部の動き，羽毛を逆立てること，羽をはためかせること──を劇的に増加させる（Panksepp 1992）；これらの効果は音楽にさらされたトリにおいても通常観察される（Panksepp and Bernatzky 2002）。

その内因性オピオイド，オキシトシンやプロラクチンは，分離苦痛を減少させる現在最も強力な神経ペプチドであり（Panksepp 1998a），社会的絆を築くために重要である（Carter 1998; Insel 1997; Nelson and Panksepp 1998）。このことは，穏やかでうっとりさせるものとして経験される音楽もこれらの化学物質をヒトの脳に放出させている可能性を示唆する。オキシトシンによってヒナの羽毛が逆立つことは（そしてオピオイド離脱時にほとんどの動物にみられる「濡れた犬のような身震い」は），音楽が喚起する鳥肌感と生理学的に関連しているのだろうか。こうした考えの検証のためには，ヒトの研究に使用できるオキシトシン受容体拮抗剤の開発が待たれる。

ヒトにおいて，音楽は幅広い情動状態に関与し，神経化学的変化という広大なシンフォニーを確かに活性化させている。音楽は，快適さを調整する神経ペプチドシステムと相互作用することに加えて，より環境焦点型の情動反応を調整するノルエピネフリンとセロトニンに基づくような，覚醒している意識の全般的な覚醒及び注意システムとも相互作用するかもしれない（Panksepp 1986）。我々は，聴覚統合訓練（発達早期の自閉症のための音楽に基づく治療）がヒナのストレスを減少させる効果を評価した（Rimland and Edelson 1995; Waldhoer et al. 1995）。脳のノルエピネフリンの注意システムについて大きな効果が認められ（神経伝達物質の合成の増加），ドーパミンとセロトニンについてはより穏やかな効果が認められた（まとめとして，Panksepp and Bernatzky 2002, pp. 147-148）。この研究は，音楽的刺激が脳内における特定の遺伝子の発現を調整し，いくつかの遺伝子をメチル化[15]することにより永続的な後成的変化を潜在的にもたらすさらなる可能性を開いている。他の情動状態については，遺伝子発現プロフィールに影響を与えることが既に示されているものもある（例えば Kroes et al. 2006）。

音楽がヒナの感情的な神経化学的性質と行動に明らかに影響を与えることを前提に，我々はヒナやラットがヒトの音楽に対して何かしらの選好を示すかどうか調べた。このことについて頑健な証拠は得られていない。今日まで，他の種がヒトの音楽を好むという証拠は不十分である。そうは言うものの，音楽がヒトの脳のドーパミンの統合を促進し，血圧を下げ，パーキンソン症状を緩和しうるということは（Bernatzky et al. 2004; Sutoo and Akiyama 2004），音楽が脳の調整に与える影響の中には，動物モデルでは有効に調べられていない側面があるのかもしれないし，動物のケアに応用できる側面がある可能性もないとは言えない。

種横断的美学の考えを追い求める上で，我々は動物達自身の，種に特異的な情動コミュニケーション形式や彼ら自身の表現リズムを無視するべきではない（Hauser 1996）。彼らは，自分達が出した社会情緒的な音を我々が出した音よりも魅力的だと感じているようである（例えば Bradbury and Vehrencamp

---

[15] 遺伝情報の継承と発現を担う物質であるDNAの塩基配列に変化をもたらす化学反応のことであり，遺伝子発現において重要な役割を果たしている。

1998)。例えば，ラットが遊ぶときのチーチーという50 kHzの鳴き声は，我々には全く聴こえないが，彼らのけんかごっこや性的な誘惑のときに実に多く観察され（熟達したヒトによるくすぐり遊びのとき特に），サルやヒトが興奮や安心，喜びの共有を表現するときの笑いに似ているかもしれない（Hooff 1989; Panksepp 2005c, 2007a）。これらの笑いのような音声は，幼いラットにとっては社会的誘引物として機能する（Burgdorf et al. 2007; Panksepp and Burgdorf 2003）。他の種にとって情動的に重要な音声信号を増幅し，様式化することにより，我々は，動物達の自然な鳴き声への関心を凌ぐ選好を増やすことができるかもしれない。もしそうなら，おそらく我々は——ニワトリのコッコッと鳴く音や，ブタのブーブーあるいは鼻を鳴らすような音，ネコのニャーという鳴き声，ラットの50 kHzのチーチーという鳴き声等々を音楽的に様式化した音を用いることでおそらく——単純で社会的に魅力的な他の種にとっての「原音楽」的メッセージを創り出すことができるだろう。そのような原音楽を伴う経験は，経験豊富な動物の調教師の発声の感情的質のように，動物達の社会的傾向を調整するのだろうか？　好きな音楽の音は，退屈な実験室の生活や狭い飼育場の状況をより楽しいものにするのだろうか？

　動物モデルは，遺伝子（Ridley 2003）や学習メカニズム（Kandel 2006），ヒトの情動の基礎的な神経生物学的性質（Panksepp 1998a）についての我々の理解を劇的に向上させてきた。いずれそれらは，音楽への情動的動機の理論をもたらしてくれるのだろうか？

7.4　音楽の応用精神生物学
7.4.1　音楽的感情及び音楽的な知性と技能のトレーニング：動物的サインを超えて創作される芸術へ

　ヒトの音楽性は生得的でとても教えやすい：我々は音楽を作り，それを文化的形式の中で子ども達と共有するし，子ども達は遊びの中で彼ら自身の「直観的な」音楽的文化を創り出し，互いに教え合う（Bjørkvold 1992）。音楽を作ることは，個人内及び個人間に創造的な心理的空間を開く。こうしたことは我々の知る限り，他の動物には存在しない。おそらくヒトにおける進化の決定的な新奇性は，二足歩行の進化によって解き放たれた身体表現のポリリズム——歩行，行進，スキップ，ダンス，ワルツをする人々が複雑な思考と熟達した目的性の相補的な伝達者として自由な2本の手と10本の指を用いることによる内発的動機パルス——に関連している（McNeill 1992; Trevarthen 1999）。チンパンジーの身振りに関する研究から，儀式的な手の運動による柔軟なサイン作りが発話の進化に先行していた，つまり，身振りのサインが，シンボルになりうる口による可聴的サインを作ることにつながった可能性を示す証拠が提示されている（Pollick and de Waal 2007）。結局，音楽におけるサインは，口によって作られるにしろ楽器によって作られるにしろ，ある意味で「可聴的身振り」である。しかし，加えて，物語として学習されうる身振りの広範囲に及ぶメッセージの新たな意味は，音楽の起源——我々が「ナラティヴの力」として特徴づけてきたもの——に関与している（Kühl 2007; Imberty and Gratier 2008）。

　おそらくヒトの音楽性のポリリズム的テクスチュアは，霊長類の木登りや非常に柔軟な狩猟採集に必要な新しい複雑な手の技能から成長した；こうした活動の中では，操作的技能の計画，制御，学習，そして探索的，創造的活動の方略の計画において異なる役割を担う2つの大脳半球の相補的な働きによるよく練られたフーガにおいて，手と指が素早く動く（Trevarthen 1978, 1995）。音楽の作曲や演奏は，手と口による動きや熟達してきた聴く行為のための技能の新たな複雑さを発見，創造，練習しようとするヒトの衝動に確かに依存している（Donald 2001; Schögler and Trevarthen 2007）。脳機能画像研究から，ヒト科においては，身体運動と手及び口による表現の間の協調のための新しい脳システムの発達が発話と言語の進化において重要であることを示す理論と証拠が提示されている（MacNeilage 1999; Willems and Hagoort 2007）。

音楽は，芸術としての行為と思考についての，明らかにヒトらしい文化的発明性への本能から生じる——神秘と想像の新しい貴重な創造物をともに作り上げ（Dissanayake 1988），意味共有のハビトゥスを築き上げる（Bourdieu 1990; Gratier 2008）。全ての音楽的発明は，どれほど自発的または偶発的であっても，演奏や作曲の個々の慣習を借用し，練り直し，思い出す傾向がある。赤ちゃんでさえ，ほんの生後6か月で，「彼らの」赤ちゃん歌の儀式的な運動が，「適切な」対人協調によって「正確に」演奏されることを望む（Trevarthen 2002; 本書第4章のマーカー，第11章のエッケダールとマーカー，第14章のグラティエとアプター＝ダノン）。

慣習的な楽音（つまり，音符）は，自然な情動的音から間接的に生じた音楽的伝統の人工物である（本書第3章のブラント）。記譜法は，もちろん合理的な道具であり，音楽形式を紙上で組み立て，伝えるために発達してきた。実際は，楽譜を読む訓練を積んだ音楽家によって演奏されるように，どのような音符も，印刷されたページ上に表記された通りのただ「純粋な」音になることはないだろう。動物の情動的な音の全ては，そしてヒトの発声の全ては，表現豊かな楽器演奏の音だけでなく，歌声も含め，強度と音質の変動を伴い調整される；こうした調整は，そのような音の表現の豊かさに不可欠である（本書第6章のリーとシェーグラー）。

文化的媒体として，音楽は，認知処理と合理的変形からさらなる喜びを得る。音楽家は，慣習的要素を学習すること，そして音の同一性を調整してエキサイティングな方法で情動を混ぜる技能を発見することによって，彼らの創造物を自由自在に操る能力を得る（本書第3章のブラント）。しかし，我々は，共有世界の芸術，技術，儀式，言語となる人工的な意味を発明するように動機づけられている種である一方で，非常に熟達した音楽家が演奏する時や母親が乳児に陽気に騒ぐように歌いかける時のその場の勢いで起こるような自発的に表現される情動に飽きてしまうことはない。これらの情動の「ダイナミクス」と「ハーモニー」は我々の関係性の質に対して強力な影響力を持つ。

7.4.2 音楽演奏の審美的基盤

我々が音楽をどのように巧みに演奏し，どのように知性的な作曲をおこない，どのように音楽に感動するかは，異なる神経心理学的能力，認知，技能によるが，創造と享受はともに感情的基盤を共有している。我々の即時的な情動経験は，音楽芸術を十分に理解するために不可欠な文化的慣習に強化されるような認知的精緻化に備えている（本書第4章のマーカー，第8章のターナーとイオアニデス）。

熟達した音楽性には，複雑さだけでなく，神経的に媒介された美の特質があり，優雅な表現による審美的魅力のある記憶に残る物語を伝える。伝達的意義を託されると，動きの優雅さは個人的にも対人的にも非常に情動的になる。美は，共有することができるから価値がある。それはヒトの活動や自然物体を「特別」なものにする（Dissanayake 1988）。

芸術は，共有することができる経験や物を創造する喜びをダイレクトに伝えることに関係する。芸術は産物の実用性などおかまいなしに，パフォーマンスの儀式や「物語」を高める；それは芸術を「技術」と区別するものである。しかし，進歩的な芸術的パフォーマンスの技能は，芸術と技術をつなぎ合わせる（Flohr and Trevarthen 2007; 本書第27章のロドリゲスら）。そして，そのような技能を学習することで，小脳と大脳新皮質のとても適応的な組織における行為と経験の精緻な表象を蓄える脳部位に変化が起こる（Schlaug *et al.* 2005）。音楽の知覚や実行に関わる知識と技能の学習にはあらゆるレベルの脳システムが関与しており，その全てが「情動的」と呼ばれるわけではないが，その全てが情動的価値判断の影響を受けやすい（Molnar-Szakacs and Overy 2006）。

遊び心に満ちた芸術や儀式はほぼ確実に，子どもの脳の発達や健全な社会において評価されている技能の発達にとって特別な価値を持つ（d'Aquili and Laughlin 1979）。活発で楽しい音楽的経験における早期教育は，音楽性の流暢な情動的表現を獲得し，共有する機会によって，子どものその他の心的装置に

対して，そして発達全般に対して重要な良い効果をもたらすかもしれない (Bjørkvold 1992; Custodero 2005; Flohr and Trevarthen 2007)。そうした楽しい活動は，脳内の神経細胞成長要因を活性化させ，生きることの生涯にわたる満足感を促進する脳システムをも後成的に刺激し，それにより抑うつを減少させるかもしれない。幼児期早期における芸術の役割は著しく小さくなっている。とりわけ，「基礎に帰れ運動」や「落ちこぼれゼロ」政策が芸術への情動的な関わりを打ち負かしてしまった米国においては(ただし，例外については本書第22章のフレーリッヒを参照)。音楽や芸術を学校のカリキュラムから削除し，合理的で技術的な技能に限定された指導をすることは，全ての子どもを落ちこぼれにすることに等しいかもしれない——誤った，感受性の乏しい倹約である (本書第27章のロドリゲスら)。

7.4.3 気分，運動，思考の調整における音楽の情動的効果

音楽は気分誘導に非常に効果的であり (Camp *et al.* 1989; Kenealy 1988; Mayer *et al.* 1995; Stratton and Zalanowski 1991)，実験者が選択したものより参加者が選択した音楽を用いるときにより頑健な効果が得られる (Carter *et al.* 1995; Thaut and Davis 1993)。公式の評価では，誘導された気分変化はその音楽の後ほんの10分程続く (Panksepp and Bernatzky 2002)。これは空間的推論課題におけるモーツァルト効果[16]と同じ程度の長さであり (Rauscher and Shaw 1998)，このことは，両効果が単純に非特異的な注意集中型の覚醒効果に媒介されるという結論を支持する。新生児も，音楽を積極的に聴く兆候を示すのなら特に，音楽になだめられる可能性がある (Standley 1998)。補足すると，学習に有益ななだめる効果は実験室ラットにおいても見られてきた (Chikahisa *et al.* 2006, 2007)。感情的なダイナミクスの変化や「一般化されたアモーダル[17]認知」の刺激 (Kühl 2007) は，広く歓迎されているモーツァルト効果の基盤となっているかもしれない (音楽を聴くことが子どもに与える認知的，学力的効果についての文献の概観としてCrncec *et al.* 2006を参照)。

音楽によって喚起されるポジティヴな気分は創造的な制作を促進しうるが (Adaman and Blanery 1995)，解決困難な測定上の問題がある (Asmus 1985)。創造的な音楽性が他者から美しい，ほれぼれすると賞賛されることによって生じる喜びが，幼児期早期からの音楽への参加において示される喜びやウェルビーイングに関する情動のためのとても強力な強化子であるということには，ほとんど疑う余地はない (Bjørkvold 1992; Trevarthen 2002; Custodero 2005; 本書第9章のマゾコパキとクジュムザキス)。

音楽が身体運動の制御に与える影響は即時的かつ重大であり，年少児は教えられることなく自発的に音楽に取り組む (Bjørkvold 1992; Scott and Panksepp 2003b; 本書第6章のリーとシェーグラー，第9章のマゾコパキとクジュムザキス，第22章のフレーリッヒ，第23章のクストデロも参照)。情動，異なるタイプの行為傾向，我々が出す音の間の先祖代々の関係性は，古代から続く，我々の特質の基盤となるものである (Todd 1985)。これらの関係性は，音楽だけでなくダンスの創造的な力と感情的な臨場性に例示される。我々の種についての祖先の知識の多くは，儀式的なチャントやダンスによって伝統的に伝えられた。そうしたチャントやダンスは，一連の複雑で文化的に重要な行為がどのようにおこなわれるべきかを魅惑的でメタファー的なやり方で表現することができる (Turner 1974, 1982; Lakoff and Johnson 1980; Donald 2001; Mithen 2005; Cross 2007; 本書第3章のブラント，第4章のマーカー，第5章のクロスとモーリー)。

---

16) モーツァルトの曲を聴くと知能が上がる現象のこと。フランシス・ラウシャーらは，大学生にモーツァルトの曲「2台のピアノのためのソナタ ニ長調 K448」を10分間聴かせた後，スタンフォード・ビネー知能検査の空間的推論課題を実施した。モーツァルトを聴いた学生は，リラックス音楽を聴いた学生や何もせず安静にしていた学生よりも成績が高かった。しかし，その効果は10〜15分程度しか持続しなかった。(参考文献：Rauscher, F. H., Shaw, G. L., & Ky, K. N. Music and spatial task performance. Nature 365(6447): 611, 1993)

17) 巻末の参考資料「モダリティ」を参照。

リズミカルな音楽が持つ力強い身体行為を促し協調させる能力は，音楽とダンスの生物学的‐文化的共進化への推進力として確かに役立っている。多くの文化では，音楽とダンスの間に意味的な区別はない。例えば，イボ語[18]のンクワァは，踊ること，歌うこと，楽器を演奏することを意味する。単なる音だけの音楽という概念はないのである（Cross 2001; 本書第5章のクロスとモーリー）。同じことは古代ギリシア語の単語ムーシケー（μουσική）にも当てはまり，それは音楽，詩，そしてダンスを意味した（Storr 1992）。それらは全てディオニソスの儀式で讃えられたものである。

数えきれないほど多様な自己調整及び自己表現運動が腕や手によって加えられる。それはまた，目と顔の動きや声の抑揚と複雑に協調した身振りを用いることで思考や概念の調整と伝達を促す（Nespoulous *et al.* 1986; Varela *et al.* 1991; McNeill 1992; Goldin-Meadow and McNeill 1999; Gallese and Lakoff 2005）。

パーキンソン病のドーパミン欠如にみられるような，リズミカルな身体運動のために起こるコミュニケーションの障害は，音楽によって部分的に緩和される。音楽の強烈なリズムにさらされると，身振りの表出を阻害する不随意運動を含む運動困難症状が緩和されることが指摘されてきた（Sacks 1973）。より厳密なアプローチによって臨床的な報告が確認されてきている（Bernatzky *et al.* 2004; Pacchetti *et al.* 1998; 本書第6章のリーとシェーグラー）。実際，動物の脳では，身体運動訓練と音楽がドーパミン合成を促す（Sutoo and Akiyama 2003, 2004）。深刻な心的外傷の影響の緩和を促すために音楽活動を治療的に利用することは，自信と喜びをもたらす情動的，社会的な利益だけでなく，運動制御の向上にもつながる（本書第17章のロバーツ，第25章のオズボーン）。

7.5 結論：音楽と言語の統語論と意味論における感情調整

教育のための音楽性の重要性について考えることで，我々はコミュニカティヴ・ミュージカリティと言語の間の関係性，そして関与する脳システムに関する問いへと立ち戻る。乳児研究は，音楽的コミュニケーションが命題的発話が生じる前からヒトの乳児と母親の間に存在することを示している（Trehub 2006）。成熟に伴い，乳児の種々の情動‐音楽的コミュニケーションは2つの流れに分離する——左半球に向かう命題的発話の流れ，そしてより力強く右半球に向かう韻律的‐情動的流れである（Callan *et al.* 2006; 本書第8章のターナーとイオアニデス）。この主張をいくつかの構成要素に分けて分析すると，乳児期のコミュニカティヴ・ミュージカリティに似た意味共有の形式をヒト以前に生じさせた他の種の情動的な音に示されるような，ヒトの言語への動機の進化的起源を支持する主張が浮かび上がる。このことは下記のようにまとめることができる：

1. 動物は，情動的な音や普通の想像よりはるかに微かな手がかりによってコミュニケーションをおこなうが（Burgdorf and Panksepp 2006; Panksepp and Burgdorf 2003），それは感情的なコミュニケーションのみである（Panksepp 1998a, b; Wallin, Merker and Brown 2000の第2節; Fitch 2006）。
2. 音楽は情動の「言語」であり，その感情的な力は皮質下の情動システムから生起する（Blood and Zatorre 2001; Menon and Levitin 2005; Panksepp and Bernatzky 2002）。
3. 原言語につながる語りにおいて手の身振りを声の身振りに結び付ける原音楽的能力（Halliday 1975）は，ヒトの心の発達において言語に先行する（Fernald 1992a, b; Trehub *et al.* 1984; Malloch 1999; Trevarthen 1999）。
4. 音楽の発声的身振りによるコミュニケーションと声と手の言語能力はしっかりと結びついたままであり，それらに関与する脳内処理には重なりがある（Callan *et al.* 2006; Schwartz *et al.* 2003; 本書

---

[18] アフリカのニジェール・コンゴ語族の言語。音の高低パターンで意味を区別する声調言語である。

第 8 章のターナーとイオアニデス)。

　声の表現の韻律的側面は，乳児を発話の理解と産出へと導くためだけでなく，生涯を通じた言語学習のためにも極めて重要であることは明らかである (Fonagy 2001)。音楽と言語は，それらの最も早い時期から最も複雑な精緻化に至るまで，意図的な活動において，同じリズミカルなフレーズや，感情的な音，メロディ，韻律を共有している。言語を学習する脳は間主観的協調の器官であり，この目的で，本来音楽的である情動調整システムを有している。

　したがって，新たに発生する認知能力を導く我々の初期の感情－音楽的動機づけとは区別されたヒトの言語を想定することは理にかなっている。我々の暫定的な結論は，「言語を生み出す本能」の枠組みにとらわれない人々のそれのように，我々の生来の音楽的性質が我々のより古代の社会情緒的性質に由来するということだけでなく (Panksepp 1998b, 2005a)，言語の発生が我々の情動感覚能力によって予め調整されていたということである (Shanahan 2007)。発声による感情的コミュニケーションは，発話による命題的コミュニケーションの進化の前提条件だったのかもしれない。

7.5.1　コーダ：生物－音楽研究の近未来

　社会的過程と我々を魅了する音楽の関係性は，本章及び本書全体に渡り強調されてきたように，情動共有の性質とその重要性についての情報を与えてくれる。音楽は，動物界における我々の地位のユニークさ——この世の深い喜び，悲しみ，力，驚き，そしてその道徳的複雑性を理解する能力——についての認識を増大させうる。それは我々の権力意識や勝利を収めた意気揚々とした感覚，あるいは苦しむ人への思いやりや責任感においてなくてはならない構成要素になりうる。音楽は我々の物理的，社会的，精神的世界の広大な美しさへの畏怖を増大させる。それゆえ，音楽が社会的絆の生物学に深く依存している可能性のある宗教伝統の一部になりやすいのも自然なことである (Ostow 2007)。

　いつの日か，依然として無慈悲なほど還元主義的な神経科学の文化が我々の魂が全くもって生物学的であると認識し受け入れ始めたとき (Panksepp 1998b)，我々は，音楽がいかにヒトの精神に触れ，運ぶかについて真に理解するだろう。そうして我々は，音楽がドキドキするような官能的なリズムや愛国的な憤激も容易に捉える一方で，穏やかな交流や寛大さのための能力——慰めや優雅さの追求——を音楽がいかに豊かに育むかについて理解し始めるだろう。我々の全ての音楽性の進化的起源は，進化した我々の心の情熱的な性質に深く埋め込まれている。それら全ては，内発的動機構造 (IMF) によって運ばれる中心的な探求 (SEEKING) 衝動を伴う中核的な自己 (SELF) といった用語に要約してきた複雑な身体表象に基礎を置いている。我々を動かす情動が神経ネットワークによっていかに精緻化するかについてより深く理解するためには，生きた脳の広域的な神経力学的リズムを調べる方法を見つける必要があるだろう (Panksepp 2000b)。

　我々の音楽愛は，究極的には，動きの中の情動の音——適応的な生気の潜在指標である感情的感覚を覚醒させうる音——を送受信するという祖先から受け継がれてきた我々の哺乳類的な脳の能力を反映している。我々が発する情動的な叫びや泣きの多くは，ある行為や出来事がウェルビーイングやサバイバルを促進するのかそれとも妨害するのかを伝えるために進化的にデザインされた。動物の脳の情動性表現の進化的生成に関わる領域として長く示唆されてきた脳領域 (Panksepp 1998a, 2005a) において，音楽的な至高体験の劇的で深い皮質下の基盤が現代の脳画像研究によって明らかにされてきた (Blood and Zatorre 2001; Menon and Levitin 2005)。音楽が脳の情動的／感情的処理をいかに覚醒させるかについて理解することで，最終的には，我々がいかに音楽を愛するようになるか，そしてそのような音への強い愛着や音との感情的関係から我々が得る利益——おそらく言語そのものの生気——について科学的に理解できるようになるだろう。

音楽への熱中における皮質下の情動システムの役割は，最近まで意識研究においてそうであったように，依然としてかなり過小評価されている（Panksepp 1998b, 2005a, b; Denton 2006; Merker 2006）。祖先から受け継がれてきた本来備わっている情動システムのダイナミクスがなければ，学習された音楽的能力は感情的に平坦なままであり，その複雑さは単なる知力の行使か力強い大作になるだけである。

そのような基本的な情動的基礎のうえに，アーティスト達は我々が決して忘れないシンプルなメロディーあるいは荘厳な音空間を築き，大聖堂やコンサートホール，野外ロックフェスティバルを満員にすることができる。彼らは，単純な感情的あるいは進化的関心をはるかに超えた文化的音楽的伝統を創り出してきた（Becker 2004）。音楽的意味は結局のところこれらの文化的創造と我々の心の神経‐感情的構造に埋め込まれている。進化的あるいは神経心理学的のどちらの観点で音楽を理解しようとしても，その試みは当然還元的な近似であり，美学の多様な社会文化的次元に築かれた豊富な楽音を十分に説明することはできない。この困難な領域のための基礎的な精神生物学的知識を確立すると言うのなら，我々はまず，自然の複雑さを暫定的に単純化することに甘んじなければならない。実証的に導かれた理論的な逐次近似によって，我々の情熱や知性，技能を芸術全体に調和させる精神機構について永続的に理解していくことができるかもしれない。

経験と教育はこうした可能性を大いに引き出す。その可能性は終わることのない文化的発明への欲求を目覚めさせる。このように，音楽は我々を動かし続ける。多様な意味が共有されるこの世界で。

（福山寛志訳）

訳者謝辞

本章の翻訳を始めるにあたり，原著者のヤーク・パンクセップ教授から暖かい励ましをいただきましたが，教授は本翻訳執筆中の2017年4月に逝去されました。心より哀悼の意を表します。また，もう一人の原著者であるコルウィン・トレヴァーセン教授から非常に多くのご助言を賜り，翻訳を終えることができました。お二人のご厚意に深く感謝申し上げます。

引用文献

Adaman JE and Blaney PH (1995). The effects of musical mood induction on creativity. *Journal of Creative Behavior,* **29**, 95–108.

Alcaro A, Huber R and Panksepp J (2007). Behavioral functions of the mesolimbic dopaminergic system: An affective neuroethological perspective. *Brain Research Reviews,* **56(2)**, 283–321.

Asmus EP (1985). The development of a multidimensional instrument for the measurement of affective responses to music. *Psychology of Music,* **13**, 19–30.

Bagri A, Sandner G and Di Scala G (1992). Wild running and switch-off behavior eleicited by electrical stimulation of the inferior colliculus: Effect of anticonvulsant drugs. *Pharmacology Biochemistry and Behavior,* **39**, 683–688.

Barrett LF (2006). Solving the emotion paradox: Categorization and the experience of emotion. *Personality and Social Psychology Review,* **10**, 20–46.

Bateson MC (1979). The epigenesis of conversational interaction: A personal account of research development. In M Bullowa, ed., *Before speech: the beginning of human communication,* pp. 63–77. Cambridge University Press, London.

Becker J (2004). *Deep listeners: Music, emotion, and trancing.* Indiana University Press, Bloomington, IN.

Bekoff M and Byers JA (1998). *Animal play: Evolutionary, comparative and ecological approaches.* Cambridge University Press, New York.

Bell C, Bodznick D, Montgomery J and Bastian J (1997). The generation and subtraction of sensory expectations within cerebellum-like structures. Brain, *Behavior and Evolution,* **50**, 17–31.

Bell CC (2001). Memory-based expectations in electrosensory systems. *Current Opinion in Neurobiology,* **11**, 481–487.

Bellugi U (ed.) (2001). *Journey from cognition to brain to gene: Perspectives from Williams syndrome.* MIT Press, Cambridge, MA.

Benzon WL (2001). *Beethoven's anvil: Music in mind and culture.* Basic Books, New York.（ベンゾン，西田美緒子訳『音楽する脳』角川書店，2005）

Bernardi L and Sleight P (2007). Music and biological rhythms. In M Klockars and M Peltomaa, eds, *Music meets medicine*. Acta Gyllenbergiana VII, pp. 29–41. The Signe and Ane Gyllenberg Foundation, Helsinki.
Bernatzky G, Bernatzky P, Hesse HP, Staffen W and Ladurner G (2004). Stimulating music increases motor coordination in patients afflicted with Morbus Parkinson's. *Neuroscience Letters*, **361**, 4–8.
Bernstein N (1967). *Coordination and regulation of movements.* Pergamon, New York.
Bjørkvold J-R (1992). *The muse within: Creativity and communication, song and play from childhood through maturity.* Harper Collins, New York.（ビョルクヴォル，福井信子訳『内なるミューズ―我歌う，ゆえに我あり』NHKブックス，1999）
Blacking J (1976). *How musical is man?* London, Faber and Faber.（ブラッキング，徳丸吉彦訳『人間の音楽性』岩波書店，1978）
Blacking J (1988). Dance and music in Venda children's cognitive development. In G Jahoda and I M Lewis, eds, *Acquiring culture: Cross-cultural studies in child development*, pp. 91–112. Croom Helm, Beckenham, Kent.
Blacking J (1995). *Music, culture and experience.* University of Chicago Press, London.
Blood AJ and Zatorre RJ (2001). Intensely pleasurable responses to music correlate with activity in brain regions implicated in reward and emotion. *Proceedings of the National Academy of Sciences*, **98**, 11818–11823.
Blood AJ, Zatorre RJ, Bermudez P and Evans AC (1999). Emotional responses to pleasant and unpleasant music correlate with activity in paralimbic regions. *Nature Neuroscience*, **2**, 322–327.
Bogen JE (1969). The other side of the brain. II: An appositional mind. *Bulletin of the Los Angeles Neurological Society*, **34**, 135–162.
Bourdieu P (1990). *The logic of practice.* Stanford University Press, Palo Alto, CA.
Bradbury JW and Vehrencamp SL (1998). *Principles of animal communication.* Sinauer Assocs, Sunderland, MA.
Bradshaw JL and Rogers LJ (1993). *The evolution of lateral asymmetries, language, tool use and intellect.* Academic Press, New York.
Bråten S (2007). *On being moved: From mirror neurons to empathy.* John Benjamin, Amsterdam/Philadelphia.
Bråten S and Trevarthen C (2007). Prologue: From infant intersubjectivity and participant movements to simulations and conversations in cultural common sense. In S. Bråten, ed., *On being moved: From mirror neurons to empathy*, pp. 21–34. John Benjamins, Amsterdam/Philadelphia.
Breitling D, Guenther W and Rondot, P (1987). Auditory perception of music measure by brain electrical activity mapping. *Neuropsychologia*, **25**, 765–774.
Brown S (2000). The 'Musilanguage' model of language evolution. In NL Wallin, B Merker and S Brown, eds, *The origins of music*, pp. 271–300. MIT Press, Cambridge, MA.
Burgdorf J, Wood PL, Kroes RA, Moskal JR and Panksepp J (2007). Neurobiology of 50-kHz ultrasonic vocalizations in rats: Electrode mapping, lesion, and pharmacological studies. *Behavioral Brain Research*, **182**, 274–283.
Burgdorf J and Panksepp J (2006). The neurobiology of positive emotions. *Neuroscience and Biobehavioral Reviews*, **30**, 173–187.
Burghardt GM (2005). *The genesis of animal play.* MIT Press, Cambridge, MA.
Callan DE, Tsytsarev V, Hanakawa T *et al.* (2006). Song and speech: Brain regions involved with perception and covert production. *Neuroimage*, **31**, 1327–1342.
Camp CJ, Elder ST, Pignatiello M and Rasar LA (1989). A psychophysiological comparison of the Velten and musical mood induction techniques. *Journal of Music Therapy*, **26**, 140–154.
Carter CS (1998). Neuroendocrine perspectives on soical attachment and love. *Psychoneuroendocrinology*, **23**, 779–818.
Carter FA, Wilson JS, Lawson RH and Bulik CM (1995). Mood induction procedure: Importance of individualizing music. *Behavior Change*, **12**, 159–161.
Chang H and Trehub SE (1977). Auditory processing of relational informaiton by young infants. *Journal of Experimental Child Psychology*, **24**, 324–331.
Cheney DL and Seyfarth RM (1990). The representation of social relations by monkeys. *Cognition*, **37**, 67–96.
Chikahisa S, Sano A, Kitaoka K, Miyamoto KI and Sei H (2007). Anxiolytic effect of music depends on ovarian steroid in female mice. *Behavioral Brain Research*, **179(1)**, 50–59.
Chikahisa S, Sei H, Morishima M *et al.* (2006). Exposure to music in the perinatal period enhances learning performance and alters BDNF/TrkB signaling in mice as adults. *Behavioral Brain Research*, **169**, 312–319.
Chugani HT (1998). A critical period of brain development: Studies of cerebral glucose utilization with PET. *Preventive Medicine*, **27**, 184–188.
Ciompi L and Panksepp J (2005). Energetic effects of emotions on cognitions—complementary psychobiological and psychosocial findings. In R Ellis and N Newton, eds, *Consciousness and emotion*, pp. 23–55. John Benjamins, Amsterdam/Philadelphia.
Clynes M (1977). *Sentics, the touch of emotion.* Doubleday Anchor, New York.
Clynes M, ed., (1982). *Music, mind, and brain.* Plenum, New York.

Clynes M (1995). Microstructural musical linguistics: composers' pulses are liked most by the best musicians. *Cognition*, **55**, 269–310.

Clynes M and Nettheim N (1982). The living quality of music: Neurobiologic basis of communicating feeling. In M Clynes, ed., *Music, mind, and brain*, pp. 47–82. New York, Plenum.

Condon WS (1979). Neonatal entrainment and enculturation. In M Bullowa, ed., *Before speech: The beginnings of human communication*, pp. 131–148. Cambridge University Press, Cambridge.

Condon WS and Sander LS (1974). Neonate movement is synchronized with adult speech: Interactional participation and language acquisition. *Science*, **183**, 99–101.

Craig DG (2005). An exploratory study of physiological changes during chills induced by music. *Musicae Scientiae*, **9**, 273–287.

Critchley M and Henson RA eds (1977). *Music and the brain*. Charles C Thomas, Springfield, IL.（クリッチュリーとヘンスン，柏植秀臣・梅本堯夫・桜林仁監訳『音楽と脳』サイエンス社，1983）

Crncec R, Wilson S and Prior M (2006). The cognitive and academic benefits of music to children: Facts and fiction. *Educational Psychology*, **26(4)**, 579–594.

Cross I (1999). Is music the most important thing we ever did? Music, development and evolution. In Suk Won-Yi ed., *Music, mind and science*, pp. 10–29. Seoul National University Press, Seoul.

Cross I (2001). Music, cognition, culture and evolution. *Annals of the New York Academy of Sciences*, **903**, 28–42.

Cross I (2003). Music and biocultural evolution. In M. Clayton, T. Herbert and R.Middleton, eds, *The cultural study of music: a critical introduction*, pp. 19–30. Routledge, London.（クロス著「音楽と生物文化的進化」クレイトン，ハーバート，ミドルトン編著，若尾裕監訳，卜田隆嗣・田中慎一郎・原真理子・三宅博子訳『音楽のカルチュラル・スタディーズ』アルテスパブリッシング，2011所収）

Cross I (2007). Music, culture and evolution. In M Klockars and M Peltomaa, eds, *Music meets medicine*. Acta Gyllenbergiana VII, pp. 5–13. The Signe and Ane Gyllenberg Foundation, Helsinki.

Custodero LA (2005). Observable indicators of flow experience: A developmental perspective on musical engagement in young children from infancy to school age. *Music Education Research*, **7(2)**, 185–209.

d'Aquili EG and Laughlin CD (1979). The neurobiology of myth and ritual. In EG d'Aquili, CD Laughlin and J McManus, eds, *The spectrum of ritual: A biogenetic structural analysis*, pp. 152–182. Columbia University Press, New York.

Damasio AR (1999). *The feeling of what happens: Body and emotion in the making of consciousness.* Harcourt Brace, New York.（ダマシオ，田中三彦訳『無意識の脳 自己意識の脳：身体と情動と感情の神秘』講談社，2003）

Darwin C (1872/1998). *The expression of the emotions in man and animals*, 3rd edn. Oxford University Press, New York.（ダーウィン，浜中浜太郎訳『人及び動物の表情について』岩波書店，1931）

Davidson RJ (1992). Anterior cerebral asymmetries and the nature of emotion. *Brain and Cognition*, **2**, 125–151.

Davidson, RJ (2001). Toward a biology of personality and emotion. *Annals of the New York Academy of Sciences*, **935**, 191–207.

Davidson RJ and Hugdahl K (1995). *Brain asymmetry*. MIT Press, Cambridge MA.

Delamont RS, Julu POO and Jamal GA (1999). Periodicity of a noninvasive measure of cardiac vagal tone during non-rapid eye movement sleep in non-sleep-deprived and sleep-deprived normal subjects. *Journal of Clinical Neurophysiology*, **16(2)**, 146–153.

Denton D (2006). *The primordial emotions: The dawning of consciousness.* Oxford University Press, Oxford.

Dissanayake E (1988). *What is art for?* University of Washington Press, Seattle, WA and London.

Dissanayake E (2000). *Art and intimacy:* How the arts began. University of Washington Press, Seattle and London.

Don AJ, Schellenberg E and Rourke BP (1999). Music and language skills of children with Williams syndrome. *Child Neuropsychology*, **5**, 154–170.

Donald M (2001). *A mind so rare*. Norton, New York.

Doupe A and Kuhl PK (1999). Birdsong and speech: Common themes and mechanisms. *Annual Review of Neuroscience*, **22**, 567–631.

Farnsworth P (1969). *The social psychology of music*. Iowa State University Press, Ames, IA.

Fernald A (1992a). Meaningful melodies in mothers' speech to infants. In Papoušek H, Jürgens U and Papoušek M, eds, *Nonverbal vocal communication: comparative and developmental aspects*, pp. 262–282. Cambridge University Press, Cambridge/Editions de la Maison des Sciences de l'Homme, Paris.

Fernald A (1992b). Human maternal vocalizations to infants as biologically relevant signals: An evolutionary perspective. In J Barkow, L Cosmides and J Tooby eds, *The adapted mind*, pp. 392–428, Oxford University Press, New York.

Fifer WP and Moon CM (1995). The effects of fetal experience with sound. In J-P Lecanuet, WP Fifer, NA Krasnegor and WP Smotherman, eds, *Fetal development: A psychobiological perspective*, pp. 351–366. Erlbaum, Hillsdale NJ.

Fitch WT (2006). Production of vocalizations in mammals. In K Brown, ed., *Encyclopedia of language and linguistics*, pp.

115–121. Elsevier, Oxford.

Flohr J and Trevarthen C (2007). Music learning in childhood: Early developments of a musical brain and body. In F Rauscher and W Gruhn, eds, *Neurosciences in music pedagogy*, pp. 53–100. Nova Biomedical Books: New York.

Fonagy I (2001). *Languages within language. An evolutive approach.* Foundations of Semiotics 13. John Benjamins, Amsterdam/Philadelphia.

Frangiskakis JM, Ewart AK and Morris CA et al. (1996). LIM-kinase1 hemizygosity implicated in impaired visuospatial constructive cognition. *Cell*, **86**, 59–69.

Freeman W (2000). A neurobiological role of music in social bonding. In NL Wallin, B Merker and S Brown, eds, *The origins of music*, pp. 411–424. MIT Press, Cambridge, MA.（フリーマン著「社会的絆における音楽の神経生物学的役割」ウォーリン，マーカー，ブラウン編著，山本聡訳『音楽の起源』人間と歴史社，2013所収）

Frøshaug OB and Aahus A (1995). *When the moment sings: The muse within with Africa as a mirror.* Video, with Jon-Roar Bjørkvold, by 'Visions', Wergelandsvein, 23, 0167 Oslo, Norway. (In Norwegian, English, Spanish, Portuguese and French.)

Gabrielsson A (1995). Expressive intention and performance. In R Steinberg, ed., *Music and the mind machine*, pp. 35–47. Springer, Berlin.

Gabrielsson A and Juslin PN (1996). Emotional expression in music performance: Between the performer's intention and the listener's experience. *Psychology of Music*, **24**, 68–91.

Gabrielsson A and Lindstroem E (1995). Emotional expression in synthesizer and sentograph performance. *Psychomusicology*, **14**, 94–116.

Gallese V (2001). The 'Shared Manifold' hypothesis: From mirror neurons to empathy. *Journal of Consciousness Studies*, **8(5–7)**, 33–50.

Gallese V and Lakoff G (2005). The brain's concepts: The role of the sensory–motor system in reason and language. *Cognitive Neuropsychology*, **22**, 455–79.

Gallese V, Keysers C and Rizzolatti G (2004). A unifying view of the basis of social cognition. *Trends in Cognitive Sciences*, **8**, 396–403.

Goldin-Meadow S and McNeill D (1999). The role of gesture and mimetic representation in making language. In MC Corballis and EG Lea, eds, *The descent of mind: Psychological perspectives on hominid evolution*, pp. 155–172. Oxford University Press, Oxford.

Goldstein A (1980). Thrills in response to music and other stimuli. *Physiological Psychology*, **3**, 126–29.

Gratier M (2008). Grounding in musical interaction: Evidence from jazz performances. *Musicae Scientiae, Special Issue*. In press.

Grewe O, Nagel F, Kopiez R and Altenmuller E (2007). Listening to music as a re-creative process: physiological, psychological, and psychoacoustical correlates of chills and strong emotions. *Music Perception*, **24**, 297–314.

Guhn M, Hamm A and Zentner M (2007). Physiological and musico-acoustic correlates of the chill response. *Music Perception*, **24**, 170–180.

Halliday MAK (1975). *Learning how to mean: Explorations in the development of language.* Edward Arnold, London.

Halper DL, Blake R and Hillenbrand J (1986). Psychoacoustics of a chilling sound. *Perception and Psychophysics*, **39**, 77–80.

Harrer G and Harrer H (1977). Music, emotion and autonomic arousal. In M Critchley and RA Henson, eds, *Music and the brain*, pp. 202–216. Charles C Thomas, Springfield, IL.（ハラーとハラー「音楽と情動，自閉的興奮」クリッチュリーとヘンスン編著，柘植秀臣・梅本堯夫・桜林仁監訳『音楽と脳』サイエンス社，1983所収）

Hauser MD (1996). *The evolution of communication.* MIT Press, Cambridge, MA.

Hauser MD (2000). The sound and the fury: Primate vocalizations as reflections of emotion and thought. In NL Wallin, B Merker and S Brown, eds, *The origins of music*, pp. 77–102. MIT Press, Cambridge, MA.（ハウザー著「音と怒り：情動と思考の反映としての霊長類の音声」ウォーリン，マーカー，ブラウン編著，山本聡訳『音楽の起源』人間と歴史社，2013所収）

Hejmadi A, Davidson RJ and Rozin P (2000). Exploring Hindu Indian emotional expressions: Evidence for accurate recognition by Americans and Indians. *Psychological Science*, **11**, 183–187.

Hobson P (2002). *The cradle of thought: Exploring the origins of thinking.* Macmillan, London.

Hodges DA (ed.) (1995). *Handbook of music psychology.* IMR Press, San Antonia.

Holstege G, Bandler R and Saper CB eds (1996). *The emotional motor system* (Progress in brain research, Volume 107). Elsevier, Amsterdam.

Holy TE and Guo Z (2005). Ultrasonic songs of male mice. *PLoS Biology*, **3**, e386.

Hooff Jaram van (1989). Laughter and humour, and the 'duo-in uno' of nature and culture. In W Koch, ed., *The Nature of Culture*, pp. 120–149. Proceedings of the International and Interdisciplinary Symposium, Ruhr Universitat, Bochum, October 7–11, 1986. Brockmeyer, Bochum.

Hopyan T, Dennis M, Weksberg R and Cytrynbaum C (2001). Music skills and the expressive interpretation of music in children with Willams-Beuren syndrome: Pitch, rhythm, melodic imagery, phrasing and musical affect. *Child Neuropsychology*, **7**, 42–53.

Imberty M (1981). *Les ecriture du temps.* Dunod, Paris.

Imberty M (2000). The question of innate competencies in musical communication. In NL Wallin, B Merker and S Brown, eds, *The origins of music*, pp. 449–462. MIT Press, Cambridge, MA.

Imberty M (2005). *La musique creuse le temps. De Wagner à Boulez: Musique, psychologie, psychanalyse.* L'Harmattan, Paris.

Imberty M and Gratier M (eds) (2008). *Musicae Scientiae, Special issue on musical narrative.* In press.

Insel T (1997). The neurobiology of social attachment. *American Journal of Psychiatry*, **154**, 726–735.

Insel TR (2003). Is social attachment an addictive disorder? *Physiology and Behavior*, **79**, 351–357.

Insel TR and Young LJ (2001). The neurobiology of attachment. *Nature Reviews Neuroscience*, **2**, 129–136.

Jeannerod M (1994). The representing brain: Neural correlates of motor intention and imagery. *Behavioral and Brain Sciences*, **17(2)**, 187–245.

Jeannerod M (2004). Vision and action cues contribute to self-other distinction. *Nature Neuroscience*, **7(5)**, 422–423.

Jernigan TL, Bellugi U, Sowell E, Doherty S and Hesselink JR (1993). Cerebral morphologic distinctions between Williams and Down syndromes. *Archives of Neurology*, **50**, 186–191.

Juslin PN (1997). Can results from studies of perceived expression in musical performances be generalized across response formats? *Psychomusicology*, **16**, 77–101.

Juslin PN (2001). Communicating emotion in music performance: A review and theoretical framework. In PN Juslin and J Sloboda, eds, *Music and emotion: Theory and research*, pp. 309–337. Oxford University Press, Oxford.（ジュスリンとスロボダ，大串健吾・星野悦子・山田真司監訳『音楽と感情の心理学』誠信書房，2008）

Kandel E (2006). *Psychiatry, psychoanalysis, and the new biology of mind.* American Psychiatric Publishing Inc., New York.

Kenealy P (1988). Validation of a music mood induction procedure: Some preliminary findings. *Cognition and Emotion*, **2**, 41–48.

Kimura D (1982). Left-hemisphere control of oral and brachial movements and their relation to communication. *Philosophical Transactions of the Royal Society, London, Series B*, **298**, 135–149.

Klockars M and Peltomaa M (2007). *Music meets medicine.* Acta Gyllenbergiana VII. The Signe and Ane Gyllenberg Foundation, Helsinki.

Krantz G (2007). Mental responses to music. In M Klockars and M Peltomaa, eds, *Music meets medicine.* Acta Gyllenbergiana VII, pp. 103–113. The Signe and Ane Gyllenberg Foundation, Helsinki.

Kreutz G, Bongard S, Rohrmann S, Hodapp V and Grebem D (2004). Effects of choir singing or listening on secretory immunoglobulin A, cortisol, and emotional state. *Journal of Behavioral Medicine*, **27**, 623–635.

Kroes RA, Panksepp J, Burgdorf J, Otto NJ and Moskal JR (2006). Social dominance-submission gene expression patterns in rat neocortex. *Neuroscience*, **137**, 37–49.

Krumhansl CL (1997). An exploratory study of musical emotions and psychophysiology, *Canadian Journal of Experimental Psychology*, **51**, 336–352.

Kühl O (2007). *Musical semantics.* European Semiotics: Language, Cognition and Culture, No. 7. Peter Lang, Bern.

Lakoff G and Johnson M (1980). *Metaphors we live by.* University of Chicago Press, Chicago, IL.（レイコフとジョンソン，渡部昇一・楠瀬淳三・下谷和幸訳『レトリックと人生』大修館書店，1986）

Langer, S (1942). *Philosophy in a new key*. Harvard University Press, Cambridge, MA.（ランガー，矢野萬里・池上保太・貴志謙二・近藤洋逸訳『シンボルの哲学』岩波書店，1981）

Lecanuet J-P (1996). Prenatal auditory experience. In I Deliege and J Sloboda, eds, *Musical beginnings: origins and development of musical competence*, pp. 3–34. Oxford University Press, Oxford, New York, Tokyo.

Lee DN (1998). Guiding movement by coupling taus. *Ecological Psychology*, **10(3–4)**, 221–250.

Lee DN (2005). Tau in action in development. In JJ Rieser, JJ Lockman and CA Nelson, eds, *Action as an organizer of learning and development*, pp. 3–49. Erlbaum, Hillsdale, NJ.

Lee DN, Craig CM and Grealy MA (1999). Sensory and intrinsic coordination of movement. *Proc R Soc London B*, **266**, 2029–2035.

Levin FM (2004). *Psyche and brain: The biology of talking cures.* International Universities Press, Madison, CT.

Levitin DJ and Bellugi U (1998). Musical abilities in individuals with Williams syndrome. *Music Perception*, **15**, 357–389.

Liotti M and Panksepp J (2004). On the neural nature of human emotions and implications for biological psychiatry. In J Panksepp, ed., *Textbook of biological psychiatry*, pp. 33–74. Wiley, New York.

MacDonald RAR, Hargreaves DJ and Miell D (eds) (2002). *Musical identities.* Oxford University Press, Oxford.（マクドナルド，ハーグリーヴズ，ミエル編著／岡本美代子・東村知子共訳『音楽アイデンティティ：音楽心理学の新しいアプローチ』北大路書房，2011）

MacLean PD (1990). *The triune brain in evolution, role in paleocerebral functions.* Plenum Press, New York.

MacNeilage PF (1999). Whatever happened to articulate speech?. In MC Corballis and EG Lea, eds, *The descent of mind: Psychological perspectives on hominid evolution*, pp. 116–137. Oxford University Press, Oxford.
Malashichev YB and Rogers LJ (eds) (2002). Behavioural and morphological asymmetries in amphibians and reptiles. *Laterality*, **7(3)**, 195–229.
Malloch S (1999). Mother and infants and communicative musicality. *Musicae Scientiae (Special Issue 1999–2000)*, 29–57.
Marler P and Doupe AJ (2000). Singing in the brain. *Proceedings of the National Academy of Sciencse of the USA*, **97(7)**, 2965–2967.
Marshall JT Jr and Marshall ER (1976). Gibbons and their territorial songs. *Science*, **199**, 235–237.
Mayer JD, Allen JP and Beauregard K (1995). Mood inductions for four specific moods: A procedure employing guided imagery vignettes with music. *Journal of Mental Imagery*, **19**, 133–150.
McFarland RA and Kennison R (1989). Asymmetry in the relationship between finger temperature changes and emotional state in males. *Biofeedback and Self Regulation*, **14**, 281–290.
McNeill D (1992). *Hand and mind: What gestures reveal about thought*. University of Chicago Press, Chicago, IL.
Menon V and Levitin DJ (2005). The rewards of music listening: response and physiological connectivity of the mesolimbic system. *Neuroimage*, **28**, 175–184.
Merker B (2005). The liabilities of mobility: A selection pressure for the transition to cortex in animal evolution. *Consciousness and Cognition*, **14**, 89–114.
Merker B (2006). Consciousness without a cerebral cortex: A challenge for neuroscience and medicine. *Behavioral and Brain Sciences*, **30**, 63–134.
Merker B and Cox C (1999). Development of the female great call in Hylobates *gabriellae*: A case study. *Folia Primatologica*, **70**, 97–106.
Merker B and Wallin NL (2001). Musical responsiveness in Rett disorder. In A Kerr and I Witt Engerström, eds, *Rett disorder and the developing brain*, pp. 327–338. Oxford University Press, Oxford.
Mervis CB, Morris CA, Bertrand J and Robinson BF (1999). Williams syndrome: Findings from an integrated program of research. In H Tager-Flusberg, *Neurodevelopmental disorders*, pp. 65–110. MIT Press, Cambridge, MA.
Miall DS and Dissanayake E (2003). The poetics of babytalk. *Human Nature*, **14**, 337–364.
Miell D, MacDonald R and Hargreaves D (eds) (2005). *Musical communication*. Oxford University Press, Oxford.（ミール，マクドナルド，ハーグリーヴズ編著／星野悦子監訳『音楽的コミュニケーション—心理・教育・文化・脳と臨床からのアプローチ』誠信書房，2012）
Miller G (2000). *The mating mind: How sexual choice shaped the evolution of human nature*. Doubleday Books, New York.（ミラー，長谷川眞理子訳『恋人選びの心—性淘汰と人間性の進化』岩波書店，2002）
Mithen S (2005). *The singing Neanderthals: The origins of music, language, mind and body*. Weidenfeld and Nicholson, London.（ミズン，熊谷淳子訳『歌うネアンデルタール—音楽と言語から見るヒトの進化』早川書房，2006）
Molnar-Szakacs I and Overy K (2006). Music and mirror neurons: from motion to 'e'motion. *Social Cognitive and Affective Neuroscience*, **1(3)**, 235–241.
Murray L and Trevarthen C (1985). Emotional regulation of interactions between two-month-olds and their mothers. In TM Field and NA Fox, eds, *Social perception in infants*, pp. 177–197. Ablex, Norwood, NJ.
Musacchia G, Sams M, Skoe E and Kraus N (2007). Musicians have enhanced subcortical auditory and audiovisual processing of speech and music. *Proceedings of the National Academy of Sciences, U S A*, **104**, 15894–15898.
Nadel J, Carchon I, Kervella C, Marcelli D and Réserbat-Plantey D (1999). Expectancies for social contingency in 2-month-olds. *Developmental Science*, **2(2)**, 164–173.
Nelson E and Panksepp J (1998). Brain substrates of infant-mother attachment: Contributions of opioids, oxytocin, and norepinepherine. *Neuroscience and Biobehavioral Reviews*, **22**, 437–452.
Nespoulous J-L P. Perron P and Lecours AR (eds) (1986). *The biological foundation of gestures: Motor and semiotic aspects*. Erlbaum, Hillsdale NJ.
Nickerson E, Greenberg F, Keating MT, McCaskill C and Shaffer LG (1995). Deletions of the elastin gene at 7q11.23 occur in approximately 90% of patients with Williams syndrome. *American Journal of Human Genetics*, **56**, 1156–1161.
Nielzen S and Cesarec Z (1982). Emotional experience of music by psychiatric patients compared with normal subjects. *Acta Psychiatrica Scandinavica*, **65**, 450–460.
Northoff G, Henzel A, de Greck M, Bermpohl F, Dobrowolny H and Panksepp J (2006). Self-referential processing in our brain—A meta-analysis of imaging studies of the self. *Neuroimage*, **31**, 440–457.
Nyklicek I, Thayer JF, and Van Doornen LJP (1997). Cardiorespiratory differentiation of musicallyinduced emotions. *Journal of Psychophysiology*, **11**, 304–321.
Ostow M (2007). *Spirit, mind, and brain: A psychoanalytic examination of spirituality and religion*. Columbia University Press, New York.

Pacchetti C, Aglieri R, Mancini F, Martignoni E, and Nappi G (1998). Active music therapy and Parkinson's disease: methods. *Functional Neurology*, **13**, 57–67.
Panksepp J (1981). Brain opioids: A neurochemical substrate for narcotic and social dependence. In S Cooper, ed., *Progress in theory in psychopharmacology*, pp. 149–175. Academic Press, London.
Panksepp J (1986). The neurochemistry of behavior. *Annual Review of Psychology*, **37**, 77–107.
Panksepp J (1992). Oxytocin effects on emotional processes: separation distress, social bonding, and relationships to psychiatric disorders. *Annals of the New York Academy of Sciences*, **652**, 243–252.
Panksepp J (1995). The emotional sources of 'chills' induced by music. *Music Perception*, **13**, 171–207.
Panksepp J (1998a). *Affective neuroscience: The foundations of human and animal emotions*. Oxford University Press, New York.
Panksepp J (1998b). The periconscious substrates of consciousness: Affective states and the evolutionary origins of the SELF. *Journal of Consciousness Studies*, **5**, 566–582.
Panksepp J (2000a). Affective consciousness and the instinctual motor system: The neural sources of sadness and joy. In R Ellis and N Newton, eds, *The caldron of consciousness: Motivation, affect and self-organization*, Advances in Consciousness Research, pp. 27–54. John Benjamins, Amsterdam/Philadelphia.
Panksepp J (2000b). The neurodynamics of emotions: An evolutionary-neurodevelopmental view. In MD Lewis and I Granic, eds, *Emotion, self-organization, and development*, pp. 236–264. Cambridge University Press, New York.
Panksepp J (2001). The long-term psychobiological consequences of infant emotions: Prescriptions for the 21st century. (reprinting from *Infant Mental Health Journa*l, 2001, 22, 132–173.) *NeuroPsychoanalysis*, **3**, 140–178.
Panksepp J (2003a). At the interface between the affective, behavioral and cognitive neurosciences: Decoding the emotional feelings of the brain. *Brain and Cognition*, **52**, 4–14.
Panksepp J (2003b). An archeology of mind: The ancestral sources of human feelings. *Soundings*, **86**, 41–69.
Panksepp J (2003c). Can anthropomorphic analyses of 'separation cries' in other animals inform us about the emotional nature of social loss in humans? *Psychological Reviews*, **110**, 376–388.
Panksepp J (2005a). Affective consciousness: Core emotional feelings in animals and humans. *Consciousness and Cognition*, **14**, 19–69.
Panksepp J (2005b). On the embodied neural nature of core emotional affects. *Journal of Consciousness Studies*, **12**, 158–184.
Panksepp J (2005c). Beyond a joke: From animal laughter to human joy? *Science*, **308**, 62–63.
Panksepp J (2007a). Neuroevolutionary sources of laughter and social joy: Modeling primal human laughter in laboratory rats. *Behavioral Brain Research*, **182**, 231–244.
Panksepp J (2007b). Can PLAY diminish ADHD and facilitate the construction of the social brain? *Journal of the Canadian Academy of Child and Adolescent Psychiatry*, **16(2)**, 5–14.
Panksepp J and Bekkedal MYV (1997). The affective cerebral consequence of music: Happy vs sad effects on the EEG and clinical implications. *International Journal of Arts Medicine*, **5**, 18–27.
Panksepp J and Bernatzky G (2002). Emotional sounds and the brain: the neuro-affective foundations of musical appreciation. *Behavioural Processes*, **60**, 133–155.
Panksepp J and Bishop P (1981). An autoradiographic map of (3H) diprenorphine binding in rat brain: Effects of social interaction. *Brain Research Bulletin*, **7**, 405–410.
Panksepp J and Burgdorf J (2003), 'Laughing' rats and the evolutionary antecedents of human joy?, *Physiology and Behavior*, **79**, 533–547.
Panksepp J, Nelson E and Siviy S (1994). Brain opioids and mother–infant social motivation. *Acta Paediatrica Supp*, **397**, 40–46.
Papoušek M and Papoušek H (1981). Musical elements in the infant's vocalization: Their significance for communication, cognition, and creativity. In LP Lipsitt and CK Rovee-Collier, eds, *Advances in Infancy Research*, vol. 1, pp. 163–224. Ablex, Norwood, NJ.
Papoušek M, Papoušek H and Symmes D (1991). The meanings of melodies in motherese in tone and stress language. *Infant Behavioral Development*, **14**, 414–440.
Papoušek M (1994). Melodies in caregivers' speech: A species specific guidance towards language. *Early Development and Parenting*, **3**, 5–17.
Penhune VB, Zatorre RJ and Feindel WH (1999). The role of auditory cortex in retention of rhythmic patterns as studied in patients with temporal lobe removals including Heschl's gyrus. *Neuropsychologia*, **37**, 315–331.
Peoples R, Perez-Jurado L, Wang YK, Kaplan P and Francke U (1996). The gene for replication factor C subunit 2 (RFC2) is within the 7q11.23 Williams syndrome deletion. *American Journal of Human Genetics*, **58**, 1370–1373.
Peretz I (1990). Processing of local and global musical information by unilateral brain-damaged patients. *Brain*, **113**, 1185–1205.

Peretz I and Zatorre R (eds) (2003). *The cognitive neuroscience of music.* Oxford University Press, New York.
Peretz I and Zatorre RJ (2005). Brain organization for music processing. *Annual Review of Psychology*, **56**, 89–114.
Peretz I, Gagnon L and Bouchard B (1998). Music and emotion: perceptual determinants, immediacy, and isolation after brain damage. *Cognition*, **68**, 111–141.
Peretz I, Kolinsky R, Tramo M et al. (1994). Functional dissociations following bilateral lesions of auditory cortex. *Brain*, **117**, 1283–1301.
Perry DW, Zatorre RJ, Petrides M, Alivisatos B, Meyer E and Evans AC (1999). Localization of cerebral activity during simple singing. *NeuroReport*, **10**, 3453–3458.
Peterson B and Panksepp J (2004). The biological psychiatry of childhood disorders. In Panksepp J, ed., *Textbook of biological psychiatry*, pp. 393–436. Wiley, New York.
Petsche H, Lindner K, Rappelsberger P and Gruber G (1988). The EEG: An adequate method to concretize brain processes elicited by music. *Music Perception*, **6**, 133–160.
Petsche H (1996). Approaches to verbal, visual and musical creativity by EEG coherence analysis. *International Journal of Psychophysiology*, **24**, 145–159.
Pfurtscheller G, Klimesch W, Berhold A, Mohl W and Schimke H (1990). Event-related desynchronization (ERD) correlated with cognitive activity. In ER John, ed., *Machinery of the mind*, pp. 243–251. Birhauser, Boston, MA.
Piontelli A (2002). *Twins: From fetus to child.* Routledge, London.
Ploog D (1992). The evolution of vocal communication. In H Papoušek, U Jürgens, and M Papoušek, eds, *Nonverbal vocal communication: Comparative and developmental aspects*, pp. 3–13. Cambridge University Press, Cambridge/New York.
Pollick AS and de Waal FBM (2007). Ape gestures and language evolution. *Proceedings of the National Academy of Sciences*, **104(19)**, 8184–8189.
Pratt RR and Grocke DE (eds) (1999). *MusicMedicine, vol. 3 – Music medicine and music therapy: Expanding horizons.* MMB Music, Saint Louis, MO.
Pratt RR and Spintge R (eds) (1996). *MusicMedicine, vol. 2.* MMB Music, Saint Louis, MO.
Quaranta A, Siniscalchi M and Vallortigara G (2007). Asymmetric tail-wagging responses by dogs to different emotional stimuli. *Current Biology*, **17(6)**, R199–R201.
Rauscher F and Shaw GL (1998). Key components of the Mozart effect. *Perception and Motor Skills*, **86**, 835–841.
Reddy V (2003). On being the object of attention: implications for self–other consciousness. *TRENDS in Cognitive Sciences*, **7(9)**, 397–402.
Reddy V and Trevarthen C (2004). What we learn about babies from engaging with their emotions. *Zero to Three*, **24(3)**, 9–15.
Richman B (1987). Rhythm and melody in *Gelada* vocal exchanges. *Primates*, **28**, 199–223.
Ridley M (2003). *The agile gene.* HarperCollins, New York.
Rimland B and Edelson SM (1995). A pilot study of auditory integration training in autism. *Journal of Autism and Developmental Disorders*, **25**, 61–70.
Rizzolatti G and Arbib MA (1998). Language within our grasp. Trends in the Neurosciences, **21**, 188–194.
Rizzolatti G, Fogassi L and Gallese V (2006). Mirrors in the mind. *Scientific American*, **295 (5)**, 30–37.
Robazza C, Macaluso C and D'Urso V (1994). Emotional reactions to music by gender, age, and expertise. *Perceptual and Motor Skills*, **79**, 939–944.
Robb L (1999). Emotional musicality in mother–infant vocal affect, and an acoustic study of postnatal depression. *Musicae Scientiae (Special Issue, 1999–2000)*, 123–151.
Roederer JG (1984). The search for the survival value of music. *Music Perception*, **1**, 350–356.
Rogers LJ and Kaplan G (2000). *Song, roars and rituals: Communication in birds, mammals and other animals.* Harvard University Press, Cambridge, MA.
Rönnqvist L and Hofsten C von (1994). Neonatal finger and arm movements as determined by a social and an object context. *Early Development and Parenting*, **3**, 81–94.
Sacks O (1973). *Awakenings.* Dutton, New York.（サックス，春日井晶子訳『レナードの朝』早川書房，2000）
Sacks O (2006). The power of music. *Brain*, **129**, 2528–2532.
Sacks O (2007). *Musicophilia: Tales of music and the brain.* Random House: New York/Picador, London.（サックス，大田直子訳『音楽嗜好症（ミュージコフィリア）：脳神経科医と音楽に憑かれた人々』早川書房，2010）
Saffran JR and Griepentrog GJ (2001). Absolute pitch in infant auditory learning: Evidence for developmental reorganization. *Developmental Psychology*, **37**, 74–85.
Sarnthein J, von Stein A, Rappelsberger P, Petsche H, Rauscher FH and Shaw GL (1997). Persistent patterns of brain activity: An EEG coherence study of the positive effect of music on spatial-temporal reasoning. *Neurological Research*, **19**, 107–116.

Scherer KR (1986). Vocal affect expression: A review and a model for future research. *Psychological Bulletin*, **99**, 143–165.
Schilbach L, Wohlschläger AM, Newen A et al. (2006). Being with others: Neural correlates of social interaction. *Neuropsychologia*, **44(5)**, 718–730.
Schlaug G, Norton A, Overy K and Winner E (2005). Effects of music training on brain and cognitive development. *Annals of the New York Academy of Science*, **1060**, 219–230.
Schögler B and Trevarthen C (2007). To sing and dance together. In S Bråten, ed., *On being moved: From mirror neurons to empathy*, pp. 281–302. John Benjamin, Amsterdam/Philadelphia.
Schore AN (1994). *Affect regulation and the origin of the self: The neurobiology of emotional development.* Erlbaum, Hillsdale, NJ.
Schore AN (1998). The experience-dependent maturation of an evaluative system in the cortex. In KH Pribram, ed., *Brain and values: Is a biological science of values possible?*, pp. 337–358. Erlbaum, Mahwah, NJ.
Schubert E (1996). Enjoyment of negative emotions in music: An associative network explanation. *Psychology of Music*, **24(1)**, 18–28.
Schubert E and McPherson GE (2006). The perception of emotion in music. In GE McPherson, ed., *The child as musician: A handbook of musical development*, pp. 193–212. Oxford University Press, Oxford.
Schwartz DA, Howe CQ and Purves D (2003). The statistical structure of human speech sounds predicts musical universals. *Journal of Neuroscience*, **23**, 7160–7168.
Scott E and Panksepp J (2003). Rough-and-tumble play in human children. *Aggressive Behavior*, **29(6)**, 539–551.
Sergent J, Zuck E, Terriah S and MacDonald B (1992). Distributed neural network underlying musical sight-reading and keyboard eprformance. *Science*, **257**, 106–109.
Seyfarth RM and Cheney DL (2003). Meaning and emotion in animal vocalizations. *Annals of the New York Academy of Sciences*, **1000**, 32–55.
Shanahan D (2007). *Language, feeling, and the brain.* New Brunswick, NJ and London, Transaction Publishers.
Shepard R (1999). Cognitive psychology of music. In PR Cook, ed., *Music, cognition, and computerized sound*, pp. 21–35. MIT Press, Cambridge, MA.
Shewmon DA, Holmse DA and Byrne PA (1999). Consciousness in congenitally decorticate children: developmental vegetative state as self-fulfilling prophecy. *Developmental Medicine and Child Neurology*, **41**, 364–374.
Siegel D (1999). *The developing mind: Toward a neurobiology of interpersonal experience.* Guilford Press, New York.
Sloboda J (1991). Music structure and emotional response: Some empirical findings. *Psychology of Music*, **19**, 110–120.
Smith A (1777/1982). Of the nature of that imitation which takes place in what are called the imitative arts. In WPD Wightman and JC Bryce, eds, *Essays on philosophical subjects*, pp. 176–213. Liberty Fund, Indianapolis, IN.（スミス，佐々木健訳『哲学・技術・想像力：哲学論文集』勁草書房，1994）
Solms M (1997). What is consciousness? *Journal of the American Psychoanalytic Association*, **45**, 482–489.
Standley JM (1998). The effect of music and multi-modal stimulation on developmental responses of premature infants in neonatal intensive care. *Pediatric Nursing*, **24**, 532–538.
Stefano GB, Zhu W, Cadet P, Salamon E and Mantione KJ (2004). Music alters constitutively expressed opiate and cytokine processes in listeners. *Medical Science Monitor*, **10**, MS18–27.
Steinberg R (ed.) (1995). *Music and the mind machine.* Springer, Berlin.
Stern DN (1985). *The interpersonal world of the infant: A view from psychoanalysis and development psychology.* Basic Books, New York.（スターン，神庭靖子・神庭重信訳『乳児の対人世界―理論編』岩崎学術出版社，1989）
Stern DN (1990). Joy and satisfaction in infancy. In RA Glick and S Bone, eds, *Pleasure beyond the pleasure principle*, pp. 13–25. Yale University Press, Newhaven, CT.
Stern DN (1993). The role of feelings for an interpersonal self. In U Neisser, ed., *The perceived self: Ecological and interpersonal sources of self-knowledge*, pp. 205–215. Cambridge University Press, New York.
Stern DN (1995). *The motherhood constellation.* Basic Books, New York.（スターン，馬場禮子・青木紀久代訳『親‐乳幼児心理療法―母性のコンステレーション』岩崎学術出版社，2000）
Stern DN (1999). Vitality contours: The temporal contour of feelings as a basic unit for constructing the infant's social experience. In P Rochat, ed., *Early social cognition: Understanding others in the first months of life*, pp. 67–90. Erlbaum, Mahwah, NJ.
Stern DN (2004). *The present moment: In psychotherapy and everyday life.* Norton, New York.（スターン，奥寺崇監訳・津島豊美訳『プレゼントモーメント―精神療法と日常生活における現在の瞬間』岩崎学術出版社，2007）
Stern DN, Hofer L, Haft W and Dore J (1985). Affect attunement: The sharing of feeling states between mother and infant by means of inter-modal fluency. In TM Field and NA Fox, eds, *Social perception in infants*, pp. 249–268. Ablex, Norwood, NJ.
Stewart L, von Kriegstein K, Warren JD and Griffiths TD (2006). Music and the brain: disorders of musical listening. *Brain*,

129, 2533–2553.

Stokoe WC (2001). *Language in hand: Why signs came before speech.* Gallaudet University Press, Washington, DC.

Storr A (1992). *Music and the mind.* Ballantine Books, New York.（ストー，佐藤由紀・大沢忠雄・黒川孝文訳『音楽する精神：人はなぜ音楽を聴くのか？』白揚社，1994）

Stratton VN and Zalanowski AH (1991). The effects of music and cognition on mood. *Psychology of Music,* **19**, 121–127.

Sutoo D and Akiyama K (2003). Regulation of brain function by exercise. *Neurobiology of Disease,* **13**, 1–14.

Sutoo D and Akiyama K (2004). Music improves dopaminergic neurotransmission: demonstration based on the effect of music on blood pressure regulation. *Brain Research,* **1016**, 255–262.

Terwogt MM and Van Grinsven F (1991). Musical expressions of mood states. *Psychology of Music,* **13**, 99–109.

Thaut MH and Davis WB (1993). The influence of subject-selected versus experimenter-chosen music on affect, anxiety, and relaxation. *Journal of Music Therapy,* **30**, 210–233.

Thompson E (ed) (2001). *Between ourselves: second-person issues in the study of consciousness.* Charlottesville, VA/Thorverton, UK: Imprint Academic. Also published in the *Journal of Consciousness Studies,* **8**, Number 5–7.

Tinbergen N (1951). *The study of instinct.* Clarendon Press, Oxford.（ティンバーゲン，永野為武訳『本能の研究』三共出版，1979）

Todd N (1985). A model of expressive timing in tonal music. *Music Perception,* **3**, 33–57.

Trainor LJ and Schmidt LA (2003). Processing emotions induced by music. In I Peretz and R Zatorre, eds, *The cognitive neuroscience of music,* pp. 310–324. Oxford University Press, New York.

Trehub SE (2006). Infants as musical connoisseurs. In G. McPherson, ed., *The child as musician,* pp. 33–49. Oxford University Press, Oxford.

Trehub SE, Bull D and Thorpe LA (1984). Infants' perception of melodies: The role of melodic contour. *Child Development,* **55**, 821–830.

Trevarthen C (1974). The psychobiology of speech development. In EH Lenneberg, ed., *Language and brain: Developmental aspects—Neurosciences Research Program Bulletin,* vol. 12, pp. 570–585. Neuroscience Research Program, Boston, MA.

Trevarthen C (1978). Manipulative strategies of baboons and the origins of cerebral asymmetry. In, M Kinsbourne, ed., *The asymmetrical functions of the brain,* pp. 329–391. Cambridge University Press, New York and London.

Trevarthen C (1984). Hemispheric specialization. In SR Geiger *et al.* eds, *Handbook of Physiology; (Section 1, The Nervous System); Volume 2, Sensory Processes.* (Section Editor, I Darian-Smith), pp. 1129–1190. American Physiological Society, Washington, DC.

Trevarthen C (1985). Neuroembryology and the development of perceptual mechanisms. In F Falkner and JM Tanner, eds, *Human growth,* 2nd edn, pp. 301–383. Plenum, New York.

Trevarthen C (1986). Form, significance and psychological potential of hand gestures of infants. In J-L Nespoulous, P Perron and AR Lecours, eds, *The biological foundation of gestures: Motor and semiotic aspects,* pp. 149–202. Erlbaum, Hillsdale, NJ.

Trevarthen C (1993). The function of emotions in early infant communication and development. In J Nadel and L Camaioni, eds, *New perspectives in early communicative development,* pp. 48–81. Routledge, London.

Trevarthen C (1995). Mother and baby – seeing artfully eye to eye. In R Gregory, J Harris, D Rose and P Heard, eds, *The artful eye,* pp. 157–200. Oxford University Press, Oxford.

Trevarthen C (1996). Lateral asymmetries in infancy: Implications for the development of the hemispheres. *Neuroscience and Biobehavioral Reviews,* **20**(4), 571–586.

Trevarthen C (1997). Foetal and neonatal psychology: Intrinsic motives and learning behaviour. In F Cockburn, ed., *Advances in perinatal medicine,* pp. 282–291. Parthenon, New York.

Trevarthen C (1998). The concept and foundations of infant intersubjectivity. In S Bråten, ed., I*ntersubjective communication and emotion in early ontogeny,* pp. 15–46. Cambridge University Press, Cambridge.

Trevarthen C (1999). Musicality and the intrinsic motive pulse: evidence from human psychobiology and infant communication. *Musicae Scientiae (Special Issue, 1999–2000),* 157–213.

Trevarthen C (2001). The neurobiology of early communication: intersubjective regulations in human brain development. In AF Kalverboer and A Gramsbergen, eds, *Handbook on brain and behavior in human development,* pp. 841–882. Dordrecht, The Netherlands, Kluwer.

Trevarthen C (2002). Origins of musical identity: evidence from infancy for musical social awareness. In RAR MacDonald, DJ Hargreaves and D Miell, eds, *Musical identities,* pp. 21–38. Oxford University Press, Oxford.（トレヴァーセン著「音楽的アイデンティティの起源：音楽的社会的知覚を得る幼児期からの科学的根拠」マクドナルド，ハーグリーヴズ，ミエル編著／岡本美代子・東村知子共訳『音楽アイデンティティ：音楽心理学の新しいアプローチ』北大路書房，2011所収）

Trevarthen C (2004). How infants learn how to mean. In M Tokoro and L Steels, eds, *A learning zone of one's own,* pp. 37–69. (SONY Future of Learning Series). IOS Press, Amsterdam.

Trevarthen C (2005). Action and emotion in development of the human self, its sociability and cultural intelligence: Why infants have feelings like ours. In J Nadel and D Muir, eds, *Emotional development,* pp. 61–91. Oxford University Press, Oxford.

Trevarthen C (2008). The musical art of infant conversation: Narrating in the time of sympathetic experience, without rational interpretation, before words. *Musicae Scientiae (Special Issue),* M Imberty and M Gratier, eds, pp.11–37.

Trevarthen C (2009). Human biochronology: On the source and functions of 'musicality'. In R Haas and V Brandes, eds, *Music That Work: Contributions of biology, neurophysiology, psychology, sociology, medicine and musicology,* Chapter 18, pp 221–265. Vienna/New York: Springer.

Trevarthen C and Aitken KJ (1994). Brain development, infant communication, and empathy disorders: intrinsic factors in child mental health. *Development and Psychopathology,* **6,** 599–635.

Trevarthen C and Aitken KJ (2003). Regulation of brain development and age-related changes in infants' motives: The developmental function of 'regressive' periods. In M Heimann, ed., *Regression periods in human infancy,* pp. 107–184. Erlbaum, Mahwah, NJ.

Trevarthen C, Aitken KJ, Vandekerckhove M, Delafield-Butt J and Nagy E (2006). Collaborative regulations of vitality in early childhood: Stress in intimate relationships and postnatal psychopathology. In D Cicchetti and DJ Cohen, eds, *Developmental psychopathology, volume 2, Developmental neuroscience,* pp. 65–126, 2nd edn.Wiley, New York.

Tucker DM (2001). Motivated anatomy: A core-and-shell model of corticolimbic architecture. In G Gainotti, ed., *Handbook of neuropsychology,* 2nd edn, vol. 5: *Emotional behavior and its disorders,* pp. 125–160. Elsevier, Amsterdam.

Tulving E and Markowitsch HJ (1998). Episodic and declarative memory: Role of the hippocampus. *Hippocampus,* **8,** 198–204.

Turner M (1996). *The literary mind: The origins of thought and language.* Oxford University Press, New York/Oxford.

Turner V (1974). *Dramas, fields and metaphors.* Cornell University Press, Ithaca, NY.（ターナー，梶原景昭訳『象徴と社会』紀伊國屋書店，1981）

Turner V (1982). *From ritual to theatre: The human seriousness of play.* Performing Arts Journal Publications, New York.

Turner V (1983). Play and drama: The horns of a dilemma. In FE Manning, ed., *The world of play,* pp. 217–224. Proceedings of the 7th Annual Meeting of the Association of the Anthropological Study of Play. Leisure Press, West Point, NY.

Tzourio-Mazoyer N, De Schonen S, Crivello F *et al.* (2002). Neural correlates of woman face processing by 2-month-old infants. Neuroimage, **15,** 454–461.

VanderArk SD and Ely D (1992). Biochemical and glavanic skin responses to music stimuli by college students in biology and music. *Perceptual and Motor Skills,* **74,** 1079–1090.

Varela F, Thompson E and Rosch E (1991). *The embodied mind: Cognitive science and human experience.* MIT Press, Cambridge, MA.（ヴァレラ，トンプソン，ロッシュ／田中靖夫訳『身体化された心：仏教思想からのエナクティブ・アプローチ』工作舎，2001）

Waldhoer M, Panksepp J, Pruitt D, *et al.* (1995). An animal model of auditory integration training (AIT). *Society for Neuroscience Abstracts,* **21,** 736.

Wallin NL (1991). *Biomusicology: Neurophysiological, neuropsychological, and evolutionary perspectives on the origins and purposes of music.* Pergamon Press, Stuyvesant, NY.

Wallin NL, Merker B and Brown S (eds) (2000). *The origins of music.* MIT Press, Cambridge, MA.

Watt DF and Pincus DI (2004). Nerual substrates of consciousness: Implications for clinical psychiatry. In J Panksepp, ed., *Textbook of biological psychiatry,* pp. 627–660.Wiley, Hoboken, NJ.

Willems RM and Hagoort P (2007). Neural evidence for the interplay between language, gesture, and action: A review. *Brain and Language,* **101,** 278–289.

Williams JCP, Barratt-Boyes BG and Lowe JB (1961). Supravalvular arortic stenosis. *Circulation,* **24,** 1311–1318.

Wittmann M and Pöppel E (1999). Temporal mechanisms of the brain as fundamentals of communication, with special reference to music perception and performance. *Musicae Scientiae, (Special Issue, 1999–2000),* 13–28.

Zajonc RB (2004). Exposure effects: An unmediated phenomenon. In ASR Manstead, N Fijda and Agneta Fischer eds, *Feelings and emotions: The Amsterdam symposium,* pp. 194–203. Cambridge University Press, Cambridge, UK.

Zatorre RJ (1984). Musical perception and cerebral function: A critical review. *Music Perception,* 2, 196–221.

Zei Pollermann B (2002). *A place for prosody in a unified model of cognition and emotion.* Proceedings of Laboratoire Parole et Langage [Speech Prosody] CNRS. Aix-en-Provence, France: Universitié de Provence. Available from www.lpl.univ-aix.fr/sp2002/oral.htm.

Zentner MR and Kagan J (1996). Perception of music by infants. *Nature,* **383,** 29.

Zoia S, Blason L, D'Ottavio G *et al.* (2007). Evidence of early development of action planning in the human foetus: a kinematic study. *Experimental Brain Research,* **176,** 217–226.

Zubieta JK, Ketter TA, Bueller JA *et al.* (2003). Regulation of human affective responses by anterior cingulate and limbic mu-opioid neurotransmission. *Archives of General Psychiatry,* **60,** 1145–1153.

第8章

脳と音楽，そして音楽性：
神経画像法からの推論[1]

ロバート・ターナー と アンドレアス・A. イオアニデス

> 心に音楽をもたず、美しい楽の音の調和に
> 心を動かされることもない男は，
> とかく反逆や残虐な行動，略奪を行なうもの。
> 男の魂の動きは，夜とともに鈍り，
> そして，愛情は，エレボスの如く漆黒である。
> そのような男は信ずるに足らず。
>
> シェイクスピア『ヴェニスの商人』より

8.1 はじめに

　我々の研究室では，音楽体験に特化した脳活動の空間的そして時間的パターンを検討することで，ヒトの音楽性の問題の解明に取り組んできた。個性や文化をまたいで見られる活動や所作の共通点は，心と脳の能力が，文化というよりむしろ生物学的に定められていることを示していると言える。音楽を担う生得的な大脳の能力と，文化的に獲得された技能とを区別し，各々の機能局在を明らかにすることは，脳科学者冥利に尽きる。そして，この機能局在の解明には，脳画像技術を用いた研究が有用なのである。

　ここで，言語研究との注目すべき類似点が見えてくる。言語の生得性の問題は，過去1世紀以上にわたり議論が交わされており，生成文法理論[2]と脳に生得的に刻み込まれた「言語の本能」の可能性がその最たる例である。器楽曲やある種の歌は，明確な学習経験を伴っていなくとも，強力な認知・情動的効果をもたらす。そのような知見を踏まえると，音楽研究，なかでも音楽性を駆り立てる基盤を探る研究は，話し言葉を形成する音の並びを，脳がどのように生成しそして解釈するのかを知る上で重要な手がかりとなり得るかもしれない。

　どのような文化にも見られる傾向だが，音の構造や順序，そして意図的な配列は，素養のある人たちが分類したり専門用語を用いて表したりする。これらは，「音楽」として理解されるようになり，そして，権威を帯びるようになる。西洋の音楽研究においては，「ピッチ」や「リズム」，「旋律」，「音色」といった用語が，全ての人間社会における音楽に当てはめることができると考えられていた。ある社会において同様の概念が使用されていようがいまいが当てはめることができるのである。これらの西洋で生まれた概念に対応する脳の組織や活動の普遍的原理を探し求める研究分野では，この答えは当然なのかも知れない。しかしながら，世界の音楽専門用語に関する民族音楽研究は，本章の視野外であることに注意していただきたい（かつ本書第5章のクロスとモーリーを見よ）。音楽能力の脳内表現を探る研究を紹介するにあたり，西洋文化において音楽の特性を表すために使われている用語（旋律，和声，リズム，

---

1) 脳の部位等については本章の訳注でいちいち詳述はしない。巻末の参考資料「脳地図」を参考にされたい。
2) あらゆる言語の初期状態である「普遍文法」が生物学的な言語能力の基盤を成していると仮定する理論。

和音，アタック，音色，ピッチ，テンポ，調性）を使うことをご理解いただきたい。何しろこれまでの研究はこれらの特性を検討してきたのだから。たとえこれらの用語が人の音楽性の普遍性に対応していないとしても，脳が，どのようにして表象の集まりを内在化させ，私たちの音楽文化の形成につながるのかについて多くのことを学ぶことができるのではないだろうか。そのために，明確な特徴を伴った音楽の概念と関わる脳の処理過程を調べる必要がある。

　音楽とは，運動が織りなす音の組織的・意図的連なりであり，発話や発話を伴わない言語といった他の複雑な行動と本質的には同じと言える（本書第2章のディサナーヤカ，第3章のブラント）。現在，これらの研究領域では，脳磁図（magnetoencephalography; MEG）や機能的磁気共鳴画像法（functional magnetic resonance imaging; fMRI）をはじめとする神経画像技術を用いた研究が盛んにおこなわれている。しかしながら，近年まで，これらの手法は音楽や音楽性の研究には利用されてこなかった。その理由には，言語を重視する著名な学者達が音楽や音楽性を軽視していたことや，音楽性の動機の処理をはじめとする音楽性を単純化する実験手法が確立されていなかったことなどがある。

　脳画像法の確立により，いつ，どこで脳の活動が増加するのかがわかるようになった。近年では，局所的な電気的脳活動のパターンを定量的に探る新技術も提案されている。一方で，音楽表出と音楽演奏の神経基盤は，音楽知覚と同様に興味深いテーマであり，本章の後半において現在の研究手法の問題点を踏まえながら紹介したい。

　これらの有力な画像技術をうまく組み合わせて使うことで，以下に挙げる問題に取り組むことができるだろう。

- ◆ 音楽と言語から得られる体験は，脳内で互いに関係し合っているのだろうか。もしそうだとすれば，どのように関係しているのだろうか。
- ◆ どのような音楽特性が，「生得的な」（つまりは，初期に発達し，調整的役割をもつ）脳の機能と対応しているのか。
- ◆ 成人脳のどのような部位が，音楽知覚の各要素（ピッチや和音，リズムなど）の処理に特化しているのだろうか。
- ◆ 音楽活動や音楽刺激の特性と脳活動の時間スケールの間にはどのような関係性があるのだろうか。そして，これらのダイナミックな出来事はどのように統合され，音楽のムードやテーマそしてナラティヴの知覚が生じるのだろうか。
- ◆ 譜面が読めるようになり楽器が演奏できるようになると，脳内でどのような変化が生じているのか。
- ◆ 音声知覚システムは，情動システムとどのように関係しており，また，どのようにして音楽による深い感動を生じさせるのか。

　脳活動のマッピング技術は，多岐にわたる。本章では，非侵襲的手法を取り上げ，音楽研究と関係する脳活動の部位と時間特性について解説する。画像手法は大きく2つに分類することができ，1つは神経活動の変化と相関する脳血流や血流の酸素化の変化を捉えるもので，もう1つは神経活動により生じる電気的あるいは磁気的信号の変化を直接的に検出するものである。まずは，主な物理的原理を紹介し，心理的事象の研究における長所と短所を要約するところから始めよう（**表8.1**を見よ）。

8.2　血流反応測定：PETとfMRI

　最初に紹介する技術は，陽電子放出断層撮影（PET）と機能的核磁気共鳴画像法（fMRI）の2つの撮画手段である（Turner and Jones 2003）。なお，断層法とは，断面図の生成処理あるいは，断層面の活動マップ処理を意味する。これら2種の撮画手法の物理的原理は全く異なる。PETでは，血流を通して脳に到

達する放射性化学物質が静脈注射により投与され，その物質内の陽電子放出核の減衰を測定する．脳機能を計測するPET研究の多くは，酸素15同位体と呼ばれる水分子が使用されている．この同位体は，安定型の窒素14核へと減衰するが，その過程で陽電子を放出する．この陽電子は，即座に静止状態に入り，電子とともに消滅する．その消滅に先立って，陽電子は，約5ミリメートル(mm)の距離を移動する．この移動が，PETの空間的精度の限界を設けてしまうのである．消滅現象は，2つの高エネルギー光子を生成し，これらは，反対側の方向へと光速で放出される．そして，センサーがこれらの光子を検知し，その時間と位置を記録するのである．2つの光子がほぼ同時に検出されると，それらは同一の消滅事象により生じたものであると判断される．数学的アルゴリズムを用いることで，これらのデータは，酸素15の半減期(半数の核が減衰する期間)である122秒間における平均的な脳血流量(Cerebral Blood Flow; CBF)マップとして表される．脳マッピング実験では，比較的安全な酸素15と呼ばれる溶液が，最大12本まで静脈注射を介して与えられ，被験者が，知覚や思考，記憶に関する刺激や課題に取り組んでいるときの脳活動が測定される．様々な神経活動により生じるCBFの局所的変化を推定するために，精度の高い統計学的技術が使用され，活動位置や強度のパラメトリックマップ[3]が得られる．このマップの空間解像度は最大で5 mmであり，また，厳しい放射量制約により，数名の被験者からデータを得る必要があり，それらのデータを平均化することで，脳マッピング研究として意義のある結果を得ることができる．このことから，即時的，不安定そして特異的な体験を調べるための手法としては，その感度に制約があることが明白である．

　PETには，動作時に無音状態が確保できるという点で，fMRI(下記参照)と比べ，音楽と人の脳研究に大きな長所がある．一方，短所としては，放射性のトレーサーの注射が必要な点(1名の被験者につき生涯で12スキャンしか撮像できないという制約が生じる)，比較的低い空間分解能，約2分という低時間分解能が挙げられる．この時間は，平均的な歌の場合6つの詩を聞く時間，この段落であれば少なくとも6回読む時間に相当する．

　機能的核磁気共鳴画像法(fMRI)は，核磁気共鳴画像法(MRI)を応用したものである．MRIは，医療で幅広く利用されている画像技術であり，臓器に存在する水分子内の水素核(陽子)の組織分布を画像化する手法である．単一で広範な安定磁場環境では，適切なラジオ周波数の磁場を与えると，陽子は共鳴的に励起される．この陽子スピンの歳差運動周波数は，磁場強度に傾斜をかけることで制御ができる．傾斜磁場強度の生成には，急速に電流を切り替えることができる傾斜磁場コイルが使用される．この磁場傾斜により，水分子の配置をマッピングすることができるのである．歳差運動により生じる受信器内の微弱な電圧は，感度の高いラジオ周波数電子機器により検知され，高解像度の細胞断面画像に変換される．MR画像の強度は，主に水分子に依存しているが，生化学的組成といった組織の固有特性や磁場の不均質性の影響も受ける．

　脳組織の画像化においてとりわけ重要なのは，異なる組織が異なる特性をもつことである．静脈内の脱酸化ヘモグロビンは，酸化ヘモグロビンと比べて磁場の影響を強く受ける．つまり，人の頭部が大きな磁石の中に入ると脳内の毛細血管や微少な静脈内の全体的な磁場が，他の頭部部位と比べて非常にかすかではあるが大きくなる．これが，単一な磁場に干渉し，極小な静脈周辺のMR画像強度が減少する．

　つまり，静脈における脱酸化ヘモグロビンが，常磁性のMRIコントラストを作り出すのである．静脈における酸化度を変化させるものであれば，何であってもそれをMR画像強度の変化として観測することができるのである．エコプラナー画像法(echo-planar imaging; EPI)と呼ばれる高速のMRI技術を用いることで，酸化量の変化を秒単位で捉えることができ，ひいては脳活動の捕捉にも使用することができるのである．局所的な神経活動の増加は，酸素消費量を上回る血流を伴うため，神経活動が増加

---

[3] 時空間的連続関数の統計学的処理結果を地形学的に表現する技法．

表8.1　脳機能画像化のさまざまな技法

測定法	PET	fMRI	EPI	EEG	MEG
神経活動の測定法のソース	血流により輸送される放射性酸素の局所的増加	活動中の脳内における還元酸化血流の変化が磁場の揺らぎをもたらす細胞内の水分子中の陽子からMRI信号を検出	fMRIの高速版	神経集団の同期的な電気活動の直接計測　頭皮上の電極を用いて計測	被験者の頭部周囲に配置された磁気コイルによる神経活動源の検出
時間分解能	2分	4-8秒　0.2秒以上の事象を検出	fMRIに同じ	ミリ秒単位　ただし、平均化により分解能が減少	ミリ秒単位　ただし、平均化により分解能が減少
空間分解能	5mm	1-3mm	fMRIに同じ	10mm以上　ソースの数に依存	綿密な計算を用いれば数ミリメートル
被験者の活動と環境の制約	伏臥状態で頭部を固定	伏臥状態で頭部を固定	fMRIに同じ	座り心地の良い椅子にて不動	座り心地の良い椅子にて不動。撮像部屋に組み込み
刺激/反応条件	トレーサー注射12回以下　毎回1条件	15-20分の撮像時間内での刺激/反応条件に適用可能	fMRIに同じ	無し	無し
長所	静音	比較的良質の空間・時間分解能	fMRIに同じ	静音で非侵襲　優れた時間分解能により広範にわたるリズム要素の識別が可能　比較的安価で入手し易い	静音で非侵襲　脳活動の最も直接的な観測
短所	トレーサーの潜在的な有毒性　低空間分解能、低時間分解能	磁場コイルによる騒音　コイルを周期的に休止させる断続的なスパース撮像を用いることで克服可能	fMRIに同じ	神経活動位置の計算問題　頭蓋の低伝導性により、神経活動源の詳細な情報抽出が困難　個々人の脳の解剖学的差異の補正にMRIが必要　データの解釈に複雑な処理	高価で入手困難　神経活動位置の計算問題　個々人の脳の解剖学的差異の補正にMRIが必要　データの解釈に複雑な処理

する領域に残される酸素量は増加することになる。つまり，この静脈血流における磁場要素は，周辺組織と近似することになり，磁場が単一となることで，血中酸素濃度依存性（Blood Oxygenation Level-Dependent; BOLD）と呼ばれるMR画像強度の局所的増強が認められるのである。典型的なMRIの静磁場強度（1.5テスラ）では，全体的な画像強度が約4パーセント増加することになり，これは容易に観測可能である。血流レベルは，局所的な神経活動を正確に反映し，また，電位の変化が酸素需要とうまく相関することを踏まえると，fMRIは神経活動の発生箇所を正確に捉えることが出来ると言える。しかしながら，神経活動と比べると血流の変化（血流動態関数と呼ばれている）は非常に時間的に緩やかに生じることに注意しなければならない。一般的に上昇から減衰までに4～8秒を要することから，数十ミリ秒の時定数をもつ神経活動と比較すると非常に遅いことがわかる。しかしながら，約3秒間で3mmの空間解像度で全脳の活動を測定できるのはこの手法を大きな利点である。実験では，被験者に対して複数の条件下で課題を連続的に与え，そのときの脳活動を15～20分間撮像し続け，その後，その効果を統計的に推定するのである。

　音楽の脳の研究におけるfMRIの最大の利点は，比較的高い空間解像度（3mmもしくはそれ以下）と妥当な時間解像度（数秒），広大な脳領域への高い感受性（数秒間で多数の領域を測定することができる），非侵襲性（無限回の複数撮像が可能），そしてMRIスキャナの手に入りやすさである。逆に不利な点は，電流の変化により振動する傾斜コイルが発する騒音である。音は反復的なものであるが，そうはいっても課題遂行を妨害し，音楽刺激の特性の周波数を覆い隠すこともある。この音を防ぐ方法は完璧とはいえないものの，ノイズキャンセル法が有効であると考えられている。その1つにスパーススキャニングがあり，これは，血流動態関数の遅延性を利用するものである。スキャンとスキャンの時間間隔を8秒間まで広げ，静音中に音声刺激を呈示するのである。そうすると，脳のスキャン中に聴覚刺激に対する血流とBOLD反応が最大値に達し，容易に検出できるというわけである。脳の聴覚反応に関する基礎的画像研究の多くがスパーススキャニングを利用している。

　MEGとEEG（下記参照）と比べたときのfMRIの短所は，低い時間解像度である。脳内の事象を正確に特定できるのは，たかだか500ミリ秒であり，皮質の処理や脳領域間の信号伝達が数ミリから数十ミリ秒でおこなわれていることに鑑みると長すぎると言える。また，音楽的に重要な事象が起こる時間と比較しても長すぎるのである。

8.3　電気生理学的手法：EEGとMEG

　電気生理学的手法において最も重宝されているのが脳波（electroencephalography; EEG）と脳磁図（magnetoencephalography; MEG）である。MEGとEEGでは，高時間分解能の検出器を用いることで，ミリ秒単位の信号を計測することができる。MEGとEEGは，脳活動を直接的に計測しているわけだが，これらの計測により得られたデータとその背景にあるジェネレータ（神経活動源）を関連付けるためには，精密な計算が必要とされる。MEGとEEG信号の解釈は困難であるため，それを容易にする3つの要素を紹介し，また，解釈の方法を学ぶことができるデータをお見せしよう。

　第1は，脳内から発信される信号は光速で検出器に到達するので，得られるデータは，脳内の電気的活動の即時的変化の結果であるという点である。第2は，検出される信号は，通常の場合，体温変化などにより生じるノイズよりも大きいという点である。単一あるいは複数の神経細胞の活動は極小のため検出できないので，観測された電気活動の変化は，空間的に組織化され，ほぼ同期している神経集団から生成されたものであると考える。第3は，生信号は，多数の要素に分けて分析できるという点である。これに含まれるものとしては，数十から数百ミリ秒の時定数の遅い成分や，数秒持続する速い成分などがある（Ioannides *et al.* 2005）。

　通常，MEGとEEG研究では，ハイパスフィルターとローパスフィルターが使用され，加算平均が施

される。この手法により，速い断続的な活動を除去することができるのである。つまり，得られる結果は，外部刺激に時間的にロックした信号の遅い成分のみを反映しているということである。非加算的な単一試行のMEGデータ分析法は優れており，この手法では，他の研究手法により関与が示されている脳領域の活動について，その徐波と速波の断続的活動を観測することができる。まとめると，信号特性と単一試行のMEGデータを用いた局在特定研究の知見から，各時間点における電気活動は，局所的かつ希薄的であると言えるのである。神経活動を生成する部位が局所的なのは，近接し合う部位が空間的に（また時間的に）組織化されることで同期的な神経活動が生成されるからである。これらの活動が希薄なのは，単一試行群をとおして一貫して見られる局所的部位の活動が，短期間のみ持続するためである。これらの活動は，試行ごとに大きくばらついているものの，全体的な信号は，時間的に良く組織化されているのである。近年のEEGの生データを観察した論文（Freeman and Holmes 2005）と動物の一次感覚皮質に高密度電極を配置した論文（Freeman 2005）では，音楽による脳の賦活過程の理解を発展させるだろう極めて重要な知見が報告されている。

　測定された信号値と脳内で生じている事象とを関連付けるためには，2つの問題を解決する必要があり，いずれも独自の難問を抱えている。1つ目は，発信源から信号が生じる「順問題」であり，脳活動に含まれる発信元の構造から信号を算出するものである。その物理学は良く知られており，古典的な電気磁気学とMEGとEEGの検出器を構成するコイルと電極配置の詳しい情報が含まれている。しかしながら，電気生成器である神経集団と検出器間の空間伝導度の詳細な情報が必要不可欠である。この情報には，頭部の骨や空洞の生物学的構造が含まれるため，乱雑なものとなっている。この点は，EEGよりもMEGが優れている。センサーにより検出されるMEG信号は，ジェネレータの単純なモデルを用いることで非常に正確に計算することができる。単純モデルとは，センサー付近の頭蓋骨内部の曲率から抽出される中点を用いた球体モデルを指す。しかしながら，EEGでは，頭部全体にわたる伝導度の非常に正確な定義が必要となる。

　2つ目の問題は，信号から生成源をたどる「逆問題」であり，得られた信号から発生器を再構成することを意味する。純粋な数式では，生物電気磁気学的な逆問題を解決する単一解は得られないことはかねてから知られている（von Helmholrz 1853）。しかしながら，ジェネレータの希薄性を踏まえると，ジェネレータの性質について広範で妥当な制約を適用することで，その発生源を推定することができるのである。この制約の中でも，最大強度の制限と信号から抽出される情報の最大化が特に重要である（Ioannides et al. 1990; Taylor et al. 1999）。実際のところ，MEGデータの単一試行の個々の時間点から，活動マップの復元と断層的推定値の復元が可能である（Ioannides 2001; Ioanides et al. 2005）。この単一試行の断層解により，知覚刺激により生じる脳活動が非常にダイナミックであることが明らかにされた。同一刺激を反復呈示したときの反応が試行ごとに異なることが判明したのである。これは，非常に基礎的な感覚刺激でも認められ，聴覚モダリティ（Liu et al. 1998），身体感覚モダリティ（Ioannides et al. 2002a）そして視覚モダリティ（Laskaris et al. 2003）においても追試に成功している。

　これらの結果から，単純な感覚刺激においても，末梢神経から皮質への経路において異なる神経ネットワークのシステムが内部競合していることが見て取れる。中には，画像手法では捉えることもできないものがあると考えられる。しかしながら，特定の刺激に対する反応は，その範囲が制限されているため，特定領域での反応を分離することができる。また，関与するシステムの全てではないが，一部に含まれる中心点（ノード）と相互作用を分離することも可能である（Ioannides et al. 2002a）。平均化されたデータには，1名の被験者内であっても，異なる処理が混在している。これに対し，単一試行の詳細な分析は，被験者間で共通する活動部位を特定できるだけでなく，それは定型なプロセス（Ioannides et al. 2002a）および病理による変異（Ioannides et al. 2004）のいずれにおいても，個人内の相互作用の共通点を捉えることができるのである。

局在性については，MEGデータの断層的再構成と事後再構築的な統計分析を用いることで，数ミリ秒の精度で皮質表面のジェネレータの復元が可能であることが示されている（Moradi *et al.* 2003）。深部源についても頭部の中心から離れていれば，分離可能な程度までジェネレータの復元ができることが示されている。一例としては，脳幹の左右の注視中枢などがある（Ioannides *et al.* 2004）。単一試行MEGデータの断層的再構築と事後の再構築分析は，脳に関する膨大な情報を与えくれる。しかしながら，データに必要な計算とメモリが非常に大きいため，多くの研究が，数名分のデータに限られている。

8.4 最先端研究と実施上の問題点

上記の不確定性を考慮すると，研究計画の基準の向上とより慎重なデータの解釈が必要である。よりよいモデルと解析手法が必要であるとも言えるだろう。MEGとEEGデータの解析は，非常に単純化された仮定に基づいており，単一試行の断層解析の計算的要求度や（科学的というよりむしろ）歴史的理由が関係している（Ioannides 1995）。今日においても，多くのMEG研究は，等価電流双極子（ECD; equivalent current dipole）を採用している。ここでは，ポイントソースモデル[4]が用いられ，脳活動を6つのパラメータ（頭部内の位置を構成する3つのパラメータ，方向性を定義する2つのパラメータ，強度を決定する1つのパラメータ）を用いて記述するのである。通常1つあるいはそれ以上のECDがMEG信号に当てはまり，フィルター処理と平均化が施される。PETやfMRIで利用されているベースライン条件に倣い，電気生理学研究では，異なる条件間の平均信号値の違いからECDの位置を特定することが多い。この手法を用いて興味深い知見が得られていることは確かである。しかしながら，複雑な言語および音楽刺激により誘発される脳の活動を既存の手法で表すことに疑問が投げかけられ始めており，正当化することが難しくなってきている。これは，信号の平均化，被験者間の総平均化，条件間の平均差の取得，点様のソースを用いたモデリングといった手法を用いている限り解決することができない。

既に述べたとおり，EEGとMEGは静音環境で実施可能で，また非侵襲的である。被験者が，椅子から動けないという不便性に耐えうる限り測定を繰り返すことができるという利点もある。EEGは入手しやすく運用コストも低いが，頭蓋骨の低伝導性により，ジェネレータの詳細な情報を抽出するのが難しい。MEGでは，脳の直接的な活動を抽出することができるが，高価で入手が容易ではない。MEGとEEGから得られるのは，機能的情報のみである。EEGとMEGの空間的精度に関わらず，ジェネレータの解剖学的情報を得るためには，MRIによる撮像が必要となる。MEGとEEGの計測値と神経活動との直接的関係性は望ましいが，そこには欠点も残っている。

音楽の場合，多くの脳領域が活動するため，異なる神経ネットワークが同時に音楽に反応する。そのため，個々のネットワークを分離するためには複雑な処理が必要となる。逆問題の非独自性は，理論的には重要な問題であるが，実用面（少なくともMEG）ではそこまで問題にならない。しかしながら，ジェネレータを特定するのに単純なモデルを使用すると，多くの結果の解釈に重大な問題が生じることになる。これらのモデルは，誘発事象の時間的経過が反復されるという仮定と，効果が検出されたジェネレータが一点に固定されているという仮定の上に成り立っている。しかしながら，これらの仮定は，実際の脳には当てはまるとは言いがたい。近年まで，計算の要求度が高くこれを満たすことのできる研究室は限られていたが，今日では，計算的な問題は減少してきている。しかしながら，未だに問題であることは間違いなく，単純だが信頼性の低い解析手法が広く利用されている。

---

[4] 磁場源が点様の双極子であると仮定するモデル。

8.5 研究の現状

現在では，血流動態技術（血流循環に含まれる力の研究）と電子写真技術を組み合わせることで，脳内で誘発された変化を理解することに多くの研究者が取り組んでいる。最も直接的な方法が，fMRI実験を用いて活動する脳部位を絞り込み，その後，MEGとEEGの両方あるいはいずれかを用いて，同じあるいは類似した実験課題遂行中のデータを測定し，その領域の時間的経過を補完するというものである。しかしながら，異なる技術には，全く異なるメカニズムが関与しており，また，異なる時間軸のマッピングがおこなわれている。安易に異なる技術を組み合わせることはできるが，結果として，それぞれの利点よりもむしろ制約に行き詰まってしまう可能性もある。近年報告されているように（Moradi *et al.* 2003），2つのデータを組み合わせる前に，それぞれの技術を最大限に進歩させることが推奨されるべきではないだろうか。

8.6 会話と音楽

音楽性刺激の要素と関連する脳活動について述べる前に，音楽と発話言語の関係性に触れておきたい。近年の電気生理学的研究によると，音楽と発話の統語的処理（リズムと強弱）やピッチ知覚の点に共通の処理があることが報告されている（Besson and Schon 2001）。対照的に，脳画像研究では，神経心理学者がかつて主張していたように（Wallin 1991），音楽知覚と言語知覚は，異なる半球に大きく依存していることが示されている。この議論については後で戻ることにしよう。というのも，人の音楽性の生得性や発達そして音楽的技能の獲得との関係性を知る上で有用な手がかりとなるからである。

音楽と言語の共通点は，正しいテンポで生成される点と，正しいテンポに計られた意図的な行動という，基本的単位ないし要素を含んでいる点である。認知理論では，これらの要素の定義と認知，法則に基づく組織化，そして文法と意味的法則に正しく則したフレーズへの統合が必須となる。しかしながら，音楽と発話（あるいは文面）を用いたコミュニケーションでは，これらの表出的要素は，脳の運動制御の結果生じるものであり，また，その知覚は，目標指向的な行動体験の一部でもある（本書第6章のリーとシェグラー）。

本章では，単語（あるいは音節）と音符（あるいは和音）を言語と音楽の知覚的要素として扱う。言語と音楽の相違点と類似点については多くの文献で言及されてきているが，それは，コミュニケーションに必要となる人の表出的制御処理として扱われていることが多い。音楽と発話の形式認知の類似点については多くの証拠が得られているが，これらは，「統語生成／分析」装置を部分的に共有しているということを示唆している。本書第2章で示されたように，コミュニケーションにおける生成と受容については，音楽形式の利用が，言語発達よりも先行している。また，脳損傷研究においても，人の脳においては，音楽と言語には，少なくともある程度の動機の乖離が認められている（Peretz 2002）。しかしながら，多くの神経装置が，全ての身体的行動の制御と全ての感覚モダリティによるモニタリングとを関連付けていることを踏まえると，音楽と発話については，神経装置の多くが共有されている可能性が高い。言語処理を担う脳の動作様式を理解するためには，音楽の力学的意図とナラティヴの力を脳がどのように処理しているかを知ることが先決であるとベッソンとシャン（2001）や他の研究者が強く主張している。

人の生得的音楽性に関連して言うと，この種の議論は，もう1つ別のねじれを生じさせている。チョムスキーや彼の支持者（例えばPinker 2000）は，言語学習が人の準本能性であり，また，音楽と言語が同じ脳の領域を占有していると主張している。そうすると，別の研究者は，音楽生成と知覚あるいはその発達的衝動もまた準本能的であり，これが，乳児期とさらには人の進化の過程における言語獲得をもたらした重大な架け橋であろうと主張することになる（本書第2章および第24章のディサナーヤカ，第

5章のクロスとモーリー)。

8.6.1　PETとfMRI研究

　機能的脳画像法により言語と音楽様の刺激を直接比較した数少ない研究の1つにバインダーと共著者によるfMRI研究があり，この研究では，単語及び音列を受動的および能動的に聴いているときの脳の活動が比較されている (Binder et al. 1996)。受動条件では，スキャナのノイズと背景のスキャナノイズを伴う英単語あるいはランダムな音列が交互に一定時間呈示された。能動条件では，単語の意味的判断あるいは音列のパターン分析が被験者に課された。この研究では，単語条件においてより強く活動を示す左側大脳領域が特定され，上側頭溝，中側頭回，角回，そして左側の前頭葉が含まれていた。一方，受動的な音列条件と単語条件では，側頭平面が同等の活動を示したが，能動条件では，音列条件でより強い活動が認められた。これらの結果から，側頭平面は初期の聴覚処理に関与するのに対し，言語機能は，左半球に分散する複数のモダリティを束ねる連合領域のはたらきに依存すると著者らは結論づけた。ツァウリオ－マゾイヤーら (2002) は，伝統的な言語領域であるブローカ野とウェルニッケ野が，熟達した発話と言語処理に特化しているわけではないことを示す知見を発表した。これらの2領域は，2か月児が女性の顔を見ているときに活動を示したのである。「原会話」段階における2か月児のこの能力は，これらの脳部位が，音声表出形式（乳児が使用する前言語を含む）の制御と知覚時に活性化することを示しているのである。なお，乳児の原会話能力とは，成人が発話と手話において使用する部位と同一の部位を使用する能力を意味する。

　音楽に特化する脳機能の一側性を脳画像法を用いて示した研究の中で，現在のところも最も著名なものは，ロバート・ザトーレらの研究である。彼らの研究の多くは，PETを用いたものである。脳画像のスキャン中に実施された課題には，メロディ内のピッチ判断課題 (Zatorre et al. 1994)，旋律イメージ課題 (Halpern and Zatorre 1999)，音調リズムの再生成などが含まれる。これらの研究結果から，音楽の主要な構成要素である音調処理が右半球に強く依存するのに対し，高度に学習された言語が持つ文字ではそのような一側性は存在しないだろうと彼らは主張した。しかしながら，これらの研究において報告された一側性は，恣意的な統計的閾値を用いたz－マップを用いて視覚化されており，各半球の同一部位について明確な統計的比較が行われていない問題点が残ることから，必ずしも信頼できるとは言えない。

　一方で，近年のfMRI研究では，モノラル呈示された純音（5ヘルツの正弦関数変調）に対して左半球の一次聴覚皮質（ヘシュル回）が賦活することが報告されている (Deevlin et al. 2003)。この研究は，一側性の評価に頑健な手法を用いており，一側化の指標が複数の異なる統計水準を用いて複数回にわたり計算されている。fMRIを用いた別の研究には，レヴィタンとメノンの研究 (2003) があり，ここでは，普通の音楽の一部分とこれをランダムに並べ替えたものを聴いたときの脳活動の比較がおこなわれた (Levitin and Menon, 2003)。両者の主な違いは，時間的一貫性ということになる。彼らの研究では，言語知覚に関与する領域として認められている領域と，さらに右半球の同等部位の賦活が認められたことから，一側性を支持する結果は得られなかったと言える。さらに，コレッシュらのfMRI研究では，通常の統語に則さない予測できない音楽事象（突然の調変化など）に対する皮質反応が計測された。その結果，これまで言語領域と考えられてきた脳領域（ブローカとウェルニッケ野を含む）において脳の活動が認められ，この研究においても一側性は支持されなかった (Koelsch et al. 2002)。

　近年の研究データをまとめると，両半球の同等部位は音楽知覚に必要な処理に携わっていると考えることができる。ただし，左半球については，発達段階における言語の構音制御に特化しているようである。興味深いことに，左半球卒中後，言語能力の回復中に活動を示す右半球の構造（解剖学的に正常時の左半球言語領域と対称となる部位）については様々な仮説が提唱されている (Abo et al. 2004;

表8.2 音楽と言語処理の時間段階

処理時間	初期成分，<250ミリ秒		後期成分，>250ミリ秒		
	<100ミリ秒	100-200ミリ秒	250-400ミリ秒	～400ミリ秒	～600ミリ秒
発話	初期処理 40-100ミリ秒（P1m）聴覚皮質	初期の左前部の陰性成分（ELAN）統語的な不一致や句構造の違反に続き現れる ミスマッチ陰性電位（MMN）反復的な聴覚信号の変化時に現れる	左の前部側頭の陰性成分（LAN）統語／文法の不一致に続き現れる	期待違反の単語や意味的エラーに対して現れる頭頂中心部の陰性事象関連電位（N400）（モノ・コトが何かを知るための）意味統合に伴い現れる 言語プライミング効果を反映するN400 中側頭回後部で認められる 正しい音程で歌唱された不一致単語に対して現れるN400	期待違反の単語に続いて現れる陽性の頭頂中心部の振れ（P600）意味処理というよりは（それはそしてそれ自身がどこなのかを知る）統語処理に伴い現れる 初期処理の再評価 文内の意味の確認
音楽音	初期処理 40-100ミリ秒（P1m）聴覚皮質	初期の右前部の陰性成分（ERAN）期待違反のコードに続いて現れる 右のミスマッチ陰性電位（MMN）反復コードの変化時に現れる	右側の前部側頭の陰性成分（RATN）音楽音の不一致時に現れる	音楽のプライミング効果を反映するN400 中側頭回後部で認められる	音楽の不一致と音程が外れて歌唱された不一致単語に対して現れるP600
演奏の運動	トリル音	ビブラート、アルペジオ	プレストの拍子		アンダンテの拍子

Yamamoto 2004; Blank *et al.* 2003; Calvert *et al.* 2000; Woods *et al.* 1988）。このことから，言語生成と知覚を支える脳領域の大きな再組織化を介さずに言語能力は回復されると考えることができる。

8.6.2　言語と音楽のEEGおよびMEG研究

　MEGとEEGを用いて音楽と言語を比較した研究では，異なる時間分割段階でその効果が変化することが報告されているが，本章では，3つの時間処理段階に着目することにする（**表8.2**）。これらの段階を用いることで，活動の流れをうまくまとめることができる。いくつかの段階では，境界をまたぐことがあるが，それは後に説明を加えることにしよう。また，各段階についても，いくつかの下位段階に分けることができることを申し添えておく。

　第1段階は，100ミリ秒（ms）後には既に完了しているものである。これは，言語や音楽を構成する音の初期の物理特性の処理に対応していると考えられている。第2段階は，第1段階終了後から200msあたりまで続くものであり，これは，各要素を一時的に結びつけ，枠組みを与える，いわば（半）自動的な法則的処理を担っていると考えられている。この過程を通して，処理中のフレーズの文法構造を捉えることができるのである。第3段階は，文脈による要素の統合を反映しており，また，先行の文章を再評価するためにも利用されていると考えられている。第3段階は，250ms以降の時間帯をカバーしており，さらに3つのパート（250s-400msの成分，400ms周辺の成分，そして600ms周辺の成分）に分けることができる。人間のすべての運動活動が，リズムの基礎的階層を共有していると考えると（Trevarthen

1999), 音楽と言語の両者に関与する異なる処理をいくつかの時間的段階に区別することになんら驚きは生じないだろう。したがって, 刺激の物理的特性の解析を超えて,「処理」に至る連続的段階のタイミングは, 歩行や思考における, プレストからアンダンテに至るまでの異なる「歩調」や, あるいは単一行動の持続時間とその予測される知覚的モニタリングともうまく合致するのである。脳機能により作り出される「心」, つまり思考の処理それ自体が, 運動活動とそれに付随するリズムに進化的に埋め込まれた副産物であると主張する研究者もいる (Llinas 2001)。

続いて, 各段階における言語と音楽処理の類似点と相違点に関する知見を簡単に考察する。ここでは, MEGとEEGを用いて言語と音楽的反応の両者を検討した研究に絞って年代順に紹介することにする。最初の重要な知見は, 言語領域のEEG研究から得られたもので, クタスとヒルヤードのN400成分[5]の発見 (1980; 1984) を皮切りに始まった。これは, 頭頂中央部の陰成分の事象関連電位 (ERP: event-related potential) であり, 意味的誤りといった想定外の単語により誘発され, 250msから出現し400ms付近でピークに達することからその名がつけられた。N400は, 第3段階の第2部に対応しており,（モノ／コトが何かを知る）意味的統合に関与している。P600は, N400同様頭頂中央部の電極から得られる陽性の成分であり, 予想外の単語が呈示された後比較的早い段階で出現するが, そのピークは遅く600ms付近で認められる (Osterhout and Holcomb 1992)。P600は, 第3段階に相当し, 意味処理というよりは,（どこに何があるのかを知る）統語処理に関与するものである。P600は,「袋小路文」[6]構造のような初期処理を再評価する必要が生じたときに, その強度が増す。

ベッソンとマーカーの初期の研究 (1987) を除き, 近年まで, 音楽の不一致効果により誘発される電位を検討したものはほとんどなかった (Besson et al. 1994; Janata 1995)。言語と音楽の不一致効果を直接に比較した最初の研究 (Patel et al. 1998) では, 600ms付近で陽性の誘発成分が確認されたが, 言語と音楽の間で統計的に意味のある差は認められなかった。同じ論文で, 初期の音楽特異的なERP成分が, 右半球の前部側頭領域で観測され, 右側前部側頭陰性成分 (right anterior-temporal negativity; RATN) と名付けられた。この成分は, 言語関連の統語処理に関与すると報告されていた (Friederici 1995) 左側の前部陰性成分 (left anterior negativities; LAN) と類似している。LANとRATNは, 第3段階の第1部分に相当する。

音楽と言語により誘発される遅い脳波成分の類似点については, 近年のいくつかの研究で検討されている。ベッソンとシャンの研究 (2001) では, フランスオペラから200個の抜粋部を用い, 最後に歌唱される単語のピッチを外したもの, 正しいもの, そして, 最後の単語を意味的に不一致なものと入れ替えさらにピッチを外したものと正しいピッチのものを用意した。その結果, 不一致な意味の単語が正しいピッチで呈示されたときにN400が認められ, 正しい単語が外れたピッチで呈示されたときにP600が認められた。(誤った意味が外れたピッチで呈示される) 二重の不一致では, N400とP600が認められ, これはそれぞれの不一致条件を加算したものと同定度のものであった。この加算結果の類似から, 言語と音楽による誘発されるN400とP600は類似しているが, 言語の意味側面と音楽の調和的側面に関わる神経処理が独立している様相が窺い知れる。

コレッシュらの研究 (2004) では, 意味的に関連のある, あるいは関連のない文と音楽を呈示し, その後に視覚呈示される単語に対するプライミング効果[7]を検討し, その定量化に行動指標とN400のERP成分を用いた。単語と音楽の間の意味的関連性については, 作曲家の自己報告または, 音楽学の用語を用いた。例えば,「狭い」という単語に対する音楽プライムには(狭いピッチレンジや不協和音といっ

---

5) 刺激呈示後400ms周辺で認められる陰性成分の事象関連電位。
6) 曖昧な構造性を持つ文であり, 一時的に読み手に対して誤った解釈を与えるため, 文の再解釈が必要となる。例えば, 父が母に小包を送った業者に連絡した, 等がある。
7) 意識的想起を伴わない潜在記憶の効果のひとつで, ある刺激への接触が後続の心理処理に影響を与えること。

た）密集位置の間隔を用い，「広い」という単語に対しては，（広いピッチレンジを覆う）開離位置の間隔を用いた．その結果，N400に対するプライミング効果は，時間軸と強度という点では，言語と音楽で類似していた．（「意味的に無関連な」誘発成分から「意味的に関連した」成分を差し引いた）差分信号の等価電流双極子（equivalent current dipole; ECD）の位置推定を行ったところ，言語と音楽で類似した結果が得られ，その発生源が中側頭回の後部であることが判明した．

　統語的不一致状況に続いて生じる初期（< 250ms）の陰性成分は，脳の前半分において観測され，ELANとERANと名付けられている．これは，左右のいずれの半球から主に記録されるかにより分類される．ELANが初めて観測されたのは，言語の統語的違反（例えばフレーズの構造違反などがある）が与えられたときである（Friederici 1995）．EEG信号の減少と磁気相関する場所を特定するために，限定的な頭部範囲のMEGデータの断層解析（Gross et al. 1998）と全頭範囲からのECD分析が使用された（Friederici et al. 2000）．その結果，左右の聴覚皮質とブローカ野と右半球の同等部位に相当する左右の下前頭皮質において初期の活動が認められた．これらの研究に続いて，5つの和音進行を用いた実験が実施され，その3番目と4番目の和音に期待違反的なナポリの和音[8]が導入されたが，これは言語的統語違反と同等な状況を音楽でも設定するためである．期待違反的な和音は，右半球前部の陰性成分（ERAN）を誘発し，その潜時（200ms近辺）は，左半球におけるELANに対する言語的違反効果と同じであった．この成分に続き，500〜550ms近辺でピークに達する両側の陰性信号も認められた．ERANは，EEGとMEGの両者で認められているが，遅い成分はEEGでおいてのみ顕著に観測される．200ms付近の原調の和音に対する平均MEG信号から，両側のヘッシュル回中部がECDの発生源であると推定されているが，これは一次聴覚皮質内あるいは近傍に相当する（Maess et al. 2001）．同じ初期の時間帯において，ブローカ野と右側の相当部付近の前頭領域にECDの発生源が認められた．これは，ナポリの和音と原調の和音の差分であり，期待違反に対するERAN信号を反映していると言える（Maess et al. 2001）．

　ELANとERANの結果を正しく理解するためには，研究が進んでいる「ミスマッチ陰性電位」（mismatch negativity; MMN）を用いて両者を比較せねばならない（Naatanen 1992）．MMNは，連続的な聴覚的刺激内での変化（逸脱）により誘発される．この電位は，被験者が別の課題に注意を払っている場合でも認められることから，自動的反応であると考えられる．MMNは，100msから200ms間の時間帯における逸脱ERP波形と標準ERP波形の間の信号差である．基礎的な音楽音と表音の音声音の符号化を直接比較した研究には，MMNパラダイム中にMEGを記録したものがある（MMNm）（Tervaniemi et al. 1999）．これは右半球のみで認められ，低頻度の和音変化により生じるMMNmは，音声的変化により生じるMMNmよりも強い．初期のMEG信号（40-100ms間で生じる信号増加でありP1mと称される）とMMN（高頻度の反復刺激と逸脱刺激に対する脳波成分の差分）を表記するにあたり，ECDモデルを用いるのであるが，音声と和音では別々に適用される．MMNmのECD発生源は音声と和音でやや異なり，両耳に刺激呈示すると，それはより顕著になる．一方，P1mについては，音声と和音では差が認められなかった．しかしながら，同様の刺激を用いたPET研究では，より明確な一側的反応が得られており，このことを踏まえると，左半球が音声刺激処理に特化し，右半球が和音処理に特化していると考えられる．

　ERANとMMNについての従来の解釈はやや異なっている．MMNは，短期的な聴覚記憶の神経痕跡の指標であると考えられており，外部環境の継続的知覚と関係している．一方，ERANは，初期の統語的処理の指標であると考えられており，被験者の行動の予測的制御より関係しているだろう．しかしながら，ERANとMMNは同等のものであると捉えることができるかもしれない．つまり，ERANとMMNは共に，逸脱した聴覚刺激により自動的に誘発されるということである．予測的な聴覚皮質活動に着目

---

[8] 17世紀イタリアのナポリ楽派と呼ばれる作曲家たちが好んで用いたのでこの名で呼ばれる．原調にはない半音の変化を含むため，意外性をもった和音進行になる．

し，刺激間間隔（inter-stimulus interval; ISI）を変動させた一連の聴覚刺激に対する活動について検討した研究結果が最近報告された（Ioannides et al. 2003）．この研究により，予測的神経活動と反復刺激による記憶痕跡を聴覚システムが容易に区別できないことが判明すれば，MMNとERANの区別に関する議論や，「記憶痕跡」と「近未来的知覚制御」を区別する議論は泡となって消え去ってしまうだろう．これまでのところ，我々の研究を通して，ERANとMMN間の共通要素が同定されており，潜時の重複とそれぞれのERP成分の空間的分布の類似性がある．この研究結果からは，今のところ，統語的「認知」処理に特化した追加的処理がERANのERP要素では生じているのに対し，MMNでは生じていないといったような可能性を棄却することはできない（Koelsch et al. 2001）．

ERANとMMNに先行する音声刺激処理を検討した研究は数少ないが，言語処理と音楽処理では差がないことが報告されている．一例としては，P1mのECD位置が音声と和音で同等であることを報告したものがある（Tervaniemi et al. 1999）．

8.6.3 異なる時間軸における生得性と可塑性：電気生理学の知見から

ヒトの生後1年を最も特徴づけるのは，脳の可塑性である（Dawsonand Fischer 1994; Trevarthen 2004a）．最初の1年の間に，乳児はコミュニケーションへの取り組みを通して，文化的に体系化された言語内の統計と韻律のパターンを抽出する（Trevarthen 2001, 2004b）．他者との高度な知的社会交流を介して，乳児の発話学習は加速するのであるが，その様式はしばしば鳴禽の意思疎通学習と比較される（Kuhl 2004）．しかしながら，意図を共有するという点では根本的に異なっている．初期の幼児期を過ぎると，新たな発話音の学習能力の変化は徐々に緩やかになるが，聴覚学習の「可塑性」は，成人になっても残されている．新たな神経「マップ」をもたらす「生得的な」変化能力は出現するのが遅い（シナプスレベルの活動依存的変化が必要とされる）ことを示す実験的証拠は得られており，また，灰白質の変化（高解像で局所的な解剖学的構造を検出することができる）はさらに遅い．しかしながら，十分に動機付けされた学習は早く，2歳児においても新たな単語を「単一試行」で学習することができる（Carey and Bartlett 1978; Halberda 2003）．注意を引きつける旋律は，一度遭遇するだけで記憶から消去しがたいものとなり，これは乳児にも成人にも当てはまる（Trainor 1996; Trevarthen 2002）．

刺激に対する応答性について長期的な変化を探った多くの研究があるが，そこでは，単一のECDを平均のMEGやEEGデータに当てはめ，生じた双極子の強度を可塑性の効果として定量化してきた．しかしながら，ECD強度の増加が，各単一試行におけるリアルタイムの活動増加により生じたのか，それとも単一試行の活動がより「組織化されて」いた（例えば外部刺激に対してより良く時間的にロックした状態であったなど）から生じたのかは不明確である．ここまでの話からお察しいただけると思うが，いくつかの研究では，実験経験の少ない被験者に対して連続した音刺激（音楽と言ってもよいかもしれない）を数時間から数日にわたり呈示しており，これらの刺激は，リアルタイムの脳活動を測定するために使用されてきた．これらの研究から，分散的な皮質表象における背景リズム[9]の再構成が起こることが見出され，特に「ガンマ」周波数帯域（〜40Hz）において認められる．というのも，ガンマ帯域の変化が行動成績と最も相関するからである（Bosnyak et al. 2004）．

音楽知覚に関わる生得的な神経能力の特殊性が，ショーベルと共同研究者らによる脳外科術中研究により示されている．これは言語知覚にはあまり認められないものである．覚醒状態の患者の開頭手術中に，音節と音を呈示し，それに対する両側の一次聴覚皮質と二次聴覚皮質から生じる皮質脳波の測定をおこなった．うち1つの研究では，音節の音響的要素に対する反応が一側的であることが突き止められた．有声と無声の音節の効果が，左半球のヘシュル回と側頭平面では明確に認められたのに対し，右側

---

[9] 脳波の大部分を形成する特定の脳波活動．

では認められなかったのである．つまり，左側のヘシュル回における誘発電位と側頭平面におけるやや弱い誘発電位が，音節の異なる要素に対して反応を示したと言う訳である．脳内における音の時間的効果は，発話音に限定されるわけではなく，音節と類似した時間的構造をもつ非言語音にも適用することができる (Liégeois-Chauvel et al. 1999)．続く研究では，はっきりとしたスペクトルにより構成される周波数地図（つまり，音の周波数の勾配により空間的に組織化された地図）が観測された．右半球において異なる周波数を処理する領域を区分することができたのである．一方，左半球における周波数地図は明確ではなく，ある周波数範囲に対して複数の異なる脳領域が関与することが示された (Liégeois-Chauvel et al. 2001)．

イオアニデスと共同研究者らの研究では，MEGを用いていわゆるエコイックメモリ[10]痕跡の計算が行われた (Ioannides et al. 2003)．なお，エコイックメモリとは，聴覚性の刺激関連情報の短期的な保持を意味する．この研究では，エコイックメモリの存続時間とその文脈的感度が計算できるように一連の聴覚刺激の設定が施された．そして，異なる潜時で異なる存続時間をもつ時間依存的なエコイックメモリを見出したのである．この結果は，複数の神経遅延軸の存在を示唆するものである．長いエコイックメモリの存続時間は，（利き手と性差に依存した）半球内の非対称性と関わることが明らかになった．具体的に言うと，左利きの男性を除いては，左半球において長いエコイックメモリの存続時間が認められたのである．これらのエコイックメモリの結果をリエジョワーショーベルの研究 (Liégeois-Chauvel et al. 2001) と総合して考察すると，聴覚システムの基礎的要素，つまり，言語と音楽を脳内でまずどのように知覚するのかを決定する要素は，成人の脳では，左右の半球で異なるということになる．

8.6.4 結論

電気生理学的研究と脳画像研究の相違点について，その妥協点を見出すのは容易ではない．パテールは，音楽と言語の「統語的処理」に共通の神経基盤を提案することでこの問題の解決に果敢に取り組んだ (Patel 2003)．これらの処理は，前頭葉内で行われ，発話と音楽音の生成に関与するのではないかと提唱したのである．彼の主張によると，この神経基盤は言語表象と音楽表象に基づいて別々の動作を示す．後部頭頂皮質内の別々の部位にそれぞれの表象が局在しているという考えに非常に類似している．ショーベルの研究から明らかにされたように，生得的あるいは初期に成熟する一次聴覚野のネットワークもまた，言語と音楽で異なる表象を生み出している．我々の研究から得られたミスマッチ陰性電位とERANの類似性もパテールの結論と類似しているが，我々が予測メカニズムの役割により重きを置いていることに注意していただきたい．

この捉え方は，人間が生まれながらにして音楽能力を持っており，両半球の特定の部位が音の構造的配列を解釈する能力を宿しているという事実と合致する．特に心拍動や呼吸，身振り運動，散歩といった身体リズムと結びつく独特の音の配列の解釈能力は生得的に備わっている．また，この共有されたリズム感覚あるいは伝達的音楽性は，乳児と養育者間の表出的な意思疎通を紡ぐことで，後の言語獲得を促進するという考えとも一致する．ブローカ野を含む外側前頭前野は，言語と音楽表出の統語的構造を決定する予期や予測に関与するわけだが，これは生得的に備わっている機能である．非常に類似した子音を区別しないと正確な意味処理ができない状況に出くわした場合，言語と音楽の選択的処理が必要になり，そのとき聴覚皮質による初期の音響解析へのアクセスを欠かすことができない．聴覚皮質には一側性があり，異なる音響的特徴には別々の半球が関与することが明らかにされている．

---

[10] 聴覚性の感覚記憶．

8.7 音楽知覚の要素に特化する大脳新皮質
8.7.1 ピッチと旋律

以下に挙げる問題解決に向けて，綿密に練り上げられた脳画像研究が実施されてきた．

1　どの脳領域が，ノイズからピッチを検出し，その音の処理に選択的に関与しているのか．
2　どの皮質領域が，「周波数地図」（体系的なパターンをもつ音地図）に該当するのか．
3　どの脳領域が，ピッチの基礎的な音楽特性（どのオクターヴか［トーン・ハイト］とオクターヴ内のどの音か［トーン・クロマ］）[11]の検出に関与しているのか．
4　どの脳領域が，単純な音列の反復やノイズから旋律を聴き取りだしているのか．

これらの問題が，いずれも民族中心さらに言うと人類中心的なものでないと主張するにはそれなりの強い根拠がある．動物研究，特にサルを用いた研究（Morel *et al.* 1993; Brugge 1985）により，トノトピー[12]は霊長類の脳の普遍的特性であり，ピッチ弁別は，音源の認識にとって重要な要素であることが明らかになっている．これらはいずれも生存にとって価値ある物である．ピッチは色と類似しており，脳によって作り上げられる意識的知覚現象である．この知覚は，耳が拾い上げる周波数と関係するのだが，その関係性は必ずしも単純なものではない．その一例に，有名な「ミッシング・ファンダメンタル」がある．この現象では，基本周波数を物理的に欠いた場合でさえ，聞き手は同時に演奏された倍音列の中から基礎音が聞こえたと自信を持って言い張る．それでは，上記の問題に取り組んだ研究を紹介することにしよう．

1　グリフィスらが実施した信頼のおける研究（1998）であり，音とノイズを実験的に比較したものである．純音の人工特性を避け，聴覚的周波数への反応ではなくピッチの知覚を強調するために，反復ノイズから構成された刺激を用いた．この刺激は，広大な周波数スペクトラムを持っており，様々な知覚ピッチ強度に調整することができるという利点がある．この刺激を用いることでグリフィスらは，（知覚ピッチ強度に相当する）時間的規則性を体系的に増量できるパラメトリック実験を実施することができたのである．そして，その規則性の増加に応じて活動が増加する脳領域を探ったところ，両側の一次聴覚皮質（ヘシュル回）が活動の増加を示したのに対し，初期の聴覚経路（下丘，内側膝状核）ではそのような活動増加は認められなかった．
2　聴覚皮質が，音周波数の空間マップを持っているのは自明である．この問題は，初期のMEG研究により丁寧に調べ上げられたわけだが（Pantev *et al.* 1988），fMRIを用いた研究によりそのより詳細な性質が明らかにされた（Formisano 2003; Talavage 2004）．この研究では，初期聴覚領域のトノトピック傾斜[13]が突き止められ，ヨザル[14]の結果とも一致していた（Brugge 1985; Recanzone *et al.* 1993）．これらの研究から，弁別可能な音周波数は，人間にとって重要であり，そのおかげで，意味を持つ音構造の知覚が可能となるのである．

---

[11] 音楽にかかわる音の高さには2種類ある．「ド・レ・ミ…」と音を高くしていくと，1オクターヴ上で再び「ド・レ・ミ…」と感じられる．どのオクターヴの高さか（音色的高さ）を「トーン・ハイト」と呼び，オクターヴのどの音か（音楽的高さ）を「トーン・クロマ」と呼ぶ．（参考文献：重野純『音の世界の心理学』ナカニシヤ出版，2014）．
[12] 周波数の高低順に空間的に規則的に配置されている聴覚皮質内の神経細胞の並び，周波数地図とも呼ばれる．
[13] 脳内における異なる同波数音に対する神経細胞の空間的配置．
[14] 真猿類に属する夜行性のサル．

3 （音周波数がぴったり2倍になる）オクターヴの等価性の知覚が人類に普遍であることを示す証拠は十分に得られており，これはアカゲザルでも認められている (Wright et al. 2000)。このことが，調性的な旋律のオクターヴを越えた一般化（調性的な場合に限る）を可能にするのである。どのような音階であろうと，オクターヴごとに主観的に相似な音の巡り／循環／周回がある限り，各オクターヴの対応する音同士は比類なく協和するのである。そして，これはどの音階でも同じように認められるのである。ピッチ変化の2つの次元に沿って知覚が変化することは知られているが，ワーレンらのfMRI研究では，この変化に関わる脳部位の特定を行った (Warren 2003)。なお，2つの次元とは，トーン・ハイト（どのオクターヴなのか？）とトーン・クロマ（オクターヴ内のどの音なのか？）である。彼らの研究に参加したのは，音楽訓練を受けていない成人で，実験刺激には調波複合音が使用され，トーン・クロマとトーン・ハイトの連続的変化が施された。一方，総エネルギーとスペクトル領域は一定に固定された。この操作により，聴覚変数が適切に制御できるので，重要な実験変数であるピッチの知覚的要素のみを切り出すことができたのである。その結果，トーン・クロマの変化は，側頭平面内に位置する両側のヘシュル回前部の活動増加をもたらしたのに対し，トーン・ハイトの変化は，側頭平面後部の両側領域の活動増加を生じさせた。ヘシュル回自体は，全ての聴覚経験に関与すると考えられているが，側頭葉の上層部に位置する一次聴覚皮質を囲むこの領域は，ピッチの2次元処理の脳内基盤を担っているのである（**図8.1**）。

　聴覚皮質の専門化は，生得的なのかそれとも後天的なのか。この研究に参加した被験者は，音楽訓練を受けたわけではないが，これまでに多くの特に西洋音楽に触れていたはずである。また，本章後半で紹介するように，我々の高い適応性をもつ脳では，多くの音楽関連技能を獲得すると，永続的な変化が生じてしまう。従って，音楽経験がほぼ皆無である非常に若齢の乳児を対象に同様の研究を実施しない限り，この問題を完全に解決するのは不可能と言える。しかしながら，文化横断的に普遍的であるオクターヴ音程の知覚から，ピッチ特性に対して応答性をもつ「生得的な」脳領域が存在すると考えることができ，また，本研究により特定された脳領域が文化間で異なると考える根拠はないだろう。

4 旋律に関与する特定の脳領域の有無を調べた初期の脳画像研究にザトーレらのPET研究がある (Zatorre 1994)。この研究では，被験者は単純な旋律を聴き，続いて呈示されるノイズ音列が音響的に一致するかどうかの判断が求められた。その結果，右側の上側頭皮質と右側の後頭皮質において皮質血流量の増加が認められた。この結果から，著者らは，右側の上側頭皮質が旋律の知覚解析に携わると結論づけたわけであるが，初期のいくつかの研究で見られるように，一側性を評価する適切な統計手法が用いられていない。これらの領域は，全ての感覚モダリティに関わる脳のミラーあるいは共感システムの一部を形成していると考えられている (Decety and Chaminade 2003; Jeannerod 2004)。

　グリフィスらのグループもこの問題に取り組んでおり (Patterson et al. 2002)，fMRIを用いることで，聴覚経路における旋律処理について詳細な検討をおこなった。スペクトルをマッチさせた音を用いたのだが，ピッチを生成しないもの，固定ピッチのもの，そして旋律のいずれもが，ヘシュル回と側頭平面の活動を増加させたのである。これらの領域内を詳しく見てみると，ピッチを生成する音が呈示されると，生成しないものと比べ，ヘシュル回の外側半面の活動増加が認められた。旋律を生成するためにピッチを変化させると，ヘシュル回と側頭平面領域を越えた上側頭回と平面極の活動増加が見られ，それは，特に右半球優位のものであった。この結果は，部分的にザトーレらの研究成果と一致している。当然ではあるが，平面極は，オクターヴ内のピッチ知覚（クロマ）に選択的に関与することが知られている。この結果から旋律音の処理が進むにつれ，一次聴覚皮質から前方および外側部へと活動領域が移行する

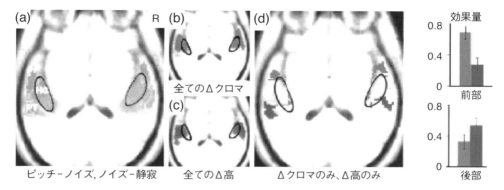

図8.1 ウォーレンらの統計パラメトリックマップ (Warren *et al.* 2003)。黒線で囲まれた部分は，一次聴覚皮質の90パーセントの確率境界を示している。(a) 広帯域のノイズでは，静寂と比べて（ノイズ−静寂，緑色），ヘシュル回（Heschl's gyrus；HG）の内側部と外側部を含む上側頭領域の活動が両側で幅広く認められた。ピッチを生成する刺激をノイズと比較した場合（ピッチ−ノイズ，薄紫色），両側のHG外側部，平面局（planum porale; PP）そして側頭平面（planum temporale; PT）に限定した両側の活動が認められた。(b) ピッチのクロマ変化（Δクロマ）と固定クロマを比較したところ（全てのΔクロマは赤色），HGの外側部，PP，TPの活動増加が認められた。(c) ピッチの高さ変化（Δ高）をピッチ固定と比較したところ（全てのΔ高は青色），両側のHG外側部とPTの前部外側部の活動増加が認められた。(d) ピッチクロマ変化とピッチ高変化により活動を示したbとcのボクセル（体積要素）を排他的にマスクした。ピッチクロマの変化（Δクロマのみが赤で着色）は，PP内のHG前部に向かった両側領域の活動を増加させたのに対し，ピッチ高の変化は，（Δ高のみが青で着色）PT後部における両側領域の活動を増加させた。これらの領域は，ピッチの2つの音楽的次元処理に特に関与した脳内基盤である。各関心コントラストの前部領域と後部領域の血中酸素濃度依存性（Blood Oxygenation Level-Dependent; BOLD）の信号変化の相対強度（右図）。棒グラフの高さは，総平均信号に対する平均効果量（信号変化）を表している。図は，右半球のピークボクセルから得られた信号変化であり，赤色がクロマのみのものを，青色が高さのみのものを表している。垂直のバーは，平均効果量の標準誤差を示している。棒グラフから，聴覚皮質の前部と後部領域の活動が，ピッチクロマとピッチ高の間で反対になっていることがわかる。（許可を得て引用および改変）（カラー図1[本書凡例URL]を同時参照）

というピッチ処理の階層説が支持されたのである。同様の階層的機能分布は，脳後部の視覚領域において確認されており，前部領域に移るにつれ，視覚的シーンのより複雑な特徴の処理を担う（Zeki 1993）。

繰り返しになるが，これらの脳領域が経験を通して特殊な適応を遂げているのか，それとも機能が先天的に割り当てられているのかという問題は残されたままである。可能であれば音楽の旋律を重視しない文化に属する実験協力者を募集し，文化間比較研究が実施できれば問題解決に近づけるかもしれない。一側性については，言語処理が発達の中で左の聴覚皮質に依存するようになり，右半球の相当領域に生得的に備わる音楽処理が残されたと仮説立てるのは興味深くはないだろうか。

8.7.2 音色

「音色」という用語は，音の倍音成分を意味するが，それは各音符を演奏する時間の中で生じるからである（McAdams *et al.* 1995）。この音響特性のおかげで，他の知覚特性（ピッチ，音量，持続時間）が同じであっても，ある共鳴源と別の共鳴源を区別することができるのである。つまり，音色の知覚は，どちらかというと種に普遍的であると言える。というのも生存に依存した聴覚認識に必要な特性であり，また，表出者の意気込みや呼び声に影響する興奮あるいは感情状態のレベルを検出する際にも必要な特性だからである。

音色の変化は，音楽演奏に固有であり，音楽の感情的効果に重要な役割を果たすが，この問題は後々

考察することにしたい。メノンらの研究(2002)では，洗練されたデザインのfMRI実験が実施されたが，ここでは，音色知覚の神経基盤を明らかにするために音刺激が厳選された。音楽家ではない実験協力者に対して，音色を変化させて演奏した旋律を聴かせ，そのときの脳活動の比較をおこなった。2種類の音色を用いたわけだが，1つは (a) 速い立ち上がりで，低いスペクトル重心，そしてスペクトル変動のないものであり，もう1つは，(b) 遅い立ち上がりで，高いスペクトル重心，そして大きなスペクトル変動を伴うものであった。音量と主観的なピッチは慎重に統制された。実験協力者には，短い旋律の最後にボタン押しをする最小限の課題が与えられた。実験の結果から，両側の大脳半球が音色の処理に関わることが判明し，音楽知覚の基礎的要素が，右半球に依存するという従来の考えに疑問を呈した。

音色関連の脳の賦活は，ヘシュル回後部と上側頭溝で認められ，その賦活は，島輪状溝まで広がっていた。活動の強さは，左右半球で同等であったものの，側頭葉の活動は，右半球と比較すると，左半球では，より後部部位の活動が有意であった。この結果は，音色処理における左右半球の機能的非対称性を反映していると考えることができる。ほぼ全ての音楽知覚に共通した活動を示すヘシュル回を除くと，ピッチや旋律とは異なる音色に特化した脳活動が，見出された。それは，側頭葉の深低部であり，音の感情的効果が大きく寄与していると考えられる（音楽演奏を含む表出動作によって異なる感情強度を規定する物理的情報の分析については，本書第6章のリーとシェーグラーを見よ）。

8.7.3 リズム

大多数の文化に存する音楽では，リズムを定義することができる。リズムの知覚は，特定の生得的に備わった脳領域により処理されているのかもしれない。しかしながら，旋律と同様，リズムのモチーフは，文化により高度に洗練されている点に注意を払う必要がある。

動物の生命の中に生得的に埋め込まれているのは，リズム運動である。心拍や呼吸は，細胞に絶え間なく栄養を与えるために周期的に認められ，移動運動や咀嚼は反復的である。事実，動物の運動は，周期的な時間制御あるいはリズムを伴い，これは，関節を持たないクラゲや芋虫でさえも同様に認められる (Llinas 2001)。動物の全ての運動において，生理学的覚醒度の上昇は，周波数の上昇を伴い，その際に音楽が生成されるわけであるが，それは，聞き手の覚醒度にまで自然に影響を与える。リズム音は，聞き手に対する強力な同調効果を有しており (Molinari et al. 2003)，リズミカルな動作やダンスといった反応を促す(本書第5章のクロスとモーリーを)。

霊長類種では，「ミラーシステム」と呼ばれる脳システムが共有に認められる (Rizzolatti et al. 1996; Iacoboni et al. 2001)。このシステムを構成するニューロンでは，ある人物が特定の運動を行う場合と，同種が同じ運動をしているのを見ている場合において，活動電位が生じる。リズム音は，心的イメージの中での運動を喚起しやすいことを踏まえると，運動生成に関わる運動前皮質や補足運動野といった領域が賦活することに何ら驚きはないだろう。おそらく，音楽コミュニケーションと芸術の脳内メカニズムを詳細に理解するためには，ダイナミックな感情状態や運動表出の意図，そして行動目標といった人物間の情報伝達を脳内のミラーシステムが担っていることを裏付ける実験的証拠を集積する必要がある (Adolphs 2003; Ghallese 2001)。

音楽とより幅広い文脈での反復行動を対象とし，リズムの弁別に特に関与する脳領域を検討した脳画像研究がいくつか報告されている。パーソンズ (2001) が実施したPET研究では，音楽家と一般人を対象とし，パターン，テンポ，拍子，時間の点からリズムの弁別が課された。その結果，小脳が，リズム知覚ネットワークの主要な要素である可能性が浮き彫りになった。酒井らが実施したfMRI研究 (1999) では，リズムの複雑性を操作することで，音のリズム系列の短期的な記憶保持に関わる脳領域の検討をおこなった。その結果，一般的な音楽に見られる単純なリズムが呈示されると，右側の小脳前部に加え，左半球の運動前野と下頭頂領域で強い活動が認められた。これらの領域は，運動意図を「ミラーする」

際に重要な領域である。オヴァリーらの画期的なfMRI研究（2004）では，6歳の子どもを対象に旋律とリズム知覚の検討がおこなわれた（Overy *et al.* 2004）。皮質損傷の影響について成人を対象とした初期のリズム弁別研究と比較すると（Samson *et al.* 2001），子どもの研究では，左半球における強い一側性は認められなかった。この結果を元に，オヴァリーらは，一側化は成熟期に発達するのではないかと主張した。

指のタッピングのような規則的な運動生成には，多くの画像神経科学者が注目してきたが（Rivkin *et al.* 2003; Dhamala *et al.* 2003; Ullen *et al.* 2003），紙幅の都合上ここでは割愛させていただくことにする（運動のタイミング制御と知覚制御に関わる脳システムについては，本書第6章のリーとシェーグラーを見よ）。

8.8　音楽の時間的側面と研究方法

音楽と時間は切り離せない。音符，ピッチ，和音は，（ミッシング・ファンダメンタルに見られる「現実」あるいは「仮想」といった）その要素の固有周波数により定義されることに注意していただきたい。つまり，これらの基盤には，非常に細かい時間スケールにおける周波数の時間的観念が存在するのである（本書第25章のオズボーン）。旋律は，長時間にわたる音楽要素の時間的配置であると定義することができ，特定の音楽のテーマやフレーズ，歌，作曲家と結びついている。その時間スケールの長さは，（意識的経験状態からその想起に至るまでの）秒単位から作曲家の生涯にまで広がる。精巧なナラティヴも含め，リズムとは，時間系列の組織的法則を定義するものである。つまり，音楽の全ての要素は，時間の展開的配列と結びついているのである。

脳活動は，異なる時間スケール上のある時間に展開される事象や（化学的・電気的）振動により特徴づけられるものである。音楽により誘発される脳活動を分析するにあたり，満たすことが望ましい2つの点がある。第1は，音楽の全ての時間的属性を定量化できる方法が必要であるという点である。これは，広い時間スケールの構造を考慮し，また，（音楽知覚に深い効果を与えることが知られている）演奏者による解釈が表出される変奏を含める際に特に重要となってくる。第2は，音楽の分析と全く同じように，脳領域の時系列的活動を正確に記述する方法が必要であるという点である。そうすることで，音楽の断片の時間的構造，演奏中の特定の場面，そしてそれを誘発する脳活動との間の相関関係を見出すことができるのである。音楽刺激に対して柔軟性を持つことが示されている近年の方法論を用いた業績とその限界についてまとめ，その後，上記の2点を満たす新しい方法論を強調して説明したい。

8.8.1　従来の分析方法と正しい方向への動き

血流動態に依存する方法は，時間分解能が低いために，音楽のもつ高および中周波数特性を捉えることができない。MEGとEEGは，必要な時間分解能を満たしてはいるが，従来の方法は，これらの周波数成分を調べるように設定されていない。和声的あるいは旋律的，リズム的につじつまの合わない音や和音を含めた音楽的フレーズを検討した研究であっても，これらの問題に陥っている。これらの手法は，音楽理論において洗練された認知的分類や概念の上に成り立っているが，制限された範囲での自然処理を特定しているに過ぎない。音楽的逸脱に対する独立的な脳反応を特定することはできるが，本物の音楽作品のもつ局所的および全体的な特徴がもたらす体験中の反応を調べることができるとは言えない。

聴覚的系列刺激に対する時間的神経相関を調べるために，MEGあるいはEEGの各チャンネルの定常的誘発電位（steady-state response; SSR）を用いた研究が進められている。この手法を用いることで，連続刺激により誘発される実時間変動の測定が可能になるものの，多くの場合は間接的な測定になる。次に紹介する2つの研究により，フェイズの再組織化が，振幅の変化に重要な役割を担うことが示されている。

パテールとバラバン（2000）は，旋律様の系列刺激の振幅を操作し，それにより誘発されるSSRの研究を実施した。その結果，MEG信号のエネルギー変化は，刺激構造と関係しないことが判明した。一方で，特定のセンサー位置のMEG信号フェイズが，ピッチの時系列的変化パターンと非常に類似していることがわかったのである。センサーの配置から，聴覚配列に対するフェイズの追従は，両半球で認められているが，右半球における高密度成分は統計的には有意傾向であることに注意が必要である。同様の手法を用いて，ボスニヤックら（2004）は，成人脳の可塑性の問題に取り組んだ。音楽家ではない成人を対象とし，40ヘルツの搬送周波数振幅により変調がかけられた純音を少し変化させ，その変化が検出できるように訓練を課した。その結果，短期間の誘発反応の振幅変化は認められたものの，SSR振幅の変化は認められなかった。訓練後に認められたのは，SSRのフェイズの変化のみであった。

　各単一チャンネルのSSRを検討することで，データから演繹できる仮説を絞り込むことはできる。MEGでは，ある単一センサーから記録される信号は，互いに離れた（磁気生成の）ジェネレータに対して反応を示す。それに対し，複数センサーのレベルになると，広範囲な同期が生じている可能性がある。反対に，単一の局所的なジェネレータは，双極の電場パターンを生成するが，それはつまり，強いMEG信号が，2つの異なる位置で記録されている可能性を意味する。なお，最大感度を持つセンサー間の距離は，局所的発生源の深さに比例する。異なる位置のセンサー間の同期を計測し，そこから領域間に時間的同期があると結論づけることは信頼性に欠ける。というのも，それぞれの局所ジェネレータは，異なる位置センサーの出力に対して（時間のずれ無しで）強い相関関係を生み出すからである。

　近年発表された2本の論文では，ミリ秒単位の脳活動の完全断層的描写を用いて，連続的な音楽により誘発される脳波の計測がおこなわれた（Ioannides *et al.* 2002b; Popescu *et al.* 2004）。断層解析には，CURRY4.5（Compumedics/Neuroscan社）と呼ばれるソース位置特定のソフトウェアを使用し，電流に最低でもL2基準の制約とLカーブの正則化を課した。正式な音楽訓練を受けていない右利きの男性被験者5名が実験に参加した。音楽刺激には，2分50秒のモデラートのテンポで演奏されたピアノ独奏を使用した。刺激は，単純な弱弱強格拍子，つまり，基本的な韻律脚が4分音符，4分音符，2分音符（1：1：2の割合）を持つものであった。使用された作品は，実験開始時は被験者にとって馴染みのないものであったが，訓練手続きをとおして十分に慣れ親しんだ。訓練では，それぞれの被験者が，作品の抜粋部を聴き，これが分析に使用された。この手続きにより，刺激が，それぞれの被験者にとって，新規でも過学習したものでもなく，同等に馴染みあるものであることが保証されたのである。音楽作品は，2つのモチーフに分け，記憶用と想起用に使用した。そして，10秒間続く2つのモチーフ（モチーフⅠとモチーフⅡ）を聴いているときのMEG信号の計測をおこなった。2つのモチーフは，それぞれ20回ずつ繰り返され，そのときのMEG信号の計測が行われた。

　1つ目の研究（Ioannides *et al.* 2002b）では，モチーフⅠとⅡの反復中に計測されたMEG信号の平均と各単一試行のMEG信号が使用された。モチーフの冒頭の平均MEG信号からは，外側表面（**図8.2a**）の双極子パターンが同定され，断層解像により，活動位置が聴覚皮質周辺（**図8.2b**）であることが判明したが，特に右半球で強いことがわかった。平均MEG信号を計算するにあたり，各半球の最大および最小の双極子パターン周辺のセンサーを分離し，5つのセンサーの加算をおこなった。それぞれの加算部位が，**図8.2**の五角形で示されている。各双極子パターンの最大および最小値近傍の平均値の差分を用いて，各半球の仮想センサー（virtual sensor: VS）を定義した。VSを単一試行のMEG信号に適用することで，左右の聴覚皮質とその近傍皮質の活動を実時間で推定することができる。**図8.3**は，音楽音と左右の聴覚皮質の活動を表した時系列（2つのVSにより示されている）の周波数スペクトルである。パテールとバラバン（2000）の結果から予測されるように，これらの時系列間には，特に右半球において類似したピークが認められた。

　2つ目の研究は，上記の結果を2つの観点から拡張したものである。まず，断層的解像画像から抽出

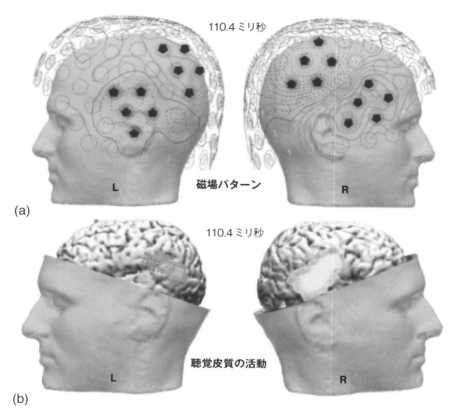

図8.2 (a) 左側 (L) および右側 (R) 頭部磁場の等高線図。信号地形は双極子に基づくものであり，面内と面外の磁場は陽性と陰性に明確に区別することができる。双極子パターンが最大および最小となる付近のセンサーを正五角形で示す（ただし向きは逆）。信号地形は，2つの局所の間に位置する脳領域内の神経活動源で一貫性が認められる。この2つの局所とは，一次聴覚皮質および／あるいは周辺の聴覚連合領域に相当する。各聴覚皮質付近の活動推定には，各時間スライスの信号値と脳の半面から記録された信号値の平均の差分が使用された。各半面の計測に用いたセンサーのセットが図内で示されているが，同方向の五角形がそれぞれのセットに該当する。(b) 図 (a) の信号の断層画像から再構築された活動を，左右の皮質表面に重ね合わせた図 (カラー図2 [本書凡例URL] を同時参照)

した領域脳活動の周波数スペクトラムの計算がおこなわれた。その結果，別々の時間スケールにおける音楽属性が，分散ネットワークと一部の重複ネットワークにより処理されていることが明らかになった。低周波数処理は，側頭葉前部と前頭葉の分散ネットワーク内で認められた (Popescu *et al.* 2004の図7)。これらのネットワークは，おそらく旋律の遅い特性により形成される「高次パターン」を処理していると考えられる。分析結果はさらに，各音符に対応する高周波数特性が，先行研究で既に報告されていた聴覚皮質内とその周辺領域 (Ioannides *et al.* 2002b) と運動領域の特に一次感覚運動領域 (SM1)，運動前野，そして補足運動野により解析されていることを示していた (Popescu *et al.* 2004の図8)。

楽譜と脳活動の時間的特性を捉えるために，新たな解析法を導入し，2つのモチーフのうちいずれかにその解析を適用した。この分析を進めるにあたり，4つの旋律曲線分節(A–D)への分割をおこなった。最初の3つの分節 (A–C) は，それぞれ2秒をやや上回る持続時間を持っており，これらの詳細な分析が施された。各分節の演奏リズムは，参照間隔比率からの時間的偏差 (deviations from the reference

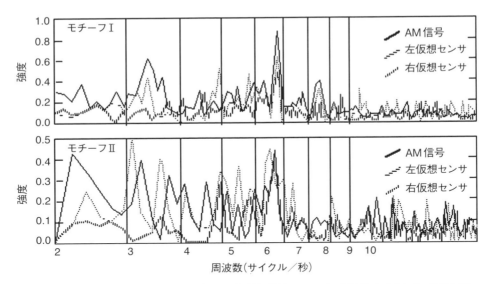

図8.3 2つの音楽モチーフと聴覚皮質活動の振幅包絡線についての周波数スペクトル。計算には，断層解を用いた。7ヘルツの周波数帯域で強い相関が認められているが，これは，ピアノの鍵盤音の反復率にある程度対応している。その他の周波数帯域では，右半球での当てはまりがよい（イオアニデスら〈2002b〉から引用）。

interval ratio: DRIR）により特徴づけられたわけだが，これは，演奏者の芸術的表現あるいは演奏者の身体的能力の限界や制約により生じるものであった。各分節の平均間隔比率は次の通りである：分節A（1.0：1.2：2.0），分節B（1.0：1.3：2.4），分節C（1.0：1.1：2.1）。従って，分節Cが，楽譜上の（4分音符，4分音符，2分音符）である弱弱強格の1：1：2間隔割合に最も合致していたのである。分節Aは，弱弱強格に近接しており，分節Bが最も基準から外れていたわけである。10秒間のモチーフに分割することで，音楽モチーフの中にある音符持続時間割合の2つの切り換えが浮き彫りにされた。最初の切り換えは，韻律的に（1：1：2に）忠実な分節（分節A）から高DRIR（分節B）への移行時に見られるのに対し，2番目の切換は，分節B（高DRIR）から最小のDRIR（分節C）への移行時に認められた。楽譜の全詳細とその分解については，ポペスキューらの論文（2004）を参照していただきたい。

　ポペスキューら（2004）が導入した新たな測定法は，2つの拍スペクトルの相関を用いて，音楽と脳の時間的構造の類似性を定量化するものである（Popescu *et al.* 2004）。拍スペクトル用いることで，異なる時間スケールを通した時系列の強い特徴を知ることができる。楽譜に適用すると，拍スペクトルは，知覚的特徴に従った音楽の演奏リズムを取り込むことができるのである。拍スペクトルは，時系列の振幅変調から直接導き出すことができる（Todd 1994）。すなわち，音楽信号の振幅包絡線を多数の解像ウェーブレットで分解する自己相似測定法により導き出すのである（Foote and Uchihashi 2001）。同様の解析を，領域的脳活動の時系列データにも適用することで，対応する拍スペクトルが取得できるのである。拍スペクトルは，振幅変調のリズム特性を捉えるのだが，それは，刺激の周期性を維持するリズミカルな一過性の反応が，類似の拍スペクトルを生成するということでもある。拍スペクトルは，サウンドトラック内のリズムの小さな変化に対しても十分な感度をもっており，芸術家の演奏から繰り出される様々な音楽の一部分に対しても反応を示す。

　この感度を利用し，モチーフの3分節のDRIR変化に対して，脳部位の活動にどのような変化が起こるのかを検討した。被験者ごとに各分節音楽の拍スペクトルと6つの脳領域の拍スペクトル相関を計算した。なお，脳領域には，左右半球の3つの運動関連領域が含まれた。**図8.4**には，各分節音楽の相関

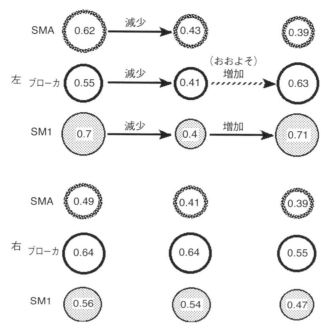

図8.4 音楽の時間的組織化と脳活動間の関係性の測定値。各測定値は，2つの拍スペクトルの相関に対応している。1つ目の拍スペクトルは，単一の脳領域の活動の時系列データから抽出したものである。計6つの脳領域を対象とした：各半球から3つの領域で，左右の補足運動野（supplementary motor area: SMA），左のブローカ野と右側の相当部位，そして，左右の一次感覚運動領域（primary sensorimotor area: SM1）である。各領域の結果は，各行に示されている。2つ目の拍スペクトルは，音楽分節の時系列データから抽出されたものである。分析には，3つの連続的な音楽分節（A-C）を使用した。1番目（A）と3番目（C）の音楽分節は，規則的なリズム特性を備えていたのに対し，2番目の分節（B）は，やや逸脱していた。各分節の拍スペクトル平均値を，各欄に記す。分節間に引かれている実線矢印は，拍スペクトルの相関の変化が統計的に有意であるものを示しており，破線は，統計的閾値をやや下回った有意傾向のものを示している。

と2つの変化（分節AとBおよび分節BとC）の統計的有意性が示されている。外部リズムが拍節（小さいDRIR）に近づくと，振動活動の位相同期が左半球に現れる。この外部と内部リズムの同期増強は，後続するリズム知覚の心的安定性とリズムの自己生成あるいは検索の促進，そしてリズムパターンの記憶と再生の促進につながる可能性がある（Essens and Povel 1985; Sakai *et al.* 1999）。高DRIRへの変化は，左半球のリズム追跡を減少させるが，右半球ではそのような傾向は見られない。つまり，高いDRIRリズムが与えられると右半球優位になるということであり，これは，非拍節リズムのよりよい追跡に適しているという考えにうまく当てはまる（Roland *et al.* 1981）。しかしながら，拍スペクトル解析から導き出せる総体的結論は，リズム処理が一方の半球に制限されるわけではないという，近年の研究に合致するものである（Peretz 1990; Sakai *et al.* 1999）。

　脳活動の実時間的断層表示が，音楽演奏に則した脳活動のダイナミクスを知る唯一の術である。MEG信号の単一試行解析には，磁場断層撮影法（magnetic field tomography: MFT）が利用されてきた（Ioannides *et al.* 1990; Ioannides, 2001）。この解像度の統計パラメトリックマッピング（statistical parame tric mapping: SPM）は，500msの時間窓[15]で計算され，音楽を聴いている時の脳活動と音楽刺激が呈示される前の脳活動の比較がおこなわれた。モチーフは20回反復されたわけだが，それぞれの試行から得られたMFT解を用いて，SPM分析がおこなわれた。500ミリ秒窓は，音楽再生と同じ比率で実行されたため，その結果出力される視聴覚表示は，実時間展開の脳活動変化を示すものである（http://www.hbd.brain.riken.jp/auditorymusic.htmで「音楽とアニメーション」をクリックしていただきたい[16]）。表示画面から活動のビルトアップをゆっくりと見ることができるが，運動関連領域から始まり，最後には，多くの脳部位を巻き込む様相がわかるだろう。そして，その活動は，音楽よりも長続きするのである。

　要約すると，実際の音楽に対するMEG反応の断層的解析は，非常に広範囲な脳領域が，音楽鑑賞中に活動を示すということである。この活動は，左右半球で異なり，左半球は，規則性をもつリズムに対して強い反応を示す。異なる脳部位の活動は，別々の時間スケールの音楽構造の処理を反映しており，聴覚野と運動野は，低次の高周波特性をもつ音楽構造に密接に関与している。一方，前頭領域の反応は，時間的に緩やかであり，これは統合的役割を反映していると考えられる。これら全ての結果をまとめると，音楽鑑賞は，空間的に離れた脳領域が時間を超えて協調することで成り立っているということである。これが，音楽が人間に対して強いインパクトをもつ所以なのかもしれない。

8.9　音楽技術の習得

　特定の脳の能力が先天的に割り当てられているわけではないようだが，これは，訓練による脳の変化を調査してきた多くの研究の証拠に基づいている。明らかに，我々の脳は，経験を刻み込むようにできており，特に人間が作り出す経験では，それがより顕著である。さもなければ，脳を持つ意味がないといってもよいのではないだろうか。つまり，遺伝と環境を紐解くことは非常に難問なのである。特定の技能に相当する神経痕跡を形成するとき，課題遂行に最も適していると思われる脳部位の活動が高まるということは理解に値するのではないだろうか。皮質の機能分化の重要性は，学習できる技能の習得にどの脳の領域を利用するのかを制御するところにある（本書第7章のパンクセップとトレヴァーセン）。特に，持って生まれた感情やコミュニケーションの適応に関与する皮質下システムが，巧みに機能適応する際に重要となる。同時に発火する神経細胞は，（ヘッブ〔1949〕が指摘したように）結合され，十分に訓練された領域は，非常に高い専門性をもつようになる。その結果，高い効率と高い精度で行為の遂行が可能になるのである。

　電気生理学的計測を用いることで，成人の脳内での変化を様々な時間スケールで調べることができる。パンテフらは，MEG技術を用いて，（楽器の演奏などの）技能習得時のヒトの聴覚皮質内で起こる変化を数多く調査した（Pantev et al. 2003）。実験の結果から，音楽刺激に対する神経磁気反応は，音楽家が練習を始めた年齢と相関し，また，訓練を受けた楽器（ヴァイオリンとトランペットで比較）の音色に対して選択的に増加することがわかった。彼らの研究の1つで，実験室で短期間の訓練が実施されたものがあるが，ここでは，（物理的に存在する周波数である）スペクトラムピッチの代わりに（脳の処理により作り出される知覚周波数である）仮想ピッチの知覚学習が課された。その結果，仮想ピッチの知覚への切り換えが進むと，ガンマ周波数帯域の反応が増強し，その発生源位置は脳の内側部に移行することが明らかになった（Schulte et al. 2002）。

　fMRIと脳内のあらゆる灰白質量を緻密に測定することで，特定の音楽訓練から生じる脳の変化を追跡することができる。この種での先駆的なfMRI研究では，実験協力者は，5本の指で同じ系列を毎日10分間学習することが求められた（Karni et al. 1995）。これは，5本の指を使ったピアノ鍵盤の演奏訓練と同じである。実験協力者は，毎週MRI装置に入り，学習が求められた系列と未訓練の統制系列のタッ

---

[15] 時系列データを分割する際の時間的基準。
[16] 現在このページは閲覧できない。

ピングに取り組んだ。反応速度と精度を調べたところ，MRスキャナ外で測定されたこれらの成績は，訓練後3週間で安定状態に達した。この期間，訓練系列タッピング時の一次運動野の活動が，非訓練系列のものよりも強いことがわかった。訓練が終了してから数週間後に，再度MRスキャナによる撮像を実施したところ，学習技能の持続が認められ，同じ脳部位の活性化にも変化は認められなかった。これらの結果は，脳組織の永続的変化と訓練課題に対してより多くの神経組織が関与することを示している。

　この研究に続き，さらにはっきりと音楽と関連した技能獲得研究が実施され，譜読み学習と関連する脳の変化が調べられた（Stewart et al. 2003）。譜読み経験をもたない被験者を対象に，初見演奏1級（検定協会1級，英国）に到達するまで12週間の訓練が実施された。訓練に先立ち，脳画像の撮像が実施され譜面を見ているときと，楽譜の理解を必要としない単純なキーボード課題遂行中の脳活動が計測された。訓練後，再度撮像が実施され，訓練前と全く同じキーボード課題が与えられたのだが，このときは，適切な譜読みが求められた。12人分の被験者の脳活動を平均したところ，訓練後に有意な変化が認められたのは，右側の頭頂葉背側部の活動増加と，海馬の活動低下のみであった。頭頂葉の活動増加は，垂直配置の楽譜を平行の指配置へと解読する，自動的な空間機能を反映していると解釈することができる。海馬の活動低下は，慣れによる活動低下と考えられ，これは，長期記憶への貯蔵に重要な特性として知られている。

　皮質の専門的処理は，課題関連領域の灰白質量の量的変化が関与することが近年徐々に明らかになってきている。これは，プロの音楽家を対象とし，習得した技能に応じた領域の灰白質領域の増加が認められることを示した一連の研究により示されており，研究の精度も高くまた説得力も高いものである（Gaser and Schlaug 2003）。幼少期より，音楽家は，複雑な運動と聴覚的技術を学習しており，それを生涯かけて熱心に練習し続ける。ボクセル[17]単位の形態学的技術と高解像度の構造MR画像法を用いることで，シュラッグらは，プロの鍵盤演奏者と対照群であるアマチュア音楽家の演奏者および非演奏者を比較し，運動領域，聴覚領域および視覚空間領域において，灰白質体積の増加を確認した。シュナイダーら（2002）は，12名のプロの音楽家，アマチュア音楽家，そして非音楽家を対象として，それぞれのヘシュル回のMR画像を綿密に測定し，その後，純音に対する誘発反応をMEGにより計測した。その結果，誘発電位とヘシュル回の体積が，音楽経験と強く相関することが明らかになった。スラミングらの研究（2002）では，非音楽家の対照群と比べて，オーケストラに所属する音楽家で，左半球のブローカ領域の灰白質密度の増加が確認された。ブローカ野とその右側相当部が音楽的統語機能に関与し（Levitin and Menon 2003），また，譜読みには間違いなくブローカ野が関与していること（Parsons 2001）を踏まえると，スラミングらの結果は，これらの領域と非常に合致しているといえる。

　これらの脳領域の違いは，生得的な素因に依存するとかねてから言われてきたものの，近年のジャグリングを利用した研究では，3か月の訓練が，被験者の視覚運動領域であるV5野と頭頂領域を大きく変化させることが明らかにされている（Draganski et al. 2004）。

　ここまで紹介してきた研究から，音楽技能に関係する脳部位の違いは，体積の差異も含めて，生得的ではなく環境によるものであるという仮説が支持されるであろう。そうすると，人間の脳の音楽的才能に関する問いとしては，「音楽生成は脳に埋め込まれているか」よりも「音楽生成に関わる脳を鍛えることができるのか」が妥当であると思われるかもしれない。音楽的才能に関して言うならば，答えは「イエス」であり，音楽を作り出すために脳を鍛えることはできるのである。少なくとも我々の文化では，音楽家の技量に音楽が調和したとき，聞き手はその音楽を楽しむことができる。このことは，他者の行動に影響を与える力を我々が生得的に有しており，それを支える神経系が音楽の喜びとある程度結びついているという考えを強く支持している。音楽を聴くとき，我々は，その生成に代理的に参加しており，

---

[17] 脳画像を数ミリセンチメートルの立方体に分割した時の1つの立方体をボクセルと呼ぶ。

それが，満ち足りた体験をもたらすのである（本書第5章のクロスとモーリー）。

8.10 音楽と感情

　上記の所見は，「我々を音楽に駆り立てるものは何なのか」という重要な問題提起につながる。音楽構造から得られる手がかりは何もなく，また，細胞の短期的な構造の変化をもたらすわけでもなく，ほんの束の間の体験であるにも関わらず，なぜ我々は音楽鑑賞に多くの時間を使い，ほとんどの娯楽は音楽を伴い，そして，音楽産業は経済の非常に大きな部分を占めるのだろうか。この問いに対する答えは，「音楽が我々の感情を強力に制御するものである」に尽きる。音楽は，制御可能でかつ安全な方法で，感情を喚起する。社会や対人場面の出来事を経験しなくとも，強い喜びや悲しみを体験することができる。音楽は，我々を落ち着かせ，なだめ，興奮させ，その美しさで魅了する。

　感情処理に関わる人間の脳構造は，進化という意味では，非常に古くから備わっている。（オルフェウスには失礼だが）他の種が，我々と同じように音楽を体験しているかどうかは未だにはっきりとはしていないが，音楽に対する我々の感情的反応の基礎には，古代脳による生得的な処理が関わっているようである。そして，この古代脳は，成長や属する文化の音楽形式といったものの複雑な影響を受ける（本書第7章のパンクセップとトレヴァーセン）。

　音楽形式が明確に定義された構造を持っていることを踏まえると，その中で生じる期待とその解消が，感情反応と関わっているはずである（Meyer 1956）。脳領域の多くが，プランニングに携わっており，これは，運動制御を支えるフィードフォワード回路[18]（Wolpert et al. 1995）や，知覚的予測が特定の皮質領域内に備わる「プライミング」現象，行動の選択に関わる前頭前野（Rowe and Passingham, 2001），そしてワーキングメモリ（Cohen et al. 1997）の中にも組み込まれている（本書第6章のリーとシェグラー）。

　ラーダルとジャッケンドフ（1983）に続き，クルムハンスル（1990, 2002）が，音楽的フレーズにより作り出される予測を綿密に分析したところ，緊張度が定量化できることを見出した。音楽的フレーズにより形成される高い緊張が，ふさわしい方法で解消されると，感情の力を伴う自律的反応が起こるのだろう。感情反応の発生源は，音楽が予測とは異なる方向に進んだときにも，その姿を現すかもしれない。ただし，その音楽論理が隠れていることに後に気づくことになる。このとき，「アハ」体験を経験することになる。音楽の緊張知覚が，生得的に備わっているのか，また，期待が文化の典型的な音楽形式に触れることで生じるのかという問いについては，その答えは未だに見つかっていない。乳児は，即座に好ましい歌を認識するようになるが，乳児と養育者間の重要な関係性を築く中で接する歌では，その認識が促進される。乳児に向けて歌う「マザリーズ」の歌構造は，乳児の好みに則しており（Trevarthen and Malloch 2002），また，強い終止符や（例えば「お庭をグルグル」Round and Round the Gardenのような）身体性を伴うエンディングにつながる印象的な構造をもつ。このことは，初期の乳児期においても，予測感覚を担う脳回路が活発にはたらいていることを示唆している。

　音楽から得られる最も強い報酬的な感情体験は，「鳥肌感」[19]と呼ばれるものである（Panksepp 1995など）。これは，特定の音楽的フレーズを聴いたときに現れる反応であるが，涙や背筋の震えをもたらすほどの非常に強い喜びや高揚感を生じさせる（本書第7章のパンクセップとトレヴァーセン）。このような鳥肌の立つ体験は，他のものとは明確に区別することができ，個人内での再現性も高いため，音楽に対する感情反応を調べる脳画像研究の優れたモデルとなりうるだろう。この現象をPETを用いて調べたブラッドとザトーレの研究（2001）は，今後の展開が期待される。音楽訓練が施された10名（男女同

---

18) 出力に変動を起こさせるような外乱を予測し，前もって打ち消すことを実現する回路。
19) 第7章の訳注12)を参照。

数）の学生が実験に参加し，鳥肌の立つ反応を十分に引き起こす音楽的フレーズを特定するための面接が実施された。各被験者にそれぞれ1つずつ鳥肌感を感じる楽節が割り当てられ，他の参加者では，そのような感情が生じないことを確認した上で，統制刺激として使用された。使用された楽節は，全てクラシック音楽の器楽曲であった。

　PETデータにより，鳥肌感に関与する脳領域ネットワークが浮き彫りになった。いくつかの脳領域は，報酬との関係が指摘されている領域であったが，活動が増加する領域と低下する領域に分かれていた。なお，比較対象となる統制条件では，鳥肌感が生じない音楽フレーズが呈示された。脳血流量の増加は，側坐核と中脳背内側部を含む左側の腹側線条体で認められ，逆に，低下は，右側の扁桃体，左側の海馬／扁桃体，そして前頭前野腹内側部で認められた。鳥肌感強度の増加は，副辺縁系（両側の島皮質と右側の眼窩前頭皮質）や，覚醒度と関わる領域（視床と前部帯状回），そして運動処理関連領域（補足運動野と小脳）においても認められた。音楽により誘発された鳥肌感と相関した脳活動パターンが得られたわけだが，同様の活動パターンが，高揚感や喜びといった感情を調査した脳画像研究でも認められている。（食物や生殖行動といった）自然環境における報酬刺激や，多幸感誘導作用あるいは乱用性をもつ薬物に対する報酬的反応には，側坐核のドーパミンの活動が関与しているようである。島皮質の活動は，感情的な出来事により誘起される身体反応表象を含めた主観的な感情と密接に関わっているようである（Critchley *et al.* 2004）。

　特定の実験条件で広範な脳内ネットワークの関与が認められると，その解釈は困難になり，空間解像度の低いPETではなおさらである。したがって，音楽により誘起された感情反応に特化したネットワークを特定するのは，今のところ不可能である。しかしながら，主観報告に基づく強力な感情体験と相関して活動を示す特定の脳状態の観測は推奨されるべきである。これらの多くの領域は，系統発生的に古いものである。ヒトの音楽ジャンルもある程度この領域の中に含まれており，どのようにして生じてきたのかを明らかにすることが，音楽と脳研究に突きつけられた課題なのである。

8.11　音楽の重要性と生得性：脳画像研究からの知見

　音楽関連の脳画像研究は，急速に増加している。神経科学者の増加により，この分野の実証研究が十分になされていないことが再認識され，人間にとっての音楽の重要性について多くの問いが生まれてきている。

　これらの問いのいくつかに焦点を当てたものを以下にまとめよう。

　言語と音楽　言語と音楽は，幅広い神経基盤を共有しているものの，違いがあることも明らかになってきており，それは，一次聴覚皮質の段階でも認められる。最も一般的に認められる違いは，音楽における両側性であり，言語では強い左半球の一側性が見られ，これは特に右利き男性で顕著である。この知見は，音楽により影響を受ける能力は，生得的である傾向が強く，それに特化した脳領域により支えられているという仮説に合致する。そういった意味では，言語は，音楽認知の一部が非常に特化したものであると言える。

　音楽の特徴　ピッチなどの特定の音楽要素は，特定の神経表象を携えていることが，実験を通して明らかにされている。これらの特徴を支える神経装置が既定されていると考えるのは理に適っていると言える。これは，音楽経験を通して神経装置が様々な適応性を見せることを考慮に入れたとしても，理に適っている。

　音楽技能の獲得　脳画像技術を用いた縦断研究が数少ないため，音楽技能の獲得に向けて独自に適応した脳領域があると主張するのは難しい。それよりもむしろ，手の運動制御や発話，構音といった一般的な能力を持った脳領域が，徹底した練習の結果，専門的機能を持つようになるのかもしれない。この専門化は，大脳新皮質の一部の神経細胞集団の増加を伴うようであり，その証拠も増えてきている。

音楽と感情 音楽は，強力で原初的な感情を人間にもたらし，それは報酬や喜びとして体験される。脳画像技術により，このような感情に関わる活動領域の特定が可能となり，特定された領域は，他の種類の刺激に対して反応を示す領域と合致している。残された疑問は，非指示的な音の構造配列がどのようにして，そしてなぜそのような強い反応を生成するのかというものである。

8.12　今後の研究

　音楽の神経画像研究は，急激な成長の渦中にある。MEGとfMRIといった非侵襲性の技術と音楽の力と目的に関する尽きることなき問いが，この研究分野への若い研究者の参入を後押ししている。しかしながら，音楽性の生得性に関する研究については，研究業績や計画が少ない状況である。多くの研究が，文化的技能の獲得に関するものを扱っており，課題に対して脳組織が独自的な適応を遂げてきたのか否かといった問題に着目しているとは言えない。

　電気生理学的な手法の評価に関しては，2種類の情報を結びつけることが喫緊の課題である。多数の被験者を対象とし，EEGおよび／あるいはMEGデータの平均値とジェネレータの単純モデルを用いた研究では，言語と音楽が脳内で同様に処理されていることが示されている。一方，詳細な単一試行の断層的解析を用いた研究では，被験者数は十分とは言えないものの，脳活動のダイナミックな様相が明らかにされた。この研究により，純音の系列処理に対する左右半球の共有のされ方が，言語と音楽で明確に異なり，それは，（予測やリズム的要素といった）刺激の細部に大きく依存することが判明した。fMRIとPETのデータからは，音楽と言語情報に対する脳の専門性が見て取れたが，その低い時間分解能のせいで，血流動態ベースと電気生理ベースの研究手法の統合が難しくなり，それぞれの細部が犠牲になってしまう。この分野が現在直面している主要な問題の一つが，豊富な神経画像データの統合と行動との結びつけである。

　どのような技術を使おうとも，音楽知覚と技能の発達を縦断的に検討する神経画像研究は必須である。特に，母子の相互作用といった生態学的に妥当な文脈を考慮する必要がある。このような研究があれば，音楽表出が言語に先立つ様相を捉え，文化の影響を最小限に留めたまま，音楽とリズム運動そして表出的身振りを関連づけることができるだろう。このような研究には，fMRIよりもMEGの方がふさわしいと言える。というのも，MEGは動作音と撮像音が静かで，乳児と母親を対象とした研究に適用しやすいからである。しかしながら，被験者の快適性に注意を払う必要はあるものの，fMRIを利用すれば，より多くの情報を得ることができる。言語スキルと比較すると，音楽技能の学習は時期的に遅れるため，上述したスチュワートら（2003）のように，音楽訓練の縦断的研究を実施するには十分な機会が見込まれる。キーボードの流暢さやリズムの複雑さの度合いと関係する脳組織の変化の研究が，fMRIとMEGの両者で可能であろう。

　音楽と言語知覚および生成の関係性については，さらなる研究の実施が必要である。既存の研究では，課題や刺激の統制が十分に取れておらず，関連する脳組織の違いを見つけ，その特徴を十分に捉えることができない。しかしながら，カランら（2006）は，馴染みある歌を聴いているときと，同じ歌い手が同じ歌を話し口調で話しているときの脳の反応を比較している。この実験デザインでは，意味的内容や音色，音源が十分に統制されており，得られた脳活動からは，両者の違いがほとんど認められなかった。

　歌に関する研究は今後益々必要である。歌と歌唱の神経画像研究を実施することで，人間の生得的な音楽性に関する問題の解決に近づくことができるだろう。歌と歌唱研究は，楽器のような文化相対的な聴覚ソースを用いた研究よりも，より直接的にこの問題に取り組むことができるのである。

　さらに今後の研究では，リズム音の知覚と生成に関わる脳領域と，制御的あるいは反復的運動の知覚と生成に関わる脳領域との関係性を検討する必要がある。脳のミラーシステムに関する研究は始まったばかりで，音楽的文脈での視聴覚統合を調べる研究は大変興味深いものとなるであろう。特に，表出型

の運動に対する共感的な脳の反応に着目するのが面白いかもしれない（Calvo-Merino *et al.* 2005）。一例を挙げると，音楽に合わせて動くダンサーを被験者に呈示し，音楽と動きが一致しない条件を設定することで，視聴覚統合に関与する脳領域を特定するfMRIあるいはMEG研究などがある。自律システムを伴う脳の活動を捉えることができれば，聴覚と運動リズムの結びつきの生得性を示す証拠となり得るかもしれない。

　音楽的に感情を誘起する研究も，今後更に進める必要がある。感情に作用する音楽的フレーズに対する脳活動と，赤ん坊の泣き声やハトの声，ガラスの割れる音や歓喜の叫びのような感情を引き起こす自然音に対する反応の比較などが，その一例である。この研究を通して，生き残るために進化を遂げてきた生得的な感情ネットワーク内に，音楽知覚が入り込む経路を突き止めることができるだろう。

（源　健宏訳）

引用文献

Abo M, Senoo A, Watanabe S, Miyano S, Doseki K, Sasaki N, Kobayashi K, Kikuchi Y, Besson M and Macar F (1987). An event-related potential analysis of incongruity in music and other non-linguistic contexts. *Psychophysiology*, **24(1)**, 14–25.

Abo M, Senoo A, Watanabe S, Miyano S *et al.* (2004). Language-related brain function during word repetition in post-stroke aphasics. *Neuroreport*, **15(2)**, 1891–1894.

Adolphs R (2003). Cognitive neuroscience of human social behaviour. *Nature reviews, Neuroscience*, **4(3)**, 165–178.

Besson M and Macar F (1987). An event-related potential analysis of incongruity in music and other non-linguistic contexts. *Psychophysiology*, **24**, 14–25.

Besson M and Schon D (2001). Comparison between language and music. *New York Academy of Scences*, **930**, 232–258.

Besson M, Faita F and Requin J (1994). Brain waves associated with musical incongruities differ for musicians and non-musicians. *Neuroscience Letters*, **168**, 101–105.

Binder JR, Frost JA, Hammeke TA, Rao SM and Cox RW (1996). Function of the left planum temporale in auditory and linguistic processing. *Brain*, **119**, 1239–1247.

Blank SC, Bird H, Turkheimer F and Wise RJ (2003). Speech production after stroke: the role of the right pars opercularis. *Annals of Neurology*, **54(3)**, 310–320.

Blood AJ and Zatorre RJ (2001). Intensely pleasurable responses to music correlate with activity in brain regions implicated in reward and emotion. *Proceedings of the National Academy of Sciences USA*, **98(20)**, 11818–11823.

Bosnyak DJ, Eaton RA and Roberts LE (2004). Distributed auditory cortical representations are modified when non-musicians are trained at pitch discrimination with 40 Hz amplitude modulated tones. *Cerebral Cortex*, **14(10)**, 1088–1099.

Brugge JF (1985). Patterns of organization in auditory cortex. *Journal of the Acoustical Society of America*, **78(1/2)**, 353–359.

Callan DE, Tsytsarev V, Hanakawa T, Callan AM, Katsuhara M, Fukuyama H and Turner R (2006). Song and speech: Brain regions involved with perception and covert production. *Neuroimage*, **31**, 1327–1342.

Calvert GA, Brammer MJ, Morris RG, Williams SC, King N and Matthews PM (2000). Using fMRI to study recovery from acquired dysphasia. *Brain and Language*, **71(3)**, 391–399.

Calvo-Merino B, Glaser DE, Grezes J, Passingham RE and Haggard P (2005). Action observation and acquired motor skills: An FMRI study with expert dancers. *Cerebral Cortex*, **15(8)**, 1243–1249.

Carey S and Bartlett E (1978). Acquiring a single new word. *Proceedings of the Stanford Child Language Conference*, **15**, 17–29.

Cohen JD, Perlstein WM, Braver TS, Nystrom LE, Noll DC, Jonides J and Smith EE (1997). Temporal dynamics of brain activation during a working memory task. *Nature*, **386**, 604–608.

Critchley HD, Wiens S, Rotshtein P, Ohman A Dolan RJ (2004). Neural systems supporting interoceptive awareness. *Nature Neuroscience*, **7(2)**, 189–195.

Dawson G and Fischer KW (eds) (1994). *Human behavior and the developing brain*. The Guilford Press, New York.

Decety J and Chaminade T (2003). Neural correlates of feeling sympathy. *Neuropsychologia*, **41**, 127–138.

Devlin JT, Raley J, Tunbridge E, Lanary K, Floyer-Lea A, Narain C, Cohen I, Behrens T, Jezzard P, Matthews PM and Moore DR (2003). Functional asymmetry for auditory processing in human primary auditory cortex. *Journal of Neuroscience*, **23(37)**, 11516–11522.

Dhamala M, Pagnoni G, Wiesenfeld K, Zink CF, Martin M and Berns GS (2003). Neural correlates of the complexity of rhythmic finger tapping. *Neuroimage*, **20(2)**, 918–926.

Draganski B, Gaser C, Busch V, Schuierer G, Bogdahn U and May A (2004). Neuroplasticity: changes in grey matter induced by training. *Nature*, **427(6972)**, 311–312.

Essens PJ and Povel DJ (1985) Metrical and nonmetrical representations of temporal patterns. *Perceptual Psychophysics*, **37**, 1–7.

Foote J and Uchihashi S (2001). The beat spectrum: A new approach to rhythm analysis. *Proceedings of IEEE International Conference on Multimedia and Expo*. Paper available from http://rotorbrain.com/foote/papers/allpapers.html

Formisano E, Kim DS, Di Salle F, van de Moortele PF, Ugurbil K and Goebel R (2003). Mirror-symmetric tonotopic maps in human primary auditory cortex. *Neuron*, **40(4)**, 859–869.

Freeman WJ (2005). Origin, structure and role of background EEG activity. Part 3. Neural frame classification. *Clinical Neurophysiology*, **116**, 1118–11129.

Freeman WJ and Holmes MD (2005). Metastability, instability, and state transition in neocortex. *Neural Networks*, **18**, 497–504.

Friederici AD (1995). The time course of syntactic activation during language processing: A model based on neuropsychological and neurophysiological data. *Brain and Language*, **50(3)**, 259–281.

Friederici AD, Wang Y, Herrmann CS, Maess B and Oertel U (2000). Localization of early syntactic processes in frontal and temporal cortical areas: A magnetoencephalographic study. *Human Brain Mapping*, **11(1)**, 1–11.

Gallese V (2001). The 'Shared Manifold' hypothesis: From mirror neurons to empathy. In E Thompson, ed., *Between ourselves: Second-person issues in the study of consciousness*, pp. 33–50. Imprint Academic, Charlottesville,VA/Thorverton, UK.

Gaser C and Schlaug G (2003). Brain structures differ between musicians and non-musicians. *The Journal of Neuroscience*, **23(27)**, 9240–9245.

Griffiths TD, Buchel C, Frackowiak RS and Patterson RD (1998). Analysis of temporal structure in sound by the human brain. *Nature Neuroscience*, **1(5)**, 422–427.

Gross J, Ioannides AA, Dammers J, Maess B, Friederici AD and Muller-Gartner HW (1998). Magnetic field tomography analysis of continuous speech. *Brain Topography*, **10(4)**, 273–281.

Halberda J (2003). The development of a word-learning strategy. *Cognition*, **87**, B23–B34.

Halpern AR and Zatorre RJ (1999). When that tune runs through your head: A PET investigation of auditory imagery for familiar melodies. *Cerebral Cortex*, **9(7)**, 697–704.

Hebb DO (1949). *The organization of behavior*. Wiley, New York. (ヘッブ，鹿取廣人・金城辰夫・鈴木光太郎・鳥居修晃・渡邊正孝訳『行動の機構：脳メカニズムから心理学へ（上）（下）』岩波書店，2011)

Iacoboni M, Koski LM, Brass M, Bekkering H, Woods RP, Dubeau MC, Mazziotta JC and Rizzolatti G (2001). Reafferent copies of imitated actions in the right superior temporal cortex. *Proceedings of the National Academy of Sciences USA*, **98(24)**, 13995–13999.

Ioannides AA (1995). Estimates of 3D brain activity ms by ms from biomagnetic signals:Method (MFT), results and their significance. In E Eiselt, U Zwiener and H Witte, eds, *Quantitative and topological EEG and MEG analysis*, pp. 59–68. Universitaetsverlag Druckhaus-Maayer GmbH, Jena.

Ioannides AA (2001). Real time human brain function: Observations and inferences from single trial analysis of magnetoencephalographic signals. *Clinical EEG*, **32**, 98–111.

Ioannides AA, Bolton JPR aqnd Clarke CJS (1990). Continuous probabilistic solutions to the biomagnetic inverse problem. I*nverse Proble*m, **6**, 523–542.

Ioannides AA, Fenwick PBC and Liu LC (2005). Widely distributed magnetoencephalography spikes related to the planning and execution of human saccades. *Journal of Neuroscience*, **25**, 7950–767.

Ioannides AA, Kostopoulos GK, Laskaris NA, Liu LC, Shibata T, Schellens M, Poghosyan V and Khurshudyan A (2002a). Timing and connectivity in the human somatosensory cortex from single trial mass electrical activity. *Human Brain Mapping*, **15**, 231–246.

Ioannides AA, Poghosyan V, Dammers J and Streit M (2004). Real-time neural activity and connectivity in healthy individuals and schizophrenia patients. *NeuroImage*, **23**, 473–482.

Ioannides AA, Popescu M, Otsuka A, Bezerianos A and Liu LC (2003). Magnetoencephalographic evidence of the inter-hemispheric asymmetry in echoic memory lifetime and its dependence on handedness and gender. *NeuroImage*, **19(3)**, 1061–1075.

Ioannides AA, Popescu M, Otsuka, Abrahamyan A and Deliège I (2002b). Using neuroimaging to study neural correlates of music over wide spatial and temporal scales. In C Stevens, D Burnham, G McPherson, E Schubert and J Renwick, eds, *Proceedings of the 7th International Conference on Music Perception and Cognition – ICMPC7, Sydney, July*, pp. 677–680. Australian Music and Psychology Society (AMPS), Sydney NSW and Causal Productions, Adelaide, SA. Published as CD Rom only.

Janata P (1995). ERP measures assay the degree of expectancy violation of harmonic contexts in music. *Journal of Cognitive*

Neuroscience, **13**, 1–17.
Jeannerod M (2004). Visual and action cues contribute to the self-other distinction. *Nature Neuroscience*, **7(5)**, 421–422.
Karni A, Meyer G, Jezzard P, Adams MM, Turner R and Ungerleider LG (1995). Functional MRI evidence for adult motor cortex plasticity during motor skill learning. *Nature*, **377(6545)**, 155–158.
Koelsch S, Gunter TC, Schroger E, Tervaniemi M, Sammler D and Friederici AD (2001). Differentiating ERAN and MMN: An ERP study. *Neuroreport*, **12(7)**, 1385–1389.
Koelsch S, Gunter TC, v Cramon DY, Zysset S, Lohmann G and Friederici AD (2002). Bach speaks: a cortical 'language-network' serves the processing of music. *Neuroimage*, **17(2)**, 956–966.
Koelsch S, Kasper E, Sammler D, Schulze K, Gunter T and Friederici AD (2004). Music, language and meaning: Brain signatures of semantic processing. *Nature Neuroscience*, **7(3)**, 302–307.
Krumhansl CL (1990). *Cognitive foundations of musical pitch*. Oxford University Press, New York.
Krumhansl CL (2002). Music: A link between cognition and emotion. *Current Directions in Psychological Science*, **11(2)**, 45–50.
Kuhl PK (2004). Early language acquisition: Cracking the speech code. *Nature Reviews Neuroscience*, **5(11)**, 831–843.
Kutas M and Hillyard SA (1980). Reading senseless sentences: brain potentials reflect semantic incongruity. *Science*, **207(4427)**, 203–205.
Kutas M and Hillyard SA (1984). Brain potentials during reading reflect word expectancy and semantic association. *Nature*, **307(5947)**, 161–163.
Laskaris N, Liu LC and Ioannides AA (2003). Single-trial variability in early visual neuromagnetic responses: an explorative study based on the regional activation contributing to the N70m peak. *NeuroImage*, **20(2)**, 765–783.
Lerdahl F and Jackendoff R (1983). *A generative theory of tonal music*. MIT Press, Cambridge, MA.
Levitin DJ and Menon V (2003). Musical structure is processed in 'language' areas of the brain: A possible role for Brodmann Area 47 in temporal coherence. *Neuroimage*, **20(4)**, 2142–2152.
Liégeois-Chauvel C, de Graaf JB, Laguitton V and Chauvel P (1999). Specialization of left auditory cortex for speech perception in man depends on temporal coding, *Cerebral Cortex*, **9**, 484–496.
Liegeois-Chauvel C, Giraud K, Badier JM, Marquis P and Chauvel P (2001). Intracerebral evoked potentials in pitch perception reveal a functional asymmetry of the human auditory cortex. *Annals of the New York Academy of Sciences*, **930**, 117–132.
Liu LC, Ioannides AA and Mueller-Gaertner HW (1998). Bi-hemispheric study of single trial MEG signals of the human auditory cortex. *Electroenceph Clin Neurophysiol*, **106**, 64–78.
Llinas RL (2001). *I of the vortex, from neuroscience to self*. MIT Press, Cambridge, MA.
Maess B, Koelsch S, Gunter TC and Friederici AD (2001). Musical syntax is processed in Broca's area: An MEG study. *Nature Neuroscience*, **4(5)**, 540–545.
McAdams S, Winsberg S, Donnadieu S, De Soete G and Krimphoff J (1995). Perceptual scaling of synthesized musical timbres: Common dimensions, specificities, and latent subject classes. *Psychological Research*, **58**, 177–192.
Menon V, Levitin DJ, Smith BK, Lembke A, Krasnow BD, Glazer D, Glover GH and McAdams S (2002). Neural correlates of timbre change in harmonic sounds. *Neuroimage*, **17(4)**, 1742–1754.
Meyer LB (1956). *Emotion and meaning in music*. University of Chicago Press, Chicago, IL.
Molinari M, Leggio MG, De Martin M, Cerasa A and Thaut M (2003). Neurobiology of rhythmic motor entrainment. *Annals of the New York Academy of Sciences*, **999**, 313–321.
Moradi F, Liu LC, Cheng K, Waggoner RA, Tanaka K and Ioannides AA (2003). Consistent and precise localization of brain activity in human primary visual cortex by MEG and fMRI. *NeuroImage*, **18**, 595–609.
Morel A, Garraghty PE and Kaas JH (1993). Tonotopic organization, architectonic fields, and connections of auditory cortex in macaque monkeys. *Journal of Comparative Neurology*, **335(3)**, 437–459.
Näätänen R (1992). *Attention and brain function*. Erlbaum, Hillsdale, NJ.
Osterhout L and Holcomb PJ (1992). Event-related brain potentials elicited by syntactic anomaly. *Journal of Memory and Language*, **31**, 785–804.
Overy K, Norton AC, Cronin KT, Gaab N, Alsop DC, Winner E and Schlaug G (2004). Imaging melody and rhythm processing in young children. *Neuroreport*, **15(11)**, 1723–1726.
Panksepp J (1995). The emotional sources of 'chills' induced by music. *Music Perception*, **13(2)**, 171–207.
Pantev C, Hoke M, Lehnertz K, Lutkenhoner B, Anogianakis G and Wittkowski W (1988). Tonotopic organization of the human auditory cortex revealed by transient auditory-evoked magnetic fields. *Electroencephalogr Clin Neurophysiol*, **69(2)**, 160–170.
Pantev C, Ross B, Fujioka T, Trainor LJ, Schulte M and Schulz M (2003). Music and learning–induced cortical plasticity. *Annals of the New York Academy of Sciences*, **999**, 438–450.

Parsons LM (2001). Exploring the functional neuroanatomy of music performance, perception, and comprehension. *Annals of the New York Academy of Sciences*, **930**, 211–231.

Patel AD (2003). Language, music, syntax and the brain. *Nature Neuroscience*, **6(7)**, 674–681.

Patel AD and Balaban E (2000). Temporal patterns of human cortical activity reflect tone sequence structure. *Nature*, **404(6773)**, 80–84.

Patel AD, Gibson E, Ratner J, Besson M and Holcomb PJ (1998). Processing syntactic relations in language and music: an event-related potential study. *Journal of Cognitive Neuroscience*, **10(6)**, 717–733.

Patterson RD, Uppenkamp S, Johnsrude IS and Griffiths TD (2002). The processing of temporal pitch and melody information in auditory cortex. *Neuron*, **36(4)**, 767–776.

Peretz I (1990). Processing of local and global musical information in unilateral brain damaged patients. *Brain*, **13**, 1185–1205.

Peretz I (2002). Brain specialization for music. *Neuroscientist*, **8(4)**, 372–380.

Pinker S (2000). *The language instinct: How the mind creates language.* HarperCollins Publishers, New York. (ピンカー, 椋田直子訳『言語を生みだす本能 (上) (下)』日本放送出版協会, 1995・1996)

Popescu M, Otsuka A and Ioannides AA (2004). Dynamics of brain activity in motor and frontal cortical areas during music listening: A magnetoencephalographic study. *NeuroImage*, **21**, 1622–1638.

Recanzone GH, Schreiner CE and Merzenich MM (1993). Plasticity in the frequency representation of primary auditory cortex following discrimination training in adult owl monkeys. *Journal of Neuroscience*, **13(1)**, 87–103.

Rivkin MJ, Vajapeyam S, Hutton C, Weiler ML, Hall EK, Wolraich DA, Yoo SS, Mulkern RV, Forbes PW, Wolff PH and Waber DP (2003). A functional magnetic resonance imaging study of paced finger tapping in children. *Pediatric Neurology*, **28(2)**, 89–95.

Rizzolatti G, Fadiga L, Gallese V and Fogassi L (1996). Premotor cortex and the recognition of motor actions. *Brain Res Cogn Brain Res*, **3(2)**, 131–141.

Roland PE, Skinhøj E and Lassen NA (1981). Focal activation of human cerebral cortex during auditory discrimination. *Journal of Neurophysiology*, **45**, 1139–11351.

Rowe JB and Passingham RE (2001). Working memory for location and time: Activity in prefrontal area 46 relates to selection rather than maintenance in memory. *Neuroimage*, **14(1/1)**, 77–86.

Sakai K, Hikosaka O, Miyauchi S, Takino R, Tamada T, Iwata NK and Nielsen M (1999). Neural representation of a rhythm depends on its interval ratio. *Journal of Neuroscience*, **19(22)**, 10074–10081.

Samson S, Ehrle N and Baulac M (2001). Cerebral substrates for musical temporal processes. In Zatorre RJ and Peretz I, eds, *The biological foundations of music*, pp. 166–178. New York Academy of Science, New York.

Schneider P, Scherg M, Dosch HG, Specht HJ, Gutschalk A and Rupp A (2002). Morphology of Heschl's gyrus reflects enhanced activation in the auditory cortex of musicians. *Nature Neuroscience*, **5(7)**, 688–694.

Schulte M, Knief A, Seither-Preisler A and Pantev C (2002). Different modes of pitch perception and learning-induced neuronal plasticity of the human auditory cortex. *Neural Plasticity*, **9(3)**, 161–175.

Sluming V, Barrick T, Howard M, Cezayirli E, Mayes A and Roberts N (2002). Voxel-based morphometry reveals increased gray matter density in Broca's area in male symphony orchestra musicians. *Neuroimage*, **17(3)**, 1613–1622.

Stewart L, Henson R, Kampe K, Walsh V, Turner R and Frith U (2003). Brain changes after learning to read and play music. *NeuroImage*, **20(1)**, 71–83.

Talavage TM, Sereno MI, Melcher JR, Ledden PJ, Rosen BR and Dale AM (2004). Tonotopic organization in human auditory cortex revealed by progressions of frequency sensitivity. *J Neurophysiology*, **91(3)**, 1282–1296.

Taylor JG, Ioannides AA and Muller-Gartner HW (1999). Mathematical analysis of lead field expansions. *IEEE Transactions on Medical Imaging*, **18**, 151–163.

Tervaniemi M, Kujala A, Alho K, Virtanen J, Ilmoniemi RJ and Naatanen R (1999). Functional specialization of the human auditory cortex in processing phonetic and musical sounds: A magnetoencephalographic (MEG) study. *Neuroimage*, **9(3)**, 330–336.

Todd NPM (1994). The auditory primal sketch: A multiscale model of rhythmic grouping. *Journal of New Music Research*, **23(1)**, 25–70.

Trainor LJ (1996). Infant preferences for infant-directed versus non-infant-directed play songs and lullabies. *Infant Behavior and Development*, **19**, 83–92.

Trevarthen C (1999). Musicality and the intrinsic motive pulse: Evidence from human psychobiology and infant communication. *Musicae Scientiae (Special Issue 1999–2000)*, 155–215.

Trevarthen C (2001). The neurobiology of early communication: Intersubjective regulations in human brain development. In AF Kalverboer and A Gramsbergen, eds, *Handbook on brain and behavior in human development*, pp. 841–882. Kluwer, Dordrecht, The Netherlands.

Trevarthen C (2002). Origins of musical identity: Evidence from infancy for musical social awareness. In R MacDonald, DJ Hargreaves and D Miell, eds, *Musical identities*, pp. 21–38. Oxford University Press, Oxford.（トレヴァーセン著「音楽アイデンティティの起源：音楽的な社会性は乳児期から存在する」マクドナルド，ハーグリーヴズ，ミエル編／岡本美代子・東村知子共訳『音楽アイデンティティ：音楽心理学の新しいアプローチ』北大路書房，2011所収）

Trevarthen C (2004a). Brain development. In RL Gregory, ed., *Oxford companion to the mind*, 2nd edn, pp. 116–127. Oxford University Press, Oxford/New York

Trevarthen C (2004b). Language development: Mechanisms in the brain. In G Adelman and BH Smith, eds, *Encyclopedia of neuroscience*, 3rd edn, CD-ROM, Article Number 397. Elsevier Science, Amsterdam.

Trevarthern C and Malloch S (2002). Musicality and music before three: Human vitality and invention shared with pride. *Zero to Three*, 10–18.

Turner R and Jones T (2003). Techniques for imaging neuroscience. *British Medical Bulletin*, **65**, 3–20.

Tzourio-Mazoyer N, De Schonen S, Crivello F and Reutter B (2002) Neural correlates of woman face processing by 2-month-old infants. *Neuroimage*, **15**, 454–461.

Ullen F, Forssberg H and Ehrsson HH (2003). Neural networks for the coordination of the hands in time. *Journal of Neurophysiology*, **89(2)**, 1126–11235.

Von Helmoltz H (1853). Ueber einige Gesetze der Vertheilung elektrischer Stroeme in koerperlichen Leitern, mit Anwendung auf die thierisch-elektrischen Versuche. *Ann Phys Chem*, **89**, 211–233, 353–377.

Wallin N (1991). *Biomusicology: Neurophysiological, neuropsychological, and evolutionary perspectives on the origins and purposes of music*. Pendragon Press, New York.

Warren JD, Uppenkamp S, Patterson RD and Griffiths TD (2003). Separating pitch chroma and pitch height in the human brain. *Proceedings of the National Academy of Sciences USA*, **100(17)**, 10038–10042.

Wolpert DM, Ghahramani Z and Jordan MI (1995). An internal model for sensorimotor integration. *Science*, **269(5232)**, 1880–1882.

Woods RP, Dodrill CB and Ojemann GA (1988). Brain injury, handedness, and speech lateralization in a series of amobarbital studies. *Annals of Neurology*, **23(5)**, 510–518.

Wright AA, Rivera JJ, Hulse SH, Shyan M and Neiworth JJ (2000). Music perception and octave generalization in rhesus monkeys. *Journal of Experimental Psychology General*, **129(3)**, 291–307.

Yonemoto K (2004). Language-related brain function during word repetition in post-stroke aphasics. *Neuroreport*, **15(12)**, 1891–1894.

Zatorre RJ, Evans AC and Meyer E (1994). Neural mechanisms underlying melodic perception and memory for pitch. *Journal of Neuroscience*, **14(4)**, 1908–1919.

Zeki S (1993). *A vision of the brain*. Blackwell Scientific Publications, Oxford.（ゼキ，河内十郎訳『脳のヴィジョン』医学書院，1995）

第2部

乳児期における音楽性

スティーヴン・マロック と コルウィン・トレヴァーセン

　乳児は他者と共感しつつ，自らの感情や意志を動きで表現しながらコミュニケーションする積極性を持って生まれてきている。もし，大人が細心の直観的な注意を払えば乳児はまず基本的な動作を通して，意義あるコミュニケーションを生むためにはどのように大人が振舞うべきかを「示して」くれている。この著書において，乳児期はコミュニカティヴ・ミュージカリティの誕生の地であると説明され討議されているのは，セオリー自体の発展に繋がるのと同時に，人間のコミュニケーションの新たな解釈への方法でもあり，さらにその自然な個体発生——生得的な始まりから乳幼児期と成人期における意味のあるパフォーマンスの習得——でもあるからである。

　第2部では，時間芸術におけるヒト特有の才能を基盤とする乳児のコミュニケーションスキルに対する幾つかの補足的な視点を提供し，特別な文化的活動としての音楽的行動をどのように乳児が学ぶかに関する識見を提供する。録音された音楽に対して反応したり，音楽遊びに加わったり 他の乳幼児とやり取りしたり，また，主たる養育者に内在されている健全な音楽性に対する信頼を示すようになるか，乳児は人間による音と動きの環境に対する並みはずれた興味（好奇心）を示して積極的に参加するか，などである。我々はまだ認識と理解を始めたばかりで，様々な解釈を探す中で多くの事柄が未だに課題として残っている。

　最初に，我々は出生後の早い月齢での初期の音楽性への物語（ストーリー）の影響について提案した。カタリナ・マゾコパキとジャニス・クジュムザキス（第9章）は，調和したハーモニーの出現と音楽の起源を結びつける物語（テール）は，人類が共通の体験に関する伝説を作り続けてきたのと同じぐらい長く存在していると説明している。録音された音楽に対して乳児がどのような動きで反応するか調べた実験で，カタリナとジャニスは我々の中にある音楽の必要性の始まりを理解しようとして：「我々の研究では…音楽の力を理解しようとした。すなわち，音楽のリズムがどのように乳児の興味を引き，乳児を動かすのかを観察した。」（p. 179）と述べ，彼らはある乳児の音楽を聞いた時の興味と歓喜の事例をあげ，乳幼児のなかにある「音楽的仮想他者（ヴァーチャル・アザー）」というアイディアを紹介し，それはヒトが作った音による物語にだけ存在する仲間（コンパニオン）であるという考えを示した。ニキ・パワーズとコルウィン・トレヴァーセン（第10章）も，我々の音楽性の始まりとその共有に関してより深い解釈を示そうとしている。彼らは，4か月の乳児と一緒にいる母親が共に行なう遊びの文化的な違いによる影響を観察するため，日本とスコットランドの母子の母音のトーンを比較した：「喋ることが可能になるずっと前から，乳児は…親の文化への適応を開始する。そして家族は，儀式や課題へリズミカルに参加することで，学習者である乳児が意味を共有しやすいかた

ちで物を渡したり，動いて見せたりしながら応答する」(p. 200)。著者らは，音楽的に表現された母音が大人と乳児の間の共感を意味し，それはまた一緒に行動する時の感情（気持ち）をどのように使うべきかについて文化化するための媒体になることを明らかにした。

　ビョルン・マーカーとパトリシア・エッケダール（第11章）によって，乳児の母国文化の音楽芸術における儀式的な誘導に積極的に参加する乳児の能力が研究されている。著者たちは音楽，特に赤ちゃん向けの歌の分野は，乳児の文化に対する理解において欠かせない役割を果たしていると論じている：「我々が提案するのは，乳児がヒトの文化の儀式レベルに参加する最初の入場門となるのが，遊び歌と，それに関連する形式的な構造を持った遊びである，ということである」(p. 242)。ここでは乳児の能力が「模倣の万能者」であることが欠かせない。著者たちは乳児を有能な音声学習者として捉えており，彼らの歌うことと話すことの理解力が，基礎的なレパートリーの非言語音声の表現性よりもはるかに高い声のリソースとなっていて，それは非言語で社会的伝達を行う全ての動物に共通する能力であるとしている。ビョルンとパトリシアは，本書の他の著者たちとは異なる視点で捉え，音楽を分離した音と調整されたリズムのパターンとして学習された儀式的な使用と特定しており，さらに彼らは，乳児は他の動物と同様に情動表出のために順応した聴覚の弁別力を持ちつつも，伝統的なメロディーを歌ったり，儀式的な遊び歌に合わせて体を動かしたりする——「演じる」ことができるまでは「音楽性」を持たない，と提案している。

　　（音楽文化における）「誘導」の始まりは，乳児による正式な参加を求められることなく，儀式の形式にさらされることから始まる。そして，手を上げるといったような，単純な身体的身振りでの参加という形に進み，ついには，ひょっとすると数年後ということになるかもしれないが，すっかりパフォーマンスを習得し，やがて大きくなったら今度は自分の未熟な子どもに教える，という儀式的文化の循環になる。乳児はこれを成し遂げる上で，それぞれの段階を誇りに思えるだろう。そうすることで，乳児は言語能力を持つ前でさえ，我々の祖先である霊長類とは決定的に異なる，真にヒトのものと言える，儀式文化を作り上げる一員となるからである。

(p. 244, 第2部)

　著者たちは，乳児が非言語的な呼びかけから特定の音楽性のある形に変化していく過程は，より詳細な調査が必要であると指摘している。

　ヘレン・マーウィックとリン・マレー（第13章），またマヤ・グラティエとジゼル・アプター＝ダノン（第14章）は，母親の音楽性がうつ障害（第13章）や文化的混乱（第14章）を通して消耗した時に起こる変化を報告している。ヘレンとリンは，文献の調査を通して大人と乳児間のコミュニケーションにおける音楽性の特徴——間合いと表現——について，さらにこの出産後のうつにおける音楽性への影響と乳児への続けて起きる影響を考察した。マヤとジゼルは，自らの故郷を離れる時に「拠りどころ」を失った母親，また全ての関係性を難しいと感じる境界性障害の母親も音楽表現が減弱していることを発見した。拡大解釈として，著者たちは「原初的習慣」ということばを創り出し，それを：「母子がやりとりの中で徐々に形成する，予測可能なスタイルと手順の総体からなる。母親が自分の帰属するコミュニティから持ち込んだ文化的スタイルに端を発する，身体化された習慣」と捉えた。(p. 290)。「原初的習慣」は母親と乳児の間に生じる表現で，それは母子が共有する場所と，時間を共に過ごした経験のことを指している。その発達は，母親が寂しさやうつによって反応しなくなることにより弱まるのである。

　これまで論じられてきた全ての章は，主な乳児関連の文献と同様に養育者と乳児の一対を主に注視している。ベンジャミン・ブラッドリー（第12章）はしかしながら，この一対の関係を特別な「グループの関係性」とし，特別なコミュニケーションにおける音楽性であると捉えている。ベンは，1歳以下の乳児3人からなる仲間グループ内での相互作用を観察することによって，グループダイナミックスの始まりを調べることができ，また，乳児が自身の態度の足場として信頼できる「専門家」がいないところでも，

そこに現れる関連性の中に音楽性があるかを探求することができるとした。

　1960年代以来，西洋の心理学分野では乳幼児の生まれながらの能力についての詳細な研究がなされてきた。第2部の各章には，多くのこれらの研究の成果が紹介されているが，彼らの研究は未完成でコミュニカティヴ・ミュージカリティの最初の関わりに存在する出来事の多い物語を翻訳するには，未だ多くの仕事が残されている。

〔志村洋子訳〕

第9章

乳児のリズム：音楽的コンパニオンシップ[1]の表現

カタリナ・マゾコパキとジャニス・クジュムザキス

9.1 はじめに：「天球の音楽」から，乳児との音楽的コミュニケーションのリズムまで

　多くの学者は，音楽的であることが人間の本質であると認めている。つまり，楽音や社会生活の中で儀式的に用いられる音楽は，人類の進化の起源から人間に付随してきたに違いないと考えられている。人間の社会生活の進化が他の動物と相違することになった第一歩は，歌やダンスの才能であり，この才能をもつことで，言語を操り文化を生み出す能力が生じたとする考えもある（Donald 1991; Brown 2000; Mithen 2005）。我々の進化の過程において，懐胎から死，そして来世まで，人生のあらゆるステージを祝う折に音楽が存在したことだろう。音楽を奏で，聴くことの喜びは，4万年前のクロマニヨン人にも知られていたという証拠がある（Farb 1978; 本書第5章のクロスとモーリー）。

　しかし，人間の音楽鑑賞や制作への欲求といった性質については，解明されていない面が多く，それを明白にするため，人間性や動物の性質以外にその根源を探し求めようとするものもいた。音楽は，リズミカルに動く体や楽器の共振から生まれる音の創造によるものであるため，ダイナミックな宇宙の性質であり，固有の周期と物理的現象の調和を共有しているのかもしれないと考えられてきた。人間の性質を超えた宇宙の調和の実現と音楽とを結び付ける理論は，歴史時代の初期から記録されている（Theodorakis 2007）。天球の調和（ハルモニア）として知られている2500年前のピタゴラスの定理は，音楽と数の理論，天文学を結び付けた。地球を含む天体が永続的な軌道を動くことから，測られた長さの竪琴の糸をかき鳴らす音のように，ピッチ（音の高低）が異なる音色を天体が奏でるはずであると信じられていた。プラトン（1963）は音楽についての理論の中で，数字の「調和的」関係に基づき，「真の」または「純粋な」調和を識別した。実際に，「ピタゴラスの全体整数比と共振現象が，音階や和音および音色の関係が置かれているとされる基盤として浮上する」（Merker 2006）として，神経科学と生物音楽学の発展は，自然の数学的規則性についての考えを新たに合成することに集中している。我々の音楽的感覚は，宇宙的，物理的，数学的な調和とつながりがあるようだ。

　ピタゴラス学派は，人間の精神のウェルビーイング[2]において，音楽が特別な存在であることを認識していた。彼らは音楽がその低音や倍音，様々なリズム，メロディーによって感情に影響を及ぼすと強調した。音楽が，興奮やくつろぎ，面白さ，喜び，緊張，眠気，刺激，活力，そして熱意へと魂を導く

---

[1] 巻末の参考資料「コンパニオンシップ」を参照。
[2] 巻末の参考資料「ウェルビーイング」を参照。

のである。音楽的な動きを通して魂は完全になり，休止し，情感であおられ，慈悲と謙虚さを感じ，そして調和に導かれる。アリストテレスは，音楽が魂に直接影響を与え，喜びやカタルシスをもたらし，知性の洗練化を促すことに気付いた (Kugiumutzakis 2007)。

宇宙の調和の理論の多くは，歌声からなる歌曲や，手で奏でる楽器の弦の振動から生まれるメロディーの中に音楽的な響きを耳にするとき，自分自身のなかに知覚される快い調和について説明しようとしている。感情や魂の健全性に対して楽式 (音楽の形式) がもたらす影響に関する，古代ギリシャに始まる考えは，これと同等に古いインドのヴェーダ語で書かれ，音楽やその感情的影響と治療効果についてのインド人の理解にいまだに影響している考えに非常に似ている (Rowell 1992; Deva 1995; Inayat Kahn 2005)。音楽は人間の精神を強化し，行動への無秩序な衝動に打ち勝ち，癒すという並外れた力をもっていることを我々もまた知っている (Trevarthen and Malloch 2000; 本書第3部の各章も参照のこと)。そして，脳科学における発見が，この見解を支持している (Sacks 2007; 本書第8章のターナーとイオアニデス)。

人類は数千年にわたって音楽を尊び，その起源は天地の始まりから存在する基本的な宇宙の統一性であると感じてきた。この統一性の中には人間社会も含まれている。だが我々の研究では，自発的で純粋な人間としての経験の範囲内にいる乳児における音楽の兆候を調査することにより，音楽の力を理解しようとした。すなわち，音楽のリズムがどのように乳児の興味を引き，乳児を動かすのかを観察した。現代の民族音楽学者ら (Blacking 1979) や音楽学者ら (Bjørkvold 1992)，心理学者ら (Donald 2001)，そして発達心理学者ら (Papoušek 1996; Trevarthen 1999) が，音楽性——すなわち，声や楽器により生み出されるリズムやメロディーのパターンを味わうこと——はあらゆる人間にとって必要なものであるか，原動力をもたらすもので，人間に不可欠なものと考えていたことがわかり，音楽家で発達心理学者である第一著者は大いに喜んでいる。乳児期の前言語コミュニケーションの起源を研究する心理学教授である第二著者の助言を受け，第一著者は，音楽や母親の歌声に興奮する乳児の反応や創造的な動きに関する研究を行った (Kugiumutzakis 1993, 1998, 1999, 2007)。第二著者は，生まれたときから乳児が他者の行動や表現について見せる模倣的な共感が，とりわけ大いに音楽的であると確信していた。

25年前，博士論文のため乳児の模倣について研究する中で (Kugiumutzakis 1985)，第二著者は連動している興味深い現象を観察した。その現象とは，5か月半から6か月の乳児における，顔の表情の模倣と研究者の顔の理解との連動や，生まれて45分未満の新生児における音声の模倣と表現のリズムとの連動といったものである。その手本となるものは，模倣者の体の中の動きの一部を感じた模倣なのである。新生児は，/a/，/m/ や /ang/といった音声の手本を与えられた。それぞれの短い音は，リズミカルに5回 (4回短く1回長く強調して発音) 繰り返された。広母音である/a/が発音されたとき，新生児は明らかに模倣しようとしていた。だが，/m/や/ang/の場合は，統計的に有意なレベルで模倣しようとしていなかった。できることとできないことを感知しているようだ。さらに，/a/の音を模倣しようと努めているらしいとき，その手本と時間的に同じパターンで/ae/と/m/との間のはっきりしない音を繰り返してリズムを再現しようとする新生児も何人か見られた。生後2か月から6か月の縦断的研究において，多くの乳児は/a/，/m/，/ang/の3つの音とそれらが発されるリズムを明らかに模倣した (Kugiumutzakis 1985)。

音やリズムを再現するという模倣の2つの方法についての観察は，「重要な結果」と位置付けられ，模倣は「感情的な」枠組みで起こると言及されたものの，1980年代初期の研究は，新生児が模倣の方法を知り得るはずがないというピアジェとスキナーが支持した有力な説を前提として，新生児模倣が存在するという仮説を検証することに焦点を当てていた (Kugiumutzakis 1985, No. 376, p. 4; No. 377, p. 6; No. 378, pp. 12-14 および p.14のまとめ)。音の模倣と音の集合のリズムの模倣との同時出現についての検討は，その後の課題として残された (Kugiumutzakis 1993, p. 45, 2007)。新生児と年長の乳児が模倣

や感情的な関わりを経験するために努力を試みる動機らしきものの検討の末，実験者（Kugiumutzakis 1983, 1998）は，模倣が人間の生得的能力・潜在性で，習慣によって完成するものであると，アリストテレス（紀元前384 – 322年）が考えていたことを発見した。先人と同様にアリストテレスは，模倣芸術，特に音楽の活性化が，感情の強さと洗練性を向上すると確信していた。彼の言葉は次のように翻訳されている。

> 模倣は，子どもの頃から人間に自然にそなわった本能であり，人間が他の下等動物と異なる所以もここにある。人間は模倣に最も長じた動物であり，最初にものを学ぶのも模倣によって行う。そしてまた，模倣することを皆が喜ぶことは自然なことである。模倣，メロディー，そしてリズムは我々にとって自然なことなのだ。
>
> アリストテレス（詩学），1448B，シファキスにて（2001, pp. 38-39）

9.2　乳児の生得的音楽性

どんな時代や社会であっても，音楽の修練において優れた専門家は少ないが，我々はみな，音楽的方法で自身を表現し，応答し，コミュニケーションをとる基本的能力を持っている。したがって，心理学者と音楽教師が音楽能力の源を再検討する必要性と共に，音楽的経験や表現を，少数がもつ才能として，あるいは実績を挙げるために体系的な訓練を要する学習資質としてだけでなく，すべての人の中に見られ積極的に認められる直感的な表現力や通じ合おうとする欲求として，より詳しく評価する必要性があると，我々は考えている（Flohr and Trevarthen 2007; Malloch 1999; Mazokopaki 2007; Woodwardおよび本書第21章のバナン，第22章のフレーリッヒ，ならびに第23章のクストデロ）。トレヴァーセン（1999）は音楽性を音楽の精神生物学的な根源としてとらえている。それは，共有された社会的な経験に加え，個人の動作や意識的行為を動機付ける「内発的動機パルス（IMP）」[3]から生じるものである。

過去20年間に多数の研究者が，乳児期，特に両親とのはじめての経験における，人間の音楽能力の起源を探究してきた（Papoušek 1996; Papoušek and Papoušek 1981; Trehub 1990, 2000; Trevarthen 1999）。母親の歌声や音楽ゲーム，ダンス，そしてリズミカルな身振りは，言葉が乳児にとって意味を成し始める何か月も前から乳児と共有される。そしてそういったものが乳児の興味を高め，喜ばせ，行動する動機を与える（Trainor 1996）。人間の胎児は，産まれる前に音楽的な音と音楽的ではない音を聞くことができる。そして胎児は，妊娠7か月から歌や楽器による音楽の特有の特徴を認識し始める可能性がある（DeCasper and Spence 1986; Lecanuet 1996; Shetler 1990）。我々は音楽性や音楽の喜びを，個人や世代間の共感的理解と協力のための生得的な動機から派生する心理学的な要求と見なすべきである（Bjørkvold 1992; Blacking 1969/1995, 1979）。音楽性は，動きの振動を通して共感を得ることにより，人々をコンパニオンシップに参加させ，個々の社会的なアイデンティティを肯定し，コミュニティの中での感情について忘れえぬナラティヴを創造する（Trevarthen 2002; Trevarthen and Malloch 2002）。

乳児期の音楽能力の発達における心理学の研究は，研究者が何に重点を置くのかによって2つのカテゴリに分けられるだろう。すなわち，乳児個人の行動と意識を重視するカテゴリと，コミュニケーションする親子1組における協同での表現のやり取りを重視するカテゴリである。第一のカテゴリの研究では，制御された方法で与えられた音楽刺激を知覚し区別する乳児の能力がどのようなものであるかを実験室で検討する。一般にこういったテストは，頭の筋骨格の支えが十分に発達し，両側の事象について明確な位置感覚が発達している，3か月以上の赤ちゃんに実施される。テストは好みの方向を追跡するという，新しいものに対する乳児の自然な関心を利用する。トレハブと彼女の共同研究者たちは，スピー

---

[3] 巻末の参考資料「内発的動機パルス」を参照。

カーに対する頭の向きを用い，乳児が西洋音楽に顕著な楽音の特徴のみを知覚可能かどうか示すため，音のパターンを変化させて提示した。乳児はメロディーの関係を示す様相に注意を払い，様々なピッチレベルや音程を持つメロディーの輪郭を記号化する。そして全音階のメロディーと一般的な慣例の音楽から逸脱するメロディーとの違いをより正確に知覚する。乳児はテンポの差異に敏感で，テンポと無関係にリズムの連続を識別することができる。乳児はピッチや音色あるいは音の大きさの類似性に基づき，成人とほぼ同様にゲシュタルト[4])のグループ効果を経験しながら，音列の構成要素をグループ化する (Thorpe and Trehub 1989; Thorpe et al. 1988; Trainor and Trehub 1992; Trehub 1987, 1990; Trehub and Thorpe 1989; Trehub, Endman and Thorpe 1990; Trehub, Thorpe and Trainor 1990)。

　第二のカテゴリの研究は，自然発生的な社会的背景およびコミュニケーションの範囲内で，乳児とその両親を共に音楽的な表現に導く動機と意図に関する探求に焦点をあてる。音楽的交流への意図的な参加については，誕生から始まる自然な親子の遊びの中で研究することができる。乳幼児心理学において音楽は，親子２人の間のコミュニケーションと情動的な構成要素に関する分析および相互作用の理解を導くためのモデルとなっている (Malloch 1999; Papoušek 1996; Papoušek 1987, 1994; Papoušek and Papoušek 1981; Stern 1974, 1992, 1993, 1999; Stern et al. 1985; Trevarthen 1999, 2001, 2002, 2003, 2004a, 2004b; Trevarthen and Malloch 2000; Trevarthen, Powers and Mazokopaki 2006)。乳児は，遊び心のある両親と音楽的に関わる上で，熟練した即興詩人であることを示している (Trevarthen and Malloch 2002; 本書第14章のグラティエとダノン)。

　母親の乳児への話し方の音楽的でパラ言語[5])的な構成要素に関する発達的研究は，特徴ある旋律的な表現方法を明らかにした。これは，直観的な「マザリーズ」（または，より一般的には「対乳児発話」）と言われ，多数の様々な言語において，マザリーズには表現力豊かな韻律的要素があることが確認されている。母親や言語，文化や国に関して決定的な発展的・文化的個人差があると予想されるにもかかわらず，異なる言語や文化において直感的なマザリーズが同様に出現することから，乳児に対するこういった話しかけ方の動機が普遍性を持つことが裏付けられる (Fernald and Simon 1984; Fernald et al. 1989; Grieser and Kuhl 1998; Masataka 1992; Papoušek and Papoušek 1981; Stern, Spieker and Mackain 1982; 本書第10章のパワーズとトレヴァーセン)。

　生後数週間の間に，乳児はマザリーズの音楽的な韻律に対する強い関心を抱き，自身の表現を母の表現と同調させようとすることによって積極的に参加することができる (Beebe et al. 1985; Trevarthen 1999; 本書第13章のマーウィックとマレー，第14章のグラティエとダノン)。両親と乳児の自発的な交流についての詳細な記述分析では，声・運動・情動といった行動の構成要素を正確に用いることによって，即興の対話における共同作用に両者が積極的に関与していることが示されている (Tronick 2005)。母子コミュニケーションの相互制御の観察と分析は，コミュニカティヴ・ミュージカリティの理論につながる (Malloch 1999; Trevarthen 1999; Trevarthen and Malloch 2002)。この理論は，乳児と母親の双方が経時的に協調関係を維持し，共に構成した動作のナラティヴを共有できるようにする能力として定義されるものである。例えば母親が落ち込んでいて情緒的に問題があるなどの理由で，母親の表現と反応のリズム構造が欠損すると，予測可能な形で乳児が反応できなくなる原因となる可能性があり，そのことが両者の関わりをさらに損なうことになる (Robb 1999; 本書第13章のマーウィックとマレー，第14章のグラティエとダノン)。音楽芸術やすべての時間芸術における芸術的表現の基本形式は，人間のあらゆるコミュニケーション形態のための固有の組織化原理として認められ得る，共感とコンパニオンシップを求める動機の表現であるところの，コミュニカティヴ・ミュージカリティのための生得的能力から育つ

---

4) 人は多様な情報を聞く際に，「ゲシュタルト（まとまり）」があるもの，として捉えようとする。このまとまりとして認識する際の情報処理を「体制化」とよび，メロディーとしてきくことにつながる。
5) 声の高さや強さ，速さ，声質や声色などによって，話者の意図や気持ち，態度を聞き手に伝える音声コミュニケーションの側面。

と信じられている (Dissanayake 2000; Trevarthen and Malloch 2002)。

発達心理学者も，至る所で両親が乳児に向けて歌う歌の特徴や考えられる機能の探求に大きな関心を抱いてきた。比較研究では，赤ちゃんの歌が，様々な文化の中で明らかに共通の特徴を持っているだけではなく，歌われ方や文化的な伝統，そして歌が送る情動的なメッセージに応じて幾分変化することが示された (Trainor 1996; Trehub, Unyk and Trainor 1993a, b; Trehub et al. 1997; Trevarthen 1999)。乳児に向けられる声の音楽性に関する研究が進められており，自発的なコミュニケーションの文脈で歌うことに関する分析に体系的に重点が置かれている（本書第2部）。双方の分野の研究は，我々が音楽の中で動く人との交流に敏感であるよう生まれついたという考えに収斂している。

この章では，生後1年間の乳児期の発達に焦点を当てた，クレタ島における縦断的研究の成果を一部紹介する。その内容は，(a) 音楽の存在下と非存在下での乳児のリズミカルな自発的表現，および (b) 母親の歌への反応と母親と行なう自由遊びへの乳児の参加についてである (Mazokopaki 2007)。

9.3　リズムはどのように定義されるか

リズムは音楽の基本的な要素であり，例えばメロディーやハーモニー，音色といった音楽の他の側面に関連して本質に関わる役割を持つ。言語，そして実際すべての自然な動きや文化的な習慣の場合と同様に，リズム構造が音楽にとって必須であることは明白だが，一般的に受け入れられるリズムの定義をすることは難しい（本書第25章のオズボーン）。その困難さは，音のリズムが，いくつかの変数（例えば音声長，強さやピッチ）が結合される構造中の複雑な状況と関係することに起因する (Fraisse 1982)。リズムは $\rho\nu\theta\mu o\varsigma$（リズム）と $\rho\varepsilon\omega$（流れる）という2つのギリシャ語に由来する。プラトンは理論的な形式主義者であったが，この「流れる」という意味を体の運動に関係付けた。そしてリズムを「運動における秩序」と定義した (Fraisse 1982)。

本質的にリズムは，時間的パターンと強度的パターンの規則正しさにより構成されている。それは，パルスの要素の知覚内のグループ化された構造と関係する (Fraisse 1978, 1982; Krumhansl 2000; Lerdahl and Jackendoff 1983)。一定間隔である時間を通して繰り返し聞かれた一連の同一音は，2つ，3つまたは4つの要素の塊にグループ化され，自然に知覚される。このグループ化は，音の基本周波数に関連している。グループ化を客観的に特定するものがないため，これは「主観的リズム」と呼ばれている (Fraisse 1978, 1982)。「客観的リズム」は間隔または対比の実際の違いが音の連続にもたらされるときに生じる。こういった違いになり得るのは，2つの要素の間隔の延長，強度の増加，または連続音の間のピッチ変更である (Fraisse 1982)。耳あるいは心はリズムパターンを探しており，客観的リズムパターンが存在しない場合，あるパターンを知覚することができる（音楽の時間生物学に関する，本書第25章のオズボーンを参照)。

主観的リズムは，連続した事象の間隔があまり短すぎない（115ミリ秒を大幅に下回らない）場合と長すぎない場合に知覚できる。間隔が短すぎると連続は，1つあるいは連続，もしくは形づくられた事象として認められる。また，長すぎると独立しているか，時間的に無関係であると知覚される (Fraisse 1978, 1982)。一般的に，多くの研究者によれば（例えば，Fraisse 1982)，2つの要素間の下限の持続時間は約100ミリ秒であり，上限は1500から2000ミリ秒の間とされることが多い。しかし，リズムのつながりの感覚が失われる間隔が，どの程度であるのかについては意見の相違がある。知覚されるつながりは，聞く者の予想や，起こっていることについてどう感じているか，または音をたてるためにどんな動きがなされているかに依存する。下限値は，音楽的な熟練と経験にも影響される (Kühl 2007)。

生物学的および心理学的に大きな重要性を持つ昼夜のリズムや季節のリズムを無視して，人間の身体の動きによって作られたリズムの知覚は，グループ化とダイナミックな連続の他の特徴を数多く反映している。こういったものは，ダンスと音楽の芸術においてドラマティックで美的な効果を演出するため

9.4 コミュニケーションにおける身体の動きによるリズム感

　概念として，音楽の本質的な部分として，そして個人的な経験として，リズムおよびグループ内でのリズムの共有は，音楽と人生についてのミキス・テオドラキス理論の中心に位置する。テオドラキスは音楽のリズムの起源を次の通り説明する：

　　フォークダンスのあらゆるリズムは，足と体，そして手の動きの中で人体が自身を表現する必要性から始まる。そのうえ，そういった動きはグループで行われることが多い。これらの２つの要素，すなわち身体の動きとグループの動き（共感的な調整を必要とする）がリズミカルなパターンを定める。…最も単純なリズムの枠組みは，リズミカルな等時間隔での歩行が時に遅く，時に速いというものだ。…リズムは，２つ以上の拍の関係である。いったん最初のリズムの枠組みが見つかれば，グループ統合の必要性が反復を余儀なくする。したがって，第２の要素が存在する。それは，不変の…オリジナルの枠組みの反復…そして，グループダンスの参加者が同調して動くことができるというものだ。

テオドラキス (1983, pp. 55-57)

　我々がここで興味を引かれるのは，この生得的なリズムとその社交性の発達の源であり，それは即時的な「意識的現在」において乳児が興味や行動の制御を行なう中で立ち現れる時間的な測定によって垣間見えるもので，数十秒間の間隔で生じるものである (Stern 2004)。乳児の運動中のリズミカルな**表現**は，経時で起こる一連の事象として定義され，身体の動き（音声，身振りや全身の動き，またはこれらの組み合わせ）によって生み出される。安定した拍が知覚でき，各種要素がある程度の規則性と秩序をもっている。乳児の発声および／または運動のリズミカルな特定の連続を構成する一連の要素は，互いに別個のものでなければならない。しかし，つながりのないものと知覚されるほど時間的に離れすぎてはならない（本書第25章のオズボーン）。リズムの継続における２つの要素間の時間間隔の上限として，我々は２秒と設定する (Mazokopaki 2007)。

　乳児のリズム経験は，音（音楽であるかないかに関連なく）の生成と知覚との関係のみではなく，声と動きのパルスの全体的効果と，運動が行なわれたときに生み出されて体内で感じられた情動の質とを総合した表現として捉えられるべきである (Malloch 1999; Trevarthen 1999)。我々はこういった理論的な立場から（すなわち，あらゆる運動を生成し調節するリズミカルな動機への興味をもって），乳児が１人でいるとき，および音楽を聞いているときに，声と身体の動きを調整することで，どのように表現者として自身の感情と情動をリズミカルに伝えるかを調査した。そして，これらのリズムが生後１年間にどのように発達するか記録することを目指した。

9.5 リズム感の発達と共有の研究方法

　我々の研究は，最初の１年間に次のことを調べた。
(a) ２つの条件下での自発的な乳児の音声と身体リズムの発達，およびリズミカルな経験における参加したときの情動的な表情。条件１では，母親が部屋の外にいる間，乳児は単独で撮影された。条件２では，乳児は１人であったが，伝統的なギリシャの赤ちゃん向けの歌のテープ録音が室内に流れていた。
(b) 母親が乳児に自然と歌っているときの，母子相互作用のリズミカルな「ナラティヴ」の発達。これらは，条件３の「録音された音楽が無いときの母親と乳児の間の自由遊びの時間」に記録された（**表9.1**）。

　ここに示すのは，最初の２つの条件で得られた結果である。乳児が１人でいて楽音なしで楽しんでいるとき（条件１）と，１人でいて録音された音楽を聞いているとき（条件２）に，自然発生的でリズミカ

表9.1 研究の3つの条件

条件	説明	長さ(分)
1	乳児1人／音楽なしで母親は別室	2
2	乳児1人／赤ちゃん向けの歌／母親は別室	2
3	母子が自由に遊ぶ	6
合計		10

ルな発声と動きの発達に着目している。具体的には，ここで示す結果は以下について述べる。(i) 乳児のリズミカルな表現の頻度，(ii) 生後1年間における乳児のリズムの発達過程，(iii) リズミカルな表現の種類，(iv) 単純および複雑なリズムの長さ，そして (v) リズムの経験前，経験中，そして経験後の情動の表現。

この縦断的研究は，クレタ島で行われた。15組の母子について，3つの条件の下，生後2か月から10か月まで11回にわたり被験者の家で記録した。8人が男児（4人が第一子，4人が第二子），7人が女児（4人が第一子，3人が第二子）であった。すべての乳児は，満期で産まれ通常出生体重であった。生後2〜4か月の成長が急速な時期の記録は15日ごとに行い，その後10か月までは1か月ごとに実施した。記録には，Panasonic NV MS4 SVHS のカメラと，単一マイク付きのソニーデジタルオーディオレコーダー（DAT TCD-D8）を使用した。それぞれの家で，乳児がよく慣れている部屋が選ばれた。母親への説明として，研究の狙いは母親と乳児が遊んでいるのを観察することであり，比較のために乳児を単独で記録した後に研究に参加してもらうことが伝えられた。正式な音楽教育を受けた母親はいなかった。手順を試すため，10人の乳児で予備研究を実施した。月齢が1，2，4，6，および8か月の乳児各2名について観察した。

9.5.1 記録条件

条件1では，母親の姿が見えず声も聞こえない間，ビデオ録画をする「コミュニケーションをとらない」研究者が乳児を2分間記録した。月齢に応じて乳児は，床や赤ちゃん椅子に座るか，揺りかごやベビーベッド，または母親のベッドに寝るか立っていた。

条件2においては，条件1と同様に乳児は1人だった。しかし今度は，室内にあるプレーヤーから，伝統的なギリシャの赤ちゃん向けの歌のテープ録音が適度な音量で2分間流された。流される歌は2か月ごとに変えられ，それぞれの歌は前回かけた歌よりもわずかに速いテンポになった。

我々が選んだ赤ちゃん向けの歌は4曲で，予備研究において母親が自由遊びの間に乳児によく歌っていることが示された曲である。4曲はすべて単純なメロディーで，ピッチの大きな変動や劇的な変化がないものだった。最初の3曲（漁師の小さいボート，小さいボート，マリア夫人）は単純な4分の4拍子で，最後の曲（小さいレモンの木）は，伝統的なギリシャダンスの8分の7拍子であった。各曲の終わりに10秒間の休止があり，数秒の間，曲の最初が再び流された。これは，休止の間に乳児の行動を観察するためになされた。

9.5.2 データの分析

乳児のリズミカルな表現の測定にはビデオロガー行動記録器を用いた（Macleod, Morse and Burford 1993）。この方法は，いつ行動が起きたのか，行動の持続時間や連続と，同時発生を究明するために記録された行動の詳細分析を容易にする。測定は25分の1秒の精度で行なわれる。

本研究では以下のリズミカルな活動のカテゴリが符号化された。

1 リズミカルな発声。明確で予測可能なビートを示す，経時的な一連の発声または喃語。
2 リズミカルな手の身振り：
   (a) 片手または両手のリズミカルなよくある動き。手が体に近い状態から開始し，腕を伸ばし，上げ，体の同じ部分か別の部分に触れるために下げて終わる。
   (b) 特定のリズミカルな身振り。例えば，軽く叩く，羽ばたき，拍手，指を少し曲げながら手のひらを回転する，手のひらの開閉，拳を握って動かす（パンチ），人差し指と中指の表面をくすぐる，不規則な順番で2本以上の指を動かすなど (Trevarthen and Marwick 1982)。
3 「ダンス」の動き：
   (a) 乳児が横たわっているか座っている状態での，片足か両足のリズミカルなよくある動き。例えば膝の屈伸によるキック，足を回す動き，表面を足でバタバタと蹴るなど。
   (b) 胴体揺らし。肩や頭を前後，左右に揺する動きと組み合わされることが多い。
   (c) 足と胴体を連携させた動き。例えば，立ちながらあるいは座りながら跳ねるなど。
4 リズミカルな手の身振りとダンスの動きの組み合わせ。乳児が，手や体の動きの上記サブカテゴリを様々に組み合わせて動く。
5 リズミカルな発声，手の身振りやダンスの動きの組み合わせ。手や体の動きのサブカテゴリと発声の組み合わせ。

リズムや時間的な連続における順序は，階層的に組織化された時間間隔で要素がグループ化されるときに発生する (Fraisse 1982)。音節やフレーズ，文，そしてより大きいリズム単位が識別される話し言葉のように，調整された身体の動きのあらゆるパターンも，より小さな要素で分析できる。また，動きにおけるパルスの周期性をどのように知覚するのかに応じて，動きのリズミカルな連続は，グループに分けられながら経験され得る。人体のリズミカルな動きの構造は，グループ化とダイナミックな連続の多くの複雑な構造を反映している。乳児のリズムの構造についての本研究において，周期的な動きは2つのパターンに分類された。
   (a) 単純なリズムパターン（持続的または連続的）。リズムは，一連の動きの流れ全体を通して持続する安定したパルスを知覚できる，単一の継続的な連続として編成される。
   例 (- - - - - - -)。
   (b) 複雑なリズムパターン（非持続的または不連続）。リズミカルな連続は，グループ間の休止を伴い，同一の繰り返し運動をする，2種類以上のグループで構成される。2つの連続するグループ間の休止は，いずれのグループ内の要素間の間隔よりも長い。例えば，(- - -) [(- -) (- -)] (- -)。
   単純および複雑なリズムパターンの持続時間を測定した。

乳児の情動表現を，乳児のリズミカルな表現の5秒前，表現中，そしてリズムの5秒後に分析した。次のカテゴリを符号化した。
   (a) 驚き：大きく見開いた目，開いているか軽く閉じられた口，口角がわずかに下に引っ張られるので上唇が逆U形，そしてつり上げられたか寄せられた眉。斬新で，意外で，未分化のインプットを与えた場合の反応として，驚きの表現をすることが多い (Izard 1978)。
   (b) 興味：見開いた目で強烈に注視する，ニコリともしない顔。軽く開いているか閉じられた口，時々わずかに下を向く口角 (Kokkinaki 1998)。関心の傾向は，乳児の注意が向けられる方向に応じて分類された。すなわち，乳児の体，楽音または音源，または他の場所（例えば，部屋や研究者）といった方向である。楽音への関心は，見回すこと，音源を探すこと，音源または他の物体に向ける注視（集中）によって特徴付けられ，注意深く聞くために，体の動きを止めていることが非常に多かった。

表9.2 条件1と2における，乳児のリズミカルな表現の頻度

乳児	1	2	3	4	5	6	7	8	9	10	11	12	13	14	15	合計
	女児							男児								
リズミカルな表現の頻度																
条件1 音楽なし	15	46	52	10	14	29	13	17	43	53	39	23	56	35	26	**471**
2 音楽あり	29	81	58	12	27	48	15	61	59	44*	34*	16*	87	54	28	**653**

(c) 嬉しさ：楽しいリラックスした顔，またはわずかに口を開き穏やかな微笑を浮かべる。やや唇を伸ばし頬が上に引っ張られている。大きく見開かれた目。これらの表現は，多くの場合，喜びの発声と組み合わされる (Kokkinaki 1998)。

(d) 喜び：満面の笑みに，笑い声が伴うことが多い。喜びは，嬉しさの強い表現として分類された。開いた口の片側にしわがよっている，目は開いているが細められ目の下にしわがある，頬はふくらんでいる，そして，赤ちゃんは非常に陽気な声をたてることが多い。

(e) 興奮：喜びと比較して，興奮は同様の表情でよりかん高い声での笑いによって特徴付けられる。この場合の笑いは高揚感を表現している。興奮は，しばしば激しい身体の動きと組み合わされる。

(f) ニュートラル：発声または身体の動きの徴候がなく，笑わない，弛緩した顔によって特徴付けられる。乳児は，自身や環境，または音楽的な音とは関係しない，無関心な表情を持つ (Kugiumutzakis *et al.* 2005も参照のこと)。

9.6 乳児はどのように音楽に反応し，感情を表現したか
9.6.1 すべての乳児のリズムの頻度

音楽なし（条件1）では471のリズミカルな表現が，音楽あり（条件2）での反応では653のリズミカル

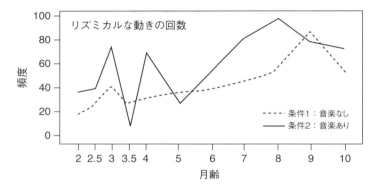

図9.1 月齢別の条件1と2での乳児のリズミカルな表現

表9.3 条件1における，9か月と他のすべての月齢との間の差異

月齢	F	p
2 vs. 9	22.488	0.000
2.5 vs. 9	10.725	0.006
3 vs. 9	5.774	0.031
3.5 vs. 9	13.319	0.003
4 vs. 9	8.687	0.011
5 vs. 9	5.410	0.036
6 vs. 9	4.439	0.049
7 vs. 9	5.545	0.034
8 vs. 9	4.789	0.046
10 vs. 9	5.259	0.038

表9.4 条件2における，3.5か月と他のすべての月齢との間の差異

月齢	F	p
2 vs. 3.5	4.877	0.044
2.5 vs. 3.5	3.621	0.078
3 vs. 3.5	7.549	0.016
4 vs. 3.5	6.829	0.020
5 vs. 3.5	2.516	0.135
6 vs. 3.5	7.746	0.015
7 vs. 3.5	9.964	0.007
8 vs. 3.5	15.307	0.002
9 vs. 3.5	11.735	0.004
10 vs. 3.5	16.900	0.001

な表現が観察された（**表9.2**）。

　条件1ではすべての乳児がリズムを生み出した。アスタリスクの付いた3名の男児（10，11，12番）のみ，条件2の音楽が聞こえたときのリズミカルな動きが少なかった。対標本 t 検定の結果，グループとして乳児は，歌を聞いた場合の方が有意にリズミカルな動きを行なっていた（$t=-2.989$, $p=0.01$）[6]。条件内では男女の有意な差異は認められなかった。しかし，男女を別々に2つの条件について比較すると，条件2の女児がよりリズミカルな表現を示した（$t=-2.957$, $p=0.025$）。これは男児においては認められなかった差異である。

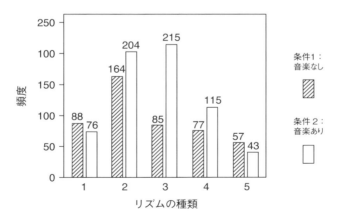

図9.2 条件1と2における，乳児のリズミカルな表現の頻度
1.発声，2.手の身振り，3.ダンスの動き，4.手の身振りとダンスの動き，5.発声，手の身振りとダンス

---

6) 本章で用いる統計用語は次の通りである。
　　F は F 分布の値。
　　p は有意確率（水準）。
　　SD は標準偏差。
　　t は t 分布の値。

表9.5 条件1における，乳児のリズミカルな手の身振りと他の種類のリズムとの比較

乳児のリズムの種類	F	p
手の身振り　対　発声	11.696	0.004
同上　対　ダンスの動き	5.123	0.040
同上　対　身振りとダンス	8.507	0.011
同上　対　発声，身振りとダンス	17.132	0.001

9.6.2　乳児のリズムの発達過程

我々は，年齢によるリズミカルな表現の分布の差異をテストするため，2つの因子で2つの多変量反復測定モデルを適用した。最初のモデルは，条件が一定に維持されている場合の，11の年齢カテゴリ間の差異を探す。2つ目のモデルは，年齢が一定である場合の，条件間の差異を探す (Stevens 2002)。

条件1の音楽がなかったときでは，乳児の月齢が上がるほどリズミカルな動きを示し，最大は3か月と9か月であった（**図9.1**）。分析では，8か月から9か月での増加（$F=4.789$, $p<0.05$），そして，9か月から10か月での減少（$F=5.259$, $p<0.05$）が有意であった。9か月の数値は，他の月齢すべてと有意差があった（**表9.3**）。明らかにこの一群の乳児では，9か月で，乳児が1人で楽しんでいるときのリズミカルな自発的な動きが大きく増加した。この月齢で乳児は身体的および精神的に発育する。これが乳児のコミュニケーションと学習を一変させる (Trevarthen and Aitken 2003)。

条件2で録音された音楽を乳児に聞かせた場合，リズミカルな行動の発達過程は，最初の5か月間に大きな上下を示している（図9.1）。分析の結果，3か月と3.5か月の間の動きの頻度の減少（$F=7.549$, $P<0.05$），および3.5か月と4か月の間の増加（$F=6.829$, $P<0.05$）が共に有意であることが示された。さらに，3.5か月のレベルが，他の月齢より有意に低かった。ただしこれは2.5か月と5か月を除く（**表9.4**）。5か月での減少は，8か月（$F=8.739$, $p=0.01$），9か月（$F=5.263$, $p<0.05$），10か月（$F=0.04$, $p<0.05$）と比較して有意であった。乳児の反応は月齢と共に複雑に変わった。しかし，3.5か月における音楽とのリズミカルな関わりの減少が，発達上の変化の正確な指標であることは明白である。繰り返すが，既に知られている，この月齢での身体と脳内の変化とこの結果は相関する (Trevarthen and Aitken 2003)。

2か月（$F=5.895$, $p<0.05$）と，3.5か月（$F=7.273$, $p<0.05$）と8か月（$F=8.253$, $p<0.05$）で条件1と条件2との間に有意差があるが，2つの条件間には系統的な相互作用がないことが分析によって明らかになった。音楽が無いときのリズミカルな自発的活動は，乳児が音楽を聞いたときに発現するリズムとは異なるようだ（図9.1）。

表9.6 条件1および2における，月齢ごとの単純なリズムパターンと複雑なリズムパターンの平均時間（秒）

		月齢											
		2	2.5	3	3.5	4	5	6	7	8	9	10	M	SD
条件1	単純	3.95	3.24	2.94	2.35	3.21	2.40	3.32	2.58	3.99	3.47	3.18	3.20	0.62
	複雑	16.68	8.52	5.57	5.12	7.17	5.93	8.47	5.08	4.97	5.44	8.95	6.33	2.38
条件2	単純	2.54	2.69	3.20	3.22	3.11	2.33	3.33	3.16	3.44	2.97	3.13	3.03	0.56
	複雑	10.12	7.71	6.55	--	7.79	7.94	5.80	4.97	12.42	5.81	5.01	6.33	1.69

9.6.3 様々な種類の乳児のリズム

両方の条件で様々な種類のポリリズム[7]の表現があった。例えば，発声，手の身振り，「ダンス」の動き，「ダンス」の動きに伴う手の身振り，発声や手の身振りと「ダンス」の組み合わせといったものである（**図9.2**）。条件1において，手の身振りは，他のリズミカルな表現よりも有意に頻度が高かった（**表9.5**）。対応のない2標本の t 検定による分析で，条件1においては，男児が女児よりも有意に多くのリズミカルな身振りをすることが示された（$t=4.633$, $p=0.000$）。条件2では，音楽が「ダンス」の動きを促進した。また，程度は小さいが手の身振りも促進した（図9.2）。分析によって，発声と手の身振りとの間（$F=18.430$, $p=0.001$）および発声とダンスの動きとの間（$F=4.599$, $p<0.05$）の有意差が示された。興味深いことに，音楽が聞こえたとき発声は減少した。これはおそらく乳児が聞いていたためと見られる。この条件では，男女間で有意差は見られなかった。2つの条件間でリズミカルな各種表現を比較すると，条件2の「ダンス」の動きのみで有意な差が見られた（$F=8.805$, $p=0.01$）。条件1よりも条件2で，男児が全身を使ったダンスの動きを多く行ない（$t=-2.634$, $p<0.05$），女児がリズミカルな手の身振りを多く行なった（$t=-3.523$, $p<0.05$）ことがわかった。

9.6.4 乳児のリズミカルな表現の持続時間

条件1では，単純なリズミカルな連続の平均持続時間は，3.20秒（SD=0.62）であり，複雑なリズミカルな連続の平均持続時間は，6.33秒であった（SD=2.38）。その差は有意であった（$t=-5.22$, $p<0.001$）。条件2では，単純な連続の平均持続時間は3.03秒（SD=0.56）であり，複雑なリズムの連続の平均持続時間は6.33秒（SD=1.69）であった。再び，その差は有意であった（$t=-6.97$, $p<0.001$）。

単純かつ複雑なパターンにおける持続時間の (a) 条件間の比較，および (b) 2か月から10か月の間の条件内および条件間の比較において，有意差が認められなかった。乳児の表現運動における単純および複雑なリズムの時間的パターンは，生後1年間，そして条件内と条件間の双方で安定していた。月齢も条件2での音楽聴取も，これらの表現活動に関する乳児の時間感覚を変えなかった（**表9.6**）。

9.6.5 音楽聴取の際の乳児の情動表現

音楽を聞いているときの乳児の反復的活動頻度の測定は，限定的な意味しか持たない。なぜなら，乳児が音楽の「物語」や「ドラマ」を聞くことで明らかに経験する優雅さや美しさ，驚き，満足，そして感動を表していないからである。乳児の好奇心と感情の表現方法を完全に説明することのほうが，ずっと多くのことを物語る。ここで我々が述べられるのは，乳児が喜んで聴いているという情動の予備的な説明のみである。

ビデオの観察と組み合わせた詳細分析では，テープレコーダーを再生し始めたとき，約3か月の非常に幼い乳児でさえ，やっていたことを停止して，音源を探して「求める」やり方で意図的に頭の向きを変えた。興味を示す特徴的な表情をし，驚きの表情を浮かべる場合が多かった。

9か月の男児パノスは，この後によくある反応を示す（**図9.3**）。最初の驚き（写真左上）の後，パノスは数秒間動かないまま，音に非常な注意を払った（写真右上）。その後，表情に突然の変化が表れた。嬉しさと満足を表す甘い笑顔から始まって，徐々に喜びと興奮を表現する満面の笑顔になった（写真左下）。これらの表現に続いたのは，活気に満ちたリズミカルな動きと陽気な発声を通した積極的な参加であった（写真右下）。

条件1と条件2の双方において，乳児がリズミカルに動いているときのほうが，5秒前と5秒後の期

---

[7] 対照的な2つ以上のリズムが同時に奏されること。

間を比べると，嬉しさと喜びの肯定的な情動の表現が増加したことがわかった。条件2において，音に対する興味は歌を流している間を通して何度も見られた。しかし，リズミカルな反応の間は，興味の表現の減少と，驚きや嬉しさや喜びおよび興奮の表現の増加が見られた。リズミカルな反応の後，乳児が歌を聞き続ける間，驚きや嬉しさや喜びおよび興奮は減少し，音に対する関心は再び増加した。それはまるで乳児が「何か」を探し，あるいは「何か」が来ることを期待して，リズミカルな動きを再び始めようと準備しているかのようだ。

　我々は，例えばピッチや音の大きさ，テンポの変化といった歌の音響的あるいは音楽的要素と乳児の情動の表現との相互関係は比較しなかった。しかし，身振りや手足の動きや声の響きの調子と合わせた顔の表現パターンは，乳児が歌を聞いているときの情動的な経験の範囲を示唆している。最初は新しい音楽の出現が乳児の関心を引き付け，驚きの表現を引き出した。特徴的に口を開き，大きく開いた目と寄せられた眉で，まるで「何が起こっているの？」「誰なの？」と不思議に思っているかのようだ。注意深く聞くために動きを止め，聞こえたものについて「探検」や「感じる」ことや「考える」ことを終えたらしき後，まるで「はい，私はあなたが好きです！」と言っているかのように，乳児は素晴らしい笑顔で嬉しさや喜びを表した。これらの情動表現の強さと，その後に続くことが多いリズミカルな動きの強さとテンポは，乳児の気性や個々の表現形式との関係によって異なった（**図9.3**，**9.4**，**9.5**）。

　乳児が音楽の「物語」を経験したときの行動の説明をまとめると，以下の範囲の情動的な「活動」として識別できた：
- ◆（体や頭や目の向きを変えることによる）音源の探索と定位
- ◆動きを止めることによる音楽への興味と注意深い聴取
- ◆歌の予想外の「事象」（歌い出し，歌の最初の部分の終わりに挿入した休止，イントロの繰り返し）

図9.3　音楽に反応する9か月のパノス。驚き，喜びの笑みを浮かべた後，リズミカルに動き，手を叩き発話する。

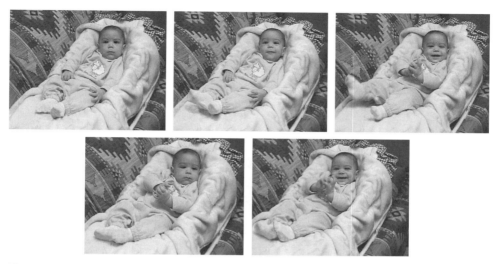

図9.4 3.5か月のイエルゴス。音楽的な音を聞き，嬉しがって反応し，身振りをする。

への驚きと好奇心
◆ 楽音に向けられた心地よい音，もしくは「発話」
◆ 熱のこもった反応の中に見られる優雅で反復的な身振りと動き
◆ 嬉しさや喜び，そして時に熱意を示す特徴的な表現
◆ 時折人目を気にしたり，はにかんだりする様子

9.7 考察
9.7.1 乳児のリズミカルな表現

　本章では，人間の生得的あるいは直観的な音楽性について，家庭で2つの条件下における乳児の自然発生的でリズミカルな表現の究明を通して述べた。条件の1つは，乳児が1人で楽しんでいるときに，研究者が静かに記録するもの。もう1つは，部屋に音楽が流れている条件である。乳児の反復的な身体の動きや発声，およびリズムを伴う様々な情動の表情を記録し，計測した。

　2つの条件下で，優雅であったり，単純あるいはより複雑であったり，穏やかあるいは積極的であったりする様々なリズムを乳児が生成できることがわかった。条件1で乳児は，静かな部屋の中で，リズミカルな音楽性と共に楽しそうに自分を上手に表現できた。音楽が無い場合でのリズミカルな表現の自発的出現は，内発的動機パルス（IMP）の動機と解釈される。IMPは，人を行動させ，自己の音声や身体の動きと，他人との社会的な経験とを調整するものである（Trevarthen 1999; Trevarthen and Malloch 2002）。条件2で歌を聞かせたときに，乳児のリズミカルな活動が有意に多く見られたことは，人間（乳児期さえも含む）における音楽の原動力を裏付けた。しかし最も重要なのは，共感的あるいは「共リズム」に体を動かすことで，音楽に引き付けられ，音楽を欲し，音楽に反応し，音楽を賞賛する乳児の能力が示唆されたことである（Trevarthen *et al.* 2006；「共リズム」は，間主観性における心理状態の直接制御と定義される）[1]。音楽の存在に対する表現が，男児よりも女児のほうがリズミカルであったことは興味深い。おそらくこの結果は，乳児の女の子が男の子よりも本質的に社会的傾向を持つことを示唆する様々

1　章末 p. 195を参照。

図9.5 上：9か月のカテリナが，見る，笑う，「飛ぶ」行動によって音楽に反応する。下：ベビーベッドの中で立ち上がっている10か月のアンナは，音楽に驚いた後に笑い，活発にダンスし，歌を歌い始める。

な証拠と関連付けることができるだろう。だが，男児と女児がどのように遊びやコミュニケーションの中で音楽の経験を活用するのかについての，より体系的な調査が必要とされる。

9.7.2　生後1年の乳児の動きの発達

図9.1に示すリズミカルな動きの変化は，自分の体に対する乳児の認識と，目的実行のためにどのように体を使えばよいのかに対する認識が，特定の年齢で変化することを示している。これは，各種活動（物体の方向を向くか目で追う，物体に手を伸ばし掴む，それらを操作する，這う，立つ，歩く）の通常の発達過程についての知識によって確かめられる (Trevarthen and Aitken 2003)。コミュニケーションや自他認識における関連変化もある。この変化に含まれるのは，相手の視線に対してより識別力を伴う注意の発達，表現のより活発な変化や，より多用途な発声の発達，そして6か月以降には，学習した発話と身振りの精緻化である。5～7か月の乳児は，活気あるゲームのやり方を楽しみ，学習した技を褒められることを喜ぶ (Malloch 1999; Trevarthen 1999)。9か月以降に，他人の意図の認識とそれに協力する意思において著しい変化が起こる (Trevarthen 2001, 2004a)。

9.7.3　乳児のリズムのマルチモダリティ[8]——ダンスへの衝動

両方の条件における乳児の自発的なリズムは，音声や手の身振り，ダンスの動きやそれらの組み合わせ（ダンスの動きと手の身振りを一緒に，あるいは音声での表現と手の身振りとダンスの動きとをすべて一緒に行なう）を介して表現された。このポリリズム／マルチモーダルな表現で示唆されるのは，上記のすべての表現方法が，生命の誕生時点から機能的であり，成長のあらゆる段階において主観的および間主観的な必要性に役立つことである。音楽が存在しない場合に手の身振りが多く，それ以外のリズ

---

[8]　巻末の参考資料「モダリティ」を参照。

ミカルな表現とそれぞれ比べて有意差があったことは，2か月から10か月にかけては，腕や手の運動系が音声よりも発達していることを示唆する。さらに，リズミカルな組み合わせの出現は，利用できるリズムを調整しようと乳児が努力していることを表している。まるで，条件1で動きのIMPを表現し，条件2で音楽とIMPの調整を表現するのに，単独のリズミカルな表現では十分ではないかのようだった（Trevarthen 1999）。

2つの条件間でダンスの動きには有意差があり，条件間で他のリズミカルな表現には有意差がなかったことが示すのは，我々が聞かせた音楽（楽しい赤ちゃん向けの歌）が動機付けているのが，例えば子どもが他人に向けて意味ありげなメッセージを送るために行なった可能性がある，他の種類のリズミカルな表現よりも，自己組織化あるいは全身の自己経験活動であるらしいということである。身体のリズミカルな動きの増加は，ダンスへの内部衝動と音楽経験への参加の嬉しさを反映している。

9.7.4　乳児のリズムのタイミング

リズミカルな動作は身体の動きのタイミングに依存し，リズムの生成において身体の異なる部位の間で調整されている，周期の階層が存在する。音節または音符や和音に対応する個々の動きは，毎秒1〜3の動作の周期性でタイミングを調節しており，それらは持続時間が約3秒〜5秒のフレーズ単位でグループ化されている。乳児が静かな部屋に1人でいるときと音楽を聞いたときの，単純および複雑でリズミカルな集中的活動の持続時間が測定された。

自分が楽しむために動くか，音楽に加わるかどうかにかかわらず，単純でリズミカルな表現の連続はおよそ3秒間続き，複雑な連続の平均持続時間はおよそ6秒だった。3秒の「フレーズ」は，音楽的タイミングに関する多くの研究で認められている，人間の活動やコミュニケーションにおける基本的な時間パターンであるように見られる。母親と乳児の音声による相互作用において，約1.6から3.3秒まで「小節」構造が持続することが分かっている（Malloch 1999）。音楽と詩において，約3秒のフレーズユニットが明らかにされた。これは，経験を組織化するために人間の脳が用いる基本的な時間的要素のようだ（Wittmann and Pöppel 1999）。乳児の自発的な音声フレーズの持続時間は，3秒から4.5秒の間であることが見出された（Lynch *et al.* 1995）。我々の研究では，単純でリズミカルな活動のための持続時間3秒という時間単位は，乳児が行ったすべての動きの特徴であり，年齢や音楽の存在によって有意な影響を受けなかった。音楽の存在はリズミカルな活動を増大させ，その発達を分化し，ダンスの動きを動機付け，様々な強い情動を誘発する一方，この根本的な周期性には影響しないようだ。これはIMPの制御活動の不変性を反映しているかのような発見である。実際，約3秒から5秒というこの間隔は，意識的経験の「心理的現在」として定義されてきた（Trevarthen 2005; 本書第25章のオズボーン）。複雑でポリリズミックな表現の長さが約2倍であることは，乳児が基本的な3秒フレーズを2倍にすることでさらに長いリズミカルな経験を「組み立て」ることが可能であることを暗示している。

9.7.5　音楽的な他者との乳児のリズミカルな「対話」における情動の進化

乳児が，音楽的特徴を識別しながら単に受け身的な聴取者として，歌を聞いていたのではないことは確かだ。乳児は非常に深く注意を払った後，優良な「音楽的なパフォーマー」として行動した。歌の最初の部分では非常に熱心に耳を傾け，驚きと興味を示し，音源を探した。音楽的な音を少し探求する必要があるように見えた後，ダンスや歌で参加したり，嬉しさを表現し，喜びを深めた。彼らはリズムと情動を共有したのである。

音楽がある場合と無い場合の両方で，リズミカルな活動中の嬉しさと喜びの情動表現の増加は，乳児のリズミカルな表現の情動的動機を反映する。より具体的には，音楽がある場合に乳児のリズムは，（音への）関心，驚き，嬉しさ，喜び，そして興奮の情動によって主に動機付けられた。しかし，リズミカ

ルな活動中には，興味は減少し，嬉しさや喜びが増し，また驚きと興奮の増加が鈍った。これは，音楽と共にリズムの中にいることの楽しみを示唆している。リズミカルな活動を終えた後，音に対する興味が増加した。これはおそらく，乳児が新たな集中的活動を開始するであろう前に，音楽的な音を注意深く聞くことを示唆する。

　乳児の「音楽的」表現について，自己を楽しませるためのリズミカルなショーのようであると我々は述べてきた。この表現は，音楽性の最初の社会的役割あるいはコミュニケーション上の役割を裏付けるものだ。音楽の非存在下（条件１）でのリズムの自発的な出現は，音楽や母親の歌声で心の内の仲間スペースを埋めるための乳児の主観的な期待——音楽によって主観性の状態から間主観性に移り変わることの深い希望——を反映している可能性がある。ブラーテンの理論（1988, 1992）によると，仮想他者(ヴァーチャル・アザー)は現実の他者の不在下で存在し，乳児が１人でいるときにその視点を満たす，非特定の仲間の本質的に補完的な視点である。我々の結果から，乳児の心にある仮想他者は，音楽的かつ文化的意味をもつ，より一般的な他者であり得ると，我々は仮定した。条件１で記録された，音楽の非存在下における乳児のリズミカルな表現の自発的出現は，現実の間主観性音楽的コミュニケーション，つまり現実の音楽的他者によって満たされることを期待した，乳児の間主観的な期待を示している可能性がある。自発的なマルチモーダルなリズムは，音楽や母親，あるいは潜在的な「音楽的」共有への乳児の行動を記録していた静かな研究者さえも誘っているのかもしれない。

　録音された歌の音楽が条件２で実際に流れ始めると，乳児の誘いは認識され受け入れられ，間主観的な期待が確認された。仮想の文化的他者のスペースは実際の音楽により満たされ，共有のゲームが開始され，このゲームは連携するパートナー双方（すなわちポジティヴな情動の中にある乳児と音楽）によって完了されなければならない。乳児は音楽を期待するだけでなく，ダンスの動きや，それに付随したリズミカルな発声や手の身振り，およびそれらの組み合わせといった，文化的に予想される音楽の表現方法で，音楽に対して応える。乳児は音楽的他者としての歌に出会い，そこから発見と創造の冒険にいざなわれる。赤ちゃんが彼や彼女自身のための音楽的経験を作り出す想像力をもっていることは明らかであるが，乳児は，実存する人物との共同的なコンパニオンシップの中のほうが，個別のひとり遊びを体験した場合よりも，音楽性を表現し発達させることにもっと意欲的になる。間主観的な母子コミュニケーションの中で，両パートナーは長期的に協調関係を維持し，動きについて共に構築したナラティヴを何秒も共有することができる（Malloch 1999; Stern and Gibbon 1980; Stern 1992, 1999; Trevarthen 1999）。一般的な社会経験の協調的な楽しみをもたらす方法で，変化を予想することにより，各々のパートナーは即応と相互作用の発達に寄与する（Trevarthen 2002; 本書第14章のグラティエとダノン）。乳児が歌を１人で聞くとき，音楽的他者と共に，あるいは音楽的他者のために自分がやっていることを「知ること」によって，音楽とメロディーと物語のドラマティックな形式の存在が意味をもち，乳児が音楽性の会得と産出に堪能になれるようになるのである。

　より進んだ参加の状態では（条件３; Mazokopaki 2007），歌う母親は乳児の心の仲間スペースに入ると同時に，母親であると共に，母子が共有した音楽芸術になる（Dissanayake 2000）。乳児は，愛情深く話しかけてくれる母親への期待のみでなく，個人の感情や文化的な意味，そして共存の共リズム的方法を共有してくれる，歌う母親への更なる期待をもって生まれてくるのである。自然と文化が，不可分の共リズムを示し，それが種の進化と個体発生に果たす大いなる役割を証明する決定的瞬間（Stern 2004）を乳児は共有している（本書第14章のグラティエとダノン）。ビデオの詳細な分析や母子の歌い合いのスペクトログラム分析で，クレタ島の母親が，バラードや近代的な曲，作った曲，伝統的形式に従う歌，そして多くの赤ちゃん向けの歌といった様々な種類の歌を歌うことが示された。乳児は母親の歌に興奮した。乳児は，しばしばメロディーを認識し，見て，リズミカルな発声と身体の運動に加わることによって，音楽の変化を予想した。母子の歌い合いの発展は，母親の歌のリズミカルなフレーズ単位に基づく

対話的な形を生み出すようだ。そして，それは乳児の心の自然でリズミカルな直観力に適合する (Mazokopaki 2007)。

　我々は，乳児にとっては「私の模倣能力」や「私のリズム能力」，または「私の計算能力」というような個別のものが存在しないと提案してきた (Tsourtou and Kugiumutzakis 2003; Kugiumutzakis 2007)。方法論やその他の理由で乳児の心を分割するのは，我々研究者である。子どもが体調不良でストレスを受けて，混乱した断片的な行動が現れかねない場合を除き，自己の意識の発達は，乳児の中でもコミュニケーションにおいても，最初からまとまりがあるものである。模倣やリズム，リズミカルな模倣，旋律リズム的構造や叙情的音楽 (Brown 2000; Miller 2000; Molino 2000; Theodorakis 2007) はすべて，子どもの音楽や言語，「読心術」や感情移入，共感と間主観性の成長のための基本的な才能である。これらがヒト化のプロセスの初期進化の段階にあったことは確実であり，マーリン・ドナルド(1991)によって「模倣文化」と呼ばれた。古代ギリシャ文化でムーシケーが意味したのは，メロディー，動き，言葉/会話(ロゴス)，リズム，ダンス，詩であり，これらの「共通分母は，パルスを基調としたリズム」(Merker 2000, p. 320) で，「複雑な動きを確実に配列するため」の脳の能力を明らかにするリズムを伴う (Miller 2000, p. 340; Richman 2000も参照のこと)。幼い乳児は，「良い」リズムのような基本的な音楽的特徴を慕う自然な傾向を持つが(Trehub 2000)，同時に，リズミカルな表現を共感的な模倣と結合する。そして，我々は小さい数と小さい整数比の区別を見出す (Tsourtou and Kugiumutzakis 2003)。今後の研究において，心理的な間主観的共リズムの運命の歯車を回す現象に迫るべき方法を示しているのは，乳児期における人間がもつ多数の能力の「同時出現」である[1]。

（坂井康子訳）

引用文献

Beebe B, Jaffe J, Feldstein S, Mays K and Alson D (1985). Inter-personal timing: The application of an adult dialogue model to mother–infant vocal and Kinesic interactions. In FM Field and N Fox, eds, *Social Perception in Infants*, pp. 249–268. Ablex, Norwood, NJ.

Bjørkvold J-R (1992). *The Muse within: Creativity and communication, song and play from childhood through maturity.* Harper Collins, New York. （ビョルクヴォル．福井信子訳『内なるミューズ(上)(下) 我歌う，ゆえに我あり』日本放送出版協会，2004）

Blacking J (1969/1995). The value of music in human experience. *The 1969 Yearbook of the International Folk Music Council*. (Republished in P Bohlman and B Nettl, eds, 1995, *Music, culture and experience: selected papers of John Blacking*. University of Chicago Press, Chicago, IL).

Blacking J (1979). *How musical is man?* Faber, London. （ブラッキング．徳丸吉彦訳『人間の音楽性』岩波現代選書，1978）

Bråten S (1988). Dialogic mind: The infant and adult in protoconversation. In M Cavallo, ed., *Nature, cognition and system*, pp. 187–205. Kluwer Academic Publications, Dordrecht.

Bråten S (1992). The virtual other in infants' minds and social feelings. In AH Wold, ed., *The dialogical alternative*, pp. 77–97. Scandinavian University Press, Oslo.

---

1 トレヴァーセンは，母親と胎児および乳児との間に築かれる親密な関係における生理的制御と，心理的制御を区別した。どちらの制御も誕生前から乳児期を通して機能している (Trevarthen *et al.* 2006)。前者は両向性 (amphoteronomos) または両向的 (amphoteronomic) 制御，後者は共リズム (synrhythmia) または共リズム的制御と名付けられた。両向的制御は，羊水とのホルモンと生理化学的流れの境界を越え，また，胎盤を通して両者の体を関与させる。誕生後の密接な生理化学的接触においても，同様に関与させる。両向性という語は，物理的に1つの「容器」中にある2つの生命体の自律システム間の，組み合わされた自己調整，あるいは相互依存の自己調整というアイデアを伝える。この語を選んだのは，$\alpha\mu\varphi\acute{o}\tau\varepsilon\rho o\iota$「共」，$\acute{\alpha}\mu\varphi\omega$「一緒」，$\alpha\mu\varphi o\tau\acute{\varepsilon}\rho\omega\theta\varepsilon\nu$「二者間，二面性」，$\nu\acute{o}\mu o\varsigma$「法（自然や社会，個人の事象の安定で規則的な行動様式）」を意味するギリシャ語が，双方向で無意識な2つの生命システム間のプロセスを十分正確に説明しているためだ。共リズム的制御は，母親の心理状況の表現と共に，乳児の心の中に生まれつつある心理学的動機を関与させる。共リズム的制御という語を選んだのは，「共に，プラス」と「リズム，反復の規則性，周期性」を意味するギリシャ語が，音楽的方法の中でもとりわけ，協調させたリズムを用いて，母子間の意図や経験を心理的に相互制御するというアイデアを伝えているためである (Kugiumutzakis 2007, p.368; Trevarthen *et al.* 2006; 本書第7章のパンクセップとトレヴァーセン)。

Brown S (2000). The 'Musilanguage' model of music evolution. In NL Wallin, B Merker and S Brown, eds, *The origins of music*, pp. 272–300. MIT Press, Cambridge, MA.
DeCasper AJ and Spence M (1986). Prenatal maternal speech influences newborns' perception of speech sounds. *Infant Behavior and Development*, **9**, 133–150.
Deva BC (1995). *The music of India: A scientific study*. Munshiram Manoharlal Publishers, Delhi.
Dissanayake E (2000). Antecedents of the temporal arts in early mother–infant interaction. In NL Wallin, B Merker and S Brown, eds, *The origins of music*, pp. 389–410. MIT Press, Cambridge, MA.
Donald M (1991). *Origins of the modern mind*. Harvard University Press, Cambridge and London.
Donald M (2001). *A mind so rare*. Norton, New York.
Farb P (1978). *Humankind – a history of the development of man*. Jonathan Cape, London.
Fernald A and Simon T (1984). Expanded intonation contours in mothers' speech to newborns. *Developmental Psychology*, **20**, 104–113.
Fernald A, Taeschner T, Dunn J, Papousek M, Boysson-Bardies B and Fukui I (1989). A cross-language study of prosodic modifications in mothers' and fathers' speech to preverbal infants. *Child Language*, **16**, 477–501.
Flohr J and Trevarthen C (2007). Music learning in childhood: Early developments of a musical brain and body. In F Rauscher and W Gruhn, eds, *Neurosciences in music pedagogy*, pp. 53–100. Nova Biomedical Books, New York.
Fraisse P (1978). Time and rhythm perception. In EC Carterette and MP Friedman, eds, *Handbook of perception*, vol. **8**, pp. 203–253. Academic Press, New York.
Fraisse P (1982). Rhythm and tempo. In D Deutch, ed., *The psychology of music*, pp. 149–180. Academic Press, New York.
Grieser DL and Kuhl PK (1988). Maternal speech to infants in a tonal language: Support for universal prosodic features in motherese. *Developmental Psychology*, **24**, 14–20.
Inayat Kahn H (2005). *The music of life: The inner nature and effects of sound*. Omega, New Lebanon NY.
Izard CE (1978). Emotions as motivations: An evolutionary-developmental perspective. In *Nebraska Symposium on Motivation*, pp. 163–200. University of Nebraska Press, Lincoln, NE.
Kokkinaki T (1998). *Emotion and imitation in early infant–parent interaction: a longitudinal and cross-cultural study*. Ph.D. Thesis, University of Edinburgh.
Krumhansl CL (2000). Rhythm and pitch in music cognition. *Psychological Bulletin*, **126(1)**, 159–179.
Kugiumutzakis G (1983). *Imitative phenomena: a new challenge*. MA Thesis, Department of Psychology, Uppsala University, Sweden.
Kugiumutzakis G (1985). *The origin, development and function of the early infant imitation*. Ph.D. Thesis, Department of Psychology, Uppsala University, Sweden.
Kugiumutzakis G (1993). Intersubjective vocal imitation in early mother–infant interaction. In J Nadel and L Camaioni, eds, *New perspective in early communication development*, pp. 22–47. Routledge, London.
Kugiumutzakis G (1998). Neonatal imitation in the intersubjective companion space. In S Bråen, ed., *Intersubjective communication and emotion in early ontogeny*, pp. 63–88. Cambridge University Press, Cambridge.
Kugiumutzakis G (1999). Genesis and development of early infant mimesis to facial and vocal models. In J Nadel and G Butterworth, eds, *Imitation in infancy*, pp. 36–59. Cambridge University Press, Cambridge.
Kugiumutzakis G (2007). Imitation, numbers and rhythms. In G. Kugiumutzakis, ed., *Universal harmony – science and music. In honour of Mikis Theodorakis*, pp. 235–294. Crete University Press, Heraklion. (In Greek translation).
Kugiumutzakis G, Kokkinaki T, Markodimitraki M and Vitalaki E (2005). Emotions in early mimesis. In J Nadel and D Muir, eds, *Emotional development*, pp 161–182. Oxford, Oxford University Press.
Kühl O (2007). *Musical semantics*. European Semiotics: Language, Cognition and Culture No. 7. Peter Lang, Bern.
Lecanuet J-P (1996). Prenatal auditory experience. In I Deliege and J Sloboda, eds, *Musical beginnings: Origins and development of musical competence*, pp. 3–34. Oxford University Press, Oxford/New York/Tokyo.
Lerdahl F and Jackendoff R (1983). *A generative theory of tonal music*. MIT Press, Cambridge, MA.
Lynch MP, Oller DK, Steffens ML and Buder EH (1995). Phrasing in prelinguistic vocalisations. *Developmental Psychobiology*, **28**, 3–25.
Macleod H, Morse D and Burford B (1993). Computer support for behavioural event recording and transcription. *Psychology Teaching Review*, **2(2)**, 112–116.
Malloch S (1999). Mother and infants and communicative musicality. *Musicae Scientiae* (Special Issue 1999–2000), 29–57.
Masataka N (1992). Pitch characteristics of Japanese maternal speech to infants. *Journal of Child Language*, **19**, 213–223.
Mazokopaki K (2007). Oi rizes tis musikotitas: I anaptyxi ton epikoinoniakon vrefikon rythmon apo ton 2o eos ton 10o mina (The roots of musicality: the development of infant communicative rhythms from the 2nd until the 10th month). Ph.D. Thesis, Department of Philosophy and Social Studies,University of Crete.
Merker B (2000). Synchronous chorusing and human origins. In NL Wallin, B Merker and S Brown, eds, *The origins of music*,

pp. 315–327. MIT Press, Cambridge, MA.

Merker B (2006). Why music and whence its harmonies? Paper presented at the Symposium Music and Universal Harmony in Hersonisos, Crete, 10–11 March, 2006.

Miller G (2000). Evolution of human music through sexual selection. In NL Wallin, B Merker and S Brown, eds, *The origins of music,* pp. 329–360. MIT Press, Cambridge, MA.

Mithen S (2005). *The singing neanderthals: The origins of music, language, mind and body.* Weidenfeld and Nicholson, London.

Molino J (2000). Toward an evolutionary theory of music and language. In NL Wallin, B Merker and S Brown, eds, *The origins of music,* pp. 165–176. MIT Press, Cambridge, MA. (モリーノ「音楽の進化と言語の進化」：ウォーリン／マーカー／ブラウン編．山本聡訳『音楽の起源（上）』人間と歴史社．2013所収)

Papoušek H (1996). Musicality in infancy research: Biological and cultural origins of early musicality. In I Deliege and J Sloboda, eds, *Musical beginnings: Origins and development of musical competence,* pp. 37–55. Oxford University Press, Oxford.

Papoušek,M (1987). Models and messages in the melodies of maternal speech in tonal and non-tonal languages. *Abstracts of the Society for Research in Child Development,* **6**, 407.

Papoušek M (1994). Melodies in caregivers' speech: A species specific guidance towards language. *Early Development and Parenting,* **3**, 5–17.

Papoušek M and Papoušek H (1981). Musical elements in the infant's vocalizations: Their significance for communication, cognition and creativity. In LP Lipsitt, ed., *Advances in infancy research,* 1, pp. 163–224. Ablex, Norwood, NJ.

Plato (1963). *Politeia (The Republic).* Etaireia Hellinikon Ekdoseon, Athens.

Richman B (2000). How music fixed 'nonsense' into significant formulas: On rhythm, repetition, and meaning. In NL Wallin, B Merker and S Brown, eds, *The origins of music,* pp. 301–314. MIT Press, Cambridge, MA.

Robb L (1999). Emotional musicality in mother-infant vocal affect, and an acoustic study of postnatal depression. *Musicae Scientiae* (Special Issue 1999–2000), 123–153.

Rowell L (1992). *Music and musical thoughts in early India.* University of Chicago Press, London.

Sacks O (2007). *Musicophilia: Tales of music and the brain.* Random House, New York/Picador, London.

Shetler DJ (1990). The inquiry into prenatal musical experience. In FR Wilson and FH Roehmann, eds, *Music and child development,* pp. 44–62. MMB Music, Saint Louis, MO.

Sifakis GM (2001). *Aristotle on the function of tragic poetry.* Crete University Press, Herakleion.

Stern DN (1974). Mother and infant at play: The dyadic interaction involving facial, vocal and gaze behaviours. In M Lewis and LA Rosenbum, eds, *The effect of the infant on its caregiver,* pp. 187–213. Wiley, New York.

Stern DN (1992). L'enveloppe préarrative: Vers une unité fondamentale d'expéience permettant d' explorer la réalité psychique du bébé. *Revue Internationale de Psychopathologie,* **6**, 13–63.

Stern DN (1993) The role of feelings for an interpersonal self. In U Neisser, ed., *The perceived self: Ecological and interpersonal sources of self-knowledge,* pp. 205–215. Cambridge University Press, New York.

Stern DN (1999). Vitality contours: The temporal contour of feelings as a basic unit for constructing the infant's social experience. In P Rochat, ed., *Early social cognition: Understanding others in the first months of life,* pp. 67–90. Erlbaum, Mahwah, NJ.

Stern DN (2004). *The present moment: In psychotherapy and everyday life.* Norton, New York. (スターン．奥寺崇監訳・津島豊美訳『プレゼントモーメント：精神療法と日常生活における現在の瞬間』岩崎学術出版社．2007)

Stern DN and Gibbon J (1980). Temporal expectancies of social behaviours in mother–infant play. In E Thoman, ed., *Origins of infant social responsiveness,* pp. 409–429. Erlbaum, New York.

Stern DN, Hofer L, Haft W and Dore J (1985). Affect attunement: The sharing of feeling states between mother and infant by means of inter-modal fluency. In T Field and N Fox, eds, *Social perception in infants,* pp. 249–268. Ablex, Norwood, NJ.

Stern DN, Spieker S and MacKain K (1982). Intonation as signals in maternal speech to prelinguistic infants. *Developmental Psychology,* **18**, 727–735.

Stevens J (2002). *Applied multivariate statistics for the social sciences,* 4th edn. Lawrence Erlbaum,Mahwah, NJ.

Theodorakis M (1983). *I anatomia tis musikis (The anatomy of music).* Gnoseis, Athens.

Theodorakis M (2007). Sympantiki armonia (Universal Harmony). In G Kugiumutzakis, ed., *Universal harmony – science and music. In honour of Mikis Theodorakis,* pp. 75–102. Crete University Press, Heraklion.

Thorpe LA and Trehub SE (1989). Duration illusion and auditory grouping in infancy. *Developmental Psychology,* **25**, 122–127.

Thorpe LA, Trehub SE, Morrongiello BA and Bull D (1988). Perceptual grouping by infants and preschool children. *Developmental Psychology,* **24**, 484–491.

Trainor LJ (1996). Infant preferences for infant-directed versus non-infant-directed playsongs and lullabies. *Infant Behavior and Development*, **19**, 83–92.

Trainor LJ and Trehub SE (1992). A comparison of infants' and adults' sensitivity to Western musical structure. *Journal of Experimental Psychology: Human Perception and Performance*, **18**, 394–402.

Trehub SE (1987). Infants' perception of musical patterns. *Perception and Psychophysics*, **41**, 635–641.

Trehub SE (1990). Human infants' perception of auditory patterns. *International Journal of Comparative Psychology*, **4**, 91–110.

Trehub SE (2000). Human processing predispositions and music universal. In NL Wallin, B Merker and S Brown, eds, *The origins of music*, pp. 427–448. MIT Press, Cambridge, MA.

Trehub SE and Thorpe LA (1989). Infants' perception of rhythm: C ategorization of auditory sequences by temporal structure. *Canadian Journal of Psychology*, **43(2)**, 217–229.

Trehub SE, Endman MW and Thorpe LA (1990). Infants' perception of timbre: classification of complex tones by spectral structure. *Journal of Experimental Child Psychology*, **49**, 300–313.

Trehub SE, Thorpe LA and Trainor LJ (1990). Infants' perception of good and bad melodies. *Psychomusicology*, **9**, 5–19.

Trehub SE, Unyk AM and Trainor LJ (1993a). Adults identify infant-directed music across cultures. *Infant Behavior and Development*, **16**, 193–211.

Trehub SE, Unyk AM and Trainor LJ (1993b). Maternal singing in cross-cultural perspective. *Infant Behavior and Development*, **16**, 285–95.

Trehub SE, Unyk AM, Kamenetsky SB, Hill DS, Trainor LJ, Henderson JL and Saraza M (1997). Mothers' and fathers' singing to infants. *Developmental psychology*, **33**, 500–507.

Trevarthen C (1999). Musicality and the intrinsic motive pulse: Evidence from human psychobiology and infant communication. *Musicae Scientiae* (Special Issue 1999–2000), 155–215.

Trevarthen C (2001). Intrinsic motives for companionship in understanding: Their origin, development and significance for infant mental health. *International Journal of Infant Mental Health*, **22 (1–2)**, 95–131.

Trevarthen C (2002). Origins of musical identity: Evidence from infancy for musical social awareness. In R MacDonald, DJ Hargreaves, and D Miell, eds, *Musical identities*, pp. 21–38. Oxford University Press, Oxford.

Trevarthen C (2003). Making sense of infants making sense. *Intellectica: Revue de l' Association pour la Recherche Cognitive*, 2002/1, **34**, 161–188.

Trevarthen C (2004a). How infants learn how to mean. In M Tokoro and L Steels, eds, *A learning zone of ones's own*, pp. 37–69. IOS Press, Amsterdam.

Trevarthen C (2004b). Learning about ourselves, from children:Why a growing human brain needs interesting companions. *Research and Clinical Centre for Child Development, Annual Report 2002–2003*, **26**, 9–44. Graduate School of Education, Hokkaido University.

Trevarthen C (2005). Action and emotion in development of cultural intelligence:Why infants have feelings like ours. In J Nadel and D Muir, eds, *Emotional development*, pp. 61–91. Oxford, Oxford University Press.

Trevarthen C (2007). Harmony in meaning: How infants use their innate musicality to find companions in culture. In G Kugiumutzakis, ed., *Universal harmony – science and music. In honour of Mikis Theodorakis*, pp. 353–410. Crete University Press, Heraklion. (In Greek).

Trevarthen C and Aitken KJ (2003). Regulation of brain development and age-related changes in infants' motives: The developmental function of 'regressive' periods. In M Heimann, ed., *Regression periods in human infancy*, pp. 107–184. Erlbaum, Mahwah, NJ.

Trevarthen C, Aitken KJ, Vandekerckhove M, Delafield-Butt J and Nagy E (2006). Collaborative regulations of vitality in early childhood: Stress in intimate relationships and postnatal psychopathology. In D Cicchetti and DJ Cohen, eds, *Developmental psychopathology, volume 2, Developmental neuroscience*, pp. 65–126, 2nd edn.Wiley, New York.

Trevarthen C and Malloch S (2000). The dance of wellbeing: Defining the musical therapeutic effect. *The Nordic Journal of Music Therapy*, **9(2)**, 3–17.

Trevarthen C and Malloch S (2002).Musicality and music before three: Human vitality and invention shared with pride. *Zero to Three*, **23(1)**, 10–18.

Trevarthen C and Marwick H (1982). A method for analyzing mother–infant communication. In C Trevarthen and H Marwick, *Cooperative understanding in infants*. Unpublished Project Report to Spencer Foundation, Chicago.

Trevarthen C, Powers N and Mazokopaki K (2006). Investigating the rhythms and vocal expressions of infant musicality in Crete, Japan and Scotland. In M Baroni, AR Addressi, R Caterina and M Costa, eds, *Proceedings of the 9th International Conference on Music Perception and Cognition* (ICMPC9), Bologna, Italy, August 22–26, 2006.

Tronick EZ (2005).Why is connection with others so critical? The formation of dyadic states of consciousness: coherence governed selection and the co-creation of meaning out of messy meaning making. In J Nadel and D Muir, eds, *Emotional development*, pp. 293–315. Oxford University Press, Oxford.

Tsourtou V and Kugiumutzakis G (2003). Anaptyxiakes taseis stin proimi arithmitiki ikanotita (Developmental tendencies in early arithmetic ability). *Psychologika Themata*, **9(1)**, 24–54.

Wittmann M and Pöppel E (1999). Temporal mechanisms of the brain as fundamentals of communication, with special reference to music perception and performance. *Musicae Scientiae* (Special Issue 1999–2000), 13–28.

第10章

情動と意味を共有する声：スコットランドと日本における幼い乳児とその母親

ニキ・パワーズ と コルウィン・トレヴァーセン

10.1 他者との関与のためのコール[1]における意味への旅

　文化を発見する旅は乳児が生まれた時には既に始まっている——すなわち，先の世代の築き上げてきた習慣の習得に向け自己を育て上げるための，表現力と知識を，乳児は先天的に有しているのである。自分たちの子どもが多くの他者の生活とその意味を吸収できるよう，先の世代の者たちはそのさらに先の世代の有する知識や技術を学び，そして教え伝えてきた（Gomes-Pedro 2002）。他の人々の知っている事柄を発見するために，子どもは一緒に暮らしている他者とともに，自分たちの暮らす世界についての情報を交換するだけでなく，その他者の感情に参与せねばならない（Halliday 1975; Jahoda and Lewis 1988; Bruner 1996; Rogoff *et al.* 2003）。

　何年もの詳細な観察の結果，私たちは赤ちゃんが生まれもった音楽的／詩的存在，すなわち，「自分」の内側や，親密な「他者」との間で，パルスやリズムに合わせ動いたり，聞き耳を立てたり，あるいはヒトの表現の調和と不和にすぐに反応したりする存在として人生の旅を開始することを知るに至った（Miall and Dessanayake 2003）。乳幼児は他者との関わりの中で行なわれる儀式の中で，潜在的な情動的意味を直観的に共有する能力を有している（Bateson 1979; Stern *et al.* 1999）。母親もまた，情感と音声に満ちた関係性において，その幼い人間の創造的ヴァイタリティ（生気[2]）に出会えるように，身体と脳に特別な準備がなされている（Klaus and Kennel 1976; Papoušek and Bornstein 1992; Papoušek 1996; Stern 1995, 2000）。全ての愛あふれるヒト，その中でも特に母親は，愛と思いやりに触発され，乳児と遊ぶ際に音楽的，そして詩的な音声と身振りを明瞭に発する（Dissanayake 2000）。赤ちゃんが生得的な知性を用いて外的な理解を獲得する際，パルスは他の人間との生活の中で意味を形成し，声は社会的な自己として発見され，この声の個性は特定の言語の喋り方を共有している特別な他者の声と合流する（Bullowa 1979; Gratier and Trevarthen 2007; 本書第14章のグラティエとダノン）。

　喋ることが可能になるずっと前から，乳児は単純な表現の習慣を学習しながら親の文化への適応を開始する。そして家族は，儀式や課題へリズミカルに参加することで，学習者である乳児が意味を共有しやすいかたちで物を渡したり，動いて見せたりしながら応答する。大人は気にせず，そして特に意識す

---

[1] 動物においては，求愛・食物発見や捕食者警戒等の文脈特異的に生成され，他個体の特定の反応を誘発する音声と定義される。本章ではより広く，動物が主に仲間に呼びかけるために発する音声の意で用いられており，乳児による呼びかけ声も含めている。
[2] 巻末の参考資料「生気，生気情動と自己感」を参照。

ることなく，自分たちの有する知識や方法を幼い子どもたちに教えるようにできている。実際，少し大きくなった子どもは，乳児の社会文化的学習を支援することができる。乳児は自分の兄や姉との間で，情感的で遊び心に満ちた方法でコミュニケーションの中のリズムや感情を共有することができるのである。自然と文化の間の旅は，人間の動きや人間の感覚に込められた特異な創作力に対する生得的な共感によってナビゲートされる。その航路は子どもとその親密な相手との間の双方の情動により，分かりやすく楽しく，あるいは困難でむしろ危険で痛みを伴うように造られている。なぜなら，情動を表すための音声は，表現や自他意識に関する万能の道具だからである（本書第7章のパンクセップとトレヴァーセン）。

　我々は乳児と大人の産出する音声に現れる情動表現について研究し，乳児が自分たちに深い愛情を抱く大人たちの習慣の中に参加し，彼らとの会話の常識に気付くことで，これらの音声のピッチや継続時間がいかに変化するかについて研究してきた。我々はここで，2つの文化における，延ばされた音声の特徴についての調査について報告する。まず，我々は乳児の間主観性[3]に関する概要を紹介するところから始める。そして，母親と乳児とのコミュニケーションにおける規則性が，両者の発する直観的な情動の伴う音声，特に母音様発声や持続した発声によって強く媒介されているという証拠についてレビューする。最後に，日本とスコットランドにおける，遊び場面で産出される母親と乳児の声の分析について，そして情動によって変化する彼らの声の音響特性に関して明らかにするために，スコットランドにおいて実施された実験について記述する。すなわち，我々は言葉の発達する何か月も前における人間のコミュニケーションの音楽性の基本的な様相について明らかにし，文化に関連した発声のパターンや，個々人の発声のパターンが，乳児による特殊な社会的環境への適応の結果として，そして，大人の話し方や遊び方の中で遭遇する差異を通して発生するというアイディアについて検証する。

10.1.1　声による感情表現と乳児の間主観的コミュニケーションの本質

　母国語の母音による表現の形は乳児との間主観性を調整するか？

　この疑問は単刀直入に感じられるかもしれないが，数十年に渡る集中的な研究にもかかわらず，依然として不思議さを持ち続けている複雑な意味がある。乳児が親と相互作用を行なう際，彼らは2つの意識を意図した主体として，母音を発する。すなわち，乳児は大人と同様，自分たち自身の感情の状態を調節するため，そしてお互いが相手との相互作用に関わる動機づけを維持するために，意識的に，目的を持って互いに注意を払い，反応している。この疑問に対する答えは，互いの行動や意識の調節が生じるのに必要な直観的な主観と間主観のプロセスの理論に依存している（Trevarthen 1979, 1998, 2004a; Trevarthen and Reddy 2007）。

　間主観性がいかに発達するかについての理論には，核となる5つの概念が存在する（Aitken and Trevarthen 1997; Trevarthen 1998; Trevarthen and Aitken 2001, 2003）：

1. 乳児による生理的な状態，自発的行動の喚起，そして注意の水準に関する背景的な**自己調整**への気付き
2. 乳児と養育者とが別々の個であることに関する**動機の型**，自分たちの身体の動きを統合あるいは調整し，焦点化し注意を向けることによる**選択的な気付き**を促進するような衝動への**動機の型**
3. 積極的な興味や気付きを促す刺激，そして「探索」に伴う感情は**学習**にとって必要であるという思い込み
4. 未熟な乳児と養育者との間には，間主観的な**アタッチメントの動機**[4]，すなわち，両者を喜び

---

[3]　巻末の参考資料「間主観性」を参照。
[4]　巻末の参考資料「アタッチメント（愛着）」を参照。

と愛に満ちた関係性として結びつけ，分離場面において悲嘆反応を引き起こす，お互いの幸福に関する心からの配慮があるとする理論
5. より深い間主観的なコンパニオンシップの動機[5]，外界の場所，物事，他者に関する経験や目的志向的な「探索」行動を共有しようとする動機

　ここ数十年の研究の結果，乳児は身体の外側の物理的な出来事や事物を驚くべき賢さによって知覚し，またそれらに対して働きかけること以上に（たとえば Gopnik *et al.* 1999），乳児は人々をともに生きるパートナーとして知覚することで高度に適応的で協調的・方向づけられた手法，特に表情での意思疎通，意図の模倣，意識と感情の共有といった手法によって反応することがわかった（たとえば Bateson 1971; Bullowa 1979; Trevarthen 1978, 1979, 1994, 1998; Stern 1974, 1977, 2000; Papoušek and Papoušek 1981; Papoušek and Bornstein, 1992; Legerstee 1992; Nadal and Butterworth, 1999; Trevarthen and Aitken, 2001; Beebe abd Lachmann 2002; Nadal and Muir 2005; Tronick 2005; 本書第9章のマゾコパキとクジュムザキス）。乳児はいつ彼らが相互作用の行動の焦点となっているかを知っており，それによって影響を及ぼされるかを知っている。彼らは他者による気持ちの切り替わりに敏感であり，そして彼らは相手に対する自分自身の動機づけや感覚を表現する（Donaldson, 1978, 1992; Trevarthen 1984; Stern 2000; Legerstee, 2005）。これらはすべて，乳児が生得的な間主観性を有している証拠である。

　しかしながら，乳児が他者の動きを動機づけられた行為であると知覚することで，他者の動機と感覚に関する特別な意識を得たことを我々が認識したとしても（Legerstee 2005; Trevarthen and Reddy 2007），我々はこのプロセスを支える行動の根源的な特徴に関しては，明らかになっているとは到底言えないことに気付く。我々は人間の身体がいかに形作られているか，そして人間の脳の自他認識の制御下で身体がいかに動き思考するかをルーツとする不可欠な要素を重視することからしか始められない（Thompson 2001; Bråten 2007）。

　親と乳児間のコミュニケーションはリズミカルなテンポの様式，あるいは音声と身振りの「運動学」によって大きく促進される（Trevarthen 1986）。これが，このようなコミュニケーションを音楽的で詩的なものにさせる（Miall and Dissanayake 2003）。これはまた，身体の異なる部分の表現としての動きとして産出される特殊な人相学的様式，例えば表情，発声，指や手の動きといったものを区別することに依存している。新生児はこういった表現に対して顕著な敏感性を見せる。すなわち，乳児はこれらの表現を区別でき，異なる形の行為として，模倣をすることができる（Kugiumutzakis 1998; Meltzoff and Moore 1999; Nagy and Molnar 2004; 本書第9章のマゾコパキとクジュムザキス）。他者による表現の産出される間合いに敏感になることで，あるいは，たくさんの異なる情動のシグナルとなっている異なる身体構造上の形にマッチさせることで，他者の感情への気付きを促進する生得的なメカニズムが存在する（Darwin 1872; Trevarthen, 1986, 1999; Nadel and Butterworth 1999）。乳児の模倣が意識的な心理学的行為であることを強調しておくことは重要なことである。乳児の模倣は，乳児が生まれた時から意図的になされるものであり，彼ら自身の努力に導かれ，彼らの相手からの反応の随伴性や形に注意を向けられながら，情動によって調整されつつ産出される（Kugiumutzakis 1993; Nagy and Molnar 2004; Reddy and Trevarthen 2004; Kugiumutzakis *et al.* 2005; Trevarthen 2005a; Trevarthen and Reddy 2007; 本書第9章のマゾコパキとクジュムザキス，第13章のマーウィックとマレー）。

　こういった心による共感的な関わりかけのメカニズムは人間と人間の間で作用し，生得的な動機，情動，感覚運動，そして間主観性のシステムによって形成され（Panksepp 1998; Trevarthen 2001a），そして子育てをするために適合され，意味の文化的枠組みの中で機能し，有意義な形で，「いかに振る舞うか」ということについての学習を促進する。これらは構造や意味の点で複雑化し，より豊かなものとなるが，

---

[5] 巻末の参考資料「コンパニオンシップ」参照。

その際に基本的な情動の動的特徴については損なわれることはない。ヒトの異なる共同体には，それぞれ，これらの原初的なコミュニケーション行為を醸成する，あるいは評価する方法があり，そのコミュニケーションを分離可能なより繊細な要素や形へと分解することへ導く。乳児の動機と情動は他者による特別な行動をとらえ，評価するように適合され，それによって，彼らはすぐに，彼らの親たちの文化の中で特別なものである，特定のサインや遊び・共同行為の流れ，そしてこれらの結び付きのパターンを予測できるようになる（Mundy-Castele 1980; Trevarthen 1988, 2004b）。

10.1.2 情動コミュニケーションと声の意味の鍵となる要素としての母音

多くの動物は音声を発する。その目的は，自分たちのいる場所を伝えるため，あるいは，自分が何者であるか，社会的地位，強さや注意を向けていること，健康度や生殖適応度，付き合いやすさ，攻撃への恐れを他個体に知らせるためなどである（Cheney and Seyfarth 1990; Papoušek et al. 1992; Payne 2000; Wallin et al. 2000; Manning 2004; 本書第11章のマーカー）。彼らは自分たちの声を，自分たちの生態学的共同体に存在する，自分と同種あるいは他種の他個体に，自分たちの存在を認識させ，それらの他個体と協調する，あるいはそれらの他個体との遭遇を調整するために使用する。

動物の発する声は自己を調整するための固有受容性刺激に関する豊かな情報源であり，世界と関わる身体の筋肉の動きをモニターし，必要な生命エネルギーの消長に関する経過を知らせてくれる。動物の発する音声は，直接触るのと同程度に，物理的に相手を興奮させる力を伴い，自分の体と他個体の体の間で動機づけの状態の経験を緊密に交換する橋を提供する。特に，発声は，社会的な遭遇を調整する基本的な感情的情報を伝達するために進化した（Panksepp and Bernatzky 2002）。幼いもの同士がお互いどのように動くかを実験し合う取っ組み合い遊びにおいて，楽しさや苦痛の音声は身体接触がどのように経験されたのかを表出するために産出される（本書第7章のパンクセップとトレヴァーセン）。

こういった動物の音の世界において，人間の声は意思疎通できることに関して並はずれて豊かである。音声の調子，質感といったものは，それが自然な会話や歌の中で産出されたものであれ，洗練された演説やオペラのようなパフォーマンスのなかで産出されたものであれ，その産出者が何者であるか，そして産出者の性別や年齢，活力や健康状態，疲労の状態や病気，そして彼らの間主観性を詳らかにする（Karpf 2006）。発声のリズムやラウドネス，ピッチ，音色，旋律は好意や愛，嫌悪や怒り，感嘆，嫉妬，自尊心，そして恥といった，個体間で生じる，**道徳的規範的な情動**を表現する。そして，認知あるいは興味や好奇心，自信，意思の強さ，そして恐れといった，**探索的な情動**も表現できる。そして，美的な**自己制御的情動**，例えば，欲求，楽しさ，気持ちよさ，不快や苦痛もまた，表現できる（Trevarthen 1993）。

逆説的なことに，理性的な削減によって，自己制御的情動は心理学的には最も重要なものとして仮定され，他とは区別され，より複雑な認知的情動の学習が進められる。そして，乳児は従属的ではあるが社会的サポートや知恵を探索することに適応した知性を備えているにもかかわらず，個人間で生じる，道徳的規範的な情動の獲得は他の2つの情動，すなわち自己制御的情動と認知的情動に依存し，そして十分な期間の社会的経験や訓練に依存していると仮定されている。別の見方として，基本的で複雑な情動は，人間を制御する上での根源的な重要性を有しているというものもある（Draghi-Lorentz et al. 2001）。我々は，それらは乳児によって表現され，その価値も彼らに認識されていると期待している（Reddy and Trevarthen 2004）。

親と乳児間のコミュニケーションにおける**音楽性**の理論（Papoušek 1996; Malloch 1999; Trehub and Nakata 2002）は，発達初期における間主観的な気付きとそこに関わる発声の情動の調節を支持する動的な変数を明らかにする。乳児と養育者との声による相互作用における時間的・音響学的特徴は，共感的な同調を助長し，行為主体の内側の間主観的な感覚に「触れ」，他者を「揺り動かす」ことができる。

発声のダイナミクスは呼吸や発声器官の共鳴を変換させるダイナミクスである。それは，発声の中に「感じる」ものである。声の産出における人相学的特徴は，音に異なる情動の質を持たせる原因となる。

乳児の音声とその親による乳児に対する愛情の込められた，また，たしなめるような話しかけは，ゆっくりしたリズムで，そして歌うかのような，そして，引き延ばされた動的な動物のコールのような要素による表現となりがちである（Trehub 1987, 1990, 2003; Fernald 1989, 1993）。息の長い発声は，相手の注意を向けさせ，コミュニケーションのリズムと感情的な口調とを協調させる上で，そして情動的なナラティヴ[6]を作りあげる上で特に重要と考えられる。我々は，遊び場面において乳児と母親とが産出する自然な発声に含まれる母音の音に見られる情動的な情報が，乳児に対して，自分自身と相手の感情状態を測るための心理学的尺度と，そして母親と乳児の両者が心理学的な相互作用に参与しそれを調節できる手段を供給すると主張したい（本書第7章のパンクセップとトレヴァーセン）。

まとめると，過去30年間に渡る研究から得られた多くの証拠から，他者との関係性に関する感情は，とても幼い乳児によって経験され，顔の表情，声と手の動きによって周囲に示される。さらに，こういった乳児の行為は，大人によって，確実に，情動表現として理解されるようだ（Papoušek 1996; Powers 2001; Draghi-Lorenz et al. 2001; Legertsee 1992）。我々は，これらの提案をより詳細に検討するために，赤ちゃんと彼らの母親による母音様の音声を研究してきた。

10.2　6か月未満の乳児との直観的な声による関わりに見られる情動を検討する研究プロジェクトの背景

我々は，子どもが言語に気付く前の段階における人間のコミュニケーションの機能を明らかにするために，乳児の母音の音声を選択した。我々は，発話によるメッセージが，間主観的，情動的に関係性を調整し，心的状態を協調させることに適応した個人間のメッセージを運ぶ根源的な能力を有する韻律や音楽性によって運ばれると仮定している（Fonagy 2001; Kühl 2007; 本書第13章のマーウィックとマレー）。仮定する情動の「語彙」やメロディーによる「構文」が，幼少期の後に獲得される言葉による合理的・明示的なコミュニケーションの根底に存在する，ということを明らかにするのが我々の意図である。我々は，模倣や感情，学習とリンクしているこれらの機能の主要な状態は，主な一連の認知心理学において理解されていないと考えている（本書第9章のマゾコパキとクジュムザキス，第11章のマーカーとエッケダール，動物の鳴き声と乳児の発声との関連性に関する議論も参照のこと）。

10.2.1　意思疎通の方法を知った後の発話方法の学習：母音の機能

乳児が発話の区分に気付くようになるにつれ，そして言葉のコミュニケーションの目的に興味をいだき始めるにつれて，言葉は興味と目的の終わりなき変化を表現するために，臨機応変に発声の要素を結合する。親の発話の韻律は，音が声の流れの中で，舌，顎，唇の動きによって，どのように形作られ，また妨げられるかを乳児に教え込むのである（Kuhl 1983, 1994; Fernald 1989, 1992; Jusczyk 2001; Powers 2001）。子音と沈黙は音節の構造と発話のテンポを明確にする（Crystal 1997）。延ばされた母音の音声とその調節は全ての言語における際立った特徴であり（Ladd 1999），そしてメロディーあるいは「歌」の表現は情動の質と，動機づけの状態の変化，社会的接触，そして関係性といった心理学的情報の強さを運ぶ。言葉が乳児にとって意味をなすずっと前から，乳児が母親の語りの情緒的なメロディーに対して大変敏感で，反応することについては，たくさんの証拠が挙げられている（Fernald 1989; 本書第13章のマーウィックとマレー，第14章のグラティエとダノン）。

---

[6]　巻末の参考資料「ナラティヴ」を参照。

母音は，呼び声や歌声のように，発声が数秒間に渡り延ばされるような場合を除き，開かれた声道，通常0.1〜0.5秒の間で発せられた音声によって形成される発声の要素であると言語学者によって定義される。これらは，呼吸，声帯の張り，そして声道全体の形状によってピッチ，大きさ，そして共鳴の度合いを変化させられる。これらの抑揚は，その発声の前，あるいは後に生じる発音に影響を受け，聞き手に対して一連の，あるいは分断された手がかりを運ぶことで，発話の知覚を助ける (Ladd 1996; Kuhl *et al*. 1997)。これらはまた，声を発した者の性，社会的態度，心理的状態，そして年齢に関する情報を提供する (Clarkson *et al*. 1996; Shimura *et al*. 1996)。これらの動的な特徴と共鳴の質は，情動や，目的に沿って調整された意図の強さを表現し，そして，無限の種類のある発話の情報を生成する入り組んだ発音をのせることを可能にする。母音は乳児の発する音と似ている；その声とはすなわち，喋ることを「彫刻される」前に，乳児が発達させる疑似的な共鳴のコールのことである (Locke 1993; Goldfield 2000; Oller 1986; Oller and Eilers 1992)。

　乳児による最初の情動的な発声である「延長された音」(Locke 1994) には，喃語様の母音の音声の数多くの特徴が含まれている。これらのコールに含まれる音響的な情報は，乳児に対して，彼らが自分自身の心的状態や他者の心的状態を理解し，捉えにくい人間関係を仲介することを開始し，発話によるコミュニケーションの技術を獲得することで表現され，また形成された文化的な意味を学習する手段を提供するのである。

　乳児の発声器官は未熟であり，脳にある発声に関する部位の中心は成長の途上にあり，構音の技術は初歩的なものである。しかし赤ちゃんは力強く，繊細に整えられた範囲のクーイング[7]，コール，そして泣き声を持って生まれてくる。そして，赤ちゃんはまた，他者の声に含まれた情動に対する高度に発達した感受性を持つことも明らかにされている。胎児は妊娠22週齢，すなわち妊娠期間の半分を過ぎたころには，母親の発話を聴き，他の音と聞き分け，聴覚刺激を受けることを学習する。すなわち，赤ちゃんは後に母親の発話を認識でき，生まれた時から，母親の声の方向へ好んで顔を向ける反応を示す (Alegria and Noirot 1978; DeCasper and Fifer 1980; Clifton *et al*. 1981; Querleu *et al*. 1984)。生まれた時から，つまり喋れるようになるよりも数か月も前から，乳児は母音様音，いわゆる「疑似共鳴核」(Oller 1986) を産出する。それらの音はやがて，幅広い表現，そしてリズミカルに調整されたものへと発達していく。

　言語は，構音により母音が抑えられ，分割されたり，統合されたりする方法により異なるものとなる。特定の言語における発話の産出と理解の運動的・知覚的技術の学習は，「対乳児発話(IDS)」や「マザリーズ」として知られる，親が乳児に対して話しかける独特な「音楽的」手法によって導かれ，生後約半年ぐらいには，乳児による音声の聞き分けや模倣に効果が表れだす (Fernald 1989, 1993; Papoušek and Papoušek 1981; Papoušek *et al*. 1985; Papoušek and Bornstein 1992; Trevarthen 1999; Kuhl 1998)。大人による対乳児発話に含まれる母音は，構音を超えたもの (すなわち，延ばされたハーモニーやフォルマント[8] を持つ) の存在を示している。すなわち，ハーモニーの情報が限られている場合，知覚に関する課題でのパフォーマンスが乏しい乳児による聞き分けを促進するのである (Clarkson *et al*. 1996)。しかしながら，乳児が母音の音声に引き込まれるのは，乳児が知覚的に惹きつけられる，目立った特徴を見出すことができる豊かな刺激であるからであるだけでなく，間主観的機能からの理由，すなわち親の言語の音韻の面で強調された要素により，その音声は乳児に向けられたコミュニケーションにおいて相手の目的や感情が変化したことを理解することを助け，乳児に向けられた全ての感情表現の動きを明確に理解することを助けるからでもある (Fisher and Tokura 1996)。乳児は対乳児発話の情緒的な内容に対して特別の敏感さを示すが，そのほとんどは母音によってなされる (Oller 1986; Kitamura and Burnham

---

[7] 巻末の参考資料「乳児の音声コミュニケーションとその発達」を参照。
[8] 巻末の参考資料「音声分析と音声情報」参照。

1998)。

10.2.2 喋ることの音響学習の基本：共有された発話表現の音楽性の発達

人間のコミュニケーションの複雑さは，表現行動のどの特徴もそれを説明できないことにある。我々は受け入れてくれる他者に対して，自分自身について体のあちこちを動かしたり，身振りで表現したり，顔をしかめたりすることによって表現する（Darwin 1872; Siegman and Felstein 1979; Key 1982; Mcneill 1992）が，呼吸の動きによって駆動される発声は，最も豊かで親密な，そして即座に，我々の内なる心の状態や身体，そしてそれらがどう変化しているのかに関する情報を提供する。

以下に挙げる声のパラメータは，乳児と大人の間における，情動の調整と意識的な興味の持続にとって重要であることが分かっているものである。

10.2.2.1 音色

発声にかかるエネルギーのおおよそ95パーセントは延ばされた有声語や母音の産出に費やされ，そして発声器官における，こういったエネルギーによる筋肉の作動と制御は声の質や音色を決定する。ラップは音色や声の質を，香りを与えるもの，また音の個性として，「聞くことができない最も繊細な記述子」と表現した（2003, p. 11）。音色，あるいは複雑さの組成は，楽器による音楽の場合と同様，発話や歌における情動の表現や知覚において重要な役割を果たす（Malloch 1999; Trehub and Nakata, 2002）。重要なことに，ピッチや音の大きさとともに，声の音色は表現された情動の強さに関する信号を伝える（Jonsson *et al.* 2001）。ゴールドフィールド（2000）は，乳児による音響としての母音空間の探索を，乳児による動作の固有感覚統制力のシステムの芽ばえ，つまり母音のエネルギー（あるいは反響）が，乳児に対して「自分自身の行為を探索する」（p. 433）手段を与える，としている。

10.2.2.2 間合い

マロックは，生後6週の乳児が親との間で，特徴的な音節とフレーズの要素を調整する作業を相互に調整する，リズミカルな意思疎通の相手となることを実証した（Malloch 1999; 本書第1章のマロックとトレヴァーセン）。乳児の生後最初の半年間には，間合いと表現（ピッチの種類と音色の特徴）に重要な発達がある。乳児がより注意深く，より探索的，そして，活発に反応，模倣ができるようになり，より遊び心に満ちた音や動きを産出するようになると，乳児に対する親の発話は変化する。乳児との対話は速いもの，そしてより幅広い表現のリズムと質とをカバーしたものとなり（Malloch 1999），乳児の発達に従って，親は頻繁に，乳児の発する音を模倣するようになる（Trevarthen *et al.* 1999）。

10.2.2.3 ナラティヴ

親と乳児との「会話」において，彼らは互いに，数十秒間も継続する談話を産出するために，発声のパルスを調整し，表現の質を体系的に変化させる（Malloch 1999）。すなわち，シュテルン（1985）の述べた「原ナラティヴ的な包み」に従い，情動の強さを予期しそして調整するのである。ジャッフェら（2001）は，大人が乳児と話す際に，どれだけ発話のリズムを遅め，調整している，あるいは「乳児向けにしている」かを実証するために，「喋っている時間」，「休止」，そして「休止への切り替え」のパラメータを測定した。大人と乳児の発声の間合いは，「調整された個人間の間合い」によって会話している場合に変化する。従って，乳児は積極的に，親の発話に対して，同期する，あるいは交代するために，調子の合うように行動を調整する。母親の話しかけや歌における音楽的な特徴は，乳児に対してナラティヴのパターンを予期・予測する気にさせ，そして特殊な対乳児発話の音域は，乳児が発話の流れを分割することを始めるための，知覚的に魅力的で機能的に有益な手段を乳児に提供する（Werker and McLeod 1989;

Cooper and Aslin 1990; Pegg et al. 1992; Trainor 1996; Rock et al. 1999)。乳児は，言葉への認識が理解されるようになる前から，発話のピッチ，抑揚，間合い，リズムの変化に対して敏感である (Locke 1993; Fassbender 1996; Trehub 1990; Trehub et al. 1997)。

10.2.3 関係性と文化学習における情動の機能

出産後数か月も経たないうちに，乳児は特定の個人をアタッチメント対象と同定し，その人から彼らの受ける世話の敏感性と一貫性に対して応答するようになる。乳児の行為，注意そして情動を動機づける脳のシステムは，ウェルビーイング，心理的経験，そして発達への母親の援助を求め (Hofer 1987; Kaemer 1992; Panksepp 1998; Panksepp et al. 1997; Porges 2005)，乳児の内的作業モデルの形成を促す (Bowlby 1988; Schore 1994)。「本能的な動機」が，環境に対する行為の中で心理的な経験の成長を調整し，人間の情動表現に対する特別な感受性が養育行動を導く (Trevathen 2001b; Trevathen and Aitken 1994)。

延ばされた音声は，情動的・心理的経験の高度に有意義な次元における内的な表象の形成を補助することで，乳児が，たとえ視野外にあっても近くにいる人々と積極的に，情感豊かに関われるようにし (Bowlby 1988)，そしてすぐに，全ての年代の人々との「コンパニオンシップ」という，楽しく創造的な関係性を通して意味深い知識や技術を表象できるようにする (Trevarthen and Hubley 1978; Trevarthen 1984, 2005b)。これらの表象は乳児による自分自身の行為への気付き，他者との場面の共有そしてその他者からの随伴的なフィードバックによって維持されている。まず，親しい間柄の者との自発的遊びでは，親は乳児の感情的な表情に対して応答し，そして乳児は (もし親が注意深く，「敏感」あるいは共感的ならば)情動的な親密さを維持するために，相互作用を積極的に調整することができる。こういった，緊密な相互交渉における最初の情動的表象の「モーメント」は自尊感情や情緒的な健康の形成の初歩となる (Stern 1985, 2000, 1990, 2004)[9]。

ヴィゴツキー (1962) は人間の言語能力を，「情緒的，表現としての声の反応」(p. 40) の範囲内で発達すると記述する。しかし，彼は文化学習に焦点を当てていたので，この発達の情動的な側面が「心理的な接触」を達成するための手段と述べているにもかかわらず，その発達に関しては「他者に情報を提供したり，影響を及ぼしたりする意図的，意識的試みから離脱している」と信じている (前掲書)。しかし，我々は，直観的な情動の側面と，他者と意思疎通するための意識的な意図の間に存在する自然な結び付きを明らかにする乳児の行動の重要ないくつかの特徴が存在すると信じている。

とても幼い乳児であっても，大人との相互作用の中でその大人の表情を模倣する，あるいは大人の表情を補完するような表情を作った場合，彼らは意識的に制御された方法でそれを行なっていることが分かっており (Nagy and Molnar 2004; Trevarthen 2005a; Tronick 2005; Trevarthen and Reddy 2007)，明らかに「理解」しようとし，また「生得的な脳内の表象の『自己』と『他者』との潜在的な等価性」という感覚として記述されるものから学習しようとしている (Trevarthen and Aitken 1994, p. 599)。彼らによる相互作用への参加は「思考のゆりかご」と記述されてきた (Hobson 2002)。人間の心の進化について検討しているドナルド (2001) は，意思疎通の行為の模倣を通して，「乳児の注意のシステムと他の人々のそれとを連結し」，乳児は時間を経るに従ってより複雑化する参与型の手順を作り上げることができると示唆した (p. 255)。相互の模倣は，コミュニケーションや，ごく単純な経験や技術の学習にとって必要不可欠な土台であることが分かってきている (Meltzoff 1985; Meltzoff and Moore 1999)。定型発達の乳児は，彼らのよく知るようになった人々との伝統的あるいは即席のゲームや歌に高度に情動的な状態で参加する技術を身につけ，そして彼らは，自分たちが学習してきたものを実演することに強く情動的に力を注ぎこんでみせる (Trevarthen 2002; 本書第11章のエッケダールとマーカー)。

---

[9] 巻末の参考資料「生気，生気情動と自己感」を参照。

10.2.4 共同意識における生得的な共感性の成長：乳児の情動に関する研究の問題点

　人間の社交性に関する生得的な動機や，目的や関心事の感覚共有などの科学的な理解の進展にもかかわらず，幼い乳児が情動を感じる，あるいは表現する，さらには，彼らが他者の心的状態や，関心，意図，活発な感覚についての感受性を有している，といったあらゆる主張に対しては頑固な理論的抵抗が存在する。乳児に備わった能力である，応答的社会生活でうまく生きていくうえで最も重要である人間関係や道徳に関わる感情，あるいは娯楽と意味の共有の両方を助ける美的感覚は，こういった感覚には学習された認知能力による推論が必要である，あるいは言語によって成文化され翻訳される必要があるという曖昧な根拠によって否定されてきた。

　ドラギ＝ローレンツら（2001）は，乳児における情動の発達に関する理論をレビューし，「広く賛意を得た」分類，すなわち「基本的情動」（おおよそ興味，不快，楽しさ，辛さ，怒り，悲しみ，驚き，そして恐れ）と「非・基本的」情動（羞恥，困惑，遠慮，気恥かしさ，共感，サディズム，罪悪感，嫉妬，ねたみ，誇り，侮蔑，謝意）を記録した。乳児期にはまず基本的な情動が発達し，非・基本的な情動は2年目以降に発達すると信じられた。基本的，あるいは原初の情動として仮定されたものは刺激によって誘因された個人の反応の状態であると考えられてきたことは明らかである。こういった慣習的な情動の発達は，第2の情動の一式の発達には人間関係の経験の複雑な認知的表象や社会的な訓練が必要であるため，当然であると考えられてきた。精神生物学的な観点からいえば，この理論には疑問点があり，乳児が他者と関わり合っている通常の場面の観察から，この考えに妥当性がないことが強く支持される。もし乳児の情動が他者とその情動に対する即座の表象や気付きに依り，社会的な慣習の中での他者理解や教育に依らないのだとすれば，非・基本的な情動のいくつかの形は発達初期から見られ，異なる文化にあっても，等しく主要で必要不可欠なものかもしれない。

　精神生物学的証拠は，「情動経験は，我々の認知能力のほとんどを副次的に提供する意識と比較して，より古い意識の形を反映していることを示唆する」（Panksepp 2001, p. 14）。そして，情動と認知は互いに依存しあった統合された過程であるが，個別で別々に計測が可能である。情動経験は一連の主体性あるいは自己に関する潜在意識の，そして意図的な過程としての動機を調節する（Ochsner and Barrett 2001）。知覚は情動によって評価された意図的な過程を知らせ，そして認知的表象，実行の戦略そして解釈のスキーマは，こういった行為の中の自己意識の原因ではなく，その結果形成され，そして直観的な情動は他の人々とのコミュニケーションを調整する。

10.2.5 乳児の声の受信／解釈と意味の成長の促進：大人による乳児の表現への反応

　大人が乳児の発声に関して何を受信しているのかに関する多くの研究は，苦痛の音に焦点を当てている。それは，乳児が単に世話と快適さを求めるために発声すると考えられていたからである。しかし，（親や子どもの世話の専門家のような）経験豊かな大人が，乳児が産出する幅広い，より快な音からどのようなことを一貫して理解しているかに目を向けている研究もある。志村（Shimura *et al.* 1996）は，乳児の発声を，ポジティヴかネガティヴかで分類してコード化すると，親，保育士，学生，そして2，3歳の小さな子どもまでもが，2か月齢児の産出する快，不快，あるいは嬉しい表現について正答することができた。繰り返しになるが，目的は自己の状態の表明としての情動について検討することであった。

　パプチェク（1992）は，父親，母親，言語聴覚士，そして8歳の子どもが，2か月の乳児の発声における感情の内容を確実に言い当てることができることを示した。乳児の発声は，従来，快／楽と不快／泣きの尺度によってコード化されており，パプチェクは全ての研究参加者が快と不快を聴き分けることができ，そして彼らは，彼らの受信した感情の強さのレベルに関する判断も頻繁に下していたことを発見した。乳児の産出した音の中の幅広い感情を，大人が一貫して受信し同定できるという証拠は，乳児

が自分たちの心理状態，すなわち，彼らが積極的に表現している個人間の情動に関する微妙な情報を発信しているという仮説を支持するものである。さらには，もし大人が乳児の母音の音によって示された情動を一貫して判定することができるのだとすれば，それは彼らが耳にしたものに対して共感的な情動反応を彼らが感じたためであると考えられる。大人との関わりの場面における乳児の情動表現は，乳児が，彼ら自身がどのように感じているのかだけではなく，その大人の関わりについてどのようなことを感じているのかについても示してくれる。

　我々がここで示す研究は，大人が実際に，幅広いヴァラエティの情動反応を乳児の発声に対して経験すること，また大人がそれを赤ちゃんによる人間の社会的な感覚であると解釈していることを示しており，そして，これを証拠だてて公刊されている。メヒティルト・パプチェク (1992) は，アメリカ人と中国人の母親が，ニュートラル，快，楽，不快，そして泣きでコード化された乳児の発声に対して，「直観的な，諭すような世話傾向」(p. 243) を表したことを示している。彼女は母親による発声による応答を褒賞／挨拶，更なる発話の促し，模倣の促し，母親の存在を示して安心させること，介入の準備，慰め，あるいは落胆に分類した。いくつかの違いがあったものの，両文化の母親たちは，乳児の発声によって表現された情動に適合するように反応を変化させる傾向があった。パプチェク (同前) は，大人がコミュニケーション場面における乳児の発声に実際に意味があると考えており，それが乳児にとって安心感の得られる可能性を増大させる進化的な利益があると結論している。

　母親と乳児の間での情動は延ばされた語と母音のピッチのヴァリエーション，音色とリズムによって表現され，それらは刻一刻と変化する，人間関係に関する動機を含む生得的な動機に関する情報を運ぶものであると我々は考えている。音声は呼吸によってエネルギーを獲得し，声道における共振空間の筋肉の複雑な制御，空気の流れの人為的な締め付けと遮断によって調節を受ける。対乳児発話の母音の音における高さの変化の動的な特徴は，話者の情動状態を伝える。そしてそれは，親しみのあるゲームや個人的な「原　会　話　様のナラティヴ」に対する乳児の関心を継続するのに役立つ。延ばされた音声による表現と類似した特徴は，乳児の情動状態を表現する。その2つにおける個人間の過程が，乳児における心理的経験を調整し，子どもの情動的なウェルビーイングと後の認知発達の土台となるのである (Stern 1999, 2000)。

10.3　情動あるいは人間関係の文化差 ── 日本とスコットランド

　人間のコミュニケーションに生じる情動には，普遍的な神経生物学的基盤が存在するが (Holstege et al. 1996; Papoušek 1998)，それらは使用される中で調節されるように適合され (Harris 1994; LeDoux 2002)，情動の表現の制御や，異なる社会場面や関係性において適した情動の表出をするためのルールはすぐに乳児の行動に影響を及ぼす (本書第14章のグラティエとダノン)。日本語と英語にはリズムと音節構造，そして母音の範囲に関して明確な違いがある (Ladd 1996)。日本語において，音節の重さあるいは強勢を決定する表現の要素であるモーラ[10]は，継続時間やピッチ，それらの組み合わせにより変化した母音の音声によって構成され，それは強勢拍リズムの音節を有し英語と比較して，異なった意味を伝達する上で繊細な方法をとる (Cutler and Otake 1999; Kozasa 2002, 2004)。日本とアングロサクソン系のアメリカ人の文化とは，社会慣習，道徳的態度，そして教育の目的等の点で大きく異なっている (Koizumi 1989; Bierhof 2002)。

　集団の結び付きや共有された行動を統制する情動表現に対する社会の態度は，乳児に対して「深い文化化」をもたらす (Donald 2001, p. 256)。日本社会では，情動の手がかりは強く制御されており，親密さの度合い，相対的な社会的地位，その社会交渉の行われるのが公的な場面か私的な場面か，といった

---

[10] 短母音単独または子音と短母音の組み合わせを基本とし，概ね日本語の仮名1文字に対応する等時的な音声言語のリズム単位。「拍」ともよばれる。

人々の互いの関わり方に関する明確なルールが存在する。同様のルールは，実際，スコットランドにも，そしていずれの社会にも存在するが，日本では，生活経験の解釈の違いに依存する特殊な設定において，情動をどのように表現するのかについて伝統的な社会的制限が存在する。これは日本の伝統的な原理である「こころ」によく現れている。こころは，人間の本質の統合的で明確な哲学を明示する。すなわち，心臓，心，そして知るという感覚が不可分に結びついており，西洋の「心身」の二元論とは対照的な発想である。この信念は日本の子育てに関する考えを形作り，情動表現が乳児に対しどのようになされるか，その方法に影響し，ヒトの完璧な「魂」を宿した対象としての乳児という考え方をもたらす（Nakano 1997）。

日本人の母親は，赤ちゃんの行動や必要とするものの社会関係に関する側面に大きな価値づけをし，物や出来事に対する赤ちゃんの認知的関心や，赤ちゃんの「知性」には注意を向けない点で，アングロサクソンの母親とは異なる態度を乳児に向けるよう自身を適合させている。彼らは赤ちゃんと異なる主題や行為に対して注意を向け，そして彼らの音声表現は異なっている（Shimura and Imaizumi 1995; Bloom and Masataka 1996）。日本社会における重要な美徳は，共感性の延長，あるいは「親切な思いやり」である（Nakano 1997）。例えばルイス（1995）は，初等教育の重要な部分は「競争を最小化し，子どもが『みんなで一緒に』という感覚を発達させることを促すこと」（p.7）であると発見した。こころの存在をふまえ，この信念は，他者と情動的に調和することの重要性，そして学校共同体の親切で責任ある成員であることの意味に重きを置く。これは，共同体としての利他行動と東洋文化の教養に高い価値を置いていることを反映しており，西洋が個人の表現と成功を重んじることとは対照的である（Bierhoff 2002）。

ボーンスタインら（1992）は，5か月児との相互作用の方法について，フランス，日本そしてアメリカ合衆国のそれぞれの母親の間でいくつか類似点があるものの，応答に関しては文化特異性があることが明らかであることを発見した。乳児による「不快でない」音声に関しては全員が模倣し，彼らの乳児が不快な様子であると世話をするようなふるまいをし，3つの文化圏の母親全て，乳児が環境を探索するように促していた。違いは，主に，母親が乳児の視線を追従する方法において生じていた。アメリカの母親は，フランスや日本の母親と比較して，自分の乳児の注意を環境に向けさせる方法で，乳児に対して応答していた。日本の母親は社会的な視線行動に関わっている場合によく応答し，アメリカやフランスの母親と比較して乳児の顔をより高頻度で見るような形で応答していた。正高（1993）は，日本の母親が乳児と話すときに，頻繁に声の高さを曲線的に高める手法を用いること，そしてこの声の上がり方の曲線性は，母親のコミュニケーションの意図，すなわち乳児を励ましたり惹きつけたりする意図と比例しており，逆に下がり方の曲線性は心配さを表明する意図と比例していることを発見した。こういった抑揚の特徴は，異なった意味の言葉どうしを区別する上で，日本の発話において特に重要である（Kozasa 2000）。

10.4 母親と乳児の声に含まれる情動の測定，そして遊びの中での使用

コミュニケーションにおける音響特徴が，乳児と母親との共有された心理経験をどのように調整するのかに関する理解を明確にすることに貢献するために，我々の研究では以下の目標が置かれた。

1. 母親と4か月児の産出する母音のタイプを特定し，これらが日本とスコットランドにおける自然の遊び場面での対面における感情的なコミュニケーションにおいて，重要とされている変数といかに関わっているのかを明らかにする。
2. スコットランドの乳児が母親の発話の異なる感情のトーンに対してどのように応答するか，そして，大人，男性・女性，親と親以外とが，乳児の母音の音声の情動の内容に対してどのように応答するのかを検討する。

10.4.1 日本とスコットランドにおける，母親との遊びの場面での母音の音の特徴と，意味の類似点と相違点

　6組の英語話者と6組の日本語話者の母子，いずれの国からも6組中3組は男児，3組は女児であるが，これらの母子が，他の家族のメンバーがいないときに，自分たちの家において，乳児が4か月（±2週間）の時，すなわち乳児は母親の遊びのコミュニケーションに敏感で，異なった動きや音声による表現のパターンを学習し出し，しかし発話の特殊な特徴を聴きとることに適合する前であるとわかっている時期（Trevarthen and Aitken 2003）において，デジタルビデオにおいて記録された。映像は母親と乳児に適するように調節されたので，乳児が覚醒している間に，親密なコミュニケーションを少なくとも15分間，記録することができた。2国間で，母親の年齢は同程度だった：スコットランドの母親の平均年齢は32.3歳，日本の母親の平均年齢は33.5歳であった。1人の母親を除き，日本の母親は結婚しており，専業主婦であった。スコットランドの母親のほとんどは自分のパートナーと暮らしており，常勤あるいはパートタイムの仕事に従事していた。映像を記録している際には，働いている母親は全て出産休暇中であった。

　我々は，コミュニケーションの主題，物語，そして一連のエピソードが身振りと表現の繰り返しのパターンで演じられる小さなゲームを，音声の分析のために選択した。**図10.1**は，日本人とスコットランド人の母親がこの種のゲームで乳児と遊んでいるところの例である。母親は乳児の足を押し，リズミカルに歌声を産出しながら，彼女の手の動きをリズミカルに乳児の足の動きに同調させたり（a），母親は乳児の手をくすぐったり（b），赤ちゃんを抱き上げ，遊ぶような声と表情を（乳児と）交換したり（cとd）した。ゲームのパターンはちょっとした定型的な動きにより乳児を誘うようなもので，時折，乳児

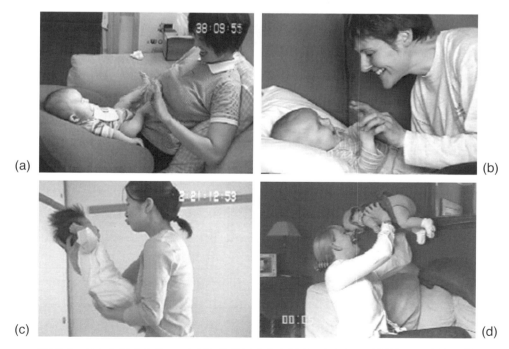

図10.1　日本（a）（c）とスコットランド（b）（d）における，家庭内での母親と4か月児との遊びの様子

の興奮や，ゲームへの参加の積極性を高めるために速度が上がる場合があり，それは両国で同様であった。

　日本からの記録はスコットランドへ持ち込まれ，そこで両国のコーパスの分析が行われた。実験者により，母親と乳児とが遊びの中でお互いに注意を向けていると判断された30秒の長さの部分が，それぞれの記録映像の最初の10分から選ばれ，Praatコンピュータソフトウェア[11]により，母親と乳児両方による母音や母音様の発声のピッチ，強さと継続時間を計測するための分析対象とされた。我々はスコットランドと日本における母親と乳児によって産出された母音の音の特徴の関連性を計測し，そして母親と乳児とが遊んでいる場合と遊んでいない場合とでこれらの特徴が一貫して異なるかどうかを比較した（後掲10.4.2）。この場面で報告された情動面，そして動機の面のメッセージを表現するための母音の長さ，ピッチ，強さが日本の母親とスコットランドの母親とで異なるのかどうかを明らかにするために比較が行なわれた。

　母音は，テープを聴くことによって特定され，スペクトログラム[12]も補助的に用いられた。それぞれの母音の開始と終了とはPraatによって測定された。母音の長さは，250ミリ秒以上を延長されたもの（E），151ミリ秒から250ミリ秒までの長いもの（L），そして50ミリ秒から150ミリ秒までの短いもの（S）に分類された。

　両国において，母親は乳児よりも，識別できた母音をより多く産出していた。そして，乳児が全く，延ばされた母音様の音を発さなかった，例外的な日本人の母親以外，日本人の母親はスコットランドの母親よりも多く発声していた（**表10.1**）。ほとんどの乳児はあまり声を産出しなかったが，1名の日本人の乳児とスコットランドの2名の乳児は他の乳児と比較して特筆すべき量の音を発していた。

　図10.2は，母親の母音の音と比較して乳児の母音がよりピッチが高く，より強いこと，そして乳児の音がより調整されていないことを表している。日本の母親のピッチの高さの平均（312 Hz）は，スコットランドの母親のピッチの高さの平均よりも高かった（275 Hz）が，図10.2の小さな円で表されているように，スコットランドの母親の中には，例外的に，大部分で外れ値の高い音を産出するものがいた。スコットランドの母親の一連の音声だけが，ピッチの平均がミドルC（C4, 261.63 Hz）よりも低かった。母親による声と乳児による選好に関する調査から，C4よりも高いオクターブのピッチの音は嬉しそうな遊びの話しかけに通常用いられる（Trehub 1990, 2003）。抑うつにさいなまれている母親は自分の声

表10.1　日本とスコットランドにおける，遊びの30秒間での母と乳児によって産出された母音の音の数

日本		スコットランド	
母親	乳児	母親	乳児
15	0	33	0
43	17	29	6
32	2	22	1
73	4	45	2
40		23	16
37	1	35	30
合計 240	24	187	55

---

[11] 音声の音響分析のためにアムステルダム大学のPaul BoersmaとDavid Weeninkらによって開発されたソフトウエア。HPは<http://www.fon.hum.uva.nl/praat/>。
[12] 巻末の参考資料「音声分析と音声情報」を参照。

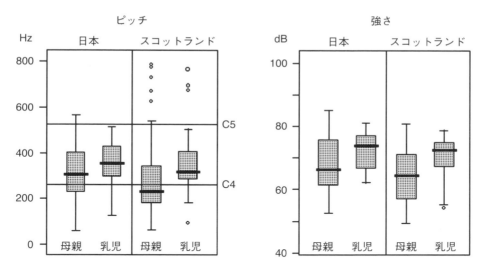

図10.2 日本とスコットランドにおける，母親と乳児によって産出された母音の音響的特徴であるピッチと強さ。C4＝ミドルC, 261.63 Hz; C5＝ミドルCよりもオクターブ上のCで523.25Hz。

をC4よりも低くする傾向がある（Robb 1999; 本書第13章のマーウィックとマレー）。日本人の母親とスコットランドの母親による音の強さは同程度であった（それぞれ，68dBと65dB）が，日本人の母親の方がやや高い水準にあった。統計的解析では，日本人の母親による高さ（$p = 0.003$）[13] と強さ（$p = 0.0001$）のいずれにおいても，スコットランドの母親よりも高く，かつ大きかった。両国の乳児は（母親と比較して）より強い音を発していたが，両国間の乳児の音の強さはおおよそ同じ水準であった（平均値は，日本人の乳児が72dB，スコットランド人の乳児が71dBであった）。両国間で，録音された乳児の母音の音の特徴に有意な違いは見られなかった。

図10.3は，日本人の母親が継続時間の短い声と長い声を産出しており，平均の長さは201ミリ秒（ms）であったが，声のうちのいくつかは大変長く，1秒を超えるものもあったことを示している。これは日本人の母親が幅広い範囲の時間で表現豊かであるという印象を支持するものである。スコットランド人の母親は平均の継続時間がやや長く（247ミリ秒），大変長い声はほとんどなかった。彼らは不連続なヴァ

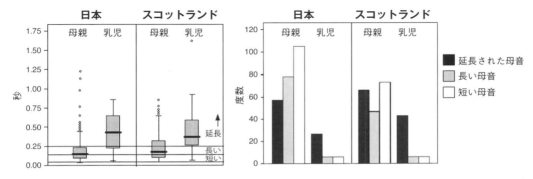

図10.3 日本とスコットランドにおける，母親と乳児によって産出された母音様の音の継続時間と，それぞれのグループにおける継続時間の分布。

---

13) 本章で用いる統計用語は次の通りである。pは有意確率（水準）。

リエーションにより，表現豊かな声をより多く産出していると分かった。両国の乳児は母親よりもより長く音を産出しており，ほとんどの母音は延長の範囲を超え，平均継続時間は300ミリ秒を超えていた（日本人乳児は449ミリ秒，スコットランド人乳児は447ミリ秒）。これらの乳児の音の長さは発話における通常の母音の範囲を超えており，感情表出のコールにより似通っていた。

ピッチと強さは，いずれも，母親と乳児の両者による母音の長さと関連して有意に異なっていた。日本人の乳児は延長された母音を，スコットランド人の乳児，あるいは両国の母親よりも高いピッチで産出しており，スコットランド人の乳児は他の群と比較して，長い母音，あるいは短い母音において高いピッチを産出していた。これらの違いは，乳児が母親との遊び場面で，既に自分自身を異なる方法によって表現していることを示唆している。

10.4.2 遊びへの関わりと母音の音との関連性

関わりにおける情動の質は，日本とスコットランドの両方のビデオ記録の中の行動から，直観的な検討により判断された。遊びのエピソードにおける関わる・関わらないそれぞれのコミュニケーションの1つの時間単位は，30秒ごとに区切られ，スコットランドにおいて2名の評価者が別々に，音を消した状態での映像データから（肉眼で）見える身振りと表現を評定した。

関わりの考えは，「調律」の理論（Stern *et al.* 1985）に基づいている。関わる，とは，「母親と乳児とが，お互いやお互いの興味に相互に強く気付いている，親密な時間を共有している状態」が確立されている場合と定義された。関わらないとは，「乳児の注意が母親から，あるいはコミュニケーションの相互作用から別の方向へ向けられてしまっている状態」と定義された。実験の目的について全く知らず，この種の心理学的な評価について訓練を受けていなかった，この研究に関連性のない1人の評価者が，これらの定義に沿って，母親と乳児とが情動的なコミュニケーションで関わるか関わらないかを同定した。短い期間の実践の後，この評価者と研究者（第一著者）とが，独立に，そして一貫してコミュニケーションにおける関わる状態と関わらない状態の継続時間を同定した。全ての時間単位の区切りの15パーセントについて，それぞれの評価者による分類は100パーセントの一致であった。

3人の母親による音の強さは，関わる状態においては関わらない場合よりも有意に高く（$p<0.0001$），彼らの継続時間も有意に長かったが（$p<0.0001$），ピッチに関してはやや高いだけにとどまった。これは，母親が乳児と可能なかぎり関わる状態にしようと試みていたためである可能性がある。乳児の母音に関しても同様の傾向がみられたものの，これら情動に関する2水準の関わる状態での，音の音響特徴に有意な違いがあるとはいえなかった。

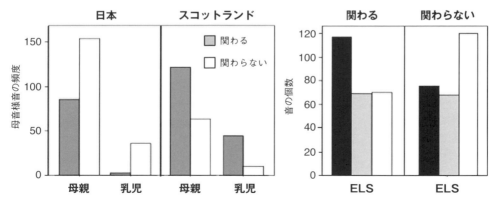

図10.4 左：日本とスコットランドにおける，関わる，および関わらない時の母親と乳児の母音様の音声の頻度。右：関わる時に観察された母音のうち，延長された音（E），長い音（L），短い音（S）の頻度。

図10.4は，関わる場合と関わらない場合に産出された母音の音声に関する発見をまとめたものであり，また，3つの長さの母音の音声の数も表している：それらは，全ての母親と乳児による延長された音 (E)，長い音 (L)，そして短い音 (S) である。母子が関わっている間では，延長された音が最も多く，関わっていない場合には短い音の数が増加していた。

カイ二乗検定の結果，2者の評価者の評定により，スコットランド人の母親（66パーセント）は日本人の母親（33パーセント）と比較して，より関わりの相互作用が多かった（$p=0.00001$）。スコットランド人の乳児（82パーセント）もまた，日本人の乳児（7.7パーセント）と比較して，関わる相互作用が多かった。関わる相互作用では，母音の強さはより大きくなり（$p=0.0001$），継続時間も長かった（$p=0.006$）。日本とスコットランドの母親と乳児は，情動的なコミュニケーションの場面において，彼らの母音の強さや継続時間を連動させていたことが明らかとなった。

10.4.3 乳児に対して異なる雰囲気でナースリー・ライム[14]を歌いかける場合の母親の発声の変化

我々は異なる雰囲気による母親の音声表現が彼女の乳児の情動に影響するのかどうか，そして，母親がどのように，対照的な情動を伝えるために母音の音声のパラメータを変化させるのかについて検討したかった。「スティル・フェイス」[15]と二重ビデオの再生による動揺を誘う手法において，乳児が母親による行動の通常の感情の質や反応性を失うことへの敏感さを解明することができたこと（Tronick et al. 1978; Murray and Trevarthen 1985）に触発され，我々は「情動的な声」パラダイムを考案した。最初の目的は，母親による母音の音が，彼女の喋っている情動的な意図に沿って一貫して異なるのかどうかを検討することである。研究パラダイムは，母親が自分の情動的特徴を変化させる必要がある場合に，母親による話しかたの質の違いに乳児が気付くかどうかを明らかにすることも企図されていた。実験は乳児が母親の声の情動状態の変化に対応してどのようにふるまうのか，そしてさらに，乳児の情動表現が母親の声によって表現された情動と一致するかどうかを記述するために実施された。

スコットランド人の母親は自分たちの乳児にナースリー・ライムの歌詞を暗唱するように依頼された。その際，「幸せそうに」，「悲しそうに」，そして「退屈そうに」の3種類の異なる声を発するように求められた。この研究には，実験に参加したことのない11人の母親と彼女たちの乳児が実験に参加した。参加した乳児は，5か月から9か月（平均月齢は7.2）の女の子の乳児が6名，3か月から8か月の男の子の乳児が5名（平均月齢は5.4）であった。乳児全体の平均月齢は6.7か月齢であった。母親はエディンバラ大学心理学部の乳児研究所に乳児とともに招かれ，乳児は母親と向かい合った状態のベビーシートに座らされた。母親にこの研究の目的について説明し，母親に対して，ナースリー・ライムで親しみのある「お庭をぐるぐる」（Round and Round the Garden）を，歌わないよう，赤ちゃんに対して4回，話して聞かせること，そしてその4回それぞれについて次の順序で，3種類の情動のうちの1つの演技をしながら話すよう求められた：

条件1＝「幸せそうな」声1
条件2＝「悲しそうな」声
条件3＝「幸せそうな」声2
条件4＝「退屈そうな」声

2回目の「幸せそうな」条件は，乳児が「悲しそうな」条件における情動的な反応から回復する機会が乳児にあることをはっきりさせるために含められた。乳児の反応はビデオカメラによって記録された。

---

[14] 巻末の参考資料「ナースリー・ライム」参照。
[15] スティル・フェイス (Still Face) は，乳児の知覚研究に使われる実験手法のひとつ。乳児に対面した母親やその他の人は身体接触は行なわず，「静止した表情」を保ってもらい，その他の「刺激」例えば「言葉かけ」などに対する反応を計測するもの。

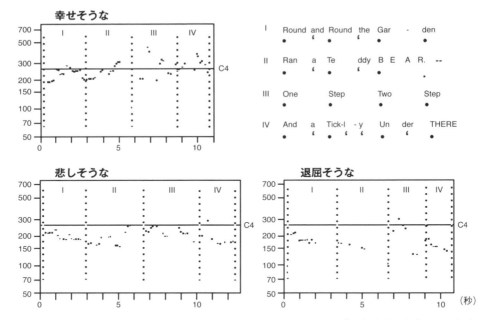

図10.5 上右；母親が朗読したナースリー・ライムの歌詞。ナラティヴの（Ⅰ）序，（Ⅱ）展開，（Ⅲ）クライマックス，（Ⅳ）解決を表している。左の上下及びと右下：3つの様式による，母親の節の朗読における3つのピッチプロット。C4＝ミドルC, 261.63 Hz。

母親の様子は記録されなかったが，彼女の発声に関してはビデオテープから記録できた。2種類の分析が実行された。

◆ 母親による音声表現の音響分析，ピッチレベル，強さと継続時間の測定。
◆ ビデオの観察者による，母親の声に対する乳児による発声以外の反応の評定。

目的は，母親による異なった情動の「ふり」が乳児による反応にどのように影響するかを明らかにすることにより，母子間による情動の一致について計測することである。

図10.5は，母親によって語られたナースリー・ライムの歌詞を表しており，また伝統的な，4つの節による強弱の韻律を表しており，第2と第4の行の言葉の韻があっていた。言葉と表現の技法，例えば第3行で興奮を作り上げるのに用いられるルバート[16]や，第4行で詠唱されるアッチェレランド[17]は，物語の古典的な4つの分割を表した：すなわちそれらは序，展開，クライマックス，そして解決であり，図10.5ではⅠ，Ⅱ，Ⅲ，Ⅳで表された。通常，最後のイベントは，「くすぐるぞ」と言いながら乳児を情動的に「攻撃する」というものだった。我々の実験では，母親はただ物語を単純に赤ちゃんに語り，動きの伴ったゲームをしないように求められた。

図10.5はまた，母親により3種類の心的状態によって読まれた節に関する3つのピッチプロットを表しており，母親の演技の間合いの違いを表している。11名の母親全てに関して，3種類の心的状態による語りの継続時間はそれぞれ次の通りであった：「幸せそうな」が7.78秒；「悲しそうに」が9.82秒；「つまらなそうな」が8.02秒であった。2つの「幸せそうな」の条件では，測定値は実質的に同じであった。図10.5に語りに関して示されている母親は，3つ全ての条件に関してややゆっくりであったが，やはり彼女も，「悲しそうな」の条件において最も時間をかけて語りを行なっていた。

---

16) 一時的に自由な速さで奏すること。
17) だんだん速く奏すること。

図10.5に示された「幸せそうな」の条件に関する母親の声による語りのパターンは，母親が韻のためのリズムを組み立てる序の場面，そしてピッチを組み立て，ピッチを落としては上げる展開の場面，そしてピッチの高さが最高潮に達するクライマックス，そして終盤の解決の最後には，ピッチが落ちる様子を表している。乳児の参加は，10秒から20秒の範囲の，活き活きした遊び歌よりも長い子守歌の節の展開のパターンに対する注意に依存している（Trevarthen 1999）。「悲しそうな」の条件において，この母親のピッチはより低く，母親の声の抑揚は平板であり，表現に乏しいことを表しており，序の部分ではクライマックスに向けての組み立てを行なっていない。彼女の話し方はゆっくりである。声のピッチはミドル C［一点ハ音］よりも低く，終盤においてピッチが下降することがない。「退屈そうな」の条件では，再び，ピッチがミドル C を下回っている。序の場面ではピッチが下降し続け，2番目の韻の部分では「ため息」のような声で語られており，そのため，ピッチプロットが韻の終わりに向け，バラバラになってしまっている。終盤におけるピッチの下降は明らかであったが，その声はため息の声に混ざり，そのためリラックスした印象はなく，弱さのような印象をもたらした。

　母親の声の分析は，情動の状態により，独立した母音の音声のピッチと強さの次元に一貫した違いが見られるかどうかを調べるために，音声分析ソフトであるPraatにより実施された。**図10.6**は，3つの情動の音声におけるピッチの範囲と強さの平均値と標準偏差を示している。

　異なった情動を表現するためには，ピッチの多様性が重要であることが分かった。ポジティブとネガティブの情動状態の間では，はっきりと異なっていた。対応のあるt検定を実施した結果，「幸せそうな」の条件と「悲しそうな」の条件の間でピッチの範囲に有意な違いがあり（$p=0.027$），同様に，「幸せそうな」の条件と「退屈そうな」の条件の間にも有意な違いがみられた（$p=0.007$）。しかし，「悲しそうな」の条件と「退屈そうな」の条件の間では有意な違いは見られなかった。

　母音の声の継続時間もまた，母親により演じられた雰囲気により異なった。「悲しそうな」の条件では，他の条件と比較して延ばされた，長い母音となっていた。そして，「幸せそうな」と「退屈そうな」の条件では，「悲しそうな」の条件よりも多くの短い母音が含まれていた。類似した違いは，図10.5にある，4行の詩を作り上げるフレーズの長さに見られる。「悲しそうな」と「退屈そうな」の条件では，この母親は最初の2行，すなわちナラティヴの序と展開の部分において（母音を）長引かせており，「悲しそうな」の条件では3行目つまりクライマックスで長く，解決を作り上げるのに必要な切迫感を欠いていた。

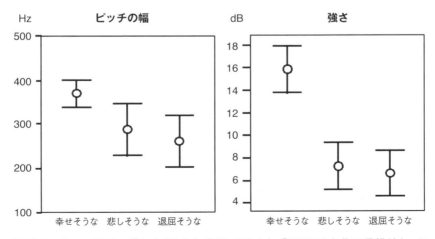

図10.6　3つの雰囲気（「幸せそうな」，「悲しそうな」，「退屈そうな」）で母親がナーサリー・ライムを朗読した際の，母親の発声におけるピッチの幅と強さの平均値，および標準偏差。

10.4.4　母親の情動の変化に対して，乳児はどのように反応するのか

　図**10.7**は，異なる場面において記録された，同じ韻であっても「幸せそうに」の条件での母親の情動による語りに対して強い関心を抱いていた5か月齢の女の子の結果を表しており，この乳幼児が終わりをどのように期待しているのかを表す最後の行のスペクトログラムを示している．彼女は母親の最後の語である"bear"に対して自分の声を同期させるように発声し，その際，母親の音よりもやや高いピッチで"aaeer"という，「bear」とに類似した音を発していた．そして，最終的には，ピッチはミドルC (C4) に至った．乳児の音は母親の音と同じような上がり下がりの形をしていたことは特筆に値するが，あまり強く調節されていなかった．これは，乳児の発音，また母親のナラティヴにおいても情動を表現する動機の未熟さの両方を示唆する．

　我々は，母親の情動の条件に応じて，母親の声に対し，乳児の反応が系統だって変化するのかどうかを検討することを試みた．我々は，この研究の目的について知らない3人（うち2名は親ではない女性，1名は男性の親）に対し，ナースリー・ライムを母親が語っているのを聞いている際の乳児の様子をとらえたビデオを見るように指示した．3人の観察者たちは，音のない状況で，さらに母親の行動については何の情報もない状況で，ビデオクリップを見た．彼らは，母親の声に対する11の乳児の行動が，4つの条件（幸せそうな条件1，悲しそうな条件，幸せそうな条件2，退屈そうな条件）のいずれであるかをあてはめることを求められた．乳児の身振りに対する評価者のコード化は，母親が模倣をしようとしている情動と一致していた場合，これを「一致」の数と数えられた．「幸せそうな1」と「幸せそうな2」の条件は同じなので，ここから，分析には幸せそうな1のデータだけを用いた．

　「幸せそうな」の条件では，評価者による54.5パーセントの判定が「一致」であり，「退屈そうな」の条件では似たような値である60.6パーセントが「一致」として得られた．しかしながら，「悲しそうな」の条件では，たった12.1パーセントの判定が「一致」であり，この条件に対する乳児の反応は母親の産出した情動表現に反応したものであるとは考えにくい．

10.5　情動の橋の別の側面
10.5.1　乳児の声の中の情動を受信する大人

　大人，とくに親によって受信された生後2か月の幼い乳児の発声に含まれる明瞭な情動についての研究は，たとえ言語に似た発音によって学習した音を発する力が限られたものであったとしても，国の異なる乳児は情動を有しており，それを彼らの声によって系統的に表現し，そして，親はそれに対して直感的に応答する能力を有しているとする仮説を支持する．幼い乳児は親と間主観的な接触をすることに積極的であり，他の幅広い動きと並行して，彼らの音声を微妙に変化させることで，動機や感情の変化を表現することができる．これらの乳児の発声に関する行動，特に情動によって調整された，延ばされた母音様の音声の産出と，親による共感的な関心が，人間のコミュニカティヴ・ミュージカリティの資質の一部である．

　声における初期の音楽性に含まれる情動についてさらに検討するために，そしてその顕著な特徴とコミュニケーションにおけるその使われ方を特定するために，我々は大人に対して，不特定の乳児によって産出され，選抜された単体の母音の発声に含まれる表現について評定してもらった．先行研究 (Powers 2001) のコーパスから選ばれた，英語話者の家庭の乳児5名から録音された泣き声，コール，そしてクーイングが選ばれた．選ばれたそれぞれの発声は，母音に似た延ばされた音声であった．5人の乳児（それぞれ23週と44週の男児，そして23週，28週，そして46週の女児）によりそれぞれ2種類の発声が得られており，その2種類の発声に関しては，2名の独立した評定者によって「ポジティヴ」と「ネガティヴ」

情動と意味を共有する声 | 219

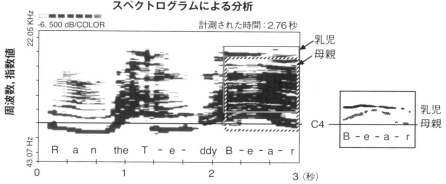

図10.7 スコットランド人の5か月の女児が，母親による遊び歌である「Round and Round the Garden」の朗読に聞き入っており，この乳児が母親の最後の言葉である「bear」と適合した音声を，母親の発声よりやや高い，そして最終的にはミドルC（C4）となるピッチで同期させた様子がスペクトログラムから読み取れる。

と判定されていた。

　それぞれの発声の情動の内容は，その乳児と母親とが，感情を定義するための区分のシステム（Trevarthen and Marwick 1982）において交わされた相互作用のビデオ内の1分間から調査されたものであった。ビデオの画像の方が，音声よりも1秒先行していたので，2名の独立した評価者が，それぞれの母子間の相互作用に関して，逐次的に，ポジティヴかネガティヴかの決定を下すために，ビデオの音声と視覚のそれぞれの側面を使用した。一致率は93パーセントに至った。

　5人の乳児全てのポジティヴとネガティヴの発声を表わすために，2つの母音の音声は，10の録音された音声それぞれから分離されたものであった。

　この研究はインターネットを介して実施された。158人の参加者は全て英語話者の大人であり，男性と女性，そして親と親ではない人それぞれが含まれていた。彼らは，別々に録音されたと聞かされた10の乳児の音声について，情動の内容について特定するように尋ねられた。**表10.2**に，参加者の年齢，性別，そして親かどうかに関する情報について要約してある。彼らの年齢は18歳から59歳の範囲にわたった。親である参加者と比較して，親ではない参加者の方がずっと若く，男性の参加者もまた少なかった。

　10の発声はそれぞれの聞き手に対してランダムに呈示され，その聞き手はそれぞれの音に関して，「ポジティヴ」か「ネガティヴ」か「何も感じない（情動的なものを区別できない場合も含む）」を評定すること，そして，その決定を下すまでに，必要ならば何度でも音声を聞いてよいことが告げられた。ポジティヴな発声とは，「幸せそうな」，「楽しそうな」，あるいは「嬉しそうな」といった情動を伝達する表現；ネ

ガティヴな発声とは「悲しそうな」、「不幸そうな」といったすべての情動表現と定義された。情動の記述について選択したのち、彼らは彼らが聞き取ったと考えた情動に関する詳細について記述することを求められ、またその乳児の発声を聞いた際にどのような情動を感じたかの詳細についても記入することを求められた。

　乳児による音に含まれた情動に関する全ての判定は、「適合（研究者による以前のコード化と一致している）」、「不適合（一致していない）」、「どちらでもない（明瞭な感情が音声から読み取れなかった）」に分類された。データ一式は1580に上った（158の参加者がそれぞれ10の音声ファイルを聴いた）。1100のデータに関して、参加者は明瞭にポジティヴかネガティヴの情動を感じたと報告した。874の適合の判定と、218の不適合の判定、そして498について「どちらでもない」の判定が得られた。カイ二乗検定の結果、全ての参加者が以前の情動のコード化と一致させられることが明らかとなった（$p<0.0001$）。性別と、親かどうかの状態によって判定が予測できるかどうかを検討するために、これらがモデルに組み込まれた。女性は男性と比較して適合の判定をより行いやすい傾向があったが、この違いは有意とはいえなかった（$p=0.068$）。また、女性は男性と比較して、「どちらでもない」の判定を行なうことがおおく、この傾向は有意であった（$p=0.05$）。親かどうかの状態は判定を予測しなかった。

　聞き手による記述は照合され、適合、不適合、そして「どちらでもない」の回答から得られたそれぞれの記述が分析された。情動の伴った全ての言葉は以下の分類に従ってコード化された。

- ◆ 身体感覚：空腹、痛み、疲れ、不快などを表わす記述。
- ◆ 情動の表出：幸福か悲しさを表す記述、たとえば笑い、泣き、泣きそう、笑いについて考えている、泣き始め、など。
- ◆ コミュニケーションへの関わり：他者との親交、たとえばゲームで遊んでいる、くすぐられている、うろたえて注意を求めている、コミュニケーションを求めている、他者へ挨拶している、声で遊んでいる、感謝している、認識している、など。
- ◆ 自己調整や動機の状態：興味を示している、不思議がっている、あるいは楽しんでいる、など：元気いっぱいに、リラックスして、落ち着きなく、遊んでいるように、といった様子で行動しているといった記述。この分類には、例えば幸せそう、あるいは悲しそうといったポジティブやネガティブの、もともと聞き手に強制的になされた音の判定の記述についても含まれた。

意味の取れない記述に関しては全ての分析から除外された。

　女性は男性と比較して、乳児の母音の音に含まれている情動の判定をさらに拡張する際に全ての類型をより記述しやすかった。乳児の感覚の記述に関する特定の違いについて、親かどうかの違いの影響は関連していなかった。**図10.8**に示す記述の割合から、いずれのグループに関しても、乳児の母音の音から感じた情動に対して「自己調整」を挙げており、特に親の経験のない女性が高い割合でこれを挙げていた。今回の協力者では、母親は乳児の音を「コミュニケーションへの関わり」として聞き取る傾向があり、これは特に父親と比較して高いことがわかった。男性は「身体感覚」に関連する情動に帰属することが分かった。単純な「幸せそうな」や「悲しそう」といった「情動の表出」については、4つの大人

表10.2　乳児の発声に含まれた情動に関する研究の参加者

性別	親かどうか	人数	平均年齢
女性	親ではない	59	21
女性	親	36	42
男性	親ではない	45	24
男性	親	18	44

の群全てに関して小さい割合でしか挙げられず，このことは，彼らがこれらの分離された乳児の音を心的状態，そして他者との関係を模索する動機といったより複雑なメッセージとして聞き取る傾向があることを示唆している。

統計的解析は，親ではない女性は他の群と比較して，コミュニケーションへの関わりや情動表出の記述よりも身体感覚の記述を行なうことが有意に少なかった。親ではない男女はいずれも，乳児の発声から聞き取った情動として感情の表出やコミュニケーションへの関わりに関する記述を有意に多く行なっていた。協力者が「適合」の判定，つまり音に関して実験者による情動の分類と一致した判定を行なった場合，彼らはコミュニケーションへの関わりや自己調整の記述を行なうことが多かった。乳児の発声に対して「感情が含まれていない」と判定した研究協力者が，記述の記入へと進んでおり，「情動が含まれていない」という判定とは矛盾して，その記述は乳児の状態に関する詳細な情動の記述となっていたことは，言語記述に関する予期していなかった分析結果であった。

大人による判定は，乳児の音に対する実験者によるポジティヴとネガティヴの情動項目のコード化といつも適合しているわけではなかった。不適合だった反応は，全ての研究協力者の群において類似していたが，興味深い点は，表現された情動に関する不適合と親かどうかの状態に関連性が見られたことである。「親」は発声にポジティヴな情動のメッセージが含まれている場合に「不適合」の判定を行う場合が多かった。換言すれば，彼らは発声をポジティヴであると偏って感じていることを示していた。

研究協力者が適合の判定を下した場合，彼らはより，身体感覚に関する記述（$p=0.0001$），コミュニケーションへの関わりの記述（$p=0.0001$），そして自己調整に関する記述（$p=0.0001$）を行なうことが有意に多かった。

10.5.2 大人は乳児の音声を聴いた際に何を感じるか

大人の参加者は，乳児の発声を聴いた際に，情動的な反応を感じたかどうかを尋ねられ，その返答は以下の記述に沿って分類された。

1. **世話**：行為を起こすことの必要性や願望，例えば，なだめたい，慰めたい，抱っこしたい，注意を向けたい，乳児のために，顔を変化させたい，声をかけたい。
2. **共感**：直接的な情動のメッセージ，例えば，心配，幸福，好奇心，喜びの共有などを表現する。
3. **解釈**：言語的な記述の意味するところを，環境など他の要因や，乳児の発達の段階や乳児の行為，意図に関するより複雑な推論の明示にまで拡張する，例えば，「その乳児は殻を破ろうとしてい

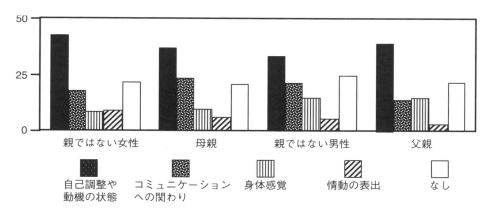

図10.8 大人，母親，父親，そして親ではない男性と女性による，録音から聞きとられた分離された乳児による発声に対する記述の割合。

る」,「その赤ちゃんは成功するために必死だ」,「その乳児は何かを欲しているが,私にはそれが分からない」,「その赤ちゃんは私の腕の中にいて私を見上げているみたいに想像できる」。

記述された返答のうち,明確な意味の読み取れないものは分析から除外され,また研究参加者の情動的な反応は,複数の分類にまたがって属する語を含んでいる場合があった。返答は,最初に行なった,乳児の音に対するポジティヴかネガティヴの情動の分類と比較され,「適合」,「不適合」,「どちらでもない」の3つの見出しに従ってグループ化された。

図10.9を見ると,男性の研究参加者は女性の研究参加者と比較して,乳児の発声に対して世話の反応を示すことが少なかった。統計的分析は,女性の性と世話の反応とが関連していることを裏付けた($p=0.003$)。そして,親であることもまた,世話の反応と関連していた ($p=0.029$)。図10.9はまた,先の分類において「どちらでもない」だったもののうちの多くにおいて,乳児の発声に対して「反応しない」と感じていると述べられていたことを示している。適合の反応をしていた研究参加者で,割り当てられた情動の分類を行なった者は,不適合の反応をしていた研究参加者と比較して有意に多く,乳児の音に対して世話の反応 ($p=0.0001$) や共感の反応 ($p=0.0001$) を示し,そして解釈の反応を進んで行なっていた ($p=0.003$)。

10.6 発達初期の乳児と母親とのコンパニオンシップの感覚を,声の調子はどのようにやりとりするのか,そして特定の文化における意味の音楽性へどのように導くのか

我々は,まだ文化の慣習の影響が簡単に検出される前,しかし同時に赤ちゃんが,特定の文化的なものも含む母親による発声を明瞭に聞き分けて注意を向け,彼らの母親の音声における表現性,韻律性,あるいは「音楽的な」形を高めさせようと仕向ける母親を刺激するようになる時期における,発達初期の乳児に関連した音楽性のごく小さな側面,1つの要素あるいは次元について研究しただけである。発声の中に含まれる母音様の,延ばされた声のピッチの度合いと継続時間のヴァリエーションを計測することによって,我々は,両者には個人差が存在し,それは記録されているものの,乳児と母親は音声を調整することによって,お互いの心の微妙な繋がりを形成することに対して協力していることを明らかにした。数か月齢の乳児は大人の認識するような情動を伝えることができ,もし母親が自然な幸せそうな方法ではなく悲しそう,あるいは退屈そうに物語を話すと,乳児は関わりにおける共感を失ったように他者を知覚するような反応を示すのであった。

これらの結果は,乳児の情動と社会的知性に関する広く受け入れられている理論の範囲を超えたものであるが,人間の原初の会話とその初期発達に関する精度の高い臨床的報告に一致するものである。母親が彼女の新生児に対して,クーイング音やリズミカルな接触によって挨拶をすると,幸せに敏感な乳児は,母親に垣間見られる情緒的で世話に関わる共感性や愛情に元気づけられたかのように応答し (Klaus and Kennel 1976; Brazelton 1979),その気持ちを,やりとりしている者たち全員で共有できる。このように,実にヒトという種に特有の友情——すなわち,子どもが,自分を理解し,世界の中で何をすべきか,そして何を知るべきかを教えてくれる先生となる仲間を発見する最初の出来事——が開始するのである。これは,共感的な情動反応を行なう母親の有する,女性的な直感や,彼女の人格,彼女の乳児からの学習,そして彼女を取り巻く社会的援助と彼女に影響を与える文化に依存している。別の大人,男性であれ女性であれ,その人が幼い乳児との間で親密なコミュニケーションをとることを模索しているならば,(母親と)類似した共感性と,乳児を一人の人間として尊重することを発見する意思が必要と考えられる。

全ての人間は自分たちの仲間の情動の変化を表す音や視覚的な身振りに触れるための必要性と能力を持って生まれてくるのであり,単に他者の動きを真似る能力だけを持って生まれてくるのではないのである。従って,父親,あるいは親ではない女性や男性が,単体の乳児の声を聴くと母親と同様の情動を

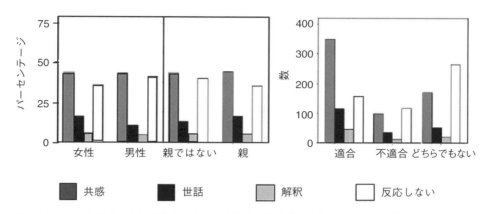

図10.9 左：乳児の音声に対する大人の反応として報告された情動。右：実験者による音声の評価に対し，適合，または不適合，そしてなんの情動も認識されなかった場合の情動に対して報告された異なった感覚の割合。

経験すること，そして母親が父親よりも一般的に世話の情動を喚起され，乳児に強い共感性を示すこと，そして親ではない人よりも親の方が，乳児に対する世話をどのように受け入れるのかについてややよく理解できていることについて，我々は驚かない。

　言葉を話すようになる前の多忙な時期である乳児期を通して，乳児は，ビョルン・マーカー（本書第4章）が指摘するように，類人猿や鳴き鳥，あるいはクジラも習得できない——生得性の限界を超えた独創的な儀式であるリズミカルな動きと音色を伴って開始される——プログラムで制御されている種類の，心と体の間の遊びを実践している。我々は，日本とスコットランドの間で，4か月児とその母親の遊び場面で交わされる音に違いがあることを発見したが，これらは両国の文化における対照的な道徳的態度や信念，そして語りかける際の韻律の違いと関連しているのかもしれない。スコットランドの英語話者の母親と比較して，日本人の母親において継続時間やピッチの水準の範囲が広いことは，日本語の特殊な特徴，そして，他者の感情を尊重することを重要視する伝統的日本社会の表出かもしれない。こういった，情動に対する特殊な尊重は，乳児がどのように感じ，乳児をどのように扱うべきか，という日本の概念に顕著である。確かに，彼らの音に含まれる情動の交換という方法で，それぞれの文化の乳児とその母親はお互いに適合してきた。乳児は，グラティエとダノン（本書第14章）が提案した，人間の共同体に「所属している」かのような音の技術の単純な原初的習慣を共有し始めているように思われる。

　しかしながら，こういった違いはチャールズ・ダーウィンが，ヒトの社会の情動行動を注意深く比較するために多くの離れた島々の人々と交流することで実施した研究によって，観察したヒトの動機と必要性の普遍性の一部の変異にすぎない（Darwin 1872; Bowlby 1991）。主なメッセージは，通常の幸福な乳児とその母親が，ダニエル・スターン（1992, 1999）が適切に述べた，情動的な「ナラティヴの包み」の調和と同調を維持するために彼らの音声を協力して使い，「コミュニカティヴ・ミュージカリティ」によってハーモニーと共時性を持続させているということである。6か月に至るまでの乳児は，学習すること，そして他者が理解するような遊びにおける「自己顕示的」な手法を楽しむ（Trevarthen 2002）。これは，その数か月後に，情動や思考の複雑で恣意的な儀式の作成という人間のはっきりとした魅力へと導く，輝かしい物語，儀式あるいは神話化の最初のステージであると提案したい。音楽性という考えなしでは，乳児と彼らの周りの優しい大人たちの間で共有された，音楽を含む，既に組み上げられた文化と言語の

意味には到達できないであろう。

注

この章において報告された発見は，日本とスコットランドの両国における素材から，母親と乳児の産出する母音に関する音響学的研究を行うための計画に基づいた博士論文でニキ・パワーズが実施した研究成果である。彼女の研究は，英国経済社会学研究会議からの大学院生対象奨学金の助成を受けた。

（岸本健訳）

引用文献

Aitken KJ and Trevarthen C (1997). Self–other organization in human psychological development. *Development and Psychopathology,* **9,** 651–675.
Alegria J and Noirot E (1978). Neonate orientation behavior towards the human voice. *Early Human Development,* **1,** 291–312.
Bateson MC (1971). The interpersonal context of infant vocalization. *Quarterly Progress Report of the Research Laboratory of Electronics, MIT,* **100,** 170–176.
Bateson MC (1979). The epigenesis of conversational interaction: A personal account of research development. In M Bullowa, ed., *Before speech: The beginning of human communication,* pp. 63–77. Cambridge University Press, London.
Beebe B and Lachmann FM (2002). *Infant research and adult treatment: Co-constructing interactions.* Academic Press, London.（ビービー，ラックマン，富樫公一監訳『乳児研究と成人の精神分析：共構築され続ける相互交流の理論』誠信書房，2008）
Bierhoff H-W (2002). *Prosocial behaviour.* Psychology Press, Hove, East Sussex.
Bloom K and Masataka N (1996). Japanese and Canadian impressions of vocalising infants. *International Journal of Behavioural Development,* **19(1),** 89–99.
Boersma P and Weenink D (1992–2001). *Praat: A system for doing phonetics by computer.* Institute of Phonetic Sciences. University of Amsterdam. Available from http://www.praat.org.
Bornstein MH, Tamislemonda CS, Tal J et al. (1992). Maternal responsiveness to infants in three societies – the United States, France and Japan. *Child Development,* **63(4),** 808–821.
Bowlby J (1969). *Attachment and loss: Volume one. Attachment.* Basic Books, New York.（ボウルビィ，黒田実郎，大羽蓁，岡田洋子，黒田聖一訳『Ⅰ 愛着行動（母子関係の理論（1）新版）』岩崎学術出版社，1991）
Bowlby J (1981). *Attachment and loss. Volume three: Loss, sadness, and depression.* Basic Books, New York.（ボウルビィ，黒田実郎，吉田恒子，横浜恵三子訳『Ⅲ 対象喪失（母子関係の理論）』岩崎学術出版社，1991）
Bowlby J (1988). Developmental psychiatry comes of age. *American Journal of Psychiatry,* **145,** 1–10.
Bowlby J (1991). *Charles Darwin: A new biography.* Pimlico, London.
Bråten S (ed.) (1998). *Intersubjective communication and emotion in early ontogeny,* pp. 372–382. Cambridge University Press, Cambridge.
Bråten S (ed.) (2007). *On being moved: From mirror neurons to empathy,* pp. 21–34. John Benjamins, Amsterdam/Philadelphia.
Brazelton TB (1979). Evidence of communication during neonatal assessment. In M Bullowa, ed., *Before speech: The beginning of human communication,* pp. 79–88. Cambridge University Press, London.
Bruner JS (1996). *The culture of education.* Harvard University Press, Cambridge, MA.（ブルーナー，岡本夏木，池上貴美子，岡村佳子訳『教育という文化』岩波書店，2004）
Bullowa M (ed.) (1979). *Before speech: The beginning of human communication.* Cambridge University Press, London.
Carter CS, Ahnert L, Grossman KE et al. (eds) (2005). *Attachment and bonding: A new synthesis.* Dahlem Workshop Report, 92. The MIT Press, Cambridge, MA.
Cheney DL and Seyfarth RM (1990). The representation of social relations by monkeys. *Cognition.* **37,** 67–96.
Clarkson MG, Martin R and Miciek SG (1996). Infants' perception of pitch: Number of harmonics. *Infant Behaviour and Development,* **19,** 191–197.
Clifton RK, Morrongiello BA, Kulig J and Dowd J (1981). Newborns' orientation toward sound: Possible implications for cortical developmnt. *Child Development,* **52,** 833–838.
Cohen AJ, Thorpe LA and Trehub SE (1987). Infants' perception of musical relations in short transposed tone sequences. *Canadian Journal of Psychology,* **41(1),** 33–47.
Cooper RP and Aslin RN (1990). Preference for infant-directed speech in the first month after birth. *Child Development,* **61,** 1584–1595.
Crystal D (1997). *The Cambridge encyclopedia of language,* 2nd edn. Cambridge University Press, Cambridge.

Cutler A and Otake T (1999). Pitch accent in spoken-word recognition in Japanese. *Journal of the Acoustic Society of America,* **105,** 1877–1588.

Darwin C (1872). *The expression of the emotions in man and animals.* John Murray, London.

DeCasper AJ and Fifer WP (1980). Of human bonding: Newborns prefer their mother's voices. *Science,* **208,** 1174–1176.

Dissanayake E (2000). *Art and intimacy: How the arts began.* University of Washington Press, Seattle and London.

Donald M (2001). *A mind so rare: The evolution of human consciousness.* Norton, New York.

Donaldson M (1978). *Children's minds.* Fontana/Collins, Glasgow.

Donaldson M (1992). *Human minds: An exploration.* Allen Lane/Penguin Books, London.

Draghi-Lorenz R, Reddy V and Costall A (2001). Rethinking the development of 'nonbasic' emotions: A critical review of existing theories. *Developmental Review,* **21(3),** 236–304.

Ejiri K and Masataka N (1999). Synchronization between preverbal vocal behaviour and motor action in early infancy II: An acoustic examination of the functional significance of the synchronization. *Japanese Journal of Psychology,* **69(6),** 433–440.

Ejiri K and Masataka N (2001). Co-occurrence of preverbal vocal behaviour and motor action in early infancy. *Developmental Science,* **4(1),** 40–48.

Fassbender C (1996). Infants' auditory sensitivity towards acoustic parameters of speech and music. In I Deliège and J Sloboda, eds, *Musical beginnings: Origins and development of musical competence,* pp. 56–87. Oxford University Press, Oxford, New York, Tokyo.

Fernald A (1989). Intonation and communicative intent in mother's speech to infants: Is the melody the message? *Child Development,* **60,** 1497–1510.

Fernald A (1992). Meaningful melodies in mothers' speech to infants. In H Papoušek, U Jürgens and M Papoušek, eds, *Nonverbal vocal communication: Comparative and developmental aspects,* pp. 262–282. Cambridge University Press, Cambridge/Editions de la Maison des Sciences de l'Homme, Paris.

Fernald A (1993). Approval and disapproval: Infant responsiveness to vocal affect in familiar and unfamiliar languages. *Child Development,* **64,** 657–674.

Fisher C and Tokura H (1996). Acoustic cues to grammatical structure in infant-directed speech: Crosslinguistic evidence. *Child Development,* **67(6),** 3192–3218.

Fogel A, Messinger DS, Dickson KL and Hsu HC (1999). Posture and gaze in early mother–infant communication: Synchronization of developmental trajectories. *Developmental Science,* **2(3),** 325–332.

Fonagy I (2001). *Languages within language. An evolutive approach.* Foundations of Semiotics 13. John Benjamins, Amsterdam/Philadelphia.

Gergely G and Watson JS (1999). Early socio-emotional development: Contingency perception and the social-biofeedback model. In P Rochat, ed., *Early social cognition: Understanding others in the first months of life,* pp. 101–136. Erlbaum, Mahwah NJ.

Goldfield EC (2000). Exploration of vocal tract properties during serial production of vowels by full term and preterm infants. *Infant Behaviour and Development,* **23(3–4),** 421–439.

Gomes-Pedro G (2002). The child in the twenty-first century. In G Gomes-Pedro, K Nugent, G Young and B Brazelton, eds, *The infant and family in the twenty-first century,* pp. 3–23. Brunner-Routledge, New York/Hove, UK.

Gopnik A, Meltzoff A and Kuhl PK (1999). *The scientist in the crib: What early learning tells us about the mind.* Harper Collins, New York.

Gratier M and Trevarthen C (2007). Voice, vitality, and meaning: On the shaping of the infant's utterances in willing engagement with culture. *International Journal for Dialogical Science,* **2,** 169–81. Available at http://ijds.lemoyne.edu/journal/2_1/IJDS.2.1.11.Gratier_Trevarthen.html

Guedeney A and Fermanian J (2001). A validity and reliability study of assessment and screening for sustained withdrawal reaction in infancy: The Alarm Distress Baby Scale. *Infant Mental Health Journal,* **22(5),** 559–575.

Halliday MAK (1975). *Learning how to mean: Explorations in the development of language.* Edward Arnold, London.

Harris PL (1994) The child's understanding of emotion: Developmental change and the family environment. *Journal of Child Psychology and Psychiatry,* **35,** 3–28.

Hobson P (2002). *The cradle of thought: Exploring the origins of thinking.* Macmillan, London

Hofer MA (1987). Early social relationships. A psychobiologist's view. *Child Development,* **58,** 633–647.

Holstege G, Bandler R and Saper CB (eds) (1996). *The emotional motor system,* Progress in brain research, volume 107. Elsevier, Amsterdam.

Jaffe J, Beebe B, Feldstein S, Crown C and Jasnow M (2001). Rhythms of dialogue in infancy: Coordinated timing and social development. *SRCD Monographs,* 66(2) Serial No. **264,** 1–132.

Jahoda G and Lewis IM (1988). *Acquiring culture: Cross-cultural studies in child development.* Croom Helm, Beckenham,

Kent.

Jonsson C, Clinton D, Fahrman M, Mazzaglia G, Novak S and Sörhus K (2001). How do mothers signal shared feeling-states to their infants? An investigation of affect attunement and imitation during the first year of life. *Scandinavian Journal of Psychology,* **42(4)**, 377–381.

Jusczyk PW (2001). In the beginning was the word. In F Lacerda, C von Hofsten and M Heimann, eds, *Emerging cognitive abilities in early infancy,* pp. 173–192. Erlbaum,Mahwah, NJ.

Kaitz M and Maytal H (2005). Interactions between anxious mothers and their infants: An integration of theory and research findings. *Infant Mental Health Journal,* **26(6)**, 570–597.

Karpf A (2006). The human voice. Bloomsbury, London.

Key MR (ed.) (1982). Non-verbal communication today: Current research. Mouton, New York.

Kitamura C and Burnham D (1998). The infant's response to maternal vocal affect. In C Rovee-Collier, LP Lipsitt and H Hayne, eds, *Advances in Infancy Research,* **12**, 221–36.

Klaus M and Kennel J (1976). *Maternal--infant bonding.* Mosby, St Louis.（クラウス, ケネル, 竹内徹, 柏木哲夫訳『母と子のきずな : 母子関係の原点を探る』医学書院, 1979）

Koizumi T (1989). The attitudes of Japanese children and the effects of parental behaviour. *Journal of Moral Education,* **18(3)**, 218–231.

Kozasa T (2002). Duration and F0 cues for vowel length in Japanese. *Journal of the Acoustic Society of America,* **111**, 2365.

Kozasa T (2004). Duration and pitch cues in Japanese mora. *Speech Prosody,* March 23–26, 2004. Nara ISCA Archive, http://www.isca-speech.org/archive.

Kraemer GW (1992). A psychobiological theory of attachment. *Behavioural and Brain Sciences,* **15(3)**, 493–541.

Kugiumutzakis G (1993). Intersubjective vocal imitation in early mother-infant interaction. In J Nadel and L Camioni, eds, *New perspectives in early communicative development,* pp. 23–47. Routledge, London.

Kugiumutzakis G (1998). Neonatal imitation in the intersubjective companion space. In S. Bråten, ed., *Intersubjective communication and emotion in early ontogeny,* pp. 63–88. Cambridge University Press, Cambridge.

Kugiumutzakis G, Kokkinaki T,Markodimitraki M and Vitalaki E (2005). Emotions in early mimesis. In J Nadel and D Muir, eds, *Emotional development,* pp. 161–182. Oxford University Press, Oxford.

Kühl O (2007). *Musical semantics,* European Semiotics: Language, Cognition and Culture, No. 7. Peter Lang, Bern.

Kuhl PK (1983). Perception of auditory equivalence classes for speech in early infancy. *Infant Behaviour and Development,* **6(2–3)**, 263–285.

Kuhl PK (1994). Learning and representation in speech and language. *Current Opinion in Neurobiology,* **4(6)**, 812–822.

Kuhl PK (1998). Language, culture and intersubjectivity: The creation of shared perception. In S Bråten, ed., *Intersubjective communication and emotion in early ontogeny,* pp. 297–315. Cambridge University Press, Cambridge.

Kuhl PK, Andruski JE, Chistovich LA et al. (1997). Cross-language analysis of phonetic units in language addressed to infants. *Science,* **277(5326)**, 684–686.

Ladd DR (1996). *Intonational phonology.* Cambridge University Press, Cambridge.

Lapp D (2003). *The physics of musical instruments.* Wright Center For Innovative Science Education, Tufts University, Medford, Massachusetts. Available as pdf from http://staff.tamhigh.org/lapp/

Lecanuet J-P (1996). Prenatal auditory experience. In I Deliege and J Sloboda, eds, *Musical beginnings: Origins and development of musical competence,* pp. 3–34. Oxford University Press, Oxford, New York, Tokyo.

LeDoux JE (2002) Emotion, memory, and the brain. *Scientific American,* **12**, 62–71.

Legerstee M (1992). A review of the animate–inanimate distinction in infancy: Implications for models of social and cognitive knowing. *Early Development and Parenting,* **1**, 59–67.

Legerstee M (2005). *Infants' sense of people: Precursors to a theory of mind.* Cambridge University Press, Cambridge.（レゲァスティ, 大藪泰訳『乳児の対人感覚の発達 : 心の理論を導くもの』新陽社, 2014 ）

Lewis C (1995). *Educating hearts and minds.* Cambridge University Press, Cambridge.

Locke JL (1993). *The child's path to spoken language.* Harvard University Press, Cambridge, MA and London.

Locke JL (1994). The biological building blocks of spoken language. In JA Hogan and JJ Bolhuis, eds, *Causal mechanisms of behavioural development,* pp. 300–324. Cambridge University Press, Cambridge.

Malloch S (1999). Mother and infants and communicative musicality. *Musicae Scientiae* (Special Issue 1999–2000), 29–57.

Malloch S, Sharp D, Campbell DM, Campbell AM and Trevarthen C (1997).Measuring the human voice: Analysing pitch, timing, loudness and voice quality. *Proceedings of the Institute of Acoustics,* **19(5)**, 495–500.

Mangelsdorf S, McHale JL, Diener M, Heim Goldstein L and Lehn L (2000). Infant attachment: Contributions of infant temperament and maternal characteristics. *Infant Behaviour and Development,* **23**, 175–196.

Manning A (2004). *The sound of life.* BBC Radio 4, July 2004. CD produced by S Blunt for the Open University, Milton Keynes.

Masataka N (1993). Relation between pitch contour of prelinguistic vocalisations and communicative functions in japanese infants. *Infant Behaviour and Development,* **16(3)**, 397–401.

Masataka N (1995). The relation between index-finger extension and the acoustic quality of cooing in 3-month-old infants. *Journal of Child Language,* **22(2)**, 247–257.

McNeill D (1992). *Hand and mind: What gestures reveal about thought.* University of Chicago Press, Chicago, IL.

Meltzoff AN (1995). Understanding the intentions of others: Re-enactment of intended acts by 18-month-old children. *Developmental Psychology,* **31**, 838–850.

Meltzoff AN and Moore MK (1999). Persons and representation: Why infant imitation is important for theories of human development. In J Nadel and G Butterworth, eds, *Imitation in infancy,* pp. 9–35. Cambridge University Press, Cambridge.

Miall DS and Dissanayake E (2003). The poetics of babytalk. *Human Nature,* **14(4)**, 337–364.

Mundy-Castle A (1980). Perception and communication ininfancy: A cross-cultural study. In D Olson, ed., *The social foundations of language and thought,* pp. 231–253. Norton and Co., New York.

Murrray L and Trevarthen C (1985). Emotional regulation of interactions between two-month-olds and their mothers. In TM Field and N Fox, eds, *Social perception in infants,* pp. 177–197. Ablex, Norwood, NJ.

Nadel J and Butterworth G (eds) (1999). *Imitation in infancy.* Cambridge University Press, Cambridge.

Nadel J and Muir D (eds) (2005). *Emotional development.* Oxford, Oxford University Press.

Nadel J, Carchon I, Kervella C, Marcelli D and Reserbat-Plantey D (1999). Expectancies for social contingency in 2-month-olds. *Developmental Science,* **2(2)**, 164–173.

Nagy E and Molnár P (2004). *Homo imitans* or *Homo provocans?* Human imprinting model of neonatal imitation. *Infant Behaviour and Development,* **27(1)**, 54–63.

Nakano S (1997). *Heart-to-heart (inter-Jo-) resonance: A concept of intersubjectivity in Japanese everyday life. Annual Report, 1995–1996, No. 19.* Research and Clinical Center for Child Development, Faculty of Education, Hokkaido University, Japan, pp. 1–14.

Ochsner K and Barrett L (2001). A multiprocess perspective on the neuroscience of emotion. In T Mayne and G Bonanno, eds, *Emotions: Current issues and future directions. Emotions and social behaviour,* pp. 38–81. The Guilford Press, New York.

Oller DK (1986). Metaphonology and infant vocalisations. In B Lindblom and R Zetterstrom, eds, *Precursors of early speech,* pp. 21–35.Macmillan, Basingstoke.

Oller DK and Eilers RE (1992). Development of vocal signalling in humans. In H Papoušek, U Jürgens and M Papoušek, eds, *Nonverbal vocal communication: comparative and developmental aspects,* pp. 174–191. Cambridge University Press, Cambridge/Editions de la Maison des Sciences de l'Homme, Paris.

Panksepp J (1998). *Affective neuroscience: The foundations of human and animal emotions.* Oxford University Press, New York.

Panksepp J (2001). The long-term psychobiological consequences of infant emotions: prescriptions for the 21st century. *Infant Mental Health Journal,* **22**, 132–173. (Reprinted in *Neuropsychoanalysis,* **3**, 140–178).

Panksepp J and Bernatzky G (2002). Emotional sounds and the brain: the neuro-affective foundations of musical appreciation. *Behavioural Processes,* **60**, 133–155.

Panksepp J, Nelson E and Bekkedal M (1997). Brain system for the mediation of social separation-distress and social reward. Evolutionary antecedents and neuropeptide intermediaries, In CS Carter, II Lederhendler and B Kirkpatrick, eds, *The integrative neurobiology of affiliation. Annals of the New York Academy of Sciences,* **807**, pp. 78–101. The New York Academy of Sciences, New York.

Papoušek H (1996).Musicality in infancy research: biological and cultural origins of early musicality In I Deliège and J Sloboda, eds, *Musical beginnings: Origins and development of musical competence,* pp. 37–55. Oxford University Press, Oxford.

Papoušek H and Bornstein MH (1992). Didactic interactions: intuitive parental support of vocal and verbal development in human infants. In H Papoušek, U Jurgens and M Papoušek, eds, *Noverbal vocal communication. Comparative and developmental approaches,* pp. 209–229. Cambridge University Press, Cambridge.

Papoušek H and Papoušek M (2002). Parent infant speech patterns. In G Gomes-Pedro, K Nugent, G Young and B Brazelton, eds, *The infant and family in the twenty-first century,* pp. 101–108. Brunner-Routledge, New York/Hove, UK.

Papoušek H, Jürgens U and Papoušek M (eds) (1992). *Nonverbal vocal communication: comparative and developmental aspects.* Cambridge University Press, Cambridge/Editions de la Maison des Sciences de l'Homme, Paris.

Papoušek M (1992). Early ontogeny of vocal communication in parent-infant interactions. In H Papoušek, U Jurgens and M Papoušek, eds, *Noverbal vocal communication. Comparative and developmental approaches,* pp. 230–261. Cambridge University Press, Cambridge.

Papoušek M (1994). Melodies in caregivers' speech: A species specific guidance towards language. *Early Development and*

Parenting, **3**, 5–17.

Papoušek M and Papoušek H (1981). Musical elements in the infant's vocalization: Their significance for communication, cognition, and creativity. In LP Lipsitt and CK Rovee-Collier, eds, *Advances in Infancy Research,* 1, pp. 163–224. Ablex, Norwood, NJ.

Papoušek M, Papoušek H (1991). The meanings of melodies in motherese in tone and stress languages. *In Infant Behaviour and Development,* **14**, 415–440.

Papoušek M, Papoušek H and Bornstein MH (1985). The naturalistic vocal environment of young infants: On the significance of homogeneity and variability in parental speech. In TM Field and N Fox, eds, *Social perception in infants,* pp. 269–298. Ablex, Norwood, NJ.

Payne K (2000). The progressively changing songs of humpback whales: A window on the creative process in a wild animal. In NL Wallin, B Merker and S Brown, eds, *The origins of music,* pp. 135–150. The MIT Press, Cambridge, MA.

Pegg JE, Werker JF and McLeod PJ (1992). Preference for infant-directed over adult-directed speech: Evidence from 7-week-old infants. *Infant Behavior and Development,* **15**, 325–345.

Petitto LA and Marentette PF (1991). Babbling in the manual mode: evidence for the ontogeny of language. *Science,* **251**, 1493–1496.

Porges SW (2005). The role of social engagement in attachment and bonding: A phylogenetic perspective. In CS Carter, L Ahnert, KE Grossman *et al.*, eds, *Attachment and bonding: A new synthesis* (Dahlem Workshop Report 92), pp. 33–54. The MIT Press, Cambridge, MA.

Powers N (2001). *Intrinsic musicality: Rhythm and prosody in infant-directed voices. Annual Report, 1999–2000, No. 23,* pp. 1–19. Research and Clinical Center for Child Development, Faculty of Education, Hokkaido University, Japan.

Querleu C, Lefebvre C, Titran M, Renard X, Morrillion M and Crepin G (1984). Réactivité du nouveau-né moins de deux heures de vie à voix maternelle. *Journal de Gynecologie, Obstetrique et Biologie de la Reproduction,* **13**, 125–134.

Reddy V and Trevarthen C (2004). What we learn about babies from engaging with their emotions. *Zero to Three,* **24**(3), 9–15.

Rock AML, Trainor LJ and Addison TL (1999). Distinctive messages in infant-directed lullabies and play songs. *Developmental Psychology,* **35**, 527–534.

Rogoff B (1998). Cognition as a collaborative process. In D Kuhn and RS Siegler, eds, *Handbook of child psychology, volume 2: Cognition, perception and language,* pp. 679–744. Wiley, New York.

Rogoff B (2003). *The cultural cature of human development.* Oxford University Press, Oxford.（ロゴフ，當眞千賀子訳『文化的営みとしての発達——個人、世代、コミュニティ』新陽社．2006）

Rogoff B, Paradise R, Arauz RM, Correa-Chávez M and Angelillo C (2003). Firsthand learning through intent participation. *Annual Review of Psychology,* **54**, 175–203.

Shimura Y and Imaizumi S (1995). Emotional information in young infants' vocalisations. *Proceedings of the International Congresses of Phonetic Sciences,* **3**, 412–415.

Shimura Y, Saito K, Imaizumi S and Yamamuro C (1996). Interrelationships between prosody and gesture in vocal communication in the early years: Emotion perception and speaker identification. In *The Emergence of Human Cognition and Language,* **3**, 225–230. Annual report, March 1996, Grant-in-Aid for Scientific Research, Ministry of Education, Science, Sport and Culture, Japan.

Siegman AW and Felstein S (1979). *Nonverbal behaviour and communication.* Erlbaum, Hillsdale NJ.

Stern DN (1974). Mother and infant at play: The dyadic interaction involving facial, vocal and gaze behaviours. In M Lewis and LA Rosenblum, eds, *The effect of the infant on its caregiver,* pp. 187–213. Wiley, New York.

Stern DN (1977). *The first relationship; infant and mother.* Harvard University Press, Cambridge MA

Stern DN (1985). *The interpersonal world of the infant: A view from psychoanalysis and developmental psychology.* Basic Books, New York.（スターン，神庭靖子，神庭重信訳『乳児の対人世界（理論編）』岩崎学術出版社，1989）

Stern DN (1990). Joy and satisfaction in infancy. In RA Glick and S Bone, eds, *Pleasure beyond the pleasure principle,* pp. 13–25. Yale University Press, Newhaven, CT.

Stern DN (1992). L'enveloppe prénarrative: Vers une unité fondamentale d'expérience permettant d'explorer la réalité psychique du bébé. *Revue Internationale de Psychopathologie,* **6**, 13–63.

Stern DN (1995). *The motherhood constellation: A unified view of parent-infant psychotherapy.* Basic Books, New York.（スターン，馬場礼子，青木紀久代訳『親−乳幼児心理療法』岩崎学術出版社，2000）

Stern DN (1999). Vitality contours: The temporal contour of feelings as a basic unit for constructing the infant's social experience. In P Rochat, ed., *Early social cognition: understanding others in the first months of life,* pp. 67–90. Erlbaum, Mahwah, NJ.

Stern DN (2000). *The interpersonal world of the infant: A view from psychoanalysis and developmental psychology,* 2nd edn with new Introduction. Basic Books, New York.（スターン，小此木啓吾，丸田俊彦訳『乳児の対人世界（臨床編）』岩崎学術出版社，

1991）

Stern DN (2004). *The present moment: In psychotherapy and everyday life.* Norton, New York.

Stern DN, Bruschweiler-Stern N, Harrison AM *et al.* (1999). The process of therapeutic change involving implicit knowledge: Some implications of developmental observations for adult psychotherapy. *Infant Mental Health Journal,* **19**(3), 300–308.（スターン，奥寺崇，津島豊美訳『プレゼントモーメント：精神療法と日常生活における現在の瞬間』岩崎学術出版社，2007）

Stern DN, Spieker S and MacKain K (1982). Intonation as signals in maternal speech to prelinguistic infants. *Developmental Psychology,* **18**, 727–735.

Stern DN, Hofer L, Haft W and Dore J (1985). Affect atunement: The sharing of feeling states between mother and infant by means of inter-modal fluency. In TM Field and NA Fox, eds, *Social perception in infants,* pp. 249–268. Ablex, Norwood, NJ.

Thompson E (ed.) (2001). *Between ourselves: second-person issues in the study of consciousness.* Imprint Academic, Charlottesville, VA/Thorverton, UK. Also published in the *Journal of Consciousness Studies,* **8**, Number 5–7.

Trainor LJ (1996). Infant preferences for infant-directed versus non-infant-directed play songs and lullabies. *Infant Behavior and Development,* **19**, 83–92.

Trehub SE (1987). Infants' perception of musical patterns. *Perception and Psychophysics,* **41**(6), 635–641.

Trehub SE (1990). The perception of musical patterns by human infants: The provision of similar patterns by their parents. In MA Berkley and WC Stebbins, eds, *Comparative perception; vol. 1, mechanisms,* pp. 429–459. Wiley, New York.

Trehub SE (2003). Musical predispositions in infancy: An update. In I Peretz and R Zatorre, eds, *The cognitive neuroscience of music,* pp. 3–20. Oxford University Press, New York.

Trehub SE and Nakata T (2002). Emotion and music in infancy. *Musicae Scientiae* (Special Issue 2001–2002), 37–61.

Trehub SE, Schellenberg EG, Glenn E and Hill DS (1997) The origins of music perception and cognition: A developmental perspective. In I Deliège, J Sloboda *et al.,* eds, *Perception and cognition of music,* pp. 103–128. Psychology Press, Hove, UK.

Trevarthen C (1978). Modes of perceiving and modes of acting. In JH Pick, ed., *Psychological modes of perceiving and processing information,* pp. 99–136. Erlbaum, Hillsdale, NJ.

Trevarthen C (1979). Communication and cooperation in early infancy. A description of primary intersubjectivity. In M. Bullowa, ed., *Before speech: The beginning of human communication,* pp. 321–347. Cambridge University Press, London.

Trevarthen C (1984). Emotions in infancy: Regulators of contacts and relationships with persons. In K Scherer and P Ekman, eds, *Approaches to emotion,* pp. 129–157. Erlbaum, Hillsdale NJ.

Trevarthen C (1986). Form, significance and psychological potential of hand gestures of infants. In J-L Nespoulous, P Perron and AR Lecours, eds, *The biological foundation of gestures: Motor and semiotic aspects,* pp. 149–202. Erlbaum, Hillsdale, NJ.

Trevarthen C (1988). Universal cooperative motives: How infants begin to know language and skills of culture. In G. Jahoda and I.M. Lewis, eds, *Acquiring culture: Ethnographic perspectives on cognitive development,* pp. 37–90. Croom Helm, London.

Trevarthen C (1993). The function of emotions in early infant communication and development. In J Nadel and L Camaioni, eds, *New perspectives in early communicative development,* pp. 48–81. Routledge, London.

Trevarthen C (1994). Infant Semiosis. In W Noth, ed., *Origins of semiosis: Sign evolution in nature and culture,* pp. 219–252. Mouton de Gruyter, New York.

Trevarthen C (1998). The concept and foundations of infant intersubjectivity. In S Bråten, ed., *Intersubjective communication and emotion in early ontogeny,* pp. 15–46. Cambridge University Press, Cambridge.

Trevarthen C (1999). Musicality and the intrinsic motive pulse: Evidence from human psychobiology and infant communication. *Musicae Scientiae* (Special Issue 1999–2000), 155–215.

Trevarthen C (2001). The neurobiology of early communication: intersubjective regulations in human brain development. In A F Kalverboer and A Gramsbergen, eds, *Handbook on brain and behavior in human development,* pp. 841–882. Kluwer, Dordrecht, The Netherlands.

Trevarthen C (2002). Origins of musical identity: evidence from infancy for musical social awareness. In RAR MacDonald, DJ Hargreaves and D Miell, eds, *Musical identities,* pp. 21–38. Oxford University Press, Oxford.

Trevarthen C (2004a). Infancy, mind in. In RL Gregory, ed., *Oxford companion to the mind,* 2nd edn, pp. 455–464. Oxford University Press, Oxford, New York.

Trevarthen C (2004b). How infants learn how to mean. In M Tokoro and L Steels, eds, *A learning zone of one's own,* pp. 37–69. (SONY Future of Learning Series). IOS Press, Amsterdam.

Trevarthen C (2005a). First things first: infants make good use of the sympathetic rhythm of imitation, without reason or language. *Journal of Child Psychotherapy,* **31**(1), 91–113.

Trevarthen C (2005b). Stepping away from the mirror: Pride and shame in adventures of companionship. Reflections on the nature and emotional needs of infant intersubjectivity. In CS Carter, L Ahnert, KE Grossman *et al.*, eds, *Attachment and bonding: A new synthesis* (Dahlem Workshop Report 92), pp. 55–84. The MIT Press, Cambridge, MA.

Trevarthen C and Aitken KJ (1994). Brain development, infant communication, and empathy disorders: intrinsic factors in child mental health. *Development and Psychopathology,* **6**, 599–635.

Trevarthen C and Aitken KJ (2001). Infant intersubjectivity: Research, theory and clinical applications. *Annual Research Review, Journal of Child Psychology and Psychiatry,* **42(1)**, 3–48.

Trevarthen C and Aitken KJ (2003). Regulation of brain development and age-related changes in infants' motives: The developmental function of 'regressive' periods. In M Heimann, ed., *Regression periods in human infancy,* pp. 107–184. Erlbaum, Mahwah, NJ.

Trevarthen C and Hubley P (1978). Secondary intersubjectivity: confidence, confiding and acts of meaning in the first year. In A Lock, ed., *Action, gesture and symbol,* pp. 183–229. Academic Press, New York.

Trevarthen C and Marwick H (1982). *Cooperative understanding in infants.* Project report to the Spencer Foundation of Chicago. Department of Psychology, The University of Edinburgh.

Trevarthen C and Reddy V (2007). Consciousness in infants. In M Velman and S Schneider, eds, *A companion to consciousness,* pp. 41–57. Blackwells, Oxford.

Trevarthen C, Kokkinaki T and Fiamenghi GA Jr (1999).What infants' imitations communicate: With mothers, with fathers and with peers. In J Nadel and G Butterworth, eds, *Imitation in infancy,* pp. 127–185. Cambridge University Press, Cambridge.

Trevarthen C, Murray L and Hubley PA (1981). Psychology of infants. In J Davis and J Dobbing, eds, *Scientific foundations of clinical paediatrics,* 2nd edn, pp. 211–274. Heinemann Medical, London.

Tronick EZ (2005). Why is connection with others so critical? The formation of dyadic states of consciousness: coherence governed selection and the co-creation of meaning out of messy meaning making. In J Nadel and D Muir, eds, *Emotional development,* pp. 293–315. Oxford University Press, Oxford.

Tronick EZ, Als H, Adamson L,Wise S and Brazelton TB (1978). The infant's response to entrapment between contradictory messages in face-to face interaction. *Journal of the American Academy of Child Psychiatry,* **1**, 1–13.

Vygotsky LS (1962). *Thought and language.* MIT Press, Cambridge, MA.（ヴィゴツキー，柴田義松訳『新訳版　思考と言語』新読書社，2001）

Wallin NL, Merker B and Brown S (eds) (2000). *The origins of music.* MIT Press, Cambridge, MA.

Werker JF and McLeod PJ (1989). Infant preference for both male and female infant-directed talk: A developmental study of attentional affective responsiveness. *Canadian Journal of Psychology,* **43**, 230–246.

第11章
乳児の発達における「音楽」と「遊び歌」：解釈

パトリシア・エッケダール と ビョルン・マーカー

11.1 はじめに

　新生児が成熟に至るまでの発達の道筋は，1世紀以上に渡る研究を積み重ねても，いまだ完全に理解されてはいない。たとえば，大人と乳児の相互作用における，歌や，音楽を使った遊びは，文化を超えて普遍的に見られる (Trehub and Trainor 1998; Unyk *et al.* 1992; Falk 2004)。しかし，乳児との相互作用において見られるこの共通の型というものが，乳児の情動的，社会的，認知的発達にとってどのような機能を果たしているのか，という疑問は，研究され始めた途上にあるにすぎない (Papoušek *et al.* 1991; Papaeliou and Trevarthen 1994; Trevarthen 1999; Malloch 1999; Mozgot 2003)。この機能という問題を考える手がかりとして，記述的な材料を集める，という関心に動かされ，我々はコルウィン・トレヴァーセンとの共同プロジェクトにおいて，家庭における母親と乳児の相互作用を録画することに決めた。手短に言うと，家庭内で日常的な活動を行なっている25組の母親と乳児の様子を，乳児が生後6か月，9か月，12か月の時点で，1時間から2時間，続けて録画した。そして，音楽が日常的に相互作用に使われている様子のサンプルを得て，詳細な分析を行なった。第一著者は，スウェーデン北方のイェムトランド地方で1998年と1999年に録画を行ない，多様な行動が含まれる計120時間のビデオを記録した。さらなる研究の土台として使うため，この映像を，特に歌，音楽，あるいはリズムを使った活動を含むひと続きの連続した行動に焦点を当て，枠組みごとの分析，スペクトログラム[1])や他の方法を用いて，行動に応じて分類した。データの収集と分析についてのさらなる情報については，付録Iに記している。
　この章では，その研究で見られた結果を報告することを第一に考えているわけではない。むしろ，我々が映像に捉えた，多くの音楽に関わるひと続きの行動を解釈し，時には簡潔に分類する上で取り組まなければならない，概念的な問題を説明することが目的である。我々はプロジェクトで，ヒトの乳児が早期から音楽への感受性を持つ (Trehub 2000; Ilari 2002で要約されている)ことを示す，多くの証拠を認識することとなった。母親たちは乳児の世話をしたり，乳児と相互作用をしたりといった日常の行動に歌を取り入れる。つまり，母親たちは，乳児が音楽に対する感受性を持っていることに，直観的に気がついている様子を見せるのだ。乳児がいらいらしたり，不安な気持ちを持ったりしている時に，歌を使う。このことは，そういった刺激が乳児にとって顕著なものである，とわかっていることを示唆してい

---

1) 巻末の参考資料「音声分析と音声情報」を参照。

る。もちろん、我々の研究に登場する乳児たちは、母親に対して歌い返すようなことはしない。そうするにはまだ幼すぎるのだ。だが、乳児は、歌やその他の音楽に対して、入り込んだり、興奮したり、心を落ち着けたりしている様子を、我々が生まれつき持ち合わせている非言語的表出、様々な声、体の構え、身振りによって表わしている。この時間差、すなわち、他者が奏でる音楽に対する乳児の感受性と、自身での音楽の表出との時間差を「発達的音楽パラドクス」と我々は呼ぶことにし、後に詳しく述べてゆく。

音楽の感受性と表出とがどう違うかは、研究者が「音楽」という言葉をどんな意味で使っているかによって、決定的に変わりうる。このため、我々の分類においては何をもって音楽構造とするのか、という問題を明確にしなければならない。これが特に大事だと我々が考えているのは、我々の研究のおおもとである疑問が、究極のところ、我々を複雑な生まれ育つ文化に「仕向ける」ような学習過程における、こうした構造の持ちうる役割と関わってくるからである (Tomasello *et al.* 1993a; Merker 2005; 本書第4章のマーカー)。そのような疑問に答えるには、音楽構造と、ヒトが生得的な基盤によって操る様々な非言語的コミュニケーション表出の形式とを明確に区別するための有効な方法がなくてはならない (声を使うあらゆる動物がそうであるように、非言語的コミュニケーションのレパートリー (Marler 2004と次節11.2を参照のこと) の中に似ている歌があるか否かに関わらず)。音楽構造を構成するものが何か、ということへの有効な基準が見出せていないのは、些細なことではない。音楽学において「音楽」に対する一致した定義がないのは由々しき問題である (Merker 2002)。これから見ていくように、この問題は全く手に負えないものというわけではなく、また、いわゆる対乳児発話の特徴にも影響を及ぼしてくるのである。

そういった難しいことでもまだ足りないかのように、ビデオの分析をする上で、我々はさらに大きな問題にぶつかった。思い返せば、母親と乳児の相互作用のある側面について、その発達的な役割を理解するためには、発達とはどこへ向かうものなのか、どんな状態になれば達成した「ことになる」のかを知るのが有用である、ということは明らかだ。それを知らなければ、大人の文化的能力の決定的な側面に関する、ある特定の行動が生まれる様子を見落としてしまうかもしれない。それゆえ、発達とは何か、という問いの答えは、ヒトの文化がどのように定義され、特徴づけられるかによるのである。我々が研究に持ち込んだ文化的カテゴリーという文脈から、「これを理解しよう」とする我々の努力をかきたたせ、またそれに抵抗しながら、より大きな疑問を特別に提起するような材料がある。それは、「遊び歌」と我々が呼ぶに至った歌とともに生じる、「人工的に」ステレオタイプ化された、遊びのスキーマの組み合わせの一種である。第二著者が示していた (本書第4章) ヒトの文化についての視点をもたらしたのは、この、遊び歌をめぐる解釈という難問である。我々は、本章の終わりに向けて、音楽と遊び歌、そしてヒトの文化との関係についての我々の解釈をざっと述べていく。一方で、これから述べていく前置きは、その解釈に必要な背景を提供するものとなるだろう。

11.2 ヒトのコミュニケーションにおける非言語的基盤

言語や音楽とはまた別に、そしてより基本的なものとして、ヒトの声 (そして体の構え - 身振りも) によるコミュニケーションの豊かな領域というものが存在する。これは、先史時代、言語と音楽よりずっと前まで遡る。ヒトの行動には、コミュニケーションの様式において多くの点で、ヒト以外の霊長類と、そしてより一般的に哺乳類とでさえ、同じ起源を持ち連続していると考えられる点が見られる、と我々は思っている (たとえば、Marler 1955, 2004; Todt 1988; Macedonia and Evans 1993; Hauser 1996; Evans 1997; Owings and Morton 1998; Jürgens 1998, 1999を参照のこと)。表出機能のこの連続性は、いくつかの点においては、はるか昔、哺乳類よりも前の脊椎動物の祖先にまで遡るものもある。これらの非言語的な社会的合図の様式が、一連のコミュニケーション機能を提供する。これには、個人の中で沸き起こ

る様々な情動の状態，動機の状態[2]）の表出が含まれる（Scherer 1986; 本書第7章のパンクセップとトレヴァーセン）。非言語的な合図の中には，食料を見つける（Marler *et al*. 1986; Hauser 2000），侵入者を検知する(Struhsaker 1967; Gyger *et al*. 1987)といった活動に繋がる，いわゆる「機能的参照」として働くものがある。他には，求愛（Wicker 1974），遊び（Bekoff 1972），母親とその子どもによる相互的なコール[3]を通した接触（Marler 2004; Searby and Jouventin 2003）といった，社会的な相互作用を調整するものがある。このようにして使われる声によるコールは，大部分が生得的である（Jürgens 1998）。ただし，たとえばベルベットモンキーの警戒のコールのように（Seyfarth and Cheney 1980），学習によって磨かれ，差が出てくるものもあるかもしれない。コールは単一の音の動きから成る傾向があるが，動機の状態における時間的なゆらぎと些細な情動のニュアンスを伝える，ダイナミクスや強さのような特徴については，系統立ったバリエーションが見られることもしばしばある（Scherer 1986; Hauser 2000）。それらのコールは文脈に敏感であり，それを引き起こした状態が続く場合には，繰り返しの形をとる可能性もある。しかし，複合的な意味を伝えるためにコールを組み合わせて使う，という意味での統語的複雑性[4]は決定的に欠けている（Marler 2000）。コールは，同じ種であればどの個体にもおおむね一般的に理解される。この中には，警戒のコール（侵入者の種類によって違うかもしれない），単独でのコール，接触のコール，懇願のコール，食糧を示すコール（食料の質やタイプによって違うかもしれない），怯えのコールといったものが含まれる。そして，歩み寄り，恐怖，求愛，子どもの世話（Marler 2004を参照のこと）に使うコールが含まれる。

　これら基本的な非言語的音声表出のレパートリーをさらに超えて加わった声の表現性のリソースが，ヒトの持つ，歌と発話の能力である。これは**図11.1**に図示した。

　ヒトの非言語的表出のレパートリーは，他の動物にもひけをとらないほど豊かなものである。しかし，ヒトの表出モダリティとしては言語が優勢であるために，この我々の行動的生態についての重要性は脇に追いやられてきた。たとえば，ヒトが使う非言語的表出のコールの，簡素で体系的な目録の探求さえ，無駄とされてしまう。正式なものではないが，リストには，少なくとも，次のものが含まれている（＊

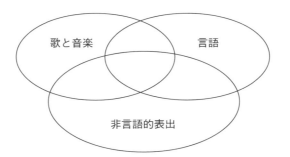

図11.1　ヒトの，非言語的表出・歌と音楽・言語の関係を図式化したもの。図のそれぞれの領域には，ヒトの様々な表出の具体的な事例が含まれる。中心の領域には，たとえば「『感情を伴って』歌われる歌詞」が含まれる。

---

2) 動機の状態 (motive state)。その後の行動を引き起こす心の状態。たとえば，空腹を感じている状態は，その後，食料を探すという行動を引き起こす動機の状態である。
3) 第10章の訳注1)を参照。
4) 統語的複雑性とは，ヒトのことばが単語を組み合わせることで複雑な意味を伝えるように，意味を持つまとまりを組み合わせることによってより豊かで複雑な内容を伝達できること。

は乳児がめったに使わないもの。ただし，これは，そうとも決まっていない場合もある。また，定義や，月齢次第のものもある）。クーイング[5]，唇鳴らし，舌打ち，澄んだ高音での力強いグリッサンド，甲高く弱い声，わめき*，哀れに泣く声，しくしくすすり泣く声，ブツブツうめく声*，うなり，不満の声*，怒鳴り*，のどを鳴らす音，息をのむ音，ため息，咳払い*，怒号*，叫び，悲鳴，息をあらげる音，わーっ！と叫ぶ声*，金切り声*，震え声，細かく震える声*，歓声，忍び笑い*，クスクス笑い，声を出す笑い，むせび泣き，オーッやアーッという歓声，息を吐き出すこと，声門閉鎖で息を吐くこと，声門を閉鎖させて息を吸うこと*，しーっという声。少なくともコミュニケーション上使うということにおいて，文化的な色合いが強いものもあるかもしれない。生まれて最初の数か月の相互作用で使っていくにつれて，変わっていくものも多くある。しかし大半はヒトのどの社会にも見られるものであるし，他の動物の様々なコールのレパートリーの中でも似たものが──「声を出す笑い」と「クスクス笑い」にすら及ぶ（Burgdorf and Panksepp 2001）──見られることが，何度も証明されている。このように，ヒトは他の動物と同様，生得的であるコールの豊かなレパートリーを，動機の状態を声で表現するための第一の媒体として使うことができるのである。これは，生まれつきのスキーマ（Morton 1977; Papoušek 1996, p. 95; Cordes 1997, 1998; Stern 1999; Cohen 2000, 2003; Scherer 1995; Scherer et al. 2001）の領域である。すなわち，ひとつには，我々の生得的な感情や心のはずみを他者に理解してもらうため，自動的なものから思考を要するものまで，機能的な過程を反映しながら，声や身振りによるダイナミクスの引きと流れの変遷，よく調整されたゆらぎを通じて，感情や心のはずみを反映する音と体の動きをつける，というスキーマである。これは，「情動の言語」と呼ぶに値するものである。もちろん，正式な意味での言語ではないし，厳密に情動に限ったものでもない。というのは，遊びにおいて社会的な間合いを取るために合図するといった現象も含むからである（さらなる議論は後で行なう）。この，コールと動的なスキーマのレパートリーは，音楽と言語から情動的な意味を伝える手段を引き出す源であり，それらは似たように働く（Juslin and Laukka 2003; Scherer 1995; Burling 1993; 本書第3章のブラント；本書第5章のクロスとモーリーの音楽と言語の違いの議論）。

　高まる興奮を示すために，ピッチを高くしたり，音量を上げたり，速度を上げたりするといったスキーマは，音楽の表出，言語の表出，非言語的音声表出に現れる。非言語的音声表出は動物とも共有するものである。そして，音楽と言語とはだいぶ異なる形式を持っており，それら2つの原型のように思えるのである。音楽でそういった表現方法を使うことは，必須でもなければ，音楽的な特性を決定づけるものであるわけでもない。ハンスリックによるこの議論の古典的な考え方は，いまだに卓越したものである（Hanslick 1854）。音楽の形式的な構造を身につけている時ですら，そういった表現方法を理解できる。この即時性は，基本的な非言語的表出の主要な領域，という起源を反映している。我々は本当に悲しい時，悲しい歌を歌ったりするわけではなく，泣いたり，激しくむせび泣いたりする。また，本当に怒っている時には，単に声を張り上げるのではなく，「支離滅裂」に叫んだり悲鳴をあげたりして，言語の境界を吹き飛ばす。明るい調子で口笛を吹けばのんびりとした充実感を示すし，とても嬉しい時はジャンプをしたり，激しくゆれたり，笑ったり，喜びにあふれた歓声を上げたりする。こういった歓声は，純粋で甘美な調子を伴っているかもしれないが，もちろん，それだけで音楽と言えるわけではない（次の節で詳しく見る）。話は少し違うが，ここで触れておきたいことがある。音楽では，非言語的表出の主要な領域から，ピッチ曲線やダイナミクスが使われる。このため，音楽が情動的効果をこしらえるような，非言語的表出の現象のうちのいくつかのものに対して，「音楽的」ということばを比喩的に使用することがあるかもしれない（Papoušek 1996, p. 94; Papaeliou and Trevarthen 1994; Papoušek et al. 1991）。この傾向は，音声発達，特に発話に関する文献においても見られる。非言語的コールに見られ

---

[5] 巻末の参考資料「乳児の音声コミュニケーションとその発達」を参照。

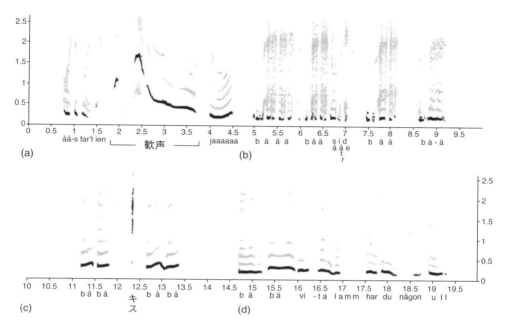

図11.2 図は我々の録画資料から取り出した，20秒の連続的な音の部分のスペクトログラムである。x軸は時間（秒），y軸は周波数（kHz）。基本周波数は黒，その他の周波数成分やノイズは灰色で表示（分析についての本文を参照のこと）。ページをめくりながら絵本を「読んでいる」母親の膝の上に，6か月の女の子は座っている。パート(a)最初の部分。母親が絵本のページをめくると羊の絵が出てきたので，「そしてまた羊が出てきました」とやわらかな，通常通りの声を出した。女の子は喜びにあふれた高いピッチの歓声をあげ，母親もそれに続いて「そうねー」と対乳児発話の韻律を使った声で応えている。これは「原会話」として分類される。パート(b)母親が吸気とスタッカートの声（図の，特徴的なスペクトルの内容に反映されている）を使って，生きものが呼吸をする様子の真似のようなことをし，パフォーマンスの最中に「こんな音だよ」というコメントをはさんでいる。最後の「メエー(bäääー)」[6]（日本語の音に当てはめると「ベエー」に近い）から，通常の声に戻っている。パート(c)母親が女の子の頭にキスをしながら，「メエー(bäää)」という音の組み合わせを歌のようなイントネーションで繰り返している（我々の分析では「歌のかけら」と分類した）。パート(d)母親が「メエメエ黒ひつじ」のスウェーデン語版を歌っている（スウェーデン語版のひつじは白で，絵本とぴったりだった）。

るピッチ曲線を，音楽的なメロディーと構造的に関係がなくても，「メロディー曲線」と記述する習慣である（Grieser and Kuhl 1988; Hsu et al. 2000, p. 3, D'Odoricoによる結果も参照のこと）。そういった，言語と音楽の領域間にまたがる現象を，分類上同じ，とみなしてしまうことで生じる混乱を避けるために，これらを分ける構造上の基準が必要である。これについては次の節で議論する。

　ヒトの乳児には，豊かな声の表出の非言語的な様式――先に述べた「ヒトのコール」のリストに含まれるような――が備わっている（Prescott 1975; Stark 1978; Kent and Murray 1982; D'Odorico 1984; Marcos 1987; Stark et al. 1993; Nwokah et al. 1994; McCune et al. 1996; Hsu et al. 2000）。比較的，体の発達も未成熟なヒトの乳児にとって，声による表出は他者との相互作用における主要な媒体となる。我々の材料の一例として，興奮を伴う歓声をあげる。これは，6か月の女の子が絵本を読むという状況で，母親と「原会話」を作り上げる上で発したものである。**図11.2**に示した。

　チンパンジーのような霊長類に比べて，ヒトの乳児はより多く声を使うように思える（Falk 2004）。

---

[6] スウェーデン語のひつじの鳴き声を表す擬音。

他の動物としては，鳥のヒナ（Alexander 1990）と比べてもいいかもしれない。乳児のこの器用さには，他の動物と同様に，声による合図だけでなく，適切な文脈における合図や，図11.2 (a)の「原言語」に示されているような，他者との相互作用における声の使用，といったものも含まれている。ターンテイキング[7]や随伴性の期待に見られるような，スムースな知覚の間合いにまで至る相互的な文脈も含まれている（Stern 1977; Rubin *et al.* 1983; Murray and Trevarthen 1985; Fogel 1993; MacDonald 1993）。相手との調律（アチューンメント）に焦点を当ててみよう。柔軟な反応や，動きの間合いにおけるスムースな相互調整，そしてターンテイキングといったものは，みな，動物の遊びや，接触のコールのような，その他の相互的な社会的行動に見られる特徴である（Bekoff 1972; Bekoff and Byers 1998）。動物の遊びにおける主導者はその種の若者であり，彼らはしばしば，年長者よりも同年代を遊び相手として互いに好む（霊長類については，Biben and Suomi 1993を参照のこと）。

　母親と乳児の相互作用における相互的な間合いは，動物による遊び，仲間との接触コール，そして，非言語的コミュニケーションのより一般的な枠組みの中でのひな形において見られる。音楽や他のカテゴリーのものを引き起こすための特別な説明的努力を必要とはしない。歌や，その他，ヒトの大人と乳児の間の遊びにしばしば特徴づけられるような明らかな音楽的内容といった文化的な物事は，大人が紹介するものである。その一例として，母親が子どもの歌をひと続きの遊びに段階的に取り入れている様子が，図11.2の(c)と(d)である。乳児は生まれつきのコミュニケーション機構を使うことができる。この機構は特に，ヒトが音声を学習するための下地となる，動機のメカニズムを含んでいるように思われる（Merker 2005と，以下を参照のこと）。また同様に，学習性の期待も含まれていると考えられる。すなわち，非言語的発声，もしくはその他の反応といったものを大人の提供する枠組み（Papoušek 1996; Trevarthen 1999; Malloch 1999）に合わせるために必要な，繰り返し登場する音楽的構造の中での予測しやすい特徴，そういうものによって作られる期待である。このことと，関連する問題については，この章の最後の節で考える。

　これと似た考え方は，対乳児発話における弁別的な韻律的特徴の解釈，すなわち，大人が乳児とのコミュニケーションで使用する話し方の様式にも適用できる（Fernald and Simon 1984; Fernald and Kuhl 1987; Grieser and Kuhl 1988; Fernald *et al.* 1989）。より強調された抑揚曲線，ピッチの幅，高いピッチといったその韻律的特性（たとえば，図11.2において，母親が娘の歓声に呼応して「やああああ」と興奮した声をあげている）は「音楽的」と呼ばれてきたが，これは比喩にすぎないと我々は考えている。むしろ，他の動物とも共有する，情動を伝えるための典型的な非言語的音声の様式の一例である。母親（と他の大人）が前言語期の乳児にそういった韻律を使う場合，あとで述べるように，直観的な基礎のもとに，すなわち自分と乳児が生得的に持っている情動的コミュニケーションの機構に基づいて使っているのである。これゆえ，対乳児発話の韻律的特徴は，近年トレナーら（2000）も示しているように，話し方の情動的な様式の，最初にして最も重要な例である。情動に基づくこの原初的なコミュニケーション機能に加え，対乳児発話の特徴は，構文解析における韻律的な手がかりを提供したり（Gerken 1996），母音の知覚的顕著性（Kuhl *et al.* 1997; Xu *et al.* 2006）を高めたりといった効果を通じて，言語獲得に貢献しているかもしれない。これらの機能は，そもそも，乳児が注意を話し声に向けてくれなければ，意味のないものになってしまうだろう。そこで我々は，これが，対乳児発話によって達成されることを示す。というのも，対乳児発話は，声と動機の状態が古い時代から結びついていること──他の動物と共有し，対乳児発話のダイナミクスに強く埋め込まれている──に基づいている。このように，我々が扱ってきた乳児の能力と行動は，ことさらに音楽と関係しているというわけではない。むしろ，我々は複雑で洗練されたコミュニケーションに関する背景を端的に描くことに骨を折ってきた。その背景とは，ヒトが，

---

7) 第1章の訳注4)を参照。

歌，楽器の演奏，ダンス，言語といった（本書第4章のマーカー，儀式的な文化の詳細な議論を参照のこと）儀式的な文化を付加的かつ具体的に明示することが，発展的な役割を持っているということである。これらのヒトに特有の芸術——学習に依存する決まりごとによる非言語的な表現の領域とは異なる——の発達的な出現を辿ろうとする試みにおいて，我々が霊長類，哺乳類，脊椎動物と共有するコミュニケーションの継承物が持つ要素と芸術を混同してしまうのは，致命的だろう。真新しいヒトの芸術を獲得する上での遺産を無視するわけではないが，それは，他の我々の行動における，基本的で，確実なコミュニケーションの土台としてとっておく。以上，ヒトの持つ儀式的リソースを特徴づける上で背景となる議論を提供するために，これらの序文を述べてきた。儀式的リソースとして，音楽の話に戻ろう。

11.3 音楽としての音楽

　ダーウィンは，ヒトが楽音[8]を作り，楽しむ能力に対して，「人間に備わっている能力のなかでも最も不思議なもの」と呼んだ（Darwin 1871, p. 590 ／長谷川訳 1999, p. 404）。彼が言うところの「楽音」がよく取り上げられるのには，理由がある。大半の動物の歌は細かなフレーズや声による身振りから構成されているが，ヒトの音楽のメロディーはそれらと異なり，典型的には，単純な楽音から構成されているからである。楽音は，再現可能なピッチである。これが，抑揚——同じピッチを繰り返し再現する能力——と通常の発声を分ける点である。メロディーを形作る上で，これは必須の条件である。メロディーとは，ピッチの連続体の中における，そのような「再現可能な」配置がひと続きになったものであるからだ。最も流動的な「ポルタメント」でさえ，音楽的に調子外れになってしまうことのないよう，この配置に従っている。この違いは音楽に特有のものであり，これを取り上げることで，音楽の顕著な特性を説明するための手掛かりとなる。ミルにかけられた粉のように，1粒の楽音，すなわち音声産出において考えられうる最も単純な単位が役立つ，ということも，音楽の特有性である。これらの単純なピッチの配置の小さなセットを，パターンを構成する要素として保持する，そのために，ピッチの連続体の大半を浪費する。こうして，無限で豊かなメロディーの宇宙を制するのである（Merker 2002, 2006）。

　音楽では，これまで述べてきたピッチと同じこと——連続体を分類すること——が，リズムの仕組みの中で，時間についても起こる。メロディーの形が個々のピッチを統合するのと同じように，リズムの形が，それぞれの音の長さを統合する。これは，音楽的な拍節という単純な仕組みを通して，時間の連続体を分割することによって成される。音楽的な拍節，あるいは小節によってもたらされ，繰り返される「時間の単位」は，すべてのリズムを持つ（「測られた」）音楽すべての根底にあるものである。そのパターンは，それゆえ，「比例値を伴う長さ」（Arom 1991, p. 179ff）を構成し，そこには細かく分けたり，より大きな単位で捉えたり，といった拍節が関わっている。そのような要素の組み合わせが，潜在的なリズムパターンの果てしない多様性に繋がる。これらのリズムのパターンとメロディーのパターンとを組み合わせることで，我々も知っての通り，音楽の宇宙をもたらすのである。つまり，その構造上の秘密とは，その限りないパターンの可能性なのである。この可能性とは，組み合わせることによってメロディーとそのコンビネーションを際限なく形作ることのできる，限りある要素の小さな1組に，ピッチと時間の連続体をカテゴリーごとに細分化する（Merker 2002; 本書第3章のブラント，「離散化」を参照のこと），という根本的な単純化を通して可能となるものである。

　我々が言っているのは，音楽が，単純な個々の単位の集まりから部分ごとに組み立てていく過程から生じるものとか，その過程を通して作られる，ということではない。最も特徴的な構造上の特性は，個々のピッチと長さがひと続きとなって決まる，ということである。これらが，他のヒトのコミュニケーションにはない，音楽を音楽たらしめている特性である。乳児の発達のように（Papoušek 1996, p. 104），音

---

[8] musical note。日本語の「音符」は音楽記号を指すが，英語のnoteは記号に加え，1つの音そのものを指す意味でも使われる。ここでは音楽記号と区別するため，「楽音」と訳した。

楽とその他の構造を区別するのが難しいような文脈がある。そのような文脈において，この特性は，音楽の構造とその他の構造を区別する非常に有益な出発点を与えるのである。先に引用した第二著者の著作 (Merker 2002) では，我々のプロジェクトにおいてそういった区別をするために直接的な議論をしているが，この問題は現代の音楽学の領域でも，明確に述べられてはこなかった。この問題の重要性をわかりやすくするために，よければ想像してみてほしい。ヒトの乳児が音楽への早熟な感受性を持つことを示した様々な研究 (Trehub 2000) は実際にテスト刺激として標準的な (ひとつひとつ明確なピッチと長さをもつ) 音楽的刺激を使っているのだが，その代わりに，乳児が相互作用の中で喜びや興奮を表現する (Papoušek 1996) ような様々な歓声の合成音や純音のグリッサンドを使ったとしたらどうだろう。そうした条件のもとでの研究自体は興味深いかもしれない——実際やってみる価値はあるがまだやられていない——が，乳児の持つ音楽特有の能力を示す指標としてその結果が適切であると考える道理はあるだろうか。

　問題は，表現行動においても同様である。ある表現的行為を音楽的とみなすためには，音楽の表現性と，乳児が行う非言語的な表現性の豊かなバックグラウンドを区別する必要がある。ここで，音楽に特有の構造的特性が役立つ。ピッチに関していえば，完全にうまくいかないにしてもその行動は，少なくとも抑揚に相当するようなものをねらって行われる必要があるだろう。すなわち，音を外して歌う可能性を表現行為の産出に関連する要因として勘案しなければ，ピッチに関する限り音楽という背景に則ることは保証できなくなる。したがって，声のピッチが基本的に生理学的状態から出た純粋に受動的な結果でない限り，そこへ拠ろうとする個別のピッチのひと連なり（メロディー）を声が横断していくような表現的行為が，常に適格ということになるだろう。1つの音の正しい抑揚に近づけて再現することも同様である。乳児における，模倣的なピッチのマッチングについての証拠はまだ結論に至っていない。ケッセンら (1979) はそういったマッチングが3か月〜6か月で起こることを報告している。一方，シーゲルら (1990) は8か月から1歳を対象とした研究で，マクロバーツとベスト (1997) は3か月からの14か月間におよぶ縦断的なケーススタディによって，そのようなマッチングに反する結論を述べている（最後の研究では，大人の方が乳児に合わせることがわかっているのだが）。イントネーションこそ，音楽を産出する上での区別的なマーカーとして重要である，という見方からすれば，この問題はさらなる調査，より幼い被験者に対しても調べる価値があるだろう。メロディーの直接的な変化を反映するにすぎない，ひと続きのピッチ変化は，構造的にメロディーと関わってくる。そのため，そういったひと続きのものは音楽構造を産出するにあたって，「ねらうべきもの」として適任である。メロディーに関わる構造をまったく欠いていて（純粋にリズムのみの状態ならば），拍節で時間を分けていることがわかるくらい（そしてもちろん，そこに構造はある）であれば，それは音楽とは言いづらい。

　こういった基準を，「音程や，決まった拍子から外れたりして歌う生徒は，音楽を発していないのだ」と否定するような厳格な音楽教師の態度に応用すべきだ，ということを意味するつもりは決してない。そういう教師でも，ひょっとすると「生徒だって本当は歌おうとしているけれど，結果的に音楽教育の立場からすると受け入れがたく思うようになってしまっているだけ」と認めたいのかもしれない。そして「歌おうとする」ということとは，原則として，メロディーの領域にせよリズムの領域にせよ，我々が定義しようとしているところの，これまで述べてきたような構造をねらうことである。実践的な意味では，早期にそのような表出が現れるのを確かめることに関しては，難しさが残る。これは実のところ，パプチェク (1996, p. 104) が指摘しているように，発話の発達の初期段階と区別がつかないものかもしれない。この難しさは，特に乳児の発達における規準喃語の段階[9]との関係で，過小評価してはならない問題である。この難しいことを突き止められれば，音楽の表出の前触れと，発話の前触れ，その他の

---

9) 巻末の参考資料「乳児の音声コミュニケーションとその発達」を参照。

非言語的表出を区別する方法も出てくるかもしれない（たとえば，Sundin 1977, 1998）。1つのアプローチは，綿密な縦断的発達記録を（すなわち，同じ乳児の中で）遡ることである。スペクトログラムに基づいた行動的手法を使って，個々の音声の分類（歌と発話）の明白な例から始めて，個人の発達の過程を通して，最初の認識可能な音楽まで，その例を辿っていく。しかし，そのようなアプローチはまだこれからである。

11.4 音楽の発達的パラドクス

これまでのところ，そしてそうと言ってしまうにはさらなる研究が必要ではあるが，我々のコーパスの中で，これまで示してきたような基準を満たして音楽として分類される構造が最初に見られるのは，12か月頃である。つまり，生後2年目が，明確な音楽的表現性が現れる時期なのだろうと考えられる。というのも，訓練されていない耳で聞いても，おなじみの子どもの歌に近似している，ということが明確にわかるようなピッチの流れをハミングしたり歌ったりするのは，2歳になるころまでに，子どもにとって普通のことになるからである（未出版の個人観察; McKernon 1979; Papoušek 1996, p. 105; Stadler Elmer 2000）。しかし一方で，すでに述べてきたように，これよりもっと早く——出生後，実験を行える月齢になってすぐ——から，乳児は，音楽の構造に対する感受性を示す（Trehub 2000）。つまり，音楽に関しては，乳児の最初の知覚能力と，最初の表出能力との間に，「音楽的沈黙」とも呼べる不可解な時期があるように思えるのである。我々はこれを真実だと考え，「音楽の発達的パラドクス」と呼んでいる。これから見ていくように，このパラドクスは我々がここで示す区別というものに焦点を当てることで解決されつつある。

我々が表出に使うコールのレパートリーは，その大部分が生物学的な，生まれつきの性質としてもたらされたものである。それに対して，歌や音楽のメロディーは文化的にもたらされるものであり，それゆえ，学習されなければならない。それらのパターンの特有性は文化的な伝統から生まれ，それによって作り上げられる。つまり，文化的な学習を通じて獲得される（Merker 2005）。即座に音楽が創り出された時でさえ，これは，音楽的要素への獲得された親密性を背景としてなされるのである（Merker 2006）。生得的に与えられたものではない，音楽のそのパターンは，表出に使うコールとは異なって，学習過程に依存しているのである。しかし，知覚—認知という意味において，あるパターンに対して親密性を感じるようになるだけでなく，さらに，声のような遠心性のモダリティ[10]を通じて再現する，ということも学習過程の課題となる時，この過程の知覚にかかわる部分と，表出にかかわる部分とで，学習メカニズムに必要なものが根本的に異なる，ということは，必ずしも明確に認識されているわけではない。

聴覚パターンに対して親密性をおぼえるような知覚能力は，洗練された聴覚システム——哺乳類と鳥類という分類の垣根すら越えて，神経組織において根本的な類似性が見られる——を持つすべての高等動物とも共有している（Farries 2001; Jarvis 2004）。おそらく，メロディーと調性の知覚における，マカク[11]とヒトの注目に値する類似性も，この聴覚組織における共通性が根底にある（Wright et al. 2000; Merker 2006）。知覚的学習に基づく，この親密性の知覚は，選好注視法[12]や，その他関連する方法によって調べることができる（Graham and Clifton 1966; Trehub 2000）。このようなヒトの乳児のパフォーマンスは，聴覚システム——生まれるまえから，皮質下の経路がその髄鞘化（すなわち，構造上の成熟）を完成させている，唯一の知覚のモダリティ——の早期からの成熟によるものである（Moore et al. 1995;

---

10) 巻末の参考資料「モダリティ」を参照。
11) 霊長目オナガザル科マカク属のサルを指す。ニホンザルもこの属に分類される。
12) 乳児の知覚を調べる実験手法の1つ。2つの異なる視覚刺激や音声刺激に対して，子どもがどちらを好むかを，注視時間によって測定する方法。

Yakovlev and Levours 1967）。

　しかし，メロディーを認知する，区別する，分類する，比較するといったことができるようになった，というだけでは，知っているメロディーを，音声の力を借りて複製する能力について，何も説明することができない。我々の言語（そして歌う）能力からすると，自分が知っていることを表出することは自然に思える。しかし，第二著者が本書第4章で触れているように，聞いたパターンを声でもって複製できるという能力は，動物世界においては非常にまれな能力なのである。最も豊かな声の表現を持つ鳥類でさえ，24目中3目[13]，そしてヒトだけが，この力を持つ。大半の哺乳類と同じように，チンパンジーや他の霊長類にこの能力はまったく欠けている。しかし，発音の仕方を知っているあらゆる単語や，歌い方を知っているあらゆるメロディー，そして模倣ができるあらゆる音といったものを発する上で，我々はこのような能力を使っている。

　ヒトの音声学習能力，そしてその延長として儀式的に真似るという我々の傾向は，ヒトの特有性をめぐる問題というパズルの，なくなった1枚なのである（Merker 2000, 2005, 本書第4章のマーカー；Donald 1993, 1998; Meltzoff 1996）。このことは，この特有性の記号的な特徴，すなわちヒトの発話と言語についての問題として，鳥の歌を研究する者たちがだいぶ前から認識してきたことであった（Marler 1970; Nottebohm 1975, 1976; Doupé and Kuhl 1999; Jarvis 2004）。ヒトの発話は音声学習なしでは達成されない。もちろん，ヒトの歌もそうである。（文化的に決まっているという意味で）恣意的なパターンの特徴を有している聴覚的モデルを聞き取り，それを音声で複製する，ということが歌には含まれる。鳥の歌についてよく研究されているように，自然な音声学習では，歌の知覚面での獲得段階が産出面での段階よりも前に起こるというだけではなく，かなりの長い発達のスパンによってそこから分離されている（Thorpe 1961; Williams 2004），ということは，我々の観点から見て，興味深いことである。その知覚と産出の間隔の一部のみは，練習の段階（専門的にはサブソング[14]，プラスティックソング[15]）で占められている。若い鳥は，最初，不完全なごちゃごちゃとした歌を歌い，その歌はやがて複雑な歌のパターンとなり，ついには獲得の段階から記憶に留めておいた，大人の歌を複製できるようになる。鳥の歌における知覚の獲得と表出の時間的なギャップを見ると，ヒトの乳児の生後1年目における「音楽的沈黙」に似ているように思える。しかし，鳥における知覚と産出の間隔を占めていた練習の段階とはどんなものだったか。沈黙であったとはとても言い難いだろう。

　これまで，鳥の音声発達におけるサブソングの段階は，ヒトの乳児の発達における喃語の段階と比較されてきた（Marler 1970; Nottebohm 1975; Doupé and Kuhl 1999; Wilbrecht and Nottbohn 2003）。しかし，ヒトの乳児の喃語の段階と言語発達を繋げようとする研究はあっても，歌と繋げようとするものはない（たとえば，de Boysson-Bardies *et al.* 1989; Kent and Miolo 1995; Vihman 1996; Jusczyk *et al.* 1998）。ヒトの発話の現れは，乳児が持つ音声学習の能力に，新しく重要な課題を加える。喃語の段階が話し声の獲得に与える大きな影響は，単にヒトの乳児が初期にさらされる音声の大半を発話が占めているという事実を反映しているのかもしれない。乳児がさらされている言語的な材料と音楽的な材料の相対的な割合は，音声を使った表出が何に近似され，複製されるかを決定づける要因として興味深い。

　こういうわけで，大人と乳児が相互作用をとる上で，発話に費やされる時間の割合と，その他のコミュニケーションの様式に費やされる時間の割合とを比較することに関心を持っている。これまでに我々の録画をもとに，9か月児と12か月児の材料のみを使って推定を行った。そのためにまず，「活動時間」を定義した。これは，録画の中で，大人あるいはきょうだいが乳児と相互作用をしている部分であり，

---

[13] 鳥類のメジャーな分類であるシブリー・アーキスト分類によれば，23目中3目。
[14] 鳥のさえずりの声，求愛の際に発す。鳴き声。副次さえずり。
[15] 可塑性のある歌。形成的さえずり。

2つの年齢群を一緒にして平均をとった。この活動時間を見ると，71%が対乳児発話，10%が歌（母親による即興のものも含む），3%が楽器演奏やとなえことば[16]であった。残りの16%は，歌でも音声表出でも「ふざける声」でもない，他のものであった。もちろん，これらの割合は月齢によって異なる。しかし，いずれの月齢においても，親たちは大部分の時間を，情動調節としての特徴を伴った対乳児発話（Trainor *et al.* 2000）を使った，面と向かっての相互作用に費やしていた。乳児の音声学習システムは，実際のところ，親密な相互作用で顔を合わせる，という型によって「準備」されるかもしれないのだが（Tzourio-Mazoyer *et al.* 2002; Lewkowicz 1999），このように多くの発話のインプットによってもたらされ，アウトプットを形成するのである。学習システムは，もっとも広範囲なものも含めて，どんな尺度でも使える，インプットの統計的性質を無視することのないよう，良く考えられたものなのである（Elman 2004）。

　乳児が獲得する音声表出は，発話だけではない。やがて彼らは歌うようになるが，その歌も発話と同様，音声学習によるものである。このことは，次のようなことを意味するのである。そのリソースの多くが言語獲得に費やされる時でさえ，歌は，音声学習メカニズムの発達のロジックを前提としている。このため，知覚的な学習から，産出できるようになるまでの間にかなりの時間的ギャップがあることは，言語と同様，歌の場合にも予想されるのである。そしてこのことが，一見，存在する音楽の発達的パラドクスを解決するだろう，と我々は思うのである。これは，乳児の生後6か月から12か月の間に見られる，音楽的な喃語と，発話としての喃語を区別する，という面白い挑戦に繋がる（Sundin 1977, 1998; Papoušek 1996）。このような背景に基づいて，タイトルにもある本章の主題，乳児期の遊び歌とその発達的解釈の話に戻ろう。

11.5　儀式という視点から見た遊び歌

　これまで，乳児のコミュニケーションの表出の下支えをする，生得的，もしくは獲得されたものについての問題を描いてきた。それらの問題を解決できないかと，我々は，生後1年の間に見られる大人と乳児の相互作用において生じる，よく知られた現象を分類し，理解することを試みた。「はじめに」ですでに述べたように，ここで最も大きなチャレンジとなるのは，遊び歌であるとわかった。遊び歌では，メロディー，ことば，スキーマ化された一連の身体活動（膝を曲げる，手をたたく，指遊び，パントマイムなど）が，ナラティヴというひと続きのものとして統合される。このひと続きのナラティヴは，乳児が予測をしながら大人との相互作用に参与するための場を提供するのである（Trevarthen 1979, 1999; Trevarthen and Hubley 1978）。この参与は，次のように広い範囲に及ぶ。くすぐったり，あるいは落とすふりをしたりすることによって動的な緊張感が積み重ねられ，それが歌の終わりに頂点に達し，乳児が喜びの歓声をあげる，という程度のものもある。より積極的な参与，すなわち，歌のナラティヴ（我々のコーパスで最も頻繁に出てきた遊び歌は「ちっちゃなクモ（Itsy Bitsy Spider）」であった）の要所要所で，指遊びや，一連の体の動きを使ったパントマイムといったものを乳児が再現する，というものもある。録画で行動の内容を見てゆくにつれて，我々の関心の中心は，大人と乳児の相互作用における遊び歌の意義に向かって行った。他のことと違って，遊び歌は細かく調べれば調べるほど，わからない部分が増えていった。ある現象が不適切な概念カテゴリーに近寄ってしまうという，隠しきれない兆候が見えてしまうのだ。

　こういった，大人と乳児の遊びでよく見られる光景には，難しい点がいくつかある。それらが，乳児の発達に遊び歌が果たす機能がどのようなものであろうか，という有用な仮説を，とらえどころのないものになってしまっているのである。言語を教えるための仕組みとして見るには，その目的に，遊び歌

---

[16] となえことば（non-sung rhymes）。巻末の参考資料「ナースリー・ライム」を参照。

の歌詞はそぐわない。意味をなさない単語や，ちょっと変わった，かろうじて文法構造を保っているようなものが頻繁に含まれているのだ。さらに，歌詞はしばしば歌の音楽的，もしくは韻律的な側面，すなわちメロディーや詩の韻律の中での単純な時間のパターンに従っているにすぎないということもある。しかし，音楽としての役割もそれほどではない。大人は一般的に，極めて軽率とも言えるような形で，歌手や詩人としての役割を担う。このためメロディーが調子外れになったり（1つの例では，音楽家の母親がすばらしい抑揚でチェロを演奏することによって乳児をひきつける前に，そのような時間があった），前の部分の韻律的カウントを終わらせないままに次の詩のまとまりを始めたりするのである。パフォーマンスのどの部分も，いつでも——フレーズの真っ只中であっても——中断できるようになっている。これは，乳児と相互作用をとったり，その他の方法で乳児に反応を返したり——乳児の「不服従」への反応 (Reddy 1991) を含む——するためである。よく機能している大人と乳児の相互作用において通常見られるように，乳児とのコミュニケーション的接触に集中することは，形式的，あるいは美学的な側面から見た歌のパフォーマンスのような事柄よりも重要であるように思われる。遊び歌は，ソロのチェロ演奏を聞くような，乳児を受動的に楽しませるためのものではないようだ。

　中断が多くあるという点は，乳児が遊び歌に参加していることの裏付けであるように思われる。乳児の注意が外れたらパフォーマンスの方に戻してあげたり，歌の「動き」を演じたり，参加したりする上での様々なヒントとしてほめたり，といったことにその中断は使われる。「遊び歌」という名前が示す通り，その相互作用は乳児の能動的な参加と連動しているように思われる。問題は，能動的な参加とは何か，ということである。次のようなコミュニケーションのやりとりではない——歌を中断させる非言語的な介入に見られるように，親と乳児の間の共通の非言語的コミュニケーションが，遊び歌の形にとらわれることなくスムースに機能するようなことではない。実際のところ，遊び歌の形式的で典型的という側面は，生得的に備わっているコミュニケーションの表出を超えて，ゆるやかな強制を乳児に押し付けている。このことが，乳児がすでに持っている非言語的コミュニケーション能力に頼りながらも，中断，助けの必要性といったものを引き起こすのである（この教育的側面を記した付録Ⅱを参照のこと）。乳児が遊び歌にぎこちなく参加するようになる前でも，その後でも，乳児を巻き込む，ひと続きのスムースで自発的な遊びで見られるような，遊び歌の形式的な側面というものがあるが，こういった形式的な側面がなくても完璧に機能するような遊びへの参加に，乳児を誘うというものでもない。

　本書第4章にあったように，そして我々も最終的にそう認識するに至ったのだが，これらの観察は，ヒトの儀式への積極的な参加を最初に促す過程として，最も容易に解釈できるものである。このため，大人と乳児で共有される非言語的コミュニケーション能力は，子どもの最初の儀式への参加を促す手段になるのである。ヒトの文化が類人猿の文化にすぎなかったら，非言語的コミュニケーションによる交流や，手助けを伴う自発的な遊びといったもので十分であろう，また，それで，文化の中で能力を発達させるのに適切なガイダンスとして十分なのだろう。しかし，ヒトの文化は類人猿の文化とは2つのレベルで異なる。すなわち，儀式と言語のレベルである。乳児期の遊び歌は，儀式文化における典型的な「赤ちゃんの儀式」なのである。以前すでに議論したように，形式的な構造，実際の教育，そして模倣における正確性の必要といったものがここから現れるのである。

　我々が提案するのは，乳児がヒトの文化の儀式レベルに参加する最初の入場門となるのが，遊び歌と，それに関連する形式的な構造を持った遊びである，ということである。それらは，乳児が儀式的パフォーマンスに参加し，それを共有する最初の広場を提供する。これは，賛成とか，興奮していることの儀式的なサインとして，拍手をするような事柄で始まる。これらの共有されたパフォーマンスは，乳児を生まれ育つ文化に導く手ほどきにおける分岐点を形作る。それ自体を超えたものを伝える，教えるための仕組みを提供するものではない。「ルール構造」(Bruner and Sherwood 1976) ——儀式の形式，あるいは構文 (Staal 1989) ——は，人生ではなく，その特定の部分のルールの，すなわち特定の遊び歌に，明

らかに限定された中でのものである。その目的は，恣意的な形式それ自体への単なる参加である。というのも，儀式の場合，その主たる目的は，それ自体を超えたものに役立たせようというようなものではなく，ただパフォーマンスをするということにあるからである。乳児が遊び歌の「動き」をマスターする上での最も小さな進歩のステップは，大人の相手が，興奮しながらほめたり励ましたりといったことを表出することで，迎え入れられる。こういった感嘆でもって，親は自らが属する儀式的文化への新たなメンバーを歓迎するのである。そして小さな子どもは，喜びと誇りにあふれて笑い，遊び歌の中の決まった部分で手を高く宙に掲げる。あるいは，それが次の動きであって，そこでの正しい動きとしては，手を下して雨のパントマイムをしなければならない，と気付いた時には，動きの途中で止まるのである（この後者の意義は，大人にしかわからないかもしれないが）。

　ここに，「模倣の万能者」(Melzoff 1996)としてのヒトの乳児の能力を理解することができる，発達的，社会的，文化的文脈がある。霊長類の文化に生きており，儀式的文化を持たないチンパンジーでは使い道のない能力である。彼らの文化的伝統は，その大部分が，道具を使った行動，つまりは観察学習，あるいは「集中的な参加」(Rogoff *et al.* 2003)，で事足りるものに限定されている。また，そういった模倣は，かろうじて使える，という程度である。そうではなく模倣は，模倣なしでは成しえない機能を有する文化の中に入りこむのである。すなわち鳥やクジラにおける学習された歌の，文化的に伝えられていく複雑な表示行動のような，真に恣意的だが，決められている行動の形式と，歌やダンスのようなヒトの儀式を，高度に，忠実に複製する能力および永続的に獲得することなのである。このために，模倣は複製するための入り口――第二著者が「共形の動機」(Merker 2005)として支持している――を与えることによって，儀式的パフォーマンスを行なう大人の能力を，長期間，模倣して獲得する，ということを可能にする仕組みとして機能するのである。

　模倣を儀式という見地から考えると，模倣の機能や目的を，模倣そのもの以外にあると考える必要がなくなる。模倣の目的は，模倣についての実験室研究（Meltzoff 1988; Nagell *et al.* 1993; Tomasello *et al.* 1993b; Whiten *et al.* 1996; Miklosi 1999の手厳しいコメントも参照のこと）で示されているような，道具の使用，もしくはその他の目的といった新しくモデルとなる行動と似た行動を，その場でただちに行なう，ということではない。そうではなく，そのパフォーマンスのまさにその点が，その恣意的な，形式的な細かいところのすべてにおいて，手本とするべきものであるということ，すなわち表示行動の表面的な美学を，永続的に獲得することなのである。乳児期の遊び歌も，ヒトの儀式が一般的にそうであるように，形式的なことであふれかえり，この道具としての有用性の欠如という点で共通している。しかし，動物における模倣のエキスパートは，その模倣の芸当が典型的には優れた音声学習に限定されるのだが，彼らとは異なり，ヒトの乳児と大人は，模倣の万能者（Meltzoff 1996）なのである。我々は，学習された音声の操作を超えて，表出のための運動器官の力を精いっぱいに引き出し，音声学習メカニズムの二重のロジックという軌道に乗せるのである（本書第4章のマーカー）。乳児期の遊び歌は，この拡張されたヒトの模倣の範囲というものを体現しているのである。すなわち，だんだんと明らかにされてゆく歌の典型的パターンにおいて，乳児と大人のやりとりに見られる，多感覚的で，複数の効果を与えるような関わりにおける，模倣の範囲である。

　このように，遊び歌は，ヒトの儀式において見られる，擬態というものの広い範囲の縮図である。遊び歌は，体の姿勢と動き，身振り，手先の器用さ，歌と言語の能力を利用する。また，チンパンジーの文化ではほとんど見られないような――ヒトのパフォーマンスのうち，メロディーや，言語という構成要素を無視しても――，互いの動きを調和させるような，洗練された形式的な振り付けに向けて，徐々に近づきあう，相互的な調整も利用する。ヒトにおいて，「誘導」の過程は，時間がかかるものである。はじめ，乳児にはパフォーマンスをすべてやりきる上で必要な能力のうち，欠けているものがある。これは明らかに，メロディーのついた歌と言語を発する能力，そして運動能力である。これゆえ，遊び歌

のパフォーマンス（パントマイム）という側面には，遊び歌のグローバルな形式はそのままの，乳児の月齢に合わせた異なるバージョンが必要になるのかもしれない。これについては，付録IIで，「ちっちゃなクモ」のパフォーマンスの異なるバージョンを分類することで説明する。

　まとめると，我々が示唆しているのは，次のようなことである。「ちっちゃなクモ」のような遊び歌は乳児に対して，ヒトの文化の特に儀式的な側面を紹介することで，文化的に伝播される，発達的な伝達手段を提供するということである。メロディーと歌詞の根底にあるグローバルな形式が繰り返し示されることで，長期的な枠組みを作り上げる。この長期的な枠組みは，簡単に認識できるような構造上の連続性と，発達の間にどんどん積み重ねられていく成功の数々を祝ってもらう機会の繰り返しという，双方を提供する形式的な枠組みに，絶え間なく成熟する乳児の能力を取り込む力を持つのである。「誘導」の始まりは，乳児による正式な参加を求められることなく，儀式の形式にさらされることから始まる。そして，手を上げるといったような，単純な身体的身振りでの参加という形に進み，ついには，ひょっとすると数年後ということになるかもしれないが，すっかりパフォーマンスを習得し，やがて大きくなったら今度は自分の未熟な子どもに教える，という儀式的文化の循環になる。乳児はこれを成し遂げる上で，それぞれの段階を誇りに思えるだろう。そうすることで，乳児は言語能力を持つ前でさえ，我々の祖先である霊長類とは決定的に異なる，真にヒトのものと言える，儀式文化を作り上げる一員となるからである。これが，我々がいまや信じているように，乳児の発達における遊び歌の発達的な意義なのである。我々自身のヒトの文化の性質に対する理解を再構築しなくては手に入れることのできない意義であり，前出の章で詳しく述べられているように，文化的な継承物における独自の階層としての儀式的文化について，我々の注意を喚起するものなのである。

付録I
母子相互作用のビデオ

　研究に用いた基本データは，25組の母親－乳児の，家庭における日常の行動を録画することで（SONY DSR-PD1Pデジタルカメラと，それに付けられたSONY ECM-909A遠隔ステレオマイクを使って）収集した。録画は乳児が6，9，12か月の時に行い，時に他の家族のメンバーが参加することもあった。参加する家族は，新聞広告と，スウェーデン北部のイェムトランドとヘリエダーレンの地域の子育てセンターでの張り紙を通して1998年と1999年に募集した。参加した家族は，第一著者に電話かEメールで連絡するという形で，自らすすんで研究に志願した。この結果，広い社会経済・教育レベルの参加者たちが集まった。生物音楽学研究所が研究を行なったため，音楽に関する研究である，という事実は隠していなかった。ただ，乳児が6か月の際のセッションを行なう前，最初に参加する家族を訪問した際は，録画の目的は，家族のいつもの暮らしから外れるような特定のテーマがあるわけでなく，乳児を巻き込む，通常の日々の活動を記述することである，と強調した。この訪問の際，第一養育者には幅広い内容の質問紙に記入を行なってもらい，ほとんどのケースでこの初回の訪問の時から録画を始めた。この前にも，乳児が3か月頃の時に録画をしていたケースもあったが，これはデータの分析には含めなかった。通常の録画セッションは乳児が6か月の時に始め，月齢のレベルに応じて家族の都合の良い時にアポイントをとった。録画は1時間から2時間の間で行なわれた。録画の最中，我々はできるだけ裏側にいるように気をつけ，カメラは起動させたままにしておき，操作者が部屋にいなくても様子が映るようにした。

　様々な行動が記録された，合計120時間に及ぶデジタルビデオ録画ができあがった。コーパス全体に対し，関心の対象である行動的側面に注目して，3つの異なる内容分析を行なった。1番目は，ビデオのタイムコードに，注釈をつけることであった。この注釈とは，録画セッションの中での状況のタイプについての一覧に応じて記入した，行動のカテゴリーとコメントのセットである。この一覧のカテゴリーに応じて，音楽を含むひと続きの行動を，次のように分類した。子どもの歌・他の標準的な歌・即興の

歌・歌の断片（たとえば図11.2, パートc）・民謡／ライム・その他の音楽，のカテゴリーである。それらによって，行動に関する全体的な状況（たとえば，「xは床で容器で遊んでいる」），母親の行動，乳児の行動，見たところの機能（たとえば，「近づこうとしている」）といったものに対する短い言及を行い，また，そのひと続きの行動の意義を決めるのに関わるような多様な情報のコラムを載せた。たとえば，「乳児の行動」に分類された，録画中の58秒間の部分の注釈は次のようなものであった。「タンバリン叩き；母親が演奏を始めると，乳児は，母親が叩く様子を見るのをやめる。さらに気まぐれに叩いたり，話をしたり，多くのことが起こっている。母親へ注視している時間が大半である」。この一覧は，たとえばひと続きの遊びで相互的な動きを詳細にプロットしたり，あるいは音声行動にたいしてスペクトログラムのような方法を使うといった，より精密な調査を行うことを前提として，ひと続きの行動を特定するために使われた。

　コーパス全体の2番目の一覧は，大人が乳児と積極的に関わる時に使う，様々なコミュニケーション行動の形式に注目したものであった。つまり，音楽というよりも，むしろコミュニケーションに焦点を当てた分析であった。これによって，歌，その他の音楽，ナースリー・ライム，ふざける声，対乳児発話，その他の音声行動・沈黙を区別した。本章の本文にあった，対乳児発話・歌・その他のコミュニケーションの様式の活動時間の割合，というのは，この一覧に基づいて書かれている。

　3つ目の一覧は，リズム，繰り返し，体の部分の反復的な行動（たとえば，上下運動，ゆさぶり，ゆれ，激しいゆらぎ）を含むすべてのひと続きの行動を特定するものであった。これらを，音楽に伴って現れるものであるか否かに応じて分類した。93のひと続きの行動（56が音楽あり，37が音楽なし）における動きの特徴に対して，枠組みごとに統計的な分析を行なった。

付録Ⅱ
発達の進行に合わせて変化する儀式の形式：「ちっちゃなクモ」のさまざまなバージョン

　「ちっちゃなクモ」のような遊び歌のパフォーマンス的（パントマイム）側面は，乳児の年齢と発達に合わせて変化していくことが，我々のデータから示唆されていた。後に，ユーチューブの投稿動画の中から「ちっちゃなクモ」を検索して多くの事例をチェックすることで，このことが確かめられている。そこで，我々はこの遊び歌のパフォーマンス様式について，次のような予備的分類を提案する。

バージョン1　初期乳児期

　乳児は遊びの場で寝転がっている。大人が「クモの手」を作り，脚から這うような動きで乳児の体を登っていく。歌の最初の行の終わり，「雨どい（water spout）」のところで，乳児のあごの下をくすぐる。「雨で流された（Down comes the rain）」のところでは，乳児の顔を覆うように開いた指で一度になでる動作を行い，体の下の方へ，なでながら下げてゆく。「太陽が出てきた（Up comes the sun）のところで，扇のように指を広げた手を乳児の顔の前に持ってくる。曲の終わりには，最初のジェスチャーを繰り返し，くすぐって終わる。

バージョン2　中期乳児期

　大人と乳児が床に座るか，あるいは乳児が大人の膝の上に座る形で，向かい合う。大人は歌いながら，ひと続きのパントマイムの間，乳児の手を掴んで，その手と腕を積極的に動かす，というように，乳児のパフォーマンスを身体的に手助けする。乳児のすぐ近くで，大人がパフォーマンスをして見せる，という手助けの方法を取ることもあるだろう。

バージョン3　後期乳児期

大人と乳児は，身体的接触のない状態で，互いに向き合っている。ひと続きのパントマイムも，それぞれ並列して行う。一般的に知られている「ちっちゃなクモ」である。

3つの動きのパターンが表れているビデオの例（乳児の月齢と関係なしに）は，次のURLで見ることができる。

http://www.youtube.com/watch?v=SQJpjGaous4
http://www.youtube.com/watch?v=Zx40pmNQVs [17]
http://www.youtube.com/watch?v=aM0KjxhA4us

3つとも，メロディーと歌詞によって作られるという，広い意味での儀式の形式は同じである。劇的に異なるのは，パフォーマンスの側面――歌のパフォーマンス的側面を導入するパントマイムの動きである。これらは乳児の発達的能力に応じて，わかりやすく，最も適した形で使われているようだ。バージョン1では，乳児の自発的な反応と表出――儀式の中で繰り返された経験に応じて，予測的な反応をしながら，くすぐられて笑ったり興奮したりといったことが主だが――を期待している。このバージョンでは，乳児は，身体接触，聞くこと，見ることによって，独立した運動的な主導権を求められることなく，広い意味での儀式の形式を感じ取ることができる。その後のバージョンでは，乳児の身体の外側から作られていた遊び歌の空間範囲が拡張され，乳児による積極的な参加と主導権が次第に強化されてゆく。バージョン2の大部分が受動的なものではある。しかし，パントマイムは，大人による導きを拒否はしていない，という意味において，乳児の同意を必要としているのだということに注意されたい。バージョン3では，乳児は完全に1人のパフォーマンスの相手として，自分の力で活動を行なっている。本文では，遊び歌について，ヒトの文化の儀式的側面に子どもを引き込む発達的媒体として述べたが，このような発達の進行は，その点を強調するものとなるだろう。

謝辞

研究を行なう上で，コルウィン・トレヴァーセンの激励と支え，また彼とスティーヴン・マロックと多くの価値ある議論を交わせたことに感謝する。本章の基本となった研究は，スウェーデン国立銀行三百年記念財団の助成を受けた。

（山本寿子訳）

引用文献

Alexander RD (1990). How did humans evolve? Reflections on the uniquely unique species. *University of Michigan Museum of Zoology Special Publication*, **1**, 1–38.

Arom S (1991). *African polyphony and polyrhythm: Musical structure and methodology.* Cambridge University Press, Cambridge, UK.

Bekoff M (1972). The development of social interaction, play, and metacommunication in mammals: An ethological perspective. *Quarterly Review of Biology*, **47**, 412–434.

Bekoff M and Byers JA (eds) (1998). *Animal play: Evolutionary, comparative, and ecological approaches.* Cambridge University Press, New York.

Biben M and Suomi SJ (1993). Lessons from primate play. In K MacDonald, ed., *Parent-child play: description and implications*, pp. 185–196. State University of New York Press, Albany, NY.

Bruner JS and Sherwood V (1976). Peekaboo and the learning of rule structures. In JS Bruner, A Jolly and K Sylva, eds., *Play: Its role in development and evolution*, pp. 277–285. Basic Books, New York.

Burgdorf J and Panksepp J (2001). Tickling induces reward in adolescent rats. *Physiology and Behavior*, **72**, 167–173.

Burling R (1993). Primate calls, human language, and nonverbal communication. *Current Anthropology*, **34**, 25–53.

---

17)　リンク切れ。

Call J and Tomasello M (1995). Use of social information in the problem solving of orangutans (*Pongo pygmaeus*) and human children (*Homo sapiens*). *Journal of Comparative Psychology,* **109**, 308–320.
Cohen D (2000). More on the meaning of natural schemata: Their role in shaping types of directionality. In J Sloboda and S O'Neill, eds, *Proceedings of the Sixth International Conference on Music Perception and Cognition, 5–10 August 2000, Keele, UK.* Keele University, Department of Psychology, Keele, UK.
Cohen D (2003). Incorporating natural schemata into musical analysis. *Orbis Musicae,* **13**, 195–211.
Cordes I (1997). Observations on some correspondences between ethnic music and animal calls. In A Gabrielsson, ed., *Proceedings of the Third Triennial ESCOM Conference, 7–12 June 1997, Uppsala, Sweden,* pp. 235–40. The Department of Psychology, University of Uppsala, Sweden.
Cordes I (1998). Melodische Kontur und emotionaler Ausdruck in Wiegenliedern [Melodic contour and emotional expression in lullabies]. In KE Behne, G Kleinen and H de la Motte-Haber, eds, *Musikpsychologie, Vol. 13, Musikalischer Ausdruck,* pp. 26–54 [Music psychology. Musical expression]. Hogrefe Verlag, Göttingen.
D'Odorico L (1984). Non-segmental features in prelinguistic communications: An analysis of some types of infant cry and non-cry vocalizations. *Journal of Child Language,* **11**, 17–27.
Darwin C (1871). *The descent of man and selection in relation to sex.* D Appleton and Company, New York. (ダーウィン，長谷川眞理子訳『人間の進化と性淘汰』文一総合出版，1999)
De Boysson-Bardies B, Halle P, Sagart L and Durand C (1989). A cross-linguistic investigation of vowel formants in babbling. *Journal of Child Language,* **16**, 1–17.
Donald M (1993). *Origins of the modern mind.* Harvard University Press, Cambridge, MA.
Donald M (1998). Mimesis and the executive suite: Missing links in language evolution. In JR Hurford, M Studdert-Kennedy and C Knight, eds, *Approaches to the evolution of language: Social and cognitive bases,* pp. 44–67. Cambridge University Press, Cambridge.
Doupé AJ and Kuhl PK (1999). Birdsong and human speech: Common themes and mechanisms. *Annual Review of Neuroscience,* **22**, 567–631.
Elman JL (2004). Generalization from sparse input. *Proceedings of the 38th Annual Meeting of the Chicago Linguistic Society,* pp. 175–200. Chicago Linguistic Society, Chicago, IL (Dated 2002, published 2004).
Evans CS (1997). Referential signals. In DH Owings, MD Beecher and NS Thompson, eds, *Perspectives in ethology, Volume 12,* pp. 99–143. Plenum Press, New York.
Falk D (2004). Prelinguistic evolution in early hominins:Whence motherese? *Behavioral and Brain Sciences,* **27**, 491–541.
Farries MA (2001). The oscine song system considered in the context of the avian brain: Lessons learned from comparative neurobiology. *Brain, Behavior and Evolution,* **58**, 80–100.
Fernald A and Kuhl P (1987). Acoustic determinants of infant preference for motherese speech. *Infant Behavior and Development,* **10**, 279–283.
Fernald A and Simon T (1984). Expanded intonation contours in mothers' speech to newborns. *Developmental Psychology,* **20**, 104–113.
Fernald A, Taeschner T, Dunn J, Papousek M, Boysson-Bardies B and Fukui I (1989). A cross-language study of prosodic modifications in mothers' and fathers' speech to preverbal infants. *Journal of Child Language,* **16**, 977–1001.
Fogel A (1993). *Developing through relationships.* University of Chicago Press, Chicago, IL.
Gerken L (1996). Prosody's role in language acquisition and adult parsing. *Journal of Psycholinguistic Research,* **25**, 345–365.
Graham FK and Clifton RK (1966). Heart-rate change as a component of the orientig response. *Psychological Bulletin,* **65**, 305–320.
Grieser DL and Kuhl PK (1988). Maternal speech to infants in a tonal language: Support for universal prosodic features in motherese. *Developmental Psychology,* **24**, 14–20.
Gyger M, Marler P and Pickert R (1987). Semantics of an avian alarm call system: The male domestic fowl, *Gallus domesticus. Behaviour,* **102**, 15–40.
Hanslick E (1854). *Vom Musikalisch-Schönen. Ein Beitrag zur Revision der Aesthetik der Tonkunst.* Weigel, Leipzig. Published in English in 1986 as *On the Musically Beautiful: A Contribution Towards the Revision of the Aesthetics of Music.* Translated by Geoffrey Payzant. Hackett Publishing Company, Indianapolis, IN. (ハンスリック，渡辺護訳『音楽美論』岩波書店，1960)
Hauser MD (1996). *The evolution of communication.* MIT Press, Cambridge, MA.
Hauser MD (2000). The sound and the fury: Primate vocalizations as reflections of emotion and thought. In NL Wallin, B Merker and S Brown, eds, *The origins of music,* pp. 77–102. MIT Press, Cambridge, MA.
Hsu H-C, Fogel A and Cooper RB (2000). Infant vocal development during the first 6 months: speech quality and melodic complexity. *Infant and Child Development,* **9**, 1–16.
Ilari BS (2002). Music perception and cognition in the first year of life. *Early Child Development and Care,* **172**, 311–322.
Janik VM and Slater PJB (1997). Vocal learning in mammals. *Advances in the Study of Behavior,* **26**, 59–99.

Jarvis ED (2004). Learned birdsong and the neurobiology of human language. In HP Ziegler and P Marler, eds, Behavioral neurobiology of birdsong, pp. 749–777. *Annals of the New York Academy of Sciences*, **1016**.

Jürgens U (1998). Neuronal control of mammalian vocalization:With special reference to the squirrel monkey. *Naturwissenschaften*, **85**, 376–388.

Jürgens U (1999). Primate communication: Signaling, vocalization. In G Adelman and BH Smith, eds, *Encyclopedia of neuroscience*, pp. 1694–1697. Elsevier, Amsterdam.

Jusczyk PW, Houston D and Goodman M (1998). Speech perception during the first year. In A Slater, ed., *Perceptual development: Visual, auditory, and speech perception in infancy*, pp. 357–388. Psychology Press, Hove.

Juslin P and Laukka P (2003). Communication of emotions in vocal expression and music performance: Different channels, same code? *Psychological Bulletin*, **129**, 770–814.

Kent RD and Miolo G (1995). Phonetic abilities in the first year of life. In P Fletcher and B MacWhinney, eds, *The handbook of child language*, pp. 303–334. Blackwell, Cambridge, MA.

Kent RD and Murray AD (1982). Acoustic features of infant vocalic utterances at 3, 6, and 9 months. *Journal of Acoustic Society of America*, **72**, 353–365.

Kessen W, Levine J and Wendrich KA (1979). The imitation of pitch in infants. *Infant Behavior and Development*, **2**, 93–100.

Kuhl PK, Andruski JA, Chistovich IA *et al.* (1997). Cross-language analysis of phonetic units in language addressed to infants. *Science*, **277**, 684–686.

Lewkowicz DJ (1999). Infants' perception of the audible, visible and bimodal attributes of talking and singing faces. *Proceedings of the Audio-Visual Speech Processing Conference*, 7–9 August 1999. University of California, Santa Cruz. (http://mambo.ucsc.edu/avsp99)

MacDonald K (ed.) (1993). *Parent–child play: Description and implications*. State University of New York Press, Albany, NY.

Macedonia JM and Evans CS (1993).Variation among mammalian alarm call systems and the problem of meaning in animal signals. *Ethology*, **93**, 177–197.

Malloch S (1999). Mother and infants and communicative musicality. *Musicae Scientiae (Special Issue 1999–2000)*, 29–57.

Marcos H (1987). Communicative functions of pitch range and pitch direction in infants. *Journal of Child Language*, **14**, 255–268.

Marler P (1955). Characteristics of some animal calls. *Nature*, **176**, 6–8.

Marler P (1970). Bird song and speech development: Could there be parallels? *American Scientist*, **58**, 669–673.

Marler P (2000). Origins of music and speech: Insights from animals. In NL Wallin, B Merker and S Brown, eds, *The origins of music*, pp. 31–48. The MIT Press, Cambridge, MA. (マーラー「音楽と音声言語の起源：動物からの洞察」：ウォーリン，マーカー，ブラウン，山本聡訳『音楽の起源（上）』人間と歴史社，2013所収)

Marler P (2004). Bird calls: Their potential for behavioral biology. In HP Ziegler and P Marler, eds, The behavioral neurobiology of birdsong, pp. 31–44. *Annals of the New York Academy of Sciences*, **1016**.

Marler P, Dufty A and Pickert R (1986). Vocal communication in the domestic chicken: I. Does a sender communicate information about the quality of a food referent to a receiver? *Animal Behaviour*, **34**, 188–193.

McCune L, Vihman MM, Rough-Hellichius L, Delery DB and Gogate L (1996). Grunt communication in human infants (*Homo sapiens*). *Journal of Comparative Psychology*, **110**, 27–37.

McKernon PE (1979). The development of first songs in young children. *New Directions for Child Development*, **3**, 43–58.

Meltzoff AN (1988). Infant imitation and memory: Nine-month-olds in immediate and deferred tests. *Child Development*, **59**, 217–225.

Meltzoff AN (1996). The human infant as imitative generalist: A 20-year progress report on infant imitation with implications for comparative psychology. In CM Heyes and BG Galef, eds, *Social learning in animals: The roots of culture*, pp. 347–370. Academic Press, San Diego, CA.

Merker B (2000). Synchronous chorusing and human origins. In NL Wallin, B Merker and S Brown, eds, *The origins of music*, pp. 315–328. MIT Press, Cambridge, MA.

Merker B (2002). Music: the missing Humboldt system. *Musicae Scientiae*, **6**, 3–21.

Merker B (2005). The conformal motive in birdsong, music and language: an introduction. In G Avanzini, L Lopez, S Koelsch and M Majno, eds, *The neurosciences and music II: From perception to performance*, pp. 17–28. *Annals of the New York Academy of Sciences*, **1060**.

Merker B (2006). Layered constraints on the multiple creativities of music. In I Deliege and G Wiggins, eds, *Musical creativity: Multidisciplinary research in theory and practice*, pp. 25–41. Psychology Press, Hove, UK.

Miklosi A (1999). The ethological investigation of imitation. *Biological Reviews*, **74**, 347–377.

Moore JK, Perazzo LM and Braun A (1995). Time course of axonal myelination in the human brainstem auditory pathway. *Hearing Research*, **87**, 21–31.

Morton ES (1977). On the occurrence and significance of motivational-structural rules in some bird and mammal sounds.

American Nauralist, 111, 855–869.

Mozgot VG (2003). Auditory imprinting in shaping an individual's music world. In R Kopiez, AC Lehmann, I Wolther and C Wolf, eds, *Proceedings of the 5th Triennial ESCOM Conference* 8–13 September 2003, pp. 599–602, Hanover University of Music and Drama, Germany.

Murray L and Trevarthen C (1985). Emotional regulation of interactions between two-month-olds and their mothers. In T Field and N Fox, eds, *Social perception in infants*, pp. 177–197. Ablex, Norwood, NJ.

Nagell K, Olguin RS and Tomasello M (1993). Process of social learning in the tool use of chimpanzees (*Pan troglodytes*) and human children (*Homo sapiens*). *Journal of Comparative Psychology*, 107, 174–186.

Nottebohm F (1975). A zoologist's view of some language phenomena, with particular emphasis on vocal learning. In EH Lenneberg and E Lenneberg, eds, *Foundations of language development*, pp. 61–103. Academic Press, New York.

Nottebohm F (1976). Discussion paper. Vocal tract and brain: A search for evolutionary bottlenecks. In SR Harnad, HD Steklis and J Lancaster, eds, Origins and evolution of language and speech, pp. 643–649. *Annals of the New York Academy of Sciences*, 280.

Nwokah EE, Hsu H, Dobrowolska O and Fogel A (1994). The development of laughter in mother–infant communication: timing parameters and temporal sequences. *Infant Behavior and Development*, 17, 23–35.

Owings DH and Morton ES (1998). *Animal vocal communication: A new approach*. Cambridge University Press, Cambridge.

Papaeliou C and Trevarthen C (1994). The infancy of music. *Musical Praxis*, 1, 19–33.

Papoušek M (1996). Intuitive parenting: A hidden source of musical stimulation in infancy. In I Deliege and JI Sloboda, eds, *Musical beginnings: Origins and development of musical competence*, pp. 88–108. Oxford University Press, Oxford.

Papoušek M, Papousek H and Symmes D (1991). The meaning of melodies in motherese in tone and stress languages. *Infant Behaviour and Development*, 14, 415–440.

Prescott R (1975). Infant cry sound: Developmental features. *Journal of Acoustic Society of America*, 57, 1186–11891.

Reddy V (1991). Playing with others' expectations: teasing and mucking about in the first year. In Whiten A, ed., *Natural theories of mind*, pp. 143–158. Blackwell, Oxford.

Rogoff B, Paradise R, Arauz RM, Correa-Chávez M and Angelillo C (2003). First-hand learning through intent participation. *Annual Review of Psychology*, 54, 175–203.

Rubin KH, Fein GG and Vandenberg B (1983). Play. In EM Hetherington, ed., *Handbook of child psychology*, pp. 693–774. John Wiley and Sons, New York.

Scherer KR (1986). Vocal affect expression: A review and a model for future research. *Psychological Bulletin*, 99, 143–165.

Scherer KR (1995). How emotion is expressed in speech and singing. *Proceedings of the International Conferences of Phonetic Science*, 3, 90–96.

Scherer KR, Banse R and Wallbott HG (2001). Emotion inferences from vocal expression correlate across languages and cultures. *Journal of Cross-Cultural Psychology*, 32, 76–92.

Searby A and Jouventin P (2003). Mother–lamb acoustic recognition in sheep: A frequency coding. *Proceedings of the Royal Society B: Biological Sciences*, 270, 1765–1771.

Seyfarth RM and Cheney DL (1980). The ontogeny of vervet monkey alarm-calling behavior: A preliminary report. *Zeitschrift für Tierpsychologie*, 54, 37–56.

Siegel GM, Cooper M, Morgan JL and Brenneise-Sarshad R (1990). Imitation of intonation by infants. *Journal of Speech and Hearing Research*, 33, 9–15.

Staal F (1989) *Rules without meaning. Ritual, mantras and the human sciences*. Peter Lang, New York.

Stadler Elmer S (2000). *Spiel und Nachahmung— Über die Entwicklung der elementaren musikalischen Aktivitäten*. [*Play and imitation – On the development of basic musical activities*.] HBS Nepomuk Verlag, Aarau, Switzerland.

Stark RE (1978). Features of infant sounds: The emergence of cooing. *Journal of Child Language*, 5, 379–390.

Stark RE, Bernstein LE and Demorest ME (1993). Vocal communication in the first 18 months of life. *Journal of Speech and Hearing Research*, 36, 548–558.

Stern D (1977). *The first relationship*. Harvard University Press, Cambridge, MA.（スターン，岡村佳子訳『母子関係の出発：誕生からの180日』サイエンス社，1979）

Stern D (1999). Vitality contours: The temporal contour of feelings as a basic unit for constructing the infant's social experience. In P Rochat, ed., *Early social cognition: Understanding others in the first months of life*, pp. 67–80. Erlbaum, Mahwah, NJ.

Struhsaker TT (1967). Auditory communication among vervet monkeys (*Cercopithecus aethiops*). In SA Altmann, ed., *Social communication among primates*, pp. 281–324. University of Chicago Press, Chicago, IL.

Sundin B (1977). *Barnets musikaliska värld: påverkan och utveckling i förskoleåldern*. [*The musical world of the child: Influences and development in preschoolers*.] Liber Läromedel, Lund, Sweden.

Sundin B (1998). Musical creativity in the first six years: a research project in retrospect. In B Sundin, GE McPherson and G

Folkestad, eds, *Children composing: Research in music education*, pp. 35–56. Malmo Academy of Music, Lund University, Lund.

Thorpe WH (1961). *Bird song*. Cambridge University Press, Cambridge.

Todt D (1988). Serial calling as a mediator of interaction processes: Crying in primates. In D Todt, P Goedeking and D Symmes, eds, *Primate vocal communication*, pp. 88–107. Springer-Verlag, Berlin.

Tomasello M, Kruger AC and Ratner HH (1993a). Cultural learning. *Behavioral and Brain Sciences*, **16**, 495–552.

Tomasello M, Savage-Rumbaugh S and Kruger AC (1993b). Imitative learning of actions on objects by children, chimpanzees and exculturated chimpanzees. *Child Development*, **64**, 1688–1705.

Trainor LJ, Austin CM and Desjardins RN (2000). Is infant-directed speech prosody a result of the vocal expression of emotion? *Journal of the American Psychological Society*, **11**, 188–195.

Trehub S (2000). Human processing predispositions and musical universals. In NL Wallin, B Merker and S Brown, eds, *The origins of music*, pp. 427–448. MIT Press, Cambridge, MA.

Trehub SE and Trainor LJ (1998). Singing to infants: Lullabies and playsongs. In C Rovee-Collier and L Lipsitt, eds, *Advances in infancy research*, pp. 43–77. Ablex, Norwood, NJ.

Trevarthen C (1979). Communication and cooperation in early infancy. A description of primary intersubjectivity. In M Bullova, ed., *Before speech: The beginning of human communication*, pp. 321–347. Cambridge University Press, Cambridge.

Trevarthen C (1999). Musicality and the intrinsic motive pulse: Evidence from human psychobiology and infant communication. *Musicae Scientiae (Special Issue 1999–2000)*, 155–215.

Trevarthen C and Hubley P (1978). Secondary intersubjectivity: Confidence, confiding and acts of meaning in the first year. In A Lock, ed., *Action: gesture and symbol: The emergence of language*, pp. 183–229. Academic Press, London.

Tzourio-Mazoyer N, De Schonen S, Crivello F, Reutter B, Aujard Y and Mazoyer B (2002). Neural correlates of woman face processing by 2-month-old infants. *Neuroimage*, **15**, 454–461.

Unyk AM, Trehub SE, Trainor LJ and Schellenberg EG (1992). Lullabies and simplicity: A cross-cultural perspective. *Psychology of Music*, **20**, 15–28.

Vihman MM (1996). *Phonological development: The origins of language in the child*. Blackwell Publishers, Cambridge, MA.

Whiten A, Custance DM, Gomez JC, Teixidor P and Bard KA (1996). Imitative learning of artificial fruit processing in children (*Homo sapiens*) and chimpanzees (*Pan troglodytes*). *Journal of Comparative Psychology*, **110**, 3–14.

Wickler W (1974). *The sexual code*. Weidenfeld and Nicholson, London.

Wilbrecht L and Nottebohm F (2003). Vocal learning in birds and humans. *Mental Retardation and Developmental Disabilities Research Reviews*, **9**, 135–48.

Williams H (2004). Birdsong and singing behavior. In HP Ziegler and P Marler, eds, Behavioral neurobiology of birdsong, pp. 1–30. *Annals of the New York Academy of Sciences*, **1016**.

Wright AA, Rivera JJ, Hulse, SH, Shyan M and Neiworth JJ (2000). Music perception and octave generalization in Rhesus monkeys. *Journal of Experimental Psychology: General*, **129**, 291–307.

Xu N, Burnham D and Kitamura C (2006). Tone hyperarticulation in Cantonese infant-directed speech. Paper presented at the Eleventh Australasian International Conference on Speech Science and Technology, University of Auckland, Auckland, New Zealand, 6–8 December 2006.
http://www.assta.org/sst/2006/viewabstract.php?id=95

Yakovlev PI and Lecours A-R (1967). The myelogenetic cycles of regional maturation of the brain. In A Minkowski, ed., *Regional development of the brain in early life*, pp. 3–70. Blackwell Scientific Publications, Oxford.

第12章

早期のトリオ：乳児間の意味の発生における音と動きのパターン

ベンジャミン S. ブラッドリー

12.1 はじめに

　この章では，赤ちゃんの間の自発的コミュニケーションはどれくらい音楽的であると言えるのかについて調べていく。乳児期のコミュカティヴ・ミュージカリティに関するこれまでの研究は，大人とやりとりをする赤ちゃんに焦点をあて，おしゃべりしたり，歌いかけたりする親に対する赤ちゃんの応答について分析していた（例えば Malloch 1999; Trevarthen and Malloch 2002；本書第10章のパワーズとトレヴァーセン）。明らかに，相手である大人の行動の音楽性は，乳児による音楽的な応答の刺激源でありうる。ここで私は，大人の存在なしでの，3人組の赤ちゃんたちによって生み出される音や動きについて議論する。特にビデオデータの分析によって，音楽性についての2つの問いがいかに明らかになりうるかを説明していく：他者との相互作用の中で乳児が出した音は，いかにして関係の意味を表現すると言えるのだろうか？ グループの中で発声する時，赤ちゃんたちはどの程度まで自己意識的に共調節するのだろうか？ そのデータについて考える前に，私自身の初期コミュニケーション研究についての概念的背景と，使用している観察パラダイムを紹介する。

12.2 乳児と音楽性

　乳児研究は，コミュニカティヴ・ミュージカリティについての現在の考え方へとまっすぐに導かれてきた（Malloch 1999）。ハーバーマスは1970年に，チョムスキーの言語獲得に関する見解は人間のコミュニケーションの重要な側面，すなわち，ハーバーマスが「対話-構成の普遍性」と呼ぶものによって生まれた「間主観性[1]」を見落としているということを見事に示した（Hebermas 1970）。彼はチョムスキー（1959）の「言語獲得装置」という独言的な説明の下では考えられないような，コミュニケーションのための基盤的な心的社会性があるとした。それにより，新生児は非社交的な情報処理装置であるという，当時支配的だったイメージに反論する証拠を集めていた1960年代中頃からの先駆的乳児研究者たちの仕事に，新たな理論的一貫性を与えたのである。小さな赤ちゃんが大人との交感的な（すなわち，社会的に表現に富んでいて，感情が表れていて，感情に訴えるような）会話に容易に参加することや，会話が邪魔された時に落胆すること，新生児が手や顔の身振りを真似するための早熟な能力を持つという証拠

---

[1] 巻末の参考資料「間主観性」を参照。

がその代表であった（例えば，Tissaw 2007; Condon and Sander 1974; Murray and Trevarthen 1985; Stern 1971; Tronick 1989）。要するに，とても幼い乳児が他者の表出に応答することへの関心と適応を示したのである。1970年代の間に，トレヴァーセン（Trevarthen, 1979a, 1998; Trevarthen and Hubley 1978）とその他の研究者ら（例えばRyan 1974; Bruner 1975）は，これらの発見を生得的な間主観性の発達理論へと結びつけた。トレヴァーセンは，赤ちゃんが他者の心的状態を共有するためのモチベーションを持って生まれ，それが早期の月齢での純粋な対人関係への注目から，人生の2回目の6か月の間にモノやシンボル，儀式化されたゲームに至るよう育ち，最終的には文化的な意味（言語を含む）をもつ全ての形式に参加するための心的基盤を与えるとした。「文化」という言葉を用いることにより，トレヴァーセン（1979b）は恣意的なアイディアや慣習的な行動の形式がいかに学ばれるのかに関する決定的な主張を打ち出した。つい最近，マロックとトレヴァーセンは文化の産物のひとつである音楽に関するコミュニカティヴな基盤についての実証的研究に取り組み，乳児と他者の間のダイナミックな関与についてのトレヴァーセンの最初の主張に，新たな詳細を与えた。赤ちゃんは多くの創造的な表現形式に関して，早期の段階から生まれつき会話的で協力的であるだけではない。彼らはその上，生得的に音楽的なのだ！もっと厳密にいえば，彼らは「コミュニカティヴ・ミュージカリティを示す」のである（Malloch 1999; Trevarthen and Maloch 2000）。これは乳児の行動を分析する際に大変重要なことだろう。

　音楽という文化への乳児の参入に関する研究では，ある重要な区別がなされなければならない（本書第1章のマロックとトレヴァーセン参照）。赤ちゃんたちは，学齢期の子どもを前途有望なピアニストだとみなすような見方からすれば，少しも「音楽的」ではないかもしれない。しかし彼らはもう，「音楽を楽しんでいる」と一般に言われるのに必要なことは，何であれその最初のサインを示している可能性がある。例えば，赤ちゃんたちはリズムに敏感で，他のリズムは好きではなくとも，あるリズムは好きで，参加しようとすらする（Smitherman 1969; Ejiri 1998; Jaffe et al., 2001; Bahrick et al., 2004; 本書第9章のマゾコパキとクジュムザキス，本書第14章のグラティエとダノン参照）。

　ダーウィン（1877）は乳児の「言語」をテナガザルの歌に例えている。そして音楽性の本質に関する研究にとって極めて重要な問いを投げかけている：動物は音楽的だろうか？　さもなくば，動物の言語は芸術的な音楽の起源とは全く関係がない，固定した感情的な意味を持つような言語なのだろうか？　本論文において，私は動物の聴覚的ディスプレイについての発見が，乳児の音楽性に関する実証的研究に重大な関わりを持つとされうる（本書第4章のマーカー，第7章のパンクセップとトレヴァーセン参照）ダーウィンの立場を採用する。動物の歌についての科学的な既存の発見に単純すぎる輝きを与えてしまうというリスクはあるが，獣類の音楽は，我々が疑う余地なくエロティックな構成要素と呼ぶ可能性があるものを持っている；つまり，同種間の誘引（と反発）の賛美に関連した構成要素である（Bradley 1981, 1989, 1991; Selby and Bradley 2003a）。これらに基づき，我々の研究は，3人組の赤ちゃんたちの間で生じる誘引に同期する発声の中に，乳児の音楽を探していく。

　当初，トレヴァーセン（1979b）の理論的提案から，研究が2つのラインへと広がった。ひとつは，生まれたときから学齢期までの間主観性の発達の形式を詳しく記述しようした（例えばBraten and Trevarthen 2007）；もうひとつは，間主観的なつながりに関する乳児の能力の「いかにして（how）」を説明しようとした（例えばRochat 2004）。コミュニカティヴ・ミュージカリティのコンセプトは，2つ目のラインに属する。脳科学（例えばPanksepp 1998）や，協調された動きの解析（例えばBernstein 1967; Lee 1998）から着想を得て，トレヴァーセンとマロック（2000）は，我々の身体は生得的にコミュニカティヴな形式で，我々の心のダイナミックなパターンを表現するために組織されているとした。特に個々人の動機を表現する活動は，**生得的に共有可能な1つのまとまった時間枠のなかで同期されているのだ**（Trevarthen 1986; 本書第14章のグラティエとダノン参照）。

　協調した人間の動きの生得的なコミュニケーション性を説明する1つの方法は，脳において発生する

「ギャップの閉じ」という単一の時間-空間的機能の点から，ゴールに向かう動きに必要な予測的コントロールについて定義する**タウ理論**[2]を参照することによる（Lee 1998; 本書第6章のリーとシェグラー）。「タウ・カップリング」の理論は，1人の人によってつくられる複雑な動きの協調と統合を効果的に扱えることが示されているが，異なる人々によってつくられた動きの同期にも等しい単純さで適用される。しかしながら，一方で個々の人間の動きの協調が動きをリズミカルに（1つの時間枠の中で同期され），そしてコミュニカティヴに（他者と共有可能に）すると提案することと，他方で，そのような協調が動きを音楽的にもさせると提案することの間には，多くの段階がある。必然的に，赤ちゃんのコミュニカティヴ・ミュージカリティに興味を持つ研究者たちは，彼らが「音楽性」と呼ぶものに共通しているような，間違いなく音楽の特徴を示しているといえるものと，そうでないものとを区別することによって研究をはじめる。この領域のパイオニアであるパプチェクとパプチェク（1981, p. 182 ff）は，創始者としてこう主張した：「新生児の，非叫喚発声におけるありのままの根源的な音声の表出は，最初の数か月から音楽的な音の特徴を獲得する」［原典とは異なるが原文通り］。その特徴は，音色，リズム，トーンの多様性，ピッチの幅，ピッチの好み，原旋律的な抑揚の輪郭，音程の使用を含むといわれている。しかしながら，新生児の声がすぐに音楽的な音を出すことができるということと，赤ちゃんが彼らの声を音楽的に使うこととは，大違いである。これに関連してパプチェクらは，彼らの娘であるターニャが早くも生後2か月齢から，ピッチをあわせ，抑揚の輪郭を模倣するための能力を持っていたとしている（Kugiumutzakis 1993, 1999参照）。これは声の産出における自己意識の初期段階を示している。ターニャは生後13か月までに，両親のシンプルなあやし唄[3]や歌に加わりはじめ，韻律，リズムやピッチを積極的に繰り返すことができるようになったことを示した。

より最近ではトレヴァーセン（1999）が，スウェーデン人の目の見えない5か月児が赤ちゃん向けの歌を歌う母親の歌にリズムを合わせてどのように左手を動かしているように見えるのかを示す映像を分析した（目の見えない乳児と母親の相互作用における音声の役割については，Preisler and Palmer 1986参照）。その乳児は，手首と指の動きでつくる，トレヴァーセンが「指揮する」動きと表現したものを使って，メロディーラインや歌のフレージングにマッチさせているように見え，かつ母親の応答的表現のほんの一瞬前にそのようにしていた。このことや，ほかの乳児-母親のベビートーク[4]（例えばBradley and Trevarthen 1978）の記述的資料は，幼い乳児が「彼らの限られた動きのレパートリーを，母親の表現の音楽性に協調させることに非常に興味を持つ」ことを示唆している（Trevarthen 1999, p. 173）。

トレヴァーセンとブルーナーの最初の議論をとりあげると（Darwin 1872; Habermas 1970; Ryan 1974に続いて），コミュニカティヴ・ミュージカリティが生得的であるという着想は，乳児の音づくりが，物理的な側面（ピッチ，振幅やリズムのような要素）だけでなく，間主観的なトポグラフィをも持っていることを暗に意味する。この文脈に沿ってここで述べられるプロジェクトの目的は，人生の2回目の6か月における音楽的な表現の鍵となるような間主観的な場の一部が描かれうる，新たな「対称的な」観察パラダイムの価値を示すことである（Selby and Bradley 2003a）。特にデータは，音楽の2つの特徴的な側面の兆しが，赤ちゃんだけのグループの中での音づくりにおいて見出されうるかどうかを調べるのに使用される：関係の意味，そして音楽をつくる人たちの聴覚的な自己意識である。

1．**関係の意味**　歌うことはおそらく，人間に知られる関係的コミュニケーションの最も強力な形式の1つである。エルトン・ジョンの「ロケットマン」であろうと，ヴェルディの「ある日，幸せにも（彼

---

[2] 巻末の参考資料「一般タウ理論と近年の音楽研究」を参照。
[3] 原語はnursery chants。巻末の参考資料「ナースリー・ライム」も参照。
[4] 赤ちゃんに向けた母親などの大人の話し方。対乳児発話（IDS），マザリーズ（motherese）とも呼ばれるが，「赤ちゃんことば」（靴を「くっく」や手を「おてて」と呼ぶ）の意味を含む。幼児語ともいう。巻末の参考資料「乳児の音声コミュニケーションとその発達」も参照。

女は）現れ」であろうと，歌は非常に多岐に渡る，圧倒的かつ繊細な感情の数々を引き起こしうるのである。それはその歌い手にとっても，「唯一の生みの親」[1]にとってもそうであるし，群衆の中に1人まぎれた音楽会の常連客でも，はたまた，夜の鬱蒼とした片田舎で1人さみしくラジオを聴いている人にもあてはまる。歌は，本質的に叙情的なのだ——すなわち，社会的であり，関係的である[2]。それは他人に影響を及ぼすものである。それでは，特定の関係的魅力の媒体としての機能を果たしている乳児の音づくりは，どの程度叙情的あるいはエロティックなのだろうか？

2．**音楽をつくる人たちの聴覚的な自己意識**（「聴覚的想像」，Gardner 1949参照）

独奏においてさえ，音楽家たちは，彼らが読んでいる，あるいは頭の中に書き留めた音楽の内在化された基準と対照して彼らのつくる音をモニターしているに違いない。そのようなモニタリングは，集団的な音楽の場合より一層明らかに必要である。よく知られたベートーヴェンの弦楽四重奏曲を一緒に演奏している時であれ，古い民謡を歌っている時であれ，自由形式のジャズの即興演奏をしている時であれ，音楽家たちは，そのアンサンブルで他の音楽家たちによってつくられた音に，彼らがつくる音——リズム，ピッチ，音量——を共調節できる場合にのみ，良い音楽をつくりだすことができる。同様に，もし我々が，赤ちゃんたちはグループでいるときに集団的な音楽性を示すと主張したいのならば，乳児が他のグループメンバーの音づくりに関係して，あるいは無関係に，発声したり叩いたりするやり方を意図的かつ自己意識的に調節するような何らかのサインを示すのかどうかを吟味する必要がある。実際に乳児において聴覚的な自己制御が観察されうるのは，誰かと一緒に発声したり，叩いたりする時だけである。赤ちゃんは1人でいる時に発声するし，グループにいる時でも非指向的な発声をするが，誰かが決めたという理由で明らかな基準がない限り，彼らがその基準に従おうとしているのかどうかを知る術はない。

12.3　乳児のグループパラダイム

音楽から音楽性へのステップには，赤ちゃんが彼らの音声を使って何ができるのか，あるいは彼らの母親の発話や歌の音楽的な特徴に対してどんな選好性があるのかについての単純なスペクトログラムの分類を超えた研究を必要とする。そのスタート地点は，乳児の音づくりは社会的であるからなおのこと，観察がふさわしい。

「分担的二者関係プログラム」を用いたボウルビィのアタッチメント[5]理論のように，乳児の音楽性についての研究は，その注目の的が，二者的なやりとりにかなり限定されてきた（Bradley 1991）。心理言語学における発達研究のように，最重要な研究の関心は，乳児の両親とのインタラクションの中での歌の使用の方法，そして／あるいは獲得の方法にある。そして，世代を超えて親から子へと受け継がれる伝統的な歌や子守歌に対して，いかにして彼らが応答しているのかを問うことにある。親のどんな行動が彼らを引き入れるのだろうか？　彼らはいつ参加し始めるのだろうか？　いつ両親の歌から独立して歌を歌い始めるのだろうか？

研究のこの方向性には，2つの限界がある。1つ目は，赤ちゃんが反応したり，（潜在的に）つくり出す音楽は，大人によって定義され，残されてきたもののみであるとみなしうるということだ。つまり乳児は，既に存在する，他者によって決められた音のパターンやリズムにおさまるか，それを詳述しているのだとみなしうる。2つ目は，乳児の音づくりが二者関係の中で分析される時，二者的ではない，

1　シェイクスピアのソネット集は，1609年にトマス・ソープによって出版された。彼はその中で「唯一の生みの親（onlie begetter）」への献辞を書いている。しかし「唯一の生みの親」が誰であるかは現在もわかっていない。
2　「直接的に詩人自身の考えや気持ちを表現する」という意味での「叙情的（Lyrical）」であり，つられてしまうような「詩的熱中」を表現する（Onions 1973, vol. I, p. 1253）
5）巻末の参考資料「アタッチメント（愛着）」を参照。

普遍的で，関係的な社会─情動的能力や，「社会性」の前兆となるような，より集合的な活動としての音づくり（あるいは間主観性）に関する検討が取り除かれてしまうということである。

それゆえに，親が歌うこと，赤ちゃんが音楽を聞いたり，彼らの手や足を使ってその音楽を「指揮」したり，拍子をそろえ，調和し，クーイング[6]によって参加することが支配的イメージである。双子とのユニゾンと交替における母親の発声に関するスターンとその同僚の研究 (Stern et al. 1975, p. 90) で，音が3人組で記録された時でさえ，分析は二者的なままである：「乳児と母親の間の相互作用だけが記録された；すなわち，全ての三者的な相互作用は除外された」。しかし音楽は伝統的に集合的な活動であると言われているし，しばしば2人以上のグループにおいて創られる。コミュニティにおける唄や歌の伝統，ビッグバンドミュージック，ロックやジャズバンド，オーケストラや合唱団がそれを証明している（本書第2章のディサナーヤカ，第16章のパヴリチェヴィックとアンスデル参照）。

我々は，グループにおける赤ちゃんについての最近の研究で，同じ「間主観的空間」(Bradley 2005) の中にいる赤ちゃんが，同時的な2人以上の他者に対する気づきの前兆となる関係を結べることを明らかにした。つまり，生後9か月までに，乳児には「仲間」や「グループ」のメンタリティのための兆候があるのだ。それは，ボウルビィ (1982, p. 378) が人間の社会性の発達を支えると仮定した「分担的二者パラダイム」とは形式が全く異なるものである (Selby and Bradley 2003a, b; Bradley and Selby 2004)。さらに，我々が2段階事例分析と呼ぶ，より厳密で記述的な手続きを採用することによって（解釈的アプローチを包含する，Selby and Bradley 2003aを参照），我々は，赤ちゃんが互いの交流の中でできる二者関係を超えた明記可能な社会情動的意味を生みだす能力がある，という証拠を出せるのだ。興味深いことに，これらの意味は，ハリデー (2003, p. 22) の言う，達成のために「行為での何らかの応答」を必要とするという意味での，プラグマティック機能をおおよそ持ち得ない。例えば赤ちゃんのアンがジョーを見て，指差しをしながら発声をしたときのように（下記参照），それらはハリデーの「マセティック (mathetic)」あるいは平叙的カテゴリに該当すると思われる。

最後に，対称的な記述的パラダイムなしでは，例えばミューラーの「意味第一仮説」(Mueller 1991, p. 316; Vandell and Mueller 1995) のような仮説に関する問題がある。ミューラーの仮説は，「言葉の出現を理解するのに極めて重要な，言語的コミュニケーションに先行して起こる意味の体系」を提示するものである。乳児における，「意味第一」仮説に関連する類の言語習得前のコミュニケーション的行動は，大人の研究者によってアプリオリに定義された典型的なカテゴリの頻度算出によっては発見され得ない。どんな1つのコミュニケーション的行動の意味も，推測統計によっては提示され得ない。むしろ我々は，乳児の各グループにおいて，違った形で意味が本当に生み出されるのかどうかを見出す方法を見つける必要がある。それは，グループの「会話」が前進するにつれて，時間とともに変化するのだが──そして，創られた意味とは何なのか，ということを。これは特に，先に議論したように，我々が，乳児の音楽性は特定の社会情動的な意味を伝達するだろうと信じる場合にあてはまる。特定の特異的な集団で生み出された意味は，一連の汎用的なカテゴリによって提示され得るもの（例えば，「社会指向行動」──Vandell et al. 1980) よりも（これらの尺度は時折便利であるのだが），もっとセンシティブな手段によって探し出される必要がある。従って，私がグループにおける乳児の音楽性の検討で採用する，乳児のコミュニカティヴな行動に関する記述反復的アプローチについて下記にて議論する。

我々の記録は次のようにつくられた。お互い知らないもの同士の，生後6か月と9か月の間の3名の乳児が，録音スタジオの中で正三角形に配置されたベビーカーに集められた。それぞれの赤ちゃんは，他の2人と足が触れるくらいの距離にいる（**図12.1**）。起こったすべては2台のデジタルビデオカメラによって記録される。そのトリオは，母親か実験者のどちらか──有線方式のモニター上で隣の部屋か

---

[6] 巻末の参考資料「乳児の音声コミュニケーションとその発達」を参照。

256 | 第12章　ブラッドリー

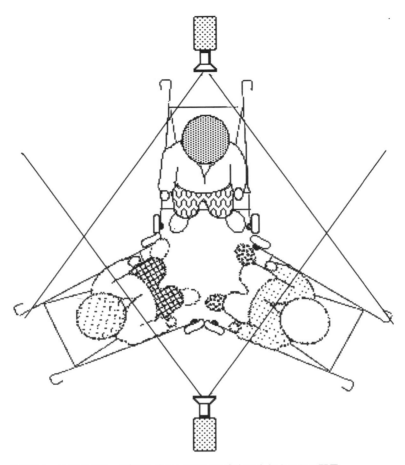

図12.1　乳児のグループパラダイムにおける赤ちゃんとカメラの配置

ら見ている——が，その相互作用が「終了した」と判断した場合にのみ，解除される（大抵は，1人あるいは複数の赤ちゃんが退屈したり，イライラしていると思われたからであった）。今までのところ，我々はこの方法で45名の赤ちゃん（15トリオ）を観察し，トリオは平均12分続いた（範囲5〜22分）。

結果は次のように抽出された。各グループセッションについて，一応の[7]「厚い」記述（Geertz 1973）がなされた（例えば，赤ちゃんAは赤ちゃんCよりも赤ちゃんBを「好んだ」）。次に，これらの解釈を潜在的に支持したり，疑うようなよりきめ細かい行動的証拠が探された。分析の第2段階に使われた行動カテゴリは，観察者間の信頼性が成立するよう定義された。この2段階プロセスは，同じエピソードの微視的読みとりによって裏付けされた，フィヴァ＝ドゥプールサンジュとコルボ＝ヴァルヌリーの「家族の情動的コミュニケーション」についての多角的読みとりによる記述と似ている（1999, p. 161）。最終的に行き着く仮解釈は，全ての利用可能なエビデンスに基づいて主張される（我々のアプローチは，利用可能な証拠の優越[8]によって支持された解釈を示す，民法における論証に達するためのプロセスと同

---

7) 原文はprima facieである。英米法において，反証によって覆されるまでは一応正しい，合理的である，または真実であるなどと推定されるとの意（高柳・末延〔1952〕英米法辞典, p. 376）。
8) 原文はpreponderance of available evidence である。「証拠の優越」とは，争点事実について完全に証明されるには至らないが，証拠の証明力が相手方のよりもまさっていること（小山〔2011〕英米法律語辞典, p. 861）。

等である)。別の解釈は，どちらが観察された行動を最も解明するかをみることによって検証されうる（このアプローチはReddy 1991に詳細に説明されている)。

私はこれから，この2段階アプローチが，この章の最初に提示された2つの疑問をいかにして明らかにするのかを説明する――つまり，他者との相互作用の間，乳児はいかにして関係の意味を表現すると言われるような音づくりをするのだろうか？　赤ちゃんたちはグループで発声する時，どの程度自己意識的に互いに共調節し合うのだろうか？　ここで私は別の論文で発表した結果 (Selby and Bradley 2003a) に準拠した。それは以下の通りである。

- 「会話」の間，赤ちゃんトリオのなかで生じるコミュニケーションは，ある行動の最初の意味を変えたり，加えたりする可能性がある。
- ある者の行動がトリオの他のメンバー双方に同時的な気づきを与えた場合，赤ちゃんたちは三者の会話に巻き込まれる可能性がある。我々はこれを「三者間の連結」と呼んでいる。
- 赤ちゃんたちはトリオの中で，およそ10分間続く会話の間中，他者に対して誘引と反発の両方を示している。

ここで議論すべきさらなるポイントは以下の通りである。

- 私は乳児のトリオにおける誘引の様々なダイナミクスを示す方法を紹介する。
- 私は乳児の音楽性における指向的発声と非指向的発声を実証的に区別し，音楽的発話および音楽的でない発話とそれとの結びつきを議論する。
- この区別と，2つの異なる種類の乳児の「歌唱」(指向的なものと，非指向的なもの) の間の関係性を説明する。
- 私は赤ちゃんたちの間の自己意識的な聴覚的コラボレーションに関する証拠について検討する。

12.4　2つのトリオにおける音楽と誘引のダイナミクス

赤ちゃんたちの間の誘引は通常二者的であり，しばしば仮定される原型として乳児－母親の関係性を思いつく (例えば，Denham *et al.* 1991)。乳児グループにおいて観察可能な，多くは短時間で生じる間主観的誘引のダイナミクスを対象とした研究は，あるとしてもごくわずかである。ここで示されるデータには，2つの着目点がある：注視と発声である。注視は恐らく選好性についての最も明確な指標である。見ることの心理学的な機能に関する理論は多数あり複雑だが，他のものを見ることの大部分は，興味や好み，好奇心や興奮を，また滅多にないことかもしれないが，恐怖や憎しみ，絶望や，チャンス (1962) が呼んだ「闘争性」の領域からの回避への願いを示すものであるとすることは異端ではないだろう。「三角関係」の特徴である誘引と反発の形式は人間の社会的な関係性の基盤であり，ハムレットやオイディプス王のような偉大な演劇によって示され，また古典的な精神分析理論でも示されている (Britton 1989)。

表12.1 (a)　赤い帽子トリオにおける注視データ (12分間)

赤ちゃん	ジョー	アン	モナ	他者への注視時間の合計
ジョーの注視先		285	122	407
アンの注視先	365		120	485
モナの注視先	348	296		644
他者による注視時間の合計	713	581	242	

注視時間：秒

表12.1（b） キャッツコーラストリオにおける注視データ（14分間）

赤ちゃん	ジム	バーバラ	メアリー	他者への注視時間の合計
ジムの注視先		224	215	439
バーバラの注視先	238		293	531
メアリーの注視先	269	202		471
他者による注視時間の合計	507	426	508	

注視時間：秒

　私は最初に，三者において観察可能な，2つの起こりうる注視のダイナミクスについて調べた。ここでは**表12.1a**と**表12.1b**のデータに言及して検討する。それらは2つのグループの記録から得られた。「赤い帽子」（長さ12分；赤い帽子をかぶった，アンという主要なキャラクターから名づけられた―**図12.2**参照）と，「キャッツコーラス」（長さ14分；トリオの声の妙技から名づけられた）である。

　2つの主要な行動カテゴリがコード化された。観察者間の信頼性は，無作為に選ばれた各行動について50例のコード化を行った2人目の観察者によって算出された。各ケースにおいて，コーエンのκ（カッパ）係数[9]は許容レベル（0.70）を超えていた：具体的には，他の赤ちゃんへの注視（持続時間，$\kappa=0.74$；回数，$\kappa=0.82$），発声（持続時間，$\kappa=0.80$，回数，$\kappa=0.85$；グルーピング，$\kappa=0.77$）であった。

　発声は，すべての有声の音と定義された（咳や泣きも含まれる。しかし，例えばため息のような無声音は含まない）。発声は，社会的な指向行動についての基準を充たしていた場合，すなわち「3秒以内に，同じ人物に対する1回かそれ以上の**個別的な**注視に付随して起こる」発声である場合に，「指向的」とコード化された（Tremblay-Leveau and Nadel, 1996, p. 149; 同様に，発声がもしパートナーの働きかけの3秒以内に起こったら，応答として定義された）。これは，その働きかけの3秒以内に両方の赤ちゃんを見

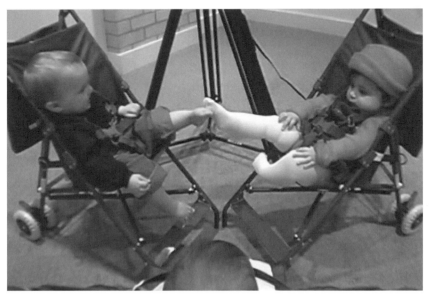

図12.2　赤い帽子トリオにおけるアンとジョーの遊び「あんよ」

---

9) κ（カッパ）係数は見かけの一致と偶然の一致を差し引いた計算値。

た場合には(時々生じるように),同じ発声が他の赤ちゃん両方に向けられうることを意味する。この「社会的な指向行動」に関する従来のスコアリングを受けて,前の発声の5秒以上後に生じた場合は,その発声は「新しいもの」としてカウントされた(Selby and Bradley 2003a)。他の発声はすべて,非指向的とコード化された。

発声は同様に,他の赤ちゃん両方によって応答される可能性があり,しばしばそうなる。発声は,複雑なピッチの変化を含んでいて,全く耳障りではなく,耳に魅力的とみなされるような場合に「音楽的」

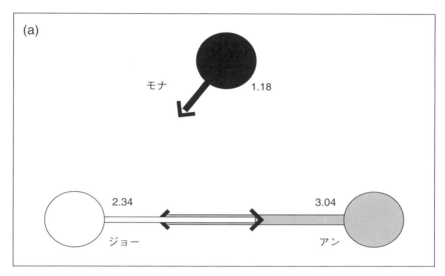

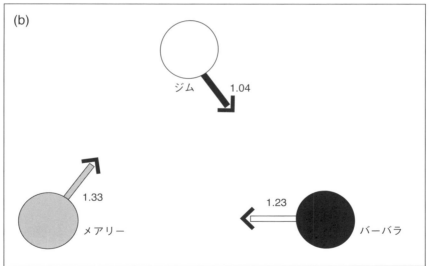

図12.3 (a)赤い帽子トリオにおける誘引パターン (b)キャッツコーラストリオにおける誘引のパターン

矢印の長さと方向が,各赤ちゃんの誘引係数(本文を参照)を示している。それぞれの係数は数字としても示されている。黒い円は最も他者を見ていた赤ちゃんを示し(他の赤ちゃん両方への注視が合わせられた,その赤ちゃんの注視の合計),灰色の円は,2番目に多く他者を見ていた赤ちゃんを示している。白い円は,最も少なく他者を見ていた赤ちゃんを示している(これらの図のデータは,12.1bにおいて示されたものをベースとしている)。

とコード化された。より包括的な基準では音楽的とも分類しうる多くのリズミックな音を明らかに除外しているのだが、この測定に関して十分な一致が得られた（$\kappa = 0.73$）。リズムは必ずしも聴覚的な領域に制限されたものではない。そのことがコード化することを難しくし、「音楽性」と定義することに議論を引き起こす（例えば、繰り返し自分の足の間を見たり、足を蹴り出すこと、これは「音楽的」だろうか？）。これらの起こりうる非音声のリズム表示に配慮することは、赤ちゃんたちによる全ての身体的な動きの解析を必要とするが、それは本研究においては技術的に可能ではなかった。

　最も単純なやり方で分析を始めるため、それぞれの赤ちゃんが好んだ他者への注視の持続時間を、より好まなかった赤ちゃんへの注視時間で割ることにより、1つの「誘引係数」にデータを減らした。**図12.3a**では、アン（9か月齢）に向けたジョー（9か月齢）の係数が2.34、ジョーに向けたアンの係数が3.04、ジョーに向けたモナ（6か月齢）の係数が1.18だったとみることができる。これは様々な方法で赤ちゃんたちが反応しうる排除のパターンをつくりだす（Selby and Bradly 2003a）。2人は互いに引かれあい、3人目は「邪魔者」である（すなわち、1人は仲間外れ）。また、キャッツコーラスにおいては一種の誘引の回転の構造が生じている。ジム（8か月齢）はバーバラ（9か月齢）によって1.04の係数で引かれ、バーバラはメアリー（9か月齢）によって1.23の係数で引かれ、メアリーはジムに1.33で引かれている。

　図12.3a（赤い帽子）は、キャッツコーラス（**図12.3b**）よりも非対称な注視のパターンを示している——キャッツコーラスよりも赤い帽子の方がはるかにより高い係数によって示されているように。この図は、乳児の発声の数のデータを有益に並べることができる。

　ジムは、キャッツコーラスにおいて最も頻繁な発声者である（**表12.2b**）。彼の発声は、他の人の視覚的注意を引きつけるのに比較的効果的で（41回の叫びの中での31回で、他の乳児のうち少なくとも1人が彼を見た）、特に彼のしばしば吹かれる「ラズベリー」[10]がそうだった。バーバラとメアリーはジムに向けるよりも互いに発声することを好んでいて、それぞれ3.5と2.7の誘引係数を持っていた（発声の数をベースとする）。全体としては、ジムはメアリーよりもバーバラに向けてほんのわずかに多く発声をし（係数＝1.2）、ジムの発声のうちの最も多い割合（41%）はどちらに向けたものでもなかった。対照的に、メアリー（18%）とバーバラ（19%）は双方とも、非指向的発声は少ししかなかった。似たような状況が、赤い帽子トリオでも出現している（**表12.2a**）。アンはセッションの間に200以上の発声をしていて、そのほとんどが口をあけた「アー！」という音の2〜8回の間のスタッカートの連発であり、圧倒的多数がジョーに向けられている（誘引係数＝12.1）。ジョーは、彼の音づくりのうち最も多くの割合が非指向的であったが（54%）、わずかにモナよりもアンを好んでいる（係数＝1.2）。モナはアンよりもジョーを好んでいる（係数＝2.0）。モナ（14%）とアン（6%）は双方とも、非指向的な音を少ししか発さなかった。

表12.2（a） 赤い帽子トリオにおける発声回数

	指向的	非指向的	音楽的	発声回数の合計
ジョー	アンに向けて＝6 モナに向けて＝5	13	指向的＝0 非指向的＝2	24
アン	ジョーに向けて＝193 モナに向けて＝16	14	指向的＝10 非指向的＝0	223
モナ	ジョーに向けて＝4 アンに向けて＝2	1	0	7

10）ラズベリーとはジムが出す音の名前。舌を出して思いきり息を吐いて出すおならをまねたような音。

表12.2 (b) キャッツコーラストリオにおける発声回数

	指向的	非指向的	音楽的	発声回数の合計
ジム	バーバラに向けて＝13 メアリーに向けて＝11	17	指向的＝2 非指向的＝2	41
バーバラ	ジムに向けて＝7 メアリーに向けて＝19	6	指向的＝6 非指向的＝4	32
メアリー	ジムに向けて＝2 バーバラに向けて＝7	2	指向的＝6 非指向的＝1	11

　2種の間主観的セッティングで生じた両方のトリオにおいて，音楽的な発声が確認された。大多数（73％——33回中24回）は，他の赤ちゃんに向けられていて，少数が非指向的であった。指向的な音楽的発声は，発声者がちょうど働きかけるか，あるいは他の乳児からの働きかけへの応答で関与しはじめる只中であった時に，最も共通して起こっていた（全ての指向的な音楽的発声のうち63％——24回中15回）（大抵笑っていて，眉毛が上がっていた；Eibl＝Eibesfeldt 1968参照）。これらの「気のあるそぶりをするような」発声は，通常短いものである（平均＝1.9秒; 標準偏差＝1.2秒）。しかしそれらは，お経を唱えるようなより長い一続きの喃語[11]を導く可能性がある。それらは主として，他の赤ちゃんからの働きかけへの喜びの応答で生じている。

　また乳児は，天井や空間の一点を見ている時に発声することがある。これらの非指向的な「歌」は，指向的なものよりも平均してかなり長い（平均＝6.7秒；標準偏差＝3.4秒）。それらは主に，その赤ちゃんが他の赤ちゃんたちとの当面の関与から退いている時に起こり，一見リラックスしているようで，恐らく彼／彼女の周りに気付いていない。それらは赤ちゃんが音で遊んでいることを示唆する。バーバラはこの種の4つの発声をしていて，小さい子どもたちが「カウボーイとインディアン」の戦いの真似をする時に，アメリカインディアンの闘争的な叫び声をだすのと同じやり方で[12]，彼女の手を彼女の口に軽く叩いたり離したりすることによって，2回，「ア・ア・ア・ア・ア・ア・ア」のリズムの長い発声をまき散らしていた。メアリーは彼女の手（11.1秒間，彼女の口から約5cmのところに持ち上げられていた）に向かって，長くて複雑な歌（リリック）を歌っていた。ここで我々は，音楽が，他者がいる状態で「1人になる能力」という，ウィニコット（1958）が「本当の自己」の発達の基盤とみなしたものの初期段階へとつながると考える。ブッフホルツとヘルブラウン（1999）やサンダーら（1979）のような他の著者たちは，積極的に関与する相互作用と，乳児の行動が他の人の行動に直接的に結びつけられないので「移行空間」（Winnicott 1974）を自由に探索できる「オープンスペースの」時間の双方が必要であると強調している。要するに，我々は9か月齢のトリオにおける音楽的な発声について，2つの対照的な間主観的状況を観察したのである。一方は，他者との熱心で応答的な関わりを称賛している。もう一方は，直接的関与からの「一時中止」と関係している。

12.5　調整された音づくりのはじまり

　考察を行なっている2つのトリオは，乳児のグループにおいて音が2つの異なる方法で調整されうることを示している。

12.5.1　赤い帽子トリオ

　我々が観察した乳児は時折，ピッチ，フレージング，テンポの同時的な模倣に関して非常に正確な能

---

11) 巻末の参考資料「乳児の音声コミュニケーションとその発達」を参照。
12) この部分の表現は原文のママである。

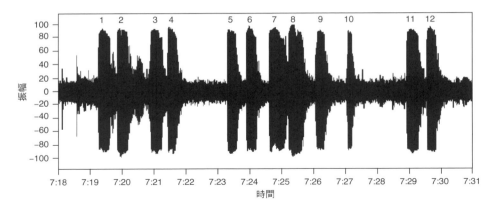

図12.4 赤い帽子トリオにおける発声の音声波形。ジョーはアンの真似をし，アンが返事をしている。拍には識別のための数字がふられている。（画像はCoolEdit 96というソフトウェアを使用して作られた。）

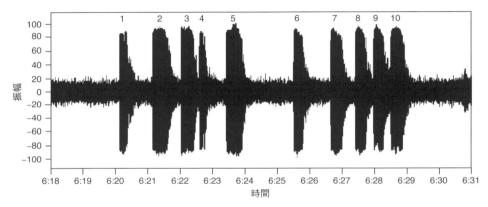

図12.5 赤い帽子トリオ：先のアンとジョーの5拍のデュエットがアンのソロによって繰り返されている。

力を示したが，私はここでは直接的な模倣の例についてはコメントしない。模倣を支えるスキルは，赤い帽子トリオで記録された音声的な相互作用においてよく示されている。この会話の主要構造は，アンの，ほとんど全てが同じピッチの2から8の間の叫びで，規則正しくリズミックに発されるスタッカートにやや似た発声（アー！アー！アー！など）の非常に様々なグループにより構成されていた。これらの発声はしばしば繰り返された。例えば，3回の3拍の発声の連続の後には，4拍の発声が続き，その後には6回の2拍の発声が続いていた。全部で，44回の単独の発声，35回の2拍の発声，13回の3拍の発声，4回の4拍の発声，3回の5拍の発声，3回の6拍の発声，3回の7拍の発声と1回の8拍の発声があった。これらのうちのいくつかは，共同で生み出されていた。

アンの発声の大部分（87%）は，ジョーに向けられていた。時々，ジョー（あるいはモナ）もアンとよく似たスタイルで発声しており，時々アンと同期していた。また，他の赤ちゃんはアンがちょうどした発声のリズムを真似ていた。音声波形の描写は，これらの発声のリズム（間合いと長さ）を我々に視覚的に示してくれる。**図12.4**は，アンによる2拍の発声を示していて（拍は1と2の番号がふられている），それはジョー（拍3と4）によって素早くそのまま繰り返されている（似たようなピッチである）。これはそれだけで，自発的な発声に関与する9か月齢児はリズムを見つけ出し，それにマッチさせるこ

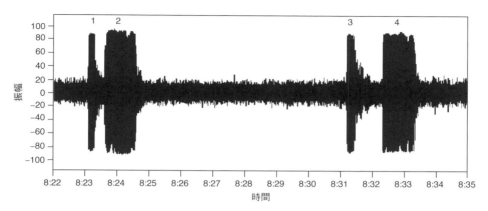

図12.6 赤い帽子トリオにおける3人全ての赤ちゃんにより共同で生み出された2つの2拍の発声

とに関心があり，そのための能力があることを明確に示している。

しかし，その現象はそこでは終わらなかった。主にアンは他の赤ちゃんたちによる発声の後に素早く続いて，彼女や仲間がちょうど共同で生み出したリズミカルな構造を再び主張したり，精緻化したりしていた。それゆえ我々は図12.4において，ジョー（拍3と4）によって繰り返されたアンによる2拍の発声（拍1と2）が様々な強調や間合いで，どれだけ素早くアンによって4回繰り返されていたか（拍5と6，7と8，9と10，そして11と12）をみることができる。

他の場合では，5拍のフレーズ（**図12.5**の拍1から5）が，アンとジョーによる短いデュエットによって協力的に生み出されていた。そこにおいて，ジョーは正確に，アンのフレーズの2つ目，3つ目と5つ目の拍に入り込んでいた。アンはそれから即座に（1.5秒後），ほとんど同一のタイミングで5拍のフレーズを繰り返していた（拍6から10）。全体で12分のセッションにおいて，これらの2つの4分半後に，他の5拍のフレーズだけが生じた。これらの例は両方とも，9か月齢児によって他者の音づくりが聴覚的に／口で「内在化された」か，あるいは精神に取りこまれた早期の実例であるが，しかしそれは積極的に，音楽的に，それゆえ実質的に「公然と」なされている（Morss 1988）。他の例においては（**図12.6**），2拍の発声のうちの1組が，3人の赤ちゃん全員によって共同で生み出されていた。アンが簡潔に発声し，その次にモナがより長い発声をした（拍1と2）。6秒後に，アンは再び短い発声をして（拍3），その後ジョーがより長く発声し（拍4），前の合作の音のパターンと似たような強さの「繰り返し」を協力的に創っていた。この明白な短‐長のリズムは，このセッションの間の他のどの2拍の発声においても，他のやり方ではみられなかった。

アンのスタッカートの連発は，ここで採用されている「音楽的」の定義に該当しない。しかし，アンは疑いようもなく強くジョーに引きつけられており（この主張の裏付けの詳細はSelby and Bradley 2003a参照），ジョーがアンの働きかけに応答した時，アンは音楽的に興奮していた。従って，音楽的であることに関して，ここで使われているものよりも厳しくなく，より排他的ではない基準であれば，アンのリズミカルな発声を容易に含むことだろう。

12.5.2　キャッツコーラストリオ

ダニエル・スターンと共同研究者らは，4か月齢の双子についての研究から，「（乳児における）声によるコミュニケーションの，構造的に，そして機能的に異なった2つの独立したモードの並行的な出現」を報告した。交替と，ユニゾンの発声である（Stern *et al.*, 1975, p.96）。より大きな生物学的観点からすれば，鳥のような別の種にとっては，異なった目的を果たすために，交唱と，同期的あるいは共同的な

コミュニケーションのモードの双方を発達させることは稀なことではない（例えばThorpe 1961）。スターンと共同研究者らは，全ての母親-赤ちゃんの二者は両方の様式でふるまえるようだが，「共同的パターンは，交替パターンのほぼ2倍の頻度で起こっている」ことを発見した。しかし，ユニゾンでの発声の心理学的重要性は，スターンらの研究からははっきりしないままである。彼らが記しているように，ユニゾンは多くの出来ごとを飾っているかもしれない。例えば，共通した喜び，愛，騒ぎや，集積した怒り・悲しみなどである。

　スターンが望むように，交替的発声と同期的発声を区別することが心理学的に可能であることを示すため，我々は，赤ちゃんたちがユニゾン（泣きではない）と交替的な発声をしている事例について十分に調べ，詳細に記述する必要がある。これに関連して，キャッツコーラスと呼ばれるトリオの記録の最も目立つ特徴は，14分間のセッションのうちの終わりの直前の2分間（すなわち，相互作用のうちの11分30秒から13分30秒まで）にわたる，トリオの3人全員からなされたほぼ調和的な同期的発声の連続である。セッションの最初の部分はジョーからの大きな「わめき声」により始められていて，その後に，メアリーとバーバラの間で「あんよ」の相互的な魅力あるゲームがなされていた。メアリーは最初の8分間，視覚的には関与していたが，静かに過ごしていた。バーバラ（指向的注視（dl）の平均的長さ＝5.1秒）は赤ちゃんたちのうち最も友好的で，音調が良かった。バーバラはパートナー双方に向けて数々の働きかけをして失敗していたが，その最後に，ジムが方向の定まったほほえみでようやく応答したとき，ジムにむかって「歌った」児である。メアリー（平均dl＝4.5秒）は「冷静な児」で，ジム（平均dl＝3.9秒）はより騒々しく，まとまりがなく，発声がごく短かった。キャッツコーラス（このトリオがその名を得た語源）に至るまでとキャッツコーラスを含むセッションの最後の時間は，次のように記述された。

一応の記述

　ついに（8分10秒），バーバラは全てのことに飽きたようだ——彼女の音（サウンド）ももうぐずっているし，目を隠していて，顔は疲れているようだ。深く座っている。ジムはまだ騒いでいる。バーバラのわめき声はより小さなぐずりになり，バブリングのようなものが増えてき始めた。バーバラが単調な調子を続けている間中，くしゃみのようなノイズを伴うこの継続的なブクブクいう音にメアリーが反応する。メアリーとジムは両方ともバーバラを見ている。直接的にやりとりをすることを止めたように見えるバーバラのように，メアリーも疲労困憊し，引き下がっているように見える。メアリーは泣きのようなノイズをあげ，ジムは高く，メロディアスな「トゥー，トゥー，トゥー…」と反応する。ジムの音はガラガラ声になり，ラズベリーになり，次に震えたしわがれたノイズに発展した。メアリーは2種類のすすり泣きのようなノイズを出し，次に「トゥー，トゥー，トゥー」とメロディアスになった。

　その次に，バーバラがお経を唱えるような調子でメアリーの発声のいくつかに応答し，彼女に向かって再び前かがみになり，腕を上へ下へと特徴のあるやり方でもってきている。それはまるで，社会的営みに再び加わるために立て直しているかのようだ。このようにして続いている（9分53秒）。3人全員ともとぎれとぎれに，発声を含め他者に気づき，時折応答しているが，しかしどの時点においても，2人以上の赤ちゃんがノイズをたてていることはめったにない。彼らは全員，よりイライラし，ぐずってきているようだ。バーバラは時折「Hello」のようなノイズと働きかけを続けている。メアリーは一時ベビーカーのストラップを握り，ぐずっている。同時に，「トゥー」のノイズとメロディアスなより長い調子の音が時々続けられている。

　しかしそれから彼らは，互いに同時にノイズを出し始めた。ジムはラズベリーのノイズをだ

> している。バーバラはほとんどぐずりのような低いノイズをしきりに出しながら彼を見ていて，しばらくしてから，メアリーがピッチの高い「アエー」を付け足した。メアリーの2回目の発声は音楽的なものであるが(11分20秒)，しかしジムがラズベリーをやめた時，メアリーはもっとぐずって，バーバラは続けていたノイズを止め，その後再び「バイ，バイ，バイ，バイ…」をはじめた。女の子たちが2人とも止まり，次にバーバラが再開して，ジムもそうする。バーバラが発声をだんだんと高くなっていく「アー，アー，アー」へと発展させている間，彼は少し止まっている。他の2人がバーバラを見て，ジムはラズベリーを出す。バーバラは発声を続けるが，しかしより混乱したような状態になり，ジムを見ている。メアリーは「ヤ，ヤ，ヤ，ヤ…」に参加し，ジムはラズベリーを吹く。バーバラのノイズは高くなって，ジムはもっとラズベリーを出す。バーバラが止まり，それから再開して，ジムはぐずりとラズベリーをし始め，「アーー，アー」というノイズをバーバラと同時に発し始めた。バーバラが本格的に泣き叫び始め，セッションが終了する。

　我々の解釈手続きのこの最初の段階においてでさえ，構造的に，そして機能的に (Stern et al., 1975, p.96) 同期的発生と交替的発声を区別するような明らかな特徴はない。3人の赤ちゃんは，一緒にコーラスをする時に，交替の中で彼らが前にやっていたことを一斉にやり続けていたように思える。それゆえに，ジムのラズベリーは両方のタイプの音づくりで起こっている。（セッションの初め近くの，ジムとメアリーに向けたバーバラの「エイヨ！(Hello)」の挨拶のように，ジムのラズベリーは録音スタジオの外での生活から彼が持ってきた「芸」である。恐らく，これは家で受けが良い，おはこなのだろう。）相互作用の5分の4の時点で本格的にユニゾンが始まるまでに，確実にジムのラズベリーは使い古されている。だがそれらはバーバラの注意を得ることに関してはまだ効果的である。明らかに，その時互いの同時的発声は，必ずしもユニゾンにおける音楽的な発声に重要な音の共調節を示唆するものではない。その一方で，我々がキャッツコーラスと呼ぶ3方向の発声の間でなされた音の連続の2つは，上記で紹介した音楽性の定義を応用した時，音楽的であるとみなされる。

　どう見ても，これまで得られたトリオの相互作用の全ての「通時的な」過程は，キャッツコーラスのような記録に本物の合唱的なユニゾンがあるかどうか，という問題に取り組むためには必要とされないだろう。これは上記の赤い帽子トリオのためになされたのと同様の方法でなされうる。例えば，リズムの理解が複雑に共有されていることを示したり，メロディックな輪郭やピッチのわかりやすい相互作用を見つけ出したりすることによってなされうるだろう。しかしながら，ここでのポイントは，どんなそうした共調節も，仮にそれが提示されたとしても，それは両方のトリオの相互作用の内容を創り出すような社会情動的な相互作用に加えて存在するだろう，ということである。つまり，私はスターンら(1975)に反して，キャッツコーラスの内容は，赤ちゃんの相互作用の，先行する11分間を浸す，好みと不満からなる同じブドウの木から絞り出されたワインである，という結論を下す。大部分において，ジムはその前にやっていたこととほとんど同じことをキャッツコーラスにおいても続けていた（すなわち，女の子たちを見て，周りを見，身体をくねらせてわめいていた）。メアリーは自分の声をちょうど発見して，それを探索している。バーバラは，ジムとアンにそれでも好意を寄せていたが，退屈している。他の個人間のダイナミクスもまた起こっているかもしれない。それゆえに時々乳児は，動揺している仲間をなだめたり，安心させるために親的な機能の音を使って，かつ他の人から聞こえてくるものを真似たり，調整したりしているようにも思える。この種のキャッツコーラスにおいて，我々が見出しうる束の間の心地よい音は，それゆえに，より深く，より長く続く社会情動的なダイナミクスからインスピレーションを受け，それを飾り立てているに違いない——その種のダイナミクスは，全ての人間と動物の叙情的

な発声の中心にある。

12.6 結論

　この章は，乳児だけのグループにおける乳児の自発的な発声の詳細な事例分析が，音楽性の起源に新しく価値ある光を投げかけられる，ということについて議論した。特に，乳児－乳児のコミュニケーションの2つの特徴について検討された：早期の精神的誘引と音楽づくりの関係，そして調整された音づくりの始まりである。「エロティック」あるいは親和的な行動に関して，私は誘引の上昇でつくられる指向的な「音楽」と，直近の間主観的な関与からの一時中止の間につくられる非指向的な「音楽」を区別した。音の調整に関しては，9か月齢児の間のリズミカルな音づくりにおいて，洗練されたコラボレーションの実例となる証拠を示した。他方で，私は実証的見地から，同時的な発声は必ずしも合唱的（あるいは音楽的）ではないと主張した。もしそれが合唱的であるならば，そのような音づくりの音楽性は，聴覚的な共調節のためのあらゆる独立した能力を飾り立てる社会情動的なダイナミクスによるところが大きいのではないだろうか。

　ほとんどの研究者は，もし我々が，乳児は音楽的なのかどうか，そしていかに音楽的なのかを探究したいのであれば，段階的に「音楽とは何か」という疑問に接近しなければならないということに同意している。私はグループにおける乳児に関する我々の仕事から，我々がとるべき最初の段階は，乳児の間主観的本性の集団的な側面の理解へと向かうことであると結論付ける；音楽のインスピレーション，力や魅力が最も特徴的に存在しているのは，間主観性の中だからである。

謝辞

　2つのトリオの関係の分析の第一段階を実施し，草稿を改良してくれたジェーン・セルビーに，そしてこのプロジェクトへの彼女の熱意に感謝する。我々の乳児実験室の設営に助言し，図を完成させてくれたコルウィン・トレヴァーセンに，そして彼の仕事への熱意にも感謝している。スティーヴン・マロックには，彼の支援と関心と助力に，とりわけ音声編集ソフトウェアでの力添えに感謝の意を表する。

（石島このみ訳）

引用文献

Bahrick LE, Lickliter R and Flom R (2004). Intersensory redundancy guides the development of selective attention, perception, and cognition in infancy. *Current Directions in Psychological Science*, **3**, 99–102.
Bernstein N (1967). *The coordination and regulation of movements*. Pergamon, Oxford.
Bowlby J (1982). *Attachment*, 2nd edn. Penguin Books, Harmondsworth, UK.（ボウルビィ，黒田実郎・大羽蓁・岡田洋子・黒田聖一訳『Ⅰ 愛着行動（母子関係の理論（1）新版』岩崎学術出版社，1991［初版からの邦訳］）
Bradley BS (1981). Negativity in early infant–adult exchanges and its developmental significance. In WP Robinson, ed., *Communication in Development*, pp. 1–37. Academic, London.
Bradley BS (1989). The asymmetric involvement of infants in social life: Consequences for theory. *Revue Internationale de Psychologie Sociale*, **2**, 61–81.
Bradley BS (1991). Infancy as paradise. *Human Development*, **34**, 35–54.
Bradley BS (2005). *Psychology and experience*. Cambridge University Press, Cambridge.
Bradley BS and Selby JM (2004). Observing infants in groups: The clan revisited. *The International Journal of Infant Observation*, **7**, 107–122.
Bradley BS and Trevarthen C (1978). Babytalk as an adaptation to the infant's communication. In N Waterson and C Snow, eds, *The development of communication*, pp. 75–92. Wiley, London.
Bråten S and Trevarthen C (2007). Prologue: From infant intersubjectivity and participant movements to simulation and conversation in cultural common sense. In S Bråten, ed. *On being moved: From mirror neurons to empathy*, pp. 21–34. John Benjamins, Amsterdam.
Britton R (1989). The missing link: Parental sexuality in the Oedipus complex. In J Steiner, ed., *The Oedipus complex today*, pp. 83–101. Karnac, London.

Bruner JS (1975). The ontogenesis of speech acts. *Journal of Child Language,* **2,** 1–19.
Buckholz ES and Helbraun E (1999). A psychobiological developmental model for an 'alone time' need in infancy. *Bulletin of the Menninger Clinic,* **63,** 143–158.
Chance MRA (1962). The interpretation of some agonistic postures: The role of 'cut-off' acts and postures. *Symposium of the Zoological Society of London,* **8,** 71–89.
Chomsky N (1959). Review of Skinner's *Verbal behavior. Language,* **35,** 26–58.
Condon S and Sander LS (1974). Neonate movement is synchronized with adult speech: interactional anticipation and language acquisition. *Science,* **183,** 99–101.
Darwin CR (1872). *The expression of the emotions in man and animals.* Murray, London.（ダーウィン．浜中浜太郎訳『人及び動物の表情について』岩波文庫．1931）
Darwin CR (1877). A biographical sketch of an infant. In HE Gruber and PH Barrett, eds, *Darwin on man: A psychological study of scientific creativity* (1974), pp. 464–474.Wildwood, London.
Denham SA, Renwick SM and Holt RW(1991).Working and playing together: Prediction of preschool socio-emotional competence from mother–child interaction. *Child Development,* **62,** 242–249.
Eibl-Eibesfeldt I (1968). Ethology of human greeting behavior. *Zeitschrift für Tierpsychologie,* **25(6),** 727–744.
Ejiri K (1998). Rhythmic behavior and the onset of canonical babbling in early infancy. *Japanese Journal of Developmental Psychology,* **9,** 232–241.
Fivaz–Depeursinge E and Corboz-Warnery A (1999). *The primary triangle: A developmental systems view of mothers, fathers and infants.* Basic Books, New York.
Gardner H (1949). *The art of T. S. Eliot.* Cresset Press, London.
Geertz C (1973). *The interpretation of cultures: Selected essays.* Hutchinson, London.（ギアーツ．吉田禎吾・柳川啓一・中牧弘允・板橋作美訳『文化の解釈学1．2』岩波書店．1987）
Habermas J (1970). Towards a theory of communicative competence. In HP Dreitzel, ed., *Recent Sociology, No. 2,* pp. 114–148.Macmillan, London.
Halliday MAK (2003). *The language of early childhood, volume 4,* edited by J Webster. Continuum, London.
Jaffe J, Beebe B, Feldstein S, Crown CL and Jasnow MD (2001). Rhythms of dialogue in infancy: Coordinated timing in development. *Monographs of the Society for Research in Child Development,* **66,** 1–131.
Kugiumutzakis G (1993). Neonatal imitation in the intersubjective companion space. In J Nadel and L Camaioni, eds, *New perspectives in early communicative development,* pp. 23–47. Routledge, London.
Kugiumutzakis G (1999). Genesis and development of early infant mimesis to facial and vocal models. In J Nadel and G Butterworth, eds, *Imitation in infancy,* pp. 127–185. Cambridge University Press, Cambridge.
Latour B and Woolgar S (1986). *Laboratory life: The construction of scientific facts.* Princeton University Press, Princeton, NJ.
Lee DN (1998). Guiding movement by coupling taus. *Ecological Psychology,* **10,** 221–250.
Malloch S (1999). Mother and infants and communicative musicality. *Musicae Scientiae (Special Issue 1999–2000),* 29–57.
Morss JR (1988). The public world of childhood. *Journal for the Theory of Social Behaviour,* **18,** 323–343.
Mueller E (1991). Toddlers' peer relations: shared meaning and semantics. In W Damon, ed., *Child development today and tomorrow,* pp. 312–331. Jossey-Bass, San Fransisco, CA.
Murray LM and Trevarthen C (1985). Emotional regulation of interactions between two-month-olds and their mothers. In TM Field and NA Fox, eds, *Social perception in infants.*Ablex, Norwood, NJ.
Onions CT (ed.) (1973). *The shorter Oxford English dictionary (2 vols).* Clarendon Press, Oxford.
Panksepp J (1998). *Affective neuroscience: The foundations of human and animal emotions.* Oxford University Press, New York.
Papoušek M and Papoušek H (1981). Musical elements in the infant's vocalization: Their significance for communication, cognition and creativity. In LP Lipsitt and CK Rovee-Collier, eds, *Advances in infancy research, vol. I.,* pp. 163–224. Ablex, Norwood, NJ.
Preisler G and Palmer C (1986). The function of vocalization in early parent-blind child interaction. In B Lindblom and R Zetterstrom, eds, *Precursors of early speech,* pp. 269–277. Macmillan, Basingstoke.
Reddy V (1991). Playing with others' expectations: Teasing and mucking about in the first year. In A Whiten, ed., *Natural theories of mind: Evolution, development and simulation of everyday mindreading,* pp. 143–158. Basil Blackwell, Cambridge, MA.
Rochat P (2004). Emerging co-awareness. In G Bremner, ed., *Essays in honor of George Butterworth,* pp. 258–283. Cambridge University Press, Cambridge.
Ryan J (1974). Early language development: towards a communicational analysis. In MPM Richards, ed., *The integration of a child into a social world,* pp. 185–213. Cambridge University Press, Cambridge.
Sander LW, Stechler G, Burns P and Lee A (1979). Change in infant and caregiver variables over the first two months of life: integration of action in early development. In E Thoman, ed., *Origins of the infant's social responsiveness,* pp. 806–836.

Erlbaum, Hillsdale, NJ.

Selby JM and Bradley BS (2003a). Infants in groups: A paradigm for the study of early social experience. *Human Development,* **46**, 197–221.

Selby JM and Bradley BS (2003b). Infants in groups: extending the debate. *Human Development,* **46**, 247–249.

Smitherman C (1969). The vocal behavior of infants as related to the nursing procedure of rocking. *Nursing Research,* **18**, 256–258.

Stern DN (1971). A micro-analysis of mother–infant interaction: behaviour regulating social contact between a mother and her 3.5-month-old twins. *Journal of the American Academy of Child Psychiatry,* **13**, 402–421.

Stern DN (2000). *The interpersonal world of the infant: A view from psychoanalysis and developmental psychology,* 2nd edn. Basic Books, New York.（スターン，神庭靖子・神庭重信訳（小此木啓吾・丸田俊彦監訳）『乳児の対人世界』岩崎学術出版社，理論編1989／臨床編1991［初版からの邦訳］）

Stern DN, Jaffe J, Beebe B and Bennett SL (1975). Vocalising in unison and in alternation: Two modes of communicating within the mother-infant dyad. In D Aronson and RW Rieber, eds, *Developmental psycholinguistics and communication disorders,* pp. 89–100. New York Academy of Sciences, New York.

Thorpe WH (1961). *Bird song: The biology of vocal communication and expression in birds.* Cambridge University Press, Cambridge.

Tissaw MA (2007). Making sense of neonatal imitation. *Theory and Psychology,* **17**, 217–242.

Tremblay-Leveau H and Nadel J (1996). Exclusion in triads: Can it serve 'meta-communicative' knowledge in 11- and 23-month old children? *British Journal of Developmental Psychology,* **14(2)**, 145–158.

Trevarthen C (1979a). Communication and cooperation in early infancy: a description of primary intersubjectivity. In M Bullowa, ed., *Before speech: The beginning of interpersonal communication,* pp. 321–347. Cambridge University Press, Cambridge.（トレヴァーセン，鯨岡峻編訳者，鯨岡和子訳『早期乳幼児における母子間のコミュニケーションと協応：第1次相互主体性について』所収「母と子のあいだ」(pp.69-101)．ミネルヴァ書房，1989.））

Trevarthen C (1979b). Instincts for human understanding and cultural cooperation: Their development in infancy. In M von Cranach, K Foppa, W Lepenies and D Ploog, eds, *Human ethology: Claims and limits of a new discipline,* pp. 530–571. Cambridge University Press, Cambridge.

Trevarthen C (1986). Development of intersubjective motor control in infants. In MG Wade and HTA Whiting, eds, *Motor development in children: Aspects of coordination and control,* pp. 229–261. Martinus Nijhof, Dordrecht.

Trevarthen C (1998). The concept and foundations of intersubjectivity. In S Bråten, ed., *Intersubjective communication and emotion in early ontogeny,* pp. 15–46. Cambridge University Press, Cambridge.

Trevarthen C (1999). Musicality and the intrinsic motive pulse: Evidence from human psychobiology and infant communication. *Musicae Scientiae (Special Issue 1999–2000),* 155–215.

Trevarthen C and Hubley PA (1978). Secondary intersubjectivity: Confidence, confiding and acts of meaning in the first year. In A Lock, ed., *Action, gesture and symbol: The emergence of language,* pp. 183–229. Academic, London.

Trevarthen C and Malloch S (2000). The dance of wellbeing: Defining the musical therapeutic effect. *The Nordic Journal of Music Therapy,* **9(2)**, 3–17.

Trevarthen C and Malloch S (2002). Musicality and music before three: Human vitality and invention shared with pride. *Zero to Three,* **23(1)**, 10–18.

Trevarthen C, Sheeran L and Hubley PA (1975). Psychological actions in early infancy. *La Recherche,* **6**, 447–458.

Tronick EZ (1989). Emotions and emotional communication in infants. *American Psychologist,* **44**, 112–119.

Vandell DL and Mueller EC (1995). Peer play and friendships during the first two years. In HC Foot and AJ Chapman, eds, *Friendship and social relations in children,* pp. 181–208. Transaction, New Brunswick, NJ.

Vandell DL, Wilson KS and Buchanan NR (1980). Peer interaction in the first year of life: An examination of its structure, content and sensitivity to toys. *Child Development,* **51**, 481–488.

Winnicott DW (1958). The capacity to be alone. *International Journal of Psycho-Analysis,* **39**, 416–420.

Winnicott DW (1974). *Playing and reality.* Harmondsworth, Penguin.（ウィニコット，橋本雅雄訳『遊ぶことと現実』岩崎学術出版社，1979）

第13章

対乳児発話と会話関与の音楽性における母親のうつの影響

ヘレン・マーウィック と リン・マレー

13.1 はじめに

　この章では，うつという精神疾患が，母親の声による乳児への語りかけの「音楽性」に与える影響を概観し，乳児の情動や認知発達に与える影響を論じていく。音楽性という用語はこれまで，人間の声を使ったコミュニケーションの基本特徴——間合い，言い回し，抑揚，そして声の質に共通の表現性——を捉えるために使われてきた。こうした要素は全て，養育者と乳児との会話や遊びの最初期から確認できる。この章ではまず最初に，人間のコミュニケーション一般における音楽性——間合いと表現——の特徴の要点を示し，その後，大人から乳児への語りかけにおける表現性，さらには乳児自身の側において，声の音楽性がもつ特別な意味を考察する。最後に，抑うつが母親の表現性に与える影響についての知見と，抑うつの母親とその乳児の会話への関わり方をどのように理解するべきかについての示唆，そして診断と治療の重要性を概説する。

13.2 ヒトのコミュニケーションの音楽性

　会話における音声の韻律的，パラ言語[1]的な特徴，つまり抑揚，テンポ，フレージング，ラウドネス，休止の仕方，ターンテイキング[2]，声の質といったものは，情動や態度，意図やアイディアを伝える際の中核をなす重要な概念であり (Halliday 1967; Searle 1969; O'Connor and Arnold 1973; Lyons 1977; Crystal 1979, 1975)，コミュニケーションにおいて相手を理解するための主たる要素となる (Bolinger 1964; Halliday 1975; Searle 1969; Crystal 1975, 1979; Bruner 1983; Marwick 1987)。

　抑揚曲線を生み出すピッチの動きの方向性と幅や声の高さ（**図13.1**を参照），談話の中での発話の連続，発声の種類（例えばささやきや荒々しさ），喉頭の張り具合，ラウドネス，発話のペース，そして発話の中や周辺での休止の取り方は，それぞれが，または互いに相まって，情動，態度，意図を伝える声の表現において，潜在的ではあるが重要な意味の対比を生み出す。こうした要素が，音韻や意味内容とともに伝わることで，主観的状態や相手に対する情動，意図の構成要素，発話の伝達目的を具体化することができる (Crystal 1979; Marwick 1987)。

---

[1] 声の高さや強さ，速さ，また声質や声色などによって，話者の意図や気持ち，態度を聞き手に伝える音声コミュニケーションの側面。巻末の参考資料「音声分析と音声情報」も参照。
[2] 第1章の訳注4），巻末の参考資料「乳児の音声コミュニケーションとその発達」を参照。

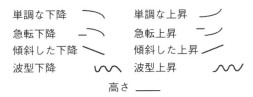

図13.1 さまざまな抑揚曲線（Marwick 1987に準拠）

　表現要素の複雑な相互作用は，表現機能に潜む決定的な規則性を明らかにしている。例えば，ピッチの変動は発話の中の強調を意味し（Fry 1958; Daw 1977），会話の話題における「新しい」または「既出」の情報，会話の「焦点」，会話の背景にある「共有」または「非共有」の知識，前提といったものを対比的に示す機能を持つ（Halliday, 1970; Brazil 1975; Coulthard 1977; Brown *et al.*1980）。その意味で，文脈上から指示されるもの，意味すること，予期することについての正しい相互理解を裏打ちするものだといえる。同様に，ピッチの全般的な上昇は，その発話内容に対する話し手の情動的な関わりの強さと連動し（Scherer and Oshinsky 1977），情動的意味は音響的な手がかりと韻律的特徴の組み合わせによって確実に伝達されることが見出されている（Scherer and Oshinsky 1977; van Bezooijen 1984）。例えば，怒りは高く広いピッチ，早いテンポと大きな声によって伝達され，悲しみは低く狭いピッチ，下降型のピッチ曲線，遅いテンポと「柔らかい」声によって伝達される（Scherer 1979）。同様の要素によって，感情による音楽表現，身振り表現の違い，コミュニケーションの強度や対人関係価値も区別される（パンクセップとトレヴァーセンによる本書第7章を参照）。

　パプチェクとパプチェク（1981）は，特定の気分や感情に結びつく韻律パターンは生まれたときから変わらないことを証明した。それにもかかわらず，大人同士の会話において，ある特定の抑揚パターンと，ある特定の文法的な機能，会話の意図，または対人感情との間に単純で直接的な関連は認められない（Bolinger 1958; Crystal 1979; Marwick 1987）。それでも，共有経験や対人意図といった文脈の中では，いくつかの表現形態において一貫した機能特化がみられる。たとえば，上昇型の抑揚曲線は，発話，話題，アイディアの不完全を示し（Bolinger 1964; Lindsey 1981），声の質のような他の文脈的，表現的特徴に依存しながら，会話のナラティヴ[3]で見出されているように会話の継続を合図したり（Britain and Newman 1992），他者にその会話への参加を促す，または仕向ける，反応を要求する態度を伝える（Brown 1977）。どの場合においても，声を調整することはコミュニケーションへの参加を維持するように機能する。

　会話の談話分析は話題やナラティヴの韻律的発達を記述するものであり（ブラントによる本書第3章，エリクソンによる第20章を参照），母親と乳児の会話の相互作用の最近の研究は，ナラティヴの種々の特徴がかなり早い時期から存在することを示している（Malloch 1999）。

13.3　乳児の音響的な好みと感受性

　乳児は，言語の韻律的，パラ言語的な特徴に生まれたときから反応する。ピッチや音の強さ，時間的な違いを区別することは，生後3〜5日の乳児（Stratton and Connolly 1973），もしくは新生児（Eisenberg 1976）でもできる。アイゼンバーグは低い周波数の音には新生児を落ち着かせる効果があり，高い周波数の音は苦痛を生じさせることを示した。ブラス（1987）は，新生児が舌打ち音に注意を向け，「シー」

3）巻末の参考資料「ナラティヴ」を参照。

という声を聞くと静かになること，しかしトライアングルの音や，「プスッ」という声には反応しないことを見出した。ケーズリー（1973），ウェブスターら（1972）そしてフットら（1968）は，乳児は自分に向けられる音声に標準的なピッチ幅に対して感受性があることを示した。非常に早い時期に見られる選好としては，おそらく胎内での経験によるものだろうが，自分の母親の声に対するものが観察され（DeCasper and Fifer 1980），さらにスターン（1985）によって，母親の声の弁別には声の質がその根底に関わっていると指摘されている。

多くの研究は，乳児が対乳児発話のナラティヴパターンに気づいていることを示している。メレールら（1978, 1979）は生後3週の乳児が母親の声を認識していること，しかし，母親が文章を右から左へさかさまに読んでいるとき，つまり，リズムや抑揚がおかしい韻律パターンの場合は認識ができないことを示した。コンドンとサンダー（1974）は，乳児の動きが成人の音声の韻律特徴，つまりリズムや音の強さ，ストレス，さらに連接や偶発性に正確に同期することを示した。ストレスリズムの言語である英語を学習するときには特に重要となるストレスのある位置の区別は，生後1〜4か月で可能であり（Spring and Dale 1977），リズムパターンの違いは3〜4か月で（Demany et al, 1977），トーン配列は5か月で区別ができるようになる（Chang and Trehub 1977）。カプラン（1969）は，上昇・下降の抑揚の区別を生後4〜8か月の間で見出し，モース（1972）は乳児が生後2か月目には，抑揚や，調音位置を示す音響的な手がかりを認識することを示した。

まとめると，乳児が音声を聞き取るときに重要な要素は，音楽的な特徴を持っているといえる。2か月齢の乳児は，音楽の音色の違いに興味を示すし（Michel 1973），ケイン（1991）とスタンリー（1998）は早産で低体重で生まれた新生児にとって歌の刺激がストレス行動を減らし，体重の増加を後押しし，退院を早めることを見出した。音声表現の中のリズムや音色，その他の韻律特徴に対する早期からの感受性は，人と人とのつながりを確立し維持するために重要な鍵となり，そのことからも，目的行動，情動的安定，言語を含むすべてのコミュニケーション形式の発達において重要な役割を担っている。

13.4 乳児に向けられる音声表現の特徴

乳児への話しかけ（対乳児発話）の韻律は，対成人発話と比較してはっきりと異なり，体系的に調整された特徴を持っている。平均的なピッチは高く（Ferguson 1964; Blount and Padgug 1977），ピッチパターンは滑らかに動く曲線とピッチの変動によって特徴づけられ（Papoušek and Papoušek 1981; Stern et al., 1982; Fernald and Simon 1984），振幅はより強く変調する（Cooper and Aslin 1990）。ファーナルドとサイモン（1984）は3〜5日齢の乳児への母親の語りかけ音声はささやき声をより多く含み，抑揚曲線の韻律的な繰り返しやささやき発音を多く含んでいることを見出した。大きく広がったピッチ曲線の多くは一方向に上昇するピッチの動きで占められ，一方向に下降する動きや，ベル型の上昇下降または下降上昇曲線は少なかった。母親の発話速度は遅く（Papoušek et al. 1985）発話は規則的に配置され（Beebe et al. 1979），短い休止にはさまれ発話自体も短いものだった（Stern et al, 1977, Stern et al. 1983）。乳児の発声に対する母親の反応時間はとても短く，概して1秒以下だった（Stern et al. 1983; Bettes 1988）。マイクロ分析から，母子はパルスを正確に共有している可能性が明らかとなっている（Malloch 1999, グラティエとアプター＝ダノンによる本書第14章を参照）。

こうした韻律特徴の調整は親ではない成人による乳児への話しかけ（Fernald and Simon 1984）や，年上の子どもの乳児への話しかけ（Sachs and Devin 1976）においても見出されている。また，声調言語[4]のような英語とは大きく異なるものを含めた種々の言語において，前言語期の乳児への親の話しかけに

---

[4] 声調言語とはピッチの変動によって語の意味が変わる言語をさす。例えば，中国語では [ma] と言う音節を高く平板なピッチで発音すると「母」という意味になり，高く始まり，下降するピッチで発音すると「罵る」の意味になる。

共通して観察される（Fernal *et al*, 1989; Grieser and Kuhl, 1988）。幼い乳児への母親の歌いかけもまた，構造，リズム，メロディ，そしてテンポに言語間で共通性が見られる（Trehub *et al.* 1993）。

　乳児への話しかけは，乳児の年齢に応じて変化する。スターンら（1983）は，乳児への直接の話しかけの韻律調整は，乳児が4か月齢のときに，それ以前または以後の月齢に比べてより誇張して行なわれることを見出した。トレヴァーセンとマーウィック（1986）は，6週の乳児に対する母親のコミュニケーションにおいて，18週の乳児とは対照的に，声の質の多様性がなく気息性の発音がほとんどだったことから，母親の音声表現が乳児の発達段階に応じて最初の1年の間に体系的に変化することを示した。生後6か月の間に起こる変化の相互関係性は，乳児が単独提示された音声を模倣する際にも見られ，乳児の成長に伴う発達がどのように親の行動の変化を引き起こしていくのかを考える上で興味深い。舌の突き出しや口をあけるような目で見える身振りの模倣は新生児期から生後2か月にかけて減り，5か月を過ぎると再度増える一方で，発声の真似は生後2か月を過ぎると起こりやすくなり，5か月ごろから減っていく（Kugiumutzakis 1999）。

　対乳児発話の重要性は，乳児の状態や情動に敏感であり，かつその調節を助けることにある。パプチェクら（1985）は親が乳児の発声を真似て頻繁にピッチを合わせていること，3か月齢児の親は，主に一方向への上昇または下降，上昇－下降のベル型パターンのような非常に限られた数の抑揚パターンしか使わないこと，これらが親子のやりとりの中で頻繁に繰り返し提示されることを見出した。こうしたパターンは乳児の状態や運動を活性化させたり，なだめたり鎮静化させる働きがあり，いらいらした状態に対しては一般的に下降するパターンを使い，上昇パターンや正弦波のようなベル型の曲線は乳児がはしゃいでいたり，よく反応するときに使われる。同様にスターンら（1982）は，母親のピッチ曲線の使い方が乳児の行動や気分に関連していて，上昇パターンは乳児の注意を引きたいときに，上昇－下降パターンは乳児の興味を引き続けるために使われることを報告している。スターンらは，ベル型や正弦波でみられる上昇－下降という対比的なパターンによって，乳児の快の情動を引き起こす（Emde *et al*, 1978; Sroufe and Waters 1976）強弱パターン刺激を提示することになると指摘している。ブラゼルトンら（1974）とパプチェクら（1986）は乳児との相互作用の中で，親は乳児に疲れや不快感を引き起こさないように，刺激レベルを調整することを観察している。マーウィックら（1984）は，母子の相互作用の中でコミュニケーションの意図が刻一刻と変化していく場合，その変化は体系的に母親の声質特徴の設定変更として反映される一方で，意図が変化せず一定の場合は声質の設定も一連の流れの中で保たれることを示した。たとえば，喉頭を弛緩させたささやき声は穏やかで互いが遊びに没入した状態と関連し，同じささやき声でも少しだけ喉頭を緊張させた発声は乳児の注意を引いたり，より陽気な遊びに誘うことに結びついている。スターン，トレヴァーセンとマーウィック（Stern 1985/2000, Trevarthen and Marwick 1986）は意図や感情の動きが直接，母親の声質の特徴変化に反映されること，さらに子どもが1歳のときよりも4か月齢のときのほうが母親の声質がより体系的に組織化されていて，この時期は乳児が体を使った遊びや歌の儀式に参加しはじめる時期と重なっていることを指摘している（Trevarthen and Hubley 1978；エッケダールとマーカーによる本書第11章を参照）。

　生後1か月の間に対乳児発話に対する選好がはっきりと現れ（Cooper and Aslin 1990），生後4か月までに，母親の特別な語りかけ方が遊びへの関わりを調節するのに欠かせなくなる（Fernald 1985; Werker and McLeod 1989; Stern 1990）。ファーナルドとクール（1987）は，ピッチレベルと調整の両方が，乳児の選好にもっとも大きな影響を与える韻律要素であることを確認している。

13.5　初期の発声と相互模倣

　抑揚曲線は，乳児の発声や泣き声におけるコミュニケーションや言語構造のもっとも原始的な形態だと考えられる（Lenneberg 1967; Cristal 1975; Halliday 1975; Lieberman 1967; D'Odorica 1984）。スターク

ら（1975）とオラー（1980）は，初期の泣き声や発声を記述するものとして，ピッチ，ラウドネス，呼気と吸気，声門や声門上部のせばめを含むいくつもの音響的，調音的な要素を分離した。自分たちの実の娘の発声を観察したパプチェクら（1981）は，(i) 上昇 – 下降ピッチ曲線は出生直後の泣き声に現れる，(ii) 母音の終端部の下降型のわたり音は，生後２〜３か月の静かな覚醒時に現れる，(iii) 悲鳴のようなキーキー声における急峻なわたり音を伴う上昇曲線と韻律豊かな抑揚パターンは，生後４か月から現れることを見出している。乳児の発声のピッチの高さは，乳児が聞いている声に応じて変化することがわかっている（Webster *et al.* 1972; Lieberman 1967）。パプチェクら（1985）は生後２か月で，乳児が声のピッチを聞いている音に一致させることを観察し，ケッセンら（1979）は，同じ現象を３〜６か月齢の乳児で報告している。ウェンドリッチ（1981）は聴取している歌声の音色に応じてピッチを一致させた発声を行うことを３〜６か月齢の乳児で報告し，クールとメルツォフ（1982）は生後５か月で，ピッチ曲線を模倣することを見出した。サマーズ（1984）は６か月児がメロディの変化を区別できることを発見し，ライズ（1982）は７か月児が，音声刺激に応じてピッチのあった調和のとれた声で歌うことを見出した。

親は乳児の発声を模倣し，その際に乳児がもっとも敏感に反応する音楽的な声で応える（Papoušek and Papoušek 1989, Trehub 1990）。パプチェクら（1985）は，親と３か月の乳児が，声を真似し合うことを発見した。同様に，トレヴァーセン（1979, 1999）は６週目の母子の原会話（プロトカンヴァセーション）の音声とその他の表現行動における複雑な相互模倣を分析し，ターンテイキングにおいて正確なリズムの間合いをとっていることを見出した。マロックら（1997）は同じ発声データにおいて間合いとリズムの周期性が共有されていることを確認し，乳児自身がコミュニカティヴ・ミュージカリティに能動的に関与しているという自身の理論に対する方法論的な基盤を提供している（Malloch 1999）。

生後１年目の後半において，乳児は４〜６か月目の間にいったん減少したかにみえた発声の運動制御を再獲得し（Kugiumutzakis 1999），喃語に抑揚曲線をつけるようになる（Lenneberg 1967; Kaplan and Kaplan 1970; Halliday 1975; Stark 1979; Oller 1980; Papoušek and Papoušek 1981）。ドゥ・ボワソン＝バラディら（1984）は，この期間の喃語の，長くまとまった抑揚パターンに現れる声質やトーンの違いのようなメタ音韻的な手がかりを使って，成人の評価者が自分と同じ言語コミュニティーに属している乳児を特定できることを示した。喃語からその後の言語発達にかけて，音素配列や音の選択において連続性があることもまた，オラーら（1976）やオラーとアイラース（1982）によって報告されている。

およそ生後７か月以後，乳児はコミュニケーションにおける特定の対人的な意味対比を体系的に表現するために，抑揚や声の質を使うようになる。例えば，高い声での上昇抑揚は相手を遊びに誘うために使ったり，震えを伴う高さの変わらない声を「しつこい」要求をあらわすために使ったり（Papoušek and Papoušek 1981），下降型の抑揚を抗議（Carter 1978），または要求（Menn 1976）やラベリング（Dore 1975）として使う。上昇型の抑揚はまた，疑問と対応付けられたり（Menyuk 1971; Weeks 1978），依頼や提案（von Raffler-Engel 1973; Menn 1976），反応を求める場合（Halliday 1975）や回答を要求する場合（Dore 1975）と関連する。研究者たちの間では，抑揚による表現方法は付随する文節的な要素よりも安定しているという点で見解が一致し（Dore *et al.* 1976; Crystal 1979），ブルーナー（1983）は要求を相手に伝える初期の発声の抑揚の形状や方向が特定の文脈情報に依存することを示し，前言語期の言語的な抑揚の使用に対する理解をさらに進めた。韻律の強調は２語文期という早い段階から「新しい」情報を示すために使われ（Wieman 1976; MacWhinney and Bates 1978），乳児は生後２年目を通じて母親の抑揚の使い方を倣うようになることが観察されている。乳児は生後28か月までの間に，母親が対面コミュニケーションで用いるのと同様の，複雑な，しかし機能的には文脈上のあいまいさのない抑揚の表現を使って，明確な機能を持つ発声を行なうようになる（Marwick 1987）。

13.6　乳児に向けた特別な発声の持つ機能

　これまで述べてきた研究は，母親の乳児への話しかけの抑揚や声は，体系的に調整され，特色のある韻律やパラ言語特性で特徴づけられることを示し，この特性は乳児の知覚に適し，注意を引くだけでなく，対人的な面でも乳児の情動に携わり，支えている。つまり，こうした特性は養育者と乳児の関係における間主観性[5]の質的基盤であり，相互の調律を促し，互いの情動制御や関わりを可能にしているのだ。韻律的な焦点や動き，流れを共有することで，協力的な相互作用の中で情動的，概念的な参照対象を共有し，さらには感情や意図を互いに理解するというきわめて重要な側面が促進される。このように，声のコミュニケーションは後々の対人，言語，そして認知発達を下支えしている（Bruner 1983; Trevarthen and Marwick 1986; Papoušek and Papoušek 1997; Stern 1985/2000）。

　まとめると，精神的な問題を抱えていない養育者の対乳児発話にみられる韻律やパラ言語的特徴は，乳児の選好や弁別能力に見合った形で体系的に調整されている。関係性のダイナミクスの中で乳児が許容できる範囲に合わせ，コミュニケーションに対する注意と関わりを向上させ，乳児が関与することを容易にし，気分状態を調節する（Brazelton et al. 1974; Kagan 1970; Papoušek and Papoušek 1981; Stern et al. 1982 Trevarthen and Marwick 1986; Werker and McLeod 1989; Trevarthen 1999; Tronic and Weinberg 1997）。そのため，対人コミュニケーションにおける意欲的な相互協調を仲介するのに適し（Stern 1985/2000; Papoušek and Papoušek 1997; Trevarthen and Aitken 2001），共同意図や文化的意味学習を自然に制御する機構の一部となっているのだ（Trevarthen 1988, 2005）。

　親子の相互作用は次第に周囲の世界に対する共同注意やそこに存在する対象への行為を取り込みはじめる。それにつれて，コミュニケーション行動は，韻律強調や語の繰り返しのような表現上の焦点を絞ることで，事物や出来事についての概念的，言語的な共同的参照の発達へとつながっていく。このことは，人間世界におけるコミュニケーション，対人，言語機能のまさに基盤である意味共有や協調理解の発達を促す（Trevarthen and Hubley 1978; Bruner 1983; Fernald and Simon 1984; Papoušek and Papoušek 1997）。

　男児と女児に対する母親の発声表現の違いは，親が乳児に対して行う特殊な発声と，乳児の行動に対する母親の反応が担う役割についてさらに情報を与えてくれる。6か月齢児の相互作用における情動表現や調節行動において（Weinberg and Tronick 1996），また非音声音や音楽の聴き方において（Kagan and Lewis 1965）性差が見出されてきた。養育者と乳児の相互作用研究からは，母親が男児の行動に対し，女児に対する場合よりもより同期し，調和することが明らかとなっている（Malatesta and Haviland 1982; Tronick and Cohn 1989; Murray et al. 1993）。こうした違いは，対人相互作用での表現や調律行動の性差に対する母親の側の反応調整の証拠とされ（Tronick and Weinberg 1997），マラテスタとハヴィランド（1982）が指摘したように，女児と同レベルの相互作用を実現するには，母親は男児に対して反応を引き出すためにより多くの努力を必要とし，コミュニケーションへの関与や相互の関わりにおいて最大の効用を得ようとする母親の側の意欲を反映していると考えられる。

　母親のコミュニケーションを意図的に阻害し混乱させ，懸命にコミュニケーションを取ろうとする乳児に母親が反応せず声も立てないという実験設定を用いた研究（Tronick et al. 1978; Murray and Trevarthen 1985; Nadel et al. 1999）からは，乳児の担う能動的な役割が示されている。その際に乳児が示した抗議や忌避や嘆きといった行動は，乳児が人に対する関わり方の質に敏感であり，厳密に調節された共同動作によって母親と相互に同調したコミュニケーションや関わり合いを達成したいという意欲を持っていることを裏付けている（**図13.2**）。したがって，乳児の状態や変化に応じた細やかな表現行

---

[5]　巻末の参考資料「間主観性」を参照。

対乳児発話と会話関与の音楽性における母親のうつの影響 | 275

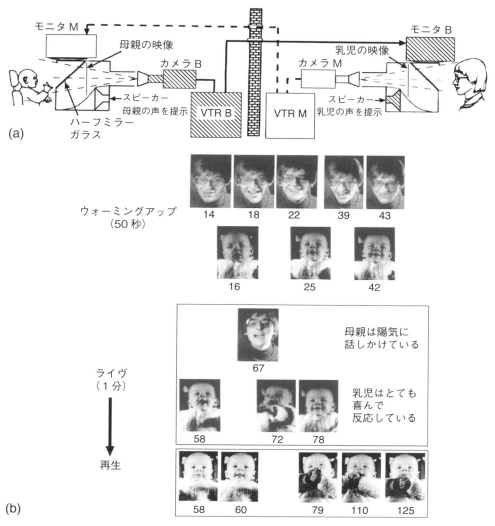

図13.2 (a) 原会話や遊びにおける母親の反応随伴性に対する乳児の感受性を計測するためのダブルビデオパラダイム。乳児と母親はそれぞれ別室にいて，テレビ画面を通じて互いの映像や音声を見聞きすることができる。被験者からは見えないビデオカメラによって撮影した顔全体の映像が2つのモニタに映し出され，それが傾いたガラス面に投影されることで互いの姿を見ることができる。隠されたスピーカーを通じて，映像の背後から声が提示される。母子の様子は2台のビデオテープレコーダーに収録される（VTR，図ではMとBとなっている）。(b) この実験設定で，生後8週間の女児は母親と簡単にコミュニケーションを取ることができた。画像はコミュニケーションの開始時から秒単位でラベル付けしたものである。開始から約50秒後には，母親が優しく情感にあふれる声で女児をあやし，女児は微笑み，クーイングし，笑い，互いにやりとりを楽しんでいる。この時点から，1分間のやり取りが再生の対象となる。この1分後に，母親の映像は巻き戻され，乳児の見ているモニタ上に再生される。図の下段の写真では乳児が再生映像を注意深く観察し，会話になんとか参入しようと試みて，失敗している。乳児は口に手を入れ，そっぽを向く。時折，つかの間だけ微笑んでみせるが（110秒のあたり），表現や発声は不快な感情を示している。ライブでのやり取りの78秒目と，再生映像提示時の79秒目の写真を比較すると，乳児は再生開始から20秒後に明らかに不機嫌な様子になっていることがわかる。

動の調律を通じて，コミュニケーションの面でまだ完全に適応しきれていない乳児の主体的な関わりを養育者がサポートし，働きかけながら手助けすることが，相互作用や学習の成功を導く基礎となる（Bruner 1983; Papoušek and Papoušek 1997）。

13.7 うつの母親のコミュニケーションと表現力

うつ症状が，母子のコミュニケーションを歪めるのは明らかである。母親の出産後の抑うつは，乳児との相互作用における母親のコミュニケーション行動の仕方と質，そして乳児の発達の方向性も変化させうる。抑うつ状態の母親は内に引きこもり，乳児に無反応になったり，押し付けがましく干渉的で，時には敵対的な行動を取ったりする（Cohn *et al.* 1986; Field 1984; Murray *et al.* 1993; Murray *et al* 1996a）。うつの母親を持つ乳児も相互作用において，同様の情緒の乱れや不安定な行動を見せ（Cohn *et al.* 1986 Field *et al.* 1988; Field 1992, 1997; Tronick and Weinberg 1997），情動や認知機能尺度において問題を呈するようになる（Cogill *et al.* 1986; Murray 1992; Murray *et al.* 1993; Sharp *et al.* 1995 Stanley *et al.* 2004）。

母子相互作用と乳児発達に母親のうつが与える影響を検討したマレーと共同研究者らによる前向き縦断研究[6]は，母親の心的状態がコミュニケーションの質的側面に深刻な影響を及ぼすことを明らかにした。抑うつ状態の母親は乳児の経験世界にきめ細かく気持ちを向けることが難しく，拒否的で，乳児の行動に感情的に寄り添そわない反応をしがちである（Murray *et al.* 1996a）。乳児の行動のマイクロ分析の結果は，うつの母親を持つ乳児が生後22か月までの間に母親の応答性における瞬間的な不協和にすばやく反応するようになること，乳児自身の行動調節が難しくなることを示した。後に，うつの母親を持つ乳児は母親に対する愛着が不安定で，行動上の問題を持ちやすくなること，18か月齢時点での対象の永続性テスト[7]やベイリー乳幼児発達検査[8]（Bayley 1969, 1993）の成績が悪いことが発見された。分娩後に生じたうつ症状が母親にとって初めてのうつ症状の発現であり，発症に乳児の誕生が直接関係している場合に，乳児の成績はより悪かった（Murray 1992; Murray *et al.* 1996a）。

うつの母親と健康な母親の音声コミュニケーションを比べると，母親の情動状態の影響が特にはっきりとわかる。マレーらによる研究では，2か月齢の時点で乳児に着目した発話が会話内に高頻度で見られる母親の子どもほど，18か月齢時点のベイリー乳幼児発達検査において高い得点を出し（Murray *et al.* 1993），この発話スタイルの頻度がもっとも高かったのは男児を持つ健康な対照群の母親であった。対照的に，乳児に着目した発話の頻度がもっとも低かったのは男児を持つ抑うつ群の母親であり，この群の男児は，情動と認知の発達の両面で女児よりも得点が低かった。この結果は，母親のうつ，乳児の性別，乳児の認知発達の間の関係性が，初期のコミュニケーションの質によって調節されることを示している。乳児の健全な発達を損なうのは特に，乳児に着目した発話の少なさ，レベルの低さであり，これまで論じられているとおり，母親が自分自身の経験世界に没入してしまい，子どもの経験世界に関わりを持ちにくいことを反映している。

マレーは出産後にうつ症状を初めて経験した母親の相互作用の質が低いのは，うつ症状がまさに乳児と母親の乳児に対する態度を対象にしているためであり，それに対して以前にも症状があった母親の抑うつはより対象範囲が広いことを指摘している。生後2か月の時点での母親のコミュニケーションの質は，5歳のときの認知発達を予測する（Murray *et al.* 1996b）。さらにマレーとクーパー（1997）は，う

---

[6] 調査開始の時点から過去にさかのぼるのではなく，将来に向かってデータを収集していく研究。
[7] 目の前にある玩具をハンカチで覆い隠しても，大人は見えなくなった玩具が存続し続けること，すなわち対象の永続性を理解している。一方，8か月齢くらいまでは玩具を隠してしまうと，あたかも最初からなかったようにふるまい，ハンカチの下を探索しない。このように隠されたものに対する探索行動を検討することで，永続性理解がテストできる。
[8] 1か月から42か月齢までの乳幼児を対象にした発達検査法で，認知，言語，運動の個別検査と，保護者を対象とした社会情動・適応行動に関する質問紙からなる。

つの母親の相互作用におけるふるまいは，乳児の行動ではなく，母親の心的状態によって規定されることを報告している。

13.8　成人同士の会話と成人－乳児間の会話の表現におけるうつの影響

　音声の韻律やパラ言語的な特徴は精神疾患の影響をうける。うつの音声的なサインとしては，声の質，発話速度，ピッチ幅，ピッチレベル，抑揚曲線，強度といったものの変化があげられ，こうした音声特徴固有の特性にそれぞれの疾患や躁うつサイクルにおける状態の違いが現れる（Scherer 1986）。抑うつ状態の成人の発話は話す速度の極端な変動（Scherer 1979; Teasdale *et al.* 1980; Godfrey and Knight 1984; Hoffman *et al.* 1985），声の質の異常（Ostwald 1965），狭いピッチ幅と下降型のピッチ曲線の増加によって特徴づけられる。平坦，遅い，単調とも記述される（Ostwald 1961; 1965; Beck 1972）。とりわけ，抑うつ状態での発話の音響的特徴は，うつ症状のない人々では悲哀や悲しみと関連する特徴と共通している。そうした特徴に，低いピッチと狭いピッチ幅，下降型のピッチ曲線，遅いテンポ（Scherer and Oshinsky 1977; Williams and Stevens 1972; van Bezooijen 1984），やわらかい声（Scherer 1987），時折ささやき声を含む発声の不規則性（Williams and Stevens 1972），クリーキー[9]発声（van Bezooijen 1984）が含まれている。

　悲哀や悲しみといった感情の兆候ともなる抑揚や声質の特徴が抑うつ状態の母親の乳児への話しかけに現れるのならば，母親の内在的な主観的状態やコミュニケーション意欲のなさが反映されてしまうだけではなく，健全な母子コミュニケーションにおいて重要な機能を担う韻律的，パラ言語的に調整された独特の発声を大幅に歪めてしまう可能性がある。マザリーズに典型的な調整された韻律，情動表現は，乳児の会話参加を後押しし，情動的な関わりを調節し，安定した相互理解，効果的な相互作用，情動や概念に対する共同的参照を促進する。そのため，うつの母親の話し声における変化は，その子どもの言語的共同参照の発達，さらに後の対人的，認知的機能の発達に重大な結果を引き起こすことが考えられる。

　ベッツ（1988）は，3～4か月齢の乳児との相互作用の時間的，音調的特性を，中軽度の抑うつ状態にある母親と，うつのない母親で計測した。その結果，うつの母親は乳児の発声に反応するのに有意に時間がかかり，休止や発話長の変動が大きく，対乳児発話に特徴的な韻律が誇張された抑揚（Fernald and Simon 1984）を使用することが少なかった。ベッツは，うつの母親で見られた反応にかかる時間の増加や休止や発話長の変動の大きさは，乳児が母親の発声の随伴性を知覚することを妨げている可能性を示唆した。マレーとトレヴァーセン（1985）が母親の反応の随伴性を損なわせる実験操作をしたところ，乳児の情動と注意は有意に低くなった。ベッツは，抑揚が誇張されないことで乳児が利用できる情動シグナルが低減する可能性があり，母親のうつが乳児の発達に影響する背景メカニズムとして，相互作用における時間的，音調的特性の両方が働いていると結論づけている。

　ベッツの知見は，後続研究によってさらに裏付けられている。うつの母親の表出タイミングにおいて随伴的な反応が有意に減少することは，4か月児を持つ母親を比較したズロチャワーとコーン（1996）による臨床報告があり，スタンリーら（2004）においても同様の報告がされている。後者の研究では，うつの母親の乳児との相互作用における随伴性の欠如と，乳児の随伴性の連合学習が全般的に阻害されていることとの関連が示された。音声の質に関して，ロブ（1999）はうつの母親と健康な母親の1例の症例対照研究を行ない，音響分析[10]によりスペクトログラムとピッチプロットを作成し，乳児が生後8週および6か月のときの彼女の乳児への話しかけのパルスや質，ナラティヴ（Malloch 1999）を記述した。生後8週の時点では，健康な母親と対照的に，うつの母親の音声は，遅いパルス，長い休止，低く

---

[9]　喉頭を力ませた状態で，声帯を振動させる声。きしみ声。
[10]　音響分析，スペクトログラム，ピッチプロットについては，巻末の参考資料「音声分析と音声情報」を参照。

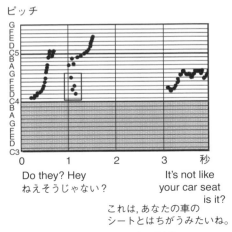
(a) うつ症状のない母と子（8週齢）

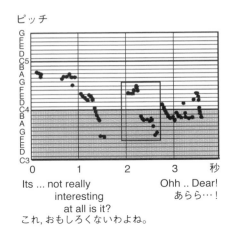
(c) うつ症状のある母と子（8週齢）

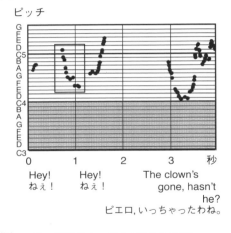
(b) うつ症状のない母と子（6か月齢）

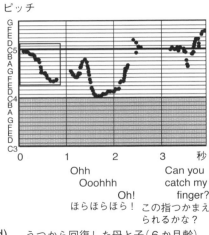
(d) うつから回復した母と子（6か月齢）

図13.3 リン・マレーが収録した2人の母親とその乳児の発声のピッチプロット（Robb 1999）。母親の1人は乳児が生後8週のときに抑うつ状態となった（c）。2人の母親は乳児が6か月のときに再度収録に参加した。抑うつ状態だった母親はこの時点で完全に回復し，子どもといることを楽しんでいた（d）。健康な母親はどちらの収録時も乳児に対し，陽気に語りかけている（aとb）。発声はリズミカルで，1オクターヴを超える広い範囲にわたって上昇または浮遊するようなピッチの動きがある。ピッチはグレーの範囲で示されるC4よりも高い。うつの母親では8週の子どもに対する発話は暗く（c），リズミカルでなく，C4を下回って大きな下降の動きを示している。子どもの発声もまた抑うつ的である。4か月後，子どもと追いかけっこをしているときの発声は生き生きとして楽しげになった。長方形で囲んであるのは乳児の発声である。乳児の発声が，母親の抑揚やピッチに一致していることが見てとれる。

下降型のピッチを伴う間延びした抑揚曲線により特徴づけられた。しかし，乳児が生後6か月ごろに母親のうつ症状が回復しはじめると，対乳児発話も健康な母親と似たものになってきた（**図13.3**）。特筆すべきこととして，健康な母親の乳児の発声とは異なり，うつの母親を持つ乳児の発声は，母親と同様に頻度が少なく，短く，低いものであった。

母親の表現の韻律特性は，10週齢の乳児との対面での会話における相互作用の音声を比較したマーウィックら（2008）によってより詳しく調査されている。その結果，母親のうつは特定のタイプの抑揚

や発声の質，抑揚曲線の連続パターンに大きな影響を与えることが見出された。うつの母親は健康な母親に比べ，下降型の抑揚曲線がより多く，抑揚形態の連続的な繰り返しやクリーキー発声が多かった。クリーキー発声は悲哀に関係する。声質の変化に対し，乳児が知覚的受容性を持つことはよく知られていて，このことは母親の発声の情動性の低下に対しても乳児が特別な感受性を持つ可能性を示している。さらに母親が同じ抑揚をしつこく繰り返すことは，乳児の反応にピントを合わせた調整を不可能にし，韻律を対比させることで伝わるはずの，気分や関与における相互調節機能が損害を被ると考えられる（「相互意識」の調節についてはトロニック（2005）及びグラティエとアプター＝ダノンによる本書第14章を参照）。

　複数の研究から，うつの母親のコミュニケーションの取り方と質が，乳児のコミュニケーションへの参加や注意における同様の特徴と関係することが示されている。ロブ（1999）はうつの母親を持つ乳児の表現は母親の模倣であり，母子がともに無反応なために結果的に相互協調的な相互作用になりにくいことを示した（図13.3）。そのため，韻律の表現において相手を模倣し共感する過程は，良い環境のもとであればコミュニケーションの参加者に喜びや楽しさをともに共有させることができるが，違う環境のもとでは，つながりが分断された情動的に低い状態へと参加者を導いてしまう。

　うつの母親の表現の乏しさが乳児の注意と学習に与える影響は，2つの研究で示されている。スタンリーら（2004）はうつの母親の反応随伴性の欠如度合いが，条件付け実験での乳児の連合学習の成績の悪さを予測することを示した。同様に，カプランら（1999）は，ある程度統制した遊び場面でうつの母親の音声を収録し，その中から対幼児発話による特定のフレーズを抜き出してうつではない母親の乳児に提示した場合，条件付け注意実験の連合学習において効果的な音声刺激とはならないことを示した。対照的に，うつでない母親から収録した対幼児発話は乳児の連合学習を促進した。カプランらは，うつ症状が強い母親の発話フレーズの末尾部分の基本周波数は変調されることが有意に少ないことを見出し，末尾部分のピッチの変調が弱いことで，必要な情報を効果的に，もしくは完全に処理したり，または情報に注意を向けるために十分な段階まで乳児の覚醒状態を上げることができない可能性を指摘している。こうした結果から，彼らはうつの母親の対幼児発話では，遊びの文脈の中で乳児の注意を管理し，乳児の意図や興味を課題に対して維持する効果が低い可能性を指摘している。

　カプランら（2001, 2002）は，実験によってターゲットとして切り出した発話サンプルを比べた際に，うつと診断をうけた母親の音声は健康な母親に比べて基本周波数の変調が少ないことを見出した。ロブ（1999）のデータは，うつの母親と健康な母親はともに基本周波数と心理測定で導き出したピッチの動きの幅が広いものの，両者の間ではピッチの変調におけるピッチ幅の絶対値と傾きに違いがあることを示している。ほかの研究ではストレスがかかる場面で，うつの母親ではピッチの変調が増えることが報告されている。ライスランドら（2003）は，マッチドペアデザイン[11]を使って，0歳代の自分の子どもに童話を読んであげるように頼まれるという状況で，うつであると自己申告した母親は，うつでない母親よりも平均ピッチが高く，ピッチの変調が大きかった。さらに，うつのない母親は子どもに読み聞かせをするときと話かけをするときで平均ピッチが同じだったのに対し，うつの母親は本を読み聞かせるよりも話しかけで有意に声が高くなった。ライスランドらは，医者が来るのを待つときにその不安感から3歳の子を持つうつの母親の発話量が増えた（うつでない母親ではそのような効果はなかった）というブレズニッツとシャーマン（1987）の報告と同じく，うつの母親のピッチ変化は母親が課題に直面したときに感じるストレスを反映しているかもしれないと論じている。ブレズニッツとシャーマンはうつの母親を持つ子どもは健康な母親の子どもよりも発声が少ないことを見出し，このことはうつの母親の

---

11) 実験の際に，年齢や性別などを等しくマッチングしたペアを作って比較することで，誤差を統制する手法。この研究では32名のうつ傾向の母親に対して，子どもの年齢，母親の教育レベル，出産経験をマッチングした32名の健康な母親のペアを作って検討した。

コミュニケーションの仕方を反映していると論じている。これらの研究で明らかになった不安やストレスを生じさせる状況がうつの母親の声の表現に与える影響は，子どもと興味の対象を共有し，子どもの気持ちに合わせる能力を損なわせてしまうようだ。

13.9　結論，およびうつの母親の発声において「音楽性」が欠如することで起こりうる長期的な帰結

　うつを患う母親の声の表現研究において，随伴するタイミング，速度・ペースの配分，声の質，ラウドネス，抑揚曲線や，抑揚曲線の繰り返しにおける明らかな異常性が示されている。こうした変化は健康な母親が乳児に向けた発話において直感的に用いる特別な音声表現を変容させ，母子間の相互の結びつきにおそらく持続的な影響を与えると考えられる。初期の母子間インタラクションにおけるうつの母親の抑揚や声の質の独特な特徴が，母親のうつが発達途上にある子どもに及ぼす既知の影響の寄与因子または仲介因子になっている可能性が議論されている。

　うつと関連した母親の音声の変化は直接，母親のコミュニケーションに対する意欲，主観的状態，対人認識やコミュニケーションの目的の顕著な違いとなって表れる。これらは，乳児の主観的，対人的状態や情動的な結びつきに対する母親の意識的な関わり方や同調の仕方に深く影響する。母親の乳児に対するコミュニケーションの構造やパターンの変化は，後の能動的な相互の対人的調律の機会を決定づける。情動や概念の共同理解がどの程度成立するかは，情動状態や概念対象を互いにどれだけ調節できるかに依存する。それには互いの意図を揃えることが必要であり，そうすることでコミュニケーションにおける一致した効果を得ることができる。深刻な産後うつの初期段階にある母親が，月齢の低い乳児に対して語りかけるときのリズム，抑揚，声の質の持つ特徴は，乳児のその場での間主観的経験とコミュニケーションの意欲に対して明白な影響を与える。こうした特徴はまた，乳児の対人的，認知的，言語的発達に顕著な影響を与えることが想定され，これらの影響の本質を詳しく描写することは重要な研究トピックとなる。

　今日までの研究では，上述してきたように，うつの母親のコミュニケーションの混乱が乳幼児の認知発達や学習に与える帰結に焦点が当てられてきた。マレー（1993, 1996b）は，うつの母親を持つ乳児に認知的欠乏を引き起こす種々のメカニズムを提唱した。まず，乳児に対する母親の反応随伴性はうつにおいて頻繁に欠如する要素であるが，定型発達を対象とした研究から得られた証拠（例えばLewis and Goldberg 1969, Dunham *et al.* 1989）と同様に，これがとりわけ重要であることが示された（Murray *et al.* 1993, Zlochower and Cohn 1996; Stanley *et al.* 2004）。これは，乳児自身の行動と母親の反応との間の一貫した結びつきの感覚，一般的に自身の起こした行動と出来事の間の関連性を知覚するための基礎となり学習の中に埋め込まれているはずの感覚が育まれなかったことが原因だと推測される。次に，正常な相互作用において，種々の母親の音声特徴は幼児の注意を維持する方向に働き，この能力もまた，認知機能の基礎的な構成要素のひとつである。そこには，繰り返しの度合いや，乳児の状態変動に応じたきめ細かな変化（Brazelton *et al.* 1974），特定の抑揚特徴，たとえば，上昇や上昇－下降タイプの抑揚パターン（Stern *et al.* 1982）といった刻々と調整される母親の反応が含まれる。母親がうつであることによってこうした音声特徴が欠如した状況が起こりがちとなり，発達途上にある乳児の注意力を阻害する。トロニック（2005）とスターン（1985, 2000）が述べたように，初期のインタラクションでの乳児に対する母親の反応は，幼児自身の表現や身振りの単なる鏡像ではなく，鏡像の上に念入りに組み立てられたものであり，結果的にもともとの経験をより豊かにした形で乳児に提示される。もし母親が自分だけの世界に心をとらわれ乳児に応答できないのなら，乳児はこの豊かなフィードバックを得られないことになる。

　乳児の情動の発達面では，異なる過程が働いていると考えられる。ここでは，乳児自身の情動の自己

制御発達に対する母親のサポートが特に重要となる。例えば、トロニックとワインバーグ（1997）は、通常の母親と乳児の間では普通に起こりうる瞬間的なコミュニケーションのずれから乳児を正常な状態に戻すために適切な支援を行うことに、うつの母親がどれほどの困難を感じているかを述べている。適切な支援を行なう代わりに、うつの母親は、介入的で、威圧的な行動によって乳児をいっそう不機嫌にさせたり、まったく応答せずに放置したりする。マレーたちによる縦断的な研究により、生後数か月間の相互作用においてうつの母親が乳児に向ける敵意が、生後1年目後半の乳児の行動における情動的な調節の不全を予測することが明らかとなった。すると、さらなる母親の介入的で敵意のある接触が引き起こされ、こうした敵対的な接触サイクルが永続的に続くことによって、最終的に5歳から8歳時の行為障害や多動性のレベルを高めることになった（Morrell and Murray 2003）。同じ研究において、生後2か月の時点での母親が表出する敵意が5歳の時点での子ども自身の抑うつ的な認知を予測し（Murray et al. 2001）、母親の障害による影響が極めて侵襲的であることを示している。

うつそのものは十代より前には明確に発現しないことから、初期の母子相互作用が子どものうつ症状の進行に対して担う役割に踏み込んだ研究は少ない。それでもやはり、出産後の数か月間、声の質の中でも悲嘆を示す要素に定常的にさらされることは、非常に重大な役割を果たすのではないかと仮定できる。乳児が母語音声の種々の特徴に対して急速に感受性を高めるにつれて、音声が伝える特定の情動への感受性も高まると考えられる。この仮定は、うつの母親の子ども、特に女児が、他者の苦悩に強く同調することを示す複数の研究（Radke-Yarrow et al. 1994, Murray et al. 2006）と一致するが、その関連性を探求するには更なる研究が必要である。

13.10 臨床応用への示唆

産後うつをスクリーニングするヘルスケアの専門家向けの良いツールは存在する（例えば、エディンバラ産後うつ質問票（EPDS）〈Cox et al. 1987〉）ものの、不幸にして、産後うつの多くの症例は発見されず、放置されている（Murray et al. 2004）。その理由のひとつに、女性が、今自分がどのように感じているかを適切なヘルスケア専門職に打ち明けることを良しとせず、「私は大丈夫」という振りをするためだと思われる。これはとりわけ不幸なことで、同じ脆弱性を持つ場合でも、支援サービスを受けることのできた女性に比べて、支援サービスを受けたがらない女性のほうが、自分自身と子どもにとってより悪い結果に陥りやすいことが示されている（Murray et al. 2003）。うつが発話の質に与える影響について専門家の意識が高まることで、病状が発見されやすく、治療を受けやすくなるかもしれず、将来の臨床研究において重要な領域の一つである。

（麦谷綾子訳）

引用文献

Bayley N (1969). *The Bayley scales of infant development*. The Psychological Corporation, New York.
Bayley N (1993). *The Bayley scales of infant development*, 2nd edn. The Psychological Corporation, San Antonio, TX.
Beck AT (1972). *Depression: Causes and treatment*. University of Pennsylvania Press, Philadelphia, PA.
Beebe B, Gerstman L, Carson B, Dolins M, Zigman A, Rosenweig H, Faughey K and Korman M (1979). Rhythmic communication in the mother–infant dyad. In M Davis, ed., *Interaction rhythms*, pp. 79–100. Human Sciences Press, New York.
Bettes BA (1988). Maternal Depression and motherese: Temporal and intonational features. *Child Development*, **59**, 1089–1096.
Blass E (1987).What babies know, and noises parents make. *Science*, **237**, 726.
Blount B and Padgug E (1977). Prosodic, paralinguistic and interactional features in parent–child speech: English and Spanish. *Journal of Child Language*, **4**, 67–86.
Bolinger D (1958). Intonation and grammar. *Language and Learning*, **8**, 31–37.
Bolinger D (1964). Around the edge of language: Intonation. *Harvard Educational Review*, **34**, 282–293. Reprinted in

Bolinger D, ed., *Intonation* (1972). Penguin, Harmondsworth.

Brazelton TB, Koslowski B and Main M (1974). The origins of reciprocity: The early mother–infant interaction. In M Lewis and LA Rosenblum, eds, *The effect of the infant on its caretaker*, pp. 49–76. John Wiley, New York and London.

Brazil D (1975). *Discourse intonation. Discourse analysis monographs, 1.* English Language Research, University of Birmingham.

Breznitz N and Sherman T (1987). Speech patterning of natural discourse of well and depressed mothers and their young children. *Child Development*, **58**, 395–400.

Britain D and Newman J (1992). High rising terminals in New Zealand English. *Journal of the International Phonetics Association*, **22**, 1–11.

Brown G (1977). *Listening to spoken English.* Longman Group Ltd, London.

Brown G, Currie KL and Kenworthy J (1980). *Questions of intonation.* Croom Helm, London.

Bruner J (1983). *Child's talk: Learning to use language.* Norton, New York. (ブルーナー，寺田晃, 本郷一夫訳『乳幼児の話しことば―コミュニケーションの学習』新曜社, 1988)

Caine J (1991). The effects of music on the selected stress behaviours, weight, caloric and formula intake, and length of hospital stay of premature and low birth weight neonates in a newborn intensive care unit. *Journal of Music Therapy*, **28**(4), 180–192.

Carter A (1978). The development of systematic vocalisations prior to words: A case study. In N Waterson and CE Snow eds, *Development of communication*, pp. 127–138.Wiley, Chichester.

Chang H and Trehub S (1977). Auditory processing of relational information by young infants. *Journal of Experimental Child Psychology*, **24**, 324–331.

Cogill SR, Caplan HL, Alexandra H, Robson KM and Kumar R (1986). Impact of maternal postnatal depression on cognitive development in young children. *British Medical Journal*, **292**, 1165–1167.

Cohn JF, Matias R, Tronick EZ, Connell D and Lyons-Ruth K (1986). Face-to-face interactions of depressed mothers and their infants. In E Z Tronick and T Field, eds, *Maternal depression and infant disturbance*, pp. 31–45. Jossey-Bass, San Francisco, CA.

Condon WS and Sander LW (1974). Neonate movement is synchronized with adult speech: Interactional participation and language acquisition. *Science*, **183**, 99–101.

Cooper R and Aslin R (1990). Preference for infant-directed speech in the first month after birth. *Child Development*, **61**, 1584–1595.

Coulthard M (1977). *An introduction to discourse analysis.* Longman, London. (クールタード，吉村昭市, 貫井孝典, 鎌田修訳『談話分析を学ぶ人のために』世界思想社, 1999)

Cox JL, Holden JM and Sagovsky R (1987). Detection of post-natal depression: Development of the 10-item Edinburgh Post-natal Depression Scale. *British Journal of Psychiatry*, **150**, 782–786.

Crystal D (1975). *The English tone of voice.* Edward Arnold, London.

Crystal D (1979). Prosodic development. In P Fletcher and M Garman, eds, *Language acquisition,* pp. 33–48. Cambridge University Press, Cambridge.

Daw H (1977). *The perception of linguistic stress.* Unpublished Masters Thesis, University of Edinburgh.

De Boysson-Bardies B, Sagart L and Durand C (1984). Discernable differences in the babbling of infants according to target language. *Journal of Child Language*, **11**(1), 1–15.

DeCasper AJ and Fifer WP (1980). Of human bonding: Newborns prefer their mother's voices. *Science,* **208**, 1174–1176.

Demany L, McKenzie B and Vurpillot E (1977). Rhythm perception in early infancy. *Nature*, **266**, 718–719.

D'Odorico L (1984). Non-segmental features in pre-linguistic communication: An analysis of some types of infant cry and non-cry vocalisations. *Journal of Child Language*, **11**(1), 17–27.

Dore J (1975). Holophrases, speech acts and language universals. *Journal of Child Language*, **2**, 21–40.

Dore J, Franklin MB, Miller RT and Ramer ALH (1976). Transitional phenomena in early language aquisition. *Journal of Child Language*, **3**, 13–28.

Dunham P, Dunham F, Hurshman A and Alexander T (1989). Social contingency effects on subsequent perceptual cognitive tasks in young infants. *Child Development*, **60**, 1486–1496.

Eisenberg RB (1976). *Auditory competence in early life: The roots of communicative behaviour.* University Park Press, Baltimore, MD.

Emde RN, Campos J, Reich J and Gaensbauer TJ (1978). Infant smiling at five and nine months: Analysis of heart rate and movement. *Infant Behavior and Development*, **1**, 26–35.

Ferguson CA (1964). Baby talk in six languages. *American Anthropologist*, **66**, 103–14.

Fernald A (1985). Four-month-old infants prefer to listen to motherese. *Infant behaviour and Development*, **8**, 181–95.

Fernald A and Kuhl P (1987). Acoustic determinants of infant preference for motherese speech. *Infant Behaviour and*

Development, **10**, 279–293.
Fernald A and Simon T (1984). Expanded intonation contours in mothers' speech to newborns. *Developmental Psychology*, **20**, 104–113.
Fernald A, Taeschner T, Dunn J, Papoušek M, de Boysson-Bardies B and Fukui I (1989). A cross-language study of prosodic modifications in mothers' and fathers' speech to preverbal infants. *Journal of Child language*, **16**, 477–501.
Field T (1984). Early interaction between infants and their postpartum depressed mothers. *Infant Behaviour and Development*, **7**, 517–522.
Field T (1992). Infants of depressed mothers. *Development and Psychopathology*, **4**, 49–66.
Field T (1997). The treatment of depressed mothers and their infants. In L Murray and PJ Cooper, eds, *Postpartum depression and child development*, pp. 221–236. Guilford Press, New York.
Field T, Healy B, Goldstein S, Perry S, Bendell D, Schanberg S, Zimmerman EA and Kuhn C (1988). Infants of depressed mothers show 'depressed' behaviour even with non-depressed adults. *Child Development*, **59**, 1569–1579.
Fry DB (1958). Experiments in the perceptions of stress. *Language and Speech*, **1**, 126–151.
Godfrey HPD and Knight RG (1984). The validity of actomotor and speech activity measures in the asssessment of depressed patients. *British Journal of Psychiatry*, **145**, 159–163.
Grieser DL and Kuhl P (1988). Maternal speech to infants in a tonal language: Support for universal prosodic features in motherese. *Developmental Psychology*, **24**, 14–20.
Halliday MAK (1967). *Intonation and grammar in British English.* Mouton, The Hague.
Halliday MAK (1970). *A course in spoken English: Intonation.* Oxford University Press, London.
Halliday MAK (1975). *Learning how to mean: Explorations in the development of language.* Edward Arnold, London.
Hoffman GMA, Ganze JC, and Mendlewicz J (1985). Speech pause time as a method for the evaluation of psychomotor retardation in depressive illness. *British Journal of Psychiatry*, **146**, 535–538.
Hutt SC, Hutt C, Lenard HG, Bernuth HV and MuntjewerffWJ (1968). Auditory responsivity in the human neonate. *Nature*, **218**, 888–890.
Kagan J (1970). The determinants of attention in the infant. *American Scientist*, **58(3)**, 298–306.
Kagan J and Lewis M (1965). Studies of attention in the human infant. *Merrill-Palmer Quarterly*, **11**, 95–127.
Kaplan EL (1969). *The role of intonation in acquisition of language.* Unpublished Doctoral dissertation, Cornell University.
Kaplan EL and Kaplan GA (1970). The pre-linguistic child. In J Elliot, ed., *Human development and cognitive processes*, pp. 359–381. Holt, Rinehart and Winston, New York.
Kaplan PS, Bachorowski J, Smoski MJ and Hudenko WJ (2002). Infants of depressed mothers, although competent learners, fail to learn in response to their own mothers' infant-directed speech. *Psychological Science*, **13(3)**, 268–271.
Kaplan PS, Bachorowski J and Zarlengo-Strouse P (1999). Child-directed speech produced by mothers with symptoms of depression fails to promote associative learning in 4-month-old infants. *Child Development*, **70**, 560–570.
Kaplan PS, Bachorowski J, Smoski MJ and Zinser M (2001). Role of clinical diagnosis and medication use in effects of maternal depression on infant-directed speech. *Infancy*, **2(4)**, 537–548.
Kearsley R (1973). The newborn's response to auditory stimulation: A demonstration of orienting and defensive behaviour. *Child Development*, **44**, 582–590.
Kessen W, Levine J and Wendrich KA (1979). The imitation of pitch by infants. *Infant Behaviour and Development*, **2**, 93–100.
Kugiumutzakis G (1999). Genesis and development of early infant mimesis to facial and vocal models. In J Nadel and G Butterworth, eds, *Imitation in infancy*, pp. 36–59. Cambridge University Press, Cambridge.
Kuhl PK and Meltzoff AN (1982). The bimodal perception of speech in infancy. *Science*, **218**, 1138–1141.
Lenneberg EH (1967). *Biological foundations of language.* Wiley, New York. (レネバーグ，佐藤方哉，神尾昭雄訳『言語の生物学的基礎』大修館書店，1977)
Lewis M and Goldberg S (1969). Perceptual–cognitive development in infancy: A generalized expectancy model as a function of the mother–infant interaction. *Merrill-Palmer Quarterly*, **15**, 307–316.
Lieberman P (1967). *Intonation, perception and language.* MIT Press, Cambridge, MA.
Lindsey G (1981). Intonation and pragmatics. *Journal of the International Phonetics Association.* **11(1)**, 2–21.
Lyons J (1977). *Semantics.* Cambridge University Press, Cambridge.
MacWhinney B and Bates E (1978). Sentential devices for conveying giveness and newness: A crosscultural developmental study. *Journal of Verbal Learning and Verbal Behaviour*, **17**, 539–558.
Malatesta CZ and Haviland JM (1982). Learning display rules: The socialization of emotion expression in infants. *Child Developmentelopment*, **53**, 991–1003.
Malloch S (1999). Mother and infants and communicative musicality. *Musicae Scientiae (Special Issue 1999–2000)*, 29–57.
Malloch S, Sharp D, Campbell DM, Campbell AM and Trevarthen C (1997).Measuring the human voice: Analysing pitch,

timing, loudness and voice quality in mother/infant communication. *Proceedings of the Institute of Acoustics*, **19**(5), 495–500.

Marwick H (1987). *The intonation of mothers and children in early speech.* Doctoral Thesis, University of Edinburgh.

Marwick H, McKenzie J, Laver J and Trevarthen C (1984). Voice quality as an expressive system in mother-to-infant communication: a case study. *Work in Progress,* 17, Department of Linguistics, University of Edinburgh.

Marwick H, Martins C and Murray L (submitted 2008). Altered characteristics of intonation and voice quality in maternal depressive state interpersonal expression.

Mehler J, Bertoncini J, Barriere M and Jassik-Gerschenfeld D (1978). Infant recognition of mother's voice. *Perception,* **7**, 491–497.

Mehler J and Bertoncini J (1979). Infants' perception of speech and other acoustic stimuli. In J Morton and JC Marshall, eds, *Psycholinguistics Series – 2*, pp. 67–105. Elek Science, London.

Menn L (1976). *Pattern, control and contrast in beginning speech: A case study in the development of word form and word function.* Ph.D. Thesis, University of Illinois.

Menyuk P (1971). *The acquisition and development of language.* Prentice-Hall, New Jersey.

Michel P (1973). The optimum development of musical abilities in the infant years of life. *Psychology of Music,* **1**(2), 14–20.

Morrell J and Murray L (2003). Postnatal depression and the development of conduct disorder and hyperactive symptoms in childhood: A prospective longitudinal study from 2 months to 8 years. *Journal of Child Psychology and Psychiatry*, **44**(4), 489–508.

Morse P (1972). The discrimination of speech and non-speech stimuli in early infancy. *Journal of Experimental Child Psychology,* **14**, 477–492.

Murray L (1992). The impact of post-natal depression on infant development. *Journal of Child Psychology and Psychiatry*, **33**, 543–561.

Murray L and Cooper PJ (eds) (1997). *Postpartum depression and child development.* Guilford, New York.

Murray L and Trevarthen C (1985). Emotional regulation of interactions between two-month-olds and their mothers. In TM Field and NA Fox, eds, *Social perception in infants,* pp. 177–97. Ablex, Norwood, NJ.

Murray L, Halligan SL, Adams GC, Patterson P and Goodyer I (2006). Socioemotional development in adolescents at risk for depression: the role of maternal depression and attachment style. *Development and Psychopathology,* **18**, 489–516.

Murray L, Hipwell A, Hooper R, Stein A and Cooper PJ (1996b). The cognitive development of five-yearold children of postnatally depressed mothers. *Journal of Child Psychology and Psychiatry,* **37**, 927–935.

Murray L, Kempton C, Woolgar M and Hooper R (1993). Depressed mothers' speech to their infants and its relation to infant gender and cognitive development. *Journal of Child Psychology and Psychiatry,* **34**(7), 1083–1101.

Murray L, Stanley C, Hooper R, King F and Fiori-Cowley A (1996a). The role of infant factors in postnatal depression and mother–infant interactions. *Developmental Medicine and Child Neurology,* **38**(2), 109–119.

Murray L, Woolgar M and Cooper PJ (2004). Detection and treatment of postpartum depression in primary care. *Community Practitioner,* **77**(1), 13–17.

Murray L, Woolgar M, Cooper PJ and Hipwell A (2001). Cognitive vulnerability in five-year-old children of depressed mothers. *Journal of Child Psychology and Psychiatry,* **42**(7), 891–899.

Murray L, Woolgar M, Murray J and Cooper PJ (2003). Self-exclusion from health care in women at high risk for postpartum depression. *Journal of Public Health Medicine,* **25**(2), 131–137.

Nadel J, Carchon I, Kervella C, Marcelli D and Reserblat-Plantey D (1999). Expectancies for social contingency in 2-month-olds. *Developmental Science,* **2**(2), 164–173.

O'Connor JD and Arnold GF (1973). I*ntonation of colloquial English,* 2nd edn. Longman, London. (オコナーとアーノルド，片山嘉雄ほか共編訳『イギリス英語のイントネーション— 実用ハンドブック』南雲堂，1994)

Oller DK (1980). The emergence of the sounds of speech in infancy. In G Yeni-Komshian, G Kavanagh and C Ferguson, eds, *Child phonology, perception and production,* pp. 93–112. Academic Press, New York.

Oller DK and Eilers RE (1982). Similarities of babbling in Spanish and English learning babies. *Journal of Child Language,* **9**, 565–577.

Oller DK, Wieman LA, Doyle WJ and Ross C (1976). Infant babbling and speech. *Journal of Child Language,* **3**, 1–11.

Ostwald PF (1961). Sounds of emotional disturbance. *Archives of General Psychiatry,* **5**, 587–592.

Ostwald PF (1965). Acoustic methods in psychiatry. *Scientific American,* 212(**3**), 82–91.

Papoušek H and Papoušek M (1989). Forms and functions of vocal matching in interactions between mothers and their precanonical infants. *First Language,* **9**, 137–158.

Papoušek H and Papoušek M (1997). Fragile aspects of early social interaction. In L Murray and PJ Cooper, eds, *Postpartum depression and child development,* pp. 35–53. Guilford Press, New York.

Papoušek H, Papoušek M and Koester LS (1986). Sharing emotionality and sharing knowledge: A microanalytic approach to parent–infant communication. In CE Izard and PB Read, eds, *Measuring emotions in infants and children, vol 2*, Cambridge University Press, New York.

Papoušek M and Papoušek H (1981). Musical elements in the infant's vocalisation: Their significance for communication, cognition, and creativity. In LP Lipsitt and CK Rovee-Collier, eds, *Advances in Infancy Research*, **1**, 163–224.

Papoušek M, Papoušek H and Bornstein M (1985). The naturalistic vocal environment of young infants: on the significance of homogeneity and variability in parental speech. In TM Field and N Fox, eds, *Social perception in infants*, pp. 269–297. Ablex, Norwood, NJ.

Radke-Yarrow M, Zahn-Waxler C, Richardson D, Susman A and Martinez P (1994). Caring behaviour in children of clinically depressed and well mothers. *Child Development*, **65**, 1405–1414.

Reissland N, Sheperd J and Herrera E (2003). The pitch of maternal voice: A comparison of mothers suffering from depressed mood and non-depressed mothers reading books to their infants. *Journal of Child Psychology and Psychiatry*, **44(2)**, 255–261.

Ries NLL (1982). An analysis of the characteristics of infant-child singing expressions. *Dissertation Abstracts International* (University Microfilms No. AAT-8223568).

Robb L (1999). Emotional musicality in mother–infant vocal affect, and an acoustic study of postnatal depression. *Musicae Scientiae (Special Issue 1999–2000)*, 123–153.

Sachs J and Devin J (1976). Young children's use of age-appropriate speech styles in social interaction and role playing. *Journal of Child Language*, **3**, 221–245.

Scherer K (1979). Personality markers in speech. In K Scherer and H Giles, eds, *Social markers in speech*. Cambridge University Press, Cambridge.

Scherer KR (1986). Vocal affect expression: A review and a model for future research. *Psychological Bulletin*, **99(2)**, 143–165.

Scherer KR (1987). Vocal assessment of affective disorders. In JD Maser, eds, *Depression and expressive behavior*, pp. 57–82. Erlbaum, Hillsdale, NJ.

Scherer KR and Oshinsky JS (1977). Cue utilisation in emotion attribution from auditory stimuli. *Motivation and Emotion*, **1**, 333–346.

Searle JR (1969). *Speech acts: An essay in the philosophy of language.* Cambridge University Press, Cambridge.(サール．坂本百大・土屋俊訳『言語行為：言語哲学への試論（双書プロブレーマタ）』勁草書房．1986)

Searle JR (1976). A classification of speech acts. *Language in Society*, **5**, 1–23.

Sharp D, Hay D, Pawlby S, Schmucher G, Allen H and Kumar R (1995). The impact of postnatal depression on boys' intellectual development. *Journal of Child Psychology and Psychiatry*, **36**, 1315–1336.

Spring DR and Dale PS (1977). Discrimination of linguistic stress in early infancy. *Journal of Speech and Hearing Research*, **20**, 224–232.

Sroufe LA and Waters E (1976). The ontogenesis of smiling and laughter: A perspective on the organization of development in infancy. *Psychological Review*, **83**, 173–189.

Standley JM (1998). Pre and perinatal growth and development: Implications of music benefits for premature infants. *International Journal of Music Education*, **31**, 1–13.

Stanley C, Murray L and Stein A (2004). The effect of postnatal depression on mother–infant interaction, infant response to the still-face perturbation and performance on an instrumental learning task. *Development and Psychopathology*, **16**, 1–18.

Stark R (1979). Prespeech segmental feature development. In P Fletcher and M Garman, eds, *Language acquisition*, pp. 149–173. Cambridge University Press, Cambridge.

Stark RE, Rose SN and McLagen M (1975). Features of infant sounds: The first eight weeks of life. *Journal of Child language*, **2**, 205–221.

Stern DN (1985/2000). *The interpersonal world of the infant: a view from psychoanalysis and development psychology*, 2nd edn, with new Introduction. Basic Books, New York.(スターン．神庭靖子・神庭重信訳／小此木啓吾・丸田俊彦監訳『乳児の対人世界』岩崎学術出版社．1991)

Stern D (1990). *Diary of a baby*. Basic Books, New York.（スターン．亀井よし子訳『もし．赤ちゃんが日記を書いたら』草思社．1992)

Stern D, Beebe B, Jaffe J and Bennett S (1977). The infant's stimulus world during social interaction: a study of caregiver behaviours with particular reference to repetition and timing. In HR Schaffer, ed., *Studies in mother–infant interaction*, pp. 177–202, Academic Press, New York.

Stern D, Spieker S and Mackain K (1982). Intonation contours as signals in maternal speech to prelinguistic infants. *Developmental Psychology*, **18**, 727–735.

Stern D, Spieker S, Barnett RK and Mackain K (1983). The prosody of maternal speech: Infant age and context-related changes. J*ournal of Child Language*, **10**, 1–15.

Stratton P and Connolly K (1973). Discrimination by newborns of the intensity, frequency and temporal characteristics of auditory stimuli. *British Journal of Psychology*, **64**, 219–232.

Summers EK (1984). The categorization and conservation of melody in infants (concept, reinforcement, music). *Dissertation Abstracts International* (University Microfilms No. AAT-8501103).

Teasdale JD, Fogarty SJ and Williams JM (1980). Speech rate as a measure of short-term variation in depression. *British Journal of Social and Clinical Psychology*, **19**, 271–278.

Trehub SE (1990). The perception of musical patterns by human infants: The provision of similar patterns by their parents. In MA Berkley and WC Stebbins, eds, *Comparative perception; vol. 1, Mechanisms.* pp. 429–459. Wiley, New York.

Trehub SE, Unyk AM and Trainor LJ (1993). Maternal singing in cross-cultural perspective. *Infant Behavior and Development*, **16**, 285–295.

Trevarthen C (1979). Communication and cooperation in early infancy: A description of primary intersubjectivity. In M Bullowa, ed., *Before speech: the beginnings of human communication*, pp. 321–346. Cambridge University Press, Cambridge.

Trevarthen C (1988). Universal cooperative motives: How infants begin to know language and skills of culture. In G Jahoda and I M Lewis, eds, *Acquiring culture: Ethnographic perspectives on cognitive development*, pp. 37–90. Croom Helm, London.

Trevarthen C (1999). Musicality and the intrinsic motive pulse: evidence from human psychobiology and infant communication. *Musicae Scientae, Special Issue*, 155–215.

Trevarthen C (2005). First things first: Infants make good use of the sympathetic rhythm of imitation, without reason or language. *Journal of Child Psychotherapist*, **31(1)**, 91–113.

Trevarthen C and Aitken K (2001). Infant intersubjectivity: Research, theory, and clinical applications. *Annual Research Review. The Journal of Child Psychology and Psychiatry and Allied Disciplines*, **42(1)**, 3–48.

Trevarthen C and Hubley P (1978). Secondary intersubjectivity: Confidence, confiding and acts of meaning in the first year. In A Lock, ed., *Action, gesture and symbol*, pp. 183–229. Academic Press, London.

Trevarthen C and Marwick H (1986). Signs of motivation for speech in infants, and the nature of a mother's support for development of language. In B Lindblom and R Zetterstrom, eds, *Precursors of early speech*, pp. 279–308. Macmillan, Basingstoke.

Tronick EZ (2005). Why is connection with others so critical? The formation of dyadic states of consciousness: coherence governed selection and the co-creation of meaning out of messy meaning making. In J Nadel and D Muir, eds, *Emotional development*, pp. 293–315. Oxford University Press, Oxford.

Tronick EZ and Cohn JF (1989). Infant–mother face-to-face interaction: Age and gender differences in coordination and occurrence of miscoordination. *Child Development*, **60**, 85–92.

Tronick EZ and Weinberg MK (1997). Depressed mothers and infants: Failure to form dyadic states of consciousness. In L Murray and PJ Cooper, eds, *Postpartum depression and child development*, pp. 54–81. Guilford Press, New York.

Tronick EZ, Als H, Adamson L, Wise S and Brazelton TB (1978). The infant's response to entrapment between contradictory messages in face-to-face interaction. *Journal of the American Academy of Child Psychiatry*, **17**, 1–13.

van Bezooijen R (1984). *The characteristics and recognizability of vocal expression of emotions.* Foris, Dordrecht.

von Raffler Engel W (1973). The development from sound to phoneme in child language. In C Ferguson and D Slobin, eds, *Studies of child language development*, pp. 9–12. Holt, Rinehart and Winston, New York.

Webster RL, Steinhardt MH and Senter MG (1972). Changes in infants' vocalisations as a function of differential acoustic stimulisation. *Developmental Psychology*, **7**, 39–43.

Weeks TE (1978). Intonation as an early marker of meaning. Presented at the First International Congress for the study of Child Language, Tokyo.

Weinberg MK and Tronick EZ (1996). Infant affective reactions to the resumption of maternal interaction after the still-face. *Child Development*, **67**, 905–914.

Wendrich KA (1981). *Pitch imitation in infancy and early childhood: Observations and implications.* Doctoral dissertation, University of Connecticut.

Werker JF and McLeod PJ (1989). Infant preference for both male and female infant-directed talk: A developmental study of attentional affective responsiveness. *Canadian Journal of Psychology*, **43**, 230–246.

Wieman LA (1976). Stress patterns of early child language. *Journal of Child Language*, **3**, 283–286.

Williams CE and Stevens KN (1972). Emotions and speech: Some acoustic correlates. *Journal of the Acoustical Society of America*, **52**, 1238–1250.

Zlochower AJ and Cohn JF (1996). Vocal timing in face-to-face interaction of clinically depressed and non-depressed mothers and their 4-month-old infants. *Infant Behaviour and Development*, **19**, 371–374.

第14章

帰属の即興的音楽性：
母子音声相互作用における反復と変奏

マヤ・グラティエ と ジゼル・アプター=ダノン

> 人は即興に身を投じ，身を任せる。しかし即興とは世界に参加する，あるいはそこに融け込むことだ。人は冒険に旅立ち，調和の糸の上を行く。慣習的な子どもの道を記す朗々とした身振りの動線に沿って，異なるループ，ノット，スピード，動き，身振りそして響きをもつ「ドリフトのライン」に彼ら自身を接ぎ止めるか，あるいはその芽を出し始める。
>
> ドゥルーズとガタリ（1987, pp. 311-312）[1]

14.1 はじめに

　母親と乳児は，自発的な相互作用の中で，意味を伝える表現の単位を反復したり変化させたりすることを通じて，やりとりのモチーフのレパートリーを築く。この共有されたレパートリーは，実践されればされるほどに増えていき，相互理解への誇らしい感覚や帰属の感覚をもたらす。我々は母子の「帰属の感覚」について，同一性と新奇性の，また知っている道筋と冒険的な回り道との，わずかなまたはダイナミックなバランスから読み解く。このことが，コミュニカティヴ・ミュージカリティの本質部分にある。

　1つ目の研究では，我々は不幸な移住経験によって居場所と自信を喪失した母親には，我が子との間で活き活きと興奮した声のやりとりを続けることが難しい，ということを証明した。2つ目の研究では，境界性人格障害の母親と生後3か月の乳児の相互作用を記録した，継続中のビデオデータベースに基づく事例研究を報告する。この対比的な探索研究で我々は，母親が自己認知に混乱をきたした時，それが病的なものであろうとなかろうと，音声相互作用は活気を失い硬く反復的なものになることを示す。言い換えれば，母親と乳児は時間の「流れ」を失う――もはや，互いの関係を確かにするためであれ，経験の共有へ新しい道筋を開くためであれ，2人は「内的時間」を共有することができない。本章には2つの目的がある。1つは，生後数か月の間に，時間的に調整された表現（調整されたリズム，韻律，相互作用のダイナミクス）が，それがどう妨げられうるか，を示しながら，自発的なコミュニカティヴ・ミュージカリティの基礎を形成する，という見方を支持することである。もう1つは，個人とコミュニティにおける音楽性の自然な起源について，視点を提示することである。

14.2 音楽性の共有を通じた帰属感覚の形成
14.2.1 研究成果

　第一著者の研究では，フランス，インド，アメリカの母子60組を対象に，自宅での自発的な対面相互作用を観察し（Gratier 2001, 2003），生まれた国に住んでいる30人の母親と（10人はフランス，10人はイ

---

[1] 邦訳文はドゥルーズ，ガタリ『千のプラトー』（宇野邦一他訳：河出書房，1994）による。

ンド，10人はアメリカ出身），最近インドからアメリカへ移住した30人を比較した。乳児は全員が生後2〜5か月の第一子であった。研究の目的は2つあった。まず，フランス，インド，アメリカで自国の文化の中で暮らしている母子の自発的な音声相互作用を比較し，音声のやりとりに文化を通じた類似性と文化に特有の性質の両方がみられることを示したいと考えた。スペクトログラムとピッチ・プロット[2]によって発声を測定し，フランス，インド，アメリカの3つの文化的文脈において，2秒から6秒の短いフレーズ長の分節を成し，続いて1秒程度のまとまりを繰り返す，12秒から30秒の語りかけるような声のやりとりを母子がしていることを見出した（**図14.1**）。これらの発見は，コミュニカティヴ・ミュージカリティを提案する，本章で後述する先行研究とも一致している。それらの研究で我々は，脳と活動する身体から生み出される時間的表現を，人との間で創造的に調節することが，間主観的経験の最も重要な基礎となると考えた（Malloch 1999, 2005; Trevarthen 1999）。

マロック（1999）の研究に基づき，我々は母子間の時間的調節を「パルス」，「フレーズ」，「ナラティヴのエピソード」という言葉で定義する。パルスは，発声開始間の間隔の安定した繰り返しを意味する。フレーズは，母親，乳児，あるいはその両方による発声と休止の連続であり，それがより長い休止にまとめられる。ナラティヴのエピソードはより長い周期で，共有された興奮の開始，発展，終結で構成される（これらの定義と分析方法について，より詳しくはGratier 2003を参照）。**表14.1**に示すように，時間単位の3つの階層構造の持続時間は，4つの群でほとんど同じである。このことは，経験を共有するために表現を時間的に組み立てようとするにあたって，初期の普遍的な動機があるという仮説を支持する。

我々は，母親と乳児が声のやりとりを組織するやり方の文化的バリエーションに注目して分析を行

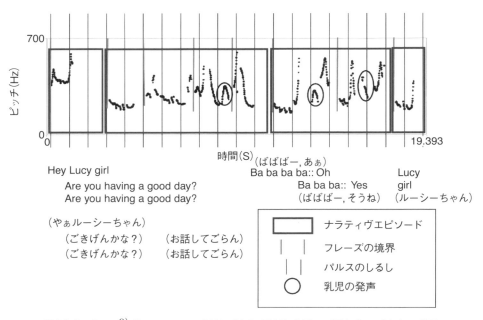

図14.1 Praat[3]（Boersma and Weekink 2000）を用いて示したスペクトログラム。カリフォルニアの母親と2か月児の20秒間の音声やりとりにおける「パルス」（ここでは1秒間隔），「フレーズ」「ナラティヴエピソード」を示す

---

2) 巻末の参考資料「音声分析と音声情報」を参照。
3) 第10章の訳注11)を参照。

表14.1 母子音声相互作用の音響分析から得られた3つの階層的テンポのユニットの群間類似性

持続時間	フランス人母子 平均(SD)	インド人母子 平均(SD)	アメリカ人母子 平均(SD)	移住者の母子 平均(SD)
パルス(ms)	902.8(130)	805.8(154)	903.9(117)	870.1(163)
フレーズ(ms)	3130.4(237)	3017.6(291)	2991.8(250)	2989.1(168)
ナラティヴエピソード(s)	23.7(3)	24.8(4)	23.6(5)	24.1(4)

なった。文化の中にある言語会話の暗黙のルールに通じるとも言える特徴を，それぞれの文化グループが反映しているようである。たとえば，インドの母子は同時に発声している時間が長く，そのためやりとりの中で交代し合うことが，フランスやアメリカの母子に比べて明らかに少ない（$F(2.27) = 3.4, p < 0.05$）。もう1つ，注目すべきは，どの文化でも，交代の間の休止の長さはそれぞれの文化の大人の会話のそれに近いということである（$F(2.27) = 6.3, p < 0.01$）(Kerbrat-Orecchioni 1994)。表14.2はフランス，インドそしてアメリカの母子における声のやりとりの文化的特性について，発見したことを全てまとめたものである。

本研究の2つ目の目標は，文化的に定まった相互作用のやり方が，コミュニカティヴ・ミュージカリティに支えられているというだけでなく，それを支えているという考えを検証することである。我々は，アメリカとインドの間で育児の仕方についての「文化的葛藤」に会い，自分の文化でなされていた子育てケアの仕方に自信をなくした経験のある，移民の母親の音声相互作用を調査した (Gratier *et al.* 2000, Stork 1994)。文化的葛藤の度合いは，質問紙とインタビュー，そして自己評価と社会的支援の自己評定から測定した。文化的葛藤の様子がなく，支援があると感じており，そして我が子にしている子育ての質（インド，アメリカ，または両方の文化でのやり方に基づいている）に自信を持っているインド移民の母親の音声相互作用における時間的調整は，インドに住むインド人の母子だけでなく，自分の文化の中で暮らしているアメリカ人やフランス人の母子とも似ていることが分かった。移住者の母子相互作用は，インド人とアメリカ人のパターンの間に当たる，ターンテイキング[4]のスタイルや話し手間の休

表14.2 原会話の文化特性を示す群の相違

	フランス人母子 平均(SD)	インド人母子 平均(SD)	アメリカ人母子 平均(SD)	移住者の母子 平均(SD)
重複した時間の割合	3.2(2.9)	9.4(8.1)	5.1(4.2)	4.7(8.1)
話手間ポーズの持続時間(ms)	389.4(182)	268.6(66)	473(123)	331.5(121)
母親による発声の全体への比率	46.6(7.1)	42.9(16.4)	49.9(7.3)	52(15)
乳児による発声の全体への比率	5.4(3)	13(10.5)	9.4(5.7)	5(6.4)
母親の言語的発声の比率	82.7(12.7)	52.6(16.8)	72(23.8)	58.3(23.5)
母親の非言語的発声の比率	17.3(12.7)	47.4(16.6)	32(21.9)	42.2(23.9)

[4] 第1章の訳注4)を参照。

止の長さなどの文化的特徴を示した（表14.2）。これらの発見は，文化的対応とは2つの文化的スタイルをダイナミックに統合する過程であるという考え方（Berry *et al.* 1992）を支持する。

文化的葛藤の兆候を示した母親の声の相互作用は，明らかに違っていた。時間的組成の一貫性が小さく，はっきり分かる語りかけエピソードが少なく，また即興性に欠けていた。我々は時間的な単位を「表現のマイクロシフト」と呼ぶが，これはパルス単位の断片で，声の相互作用の「表出の間合い」や即興性を測るのに用いる（Gratier 2003）。分析の結果，文化的葛藤を経験した母子の相互作用では，メトロノームのようにリズムが固定的になっていることが分かった（$t(58) = 2.7, p < 0.01$）。最短の時間的単位（1秒程度続くパルス）では規則性と反復性が強く，最長の単位（ナラティヴのエピソード）では組織化が弱い。帰属意識の混乱で自信を失くしたことのある母親のコミュニケーション表現は，次の予測のつくものであり，また，その子である乳児には冒険心や創造性が小さかった。

14.2.2　帰属の定義に向けて

以上の発見に基づいて，我々は，「帰属」が生後数か月の——そしておそらく胎児期の——音楽的コミュニケーションの中で生じ，そして重要な点で文化的にも音楽的にも剥奪されうる，と提起する。帰属感は，その乳児が生まれたコミュニティで共有されている相互作用のモチーフとスタイルに基づき，そして近しい家族との規則的で親密なコミュニケーションを通じて，乳児が自発的に身体化するものである。しかし，帰属感は，生まれながらの権利として文化的に与えられるものの範囲を超えている。乳児はそれによって，経験を表現したり共有したりするための，新しく独創的なやり方を探索することができる。乳児は文化的に意味のあるやり方で他者と調整することを身につけ，それを自分に取り込むようにまさに最初から動機づけられているが（Trevarthen 1988, 1993），彼ら自身の帰属のスタイルは，即興的な生気（ヴァイタリティ）で発達と学習を押し進める原動力となり続ける。帰属の感覚は，音楽への関わりと調律（アチューンメント）で得られ（Stern *et al.* 1985），文化的に裏付けられた「時間の流れを合わせて一緒に過ごす」個人的なスタイルを支えつつ，親密なコミュニケーションの新たな場を拓く。

母親と乳児は，目の前で進行する長期間の間主観的出会いを通じて，互いの表現の動きの次の軌跡を全ての感覚器官で感じ取ることを学ぶ。母子は，我々が「原初的習慣（プロトハビトゥス）」[5]と呼ぶものを獲得する。これは，社会的な付き合いや即興的な性質を持つ実践としての習慣，というブルデューの概念（Bourdieu 1977）を借用したものである[1]。原初的習慣は，母子がやりとりの中で徐々に形成する，予測可能なスタイルと手順の総体からなる。母親が自分の帰属するコミュニティから持ち込んだ文化的スタイルに端を発する，身体化された習慣の可変のレパートリーである。このレパートリーは，「リック」[6]やリフ[7]，そしてある部分は暗黙の「エチケット[2]」[8]から成る，ジャズ・ミュージシャンの即興で用いられるものと同種と考えてもよい（本書第6章のリーとシェーグラーを参照）。

我々の原初的習慣のモデルでは，乳児の帰属感は，確立された認知や言語の過程にではなく，活動的な身体の感覚に基づく。我々の「帰属感覚」の定義では，乳児は，共有された表現活動の原初的習慣の中で育まれたあるやり方で自分が何かをした時，そこで何が起きるかを感じ取る能力があり，それはまた，母親の表現の動作が適合している文化的なコミュニティにおける母親の帰属と自信に支えられてい

---

[1]　「表象的な内容は持たないが『規則的な即興』を通じて，無意識的に私たちの知覚や行為，表象を導く，文化的に決定された身体的性質の特定のまとまりが『ハビトゥス』である。」（Bourdieu 1997, p. 78）
[2]　「ベテラン奏者は，彼らのレパートリー倉庫にある個別のパターンを，語彙，アイディア，リック，トリック，ペット，パターン，キレ（crisp），クリシェ，そして最も機能的な言葉として，できること，と呼ぶ。」（Berliner 1994, p. 102）
[5]　ハビトゥスは自覚されない日常習慣の意，原初的習慣はその原始的なもの。
[6]　即興的な装飾楽節。
[7]　反復楽節。
[8]　共同体のメンバーに共有された規則。共有された経験と知識。又，既製を支えるものをさす。（Backer 2000）

る。共通する帰属感覚は，常に書き換えられ調節される原初的習慣を通じて，母親と乳児が互いの表現を予期するよう導く。行為の中の原初的習慣と，帰属への情動的な感覚は，ダイナミックな均衡に結びつき，動機に導かれた変化を通して，それぞれが互いを支える。母親が自分のコミュニティでの文化的実践について自信を失った時，その母親と乳児の共有された原初的習慣，確固とした文化的伝統の中にある母子独自の即興を見つけ出すことは難しく，間主観的帰属感覚も同様である。

　図14.2は，帰属感覚と，そこから声のやりとりに表れる即興の内容の間にある，弁証法的関係を描いたものである。我々は，帰属感覚は，個人的自信 ──「ウェルビーイング」[9]── の源でもあり，予測可能で遊びにバリエーションをもたらすような，文化に由来する表現形式の一式を共有することに母子が気づくことから生じる，強い動機づけの力でもあると主張する。したがって，原初的習慣は，それを通じて新しい実践とバリエーションが形になり認識されるような，構造あるいは主題の一式を構築する。帰属感覚と自信とそれが生み出す喜びは，キース・ソーヤー（2000, 2001）が「即興領域」と呼んだものにつながるに違いなく，言い換えれば，原初的習慣を持たず，創造性と共有構造に欠けた相互作用は，帰属感覚を育まないし，同じような理由で，時間的な即興性を持たない相互作用も帰属意識を育まない。帰属には，既知のものと新規なもの，反復と創造性，構造と変化のバランスが必要である。同じように，音楽の楽曲や小説も，もし表現の全てが既知であったり要素の反復であったりすれば，面白くなく「膠着した」ものになるだろうし，もし馴染みのある要素がまったく無ければ，理解しにくく混乱させるものになるだろう（Imberty 2005）。

14.3　間主観的間合いと即興
14.3.1　時間の単位と織り成す時間を予期する

　幼い乳児のコミュニケーションでの表現における時間的側面についての研究によると，時間とリズムの最適な形式は，周期的でもあり即興的でもある（Malloch 1999; Stern 1985; Trevarthen and Malloch

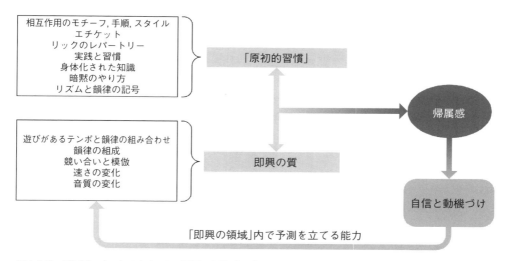

図14.2　形式とプロセスとしての帰属。原初的習慣と即興の質を通じて，その先にある表現の軌道を感じ取る

---

[9]　巻末の参考資料「ウェルビーイング」を参照。

2002)．これらの研究は，表現されるポリリズムの柔軟でありながら予測可能な組成が，情動的な関わりと言語獲得前の乳児の学習を支え，乳児が初めて知覚する意味の単位を形づくる際に貢献する，ということを示してきた (Dominey and Dodane 2004; Kuhl 2004)．たとえば，対乳児発話は，これから何が起きるかという時間的構造を乳児に知覚させるために，常に変化しながらも，回帰的な時間単位と予測の枠組みを設定するように暗黙のうちに動機づけられている (Bruner 1979; Fernald 1989; Papoušek et al. 1985)．しかし，人のすべての表現のパフォーマンスがそうであるように，対乳児発話も，韻律の輪郭と感情的な応答パターンを示す (本書第6章のリーとシェーグラー)．

　大人は，マルチモーダル[10]な表現を1.5から5秒続く単位に「パッケージ化」する傾向にある (Beebe and Gertsman 1980; Stern 1982, 2000; Trevarthen 1999)．乳児の音声とその他の表現行動は，同等の時間の単位に構造化されるようである．リンチら (1995) は，2～12か月で乳児の発声は，3～4.5秒の単位に組織されることを見出した．母子の発声についての多くの分析が，活動と休止のサイクルが2～5秒という，明らかに一貫した時間的表現パターンを示唆した (Beebe and Gertsman 1980; Gratier 1999, 2001; Lynch et al. 1995; Stern 1999, 2000, 2004)．相互作用のこの自然なフレージングが，ジェームズ (1890/1992) とフッサール (1964) が明白に示した「感じられる現在 (felt present)」の共通体験に基づくコミュニケーションの初期構造を構成するのかもしれない．

　生後6か月間の声の相互作用に関する研究から，より短くよりリズミカルな500～1000ミリ秒の時間単位も組成されることが示されている (Beebe, Stern and Jaffe 1979; Gratier 2003; Feldstein et al. 1993; Malloch 1999; Stern et al. 1977; Stern 1982; Trevarthen 1999)．また，開始部，展開部，クライマックスと結尾部に特徴付けられる20～30秒の，より長く進行するナラティヴのようなエピソードも示してきた (Gratier 2003; Mallock 1999; Trevarthen 1999)．乳児の行為のタイミングの感覚は，成人の場合と同じように階層的に組織されているため，我々が音楽を聴く時にしばしば次のビートと次の節の生起，ナラティヴのサイクルの進展を予期できる――あるいは同時性を感じたり同期したりする――のと同じように，乳児も，いくつものリズムのレベルの含まれる複雑な刺激の生起を同時に予期する，ということを，上記の研究は明らかにした (Gratier 1999; Trevarthen 1999)．これらのことから，乳児が刺激を分解できごとを予測する能力と，それに合わせていく段階での大人の直感的な表現の分節とが，高度に創造的で即興的な非言語対話の時期を支えていると我々は考える．

14.3.2　表現の間合いと即興領域

　「表現の間合い」とは，音楽演奏と即興に関する文献から借用した用語で，自発的な母子相互作用での時間組成における，特定の質と「エネルギー」を示すのに使うことができる．音楽では「表現の間合い」は，音楽家が演奏に生気と表現力を与えるために用いる，メトロノーム的に厳密なリズムからの小さな逸脱である (Clarke 1989; Iyer 1998; Kühl 2007)．我々は，母親の行動の中に表現の間合いが失われることで，相互作用は過剰に予測的なものになり，それは乳児の注意や潜在的な表現を引き出すものではない，という説を立てる．

　乳児が過去と未来を橋渡しするような経験を積極的に構築することは，対面相互作用の時間組成に関する研究や，乳児の時間および音楽性の知覚に関する研究によって，十分に確かめられている．さまざまな母子コミュニケーション研究が，相互作用の流れの中に埋め込まれた回帰的なテンポの単位の存在を指摘している．母子は，注意の周期 (Brazelton et al. 1974)，声と動作の単位 (Fogel 1988; Stern et al. 1977; Trevarthen 1999; Tronick and Weinberg 1997)，そしてターンテイキングの連続的な流れの間 (Beebe et al. 1985, 1988) が一致する．2から4か月児が1ビート600ミリ秒前後の音楽のテンポ，モデ

---

[10] 巻末の参考資料「モダリティ」を参照．

ラートからアンダンテを好むことが知られているが，これは我々が自然にならされているテンポの平均，あるいはポール・フライスが我々の「自発的なテンポ」と呼んだものと一致している（Baruch and Drake 1997; Fraisse 1982; 本書第9章のマゾコパキとクジュムザキス）。

しかしながら，乳児の時間知覚について，我々が最も興味を持っているのは，3か月児が，おおよそ，または完全に固定された随伴性（contingency）よりも，変化する随伴性に注意の選好を示すこと，そして，ゆるやかに随伴的な状況の中で乳児自身が出来事を操作しようとするとき，新奇な行為を最も素早く学習するということである（Bruner and Sherwood 1975; Watson 1979）。このゆるやかな随伴性への選好は，明確な規則性と興奮したニュアンスの両方で提供される社会的な刺激への，乳児の日常的な経験と関連しているのかもしれない（Hane et al. 2003; Watson 1985）。この選好は，間主観的関わりと学習への高度に適応的な形式を支えているのである。

4か月児とその母親の音声相互作用に関する重要な研究は，中程度の音声リズムの調整の重要さを明らかにした。音声のリズム調整が高いレベルあるいは低いレベルの乳児は——母子間の音と沈黙の調整度合いで定義された——生後12か月で不安定な愛着スタイルを示した。これに対し，中程度のレベルの調整に区分された乳児は安定した愛着を示した（Jaffe et al. 2001）。生後4か月での中くらいの音声調整は，生後24か月での言語の発達を予測する（Hane and Feldstein 2005）。母子間における中程度のレベルの調整には，創造的に表現し共同で探索する余地がある。それがもたらすテンポの「弾力性」は，母子が目的を交渉するための重要な基礎となる。幼い乳児との「いないないばあ遊び」の研究からは，バランスの良い反復と変化が，興味を引き起こすのに重要な役割を果たすということに，十分な証拠がもたらされた。世界中の大人と乳児が，いないないばあ遊びによって，反復性と新奇性，予想と驚きとの心地よい緊張感を探っているのである。これらのゲームは，社会的そして情動的な共同規則を作り，乳児の社会的な気づきを支え，また訓練する（Bruner and Sherwood 1975; Fernald and O'Neil 1993; Greenfield 1972; Rochat et al. 1999）。いないないばあ遊びのほどよい予測性が，乳児には最もよく楽しめる（Fernald and O'Neil 1993）。よって，親密なコミュニケーションと間主観的関わりは，あまり固定的ではなく，内的に生じた時間間隔にあった程度の，より柔軟な相互作用の間合いに関連しているようである（本書第6章のリーとシェーグラー）。

これまで見てきたように，母子相互作用における時間の組織化では，リズムが厳密でも一貫してもいない。全体的に予測の立つテンポパターンは示されず，むしろ期待の枠組みを刺激し即興ゾーンを生み出すような間合い，いったんはっきりと構造化されわずかに変化した間合いの形式である。表現の間合いは，即興領域の限界，それを越えると他者の思弁的な心とのつながりを失いコミュニケーションに失敗する限界について，暗黙の定義を構成する。我々は，間主観的な経験共有——会話や音楽，あるいは非言語の相互作用を通じた——の限界とは，相互作用が予期的過ぎるか混沌とし過ぎていて理解も共有もできないという境界線（Sawyer 2001）を越えたところにあると考えている。

ダニエル・スターン（1982, 1999）は，まとまりの組み合わせとして変化する母子相互作用の間合いは，乳児の注意と情動を維持し規制するのに申し分なく最適であると指摘した。乳児の注意を引き出すために非常に反復的な間合いがしばしば使われるが，もしそれがあまり長く続くと乳児は退屈し始めそっぽを向く。同様に，構造化されない間合いは乳児の注意を得られず，動揺させてしまう[3]。

14.3.3 反復と変奏の重要性

多くの研究者が，母子相互作用のこの即興的な性質の探求に関心を向けており，母親と乳児が，ちょ

---

[3] スターンは母子相互作用をジャズのデュエットになぞらえた。「ビートからの逸脱，感覚と思考の『表現的な』予期される規則性からのずれや変化に関する何かがある。おそらくジャズでは非常に劇的で，それはそのような逸脱が慣習的な形となっていて，多くの興奮はビートが後ろへ遅れたり前へ進み勝ちになったりし，そして後ろへスリップする断片から生じうる。」(Stern 1982, p. 104)。

うどジャズ・ミュージシャンが互いに振る舞いを調節するのに似た，間合いのメカニズムに依拠していることは，近年の研究に示唆されている（Malloch 1999; Schögler1999, 2002; Stern 2000）。さまざまな音楽ジャンルにおいて，即興は，ミュージシャンがそこに意味のある変化を導入できるような，共通のビートと共有されたテンポ構造に基づいて成立する（Bailey 1002; Iyer 1998）。それは，ターンテイキング，交唱，模倣と同期演奏といった仕組みで作られており，新奇性や変化の導入はミュージシャンの間で常に交渉されて進んでいく。さらに，ジャズ・ミュージシャンはあらかじめ決められた「リック」と「エチケット」に依拠していて，これが彼らの演奏の中に「文化」と「美学」を構築し，またこの中においてこそ彼らの演奏は互いにとって，また聴衆にとって意味のあるものとなる（Becker 2000; Iyer 1998）。彼らは，予期の枠組みと緊張の糸を組み立て，解決音で満たすために，表現の間合いと同期に依拠する（Iyer 1998; Xchogler 2002）。

即興は，多くの自発的な活動において本質的なものと言えるだろう。会話は，ある種の即興である。我々は会話のルールに従いはするが，決まり文句であったり，より創造的であったり，会話とはどれもがユニークなものである（Sawyer 2001）。母親と乳児はその中で，遊びながら時間構造を組み立て，はっきり区切られた即興領域の中でユニークな新しいパターンを作り上げ，そしてそこに依って立つ（Brandt，本書第13章のブラント，第12章のブラッドリー，第20章のエリクソン）。

これまでに述べたように，既知の形式や過程を予期し，また新奇な形式と過程をそれに基づいて知覚し産出するという二重の行為が，大きなダイナミズムと生命力をその場の相互作用に加味する。このこともまた，さまざまな相互作用の形式，前言語的，会話的，音楽的あるいは動作的な形式で，真実である。**反復**は，充当と投影を示唆し，ダイナミックで断定的な自己の感覚を構築するのを助ける。反復形式の**変奏**は，既知のものを新しいものへ移行させ，前進させ，創造的な対話と探索的な場へ引き込むか，または誘いこむ。音声認知科学研究は，音楽演奏の間合い・強さ・長さのバリエーションが，聴き手が音楽の流れを分節するのを手助けすることで，音楽構造の各面を強調することを示してきた（Drake and Palmer 1993）。母子相互作用の場合，既知の形式を変奏することは，共有された原初的習慣を強める役目を果たすのかもしれない。

反復と変奏のダイナミックなパターンのもう１つ重要な側面は，埋め込まれた**柔軟性**である。周期的に反復する要素からは一定の予想が立てられ，自発的な相互作用のどの瞬間にも，様々に起こりうる「次の出来事」がある。しかしまた，起こりえない，あるいは正当だと知覚されない出来事も，特定の，暗黙のうちに合意された相互作用の文脈内にある。よく精査された母子相互作用における「修復」の現象（Tronick and Cohn 1989）は，ありうる「正当な」表現への一瞬一瞬の気づきを証明する。相互作用の中で何が正しく何が間違っているかという，いわば常識や共有の直感が働き，要素が境界線を越えたとき母親と乳児は問題解決に向けて協調して動く。ジャズ・ミュージシャンと非常によく似たやり方で，母子はこれを行なっている。

協同的な演奏の間，ミュージシャンはしばしば，互いの合図に乗り損ねたり，意図しないことを演奏したりするが，これらの横滑りや失敗はたいてい即座に仲間が拾い上げる。しかしながら，優れたジャズ・ミュージシャンは間違いを犯すことを恐れない。またアンサンブルの協調的な柔軟さが予測と創造性の境界をしばしば吹き飛ばすように働くため，いわゆる失敗の最終段階を確定することが難しい（Duranti ad Burrell 2004）。ジャズにおいては，「失敗」は音楽の一部であり，演奏中にそれらを「修復」する能力が，優秀な熟練演奏者の指標となっている（Monson 1996; Iyer 1998）。アンベルティ（2005）は，我々が音楽を聴く時，時間と意味の経験を創る「装飾された多様な規則性」が重要であることを強調する。

反復と変奏のバランスを取る相互作用の行動の仕方はまた，相互の関わりと相互作用の流れに都合のよいものでもある。なぜなら，ゆっくりとした変化，すなわち与えられた文脈やその履歴や雰囲気，そして潜在するものの範囲内で，すべての時間を意味のあるものにするような変化を，その行動の仕方が

支えているからである。要約すると，反復と変奏は，存在する時間を共有する経験を構成する基本構造であり，あるいはアルフレッド・シュッツ (1962, p. 116) の言うように相互作用の場の中で「ともに年を重ねる」ことであり，そのため，あらゆる相互作用において非常に重要なものである。

14.3.4　間主観的時間とは何か

　心理学者たちは，時間および時間的経験に関する問いをおおむね無視しており，**物理的に測りうる時間と心理学的な主観的時間**との距離に固執する傾向にある。しかしながら，より説得力のある社会科学の研究，社会的相互作用と社会的に構成された意味を分析することを目的とした研究を鑑みると，心理学者には，第3の時間の形式，すなわち**間主観的時間**について学び，研究することが非常に重要だろう。母子相互作用研究および音楽の即興演奏のような協調的なグループ実践の研究は，この時間的経験に価値のある洞察をもたらす。間主観的時間は，意識，認知そして文化についての我々の問いのすべてにおいて間違いなく中核的なものである。

　我々は，相互作用の流れの中で乳児が経験することは，再構成され続ける近い過去と共鳴して次々に展開する未来でできていると考えている。ドナルドソンが提起したように，個人の意識は，記憶と思考が「いまここ」を抜け出てはるか遠くを探索していきながら，「点」と「線」と「中核的構成物」そして「超越的」モードの中で成長する (Donaldson 1992)。しかしながら，すべての理解は，現在の身体化された経験に根ざし，またそこから発達する。ダニエル・スターン (1999, 2004) は「生気情動」[11]（アフェクト）という言葉で，我々が目の前に表れる経験に時間的輪郭をどのように感じ取るかを表した。そこには「これからなる」ことのナラティヴと「今」の経験の両方がある。生気情動は，緊張の特殊なパターンと，時には興奮の高まり，そして結末に向かう部分とを含んでいる。始めは，予測可能かつ変化に富む「感覚の形式」(Langer 1953) における過去・現在・未来として，発展部と短い非言語ストーリーの終結部が一緒に織りなされる。過去と未来の地平において，それらが現在の瞬間の位置を占め，相互作用では，母親と乳児の互いへの刻一刻の感覚に構造を与える。あたかも，差し迫る目標に向かう意図の軌跡のようである (Stern 2000)。生気情動は，長さの平均（2〜5秒）という観点からも，経験の質という観点からも，音楽のフレーズにたとえられ，意味深くまた共有経験の結晶化を促すように立ち現れる「出会いの瞬間」を作り上げる (Stern 2004)。自身の感覚に時間の輪郭を感知する能力と，それが親密さにおよぼす潜在力は，信頼できるパートナーとの確かな出会いのなかでより豊かになっていく。経験の時間的輪郭を感知する内的な感覚は，美的，倫理的性質を帯びており，間主観的時間を生き抜くことで得られる。

　1951年の論文「音楽の共同創造過程：社会関係の一研究」でアルフレッド・シュッツは，「関係の中の相互調整」と呼ぶものについて解説した。これは，対面する生きたパートナーとの間であっても，またコミュニケーションへの作者の意図をはらむ芸術作品との間でも，間主観的経験において実践される関係性の1タイプである。シュッツによればこの関係は，

> 他者の内的時間の内にある経験の流れを相互扶助的に経験すること，鮮やかな現在を共に過ごすこと，その一体感を「我々」として経験することから築かれる。この経験だけが，他者の行ないを，その人に向けた調整をしているパートナーにとって意味の深いものにする――つまり，他者の身体と動作が，その内的な生命の中で起きた事象を表現する場として解釈されうるし，されている。
>
> シュッツ (1962, p. 118)

共通の経験を通じて内的時間を共有するというのは，ユニークな経験とされる。

　間主観的時間は，多くの人が主観的時間について考えるように物理的時間と完全に切り離されている

---

[11] 巻末の参考資料「生気，生気情動と自己感」を参照。

わけではない，それどころか，もし我々が間主観的時間を経験の形式だと考えるならば，それはほとんど観察が可能で測定も簡単な出来事——客観的現実である「外側」に支配される出来事——に基づき，相互の出会いの中に観察することができる，心理学者にとって魅力的で複雑な課題である。それでは，相互作用における出来事の時間的組成と，それを通じた「時間を共有する」という経験との間にはどのような関係があるのだろうか。

　間主観的時間は間違いなく，物理的に埋め込まれた現実の時間と，その動機づけの力の「感覚」において分析されるべきである。相互作用に関わる者は，行動を共にして共同構成する経験に形式と意味を与える，間主観的時間に拠って立つ。意味の知覚は，共感的に共有または「融合」された内的時間を「展開する」経験と，生まれながらに結びついている。歴史的な厚み（原初的習慣），そして共に現実を見出す興奮の両方が含まれる共有された実践に，母親と乳児が積極的に関わることによる「内的時間」の表現豊かな集合体を通るのが，その理想的な状態である。

14.4　帰属の意味
14.4.1　音楽性とナラティヴ

　「ナラティヴ」はコミュニカティヴ・ミュージカリティの1つの鍵となる要素とされている（Malloch 1999）。しかし，この文脈におけるナラティヴという用語は，分類上の必要に迫られて使われていた。この言葉は，現実や想像上の出来事の整理や再構成を指し示して積極的に示唆するものではない。そうではなくこれは，意味を構造化し運搬する，本質的で意図的な手段となる特定の型である。ナラティヴの型は，感情表現を乗せ目的をもって前へ運ぶものであり，予期と興奮の表現を持つ時間的軌跡と切り離すことはできない（Imberty 2005; Stern 2004）。多くの研究者が指摘しているように，ナラティヴの内容と型は，人間の持つ形式と活動において間違いなく本質的なものとみなされる（Bruner 1987; Burke 1945; Ochs and Capps 2001; Ricoeur 1983-1985）。ナラティヴは，意味深く記憶し認識できる全体像へと経験を結びつける衝動をもたらす，意志のベクトルと考えられるかもしれない（Bruner 1990）。特定の型で話される現実の物語としてのナラティヴは，言語的内容を持ち，語り手と聴き手の間で同意された現実の本質についての，推論と予期が蓄積された暗黙の知識から，意味を取り出す（Bruner 1990）。同様に「生きた非言語の物語」（Stern 2004）と見なされるナラティヴは，非言語の内容のほかにナラティヴの型を持ち，シンプルだが極めて高い強制力のある推定と予期の共有枠組みの中で，意味あるものとなる（本書第3章のブラント，第4章のマーカー，第5章のクロスとモーリー）。

　母親と言語獲得以前の乳児の相互作用についての研究は，彼らが音楽的に経験してきたナラティヴに，リズム表現と声の韻律が意味深い内容をもたらすことを示す。詳細な音声分析は，2か月児と母親の間に複雑でナラティヴのような，または劇的にダイナミックな，ピッチ調整があることを明らかにした（Trevarthen 1999; Trevarthen and Malloch 2002）。流れの中の序，展開，クライマックスそして解決といった時間的段階は，非言語のナラティヴエピソードを生じる20〜30秒間の長い休止とひとくくりになっている（本書第1章のマロックとトレヴァーセンを参照）。ナラティヴの緊張と解決による効果は，一貫性のあるゆっくりと上がって下がる声のピッチから生み出され，母親の言語的言説が，ナラティヴの非言語の単位のその他の特徴について洞察を与える。母親と乳児は，ナラティヴのサイクルを通じた表現的なパルスへの移ろいゆく感覚を探し求め，維持する。乳児はしばしば，フレーズの終わりや，クレシェンドと緩和の時点で，ビートに乗って声を出し，母親の表現する音楽性に合わせて身体を動かしたり「ダンス」したりする（Malloch 1999; Trevarthen and Malloch 2002）。行為と情動のナラティヴをつなぎ合わせることで，母親と乳児は歴史を共有し，コミュニティを呼び出すことができるようになる。

14.4.2　多義的で非論弁的な帰属のルーツ

　もし乳児が，ナラティヴのような形式の構築と生気情動を知覚し参加するならば，我々はこれらの創造的な経験の目的と価値について再考せねばならない。乳児が，表現行動の時間的，質的調整を通じてアクセスできる意味の領域は，我々が音楽経験を通じ，より一般的には美的知覚の形式を通じてアクセスする特定の意味に類似しており，それは概して，表象的であるというよりも現示的で含みを持つ——哲学者スザンヌ・ランガー（1942）が「非論弁的」と表したものである。ランガーによると，音楽は言語と同じくらい普及した普通の記号様式だが，その意味のまとまりは文脈依存的で時間に礎を置き，翻訳不可能である。音楽は人生に欠かすことのできない意義を持つ。言語のように表示的な特質は持たないものの，音楽は感情と「内的経験の矛盾と錯綜」を表現する力強い媒体である（Langer 1942, p. 100）。ランガーの哲学に即して，我々は，相互作用の音楽性は前言語的・言語的コミュニケーションに本質的な特質であり，また人間の知性の活動を構成する要素であると考える。結びつき以外の何らかの事柄が語られるより前に，初期の数か月における音楽性は，乳児の心を行為の中で意味を持つ世界へと誘う。

　初めの6か月間に乳児は，意図的な関係についての知識を得るのでもなく，また意図の身体化されたプロセスに基づいて，関わり合う心の時間的枠組みの中で実体化する**意図的実践についての知識**を得るわけでもない，と我々は考えている。スターン（2004）は，暗黙の知識を「非象徴的，非言語的，手続き的，そして意識を反映していないという意味で無意識的」であると定義した。我々はさらに，生後数か月の間，暗黙的な知識，間主観的時間感覚に取り囲まれた期間が，帰属の感覚を編み上げるということを提案する。言い換えれば，乳児の表現的な動作は，文化的に得られ音楽的に形作られた慣習と実践に導かれている。帰属は，動作や意味のあらゆる個人的やり方に文化的トーンを加味する，暗黙的な知識である。母親と乳児は，時間の中で経験を構成する，そして拡張し変化するコミュニカティヴな形式の共有レパートリーの上にある音楽的ナラティヴの形式を通じ，やりとりの中で互いに意味を見出す（そして互いのために意味を作り出す）。

　幼い乳児が人の意図の時間的軌跡に惹きつけられることは，よく知られている。乳児は，声の表現の輪郭（Papoušek 1996），生気情動として知覚されるフレーズの長さ（Stern 2002, 2004），そしてナラティヴによる関わりの段階（Trevarthen 1999）へと調整される。生後7か月までには，聴いている言語や音楽の音を解剖し分節する（Jucsyk and Krumhansl 1993, Krumhansl and Jucszyk 1990）。10か月ころには，乳児は，意図的動作の開始と完了の際に起きる，境界線上の複雑な行為の流れを把握する（Baldwin *et al.* 2001）。意図と表現の軌跡は，したがって，間主観的時間を構成し，共有の経験に意味を与える動的なベクトルとみなされるべきである。

　乳児は生後9か月頃から，互いに注意し信頼し合う情動的な関係の中で，参照行動を通じた意図的関係の決まったパターンを身につけ始める（Bruner 1979, 1990; Tomasello *et al.* 1993; Tomasello 1999; Trevarthen and Hubley 1978）。これらは「意味の行為」（Halliday 1975），言語獲得と単語の意味の結晶化への道筋を作る活動である（Bruner and Sherwood 1975; Markus *et al.* 2000）。文化は通常，人間の心理の構成物であるというよりむしろ，心的な活動に付加される特性の固定されたセットとみなされるので，乳児が文化的な方法論を獲得し始めるのは，この頃だと考えられる。共同注意と相互の注意を含む活動で明らかなように，乳児は，発達するにつれて他者の意図を感知する過程を身体的に示すことを学ぶ。意味はますます公共のものに，そして意識的で内容のあるものになっていく。しかし，幼い乳児がアクセスできる非論弁的な記号論的領域は，人生を通じて，すべての意味生成活動の基礎となり，言語的意味の参照と共存する。実際，言語的意味は常に複数の記号論的領域に埋め込まれており（Goodwin 2003），その多くが「暗黙知」の非言語の形式を示す（Polanyi and Prosch 1975; Stern 2004）。つまり，乳

児の高度に特徴的な記号論的，もしくは原象徴的な表象は，間主観的経験と共に構築される[4]（Trevarthen and Hubley 1978; Trevarthen 1980, 1988, 1994）。

乳児の記号論の特性について重要な洞察は，音楽的意味に関する文献の精査から得られる（Meyer 1956; Imberty 1981; Kivy 1990; Kuhl 2007）。さらに興味深いのは，音楽的相互作用とグループ相互作用のプロセスについての，さらに数少ない研究から収集される洞察だろう（Monson 1996; Sawyer 2003）。我々は，この分野のさらなる研究へ2，3の指針を提供する。音楽的意味の本質的な側面の1つは，その固有のポリセミア（複数の意味を持つこと）である。ポリセミアという特性は，その美学的な質と切り離せない（Cross 2001）。

リアルタイムでのジャズ演奏の研究とジャズ・ミュージシャンへのインタビューから，意味が共有の帰属感覚と密接に結びついていることが示される（Becker 2000; Duranti and Burrel 2004; Monson 1996）。彼らの即興は，一方では既知の構成やテーマや慣習に根ざし，また一方では多かれ少なかれ歴史に根ざしたレパートリーを明らかに参照するため，音楽家は，演奏パフォーマンスをつじつまの合うものにすることしかできない。したがって，彼らはいくつものレベルで意味を創り出し，多かれ少なかれ透明性を持つ。特定のリフは，ジャズの歴史上よく知られた出来事の強い含意かもしれず，すべての音楽がそれを，その出来事を直接参照していると考えるかもしれない。または，すべてではないが何人かのミュージシャンに知覚され取り入れられる，いくつもの含意をもたらすかもしれない。即興演奏における，多かれ少なかれ参照的な意味の形式に加え，ある音楽の流れに固有の多くの意味を持つということそのものが，美学的な意味をもたらし，演奏者がそれをかき立てる。最後に，その流れの中での多感覚的な調整を通じて暗黙の参照を非言語的に共有する行為は，それ自体が意味深い経験であり，演奏者間の結びつきと親密さを強める[5]。すでに作曲された音楽でも，意味は，多くが聞き手のその作品のスタイルをどう知覚するかに依拠するが，そのスタイルはまた，表現された音を構造化し分節する普遍的な能力に基づいて時を知覚する特定のやり方でもある（Imberty 1981）。音楽の文化は，「人の存在」があり知覚されることで創られる（本書第3章のブラント，第9章のマゾコパキとクジュムザキス）。

「意味」と「意味深さ」という言葉は，使い分けるとよいかもしれない。人の経験の多くは，はっきりした意味が付与されていないにも関わらず，意味深いものと見なされているようである。たとえば，誰かと会話を交わす活動を通じて新しい意味が得られること，すなわち理解と洞察に結びつくようなものと，意味深い会話に参加していたのだという感覚，つまり交わされた言葉や考えを越えて共鳴をもたらすようなものと，その2つの間には大きな違いがある。言い換えれば，つながっているという感覚や相互性の中には深い意味があり，それ自体が意味深い。意味と意味深さは，活動的な，あるいは暗黙のうちの間主観的経験のどちらによっても生じ，互いに強く関係している。したがって，帰属の感覚は，意味深いと同時に，意味に駆り立てられ意味によって立つ。我々は意味深い経験に共に属しているのである。

14.5　帰属のモラルと美学

互いにつながっているという意味は，その美学的質の証である。人と「同期」している，あるいは「グループ状態にある」[12)]，「波長が合う」ということには，人間的な楽しみをもたらす深く特別な何かが

---

[4] 「発話や文の言語的表現における文法は，協同的な気づきが生成されるすべてのコミュニケーションの主体の間にある動機と感覚の変化や交換を規制する，非参照的なプロセスから派生するか，あるいはそのプロセスの上に築かれる。これは乳児がコミュニケーションする記号論的プロセスのレベルである」（Trevarthen 1994, p. 240）。

[5] ジョン・ブラッキングが書いた「音楽の主要な機能は，人々に文化的経験の枠組の中で経験を共有させることである」ということは，このことを暗に指していたのだろう。

[12)] グルーブとはジャズなどの音楽での高揚感やノリを示す言葉。グルーブ状態にあるということは，一般に，素晴らしい演奏であることを示す。

ある。たしかに，我々がその場のダイナミックなコミュニケーションの実践から得る，帰属の経験と芸術の楽しみとの間には，強いつながりがあるかもしれない。

　ディサナーヤカ(2000a)は，つながりと儀式，そして芸術に共通の系統発生学的起源があると論じる(本書第24章のディサナーヤカを参照)。シュッツ(1962)は，芸術の経験は，芸術作品とその作者を，見る人の内的時間の絶え間ない流れに即座に集中させることを含んでいるため，本質的に間主観的であるとする。成功した現実の生活での人との出会いも，個人的に我々を喜ばせる芸術であっても，どちらにおいても，我々は他者の隠れた意図を感じ取り，同情するようである。静的な創作活動──たとえば絵画など──との出会い，ただしそれを「芸術作品」にする特定の美学的立場があるものであれば，我々のその対象への評価は同時に，つながりへの一般的な感覚を彷彿とさせる。このことは，チクセントミハイ(1990)の「フロー」やマズロー(1971)の「至高体験」の経験として描かれてきた。

　もし我々が即興演奏と母子音声相互作用の間の類似をあと一歩掘り下げるのであれば，文化的に奪われた即興的な帰属の感覚が，音楽的伝統の文化や美学と同種であると考えられるかもしれない。特定の音楽ジャンルの美学は，人の手で抽象化され，特定の歴史を持った決まりや過程，行動の仕方のまとまりとして，描かれたり記されたりする。しかし，それは演奏や作曲として実現され，それを心の中で鑑賞する聴衆があって初めて，意味深く生産的なものとなる。どの芸術形式の文化も，個人的な経験の瞬間を保ち形作る，動的な連鎖である。

　帰属と美には力強いつながりがあるかもしれない(本書第7章のパンクセップとトレヴァーセン)。音楽家は演奏中，自分たちが作り出しているものが意味深くそして伝統的な美と調和している時に，最も強く互いの結びつきを感じる。逆もしかりである。しかし，最も喝采を浴びる音楽(あるいは一般的な芸術作品)は，その根ざしている美学的伝統をほんの少し超えたものである。ある芸術作品が「前衛的」だと言うとき，我々は，それが認識しやすいものとまったく変形されたものの間の境界線上にある，つまり，我々が結びつきを持てるかどうかの境界線上にあることを，半ば冗談として意味する。情緒を生成し絆を強めるような，ユーモアある冗談や遊びの中のゲームも，この境界線上にある(Reddy 1991)。

　母親はしばしば，我が子との間で経験するつながりに強く心を動かされると言う。我々には，ある相互作用を他より美しいと感じる感性がある。ビル・コンドン(1982)は，映像をコマ送りで研究しているが，いくつかの相互作用には他とは対照的な舞踊的な美しさがあり，その美しさは彼らの特定の調整の形式と相互作用者のウェルビーイングに結びついていると述べた。即興演奏と母子相互作用で出会った規範は，道徳的な側面からも見ることができる(Duranti and Burrell 2004; Trevarthen 1986)。アレッサンドロ・デュランティとケニー・バレル(2004)は，即興的な音楽交流や演奏と，彼らを取り巻く人々の会話をビデオテープから分析した。彼らは，ジャズの即興における道徳性が，何が美学的で道徳的に「良い」かを定義したルールの上で暗黙に同意されているということを示した。彼らの視点によると，音楽家が描く道徳性と美学的質は，音楽が固着する感覚に関連し，共有の美学を強化し，同時に権威，正直さ，感情移入，その他の気づきに対する個人的関与から生じる(Duranti and Burrell 2004)。ジャズ音楽家の中には自我が強すぎ，傲慢，自己中心的で欲望の深い人たちがいると言われることがあるが，これは演奏を成功させるにあたって避けられない道なのかもしれない。音楽演奏における美学的規範と道徳的な規準には，興味深い融合がある。

14.6 「ホールディング」[13] としての音楽性

　身体の動き，その利用と表現は，帰属を刷り込む。あるコミュニティの歴史，古い歴史までもが，動きの中に生きている。マルセル・モース(1934)は，「身体の技法」について語る中で，まさにこの身体

---

[13] ウィニコットの提唱した用語で，「抱えること」とも呼ばれる。母親が子に安心できる心的空間を与え支える。子はそこで内面世界から現実世界へ移行する。この空間をホールディング環境という。

化された文化について述べている。人の表現は，過去のコミュニケーションにおける伝統の要素を，現代の文脈の中で新生させ刷新する。心理学的に両親のコミュニティから切り離された母親の帰属感の混乱は，この暗黙的な知識の社会・歴史的な流れを潜在的に抑え込む。しかしその知識は，母親に自信を与え，同時に交渉と創造的探索の枠組みを拓くものである。母親との音楽的でマルチモーダルなやりとりを通じて，乳児は帰属するコミュニティの豊かで一貫したコミュニケーションの伝統に足を踏み入れ，間主観的関わりの新しいモードを即興するにあたって，テーマとしてその伝統を利用する。母子相互作用における表現のタイミング，間主観的経験を内包し組み立てもする装置は，明確に定義されていると同時に，本質的には柔軟でもある。繊細なタイミングを通じて，母親は乳児の注意を保持し，情動を調整し，予想可能な手順と行動の仕方のミクロな文化を創り出す。音楽性は，したがって，赤ちゃんの扱いをめぐる心理学的「ホールディング」の形式とも考えられる (Winnicott 1971)。

　フォーク (2004) は，人類の進化の初期に，この音声による乳児のホールディングが可能になったおかげで，母親は未熟な乳児と心理的に離れることができるようになったと示唆する。これは乳児に自発的に話しかけたり，クーイングしたりや歌いかけたりする大人の相互作用における能力であり，これらの音声表現に特に興味を持って向かい参加する乳児の能力でもある (本書第7章のパンクセップとトレヴァーセン)。しかし，我々は乳児との音声相互作用は，世界中でまた歴史を通じて非常に多様であるということを心に留めておかねばならない。どんな相互作用の形式であっても，ウィニコットの示した「ホールディング」の経験の原初的な源を構成するのは，乳児との相互作用における**表現の間合い**であると我々は考える。相互作用の行動の仕方は乳児の発達と共に進化し変化するが，この間合いの繊細な音楽的質は維持しなければならない (本書第9章のマゾコパキとクジュムザキス，第10章のパワーズとトレヴァーセン)。生後12か月で安定した愛着を持っているとみられる乳児はおそらく，持続的で一貫した「音楽的ホールディング」を受けてきた乳児だろう。この考えはジャッフェら (2001) による生後1年間の音声の間合いと愛着に関する研究に支持される。

　暗黙のうちに伝えられた「身体の技法」は，自分の赤ちゃんと関わったり世話をしたりする母親に，行為や動き方を教え導く。乳児の生得的な応答性と喜びが，新人の母親の日々の活動に自信と熟練の感覚を与える。それにも増して，母親自身が自分の乳児にホールディングとして環境を提供するのと同じように，母親に文化的に引き継がれたノウハウと彼女のコミュニティへの帰属感覚は，彼女を支える環境である。自分が誰であるかを見失った母親は，暗黙の知識の時間的歴史的流れを妨げられ，そのことで最終的に，乳児の自発的なナラティヴの時間感覚に支障をきたすかもしれない。音響のレベルでは，「家(ホーム)」の感覚は相互作用の音楽性そのものから，すなわち，認識しうる共有の手順やリズミカルなパターンや親しみのある表現のダイナミクス，それにおだやかで予測可能な声のピッチ輪郭と音質がもたらす，安心感とホールディングから生じると想像できる。ケアのコミュニティにおける家の感覚と人々への信頼が，相互作用での音楽的ホールディングへの交渉を助ける。心理学者のディディエ・アンジュー (1995) は，乳児の住み慣れた音響世界の持つこのホールディングの機能について，魅力的な分析を行っている。彼は，自己の感覚の第1段階は，一貫性があり予測可能で快適な「音の輪郭」に基づいていると示唆した。

　様々な文化における，大人の非言語相互作用のダイナミクスに関する研究は，コミュニケーションに特有の文化的なミクロなリズムがあることを示す。文化的背景の異なる人々の間の会話を分析した研究は，彼らの間のわずかな調律の失敗や同期の不全を明らかにした (Condon 1982; Gumperz 1981)。人類学者E.T.ホール (1983) は，我々が他者と関わる際，それらの非常にかすかで無意識的なやり方で沈黙のうちに，我々の核となる文化が表現されると示唆した。我々が共に居るための直感的な文化的方法は，コミュニティと協同的な行動を維持するために非常に重要な役割を果たす。我々は，帰属する特定のコミュニティの中で，人々の築き上げたダイナミクスと軌跡を感じることを通じて，ある表現の行く先を感知する力を身につける。我々は，感覚や思考が発達しそうな，またとるべき道のあり方を感知し予期

する。

　声と身体のもたらす間合いと表現の質の重要性は，親和をもたらす普遍的な音楽の力とその意味とつながっている (Dissanayake 2000a; Kuhl 2007)。ディサナーヤカ (2000b) は，芸術が先祖からそして生命からの親交への要求と共鳴するため，我々は芸術に意味を見出し，またそれに心を動かされると示唆した。この理論は，人間の文化的認知が，情動的で模倣的な親交および意味深い文化的コミュニティに帰属することへの動機に由来するとする，ドナルド (1993) の見方に支持される。模倣と伝播が共有されたリズムに根ざすという考えは，卓越した思索家であり，イエズス会の修道士でも人類学者でもあったマルセル・ユーシー (1969) に予見されていた。彼は，人間性の構成要素であり，継続的に人を宇宙と自然に結びつけるものとしてのリズムの理論を提示した。リズムは人間らしくあるための最大の力を理屈抜きにもたらし (彼によれば「我　リズムに乗る，ゆえに我あり」)，模倣的な行為を通じた伝播への主要なベクトルとして働く。このことは，子どもの音楽文化について研究し，大人の監督の外側で幼児が音楽を創出し遊びの中に音楽芸術を成立させるとした，ノルウェーの音楽学者ビョルクヴォル (1992) の考えに関連している。ビョルクヴォルは，子どものモットーは「我歌う　ゆえに我あり」であると言う。世界の至る所の儀式が，自我と帰属の経験を生み出し時を刻む，音楽とダンスに依拠している (Blacking 1973)。

　対照的に，様々な文化的文脈で見られる意識状態を変化させるような儀式は，自我を崩し世俗的な時間の流れを壊すことを狙いとしている。これらの儀式は，行為や音楽，あるいは呪文を極度に反復し続けることに特徴を持つものが多い (Rouget 1944)。次に，境界性人格障害の母親に関する研究では，自我の喪失とリズムの反復・停滞を結びつける民族音楽学的洞察を取り上げる。

14.7　ボーダーラインの母親の相互作用における時間と自己の分断
14.7.1　境界性人格障害の位置づけ

　移住した母親の研究で観察された自我や帰属意識と表現タイミングの間には特定の結びつきがあったため，我々は境界性人格障害 (Borderline Personality Disorder，以下BPDと表記) を呈する母親の音声相互作用に関心を持ち始めた。アメリカ精神医学会の定義 (精神障害の診断と統計マニュアル改訂第4版，DSM-IV-TR, 2000) によると，BPDの大きな特性は，対人関係の継続性と一貫性が損なわれることである。しかし，他の人格障害と同様，その兆候ははっきりと見分けられるとは限らない。人格という布地に，発達の道筋とともに編み込まれるのである。BPDの特徴は，他の同型の人格疾患とからみあっており，ほどくのはおそらく簡単ではない。この疾患を定義づける症状が，他と関係なく表れたものなのか，個人の人格特性によって色づけられ形作られたものなのかも明らかではない。

　何よりも，BPDは自己同一性の疾患 (Kernberg 1975) であり，激しく混沌とした関係性，衝動的な行動，不安定で極端な情動反応，分離不安と攻撃性，そしておそらく逆説的に，他者から飲み込まれるか見捨てられるかすることへの恐れに，特徴づけられることが多い。規則性と親密さの疾患であり，出会いの微かな瞬間にも，人生の途上あるいは個人的なナラティヴの上にも観察される (Apter-Danon 2004)。BPDをもつ人の経歴はしばしば，彼らの関係性の急速で乱暴な破綻に特徴付けられる。喪失を実際に経験することはよくある——物理的にあるいは心理的に見捨てられた経験や，子ども時代に虐待された経験である。多くのケースで，BPDをもつ人のいる家族の世代間移行は周期的に途絶え，我々は，この移行の欠落——愛，知識，そしておそらく暗黙的な知識の——は彼らの経験する困難のまさに心臓部であると考える。BPDをもつ女性は，新しい関係を導き形成する環境や一貫した内的動作モデルを欠いている。

　以上より，我々はBPDをもつ母親と，文化的葛藤を経験した母親との類似点を比較する。しかし，

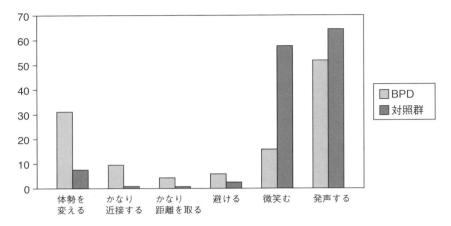

図14.3 BPDをもつ母親群と対照群の母親の乳児とのやりとりにおける行動

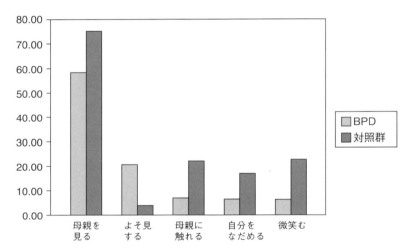

図14.4 BPDをもつ母親の乳児と対照群の母親の乳児がやりとりの中で見せた行動

　BPDをもつ母親よりも乳児にとって，その状態が深い根となり長年続くため，苦しみや不運な結果の程度がはるかに大きいということを，我々は心に留めておかねばならない。多くのケースで，移住者の母親は，いったん新しい文脈に馴染むと急速に自信を取り戻し，帰属の感覚を更新する。一方，BPDをもつ母親は，空虚感，重要な他者からの彼らの感情についての非難，関係の手助けが無いという経験を繰り返したことを，暗黙のうちに覚えている。このような母親にとっては，赤ちゃんを持つことは，見捨てられたり束縛されたりすることへの恐れ，対人関係での繰り返しの失敗に不適切に関わっているという感覚，あるいは自己陶酔的な空虚さ，といった自身の苦しみの中核にある事柄を数え上げることである。それでもBPDをもつ女性の多くが母性を探し求める。赤ちゃんを持つことは，主観的な満足，幸せでつながりを持っているという感覚を彼女たちにもたらしうる。彼女たちの関係を修復する機会を（現実であれ想像であれ）もたらすのである。

14.7.2 予備的な研究成果

まず，ボーダーラインの母親と生後3か月から18か月の乳児の相互作用に関する大規模な縦断研究プロジェクトからの知見を報告する（Apter-Danon and Candillis 2005）。次に，6組のBPDをもつ母親と乳児，6組の対照群の母親と乳児の録音をもとにした少数の音声の音響分析の結果を報告する。

まず，BPDをもつ母親とその3か月の乳児を「スティル・フェイス」[14]（Tronic et al. 1978）で撮影した18本のビデオと，まったく症状を示していない母親と乳児を撮影した18本のビデオについて，マイクロ分析を行った。これらの分析から，BPDをもつ母親は対照群の母親に比べ，赤ちゃんを心地よく抱くことをあまりせず，より強く揺すり，そばに引き寄せて抱くことがより多い，ということが示唆された。相互の視線の随伴性が低いことと微笑みが少ないことが，両群をさらにはっきりと区別した（Apter-Danon 2004）。

第2のマイクロ分析では，9人のBPDをもつ母親と9人の対照群を比較した。その結果，BPDをもつ母親は一般に侵入的であり，また乳児にネガティヴな状態を帰属させることがより頻繁にあった。彼女らは発声と微笑みが少なく，視線をそらしがちであり，自分と赤ちゃんの間の距離にばらつきがあった（**図14.3**）。BPDをもつ母親の乳児は，社会的関わりへの意欲が小さいようであり，対照群と比べて相互作用の間にポジティヴな表情が少ない。母親を見たり微笑んだりすることも少ない。加えて，物や周囲の環境を探索することが少なく，母親に触れることが少なく，スティル・フェイスの実験の中で混乱した時に自分をうまくなだめることができない（**図14.4**）。（図14.3と14.4に示されたデータは記述的なもので，サンプルサイズが小さいため統計的な分析は行っていない。）BPDをもつ母親と乳児の関わりの行動の仕方は，他の心理的障害をもつ母親と乳児とも，対照群の母子とも明確に違っている（Apter-Danon 2004）。

我々はさらに，6組のBPDをもつ母と子および対照群母子（音響分析に不十分な音質だったため，かなりの数の録音を削除せざるを得なかった）の2分間の音声相互作用を，14.2.1で示した音響分析手法で分析した。2つの群の音声相互作用パターンの違いを，**表14.3**に示す。BPDをもつ母とその子では，原会話の形式が明らかに少ないようであり，母親と乳児のやりとりの交換は対照群に比べて少ない。おそらく母親の発話に明確な分節が少ないため，BPDをもつ母とその子では，相互作用の流れ全体でフレーズのまとまりが少ないことに特徴がある。興味深い違いは，母親が乳児に話しかける時の意味－韻律の反復にある。すなわち，母親が同じ言葉や言葉のまとまりを，ほとんど変化の無い韻律で何度も繰

表14.3 BPDをもつの母親と乳児および対照群の母子による音声相互作用の音響分析の結果

	BPDをもつ母と子 平均（SD）	対照群母子 平均（SD）
母子間の交代数の平均	4 (4)	7.83 (4.5)
フレーズ数の平均	10.8 (8.4)	17.2 (1.6)
フレーズの長さの平均	3.4 (2.5)	3.1 (1.8)
意味－音韻の反復数の平均	34	21
意味の移行した数の平均	8	12
母子の同時発声の長さの平均（ミリ秒）	960	4800

---

[14] 第10章の訳注15）を参照。

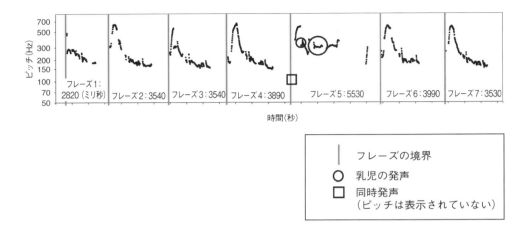

書き起こし
Bon:jour petit bonhomme (Phrase 1) bon:jour petit bonhomme dit le soleil (Phrase 2) bon:jour petit bonhomme dit le soleil (Phrase 3) bon:jour petit bonhomme dit le soleil (Phrase 4) bon:jour – [infant vocalization] oooh:: ça va ? (Phrase 5) bon:jour petit bonhomme dit le soleil (Phrase 6) bon:jour petit bonhomme dit le soleil (Phrase 7)
[In Phrase 5 :: signifies a prolonged syllable]
こんにちは，ぼうや（フレーズ1） こんにちは，ぼうや，お日さまって言ってごらん（フレーズ2） こんにちは，ぼうや，お日さまって言ってごらん（フレーズ3） こんにちは，ぼうや，お日さまって言ってごらん（フレーズ4） こんにちは―［乳児の発声］ああー そうなの？（フレーズ5） こんにちは，ぼうや，お日さまって言ってごらん（フレーズ6） こんにちは，ぼうや，お日さまって言ってごらん（フレーズ7） ［フレーズ5でシラブルの延長が明らか］

図14.5 BPDをもつ母親とその3か月の乳児ルイの27秒間の音声相互作用からピッチを図示したもの。フレーズの長さはミリ秒で示している

り返すのである。BPDをもつ母親ではこのことがかなり高頻度であり，また彼女らは新しいトピックに移行する頻度が対照群よりも低いということを我々は見出した。BPDをもつ母親とその乳児が同時に発声することが対照群よりかなり少なく，それは，全体的に音楽性とポジティブな関わりが薄いということを示唆する。

次節では，これらの相互作用の質的分析からの事例を示す。この分析が示すのは一連の予備的な研究の中で最も印象的な知見である。すなわち，BPDをもつ母親は，コミュニカティヴ・ミュージカリティの本質的な側面である柔軟性と表現力に欠けた，過度に固く反復的な相互作用スタイルに固執する傾向にある。それは，乳児がフラストレーションを打ち消し引き下がるか激しく表現せざるをえないほどに，創造的な関わりへの潜在的な力を制限する相互作用スタイルである（Apter-Danon 2004の症例研究を参照）。

14.7.2.1 時間に捕らわれたり，離れたり：音響分析からの事例

これらの相互作用を音響分析のレンズを通して見ると，BPDをもつ母親が非常に特殊で際立った音声相互作用のスタイルを持っていることが明らかになった。臨床的な症状が表面上多様であるにも関わらず，BPDをもつ母とその子同士には強い類似性があることに，我々は驚かされた。予備的な音響分析から得られた知見を検証し発展させるため，さらに研究を進めている（印刷中のDelavenne et al.）。

6組のBPDをもつ母とその子と6組の対照群を対象に行なった，2分ごとの音声相互作用の詳細な音響分析に基づいて，BPDをもつ母親の乳児は発声が少なく，BPDをもつ母親の発声は，意味の上で

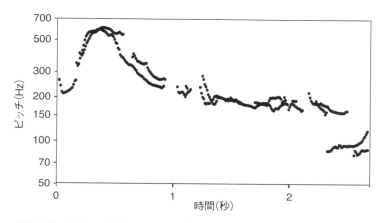

図14.6 フレーズ6と7の韻律の輪郭を重ねて描いたもの

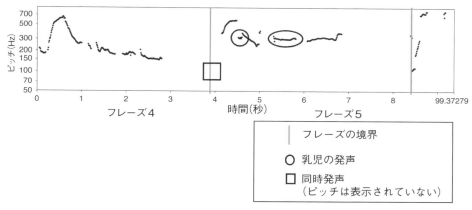

図14.7 ルイと母親の音声のやりとりにおけるフレーズ4と5

も音韻や時間的なレベルでも，反復を示す割合が高いことが観察された。**図14.5**は，BPDをもつ母親が乳児に話しかける音声の，意味や音韻そして時間的な反復を組み合わせた事例である。このスペクトログラムは，生後3か月のルイとその母親による，27秒間の音声のやりとりを描いている。母親は同じフレーズを何度も何度も繰り返しているが，このフレーズは10分間の相互作用の記録の中でさらに何度も繰り返されている。27秒間の時間的組成は，図14.5に書き加えた垂直線で明確になる。やりとりのこの部分は，対照群のものに比べて，フレーズの表現に非常に活気が無い。このスペクトログラムからはさらに，反復されるフレーズ間で韻律の変化が目立って少ないことも分かる。**図14.6**は，ほとんど同じような連続する2つのフレーズの，持続時間と韻律の輪郭に注目したものである（図14.5のフレーズ6と7）。

　図14.7は，図14.5の27秒間の分節から4番目と5番目のフレーズを拡大したものである。乳児が不意に入ってくる5番目のフレーズを検証すると，興味深い相互作用パターンが明らかになる。フレーズ5の始め，母親は繰り返している言葉「こんにちは，ぼうや，お日さまって言ってごらん」を言いかけるが，乳児はその合図にぴったり合わせて同時に短い声を発する（図14.7で四角形は同時発声を示す）。

これは母親の時々刻々の流れを邪魔したようにも見えるが，母親はこれをうまく受けて自分の発声が上昇 - 下降の韻律を描く部分へ収束させている。乳児は再び，より強く，韻律が「bon-jour」で折り返すまさにその時に発声する。この2度目の発声は母親の発声を妨げたように見え，母親に代わって乳児は長く平板な声を発するが，これは韻律もテンポも驚くほど，母親の「ぼうや…（Petit bonhomme）」という音の輪郭に調和している。自分が協同的に声を挿入することで，乳児は対話の機会を立ち上げるが，しかしそれまでに築いたパターンを基に自分が執着してきたやりとりを完全に壊すような危険は冒さない。ルイの努力はテンポの面では成功している。すなわち，長い発声の後，母親は韻律もテンポの型も一致した，同じように長く平板な非言語のクーイング[15]で，ルイの声を真似たのである。1つのフレーズの中で生じたこのやりとりは，乳児にとっては意味深く，意欲を高めるものだと考えてよいだろう。けれども，続くフレーズ（図には示されていない）では，母親はそれまでの続きに戻り，乳児は再び相互作用に参加する機会をほとんど持てず「置き去り」となった。

健全な相互作用では，乳児は意味のある瞬間，そしてまた声を出そうと思える瞬間を予期して待つに違いない。通常，やりとりの中には乳児にも母親にも入り込めるポイントがいくつもあり，それらのポイントのどこにおいても，乳児にはいくつもの表現の可能性がある。たとえば，やわらかく長い声は，短いクーイングの連続と同じように，やりとりの表現パターン全体にうまく合うだろう。やりとりの枠組みの中には，様々な表現を行なう余地がある。本来の性質として**多義的な共同構成**であり，探索するに従って，そのかすかな意味や意図が展開していく。

しかし，我々が検証した事例は断片に過ぎず，我々のデータ内で繰り返し表れたパターンを描いている。そのパターンとはすなわち，ルイが「やりとり」に参入するポイントを感じとるらしいということを示している。しかし，彼の表現への潜在能力は，母親が作った相互作用のフォーマットに埋め込まれている固さと反復によって，厳しく削ぎ取られるように見える。ルイが短い声のやりとりを生じさせることに成功しただけでなく，その意志を持ち，やり方を知っていたに違いないことは，注目に値する。赤ちゃんがどのように母親の不適応行動に巻き込まれるか，このことが示していると我々は考えている。

14.7.3 信頼性と帰属

BPDをもつ人たちは，**信頼性**に欠けるとしばしば説明される。彼らの移ろいやすい気分と情動，そして衝動的な行動のために，周りの人は彼らの行動や置かれた状況を予測して対処することが難しい。この予測の困難さが，周りの人には彼らが対人的なつながりを持てないと強く感じさせ，それはしばしば，意図的に操作されているという印象を伴う。我々は，BPDをもつ人が経験し，また表明してきた疎外の形を暗に示そうとしてきた。すなわち，内的時間を共有するのが難しく，内的時間の感覚が本質的に妨げられ断ち切られていることから来る，親密な間主観的出会いからの疎外である。

BPDをもつ母親は，個人的な時間の流れが妨げられているため，経験をナラティヴの形にする力，一貫性があり信用できる「自己」の行為が投影されるようなナラティヴを結ぶ力が，邪魔されてしまう。多くの研究者がナラティヴと自我の関係に光を当ててきた（Gergen and Gergen 1988; Ochs and Capps 1997; Ricoeur 1991）。乳幼児は，個人的な物語とコミュニティの物語を詳しく語ることで，深い自我の感覚を獲得する（Nelson 1989）。ナラティヴの形式で伝えることのできる経験は，特定のタイプに限られる（Labov 1982; Ochs and Capps 1977）。一般に，個人的経験を詳述することは，そこで共有されるナラティヴを聞き手にとって信用でき一貫したもの，感情的に受け入れられるものにしようとする話し手の意欲と努力に密接に絡み合っている。同時に，信じる価値があり信ずるに足る物語は，我々の記憶を作り，また自己認識と投影の仕組みの核を作り出す。詳述なナラティヴの信頼性を目指してこの姿勢を

---

15) 巻末の参考資料「乳児の音声コミュニケーションとその発達」を参照。

取れない人は，1つに凝集した自己感に欠けた人，あるいは実の無い人だと見なされる（Gergen and Gergen 1988）。BPDをもつ人は，非常に変わりやすく予想のつかないあり方のために，また，信じられるナラティヴの形に組み立てられないために，信頼できそうにないと見られる。過去の特定の出来事を要約して生き生きと描写すること，そしてそれらを我慢できる自己像とありうる未来像につなげることで，ナラティヴの形は，時間を編成する。BPDをもつ人の生きている，断絶された時間は，価値があり1つに統合され明瞭に表される明瞭な自己の流れを欠如させていく。

幼い乳児がBPDをもつ母親に信頼と安定を見出すことができずに，不愛想で静かで無表情な様子になっていくのは，驚くべきことではない（Apter-Danon 2004）。対面相互作用のマイクロ分析の事例には同時に，母親の一本調子なナラティヴのラインから芽を拾い上げ再びつなごうと努力する，非常にレジリエンスの高い乳児の事例もある。これに成功する乳児もおり，その母親は子どもから信頼し信頼される関係の築き方を学ぶかもしれない（症例研究はApter-Danon 2004を参照）。うまくいかない乳児もいるが，必ずしもそれを最後にあきらめるわけではない。生後3か月のルイの事例は，そのような例である。

ジャズ・ミュージシャンなどの音楽家は特に信頼性に専心しており，再び彼らの経験から洞察を得られるかもしれない。ジャズ演奏における「モラル」の次元が個人の正直さと誠実さの原則から得られるということは，すでに論じた。演奏や作曲を「信頼性が低い」と見なされうる，同じくらい大切な感覚がもう1つある。音楽は何より，既知の，または馴染みのある伝統に起源を持つか，そこに根差しているのでなければ，本物でないと見なされやすい。ジャズの歴史は，信頼性の問題に密接につながっており，音楽の伝統をはるかに超えて人種と帰属への問いに至っている（MacDonald *et al.* 2002）。一部の白人の音楽家にとってはいまだに，ジャズを演奏することは信頼性に欠ける行為に見えるらしい（認められた才能ある白人の演奏家ですらそうである）。同様に現代，主として人種的な緊張と1970年代の経済紛争から生まれたヒップホップカルチャーは，白人の中流階級のコンテクストには容易にはまらない。同時にヒップホップは，黒人と白人の音楽形式をサンプリングし加工することで，この適切さと信頼性の問題を演奏の中に込めている（Keil and Feld 1994）。しかし，特定の種類の音楽を演奏するには，その音楽家に文化の伝播と継承，または信憑性があり意欲に満ちた実践を通じた確かな思索がなければならない，と多くの音楽家が論じている（Maira 2002; Monson 1996）。以上のことから，音楽の信頼性は個人的なレベルでもサブカルチャーのレベルでも重要である。しかし，この信頼性に関する言説は，多様性と異種混合を支持するポスト植民地主義の理論家によって，厳しく批判されてきた。これらの議論から立ち上がったさらに重要な問いは，音楽家が信頼性に帰属すべきかどうかという問いである。この問いは容易に覆されるかもしれない。

BPDをもつ母親が，新しい親密さの形式を即興し創造する相互作用の中の音楽性に加わりにくい理由は，彼女たちが明確な帰属感を持っていないことだと我々は考える。さらに我々は，それは根源的には分断され連続性のない内的時間感覚のせいだということを提起する。共有する内的時間なしには，母子は創造的で動的なやりとりへの衝動を築く，原初的習慣を持つことができない。多くの研究者が母子間の相互作用とセラピストと患者の間の相互作用に強い相同性があることを報告している（Beebe and Lachman 2002; Stern 2004）。時間の共有の講習と暗黙的な共存のあり方を築くことに焦点を当てたBPD患者のセラピーは，母親が乳児と音楽的な対話を着地させるのに十分なホールディングをもたらすのかもしれない（セラピーの詳細はApter-Danon 2004を参照）。

14.8 結論

母親と乳児の自発的な音声相互作用への精細な音響分析は，表現がどのように共有の時間枠組みを開き，帰属の感覚と冒険の感覚の両方を維持するかについて，理解の余地をもたらした。類似の方法論に基づきながら理論的背景と実践的な成果が本質的に異なる研究を示すことで，我々はコミュニカティヴ・

ミュージカリティ——特にその即興的質——は帰属の経験と密接に結びついていることを論じた。どちらの研究でも，我々は音楽性と帰属の双方向的な関係，音楽的即興にも認められる関係を，強調してきた。帰属の感覚，あるいは共に居ることを暗黙のうちに身体的な方法ですることは，創造的な多様性が形になるための踏み台となる。また同時に，帰属と，我々が原初的習慣と呼ぶものがダイナミックに更新されるとき，それは新しく効果的な表現形式を通じて行なわれる。

　両方の研究で——困難を抱えた移民の母親とBPDをもつ母親——，我々は母親が帰属を失う経験をするとき，母子の音声相互作用が即興的な活気を失い，反復が非常に多く予測の付きやすいものになり得ることを示した。我々はさらに，母親が帰属の感覚を経験することは，彼女たちの時間とナラティヴの感覚に強く結びついていることを示唆した。根ざすところが無いと感じている移民の母親は，一時的に世界から切り離されて生活する。彼女たちは，もとの場所の時間とこれから行く場所を再びつなぐこと，そして1つの文化的自己が別の文化に足を踏み入れる新しい物語を紡ぐことを必要としている。分厚い時へのノスタルジーは，重く動きが遅く，不可逆の時間を苦しくつきつける（Jankélévitch 1974）。BPDをもつ母親は，何よりも内的時間感覚と個人的ナラティヴを生み出すことに苦しんでいる。この点で，帰属の感覚が消滅させるのは，時間の中の場所ではなく，時間の中の自己の混乱である。

　この領域については今後さらに研究が必要であり，これらの知見は今後のより詳細な仮説への指針となるに違いない。相互作用における音楽性が，我々がそれを通じて生の連続性を保つ，本質的に人間的な活動であるとする，研究者たちの視点を我々の理論は支持する。音楽性に関する研究は，乳児または大人に対する病的な相互作用と健康な相互作用に問いを投げかけ，解決する独自の方法論を構築する。これらの研究は，音楽性を失った母子に新たな衝撃がもたらされうるということ，そして音楽性が，最も自然な道筋を苦しみと孤独から切り拓くことを明示しているのである。

謝辞

　ここで報告したBPDをもつ母親とその子である乳児の相互作用に関する研究は，フランス病院臨床プログラム（RHRC）の助成により実施された。

（嶋田容子訳）

引用文献

American Psychiatric Association (2000). *Diagnostic and statistical manual of mental disorders*, revised 4th edn. American Psychiatric Association, Washington DC.
Anzieu D (1995). *Le Moi-Peau*. Dunod, Paris.（アンジュー，福田素子訳『皮膚—自我』言叢社，1996）
Apter-Danon G (2004). *De l'insubjectivité à l'intrapsychique: Etude des interactions précoces des mères 'borderlines' et de leurs bébés de 3 mois*. Unpublished doctoral dissertation, Université Paris VII.
Apter-Danon G and Candillis D (2005). A challenge for perinatal psychiatry: Therapeutic management of maternal borderline personality disorder and their very young infants. *Clinical Neuropsychiatry*, **2(5)**, 302–314.
Bailey D (1992). *Improvisation: Its nature and practice in music*. Da Capo Press, New York.
Baldwin DA, Baird JA, Saylor MM and Clark MA (2001). Infants parse dynamic action. *Child Development*, **72**(3), 708–717.
Baruch C and Drake C (1997). Tempo discrimination in infants. *Infant Behavior and Development*, **20**(4), 573–577.
Becker H (2000). The etiquette of improvisation. *Mind, Culture, and Activity*, 7(3), 171–176.
Beebe B, Alston D, Jaffe J, Felstein S and Crown C (1988). Vocal congruence in mother–infant play. *Journal of Psycholinguistic Research*, **17**, 245–259.
Beebe B and Gerstman L (1980). The 'packaging' of maternal stimulation in relation to infant facial-visual engagement: A case study at four months. *Merill-Palmer Quaterly*, **26**(4), 321–339.
Beebe B, Jaffe J, Feldstein S, Mays K and Alson D (1985). Inter-personal timing: The application of an adult dialogue model to mother–infant vocal and kinesic interactions. In FM Field and N Fox, eds, *Social perception in infants*, pp. 249–268. Ablex, Norwood, NJ.
Beebe B and Lachman F (2002). *Infant research and adult treatment: Co-constructing interactions*. Analytic Press, Hillsdale, NJ.

Beebe B, Stern DN and Jaffe J (1979). The kinesic rhythms of mother–infant interactions. In Aron W Sigman and S Feldstein, eds, *Of speech and time: Temporal speech patterns in interpersonal contexts*, pp. 23–24. Erlbaum, Hillsdale, N.J.

Berliner PF (1994). *Thinking in jazz: The infinite art of improvisation.* The University of Chicago Press, Chicago, IL.

Berry JW, Poortinga YH, Segall MH and Dasen PR (1992). *Cross-cultural psychology: Research and applications.* Cambridge, Cambridge University Press.

Bjørkvold J-R (1992). *The muse within: Creativity and communication, song and play from childhood through maturity.* Harper Collins, New York.

Blacking J (1973). *How musical is man?* Faber, London.

Boersma P and Weenink D (2000). *Praat: A system for doing phonetics by computer.* http://www.fon.hum.uva.nl/praat/

Bourdieu P (1977). *Outline of a theory of practice.* Cambridge University Press, Cambridge.

Brazelton TB, Koslowski B and Main M (1974). The origins of reciprocity: The early mother–infant interaction. In M Lewis and LA Rosenblum, eds, *The effect of the infant on its caregiver*, pp. 49–76. Wiley, New York

Bruner JS (1979). Learning how to do things with words. In D Aronson and R Rieber, eds, *Psycholinguistic research*, pp. 265–284. Erlbaum, Hillsdale, NJ.

Bruner JS (1987). Life as narrative. *Social Research*, **54**(1), 11–32.

Bruner JS (1990). *Acts of meaning.* Harvard University Press, Cambridge, MA.（ブルーナー，岡本夏木・仲渡一美・吉村啓子訳『意味の復権―フォークサイコロジーに向けて』ミネルヴァ書房．1999）

Bruner JS (2002). *Making stories: Law, literature, life.* Farrar, Strauss and Giroux, New York.（ブルーナー，岡本夏木・吉村啓子・添田久美子訳『ストーリーの心理学：法・文学・生をむすぶ』ミネルヴァ書房．2007）

Bruner J and Sherwood V (1975). Early rule structure: The case of peekaboo. In JS Bruner, A Jolly and K Sylva, eds, *Play: Its role in evolution and development*, pp. 277–285. Penguin, Harmondsworth.

Burke K (1945). *A grammar of motives.* Prentice-Hall, New York.（バーク，森常治訳『動機の文法』晶文社．1982）

Clarke EF (1989). The perception of expressive timing in music. *Psychological Research*, **51**, 2–9.

Condon WS (1982). Cultural microrhythms. In M Davis, ed., *Interaction rhythms: Periodicity in communicative behavior*, pp. 77–102. Human Sciences Press, New York.

Cross I (2001). Music, cognition, culture and evolution. *Annals of the New York Academy of Sciences*, **930**, 28–42.

Csikszentmihalyi M (1990). *Flow: The psychology of optimal experience.* Harper Perennial, New York.

Delavenne A, Gratier M, Devouche E and Apter-Danon G (in press). Phrasing and fragmented time in 'pathological' mother–infant vocal interaction. In M Imberty and M Gratier (eds), *Musicae Scientiae*. Special Issue 'Narrative in music and interaction'.

Deleuze G and Guattari F (1987). *A thousand plateaux.* University of Minneapolis Press, Minneapolis, MN.（ドゥルーズとガタリ，宇野邦一他訳『千のプラトー』河出書房．1994）

Dissanayake E (2000a). Antecedents of the temporal arts in early mother–infant interaction. In N Wallin, B Merker and S Brown, eds, *The origins of music*, pp. 389–410. MIT Press, Cambridge, MA.

Dissanayake E (2000b). *Art and intimacy How the arts began.* University of Washington Press, Seattle, WA.

Dominey PF and Dodane C (2004). Indeterminacy in language acquisition: The role of child-directed speech and joint attention. *Journal of Neurolinguistics*, **17**, 121–145.

Donald M (1993). Human cognitive evolution: What we were, what we are becoming. *Social Research*, **60**, 143–170.

Donaldson M (1992). *Human minds:* An exploration. Penguin, London.

Drake C and Palmer C (1993). Accent structures in music performance. *Music Perception*, **10**, 343–378.

Duranti A and Burrell K (2004). Jazz improvisation: A search for hidden harmonies and a unique self. *Ricerche di Psicologia*, **3**, 71–101.

Faulk D (2004). Prelinguistic evolution in early hominins: Whence motherese? *Behavioral and Brain Sciences*, **27**, 491–503.

Feldstein S, Jaffe J, Beebe B, Crown CL, Jasnow M, Fox H and Gordon S (1993). Coordinated timing in adult–infant vocal interactions: A cross-site replication. *Infant Behavior and Development*, **16**, 455–470.

Fernald A and O'Neil DK (1993). Peekaboo across cultures: How mothers and infants play with voices, faces, and expectations. In K MacDonald, ed., *Parent–child play: Descriptions and implications*, pp. 259–285. State University of New York Press, Albany, NY.

Fernald A (1989). Intonation and communicative interest in mother's speech to infants: Is the melody the message? *Child Development*, **60**, 1497–1510.

Fogel A (1988). Cyclicity and stability in mother–infant face-to-face interaction: A comment on Cohn and Tronick (1988). *Developmental Psychology*, **24**(3), 393–395.

Fraisse P (1982). Rhythm and tempo. In D Deutsch, ed., *The psychology of music*, pp 149–180. Academic Press, New York.（ドイチュ編,寺西立年ほか監訳『音楽の心理学』西村書店．1987）

Gergen KJ and Gergen MM (1988). Narrative and the self as relationship. *Advances in Experimental Social Psychology*, **21**,

7–56.
Goodwin C (2003). Pointing as situated practice. In S Kita, ed., *Pointing: Where language, culture and cognition meet*, pp. 217–241. Lawrence Erlbaum, Mahwah, NJ.
Gratier M (1999). Expression of belonging: The effect of acculturation on the rhythm and harmony of mother–infant vocal interaction. *Musicae Scientiae (Special Issue 1999–2000)*, 93–122.
Gratier M (2001). *Rythmes et appartenances culturelles: Etude acoustique des échanges vocaux entre mères et bébés autochtones et migrants*. Unpublished doctoral dissertation. Université René Descartes (Paris V).
Gratier M (2003). Expressive timing and interactional synchrony between mothers and infants: Cultural similarities, cultural differences, and the immigration experience. *Cognitive Development*, **18**, 533–554.
Greenfield PM (1972). Playing peekaboo with a four-month-old: A study in the role of speech and non-speech sounds in the formation of a visual schema. *The Journal of Psychology*, **8**, 287–298.
Greenfield PM, Quiroz B and Raeff C (2000) Cross-cultural conflict and harmony in the social construction of the child. *New Directions for Child and Adolescent Development*, **87**, 93–108.
Gumperz JJ (1981). Ethnic differences in communicative style. In CA Ferguson and S Brice Heath, eds, *Language in the USA*, pp. 430–445. Cambridge University Press, Cambridge.
Hall ET (1983). *The dance of life: The other dimension of time*. Anchor Press/Doubleday, Garden City, NY.（ホール，宇波彰訳『文化としての時間』TBSブリタニカ，1983）
Halliday MAK (1975). *Learning how to mean: Explorations in the development of language*. Edward Arnold, London.
Hane AA and Feldstein S (2005). *The divergent functions of early maternal and infant vocal coregulation in the growth of communicative competence*. Paper presentation, Second Biennial Meeting, Society for Research in *Child Development*, Atlanta, USA, April 7–10.
Hane AA, Feldstein S and Dernetz VH (2003). The relation between coordinated interpersonal timing and maternal sensitivity with four-month-old infants. *Journal of Psycholinguistic Research*, **32**(5), 525–539.
Husserl E (1964). *The phenomenology of internal time-consciousness*. Translated by JS Churchill. Indiana University Press, Bloomington, IN.
Imberty M (1981). *Les écritures du temps: Sémantique psychologique de la musique (tome 2)*. Dunod, Paris.
Imberty M (2005). *La musique creuse le temps. De Wagner à Boulez: Musique, psychologie, psychanalyse*. L'Harmattan, Paris.
Iyer V (1998). *Microstructures of feel, macrostructures of sound: Embodied cognition in West African and African-American musics*. Unpublished doctoral dissertation. University of California, Berkeley.
Jaffe J, Beebe B, Feldstein S, Crown CL and Jasnow MD (2001). Rhythms of dialogue in infancy. *Monographs of the Society for Research in Child Development*, **66**(2), (Serial No. 265).
James W (1992). *Principles of psychology*, vols 1 and 2. Dover, New York (Original work published 1890).（ジェームス，松浦孝作訳『現代思想新書第6　心理学の根本問題』（vol.2のChap. IV, Chap. Xのみ）三笠書房，1940）
Jankélévitch V (1974). *L'irréversible et la nostalgie*. Flammarion, Paris.（ジャンケレヴィッチ，仲沢紀雄訳『還らぬ時と郷愁』国文社，1994）
Jousse M (1969). *L'Anthropologie du Geste*. Editions Resma, Paris.
Jusczyk PW and Krumhansl CL (1993). Pitch and rhythmic patterns affecting infant's sensitivity to musical phrase structure, *Journal of Experimental Psychology: Human Perception and Performance*, **19**, 627–640.
Keil C and Feld S (1994). *Music grooves*. The University of Chicago Press, Chicago, IL.
Kerbrat-Orecchioni C (1994). *Les interactions verbales, Tome III*. Armand Colin, Paris.
Kernberg OF (1975). *Borderline conditions and pathological narcissism*. Jason Aronson, New York.
Kivy P (1990). *Music alone*. Cornell University Press, Ithaca, NY.
Krumhansl CL and Jusczyk PW (1990). Infants' perception of phrase structure in music. *Psychological Science*, **1**(1), 70–73.
Kühl O (2007). *Musical semantics*. European Semiotics: Language, Cognition and Culture, No. 7. Peter Lang, Bern.
Kuhl P (2004). Early language acquisition: cracking the speech code. *Nature Reviews*, **5**, 831–843.
Labov W (1982). Speech actions and reactions in personal narrative. In D Tannen, ed., *Georgetown University round table on language and linguistics 1981. Analyzing discourse: Text and talk*, pp. 219–247. Georgetown University Press, Washington, DC.
Langer S (1942). *Philosophy in a new key: A study in the symbolism of reason, rite and art*. Harvard University Press, Cambridge, MA.（ランガー，矢野万里他訳『シンボルの哲学』（1954年の原書第3版の邦訳）岩波書店，1981）
Langer S (1953). *Feeling and form: A theory of art developed from philosophy in a new key*. Routledge and Kegan Paul, London.
Lynch MP, Oller DK, Steffens ML and Buder EH (1995). Phrasing in prelinguistic vocalisations. *Developmental Psychbiology*, **28**, 3–25.
MacDonald RAR, Hargreaves DJ and Miell D (eds) (2002). *Musical identities*. Oxford University Press, Oxford.（マクドナルド，ハーグリーヴズとミエル編，岡本美代子・東村知子共訳『音楽アイデンティティ――音楽心理学の新しいアプローチ』北大路書房，

2011）
Maira S (2002). *Desis in the house: Indian American youth culture in New York City*. Temple University Press, Philadelphia, PA.
Malloch S (1999). Mother and infants and communicative musicality. *Musicae Scientiae (Special Issue 1999–2000)*, 29–57.
Malloch S (2005). Why do we like to dance and sing? In R Grove, C Stevens and S McKechnie eds, *Thinking in four dimensions: Creativity and cognition in contemporary dance*, pp. 14–28.Melbourne University Press, Melbourne.
Markus J, Mundy P, Morales M, Delgado C and Yale M (2000). Individual differences in infant skills as predictors of child–caregiver joint attention and language. *Social Development*, **9**, 302–315.
Maslow AH (1971). *The farther reaches of human nature*. Penguin, New York.
Mauss M (1934). *Sociologie et Anthropologie*. PUF, Paris.（モース，有地亨・伊藤昌司・山口俊夫共訳『社会学と人類学Ⅰ／Ⅱ』弘文堂，1973／1985）
Meyer LB (1956). *Emotion and meaning in music*. Chicago University Press, Chicago, IL.
Monson I (1996). *Saying something: Jazz improvisation and interaction*. The University of Chicago Press, Chicago, IL.
Nelson K (ed.) (1989). *Narratives from the crib*. Harvard University Press, Cambridge, MA.
Ochs E and Capps L (1997). Narrative authenticity. *Journal of Narrative and Life History*, **7(1–4)**, 83–89.
Ochs E and Capps L (2001). *Living narrative*. Harvard University Press, Cambridge, MA.
Papoušek H, Papoušek M and Bornstein MH (1985). The naturalistic environment of young infants: On the significance of homogeneity and variability in parental speech. In T M Field and N Fox, eds, *Social perception in infants*, pp. 269–297. Ablex, Norwood, NJ.
Papoušek M (1996). Intuitive parenting: A hidden source of musical stimulation in infancy. In I Deliège and J Sloboda, eds, *Musical Beginnings: Origins and development of musical competence*, pp. 88–112. Oxford University Press, Oxford.
Polanyi M and Prosch H (1975). *Meaning*. The University of Chicago Press, Chicago, IL.
Reddy V (1991). Playing with others' expectations: Teasing and mucking about in the first year. In A Whiten, ed., *Natural theories of mind: Evolution, development and simulation of everyday mindreading*, pp. 143–158. Blackwell, Oxford.
Ricoeur P (1983–1985). *Temps et récit*, vols 1–3. Editions Seuil, Paris.（リクール，久米博訳『時間と物語1～3』新曜社，1988／1990／2004）
Ricoeur P (1991). Soi même comme un autre: interview by G. Jarczyk. *Revue du Collège International de Philosophie*, **1–2**, 225–237.
Rochat P, Querido JG and Striano T (1999). Emerging sensitivity to the timing and structure of protoconversation in early infancy. *Developmental Psychology*, **35(4)**, 950–957.
Rouget G (1994). *La musique et la transe*. Gallimard, Paris.
Sawyer KR (2000). Improvisational cultures: Collaborative emergence and creativity in improvisation. *Mind, Culture and Activity*, **7(3)**, 180–185.
Sawyer KR (2001). *Creating conversations: Improvisation in everyday discourse*. Hampton Press, Cresskill, NJ.
Sawyer KR (2003). *Group creativity: Music, theatre, collaboration*. Lawrence Erlbaum,Mahwah, NJ.
Schögler BW (1999). Studying temporal co-ordination in jazz duets. *Musicae Scientiae (Special Issue 1999–2000)*, 75–92.
Schögler BW (2002). *The pulse of communication in improvised jazz duets*. Unpublished doctoral dissertation, The University of Edinburgh, U.K.
Schutz A (1962). *Collected papers, vol. 1*. Edited by Arvid Brodersen. Martinus Nijhoff, The Hague.
Stern DN (1982). Some interactive functions of rhythm changes between mother and infant. In M Davis, ed., *Interaction rhythms: Periodicity in communicative behavior*, pp. 101–117. Human Sciences Press, New York.
Stern DN (1985). *The interpersonal world of the infant: A view from psychoanalysis and developmental psychology*. Basic Books, New York.
Stern DN (1999). Vitality contours: The temporal contour of feelings as a basic unit for constructing the infant's social experience. In P Rochat, ed., *Early social cognition: Understanding others in the first months of life*, pp. 67–90. Erlbaum, Mahwah, NJ.
Stern DN (2000). Putting time back into our considerations of infant experience: A microdiachronic view. *Infant Mental Health Journal*, **21(1–2)**, 21–28.
Stern DN (2004). *The present moment in psychotherapy and everyday life*. Norton, New York.
Stern DN, Beebe B, Jaffe J and Bennett SL (1977). The infant's stimulus world during social interaction: A study of caregiver behaviors with particular reference to repetition and timing. In HR Schaffer, ed., *Studies in mother–infant interaction*, pp. 177–202. Academic Press, New York.
Stern DN, Hofer L, Haft W and Dore J (1985). Affect attunement: The sharing of feeling states between mother and infant by means of inter-modal fluency. In TM Field and NA Fox, eds, *Social perception in infants*, pp. 249–268. Ablex, Norwood, NJ.
Stork HE (1994). Gestes de maternage en situation d'immigration. *Bulletin de Psychologie*, **XLVIII(419)**, 278–287.

Tomasello M (1999). *The cultural origin of human cognition.* Harvard University Press, Cambridge, MA.（トマセロ，大堀壽夫・中澤恒子・西村義樹・本多啓訳『心とことばの起源を探る―文化と認知』勁草書房，2001）

Tomasello M, Kruger A C and Ratner HH (1993). Cultural learning. *Behavioural and Brain Sciences*, 16(3), 495–552.

Trevarthen C (1980). The foundations of intersubjectivity: Development of interpersonal and cooperative understanding of infants. In D Olson, ed., *The social foundations of language and thought: Essays in honour of J.S. Bruner*, pp. 316–342. W.W. Norton, New York.

Trevarthen C (1986). Brain science and the human spirit. *Zygon*, **21**, 161–200.

Trevarthen C (1988). Universal cooperative motives: How infants begin to know language and skills of culture. In G Jahoda and IM Lewis, eds, *Acquiring culture: Ethnographic perspectives on cognitive development*, pp. 37–90. Croom Helm, London.

Trevarthen C (1993). Predispositions to cultural learning in young infants. *Behavioural and Brain Sciences*, **16**, 534–535.

Trevarthen C (1994). Infant semiosis. In W Nöth, ed., *Origins of semiosis: Sign evolution in nature and culture*, pp. 219–252. Mouton de Gruyter, New York/Berlin.

Trevarthen C (1999). Musicality and the intrinsic motive pulse: Evidence from human psychobiology and infant communication. *Musicae Scientiae (Special Issue 1999–2000)*, 155–215.

Trevarthen C and Hubley P (1978). Secondary intersubjectivity: Confidence, confiding and acts of meaning in the first year. In A Lock, ed., *Action, gesture and symbol: The emergence of language*, pp. 183–229. Academic Press, London.

Trevarthen C and Malloch S (2002). Musicality and music before three: Human vitality and invention shared with pride. *Zero to Three*, **23(1)**, 10–18.

Tronick EZ, Als H, Adamson L, Wise S and Brazelton TB (1978). The infant's response to entrapment between contradictory messages in face-to-face interaction. *American Academy of Child Psychiatry*, **17**, 1–13.

Tronick EZ and Cohn JF (1989). Infant-mother face-to-face interaction: Age and gender differences in coordination and the occurrence of miscoordination. *Child Development*, **60**, 85–92.

Tronick EZ and Weinberg MK (1997). Depressed mothers and infants: Failure to form dyadic states of consciousness. In L Murray and PJ Cooper, eds, *Postpartum depression and child development*, pp. 54–81. The Guilford Press, London.

Watson JS (1979). Perception of contingency as a determinant of social responsiveness. In E Thoman, ed., *Origins of the infant's social responsiveness*, pp. 33–64. Erlbaum, Hillsdale, NJ.

Watson JS (1985). Contingency perception in early social development. In TM Field and NA Fox, eds, *Social perception in infants*, pp. 157–176. Ablex, Norwood, NJ.

Winnicott DW (1971/1992). *Playing and reality.* Brunner-Routledge, Hove, East Sussex.

第3部

音楽性と癒し

スティーヴン・マロック と コルウィン・トレヴァーセン

　音楽とダンスは我々をより楽しく「インクルーシヴな」気質にしてくれるが，第3部では，それを超える音楽とダンスの力について議論する。つまり我々の音楽性を巧みに関わらせていくことが自己意識に癒しをもたらしうるということである。人の音楽性に関与していくということは，内部の神経化学物質，ホルモン，代謝のプロセスにおいても，また周りの物体や他者との目的を持った関わりにおいても，心が身体を調整しようとする本質的な努力と一致するものだ (Trevarthen and Malloch 2000)。音楽とダンスは言語だけでは届かない人たちにとって，インタラクションと癒しのとりわけ強力な形態といえよう。

　戦争で被災した子どもたち（第15章），機能不全家族の子どもたち（第16章），抵抗できない虐待の犠牲となっている子ども（第17章），視聴覚障害をもつ子どもたち（第18章），成長することそれ自体が突如自身の敵となってしまう子どもたち（第19章）――これらすべての子どもたちに対して，音楽とダンスの中における音楽性の巧みな療法的活用が大きな恩恵をもたらすのである。ナイジェル・オズボーン（第15章）は，1992〜1995年の戦争で大切な人を失い心身ともに傷つき，心的外傷後ストレス障害を負った子どもたちに音楽を届けるボスニア・ヘルツェゴヴィナでの経験について述べている。この話を通じて，困難な状況におかれた子どもたちに音楽経験がもたらす恩恵について生物心理社会モデルが作りあげられている。その子どもたちの反応はすぐに現れ，明白であった。

> 全体的に憂鬱で寡黙な子どもたちのグループがセッションで笑ったり踊ったり，多動の子どもたちが多いグループが静かに集中することは珍しくなかった。時には，音楽体験は，トラウマを負った子どもの身体や心にとってのホットラインとなる。
>
> （本書 p. 317-318）

　メルセデス・パヴリチェヴィックとゲイリー・アンスデル（第16章）はコミュニティ音楽づくり――「コラボレイティヴ・ミュージキング」の大切さを実証している。彼らは，個人を優先するがゆえに非社会的，非文化的な視点を重要視する伝統的な心理学の問題点を指摘している。彼らが例として描いているのは，

> 人々が音楽の中で，そして音楽を通して独自の方法で出会うことができる具体的な状況を意味している。これらのミュージキングの出来事は，現代において打ち解けた，あるいは共同体的な人間の出会いを妨げているすべての要因（病気，社会的不平等，恐怖，文化的分裂）に抗する希望ののろしである。
>
> （本書 p. 357）

同様に，カレン・ボンド（第18章）は，視聴覚障害を持つ子どもたちのグループを力づける性格を持つ「美的コミュニティ」のモデルをつくりあげている。これはダンスセラピーを媒介としてアクセスできる美的な集団である。カレンは，すべての人はすべての人が美的体験をしやすい傾向にあるという信念のもと，「言語的知性に価値を置く凝り固まった傾向によって，ここで紹介されたような子どもたちの中にある何かが見落とされてしまうのではないかと私は危惧している。おそらくそれは多くの人々の中にある何か…そして我々自身の中にある何かでもありうる」（p. 402，原文から抜粋）と述べている。
　第17章と第19章の著者たちは，音楽を子どもたちひとりひとりに療法的に使うことに関心がある。ジャクリン・ロバーツ（第17章）は幼少のときの性的虐待によって精神病を引き起こし，他者と意味あるやりとりができなくなった子どもの事例を挙げている。「自己の間主観的感覚が，発達初期段階における対人関係のトラウマによって中核から破壊された場合，臨床的な意図と共に使用される音楽が，その子どもの心に手を差し伸べ，音楽を媒介とした治療関係を発展させていく上で建設的にはたらくだろう」（p. 361）。定期的な7年間に及ぶ音楽療法を終えた3年後，その子は自分を決して追い詰めないやり方で感情を表現しはじめた。「彼女は，以前のような過去が現実に侵入する幻覚による断片的な言葉の叫び声やささやきではなく，普通の声のトーンで完全な文章を使って自分の感情を表すことがどんどんできるようになっていった」（p. 380）。トニー・ウィグラムとコハヴィト・エレファント（第19章）は，重度の発達障害――自閉症とレット症候群――を持つ子どものアセスメントと治療における音楽療法の役割について述べている。たとえ極端な発達的退行を経験していても，レット症候群の子どもたちにとって音楽は「社会的な関係性，注意力，初歩的なコミュニケーションを構築するうえで，また，動き，機能的な手の使用，学習を刺激するうえで有用でありうる」（p. 413）。
　第3部を読めば，たとえ最も深刻な孤独を経験する中でも，人間の精神が並々ならぬ復元力（レジリエンス）を有することを目の当たりにさせられる。我々が分かち合う音楽性は助けを求める人とそれに応える人とをつなぐ架け橋として機能するのである。

（羽石英里訳）

引用文献

Trevarthen C and Malloch S (2000). The dance of wellbeing: Defining the musical therapeutic effect. *The Nordic Journal of Music Therapy*, **9**(2), 3–17.

第15章

紛争中・紛争後の地域の子どもたちのための音楽：精神生物学的アプローチ

ナイジェル・オズボーン

15.1 はじめに
15.1.1 歴史的背景

　危険や紛争を体験した子どもを援助するのに，創造的芸術を用いるという考えは，新しいものでは全くない。スペイン内戦（1936～1939年）の際は，療法的芸術が子どもたちの避難施設（コロニアス・インファンティレス）での活動として注目されたし，ナチス占領下のヨーロッパの収容所やゲットーでは，勇気と展望のための活動が芸術家によって子どもたちのために始められた。例えば，テレジーン（テレジエンシュタット）収容所では，画家のフリードル・ディッカー・ブランデイズや作曲家のハンス・クラーサ，そしてワルシャワ・ゲットーでは医師のヘンリク・ゴルトシュミット（作家ヤヌシュ・コルチャックの別名を持つ）らの活動が挙げられる。

　しかしながら，これとは全く異なる創造的芸術が介入する動きは，20世紀最後の20年間の紛争や集団虐殺において起こった。この介入の動きは比較的組織的なもので，新たな方法論を持っており，主導的立場の者は非政府組織（NGO），行政機関，職業組合などの組織に所属していた。筆者は，1993年にボスニア・ヘルツェゴヴィナで始まったこうした展開の一部に，主に音楽で密に関わった。まず，戦争中と戦争後に子どもたちが直面した困難について概説し，プロジェクトの簡単な歴史について，介入のために提案されたアプローチの背景や，介入，研究，発展のためのパラダイムの背景を紹介する。

15.1.2 子ども，戦争とトラウマ

　戦争は，子どもにとって深刻で痛ましい結果をもたらしかねない。それは，社会的，経済的，政治的なウェルビーイング[1]だけでなく，身体面，精神面の健康にも及ぶ。子どもにとって，銃撃，追撃砲，地雷，化学兵器その他の軍用品は，直接的，あるいは非直接的な被害により深刻な身体的トラウマを負わせるが，さらに戦争という状態は，病気や栄養摂取の問題などのように，非直接的にも身体に影響を及ぼすのである。特に初期の緊急性の高い段階においては，創造的芸術による介入は当然限定される（ある特定の状況においては，気晴らしやリラクゼーションとして周辺的，補完的にその役割を果たしうる場合もあるが）。多くの場合，それらは後に述べるように，緩和ケアやリハビリテーションの段階において用いられる。

　しかしながら，戦争を体験した多くの子どもが被るのは，精神的／情緒的トラウマであり，それは身

---

[1] 巻末の参考資料「ウェルビーイング」を参照。

体的トラウマと結びついている場合とそうでない場合がある。最も一般的なトラウマは，臨床的に心的外傷後ストレス障害（PTSD）と定義されるものであろう。『精神疾患の分類と診断の手引き（DSM）第4版』(DSM-IV，アメリカ精神医学会，1994年)[2]では，次の4つの診断基準を明示している。

A. 恐怖，戦慄，無力感を含む強い外傷的な出来事に曝露されたことがある。
B. 以下の症状を含む，出来事の後の想起，再体験。侵入的な想起，苦痛な夢，その出来事が再び起こっているかのように行動したり感じたりする，きっかけに曝露された場合に生じる心理的苦痛，あるいはきっかけに曝露された場合に生じる生理学的反応性（診断には1症状必要）。
C. 以下の症状を含む回避と麻痺の症状。思考や感情の回避，活動，場所または人物の回避，心的外傷の重要な側面の想起不能，活動への関心の減退，孤立または疎遠，感情の範囲の縮小，未来が短縮した感覚（3症状必要）。
D. 過覚醒症状。入眠または睡眠維持の困難，いらだたしさ，または怒りの爆発，集中困難，過度の警戒心，あるいは過剰な驚愕反応[3]（2症状必要）。

診断には，これらの症状が1か月以上続いており，社会生活や仕事上で臨床的に重大な苦痛や障害を引き起こしている必要がある。これらに関連した特徴もあり，大抵の場合子どもより大人の方がより発症したり発見されやすく，任務の遂行もしくは怠慢への罪悪感，生き残ったことへの罪悪感，周囲に対する気づきの減退，「現実感喪失」，そして「個性喪失」などの症状を含む。本章の目的において重要なことは，大人の場合にも子どもの場合にもPTSDに関連付けられた生理学的，あるいは神経生理学的な明確な指標があることである。その指標には，心拍数の促進，血圧の収縮期と拡張期における境界域レベルの上昇，心拍変動の調整障害，ショック体験からの心拍数の回復の遅れ，呼吸不整，ストレスとリラクゼーションに関連したホルモン系・神経伝達物質系[4]の調整障害，そして運動レパートリーの変異が含まれる。PTSDはまた，大うつ病性障害や注意欠陥・多動性障害などの他の障害と重複したり合併したりすることもある。本章では，精神的トラウマの心理学的，生理学的症状の双方に子どもが対処するのを助けるために，初期の緊急性の高い段階，また緩和やリハビリテーションの段階のどちらにおいても，音楽がささやかな役割を果たしうるという仮説のためのエビデンスを提示する（本書第17章のロバーツ参照）。

残念なことに，戦争の身体的，精神的トラウマの影響は，第一の被害者を超えてさらに広がり得る。紛争の直接的被害者ではない子どももまた，生き残った家族や介護者，一般社会におけるトラウマ，そして引き続く社会の緊張状態や経済的困難に囲まれて喪失，精神的トラウマや機能障害を体験するのであり，そうした体験はすべて二次的トラウマという状態を生み出しうる。これらの問題に加えて，成人におけるストレスに関連した病気による犠牲も起こりうる。例えば，ボスニア・ヘルツェゴヴィナにおいては，戦争中（1992〜95年）そして戦争後のどちらの時期においても，急性冠症候群[5]，癌の発生率，そして周産期死亡率の顕著な増加が見られた（Bergovec et al. 2005; Drljević and Mehmedbašić 2005; Nermina 2005; Tomić and Galić 2005; Fatusić et al. 2005）。

紛争という状態における子どもの困難の非臨床的な側面においては，極端な場合，極度の不幸，屈辱，恐怖，そして喪失，という比較的単純な帰結がある。それは，深い悲しみ，哀悼の気持ち，嘆き，自尊心の欠如，アイデンティティの感覚の侵食，希望の喪失，信頼の欠如，怒り，そして意思伝達の減退などを含むものである。しばしばこれらの感情や行動は，PTSDの臨床症状と区別がつきにくいものであ

---

[2] DSM-Vが2013年に出ている。
[3] 訳出に際して，次の文献を参考にした。アメリカ精神医学会，高橋三郎・大野裕・染矢俊幸訳『DSM-IV-TR　精神疾患の診断・統計マニュアル』医学書院（2003）。
[4] 巻末の参考資料「内分泌および神経伝達物質補足説明」参照。
[5] 不安定狭心症や急性心筋梗塞などの疾患群。

り，トラウマが正確にどこからどこまでかということに関しては，現場調査者の間で多くの議論が行われている。ある人は，単純で全くごく自然な人間的反応を，医療の対象とすることは賢明ではないと主張し，またある人は，それらの行動や症状は，ある連続体の一部，あるいは異なる症状と関わる並行した連続体の組み合わせ上の点としてみるべきであり，そこには臨床的診断と介入が子どもにとって有益となる閾があるとも主張する。こうした状況における音楽の利点は，多義性に富み，そして介入が慎重に行われたなら，全連続体がもとめるものを安全かつ確実に提供できるであろうことである。

15.1.3 介入の背景

本プロジェクトの初期段階では，包囲された都市，サラエボにおいて，地域のアーティストとのコラボレーションによる子どものための創造的ワークショップを幾つか行なった。この活動を始めたのは，個人的な気持ちからであるが，私だけのものでもなかった。当時，子どものメンタルヘルスの診断をすることは全く不可能であったが，サラエボの1505人の子どもを対象に行なわれた1994年の調査によれば，13歳以上の48％の女子と38％の男子，そして13歳未満の38％の女児と34％の男児がPTSDと診断された (Husain 2000)。1993年から1997年の長期にわたる調査によれば，78％の子どもが心的外傷を被る出来事を体験していることが明らかである (Đapić and Stuvland 2000)。ハーヴァード大学の社会医学科が，ボスニア中心部の国内避難の子ども364人に対して行なった調査によれば，サラエボ地方からの94％の子どもがDSM-IV基準のPTSDであったとしている (Goldstein *et al.* 1997)。

本活動の目的は，子どもと若い人々に都市内部の悲惨な生活状況に対する気晴らしや娯楽を提供し，また創造的表現，リラクゼーションや楽しみの機会を提供することであった。初期段階においては，ワークショップで創造的な音楽ゲーム，メロディーの作曲，音楽のテクスチュアや音楽をつけた物語の創作などの創造的音楽活動を行なった。その後，よりパフォーマンスや他の芸術形態とのコラボレーションに重きが置かれるようになった。この活動に対する子どもたちの反応は，非常にポジティブなもので，保護者は非常に協力的だった。この第一期の締めくくりとなったのは，1995年1月の停戦時に行われた，国立劇場と室内劇場での野心的なパフォーマンスであった。

同時期に，モスタルでは第二期の活動がすでに行なわれていた。大部分の戦争は，1994年3月のワシントン合意によって終結し，欧州連合によって学校が再建されようとしていた。けれども，新連邦のボスニア側には，芸術科目の教師はほとんど残っていなかった。1995年初頭に行われた試験的な活動と，教育省との交渉の後，小学校の時間割の中で音楽と他の芸術科目の時間をこのプロジェクトが引き受けることが合意された。国の定めるカリキュラムと療法的な指導内容の両方の必要性からである。

この段階においては，重要な協力関係を幾つか構築することができた。第一に，モスタルに音楽センターを建てる計画をした英国ウォー・チャイルド基金，第二に，研修生制度の基盤を組織しようとしていた東モスタルの若いアーティストグループ，アペイロンである。最後に，この活動を短期にも長期にもサポートするために，エディンバラ大学の音楽の学生，そして後には個人のボランティアに加えてハノーヴァーを拠点にするグループ，ムジークトが採用された。

活動の内容は，省との合意によって決められた。セッションは，可能な限り国家のカリキュラムを考慮に入れて計画された。療法的内容の大部分は，地域の伝統とワールドミュージックの双方の中から選んだ歌をベースにしたものだった。これは，若いボスニアのボランティア研修生が最も気軽に行なえるもので，そのレパートリーは子どものために豊かで安全な美的経験を提供し，楽しくてリラックスできる機会となった。

本活動の目的は，PTSDを治療することではなく，一般の人々が多様な状況の個人的，社会的損傷や喪失に対処することを助けるためであった。その中には，PTSDの症状のある子どももいた。その子どもたちの反応はすぐ現れ，明白であった。全体的に憂鬱で寡黙な子どもたちのグループがセッションで

笑ったり踊ったり、多動の子どもたちが多いグループが静かに集中することは珍しくなかった。時には、音楽体験は、トラウマを負った子どもの身体や心にとってのホットラインとなり、即座の、直接的で非常に明白な変化をもたらした。それは、この活動の非臨床的な治療という側面において、子どもたちが自分たちの反応に従って、その過程を進めたと表現するのが正しいだろう（本書第4部の音楽教育と学習に関する章参照）。

英国ウォー・チャイルド基金は、1997年にパヴァロッティ音楽センターを開設し、1998年にはそのセンター内に臨床音楽療法の部門が特設された。その部門は、一般的な療法プロジェクトの経験の中から生まれたが、独立した独特な事業として新たな始まりを遂げ、活動歴は独自の臨床的、専門的方法で記録された（Lang et al. 2002）。モスタルでの経験から得られたことは、効果的で概して療法的なアウトリーチのプログラムを適切に機能させるためには、しっかりとした臨床的基盤が極めて重要であるということである。

本章で述べる活動は、一般的で非臨床的な介入によるものである。1990年の終わりまでには、急速に成長してきたオランダ・ウォー・チャイルドがこのような創造的芸術の介入の責任を英国ウォー・チャイルド基金から引き継ぐこととなった。また、ボスニア・ヘルツェゴヴィナにおけるプログラムが公に認められたことにより、活動を他の場所でも実施してほしいというリクエストが寄せられるようになった。そして活動は、1999年にアルバニアとコソボでも始まり、その後間もなくグルジア、チェチェン、スーダン、シエラレオネ、イスラエル／パレスチナ、そしてアフリカやアジアの他の多くの地域でプロジェクトが始められた。

15.1.4　研究，評価，責任

第一の問題は、今でも依然としてそうなのだが、介入活動が考察、評価、研究を超えて進化し、拡大してしまったことである。筆者は、こうした問題点について、公にされ、責任のある方法で対処されてきたと主張したい。この活動は、健康・教育省、心理社会サービス、学校、家族と子どもたち自身の協力があったからこそ続けられてきた。この活動は、世界中で長期にわたって教育の発展や臨床的・非臨床的な療法的介入に携わった経験のある人に指導を受けてきた。なんといっても、音楽そのものは一般的に安全な人間の自己調整の活動であり、個人のウェルビーイングにとって有益と十分説明できるものであり、損害を与えるような副作用をもたらす可能性はほとんど無いものである。ワークショップリーダーたちは、グループ内での音楽的、あるいは音響的エネルギーのレベルや、個々の子どもが心地良く感じているかなどに気を配る際、潜在的な困難を十分に避けられているか、という点に最も敏感になった。私にはワークショップリーダー、あるいはオブザーバーとして、18年にわたってトラウマを負った何千もの子どもとの経験があるが、活動によってストレスを負ったことがわかる子どもは1例のみしか思い出すことができない。同じ期間中に、子どもの社会福祉に責任のある心理学者、ソーシャルワーカーや教師から有害な副作用があったという報告も、私の知る限り一切なかった。

十分な評価手段を確立することの困難さは、プロジェクトの初期段階において、次の2種類であった。緊急で困難な仕事が毎日のように押し寄せてくること、そして旧来の量的リサーチ方法という構造的な問題である。これらには、例えば難民、国内避難民の人口が変化している中で評価を行うことの困難さや、極限状態にある人に対する心理測定やブラインドテスト[6]の信頼性の問題を含んでいた。さらに倫理的にも、侵襲的になりうる調査に対して脆弱な信頼関係しか築けないにもかかわらず、対照群を作ったり、傷つきやすい関係性にさらすという問題があった。ある状況において、例えばアブハジアからグルジア西部へ国内移住した人々のキャンプでは、チームは「心の限りを尽くす」音楽家だったからとい

---

[6] たとえば商品テストであれば、被験者が見た目や商標に影響されないように、商品名等を隠して実施するテスト。目隠しテストとも呼ばれる。

う理由のみで受け入れられた。この時期（1999年）は，いかなる公的で国際的な介入，評価や観察の申し入れも即座に拒絶されていた。

　ある有望な評価モデルが，メアリー・アン・コッヘンデルファーによって，エディンバラ大学の医学部と音楽学部の監修下で開発された。これは，科学的な質的アプローチを使うもので，慎重な準備，詳細なインタビューとアンケートに基づき，子どもだけでなくその家族，介護者と教育者という環境全体に対して行なわれるものである。この方法はまた，子どもたちが自身の評価に創造的に参加できるように促すものである。加えて，ある紛争後の環境においては（例えばボスニア・ヘルツェゴヴィナやコソボなど），現在十分に状況が安定し，活動がしっかりと定着したため，より伝統的で量的アプローチを信頼できる形で試すことができるであろう。これについては，現在準備中である。

　近年，関連した医学的エビデンスがある程度，出始めている。つまり，特定のトラウマの症状と，音楽の特定の生物学的，心理学的，社会的効果との関連を示すエビデンスである。医学・精神医学の側には，PTSDの病理に関して長く確立した一連の詳細な研究があり，多数の成人，主としてアメリカの退役軍人に対して研究が行なわれているが，子どもに対しては少ない。こういった研究は，診断基準の発展を促すには効果的であったが，より重要な研究，例えばPTSDの神経科学における研究などは，依然として前臨床段階である。音楽の側においては，音楽・医学研究における一連のエビデンスが急速に増えており，特に神経生理学，内分泌学においては，音楽体験と関連付けられた自律神経，新陳代謝，皮質，皮質下の活動が明らかとなっている（本書第7章のパンクセップとトレヴァーセン）。これらに加えて，関連する一連の研究が音楽療法，音楽心理学，臨床心理学，心理生物学，社会科学，そして教育学において増え続けている。

　本章の関心の中心は，この点にある。これらの知見は，PTSDの特定の症状と関連づけることが現時点で可能となっており，さらに同様に重要なことに，紛争状態における子どものウェルビーイングという包括的な問題とも関連づけられるのである。トラウマを負った子どもたちの一般的な自律神経失調症についての臨床的エビデンスを，音楽体験が自律神経系の調整を助けうるという前臨床的エビデンスと関連付けることにより，次の仮説が導かれる。すなわち，子どもが戦争という環境に関連した問題に対処するのを，音楽が助けうるという仮説であり，それはこの領域で一貫して語られてきたエビデンスにより支持されているものである。このアプローチは，子どもの音楽とトラウマについての研究，そして実践の方法や方法論の発展のために，非侵襲的な方法を提供するものである。

　ここに記述した最初のアプローチは，基本的に精神生物学的なものである。それはトラウマの症状と，音楽の効果に主に関連し，身体と最も密に関連するものであり，また精神と身体との親密なつながりとも関連している。このアプローチは，幾つかの相互に関連する仮説を含んでいるが，それらは実践とさらなる研究のための基盤として提案されたものである。この精神生物学的観点は，より広い生物心理社会学的パラダイムに位置付けられ，生理学的，心理学的，社会的関心事に1つの統合されたモデルとして関連づけようとするものである。そのモデルとは，実践家が，自らの活動が好ましい変化をもたらす潜在力のあるものだと確信を持つことができ，実践の方法や方法論の発展について最新の科学的研究から包括的な支持が得られるものである。

15.2　精神生物学的アプローチ
15.2.1　耳：聞くことと聴くこと

　これは，1994年の夏，ボスニア・ヘルツェゴヴィナのモスタルでの出来事である。その3月初頭には，ワシントン合意に調印がなされていたが，依然として市を分ける大通りを挟んで砲撃があり，山岳地帯では準軍事組織からの迫撃砲の砲火が頻発している。筆者は，堅牢な古いオーストリア＝ハンガリー帝

国時代の建物の地下貯蔵庫で子どもたちと活動する。東モスタルでは，建物の屋根や損傷のない壁はほとんど残っていないが，これらの地下貯蔵庫は比較的安全で，夏の暑さの中でも涼しく，音楽家にとっては素晴らしい反響音がある。

　今日は，私は子どもたちの20人のグループと活動し，持ち運びできる打楽器を用いて集団の即興演奏を援助している。モンテネグロの国境にある山脈から海へ流れるネレトヴァ川から着想を得た即興演奏である。我々がヘルツェゴヴィナ東部の激流地点に到達すると，音楽は，熱狂的で激しく大音量になった。子どもたちは，エネルギッシュで挑発的に演奏しており，規制されることのない時間のなかで笑顔で楽しんでいる。けれども，私は9歳のネルミナが耳を塞いでいたことに気づく。彼女は張り詰めた様子で集中しているように見えたが，苦痛というわけではないようだ。私は，可能な限り慎重に注意深く，音楽的方法でネレトヴァ川の急流を静めると，すぐに我々は穏やかで鏡のようなヤブラニツァ湖に着いた。

　私は，ネルミナが大きな騒音に対処するのが難しいのだと気づいた。それが耳への肉体的ダメージによるものなのか，あるいはトラウマを呼び起こすようなものと関連しているのかは，私には分からない。しかし，私は彼女が音楽的な音を探索できるような「安全な」環境を作ることに決める。我々は，ともにオーシャンドラム（大きく密閉されたタンバリンのような形の中に多数の小さな玉が転がる楽器）で即興を行った。最も静かな時は，岩間の水たまりのように囁き，最も大きな音の時には，海でぶつかり合う波のように大音量となった。ネルミナは，静かな状態から中程度の音量の「危険な」領域で即興することを楽しんでいるように見える。彼女は音楽を完全にコントロールしているが，自分で忍耐の限界をどうにか押し広げているように見える。私は幾つかのゲームを導入する。腕を上げ下げしたり，床に印をつけた平面で動き回り，子どもたち1人1人が仲間のミュージシャンの音量を調節し，変化させるというものだ。ミュージシャンに近づけば演奏が大きくなり，遠ざかれば小さくなる。ネルミナは意欲的に参加し，彼女を取り囲む音量を完全にコントロールし，再び楽しんでいるように見える。

　この活動が彼女の助けになったかどうかは私には分からないが，何回かのセッションの後，ネルミナは耳を覆うのをやめる。

　音楽は，様々な方法で幾つもの感覚が関与するものである。例えば，触覚や視覚的な信号は，楽器の振動やピアノのタッチを感じ，指揮者を目で追うなどのように，音楽体験において重要な役割を果たす。もちろん，音楽の核となる重要で本質的な感覚は，音，耳，そして聞くことと聴くことである。

　戦争の被害者である子どもは，難聴になるかもしれない。近接した状態で爆発や激しい戦闘状態にさらされた子どもたち——例えば歴史上最も集中した市民に対する砲撃（1993年春から1994年春）の中生きてきた東モスタルの子どもたちのように——耳に外傷を負うことがある。高圧な爆風は，鼓膜の破裂，耳小骨連鎖の脱臼や骨折，基底膜の感覚構造の損傷を引き起こすことがあり，それは一時的，あるいは生涯にわたって聴力損失や他の聴覚障害をもたらす（Patterson and Hamernik 1997）。筆者は，モスタルにおける聴力損失について発表された研究が一切ないことは認識しており，あったとしたらこの状況を勘案すると驚くべきことだ。しかしながら，他の場所では体系的な研究も行われている。例えば，2002年にフィンランドのヴァンターのミュールマニのショッピングモールで起こった1回の爆発では，7人が死亡し160人が負傷したが，そのうちの44人が耳に損傷を受けた。このうち29人の患者に対する耳科検査では，66パーセントに耳鳴りがあり，55パーセントが難聴，41パーセントが耳の中に痛み，28パーセントが音の歪み，41パーセントが耳鳴りと難聴を重複していた。3kgの硝酸アンモニウムの爆発から70m離れた患者の中で，耳の損傷が記録されている（Mrena et al. 2004）。一般的に，聴覚の損失周波数帯域は，爆発と武器の周波数スペクトルとほぼ一致する。例えば，兵役中の兵士が衝撃的な騒音にさらされた場合についての最近の研究においては（Konopka et al. 2005），兵器の騒音は1.6〜16.0 kHzで最も高いレベルで記録されており，兵役後の聴覚損失は10〜12 kHzで平均6 dBであった。イリコスキ

(1987) は，75パーセントの徴集兵が2kHz以上の高周波数帯域で聴覚喪失となり，残りの25パーセントはより低い低周波数帯域での欠損を記録したが，それは大口径兵器による衝撃的騒音や低周波の爆発とより関連することを見出した。急性の聴覚ストレスは，バランス障害を含む前庭症状を引き起こす可能性があるという証拠もある（Cassandro et al. 2003 この知見は，皮肉にも非常に大きな音量の音楽と関連付けられている）。それらは，動作検知や空間定位，姿勢や筋緊張，そして前庭動眼反射などの機能を含む前庭機能と潜在的に関連するものである。

トラウマを負った子どもたちの聴覚困難には，他にも特定の音に対する不快感などがあり，それは本質的により心理的で精神生物学的かもしれない。これらの困難は，PTSDの主要な症状群と関連する傾向がある。特定の音は，心的外傷体験の想起と関係している可能性があり，恐怖の条件付けの組み合わせとなることもある。最も明白でよく知られた例は，発砲音と爆音による例である。けれども，チェチェンとイングーシの何人かの子どもたちにとって，苦痛を引き起こすのはヘリコプターの音であった。驚愕反応とストレスの両方の系統を活性化する扁桃体の外側核−基底外側核の複合体に，感覚情報が集まるようだ（Coupland 2000）。同様に，これは過覚醒群の症状と関連し，特に過剰な聴覚驚愕反応を引き起こし得る。

音楽は，人間の聴覚の全域にわたる広い周波数帯で描かれるような高度に加工された音である。概して音楽は，聞き手に喜びをもたらす周波数と振幅による「美しい」音と捉えられる。音楽が魅力的な音の場合，大抵これは注意深く構築・計算された美的なプログラム，あるいは情動的なナラティヴから成るパートを構成する。時には，音楽という背景の外でショックと見なされるものが，音楽の内では刺激的な驚きとなるかもしれない。生演奏では，聴き手の反応に合わせて流動的に応じることが可能である。不快であれば，すぐにやめられるだろう。

第一の仮説は，**音楽は，トラウマを負った子どもたちが安全で楽しく，聴覚訓練をする援助になるかもしれない**ということである。これには，例えば次のような簡単な聴取の練習がある。それは，自然の音を聴いたり，隠れた音や楽器を言い当てたりすることで，集中力，注意力を同時に高める可能性がある。音遊びや作曲を含むかもしれない。初期のサラエボプロジェクトでは，私は携帯できる小さな打楽器一式，すなわちベル，ウィンドチャイム，チャイムバー，トライアングル，アゴゴ，カウベル，フレクサトーン，マラカス，クラベス，太鼓，タンバリンをリュックサックに入れて街へ運んだ。これらは，様々な周波数，音程と音色の強度を探索しながら子どもたちと創造的に活動するためには，十分な音楽パレットだった。我々は時々純粋に音楽的な活動もしたが，ある時は音楽によるお話――川の流れやお話の小道などを作った。

もちろん，特定の困難に子どもが向き合うことを助けることもできる。オーシャンドラムを使った即興演奏，音楽の彫刻をつくることや空間を使ったゲームは，大きな音や突然の騒音に対して困難のある子どもが，それと対処するための自己調整的方法や美的な方法を獲得することの助けとなるだろう。聴覚の外傷の結果として聴覚障害のある子どもは，音楽の音という安全で魅力的な媒体を通して，豊かで広い範囲の周波数と聴覚を探索し，それを訓練する可能性を持つのだ。

15.2.2 自律神経系：心臓

1998年の冬の終わり，私は夕方にグルジアのトビリシのラステーブリ通りをワークショップの仲間のロクサナ・ポウプとトニ・ペシカンと歩いている。いくらか歩いた後，ある広場で，8人か9人の浮浪児のグループが我々に向かってよろよろと歩いてくるのに遭遇する。歩道の大人は，不安げに彼らと距離を取っている。彼らは，1990年代に紛争があったアブハジアや南オセチアなどの地域からのストリートチルドレンであり，孤児で，現在は，物乞いや小さな犯罪を犯したり売春をしながら町で生き延びている。彼らは，我々に近づくに従って一斉に押し寄せ，我々は騒がしく取り囲まれ，「トニ！」，「ロ

クサナ！」，「ナイジェル！」と叫びながら乱暴に抱きつかれる。通りがかりの人は驚き，恐怖を覚えたようだが，我々は光栄で，むしろ密かに誇りに思う。

　彼らは，トビリシで運営がうまくいっているドロップインセンター[7)]の我々の友達である。これらの子どもは肉体的にも精神的にも常に興奮した状態にある。それは，戦争のトラウマ体験に始まるものだろうが，路上での生き残りのための日々の奮闘の中でも続いている。我々は，トビリシ音楽アカデミーからの生徒と協働で創造的に活動しており，歌を作ったりサウンドスケープを考案したりしている。それは，感情生活や個人的な達成のしるしや自尊心の小さな音楽によるドキュメントである。けれども，この活動の中核は，変化してゆく，音楽による旅の探求である。我々は，集中した手拍子ゲームから始め，興奮させる太鼓活動に移り，身体的な動きのエクササイズへと移り（例えばコーカサスダンスやブラジルのサンバ），それから落ち着いた内省的な音楽（グルジアのヒーリングソングやネイティヴ・アメリカンの子守唄）へと移る。集中したエクササイズを行い，高いエネルギーの活動を行った後は，子どもたちは穏やかで落ち着いた明るい雰囲気で，リラックスできるようになる。我々は，彼らの心の中を覗き，脈拍の速度や思考の速さを確認する手段など持たないが，身体的，心理的な大きな変化を見たり聞いたり感じたりすることができる。その変化は，早く，急激である。

　PTSDの心臓に対する影響について，大量の研究がアメリカの退役軍人で行われている。PTSDと診断された被験者は，そのような診断のない対照被験者よりも安静時心拍数が著しく高いという一貫したエビデンスがある（例えばBuckley *et al*. 2004）。女性の退役軍人でPTSDの診断がある場合は，平均安静時心拍数が1分間に83.9拍であったが，それとは対照的に，対照群においては77.5拍であった（Forneris *et al*. 2004）。重要なのは，この差異が，年齢，肥満度指数，人種や投薬に関係なく現れることである。トラウマと心拍数の関係は，PTSDの基礎心血管活動についての最近のメタ分析的な調査からも明らかにされており（Buckley and Kaloupek 2001），2670人が参加した34の調査によれば，参加者のうちPTSDの場合は心拍数が一貫して上がり，慢性のPTSDの参加者で比較対象と最も大きな効果量を示した。トラウマは，突然の精神的ショックや驚愕後，正常な安静時心拍数への回復遅延に影響することもある。退役軍人を対象とした最近の研究では（Kibler and Lyons 2004），聴覚驚愕の後の心拍数の回復の遅れは，PTSDの診断の重症度と直線的に相関していた。つまり，トラウマが重いほど，一貫して回復も遅かったのである。バックリーとカロウペックによるメタ分析的実験により，PTSDは，心拍数とはそれほど関連性がなかったが，収縮期と拡張期の血圧の上昇と関連性があることもわかった。118人のベトナム戦争退役軍人に対する研究では（Beckham *et al*. 2002），PTSDの参加者は怒りを引き起こす記憶を選択し，想起させる質問をされた時，対照群より顕著に高い拡張期血圧を示した。

　PTSDと診断された参加者の心拍変動のスペクトル分析を含む2つの研究において（Cohen *et al*. 1998, 2000），自律神経機能不全（分泌腺，心臓，酸素供給，消化器官，代謝機能などの身体の無意識の自己調整機能をコントロールする，自律神経系の覚醒と安静のバランスの不調）が明らかになった。この機能不全によって，基本的な状態が自律神経の過覚醒状態に陥った。つまり，自律神経系の永続的覚醒状態への慢性移行である。それには，交感神経系（危機などの状況における心臓の鼓動を加速させる自律神経系の部門）の緊張増加が含まれた。同時に，副交感神経系の緊張は減少した。その副交感神経は、脳幹から迷走神経を通って心臓に至る神経を支配し，エネルギーの保存，消化反応，免疫反応などの機能を整えるために心拍を下げる。1998年の研究は，健常者がストレス反応を起こす刺激状態で，PTSD患者はさらなる覚醒やストレスを整理出来ないほど，自律神経系の過活性化状態から抜け出せなくなったことを示した。

　音楽と心臓の関係に関するエビデンスは議論の余地があり，矛盾しているという一般認識がある。実

[7)] ドロップインとは気軽にいつでも立ち寄ることで，ドロップインセンターは様々な状況にある人がいつでも立ち寄れる場所という意味であるが，児童保護施設，緊急避難施設の意味をもつ場合もある。

際には，エビデンスは比較的一貫している。筆者は，最近，音楽と心臓に関する50の査読付き論文についてざっと検討したが，そのうち49は，音楽は心臓の動きを顕著に変えたとしており，唯一老人病棟で行なわれたものに，相関性が見られなかった。さらに，調査結果で合理的な一貫性がある。例えば，テクノ音楽のような速いテンポで刺激的な音楽は，心拍数と収縮期の血圧を顕著に増大させ（例えばGerra *et al.* 1998），短期的には副交感神経の活性を減少させる可能性がある（Iwanaga *et al.* 2005）という一貫したエビデンスがある。運動との強い関連もまたある。例えば身体運動と組み合わされた時，音楽は交感神経の活動を増大させる可能性があるという（Urakawa and Yokoyama 2005）。逆説的であるが有意に，早く刺激的な音楽もまた長期的には感知された緊張を減じ，弛緩を増大させるかもしれない（Iwanaga *et al.* 2005）。

　音楽，なかでも特に一般的にリラックスを感じるような音楽は，心を落ち着かせ，血圧を低くする可能性があるという証拠は膨大にある（例えば Updike and Charles 1987; Byers and Smyth 1997; Cardigan *et al.* 2001; Knight and Rickard 2001; Aragon *et al.* 2002; Mok and Wong 2003; Lee *et al.* 2005）。それらの研究によれば，リラックスさせる音楽を聴くことは，心拍数を低くするだけでなく，その変動も有意に制御するらしい（Escher and Evequoz 1999）。一般的に，音楽は，交感神経系よりも副交感神経系と豊かで密接なつながりがあるようである（Iwanaga and Tsukamoto 1997）。低速の副交感神経優位のリズムの周波数という特定の条件下で——例えば，1分間に48～42拍——，音楽の拍と心拍の調和的な同期や同調が起きることがある（Reinhardt 1999）。この調和的同期（例えば，1：1，1：2，2：3という音楽の拍と心拍数の単純な比率）は，個人のテンポの好みに意味を持っているようである。人は，普段の日常の状態における自身の心拍に近いテンポの好みを示す。例えば1分間に70～100までの拍数の場合1：1の関係，また馴染みの薄いリズムパターンの場合，心拍との単純な調和的関係の拍，例えば1：2や2：3，を楽しむようである（Iwanaga 1995）。

　もしかすると，研究を矛盾に満ちたものにしているのは，音楽の心臓との特別な関係における多様さや流動性である。上述したように，音楽における様々な経験は，心拍の増加や減少および調整，血圧の上昇や下降，運動の効果の増強や持続，心拍変動の制御，またある状況においては心臓のリズムの同調や調和をもたらす可能性があるという信頼できるエビデンスがある。同時に，音楽は，自律神経系のその他の機能である呼吸，運動，代謝，さらに情動，記憶，認知と重要な関係がある。それらすべてが心臓の活動に共同で刺激を与え，相互に作用し合う。

　このことから，第二の仮説が引き出される。臨床的エビデンス，前臨床的エビデンス及び実践を同列に考えると，トラウマを負った子どもたちにとって，**音楽は柔軟で流動的でかつ楽しい方法によって，心臓を「鍛える」可能性があり，これが同時にトラウマの症状に有益な効果をもたらすかもしれない。**このことは，特に自律神経機能不全，つまり子どもが低水準の過活性や過覚醒状態にはまり込んだような場合に当てはまる。筆者は，音楽の能動的な演奏体験と受動的な鑑賞体験の両方とも，自律神経系を解放する効果があるかもしれないと主張する。交感神経系，副交感神経系の部門における緊張を，安全で柔軟な方法で穏やかに増大または減少させ，最終的にその系統を全体的に弛緩させ制御するのに役立つだろう。この効果は，唾液の分泌や消化管の活動などの他の自律神経機能を含むかもしれない。実際，電気皮膚反応に対する音楽の効果について明白なエビデンスがある（例えば VanderArk and Ely 1993）。

　トラウマを負った子どもに対しては，音楽的体験は，その子らに最も近い音楽的・精神生物学的な位置に的を絞り，テンポもその子らの心拍の速度と類似あるいは調和させるものにする。そうした音楽的体験は，興奮から同調へ，速くあるいはゆっくりとしたリズムで，歌ったり，演奏したり，動いたり，踊ったり，聴いたりすることによって，リズムとテンポによる交感神経・副交感神経の冒険となり，そして速度と時間において安全で適切に導かれた旅程となるだろうと私は主張したい。

15.2.3　呼吸

　1995年晩春，モスタル再訪。ワシントン合意の調印から1年以上過ぎていたが，大通りは散発的に砲撃があり，山のほうから迫撃砲が飛んでくる。ザリクの孤児院を訪ねると，驚いたことにロックグループが練習していた。十代半ばから後半の少年4人がドラムセットの片割れと，弦の欠けたアコースティックギターで演奏していた。4人の名前はミロ，オメル，ズラトコ，ビジェリ。みな口数が少ない。オメルは体格がよく，時々，うつろな単音節の語を発する。ミロは文章にして話そうとするが，息を切らした吃音で言葉がもつれる。彼らの曲と演奏は本当に独創的で音楽センスがあると感じる。外に出ると太陽の光がまぶしく，ドーンと気のめいる爆音。その時，「これはすごいロックの物語の始まりだ」という啓示のような声が私のなかで聞こえた（私はこういう妄想をすることは普通ない）。

　4人はその後，私たちの青年トレーニング・プログラムに進んで参加するようになった。子どもと一緒に活動する若者を育成するプログラムだ。ミロは歌を歌い始め，その結果か偶然の一致なのか，スピーチが急速にうまくなっていった。もっとも本人は自分のことを，角が2本と尻尾のある，役立たずで嫌われ者の悪魔だと今も思っているようだが。1996年8月のある日，それが変わった。イタリアのアンコーナ近郊ポルトノボで企画されたサマーキャンプに，私は彼らを誘った。ミロは澄んだ青い目をしていて金髪の縮れ毛，夏の間ネレトバ川で泳いで日に焼けていた。そのミロが海岸を散歩していると，ビキニ姿のイタリア娘たちに取り囲まれた。その瞬間，ミロの頭上にたちこめていた暗雲が，アドリア海の青空に霧消したようだった。

　ミロら4人は1997年，モスタルにできたパヴァロッティ音楽センターの開所式に参加し，ボノやズッケロ，ブライアン・イーノらと共演した。オメルは現在，ドラマー，打楽器奏者として国際的に活躍している。ビジェリは音楽，セラピー，教育に携わっている。ズラトコは航空管制官として働くかたわら，とても刺激的な曲を作り，クラブで歌っている。ミロはモスタルのなかなかのプレイボーイで，女の子を口説いたり，歌ったり，時々頼まれて宴会の司会をしたり，人前で話したりしている。

　驚くことにPTSDと呼吸困難に関する研究は，意外と少ない。文献的には，フラッシュバックのような経験，あるいは過剰な驚愕反応と過換気症の関係が認められる，つまり，呼吸が速くなると動脈血中の二酸化炭素濃度が低くなるということである。とはいえ，この分野の研究のほとんどは，ASDつまり急性ストレス障害の関連である（たとえば，Nixon and Bryant 2005）。同様に，呼吸困難の研究，あるいは臨床的に観察された努力呼吸は，主にストレスに関する一般的文献に含まれている（たとえば，Donker et al. 2002）。呼吸とPTSDに関して最も研究されているテーマは，呼吸性洞性不整脈（RSA：呼吸が迷走神経に及ぼす効果によって，ある程度制御される心拍数の変動）である。研究結果によると，PTSD発症者は課題に対する反応として迷走神経活性が低く（Sahar et al. 2001），RSAが少ないのは，心的外傷を思い出させる要因に対する反応かもしれない（Sack et al. 2004）。

　科学的研究は明らかに初期段階にあるが，現場にいる療法士やボランティアは，少数とはいえ相当な数のトラウマを抱える子どもたちの呼吸の乱れに気づいている。それはさまざまな言語障害となって現れ，息を切らしたり，口ごもったり，時には軽度の吃音となったりする（後者の場合は，真性ではなく「代理的」呼吸障害と言えるかもしれないが）。

　呼吸を周期的に調節する中枢は，脳幹の最下部，延髄のニューロン群にある。脈拍は，自律ペースメーカー・ニューロン（未発見）か，おそらくは神経回路網の発火によって発生し，肺と胸壁の反射作用からのフィードバックとさまざまな周辺制御によって調節される。その経路は脊髄軸に沿って下降し，吸気性と呼気性の各軸索に分離して，胸部と腹部内臓の受容体に伝わり，そこで呼吸に関係する筋肉群が制御される。これが自動性呼吸のリズム発生器であり，われわれは呼吸パターンを特に意識していないし，日常はほとんどこうした状態にある。

ところが，極めて重要な第三の経路がある。それは皮質脊髄線維で，大脳皮質の運動野から脊髄軸を経て呼吸の受容体部位に至る。これが随意的呼吸の経路で，話す，歌う，息を止める，随意の過呼吸などである。呼吸障害とPTSDを理解するうえで重要なことであるが，この第3の経路は，不安や恐怖に対して大脳皮質で処理される換気反応の経路でもある。

　自動性呼吸と時に随意的呼吸は，迷走神経のより全身的な影響に左右されるようである。特に脊柱への入口前の，頸部迷走神経の影響を受ける。迷走神経の活性により呼吸回数は減り，1回換気量は増加する可能性がある。重要なことに，副交感神経線維は呼吸器系および循環器系に広く分布している。迷走神経の緊張低下がPTSDでしばしば見られ，多くの場合心拍数増加と呼吸性洞性不整脈の減少を合併するが，これは迷走神経による呼吸周期と呼吸量の調節が抑制されていることとも関係する（逆説反応の可能性もある）というのが妥当な仮説である。トラウマは呼吸の随意的および自動的機能を何らかの点で変化させると考えられる。ゆえに，これがおそらくトラウマを抱える子どもたちと現場で活動している人たちの主観的観察結果であろう。

　音楽はこうした問題に対して，何より特別の効果的な働きかけができる。大方の音楽体験（そして特に歌うこと）には，自動性呼吸と随意的呼吸の両方のパターンを調節し制御する能力がある。音楽を聴くことによって自動性呼吸がどう変化するかに関する研究の結果は，循環器系についての研究結果と類似している。つまり，テンポが速くなり，リズム構造が単純になるほど換気量が増え，休止中やテンポがゆっくりになると換気量が減少する（たとえば，Bernardi *et al.* 2006）。研究結果によれば，この効果は普遍的なものだが，音楽家以外より音楽家のほうが大きい。

　深い横隔膜呼吸によるリラクゼーション・トレーニングでは，リラックスさせる音楽は呼吸を深め，リラクゼーションを促進することが実証されている。呼吸回数が減っても動脈血中の二酸化炭素濃度は正常に保たれる。その研究の複合的な心理生理学指標により，音楽は「低代謝の反覚醒状態を強化する」と示唆される（Fried 1990a, b）。

　随意的呼吸は，多くの音楽演奏とりわけ声楽を支えており，吸気と呼気のパターンは音楽上の息継ぎやフレーズをコントロールするとともに，それらによってコントロールされもする。気道を通る呼吸流量は一定に，しかも比較的高圧力で維持されなければならない。身体活動レベルが低い時，肺気量は肺活量の10～15％にすぎない。激しい運動をすると，肺気量は肺活量の50％程度になるかもしれない。それに対し，長いフレーズを歌う時は最大限の肺気量を必要とすることがある。歌うことは肺と呼吸を完璧なまでにきちんと調節する練習法となり，間違いなく人間の「正常な」活動である。近年の研究（Grape *et al.* 2003）により，歌唱は，オキシトシン濃度の上昇など，全身の健康に広く役に立つ可能性が明らかになった。オキシトシンは下垂体後葉で分泌されるペプチドホルモンで，分娩時の子宮収縮，乳汁分泌，喜びや安らぎの感覚と関係する（音楽とトラウマと内分泌系の関連については，代謝と情動に関する節で述べる）。

　以上のことから，臨床的エビデンスは少ないが，大量の前臨床研究と実践を踏まえて第3の仮説に至る。すなわち，**音楽，特に歌うことは，トラウマを抱える子どもの自動的・随意的両方の性質の呼吸困難への対処に役立つ**。トラウマを抱える子どもは，自分はうまく歌えないと感じていることがあるかもしれない。東モスタルへの包囲攻撃（1993年春から1994年春）を生き延びた子どもたちの歌い方が一生懸命だが「単調」であったのを思い出す。曲目を慎重に選び，ピッチを下げ，リズム感を強めるとうまくいった。何よりも重要なのは，歌うという体験自体に喜びを感じることである。様々なテンポ，対照的なテンポの面白くわくわくするような旅は，自動的・随意的呼吸反応の練習になる可能性がある。しかもそれは，密接に関係する心臓の動きと並行している。息継ぎやフレーズに注意を払う，つまり最初は普通の長さ，次に長いフレーズにすることで，いずれは呼吸パターンを随意に調節できるようになる。これは，適切なサポートや横隔膜－腹式呼吸など，古風ではあるが，歌唱教育の本質的な価値を提示す

る機会になるかもしれない。静かで内省的な曲，ゆっくりとした深い呼吸を促す曲のレパートリーを適切に探す場合，呼吸器系と循環器系だけでなく，代謝の諸側面など他の生命機能を包含した形でリラクゼーションに取り組む機会になる。

15.2.4　身体の動き

　1995年秋，ボスニア紛争の最終停戦後，エディンバラ大学で教えた学生たちを初めてモスタルに連れていった。目的は学校プログラムを拡大・発展させ，ボスニアの青年たちによるアウトリーチ・チームを学生とともに支援することにあった。サラエボも訪問する計画だった。事前に慈善団体「プルミエール・ウルジャンス」のメンバーから，サラエボのはずれの丘に離れたパザリッチ病院が問題を抱えていると聞いていた。この病院にはやむを得ず，戦禍のために，子どもも大人もいっしょくたに収容されていた。精神疾患を抱えている者もいれば，深刻な学習障害者もいた。

　私はかなり派手な装いのNGO「シリアス・ロード・トリップ」とかけあって，どうにか交通手段を確保した。このNGOは最も危険な紛争地域で活動し，ひまわり，虹，回転木馬を描いた，鮮やかな色調のトラックで支援を行っていた。彼らは目映いばかりのサイケデリックなダッジのバスを使わせてくれ，おまけに有能で陽気な道化師を同行させてくれた。この現実離れした組み合わせは，準軍組織が置いた検問所を通り過ぎるときに驚くほど効果的だった。パザリッチ病院に着いた時も大騒ぎになり，病院玄関で患者たちから熱烈な歓迎を受けた。それがその後も訪問時のお決まりの光景になった。また，ダニロ院長主催の，チェバプチチ（ひき肉料理）とラキヤ（ブランデー）の歓迎会も当時（1995年ごろ）としてはとても楽しみな催しだった。ダニロ院長はたった1人で300人以上の重症患者を診ていて，彼を支える有資格看護師は2人しかいなかった。ダニロはボスニアに住むセルビア人で，大量虐殺を引き起こしたナショナリズムを忌避した知られざるヒーローの1人であった。紛争終結後もボスニアにとどまり，宗派にかかわりなく近隣住民の治療にあたった（ダニロが2002年に死去した時，患者たちは彼のために曲を作り，歌いたいと訴えた。それは，「ダニロは素晴らしい男だった。来院者は誰でも診てくれた」という歌詞で始まる）。

　活動していると時々，どうにもならないほど混沌たる状況に出くわす。1998年の晩冬，グルジア西部のズグディディを訪れた。そこには，アブハジアからの避難民キャンプがあった。1度ならず家から焼け出された人たちだった。キャンプは打ち捨てられた工場内にあり，衛生設備がお粗末で，敷地内には有毒廃棄物が放置されていた。到着したのは夕暮れ時で，闇夜が迫りくる中，電気もなかった。われわれを待ち受けていたのか，数千人の人影が工場の広い中庭にうごめいて見えた。コソボとマケドニアの国境地帯のぬかるんだ土地でも，回復できそうにない混沌を目の当たりにした。到着して間もない数百人の難民の子どもであふれかえっていた。

　パザリッチ病院がどうしようもない混沌状態に陥ったのは，100人以上の患者が病院のあまり広くない交流スペースに押し寄せた時だ。そんな信じがたい状況で何ができるのか。1つの答えは，歌い，演奏して，ありったけの喜びとエネルギーを周りに伝えることだ。こうした状況で音楽の効果は驚くほど大きい。おそらく，大声を上げ，注意を引くには，誰も傷つけずにできるごく自然な方法だろう。だが，音楽は信頼も生む。誰かがあなたに歌いかけてくれるなら，あなたに悪意を持っていないことは明らかである。歌い手は弱さを見せ，「心を打ち明け」，思いやりや共感，ある種の気遣いや愛を示す。だから音楽には，――その場にいる人たちの共感を得て――混沌から一体感を生み出し，同じ時間と場の共有を促す力がある。

　私たちはその時，まずは旧ユーゴスラビアやボスニア・ヘルツェゴヴィナの歌，みんなが知っていて一緒に歌える歌，民謡や流行歌，民族歌（誰もが疎外感を感じることのないような歌），芸術歌曲を演奏した。次に，私たちのレパートリーであるアフリカの曲を演奏した。とてもリズミカルで歌詞は数語

か数音節。文字通り聴いているうちに覚えられる曲だ。そしてジャンベが加わると，何人かの患者がジャンベを叩きに寄ってきた。みんなが歌い，身体を動かし，踊り始めた。身体障害のある大人も，重度の学習障害がある子どもも。弁護士，労働者，左官，教授もいた。彼らは内戦で心に深い傷を負い，世の中の栄枯盛衰を体験していたが，この特別な時間は鼓動，身体，思いが1つになっていた。

　パザリッチ病院でのこうした活動は，個人や小グループのワークがうまく練り上げられ，実施されて数か月間続き，内容もよくなっていった。もっとも，私たちのユニークな即興演奏は人気を博して，それから何年も続くことになった。

　身体の動きを引き出し，調整し1つにする音楽の力は，活動のなかで最初から重要な要素になっていた。ブラガイ村はかつては郊外の豊かな村で，モスタルの避暑地になっていたが，1993年から1994年に無残に変わり果てた。難民があふれ，クロアチアとセルビアの民兵から集中砲撃を受け，一時はボスニアの主力防衛軍やあらゆる支援から遮断されていた。1994年のワシントン合意のころまでには，村内には怒りが充満していた。国や国際社会からの介入の申し出は多くが即座に拒否された。しかし，私たちは温かく迎えられた。音楽家だったからだ。NGO団体「ウォー・チャイルド」と親しくしていたせいでもあろう。このNGOは，ワイン農園「ヘポク」の旧本部にあった移動式パン屋から，しばしば銃弾が雨あられと飛来するなか，焼きたてのパンを定期的に村に届けていた（「ウォー・チャイルド」の主たる後援者で劇作家のトム・ストッパードは，音楽とパンのこうした組み合わせを「生活必需品の健全なパートナーシップ」と表現した）。

　子どもたちに初めて会った時，注意力が散漫で，手足の動きがぎこちなく，異常に動き回る子どもが多かった。そこで，子どものエネルギーや活動レベルに合わせて，とてもリズミカルな音楽を演奏し，踊ってみた。子どもたちは自分のエネルギーや気持ちを音楽に合わせて精いっぱい表現する機会を楽しんでいるようだった。私たちは徐々にテンポを落とし，集中力を高め，子どものエネルギーを静めていくことができた。多くの場合，まったく落ち着きがなく注意散漫でセッションに加わった子どもが，最後は自分の身体を静かにコントロールできるようになっていた。引きこもっている子どもやおとなしい子どもに対しては逆の方法をとり，子どものエネルギー・レベルに合った曲から始めて，リズムのよい，よりエネルギッシュな動きにつながるような曲を演奏した。1995年11月のデイトン協定後のボスニアは多くの困難を抱えているが，ブラガイは今，平和で美しく秩序ある場所に戻っている。子どもたちはほとんど，おおらかで人の話をよく聞き，明るく創造的になった。

　紛争の被害者たる子どもの身体動作は，トラウマのない子どもで予想される標準から，極端な低活発または高活発まで幅がある。こうした極端さは，PTSDの3つの主症状の2つと，そして合併または重複した障害と密接に関係するように思われる。

　PTSDの第一の症状は回避傾向で，全般的反応性の麻痺，トラウマと関連した思考・感情・状況の回避，重要な活動への関心または参加の減退と関連つけられてきた（DSM-IV――上記参照）。こうした症状は「やる気のなさ」，内向的倦怠感のように身体活動に現れることもある。また子どもによっては，無気力感から大うつ病まで，うつ病の症状とさほど違わない抑制された行動パターンをとる（Yule 1994; Brent *et al.* 1995）。

　もう一方の極端な症状は，易刺激性，集中困難，過剰な驚愕反応，過度の警戒心などの過覚醒症状群である（DSM-IV）。こうした症状群がもう少し進むと注意欠陥多動性障害（ADHD）になる。近年の研究では，大人においても（Adler *et al.* 2004）子どもにおいても（Famularo *et al.* 1996），PTSDとADHDとの密接な関係が指摘されている。紛争に見舞われた子どもの身体活動のレパートリーは，内気なおとなしい態度から，破壊的・多動的な振る舞いまで多様である，という多くのフィールドワーカーの見解と，上記の研究結果は一致するように思われる。

　音楽と身体の運動は密接に関係している（本書第25章のオズボーン；本書第6章のリーとシェグラー）。

例えば聴覚驚愕反応のように，音と動作のある種のつながりは生来のものと思われる。驚愕反応は背側蝸牛神経核から下丘，脊髄系への直接経路が必要である（Meloni and Davis 1998; Li et al. 1998）。その他の関係は，リズムを処理する側頭葉の聴覚野（Peretz and Kolinsky 1993），パターンを記憶する右前二次聴覚野（Penhune et al. 1999），動作を「音楽的に」調節する運動前野や大脳基底核，前庭系，小脳（本書第8章のターナーとイオアニデス）など，複雑な機能のループの漸増も含まれる。母子相互作用に関する研究（Stern 1974, 1999; Beebe et al. 1979; Trevarthen 1979, 1986, 1999; Stern et al. 1985; Trehub 1990; Fernald 1989; Papoušek et al. 1990; Papoušek 1994; Trainor 1996; 本書第2部）によると，母親の韻律的発声による「音楽的」刺激によって，早期乳児の最初の協調運動は誘発され，引き出される。人生の最後の時期には，音楽はパーキンソン病のある段階で協調運動を促すという，強力で十分に裏付けられた効果をもつ（例えば Pachetti et al. 2000）。音楽リズムの身体効果は，音色，メロディーやハーモニーの動き，予期と強勢の拍節パターン，生体力学的アーティキュレーション[8]，聴覚的タウ効果（Lee 2005; 本書第6章のリーとシェグラー），生気情動（Stern 1999）によって補足増幅されるかもしれない。これはおそらく，ティア・デノーラの言う音楽の「補綴（prosthetic）」効果であろう（DeNora 2000）。つまり，運動パターンの体内調節を外在化し，調整し，時には代替できる音楽の包容力である。

　以上のことから，実践，臨床的エビデンス，前臨床的エビデンスに基づき第4の仮説が引き出せる。それは，**音楽は，トラウマを抱える子どもが不快で極端な動作を処理し調節する手助けができるかもしれない**という仮説である。この場合，リズムのはっきりした音楽が役に立ち，音楽を演奏することや，より一般的な意味で歌ったり踊ったりすることを通して，音楽と動作を組み合わせることが非常に効果的である。身体活動レベルが高い子どもに対しては，リズム感のある音楽（西アフリカの太鼓演奏など）が良い出発点である。ここからリズミカルなエネルギーと運動から成る，もっと色々な調和のとれたレベルの旅が始まるかもしれない。一方，内にこもったおとなしい子どもに対しては，ゆっくりしたリズムの静かな音楽（子守歌やラブソングなど）から始めて，徐々に強さとテンポを増し，刺激的だが統制のとれた動作や音楽パワーの中で，冒険に踏み出すといいだろう。より多くの子どもを対象とした場合，音楽は子ども同士の動作を同調し，調和し，1つにすることもできる。リズムに合わせて一緒に演奏や身体を動かすことでわくわく感や満足感，安心感，仲間意識，結束が生まれる。

　上記の作業仮説や機能原理は自律神経系や心拍数，血圧，呼吸にも当てはまる。つまり，音楽はメロディーやハーモニーの動き，律動，拍子，エネルギー，速度のさまざまな体験させることによって，身体を訓練し，解放し，調和し，調整する可能性がある。

15.2.5　基礎代謝：ストレス，リラクゼーション，感情

　1999年5月，私は同僚のディー・アイザックスとアルバニアに出かけた。「オランダ・ウォー・チャイルド」に代わって，コソボから国境を越えて押し寄せた難民の子どもたちの状況を調査するためだ。私の考えでは，芸術活動／健康への介入に関する評価は，子どもたちとの試験的活動を伴わない限り有効な評価にならない。そこでディーと私はティラナ北部の難民キャンプで活動することにした。そこにはコソボのジャコヴァ地域からの難民が住んでいた。

　まず，テント暮らしをしている家族を訪ねた。常にそうだが，こうしたキャンプはメディアで報道されるイメージとはずいぶん違う。絶望，不快感，屈辱は報道をはるかにまさるが，人間の尊厳はしっかり保持されている。テントが立ち並んだ通路を歩いていると，埃と猛暑にもかかわらず身なりのきちんとした中年後期の夫妻に声をかけられた。夫妻は私を中に入れてくれたが，自分たちの家ではなくテントで申しわけないと言う（2人の家はコソボの国境地帯にあったが，数日前にダイナマイトで爆破され

---

[8] 呼吸や四肢の動きなど生物学的な構造や運動に由来して起こる音のつながりや表情（アーティキュレーション）。

ていた)。私は，彼らが自分の家を持てたら，どこであれいつか訪ねていくと約束せざるを得なかった。テントの中はきちんと片づけられていた。ベッドにはぱりっとしたシーツを敷き，小型石油コンロでコーヒーを沸かす。グルメ向けホテルのキッチンにいるかのように，コソボ風の心配りが行きわたっていた。それから，自宅から持ってきた唯一のものだと言って，プリシュティナ大学とベオグラード大学の卒業証書を誇らしげに見せてくれた。

　この地区に大きな建物は2つしかなく，私たちはその1つ (以前は周辺農家の子どもが通う学校だった) に80人ほどの子どもを集めた。アルバニアやコソボの曲のレパートリーはあまりなかったが，最初はそれらを演奏し，打楽器を紹介した。期待に満ち溢れうきうきした雰囲気だ。これまでに何度も経験した場面だと気づく。手でさわれそうな，心の中にたまっていた感情のうねりが子どもたちから湧き上がる。表現しにくいが，ほとんど身体的感覚と言えようか。サラエボが包囲攻撃を受けた初期にも同じようなことがあった。以来，例えばコーカサス山脈や，2004年ヨルダン川西岸地区のパレスチナの子どもたちといた時など，しばしば同じように感じた。その身体的感覚は子どもたちのボディー・ランゲージや眼に最もはっきりと表れ，「こういうことを待ち望んでいた。もっと続けて」と言っているようだった。

　これは，私が活動の摩訶不思議と思っていることの1つである。私は介入の長期的な心理的・社会的プロセスを説明できると感じる。たとえば，私は音楽は認知的にも感情的にもともに豊かな非言語コミュニケーションの形態であることを知っている。音楽は心身の内的状態の表現を共有・形成でき，それゆえ (適切な条件のもとで適切な期間に) 子どもの精神的・身体的状況を変える手助けができることは，音楽療法の文献で十分に示されてきた。音楽的コミュニケーションを高めることが，言語以外による子どものコミュニケーション力の発達にいかに役立つかは，容易にわかるものである。音楽や創造的活動が子どもに与える心理社会的便益——自尊心，信頼感，アイデンティティ，希望，社会的一体感——は自明であり，それを裏付ける研究は，特に教育の分野で増えている。とはいえ，空間認識，運動技能，集中力，全般的な認知の発達に音楽が及ぼすより実際的な効果を軽視しているわけではない。慢性的トラウマの子どもや特別なニーズをもつ子どもを対象としたサマーキャンプには，バルカン全域から療法チームや支援チームが集まり，我々はこうした音楽の効果を毎年実感している。

　いまだに不思議なのは，我々の瞬時の身体的・神経的・心理的反応に対して，音楽がまるで「ホットライン」のように正確なことである。だからこそ私はコミュニカティヴ・ミュージカリティという理論 (Malloch 1999; Trevarthen and Malloch 2000) と，精神生物学や心身活動と反応の皮質下閾値に特別な関心をもったのである。身体の動き，呼吸，自律神経系などの機能の基本的調節は，主としてこれらの閾値内にある。神経生理学的で内分泌的・音楽ホットラインが，我々の代謝と，我々の情動・感情・気分という最も深い生物学的基盤とを，直接深く結びつける可能性があるのは，皮質下閾値である (この議論のため，本稿では情動を，現実あるいは想像上の行動や事象に先行する，またはその結果起きる身体と心の変容した状態や高揚した状態であると定義し，感情を思考と情動の反映，そして気分を代謝と情動のより持続的な状態または傾向と定義する)。

　カタポンティスモスという古代ギリシアの儀式では，海に飛び込んで身体を水の中に沈める。多くのギリシア神話はこの儀式と音楽体験を暗に結びつけている (Mâche 1993)。たとえば，海賊に捕まえられ，歌を歌うことで難を逃れた音楽家アリオンの物語では，まっさかさまに海に飛び込み，イルカの背に乗ってギリシアに帰る。これらの神話は，現代の音楽の神経科学を予期するものとみなせる。それはたとえば，音楽体験は，人間の心身の認知・情動・身体システムが没入し飽和することだという考えである。この神話は，音楽的情動を海にたとえる，興味深く有益な比喩を示してもいる。筆者はこの比喩を何度も使ってきた。

　PTSDに関連した内分泌調節不全については，一貫したエビデンスがある。最も多く指摘されている

のは，視床下部−下垂体−副腎皮質（HPA）⁹⁾軸が身体のストレス反応と関係することである。通常のストレス体験では，ストレスや恐怖と関連する感覚情報（ストレスの多い音や画像など）や，ストレスの多い体験を認識する大脳新皮質からの信号は，扁桃体中心核に伝えられる。ストレスメッセージはそこから分界条床核を経て視床下部に伝わる。視床下部は副腎皮質刺激ホルモン放出ホルモン（CRH）を分泌し，下垂体門脈循環の血液中に放出する。これにより，次いで下垂体前葉から副腎皮質刺激ホルモン（ACTH）が血中に放出される。ACTHは腎臓の上部にある副腎の受容体に至り，そこでコルチゾール（ステロイドホルモンの一種である糖質コルチコイドホルモン）が全身の血液循環に放出される。コルチゾールは全身循環によって免疫系の受容体や「闘争・逃避」反応に関係する器官に送られる。HPA軸の重要な調節は，側頭葉の内側にある海馬で行われる。海馬では，コルチゾール値が上昇すると糖質コルチコイド受容体が反応し，CRHやACTH，さらにはコルチゾール自体の放出が抑制されるように処理が進む。

　初期のトラウマ体験においてもPTSDと診断された後であっても，HPA軸の重大な調節不全が明らかになっているが，このエビデンスは逆説的である。予想されるように，トラウマ体験の直後はコルチゾール値が通常高い。トラウマを抱える子どもを調査した最近の研究（Delahanty *et al.* 2005）によると，トラウマ体験の直後は尿中コルチゾール値が高く，それに伴って急性PTSD症状が出るリスクが高くなる（特に男子）。ところがトラウマが長期化する場合，エビデンスは直観に反している。予想に反して，ほとんどの研究は，慢性PTSDとコルチゾール値の低下との関連性を示している。たとえば，アルメニア地震に見舞われた子どもたちを5年後に調査した研究がある（Goenjian *et al.* 1996）。

　これについて可能な説明はいくつかある。この逆説は副腎疲労の理論と関係あるかもしれない（Selye 1980）。すなわち，生体がストレス源に対して慢性的に適応することによって，HPA軸の機能が持続的に抑制される。コルチゾールにおける，強化された負のフィードバック阻害の理論は（Yehuda 2000），糖質コルチコイド受容体の感度が海馬で増し，その結果，HPA軸の機能，さらにはコルチゾール分泌が過度に抑制されることを示唆している。別の研究（Rasmusson *et al.* 2003）は，副腎の神経ステロイドホルモンであるデヒドロエピアンドロステロン（DHEA）が，過度のストレスに対するHPA軸の適応や，PTSDに関係する精神科的症状における潜在的伝達物質であると確認している。いずれにしても重要なのは，トラウマ体験に対して，さまざまな形で心身が反応しているような子どもたちの気持ちを理解することである。すなわち，ストレスや恐怖の経験，心拍数の増加，呼吸の乱れ，多動または緩慢，睡眠障害や過覚醒といった形で心身が反応し，抑制された生化学状態に閉じ込められているのである。この抑制は，その子どもたちがストレスを生物学的に処理する能力，行動の前提条件を自覚し生み出す能力のレベルに応じたものである。

　PTSDに関係する神経伝達物質や神経調節物質には，いくつかのタイプがある（Coupland 2000）。CRH（HPAストレス軸の活性ホルモン）はトラウマのある患者の脳脊髄液で増加し，PTSDとしばしば合併する大うつを引き起こすことがある。グルタミン酸系神経伝達物質の増加が解離性健忘やPTSDに見られる海馬の縮小と関係しているかもしれない（学習や記憶に関与する海馬の文字通りの萎縮である）。これは，強化された負のフィードバック理論に直接つながる。γ-アミノ酪酸（GABA）が減少するとアルコール依存症やうつ状態になる可能性があり，どちらもPTSDと併存する症状である。

　ドーパミンから合成される神経伝達物質ノルアドレナリン（ノルエピネフリン）は，注意・作業記憶・覚醒関連の症状と関係する。PTSDにおいてはノルアドレナリン作用の多動になることが明らかになっており，そのために恐怖と過剰警戒が助長され，集中力が妨げられると考えられる。ドーパミンはカテコールアミン系神経伝達物質で，動機づけや報酬，脅威回避と関係する。PTSDにおいてストレスが生

---

9) 視床下部（Hypothalamic）−下垂体（Pituitary）−副腎（Adrenal）系。頭文字をとってHPA軸という。視床下部，下垂体，副腎の間で，フィードバックのある相互作用を行い調節している機構。

じ，脅威システムが活性化すると，ドーパミン発火系が壊れ，その結果，意欲が低下し，感情が麻痺し，社会から疎遠になり，しばしばトラウマと関連した精神病症状，特に心因性うつ病や統合失調症になる可能性がある。

　アセチルコリンは，記憶の調節を含め，中枢・末梢神経系で神経伝達物質の役割を果たすアミンである。PTSDにおいてアセチルコリンの量が変化することが確認されており，そのために警戒心が強くなったり，悪夢を見たりするのかもしれない。セロトニンはアミン系神経伝達物質で，睡眠，食欲，攻撃性抑制に大きく関与する。セロトニンが枯渇すると，衝動的，過敏，攻撃的になり，自殺傾向が現れる。これらもPTSDの症状と関係する可能性がある。最後に，オピオイド回路は痛みの遮断や快楽反応に関与する。ストレスはこの回路を活性化させ，アヘン様の内因性神経伝達物質への依存と禁断症状を繰り返し，最終的にはPTSDに伴う機能不全を招くかもしれない。

　音楽体験がHPA軸とコルチゾール値の調節に役立つ可能性は，神経内分泌分野の研究で十分に実証されている。音楽と心拍数の関連で明らかなように，効果の度合いは音楽の種類による。たとえば，テクノ音楽を聴くとコルチゾール値が上昇するようであり（Gerra et al. 1998），テレビゲームに組み込まれた音楽はゲーム中にコルチゾール値やストレス反応を高める（Hebert et al. 2005）。心臓の場合と同じく，音楽のより一般的な効果はストレス度を下げる，もしくは安定させることにあり，結果的にコルチゾール値も低下または安定する（Miluk-Kolasa et al. 1994; Uedo et al. 2004; Schneider et al. 2001; Nilsson et al. 2005）。こうした内分泌のエビデンスを裏付けているのが脳波（EEG），機能的磁気共鳴画像法（fMRI），陽電子放出断層撮影（PETスキャン）によるデータであり，HPA軸の主要な構成器官，特に扁桃体と海馬において，音楽と関連する活動性や音楽に対する情動反応を示している（Wieser and Mazzola 1986; Blood and Zatorre 2001; Brown et al. 2004; Baumgartner et al. 2006; Koelsch et al. 2006）。PTSDに見られる海馬萎縮の回復に音楽が何らかの形で役立つかどうかについてのエビデンスはないが，発育ラットに音楽——この場合は加工された倍音という定義が最良であろう——を聴かせると，海馬の神経再生が促進されるかもしれないという興味深い徴候がある（本書第7章のパンクセップとトレヴァーセン）。

　PTSDに関係する神経伝達物質と神経調節物質への音楽効果に関する研究はまだ少ないが，増えつつある。音楽による影響は，やはり調節と制御であるように思われる。たとえば，テクノ音楽を聴くと血漿ノルアドレナリン（ノルエピネフリン）濃度が上昇するが（Gerra et al. 1998），テンポの遅い音楽はこれを低下させる（Yamamoto et al. 2003）。音楽とドーパミン，血圧に関する最近の研究（Sutoo and Akiyama 2004）によると，音楽はドーパミン作動性神経伝達によってさまざまな脳機能を調節することができ，それゆえ，ドーパミン機能異常による疾患や障害の症状を矯正する効果があると考えられる。音楽体験と，セロトニン放出量の変化および中枢の細胞間のセロトニン含量の変化には関連があり（たとえば，Evers and Suhr 2000），音楽的感覚とオピオイドにも関係があり（たとえば，Blood and Zatorre 2001; Stefano et al. 2004），音楽療法に参加したアルツハイマー患者はメラトニンが増加したことが報告されている（Kumar et al. 1999）。最後に，ペプチドホルモンの1つであるオキシトシンへの関心が増している。オキシトシンは，これまで言われてきた分娩や乳汁分泌への関与にとどまらず，もっと全身的な幸福感，さらには成人男女および子どもにおける恐怖やストレスの調節に関与すると考えられる。プロの歌手集団とアマチュアの歌手集団を対象とした研究（Grape et al. 2003）では，どちらの集団も歌のレッスン後にオキシトシン濃度が大幅に上昇した。

　以上のことから，臨床的エビデンス，前臨床的エビデンス並びに実際の体験と観察に基づき，第5の仮説が引き出せる。それは，**音楽は神経内分泌系の調節と制御，およびトラウマに関係する神経伝達物質の回路の調節に，ある程度関与するかもしれない**という仮説である。コルチゾール値が高い子どももコルチゾール値が慢性的に低い子どもも，音楽を聴いたり音楽活動に参加することによって，HPA軸を健全かつ安全に機能させ，短期的にはコルチゾール値の増減，長期的には心拍数，不快な動作，呼吸困

難などのストレス関連症状を抑制する可能性がある。神経伝達とPTSDの研究は推論に基づく前臨床段階にあり，音楽体験の潜在的影響力は十分に実証されていないが，音楽はこれらの内分泌系，なかでもCRH，ノルアドレナリン，ドーパミン，オピオイドを調節する役割が多少ともあると仮定するだけの根拠はある。

こうした内分泌系や神経系は，偶然トラウマと音楽に関係する器官というわけではない。それらは，すべての気分，感情，情動の本質的な精神生物学的閾値の重要な部分を成している。この閾値のいくつかの要素は，ほとんどが生物学的で大脳皮質下にある。たとえば，聴覚驚愕反応（耳から脊髄運動系にほぼ直接伝わる），ある画像や音について耳から扁桃体への経路により生ずる恐怖，音楽の刺激によってオピオイド回路で起こる「鳥肌感」［第7章訳注12)参照］などである（Blood and Zatorre 2001）。閾値の他の機能は，新皮質の認知・反射活性が仲介すると考えられる（Sloboda 1991; Peretz 2001）。その結果が神経経路内での急増と横断流の複合体であり，脳を介する内分泌情報の流出である。音楽はこうした作用を引き起こし，促し，ともかくもまとめる役割を果たすように思われる。

音楽は水面に浮かんだり，水中深くもぐったりしながら，情動の海を流れるように航海するようだ。音楽は非言語的であり，言語学者や心理学者が恐怖，憎悪，怒り，愛などと命名した感情の島に上陸する必要もない。港湾や海峡，水中の洞窟を安全に進んでいける。水に映った危険な山脈の影を無邪気に走り抜けたり，大海原をただ探検したりするのかもしれない。

音楽が情動を喚起する力はそのリズムやテンポのみならず，メロディー，抑揚の流れ，表情にあり，その生気情動（Stern 1999）や特性，結合価，ハーモニー，音色，構造，パターン，認知としての挑戦や驚きにもある。こうした要素のなかには，身に付けた文化水準や個人の経験に応じて作用するものもある。また，より普遍的・基本的なものもある。人類の歴史において音楽文化はさまざまな時代，さまざまな場所でさまざまな音楽的情動を探求してきた。音楽文化はある意味で，補足し相互に増強し合う性質をもった，ある種の世界的な音楽ゲノムを構成している。たとえば，西洋音楽の調和的あるいは情動的な曲想は，インド音楽のメロディーや情動の特質，あるいはアフリカ音楽の（洗練されたメロディーやテクスチュア，ハーモニーの特徴と並んで）リズム的代謝的特質と関連性をもつのである。

トラウマを抱える子どもたちと対する時は，音楽の可能性や情動喚起の可能性をできるだけ広げる必要がある。こうした子どもたちと効果的な活動をするには，一般に流行歌，民謡，クラシック曲を含め，地元の文化的伝統に則した幅広い曲目や近隣諸国や他の世界の文化から取り入れて改作したり，翻訳された曲など役に立つものなら何でも必要である。こうした音楽体験は，紛争で孤立し，限られた空間に閉じ込められていた子どもたちを解放する。その音楽体験は，感情の海を航海する，安全だが刺激的な音楽の旅に変わるかもしれない。船出に際しては，まずは子どもの心の状態に寄り添い，それから海へ漕ぎ出し，危険の潜む岩や島をめぐり，はるか水平線を探検する。

15.3.1 精神生物学的ループ

音楽が基礎代謝，情動，感情，気分，PTSD関連症状に及ぼす効果は，聴覚，感覚，心臓，呼吸，運動に関する以下の項目と密接に関係する。

- ◆ 聴覚は運動，心臓，呼吸，基礎代謝を調節する可能性がある。
- ◆ 心臓は基礎代謝を調節し，呼吸，運動を整える可能性がある。
- ◆ 呼吸は心臓，基礎代謝調節し，運動を整え，音を生成する可能性がある。
- ◆ 運動は心拍数，呼吸，代謝を調節し，音を生成する可能性がある。
- ◆ 基礎代謝は心臓，呼吸を調節し運動を整える可能性がある。

このループには明らかに神経系と内分泌系が関係している。交感自律神経系は，HPA軸のストレス反応及び，興奮した運動や随意・自動呼吸の増大を支配する神経系と大きな相乗効果がある。副交感神経

系は，弛緩作用のホルモン系や，運動や呼吸の制御を促す神経系と多大な相乗効果がある。広く豊かな人間の感情のすべてが，同様に様々な運動のレパートリーや呼吸パターン，心臓の動きと関係する。

　前述したように，音楽はこれらの系統に関与し，身体の動きや感情に作用するように思われる――つまり，直接的な皮質下結合と間接的な新皮質結合の組合せを介して。この科学をより広い状況に位置づけた明快な理論が，コミュニカティヴ・ミュージカリティの理論である。この理論は，母親と乳児間の「音楽的な」韻律的相互作用に関する研究から生まれたもので，音楽的韻律が乳児の最初の協調的な発声やしぐさを引き出すことも観察されている (Stern 1974, 1999; Beebe *et al.* 1979; Trevarthen 1979, 1986, 1999; Trehub 1987, 1990; Fernald 1989; Papoušek *et al.* 1990, 1991; Papoušek 1994; Trainor 1996; 本書第2部)。とはいえ，コミュニカティヴ・ミュージカリティの核をなす部分は，間主観性の現象学的議論との関連のほうが強い (Stern 2004)。音楽的な韻律的発声とは，個人の心，基礎代謝，動機の状態についての，声や音による表現や結果であると理解されている。相互に調節された生理機能において，コミュニカティヴ・ミュージカリティ，特に「両向性」(Trevarthen *et al.* 2006) を介して，他者はこれらの表現と結果に応答し共有する[1]。身体状態のこれらの合図を真似たり反応する行動は，それに参与する個人あるいは集団において，精神生物学的に対応した器官を作用させる (Stern *et al.* 1985)。

　音楽は，精神生物学的ループの特定の部位を標的としているかもしれないが（発声練習は呼吸を整える，リズム体操はさまざまな身体の動きの調整に役立つなど），最大の効果は全身体的である。心臓，呼吸，各種動作，情動にとって健康的な探究と運動をまとめる音楽の旅と航海は，子どもの健康全般やウェルビーイングに最も効果的であり，最高に豊かな音楽である。

15.3.2　生物心理社会学的パラダイム

　精神生物学的ループは，紛争被害にあった子ども達への音楽や創造的芸術による介入に関して提起されている生物心理社会学的パラダイムという位置づけである。パラダイムにおいて上記の精神生物学的関係事項は，関連症状と相まって心理的関係事項に繋がる。認知，記憶，コミュニケーション，希望のほか，集中力低下や記憶喪失，回避，無関心，うつ状態などトラウマ関連症状が含まれる。これらによって，アイデンティティ，信頼，自信，創造性，さらに関連症状として離人症や信頼・自信・動機・怒りの欠如といった心理社会的関係事項が導かれる。心理社会的関係事項は，社会化や社会的コミュニケーション，アタッチメント[10]，社会的結束，同調などの社会的・生物社会的関係事項と直接つながりがある。

　こうしたより広範な関係事項に対する音楽の役割を詳細に論じることは本章の範囲を超えるが（音楽療法，音楽心理学，音楽教育，民族音楽学，音楽の社会学・哲学に関する研究でも論じられている），しかしながら筆者の考えでは，音楽は精神生物学的ループにおいておそらくその全体に作用するように，生物心理社会学的パラダイムにおいてもその全体に作用する可能性がある。

　トラウマを抱える子どもたちの典型的なワークショップ・セッションを思い浮かべてみよう。子どもたちは声や打楽器で，楽しいメロディーや強いリズム感のある曲を作り，それを仲間や親，保護者の前で演奏しようとしている。演奏が始まると，いくつかのプロセスが立ち現われてくる。まず，子どもた

1　いずれの環境においても，母体内では胎芽，胎児として，誕生後は人間関係のなかで発育する子どもの活力は，人間世界との一連の境界に対する調節または「統治」に左右される。最初の環境は生理的状況と関係する。「両向的 (amphoteronomic)」という用語は，双方向の関係または「包含状態」において「ともに統治する」ことを意味する（"amphora" は「容器」，"nomic" は「統治する」という意味）。これは自律的，つまり生理的自己調節とは対照をなす。間主観性における心理状態の直接的調節（トレヴァーセンの用語では「シンリズミア」は，文化と言語の象徴的認識を共有することになる。動機や感情への共感は，動作の動的な規則性やリズムを融合することによって可能となる。したがって，"amphoteronomic" は「ともに調節する」ことを意味し，「リズム」とは，川の流れのように「一貫した」規則正しさをいう。

10）　巻末の参考資料「アタッチメント（愛着）」を参照。

ちは気持ちを1つにし，同じ社会的空間と時間の中で，一緒に演奏する。音楽体験は，社会的結束やコミュニケーションに必要な強い集中力を生む。この集中力は子どもの社会的アイデンティティを強める。子どもたちが紛争の被害者であれば，この社会的アイデンティティは傷つけられているか崩壊している可能性が高い。自分たちで作った曲をグループで演奏する中で，社会的アイデンティティを誇らしげに確認できるかもしれない。

　子どもたちは，信頼のプロセスにも関わっていく。創造的な活動を共にする場合，このプロセスは早い段階で始まっている。そして今，共に演奏するなかで，そのプロセスは形式的な表現を獲得する。同様に創造的なプロセスは，達成感を生み自尊心や自信を強める状況を提供する。安全な社会空間，公共空間での演奏によって，達成感や自尊心，自信はすべて高く評価される。音楽づくりのプロセスでは，子どもたちは互いにコミュニケーションをとり，共鳴・共感して感情を表現する。こうしたやりとりは，音楽づくりと演奏のなかで具体的に表現される。このプロセス全体を通して，特に演奏の段階で，子どもたちは音楽的記憶と音楽的認知を働かせる。より全般的な記憶と認知の中では，音楽的記憶も音楽的認知も複雑で要求度の高い形であり，トラウマを抱えるとしばしば損なわれる。彼らは音楽づくりをしているという感覚の中で喜びを経験し，課題に対する心身の挑戦を達成することで満足感を経験している。彼らは音楽づくりと演奏の過程を通して感情の旅を体験している。子ども達は精神生物学的ループに入り込み，身体感覚と身体変化にほぼ確実に気づく。つまり自分の代謝の変化，音楽に合わせた身体の動き，歌っている時の呼吸パターン，心拍数の変化である。これが巡って完全な円となって同調し，喜び，満足感，興奮，そして思考と情動と運動が同時にダイナミックに作用し相乗作用が導かれる。意識的に変わりやすい伝達表現の共リズムにおいても，生体機能の「両向性」においても（Trevarthen *et al.* 2006；前掲原注1参照）。筆者の知る限り，これらの機能を，このような形で，共有された瞬間に同時に働かせることができるのは，音楽だけである。

　言うまでもないが，音楽は，ハーモニーと呼ばれる見事に共有された瞬間の中に，いくつもの音と声とピッチをひとつにまとめる。トラウマを抱えている子どもにとって，きらめくように美しくそして人間的に変わる瞬間に，同時に，相乗的に，調和して，音楽によって生物的・心理的・社会的な生命がひとつになることが，おそらくいっそう重要であろう。

（沼田里衣・渡部基信訳）

引用文献

Adler LA, Kunz M, Chua HC, Rotrosen J and Resnick SG (2004). Attention-deficit/hyperactivity disorder in adult patients with posttraumatic stress disorder (PTSD): Is ADHD a vulnerability factor? *Journal of Attention Disorders*, **8(1)**, 11–16.

American Psychiatric Association (1994). *Diagnostic and statistical manual of mental disorders*, 4th edn. American Psychiatric Association, Washington DC.

Aragon D, Farris C and Byers JF (2002). The effects of harp music in vascular and thoracic surgical patients. *Alternative Therapies in Health and Medicine*, **8(5)**, 52–60.

Baumgartner T, Lutz K, Schmidt CF and Jancke L (2006). The emotional power of music: How music enhances the feeling of affective pictures. *Brain Research*, **1075(1)**, 151–164.

Beckham JC, Vrana SR, Barefoot JC, Feldman ME, Fairbank J and Moore SD (2002). Magnitude and duration of cardiovascular responses to anger in Vietnam veterans with and without posttraumatic stress disorder. *Journal of Consulting and Clinical Psychology*, **70(1)**, 228–234.

Beebe B, Stern D and Jaffe J (1979). The kinesic rhythm of mother–infant interactions. In AW Siegman and S Feldstein, eds, *Of speech and time; temporal speech patterns in interpersonal contexts*, pp. 23–34. Erlbaum, Hillsdale, NJ.

Bergovec PA, Heim I, Vasilj I, Jembrek-Gostovid M, Bergovec PA and Simad M (2005). Acute coronary syndrome and the 1992–95 war in Bosnia and Herzegovina: a 10-year retrospective study. *Military Medicine*, **170(5)**, 431–434.

Bernardi L, Porta C and Sleight P (2006). Cardiovascular, cerebrovascular and respiratory changes induced by different types of music in musicians and non-musicians: The importance of silence. *Heart*, **92(4)**, 445–452.

Blood AJ and Zatorre RJ (2001). Intensely pleasurable responses to music correlate with activity in brain regions implicated in reward and emotion. *Proceedings of the National Academy of Sciences USA*, **98(20)**, 11818–11823.

Brent DA, Perper JA, Moritz G, Liotus L, Richardson D, Canobbio R, Schweers J and Roth C (1995). Posttraumatic stress disorder in peers of adolescent suicide victims: Predisposing factors and phenomenology. *Journal of the American Academy of Child and Adolescent Psychiatry*, **34(2)**, 209–215.

Brown S, Martinez MJ and Parsons LM (2004). Passive music listening spontaneously engages limbic and paralimbic systems. *Neuroreport*, **15(13)**, 2033–2037.

Buckley TC, Holahan D, Greif JL, Bedard M and Suvak M (2004). Twenty-four-hour ambulatory assessment of heart rate and blood pressure in chronic PTSD and non-PTSD veterans. *Journal of Traumatic Stress*, **17(2)**, 163–171.

Buckley TC and Kaloupek DG (2001). A meta-analytic examination of basal cardiovascular activity in posttraumatic stress disorder. *Psychosomatic Medicine*, **63(4)**, 585–594.

Byers JF and Smyth KA (1997). Effect of a musical intervention on noise annoyance, heart rate, and blood pressure in cardiac surgery patients. *American Journal of Critical Care*, **6(3)**, 183–191.

Cardigan ME, Caruso NA, Haldeman SM, McNamara ME, Noyes DA, Spadafora MA and Carroll DL (2001). The effects of music on cardiac patients on bed rest. *Progress in Cardiovascular Nursing*, **16(1)**, 5–13.

Cassandro E, Chiarella G, Catalano M, Gallo LV, Marcelli V, Nicastri M and Petrolo C (2003). Changes in clinical and instrumental vestibular parameters following acute exposition to auditory stress. *Acta Otorhinolaryngologica Italica*, **23(4)**, 251–256.

Cohen H, Benjamin J, Geva AB, Matar MA, Kaplan Z and Kotler M (2000). Autonomic dysregulation in panic disorder and in post-traumatic stress disorder: Application of power spectrum analysis of heart rate variability at rest and in response to recollection of trauma or panic attacks. *Psychiatry Research*, **96(1)**, 1–13.

Cohen H, Kotler M, Matar MA, Kaplan Z, Loewenthal U, Miodownik H and Cassuto Y (1998). Analysis of heart rate variability in posttraumatic stress disorder patients in response to a trauma-related reminder. *Biological Psychiatry*, **44(10)**, 1054–1059.

Coupland NJ (2000). Neurotransmitters and brain mechanisms. In D Nutt, J Davidson and J Zohar, eds, *Posttraumatic stress disorder: diagnosis, management and treatment*, pp. 68–99. Martin Dunitz, London.

Đapić R and Stuvland R (2002). Longitudinal study of the war-related traumatic reactions of children in Sarajevo in 1993, 1995 and 1997. In S Powell and E Duraković-Belko, eds, *Sarajevo 2000: The Psychosocial Consequences of War, Results of empirical research from the territory of former yugoslavia*, pp. 156–160. D. O. O. OTISAK, Sarajevo, Bosnia-Herzegovina.

Delahanty DL, Nugent NR, Christopher NC and Walsh M (2005). Initial urinary epinephrine and cortisol levels predict acute PTSD symptoms in child trauma victims. *Psychoneuroendocrinoiogy*, **30(2)**, 121–128.

DeNora T (2000). *Music in everyday life.* Cambridge University Press, Cambridge, New York.

Donker GA, Yzermans CJ, Spreeuwenberg P and Van der Zee J (2002). Symptom attribution after a plane crash: Comparison between self-reported symptoms and GP records. *British Journal of General Practice*, **52(484)**, 917–922.

Drljević K and Mehmedbašić S (2005). The frequency of female genital cancer at the Gynecological Department of the Cantonal Hospital in Zenica – before, during and after the war in Bosnia- Herzegovina. (In Bosnian). *Medicinski Arhiv*, **59(3)**, 183–187.

Escher J and Evequoz D (1999). Music and heart rate variability. Study of the effect of music on heart rate variability in healthy adolescents. (In German.) *Schweizerische Rundschau für Medizin Praxis*, **88(21)**, 951–952.

Evers S and Suhr B (2000). Changes of the neurotransmitter serotonin but not of hormones during short time music perception. *European Archives of Psychiatry and Clinical Neuroscience*, **250(3)**, 144–147.

Famularo R, Fenton T, Kinscherff R and Augustyn M (1996). Psychiatric comorbidity in childhood post traumatic stress disorder. *Child Abuse and Neglect*, **20(10)**, 953–961.

Fatusić Z, Kurjak A, Grgić G and Tulumović A (2005). The influence of war on perinatal and maternal mortality in Bosnia and Herzegovina. *Journal of Maternal–Fetal and Neonatal Medicine*, **18(4)**, 259–263.

Fernald A (1989). Intonation and communicative interest in mother's speech to infants: Is the melody the message? *Child Development*, **60**, 1497–1510.

Forneris CA, Butterfield MI and Bosworth HB (2004). Physiological arousal among women veterans with and without posttraumatic stress disorder. *Military Medicine*, **169(4)**, 307–312.

Fried R (1990a). Integrating music in breathing training and relaxation: I. Background, rationale and relevant elements. *Biofeedback and Self-Regulation*, **15(2)**, 161–169.

Fried R (1990b). Integrating music in breathing training and relaxation: II. Applications. *Biofeedback and Self-Regulation*, **15(2)**, 171–177.

Gerra G, Zaimović A, Franchini D, Palladino M, Giucastro G, Real N, Maestri O, Caccavari R, Delsignore R and Brambilla F (1998). Neuroendocrine responses of healthy volunteers to 'techno-music': Relationships with personality traits and emotional state. *International Journal of Psychophysiology*, **28(1)**, 99–111.

Goenjian AK, Yehuda R, Pynoos RS, Steinberg AM, Tashjian M, Yang RK, Najarian LM and Fairbanks LA (1996). Basal cortisol, dexamethasone suppression of cortisol and MI-IPG in adolescents after the 1988 earthquake in Armenia. *American Journal of Psychiatry*, **153**(7), 929–934.

Goldstein RD, Wampler NS and Wise PH (1997). War experiences and distress symptoms of Bosnian children, *Pediatrics*, **100**(5), 873–878.

Grape C, Sandgren M, Hansson LO, Ericson M and Theorell T (2003). Does singing promote well-being?: An empirical study of professional and amateur singers during a singing lesson. *Integrative Physiological and Behavioral Science*, **38**(1), 65–74.

Hebert S, Beland R, Dionne-Fournelle O, Crete M and Lupien SJ (2005). Physiological stress response to video-game playing: The contribution of built-in music. *Life Sciences*, **76**(20), 2371–2380.

Husain SA (2000). Posttraumatic stress reactions in the children and adolescents of Sarajevo during the war. From a symposium held at the Faculty of Philosophy in Sarajevo, 7 and 8 July.

Iwanaga M (1995). Relationship between heart rate and preference for tempo of music. *Perceptual and Motor Skills*, **81**(2), 435–440.

Iwanaga M, Kobayashi A and Kawasaki C (2005). Heart rate variability with repetitive exposure to music. *Biological Psychology*, **70**(1), 61–66.

Iwanaga M and Tsukamoto M (1997). Effects of excitative and sedative music on subjective and physiological relaxation. *Perceptual and Motor Skills*, **85**(1), 287–296.

Kibler JL and Lyons JA (2004). Perceived coping ability mediates the relationship between PTSD severity and heart rate recovery in veterans. *Journal of Traumatic Stress*, **17**(1), 23–29.

Knight WEJ and Rickard NS (2001). Relaxing music prevents stress-induced increases in subjective anxiety, systolic blood pressure and heart rate in healthy males and females. *Journal of Music Therapy*, **38**(4), 254–272.

Koelsch S, Fritz T, V Cramon DY, Muller K and Friederici AD (2006). Investigating emotion with music: An fMRI study. *Human Brain Mapping*, **27**(3), 239–250.

Konopka W, Pawlaczyk-Luszczyńska M, Sliwińska-Kowalska M, Grzanka A and Zalewski P (2005). Effects of impulse noise on transiently evoked otoacoustic emission in soldiers. *International Journal of Audiology*, **44**(1), 3–7.

Kumar AM, Tims F, Cruess DG, Mintzer MJ, Ironson G, Loewenstein D, Caftan R, Fernandez JB, Eisdorfer C and Kumar M (1999). Music therapy increases serum melatonin levels in patients with Alzheimer's disease. *Alternative Therapies in Health and Medicine*, **5**(6), 49–57.

Lang L, McInerney U and Monaghan R (2002). Supervision—processes in listening together—an experience of distance supervision of work with traumatised children. In J Sutton, ed., *Music, music therapy and trauma*, pp. 211–231. Jessica Kingsley, London.

Lee OK, Chung YF, Chan MF and Chan WM (2005). Music and its effect on the physiological responses and anxiety levels of patients receiving mechanical ventilation: a pilot study. *Journal of Clinical Nursing,* **14**(5), 609–620.

Lee DN (2005). Tau in action in development. In JJ Rieser, JJ Lockman and CA Nelson, eds, *Action as an organizer of learning and development*, pp. 3–49. Erlbaum, Hillsdale, NJ.

Li L, Korngut LM, Frost BJ and Beninger RJ (1998). Prepulse inhibition following lesions of the inferior colliculus: Prepulse intensity functions—selective uptake and axonal transport of D-[3H] aspartate. *Physiology and Behavior*, **65**(1), 133–139.

Mâche F-B (1993). *Music, myth and nature, or The dolphins of arion*. Translated by Susan Delaney. Harwood Academic Publishers, New York.

Malloch S (1999). Mother and infants and communicative musicality. *Musicae Scientiae* (*Special Issue 1999–2000*), 29–57.

Meloni EG and Davis M (1998). The dorsal cochlear nucleus contributes to a high intensity component of the acoustic startle reflex in rats. *Hearing Research*, **119**(1–2), 69–80.

Miluk-Kolasa B, Obmiński Z, Stupnicki R and Golec L (1994). Effects of music treatment on salivary cortisol in patients exposed to pre-surgical stress. *Experimental and Clinical Endocrinology,* **102**(2), 118–120.

Mok E and Wong KY (2003). Effects of music on patient anxiety. AORN *Journal*, **77**(2), 396–397, 401–406, 409–410.

Mrena R, Paakkonen R, Back L, Pirvola U and Ylikoski J (2004). Otologic consequences of blast exposure: a Finnish case study of a shopping mall bomb explosion. *Acta Otorhinolaryngologica*, **124**(8), 946–952.

Nermina O (2005). Cancer incidence in the Sarajevo region. *Medicinski Arhiv*, **59**(4), 250–254.

Nilsson U, Unosson M and Rawal N (2005). Stress reduction and analgesia in patients exposed to calming music postoperatively: A randomized controlled trial. *European Journal of Anaesthesiology*, **22**(2), 96–102.

Nixon RD and Bryant RA (2005). Induced arousal and reexperiencing in acute stress disorder. *Journal of Anxiety Disorders*, **19**(5), 587–594.

Pachetti C, Aglieri R, Mancini F, Martignoni E and Nappi G (2000). Active music therapy and Parkinson's disease: Methods.

Functional Neurology, **13(1)**, 57–67.

Papoušek M (1994). Melodies in caregivers' speech: A species-specific guidance towards language. *Early Development and Parenting*, **3**, 5–17.

Papoušek M, Bornstein MH, Nuzzo C, Papoušek H and Symmes D (1990). Infant responses to prototypical melodic contours in parental speech. *Infant Behavior and Development*, **13**, 539–545.

Papoušek M, Papoušek H and Symmes D (1991). The meanings and melodies in motherese in tone and stress languages. *Infant Behavior and Development*, **14**, 415–440.

Patterson JH Jr and Hamernik RP (1997). Blast overpressure induced structural and functional changes in the auditory system. *Toxicology*, **121(1)**, 29–40.

Penhune VB, Zatorre RJ and Feindel WH (1999). The role of auditory cortex in retention of rhythmic patterns as studied in patients with temporal lobe removals including Heschl's gyrus. *Neuropsychologia*, **37(3)**, 215–231.

Peretz I (2001). Listen to the brain: the biological perspective on musical emotions. In P Juslin and J Sloboda, eds, *Music and emotion: Theory and research*, pp. 105–134. Oxford University Press, London.（ペレツ「脳に耳を傾けて：音楽の感情についての生物学的展望」（ジュスリン，スロボダ編／大串健吾・星野悦子・山田真司監訳『音楽と感情の心理学』誠信書房，2008所収））

Peretz I and Kolinsky R (1993). Boundaries of separability between rhythm in music discrimination: A neuropsychological perspective. *The Quarterly Journal of Experimental Psychology*, **46(2)**, 301–325.

Rasmusson AM, Vythilingam M and Morgan CA 3rd (2003). The neuroendocrinology of posttraumatic stress disorder: New directions. *CNS Spectrums*, **8(9)**, 651–667.

Reinhardt U (1999). Investigations into synchronisation of heart rate and musical rhythm in relaxation therapy in patients with cancer pain. (In German.) *Forschende Komplementarmedizin*, **6(3)**, 135–141.

Sack M, Hopper JW and Lamprecht F (2004). Low respiratory sinus arrhythmia and prolonged psychophysiological arousal in posttraumatic stress disorder: Heart rate dynamics and individual differences in arousal regulation. *Biological Psychiatry*, **55(3)**, 284–290.

Sahar T, Shalev AY and Porges SW (2001). Vagal modulation of responses to mental challenge in posttraumatic stress disorder. *Biological Psychiatry*, **49**, 637–643.

Schneider N, Schedlowski M, Schürmeyer TH and Becker H (2001). Stress reduction through music in patients undergoing cerebral angiography. *Neuroradiology*, **43(6)**, 472–476.

Selye H (1980). *Selye's guide to stress research*. Van Norstrand Reinhold, New York.

Sloboda J (1991). Musical expertise. In KA Ericsson and J Smith, eds, *Toward a general theory of expertise: Prospects and limits*, pp. 153–172. Cambridge University Press, Cambridge, MA.

Stefano GB, Zhu W, Cadet P, Salamon E and Mantione KJ (2004). Music alters constitutively expressed opiate and cytokine processes in listeners. *Medical Science Monitor*, **10(6)**, MS18–27.

Stern DN (1974). Mother and infant at play: The dyadic interaction involving facial, vocal and gaze behaviours. In M Lewis and LA Rosenblum, eds, *The effect of the infant on its caregiver*, pp. 187–213. Wiley, New York.

Stern DN (1999). Vitality contours: The temporal contour of feelings as a basic unit for constructing the infant's social experience. In P Rochat, ed., *Early social cognition: Understanding others in the first months of life*, pp. 67–90. Erlbaum, Mahwah, NJ.

Stern DN (1999). Vitality contours: The temporal contour of feelings as a basic unit for constructing the infant's social experience. In P Rochat, ed., *Early social cognition: Understanding others in the first months of life*, pp. 67–90. Erlbaum, Mahwah, NJ.

Stern DN (2004). *The present moment: In psychotherapy and everyday life*. Norton, New York.（スターン，奥寺崇・津島豊美訳『プレゼントモーメント：精神療法と日常生活における現在の瞬間』岩崎学術出版社，2007）

Stern DN, Hofer L, Haft W and Dore J (1985). Affect attunement: The sharing of feeling states between mother and infant by means of inter-modal fluency. In TM Field and NA Fox, eds, *Social perception in infants*, pp. 249–268. Ablex, Norwood, NJ.

Sutoo D and Akiyama K (2004). Music improves dopaminergic neurotransmission: demonstration based on the effect of music on blood pressure regulation. *Brain Research*, **1016(2)**, 255–262.

Tomic V and Galic M (2005). Perinatal mortality at the University Hospital Mostar during the period 1999 to 2003. (In Bosnian.) *Medicinski Arhiv*, **59(6)**, 354–357.

Trainor LJ (1996). Infant preferences for infant-directed versus non-infant-directed play songs and lullabies. *Infant Behavior and Development*, **19**, 83–92.

Trehub SE (1987). Infants' perception of musical patterns. *Perception and Psychophysics*, **41(6)**, 635–641.

Trehub SE (1990). The perception of musical patterns by human infants: The provision of similar patterns by their parents. In MA Berkley and WC Stebbins, eds, *Comparative perception; Vol. 1, Mechanisms*, pp. 429–459. Wiley, New York.

Trevarthen C (1979). Communication and cooperation in early infancy. A description of primary intersubjectivity. In M

Bullowa, ed., *Before speech: The beginning of human communication*, pp. 321–347. Cambridge University Press, London.

Trevarthen C (1986). Development of intersubjective motor control in infants. In MG Wade and HTA Whiting, eds, *Motor development in children: Aspects of coordination and control*, pp. 209–261. Martinus Nijhof, Dordrecht, Holland.

Trevarthen C (1999). Musicality and the intrinsic motive pulse: Evidence from human psychobiology and infant communication. *Musicae Scientiae (Special Issue 1999–2000)*, 155–215.

Trevarthen C, Aitken KJ, Vandekerckhove M, Delafield-Butt J and Nagy E (2006). Collaborative regulations of vitality in early childhood: Stress in intimate relationships and postnatal psychopathology. In D Cicchetti and DJ Cohen, eds, *Developmental psychopathology, Volume 2: Developmental neuroscience,* 2nd edn, pp. 65–126. Wiley, New York.

Trevarthen C and Malloch S (2000). The dance of wellbeing: Defining the musical therapeutic effect. *The Nordic Journal of Music Therapy*, **9**(2), 3–17.

Uedo N, Ishikawa H, Morimoto K, Ishihara R, Narahara H, Akedo I, Loka T, Kaji I and Fukuda S (2004). Reduction in salivary cortisol level by music therapy during colonoscopic examination. *Hepato-Gastroenterology*, **51**(56), 451–453.

Updike PA and Charles DM (1987). Music Rx: Physiological and emotional responses to taped music programs of preoperative patients awaiting plastic surgery. *Annals of Plastic Surgery*, **19**(1), 29–33.

Urakawa K and Yokoyama K (2005). Music can enhance exercise-induced sympathetic dominancy assessed by heart rate variability. *Tohoku Journal of Experimental Medicine*, **206**(3), 213–218.

VanderArk SD and Ely D (1993). Cortisol, biochemical, and galvanic skin responses to music stimuli of different preference values by college students in biology and music. *Perceptual and Motor Skills*, **77**(1), 227–234.

Wieser HG and Mazzola G (1986). Musical consonances and dissonances: Are they distinguished independently by the right and left hippocampi? *Neuropsychologia*, **24**(6), 805–812.

Yamamoto T, Ohkuwa T, Itoh H, Kitoh M, Terasawa J, Tsuda T, Kitagawa S and Sato Y (2003). Effects of pre-exercise listening to slow and fast rhythm music on supramaximal cycle performance and selected metabolic variables. *Archives of Physiology and Biochemistry*, **111**(3), 211–214.

Yehuda R (2000). Neuroendocrinology. In D Nutt, J Davidson and J Zohar, eds, *Posttraumatic stress disorder: Diagnosis, management and treatment,* pp. 53–67. Martin Dunitz, London.

Ylikoski J (1987). Audiometric configurations in acute acoustic trauma caused by firearms. *Scandinavian Audiology*, **16**(3), 115–120.

Yule W (1994). *Posttraumatic stress disorder*. Plenum, New York.

第16章

コミュニカティヴ・ミュージカリティと
コラボレイティヴ・ミュージキングのはざまで
：コミュニティ音楽療法からの展望[1]

メルセデス・パヴリチェヴィックとゲイリー・アンスデル

> 世界の意味は，他者とのコミュニケーションとコラボレーションによってのみ得られる。単独の自己によって完全に見出せる意味などない。意味は伝えられるもの，あるいは伝わっていくものである。
>
> トレヴァーセン（2003, p. 67）

> 間主観性[2]をどのように定義したとしても，それは必ず二者関係だけでなく集団でも機能する。カップルとは，家族や種族などの進化論的適応性の基本単位の下位組織である。
>
> スターン（2004, p. 98）

> どんな人でも原音楽性からミュージキングに直接向かうわけではない。ミュージキングは，人間の原音楽性に基づいているが，音楽を文化として適合させる(アプロプリエーション)ことを伴うものである。
>
> スティーゲ（2003, p. 173）

16.1 はじめに

　コミュニカティヴ・ミュージカリティと即興音楽療法が結びついたことは，表向きには理想的である。新しい説明と適切な理論を求める音楽療法士は，1980年代の学会に参加した折には，トレヴァーセンとスターンの仕事の成果を持ち帰ることにより，求めていたものが得られたと感じたものである。我々もまた，多くの音楽療法家[3]と同様，マロックとトレヴァーセンが後にコミュニカティヴ・ミュージカリティの理論において素晴らしい統合を成しえたことを称賛する。彼らは，「コミュニカティヴ・ミュージカリティは，音楽療法的な体験とその効果の源である」（Trevarthen and Malloch 2000, p. 3）という信念に基づき，それを「音楽療法の理論のための土台」と述べている（前掲 p. 5）。

---

1) 本章において，「コミュニカティヴ」と「コラボレイティヴ（collaborative）」という語が対比的に用いられており，「コミュナル（communal）」も頻出するが，それぞれ訳語は「コミュニカティヴ」，「コラボレイティヴ」，「共同体的」とする。
2) 巻末の参考資料「間主観性」を参照。
3) 本章において，music therapistは，音楽療法士（実践者）と音楽療法家（研究者も含む）に訳し分けた。

本章では，この理論を最近の音楽療法の発展に見られる『コミュニティ音楽療法』（Pavlicevic and Ansdell 2004; Stige 2003）と呼ばれる観点から考察・検討する。この実践のメタ理論は，『文化中心音楽療法』（Stige 2002）である。こうした最近の動向は，より文化中心的で，文脈に敏感で，再帰的な考えに向かっており，臨床的には，伝統的な音楽療法の二者関係から社会的文脈での共同体的ミュージキング[1・4]まで一連にまたがって起こっているものである。我々は，この新しいアプローチのためにコミュニカティヴ・ミュージカリティは必要不可欠な理論的基盤を提供するが，それのみで十分というわけではないと考えている。音楽療法がより広い文脈において，また二者関係という関係性の形態を超えたより社会的で文化的なレベルにおいてどのように働くのかを説明するために，どのような理論がさらに必要なのだろうか。我々は，この質問に対する答えの手始めとして，このような後の音楽的，社会的発展を結合するためのひとつのモデルを，文化的学習ミュージシャンシップ[5]と直接的社会参加ミュージキングとして提案する。そしてこの音楽のさらなる機能を，「コラボレイティヴ・ミュージキング」と呼ぶ。

我々は，これに関してトレヴァーセン，スターンとマロックによる仕事から部分的にヒントを得ているが，彼らは，文化，学習および文脈については，いくぶん広い社会的構造におけるコミュニカティヴ・ミュージカリティの基本的な可能性を説明する諸要素として言及しているものの，未だ十分には論じきれていない。よって，我々はより明示的なヒントを，音楽療法の理論家ブリュンユルフ・スティーゲによるコミュニティ音楽療法に関する最近の先駆的理論から得ることとする。

16.2　音楽療法とコミュニカティヴ・ミュージカリティからコミュニティ音楽療法とコラボレイティヴ・ミュージキングへ

16.2.1　実践の移行，理論の移行

音楽療法における歴史的，メタ理論的な仕事（Ansdell 1999, 2003; Stige 2002, 2003; Ruud 1980, 1998）は，実践を理論に，あるいは理論を実践に適合させることに，音楽療法が長年にわたりいかに柔軟かつ実用主義的であったかを示している。何千年もの間，音楽は宗教的，哲学的認識論を経由して癒しの実践と関連付けられてきた（Horden 2000; Gouk 2000）。それゆえに，音楽療法は多方面にわたって生み出された社会的構築物と言えるだろう。つまり，音楽療法は，音楽がどのように，なぜ人々を助けるのかについて，様々な神話的，理論的，そして科学的な物語を語りながら，時，場所，目的に対応してきたのである。現代の音楽療法は（広く認められた国際的な専門分野としては現時点で半世紀になる），現行の治療理論と関連付けることによりこのパターンを続けてきた。つまり，音楽療法が何をするものなのか，そしてなぜある特定の社会的文脈において必要とすべきなのかについて説明するために，学際的なつながりを築き，理論を借用してきたのである。同様に，音楽療法の実践もまた，発達心理学，音楽心理学，音楽社会学などの領域における学際的な理論に互恵的に示唆を与えてきたと言えるだろう。それらの領域は，音楽，人間の関係性，社会と文化との典型的なつながりや，それらと健康およびウェルビーイング[6]との関連を，音楽療法実践において見出したのである（Aldridge 2004; DeNora 2000, 2003; Macdonald *et al.* 2002; Ruud 1998; Stige 2003; Miell *et al.* 2005）。

1　我々は，音楽についての慣例的ではない思考の形を強調するために，「ミュージキング（musicing）」という慣例的ではない形を用いる（それとともに，複数形の音楽（musics）とミュージックする人たち（musicers）という言葉も用いる）。他の最近の理論（Small 1998; Elliott 1995）と同様に，我々は，音楽は第一にモノというより活動であると考える。これに代わる「musicking」という綴りが，他の著者の文章で使われる。
4）　本著における訳語の統一のため，musicking, musicingどちらもミュージキングと記す。
5）　巻末の参考資料「ミュージシャンシップとミュージキング」を参照。
6）　巻末の参考資料「ウェルビーイング」を参照。

この絶え間ない音楽／療法のナラティヴ[7]のもう1つの物語として興味深いのは，音楽療法と発達心理学，心理療法との過去20年以上にわたる相互の関係である。トレヴァーセンとスターンの業績は，両者とも，音楽療法と表面上はぴったり合うものであった。ただしそれは，音楽療法の実践を説明し，正当化するために実証的な支えとなる理論として，である。過去20年の間，この精神生物学的なナラティヴ（マロックとトレヴァーセンらがコミュニカティヴ・ミュージカリティの理論として洗練させたという意味での）は，音楽療法の理論，教育，研究と実践において豊かで影響力のあるものであった（この業績の概要と著作目録については，Pavlicevic 2000; Ansdell and Pavlicevic 2005を参照。パヴリチェヴィックの研究は部分的にこの理論に基づいているため，Pavlicevic 1991, 1997, 2000, 2001も参照）。

　こうした状況を踏まえると，この見かけ上の理論的な成功物語は，現在の音楽療法に様々なものが入り混じった結果をもたらしたと言える。その肯定的な帰結は，音楽療法の文献のなかで幅広く議論され，練り上げられてきた。我々は，コミュニカティヴ・ミュージカリティの理論が，音楽療法について考える際に非常に有益な，人間の社会的過程と音楽的過程の間の素晴らしい連関をもたらしたという見方を共有している（Ansdell and Pavlicevic 2005）。発達心理学者と音楽療法家は，この共通の領域に相補的な角度から極めて自然に合流したかのようであった。つまり，発達心理学者は，人間のコミュニケーションについて音楽を通して理解し，音楽療法家は，人間の原コミュニケーションのプロセスを通して，人々に「音楽がもたらす援助」について，より理解を得てきたのである。

　では，ここで何が問題となるのであろうか。1つの欠点は，この理論自体の認識論的な起源と関係するものであり，またもう1つには，おそらく著者の元々の意図とは異なる形で音楽療法士が行なってきた，特有の理論の使用方法と選択に関係すると考える。まず，2番目の点から考えてみよう。多くの音楽療法家がスターンとトレヴァーセンの業績を最初に使用した際，音楽療法における音楽を「単なる」前言語的な原音楽に還元する傾向があった。これは，音楽療法を，心理療法の形態として記述し直すという計画と関連しており，セラピストとクライアントとの純粋な心理学的関係が特別視されていた。音楽的コミュニケーションは，この心理学的な療法的関係を確立する単なる手段として，すなわち，鍵となる癒しの媒介とみなされていた。この初期のインタラクションの理論の使用は，「音楽－療法的二者関係」という本質を強調したが，音楽療法における集団と共同体的出来事に対する関心を犠牲にし，音楽療法に関する社会的，文化的観点に対して十分な注意を払ってこなかった（とはいえ，この状況は，音楽療法における集団活動についての出版物によって近年バランスが取られるようになった――Davies and Richards 2002; Pavlicevic 2003）。概して，この見方は，音楽療法士としての臨床的経験に全く反するものであった。その経験とは，とりわけクライアントとの音楽的関係がいかに魅力的であるか，そしてそのような関係性が状況，ニーズ，物理的，そして文化的文脈に応じて，親密な音楽的コンパニオンシップ[8]とより広い音楽的コミュニティの間にいかに自然に，そして柔軟に広がっているかということに強調されるものである。

　我々が懸念するのは，一般的には，コミュニカティヴ・ミュージカリティと従来の音楽療法の諸理論は，「心－複合体」(the psy-complex)，つまり「この社会を，基礎から上方へ，個人から外側へと再生産しようとする一連の理論と実践」（Parker and Spears 1996, p. 1）として批判されてきたことにそのルーツを共有するのではないか，ということである。心理学の研究の基本的な単位――個人――は，結果として我々の療法的文化に反映されており，その文化は間違いなく，個人化され，いくぶん反社会的で反文化的な観点からのクライアント（と彼らのニーズ），そしてセラピスト（と彼らの解決）の定義に基づいて構築されている。

　前段落の主張については，多くの異論もあり得るだろう。確かに，コミュニカティヴ・ミュージカリ

---

7) 巻末の参考資料「ナラティヴ」を参照。
8) 巻末の参考資料「コンパニオンシップ」を参照。

ティは発達心理学から生まれたものであり，それは二者関係と非常に調和したもので，間主観的コミュニケーションの成功のために文化と文脈がいかに重要であるかを指摘する多くのヒントを含んでいる。そして，確かに，精神力動的音楽療法（当初はほぼこの理論が使われていた）は，1人から2人の心理学へとうまく移行した（Alvarez 1992）。各々の学問分野は，より広い社会的，文化的コミュニケーションが構築されるための二者関係の心理学であると言われている。

これらの点についてはひとまず置いておくとして，この章での我々の批判を詳述するために，次の問いを挙げておきたい。主として二者関係に焦点をあてたコミュニカティヴ・ミュージカリティの研究と理論は，この狭小な観点から音楽療法理論に多大な影響を与えてきたのだろうか？ もしそうならば，他に何が必要なのだろうか？

16.2.2 音楽的コンパニオンシップから音楽的コミュニティへ

これらの問いは，音楽と健康に関するより社会文化的な観点を求めるコミュニティ音楽療法の出現によって，近年より先鋭に焦点化されるようになった。多くの音楽療法士は，この新しいアプローチが，音楽療法を現行の実践的ニーズにより適合した方法で説明し，方向づけることや，他の学問領域や心理社会的領域での平行した動きと密接に関わるものであることを認識しつつある。メタ理論的な視点から見れば，音楽療法は他の領域と類似して，約30年ごとに実践と理論における変化を経験している。この最近の変化もやはり，社会的，政治的，文化的，そして知的領域における顕著な変化の連係によるものだ（Stige 2003, 2004）。

音楽療法のより文化的な方向性へ向けた発展の背後にある影響として重要なのは，過去10年にわたる音楽的，準音楽的（パラミュージカル）な領域の多くに関する新たな方向づけと，音楽と社会生活，そしてウェルビーイングがいかに相互に関係しているかについての考え方の変化があげられる（Ansdell 1997, 2001, 2004）。1990年代の中頃までには，重要なパラダイムシフトが音楽学で起こっていた。音楽のテクストのみの研究から，音楽する（ミュージキング）人々，パフォーマンス，文化と文脈，即興，そして社会活動における／としての，様々な音楽の使用について目が向けられるようになったのである。この時点で，音楽学の関心は，総じてコミュニケーションや文化における音楽にあった。初めて，音楽療法は，真にその事業や研究に適合する，音楽とミュージキングについての相当の考えとつながりを持ったのである。同様の変化は，音楽心理学と音楽社会学でも起こっていた。両方とも，（調査の焦点を日常生活の実践における音楽へと移行させつつ）「文脈における音楽」という，より生態学的な観点へ向かい，音楽学，民族音楽学，そして音楽に焦点を当てた心理学や社会科学のジャンルと関連した，ますます領域横断的な理論を展開した（DeNora 2001, 2003; Davidson 2004; Clarke 2003; Macdonald *et al.* 2002; Miell *et al.* 2005; Clarke and Cook 2004; Clarke 2005）。

音楽療法家の中には，音楽療法の内外におけるこれらの変化により，コミュニカティヴ・ミュージカリティの位置付けや重要性の再考へと導かれた者もいる。それは，人間生活における音楽という，急速に発展する領域横断的でジグソー的に込み入った状況においてコミュニカティヴ・ミュージカリティを捉えるものであり，特に我々は，音楽療法をその小さな，しかしながら重要な部分であると考えている（Stige 2003; Ansdell and Pavlicevic 2005）。このように，本章の残りの部分において，我々の第一の問いは，この新しいジグソーパズルにおけるコミュニカティヴ・ミュージカリティの位置はどこであるかであり，第二の問いは，何がこの理論から発展し，コミュニティ音楽療法のより幅広い実践やそれらの実践から得られた人々の体験の報告についての理解の助けとなるのか，である。

16.2.3 コミュニカティヴ・ミュージカリティをコミュニティ音楽療法のために再定義する

トレヴァーセンとマロック（2000, p. 4）は，原音楽性からのさらなる発展の道すじを暗に示しており，

「子どもは,『人間のコミュニケーションを外から見える合図で示す』生まれつきの才能を持って音楽的文化に入り込むのである」と述べている。自然に,かつ音楽療法という特定の枠組の中で,心と心の音楽的な協調を通した「共感的な人間の交わり」が時と共に発展する(Trevarthen 1999)。この結果が,彼らの主張するところの「音楽的コンパニオンシップ」である。この状態は,今度は逆に「文化に関連した技術の急速な学習」を動機づける。しかしながら,トレヴァーセンとマロックは,こうしたさらなる社会文化的領域に向かうことを示唆しているにもかかわらず,彼らの音楽における「ウェルビーイングのダンス」は,本質的に二者関係のパ・ド・ドゥ[9]のスタイルにとどまっている。アンサンブルダンス[10]についてはどうなのか? それは単に二者関係の音楽的コンパニオンシップの掛け算に過ぎないのか,あるいはもっと違う何かなのだろうか? アンサンブルが達成されたとき,我々はコミュニカティヴ・ミュージカリティを超えるのだろうか?

　進化論的音楽心理学者イアン・クロスは,コミュニカティヴ・ミュージカリティの理論が人々と音楽についての現在のより幅広い考え方とどのように関連しているかについて,(トレヴァーセンの仕事を直接参照して)興味深い評価をしている:

　　ある文化の成員によって示される成熟した音楽能力は,乳児期の原音楽的能力に根ざしている。文化は,共有された理解の方法に条件づけられた特定のインタラクションの形態をとることで,原音楽的な行動や傾向を,特定の機能のための特定の形態へと形づくり,特殊化する。原音楽的な活動において具体化された多様な意味の可能性は,ある文化の音楽的存在論を導いたり決定するものではないが,それを支えるということはありそうである。

クロス(2003, p. 27)

　この明確な文言は,コミュニカティヴ・ミュージカリティが生み出す地平に構築されるものに焦点を当てるものであり,音楽療法士によるこの理論の初期の使用について我々が抱いた直観的不安に応えるものである。それは,彼らにとって,音楽療法における音楽は,原音楽でとまっているように見えていたという事実である! そうではなく,ここにクロスによって特徴付けられたように,もはや明確なのは,コミュニカティヴ・ミュージカリティの基本的な潜在可能性の念入りに作られた文化的成熟は,我々の共同体的生活と関連しているということである。

　音楽療法の領域内部においては,ブリュンユルフ・スティーゲ(2003)による統合的な理論化は,おそらくこの問題に関して今のところ最も厳密なものであり,明確に書かれていて,コミュニティ音楽療法の様々な過程に関する理解を与えるものである。音楽療法におけるコミュニカティヴ・ミュージカリティ理論の使用についての彼の批判は,我々のものと似ている。スティーゲは,「原音楽性からミュージキングへとまっすぐに移行する人などいない。ミュージキングとは,人間の原音楽性に基づくものであり,音楽の文化適合を伴うものなのである」(2003, p. 173)と述べている。**図16.1**は,スティーゲによって示された基本的なモデルであり,(コミュニカティヴ・ミュージカリティ理論に基づく)原音楽性,(様々な道具を提供する多様な文化的人工物としての)音楽(ミュージックス[11]),そしてミュージキングの間の動的な関係性を表している。

　スティーゲの議論の中心は,音楽性の精神生物学的な基盤を,ミュージキングでの音楽的・文化的学習という教化された側面や,(二者関係から共同体的次元までの)インタラクションの多様性と関連づけるものである。

---

9) 「2人のステップ」の意。バレエにおける対舞。
10) 「対舞」に体する「群舞」。
11) 西洋音楽とそれ以外の非西洋音楽というかつての捉えに対し,あらゆる文化圏,あらゆる社会集団におけるそれぞれの音楽実践という意味を協調して,あえて「music」を複数形で用いることがある。

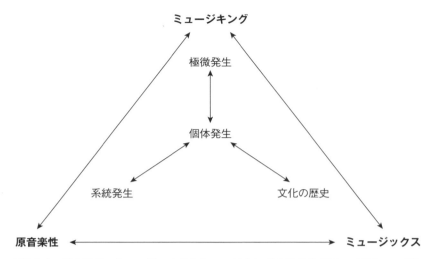

図16.1 原音楽性，ミュージックスとミュージキングの関係性 (Stige 2002, p. 83) [『文化中心音楽療法』p. 124より転載]

　ミュージキングの慣習的・社会的な側面を無視する音楽療法理論には，正当な根拠がない。系統発生から個体発生へと直進することは不可能であり，音楽を「自然」で，「前言語的」で，「前慣習的」なコミュニケーションとしてのみ捉えるのは有益ではない。(中略)私は，人間に共通する，音や動きを通したインタラクションの能力の前慣習的(プリコンヴェンショナル)な側面の可能性を無視するわけではない。私が主張したいのは，もし我々が音楽療法におけるミュージキングの慣習的，脱慣習的(ポストコンヴェンショナル)な側面にも敏感になれば，ミュージキングの力に関して，より良い認識をもつことができるだろうということである。

スティーゲ (2003, p. 170)

16.3　コミュニティ音楽療法のための音楽的－社会的発達のモデル

　我々がここで示すモデルは，スティーゲのものと類似点が多いが，若干の相違点もある。我々は，社会的体験と音楽的体験の関係を動的に表す方法を示すが，コミュニティ音楽療法の実践でそれが起こっていることを観察するからである。我々は，この関係によって，2つの機能が活性化することを示す。すなわち，人間のコミュニケーションに関わる音楽，そして人間のコラボレーションに関わる音楽である。ここで，それぞれの言葉の語源を考えてみることが有用だろう。ラテン語のcollaborareは，共に働くことを意味し，communicareは，他人と分かち合うこと，そして共にいることを意味する。

　この図式 (Stige 2002, 2003; Elliott 1995; Small 1998; Blacking 1973; Becker 2001; Benzon 2001; Benson 2003; DeNora 2000, 2003のアイディアの複合から導かれた) においては，コミュニカティヴ・ミュージカリティの理論で示唆されているものとして，基本的な精神生物学的な潜在能力(キャパシティ)から，文化的学習において培われた能力(ファシリティ)に至るまでの漸進的な展開がある。その過程を経て，他者と共に／のための，ミュージキングという社会活動(アクティヴィティ)，つまりコラボレイティヴ・ミュージキングが促進される。次が，それぞれの段階について我々が考える定義である。

　音楽性は，人間の核となる潜在能力であり，人間世界に対する基本的な反応であり，それとの関わりである。

　1　系統発生的で，人間の脳の生物文法(バイオグラマー)と，行為や身振りといった身体能力の範囲に基づく適応性の

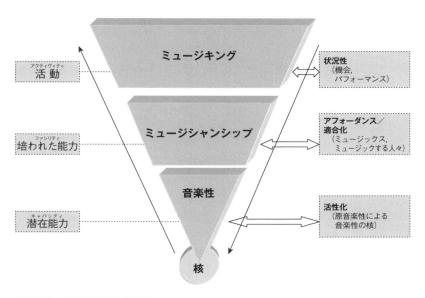

図16.2 音楽的発達の逆ピラミッド

あるメカニズムである。
2　コミュニカティヴ・ミュージカリティを通じて人間の基本的な間主観的コミュニケーションを生み出すものである。つまり、「人間の打ち解けるコミュニケーションの技芸」(Malloch 1999)であり、機能的な潜在能力である。

ミュージシャンシップは、社会文化的文脈において「発動している音楽性（ミュージカリティ・イン・アクション）」が培う能力である。
1　音楽性を特定の音楽文化や伝統、娯楽、技術、人工物へと巧みに連結することを含むものである。
2　状況に即した様々なミュージックスと熟練したミュージックする人々によって提供されるアフォーダンス[12]、そして個々人によるそれらの適合化を通して起こるものである（簡単に言えば、音楽的行為を通じて音楽的知を伝達し、生み出す過程である）。

ミュージキングは、発動しているミュージシャンシップという広く行われている活動である。
1　音楽活動にどのような方法であれ参加することであり、人間の音楽性という共有された形式と自

図16.3 社会的発達

12）巻末の参考資料「アフォーダンス」を参照。

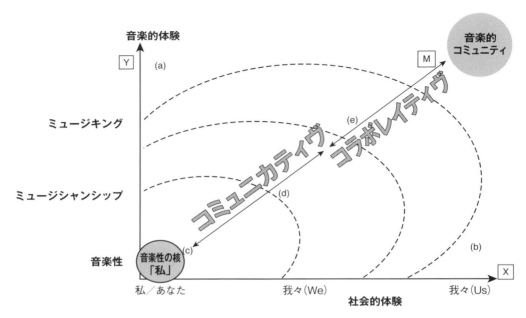

図16.4 音楽的コミュニティに向けて

ずと関係するものであるが，ミュージシャンシップの特定の伝統である。
2　特定の社会的，文化的に関連したニーズ，会合や行事からその動機と意味を引き出し，常にある種の文脈と関係するものである。
3　この基本的実体は，パフォーマンスであり（単独のものであろうと共同体的であろうと），人々，事物，概念の間の関係を創出するものである。

このモデルは，**図16.2**の逆ピラミッドのそれぞれの層が，潜在能力（キャパシティ）から培われた能力（ファシリティ），そして活動（アクティヴィティ）へと次のレベルに到達するために必要とされることを意味している。しかしながら，交通は双方向的であり，ミュージキングはミュージシャンシップを拓き，ミュージシャンシップは音楽性を刺激する。この双方向の流れは，コミュニティ音楽療法が果たすべき課題の1つを明らかにする。それは，社会的・音楽的発達のためにこれらのいずれかの部分に取り組むことであり，ときにセラピストと共に一番上の部分から下方に向かうことである。

これと同時に，我々は，次のごく基礎的な社会的発達のモデル（**図16.3**）を提示する。これは，アンスデル（2002）がコミュニティ音楽療法の基本原理を図に示したものである。

この単純さは，本章の文脈において2つの基本的な点を示唆する。第一に，発達理論が説得力をもって示してきたように，「私」は仮説上のものであり，本質的に私／あなたという二者関係から個人の発達の行程がはじまる。以前に音楽療法によって解釈された社会的発達という観点では，線は真ん中で，つまり，「我々(We)」という到達点，「音楽的コンパニオンシップ」と理想的な療法的二者関係の到達点で止まってしまう。我々が提示したのは，コミュニティ音楽療法は，この発達の可能性がある社会的連続体に沿ってさらに働きかけ，人々が「音楽的コミュニティ」というより広い意味での「我々(Us)」を実感することも助けるということである。

我々は，ここでもう一段階次へと進み，本節でここまで体系化してきたことが，いかに互いに作用し

合うかを見てみたい。**図16.4**は，我々が既に設定した２つの次元を図式化したものである。ここでは，社会的体験（図16.3）が音楽的体験（図16.2）と関連づけられている。

我々が「音楽性の核」(c) と名付けるものの源は，概念上の基本的な潜在能力であり（同様に概念上の名称である「私」を付している），M軸に沿って「観念上の」発達の軌跡を描きながら，「音楽的コミュニティ」に向かっていく。しかしながら，この軌跡は，２つの二方向に向けた矢印から成っており，それはこれらの間や周りを行きつ戻りつする動きを象徴している。点線の弧の内側の領域は，この２つの形式の体験の間の動的な関係を示している。弧は浸透性があり，どの局面も互いに影響しあうことを再び象徴している。Y軸の上方の領域 (a) は，それを支える社会的発達が同時に起こらないことには，（能動的な音楽的参加としての）ミュージキングが成り立たないことを示している。同様に，X軸上の領域 (b) は，社会的発達の高い段階においては，少なくとも社会的ミュージキングの可能性があることを表している。換言すれば，音楽性はこの段階の社会的発達では不活発な状態にとどまるはずはないということである。

このモデルから，我々は次の仮説を立てる。この自然と少しずつ増加する音楽的体験と社会的体験の間の関係は，概念上の発達を示すM軸に沿って展開され，互いに関連しているが別々に識別しうる２つの機能を具体化する。すなわちコミュニケーションとコラボレーションである。このことが意味しているのは，我々は，音楽性の核 (c) は自ずとコミュニカティヴ（私／あなた）となり，音楽的コンパニオンシップ（「我々(We)」）は，ミュージシャンシップの発達を促進し (d)，ミュージキングの形態はだんだんと洗練されていき，自ずとコラボレイティヴなものになる (e) ということである。換言すると，音楽的体験と社会的体験の間の関係は，音楽的コミュニケーションと音楽的コラボレーションによって生まれ，また生み出されるのである。

では，コミュニカティヴ・ミュージカリティは，この図においてどこであろうか。我々は，それは根源の丸い部分(c)の上の領域を形成するものであり，初期の「私／あなた」の段階において，コミュニケーションを行っていくなかで音楽性を立ち上げることと関連すると考える。ここからさらに外に向けた円弧は，二者関係が音楽文化の諸要素（例えば，母親の発声や童謡など）を取り込む際に，どのようにコミュニケーションがミュージシャンシップの発達に寄与し始めるのかを表している。このように，連続する弧は，対角線のM軸へと我々を高める。「我々(We)」に到達した時，真の音楽的連携が，コミュニカティヴ・ミュージカリティという地平とミュージシャンシップの進行形の文化的入門（インダクション）の上に構築される。この(e)に向けて移行する地点(d)においては，たとえ二者関係や小規模の状況のなかでも，真のミュージキングが可能となるのである。

我々はここで，音楽／社会性という関係がさらに機能することを示したい。つまり単にコミュニケーションだけではなく，コラボレーションの機能にもなるということである。コミュニカティヴ・ミュージカリティと連携するものとして，我々はこれをコラボレイティヴ・ミュージキング——音楽的コミュニティの外向きで可聴の徴候——と呼んでいる。コラボレイティヴ・ミュージキングは，共に音楽づくりをすることを通してコミュニティを構築する。

なぜ我々は，コミュニケーションとコラボレーションを区別するのか。本章の残りの部分では，我々がコラボレイティヴ・ミュージキングと呼ぶものが，いかに音楽的体験，音楽的発達，そして社会的体験，社会的発達のインタラクションという識別可能な，特異な機能であるかを説明したい。それは明らかに音楽的コミュニケーションという足場があってこそ可能となるものであるが，単なる二者関係の音楽的コミュニケーションの積み重ねではなく，二者関係を超えた音楽体験を促すものである。我々は，コラボレイティヴ・ミュージキングの現象学は，音楽的コミュニケーションのそれとは十分に異なるものであり，別々の独立した定式化と，別々の理論的モデル化の両方が必要であると考える。

幾つかの点についてあらかじめ断っておきたいのだが，我々は，コミュニケーションとコラボレーショ

ンが単純に別々の機能であると言っているわけではない。むしろ、コミュニケーションに関わる機能は、コラボレイティヴへと変容すると考えている。加えて、交通は単にコミュニカティヴからコラボレイティヴへというわけではない。多くの状況では、それぞれの軸の局面に間があるように、これらのモード間には振動があるであろう。つまり、我々は、私／あなた／我々(We)／我々(Us) の間を揺れ動いて生きているのと同様に、音楽性／ミュージシャンシップ／ミュージキングの間を揺れ動くのである。

　音楽療法士としての我々に特に関連するのは、本節で示された観念的なモデルに、病気や喪失がどのように影響を与えうるのか、ということである。例えば、ある人が、（初めて、あるいは再びトラウマを経験しながら）コミュニカティヴ、あるいはコラボレイティヴな音楽の機能のアフォーダンスに接近するためには、どのように援助を必要とするのだろうか。つまり、彼らは、音楽的コンパニオンシップを培うことを通して、コミュニカティヴ・ミュージカリティを修復する援助を必要とするかもしれないのである（図16.4におけるM軸上の2方向の矢印に象徴されるものである）。同様に、自分の（音楽）文化やコミュニティに接近するために、コラボレイティヴ・ミュージキングという手段を育成する（あるいは再び育成する）ための援助を必要とする人もいるだろう。

16.4　3つの音楽的出来事

　本節では、前節で説明したモデルの観点から、幾つかの音楽的出来事を見ていく。ここでは、我々は、「音楽的出来事」という用語を、ティア・デノーラ (2003, p. 49) が示した特別な意味で用いる。すなわち、「行動に応じて起動されるもの、そして社会的影響と関連したものとして、いかに音楽を位置づけていくことができるかということを示す方式（スキーム）として」用いるということである。次の3つの出来事は、社会的、文化的、そして文脈上の相違点と類似点を対比させるために選んだものである。

16.4.1　集団生活：ある音楽療法の出来事

　この出来事は南アフリカで起こったものである。10代後半（15歳から19歳）の人たちが週に1度活動する音楽グループで、ドラミングの公開パフォーマンスのために準備が進められている。彼らは深刻な機能不全に陥った家族をもち、社会的リハビリテーションプログラムの一環としてコミュニティセンターに来ている。このパフォーマンスの責任者である音楽療法士（本章の第一著者）は、練習のためのセッションを、自由な即興演奏から始める。

　我々は6人おり、それぞれがジャンベを持っている。円になって立ち、真ん中に太鼓を置き、目を閉じている。足を引きずる音、鼻をすする音がして、最終的に我々は圧倒的な静けさに落ち着く。その状態はさらに強まり、やや硬くなり、期待する様子である。

　ジェイミーが突然速く叩きだし、すぐさま（私を除く）グループの他のメンバーが加わる。ジェイミーの演奏は、その音楽の前の静けさと同じような強度と若干の硬さがある＜1＞。皆は、アクセントのあるスフォルツァンドで速い演奏を続け、私はその音楽の空白や呼吸を注意深く聞きながら、時々自分のジャンベで軽く叩いて音を入れる＜2＞（番号は、即興の区分を示す）。

　アルフレッドとヘレンが演奏を止める＜3＞。ジェイミーは続け、ハンナはより大きく、速くしていく。スボンギレとジェイミーとハンナはそれぞれ自分の音楽世界のなかにいるように見え、時々、偶然にオーバーラップしたりしている＜4＞。それから私は、自分の演奏を安定した強くてリラックスした拍子へと調整し、わずかに演奏の音量を上げ、それぞれの人をしっかりと聞き続ける＜5＞。私は、アルフレッドとスボンギレとヘレンが私の拍子に合わせてリズミカルに演奏し始めたことに気付く。我々の共同による演奏は形になりはじめ、グループの一部は互いになじんで一緒になり始めているかのように感じられる＜6＞。ジェイミーは早くせわしない演奏を止め、その時、ハンナは私の拍子を引き継ぐ＜7＞。我々の合奏はアッチェレランドとクレッシェンドをし始め、自然でリラックスしていて、私た

ち全員で作っていることが感じられる。ジェイミーは，時折静かに演奏しながら，ためらいがちに我々に加わった＜8＞。

それから音楽が急速に我々の間に作られ＜9＞，すぐに勢いと緊張が高まり，すさまじいクライマックスを迎えると，皆が急に笑い出し，互いの楽器を指差しながら，なんて素晴しい音楽なのかについて元気に生き生きとコメントし合う＜10＞。

これが，社会生活のためのミュージキングである（図16.4）。演奏者がバラバラで孤立した個人の集まりにとどまっていた状態から＜1〜4＞（**図16.5a**），全員ではないにせよ何人かの演奏者の間でコミュニカティヴな行為が様々な時点で多発する（**図16.5b**）というコンパニオンシップへ＜5〜7＞，それからコラボレーションへ＜7〜10＞と移行していることがわかるだろう。コラボレーションの時点では（**図16.5c**），個人や二者関係を超えて共に演奏している状態があり，すべての演奏者が同時に，質的にそれまでとは異なる統一体と活動に加わるようになる。また，10代の若者たちは（ジャンベ・ドラムという）文化的ジャンルを生かしており，ミュージシャンシップが発動しているのもわかる。それは社会的に「格好良く」，最終的に音楽的にも社会的にも彼らを1つにしているのである。しかしながら，この例は，音楽的なものと社会的なものを分けることに意味がないことを明らかにしている。最初は，皆がバラバラの世界にいて，入れ替わったり，落ち着きがなかったり，硬い感じのする演奏で，演奏者の音楽性の核がまだコンパニオンシップに向けて生かされていない状態であったが，そこからセラピストは，社会的にも音楽的にも結びつきのある集団になるように演奏者を駆り立てることを目指した。これを行うために，彼女は，自身のミュージシャンシップを引き出し，一方で，彼女の個人的な音楽性＜1〜2＞に基づきつつ，他のアフォーダンス，すなわち彼らが共有する文化的世界の音楽的な所産や，彼らが活動する社会文化的空間とつながっていくのである。

次第に，演奏者たち――セラピスト自身を含む――は，コンパニオンシップのわずかな瞬間＜5＞，＜7＞，そして（ジェイミーとその他の人たち，セラピストと集団，ハンナとセラピストといった）二者関係での演奏を経て，コラボレイティヴ・ミュージキングへと移行しはじめる。興味深いことに，その時語りは明確にミュージキングへと転換している。ここには，社会的，音楽的に，一体となって動くコミュニティがある。

セラピストにとって非常に重要な役割は，注意深く聞くということである。そうしながら，彼女は演奏者たちの音楽性の核を（演奏者自身の音楽的伝統におけるミュージシャンシップに媒介された）ミュージキングを通じて意識的に知覚するに至るのである。彼女の音楽家・セラピストとしての技術は，ミュージキングとそのグループの社会的発展の両方を促すことを可能にしている（M軸，図16.4）。即興の2番目の部分＜6〜9＞では，複数の時間の体験やパラレルで同時に起こるコミュニカティヴな出来事から，

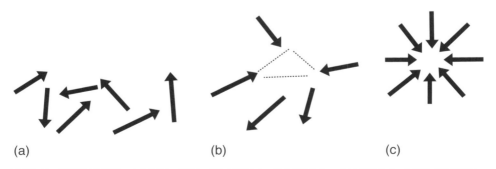

図16.5 集団生活の形 (a)「私」,「私」,「私」(孤立) (b)「我々（we）」と「我々（us）」のはざま（コミュニケーションとコラボレーションのはざま) (c) 音楽的コミュニティ」

内的，外的時間，内的，外的音楽，内的，外的な心などが入り混じったコラボレイティヴな構造が徐々に形成されているのがわかる。個々とその他の全員は相互に関係づけられた状態であるが，そのポイントには，それぞれが音楽性—ミュージシャンシップ—ミュージキングという各自の経路を通って到達しているのである。このように，そこには差異と統一の両方の状態，いわば音楽的コミュニタス[13]を生み出す様々な一体感がある。音楽療法士とクライアントの区別は，音楽を導き，形作る上で途切れのないやりとりとなるまで平準化されており，ミュージキングのなかで導かれ，形作られるものとなっている。

音楽からの緊張感が笑いへと溢れ出たこと<10>は，間主観的で相互作用的な意味が音楽が終わった後も続いたということである。これは，コラボレイティヴ・ミュージシャンシップの深い経験が集団生活に役に立っていたというしるしである。このコラボレーションに向けた移行は，喜びに満ちた笑い，そして「その音楽がなんと良かったことか」，つまり何と楽しく，なんと気持ちよく感じたのかという互いの認識からも明らかなように，全員によって認識される。思い起こしておきたいのは，このことが，お互いに（そして大人に対して）基本的に不信感を持つ，社会適応が困難な若者のグループから生じていることである。この時点でこのグループは，彼らのパフォーマンス作品を洗練させる作業を始めるための準備ができたのである。

16.4.2　オペラでの一夜：伝統的な西洋の音楽的出来事

次に取り上げる出来事は，ロンドンのオペラハウスでのモーツァルトの《コジ・ファン・トゥッテ》の上演である。私は知人の横に座っており，何百人もの知らない人と共に，多くの人に知られ愛されているこの音楽の上演に静かに参加していたいと願っている。その簡素な演出と生き生きとした芝居は，モーツァルトの演劇性によくある日常的な奇跡を彷彿とさせる。すなわち，その音楽は，舞台上の登場人物が自身やお互いについて知り，感じていることについて追体験をもたらすのであり，またその体験は，劇が音楽を変化させ，音楽が劇を変化させるにつれて，変わっていくのである。

私にとって（そしてこの体験を共有している他の何百もの観客にとってもそうだと感じるのだが），この大きな喜びがクライマックスに達するのは，話の筋が第1幕のフィナーレにおける有名なアンサンブルに到達した時である。登場人物の3つの二重唱が同時に起こり，次のような六重唱となるのである。変装し，毒を盛られたようなふりをするフェルランドとグリエルモ（「笑いたくてもう肺臓がすぐにも裂けそうだ」），騙されつつも降伏するフィオルディリージとドラベッラ（「もはや私は我慢できません」），異邦人であることを知っているデスピーナとドン・アルフォンソ（「かなえてやってください，親切をほどこして」）。6つの役柄，3組のペアが対位法的に応答し合い，和声的なアンサンブルとなる。それは，多様性が類を見ない方法で統一体となっているものである。

ステージ上の登場人物の一団は，アンサンブルの中で別々の声を保持しているが，それと同時に様々な組み合わせで音楽的に渾然一体となってもいる。観客の体験は，それに対応しているようである。我々は，彼らが1つの音楽に一体化していることを知っているし，そう感じるが，同時に彼らは別々の独自の声や役柄として独自の動機や互いの関係性を持ち，アンサンブルの音楽的織物の内と外で，彼ら自身の軌跡を描いているようにも感じるのである。しかし，我々観客は，我々の社会的体験への転換も経験する。つまり，この見せ場での我々の体験は，個人的でもあるが同時に共有されたものなのである。すなわち，「我々（Us）-共に」（図16.5cと16.3）という状態であり，単に何百もの「私」（図16.5a）があると

---

[13] 文化人類学者V.W.ターナーは，儀礼を過程として見ると「分離」，「移行」，「再統合」の3つの段階が有り，「移行」の段階では「社会はそれまでの構造から反構造へと移行する」と主張した。反構造の中に顕現する状況をターナーはコミュニティに対してコミュニタスと呼び，そこにおいて，「つかの間，人々はそれまでのヒエラルキーから離れ，平等になる」（日本文化人類学会編著『文化人類学事典』丸善出版，2009年所収中川敏執筆「象徴人類学」の項参照）とした。

いう状態ではない。これについて書くのは複雑で扱いにくいのだが，その体験はシンプルで明白である。幕が終わると，観客は音楽的に活気づけられている。つまり彼らは，それがたとえ音楽が続いている間だけだったとしても，舞台上の役者のように大切なことを共有することで共に変わったのである。

表面上は，このロンドンにおける伝統的な西洋のオペラの鑑賞と，最初に紹介したアフリカでの太鼓を叩く10代の若者のリハビリテーションプログラムへの参加という音楽的出来事との間には，ほとんど類似点はないように見えるかもしれない。けれども，表面上は相当な違いがあっても，我々のモデルでいう音楽的体験と社会的体験の形態のつながりという点では，非常に類似した過程と結果を見出せないだろうか。

ここで参考となるのは，この種の音楽的出来事を再考する2つの急進的な方法だろう。第一は，クリストファー・スモール（1998）による次のような示唆である。つまり，(i) 音楽作品は，演奏を創出するためのものである（演奏が作品のためになされるということではない），(ii) 聴取は，他のものと同様にミュージキングの一形態である，(iii) ミュージキングは，音を通して多様な関係を入念に作り上げ，構築することに関するものである，というものである。第二は，ブルース・ベンゾン（2003）による最近の示唆である。つまり，ミュージキングは，作曲者，出演者と観客の間の即興的な対話としてより明確に想定されるものであり，時間と空間を超えて広がるものであると同時に完全に文脈に固有なものであり，その唯一の実体とはパフォーマンスの時間と空間である，と捉えるものである。この二つの考えを統合すれば，我々はミュージキングについて，作曲すること，パフォーマンスすること，観客であることを1つの音楽的‐社会的システムとして包含する流動的な連続体として考えることができる。

どのようにこのようなことが生起するのかは，複雑であり，この音楽的出来事には少なくとも3つのレベルの社会的‐音楽的関係が生じる。例えば，(i) モーツァルトの音楽における社会的，音楽的関係が，(ii) 出演者間の確かな関係を促し，またそれが (iii) 出演者と観客の間の（そして観客同士の）さらなる関係を促す，というようにである。音楽パフォーマンスに関して典型的な西洋の考え方では，観客を，出演者が示すレベルの高い音楽性，ミュージシャンシップやミュージキングを追体験する（あるいは借用する）受動的な見物人という役割に当てはめるというものである。しかし，これは間違っているだろう！

まず，舞台上でのミュージキングを見てみよう。ここでは，出演者の音楽性は明らかである。彼らは，自身のミュージシャンシップを用いて，パフォーマンスという時間の中の今ここという瞬間に，モーツァルトの唯一無二の文化的人工物にふたたび息を吹き込むのである。上述のアンサンブルを例にとってみよう。ここでは，特定の様式，ジャンル，そして形態（単旋律のポリフォニー）というアフォーダンスが，別々の歌声の5人が調和のとれた混成の中で共に歌うのを可能にしているのと同時に，互いに対して（音楽的／演劇的に）自身を特徴付け，共に調和のとれた統合を生み出すことを可能にしている。つまり，このアンサンブルは，人々が共にあるための特定の方法（間主観性のマトリクス）を音楽的にモデル化するものであり，その方法はおそらく，多様性における統一というパラダイムとして観客が目の当たりにするものである。これは実際に，先駆的な社会学者アルフレッド・シュッツ（1976）によって，独特で例示的なものと見られている。彼は，モーツァルトの音楽を，社会関係について新しい意味を生み出すもの，つまり個人的自己が社会的，協同的な人間であるという体験と共存するという意義あるコミュニティを規定するものであるとみなした。

> モーツァルトは，（中略）彼の登場人物を含む間主観的な関係性を直接的に示すために，このオペラという芸術形態の特殊な装置を使っている。共通の状況に対しては，多様な反応があり，また個々人の特性があるにもかかわらず，彼らはともに演技をし，ともに感じ，コミュニティ，あるいは「我々（We）」としてともにありたいと願う。これは，もちろん，彼らが同じように，あるいは等しい強度で行動し，感じたいと願うという意味ではなく，（中略）たとえ対立関係にあったとしても，彼らはあるコミュニティの間主観的状況のなかで，つまり一つの我々（We）のなかで，ともに結びついているのである。
>
> シュッツ (1976, p. 199)

しかしながら，我々が体験したオペラの出来事には，第二の重要な特質がある。それは，観客の音楽性とミュージシャンシップは参加型聴取においてより高まるということであり，それは単に音楽的効果だけでなく，社会的効果が生じることによるものである（それは出演者と共に歌いながら外面上のコミュニケーションを取ることによるものではない——少なくともロンドンにおいては違うであろう！）。それでもやはり，それぞれの聴衆の音楽性は，彼らが聴くことに参加することで引き出され，クラシック音楽，モーツァルトオペラという形式，慣習，技術，表現手段，そして今日この場でのオペラ演者に関する異なるレベルの訓練や認識に従って，我々が受容的ミュージシャンシップと呼ぶものを個々に示す。このように，音楽性とミュージシャンシップを立ち上げることによって，（演者間，そして演者と聴衆の間の）総合的な音楽的コミュニケーションのレベルが高まるのであるが，それはベンゾン（2003）が「音楽的対話の即興」と呼ぶもの，つまり（実際の）俳優と聴衆に加えて，（自分のことのように感じられる）モーツァルトによるミュージキングの機会を共に創作することを通して起こるのである。

このように，音楽が働く時（つまり演者／聴衆のコミュニカティヴ・ミュージシャンシップが共に働く時），にわかにそのオペラハウスに何かが起こるのである。それはつまり，皆が共有する何かであり，我々がコラボレイティヴ・ミュージキングのレベルと考えるものである。ここでは，モーツァルト，出演者と聴衆は，「我々（Us）」となっている。それは，「私（I's）」の集合体ではなく，自発的で尊い音楽的コミュニティである。皆が直観的に，これこそがまさに我々がここにいる理由だと分かっている。その理由とは，モーツァルトを単純に再生産するためだけではなく，また単にその役柄の素晴らしい演技を見せるためでもなく，ミュージキングを通して共感という人間に特有の経験を供するためなのだ。これは社会的希望ののろしのように思える。音の中に音楽的存在として共にあること，それは，コミュニティについて省察することでもあるし，それを規定することでもある。

16.4.3　伝統的なアフリカの儀式：音楽を伴う社会的出来事

　我々は，アフリカの田舎の村に植民地本国から招かれてやってきた，西洋の音楽家と音楽療法の実践家であり，村人によって歓迎される。夜半近く，長い歓迎のスピーチと素晴らしい祝宴の後，音楽が，丘の向こう，暗闇の向こうからやってくるように感じる。若者，老人，そして小さな子どもたちの多様な人の集まりが，目に見えない力へつながっていき，1つの動的な生命体となる。

　訪問者である我々は，それを見聞きしているが，2時間もするともう終わって欲しいと思う。リズムは変化せず，ダイナミクス，テンポ，そしてメロディーすらも変わらず，下降する4つの音が延々と繰り返される。我々は，夢中になれず，時計を見ている。

　それから，「我々の」グループの誰かが，踊り，動き，歌う輪の中に入る。他の者もそれに続く。我々はその音楽の中で，共に動き始める。それでもなお，その音楽は我々の外部のどこかにとどまったままだ。それから我々は，聞くことをすっかりやめてしまう。我々は音楽となり，音楽が我々になったように思え，我々は互いに1つとなった。それは時間や場所を超えた1つのミュージキングの集合体であり，肌の色の違いを超え，1つの集合的な「自己」に向かう。

　夜明け。我々は，混乱し，疲労困憊を通り越して，高揚した気分だ。我々は一体どこにいたのだ？　トランス状態だったのか，我々は死んだのだろうか，我々は「自己」をどこかに捨て去ってしまったのだろうか？　夢中になれない音楽に何が起こったのだろう？　なんて素晴らしく，温かい人だったのだろう…どれほど受け入れられ，我々は互いに親密に感じたことだろう。町に戻り，普段の状態に戻るのに何日もかかる。

（メルセデス・パヴリチェヴィックの日誌）

　訪問者のグループは，最初は社会的に柔軟性に欠け，距離のある態度をとり，音楽に対して静かな聴衆のままであり（ロンドンのオペラでは良いことである），2つのグループの間の社会的，文化的，音楽的な違いを乗り越えることができずにいる。この態度は，図16.4における（a）と（b）の両極性を維持するものであり，互いに不活性な状態である。ここでは，2つの出来事が同時に起こっている。それは，活性化されたコラボレイティヴな状態と，訪問者の聴取と観察であり，文化的に固定された態度で外部

からこの出来事が理解されている。この時点では，訪問者たちは自らの西洋文化に特有の音楽体験，つまり音楽は心に起こるものであり，身体の内部や身体と身体の間にも起こっているというものではない，という体験を課しているのである。

しかしながら，最終的には彼らは抗し難く引き込まれていく。動いている体，共有された感情が，彼らの個人的で共有された音楽性，つまり音楽性の核とコミュニカティヴ（図16.4における (c) と (d)）を駆り立て，当初の不安をよそに彼らの体は動き始める（図16.4における (d) と (e)）。皆が互いにつながり合い，ある種の音楽的同調が皆互いの方向に向かって調和させ，ひとつの音楽的，そして社会的世界の協同創作者たちとなるのである（図16.4，M軸）。この時点では，音楽的文法と内容は重要ではなくなる。つまり，太鼓を叩くこと，歌うことや踊ることを通してコミュニカティヴ・ミュージカリティが表現されることは，神経学的に抗しがたいものであり，コラボレイティヴ・ミュージキングへと難なく移行するのである（図16.5c）。

ジョン・ブラッキング（1977）は，まさにこの種の体験について書いている：

> 私は，踊りに参加することにより，ヴェンダ族が主張することを体験することができた。出演者と観客という大集団の中で他者と調和をとりながら動きつつ，管楽器のメロディーのパートを正しく演奏することによって，コミュニティの中で個性が生み出され，ヴェンダ族の文化と社会のあり方として基本となる方法で自己と他者が結びつけられるのである。（中略）この体験はしばしば恍惚としたものであった。我々は踊った，というだけでない。つまり，ときに踊らされたのだ。
>
> ブラッキング（1977, p. 56）

これは，我々はこの集合的な「私」の中で主観性を失い，また獲得もするのだという意味において，多重主観的と呼ぶべき体験である。コラボレイティヴ・ミュージキングを通して，訪問者は「我々(us)と彼ら(them)」という感覚を失うだけでなく，また単に踊らされているというだけでもなく，皆を音楽させる(musics)音楽を作り出し，その一部分となるのである。彼らは単に反応の良い人形なのではなく，集合的に動くように別々に活性化されるのである。皆が，非常に流動的で多重主観的な出来事の中で，社会的かつ音楽的に（この２つを分けることはできない）協同するのであり，そこでは（**クロノスとしての**）時間，空間，文化，時代，そして社会的身分が棚上げにされるのである。

これらの３つの音楽的出来事は，何を意味するのだろうか？　あるレベルにおいては，それらは社会的‐音楽的体験の本性と質が文化，伝統，そして文脈と分かちがたく結びついている人間のミュージキングの真の多様性を示している。また別のレベルにおいては，この出来事は，ジュディス・ベッカー（2004）が「限定的普遍性」と呼ぶ，人間の音楽との関わりを示していると考える。つまり，この出来事が示すのは，文化や文脈の変数がどのようであれ，音楽性とミュージシャンシップとミュージキングはいかに似た方法でつながるのか，そして，このつながりがいかにコミュニケーションとコラボレーションという互いに支え合う２つの機能——それは我々が世界の中で共に創造的な存在であるために欠かせない２つの要素であるが——を通して，人間の社交的過程に役に立つのか，ということである。

16.5　二者関係を超えて？　学際的関連性の示唆

これから述べる理論モデルは，本章で示した３つの音楽的出来事に併せて，コミュニカティヴ・ミュージカリティをより幅広い音楽の現象学のなかに位置付ける方法を提案するものである。我々は，この提案が（とりわけ）音楽療法士の気づけば置かれている様々な種類の状況について人々が考える助けになることを期待している。その状況とは，孤立した個人と親密な音楽的コンパニオンシップを育むことと同時に，特定の社会文化的文脈における集団や共同体的な音楽的出来事に働きかけながら，音楽的コミュニティを創出したり維持する，という連続性に沿った取り組みである。これは，音楽療法士にとって比較的新しい理論的観点を提供するものであるが，おそらく最新の様々な試みを行う他の領域の同僚に

とっても，試みから生じる多くの問いを探求する際に類似性があることに気づくだろう。残念なことに，紙面の都合上，本章のこの最終節ではそれらの領域についてあまり詳しく論じることができないため，近い未来に他の人々が引き継いでくれることを期待して，ここでは，相補性のある学問領域との関連の見込みをいくらか示唆するにとどめる。協同的な統合がなされることを期待している。

16.5.1 生物音楽学／人類学

生物音楽学（概要については，Wallin *et al.* 2000を見よ）という新たな学問の傘下では，「音楽の起源」についての議論において，ある興味深い論争が起こっている。その論点とは，ミュージキングは適応的なメカニズムであるのかどうかについてである（言語と比較した議論は，ノルウェー音楽療法学術誌で読むことができる）。音楽は適応的でない「進化のチーズケーキ[14]」であるという，スティーヴン・ピンカーの悪名高い見方に対して，他の進化論者たちは，音楽は付帯現象ではなく，我々の種の進化において中心的なものだと反論してきた（Dunbar 2004; Cross 2003; 本著第5章のクロスとモーリー）。つまり，音楽は，私的で受動的な喜びとしてではなく，我々の祖先に共同体的なつながりや強化，つまり二者関係のあり方を集団全体に拡張する方法を提供する能動的なミュージキングとして理解されるのである。ダンバーは，特に集団の「原歌唱（プロトシンギング）」は，人間の進化において明確な役割を伴った適応的な能力であり，情動の成立という天性の集合性を生み出してきたと推測する。この考え方に，ジュディス・ベッカー（2004）は，音楽と情動とトランスとの関係に関する最近の研究で賛同している。彼女は，強力な共同体的体験は，儀式的文脈における特殊な「傾聴（ディープリスニング）」を通して生まれうるものであり，これらの効果を説明するためには神経学的考察と文化的考察を接続する必要があると述べる。これら2人の学者は，適応としての音楽の役割にはより二者関係的な誘因があることを提案しており，動物行動学者エレン・ディサナーヤカによるコミュニカティヴ・ミュージカリティの理論の使用（2001; 本書第2章）と比較して，本章の主な主張と類似した興味深い立場に立っている。この討論は間違いなく続くであろうが，我々は，ジョン・ブラッキング（1973, 1977）やヴィクター・ターナーといった，音楽と演劇について今なお高い妥当性のある初期の人類学者による仕事を忘れるべきではないだろう。彼らの刺激的な理論的統合は，依然としてこの領域と主要な関連性を持つのである。

16.5.2 認知神経科学

こうした議論が進む一方で，脳科学と精神生物学的観点は，どのようにして集合的な感情的，コミュニケーション的，そして音楽的な状態が起こるのか，また，どのように現象学的なアプローチと説明的なアプローチを並列する（あるいは統合する）ことが可能なのかということに関する理論を理論的かつ実証的に示している。こうした議論をいくつかまとめた著名なものとして，認知神経科学者ウィリアム・ベンゾンによる著作『ベートーベンの金床：心と文化における音楽』（2001）［邦題『音楽する脳』］が挙げられる。これは，もしかすると推論的にすぎるかもしれないが，心の共同体的で音楽的な状態の基礎をなすことが可能な神経力学について，そしてそれが人間の社会的–情動的な状態を生み出し，調整するために重要であることについて，詳細な観点を提供するものであろう。

---

[14] ピンカーは，音楽を「聴覚のチーズケーキ」（ピンカー 2013年，p.434）と言い表し，魅惑的ではあるが，生物学的な機能を持たない活動であると論じた。

したがって，音楽は，共同体的演奏や共同体的理想の手段となる。個人の間のインタラクションが，1つの脳のうちにあるかのように正確に拍子が合わさって組織化されるのは，集団活動においてである。個々人は物理的には別々であるが，時間の中で一体化している。それは，1つの音楽であり，1つのダンスなのである。

ベンゾン (2001, p. 164)

ベンゾンは，神経学的現象としてのミュージキングと文化現象としてのミュージキングの双方に等しく焦点を当てることで，コミュニカティヴ・ミュージカリティとコラボレイティヴ・ミュージキングの関連について議論を進めるための見込みのある生物学的基礎を提示している。ジュディス・ベッカー (2004) は，神経科学を研究する最近の音楽研究者の1人であり，ここではアントニオ・ダマシオ (1999) の情動の過程に関する意識の理論を用いている。

同様に重要なのは，脳科学と結びついた精神生物学と心理療法の分派から生まれている新しい考えである。トレヴァーセン (1999) の仮説である，脳から発生する「内発的動機パルス (IMP)」[15]は，確かに，ベンゾンによるミュージキングの最中の人々の構造的な結合についての論考と，ダニエル・スターン (2004) による最近の自身の理論の精緻化と拡張である，間主観性に関する精神生物学的基礎との重要な関連がある。スターンによるその理論は，瞬間的現在の時間性とそこから生じる個人間の出会いの可能性の現象学的分析によるものであり，依然として二者関係を基礎に置いたものであるが，スターンの最新の研究は，こうした「社会性に基づく間主観的意識」と呼ばれる集合的な意識の形態を生み出す間主観性の母体（マトリックス）という観点から，集合的形態に目が向けられている (Stern 2004, p. 132)。

儀式，芸術的パフォーマンス，大掛かりなショー，そして皆でともに踊ったり歌ったりするような共同体的活動への参加はすべて，結果として一時的な（現実的，あるいは想像上の）間主観性をもたらす。すべての参加者は，自らがしているのと概ね同じように他の人も起こっていることを体験していると想定する（中略）。想像上の間主観的な接触が彼らの間で交わされ，それと同時に精神的な帰属の感覚がもたらされる。彼らは単に出来事を楽しんだだけでなく，人間の間主観的な母体に没頭し，彼らの自己のアイデンティティを確認してもいたのである。

スターン (2004, p. 109)

16.5.3　社会心理学と音楽社会学

社会心理学と音楽社会学はどちらも，近年パラダイムシフトを経験し，まさに本章で提示する領域に落ち着いたようである。最近の音楽の心理学（概要はClarke 2003, 2005; Dibben 2003; Davidson 2004を見よ）は，認知モデルにおける音楽の個人的知覚の側面についてのかなり閉じたモデル化から，より社会的，生態学的観点へと移行した。それは，共有され文化的な文脈に組み込まれた日常の使用における音楽的素材について，個人的レベルと集合的レベルの両方で研究するものである。この理論化の大半は，本章における題材と直接的な関連があるものであろう。

この一連の研究は，今度は音楽社会学の理論や研究の新しい形——実質的にはティア・デノーラの仕事 (2000, 2003) によって先導されてきた新しい音楽の社会学のことであるが——と関連し，部分的に重なり合う。特に，極小レベルの動機，情動のモデル化，および集合的関与において，どのように音楽が行為者（アクター）による「音楽的アフォーダンス」の構造と「音楽的文化適合」のメカニズムを通じて社会生活に浸透するのか，ということに関する彼女のモデル化は，コミュニティ音楽療法のような発展的な音楽実践と，この社会学の部門において強固な伝統のある実証的研究とを結びつけるための強靭な理論的基盤と

---

[15] 巻末の参考資料「内発的動機パルス」を参照。

なるだろう。この最新の研究は，先駆的な社会学者であるアルフレッド・シュッツの音楽に関する研究（1976）を思い起こさせる。彼の主要な著作である『音楽の共同性』は，本節のすべての領域で言及されているいくつかの諸理論に数十年先行するものだ。シュッツによるミュージキングの現象学的社会学は，本章における問題をさらに理論化したいと思う者にとっては十分に興味深いものだろう。音楽的出来事，つまり作曲家，演奏家，聴衆の間のコミュニカティヴな関係に関する彼の概念は急進的であり，時間と空間の共有を通した間主観的な「関係性における調整」についての彼のさらに進んだ理論化は，まさにその適切な領域を指し示していると我々は考えている。

> 互いにコミュニケーションをとることは，（中略）外的時間と内的時間の様々な次元で相手が共にあることを前提としており，それは要するに共に年を重ねているということであり，（中略）共に音楽づくりをすることに関わる社会的関係を分析することで，関係性における調整とコミュニケーションの過程それ自体が明確になるだろう。
>
> シュッツ（1976, p. 178）

16.5.4　音楽学

学問としての音楽学は，いわゆる新音楽学（Williams 2001）に向けて，過去10年にわたり同様のパラダイムシフトを経験した。この領域では，音楽療法士によって共有された多くの関心領域に向けて研究が進められた。特に，スモール（1998），クック（1998），ベンゾン（2003）らは，音楽作品と演奏，そして受容の関係を急進的な方法で概念化した。このもっとも急進的な側面は（それが本章の土台でもあるのだが），音楽の普遍性とは単純にミュージキングであるということ，つまりそれはあらゆる音楽活動を含んだ参加することであるというものである。このような音楽のメタ理論的観点のさらなる研究は，音楽的出来事と過程に関する生物学的概念と社会学的概念とのつながりを促すだろう。

16.5.5　社会的哲学

もう1つの認識論的な修正のかたち——ここでは個人主義に対するものであるが——は，哲学的観点から書かれた社会的側面や関係性の側面についての多様な領域の論考から得られるであろう。例えば，これまで我々は，コミュニカティヴ・ミュージカリティの批判は，心理-複合体と呼ばれてきた心理学的枠組の起源を基礎になされることを論じてきたが，その心理-複合体とは，個人的なもの，すなわち精神内部のことに始まり，社会，文化へと外側へ向けて働く傾向のことである。これに対する別の観点として，バフチン，ヴォロシノフ，ヴィゴツキーといった初期のロシアの伝統が部分的に関連する急進的な心理学からの視点も有益であろう（Parker and Spears 1996; Newman and Holzman 1997）。ここでは，まず社会的なことが，コミュニカティヴな発達と実践（プラクシス）において生じると想定されている。「社会心理学は実際のところ，（コミュニケーションする主体の「魂（ソウル）」の中の）どこかではなく，完全に外側に，つまり言葉，身振り，行動の中に位置付けられるものである。」（Volosinov, in Parker and Spears 1996, p. 116）

社会的で共同体的なこと，つまり文化的／共同体的行為という個人の間にある領域の本質を第一に考える彼らの考えは，音楽療法を，こうした発展しつつある文化心理学の領域とその学問の使用により再考しようとする見地に影響を与えた（Stige 2003）。

最後に取り上げたいのは，神学者であり社会哲学者であるマルティン・ブーバーによる，対話関係とコミュニティ関係の連関についての重要な研究である。これは多くの点で上述の他のすべての観点と関連しており，あらゆる人間のコミュニケーションが，どのようにして「あなた（You）」と「私（I）」と「我々（Us）」の間の領域で生じるのかについての，シンプルかつ深みのある説明をするものである。ブーバーの対話についての哲学は，これまで従来型の音楽療法と大きな関連があると捉えられてきたが（Ansdell

1995; Garred 2006)，それは，コミュニティ音楽療法の理論化という最近の研究課題にも同様に関連しうるだろう。特に，ブーバーは対話の原理をコミュニティの原理へと精緻化しているが，それはユートピア的なイデオロギーなどではなく，独創的かつ現象学的に正確な記述となっている。「このコミュニティとは，似たような考え方の人々による団結 (union) などではなく，類似した，もしくは相補的な性質を持つが異なる考えの人々が真に共に生きることである。コミュニティとは，協同 (unity) して生きることにより他者性を乗り越えるものである。」(Buber, in Kramer 2003, p. 77)

16.6 結論

　民族音楽学者チャールズ・カイルは，こう書いた。「音楽は参加意識を持つための最終かつ最善の源であり，何らかの理想的なコミュニティを単に設計するだけでなく，おそらくそれを成立させる能力をも有している」(Keil and Feld 1994)。本章で我々が提示した例では，「理想的なコミュニティ」とはユートピアなのではなく，人々が音楽の中で，そして音楽を通して独自の方法で出会うことができる具体的な状況を意味している。これらのミュージキングの出来事は，現代において打ち解けた，あるいは共同体的な人間の出会いを妨げているすべての要因（病気，社会的不平等，恐怖，文化的分裂）に抗する希望ののろしである。現代の社会的，政治的激変，避難民の危機，都市環境からのストレスは，我々に，社会集団に属するとはどういうことか，また互いにコミュニケーションやコラボレーションをするとはどういうことかについての見直しを迫っているのである。現在では，多くの音楽療法士が，病気の人々だけでなく，抱える「問題」が社会的，文化的，そして政治的である人々，すなわち自身の文化や音楽，そして家庭から追放された人々をも対象としている。これまで以上に，ミュージキングは，コミュニティを生み出し，社会的分裂に対処し，信頼や社会的つながりを再構築するために必要であろう。

　我々が本章で示した多様化する論点に関して，知が統合しつつある。それは，（コミュニティ音楽療法として特徴付けられるような）音楽療法の視野を広げることに関わるものであり，人間の生活世界における音楽とミュージキングの本質と機能についてのより領域横断的な理論との連携において，今度は音楽療法自体が偶然ではなく，見直されていくのである。一言でいうと，この視野の広がりは，生態学的なものである。つまり，音楽は，生物学的，個人的，文化的，社会的，そして霊的なものが相互に絡んだ生命のシステムと相互依存の関係にある。

　この新たな視野において明らかであろうことは，第一に，マロックとトレヴァーセンのコミュニカティヴ・ミュージカリティは，ミュージキングが現代社会のためにどれだけ力を発揮し期待の持てるものであるかについて，最新の理論的なモデル化の試みの基盤とみなせるだろうことである。また，コミュニカティヴ・ミュージカリティは，実際にトレヴァーセンとマロックが述べたように，「音楽療法理論のひとつの土台であり，（中略）音楽療法体験とその効果の源泉」でありうるが，音楽の様々な力の詳細な現象学について適切な説明を提供するためには，この土台の上にさらなる理論構築が必要だということもまた明白である。第二に，本章で試みた多様化する領域横断的な理論と事例を通して，音楽の幅広さと可能性についての理論を練り直すためには，心理－複合体という伝統的な二者関係の偏見に対して批判的認識論的方向性が必要であろうことも明らかとなった。

　コミュニティ音楽療法がコミュニカティヴ・ミュージカリティの理論に素晴らしい着想を得たこと，そして我々が本章で実験的に提示したように，拡大しつつあるモデルの発展のための一助としてこの理論を批判的に用いることができたことは，偶然ではない。おそらく我々に共通している真の関心は，音楽のコミュニティに関するカイルの展望をどのように促進することができるかを，十分に探求することであろう。我々の専門的視点が何であれ，我々の多くは，音楽は実際，「共に，参加する」という基本的な人間の要求を支える力を有しているということを確信しているのである。

（沼田里衣訳）

謝辞

本章における概念的，技術的支援として，我々はサイモン・プロクターとレイチェル・ヴァーニーに謝意を表したい。本研究は，ロンドンのノードフ・ロビンズ音楽療法センターの研究部門のプログラム，また国際共同研究「後期近代における音楽と健康」(ノルウェー研究評議会プロジェクト番号：158700/530) の一環として行なわれたものである。

引用文献

Aldridge D (2004). *Health, the individual, and integrated medicine: Revisiting an aesthetic of health care.* Jessica Kingsley Publishers, London.

Alvarez A (1992). *Live company: Psychoanalytic psychotherapy with autistic, borderline, deprived and abused children.* Tavistock/Routledge, London and New York.

Ansdell G (1995). *Music for life.* Jessica Kingsley, London.

Ansdell G (1997). Musical elaborations:What has the New Musicology to say to music therapy? *British Journal of Music Therapy*, **11(2)**, 36–44.

Ansdell G (1999). Challenging premises. *British Journal of Music Therapy*, **13(2)**, 72–76.

Ansdell G (2001). Musicology: Misunderstood guest at the music therapy feast? In D Aldridge, G DiFranco, E Ruud and T Wigram, eds, *Music therapy in Europe*, pp. 17–33. Ismez, Rome.

Ansdell G (2002). Community music therapy and the winds of change [online]. In *Voices: A world forum for music therapy*. http://www.voices.no/discussions/discm4_03.html

Ansdell G (2003). The stories we tell: Some metatheoretical reflections on music therapy. *Nordic Journal of Music Therapy*, **12(2)**, 152–159.

Ansdell G (2004). Rethinking music and community: Theoretical perspectives in support of Community Music Therapy. In M Pavlicevic and G Ansdell, eds, *Community Music Therapy*, pp. 65–90. Jessica Kingsley, London.

Ansdell G and Pavlicevic M (2005). Musical companionship, musical community: Music therapy and the process and values of musical communication. In R Macdonald, D Hargreaves and D Miell, eds, *Musical communication*, pp. 193–214. Oxford University Press, Oxford.

Becker J (2001). Anthropological perspectives on music and emotion. In PN Juslin and JA Sloboda, eds, *Music and emotion: Theory and research*, pp. 135–160. Oxford University Press, Oxford.

Becker J (2004). *Deep listeners: Music, emotion, and trancing.* Indiana University Press, Bloomington, IN.

Benson B (2003). *The improvisation of musical dialogue: A phenomenology of music.* Cambridge University Press, Cambridge.

Benzon W (2001). *Beethoven's anvil: Music in mind and culture.* Basic Books, New York.（ベンゾン，西田美緒子訳『音楽する脳』角川書店，2005）

Blacking J (1973). *How musical is man?* University of Washington Press, Seattle,WA.（ブラッキング，徳丸吉彦訳『人間の音楽性』岩波現代選書，1978）

Blacking J (ed.) (1977). *The anthropology of the body.* Academic Press, New York.

Clarke E (2003). Music and psychology. In M Clayton, T Herbert and R Middleton, eds, *The cultural study of music: A critical introduction*, pp. 113–123. Routledge, London.（クラーク「音楽と心理学」：クレイトン，ハーバート，ミドルトン編，卜田・田中・原・三宅・若尾訳『音楽のカルチュラル・スタディーズ』アルテスパブリッシング，2011所収）

Clarke E (2005). *Ways of listening: An ecological approach to the perception of musical meaning.* Oxford University Press, Oxford.

Clarke E and Cook N (2004). *Empirical musicology: Aims, methods, prospects.* Oxford University Press, New York.

Cook N (1998). *Music: A very short introduction.* Oxford University Press, Oxford.

Cross I (2003). Music and biocultural evolution. In M Clayton, T Herbert and R Middleton, eds, *The cultural study of music: A critical introduction*, pp. 19–30. Routledge, New York and London.（クロス「音楽と生物文化的進化」：クレイトン，ハーバート，ミドルトン編，卜田・田中・原・三宅・若尾訳『音楽のカルチュラル・スタディーズ』アルテスパブリッシング，2011所収）

Damasio A (1999). *The feeling of what happens: Body and emotion in the making of consciousness.* Harcourt, London.（ダマシオ，田中三彦訳『無意識の脳：自己意識の脳』講談社，2003）

Davidson JW (2004). What can the social psychology of music offer community music therapy? In M Pavlicevic and G Ansdell, eds, *Community music therapy*, pp. 114–128. Jessica Kingsley, London.

Davies A and E Richards (eds) (2002). *Music therapy and group work: Sound company.* Jessica Kingsley, London and Philadelphia.

DeNora T (2000). *Music in everyday life.* Cambridge University Press, Cambridge.

DeNora T (2001). Aesthetic agency and musical practice: New directions in the sociology of music and emotion. In P Juslin

and J Sloboda, eds, *Music and emotion*, pp. 161–180. Oxford University Press, Oxford.
DeNora T (2003). *After Adorno.* Cambridge University Press, Cambridge.
Dibben N (2003). Musical materials, perception, and listening. In M Clayton, T Herbert and R Middleton, eds, *The cultural study of music: A critical introduction*, pp. 113–123. Routledge, London.（ディベン「音楽の素材，知覚，聴取」：クレイトン，ハーバート，ミドルトン編，卜田・田中・原・三宅・若尾訳『音楽のカルチュラル・スタディーズ』アルテスパブリッシング，2011所収）
Dissanayake E (2001). An ethological view of music and its relevance to music therapy. *Nordic Journal of Music Therapy*, **10(2)**, 159–175.
Dunbar R (2004). *The human story: A new history of mankind's evolution.* Faber, London.
Elliott D (1995) *Music matters.* Oxford University Press, Oxford.
Garred R (2006). *Music therapy: A dialogical perspective.* Barcelona Publishers, Gilsum, NH.
Gouk P (2000). *Musical healing in cultural contexts.* Ashgate, Aldershot.
Horden P (2000). *Music as medicine: The history of music therapy since antiquity.* Ashgate, Aldershot.
Keil C and Feld S (1994). *Music grooves.* University of Chicago Press, Chicago, IL.
Kramer P (2003). *Martin Buber's 'I and thou': Practicing living dialogue.* Paulist Press, New Jersey.
MacDonald RAR, Hargreaves DJ and Miell D (eds) (2002). *Musical identities.* Oxford University Press, Oxford.（マクドナルド，ミエルほか，岡本美代子・東村知子訳『音楽アイデンティティ─音楽心理学の新しいアプローチ』北大路書房，2011）
Malloch S (1999). Mothers and infants and communicative musicality. *Musicae Scientiae (Special Issue 1999–2000)*, 29–57.
Miell D, Macdonald R and Hargreaves D (2005). *Musical communication.* Oxford University Press, Oxford.（ミール，マクドナルド，ハーグリーヴズ編，星野悦子訳『音楽的コミュニケーション─心理・教育・文化・脳と臨床からのアプローチ』誠信書房，2012）
Newman F and Holzman L (1997). *The end of knowing: A new developmental way of learning.* Routledge, London.
Parker I and Spears R (eds) (1996). *Psychology and society: Radical theory and practice.* Pluto Press, London.
Pavlicevic M (1991). *Music in communication: Improvisation in music therapy,* Unpublished Ph.D. dissertation, University of Edinburgh.
Pavlicevic M (1997). *Music therapy in context.* Jessica Kingsley, London.（パヴリチェヴィック，佐治順子・高橋真喜子訳『音楽療法の意味─心のかけ橋としての音楽』本の森出版社，2002）
Pavlicevic M (2000). Improvisation in music therapy: Human communication in sound. *Journal of Music Therapy,* **37(4)**, 26–285.
Pavlicevic M (2001). A child in time and in health: Guiding images for music therapy practice. *British Journal of Music Therapy,* **15(1)**, 14–21.
Pavlicevic M (2003). *Groups in music: Strategies from music therapy.* Jessica Kingsley, London.（パブリチェヴィク，よしだじゅんこ訳『みんなで楽しく音楽を！：音楽療法士からの提言』音楽之友社，2006）
Pavlicevic M and Ansdell G (2004). *Community music therapy.* Jessica Kingsley, London.
Pinker S (1997). *How the mind works.* Penguin Books, London.（ピンカー，椋田直子・山下篤子訳『心の仕組み─人間関係にどう関わるか（上）（中）（下）』（日本放送出版協会，2003）同『心の仕組み（上）（下）』筑摩書房，2013再刊）
Ruud E (1980). *Music therapy and its relationship to current treatment theories.* MagnaMusicBaton, St. Louis, MO.
Ruud E (1998). *Music therapy: Improvisation, communication and culture.* Barcelona Publishers, Gilsum, NH.（ルード，村井靖児訳『音楽療法：理論と背景』（ユリシス出版部，1992））
Schutz A (1976). Mozart and the philosophers. In A Brodersen, ed., *Collected Papers II: Studies in social theory,* pp. 179–200. Martinus Nijhoff, The Hague.（シュッツ，桜井厚訳『現象学的社会学の応用』御茶の水書房，1997）
Small C (1998). *Musicking: The meanings of performing and listening.* Wesleyan University Press, Hanover, NH.（スモール，野澤豊一・西島千尋訳『ミュージッキング：音楽は〈行為〉である』水声社，2011）
Stern D (2004). *The present moment in psychotherapy and everyday life.* Norton, New York and London.（スターン，奥寺崇・津島豊美訳『プレゼントモーメント─精神療法と日常生活における現在の瞬間』岩崎学術出版社，2007）
Stige B (2002). *Culture-centered music therapy.* Barcelona Publishers, Gilsum, NH.（スティーゲ，阪上正巳監訳『文化中心音楽療法』音楽之友社，2008）
Stige B (2003). *Elaborations towards a notion of community music therapy.* Unpublished Ph.d. dissertation, Department of Music and Theatre, University of Oslo.
Stige B (2004). Community music therapy: culture, care and welfare. In M Pavlicevic and G Ansdell, eds, *Community music therapy,* pp. 91–113. Jessica Kingsley, London.
Trevarthen C (1999). Musicality and the intrinsic motive pulse: Evidence from human psychobiology and infant communication. *Musicae Scientiae (Special Issue 1999–2000),* 155–215.
Trevarthen C (2003). Neuroscience and intrinsic psychodynamics: Current knowledge and potential for therapy. In J Corrigall and H Wilkinson, eds, *Revolutionary connections: Psychotherapy and neuroscience,* pp. 53–78. Karnac Books, London.

Trevarthen C and Malloch S (2000). The dance of wellbeing: Defining the musical therapeutic effect. *Nordic Journal of Music Therapy*, **9(2)**, 3–17.
Turner V (1982). *From ritual to theatre: The human seriousness of play.* PAJ Publications, New York
Turner V (1987). *The anthropology of performance.* PAJ Publications, New York.
Wallin NL, Merker B and Brown S (eds) (2000). The origins of music. MIT Press, Cambridge, MA.（ウォーリン，マーカー，ブラウン編，山本聡訳『音楽の起源（上）』人間と歴史社，2013）
Williams A (2001). *Constructing musicology.* Aldershot, Ashgate.

第17章

マインドフルネス[1]と意味の発達を支えること：性的虐待を受けた児童対象の音楽療法における臨床的手法

ジャクリン・ロバーツ

17.1　はじめに

　本章において，私は音楽を，療法的関係の進展と変容の療法的プロセスにおける原初的な触媒として示す。そして，幼児期に性的虐待を受けた生育歴を持ち，精神病を呈する児童を，音楽療法がいかに支援しうるかについて解説する。自己の間主観的感覚[2]が，発達初期段階における対人関係のトラウマによって中核から破壊された場合，臨床的な意図と共に使用される音楽が，その子どもの心に手を差し伸べ，音楽を媒介とした治療関係を発展させていく上で建設的にはたらくだろう。私は学際的な観点から，音楽がいかにして子どもの情動調整を援助し，幼少期の関係性におけるトラウマが原因で崩壊する「象徴化」――意味づけする能力――をはぐくむために活用されるかを考える。私は，この作業において，生成的で構成的あるいは「構造化」する役割を音楽が持っていると主張する。音楽は，情動を組織化または調整するために活用され，対人関係における愛着[3]と意味の共有を援助することができる。これは，精神の発達において基盤となる要素である（Siegel 1999; Schore 2001）。音楽療法がもたらす基本的な情動共鳴や情動調整の要素は，すべての子ども対象の実践に共通するが，他の媒体によって関与することが難しい場合は，特に音楽が重要な役割を果たすこととなる。音楽療法士の臨床的に鋭敏な聴取，そして卓越した即興技術は，豊かな創造的資源を提供し，発展していく音楽‐治療的な関係性において子どもに寄り添うことを可能にする。

　本章では，意味と結合した自己感覚が失われるか傷ついた時，音楽療法がいかにその意味の創造や回復を援助しうるか，について解説する。音楽的‐治療的プロセスの力は，音楽そのものに内在しており，その豊かさというものを言葉ですべて伝達することは不可能である。また，その力とは，感じること，そして関わることの潜在的かつ前言語的な領域にあり，またセラピストの在りようや子どもに対する受容の中にも存在し，さらには子どもの情動的で行動的な反応の形態や質にも現れているのである。子どもたちは，自身の感情や反応，そしてすべての動機を，主に身体動作や身振り[4]，発声によって表現す

---

[1] 仏教の瞑想（meditation）に起源を持つ注意集中の方法で，近年ジョン・カバット・ジンにより，ストレス軽減の方法として提唱された。現在の，その瞬間瞬間に注意を向ける訓練を積むことで，意識的な自己調整力を高めることができるとされる。
[2] 巻末の参考資料「間主観性」を参照。
[3] 巻末の参考資料「アタッチメント（愛着）」を参照。
[4] 巻末の参考資料「身振り（ジェスチャー）」を参照。

る。これらの原初的な自己体験や表現の形態は，本質的に音楽的であり——リズムと調子を伴う。このことこそが，音楽が子どもたちの情動的体験に容易に届き，影響を与える理由であり，音楽が生涯続く人間的な体験の内発的な動機付けになり続ける理由でもあるのだ。本章では，最初に音楽性とは何か，次に療法としての音楽の特性とは何か，について考察する。

17.2　我々の生来の音楽性を促進する音楽の療法的可能性

> 音楽の本質的なプロセスの，すべてではないが多くは，人間の身体組織および，社会における他者の身体とのインタラクション，のパターンに見ることができる。
>
> ブラッキング（1973）

　すべての文化に存在する音楽は，表現する身体動作のリズムと情動を共有する力を起源としている（Blacking 1973; Trevarthen 1999; Malloch 2005）。音楽性とは，本書の著者たちが議論しているように，我々人間の中に生来存在し，幼少期の対人関係における情動的共鳴に必要なものでもあり，社会的コミュニティを活気づけるものにもなる。音楽は，我々人間としてのアイデンティティの本質的な一部なのである。民族音楽学者のジョン・ブラッキングが思い出させてくれるように，人間社会の日常における声や身振りの中にある音楽性は，訓練で獲得される音楽的スキルへの動機付けになるが，そのようなスキルに依存しているわけではない。

　現代の音楽療法は，人間はすべて先天的に音楽的であり，音楽性はしっかりと脳内に定着していて，重篤な神経学的トラウマや障害があっても残存する，という前提に立っている（Bruscia 1998a; Wigram and De Backer 1999a,b; Sutton 2002; Darnley-Smith and Patey 2003; 本書第16章のパヴリチェヴィックとアンスデルを参照）。音楽療法は，「セラピストがクライエントの健康の達成を助ける介入としてのシステマティックなプロセスである。そのプロセスにおいて，変化の力動として展開する音楽体験や関わりを活用するものである」と定義されている（Bruscia 1998a, p. 47）。音楽のもつ基本的な運動学的および音的特性は，我々の内在する音楽性を呼び起こし，音楽の癒し効果をもたらす自然な媒介となり，クライエントのニーズに沿って音楽療法士が治療的対人関係を展開する際の資源にもなる。

　我々の身体の動きは，リズム的要素と力動的調整を表し，それらは我々の情動的状態と動機による衝動から直接出現している（本書第7章のパンクセップとトレヴァーセンを参照）。我々の声には，歌うときに限らず，話す，笑う，泣くときにも音楽的-情動的トーンがある。「音楽的表現」とは，したがって「人間の表現」と同義なのである（Aldridge 1996）。「音楽を演奏する」ことへの意識的な努力や意図が出現するまで，そして音楽演奏のなかで自身を表現する形態が出来る以前は，音楽のコミュニカティヴな特性は，関係性における無意識の共感的領域，または情動的共鳴を有している。音楽的表現は，個別の体験を深い潜在的（内在的）レベルでの体験として繋ぎ，他の媒体では届かない子どもたちの情動に，表現的枠組みを与えることができる。音楽に対する自然な反応と，即興演奏でこれをどのように培うことができるかについては，障害児，自閉症児，情緒障害児との臨床を行った音楽療法のパイオニアたちがすでに述べている（Alvin and Warwick 1991; Nordoff-Robbins 2004, 2007; パヴリチェヴィックとアンスデルについては本書第16章を，ウィグラムとエレファントについては第19章を参照のこと）。

17.3　音楽療法の文脈におけるコミュニカティヴ・ミュージカリティについて

　乳児の自己感覚と親しい間柄における意味の共有の発達を援助する音楽機能は，コミュニカティヴ・ミュージカリティとして，人間の間主観性に関する精神生物学および発達理論の内部で定義されてきた（Stern 1985; Papousek 1996; Malloch 1999; Trevarthen 1999, 2002）。この理論は，音楽療法の基本的前提である科学的な説明を提示している。すなわち，生得的な音楽性とは我々すべての人間が持つものであ

り，音楽的訓練の有無には左右されない，ということである。さらに言うと，この理論を元に展開された研究は，人間の情動的表現の相互作用的な即興要素が，前言語および非言語的コミュニケーションの両者において活発な身体の運動的衝動から発するものであると述べている（Malloch 1999; Trevarthen and Malloch 2000; Trevarthen and Schögler 2009）。

しかしながら，人間の間主観性に固有である音楽性の自然な感覚が「音楽 - 治療的効果」に必須であることは認める一方で，すべての年齢層のクライエント対象の音楽療法行為を理解するためには，関係性におけるコミュニカティヴ・ミュージカリティの満ち引きがまだ現実的でない，または弱まっている対象者に向けた「創造的 - 建設的」で極めて高い柔軟性をもつ即興音楽の活用法を正しく認識しなければならないと考える（本書第14章のグラティエとダノン）。幼少期の発達が遅れ，生まれつきの，遺伝的，または環境的な影響が，コミュニケーションや対人関係の自然な流れを妨げる場合，発達の知識と精神力動的な理解は，音楽療法プロセスの重要な観点となる。我々は音楽療法士として，明白な音楽行為や行動として表現されない感情に対していかに対応するか，また，音がある場合とない場合の両者を含む現象としての音楽的コミュニケーションの中での関係性の力動において，そのような感情がいかに変容するのかを説明する必要がある。療法の場では，どのような二者間においても，意識の閾値および音楽的あるいはその他の目に見える行動の水面下にあるものに注意が払われる必要がある。これについては，後述の症例で解説する。

17.4 「ウェルビーイングのダンス」[5]の情動と意味の共同構築

音楽性の生物学的起源は，乳児の最初の発声への衝動やタイミングを得たリズミカルで強弱も伴う身振りからもわかるように，共有された意味，すなわち「象徴化」の出現と内在的に関わりがあると言われている（Dissanayake 2000と本書第2章を参照；Peretz 2001; Trehub 2001; Wallin *et al.* 2000; 本書第3章のブラント，第4章のマーカー参照）。乳児期に関する研究は，関係性におけるありのままの反応としての音楽性が，生まれたときにすでに存在し，対人関係の意味を創造し形作りながら，一生機能し続けるものであると実証している。「人間の音楽性の普遍的要素，タイミングや情動表現，そして間主観的共感は，内的動機の明らかなサインであり，音楽は人間の日常における主要な動機づけの力として，すべての場所で機能している」（Trevarthen 1999）。この「ウェルビーイングのダンス」（Trevarthen and Malloch 2000）は，すべての人間の社会性に内在する音楽的 - 力動的形式においても，共有する興味の協同的追及においても観察されている。

生き生きとした会話に，雄弁なジェスチャーと身体の動き，そして声の表情が伴うことで，視覚と聴覚における感情的／運動的欲求としての交響曲がおのずと形づくられ，注意を引き付け，心を傾けさせるのである。特に，これは情動の「調律（アチューンメント）」（Stern 1985）の調性的かつ秩序的機能であり，関係性における意味の出現と，乳児の「意味する」発達能力につながる（Halliday 1975）。

> 乳児は，自分自身の刺激の内的レベルと養育者からの刺激レベルの両者を調整することにかけては巨匠である。母親も，インタラクションの瞬間的な調整に長けた巨匠である。両者が共にいることで，優れた二項関係のパターンが進化するのである。
>
> スターン（1985, p. 109）

体験における感情移入（より正しく言うならば共感）の中核は，情動的共鳴であり，これは関わりの進展するにつれて調律されようがされまいが，必ず伴うものであり，直接的な関わり合いそのものが起きても継続されるものである（Siegel 1999, p. 281）。このような感覚的な生き生きとした関わり合いの体験

---

[5] 巻末の参考資料「ウェルビーイング」を参照。

は，根本的に美的であり直徳的であり，「知ること」または「認知すること」を重視している。これらの体験は「思考のゆりかご」(Hobson 2002) を構成する。この言葉は，コミュニケートしている精神の生気6)における，関係性の原始的だが微妙な形式がもつ包括的，調整的，養育的，変容的な性質をとらえたものである。

コミュニカティヴ・ミュージカリティは，人間の間主観性を動機付ける起源と定義され，その中で文化的意味が育って行く (Malloch 1999)。マロックは，乳児－親間の初期段階の発声を特徴づける音高，タイミング，音質の音楽的かつ自発的に即興的な変化に関する研究において，健常な乳児－養育者間のやりとりにおけるコミュニカティヴな動きがもつ内発的な秩序原理をつきとめた。この秩序の機能においては，コミュニカティヴ・ミュージカリティが，関係性における情動的感情と思考を具現化したものを表現すると考えられており，この関係性は運動的衝動と認知的期待の「ミラーリング」7)から発生した個人間，精神間の現象を指している (Gallese and Lakoff 2005)。これらの衝動と期待は，時間の経過と共に起こる共感的な対人行為において形作られる。時間的な枠組みは，すべての形態の行為の相互作用性の発達に内在しているものであり，これは，相互性を定義する特徴，すなわち「間主観性における自己」なのである (Beebe and Lachmann 1988; Beebe et al. 2000; Stern 1985, 1995, 2004; Trevarthen 1979, 1993; また，動きにおける時間と表現の資源，そしてコミュニケーションにおけるそれらの役割については，本書第6章のリーとシェーグラーを参照のこと)。

時間に沿って流れる，音楽の調整的で秩序的な機能は，音楽療法の中心的な特徴であるとも言われている (Sears 1968/1996)。

> 基本的な意味で，**音楽療法は個々に対して出来事の体験を提供する**…個人の過去が治療関係を構成する基本 (しばしば非常に重要なものとして) になるが，治療状況は現実から始まり，将来へと展開していく。**セラピストの誰も個人の過去の体験を変えることはできないが，現在の状況を構成することで，過去からの影響がより適切な将来へと変容するよう働きかけることはできる**。この——現在は未来に向かうという——意味において，「体験」という言葉は使うために選ばれてきた。
>
> シアーズ (1996, p.34)

シアーズ自身の強調は中ゴシックで示されている。太字部分は，筆者が性的虐待によるトラウマを負った児童と臨床する際に，特に重要であると感じた点である。

シアーズの，秩序をもたらし変化につなげる体験を提供する，という音楽療法の概念は，さらにノードフとロビンズ (2004, 2007) によって展開された。彼らも，対人関係が結べないか，それが困難な子どもたちを援助する，音楽の統合的な力を認識した。そして，個別および集団音楽療法において，コミュニケーションと関係構築の方法として，即興音楽の効果を探究した。音楽療法士として，研究者として，ノードフとロビンズは，音楽的関係性の力動的特徴を模索し，広い範囲の子どもを対象に参加を促すことが可能になることを考察している[1]。彼らは，「ミュージック・チャイルド」という概念を提示し，音楽療法に内在する統合的特性とプロセスについて，非常に分かりやすく述べている。

---

1 この研究は，国立精神衛生研究所の研究助成金MHPG 982による支援を受け，1962年から1967年の間，ペンシルヴァニア大学で行なわれた。結果は，1977年版の『創造的音楽療法』にすべて記録されており，その改訂版 (Nordoff-Robbins 2007) は，幅広い範囲の障害や条件を持つ子どもたちとの個別音楽療法セッションを録音したCD 6枚を含んでいる。
6) 巻末の参考資料「生気，生気情動と自己感」を参照。
7) 子どもに情動的に巻き込まれながら，模倣等，子どもの情動をエコーのように映す養育者の行動。情動調律の役割を果たす。

> ミュージック・チャイルドとは……すべての子どもに生得的な，個別の音楽性である。この用語は，人間の音楽的感受性の普遍性—音とリズムの動きの秩序と関係性に対する複雑な感受性—と，各々の子どもの音楽的反応性の，ユニークでパーソナルな意義に関連している。重度の障害児の場合，最初，音楽的反応は，断片的・反射的であるか，あるいは音楽によって影響された，常同的，固執的，強迫的な行動にあらわれる彼らの状態にいろいろな点でつながっているように見えることが多い。このような子どもたちにおいてはまだミュージック・チャイルドが働いているとはいえない。何らかの疎通的な方向性や，反応性の秩序や，これらの子どもたちを限局している習慣的な活動からの目に見える開放や自由が現れて，はじめて，ミュージック・チャイルドが喚起され，形成された，と言えるであろう。
>
> ノードフとロビンズ（1977, p. 1）

ノードフとロビンズは，また，子どもの人格を発達させる機能を構成する音楽の力についても強調している。

> ミュージック・チャイルドという用語は，受容的，認知的，表現的な諸能力の統合を意味しており，これらの諸能力は，子どもが意味のある自己参加をもってこれらの能力を使うように刺激された場合，そのパーソナリティの組織化にとって中心となる。この参加は，それが創造的，応答的に育成されると，音楽的認知や知覚や記憶の機能を引き起こす。子どもがより深く，個人的に巻き込まれるようになるにつれて，知性，意図性，自信が表現に自発的に現れてくる。子どもたちは，特定の音楽や音楽での活動においてだけでなく療法の場面が維持し，提供するあらゆるものの中での，自分の自己実現と自己統合に，情動的に巻き込まれるようになる。
>
> ノードフとロビンズ（1977, pp. 1-2）

音楽で子どもたちと出会い，参加に導く多くの可能性の1つとして，「基本拍を共有する」こと，が音楽－療法的関係性の特徴であり，これはノードフとロビンズが極めて重要な要素と述べている。発達的視点からみても，ビートや拍を共有する行為は，乳児－養育者間のコミュニケーションの直観的特徴であり，この秩序機能の中で，相互関係や共感を生むのである（Trevarthen 1980, 1999）。非定型の発達や情緒障害を持つ子どもたち（Condon and Ogston 1966; Evans 1986）には，この共感を秩序化する根本的な要素が確立されていないか，または確立されていたとしても特異で不安定な形の場合が多く，このようなときに音楽療法が力を発揮するのである。

情動や注意力を秩序化し調整することができ，音楽療法における対人－対音楽関係性をサポートすることのできる音楽の力は，情動的なコミュニケーションと遊びの能力が欠如または崩壊している子どもたちにとって，特に貴重な役割を果たす（Gold *et al*. 2004）。回避的かつ否認的な情緒障害を呈した行動は，簡単なコミュニケーションや共有された遊びを妨げる。気分が不安定で，情動的／行動的な反応が気まぐれであったり，過度に受け身であったりする。そのような極端な例がネグレクトや恐怖，重度の拷問に近い物理的痛み，安定や信頼の継続的な欠如を含む幼少期の家庭内虐待を体験した子どもたちである。これらの子どもたちは精神病になったり，現実感覚を失うこともある。彼らは，無意識に再体験してしまう恐怖を克服する方法として，心がうつろな状態や時間の感覚を失っているような状況に身を置くことで，生き抜こうとすることがある。これらの記憶というものは，体験の潜在的で前言語的な領域に存在するため，通常気にも留めないような普通の出来事，例えば匂いやささいな動作，または出会いによって，すぐに蘇ってしまうのである。これらの子どもたちにとっては，自己体験や間調整体験といった，最も基本的な情動プロセスに対して援助が必要であり，現実や精神の統合を体験できる時空間を創造することが必須である。そのときはじめて，前言語領域と自己感覚が十分に結合し，思考とアイディアが象徴として働きはじめ，それが意味を持つ。すなわち——体験され，コミュニケートされ，思い返される——のである。

音楽は，力動的な表現と関係性における体験の感覚レベルに作用し，そこから信頼，安心感，そして

新しい健康的愛着パターン，すなわち間主観性が発達し始めるのである。即興音楽の創造的かつ臨床的活用を通して，音楽は対人関係の枠組みを提供することができ，それは対人関係の結びつきへの生きた体験となる。このような体験は，前もって処方したり，教義的に作り出されたりするものではない。しかし，音楽のもつ特徴と音楽療法士の臨床技法と感受性による情動的に調整された美的な体験の中で，音楽的関係性は，存在すること，共に存在することを統合するのに必要な体験をもたらすことができる（Ansdell 1995; Austin 2001; Bunt 1994; Darnley-Smith and Patey 2003; Etkin 1999; Nordoff and Robbins 2004, 2007; Pavlicevic 1997, 1999, 2001; Robarts 1994, 1998, 1999, 2000, 2003, 2006; Rogers 2003; Wigram 2003; Wigram and De Backer 1999a,b；コミュニケーションにおける意味の形式的なプロセスについては本書第3章のブラントを参照）。

音楽療法士は，しばしば，コミュニケーションや対人関係能力が崩壊した人々を対象に臨床を行なうことがあり，その場合，［クライエントの］精神と意味における能力を，あたかも初めて獲得するように構築していく必要がある。象徴化の自然な道筋がブロックされている子どもたちは，自身のアイデンティティや自己感覚の統合に影響を受けている。音楽療法は，その子らが情動的コミュニケーションの無意識の領域から成長できるように，象徴化能力を構築することを通して，意味の形成や再獲得を可能にする媒体となるのである（Nordoff and Robbins 2004, 2007; Pavlicevic 1997, 1999; Robarts 1998, 2003, 2006; Wigram and De Backer 1999a）。成人も同様で，何らかの理由によって初期の健常な発達が妨げられた場合，または成人になって対人関係およびコミュニケーション能力を阻む体験を持つ場合，音楽療法は，言葉を必要としない一方，それと同じくらい言葉が音楽の中に生起してさらなる意味と真正さを見出すようなコミュニケーションを使い，その人の関係性における自己感覚を取り戻す上で，非常に重要な役割を果たすのである（Ansdell 1995; Austin 2001; Hadley 2003; Wigram and De Backer 1999b）。

17.5　音楽の中で出会うこと：臨床的即興と創造的な「今」

音楽療法では，対象者となる子どもや成人の反応に寄り添う，または「出会う」ことができるよう，即興演奏を様々な形で活用する。音楽的‐情動的，コミュニケーション的，そして療法的な方向性を持つ関係性が，各個人のニーズに合わせて非常に個別的な方法で，形成されていく。このような「臨床的即興」はクライエントへの反応や臨床的状況に応じて自由に展開され，ある程度構造化した即興や既成曲もクライエントのニーズに応じて活用されることがある（Nordoff and Robbins 1983; Pavlicevic 1997; Wigram 2003; 本書第19章のウィグラムとエレファントを参照）。このアプローチは，音楽療法士の創造的かつ豊かに訓練された技術を必要とし，音楽行為の最終目的が結果ではなく経過であるという臨床的理解と共に，対象者と音楽的関係性を築く世界に入っていくことのできる能力を要する。しかし，経過における努力は，しばしばその新鮮さや直観から生起するある特定の美を伴って，結果的に音楽演奏として現れることもある。療法における音楽的関係性の中心には，関係性に関する音楽そして音楽以外における特性を観察しながら，特定の方法で聴くこと，観ること，そして共感すること（この言葉はよく感傷的な意味で使われるが，ここではそうではなく，受容的で直観的に応えるという意味）がある。音楽療法士は，対人関係における個人内と個人間の領域を創造的に認識しながら，音楽の特性とその美的形式の力を活用するのである。音楽療法士は，クライエントの反応の変容に出会い，介入するために，臨床的意図に則って共に即興するのである。これは音楽演奏を生むためのものではない。この「出会う」という行為は，セラピストがクライエントに受容，理解され，共に体験することを支援したり，奏でることを通して探索を促す暗黙のまたは明白な誘いを提供したり，――または，ただ単に演奏をしない，またはできない，音楽の中に存在するしかないクライエントを援助する手立てを探すといった，音楽療法の場におけるすべての行為を包含している。

ここでは，ダニエル・スターンの概念である対人関係体験の「新生の瞬間(モーメント)」が，役に立つ類似として

引き合いに出されるかもしれない。新生の瞬間とは，

> 体験の主観的なかたまりが，生きている体験として，精神に構造化されたもの。その「瞬間」に存在するものとして自分を体験すること。それは，動機付けられた事柄において認知された，多様で同時的に起こる出来事を秩序化するもの。この意味においては，瞬間は精神が新生する特性なのである。
> スターン（1995, p. 96）

トラウマを持つ子どもの存在と関係性，想像遊びや思考に関する健全な能力の構築または再構築を援助するにあたって，音楽を使った即興は感じることと生活することを組織化し合致させようとする，すなわち自身の身体を意識化し自信をもてる存在としてとらえる感覚をもたらすように試みるのである。逆説的にいえば，即興音楽は構造化されたものから自由へ移行する体験を提供することもでき，これは他者と共存しながらも自分自身の時空間を創造する感覚をはぐくむことにも繋がるのである。幼少期に虐待を受けた子どもは，自己感覚と対人関係が中核から損なわれてしまったため，他者との一体感と分離が非常に混乱しやすくなっている。これらの自己と他者に関する原初的体験は，音楽によって再び探索することが可能であり，このコミュニケーションを通して，合致した自己感覚，自己体験の連続性，そして身体的および情動的な身体境界が育つのである（本書第19章のウィグラムとエレファントを参照）。

音楽療法の関係性の中での出会いは，自己内の情動および認知能力の統合が起こる「創造的な今」として記述されている（Nordoff and Robbins 2007; Robbins and Forinash 1991）。これは，スターンの言うところの「今」の瞬間，すなわち人と関わる潜在的レベルが，生きた体験の変容を生じさせるという概念である（Stern 1998, 2004）。生来の表現的音楽性の場が，音楽療法によって増幅され豊かになっていくのである。ここでは，人と出会うことの新たな情動的風景が提供され，おそらくは異なる気分が創り出されて，断片的にせよクライエントが演奏を展開することを援助するテンポ構造が与えられるのである。時に，音楽療法士の聴きとる資質が，クライエントたち自身に新鮮な気づきを伴って自らに耳を傾けさせる空間と静寂を創り出す。これらは，治療上の変化をもたらす方法として知られており，常に個々のニーズへの対応が求められる。

協働行為としての即興演奏は，共有された遊びの形式である。すなわち，クライエントの在り方や関わり方の質や特徴を，よく聴き，模索し，対応する駆け引きなのである。参加し，聴き，待つ，という行為が，能動的な反映やマッチングまたはミラーリング，さらには促進，解釈したりすること（治療的状況によって音楽的または言語的に）と同様に行われるのである。音楽療法は，表現として直接出現するクライエントとセラピスト両者の自己の内面の動きだけでなく，表現として出現しにくい非常に繊細なレベルのものも含め，すべての感覚に対して作用するものである。音楽即興で楽器を奏でる際，太鼓やウッドブロックを叩いたり，ギターの弦をつま弾いたりすることで，クライエントはそれらが仲介者としての機能をもつという体験をすることができる。感情の感覚的および動機的な起源が動き出し，楽器との接触による響きによって倍増し，それがすなわち「私が」「私に」（"I", "me"）の経験――今，ここで，この瞬間――の反響板になるのである。

音楽的－治療的関係性においては，音楽と精神力動的な個人内・個人間両方の自己が始動する。音楽療法は，動機を維持したり，信頼関係を築いたり，新しい在り方，感じ方，関わり方，を探究したり情動を表現し調整したり，そしてクライエントの自己防衛や他のこだわりの行動パターンに対して，慎重に働きかけることができるのである（Bruscia 1998b, Pavlicevic 1997, 1999, 2001; Robarts 1994, 1998, 1999, 2000, 2003, 2006; Tyler 2002, 2003）。情動調整とは，音楽療法の主要な特性の1つである。情動的な共鳴とは，音色，リズム，メロディー，拍，テンポそして拍子といった音楽そのものの特性を体験することによって生成される。そして，音楽療法士はセラピーの状況の中で出現する音楽的出来事，非音

楽的出来事の中で子どもに耳を傾け，応えていくのである。音楽は，前言語の自己領域に届き，障害された愛着パターンの奥まで根づくような創造的 - 構築的な変容をもたらすことができる。

17.6　情動の潜在的領域と，意味の創造的構築について

　前言語的自己は音楽によって完璧に手が届くものであり，秩序化された潜在的記憶の領域で確認されると言われている，この体験における潜在的領域が最初の自己感覚である。初期の乳児と親との関わりにおける親密性を発達させながら，前言語的自己は潜在的な関係性を知ることの社会的構造として探索される（Emde et al. 1991; Sren 1995; Siegel 1999）。この生気は生涯試されることではあるが，人生経験によって個別的に変化することでもある。もし，前言語的自己が発達初期にトラウマを受けた場合，神経系の「テンプレート」や自己および自己と他者との関わりの動機付け的感覚としての相互的影響の構造が崩壊しており，これがずっと続く危険性をはらんでいる。もし，我々が自己を記憶の層として位置付けてみるなら，それは身体的な順序や暗黙のレベルから，体験の特別な事柄や詳細が存在するエピソードとしてのレベルに至る経験によって積み重なったものであり，そのような記憶はクライエントの意識に知らず知らずのうちに蘇る。もしそうならば子どもへトラウマを与える襲撃，特にそれが何年間もわたって継続していた場合には，自己を記憶の主体とすることに対して劇的な影響がある。（Tulving and Markowitch 1998）。「状態は，そのまま特性になる」のである（Perry et al. 1995）。

　幼少期のトラウマが身体 - 精神的自己の一部となっていて，それを言葉で思い返す，あるいは「表現する」ことがしばしば難しくなっている人々にとって，音楽と歌うことの力が，癒しのプロセスとなる（Austin 2001; Etkin 1999; Robarts 2003; Rogers 2003; Sutton 2002）。内在的レベルにおける新しい繋がりや関わり合いの強化は，音楽によって生み出される情動的共鳴や調整の中心的側面である。このような音楽プロセスの例として，微妙なフレーズの短縮や拡張，和声のテクスチュアの厚さや薄さ加減，セラピストのサポートや誘いのペース，テンポの速さや遅さ，そして特に楽器のタッチの質（軽い，強い，伸びるなど），音高（高い，中間，低い）と音質（音色やテクスチュア）から伝わる情動的な質があり，音楽療法士はこれらの要素を，声や楽器演奏を通してクライエントと出会うために駆使するのである。

　音楽的イディオムや音階形式も，情動的な共鳴を生じさせたり，またはそれに応えたりする際に重要である。セラピストは，「この音楽は『スパイシー』過ぎるか，または『味が薄い』か」ということについて判断を下さなければならない。例えば，この子どもは，4小節のフレーズに反応するか，または長過ぎるか，3音から成るモチーフの方が子どもに分かりやすく反応し易いのかなど，これらすべての音楽的 - 対人関係的判断が，セラピストが聴き，感じ，反応する際，全体を見渡しながらもミクロ的視点を持つことに役立つのである。それは治療プロセスの中で織り合わせられ，直観的なものとなっていく。これらは，繋がりや関わり合いに向けた繊細なレベルの取り組みであり，子どもの力動的な感覚 - 情動的レベルに結びついていくのである。これらは，子どもでも大人でも，貧弱で壊れやすく，トラウマも伴った自己感覚があるときに，意味の土台作りに向けて取り組む場合にはとりわけ大切である。

17.7　幼少期における性的虐待と心的外傷後ストレス障害（PTSD）

　幼少期における性的虐待とは，発達していく子どもにとって永続的な結果を伴い，破壊的な影響を及ぼすものである。子どもの根本的な安心感や自己感覚を破壊することは，感覚 - 運動 - 情動の神経伝達経路における逸脱し捻じ曲がった発達につながる。幼少期におけるトラウマの研究者達は，トラウマ体験は感覚運動と情動レベルの記憶に編成されると述べている（van der Kolk and Fisler 1995; van der Kolk et al. 1995）。そして，情動的覚醒と意図性または目的をもった行為との間に起こる解離について説明している。

（彼らが自身の）情動的覚醒の意味を解釈することが不可能なため，感覚それ自体が否定的なものになっていく。別の行動でそれを解き放つことができないので，情動は自分の人生の結果に影響を及ぼすことのできない自身の無能を思い出させるだけのものになってしまう。

ファン・デル・コルクほか（1995, p. 10）

最悪の場合，性的虐待を受けた子どもたちは幼少期からずっと，その子が頼るべき存在であるのに守ってくれない大人からの拷問に等しい物理的な痛みを被ってきた可能性がある。したがって，このような子どもたちの「自己感覚」は未発達で秩序が欠如しており，分裂し，ねじくれており，深刻な情動－行動上の障害と学習障害を伴うことが多い。

ペリーら（Perry et al.）(1995) のトラウマ研究では，トラウマに対する精神生物学的な反応は，過覚醒と解離の2パターンによって構成される，と言われている。分裂や「解離」が，情動的覚醒と意図性または目的をもった行為との間に起こる場合，子どもは「存在しつづける」自己感覚，まとまりのある統合された自己を喪失するのである。解離体験とは，異なる現実を持つ体験，人との関わりや思考と言語の象徴機能から切り離された体験のことを指す。過覚醒の状態とは，好奇心や喜びなどの肯定的感情による興奮であってもそれが解離のきっかけとなる場合がある。ショア（1991）は，「幼少期における関係性のトラウマ」という用語を定義し，これは単発的なトラウマ体験や成人になってからのトラウマとは異なるものである，としている。彼は，神経生物学的な用語でその違いを説明している。

　幼少期のトラウマは，右脳，すなわち社会的－情動的情報と身体的状態の処理を司る脳半球の発達に影響を及ぼす。右脳大脳皮質における初期の成熟は，愛着機能を支配しており，愛着関係の内的行為モデルを記憶している。このシステムの発達における恒久的な欠損は，右脳の本質的な活動——生き延びることを支え，ストレス要因に対して有機体が能動的・受動的に対処することを可能とする生命機能の制御——に深刻な欠陥をもたらすのである。

ショア（2001, p. 206）

幼少期の間中，性的虐待のトラウマを体験した子どもたちにとって，生来のコミュニカティヴ・ミュージカリティ——音楽が人と人との間に生み出す自発的な反応性や関わり合い——は，社会的－情動的調整能力を伴う動機付けシステムの核が欠損しているため，危い状態となる。この調整能力が，精神と意味が育つための相関的な二項関係の一部となるからである（Trevarthen et al. 2006）。

　上述のように，音楽における情動調節プロセスは，子どもとセラピスト両者の精神が動き流れていく時間の中で，考えたり意味づけしたりする空間を創り上げるにおいて音楽療法の中心的役割を担っている。これらのプロセスは，それぞれの子どもとセラピストの，非常に個別的な作業である。音楽療法において瞬間瞬間に出現する音楽的配慮でもある。そこでは療法室にいるその子どもと共に，そして子どもに対して感じ，考える他の次元が同時に存在する。

17.8　音楽療法における象徴化の臨床的手法：生成プロセス（ポイエーティック）

　関わることや新しい体験を理解することが難しい子どもたちを対象とする臨床において，治療プロセスの臨床的手法の中で核になるものを認識することができた。私の臨床上の師匠は，家族による性的虐待により心的外傷後ストレス障害（PTSD）を負った傷ついた子どもたち自身であった。PTSDを持つ子どもたちは，自身の情動の混乱を，暴力的な行動または完全なる情動的な引きこもりを通して表現し，内的な静寂や安定した活力を見つけることができなかった。セラピストやセラピー環境に対する彼らの変わりやすい情動や複雑な反応は，治療関係を構築する際に多くの挑戦やジレンマをもたらし，特にトラウマやストレスが出現する身体化のレベルまでを起こすこともあった（Wickham and West 2002; Rogers 2003; van der Kolk 2003; 本書第15章のオズボーンを参照）。

被虐待児童のための療法の本質をつかむために，そして治療的変容における美的形式の機能を知るために，私はときどき音楽療法プロセスを，詩の作成プロセスになぞらえることがある。ギリシャ語の「Poiein」は「詩（poetry）」の語源であり，何かを作る，組み立てる，という意味を持つ。私の考える音楽療法において，「詩」は対人関係の変化，クライエントの変化，セラピストの変化と，多層に織り成す意味を包含する治療的関係性なのである。これは，観念的なまたは夢物語のような考えではなく，詩を作るという行為において，何かを生み出し，自身の感覚や認知そして新しい意味づけに向かって進むという創造的スキルのプロセスなのである。声のタイミングや強度，声色やイントネーションによる力動的形式は美的体験であり，それが内的静寂や空間性をもたらす。そこでは，自分自身に耳を傾けることが感じる経験である。

　音楽療法で即興音楽を使うことを通して，セラピストは子どもの情動や行動に直接働きかけ，自己調整や健康な愛着，そして遊ぶ能力を培うことができる（Bargiel 2004; Robarts 1998, 2003; Wheeler and Stultz 2001）。音楽において体験できる形式や秩序は固定したものではなく，力動的である。すなわち，安定感や予測性の特徴的要素を保持しながら，強さや持続時間／時空間の構成を増減することができるのである。ここでは，音楽と情動の生物学的なつながりが特に重要であり，子どもの反応や音楽的な力動や関係性における精神力動に対するセラピストの細やかな慎重さが求められる。私は以前に，自閉症児対象（Robarts 1998）と摂食障害を持つ青少年対象（Robarts 1994; Robarts and Sloboda 1994）の音楽療法に関連して，短い音楽的「形式」とモチーフの活用について述べた。この短い時間のユニットを形づくることが，体験や対人関係を受容するのが難しく，明確で分かりやすい力動的‐表現的な構造だけ受け入れることができる子どもたちにとってしばしば有用である。

　音楽療法において私が編み出した生成プロセスの臨床的手法モデルには，階層的な構造があることが徐々にわかってきた。今まで関わってきた子ども，青少年そして成人に共通してみられた治療的変化を評価することについて，その概要と「体験にほぼ近い」方法が見えてきたのである。特にこれは，意味付けや象徴化に関する子どもの能力の発達という点においてである。象徴形成は，情動的なコミュニケーションと関係性における根本的な相互調整の領域から生まれ，興味や感情に繋がっていく。音楽療法において，私はこの現象を「共感的共鳴の音‐リズムの領域」と説明している（Robarts 2000, 2003）。この領域は，声の使用や楽器演奏を通して音楽と音の特性に呼応し共鳴する基本的な人間の共感ゆえに現れるものである。そして，これが自己や対人関係の経験を増幅するのである。この関係性における音楽的基盤から，象徴形成における次のレベルが発達し，結果的には自伝的ナラティヴ[8]が自然に生じることもある。

　音楽療法における象徴化の経路は，呼び起されたレベル（前‐意図的，体験の潜在的なレベルでの無意識的反応）から，より自発的な表現の意図的様式までの――そこでは想像が自伝的ナラティヴとしての遊びに変容する――力動的な軌道である。これらのプロセスは，スターン（1994）の乳幼児の具象的世界のモデルでも紹介されており，ここでは意味や自己一貫性が，生きた体験の感覚‐運動‐情動スキーマから育つと言われおり，この体験は自発的に呼び起され規定されて，自伝的ナラティヴに繋がる。ダマシオ（1999）も，感覚‐運動レベルにおける感じられる，生きた体験から自伝的ナラティヴが生まれる，と述べている。

　私が関わった子どもや成人のクライエントたちとの音楽療法では，音楽によって意識的な連想を呼び起こしたり，体験した過去を想像，想起したり，その思いにふけったりするのではなくて，もっと早い時期の自己存在や関係性のレベルを扱っている。ここでは，虐待を受けた子どもの自己感覚が「メンバーからはずされており」，治療的な介入がされない場合，「再加入」（一緒にすること）の行為は常に苦痛な

---

[8] 巻末の参考資料「ナラティヴ」を参照。

体験である。

> すべてのトラウマを持つ患者は，自分の人生の展開を点検しているように見える。彼らは，克服できない対象に愛着を持っているのである。トラウマの記憶を統合できず，新しい体験を受け入れる能力まで喪失しているように見える。
> ジャネット（1925, p. 660 〜ファン・デル・コルク＆ファン・デル・ハルトからの引用, 1989, p. 1533）

もし，子どもが想像したり振り返ったりすることはもちろん，精神的な余地ももっていない場合，その子ども自身の存在と関係性から，臨床を始めていかなければならない。自己という基盤が崩壊している子どもたちの再トラウマ体験を避けるための，慎重さと臨床的スキルを持って音楽を使えば，音楽は新しい自己の体験を促すことを可能にする。これは，子どもたちに，直観的かつ感覚的な体験を意識的な表現に変容させる，統合した形成的経路となるのである。このようにして，より健康的な自己感覚——過去の痛みに立ちはだかる自己——が現在において発達し始め，ある程度折り合いがついたのちは，虐待のトラウマから卒業できるかもしれない。もちろん，これは何の制約もないプロセスというわけではない。上手くいけば，治療プロセスをサポートするかもしれないが，最悪の場合は子どもの全体の治療プログラムとケアを侵襲し，妨げるような要素に依存している。

子どもの個別性にもかかわらず，私は，音楽が最も重要な役割を持つ関係性／象徴の中心となるプロセス，または領域が，新たに出現した関係性や象徴の3つの領域から構成されていることを発見した。それらは，治療プロセスにおいて必要に応じて行ったり来たりしながら，ひとつの領域から別の領域への橋渡しとして機能するものである。下記の領域は臨床的な状況によって常に重複したり混合したりするものの，それぞれ同定できるものである。

第1領域：共感的共鳴の音−リズムの領域が，意味の発達に内在する関係性や調整の基盤を形成する。
第2領域：きっかけのモチーフの出現と，関係性におけるより認知された安定した表現形式の形成。そして
第3領域：自伝的ナラティヴ，歌や他の象徴的表現形式によって出現し，第1領域と第2領域が融合され，統合と象徴形成ができるようになったサインとなる。

以上3つの領域は，音楽療法における対人関係の域内で，象徴化の内在から外在に至る異なるレベルの関わり方と遊び方（異なる象徴の階層）を表している。第3領域は，第1領域と第2領域が固まるまで，希薄で断片的になるかもしれない。時には，第1領域が第2領域と第3領域での音楽的−関係的現象の構築に大きな役割を持つこともある。子どもによっては，直接的に情動的関係的関わりを持つ第1領域や第2領域より，第3領域の象徴的な表現（描画，イメージ，物語）に，より躊躇なく没頭する場合もある。

17.9 音楽療法が性的虐待のトラウマを負う子どもに，どのように変化をもたらしたか

性的虐待を受けた子どもたちと臨床で関わる際，音楽療法がもたらす結びつきの直接性に対して，非常に大きな注意を払わなければならない。結びつきは，対人関係や統合の最も基本となる体験であり，内的また対人関係の体験は慎重に調整されなければならない。幼少期の虐待を受けたトラウマを持つ子どもたちにとって，存在すること，そして共に存在する体験そのものが，脅かされる体験になり得，結果として解離や解離状態を招くことがある。トラウマは，複雑な心理的および神経的状態をもたらし，不安や恐怖を伴う過覚醒が感情の鈍麻，過度の従順，そして感情の引きこもりにつながることがある（トラウマに関する正式な紹介とその神経的，心理的，発達的影響については，次の文献を参照のこと。Herman 1922; Perry et al. 1995; Schore 2001, 2003; Fosha 2003; Siegel 2003; van der Kolk 2003）。子どもは，無関心，状況への不注意，無感覚な様子を呈する。これらの，性的虐待を受けた子どもの特徴でも

ある解離状態の神経的メカニズムには，音楽的－療法的の関係性の中で直接に取り組むことができるのである。実際の音楽はここにはないが，次項の症例では治療的関係における音楽の重要性を解説している。

17.10 サリー[2]

サリーは『精神疾患の分類と診断の手引き第4版改訂版』（アメリカ精神医学会編，2000）に掲げられた，PTSDのすべての主要な症状──解離状態，常に過覚醒状態，感情の自己調整力の欠如，常にトラウマを連想する刺激からの回避，感情の鈍麻，そしてトラウマの状況の再体験──を呈していた。それに加えて，彼女は加害者認知の変質を持っており（これは加害者が主要な保護者である場合，よく起こることである），他者との関わりに対しても，意味付けの体系の変質があった（Herman 1992, p. 121）。

「ぐにゃぐにゃした」赤ん坊として生まれたサリーは，4人兄弟の3番目であった。家族は，低所得者層地域の公営住宅に住んでいた。彼女の母親は生活保護を受けていて，暴行を受ける関係，アルコール依存，売春など，すでに生活苦を負っていた。2歳半から7歳まで，サリーは家族の中の2人の男から性的虐待を受けていた。1人は母親のパートナーであった。乱暴は，拷問に等しいもので，極度の苦痛と物理的な暴力が常にこの子どもに及んでいた。この虐待がついに判明した際，加害者は服役し，子どもたちは児童福祉法に則って保護された。その後，大人同士のいさかいや暴行的な関係はあったが，家族の中には強い愛着の絆があった。サリーの母親の新しいパートナーには，子どもたち全員がなついて，良い関係を構築していた。

サリーは，重度の学習障害児対象の学校に通っていた。彼女の言語や理解力は中度の学習障害と言われていたが，彼女の行動はそのレベルの機能になかった。さらに，サリーは抑制できない状態にあり，運動コントロールの欠如，重度の注意欠損，限定された表出言語を持つ状態であったが，簡単な会話は理解することができた。彼女は斜視で，しばしば体をくねらせて天井をにらみ，そのまま足を引きずるように立ち，受動的にしかし声を上げて酷い泣き方をし，その後耳をつんざくような叫び声や狂乱的な笑い声をあげていた。最初，サリーの無関心な様子や気まぐれな行動，社会的関わりにおける著しい困難，そして強迫神経症的な癖があったことで，彼女は自閉的で重度の情緒障害があるのではないか，と思われていた。彼女の幼児期の苦しみの全範囲が判明してはじめて，サリーは精神病でPTSDを負っていることが理解されたのである。

学校では，明確な境界線と手順をふんだ行動プログラムが計画された。このプログラムにおいては，サリーが常時明確に提示された選択肢を持ち，状況をコントロールすることを感じることを通して，安心感を得られるように援助し，彼女の自律や信頼を構築することを行っていた。サリーは，頻繁に混乱し，壁に頭を打ち付けながら自傷行為を試みた。彼女を抱きかかえ，自傷行為を防ぐためには，2人の大人の力が必要であった。必然的に，これはすでにサリーが虐待者によって支配された感覚と同様な経験を与え，彼女や我々援助者にとっても大きな苦痛をもたらした。このように援助されるという行為に対する反応が，彼女の自己コントロールを失うという悪循環となり，彼女が衣服をすべて脱ぎ去りトイレに駆け込み便器に顔を突っ込んで流す，という行為を結果的にもたらしてしまった。彼女は，手や他の身体部位を洗うことに強迫的で，肌から出血するほど何度も何度も洗った。サリーが学校に在籍し続けるには，常に1対1のサポートが必要であった。彼女は，他者を信頼することに大きな困難を持っていて，男性や犬を怖がった。そのため学校の通常の外出や遠足においても，叫び声やパニック状態を呈することがあった。

サリーは，7歳から9歳の間，個別の心理療法を受けていた。しかし，これはサリーの母親が定期的

---

[2] 子どもの名前と詳細は，彼女および彼女の家族の個人情報を守るという点から，仮名となっているが，臨床的内容の特徴は保持した。

に連れてくることができない，という理由から中止となった。7歳から14歳までの間，サリーは私の個別音楽療法を週に1回受けていた。当初は1回30分のセッションで，4年目からは40分になった。音楽療法セッションが継続できた理由は，サリーの教育補助者によって連れてこられたからである。私は週2回，サリーの音楽療法を行ないたかったが，それはかなわなかった。サリーの学校の教師，教育補助者そして音楽療法士である私との，継続した連携は必須であった。毎日，放課後の15分間を教育補助者と過ごすことがなければ，サリーは毎週の音楽療法セッションに来ることはできなかったであろう。このようにして，1週間を通じて，サポートされ，じっくり耳を傾けてもらい，自分の感情や出現する思考を「抱きかかえてもらう」体験を与えられたのである。サリーの母親は，専門職とのミーティングには積極的ではなかったが，サリーの教育補助者のサポートのお陰で，徐々に信頼感が増し，私との面談にも数回訪れた。しかし，母親自身がセラピーを受けることは拒否していた。

17.11　サリーとの音楽療法

　音楽療法の最初の2年間で，サリーの自己感覚と治療的関係における信頼が徐々に発達していった。サリーの自己感覚は，彼女の身体感覚と身体境界，そして自己主体感，筆者への信頼と共に，増幅していったが，彼女は一貫した行為や思考については，断片的なエピソードしか表さなかった。多くの場合，彼女は「落下」したり「ブラックホール」に落ちる体験をしているように見えて，彼女は私に向かって直接叫んだり蹴ったりしたかと思うと，突然「切断」されたかのように無関心な様子になった。頻繁に，床に自分自身を投げ出した後に，天井を凝視し，うつろな声でいくつかの言葉を繰り返しつぶやいていた。言葉は，「階段」「電気を消せ」「暗い」「首を折る」「いまいましい野郎」で，長く伸ばした喉声で「ダーーーーー」（おそらくダディなのか，または「暗い」なのか，私にもわからない）と発声していた。彼女のトラウマは，このような断片的な形で再生されていて，突然の気分の変化，衝動，引きこもってよそよそしい様子が続いていた。私は，どのように耳を傾けるか学ばなければならなかったが，彼女が自傷するときは毅然として止め，たとえサリーが私のことを虐待者のひとりだと感じているとわかっていてもなお，できるだけぐらつかず反応しないようにした。彼女の苦痛を慰めながら，彼女が何をどのように感じているかを受け入れ，認めていかねばならなかった。私は，彼女が常態化している自傷的な状態から抜け出すことを援助する方法を模索し，より普通で健康的な自己感覚を構築できる新しい体験を提供することを試みた。

　初めは，彼女の衝動や感情を調整することができなかったが，サリーは徐々に楽器を蹴ったり叩いたりせず，ストローク[9]ができるようになってきた。そして彼女は自分の手を不思議そうに，戸惑ったように見つめ，あたかも手が自分自身の手であるということを生まれて初めて認識したかのようであった。様々な楽器は，関係を構築することに必須な手段となり，音を通じて彼女の感覚体験を提供して，自己感覚を育て始めることを援助した。彼女の感覚的探索は，自分の手や指，口，足，腕を使って奏でる行為を信頼し始めるにつれて，身体的体験を認識することを助けただけでなく，自分の身体を「自分自身のものとした」。楽器の響きは，彼女の自己知覚を拡充し，思考する時間と空間を創り出す方法に興味を持たせ続けた。音楽療法を始めて2年目の終わりごろには，彼女は音楽体験における喜びを言葉にして使い始めた。例えば，演奏しながら「泳いでる」「乗馬してる」といったり，静かな演奏の共有に落ち着いて取り組めるようになったときに「安心」という言葉が出現した。

　3年目には，10歳になったサリーの情動の自己調整能力と象徴はよりしっかりと確立してきた。彼女は，家にいても身体的に安定しているように見え，頻繁な解離と精神病的な状態なしに療法室における今ここで，にとどまることができるようになった。しかし，この時期の症例記録に，彼女のこれらの行

9）　楽器として弾く。

為を維持する能力の脆弱さと，すぐに断片化し拡散してしまうことについても書かれている。

17.12 サリーの3年目のセッションにおける重要なエピソード

サリーの3年目（サリーは10歳であった）における30分間の1セッションから，音楽療法プロセスにおける重要な瞬間を浮き彫りにする5つのエピソードを挙げよう。これらのエピソードは，音楽療法における情動調整と象徴形成の統合的な生成プロセスを表しており，生成の3つのすべての領域を横断している。各エピソードについては，概要が箇条書きにされており，その後詳しい解説を挙げている。

17.12.1 エピソード1：セッションの始まり

◆ サリーは，部屋中を走り回る。怒り，ヒステリー，うつろな笑い，私を蹴る—といった相反する感情が同時にある状態を示す。
◆ サリーの動きは，音楽の拍に影響され始め，その反応は音楽が始まる前より集中力が増す。
◆ つながりの瞬間
◆ 私は，サリーの感情の強度と両面価値性に，音楽を合わせていく。
◆ 私は，拍と和声の緊張／テクスチュアの安定感を提示していく。

数秒間，苦痛に満ちた混乱した状態で部屋を，うつろなためらいがちな笑い声と共に走り回った後，サリーはシンバルを触り，倒した。このことで，彼女にけがはなかったが，これをきっかけに，彼女自身が止まって，振り返って，周りを見渡す瞬間がもたらされた。彼女はその後，泣いた。音楽は不協和音ではあったが，軽いテクスチュアがあり，サリーの部屋を走る速いテンポを徐々に遅くするような，リズミカルなものを提供していった。私の役割は，彼女をサポートし，耳を傾け聴き，そして彼女が平穏を見つけられるような安全な構造を提供することであった。私は，ピアノの椅子に座ったまま，時に静寂を作り，時に彼女が静寂を必要としているか，または伴奏する他者を必要としているかという私の直観に従って音楽を奏でた。彼女は，時々私を見ることがあった。静寂とは，認められている感覚を与える形式であり，サリー自身が自分の音を聴く空間を提供することもできる。私は私の静寂が彼女を安心させることを望んでいた。とても容易に私は自分が彼女の虐待者であるかのように感じさせられてしまう。私は自分自身を落ち着かせ，そのような気持ちに対してしっかりと反論しながらも，彼女が私を信頼してくれるまでその気持ちを受容し続けた。

これは，第1領域の一例で，ここで音楽は，彼女の情動の状態，制御を失って走り回ったり感じたりすることを調整し安定させる働きをする一方で，彼女の気分に合わせて共感的な響きの音－リズムの領域を創造するために使われた。

17.12.2 エピソード2：サリーの交互に出現する安定と苦痛への対応

◆ サリーの断片的な叫び声と平静が，夢状態として内在しているようだ
◆ 彼女は，床に座って，静かになり「泣いて」「やってみて」と聞こえる音をささやく。
◆ 私は，小さなウッドブロックとクラベスを彼女の近くに置いて，ウッドブロックを2回鳴らす。
◆ 彼女は，散発的に演奏し，叫び声と発声を交互に出す。
◆ サリーの演奏には，音楽の拍によって調整された断片的な影響がある。彼女が叫び声で埋める静寂が反復する構造を提示する。彼女は自分の叫び声を聴いているのだ。

サリーの泣き声は，うつろな泣き声に増大していき，そして耳をつんざくような叫び声を発した。彼女は，床に寝転がって身体を動かさずに天井を凝視している様子から，私に対して叫んでいるわけでは

マインドフルネスと意味の発達を支えること | 375

ないようだった。彼女は自分の叫び声を聴き，そしてまた叫んだ。

　彼女が「泣いて」（あるいは「やってみて」かもしれない）と静かにささやいた。私はこれを静かに模倣し，その際少しばかり問いかけるようなイントネーションを音楽に取り入れた。彼女は，夢から覚めたかのように起き上がり，周りを見渡した。私はこのとき，彼女が私に向かって叫んでいるのではなく，彼女の叫び声を思い出している――彼女の過去を再体験している――と感じた。彼女が，この叫び声の再体験を模索し，セラピールームという安全な空間でそれを聴くという作業をしていると感じたのである。これは，乳児が自身の発する喃語を聴いているようであった。サリーの叫び声には，うつろでかつ脅迫的な悪意のある響きがあった。このとき，彼女に離れたり近寄ったりすることなく，ただそこにいて耳を傾けている私を，サリーが認めているような印象を受けた。私は聴くことが続けながら，時々3つの音からなるモチーフ――シンプルな音楽的主張を演奏提示した。私はこれを彼女に対する「呼び出し」として活用し，声を出していなくても，私がここにいて，彼女のことを聴いている，ということを伝えたのであった。

　これは，第2領域の例である，明確な表現形式を持つ情動的およびコミュニカティヴな体験を提示するために，音楽的モチーフを提示することを指している。繋がりの領分と基本的な情動の自己調整能力がここで形づくられ始める。彼女のトラウマの記憶の断片が，彼女の心の中で再生されているように見えた。これらに慎重に対応しながらも，私は境界のある現在の耐えうる現実において新しい対人関係の体験を構築しようとした。これらは，音楽や音楽-療法的関係性を通して，ミクロおよびマクロレベルで時間的に空間的に構築された状態を指している。

　サリーは，私の歌いかけのテンポに合わせてぱらぱらとタップしはじめた。彼女の叩き方は不安定ではあったが，反復していくにしたがってもう少し保持できるようになり，一度に10～15秒くらい保持できるようになった。私は彼女のところに行って，小さなウッドブロックを差し出し，彼女のそばにクラベスを置いた。私は，シンプルな子どものうたを静かに歌い始め，その後，歌詞を歌わず［メロディーのみで］短調の即興を展開した。そしてピアノに戻り，彼女の身体的／情動的反応をサポートするために，音楽の活気を増したものを奏でた。彼女は，ある程度の注意力と自己コントロールをもって反応し，関係性における自己を体験し始めていた。これは社会的に親密な状況では，通常彼女が維持することができていなかったことである。彼女が，近しい接触を回避する傾向があるので，私はこの新しい共同行為体験が彼女にもたらす影響を非常に意識していた。身体的に近接するときには，彼女の運動的衝動は混乱する傾向が多かった。私の音楽の奏で方が，彼女にとって安定をもたらす体験となり，音楽の形式の安定性に反応することを積み重ねることができるようにと望んでいた。私は，静寂や空間をつくるため時折音楽を止めた。静止していることが彼女の経験と制御できる感覚に加わり，彼女はそれに圧倒されなかった。

　ここでは，第1領域が徐々に安定化していき，微妙に第2領域の，より形式のある共有された活動に移っていった。これは，認知やコントロール，意図性をより多くもたらす。

　サリーの情動的に安定化していた状態は，「思い出される叫び声」とそれに続くうつろな発声や喉奥からの抑圧された声が交替して，常に揺らいでいた。私は，それに対して，聴き，待ち，そして時には彼女の声に応える2つの音によるモチーフを低音域で歌いかけ，彼女を安心させようと試みた。彼女に対して，私が聴いているよ，ということを伝えたのである。今ここで，演奏するという彼女の体験は，彼女の思い出される叫び声と交替していた。今ではこれは，習慣的な解離状態と彼女の常に混乱した情動の中間のようにもみえていた。今ではこれらの感情を彼女自身で感じ，私に教えてくれるようになった。私は，彼女の叫び声と演奏のエピソードの交替に少し距離を置いて立ち会い，静かになるべく介入し過ぎないことが重要だと感じていた。私の安定性と，あえて行動を起こさないことが，この瞬間にとても重要であった。このような瞬間において，サリーは自分自身の感情や過去のトラウマによる恐怖の

現実から解離することがなくなったのである。共感してもらうだけでなく，彼女が安全と感じることができ，自分の思考能力を活用できる十分な守られた空間構造を与えられることで，より長いエピソード体験を維持することができた。苦痛な記憶があったとしても，現在自分が抱きかかえられているという平穏を彼女が体験し始めた，と私は感じた。

第１領域と第２領域は今やますます不安定となり瞬間瞬間に常に再確立されなければならなかった。

17.12.3　エピソード３：サリーが解離することなく，音楽によって支えられた体験を通して，自身の感情を表現するようになる

◆サリーは，足を踏み鳴らし，そして私が差し出したタンバリンを激しく蹴る。
◆私の歌声による形式と強度が，サリーの足で蹴る行為をサポートし，怒りの感情を伴奏する。
◆これが我々２人の歌声のやり取りに発展する。
◆サリーは床に寝そべり，私が差し出していたタンバリンを足で激しく蹴り上げている。最初は，乱暴に怒りを持って蹴っているが，徐々に安定してきて，小さな子どものように蹴り始める。健常な幼児期の遊びが出現し，蹴ることの楽しさが発達してくる。
◆私に対する信頼感が，彼女の蹴りをサポートするようなアクセント拍のあるリズミカルな音楽に反応することで，養われていく。

エピソード１で紹介された出来事から数分たった頃であった。サリーの情動と行動は，不安定なものになり，激しく走る，喉奥で笑っているようなうつろな発声をするなどと，爆発的な表現をしていた。私は，彼女が経験のまさにその瞬間に力で征服されないで，かつ現実から解離しないで，自分の感情を体験できるような音楽的道筋を探していた。私は彼女が今は自己コントロールや自分で自身を慰める行為を体験していることがわかった。彼女は足を踏み鳴らし，乱暴に蹴っていた。私は，彼女のやせた足に対してタンバリンを差しだし，そして彼女に対して歌で，彼女にそこに蹴りつけるように指示した。

第３領域は第１領域と第２領域の上に築かれつつ，近づきつつあった。第３領域は依然としてわずかである。しかし，彼女の解離がそれほど激しくなくなったため，ほんのわずか解離しているようにみえても，それがあるかどうか見極めるのは時に難しかった。彼女は，苦悩，怒り，痛みそして恐怖を表現している。これらの感情は，通常は彼女をばらばらにして解離状態にして自傷行為をおこさせるものだった。

17.12.4　エピソード４：声によるやり取りと自己主体感の発達；記憶（自伝的ナラティヴ）が激しい解離を伴わずに怒りや痛みとともに体験される

◆私は，サリーの発声や気分を，最初にピアノを使って，彼女の音に和声付けすることで，サポートしていく。
◆彼女の発声は，言葉と歌の混合に発展していく。
◆虐待のトラウマはいつもつきまとってはいたが，彼女が反復して体験することによって解離状態も減少していく。
◆サリーは，「電気……気を付けて」，そして「この忌々しい野郎！」と（叫びながら）半分歌い，半分語るようになる。
◆彼女の蹴りは，音楽的にサポートされ，彼女の蹴りを受け止めるタンバリンによって，強度が増してくる。
◆エピソード３として，サリーは蹴るという遊びに健常な喜びを示し始め，この体験における楽しさを見せている。
◆サリーの蹴りは，強度を維持しており，徐々に安定化していき，集中し，意図的な行為に変わってい

く。最終的には，蹴ることに対する健常な喜びへの明らかな質の移行があり，それから小さな少女のように床を踏み鳴らしている。
◆ サリーは２度，安定した踏み鳴らしで始める。彼女の，音楽的な相互反応的な活動における自立，自己主体感，そしてコントロールが発達する新しい感覚に没頭している印象である。

　サリーは，床から起き上がって部屋の中を走り回っている。私は，ピアノで彼女が自身の情動状態を調整するのを助けようと，密集配置の和声を短いフレーズで弾き，その後静寂を置いて彼女の動きに合わせた。私は，空間を提示しながらも，彼女の意識を引き寄せ，最終的に彼女自身がより落ち着いた表現に戻れるよう試みた。しかし，再びこれは起こらなかった。静寂の中で，サリーは床に戻って座り，うつろに聞こえる声で歌い語ることをまた始めた。この声は，純粋無垢な子どもの声ではなく，悲嘆や苦痛，恐怖の状態にある子どもが，囁きあえいでいるような質の声であった。いつの時も，彼女は部屋を出たがることはなかった。むしろ，この音楽室と私との時間を彼女の感情やトラウマの記憶を吐き出すことに使おうと意図しているようにみえた。彼女は，これらの記憶を，叫び声を合間合間に入れながらも，いくつかの言葉にして表現し始めた。そして，彼女はそれぞれの叫び声の反響音を聴いた。私はピアノで，温かな和声を断片的な静寂と共に使用しゆっくりとした優しい拍を提示し，彼女を支え，彼女が自分自身に耳を傾ける空間を与える時間の枠組みを創り出していった。
　私は彼女に対して「気持ちがいい，腹を立てること，怒ることは」と言葉で伝えた。このとき，私は「腹を立てる」や「怒る」というどちらの言葉も，彼女の乱暴な蹴りを的確に表す言葉ではないと感じてはいた。しかし，私の話す声が，音楽や静寂の中で，色々な意味において重要なコントラストをもたらした。私は，自分の話し言葉の声質を，音楽のもう１つの側面として活用し，必要に応じては，彼女の気持ちを理解したことを言葉で伝えることがある。彼女が受け入れて保持できるよう，音楽的なモチーフの象徴的な形式として，言葉を活用している。言葉は，音楽的やりとりに新しい次元をもたらしてくれる。それは，さらに音楽体験を調整することを援助し，サリーが根本的な関係性の体験を内在化しやすいように修正される。
　このエピソードでは，第１領域と第２領域が安定化してきて，彼女が自分自身のことを言葉で表し始めた（第３領域）。ここでは，第１領域から第３領域までの全体の象徴の経路が結合し始め，彼女がそのときに統合的レベルまで達したということが示されている。これは後のセッションでも反復して起きており，その際，情緒的表現の幅は広がり，その表現における習慣的で衝動的な状態は減少していた。彼女は，ますます言葉を完成したフレーズにして使うようになり，最終的には文章で表現した。ここで私たちは，彼女のトラウマの習慣的で断片化された記憶や幻覚が抱きかかえられたことを理解した。と同時に，現実の対人関係や彼女自身に新しく出現する体験に身をゆだねるようになった。これは，自己と関係性における新しくかつ健康な経路であった。

17.12.5　エピソード５：セッションの終わり―穏やかさと疲れ

◆ サリーは，足を引きずりながら私の横のピアノの椅子に座る。
◆ 私は，ハンドチャイムを持ったまま，彼女に提示する（新しい体験であったため，さもなければ，彼女が投げつけてしまうかもしれないと思ったからである）。
◆ 私は，優しく流れるような３拍子のフレーズを左手で奏でる。そして，最後に間をあけて終わり，彼女の演奏を招き入れようとする。これは，着実に彼女を参加させる優しくかつ明白な構造である。
◆ 数分後，彼女はいくつかの聞き取れないくらいの単語を半分歌うように発し，そして，響きのある声で「ダーーク」と発し，この母音の声を私が和声を変化させている間維持する。そうすると，彼女の過去が現在を侵襲するという幻覚を伴う叫び声へ，解離することがなくなる。

◆ それから，サリーは「バイバイ....帰る時間....光が差してる…」と歌い／ささやく。突然異なる意識レベルになる前には，普通の声で「汗かいてる！」と熱く汗ばんだ手を確認している。

　このセッションの終わりに，彼女のうつろで非常に混乱している感情と演奏の後，サリーはピアノの私の横に座っている。彼女は，私の弾く子どもをあやすような雰囲気の音楽に，身体を揺らしている。私は，彼女の静かな声の質を支えるように，温く決まった1つの調性の和声で，揺りかごのようなモチーフを使った。彼女の身体的反応は，十分に安定していたため，演奏することで音楽や私との関係性の中で彼女自身が経験を拡げ，現実における時間と空間に集中できることを期待した。私は左手で伴奏をしながら，右手にはハンドチャイムを持って彼女に差し出し，どのように鳴らすのかを提示した。彼女は直ちにゴムで覆われている金属の輪をひっぱってほどき，歌声に合わせて金属製のチャイムをたたけるようにした。彼女に楽器の操作を自由に任せると活動の流れを彼女自身が失ってしまう危険性があるため，自由にやるよりも，私が各フレーズの終わりにハンドチャイムを差し出し彼女が鳴らすようにした。そうすることによって彼女が共有体験を構成し，形づくる経験をもてるようにした。この経験は彼女が耐えることができ，集中した認知と喜びを持って予測することができるものである。サリーは，音楽や自身の演奏によって支えられ，ほんのしばらく平静になった。そして，彼女は，セッションの序盤で表現した「ダーーーク」，「バイバイ....帰る時間....光が差してる…」という混乱した記憶からの断片的な言葉を歌った。私は，彼女の長く伸ばされた響きのある母音を，明確な調性と魂の荘厳さを提供する讃美歌のような和声で伴奏した。彼女が突然，自分の熱い手に気づいて「汗かいてる！」とつぶやいたことは，習慣性の不安や解離を引き起こす気づきやつながりを伴わない，現実の今を十分に意識している素敵な瞬間だと思えた。

　音楽そのものがないため，この症例は若干無味乾燥なものに思えるかもしれない。言葉では，この文脈において音楽が創造的に使用されたいくつかの方法を記述するしかない。これはある意味情緒不安定な子どもの感情に対し枠組みを示してコンテクストを提供しつつも柔軟で反応のよいものである。これらのエピソードは，音楽の中で彼女がどのようにして彼女自身と出会うか，また，音楽を用いることや音楽治療的関係性において他の領域に関連付けられることを通じて，彼女の感情が支えられるばかりでなく，いかに変容するかについて認識することができる。一番重要であったことは，サリーの自己調整能力が音楽的対人関係的枠組みの内部で，成長したということである。これが成長したことによって，彼女の現実感，自身に対する信頼，そして現実における他者との信頼が増加していったと言えるであろう。

17.13　変容のまとめ

　音楽療法の最初の3年間のプロセスの中で，サリーは非常に混乱して再度トラウマをうけやすく解離する子どもから，自分自身で新しい体験，とりわけ以前は彼女を圧倒した基本的な感覚体験に対して反応し，それらを吸収する自分を許せる子どもへと変化していった。彼女の怒りや絶望そして悲しみという感情の表現は，衝動的ではなくなり，むしろ首尾一貫したものになっていった。これらの表現は音楽的反応と言葉の両方に見られ，音楽的反応では，感情が断片的なものでなくなった。彼女は，音楽の中で楽しさを見出すようになったが，この音楽体験には，安定した和声のテクスチュアを使った，分かりやすい構造やフレージングによる，慎重な調整が必要であった。これらは，サリーの安定した反応を維持することに役立ち，つまらない協和音の音楽的伴奏だけでは達成できないことであった。かつては，常に自傷行為，叫び声，または完全な受け身や無関心な状態であった彼女は，遊ぶことができるようになり，学校での集団活動にも参加することができるようになった。彼女の表出言語は，より滑らかで首尾一貫したものとなっていき，彼女の描画，読むこと，書くことにおいても同じことが起こっていた。

サリーとの音楽療法で，私はまず初めに彼女が予測可能で十分に安心を感じられる体験を持てる空間を提供することを目標としていた。そこでは，日常生活において常に苦悩に襲われていた彼女の情動を探索することを目指した。私の意図的な聴取と，時間的音楽的な「器（コンテナ）」を提供することを通して，彼女は安心感を体験し，音楽（構造や，形式，音色など）に「包まれる」体験をした。私は，彼女の感情が療法室で出現するたびに，直接的に関わっていったのである。私はその体験を通して，彼女の持続感覚，身体境界という意味での自己感，耳を傾けること，自己主体感も恐怖を感じず生き生きと活発になり，体験を記憶し繰り返したくなること，といった共有音楽体験を生み出そうとした。これらの体験は，音楽的枠組みの中で，彼女に演奏すること，触ること，そして感覚を探索することを促した。これが彼女にとって新しい現実の意味を明確にすることを援助したのである。彼女は，耐えること，信頼すること，共有体験を積極的に始めること，そして音楽の中で楽しみ喜ぶ感覚を示すことができるようになった。これは，簡単に維持されることではなかったが，私が担当した4年間で育ち，彼女が14歳になるまで継続された。彼女の歌唱は彼女の感情を表現し，恥辱や罪悪感，心の傷や激怒などの感情を掘り起こし，ある程度の解決を可能にすることができたのである。

　サリーとの音楽療法に関する私の説明は，再創造的プロセスが，発達形成の段階における子どもが受けた損傷の修復を助けるために，どのように活用されていったか，を描くことであった。媒体としての音楽が，彼女が身体的，情動的，精神的自己感覚を回復——あるいは形成——するための援助に，どれだけ重要な役割を果たしたか，ということである。私は，生物学的そして発達的観点から，音楽と音楽による関わりの有効性を強調してきた。これらは，私自身の精神力動的現象の理解に内在しており，いかなる治療関係においても信頼と意味づけの成長の支柱となるものである。この生成的な変容の臨床モデルは，サリーのような子どもたちと関わった私の経験から発展してきた。そしてこのモデルは，音楽療法の関わりには異なる領域があることを示し，関係におけるテリトリーが希薄で方向性が明確ではないときに，1つのガイドラインにもなり得る。これは，教訓的なものを意図しているのではなく，未熟な精神状態や気づかないことが強く占める治療プロセスにおける，ある側面を考える糸口となるであろう。

　最終的には，音楽療法における生成（創造的‐構築的変容）に対する私の理解は，それが臨床的な音楽知覚と行為の根本に存在する聴取の技だということである。また，子どもの魂，生き生きとしていたり死んだようであったりする精神や意思に合わせて調律し，つながる技でもある。さらに，これは見えるものや聴こえるものの表面下に何が存在するかを感じる技でもあり，その瞬間その瞬間，そのセッションそのセッションで自分自身と子どもの間，そして自分自身と子どもの中で何が生まれているのかを感じ，意味づける能力である。

　音楽的関わりの微細な発展については上述しているが，ここでは最初断片的であったものが，子どもの表現の質やニーズに沿って進められる音楽的対人関係の中で形づくられていくのである。これらの発展が形になっていくにしたがって，音楽的対人関係における精神や意味も成長していく。子どもは，象徴化すること，思考を組み立てること，非言語的，前言語的そして言語的レベルで感情を表現すること，ができるようになるのである。初期の前言語的象徴は，子どもの対人世界を早期に形成している領域である。ここでは，音楽が，思考とマインドフルネスの原型を発達させることを援助できる。このような音楽的関係性は，間主観的かつ首尾一貫した自己感覚の発達にも寄与している。上述したように，音楽は対人関係における感覚，運動，情動体験の基本的な形を活発化させ調整することができる。音楽のもつこの形成と誘いかけの繊細さは，これらの体験に対人関係の文脈を提供しながら，トラウマを負う子どもが自己や他者との基本的体験を投げ出すのではなく，それらを内在化させることを援助する。このようなセラピーは，数か月間，あるいはサリーの場合のように何年間もかかる作業である。したがって，専門家としてのコミットメントと献身が必要であり，そのためには定期的な音楽療法士のためのスー

パーヴィジョン[10]が必須である。このようなプロセスにおいては，私がすでに強調したように，音楽療法だけを使って成功するわけではないが，このような子どもたちが必要としている範囲の援助に対して，独特の貢献をしているといえよう。

17.14　治療上の変化における局面

　サリーとの音楽療法では，彼女の対人関係の能力と，音楽の本質を形づくる予測性や変化を体験することを通して得られる信頼を育むことに焦点を当てていた。なかなか手が届かないトラウマをうけ苦悩している彼女の精神状態に耳を傾け寄り添うことを通して，私は彼女に静寂の体験と，誰からも何からも攻撃を受けることのない空間，かつ彼女がサポートされていることを感じられる空間，を提供することができた。音楽療法は，まずはじめに身体境界の基本的感覚と物理的な安全をもたらす健常な感覚と遊びの経験への耐性が発達するのを援助したのである。

　感覚－運動－情動レベルにおける行為の因果関係を体験することが音楽によって動機づけされ，彼女の衝動への流れがもたらされ，衝動が修正された。コントロールできると彼女に感じさせる感覚体験を楽器そのものが提供した。そうありながらも彼女は触ること，聴くこと，見ること，存在すること，そして共に存在することすべてを一瞬のうちに結びつける楽器の即時性や生気をも体験できたのだ。新しい自己内結合と統合がサリーの中に形成され始めたのである。共有された予測可能な演奏において情動調整が顕著に改善していた。そこでは，情動的に関わり，演奏のバリエーションを許容することができ，私からの音楽的支援のタイミングや枠組みを彼女に合わせる必要が減っていった。彼女の運動協応と目と手の協応も改善された。彼女の苦悩や怒りが時々爆発することは続いたが，それらを自制することができるようになっていた。彼女は，以前のような過去が現実に侵入する幻覚による断片的な言葉の叫び声やささやきではなく，普通の声のトーンで完全な文章を使って自分の感情を表わすことがどんどんできるようになっていった。

　他にも，サリーにとっての進歩があった。それは，注意の持続時間が長くなり，集中力，志向性，相互反応的な演奏に続けて参加する力が向上したこと，などである。彼女は，ユーモアのセンスと，新しい体験を探索するだけの余裕を見せ始めた。また，継続的な解離とフラッシュバックなしで，現在形を使って自分について歌ったり語ったりし始めた。これらの進歩と，象徴形成の能力――思考，言葉と文章――に伴い，セラピーの次の段階をむかえた（本稿では触れていないが）。そこでは，彼女自身が即興歌唱で表現した，罪悪感や恥辱そして自身を汚く感じる感覚について取り扱っていった。今や彼女は自分の思考を精神の中に保持し，思い直すことができるようになり，音楽的かつ言語的に彼女に働きかけることが可能になった。この療法の最終的な段階には，さらに4年間を要した。

17.15　学習上の発達の側面

　サリーの学校での進歩は，彼女が11歳のときの個別教育計画（IEP）の中で概説されていた。ここでは，サリーの集中力，共有された相互的遊びを継続する能力，仲間と交替することにおいて改善がみられたと報告されていた。そこには，彼女が情動的により安定し，気分の衝動的な変化を起こしにくくなったとも報告されていた。彼女の運動スキルは成熟しており，アイコンタクトも増えた。男性と犬に対しては恐怖心を抱いていたが，彼女の行動は一般的には以前に比べ情動的に安定していた。彼女の衝動と聴くことの困難さは，さらに安定した状態と人と協同する力へと移行していった。彼女は，自身の感情と行為をよりまとまりをもって考え，思い出すことができるようになった。彼女の言葉は，より明確になり，意味を伴って使われるようになり，自身のニーズや感情を伝えることができるようになった。彼女

10）音楽療法士が自身の臨床を確かめるために受ける指導。

は，簡単な文章を読み書きでき，基本的な計算能力も獲得できた。彼女の，執拗な手洗いや他の強迫的な行動もほとんど消滅した。彼女は料理を楽しみ，乗馬や水泳も好んでいた。彼女の遊びは，より想像力を伴うようになり，反復した習慣的パターンも減少した。IEPには，サリーのIEPの特別支援教育の必要性を述べる箇所には，音楽療法の継続が必要であると明記されている。

音楽療法のみがこれらの変化をもたらしたわけではない。しかし音楽療法は特に，感覚-運動-情動的レベルにおいて，サリーが自身と他者をいっそうの気づきと信頼をもって体験することを援助した。かつては過去の恐怖と幻覚が支配していた生命が，その流れと活力を維持できる感覚をもつことができた。

17.16 結論

音楽療法の臨床的可能性は，音楽，音楽性と情動的表現が，生物学的な基盤をもっている，つまり人間の本質の一部として理解されることで，より十全に価値を認められる。私は，子どもたちの遊び方，音楽での関わり方，楽器の奏で方が，どのようにすれば感覚的で前言語的なレベルからより洗練された表現のレベルへの変化に対する洞察と機会を提供できるかを考えてきた。音楽には意味（または象徴化）が動きから出現する感覚的領域から，明確でアイディアに富んだ想像と遊びの象徴的な領域の間を行き来できる経路がある。

私は，幼少期に性的虐待を受けたことによって，その中核レベルに心的外傷を受けた子どもの存在性と関係性に変化をもたらすために行なわれる音楽と療法の関係において，音楽がいかに臨床的に用いられうるかということを検証してきた。音楽は，我々の存在の中核に届きかつそれを調整することができるため，トラウマをもつ子どもにに対しては，身体的-情動的な自己の捻じ曲げられ崩壊している基盤を支え変容させるように働くのである。学際的なプログラムの一環として，性的虐待を受けた子ども対象の音楽療法は，子どもが自分の存在と他者との関わり合いにおける新しいパターンを構築することを援助し，同時に，幼少期のトラウマによって残された蹂躙の後遺症にとりくむことができる。こうして，首尾一貫した自己感覚が形成され始めるのである。この，自己の一貫性と繋がりから，子どもたちは自身の中にまたは他者との間に，安全な空間を見つけはじめる。それは安定したものでありながらも，生命においては柔軟なものである。

日常と同様に音楽においても，バリエーションや反復，そして停滞ではなく継続性が必要なのである。この安全で柔軟な基盤が正しく存在して初めて，トラウマの過去を持つ子どもたちは遊ぶことができるようになり，新しい体験を受け入れるのである。過去を変えることはできないが，残された被虐待児は変容することができる。そして，彼らは身体的な境界と自律，そして復元力を含む自身のアイデンティティを発達させることができるのである。音楽療法の対人関係において，彼らの生来の音楽性に手を伸ばし理解することによって，性的虐待を受けた子どもたちは，より一貫性のある健康的な自己感覚を発達させること，そして，すべての子どもの権利である「ウェルビーイングのダンス」に参加することができるのである。

（岡崎香奈訳）

謝辞

この章を書くにあたって，私の論文「Music Therapy with sexually abused children(2006). *Clinical Child Psychology and Psychiatry*, 11(2), 249-269.」の内容を使う許可をくださったことに感謝します。

引用文献

Aldridge D (1996). *Music therapy research in practice and medicine: From out of the silence*. Jessica Kingsley, London.

Alvin J and Warwick A (1991). *Music therapy*. Oxford, Oxford University Press.

American Psychiatric Association (2000). *Diagnostic and statistical manual of mental disorders*. Revised 4th edn. American Psychiatric Association, Washington, DC. (アメリカ精神医学会，高橋三郎・大野裕・染矢俊幸訳『精神疾患の分類と診断の手引 第4版改訂版』医学書院，2003)

Ansdell G (1995). *Music for life: Aspects of creative music therapy with adult clients*. Jessica Kingsley, London.

Austin D (2001). In search of the self: The use of vocal holding techniques with adults traumatized as children. *Music Therapy Perspectives*, **19**, 22–30.

Bargiel M (2004). Lullabies and play songs: Theoretical considerations for an early attachment music therapy intervention through parental singing for developmentally-at-risk infants. *Voices: a world forum for music therapy*. http://www.voices.no/mainissues/mi40004000143.html.

Beebe B, Jaffe J, Lachmann F, Feldstein S, Crown CL and Jasnow MD (2000). Systems models in development and psychoanalysis: The case of vocal rhythm and coordination and attachment. *Infant Mental Health Journal*, **21(1–2)**, 99–122.

Beebe B and Lachmann F (1988). The contribution of mother–sinfant mutual influence to the origins of self- and object-relationships. *Psychoanalytic Psychology*, **5(4)**, 305–337.

Blacking J (1973). *How musical is man?* University of Washington Press, Seattle, WA. (ブラッキング，徳丸吉彦訳『人間の音楽性』岩波現代選書，1978)

Bruscia KE (1998a). *Defining music therapy*. Barcelona, Gilsum, NH. (ブルシア，生野里花訳『音楽療法を定義する』東海大学出版会，2001)

Bruscia KE (1998b). *The dynamics of music psychotherapy*. Barcelona, Gilsum, NH.

Bunt L (1994). *Music therapy: An art beyond words*. Routledge, London. (バント，稲田雅美訳『音楽療法：ことばを超えた対話』ミネルヴァ書房，1996)

Condon WS and Ogston W (1966). Sound film analysis of normal and pathological behavior patterns. *Journal of Nervous and Mental Disorders*, **14**, 338–347.

Damasio A (1999). *The feeling of what happens: Body and emotion in the making of consciousness*. Heinemann, London. (ダマシオ，田中三彦訳『無意識の脳：自己意識の脳』講談社，2003)

Darnley-Smith R and Patey H (2003). *Music therapy*. Sage, London.

Dissanayake E (2000). Antecedents of the temporal arts in early mother–infant interaction. In NL Wallin B Merker and S Brown, eds, *The origins of music*, pp. 389–410. MIT Press, Cambridge, MA.

Emde RN, Biringen Z, Clyman RB and Oppenheim D (1991). The moral self of infancy: affective core and procedural knowledge. *Developmental Review*, **11**, 251–270.

Etkin P (1999). The use of creative improvisation and psychodynamic insights in music therapy with an abused child. In T Wigram and J De Backer, eds, *Clinical applications of music therapy in developmental disability, paediatrics and neurology*, pp. 155–165. Jessica Kingsley, London.

Evans JR (1986). Dysrhythmia and disorders of learning and behaviour. In JR Evans and M Clynes, eds, *Rhythm in psychological, linguistic and musical processes*, pp. 249–274. Charles C Thomas, Springfield, IL.

Fosha D (2003). Dyadic regulation and experiential work with emotion and relatedness in trauma and disorganized attachment. In MF Solomon and D J Siegel, eds, *Healing trauma: Attachment, mind, body, and brain*, pp. 221–281. W.W. Norton, New York.

Gallese V and Lakoff G (2005). The brain's concepts: The role of the sensory-motor system in reason and language. *Cognitive Neuropsychology*, **22**, 455–479.

Gold C, Voracek M and Wigram T (2004). Effects of music therapy for children and adolescent with psychopathology: A meta-analysis. *Journal of Child Psychology and Psychiatry*, **45(6)**, 1054–1063.

Hadley S (ed.) (2003). *Psychodynamic music therapy: Case studies*. Barcelona Publishers, Gilsum, NH.

Halliday MAK (1975). *Learning how to mean: Explorations in the development of language*. Edward Arnold, London.

Herman J (1992). *Trauma and recovery: The aftermath of violence – from domestic abuse to political terror*. Basic Books, New York. (ハーマン，中井久夫訳『心的外傷と回復』みすず書房，1996)

Hobson RP (2002). *The cradle of thought: Exploring the origins of thinking*. Pan, London.

Janet P (1925). *Psychological healing, vols 1, 2*. Macmillan, New York. (Original publication *Les médications psychologiques, vols 1–3*, 1919. Félix Alcan, Paris.)

Malloch S (2005). Why do we like to dance and sing? In R Grove, C Stevens and S McKechnie, eds, *Thinking in four dimensions: Creativity and cognition in contemporary dance*, pp. 14–28. Melbourne University Press, Melbourne.

Malloch SN (1999). Mothers and infants and communicative musicality. *Musicae Scientiae (Special issue 1999–2000)*, 29–57.

Nordoff P and Robbins C (1977). *Creative music therapy: Individualized treatment for the handicapped child.* John Day, New York.
Nordoff P and Robbins C (1983). *Music therapy in special education.* The John Day Company, New York.（ノードフとロビンズ，林庸二・岡崎香奈・望月薫訳『障害児教育におけるグループ音楽療法』人間と歴史社，1998）
Nordoff P and Robbins C (2004). *Therapy in music with handicapped children.* Barcelona Publishers, Gilsum, NH.
Nordoff P and Robbins C (2007). *Creative music therapy: A guide to fostering clinical musicianship.* Revised edn. First published 1977, John Day, New York. Barcelona Publishers, Gilsum NH.
Papoušek H (1996). Musicality in infancy research: Biological and cultural origins of early musicality. In I Deliège and J Sloboda, eds, *Musical beginnings: Origins and development of musical competence*, pp. 37–55. Oxford University Press, Oxford, New York, Tokyo.
Pavlicevic M (1997). *Music therapy in context: Music, meaning and relationship.* Jessica Kingsley, London.（パヴリチェヴィック，佐治順子・高橋真喜子訳『音楽療法の意味：心のかけ橋としての音楽』本の森出版社，2002）
Pavlicevic M (1999). *Music therapy – intimate notes.* Jessica Kingsley, London.
Pavlicevic M (2001). A child in health and time: Guiding images in music therapy. *British Journal of Music Therapy*, **15(1)**, 14–20.
Peretz I (2001). Listen to the brain: A biological perspective on musical emotions. In Patrick N Juslin and John A Sloboda, eds, *Music and emotion: Theory and research*, pp. 105–134. Oxford University Press, Oxford.
Perry BD, Pollard RA, Blakley TL, Baker WL and Vigilante D (1995). Childhood trauma, the neurobiology of adaptation, and 'use-dependent' development of the brain: How states become traits. *Infant Mental Health Journal*, **16(4)**, 271–291.
Robarts JZ (1994). Towards autonomy and a sense of self: music therapy and the individuation process in relation to children and adolescents with early on–set anorexia nervosa. In D Dokter, ed., *Arts therapies and clients with eating disorders*, pp. 229–246. Jessica Kingsley, London.
Robarts JZ (1998). Music therapy and children with autism. In C Trevarthen, K Aitken, D Papoudi and J Robarts, eds, *Children with autism: Diagnosis and interventions to meet their needs*, pp. 172–202. Jessica Kingsley, London.（ロバーツ「音楽療法と自閉症の子どもたち」：トレヴァーセン，パプーディほか編著／中野茂・伊藤良子・近藤清美訳『自閉症の子どもたち：間主観性の発達心理学からのアプローチ』ミネルヴァ書房，2005所収）
Robarts JZ (1999). Clinical and theoretical perspectives on poietic processes in music therapy with reference to Nordoff and Robbins' case study of Edward. *Nordic Journal of Music Therapy*, **8(2)**, 192–199.
Robarts JZ (2000). Music therapy and adolescents with anorexia nervosa. *Nordic Journal of Music Therapy*, **9(1)**, 3–12.
Robarts JZ (2003). The healing function of improvised song in music therapy with a child survivor of early trauma and sexual abuse. In Susan Hadley, ed., *Psychodynamic music therapy: Case studies*, pp. 141–182. Barcelona, Gilsum, NH.
Robarts JZ (2006). Music therapy and sexually abused children. *Clinical Child Psychology and Psychiatry*, **11(2)**, 249–269.
Robarts JZ and Sloboda A (1994). Perspectives on music therapy with people suffering from anorexia nervosa. *Journal of British Music Therapy*, **8(1)**, 9–15.
Robbins C and Forinash M (1991). A time paradigm: Time as a multilevel phenomenon in music therapy. *Music Therapy*, **10(1)**, 46–57.
Rogers P (2003). Working with Jenny: stories of gender, power and abuse. In S Hadley, ed., *Psychodynamic music therapy: Case studies*, pp. 123–140. Barcelona, Gilsum, NH.
Schore AN (2001). The effects of early relational trauma on right brain development, affect regulation, and infant mental health. *Infant Mental Health Journal*, **22**, 201–269.
Schore AN (2003). Early relational trauma, disorganized attachment, and the development of a predisposition to violence. In MF Solomon and DJ Siegel, eds, *Healing trauma: Attachment, mind, body, and brain*, pp. 107–167. W.W. Norton, New York.
Sears W (1996). Processes in music therapy. First published 1968, in E Thayer Gaston, ed., *Music in therapy,* Macmillan, New York. *Nordic Journal of Music Therapy*, **5(1)**, 33–42.
Siegel DJ (1999). *The developing mind: How relationship and the brain interact to shape who we are.* Guildford Press, New York and London.
Siegel DJ (2003). An interpersonal neurobiology of psychotherapy: The developing mind and the resolution of trauma. In MF Solomon and DJ Siegel, eds, *Healing trauma: attachment, mind, body, and brain*, pp. 1–56. WW Norton, New York.
Stern DN (1985). *The interpersonal world of the infant: A view from psychoanalysis and developmental psychology.* Basic Books, New York.（スターン，小此木啓吾・丸田俊彦監訳，神庭康子・神庭重信訳『乳児の対人世界理論編』岩崎学術出版社，1989）
Stern DN (1995). *The motherhood constellation: A unified view of parent–infant psychotherapy.* BasicBooks/HarperCollins, New York.
Stern DN (1998). The process of therapeutic change involving implicit knowledge: Some implications of developmental observations for adult psychotherapy. *Infant Mental Health*, **19(3)**, 300–308.

Stern DN (2004). *The present moment in psychotherapy and everyday life.* WW Norton, New York and London.（スターン，奥寺崇・津島豊美（訳）『プレゼントモーメント―精神療法と日常生活における 現在の瞬間』，岩崎学術出版社，2007）
Sutton JP (2002). *Music, music therapy and trauma: International perspectives.* Jessica Kingsley, London.
Trehub S (2001). Musical predispositions in infancy. In R Zatorre and I Peretz, eds, *The biological foundations of music*, pp. 1–16. Annals of the New Academy of Sciences, New York.
Trevarthen C (1979). Communication and cooperation in early infancy: A description of primary intersubjectivity. In M Bullowa, ed., *Before speech: The beginnings of human communication*, pp. 321–347. Cambridge University Press, London.
Trevarthen C (1980). The foundations of intersubjectivity: Development of interpersonal and cooperative understanding in infants. In D Olsen, ed., *The social foundations of language and thought: Essays in honor of J. S. Bruner*, pp. 316–342. New York, W.W. Norton.
Trevarthen C (1993). The self born in intersubjectivity: The psychology of an infant communicating. In U Neisser, ed., *The perceived self: Ecological and interpersonal sources of self-knowledge*, pp. 121–173. Cambridge University Press, New York.
Trevarthen C (1999). Musicality and the intrinsic motive pulse: Evidence from human psychobiology and infant communication. *Musicae Scientiae (Special Issue 1999–2000)*, 157–213.
Trevarthen C (2002). Origins of musical identity: Evidence from infancy for musical social awareness. In RAR Macdonald, DJ Hargreaves and D Miell, eds, *Musical identities*, pp. 21–38. Oxford University Press, Oxford.
Trevarthen C and Malloch SN (2000). The dance of wellbeing: Defining the musical therapeutic effect. *Nordic Journal of Music Therapy*, **9(2)**, 3–17.
Trevarthen C and Schögler B (2006). Musicality and the creation of meaning: Infants' voices and jazz duets show us how, not what, music means. In CM Grund, ed., *Cross-disciplinary studies in music and meaning*, pp.. Indiana University Press, Bloomington, IN.
Trevarthen C, Aitken K J, Vandekerckhove M, Delafield-Butt J and Nagy E (2006). Collaborative regulations of vitality in early childhood: Stress in intimate relationships and postnatal psychopathology. In D Cicchetti and D J Cohen, eds, *Developmental psychopathology, Volume 2, Developmental neuroscience*, 2nd edn, pp. 65–126. Wileys, New York.
Tulving E and Markowitsch HJ (1998). Episodic and declarative memory: Role of the hippocampus. *Hippocampus*, **8**, 198–204.
Tyler H (2002). The music prison: Music therapy with a disabled child who had experienced trauma. In JP Sutton, ed., *Music, music therapy and trauma: International perspectives*, pp. 175–92. Jessica Kingsley, London.
Tyler H (2003). Being Beverley: Music therapy with a troubled eight-year-old girl. In S Hadley, ed., *Psychodynamic music therapy: Case studies*, pp. 37–51. Barcelona, Gilsum, NH.
van der Kolk B (2003). Posttraumatic stress disorder and the nature of trauma. In MF Solomon and DJ Siegel, eds, *Healing trauma: Attachment, mind, body, and brain*, pp. 168–195. WW Norton, New York.
van der Kolk BA and Fisler R (1995). Dissociation and the fragmentary nature of traumatic memories: overview and exploratory study. *Journal of Traumatic Stress*, **8(4)**, 505–525.
van der Kolk BA and van der Hart O (1989). Pierre Janet and the breakdown of adaptation in psychological trauma. *American Journal of Psychiatry*, **146(12)**, 1530–1540.
van der Kolk BA, van der Hart O and Burbridge J (1995). Approaches to the treatment of PTSD. Available at http://www.trauma-pages.com/vanderk.htm, accessed 27 November 2007.
Wallin NL, Merker B and Brown S (eds) (2000) *The origins of music.* MIT Press, Cambridge, MA.（ウォーリン，マーカー，ブラウンほか，山本聡訳『音楽の起源（上）』人間と歴史社，2013）
Wheeler B L and Stultz S (April 2001). *The development of communication: Developmental levels of children with and without disabilities.* European Music Therapy Congress, Naples, Italy. Available on Info-CD Rom IV, University of Witten-Herdecke (2002) and at http://www.musictherapyworld.net/
Wickham RE and West J (2002). *Therapeutic work with sexually abused children.* Sage, London.
Wigram T (2003). *Improvisation: Methods and techniques for music therapy clinicians, educators, and students.* Jessica Kingsley, London.
Wigram T and De Backer J (1999a). *Clinical applications of music therapy in developmental disability, paediatrics, and neurology.* Jessica Kingsley, London.
Wigram T and De Backer J (1999b). *Clinical applications of music therapy in psychiatry.* Jessica Kingsley, London.

第18章

踊るという人間の本性：
美的コミュニティ理論に向けて

カレン・ボンド

18.1 はじめに

　踊ることは我々人間に備わっている生物学的な資質の一部なのではないか，ということに私が最初に思いを巡らせたのは，私の娘が乳児期の頃だ。それは，すくったり回したりする息の弾むようなデュエット，指の踊り，そして共有されたリズムに溢れた，感覚的 – 情動的な喜びの時期であった。私は彼女がこれらの踊りを自分から始めているのだとはっきりと感じた。そして，「我々は踊るように運命づけられているのではないだろうか」と考えたことを思い出す。20年後，視聴覚障害を持つ6人の発話のない子どもたちに対する踊りの意味と効果について集中的に研究する中で，私は踊りと生物学の間にある深い繋がりを確信した (Bond 1991, 1994a)。未知の領域へと向かうこの旅のプロセスにおいて，私は芸術や美的行動の起源に関する文献を丹念に読み始めた (Eibl-Eibesfeldt 1973, 1989; Cobb 1977; Maquet 1986; Dissanayake 1988, 1992; Rentschler et al. 1988)。そして，私の研究は人間が踊ることに関する生物美学的理論を支持するという結論に至った。

　この章は，私が「美的コミュニティ」と呼ぶ，新たに出現した社会現象に特に焦点を当てながら研究の概要を提供する。集中的なダンスプログラムの間，私には子どもたちおよび参加している大人たちが求心性の高い1つのコミュニケーション単位であるかのように見え始めた (Bond 1991, 1994a)。彼らは非常に同期した動作を示し，集合的な動きのスタイルを発展させた。興奮，ユーモア，遊び心といった集団の感情は，普遍的な祝福のエトスへと進化した。身体重力を利用した力を使う活動（パートナーを押す，引っ張る，釣り合いをとるなど）を含むダンスの活動では参加者の間で責任ある取り組みが共有され，そこにはある種の活動倫理が存在した。子どもたちが抱えるコミュニケーション上の困難さを考慮すると，これは踊るという人間の本性を理解する上で特筆すべき発見であろう。

18.2 美的コミュニティの先駆者たち

　ある陽気な春の日，私は視覚障害者のための学校内にある寮へと続く階段を登った。角を曲がると空間があり，そこでは4人の男の子と2人の女の子が至近距離で，しかしバラバラの方向を向いて床に座りながら，何かを描くかのようにリズミカルに手を動かしていた。踊りについての詳細な検討のためにこの場所とこれらの子どもたちを偶然にも選んだことは幸運であった。振り返ってみると私は，愛他的で，学問的で，美的な意図が混ざったものをそこに見たのである。教員養成のためのダンスの現場実習

のスーパーバイザーという役割を担う中で，私は社会的コンテクストにおいて容易にはダンスにアクセスできないであろう対象者を支援することになった。私は，自分が障害を持つ子どもたちにとってのダンスの価値を評価したいのだということに気がついてもいた。人間の行動の生物学的基盤に関する仮説を立てるために視聴覚障害を持つ人々について研究した動物行動学者のアイブル＝アイベスフェルト（1989）のように，私は，この研究が踊るという人間の本性について洞察をもたらすのではないかと考えた。

5歳から8歳までの6人の子どもたちは，妊娠中の風疹，すなわち重度の先天的な障害を引き起こす可能性があるウイルス性の疾患に胎児期に罹患していた。彼らは視覚および聴覚に障害を持って生まれ，それ以外にも脳性麻痺や心血管系の機能障害を含む様々な虚弱状態を呈していた。2人は新生児期の間，発育不全症候群を経験していた。

最初に彼らを観察した際，私はそれぞれの子どもが光に向かうようなジェスチャー[1]やリズムの独特な表現手段を示すことに気がついた。私はバリの踊りを習っていたので，これらの動きから，反復するリズムパターン，手のジェスチャー，顔の表情が特徴的な東南アジアの踊りを思い出した。子どもたちの常同的な動きが不適応だとみなされていること，そしてそういった行動を減らすことが今までもこれからも教育上の主な関心事であることを私は理解していた。ヴァン・ダイク（2001, p. 1）は，「すべての教育研究者は，常同行動のパターンが学習の妨げになるということに同意する」と主張している。子どもたちの動きは一見奇異に見えるかもしれないが，これらの踊りのような表現は子どもたちにとって内発的な価値を持っており，従ってこれらが踊りの開始地点であるように私には思われた。子どもたち自身によって始められ，何度も繰り返されているこれらの身体化は，潜在的に混乱している彼らの生活経験において，喜びや一貫性，表現形式の源になっていると私は推論した。乳児期の私の娘と同様に，これらの子どもたちも「踊るために生まれてきた」ように思われた。

18.3　対象者

両方の距離感覚［すなわち視覚と聴覚］が障害されている人々は，コミュニケーションにおいて甚大な困難を経験する。明瞭な発音で話せることは稀であり，障害が重度の場合は特に同世代の人々との社会的インタラクションに対する関心が欠如している可能性がある。そのため，教育プログラムでは主にコミュニケーション能力に焦点が当てられている（Enos 1995; Aitken *et al.* 2000; Jones 2002）。グード（1994）は，入院している子どもたちが同世代の人々との慢性的な過少社会化にさらされており，それゆえ「子ども文化」，すなわち子どもたちが大人から独立して自分たちの生活を築く社会的‐物理的な場へアクセスできない危機にあると主張している（pp. 182〜183）。ピーズ（2000）は，「比較的能力の高い子どもたち」にとってさえ，「コミュニケーション領域ほど視聴覚障害者に深刻な影響を与える領域はない」と観察し（pp. 36〜37），コミュニケーションに対する初期の失敗は社会的孤立の状態へと向かう負のスパイラルを構築する可能性があると指摘している。この章ではこれとは逆のことについて述べる：孤独からコミュニティへと外に向かって発展するプロセス，すなわち，子どもを中心とした療法的な枠組みの中で行われる集団のダンス活動に根ざした取り組みについて述べる。

18.4　感覚障害を持つ人々のためのダンス：理論的基盤

ダンスの内容や手法の土台は，その当時出現しつつあったダンスセラピーと特別芸術教育分野の文献，特に感覚障害を持つ子どもたちのためのダンスに関連した資料をもとに作り出された。**表18.1**は，先駆的実践者たちによる1970年代および1980年代の優れた著作から集めた概念や方策を列挙したものであ

---

[1]　巻末の参考資料「身振り（ジェスチャー）」を参照。

る。これらの記述的な資源には共通点がある。すべての著作が，ダンスがあらゆる人間にとってアクセスしやすいという仮説を前提としている。これらの手法は，個人の動きの特徴と，「あるレベルの経験から次のレベルの経験へと連続し，意味を持って動く」(Delaney 1977, p. 150)発達的アプローチを利用している。すべての著者は，感覚に困難のある子どもたちが彼らの個人的な表現の可能性を探求できるような安全な環境の重要性を強調している。**身体全体，多感覚，感情表現，身体の状態，自由，自信，対人能力**といった項目の名称において明らかなように，目標は全人的なことに向けられている。表18.1は感覚障害を持つ人々のための具体的なダンスの内容を表しており，そこには，呼吸の意識，リズム，移動の基礎，姿勢，ジェスチャー，身体重力を利用した体験，動きの質（強さおよび空間），動きを通した社会的インタラクションなどが含まれている。

動きの質に関して，初期の実践者の多くはルドルフ・ラバン（1879〜1958）[2]の包括的な運動理論による影響を受けていた。人間の動きの鋭い観察者であったラバンは，運動エネルギー，すなわち「エフォート」は，流れ，空間，重さ，時間といった動きの要素に対する動き手の内的態度に応じて消費されると仮定した (Laban 1960; Laban and Lawrence 1974; Bartenieff with Lewis 1980; Davies 2001)。さらに，動き手が内的な動機や外的な刺激に対して応答するにつれて，すべての動きは空間へと向かっていく。人間の動きは活気に溢れた律動的なプロセスであり，そのプロセスは適応的であると同時に表現に富んでいる (Davis 1983)。

ラバン理論の仮説によると，人はそれぞれ身体，エネルギー，空間に関して特徴的な動き方を持っており，動くという行為は身体的，感情的，精神的，社会的プロセスを目に見える形で表している (Amighi Kestenberg *et al*. 1999; Loman 2005)。従って，動きの機能や表現が広がるにつれて，人間の別の側面が成長する可能性がある。これらの仮説はダンスセラピーに関する初期の文献に浸透しており (Koch 1984)，表18.1で示された文献もそこに含まれる。ラバンの理論はダンスからキャリアカウンセリングまで幅広い分野に適用・応用され続けている。

入手可能な参考文献が実践者の深い洞察を豊富に提供する一方で，感覚障害を持つ子どもたちに対するダンスの効果に関する（英語による）実証的研究は見つからなかった。視聴覚障害者を対象としたダンス／ムーブメントセラピーを調査した研究は1つだけあり (Berrol 1981)，それは4人の10代の女の子に関する事例研究だった。著者は，効果的なグループプロセスを維持しながら個人の複雑なニーズを満たす難しさを強調していたが，これは後に私も実感するようになった問題だった。この章を執筆するためにさらに新たな文献を探したが，今もなおそのような研究は少ない。たとえば，『アメリカン・ジャーナル・オブ・ダンスセラピー』(1977〜2007)のすべての号を調べてみたところ，感覚障害を持つ人々を対象としたダンス活動に関する論文は4本しか発表されておらず，一番新しいものはフロスト (1984)による研究であった。従って，私の知る限りでは，この章は視聴覚障害を持つ発話のない子どもたちにとってのダンスの価値や意味に関して初めて展望を示すものである。

私が1980年代半ばにフィールドワークを行っていた時，オーストラリアにおいて近代的な意味でのダンスセラピー分野は揺籃期であった。オーストラリアというコンテクストにおいてダンスセラピーを定義しようとする新しい潮流の一部を担うことは興奮することであった。サーリン (1993)の言葉を借りるならば，ある者は議論において，オーストラリアの古くからのアボリジニ文化から生じるダンスの「根源的イメージ」を重んじようとしていた。またある者は，なおその心理療法的な機能を強調しながら，療法的な関係がダンスセラピーの核心であると強調した (Delaney 1980; Leventhal 1979, 1980)。私の職業上のメンターでありオーストラリアのダンスセラピーの先駆者であるジョアンナ・エグザイナーは，ダンスという身体化された芸術それ自体がその療法的意味の中心であると強く主張した (Exiner and

---

[2] ハンガリー生まれ，ドイツのちにイギリスで活躍した舞踏家，舞踏理論家，振付師。ドイツのモダン・ダンスを理論的に主導し，動きの分析に基づいた舞踏記譜法（ラバノーテーション）で知られる。

表18.1 感覚障害を持つ子どもたちに対するダンス——先駆的実践者による目標，内容および手法

クラッツ（1973）（VI）
移動の基礎
動きの質
緊張と弛緩
直線的な／方向性を持つ動き
空間における身体の位置
空間や時間よりも身体に焦点を当てる
「走ることは生得権」

デラニー（1977, 1980）（SC）
療法的な関係の重要性
発達的アプローチ
ダンスによる感情表現
ミラーリング／模倣
安全：既知の空間とセラピストへの信頼

キャナー（1980）（VI／MI）
身体意識
対人能力
範囲を広げるためのダイナミックな対比
強さ
動きの流れ
触覚刺激
表現行動としての視覚障害の癖

メーソン（1980）（VI）
同期的インタラクション：残存視覚，ボディコンタクトとアイコンタクト，リズムと空間の使用の奨励
対象者群の動きの特徴からの活動
身体の音
輪の形態
体重のかけ方，身体の置き方

ベロール（1981）（DSI／MI）
粗大感覚運動システム：身体全体の目に見える反応
感覚統合：最も強いモダリティに対する異なる感覚に関連する表出
遅いペース
反復
繰り返される決まった音型の歌唱
前庭感覚に関連する体験の重要性：ロッキング，転がる，揺れる，スウィングする，ターンする

ワイスブロッド（1974）（VI）
呼吸
身体の状態の質と強さ
自由，範囲，自信
全身の移動
勢い
身体の全身性：体重，呼吸，開く／閉じる，自己／非自己，前／後，右／左の対比（ラバン）
リズムと多感覚的体験
空間の探索
可動域の拡大
関係の意識
音，音楽
既存の動きのスタイルからの活動

ピショッタ（1980）（HI）
聴覚障害の子どもたちに特有の能力：集中，性別に対して偏見がないこと，顔の表情に頼るコミュニケーションに由来する身体表現力
リズムとジェスチャー

リーバー（1980）（HI）
聴覚障害を持つ子どもたちのためのラバンの考えに基づく創造的な動きのプログラム
「世界共通語」としてのダンス

ラベンソール（1979, 1980）（SC）
連続的な動きの体験は学習レディネスを高める
「支持的な環境」：安全な空間の境界，反復，発展していくパターンに対する注意
自発的な運動表現
リズム
再現可能なセッション構成
「二項の統合」としての療法的関係
ダンスの要素：空間，時間，重さ，流れ（ラバン）

バーンスタイン（1981）（GT）
呼吸の流れ
多感覚刺激
ラバンの要素
発達的アプローチ（ケステンバーグ[3]）
身体全体の反応

DSI：視聴覚障害，GT：一般的テクスト，HI：聴覚障害，MI：重複障害，SC：特別なニーズを持つ子ども，VI：視覚障害

---

[3] ケステンバーグは児童精神科の医師であり，ダンサーや動作分析家との共同研究の中で，子どもの動きの評価法である「ケステンバーグ・ムーヴメント・プロフィール」を開発した。

Kelynack 1994; Bond 2008)。

　上述したように，ダンスは療法的モダリティ[4]として古くからの役割を持っている（Serlin 1993; El Guindy and Schmais 1994）。近代的な意味でのダンスセラピストは，個人や集団を対象に活動しながら，癒し，知覚の統合，変容，意味のある社会的関係といった目的のために，我々人間がダンスに対して抱いている言語を超えた愛好を利用する（Loman 2005）。

　この章で取り上げた研究は，広い意味でのダンスに関するものである。ここでは，ダンスは，自分自身および／あるいは環境に対する感覚の高まりを空間における固有の動きの動的なパターンによって表現する意図的で非言語的な行動として概念化される。子どもたちの自発的で自然な行為や独特な癖は，ダンスを通して拡張されうる彼ら固有の動きの表現手段の一部であるように思われた（Cobb 1977）。

18.5　実証的デザイン：芸術と科学の二重奏としての研究

　ダンスの参加者である6人の発話のない子どもたちに関する研究は，実験的研究デザインで始められた。実験の公式の目的は，集団でのダンス活動（今後は「ダンス」と呼び，詳細は18.6.1で説明する）が子どもたちの社会的参与と課題参与に及ぼす影響を評価することであった。参加者が少数であり無作為抽出が不可能ではあったが，子どもたちを社会的な集団として概念化し，参与行動の基準を定めることに対する興味が実験の起点となった。私は，個人的で直接的な関わりや解釈と，行動の正式なコード化やカテゴリー化の両方を行なうことが，厳格な研究戦略をもたらすと推論した。科学と芸術の認識論の統合を支持する多くの著述家たちに鼓舞され（Young 1974; Maquet 1979; Eisner 1981; Capra 1982; Salk 1983; Bohm and Peat 1987），私はこの正式な測定と経験に基づく自由な研究の統合を「芸術と科学の二重奏」（Bond 1991）と表現した。

　「ダンス」と「遊び」（「遊び」については18.6.2で説明する）という2つのコンテクストにおける子どもたちの参与を比較することを可能にするため，2グループの反復測定交差法（Campbell and Stanley 1963; Creswell 2003）によって研究が実施された。子どもたちは両方のプログラムを受けることができるため，これは倫理的にも適切なデザインであると思われた。それぞれのグループは片方のコンテクスト（「ダンス1」ないし「遊び1」）を5週間経験し，その後にもう片方（「ダンス2」ないし「遊び2」）を5週間経験した。それぞれの実験期間の最初の週（1週目と8週目）には事前テストが実施された。30分のセッションが週に4回行なわれ，それぞれのプログラムは実験期間ごとに合計20回ずつ実施された。

18.5.1　「ダンス」と「遊び」における参与の操作定義化

　行動の代表的なサンプルを生成するため，セッションはおよそ週に1回ビデオに録画された。著者を含む3人の独立した観察者が録画データをコード化した。妥当性を高めるため，予備的な観察や視聴覚障害を持つ人々の発達に関する文献を参考にしながら（van Dijk 1977; McInnes and Trefry 1982; Kates *et al*. 1981; Stillman and Battle 1986），適切な検証手段が計画された。**表18.2**は，16の非言語的な参与の基準をその操作的定義と共に並べたものである。これらには，高い水準から低い水準までの様々な水準での参与，そして様々な行動の質やスキルが含まれている。我々はおよそ14時間のビデオにわたり，子どもたちの参与行動の有無について30秒間隔で観察した。

18.5.2　「ダンス」と「遊び」の内容と手法

　グッドは1970年代における非人道的な施設内での実践について詳細に述べている。当時はノーマライゼーションを根拠に，「逸脱した」子どもたちの治療において行動修正が日常的に用いられていた：

---

[4]　巻末の参考資料「モダリティ」を参照。

表18.2 「ダンス」と「遊び」における非言語的な参与──変数の操作的定義

参加の様式：自分自身，課題，他者に対する参与の程度，質，スキルの表出
光に向かう行動──観察インターバル内の参与の主要な特徴としての，光に対する観察可能な注意あるいは動き
動きの癖──観察インターバル内の参与の主要な特徴としての，独特で反復されるジェスチャーや身体の動き
鈍感──他者や課題に気がつかない；環境に対する参与が見られない；子どもが環境的刺激を無視する
抵抗──課題や他者に関連した身体的緊張の観察可能な増加あるいは課題や他者に対する拒絶。攻撃的行動を含む
消極的許容──あまり努力したり傾注したりすることなく，課題や他者に対して無関心に協力する
受容──子どもが環境刺激に対してオープンであることが観察できる；リラックスした状態での気づき；そこには微妙に楽しみや喜びが含まれているかもしれない
集中──環境刺激に対して直視する，傾聴する，体を向ける；自身以外に向けられた癖ではない行動
課題に対する積極的な取り組み──関連した課題に対して自発的で建設的かつ適切な参与が継続している
他者に対する積極的な関わり──1人あるいは複数の他者に対して自発的な社会的参与が継続している
共有──社会的主導の例；たとえば，与える，受け取る，助ける，示す，要求する，交代する，実演する；他者に対して積極的に関わる
模倣──子どもが，他の人物によって始められた行動を反復する，ミラーリングする，再現する

探索の様式：身体化された探索的な性質を持った自発的な参与；課題に関係しているかもしれないし，そうでないかもしれない
近い空間──体が届く範囲内における意図的な動き；表現豊かに体を伸ばす，形を作る，近くの環境に応じて高さや体の位置を変化させることがはっきりと観察できる
遠い空間──届かない空間に広がる意図的な動き；空間上の道，距離，目的地に対する意識を示す移動を伴う動き
リズム──反復，フレージング，アクセントといったリズム要素の意図的な使用を伴う動きの活発なパターン。自己刺激を超えた建設的な形で用いられる場合，癖の動きを含めてもよい
ジェスチャー──機能上および表現上の目的のための身体の部位ごとの意図的な動き。自己刺激を超えた建設的な形で用いられる場合，癖の動きを含めてもよい
事物の探索──事物に対する自発的な身体的参与，活動空間の境界や構造を含む；たとえば窓，壁，電灯のスイッチ，ビデオカメラ，家具など

> 子どもたち独自のあり方，彼ら自身の選択や嗜好は，彼らのためにデザインされたプログラムにおいて全く無視されていた。多くの専門家は，子どもたちが根拠のある見通しに基づいて動いたり，検討する価値のある事柄についてアイディアを持っているとは信じていなかった。
>
> グード（1994, p. 15）

視聴覚障害を持つ人々に対する教育手法は1970年代から変化した。現在の実践はより人間中心的で，彼ら独自の表現方法，すなわち本質的な意味で身体的である表現方法に合わせて子どもたちと関わる重要性を認めている。エイトキンは次のように提案している：

> 相互の行為，すなわち子どもが何をしたり何に従ったりするよう期待されているのかを事前に決めずに，子どもがすることに応答することを通じて，子どもは自分が他者に影響を与えうることを学ぶよう促される：インタラクションの始まりである。
>
> エイトケン（2000, p. 33）

このような価値観は20年前の施設における実践では見られなかったものの，これらは「ダンス」と「遊び」に本来備わっているものである。大人の役割は，提供された活動内容を子どもたちが拒否する自由を尊重し，それぞれの環境において子どもたちが「彼ら自身である」ことを奨励しながら，子どもたちの主導や反応を強めることであった。

「ダンス」と「遊び」は，それぞれ著者および視聴覚障害者の教育ユニットの主任教師によって開発され，

先導された。それぞれのコンテクストにおける案内役の役割は，できるだけ制限がなく，可能な限り反応を引き出せる環境を提供することであった。治療的変革には，子どもたちに様々な関係を提供するために大人のパートナーをローテーションすることや，子どもたちの動きを身体的‐情動的に反映すること（たとえばミラーリングやエコーなど）が含まれた。これはダンスセラピーの実践において確立されている手法である（Adler 1968; Duggan 1978; Schmais 1985）。

18.5.3 「ダンス」

創作ダンス，モダンダンス，世界のダンス形式，コンタクト・インプロヴィゼーション（体の重さを共有しながら行うダンスの形式）における私の経歴，ラバン身体動作表現理論，そして子どもの音楽教育の技術が，視聴覚障害を持つ子どもたちとダンスをする上で役に立った。録音された打楽器音楽，発声，ボディパーカッション（たとえば手をたたく，指をならす，足をたたくなど）を含む様々な音刺激が使用された。ある子どもたちは音刺激に対して他の子どもたちよりも反応を示した。音楽は大人の参加者にとってとりわけ重要であるように思われた。彼らは皆，音楽と踊りが密接に関係していることに気がついているようであり，セッション中にしばしば歌ったりハミングしたりしていた。子どもたちが音の振動を感じることができるように，オーディオスピーカーは床に設置された。次に挙げるのは，30分間の「ダンス」のセッションのための再現可能な6部分から成る構成である：

1. 挨拶の輪（3分）：セッションはリズミカルな名前のチャント[5]を歌いながら小さい鏡を順番に回していくことから始まる。注意を集中し，社会的インタラクションを促すため，参加者は輪になって座る。大人たちがチャントを歌う：「名前，名前，あなたの名前はなに？ マーラ……タップ，タップ，タップ」（手で床をたたく）。子どもたちは自分の名前が歌われている間，鏡を持つように促され，その後仲間にそれを渡す。

2. 多感覚的準備運動（5分）：パートナー同士が近くに座る。大人たちは肩をこすったり背中をたたいたりし，子どもたちにリズミカルな触覚体験を提供する。子どもたちからの合図を受けながら様々な質の動きが探索されるかもしれない（穏やかな動きから力強い動き，遅い動きから速い動き，円の動きから直線の動き）。そして，フレージングに注意が払われる。体の部位を明確にすることで緊張から解放される。互いに向き合いながら，パートナー同士は手を握り，大人たちは大きく聞こえるような呼吸のリズムの見本を示す。この「一緒に呼吸すること」は腕や手のジェスチャーにまで及ぶ。「手のダンス」はプログラムの特徴で，しばしば子どもたちの「特有のジェスチャー」を大人たちがミラーリングすることから始まり，相互の会話的な性質へと移行していく。

3. 空間における身体全体の使用（4分）：大人たちは立ち上がり，リーダーによって提示された身体全体を使用した動きの見本を示す（たとえば，体を傾けてはずむ，ロッキングする，体を揺らす，バランスをとるなど）。それらは移動や上昇の動きへと発展し，そこには，歩くこと，行進すること，走ることから，つま先立ち，ホップ，ジャンプ，そして大人が援助する「飛行」まで含まれる。空間上の形態の対比（ペアとグループ，形，道，高さ，次元と平面）や動的な質（力，スピード，エネルギーの流れ）が参加者の表現の幅を広げるために提供される。

4. 子どもがリーダーシップをとる時間（9分）：子どもたちは外的な行動基準によってほとんど縛られることなく，彼ら自身の欲求や意図に自由に従う。子どもたちのリーダーシップは，独特な癖を含む彼らの行為，姿勢，発声が共感的に反映されることによって支持される。これは，子どもたちのダンスの発展を支える洗練された形式へと進化していく――たとえば，エコー，誇張，対比，子どもたちのパフォーマンスの観衆となることなど。

---

[5] 巻末の参考資料「歌とチャント」を参照。

5. 重力とのダンス（6分）：身体重力に焦点を当てた活動（体重を感じる，中心をとる，移動する）や，這う，転がる，バランスをとる，倒れる，スウィングする，ターンする，押したり引いたりする（カウンターテンション）といった動きを促進する活動に焦点が当てられる。ペアやグループで体重を与えたり奪ったりすることによってサポートダンスが発展する。
6. さよならの輪（3分）：「ダンス」のセッションは輪で始まり輪で終わる。ここでは，グループは手を繋いでリズミカルなステップを踏む。リズムと空間の構造を共有することによって子どもたち同士の社会的インタラクションを促進することが目的である。アイコンタクトを促す最後のさよならのため，輪は最終的に中心へと凝縮される。

18.5.4 「遊び」

「遊び」は，子どもたちが通常のプログラムにおいて慣れている環境よりも構造化されていない「幼稚園的な」環境を創造するための既存のプランに基づいていた。教師たちは，子どもたちが大人の指示がなくても親しめる素材を探索できるかどうかを確かめることに興味があった。遊びの媒体は，セッションごとに提供された。「ダンス」と同様に，「遊び」も社会性を促すことを意図した集団体験で始まり，終わる。模倣とモデリングによって活動が拡張されることが推奨され，大人たちは子どもがインタラクションに興味を示した場合にすぐに接触できるよう近くにいる。

18.6 実験結果

量的分析は，個人・グループ・プログラム内の，あるいは個人・グループ・プログラム間の比較を示すための記述統計の使用に限定された。各セッションにおける個人の結果は，2人の外部観察者による点数を平均することによって得られた。全体を通じての個人の平均値は，参加した各セッションの結果から導き出された。グループの点数は，各セッションごとに個人の結果を平均することによって算出された。全体を通じてのグループの平均値は，それぞれの実験環境において観察された6回のセッションのグループの点数から計算された。

18.6.1 社会的参与と課題参与

図18.1は2つの包括的な参与変数，すなわち，他者に対する積極的な関わりと課題に対する積極的な取り組みの概要を表している（表18.2参照）。図は「ダンス」における子どもたちの自発的な社会的参与と課題参与の程度を総体的に表しており，美的コミュニティという光へと向かう旅における重要な特徴となっている。「ダンス」と「遊び」（D1〜D6およびP1〜P6）において観察された各セッション（観察1〜6）ごとに個人の平均値が図表に示され，社会的参与と課題参与に関する観察の合計数はどのセッションにおいても15を超えていない。縦軸に沿ってデータを見ることにより，介入に対するそれぞれの子どもの反応を観察間（「ダンス1」と「遊び1」など）で比較することが可能となっている。グループを相対的に比較すると，「ダンス」において社会的参与と課題参与が一貫して高いことが明確に示されている。

全体的に見て，社会的参与と課題参与に対する「遊び」の結果図は「ダンス」に比べて一貫性がない。「遊び」ではグループ内および子ども内でより差異があり，グループの参与に関して一貫したパターンを述べるのは難しい。このような状態は，この研究の対象者群に関してはむしろ「普通」の状態である。専門家によると，重度の視聴覚障害を持つ人々は日ごとに行動が顕著に変化するとされている（Stillman and Battle 1986; Jones 2002）。しかし，「ダンス」において高い参与が一貫して観察されたことは，視聴覚障害を持つ発話のない子どもたちが構造化された活動に対して継続して取り組める可能性を持っていることを示唆している。

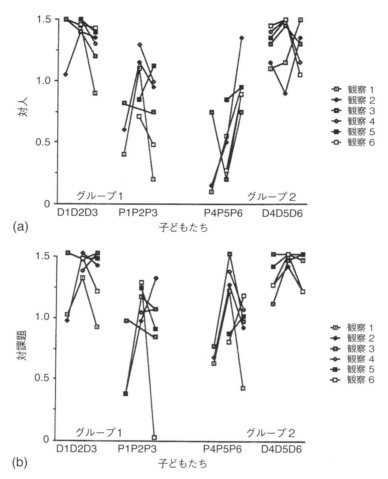

図18.1 (a)「ダンス」と「遊び」における社会的参与と (b)「ダンス」と「遊び」における課題参与
D－「ダンス」，P－「遊び」

18.6.2 参与に関連して出現したカテゴリー

　グループの平均値に順位をつけることによってデータの全体的なパターンが明らかになり，その結果，参与に関連する16の基準が次の4つのカテゴリーに帰納的に再グループ化された：積極的な参与，参与を抑制するもの，参与スキル，個人的スタイル。「ダンス」では，集中，受容，課題に対する積極的な取り組み，他者に対する積極的な関わり，近い空間といった積極的な参与の変数はすべて一貫して密集し，平均して85％以上の割合で観察された。5つの変数を一群とみなすならば，「ダンス」は子どもたちに対し，自分自身，空間（社会的空間を含む），課題を含む統合的な参与の様式を提供したように思われた。

　参与を抑制するもの，すなわち鈍感，抵抗，消極的許容は「ダンス」では一貫して低く見え，どの子どもの場合も20％以下しか観察されなかった。残りの変数は高い範囲から低い範囲にわたって広く散らばっていた。ある変数はスキルに基づくように見え（共有，模倣，遠い空間），またある変数は個人的

な表現上の特徴を持っていた（リズム，ジェスチャー，動きの癖，光に向かう行動）。

この時点で，量的な研究結果が直接的な観察を通して得た印象とかみ合い始めた。「ダンス」と「遊び」の両方において，観察可能な個人の嗜好が子どもたちの参与の実現に影響を及ぼしていることは明らかだった。個人の差が最も顕著だったのは，プログラムとは関係なく，私が「個人的スタイル」と呼ぶようになった上記の基準の中にあった。ダンス，宗教，心理学の分野には個人的スタイルに基づく要素が存在する。儀式の研究者であるグライムズ（1995）は，「スタイルは，観察された行為から推測される」と述べている（p. 88）。ライオンズ（1987）は，「単純な行為でさえ，その人の行動スタイルを表現しうる」と示唆し（p. 209），身体と結びついた心理学についてさらに論じている：

> もしも現代の心理学理論に1つの恥ずべき過失があるとしたら，生きられた身体，生きている身体，活動している身体，行動している身体…各個人によって生きられている，機能している身体全体に対して目を向けることを怠ってしまったことかもしれない。心は身体の側面であり，それ以上でもそれ以下でもない。
> ライオンズ（1987, pp. 4-5）

ボームとピート（1987）は，「連続的な進化」を含む「発達の外的な秩序」と，「そこから物事の明白な形が創造的に現れうるより内的な秩序」とを区別している（p. 151）。ここで報告された研究では，経験的プロセスを経て，子どもたちと大人たちのインタラクションが革新的な治療によって明らかにされた。外的な秩序は再現可能なセッション構成と体系的な観察の利用の中に存在した。これよりこの章では，「ダンス」という再現可能な枠組みの中で生じるグループプロセスに反映される「内的な秩序」へと目を向ける。

包括的に理解するために，参加者を観察することによって質的データが集められ，体系的にコード化された（Miles and Huberman 1984; Lincoln and Guba 1985）。データ資源には，セッションの間に録音された私の実況コメント，「ダンス」における子どもたちの前述のビデオ記録，フィールド日誌，時間サンプリングと同時に記述された印象，学校職員への公式のインタビューや非公式の会話，学校の記録が含まれている。多様な資源の質的分析により，子どもの参与，大人の参与，そして「ダンス」のコンテクストに関する精査された観点が提供された。

リズム，ジェスチャー，動きの癖，光に向かう行動といった個人的スタイルのカテゴリーの推敲は，解釈のプロセスにおいて特に重要であった。ビデオデータによって裏付けられたフィールド記録を一行ごとにコード化することによって，身体的な特徴（姿勢，足取り，リズム，ジェスチャー，声，個人的な癖）；感覚的／知覚的嗜好；感情のスタイル（身体の開放／抵抗の次元）；興味や傾向を含むまでにカテゴリーが拡大された。データは，ラバンのエフォート（流れ，空間，重さ，時間），形，空間の基準からもコード化された（Dell 1977; Bartenieff with Lewis 1980）。

18.7　美的コミュニティへの道を行く3人の旅人

視聴覚障害を持つ発話のない子どもたちは，多くの人に比べ，外部のダンス文化へアクセスする術が限られている。従って，6人の子どもたちにあらかじめ決められたダンス形式について学ぶ選択を与えても無意味だった。かわりに，上述したように，我々は彼ら自身によって身体化された現実の中で彼らと出会うことを試みた。それにもかかわらず，マデラインにとって，「正しいダンス」──すなわち彼女のユニークな個人的スタイルに合致するであろうダンス（Sparshott 1988による）──が完全に実現されることは決してなかった。彼女は環境をコントロールしたり操作したりすることに没頭した。マデラインは，社会的行動の定着した儀式的なパターンを示したが，それは「ダンス」という社会的儀式の発展としばしば対立するものだった。

マークとマデラインは鎧をまとったような身体的態度において似ていたが，それに対してダミアンは，

はっきりとした流れるような性質の動きをした。しかし，マークはリズムと光に対して親和性を持っていたという点で，マデラインと異なっていた。マークはマデラインに比べてより独立的で自己充足的であり，あまり衝動的ではなかった。マークは教育的介入のほとんどに対して抵抗することで知られていたが，彼は「ダンス」において開放，集中，社会性，喜びに対する彼の可能性を解き放っているように見えた。何人かの学校職員は彼の変容に対して驚いたが，ある教師は「私はこのことを知っていました；彼が人々が思っているよりも優れたものを持っていることを知っていました」とコメントした。マデラインに関しては，感情の不安定さが身体的および認知的な頑固さとあいまって，彼女が「ダンス」に対して最大限に参与することを妨げているように見えた。

マークとダミアンは両者とも「ダンス」において変容を示したが，しかしその方法はかなり異なっていた。ダミアンは古典主義者，すなわち時間と空間における形式の創造者となった (Bond 1994a)。マークは情熱的な人となった：あまり分析的ではなく，より陽気で音楽的だった。これらは驚きだった。なぜなら，腕や手や頭を振りながらその場で駆け足するダミアンのお気に入りの動きの儀式はエネルギーを基盤にしており，一方でマークの儀式化された手の動きは，地面の近くで，角度のついた三脚のような形の静止した姿勢で行なわれたからである。これらの持続的な表出は奮起や防衛のための機能，すなわちある種の身体的知性が働いていることを示唆した。変容への可能性もこれらの自己表現において示唆された。ダミアン特有の儀式において表現された強い興奮は，その非社交的な非個人性の中に含まれるある種の冷静な抑制も明らかにした。マークの側臥位での三角ポーズは力強く，コンクリートのようであったが，それを活気づけるような手を目の前で振動させるジェスチャーには情熱と温かさの跡があった。

マデラインには急によろめいたり兆候なく倒れたりする傾向がしばしば見られたのに対し，ダミアンとマークは動くことに対して多感覚的な意識と喜びを示した。概して，ダミアンはたとえば反復可能な連続的な動きを積み上げたり，異なる方向にいるパートナーを慎重に導いたりするなど，課題に対して論理的にアプローチした (Bond 1994a)。彼は運動的な意図に対する観察眼を持っていた。彼の重い聴覚障害がこのスタイルを推進したのかもしれない。彼は他の子どもたちに比べると聴覚刺激に対して比較的意識が低いように見えた。

ダミアンの形式を形成する能力の源を解明しようとするには，ダンスや美的体験に対する神経生物学的な素質が基盤となっていると言うほかはない (Kealiinohomoku 1976; Cobb 1977; Hanna 1979; Maquet 1986; Eibl-Eibesfeldt 1988; Siegfried 1988; Dissanayake 1988, 1992, 2000; Hagendoorn 2003; McKechnie and Grove 2005)；これはディサナーヤカ (1992) が，我々人間の「何かを特別なものにする」能力と述べているものである。マークに関しては，彼は笑顔を絶やさず，彼のジャンプ好き（彼はしばしば外に置いてあるトランポリンを求めてこっそり立ち去ったものだった）を「ダンス」で発揮した。それは，ヴァージニアの森における熱狂的な体験に関するアニー・ディラード (1974) の記述を私に思い出させた：「シャドウ・クリークの内を外を，川上を川下を，歓喜に震えながら，眩暈しながら，踊りながら，一対の銀のトランペットが奏でる讃歌を伴奏に，わたしは進む」(p. 271)[6]。

マークとダミアンは「ダンス」のグループプロセスに身をゆだねた。一方で，マデラインはより抵抗した。しかし，その独断的な社会的方針にかかわらず，彼女は徐々に降伏のサインを示しさえした。同世代の仲間への社会的意識や接触が増え，聴覚にも集中するようになった。独立した観察者は，最後のセッションの間，パートナー活動における信頼について気がついた。マデラインは最後の週の間，いつになくゆっくりした優雅なダンスを始めた。それは宮廷のパヴァーヌを連想させ，彼女が「ダンス」を通じて自己変容する可能性をかいま見せた。それ自体を目的とした動きへの参与，模倣，推敲，パフォー

---

[6] ディラード邦訳書1991, pp. 434-435から引用。

マンス感覚，あるいは自己呈示はすべての子どもたちに観察された。

18.8 アイステーシスの役割

　症例を細かく書くことによって，参与の触媒としての個人的スタイルの重要性がさらに強調された。経験に基づいた個人的スタイルの構築は，美的な知覚と結びついているように思われた。関連文献を調査する中で，私は振付のスタイルの基礎に関するマレティック（1982）の研究の中にアイステーシスという概念を発見した。彼女によると，アイステーシス（ギリシャ語で「知覚すること」）は文化的伝統に照らし合わせることなく即時的に身体が受け入れることを含んでいるが，一方で，美的な知覚においては文化的な価値観が影響を及ぼすという。さらに，アイステーシス的なものと美的なものが統合される場合，自己－環境という二元性が弱まる可能性がある。これは，美的コミュニティという私の考えを知らしめる「ダンス」において観察された現象である。現代の実用主義の分野において，身体美学の哲学的手法は，重要な自己認識を改善するためにアイステーシスを高めることに重点を置いている（Shusterman 2000, 2005）。シュスターマン（2005）は，我々の身体化された傾向，すなわち感情，行動，思考に関する我々の慣習的な方法を身体美学的に明確に認識することが，「知性の再構築計画」に対する「唯一の合理的な出発点」（p.71）かもしれないことを示唆している。

　両方の距離感覚に障害を持つ人々は，広い意味での文化（ダンス文化はもちろん）へアクセスする術が限られているため，おそらくこれらの人々にとって，アイステーシスは一生を通じて個人的そして社会的意味を創造する主要な基盤であり続ける。視聴覚障害を持つ発話のない人々にとって，好み，個人的な満足，表現形式の基準は，文化的基盤よりも肉体的基盤に基づいている可能性がある。このような人々は，美的基準が身体によって表現されるに違いないという点において，まさに身体美学的な自己認識の典型であるかもしれない。「再構築計画」（Shusterman 2005）が外部から課せられる限りにおいて，このような美学は反文化的な表現のように見えるかもしれない。もしも感覚の喪失が，感覚障害を持つ人々の常同行動の源であるならば（Berrol 1981; van Dijk 2001），これは，既存の文化が生物美学的嗜好を支えるには不十分であることを直接的に示しているかもしれない。この研究において，子どもたちの高い水準での社会的参与と課題参与は「ダンス」に対する意識の集中を示しており，それは，「ダンス」がそれぞれの子どものアイステーシスのスタイルを美的に転換したことに関連があるように思われた。

18.9 参加者のダンスへの参与に及ぼすコンテクストのさらなる影響
18.9.1 儀式の力

　上述したように，「ダンス」における我々と子どもたちとの活動は，構造的で反復可能な構成の中で生じた。反映，反復，推敲を通じて，我々は内発的な動機づけとなるような内容を支持・拡大しようと努めた。プログラムの初期に，私は「儀式」および「儀式的」という言葉をフィールドノート上で使い始めた。グライムズ（1996）によると，儀式とは概して頻発する状況を扱い，それらを理解するためには反復的な観察が必要であるという（儀式の性質に関するより集中的な議論については，本書第4章マーカーと第24章ディサナーヤカを参照）。「ダンス」では，距離（量的測定）と親密さ（質的解釈）の観点からの多面的な観察によって，儀式のプロセスが解明された。

　ハンナ（1979）は，踊りにおける反復現象が興味を引くこと，そしてその多感覚的な性質ゆえに踊りが人から人へと広がりやすい可能性があることを示唆している。多感覚的身体化は儀式の根底にある。グライムズ（1995, p.60）は，儀式行為は「感覚的な意味に満ちており」，身体は「あらゆる状況において儀式の中心的真実」であると記している。「儀式化」という彼の動的な概念は，「ダンス」において生じたものと関係があり，そこには参加者の期待を刺激する「また始まるよ」といった雰囲気が含まれる。グ

ライムズは、「意味、コミュニケーション、あるいはパフォーマンスが機能あるいは実用的な目的よりも重要となる時に、儀式化が起こり始める」(p. 36)と述べている。「ダンス」における儀式のプロセスの進化は、反復的な研究や治療構造、そして子どもたちの個人的スタイルの表現が持つ儀式的な性質によって支持されてきたのだろう。

儀式は、宗教、療法、教育、演劇、政治など広範囲にわたって同時代に行なわれる多様な形態をとる現象である (Schechner 1993; Grimes 1995, 1996, 2000; Dissanayake 2000; Doty 2000; McCauley and Lawson 2002; Schilbrack 2004; Franko 2007)。ドーティ (2000) は、人間社会は本質的に儀式的であると示唆している。儀式は、個人のアイデンティティや地位を伝達あるいは強化したり、新しい社会的階級を確立したり、集団の繋がりを促進したり、そうでなければ隠れたままであったであろう共同体のエネルギーを解放したりするかもしれない。また、言葉による表現に補助手段を必要とする場合や、発話のない人々のように言葉による表現が存在しない場合に、感情を表現することを可能にしたりするかもしれない。儀式は、生物学と文化の統合を促進しながら、自己組織化の手段を提供する。我々はこれらのすべての現象を「ダンス」において観察した。

ディサナーヤカ (2000) は、母親が乳児に対して直感的に行なうのと同じように、文化的儀式が参加者に対して機能していると観察している：「彼らの興味を引き、共有されたリズムの躍動に彼らを巻き込み、それによって親密さや交流の感情を注ぎ込む」(p. 64)。彼女は、母親-乳児間のコミュニケーションがすべての人間の芸術の基盤であると示唆している。儀式化され、リズムによって繋がっている母子間のコミュニケーション言語についての彼女の分析は、「ダンス」における発話のない子どもたちについてのこの研究にとって重要な意味を持っている。

18.9.2 儀式化する声

母親の乳児に対する無意識な発声と同様に、声を用いた大人の自発的表現は、「ダンス」、特に挨拶とさよならの部分において共通していた。挨拶の部分では、繰り返される名前のチャントの形式の中に儀式的な発声が組み込まれていた。さよならの輪のダンスでは、発声が徐々に発展した。ある大人は、「これは儀式になっていっている——我々は自分自身を意識していない」と述べた。発声の形式には、自発的な歌唱、繰り返される決まった音型のチャント、笑い、言語による肯定、そして子どもたちの声や動きの反映が含まれた。すべてのセッションの音声記録に大人の歌声が含まれていた。大人たちは子どもたちのパターン化した発声と一緒に歌い、多くの活動に声を添えた。フィールド日誌には次のような記載が見られた：「大人は息を発し…彼らは今や1つの集団として同期している」。（多感覚的準備運動において）「一緒に呼吸している」間、しばしば集団全体の呼吸のリズムがはっきりと聞こえてきた。子どもたちも大人たちもこの親密な瞬間に集中していた。

18.9.3 重力とのダンス

子どもたちのパターン化した発声が静かになることが観察されたのは、重力をテーマにした部分であった。そこでは、傾いたり、ロッキングしたり、スウィングしたり、バランスをとったり、転がったり、引っ張り合ってバランスをとったりすることによって、体の重さを探ることに焦点が当てられていた。大人が介入を控えた後の根気強さ、活動に対する非言語的な要求、リスクの引き受け、そして自己呈示において明らかであったように、他の部分に比べてこの部分において、子どもたちはより自立して課題に取り組んだ。重力を利用した活動はマデラインとマークを穏やかにした。フィールド日誌に書き留められたように、「これらの子どもたちはロッキングに夢中である」。

18.10 儀式化からコミュニティへ

儀式の起源について議論しながら，ムーアとヤマモト (1988) は次のように示唆している：「同じ場所および同じコンテクストで十分に繰り返された動きは…共同体的な意味を獲得し始め，個人的な体験の世界から，意味を共有する公共の世界へと移行する」(p. 105)。これは「ダンス」において観察されたことに相応しい記述である。儀式のプロセスは，美的コミュニティと私が呼んでいる集団社会現象の発展にとって必要不可欠であるように思われた。美的コミュニティの構成要素の1つが，同世代の仲間との社会的インタラクションの出現である。

18.10.1 同世代間の社会的参与

我々は両方のグループにおいて同世代の仲間とのインタラクションが発展することを観察した。子どもたちは，触ること，見ること，匂いをかぐこと，聴くこと，同期して動くことなどを通して，お互いを感覚的に意識していた。時々，色や模様に引きつけられるなど，視覚的に動機付けられて自発的なスキンシップが開始されることがあった。子どもたちは，互いに身を乗り出したり，互いの動きを追ったり，仲間の「パフォーマンス」（微笑んだり手をたたいたりすることを含む）に積極的に注目したり，仲間の発声に耳を傾けたりすることによっても交流した。子どもたちは他のペアを意識し，時折自分のパートナーと共に別のペアの動きを自発的に始めたものだった。一緒に手をたたくことや同じ動きで踊ること，集団でリズムをとったり，倒れたり這ったりすることなども，集団が同期していることの証だった。

「ダンス」において同世代間で示された好意的な感情には，軽くたたくこと，なでること，キスをすること，ハグをすること，微笑むこと，笑うことなどが含まれた。攻撃的な行動には，殴ること，噛みつくこと，引っ掻くこと，つかむこと，つねることなどが含まれた；しかし，同世代の仲間への攻撃が減少するパターンが観察された。たとえば，つねったり引っ掻いたりするマーラの傾向は「ダンス」の最後の週には消えていた。このことは，マーラとマデラインがさよならの輪の際に同時に床に倒れた同期のエピソードと合致していた（マデラインの典型的反応）。この落下の二重奏はマーラによって開始されたように見えた。次のセッションで，マデラインに対するマーラの態度は明らかに改善した。フィールド日誌では次のように報告された：「マデラインとの社会的インタラクション；すべてに対して微笑み，身体的接触を持つこと，それは非常に愛情のこもった……手による攻撃ではあるが，しかしそんなに激しくなく，より優しい」。

次の日，マーラは「ダンス」の間に2度マデラインの手を取り，2度目は微笑んでいた。同世代の仲間への意識，同期，接触，課題参与といったことは「ダンス」の5週目のそれぞれの日に記録された。そして最後の日には，さよならの輪が終わった後も2人の子どもたちは踊り続けていた。イーノス (1995) は，視聴覚障害を持つ人々は相互の親和性（友情の土台）の確立でさえ達成することが難しいため，同世代の人々との関係は非常に見られにくい可能性があると述べている。「ダンス」において，重度のコミュニケーション障害を持つ2人の少女は，輪のダンスという安全の中で「互いに夢中になった」ように思われた。

18.10.2 大人の参与

大人の参与も週を重ねるごとに深まった。最初は競争的な要素があったが，徐々に先入観なく「ダンス」と「遊び」へ取り組むようになった。初期のフィールドノートには，プログラムが「互いに比較されること」に対する教師の心配や，子どもたちの癖をミラーリングすることに対する不快感が記録された：「Tは反映的アプローチを快く思っておらず，『とてもつらい；私が教えられてきたすべてに反している』と私に言った」。「ダンス1」の4週目までには，ユーモア，運動感覚的共感，声による参加，子どもた

ちゃやプログラムの承認といった点から，好ましい大人の参与が一貫して示された。大人たちは子どもたちに自由にさせながら，時々自発的に一緒に踊った。「ダンス 1」のセッションの間に記録された教師の自発的なコメントは以下の通りである：

「ダンス」がずっと続くといいと思った。
「ダンス」の間は教師であることを忘れ，子どもたちを評価しなくてもよいことが嬉しい。
L：もう終わりだ――こんなに早く。
H：楽しい時はいつも。
彼らの顔を見ているだけでも価値がある。

18.10.3 「ダンス」のリーダーシップ

「ダンス」におけるグループのリーダーシップは相互的で発展的であった。変わらないものの 1 つは，内容を推進し，運動感覚的な共感を促進するための継続的な描写的フィードバックの使用であった。スタッフセミナーの際，プログラムに参加していなかった人物から，伝統的でない手法の導入が「ダンス」の成功（斬新な効果）の理由で有り得たかどうかを問う質問があった。伝統的文化における儀式の構造に関するターナー（1977）の研究は，変化を誘発する第三者の役割について説明している。私は組織の規範に関して無知であり，「イデオロギー知らず」（Grimes 1995）を体現してきたかもしれない。すなわち私は，伝統と創造の二極性を取り持つ人物だったのである。儀式のプロセスという観点から見ると，私はリーダーとして，特別なもの，すなわち鏡の管理人としての力を保持し，それぞれのセッションの同じ時間にそれを開放した。

すでに述べたように，通常の社会構造の修正が両方のプログラムにおいて体系的に取り入れられ，そこには地位の逆転（子どものリーダーシップ）や子どもと大人の多様な関係が含まれた；しかし，美的コミュニティという現象は「遊び」では観察されなかった。伝統的でない手法の使用が「ダンス」の成功あるいは「ダンス」と「遊び」の間に観察された相違を完全に説明するわけではないにしても，これらの社会的関係の変革は美的コミュニティの出現にとって特筆すべきものであると考えられる。

18.11　美的コミュニティの特徴：共有された身体化の領域

美的コミュニティの存在は初め，実験的研究と質的研究の結果の統合によって示唆された。「ダンス」では，参加者，感覚的‐身体的な内容，教育上の変革，それぞれのセッションを組み立てる形式的な構造の間でインタラクションが発展した。この章の冒頭で述べられた美的コミュニティの特徴には，共通の美的価値観の出現，自発的な祝福のエトス，そして社会的な活動倫理が含まれている。美的コミュニティに関するこれらの面あるいはそれ以外の面については次に議論する。

ジークフリート（1988）は踊りの起源についての洞察を得るために子どもたちの自由遊びを研究し，「踊り手や彼らの動きに関連するシステムは踊り手自身によって創造されなければならず，それはグループプロセスの結果である」（p. 118）と述べている。「ダンス」ではグループプロセスは子ども主導型であったが，子どもと大人の表現の嗜好も融合されていた。「ダンス」では，非常に同期した動きや，動きの集合的スタイルの出現の中に共通の美的価値観が見られた。**表18.3**は「ダンス」において具体化された集団的スタイルの要素を示している。

「ダンス」には，多感覚的な参与という性質があった。リズムの反復や動き，音，接触の統合が注意を持続させた。すでに示唆されたように，この多感覚的な受容の普遍的な性質は，アイステーシス，すなわち即時の身体的な体験の直接的な知覚が参加者たちの参与に大きな影響を与えていたことを示唆している（Maletic 1982; Shusterman 2005）。

すべての子どもたちは姿勢，ジェスチャー，足取り，リズム，声，空間的なパターン，そしてそれら

から成る動きの癖の独特なスタイルの特徴を示した。運動コントロールの特異性は6人の子どもたち全員に見られた。「ダンス」では，身体的特異性という概念は芸術の形式に本質的なものとして標準化され，集団的スタイルの一要素となった。視聴覚障害者の教育に関する近年の著作は，非記号的行動が持つコミュニケーションの可能性を支持している (Goode 1994; Aitken et al. 2000; Jones 2002)。「ダンス」では，アイステーシスの嗜好を表現するために子どもたちが個人的な癖を用いていることは明らかだった。マデラインを除くすべての子どもたちは光に対する親和性を示し，大人たちがこの固有の興味を承認すると喜んでいるように見えた。すべての子どもたちは個人的な癖と「ダンス」の様式を統合することを選び，アイステーシスへの自己中心的な集中を美的コミュニティの可能性へと広げていった。

指，手，腕，顔の敏感さは集団現象だった。子どもたちは感情（開放／抵抗；喜び／不満）を表現したり，探索したり，コミュニケーションをとったりするために，特有のジェスチャーを用いた。発声を含む，盛んに繰り返される子どもたちの独特なリズミカルな癖は，比較的簡単に知覚し，ミラーリングすることができた。リズムや共有された発声は「ダンス」における結合要素となり，共同体的な祝福へと続く橋を創造した。すべての子どもたちは，重力を利用したテーマと垂直方向や垂直断面の動きを好んだ。「ダンス」における垂直と重力感覚に対する子どもたちの嗜好を肯定することによって，彼らの相互的な自己呈示の可能性が解き放たれたように思われた。集団的スタイルにはこのようにパフォーマンス性があった。

子どもたちは，環境構造に自らのペースを合わせることにはあまり関心を示さず，極めて個人的な時間の世界を生きているように見えた。概して，脱時間性という性質が「ダンス」において発展した（定められたセッションスケジュールを維持しながら，創造的プロセスの流れの中にいなくてはならなかったリーダーの困難）。大人たちは「時間のことを忘れる」ことができることに安堵を示し，しばしばセッションが終わったことに驚いた。スタマテロス (1984) は美的体験と時間感覚の喪失を関連づけている。深い没頭によって，脱時間性という性質が現れるのかもしれない。

> 同じ動きで踊ることは，自己をその孤独の境界の外へと導く。そこで，私は自己より大きい何かに支えられる。世界や他者を受け入れるにつれ，私の体は拡張される……他者とのダンスにおいて，自己が目に見えて倍増する。世界が広がる。
>
> (p. 195)

18.11.1 活動倫理

「ダンス」には活動倫理が存在した——それは活動に反するものとして遊び心を否定するものではな

表18.3 「ダンス」における集団的スタイルの特徴

多感覚	高まった感情：開放と抵抗
アイステーシスの知覚優位	流れと重力 （一義的）
基準としての固有の動き	垂直形態 （一義的）
全体に行きわたる律動性	空間／水平形態 （二義的）
表現豊かな指，手，腕，顔	輪の時間
光への志向	パフォーマンス性
儀式的	相互的
非言語的，声	集団同期
張力	子ども中心，子どもと大人のスタイルの嗜好を融合しながら
欲求	
遊び心	

かった（Turner 1982; Grimes 1995）。大人たちにとって，子ども中心の「ダンス」の手法は大変な活動だった。全員が身体的苦痛を報告し，1人は自身の健康状態を高めるためにエアロビクスダンスを始めた。「ダンス」の空間はしばしば暑すぎたり寒すぎたりし，そしていつも狭すぎた。大人たちは定期的にビデオに撮られるプレッシャーに対処しなくてはならなかった。これらの困難にもかかわらず，大人たちが自分のやり方で子どもたちに対応するためのユーモアのある取り組みが広がっていった。そのような取り組みには，身体的・感情的に即時に対応すること，そしてまた，積極的に挑戦されたり，驚かされたり，疲れさせられたりすることが要求された。高まった集中，内容に対する取り組み，同世代の仲間や大人たちとの社会的インタラクションに対する参与の増加において観察されたように，子どもたちも同様に一生懸命に活動した。ある種のロッキングやゆっくりしたターンのためにしばしば大人の参加者を「ダンス」の空間へと引っ張ったドナルドの例が示したように，ある子どもたちの取り組みはセッションとセッションの合間にまで広がっていった。

18.11.2 物理的環境

小さくて明るい「ダンス」の空間が，反復的で集中的な形式が精錬されるのを促進したかもしれない。子どもたちの極めて近い空間での参与が「ダンス」に浸透していたことがこの解釈を支持している。綿密な観察によって，接近，低い高さでの動き，至近距離で目の高さで行われる活動（たとえば手のダンス）がインタラクションを促したことが示された。子どもたちの光に対する親和性は，「ダンス」のコンテクストに適したものとして認められた。

18.11.3 社会的関係の変革

社会的関係の変革には，同質のエトス，リーダーとしての第三者，子どもがリーダーシップをとる部分での慣習的な地位役割の体系的な反転が含まれた。それらの戦略は，参与が変容しうる境界的な空間へと子どもたちや大人たちを解放するように思われた（Turner 1982）。儀式のプロセスに関して，儀式はしばしば教育的な機能を持っている（Grimes 1995; Doty 2000）。そして，子どもたちは（ひとたびアイディアに慣れると），子どもがリーダーシップをとる時間やセッション中の別の瞬間を利用し，大人のパートナーたちに対して彼らのアイステーシスの嗜好を教えていたことが明らかになった。

18.11.4 挨拶とさよなら

スパーショット（1988）は，ダンスに加わる時間とダンスから離れる時間は常に特別な注意を要することを示唆している。リズミカルな名前のチャントを歌い，輪になって小さな鏡を回す「ダンス」の挨拶は，伝統的な意味において「ダンス」の最も儀式的な側面だった；それは，各セッションにおいて極めて正確に繰り返された。さよならの輪のダンスは，「無限に変化する行為の鎖」（p. 50）というドーティ（2000）の儀式の概念に適合する。輪の形態が維持される一方で，内容はグループプロセスを経て進化した（ステップ，リズム，関係，感情のスタイル）。「ダンス」は子ども中心だったが，さよならの輪は特に大人たちと子どもたちの交渉を通じて進化した。非常に同期したリズムや高まった感情において見られたように，共通の美的価値観が現れた。繋がった輪の中で，始まりも終わりもなく動きが流れる；おそらくこのことが美的コミュニティの脱時間性という性質を促進したのかもしれない。

18.12 コミュニタス

データ分析後の文献レビューの間，私は美的コミュニティがターナー（1982）のコミュニタス，すなわち人間の可能性が「役割，地位，あるいは名声という重荷」（p. 44）から解き放たれる社会的インタラクションのパターンに似ていることを発見した。コミュニタスは個人の違いを受け入れ，参加者は開か

れていることと個人の真正性に高い価値を置く。コミュニタスの空間では，人々は自由に選択された出来事に対して直接的に没頭し，そこにはしばしば自発的で，遊び心のある，あるいは祝福的な性質を持ったインタラクションが存在する。さらに，コミュニタスは儀式のプロセスを通じて現れる。ターナー（1982）は，儀式のプロセスの形式尊重や反復が，創造的な欲求が表現されうる自由を与えていると仮定した。ターナーの理論は，演劇から様々な研究にわたる多くの学問領域に幅広く応用され続けている（St John 2006; Sharpe 2005）。

18.12.1 美的コミュニティへの道

図18.2は，個人的なアイステーシスの知覚という中心部から美的コミュニティに至るまでの，「ダンス」における参与が生成されるプロセスを図示している。「ダンス」は子ども中心であり，従って，個人的スタイルに反映されたような子どもたちの美的知覚による影響を受けた。この個人的スタイルの適応において，「ダンス」は子どもと環境の統合を促進し，それは高い水準での社会的参与と課題参与において証明された。この動的なコンテクストにおいて，自己変容がすべての子どもたちに観察された。最後に，個人的スタイルの境界が和らぐように見える場所である美的コミュニティが，子どもと大人の嗜好を真に融合させながら発展した。

18.13　省察

言語的な能力が限られている個人や集団もあるだろう。しかし，効果的な表現手段が与えられるならば，彼らの感情的，身体的，美的，そして対人的な能力は我々を驚かせるかもしれない。近年，知識を構築するための有効な様式として身体運動的経験が注目されているにもかかわらず（Gardner 1983, 1999），言語的知性に価値を置く凝り固まった傾向によって，ここで紹介されたような子どもたちの中にある何かが見落とされてしまうのではないかと私は危惧している。おそらくそれは多くの人々の中にある何か…そして我々自身の中にある何かでもありうる。

グード（1994）が述べているように，発話のない視聴覚障害者の人々と活動することは，人間の生活における形式的な記号的言語やその役割に対する凝り固まった偏りへの挑戦である。彼は，「無文化の子どもは我々に，我々の無文化な自己，我々自身の無文化性を認識する機会を与えてくれる。それはす

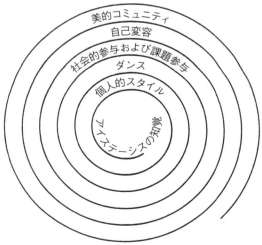

図18.2　「ダンス」における美的コミュニティへの道

べての人間が持っているものだ」(p. 190)と主張している。このような子どもたちは，私が身体化によって日々の社会的世界を作り上げていることを私に思い出させる。この研究以降，私は様々なダンスの環境において美的コミュニティが有している性質や意味を探究するようになった（Bond 1994b; Bond and Deans 1997; Bond 2001; Bond and Etwaroo 2005; Bond and Richard 2005）。そして，この現象は台湾のダンス教育の現場において明らかにされた（Wu 2005）。

　私は「思考を肉体に引き戻す」(Eagleton 1990, p. 43)ことを試みる理論家と共に歩み続ける。私にとって，そしてイーグルトンにとっても，これは必然的に美的なプロジェクトである；そして私の今日までの最高の実践例は視聴覚障害を持つ発話のない6人の若い子どもたちである。クラウザー（1993）は，美学の領域全体は変容に対する人間の必要性によって動かされていると示唆しており，彼はそれを生物学的に備わったものだと見ている。シーツ＝ジョンストン（1994）は，変容する知識への欲求は極めて個人的であるということに同意し，次のように主張している：「我々の身体は，実際…我々がそれに基づいて我々の思考を作る，最初の形式である」(p. 328)。マフェゾリ（1996）は，共感，共同体の欲望，共通の感動，「社会のリズムが生む旋律」(p. ix)に基づいて，美学の倫理を述べている。この社会美学は日々の生活から力を引き出し，生活の質に重きを置いている。それは，視覚障害や聴覚障害を持つ人々がアクセスできず，目が見え，耳が聞こえる多くの人々が「本質的に合理主義的な近代によって搾取された」(p. 20)と感じて興味を失った，壮大なイデオロギー的な要因によって引き起こされるわけではない。

　もしもすべての人間が美的体験をするよう定められているのなら（私にはそうでないと信じる理由が見つからないが），視聴覚障害を持つ子どもたちがダンスに対して共鳴するだろうことは理解できる。このような人々は，身体から離れて実践する他の芸術へのアクセスが限られている。動きそのものが報酬となるような6人の発話のない子どもたちと密接に活動することができたことは光栄であった。私にとって，この若い人々は，見事に身体化された存在として生きていく人間の可能性に光を照らしてくれた。

（田原ゆみ訳）

引用文献

Adler J (1968). The study of an autistic child. In BK Weiss, ed., *Combined Proceedings of the Third and Fourth Annual Conference of the American Dance Therapy Association*, pp. 43–48. American Dance Therapy Association, Washington, DC.

Aitken S (2000). Understanding deafblindness. In S Aitken, M Buultjens, C Clark, JT Eyre and L Pease, eds, *Teaching children who are deafblind: Contact, communication and learning*, pp. 1–34. David Fulton Publishers, London.

Aitken S, Buultjens M, Clark C, Eyre JT and Pease L (eds) (2000). *Teaching children who are deafblind: Contact, communication and learning.* David Fulton Publishers, London.

Amighi Kestenberg J, Loman S, Lewis P and Sossin M (1999). *The meaning of movement: Developmental and clinical perspectives of the Kestenberg movement profile.* Gordon and Breach Publishers, New York.

Bartenieff I with Lewis D (1980). *Body movement: Coping with the environment.* Gordon and Breach Publishers, New York.

Bernstein PL (1981). *Theory and methods in dance-movement therapy*, 3rd edn. Kendall/Hunt Publishing Company, Dubuque, IA.

Berrol CF (1981). A neurophysiological approach to dance/movement therapy: Theory and practice. *The American Journal of Dance Therapy*, **4(1)**, 72–84.

Bohm D and Peat FD (1987). *Science, order and creativity.* Bantam Books, New York.

Bond KE (1991). *Dance for nonverbal children with dual sensory impairments.* Ph.D. Thesis, La Trobe University, Bundoora, Australia.

Bond KE (1994a). Personal style as a mediator of engagement in dance: Watching terpsichore rise. *Dance Research Journal*, **26(1)**, 15–26.

Bond KE (1994b). How 'wild things' tamed gender distinctions. *Journal of Physical Education, Recreation and Dance*, **65(2)**, 32–38.

Bond KE (2001). 'I'm not an eagle, I'm a chicken!' Young children's experiences of creative dance. *Early Childhood Connections*, **7(1)**, 41–51.

Bond KE (2008). Honoring Hanny Kolm Exiner (1918–2006): Dancer, philosopher, and visionary educator. In T Hagood, ed., *Legacy and dance education: An anthology of essays and interviews on values, practices and people*. Cambria Press, New York.

Bond KE and Deans J (1997). Eagles, reptiles, and beyond: A co-creative journey in dance. *Childhood Education*, **73(6)**, 366–371.

Bond KE and Etwaroo I (2005). 'If I really see you…' Experiences of identity and difference in a higher education setting. In V Marcow-Speiser and MC Powell, eds, *Crossing boundaries: The arts, education and social action*, pp. 87–99. Peter Lang Publishers, Cambridge.

Bond KE and Richard B (2005). 'Ladies and gentlemen: What do you see? What do you feel?' A story of connected curriculum in a third grade dance education setting. In L Overby and B Lepczyk, eds, *Dance: Current selected research*, 6, pp. 85–133. AMS Press, New York.

Campbell D and Stanley J (1963). Experimental and quasi-experimental designs for research on teaching. In N Gage, ed., *Handbook of research on teaching*, pp. 171–246. Rand McNally, Chicago.

Canner N (1980). Movement therapy with multi-handicapped children. In M Leventhal, ed., *Movement and growth: Dance therapy for the special child*, pp. 53–56. New York University Center for Educational Research, New York.

Capra F (1982). *The turning point: Science, society and the rising culture*. Simon and Schuster, New York.（カプラ，吉福伸逸ほか訳『ターニング・ポイント：科学と経済・社会，心と身体，フェミニズムの将来』工作舎，1984）

Cobb E (1977). *The ecology of imagination in childhood*. Columbia University Press, New York.（コッブ，黒坂三和子・滝川秀子訳『イマジネーションの生態学―子供時代の自然との詩的共感』思索社，1986）．（コッブ，黒坂三和子・村上朝子訳『イマジネーションの生態学―子ども時代の自然との詩的交感』新思索社，2012改訳版）

Creswell J (2003). *Research design: Qualitative, quantitative, and mixed method approaches*. Sage, Thousand Oaks, CA.（クレスウェル，操華子・森岡崇訳『研究デザイン：質的・量的・そしてミックス法』日本看護協会出版会，2007）

Crowther P (1993). *Art and embodiment: From aesthetics to self-consciousness*. Oxford University Press, Oxford.

Davies E (2001). *Beyond dance: Laban's legacy of movement analysis*. Brechin Books, London.

Davis M (1983). An introduction to the Davis Nonverbal Communication Analysis System (DaNCAS). *American Journal of Dance Therapy*, **6**, 49–73.

Delaney W (1977). *Dance therapy: Selected materials for professional preparation*. University Microfilms International, AAT 1310870, Ann Arbor. (ProQuest document number 761753591)

Delaney W (1980). *The use of dance and music in therapy*. Unpublished conference paper, Third National Symposium of the Australian Musicological Society. Perth, Western Australia.

Dell C (1977). *A primer for movement description using effort-shape and supplementary concepts*. Dance Notation Bureau, New York.

Dijksterhuis A (2005). Why we are social animals: the high road to imitation as social glue. In S Hurley and N Chater, eds, *Perspectives on imitation: From cognitive neuroscience to social science*, 2, pp. 207–220. MIT Press, Cambridge, MA.

Dillard A (1974). *Pilgrim at Tinker Creek*. Harper and Row Publishers, New York.（ディラード，金坂留美子・くぼたのぞみ訳『ティンカー・クリークのほとりで』めるくまーる，1991）

Dissanayake E (1988). *What is art for?* University of Washington Press, Seattle, WA.

Dissanayake E (1992). *Homo aestheticus: Where art comes from and why*. University of Washington Press, Seattle, WA.

Dissanayake E (2000). *Art and intimacy: How the arts began*. University of Washington Press, Seattle, WA.

Doty W (2000). *Mythography: The study of myths and rituals*, 2nd edn. University of Alabama Press, Tuscaloosa, AL.

Duggan D (1978). Goals and methods in dance therapy with severely multiply-handicapped children. *American Journal of Dance Therapy*, **2(1)**, 31–34.

Eagleton T (1990). *The significance of theory*. Blackwell, Cambridge.（イーグルトン，山形和美訳『理論の意味作用』法政大学出版局，1997）

Eibl-Eibesfeldt I (1973). The expressive behaviour of the deaf-and-blind-born. In M von Cranach and I Vine, eds, *Social communication and movement*, pp. 163–194. Academic Press, London.

Eibl-Eibesfeldt I (1988). The biological foundations of aesthetics. In I Rentschler, B Herzberger and D Epstein, eds, *Beauty and the brain: Biological aspects of aesthetics*, pp. 29–70. Birkhauser Verlag, Basel.（アイブル＝アイベスフェルト「美の生物学的基礎」：レンチュラー，ヘルツバーガー，エプスタイン編，野口薫・苧阪直行監訳『美を脳から考える：芸術への生物学的探検』新曜社，2000所収））

Eibl-Eibesfeldt I (1989). *Human ethology*, translated by P Wiessner-Larsen and A Heunemann. Aldine de Gruyter, New York.（アイブル＝アイベスフェルト，桃木暁子ほか訳『ヒューマン・エソロジー―人間行動の生物学』ミネルヴァ書房，2001）

Eisner E (1981). On the differences between scientific and artistic approaches to qualitative research. *Educational Researcher*,

10, 5–9.
El Guindy H and Schmais C (1994). The Zar: An ancient dance of healing. *American Journal of Dance Therapy*, **16**(2), 107–120.
Enos J (1995). Building relationships with friends and other community members. In J Everson, ed., *Supporting young adults who are deaf-blind in their communities*, pp. 185–202. Paul H Brookes Publishing Company, Baltimore, MD.
Exiner J and Kelynack D (1994). *Dance therapy redefined: A body approach to therapeutic dance*. Charles C. Thomas Publisher, Springfield, IL.
Fraleigh S (1987). *Dance and the lived body*. University of Pittsburgh Press, Pittsburgh, PA.
Franko M (ed.) (2007). *Ritual and event: Interdisciplinary perspectives*. Routledge, New York.
Frost M (1984). Changing movement patterns and lifestyle in a blind, obsessive compulsive, *American Journal of Dance Therapy*, **7**, 15–31.
Gardner H (1983). *Frames of mind: The theory of multiple intelligences*. Basic Books, New York.
Gardner H (1999). *Intelligence reframed: Multiple intelligences for the 21st century*. Basic Books, New York. (ガードナー，松村暢隆訳『MI―個性を生かす多重知能の理論』新曜社，2001)
Goode D (1994). *A world without words: The social construction of children born deaf and blind*. Temple University Press, Philadelphia, PA.
Grimes R (1995). *Beginnings in ritual studies*, 2nd edn. University of South Carolina Press, Columbia, CA.
Grimes R (1996). *Readings in ritual studies*. Prentice-Hall, Englewood Cliffs, NJ.
Grimes R (2000). *Deeply into the bone: Re-inventing rites of passage*. University of California Press, Berkeley, CA.
Hagendoorn IG (2003). The dancing brain. *Cerebrum* **5**(2), 19–34.
Hanna JL (1979). *To dance is human: A theory of nonverbal communication*. University of Texas Press, Austin, TX.
Hurley S and Chater N (eds) (2005). *Perspectives on imitation: From cognitive neuroscience to social science*. MIT Press, Cambridge, MA.
Jones C (2002). *Evaluation and educational programming of students with deafblindness and severe disabilities*, 2nd edn. Charles C Thomas, Springfield, IL.
Kates L, Schein JD and Wolf EG (1981). Assessment of deaf-blind children: A study of the use of the 'behavior rating instrument for autistic and other atypical children'. *Viewpoints in Teaching and Learning*, **57**(1), 54–63.
Kealiinohomoku J (1976) *Theory and methods for an anthropological study of dance*, University Microfilms AAT 7621511, Ann Arbor. (ProQuest document number 760483951)
Koch N (1984). Content analysis of leadership variables in dance therapy. *American Journal of Dance Therapy*, **7**, 58–75.
Kratz L (1973). *Movement without sight*. Peek Publications, Palo Alto, CA.
Laban R (1960). *Mastery of movement*, 2nd edn. Macdonald and Evans, London. (ラバン，神沢和夫訳『身体運動の習得』白水社，1985)
Laban R and Lawrence FC (1974). *Effort*. Macdonald and Evans, London.
Lamb W and Watson E (1979). *Body code: The meaning in movement*. Routledge and Kegan Paul, London. (ラムとウォトソン，小津次郎ほか訳『ボディ・コード：からだの表情』紀伊国屋書店，1981)
Leventhal MB (1979). Structure in dance therapy: a model for personality integration. *Dance Research Annual*, X, 173–82.
Leventhal MB (1980). Dance therapy as treatment of choice for the emotionally disturbed and learning disabled child. *Journal of Physical Education and Recreation*, 51, 33–35.
Lincoln Y and Guba E (1985). *Naturalistic inquiry*. Sage Publications, Beverly Hills, CA.
Loman S (2005). Dance/movement therapy. In C Malchiodi, ed., *Expressive therapies*, pp. 68–89. Guilford Press, New York.
Lyons J (1987). *Ecology of the body: Styles of behavior in human life*. Duke University Press, Durham, NC.
Maffesoli M (1996). *The contemplation of the world: figures of community style*, translated by S Emanuel. University of Minnesota Press, Minneapolis, MN. (マフェゾリ，菊地昌実訳『現代世界を読む：スタイルとイメージの時代』法政大学出版局，1995)
Maletic V (1982). *On the aisthetic and aesthetic dimensions of the dance: A methodology for researching dance style*. Ph.D. Dissertation, Ohio State University, Columbus, Ohio.
Maquet J (1986). *The aesthetic experience*. Yale University Press, New Haven, CT.
Mason K (1980). Observations on dance therapy as a viable treatment modality for visually handicapped individuals. In S Fitt and A Riordan, eds, *Focus on dance IX: dance for the handicapped*, pp. 37–42. American Alliance for Health, Physical Education, Recreation and Dance, Reston.
McCauley R and Lawson E (2002). *Bringing ritual to mind: Psychological foundations of cultural forms*. Cambridge University Press, Cambridge.
McInnes J and Trefry J (1982). *Deaf-blind infants and children: A developmental guide*. University of Toronto Press, Toronto.
McKechnie S and Grove R (eds) (2005). *Thinking in four dimensions*. University of Melbourne Press, Melbourne.

Miles M and Huberman M (1984). *Qualitative data analysis: a sourcebook of new method.* Sage Publications, Beverly Hills, CA.

Moore CL and Yamamoto K (1988). *Beyond words: Movement observation and analysis.* Gordon and Breach Publishers, New York.

Pease L (2000). Creating a communicating environment. In S Aitken, M Buultjens, J Clark, T Eyre and L Pease, eds, *Teaching children who are deaf-blind*, pp. 35–82. David Fulton Publishers, London.

Pisciotta A (1980). The case for dance for the deaf. In S Fitt and A Riordan, eds, *Focus on dance IX: Dance for the handicapped*, pp. 25–28. American Alliance for Health, Physical Education, Recreation and Dance, Reston, VA.

Reber R (1980). Creative movement for the young hearing-impaired child. In S Fitt and A Riordan, eds, *Focus on dance IX: Dance for the handicapped*, pp. 29–32. American Alliance for Health, Physical Education, Recreation and Dance, Reston.

Rentschler I, Herzberger B and Epstein D (eds) (1988). *Beauty and the brain: Biological aspects of aesthetics.* Birkhauser Verlag, Basel.（レンチュラー，ヘルツバーガー，エプスタイン編，野口薫・苧阪直行監訳『美を脳から考える：芸術への生物学的探検』新曜社，2000）

Salk J (1983). *Anatomy of reality: Merging of intuition and reason.* Columbia University Press, New York.

Schechner R (1993). *The future of ritual: Writings on culture and performance.* Routledge, London.

Schilbrack K (ed.) (2004). *Thinking through rituals: Philosophical perspectives.* Routledge, New York.

Schmais C (1985). Healing processes in group dance therapy. *American Journal of Dance Therapy*, **8**, 17–36.

Serlin I (1993). Root images of healing in dance therapy. *American Journal of Dance Therapy*, **14(1)**, 65–76.

Sharpe E (2005). Delivering communitas: Wilderness adventure and the making of community. *Journal of Leisure Research*, **37(3)**, 255–280.

Sheets-Johnstone M (1994). *The roots of power: Animate form and gendered bodies.* Open Court, Chicago, IL.

Shusterman R (2000). *Performing live: Aesthetic alternatives for the ends of art.* Cornell University Press, Ithaca, NY.

Shusterman R (2005). Making sense and changing lives: Directions in contemporary pragmatism. *Journal of Speculative Philosophy*, **19(1)**, 63–72.

Siegfried W (1988). Dance, the fugitive form of art: aesthetics as behavior. In I Rentschler, B Herzberger and D Epstein, eds, *Beauty and the brain: Biological aspects of aesthetics*, pp. 117–148. Birkhauser Verlag, Basel.（ジークフリート「ダンス，うつろいゆく芸術形式：行動としての美」：レンチュラー，ヘルツバーガー，エプスタイン編，野口薫・苧阪直行訳『美を脳から考える：芸術への生物学的探検』新曜社，2000所収）

Sparshott F (1988). *Off the ground: First steps to a philosophical consideration of dance.* Princeton University Press, Princeton, NJ.

St John G (ed.) (2006). *Victor Turner and contemporary cultural performance.* Berghahn, New York.

Stamatelos T (1984). Peaks and plateaus of the mentally retarded, *The Arts in Psychotherapy*, **11**, 109–15.

Stillman R and Battle C (1986). Developmental assessment of communication abilities in the deaf-blind. In D Ellis, ed., *Sensory impairments in mentally handicapped people*, pp. 319–338. Croom Helm, Beckenham.

Turner V (1977). *The ritual process: Structure and antistructure*, 2nd edn. Routledge and Kegan Paul, London.（ターナー，冨倉光雄訳『儀礼の過程』思索社，1976（同，1996新装版））

Turner V (1982). *From ritual to theatre: The human seriousness of play.* Performing Arts Journal Publications, New York.

van Dijk J (1977). What we have learned in 12.5 years: Principles of deaf-blind education. In M Sopers-Jurgens, ed., *Confrontation between the young deaf blind child and the outer world*, pp. 1–10. Swets and Zeitlinger, Lisse.

van Dijk J (2001). Which predictors play an important role in deaf-blind education? *The National Information Clearinghouse on Children who are Deaf-Blind*
http://www.dblink.org/lib/topics/vandijk9a.htm

Weisbrod J (1974). Body movement and the visually impaired person. In K Mason, ed., *Dance therapy: Focus on dance VII*, pp. 49–52. American Association for Health, Physical Recreation and Recreation, Washington, DC.

Wu Y (2005). *Dancing with little spirits: A journey towards enhancement of pedagogical relationship and intersubjectivity in a third grade dance education setting in Taiwan.* Ph.D. Dissertation, Temple University, Philadelphia, USA.

Young JZ (1974). *An introduction to the study of man.* Oxford University Press, Oxford.（ヤング，武見太郎監訳『比較人間論―人間研究序説』廣川書店，1976）

第19章

音楽における療法的対話：
自閉症スペクトラムと
レット症候群の子どもにおける
コミュニケーションとしての音楽性を育む

トニー・ウィグラム と コハヴィト・エレファント

19.1　はじめに：コミュニケーションへの支援——その原理とテクニック

　過去50年以上にわたる臨床的な音楽療法の発展は，既成曲と即興演奏の両方を使う応用範囲の広い手法やテクニックを身につけた熟練した実践者を生んできた（Bruscia 1987; Wigram 2004; Wigram et al. 2002）。ヨーロッパでは，即興的な音楽づくりの伝統——音楽の形をとった表現の刺激的な対話——がセラピストと患者あるいは患者グループとの音楽的関係性の発展を促進する（Alvin 1975, Nordoff and Robbins 1977; Priestley 1994）。既成曲を聴いたり歌を歌ったり作曲したりすることは，緩和ケアや末期疾患への対応のために使われる（Aasgaard 2005; O'Brien 2005）。セラピストが既成曲を使おうと即興演奏を使おうと，音楽的な関わりの質と臨床的な恩恵は，癒しのプロセスの礎とみなされているコミュニカティヴ・ミュージカリティへの動機に関われるかどうかにかかっている（Trevarthen and Malloch 2000）と我々は信じている。人間のコミュニカティヴ・ミュージカリティは，誕生以来，親子のインタラクションの中で明白であり（Malloch 1999; Trevarthen and Malloch 2002），音楽が療法的対話の媒体として共有されれば，すべての年代の人々の間で活気づく。

　音楽の癒しの力を理解するには，音楽が人間の情動と思考に深く関与しうるコミュニケーションであると認識されていなければならない。しかし，人間の声や楽器の演奏の響きは，どのようにしてそのような効果をもたらすのであろうか。これは心理学が簡単に答えを出せる問いではない。

　音楽が「言語」として機能するか否かについては議論の余地がある。音楽的対話は口や声を使うものではないかもしれないし，通常は特定の言語的な意味をもつこともなく，何かを指し示すといったものでもない。スロボダは「人がある音楽を『理解した』ことを示す一連の基準に関して一致した見解に至ることは非常に難しい」と述べた（Sloboda 1990 p. 6）。しかしながら音楽的表現は確実に親密かつ創造的な対話的出会いを人々の間にとりもち，その動機と感情を結びつけるのである。

　発達言語学者が話すことや書くことの形式上の特徴の学習に注目するのと同様，音楽心理学の論文は子どもに音楽的スキルを教えることに焦点をあてている（Hargreaves 1990, p. 63）。この学問は，相互の関わりの対話のようなプロセスを分析する目的で子どもによる音楽的産出に目を向けることは通常ない（ただし，本書第14章のグラティエとダノン，第20章のエリクソン，第21章のバナンとウッドワード，第23章のクストデロを参照のこと）。シェーグラー（1998）は独自のアプローチにおいて，幼児が生来もつ表現力に満ちた親とのインタラクションをジャズ・ミュージシャンがデュエットで即興するときの

ダイナミックなスキルと比較することを通して，音楽芸術とコミュニケーション基礎研究との明確な結び付きを提示した。音楽表現によってとり持たれる非言語的な対話というこの考え方はハラン・トンスベリとハウゲ（1998）の著述においてさらに探求された。彼らはシェーグラーのリズムとテンポの同調傾向とインタラクションの理論およびスターンによる人と人との間の行動の「調律（アチューンメント）」の概念を彼らが行なっている分析に結び付けた（Stern et al. 1985）。彼らの分析の対象は，先天性の視聴覚障害の子どもとその大人のパートナーとの間での同時的かつ偶発的な発声の掛け合いだった（Hauge and Hallan Tønsberg 1998）。

ホルク（2002, 2004）は自閉・発達障害の対象者領域を特別にとりあげて，セラピーの中での音楽的インタラクションの詳細な分析を行ってきた。彼女によると，「うまく機能する対話においては，非言語的な，そしてしばしば視覚的・聴覚的な合図によって対話が中断や重複なしにうまく続いていく」とのことだ（Holck, 2004 p. 45）。さらにホルクによると，「相互の掛け合いでは2人のパートナーが話者交代[1)]の組織に参加しており，だからこそ話者交代や話者産出の合図を分析すれば，その対話が言語的であろうとなかろうと，参加者の社会的スキルについての情報を提供することになる」とのことだ。ホルクによる音楽療法セッションの分析は，音楽的インタラクションを時間軸で見る「水平的」分析と，同時に起こっている異なる形のインタラクションに注目する「垂直的」分析から成り立ち，「インタラクションのテーマ」と，話者交代の対話および音楽的な掛け合いに特有の同時的対話の形式双方の進展を示している。彼女の分析から，よく制御された音楽的対話が芸術的あるいはレクレーション的な音楽づくりだけでなく，臨床的な音楽療法の特徴でもあることがわかる。

療法的な手法として制御された音楽的対話を意図的に使用することは，「セラピストとクライエントあるいはクライエント・グループが音遊びを通してコミュニケーションをとるプロセスである」と定義されてきた（Wigram 2004, pp. 97-106）[1]；それは以下のような主たる2つの形態に分けられる。

1. 「話者交代的対話」：セラピストやクライエントが音楽や身振りを用いたいろいろな方法でお互いに話者交代の合図をすることができる，協働での音楽づくり。この「話者交代」の対話スタイルでは自分の演奏中に休止を設けてお互いに音楽的スペースを提供しあうことが必要である（Wigram 2004, p. 98）。
2. 「切れ目のない『自由な流れにまかせた』対話」：切れ目ない音楽的対話の交換――自由な流れにまかせた対話――の中での音楽づくり。ここでは参加者つまりセラピストとクライエントは多かれ少なかれ切れ目なく同時に演奏する。演奏の中で音楽的なアイディアやダイナミクスをお互いに聴きあうことや，それに対して応えることがあっても，音楽的プロセスに休止を設けることはない」（同前）。

言語的な会話と全く同様に，［音楽療法において］参加者間で対話を盛り上げるやり方はいくつもあると想像できる。参加者はまずいろいろな方法で寄与の機会を図るのである。
  1．セラピストとクライエントが休止を挟まずにただちに話者交代する
  2．互いの主張と主張の間に**休止を設けて**話者交代する。
  3．セラピストまたはクライエントが「会話」を**さえぎる**。
  4．セラピストとクライエントがお互いに和気あいあいと主張を**重ね合わせる**（同時に「話す」）。
  5．クライエントが長く主張し，セラピストが不平を示すぶつぶつ言う声か，なるほどねという反応を短い言い回しで示す。

---
1 以下の原理は1人のセラピストが1人のクライエントと行う場合であるが，クライエント・グループと活動する場合にも適用できる。
1) ターンテイキングと同じ。第1章の脚注4)を参照。

さらに，セラピストとクライエントの演奏がもつ感情の質もさまざまである。
6. 対話におけるセラピストの音楽的スタイルがクライエントのスタイルに共感的（やり方や感情が似ている），あるいは反対にクライエントのほうがセラピストの主張に共感的な形で応える。
7. セラピストの対話における音楽的スタイルがクライエントのそれに極めて非共感的で，反対を唱えるような感じ，あるいは対決的である。またはクライエントがセラピストにそのような演奏で応える場合 (Wigram 2004)。

音楽的対話はコミュニケーション的表現を共有しようとする衝動が自然に発展した結果であり，正常に発達している子どもには典型的に見られる。しかしながら臨床で関わる対象者との即興的な音楽づくりにおいては，音楽的対話は必ずしも自動的に、あるいは容易に発展するわけではない。たとえば自閉的な対象者の中には通常の話者交代に従ったり応えたりすることができない者もおり，その場合は対話に取り組むことが極めて困難である。レット症候群のクライエントは反応が極めて遅く，そのコントロールのきかない動きがインタラクションの自然なタイミングを阻害する。アスペルガー症候群のクライエントは「話し」すぎるのが通例で，話を止めて相手が言おうとすることに耳を傾けることをしない。

さしはさみのテクニック（クライエントの音楽にスペースができるのを待ってその溝を埋めること）やスペースを作ること（クライエントが音楽的な材料を挿入できるように即興の中のスペースをそのままにしておくこと）(Bruscia 1987, p. 535) によって，セラピストは関わりに消極的なクライエントを対話に引き込み，即興的な音楽づくりの会話と議論のスタイルへと導くのである。そこでは一緒に演奏することがゲームとして直接的なコミュニケーションになりうる。コミュニケーションは，クライエントが音楽的アイディアを模倣したり，それにあわせたり，発展させたりすることを促すような方法で何かを演奏したり示したりするモデリングによっても促進される (Wigram 2004, p. 99)。

これらのテクニックやその他のテクニックは，対話の開始，発展，進行を促すように使うことができる。コミュニカティヴ・ミュージカリティへの自然な動機を支えることによって，これらのテクニックは共有できるパターンの活動中でハーモニー，リズム，メロディー，ダイナミクスといった音楽的合図や身振りを組織化することができる。このテクニックがあれば，すべての子どもの発達過程で本質的な要素であるコミュニケーションの直感的な共感に類似した相互体験への可能性を創り出せる。たとえ自閉症やレット症候群の病状が表現的なコミュニケーションと理解を妨げているとしても，協働的反応を促進することができるのである。

19.2 即興療法のテクニック

音楽的即興の手法は，自閉症スペクトラム（ASD）をもつ人たちにおけるコミュニカティヴ・ミュージカリティ能力を見出し，引き出し，探求し，発展させ，ひいては他者との日々の関わりの中にそれを統合し組み入れるものであり，これは音楽的な技量と療法的な手法そしてクライエントが表す意図と感情に対する制御された調律にかかっている。音楽的即興における臨床技術やスキルに必要な「道具箱」を作ってそれをセラピーの中で効果的に使うには，体系的かつ総合的なトレーニングが必要である。効果的な療法的実践は，個々のクライエントへのきめ細かい注意と，クライエントがそれぞれ異なる経験をしているという認識を通して学ぶことができる。即興音楽療法の理論は十分に明文化されてきた。それは特定の療法的な目標を達成するのに適切かつ効果的であると証明された一式の手法およびテクニックとして教えられている (Bruscia 1987；Wigram 2004)。療法的なメソッドを意図的に選ぶことによって，われわれは目標を達成する方法，十分に訓練された音楽技術を道具として使えるような方法を特定するのである。

単純な演奏スタイル——メロディーの対話，ツーコードの伴奏，ウォーキングベース[2)]（調性があってもなくでも），オクターブをベースにした6度，ジャズ，ペンタトニック，スペイン様式の枠組みのような——はセラピストも容易に学びうる。これらの演奏スタイルは，クライエントの自発性や感情に対する細やかな療法的対応，たとえば表現に合わせたり，それを支えたり，枠組みを与えたり，安定させたり，といった対応によって支えられるのである。療法的即興における制御されたつなぎ部分は，クライエントやクライエント・グループが自身の音楽表現を変化させたり発展させたりする助けになる（Wigram et al. 2002, pp. 278-279）。下記に述べる枠組み作りは，クライエントの表現に計画された音楽的構造を提供する。それによって美的に音楽を創造する，あるいはクライエントを新しい方向に導くという目標をもちうるのである。ジャズの枠組みは，下記に示すように予測可能であるが創造的かつ融通のきく構造を提供する。これは予測できる経験が必要不可欠な自閉症や注意欠陥多動性症候群（ADHD）やアスペルガー症候群のクライエントにとって魅力的である。子どもとゲームをするときと同様，予測できないことに対してバランスをとる構造は臨床的なプロセスの中で制御的な役割を演じる。そしてそれはクライエントの衝動に対して音楽的に取り組むセラピストのスキルにかかっている（本書20章のエリクソン，23章のクストデロを参照し，幼い子どもを教える上で相手に応答的かつ構造的な音楽性の機能と比べてみよ。本書第14章のグラティエとダノンを参照し，母子の対話とジャズの即興を比べてみよ）。

19.3　自閉症スペクトラムの子どもらへのコミュニカティヴ・ミュージカリティを支える枠組み作り

音楽療法の文献における多くの臨床報告と数件の体系的な研究が，自閉症の子どもにおけるコミュニケーションへの刺激を証拠づけている（Gold et al. 2006）。エジャトン（1994）による11人の自閉症の子どもを対象とした研究においては，即興音楽療法の10セッションにわたりコミュニケーション的表現や反応が一貫して増え続けたことが示された。他の研究においては自閉症に対する音楽療法の効果に影響する要因が探られてきた。その要因には，家族を含めて行うこと（Müller and Warwick 1993; Oldfield 2004），コミュニケーションの発達段階に注意を向けること（Perry 2003），話者交代や視覚的な注意をコントロールすること（Plahl 2000; Bunt 1994），音楽のダイナミクスの体系的な制御（Pavlicevic 1997），および個々のクライエントとの演奏，話者交代とそのタイミングのインタラクションの過程を描く症例分析のきめ細かな使用（Robarts 1998；Wigram 1999）などが含まれる。

以下，セラピストがコミュニケーションを発展させる道具としてこれらの手法をどのように使うことができるかを描くため，即興療法と枠組みのある音楽づくりを振り返る。音楽療法は発達障害のアセスメントや診断を向上させるために使うことができる。音楽活動の分析は，自閉症児のもつ強みと困難さを明らかにしたり，ソーシャル・スキルにおける潜在的な柔軟性や反応の良さ，およびソーシャル・スキルの習得を確認するうえで，ユニークな役割を演じうる（Oldfield 2004; Wigram 2002）。

ASDあるいはさまざまな広汎性発達障害や発達障害の子どもたちは音楽的な創造性を示しており，それを後押ししてもらうことから恩恵を受ける（Wigram 2004）。しかし彼らは行動において頑固で繰り返しにこだわる傾向がある。経験の中で予測できることを探して安心したいからである。親たち，ケアに当たる人々，教育スタッフらは，環境が子どもたちの期待に沿うものであれば挑戦的行動が減ること，そしてわかりやすく受け入れられる枠組みの中なら，その子らが学習できるチャンスが大いに高まることを知っている。

音楽，特に即興的な音楽づくりには，土台を与える構造と，熟慮された柔軟性および意外性とが組み合わさっているという利点がある。このことは，まわりの世界が予測しにくくなったときにもASDをも

---

2) 主にジャズで用いられるベースライン。コード進行に沿って階段を昇り降りするように拍を刻んで奏されることが多い。

つ子どもがだんだんとそれに対応できるようになる助けとなりうる。即興音楽療法はASDをもつ子どもを発達的に初期の前言語期に引き戻すこともできる。この時期，単純な音のやりとりは子ども自身が楽しむために出す音からはじまり，内的なコミュニケーション的対話——子どもが理解でき楽しめるような対話——を刺激するようになる。このようにして，経験の共有，意味に対する共同注意，他の人と目的をもって関わること，コンパニオンシップ[3]，信用や愛情などが築かれるのである。

子どもが関わりをもてるような，あるいは子どもの音楽に応えることのできるような適切な音楽構造の創造は，即興中には（意図的であろうとなかろうと）自然に出来上がるものであり，有用である。これはクライエントがなんらかの理由で明確な音楽の枠組みを必要とする音楽療法の実践においても非常に適切なものだ。ASDをもつ子どもたちはメロディー，ハーモニー，リズム，フレージング，ダイナミクスなど音楽がもついろいろな形の構造を必要とする。

特定のタイプの音楽構造を創造したり発展させたりするための枠組み作りのテクニック——クライエントやクライエント・グループが即興をした素材に明確な音楽的枠組みによる見通しを提供すること（Wigram 2004, p. 118）——は，インスピレーションにあふれ激励するようなものであったり，あるいは落ち着いて包みこむようであったりする。ブルシア（1987）が述べている64の音楽療法テクニックの中で，彼は実験することを「クライエントの即興を誘導し，その中でクライエントが可能性を探せるようにするための構造やアイディアを提供すること」と定義している。枠組み作りは音を使ったアイディアや経験のコミュニケーションのための，より直接的で構造化されたテクニックである。提供される枠組みはクライエントの感情や気分に応え，さらなるインタラクションを生み出すために調整されねばならないが，共感することを主な目的にしているのではない。枠組み作りはその子どもが予測をたて結果的に参加するようになる方法で音楽が形作られる段階までの構造を含む。したがって，枠組み作りはさまざまなレベルや複雑さをもつ構造を包含する音楽のタイプでありスタイルである。枠組みを作ることは音楽構造を築くことだと考えてよい。

次の症例の描写はジャズによる枠組み作りの活用を示したものである。ジャズは一定した土台となるようなリズムの安定性，つまり拍を有し，それに「対抗する」ようなシンコペーション的，挑戦的な要素が入るというのが典型的だが，拍自体は土台として堅牢であり続ける。ウォーキングベースは音楽の和声進行を支える。ジャズ音楽は五度圏のような明確で反復される和声の枠組みも含んでおり，これはポピュラーからクラシック音楽まで多くのスタイルで使われる強制力のある和声進行である。予測可能なリズム構造とあいまって，その表現に満ちた構造は，聴く者に音楽の進む方向を予測させ，この枠組み内で起こるメロディーやスタイルの多様性を楽しめるように導くのである。音楽的飾り——シンコペーション，休符のある箇所や小節，オフビートのメロディーなど——は，柔軟な方法で音楽を生き生きとした色彩豊かなものにするのである（Wigram 2004, pp. 121-25）。

次の短い症例の描写は，さまざまな障害の子どもたちの診断や対応にあたる専門家のターシャリーサービス[4]の症例から引き出してきたものである。多くは自閉症スペクトラムの子どもである。重度の病状はあるものの，このスタイルのジャズの枠組みがコミュニカティヴ・ミュージカリティを表現する行動を引き出すのに効果的であることがわかる。

症例19.1：ジョエル

ジョエルは7歳の自閉症の男児である。なお，この症例については以前異なった観点から詳しく報告した

---

[3] 巻末の参考資料「コンパニオンシップ」を参照
[4] 英国の公的医療保障サービスであるNHS (National Health Service) のひとつ。NHSはプライマリーケア（かかりつけ医による基本的サービス），セカンダリー・ケア（かかりつけ医の紹介による病院でのサービス），ターシャリーケア（専門病院での特定の疾患に対するサービス）の3段階に分かれている。

(Wigram 2002)。小児科相談医からの紹介状によると，この男児はアイコンタクトに乏しく，社会的な模倣遊びに欠け，他者と喜びを分かち合うことができず，ステレオタイプの儀式的な遊びにふけり，他者，とりわけ同年代の子どもと関わりを持つのが苦手であるとのことだった。彼は社会的なインタラクションを調整する非言語的な行動をも使うことができないように見受けられた。

セッションがはじまるとジョエルはグランドピアノを探索していた。彼は鍵盤を押すと上がるハンマーを見ることに特別に興味を示した。このような対象物の機械的な機能への没頭は自閉症の子どもにしばしば見られる。その後の音楽的関わり──セラピスト（トニー・ウィグラム）がもう1台のピアノで加わった──は**表19.1**にまとめた。

表19.1に示した和声構造は5度圏を使ったものだ。ジョエルは［セラピストが提供する］安定したジャズの伴奏にのせてメロディーとリズムのパターンを即興し，自分のメロディーを音楽の構造に合わせていた。即興が続いたのはほんの65秒間くらいだったが，その間にジョエルは音楽を通して，それからセラピストに何度も視線を送ることを通して，インタラクティヴな関わりの証拠を示した。

音楽での対話は2台のピアノで続けられた。ジョエルは黒鍵を型にはまった順番で弾き始め，それに対してセラピストが5音音階を使った和音の枠組みを提供した。ジョエルはピアノの一番上のキイまで弾いて，一番上の音に近づくにつれだんだんとテンポを遅くした。セラピストは2つの和音の伴奏を再び提供し，そのあと短いつなぎがあって，ジョエルによるメロディーの即興が続き，それをセラピストがジャズの和音の枠組みを作って支えた（**表19.2**）。

和音の構造が，セラピストとクライエントの間の明確で予測の立つ対話へと導いた。このような同時的な対話が出現するのは五度圏をより明確にジャズの12小節の和声循環の範囲内で始めたからである。手法として上記に記した対話を見てみると，この対話は決して話者交代から始まっておらず，切れ目のない自由に流れる音楽的なアイディアの交換の発展となっている。このアイディアの交換のためには，他者による音楽的素材を自分の演奏にすばやく取り入れる能力がセラピストにもクライエントにも要求される。

自閉症の子どもとのこのような短い音楽的な創造のサンプルを見れば，音楽の構造というものがクライエントの音楽性を引き出すのに必要な枠組み作りをどのように提供できるか，また調性のあるなしにかかわらずジャズの特定のスタイルが創造的かつ柔軟な枠組み作りにいかに役立っているかがわかる。

表19.1 セラピストとジョエルの2台ピアノによる即興──2つの和音の伴奏にのせて枠組みが生まれている。セラピストの欄に和音が特定されている場合（たとえばDマイナー7），それぞれの和音は速い8分音符で4/4拍子で奏される。数字の7は和音の第7音を指す。

クライエント	セラピスト
ランダムなベース音	高音域で3連符の下行形のメロディー
高音域での速い連打	高音域でジョエルに合わせたメロディー
「ラ」の音をセラピストの伴奏のリズムで反復	「ぶんちゃ」の和音で伴奏 Dマイナー7　Dマイナー7
高音域で上下行するメロディーをピアノで開始。クライエントのリズム─..─..で	Gメジャー7　Gメジャー7 Dマイナー7　Dマイナー7 Gメジャー7　Gメジャー7
ピアノと同じテンポとダイナミクスのままメロディーとリズムのパターンを継続	Cメジャー7　Cメジャー7 Fメジャー7　Fメジャー7
左右の手の平で交互に拍子に合わせて鍵盤を弾く	Eメジャー7　Aメジャー7 Dメジャー7　Gメジャー7
ややゆっくりとメロディーを（1本指で）継続。和音弾きに入る。両手を同時に使う（ピアノを覗き込み），メロディーに戻る，左右の1本指で鍵盤中を飛び回る。	Dマイナー7　Dマイナー7 Gメジャー7　Gメジャー7 Dマイナー7　Dマイナー7（強く） Gメジャー7　Gメジャー7 Cメジャー7　Cメジャー7
反復音でメロディーを継続。セラピストのリズム，テンポ，アクセントに合わせる…止まって椅子を引き寄せ座る。	Fメジャー7　Fメジャー7 Eメジャー7　止まってそのままのばす

表19.2 セラピストとジョエルの即興の継続，今度はジャズの枠組みの中で。

クライエント	セラピスト
5音音階のメロディーで上行——最高音に達するまで繰り返す	B♭マイナー7　G♭メジャー7 B♭マイナー7　G♭メジャー7
休符…ピアノの低音	G♭メジャー　　G♭メジャー
つなぎ—方向性のないランダムな音 テンポに合わせた右手の反復音の五音音階のメロディー。メロディーは一音一音下行（まだ黒鍵を右手で）	トランジション—高音域でオクターヴ，続いて 半音階で下行して転調 2和音の即興（ジャズ・スタイル） E♭マイナー7　A♭メジャー7　E♭マイナー7　A♭メジャー7 E♭マイナー7　A♭メジャー7　E♭マイナー7　A♭メジャー7
反復音でメロディーを継続	D♭マイナー7　G♭メジャー7　C♭メジャー7　D♭メジャー7
転調するところでジョエルは数回足踏みをする。メロディーと和音を継続。 ジョエルは ．・－・－・ のパターンを使ってメロディーに新しいリズムを確立	G♭メジャー7　G♭メジャー7　G♭メジャー7　G♭メジャー7 C♭メジャー7　C♭メジャー7　G♭メジャー7　G♭7－E♭7 A♭メジャー7　D♭メジャー7　G♭メジャー7　D♭メジャー7 G♭メジャー7　G♭メジャー7　G♭メジャー7　G♭メジャー7
転調の和声的な合図のところでジョエルは手を交互に使って和音を弾き始める。ピアノで反復する和音を演奏（音楽における和音とリズムのパターンからジョエルが予測した）	C♭メジャー7　C♭メジャー7　G♭メジャー7　E♭メジャー7 A♭メジャー7　D♭メジャー7　G♭メジャー7　G♭メジャー7

　自閉症スペクトラムだという証拠は多職種によるこの男児の他のアセスメントの過程（言語療法および認知心理学）でも見られ，それはジョエルが演奏の中でメロディーパターンを確立するやり方を見ても明らかだった。しかしながら，ジャズに典型的な柔軟なスタイルと予測可能な和声進行によって，この男児はセラピストがイニシアティヴをとる音楽にいかにして自分の音楽表現をあてはめていけるかをあらかじめ予測することができた。この音楽的にあてはめること，あるいは調和させることはコミュニカティヴ・ミュージカリティの表現を引き出し，誘い出す音楽的ダイナミックの一翼を担う。ジャズの枠組みの使用は，柔軟さを許容しながら構造を提供することでその効果を発揮するのである。

　臨床的なアセスメントからもっと多くの例をここであげられたらよいのだが，それらの例では，和声とリズムの枠組みが人を引き込み，潜在的なコミュニカティヴ・ミュージカリティを，制約のある病的な行動パターンの内側から引き出し解き放つチャンスを提供している。これらのパターンはASDのある型では明らかである一方，非常に異なるが関連した形で，より重度な病気：レット症候群にも現れる。

19.4　レット症候群の子どもを援助するコミュニカティヴ・ミュージカリティの推進

　レット症候群（レットの1966年の論文において最初に記述された）は，主に女児に発症する遺伝的な障害である（Amir *et al.* 2000）。子どもは運動とその調整に重い障害を示し，それらがリズミックで自然なやり取りを妨げ，自発的な活動を著しく制限する（Hagberg *et al.* 1983, 1993; Kerr and Witt Engerstöm 2001）。それにもかかわらず音楽はレット症候群の子どもたちに非常に愛され喜ばれている。そして音楽療法はこの病気の子どもや成人に効果的であり，必要とされる治療法と長年考えられてきた。とりわけ，音楽は社会的な関係性，注意力，初歩的なコミュニケーションを構築するうえで，また，動き，機能的な手の使用，学習を刺激するうえで有用でありうる(Elefant 2001; Elefant and Wigram 2005; Hadsel and Coleman 1988; Montague 1986; Wesecky 1986; Wigram 1991)。

　子どもとその主たる養育者とのコミュニケーションは，その後の発達を通じて子どもの精神的な能力の構築に本質的な貢献をする。子どもに発達の遅れや障害がある場合，このプロセスの脆弱性が社会面，

コミュニケーション面，運動・知的面の機能に影響を与える可能性があり，その結果，自己の中の核を形成することができなくなって，人との関係の中で経験および，感情や情動のパターンを組織立てることが難しくなる（Stern 2000）。もし乳幼児がコミュニケーション的な能力を欠く場合，経験を行動に統合させたり，異なる様式にわたって統合させることがますます難しくなる。このことはアイコンタクトによるつながりがほとんど，あるいは全くないことや，どのような表現手段を用いても情動の共有に限界があることを見れば明らかであろう（Pavlicevic 1997）。

レット症候群の子どもたちは皆，重度の発達障害を示すが，ほとんどが最初は正常に発達するようにみえる（Einspieler *et al.* 2005; Burford 2005; Nomura *et al.* 2005）。診断上，異常が明らかになるのは6か月から2歳までが典型的であるが（Hagberg *et al.* 1993），脳における変化の多様性を反映して臨床的な重症度には幅がある（Kerr and Witt Engerström 2001）。この状態の変化をダニエル・スターンによる乳幼児における「5つの自己感」[5]の発達の説明と比較すると，レット症候群の女児たちの多くはスターンの言う「新生自己感」，「中核自己感」，「主観的自己感」を獲得しており，中には「言語自己感」の発達が始まるものもいる[6]。

レット症候群の女児が初期には明らかに正常な発達を経験することを知っていれば，その主たる養育者が正常な赤ちゃんと接するようにその子に接すると推測することはできる。このことは，子どもと大人が前言語的なコミュニケーションを通してお互いに調整し合う情動の学習経験を積んでいるということである。正常な子どもの発達において，主たる養育者が赤ちゃんを相手に遊び，歌いかけ，感情を示すことは普通のことであり，赤ちゃんもそれに対して微笑み，身振り，発声で応える。乳幼児と親はお互いの表情や身振りに親しみをもち，「情動調律」（Stern *et al.* 1985; Stern 2000）を通していろいろな発声のインタラクションを模索する。彼らはコミュニカティヴ・ミュージカリティを通したインタラクションの経験に楽しさを見出す（Malloch 1999; Trevarthen and Malloch 2002）。このことは症候が全面的に明らかになる段階まではレット症候群の子どもたちにもいえることだ（Trevarthen and Burford 2001）。

レット症候群のステージ2で典型的に起こる著しい退行の結果（「破壊のステージ」，通常18か月くらい），その子の他者とのインタラクションやそれに対する他者の反応や表現も変化する。両親にも女児にも落ち着かないこの嵐のような時期は（Kerr and Witt Engerström 2001），人間のふれあいをとりもつ情動的コミュニケーションの流れを一時的に中断させてしまう。

19.4.1 レット症候群の女児たちのための音楽療法における嗜好とその発達

第二著者による研究における，障害の発現年齢が異なるレット症候群の7名の女児の間にみられる歌の嗜好の違いは，発達学的な解釈を支持するものである（Elefant 2001, 2002）。レット症候群の発現が9か月前後——第二の間主観性[7]のステージ（Stern 2000；Trevarthen and Hubley 1978）——と早い2名の女児は，比較的ゆっくりとしたテンポでダイナミクス，リズム，メロディーの変化が少ない歌を好んだ。これらの歌は概して安定していて，ほとんど意外な部分がなく，ごく幼い乳幼児に養育者がコミュニケーションをとろうとするときの子守唄や静かな語りかけのようであった。これに対して，15～24か月，つまり「言語的自己」のステージの始まり（Stern 2000）に障害が発現した5名の女児は，テンポが速く，リズム，ダイナミクス，メロディーの変化がより大きく，声を使ったユーモアと遊び心に満ちたより複雑な歌を好んだ。乳幼児期の2年間を通じて主たる養育者と正常なインタラクションのチャンスがある子どもとは異なり，レット症候群が早期に発現した子どもはスターンのいう「5つの自己感」のすべては経験していないだろうと思われる（Stern 2000）。

---

5) Stern (1985)では，「新生自己感」「中核自己感」「主観的自己感」「言語自己感」の4つである。この部分は原文のままである。
6) スターンの理論に関しては巻末の参考資料「生気，生気情動と自己感」を参照。
7) 巻末の参考資料「間主観性」を参照。

主たる養育者‐幼児間のインタラクションは，セラピスト‐クライエント間のそれと似ている。愛情に満ちた母親は，乳幼児の情動的な状態や発達段階に合わせて自身のコミュニケーションを調律する。同様に，セラピストもそれぞれの子どもの情動的表現や成熟度に応じ適切な応答をするだろう。

　発達障害を持つ子どもに歌を使うことは，母親が自分の子に歌いかけるのと同様，自然で適切なことである。歌は言語的には単純で繰り返しがあり，言語的コミュニケーションよりはむしろ非言語的コミュニケーションに重きを置いてその子の表現を反映する。対話はセラピストが作曲された構造性のある歌をベースに，子どもの表情，身体の動き，身ぶり，発声に歌い方を沿わせていくとき持続される。

　「音楽療法におけるレット症候群女児たちの歌を通したコミュニケーション向上」に報告されている研究では，18曲のなじみのある歌とない歌が示された（Elefant 2001, 2002, 2004）。この研究の目的のひとつは，レット症候群の女児たちが意図的に選択することができるかどうかを調べることだった。まず女児らに動物やそのほかの題材の歌を（その子の能力に応じて）2ないし4つのアイコンもしくは言葉で提示し，そのうち1曲の歌を選んでもらう。そのあと，女児から見えないところで無作為にアイコンの順番を入れ替えて［再度］提示し，本当にそれを選んだのか確認する。女児らはじっと見たり，鼻や手でさしたりして欲するものを示した。女児らは音楽への感情をコミュニケーション的行動，つまり微笑んだり，笑ったり，頭をそむけたり泣いたりといった方法で表現した。この研究は5か月続き（20〜30分のセッションを週3回），これにはベースライン，介入，効果維持の検証セッションが含まれていた。さらに介入終了2，6，12週間後に効果が維持されているかを試すセッションが3回行われた。発達障害の子どもがセラピストによって援助される基礎を提供するために，すべての歌は繰り返しの要素を基本としていた。この枠組みは，間主観的なラポール[8]，信頼，愛着を形成するために関係性に必要とされる安心を担保するものである。子どもにこの安全な「容れ物」を示してはじめて，子どもとセラピストは，より遊び心に満ちた実験的な方法で自由に音楽的インタラクションを展開できるようになる。

　セラピストとレット症候群の女児たちとの音楽的インタラクションの記録分析を見ると，セラピストと子どもによる歌の共有を通した情緒的な会話が進むにつれて，トレヴァーセンとマロック（2002）が言うコミュニカティヴ・ミュージカリティの調整された動機が活性化することがわかる。セラピストが女児たちに歌いかけると，女児たちは身体全体の動き，表情，四肢の動き，手の身振り，発声などそれぞれの方法で応えていた。同じ歌が歌われるたびに，子どもの注意をひく新しい物語が語られるかのようであった。例えばあるセッションでは，女児は自分が選んだ歌をセラピストが歌うと幸せそうに活発に反応するだろうし，また別のセッションでは受動的なままかもしれない。

　それぞれの症例で，女児の反応がセラピストの歌いかけに影響を及ぼした。セラピストは女児の表情や身体の身振りに集中してそれに合わせて調律するように自分の演奏のテンポや表現を変化させることになった。この共感的な音楽演奏は意識的に行われるものではなく，歌の分析をする中で，研究の結論が出たあとではじめてわかったのである。同じようなタイミングや表現の調整は，養育者と赤ちゃんの間の愛情あふれる遊び心に満ちたインタラクションでも通常起こる（Burford and Trevarthen 1997; Stern 2000）。女児らの行動からわかるのは，幼児期初めの愛情あふれるコミュニケーションにおいてそのようなインタラクションを経験しているレット症候群の子どもが，言葉はなくとも，別の者の表現的な行動に伴って自分も合わせるという感性を保っているということである（Merker and Wallin 2001）。

　研究の結果，レット症候群の女児らが歌の好みをもっていることがわかった。歌の曲目は上記に示すように女児らが選択した回数によって分類され，確認された選択の総数が合算され，グループ全体で最も数の多いものから少ないものまで順位がつけられた。そのうえで，最も好まれた5曲と最も好まれま

---

[8] セラピストとクライエント間の相互信頼関係。

れなかった5曲を比較して，その構造を分析し音楽的な特徴を特定した。さらに，レット症候群の子どもの「自己」の正常な発達の程度が発症年齢に対応するという仮説を検証するため，発症年齢の異なる子どもたちを比較した。

分析した多くの歌の特徴のうち，歌の好みを決めるうえで最も影響が大きいのは，なじみがあること，テンポ，リズムとテンポの多様性，ダイナミクスの表現，メロディーの豊かさ，発声音（「ブー［ブザー音］」「ウープス！［日本語で言えば"おっと！"］」「トゥートゥ［汽車の汽笛］」「ウィー」），遊び心であった。次にそれらの特徴について述べる。

なじみがあること：女児たちになじみの歌はもっとも好まれる歌群を代表するものであり，一方なじみのない歌は最も好まれない歌群で際立った特徴だった。この発見は他の研究者や臨床家によっても確認されている。レット症候群の子どもらが知っている歌をきくと，よりうきうきしてコミュニケーションが活発になり，反応がよくなるというものである（Braithwaite and Sigafoos 1998; Elefant and Lotan 1998; Hadsell and Coleman 1988; Merker and Wallin 2001; Woodyatt and Ozanne 1992, 1994）。

テンポ：最も好まれる5曲と最も好まれなかった5曲の間でテンポは劇的に異なっていた。最も好まれる5曲の平均テンポは1分間に145拍だが，最も好まれない5曲の平均は84拍だった。女児たちが速いテンポを好むのにはいろいろな理由があると思われるが，1つ簡単にいえることは，この傾向が年齢によるものだということである。同じ年齢群のレット症候群ではない子どもたちも，遅いテンポよりも速いテンポの音楽を好む（LeBlanc 1981; LeBranc and Cote 1983; LeBlanc and McCary 1983; Sims 1987）。この発見によって，これらの好みを示す子どもたちは初期の養育者‐乳児間の正常なやり取りを経験し，それが「自己」を形成する正常なルートにある程度沿って幼児期にも続いていたという認識をもたらす。テンポの好みについてもうひとつ説明するとすれば，レット症候群の発症年齢であろう。この研究の女児たちの年齢は4～10歳だった。18～24か月の間という遅い発症の場合，女児たちは暦年齢に対してよりふさわしい歌を好んだ。発症が18か月以前だった場合は，多くの場合より重症となり，歌の好みは乳児のそれによりふさわしいものになる。

テンポとリズムの多様性：最も好まれた歌群は，リズム的には複雑で目立ったリズムのエネルギーとテンポの変化があったが，最も好まれない歌群ではリズムは一定でほとんど発展がなかった。歌におけるリズムとテンポの変化は聴き手に緊張感を与え，情動的・生理的な反応を引き出す。なぜなら音楽の流れの中で先に起こったことはあとで起こることへの期待を生み出すからである（Fraisse 1982; Martin 1972; Meyer 1956）。本研究の女児たちはリズムとテンポの変化に注目し，これらの歌が歌われると，体を動かしたり，微笑み，笑いといった表情を示したりして情動的かつ身体的に活発になった。音楽の物語がどんどんと発展しながら進んでいることを理解することで，女児らがセラピストとのコミュニケーション的インタラクションを期待してうきうきしていたことが明らかであると思われた。

メロディー：メロディーは音楽療法の音楽的表現の中で非常に大切な構成要素である（Aldridge 1999）。自身の感情を表す言語的な手段を持たないレット症候群の女児らは，歌に含まれるメロディーの持つ生気に積極的に耳を傾け，反応してコミュニケーションをとることができる。最も好まれた歌群ではメロディーの発展はより多様であった。女児たちはメロディーの発展に関心を向けていたようだ。メロディーのモチーフが繰り返されると，予測が立ち期待が促されるので安心感を与えるが，メロディーの変化や意外な展開は歌を面白く満足のいくものに保つ。最も好まれない歌では，どれもうきうきさせることのないメロディーのモチーフが繰り返され，予測が立つようになっていた。

声を使った遊び：好まれた歌にはどれもすぐにそれとわかる擬音・擬態語が含まれていた。そのあるものは，物や動物の動きや音を，意味を持たない発声で興味をそそるような高さの変化をつけて模倣するものだ。声を使った模倣と遊びは音楽に楽しさをもたらし，女児らから様々な情動的かつコミュニケーション的反応を引き出した。音楽的によくバランスのとれた歌をきくことは秩序と意味を提供し，

図19.1 音楽的にバランスのとれた歌を聴くことは秩序と意味を提供し，レット症候群の子どもは周りに自分を開き，コミュニケーションをとりたくなり，環境に関わりたくなる（ヤッファ，エラとのコハヴィト）

レット症候群の女児の存在全体が音楽に調和する状態を創り出す。そこでは，子どもは周りに心を開き，進んでコミュニケーションをとり，周りと関わろうとする（**図19.1**）。

　思い返せば，レット症候群の子どもたちが非常に重度の神経学的障害をもちながら，はっきりと好みを感じて音楽の好き嫌いを示せること，そして彼女らの好みが歌のもつ音楽的要素と常に結びついていることは驚くに当たらない。好まれない歌に共通する特徴は，子守歌のようなスタイルでゆったりとしてゆりかごのような感じであり，ちょうど乳児や幼児期初期の子どもにお乳をあげたりするときに使う子守唄のスタイルである。これとは対照的に，最も好まれる歌のほとんどは，しばしば幼稚園レベルの子どもたちの間で人気がある遊び歌，動作歌に分類されうる。平均7歳だったレット症候群の女児たちは，同じ年齢もしくはやや下の年齢の正常な子どもにふさわしい歌を好んでいた。

19.4.2　コミュニカティヴ・ミュージカリティを高める刺激としての構造化された音楽

　歌作りにヴァリエーションをつけたり，発声を変化させたりすることはセラピストが子ども，とりわけレット症候群の子どもたちに既成の歌を使用する際，自由に操作できるツールである。セラピストがその歌のテンポ，リズム，メロディーをはっきりと保つことを心がけてその曲に真摯であろうとすれば，セラピストの歌に対して女児たちが示す感情やコミュニケーションへの衝動に合わせて調律することができる。これらの反応はすぐさまその歌が演奏されるスタイルに反映された。歌の情動表現が反応に応じて変化するということは，異なった状況で異なった意味をその歌に与える。それはちょうどその歌が歌われるたびに新しい物語が語られるようなものだ。リズムのヴァリエーション（リタルダンド，アッチェルランド，フェルマータ，休符）が演奏に導入された。セラピストのその歌の演奏は，歌われるたびに変化する女児の反応に対する意識的あるいは無意識的なセラピストの感情を反映している。

　母と子の間のインタラクションのコミュニカティヴ・ミュージカリティにおいては，子どもは情緒的にも社会的にも成長し，養育者と子どもの関係も会うたびに変化していく（Malloch 1999；Trevarthen 2002）。このような成長と発達は直線的なものでも予測がつくものでもない。親の反応を左右する子どもの動機には有機的な変容がある。そして，親と子の両方もしくはどちらかが，そのときどきで対人的

418 | 第19章　ウィグラムとエレファント

図19.2　セラピストとクライエントの関係が育つにつれ，歌はその子どもの気分や感情を反映し，自分への気付きを促す（アンとコハヴィト——アンへの療法の説明は症例19.2を見よ）

に異なった気分や感情をもつのにもいろいろな理由がある（Trevarthen 2001）。「歌を通した音楽でのやりとりは間主観性の基本的な感覚を確立する助けになる。間主観性を通すことによって子どもは小さい頃から他人に影響を及ぼすことができるのである。」（Ruud 1988, p. 60）。同様に，セラピストとクライエントの間の関係が発展するに従い，歌は子どもの気分や感情を反映し，その子に自己の気づきを促すのである（**図19.2**）。

　レット症候群の一連の症例を次に示し，何週間にもわたりセッションを重ねるごとに，子ども側の音楽的コミュニケーションがいかに変化しうるかを示そう。ここでの説明ではセラピストのコハヴィト・エレファントが１人称で示されている。

症例19.2：アン

　アンは９歳のレット症候群の子どもで先に挙げた研究に参加していた（Elefant 2001, 2002）。アンにはたくさんの歌が歌いかけられ，アンが好みを示すことによって選ばれた。

　「汽車」の歌はこの研究終了の１週間前に導入され，瞬く間にアンのお気に入りになった。選ぶチャンスがあった12回のうち12回アンによって選ばれた（介入期に４回，最後の維持期のセッション期間に８回。なお，維持期のセッションは介入終了後２，６，12週間後）。この歌はテンポが速く，シンコペーションがあって，テンポやリズムに変化があり，メロディーのフレーズの音域が広く，「トゥートゥ　トゥートゥ」という発声音が音楽の流れの中で汽車の音を合図する特定の部分に繰り返し入っていた。

　アンの情動的・コミュニケーション的な表出はアンの音楽についての気づきと私への気付きが変容していくことを示しており，私たちのインタラクションは数週間にわたる何回もの提示によって発展し変わっていった（**図19.3**）。最初この曲を耳にしたとき，アンはその曲を知らないことを示した。最初の２節[9]までの間，アンの表情はあまり変わらず私とほとんど目をあわさなかった。第２節でアンはいすから離れ，出口に向かって歩いていった。アンは混乱したようだった。アンは鼻で指してその汽車の歌を選んだものの，違う汽車の歌を期待していたようだった。その歌の内容もなじみがないもので，アンはそのことを場面から離れることで伝えようとしていたのかもしれない。アンとつながりがなくなってしまうと思い，私は３節でテンポを速

9）いわゆるAメロ，サビではないメロディー部分。

図19.3 「汽車の歌」の頻回の提示に対するアンの反応の進展

めた。この変化が彼女を呼び戻すことになることを願って。私が弾き方を変えるとアンは戻ってきて私の前に身をおいた。「トゥートゥ　トゥートゥ」の音をきいたあと，アンは微笑み，わずかにくすくすと笑った。明らかにテンポを速めたことと愉快な音がアンの注意と興味をひいたのだ。数日後，アンがこの歌を選んだのは3回目だった。歌ってあげるとアンの情動的・コミュニケーション的反応が増えた。熱心に耳を傾けながら，アンはずっと私と目をあわせていた。最初「トゥートゥ　トゥートゥ」の音が予想されると微笑んで，その音がするとたちまち大爆笑した。のちのセッションでは，音が出る前から笑っていた。アンの笑いはだんだん強く長くなって，アンの身振りや表情から私がちょっとしたニュアンスを採り上げ，それをテンポや強弱や音色の変化に反映させると頭と体を左右にゆらした。私たちのインタラクションはその曲の楽譜にある以上のものだった。次第に調律の同期性と絶妙な動きの協調が出てきた。その歌の共感的演奏は私と女児の情動をとらえた。これらは，ふたりの別々の人間に表現の自由を与えてくれるひとつの音楽的空間の中で「親密なひとかたまりの音になる」瞬間だった。この感動的で意味深い経験の数週間のち，この歌に対するアンの反応はだんだん薄れていった。アンの長くて深い笑いは短い笑いと微笑にとってかわり，体もあまり動かさなくなった。こうしてこの歌への興味は薄れていったのである。

　汽車の歌を共有する日々には印象深い最後があった。歌の第2節でアンはいすから立ち上がり，出口へ行って歌の最後までそこにとどまっていたのだ。私はアンにこれで2人が会うのは最後だとすでに告げていた。演奏にはアンがそれまでの数週間にもたらした表出と情動の要素をすべて盛り込まれていた。彼女は「終わり」の意味をわかっていたにちがいない。アンはその理解をセラピストと歌が彼女から離れる前に自分から離れることによって示したのだ。

　この症例は情動的・コミュニケーション的な関係が出現し時を経て薄れていくことを示している。これは枠組みのある歌を媒介としたコンパニオンシップ[10]の確認と受け入れを反映するプロセスである。一緒にいることによる相互の気づきと喜びを示すこのコミュニケーションは典型的な赤ちゃん遊びに似ている。そこでは親と子がお互いの行為や喜びへの期待を学ぶにつれて遊びが変化していく。レット症候群の子どもにおいても，コントロールされた対応の良い音楽療法アプローチにおいては，このような親密さの経験が歌を通じて達成可能である。また，この症例は，既成の歌がいかに音楽的構造に安定した基礎を提供し療法的関係の最初の段階を支えるかということ，また，語りかけの決まった形がひとたびなじみになりすぎると，かえって反応を抑えてしまうことを裏付けている。歌を通してコミュニケーションを取ろうとする音楽療法士は，その歌の形式，歌詞，構造に捕われすぎてしまうことがある。生き生きとした関係を導き出し，潜在的な情緒的空間を探求するためには，あまり窮屈ではない構造をもったインタラクションが必要である。レット症候群の女児たちへの即興音楽療法は口が開いた容れ物を提供するはずだ。つまりテンポやリズムの変化，声遊び，ダイナミクスの変化などを用いてどのようなものが彼女らに届くものかを選んで音楽的な質を引き上げたり発展させたりすることができる。レット症候群の子どもたちは豊かな情動のパレットをもっている。そして熟練した音楽療法士はその子どもの心をとらえ，コミュニケーションをとるためにたくさんのことをする。そうして両者に喜びをもたらすインタラクティブな音楽的デュエットの中で，その表現を統合できるようにするのだ。

19.5　レット症候群の女児のアセスメントおよび他のセラピストと教師への援助としての音楽療法

　音楽療法が目指すものはクライエントと音楽的な関係を築くことであり，その関係の中で情動的かつコミュニケーション的なニーズを満たす方法を発見し，クライエントの活力とウェルビーイング[11]を増進させることである。アセスメントはその人の音楽や音楽表現に対する通常の反応を観察することからなっている。つまり，一番反応する楽器は何か，声に対する反応の方がより強いのか，音の高さ，リ

---

10) 巻末の参考資料「コンパニオンシップ」を参照。
11) 巻末の参考資料「ウェルビーイング」を参照。

ズム，テンポ，強弱の変化にどのように反応するかなどである。話者交代，楽器の共有，音楽的即興（調性ありなし）をクライエントがどのように受け止めるか，クライエントによるさまざまな音楽をセラピストがミラーリングしたときやそれを反映したときに，どのようなことが起こるかも観察する。

　レット症候群の女性や女児は，なじみのない場所，知らない人や出来事に対して強い不安を示す傾向がある。レットセラピークリニックを訪れる者は自分が見世物になっているような，すなわち議論の対象となっているような気持ちに自然になってしまい，歩行ができて正常に機能している自分たちの周囲の大人を目の当たりにして自身の重い障害を意識するのだろう。彼女らの過去の大人との経験は，それまで医療機関のさまざまな検査であれこれ彼女らを調べた「検査員」に結びついている。

　音楽療法における自由即興は鍛え抜かれたテクニックであり，意図的に開かれた，あるいは受容的なプロセスである。そこではクライエントが理解でき，援助が得られるような双方向的に意義深い音楽が創造される。音楽のフレーズ，リズム，メロディーの持つ感情を伝えることによって，音楽家は非常に限られた反応しかできないクライエントであっても，そのクライエントが受け止め共有できるレベルでつながっていると感じられるように援助する。このように，対象者の感情を理解し反映することはプロセス──最初にアセスメントで，次に療法で──には不可欠なものとなる。

　国立レット症候群セラピークリニックは英国で1992年から稼働し，最初はホライズンNHS信託ハーパーハウス子どもサービスとして年4回開いていた。そして1998年からはロンドンにあるグレートオルモンド街小児病院ウルフソンセンターの傘下で地域のクリニックとして機能してきた。小児科医，理学療法士，言語聴覚士，作業療法士，音楽療法士などの専門職チームが多専門分野によるアセスメントを行って，レット症候群への療法的対応についてターシャリー［ケア］のレベルでアドバイスを行う。

　イスラエルレットセンターでも多専門分野によるアプローチが行われている。どちらの［機関の］チームもクライエントを迎え入れて反応を導くにあたって，アセスメントを音楽療法セッションで始めれば，クライエントにとっても治療プログラムにとっても最適だとすでに気づいていた。音楽的コミュニケーションを使うこのアプローチは，なじみのない場所に対する拒絶感を子どもが克服するのを助け，その子が能力あるコミュニケーション可能な人間であるという認識をただちにチームに与え，各専門的実践の情報となるような広い範囲での証拠を提供することによって他分野のセラピストの助けになる（**図19.4，19.5，19.6**）。

　我々は音楽的インタラクションを通じて，コミュニケーションおよび子どもの経験に対して開かれている状態がいかに達成され臨床的関わりにつながっていくかを示すために，この対象者群のための音楽的アセスメントを開発した（Wigram 1991, 1995）。そのあとで，それぞれの女児のニーズに応じて，摂食面，コミュニケーション面，身体面のアセスメントなどが，理学療法的，作業療法的，医療的な治療に伴って行われる。異なる分野の実践家がこのように一緒に行なうことで，いくつかの異なるセッションで異なる視点から問題が考察される。例えば，コミュニケーションは音楽療法と摂食面のアセスメントの視点で検証しうる。手の使い方は音楽療法，理学療法，作業療法のアセスメントで観察できる。

　アセスメントのプロセスはセラピーのプロセスと同じではない（Wigram 1991, 1995）。アセスメントでは短時間にクライエントの今後の治療方針を決定するのに役立つ非常に多くの情報を集めようとする。目的はクライエントの能力や関心を概観すること，つまり人としてのクライエントの全体像をつかむことである。単に機能面，身体面での障害をみるだけでなく，動機，注意力，周囲への関心，コミュニケーションへのレディネスをみるのである。アセスメント・チームの他のメンバーの協力で音楽療法士は次のような能力を観察し，テストする。

◆粗大・微細運動能力
◆注意力，注意持続時間，注意の焦点
◆集中力と全般的な気づき

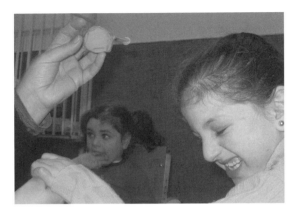

図19.4 アセスメントから：エラと物語をドラマ化するコハヴィト（図版5も参照）

図19.5 アセスメントから：ヤッファと物語をドラマ化するコハヴィト（図版5も参照）

◆非言語的インタラクション一般——話者交代，アイコンタクト
◆表出および受容コミュニケーション・スキル
◆興味や動機の領域

　レット症候群の対象者はそれぞれがいろいろな専門家の注意を必要とする個別のニーズを示すが，これらは発達障害をもつクライエント用のアセスメントのすべてのフォームに欠かせない6つの要素といえよう。

　ハーパーハウスクリニックでは，音楽療法セッションはほとんどの場合ピアノで始まる。イスラエルレット症候群評価はそれぞれの子どもの教育センターで行われるため，セラピストはギターまたはキーボードを使う。どちらの場所においてもセラピストはまず優しく即興で始めて，共感するようにそれを行い，セッション開始時のクライエントの気持ちを意図的に反映させる。子どもが心を開き，音楽療法士に注意を向けるようになったら短い歌を紹介して音楽のことばで「ハロー」と言って歓迎の意を表すのである。次の段階では，子どもは音楽的インタラクションに参加するように促される——たとえばピアノの鍵盤に手を置いたりギターやタンバリンにさわるように誘われ，セラピストが子どもの手をとって動かし楽器での即興を援助し始める。幼い子どもはおそらくチームの他のメンバー，通常は理学療法士か作業療法士の膝に座っている。

　子どもに運動面での障害があれば，多くの場合ギターが使われる。ギターを使えばやさしい持続音が簡単に得られる。ピアノやギターで参加を促すとき大切なのは，持続音を出すように励まし，子ども自身がその音を出していること，ほんの小さな動きでも豊かな響きの持続音を創り出すことができるということに子どもが気付くように援助することである。両親からの音楽作りの本やオーディオテープを使うのもよいだろう。ときにはドラムやタンブリンのような楽器が役に立つことがある。

　ドラムを使う場合，子どもをまずドラムの正面に座らせ，手のひらをドラムの上にのせさせる。それからドラムをたたくときに手を優しくドラムの上で動かすようにさせるとよい。そうすれば手の平から振動が伝わる。もしまだ本人がそれを始めていない場合は，利き手か両手でドラムヘッドをさわったり，たたいたりするように援助する。ピアノで始める場合は，その子がどのように音を出したいか，どちらの手が利き手かを見定める。ドラムの演奏はクライエントに触覚と聴覚の経験を同時に提供する。楽器の表面から感じられる刺激は面白いので，音を感じることへ子どもの注意を引きつけ，この刺激を予測するように導くことができる。

　他の楽器もコミュニケーションを活性化するのに使ってもよいだろう。ウインドチャイムは木のフ

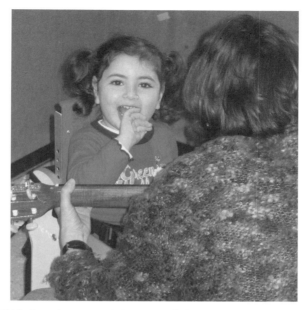

図19.6 アセスメントから：エラと音楽的関係を築くコハヴィト
（図版5も参照）

レームに一連の真鍮のバーがさがっているものだが，持続性がある魅力的な音を出す。どんな発声もマイクロフォンで拡張すれば，私たちが推奨するさらにわかりやすいコミュニケーション・スキルにつながるかもしれない。

　コミュニケーション的・音楽的関わりができて子どもと音楽療法士が友達になったら，音楽療法士は引き続き評価のプロセスで，その子とほかの多専門分野チームメンバーとのインタラクションを援助する。

症例19.3：クレア

　　クレアはレット症候群の6歳の女児である。言葉はなく，側弯が強くなってきており，支えられずに立っていることができない。最初の面接の間，クレアは両手を絡ませてときどき握り締めていた。目に力がなく，からだは常に動いていた。クレアは部屋に人がいることや，その人たちが自分のことを話していることに気付いていないようだった。

　　最初のアセスメントは30分の音楽療法セッションで行った。両親と他のチームメンバーがビデオを通して別室で見学していた。セラピストであるトニー・ウィグラム（1人称）が報告したクレアの反応は，ビデオ録画の分析によって確認された。

　　クレアはピアノに座る私の膝に乗っていた。私はクレアに向けて「おはよう」の歌をやさしくピアノで弾いた。クレアはそれがよくわかっているようで，手をピアノの鍵盤に乗せ始めた。手のひら一杯に音を弾こうと右手を動かしていた。その歌にはフレーズとフレーズの間に休符があって，クレアはその休符がくるとピアノの鍵盤を1回か2回たたき，私を振り返って見た。クレアの話者交代のタイミングは音楽的に適切だった。

　　クレアは声を出し始めた。私がクレアに「クレア，一緒に弾こう」と歌いかける素朴な歌にこたえて，呼ぶような笑い声を出していた。私はピアノで即興した。最初は単音で，そのあとはメロディーのフレーズを繰り返した。クレアの視線は不安定に漂い照明を見つめたりすることがあるので，私はクレアが弾いているときはピアノに頭を預けるようにして，クレアが私を見ることができるようにした。この即興にはたくさんの休符があって，そこでクレアは声を出すこともあったし，ピアノの鍵盤に手をのせて音を出したりもした。ある時点でクレアはピアノにもたれてやめてしまった。私は音楽をどんどんと速くしていくことでクレアをすぐに演奏に戻らせた。クレアの声は大きくなっていき，アセスメントのその時点までには以前から続いて

いた手のひらを握るような動作やつまむような動作は止まっていた。なぜなら両手ともピアノを弾くのに忙しかったからだ。

　私がギターに演奏を移すと，クレアは私とずっと目を合わせて微笑んだり笑ったり，声を出したりした。私はクレアに歌いかけ，メロディーを即興的に作って，クレアを刺激するように声の質や音色を変えた。クレアはとてもうれしそうにそれに応えた。理学療法士はクレアの骨盤を安定させて上腕を支え，同時に肩を安定させた。そうすることによってクレアは安心して右手を使ってギターの弦に触れたり，それをかき鳴らしたりすることができた。

　大きなティンパニーに移動するとクレアはまず楽器に手をおいた。私は手のひらでドラムをゆっくりとたたき，クレアの腕を持ち上げてリズムを刻めるようにした。これによってクレアは太鼓に注意を向け，両手ですぐにたたき始めた。彼女が右手を使うことは非常に稀であったので，これには両親も私もびっくりした。彼女のドラムに合わせて私が声を出すことは，明らかにクレアの興味を持続させる効果があった。なぜならクレアはアイコンタクトを持続させ，やる気満々で演奏していたからだ。続いて私は静かに彼女の左手を少しの間押さえて右手を使うようにした。私が押さえる手を放してもクレアは自主的に右手で弾き続けた。クレアの握りは通常弱かったが，右手で頑張って弾き続け，短い持ち手のついた撥でドラムを1回たたく場面が2度続けてあった。そのあと3度目の試みではドラムを2回たたくことができた。

　上記のすべての活動における音楽的関わり――楽器でのそして声を使った――は，すべて話者交代をしながら会話していく例である。クレアはこれにとりわけ反応がよく，インタラクションの音楽的なパターンがわかってくると自分の番をどんどんとすばやく始めるようになった。ビデオ分析からクレアがすぐれた予測スキルをもち，因果関係によく気付いていること，物の永続性に気付いていることが明らかになった。

　理学療法士は膝でクレアの腰と体幹を支えて座らせ，クレアの体幹の筋肉の低緊張の程度（背筋の弱さ）を評価し，機能的な座位を保持するのにどれくらいの支えが必要なのかを決めることができた。このことは，これに続く理学療法と作業療法のアセスメントに情報を提供することになり，座位や姿勢についての提案や脊柱装具の使用につながった。左手をおろさせておくこと，これは使っていない右手の機能を改善させることになる。おろしておくことへのクレアの反応を見ると，一方の腕にときどき装具を装着することで，もう一方の手の機能を改善させる効果が期待できた。

　音楽療法アセスメントは遅延性のコミュニケーション反応や意図性があることの重要な証拠を示すことになった。また，クレアのユーモアのセンス，話者交代や共有することへの理解とその能力を示し，声のスキルも発達しうること，またそれを理解しやすく反応を返し易いものにできる可能性があることも示した。クレアはたとえ直接見ていなくとも，何が起こっているかに注目できているようだった。身体的な能力の発達や可動域拡大への大きな可能性を示したことに加え，クレアの発声と笑いは情動的表現の生き生きとした能力を証明した。もっとも貴重なことはクレアのコミュニケーション能力の証拠をつかんだことだ。このインタラクションは約18分間続いた。これは，2人のうちひとりが重度のコミュニケーションの遅れをもっている2者が最初に出会って持続できるコミュニケーション的・音楽的やりとりとしては長い時間である。

　この例において，われわれは重度の障害をもち表出言語のないレット症候群の子どもが自分に合わせて調律してくれる音楽療法士と「話し」，コミュニカティヴ・ミュージカリティへの衝動や情動を共有するのを目の当たりにするのである。

19.6　結論：音楽がコミュニケーションの基盤を支える

　音楽療法はその人を全人的に見ることを可能にする。我々は，いかなる子どもの活動の形成も基本的には音楽的プロセスであると信じており，研究と臨床報告は，音楽において能動的であるという経験が効果的な療法的手段――つまり，内的音楽性への動機を引き出す手段――であることを示している。実践的な音楽づくりのセッションでは，非常に大きな心踊るような進歩がみられる。これは音楽療法の環

境が子どもにたくさんのことをしたいという欲求や動機を起こさせるからだ。重度の障害をもった子どもたちのための構造的・非構造的音楽的経験の両方の過程において，コミュニケーション，やりとり，機能的な身体活動，拒否がないこと，向社会的行動，生き生きとした情動的表現などがとても多く見られる。これは我々にとって一貫した，そして喜ばしい驚きである。

しかしながら，音楽療法は常に創造的な喜びや笑いの時間であるとは限らない。重い障害に苦しみながら音楽療法に訪れる子どもたちや大人たちにとって，音楽療法は恐れ，痛み，怒り，フラストレーションを表現してもよい時間でもある。それだからこそ，このような感情を受け入れてくれるスペースを提供するため，音楽療法セッションへの更なる必要性が出てくるのである（本書第17章のロバーツ）。

ビデオに録画された多くの臨床例において，子どもたちや大人たちは音楽とその他の前言語的なふれあい方法の両方を使って音を出したり対話を発展させたりすることで喜びを表している一方，悲しそうだったり，引きこもったり，状況に対応さえできないでいる瞬間も見せている。このような経験にあたっては，支え，育み，共感するような対応が必要だ。そうすることで彼女らは，セラピストがニーズや気持ちを理解しそれらを共有していることに気付くだろう。共感はコミュニカティヴ・ミュージカリティを介して自然と得られるものであり，動機と情動のリズミックな関係性に基礎を置いている。

音楽は他者と理解し合う上での言語的，身体的，心理的，認知的な障壁を超える力を有するユニバーサルな人間コミュニケーションの形である。母と子は触覚，聴覚，視覚が組み合わさった表現の交換によってコミュニケーションをとる。生まれたばかりであっても，子どもはコミュニケーションへの根源的な衝動をもっており，目を合わせようとしたり，両親から向けられる言葉に同期して声を出したりする。重度の障害が誕生時あるいは早い時期に分かった場合，親子は仲むつまじく，やりとりしたり，動機，情動を共有したりすることはできないかもしれない。このことは自信やできる「自己」を築くことを阻害してしまう。子どもは他人からみると無口で感情がなく，周りのことをほとんど理解していないように見えるかもしれない。

専門的に療法として使う場合，音楽はけじめと枠組みを提供してクライエントを支え導くためにあらかじめ用意され組み立てられた器として使われる。一方で，音楽は表現豊かな即興の自由空間も提供する。それは障害の垣根を越えてクライエントの感情を映しだし，2人の人間を同等のものとしてその関係を共有させる。熟練した音楽療法士が誘い掛けるような環境を用意し，適切な機会をクライエントに提示し，クライエントのニーズと能力に合わせて調律することができるなら，生き生きとした親密な会話へのステージが整えられるのである。

この章では，コミュニカティヴ・ミュージカリティと呼ばれる人間のもつ動機の原理が，情動的に障壁のある自閉症の子どもであってもピアノを使って音楽療法士と話ができるようにする強力な道具として役立つことを示した。レット症候群の子どもは，その反応を援助する状況を与えられれば，音楽療法士の歌に合わせて自由に「おしゃべりをする」ことができることがわかった。言葉のないクライエントと対するとき，音楽療法士はコミュニカティヴ・ミュージカリティを推進する道具をもっている。だからこそ，音楽療法士はクライエントが音に意味を与えることを可能にし，それが受け入れられていると感じさせることができるのである。

（羽石英里訳）

引用文献

Aasgaard T (2005). Assisting children with malignant blood disease to create and perform their own songs. In F Baker and T Wigram, eds, *Songwriting: Methods, techniques and clinical applications for music therapy clinicians, educators and students*, pp. 154–180. Jessica Kingsley Publishers, London.

Aldridge G (1999). The implications of melodic expression for music therapy with a breast cancer patient. In D Aldridge, ed., *Music therapy in palliative care*, pp. 135–153. Jessica Kingsley Publishers, London.

Alvin J (1975). *Music therapy*, revised edn. John Claire Books, London.（初版邦訳：アルヴァン，櫻林仁・貫行子訳『音楽療法』音楽之友社，1969）

Amir RE, Van den Veyver IB, Schultz R et al. (2000). Influence of mutation type and X chromosome inactivation on Rett syndrome phenotypes. *Annals of Neurology*, **47**, 670–679.

Braithwaite M and Sigafoos J (1998). Effects of social versus musical antecedents on communication responsiveness in five children with developmental disabilities. *Journal of Music Therapy*, **35(2)**, 88–104.

Bruscia K (1987). *Improvisational models of music therapy*. Charles C Thomas, Springfield, IL.（ブルーシア，林庸二監訳・生野里花・岡崎香奈・八重田美衣訳『即興音楽療法の諸理論（上）』 人間と歴史社，1999）

Bunt L (1994). *Music therapy: An art beyond words*. Routledge, London.（バント，稲田雅美訳『音楽療法：ことばを超えた対話』ミネルヴァ書房，1996）

Burford B (2005). Perturbations in the development of infants with Rett disorder and the implications for early diagnosis. *Brain Development*, **27(Suppl. 1)**, S3–S7.

Burford B and Trevarthen C (1997). Evoking communication in rett syndrome: Comparisons with conversations and games in mother–infant interaction. *European Child and Adolescent Psychiatry*, **6(Suppl. 1)**, 26–30.

Edgerton CL (1994). The effect of improvisational music therapy on the communicative behaviors of autistic children. *Journal of Music Therapy*, **31**, 31–62.

Einspieler C, Kerr AM and Prechtl HF (2005). Abnormal general movements in girls with Rett disorder: The first four months of life. *Brain Development*, **27(Suppl. 1)**, S8–S13.

Elefant C (2001). Speechless yet communicative: Revealing the person behind the disability of Rett syndrome through clinical research on songs in music therapy. In D Aldridge, G Di Franco, E Ruud and T Wigram, eds, *Music therapy in Europe*, pp. 113–128. ISMEZ, Rome.

Elefant C (2002). *Enhancing communication in girls with Rett syndrome through songs in music therapy*. Unpublished Ph.D. thesis, Aalborg University.

Elefant C (2004). The use of single case designs in testing a specific hypothesis. In D Aldridge, ed., *Case study designs in music therapy*, pp. 145–162. Jessica Kingsley, London

Elefant C and Lotan M (1998). Music and physical therapies in Rett syndrome: A transdisciplinary approach (In Hebrew). *Issues in Special Education and Rehabilitation Journal*, **13(2)**, 89–97.

Elefant C and Wigram T (2005). Learning ability in children with rett syndrome. *Journal of Brain and Development*, **27**, 97–101.

Fraisse P (1982). Rhythm and tempo. In D Deutsch, ed., *The psychology of music*, pp. 149–180. Academic Press, New York.（フレス「リズムとテンポ」：ドイチュ編著，寺西立年・大串健吾・宮崎謙一監訳『音楽の心理学（上）』西村書店，1987所収）

Gold C, Wigram T and Elefant C (2006). Music therapy for autistic spectrum disorder (Cochrane Review). *The Cochrane Library*, Issue 2 2006. John Wiley and Sons Ltd, Chichester, UK.

Hadsell NA and Coleman KA (1988). Rett syndrome: A challenge for music therapists. *Music Therapy Perspectives*, **5**, 52–56.

Hagberg B, Aicardi J, Dias K and Ramos O (1983). A progressive syndrome of autism, dementia, ataxia, and loss of purposeful hand use in girls. Rett's syndrome: Report of 35 cases. *Annals of Neurology*, **14**, 471–479.

Hagberg B, Anuret M and Wahlstrom J (eds) (1993). *Rett syndrome – clinical and biological aspects*, Clinics in developmental medicine, No. 127. Mac Keith Press/Cambridge University Press, London and Cambridge.

Hallan Tønsberg GE and Hauge TS (1998). A response to 'Music as a tool in communications research'. *Nordic Journal of Music Therapy*, **7(1)**, 49–54.

Hargreaves D (1990). *The developmental psychology of music*. Cambridge University Press, Cambridge.（ハーグリーブス，小林芳郎訳『音楽の発達心理学』田研出版，1993）

Hauge TS and Tønsberg GE (1998). *Musikalske Aspekter i foerspraaklig samspill*. Skaadalen Publications Series No. 3. Oslo: Skaadalen Resource Centre, The Research and Development Unit.

Holck U (2002). *'Kommunikalsk' Samspil i Musikterapi* ['Commusical' interplay in music therapy. Qualitative video analyses of musical and gestural interactions with children with severe functional limitations, including children with autism]. Unpublished Ph.D. thesis, Aalborg University.

Holck U (2004). Turn-taking in music therapy with children with commiunication disorders. *British Journal of Music Therapy*, **18(2)**, 45–54.

Kerr A and Witt Engerström I (eds) (2001). *Rett disorder and the developing brain*. Oxford University Press, Oxford.

LeBlanc A (1981). Effects of style, tempo, and performing medium on children's music preference. *Journal of Research in Music Education*, **29**, 28–45.

LeBlanc A and Cote R (1983). Effects of tempo and performing medium on children's music preference. *Journal of Research in Music Education*, **31**, 57–66.

LeBlanc A and McCrary J (1983). Effect of tempo on children's music preference. *Journal of Research in Music Education*, **31**,

283–294.

Malloch S (1999). Mother and infants and communicative musicality. *Musicae Scientiae (Special Issue 1999–2000)*, 29–57.

Martin J (1972). Rhythmic (hierarchical) versus serial structure in speech and other behavior. *Psychological Review*, **79**, 487–509.

Merker B and Wallin NL (2001). Musical responsiveness in Rett disorder. In A Kerr and IW Engerström, eds, *Rett disorder and the developing brain*, pp. 327–338. Oxford University Press, Oxford.

Meyer LB (1956). *Emotion and meaning in music*. University of Chicago Press, Chicago, IL.

Montague J (1986). *Music therapy in the treatment of Rett syndrome*. Publication of the National Rett Syndrome Association, Glasgow.

Müller P and Warwick A (1993). Autistic children and music therapy. The effects of maternal involvement in therapy. In M Heal and T Wigram, eds, *Music therapy in health and education*, pp. 214–243. Jessica Kingsley, London. (ミュラーとウォーリック「自閉的児と音楽療法―母親のセラピー参加による効果」：ヒール，ウィグラム，村井靖児監訳・蓑田洋子訳『精神保健および教育分野における音楽療法―ヨーロッパ，アメリカ，オーストラリアからの実践報告と研究発表』音楽之友社，2000所収)

Nomura Y, Kerr A and Witt Engerström I (2005). Rett syndrome; Early behavior and possibilities for intervention. *Proceedings of the 2nd International Scientific Research Workshop – from Basic Neuroscience to Habilitation and Treatment – Infant Behavior. Brain and Development*, **27(Suppl. 1)**, S101.

Nordoff P and Robbins C (1977). *Creative music therapy*. Harper and Row, New York.

O'Brien E (2005). Songwriting with adult patients in oncology and clinical haematology wards. In F Baker and T Wigram, eds, *Songwriting: Methods, techniques and clinical applications for music therapy clinicians, educators and students*, pp. 180–206. Jessica Kingsley Publishers, London.

Oldfield A (2004). *Music therapy with children on the autistic spectrum, approaches derived from clinical practice and research*. Unpublished Ph.D. thesis, Anglia Polytechnic University, Cambridge

Pavlicevic M (1997). *Music therapy in context: Music, meaning and relationship*. Jessica Kingsley Publisher, London. (パヴリチェヴィック, 佐治順子・高橋真喜子訳『音楽療法の意味―心のかけ橋としての音楽』本の森出版社，2002)

Perry MR (2003). Relating improvisational music therapy with severely and multiply disabled children to communication development. *Journal of Music Therapy*, **XL(3)**, 227–246.

Plahl C (2000). *Entwicklung fördern durch Musik. Evaluation Musiktherapeutischer Behandlung*. [Development though Music. Assessment of Music Therapy Treatment.] Unpublished Ph.D. thesis, 1999.Waxman, Münster.

Priestley M (1994). *Essays on analytical music therapy*. Barcelona Publishers, Phoenixville, PA. (プリーストリー，若尾裕・古平孝子・多治見陽子・沼田里衣訳『分析的音楽療法とは何か』音楽之友社，1994)

Rett A (1966). Uber ein eigenartiges hirnatrophisches Syndrom bei Hyperammonamie im Kindesalter (on an unusual brain atrophic syndrome with hyperammonemia in childhood). J. *Vienmedizinische wochenschrift*, **116**, 723–726.

Robarts JZ (1998). Music therapy for children with autism. In C Trevarthen, K Aitken, D Papuodi and J Z Robarts, eds, *Children with autism. Diagnosis and interventions to meet their needs*, pp. 172–202. Jessica Kingsley, London.

Ruud E (1998). *Music therapy: Improvisation, communication, and culture*. Barcelona Publishers, Gilsum, NH.

Schögler B (1998). Music as a tool in communications research. *Nordic Journal of Music Therapy*, **7(1)**, 40–49.

Sims WI (1987). Effect of tempo on music preference of preschool through fourth grade children. In C K Madsen and C A Prickett, eds, *Applications of research in music behaviour*, pp. 15–25. The University of Alabama Press, Tuscaloosa, AL.

Sloboda J (1990). Music as a language. In F Wilson and F Roehmann, eds, *Music and child development*, pp. 28–43. MMB MusicInc., St. Louis.

Stern DN, Hofer L, Haft W and Dore J (1985). Affect attunement: The sharing of feeling states between mother and infant by means of inter-modal fluency. In Field TM and Fox NA, eds, *Social perception in infants*, pp. 249–268. Ablex, Norwood, NJ.

Stern DN (2000). *The interpersonal world of the infant*. Basic Books, New York. (スターン［1985年版の邦訳］，小此木啓吾・丸田俊彦監訳，神庭靖子・神庭重信訳『乳児の対人世界　理論編』岩崎学術出版社，1989)

Trevarthen C (2001). Intrinsic motives for companionship in understanding: Their origin, development and significance for infant mental health. *Infant Mental Health Journal*, **22(1–2)**, 95–131.

Trevarthen C (2002). Origins of musical identity: Evidence from infancy for musical social awareness. In R MacDonald, J David, DJ Hargreaves and Dorothy Miell, eds, *Musical identities*, pp. 21–38. Oxford University Press, Oxford.

Trevarthen C and Burford B (2001). Early communication and the Rett disorder. In Alison Kerr and Ingergerd Witt Engerström, eds, *Rett disorder and the developing brain*, pp. 303–326. Oxford University Press, Oxford.

Trevarthen C and Hubley P (1978). Secondary intersubjectivity: Confidence, confiding and acts of meaning in the first year. In A Lock, ed., *Action, gesture and symbol*, pp. 183–227. Academic Press, New York.

Trevarthen C and Malloch S (2000). The dance of wellbeing: Defining the musical therapeutic effect. *The Nordic Journal of Music Therapy*, **9(2)**, 3–17.

Trevarthen C and Malloch S (2002). Musicality and music before three: Human vitality and invention shared with pride. *Zero to Three*, **25(1)**, 10–18.

Wesecky A (1986). Music therapy for children with Rett syndrome. *American Journal of Medical Genetics*, **24**, 253–257.

Wigram T (1991). Music therapy for a girl with Rett's syndrome: Balancing structure and freedom. In K Bruscia, ed., *Case studies in music therapy*, pp. 39–55. Barcelona Publishers, Gilsum, NH.（ウィグラム「レット症候群をもつ少女との音楽療法：構造と自由：2つのアプローチのバランス」；ブルシア編, 酒井智華・よしだじゅんこ・岡崎香奈・古平孝子訳『音楽療法ケーススタディ（上）―児童・青年に関する17の事例』音楽之友社，2004所収）

Wigram T (1995) Assessment and diagnosis in music therapy. In T Wigram, B Saperston and R West, eds, *The art and science of music therapy: A handbook*, pp. 181–194. Harwood Academic Publications, London/Toronto.

Wigram T (1999). Assessment methods in music therapy: A humanistic or natural science framework? *Nordic Journal of Music Therapy*, **8(1)**, 7–25.

Wigram T (2002). Indications in music therapy: Evidence from assessment that can identify the expectations of music therapy as a treatment for autistic spectrum disorder (ASD): meeting the challenge of evidence based practice. *British Journal of Music Therapy*, **16(1)**, 11–28.

Wigram T (2004). *Improvisation: Methods and techniques for music therapy clinicians, educators and students*. Jessica Kingsley Publications, London.

Wigram T, Nygaard Pedersen I and Bonde LO (2002). *A comprehensive guide to music therapy. Theory, clinical practice, research and training*. Jessica Kingsley Publications, London.

Woodyatt G and Ozanne A (1992). Communication abilities and Rett syndrome. *Journal of Autism and Development Disorders*, **22**, 155–73.

Woodyatt G and Ozanne A (1994). Intentionality and communication in four children with Rett syndrome. *Australia and New Zealand Journal of Developmental Disabilities*, **19**, 173–183.

第4部

子どもの学びにおける音楽性

スティーヴン・マロック と コルウィン・トレヴァーセン

> 私は次のことをはっきり示したい。多くの人は気に留めていないものの，我々が人として理性をもってふるまう限りにおいては，あらゆる科学と芸術のルーツはそのどれをとっても始まりは幼少期にあるのだということを。そしてこの基礎の上に建物全体を建てることは可能だし，難しいことでもないのだということを。
>
> クイック（1894）が引用したヤン・アモス・コメニウス『幼児期の学校』（1633）の言葉

　乳児から児童へと育つにつれて，子どもたちは自分を取り巻く文化の諸概念を受け入れながら，もともともっている音楽性を新しい形へと発展させていく。この過程は，胎内で外界からの音をはじめて聞くところから始まっている。しかし子どもがフォーマルな教育を受け始めると，意味の認識へという変化の過程が本格的に起こる。フォーマルな教育というのは，活動の中で学びたいという子ども本来の意思を多かれ少なかれ受け入れるシステムである。人が生まれながらに踊り歌うのであるとすれば，我々の教育システムはこうした踊り歌う人間性の育ちを促すべきであると考えてよいだろう。とくに時間芸術の指導においては，ノルウェーの音楽学者であり教師であるヨン＝ロアル・ビョルクヴォルが雄弁に説くように，「内なるミューズ」を養うことによって（Bjørkvold 1992）そうすべきであろう。不幸なことに，多くの大人にとっての幼いころの音楽学習の記憶はというと，心身の生き生きした音楽性とは殆ど縁のなさそうな音楽理論のしくみをじっと集中して教わりなさいと言われたとか，あるいは，教師は音を出して動けと促してはみるものの，音楽的なエネルギーが流れこんで共有されるような満足のいく形を何も与えられずに混乱した，といった思い出のどちらかだろう。

　第4部の著者たちは，領域は何であれ子どもの教育にこれまでとは違うシナリオを提供する。著者たちは，子どもたちが本来もつコミュニカティヴ・ミュージカリティに根差して音楽的創造性を尊重するような教育方法を提案する。ここを出発点として，子どもたちは自分を取り巻く豊かな文化遺産へといざなわれる。フレデリック・エリクソン（第20章）は，教える主題が何であれ，教えるやりとりの中核的なエンジンが音楽性であることを次のように論証する：

> 社会的相互作用において音楽性がはたらくことで，そこに参与する者が自分たちの注意と行動を調整し，さまざまな情報への関心を相互に発信し合えるようになる。このことは，日常のインフォーマルな会話にも，教室のようによりフォーマルな状況下で起こる会話にもあてはまる。…意味とは，常に何らかを指し示すと同時に，社会的または人間相互間の内容を指し示すものであり，状況に埋め込まれた意味なのである。
>
> （本書　pp. 431-432）

　教師と生徒とのやりとりにおける音楽性こそが，そこに参加し学ぼうとする生徒の動機を支える。
　シャーロット・フレーリッヒ（第22章）とロリ・クストデロ（第23章）はともに，大人と子どもとの間で子どもの音楽性が出発点となっているような音楽的相互作用を描いている。

（シャーロット・フレーリッヒはこう書いている）教師としての自分の役割をふまえて私が見つけたいと考えたのは，指導法ではなく，芸術的経験の芽を摘むことなく開花させることができるような指導原理である。…私の目的は，子どもと大人双方にとっての芸術的経験を解明し，教室の中で芸術的経験が生まれるよう援助することである。しかし，これらの原理が採用されたならば，教師である我々は，教えるにあたって迂回路と思われる道をその副産物として受け入れなければならなくなるだろう。

（本書　p. 475）

　最後の一文で，もしも教師が本当に子どものあふれんばかりの音楽的豊かさに創造的にかかわろうと欲するならば，指導の道筋は予測不能になるだろうと彼女は警告しているのだ！
　ロリ・クストデロは，2人の成人音楽家が自発的に音楽を創造するときの即興的で社会的な探索的やりとりを記録している。コミュニカティヴ・ミュージカリティは2人の間の親密さに宿っている。「組み立てられた音の圧倒的な質に接し，そうした音を創ることで何かを得られる時，我々は自分たちに共通する人間性の開示によって他者に惹きつけられ，一方では1人ひとりが個性的に成し遂げる成果を通して芸術性に惹きつけられる」(p. 491)。彼女は子どもたちの自発的な音楽演奏を観察して記述し，次のように結論付けている。

　　…子どもたちの私的な世界の一部である自発的な音楽行動が大人の邪魔になると思われたり，無指向的な行為としてどれ程頻繁に無視されたり誤って解釈されたりしているのか…（しかし）おそらくこうしたことは人生のきわめて早い時期から現れるがゆえに，音楽は子どもたちが早くから一人前たりうる場を提供し，とかく子どもの人生の多くをコントロールしがちな大人と対等に共有するものを与えてくれる。

（本書　p. 498, p. 500）

　ニコラス・バナンとシェイラ・ウッドワード（第21章）は，乳児期から児童期にかけての音楽性に関する文献の徹底的なリビューをおこなっている。「我々は，音楽的な行動への乳児の本能的参加が幼少期にわたってどのように育成されるのか，そして成熟した表現力あるミュージシャンシップ[1]にどのように発展しうるのか，という点に焦点を当てる」(p. 445)。乳児期の音楽性と児童期の音楽性との連続性を示すことによって，著者たちは，子どもたちの音楽性が尊重され願いを込めて育まれるべきであることを強く理論的に根拠づけている。大人は文化の中で磨かれた形式を重んじ，そもそも文化を生み出すのが人間性の活力そのものであるということを看過しがちだ。そんな大人たちによって，子ども時代に本来そなわっている音楽性という貴重な宝の芽が摘まれてはならない。

（今川恭子訳）

引用文献

Bjørkvold J-R (1992). *The muse within: Creativity and communication, song and play from childhood through maturity.* Harper Collins, New York.（ビョルクヴォル，福井信子訳『内なるミューズ：我歌う，ゆえに我あり（上）（下）』日本放送出版協会, 2004）

Comenius JA (1633). *The school of infancy: An essay on the ducation of youth during the first six years.* Translated by D Benham. London, 1858. Republished in 2003 by Kessinger Publishing, Whitefish MT.

Quick RH (1894). *Essays on educational reformers.* Longmans, Green and Co, London.

---

[1] 巻末の参考資料「ミュージシャンシップとミュージキング」を参照。

第20章

話すことと聴くことにおける音楽性：
学びの環境としての教室談話の鍵

フレデリック・エリクソン

20.1　はじめに：教室において話すことや聴くことがどれほど音楽的か

　基本的な原理を再考察することから始めよう。人間の社会的相互作用は，音楽的に構築されているということを私は前提と考える。つまり，話したり，聴いたりする行為は，規則的なリズム・パターンの中でリアルタイムに行なわれ，発話中の声の高さや大きさの変化は，言語的，非言語的に同じ時間的枠組みの範囲内で起こるといえる。この「音楽性」は，言語学者たちによって「発話プロソディ」[1]と呼ばれている。社会的相互作用において音楽性がはたらくことで，そこに参与する者が自分たちの注意や行動を調整し，さまざまな情報への関心を相互に発信し合えるようになる（Auer *et al.* 1999 ; Scollon 1982）。このことは，日常のインフォーマルな会話にも，教室のようによりフォーマルな状況下で起こる会話にもあてはまる。

　話すという行為では，音楽性によって強調や対比がうまれる。これは，発声における3つの側面，すなわち音量，音高，音質もしくは音色というかたちで具体化される。話す行為は，タイミングと感情の手がかりのパターンを描く。その手がかりは，1人の話者が一息で話すこと（例えば，1回の発話の中で息継ぎをしながら皮肉とまじめな話が変わったりすること）から，複数の対話者が代わる代わる話すときに継続する音声の輪郭線（ゲシュタルト）にまで及ぶ。声の表情は，身振りのプロソディ，注視方向の移動，姿勢の位置や向かい合って対話している時の互いの距離の保持や変化と結びつけられる。こうした動きの中の音楽性という可視的側面は，歌うことよりもむしろ踊ることに近いように思われる。この後の議論では，この運動的な（体の動きの）プロソディについては，焦点が当たらないのでここで言及しておくこととする。なぜなら，運動学的に現れる対比と強調の特徴は，（他の対話者への注視の始まりと終わりを含め）話すことにおけるタイミングと感情的な手がかりの全体的なゲシュタルトに寄与するからだ。

　ここから先の考察は，人間の社会的相互作用に関する4つの基礎的かつ理論的洞察に沿うものである。1点目の理論的洞察は，グレゴリー・ベイトソンによるもので，対面での社会的相互作用におけるコミュニケーションの本質に関わることである（Bateson 1954）。ベイトソンは，社会的相互作用における行動というものは，関係のある情報を伝達すると同時に，参加者間での瞬間的な相互関係を絶えず情報とし

---

[1] 巻末の参考資料「音声分析と音声情報」を参照。

て伝えるものだと主張している。このように，何かを意味するメッセージのすべての「断片」は，その瞬間の相互作用における社会的関係に関わるメタメッセージの断片と共に生じるのだ。言語における間主観的基盤（例えばRommetveit 1998）の重要性を考えると，どの側面が「メッセージ」で，どの側面が「メタ」と捉えるべきかを再検討する必要があるかもしれない。しかし，ベイトソンの主張する要点は的を得ている。すなわち，あらゆる効果的なメッセージにおける表現の行動形式というのは，文字通り指示的意味と隠喩的，社会的意味の両方の観点から見て，解釈の方向性を指し示す手がかりをもっているのだ。逆に言うと，いかなるコミュニケーション行為もその発話者の意図から切り離しては生じないのだ。つまり，意味を成す状況的文脈を必ず指し示すのだ。このように，人間のコミュニケーションにおける（語や記号などの）意味とは，常に何らかを指し示すと同時に，社会的または人間相互間の内容を指し示すものであり，状況に埋め込まれた意味なのである。

　2点目に，より概念的かつ機構的な理論的洞察として，人間に本来備わっているリアルタイムで行なえる情報処理の限界に関してのH.A.サイモンによる研究が挙げられる。神経科学的には，人間は複雑性が減らされていないありのままの情報信号をそのまま処理することはできない（Simon 1979; Newell and Simon 1972）。情報量が我々の処理可能な範囲を超え，過剰な状態が継続することを防ぐため，人間はその情報量の一部を「無視し」，また，分離可能と思われる情報量を大きなユニットまたは集合に「まとめる」ことにより，自らの周辺情報を単純化する。

　3点目の理論的洞察は，コミュニケーション行為そのものの研究（例えばSacks *et al.* 1974）及び，リアルタイムのコミュニケーション行為における今ここの主体の経験の優位性や重要性に関わる，現象学的な哲学（例えばMerleau-Ponty 1945/1962）より得られるものである。今この瞬間は中心点（今ここ）をつくり，我々は，その中心点から前方の暫定の範囲の前縁で来るべき「次の」時点を予期したり，そこからまた，（後方の暫定の範囲の後縁で）直前に起きた「前の」時点を回顧したりする。ニウェルならびにサイモンの唯一論主義的観点や限定的情報処理能力理論からすると，我々が認知的に処理できるのは，その時点で我々に作用している情報の断片と，過去から思い起こされる少しばかりの情報と，直後に起こるであろうと予測できる少しばかりの情報である。これらが我々の注意の容量を使い果たしてしまうため，我々はずっと注意し続けることはできない。つまり，リアルタイムの時間の細切れの中では，各時点の注意力には浮き沈みが必ず存在する（心的に生成された時間内での行動の予期的コントロールについての音楽性の理論については本書第6章，リーとシェーグラーを参照されたい）。

　私の仮定によれば，発話と体の動きのリズム・パターンは，我々に次の瞬間の手がかりを与えてくれるという点において重要である。次々に起こる今の瞬間の1つひとつが，リアルタイムの過程を作るのだ。個人のリアルタイムの中での経験の連続した流れが，現象学的に卓越性をもっていることの意味合いについては以前の論文で書いた通りである。

> 話すことにおいて，話し言葉を構築していくことは，本質的に直線的な過程を［含む。］…過去の同じような経験の積み重ねから，我々は通常，その話がどちらの方向に進むのかを感知するものだ。…［しかし］やりとりの中で，どこで順番が替わるのかは，正確には決して分からない。……言語的，非言語的の両方でその替わり目のヒントを得られるし，人にもヒントを与えることができる。しかし，こうしたヒントは大雑把で曖昧なものだ…「今の瞬間」と「次の瞬間」——次の瞬間は過去になり，また目の前に次の瞬間が来る——は，相互作用を構築するための基礎的材料を提供してくれるものだ。
>
> エリクソン（2004 pp. 3-5）

　とりわけ，我々が中心となる話者の1人である時，我々が自分たちの聞き手の反応を見ながら話すように，聞き手もまた我々に反応しているのだ。それゆえ，話すことと聴くことは，相互に影響を与え合う生態学の中で互いに関係し合う。「今」という瞬間において，会話の参加者は全員，その瞬間に他の人が何をしているかを感知し，また，その直前の瞬間に他の人が何をしていたかを感知して，それらに

基づいて，お互いに自分の振る舞いを常時修正しているのだ。

> このように常に相互にチェックしたり，軌道修正を行ったりすることによって，やりとりが社会的になる。つまり，それによってさまざまな参加者の行為が互恵的かつ相補的なものとして，うまくかみ合うようになる。…［それは，］会話におけるリアルタイムな行動を引き起こすばかりでなく，その根底にある，もしくは成り立たせているのである。
>
> エリクソン（2004 pp. 3-5）

ここでは特に，教室に特徴的な相互作用の社会生態学という側面について考えてみよう。教室では，教師と生徒の間には会話の権利と義務に原則的な非対称性がある。日常の会話における相互作用的な役割分担とは異なり，教室においては話者の1人である教師が，会話を進めるはたらきと会話の主な情報内容との両方をコントロールする。つまり，次々に現れる話題と会話の流れの両方をコントロールするのだ（Sinclair and Coulthard 1975, Mehan 1979, Cazden 2001を参照）。このような非対称性は，教室だけのものではない。裁判所にも，病院の患者と医師の間にも同じような状況が見られる。しかし，この後に続く教室での会話例で明らかに分かるように，そこで生じる公的な「記録される」会話の内容と行為を教師がコントロールしているということが，教室会話の秩序を際立たせる側面となっている。

社会的相互作用をもつ会話は必ず，そこから何かを学び取ることができる環境を作る。そして，その社会的相互作用がもつ基本的な秩序には，3つの次元または側面が存在する。1つは，文字通り意味を伝えるはたらき，もう1つは，社会的な意味を伝えるはたらき，そして3つ目は，記号論的な意味（信号システムと言語）であって，それを通して意味そのものが伝わる。教室における会話では，教師がこれらのはたらきをコントロールして，子どもの学習を導く。相互作用の流れに乗って次々立ち現れる今の瞬間に，この秩序の3つの側面すべてが一緒になって作用するのだ（**図20.1**）。

図20.1は，縦軸に，リアルタイムでの現在の瞬間（つまり，今の瞬間）の連続がT-1からT-nまで示されている。横軸上には，リアルタイムでのある特定の瞬間の経験を通してその瞬間の「意味」を描き出す3つの側面または次元が描かれている。すなわち，**文字通りの意味**とそれに関連した**社会的**な意味，そして**信号システムが象徴する意味**（例えば，ある音素，あるきまった身振り，そして黒板に書かれた単語や数字）の3つで，コミュニケーション行為の中でこの3つが一緒になって意味が伝えられるのだ。

日常の会話では，どの瞬間にも，主に言葉が指し示す通りの意味あるいは社会的な意味，もしくはその両方に同時に注意が向けられる。教室内の会話でも同様かもしれないが，教室で一番の注意が向けられるのは多くの場合，記号論的な信号システムであり，これを通して主題や内容情報が伝えられる。そのため，時間内のいくつかの瞬間には――例えば算数の授業中では――，数学的記号の細部にかなりの注意が向けられる。また，読み書きの授業中においては，文字の細かい部分や句読点，文章の文法に焦点が当てられることとなる。このように記号学的な表象の手段が前面に押し出されるのは，何も教室の会話に限ったことではないが，これは授業のためのテクニックの1つとして，教室外での日常的な会話の場面に比べて，より頻繁に教室内で現れるだろう。

相互作用のリアルタイムの道筋 ────────▶

	文字通りの意味	社会的な意味	実行された信号システムの記号的特徴
T-1	x	x	x
T-2	x	x	x
T-n	x	x	x

図20.1 教室の学習環境における意味の種類

教師は，授業の会話的な流れに沿って，また，全員で考えを深めるような作業の途中で，決定的な今の瞬間及び，次の瞬間が来た時，そこに子ども全員の注目を集めようと，声のもつ音楽性（および身振りや目つき，立ち姿など）を利用する。まさに新たな重要な情報をこれから伝えよう，という瞬間だ。教師は，明示的かつ暗黙的な合図や決まり文句を使って，主題となっている内容や社会的な関係性に，子ども全員の注意を向けようとする。子どももまた，大きなグループまたは少人数のグループに分かれて会話する際に，これを真似ることだろう。

20.2 教室における教師と子どもの会話の事例

ここでは，アメリカの初年次クラスでの教師と子どもの会話の事例を紹介する。彼らが会話する際の音楽性は，新しい情報が言語的，非言語的にやりとりされる非常に重要な瞬間を暗黙的に指し示している。最初のいくつかの例では，新しい情報は主に社会的な当事者間に関わり，続く例では，社会的な関係だけでなく主題に関わる内容も含む。すべての例は，5歳から7歳の子どもの教室におけるものである。カリキュラムに含まれる基礎的な知識や技能は，子どもたちに説明され練習もなされている。また，同時に教室内での社会的参加者の基本的な形式が提示され，子どもたちとのリハーサルも繰り返し行なわれた。

20.2.1 どんな生きものも静まりかえって…

最初は，6歳から7歳までの初年次／幼稚園年長の教室における例である。冬休みに入る直前の12月3週目のある日，教師は絵本を音読した。教室の前方で，彼女は子ども用の椅子に座り，そのまわりを囲んで子どもたちが敷物の上に座っていた。彼女は，左手で本を持ち，音読をしながら子どもが挿絵を見られるようにページを向けた。そして，左のページを見て，1行目の「クレメント　ムーアの詩　クリスマスの前の夜」と読み始めた。

そこには，次のように書かれている。1行に含まれる2つのピリオドはカンマに相当する長さの休止を，4つのピリオドは1文に相当する長さの休止を意味する。1つのピリオドは，1つのカンマよりも短い休止を表す。

'Twas the **night** before Christmas ..　　クリスマスの前の夜のこと
And **all** through the house ..　　そして，家の中は
Not a **crea**ture was stirring.　　どんな生きものも静まりかえって
LOUIE ....　　ルーイ
Not even a mouse ....　　ねずみさえも

「not a creature was stirring」という行の直後に，教師が子どもを叱ったことの（意図せざる）皮肉については指摘する価値がある。（教師が読み始めたときに体をぐにゃぐにゃとしていた）ルーイに対する叱責は，「Louie」という単語が，詩を音読する際の全体的な音楽性のパターンから逸脱して発せられたことによって強調された。教師は詩の冒頭の数行を，内容にふさわしいプロソディ——すなわち中庸のピッチ・レベル，1行あたり4韻脚[2]かつ，音節は概ね3連符（つまり，強弱弱格の4歩格）[3]で発音した。

幼稚園児のルーイは，（1年生よりも教師のまわりに集まってじっと座っている経験が少なかったの

---

[2] 韻脚とは詩のリズムの基本単位である。強音の音節と弱音の音節を組み合わせて，一語だけで成る場合も，複数語で成る場合もある。

[3] 詩のリズムの基本単位である韻脚又は詩脚が1行に4つ含まれると4歩格となる。

で）まだ落ち着いて座っていることができなかった。他の子どもは黙ってじっと座っていたのに，彼は敷物の上で動き回っていた。そのため，教師は「LOUIE..」（**図20.2**を参照）という叱責をはさんだのだ。音量を強調された「Louie」という単語は，その前に置かれた他のすべての強勢音節（「night」，「Christ-」，「all」）よりも低いピッチで発せられた。1行目の終わりに中庸かつ低・高のピッチで発せられた「house」という単語（技術的にこれは「持続イントネーション」と呼ばれる）は，他の強勢音節よりもわずかに低いピッチだったが，それでも「Louie」よりは高かった。さらに，「Louie」の2つの音節は，「house」の低・高のイントネーション・パターンではなく低・低のイントネーション・パターンで発せられたのだ。

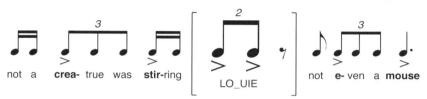

図20.2 教師が叱責をはさんだ

「Louie」という単語は，明らかに低いピッチと非常に大きな音量で発音されることによって，その前に位置する単語の音声ゲシュタルトから区別されただけでなく，その音声の質も際立っていた。教師は，より厳しく喉を絞った声質で発音したのだ。この言語的な強調には非言語的な強調が付随しており，教師は「Louie」と言ったとき，右側を見て絵本から目を上げ，ルーイが座っていた場所を見やり，彼にするどい視線を向けた。「Louie」という単語は，唐突に発声されることでさらに強調された——すなわち，韻律詩の規則的なタイミング・パターンによって，その前から確立されていた韻律の拍よりもわずかに早く発せられたのだ。このタイミング・パターンでは，音量強勢をつけた連続する各音節（「night」，「Christ-」，「all」，「house」）の間隔は，ほぼ同一の長さだった。したがって，強勢音節は，全体的な音節の連続の中で韻律のような拍子を確立した。この韻律の速度は落ち着いたラルゴで，強勢音節は1秒に約1個の割合だった。（この韻律のようなパターンは，韻律詩の朗読の中だけで作られるものだけではなく，母親と赤ちゃんの間で交わされるマザリーズの話し言葉［もしくは，対乳児発話］の中でも共通に起こることである。例えば，マロック〈1999〉，トレヴァーセンとマロック〈2002〉，そしてグラティエ〈1999〉による研究，また，大人同士の会話や大人と学齢期の子どもの会話に関しては，エリクソンとシュルツ〈1982〉，スコロン〈1982〉，そしてエリクソン〈1982, 1986, 1992, 1996, 2003, 2004〉の研究を参照せよ。また，アウアーら〈1999〉は，若干異なるが，談話におけるリズム・パターンに関わる主張をしている。また，ホール〈1983, pp. 154-156〉は特にグループの結合における同調性の議論を行っている。）

この発音の唐突さにおいて，「Louie」という単語は，その前の強勢音節の連続によって予期された拍よりもわずかに先に置かれた（エリクソンとシュルツ〈1982, pp. 111-117〉の，唐突さの類似例の議論も参照）。その連続のタイミング・ゲシュタルトの中で，「Louie」という単語は，やや早いタイミングで聞こえた。そして，（文末の休止と同等の）1拍の休止の後，教師は韻律詩のタイミング・パターンに戻り，韻律の定式にしたがって3連符「not even a mouse」でその行を締めくくった。

強勢音節の連続のピッチ・ゲシュタルトに割り込むことにより

night	Christ-mas	all	house
中庸	低-高	中庸	低-高

また，音量ゲシュタルトに割り込むことにより（先立つ音節よりも大きくLOUIEと発音することで），

また，声質ゲシュタルトに割り込むことにより（「音読する先生の声」が，やさしく開いた声から，いらいらして絞ったような「怒った先生の声」に変化することで），また，その行の第2韻脚を示す音節が発音された直後にテキスト外の単語をはさんで，詩の4韻脚行の時間的枠組みに割り込むことにより，また，突然に絵本から離れ，座っている子どもの間を通って，教師の視線や頭・肩の位置をルーイへと移動させることで，それまでの保持されていた姿勢と視線の連続性に割り込むことにより，複合的な行動的手段を通して，その叱責の発話内的な力が過剰に強調された。伝達されていたのは，暗黙的だが強力な命令「ぐにゃぐにゃするのを止めなさい！」だった。対照として，**図20.3**に示したこの詩文の規準的な型を参照されたい。

図20.3 「Twas the night before Christmas」の規準的な型

20.2.2 「我々が決めたことは…」

2つ目の事例は，1つ目の事例と同じ初年次／幼稚園年長の教室での算数の授業である。教師は，集合とその性質について説明した。彼女は，敷物の上にブロックを置き，初年次の子どもと共にブロックを囲むように座り，そちらに目を向けた。ブロックは，敷物の上に2つの集合になって並べられていた。1つの集合は，大きさや色（大きい，小さい，緑，黄色）に関わらず，すべてのブロックが三角形の形をしている。もう1つの集合は，形はさまざま（円，正方形，長方形）だけれども，色は同じ（黄色）であった。この2つのブロックは，2つの配置にまたがって位置し，変則的であった（黄色の三角形）。

この授業が目的とする本質的な点は，新しい概念であった。すなわち，どの集合が同時に他の集合にも属することができるかどうかである。そのような集合は，授業の終わりには，「重なり合う集合」と名付けられた。ロープを輪にして，形の特性をもつ集合を囲んだ（この時点では，黄色の三角形はその集合に含まれていた）。もう1つの集合もロープを輪にして囲んだ。こちらは，すべて**黄色**である（しかし，この集合に変則的な2組の黄色の三角形は含まれていない）。議論は，活気あふれるものであった。子どもは，最初に2組の黄色の三角形を他の三角形と共に置いたが，のちにすべて黄色の他のブロックと共に置いた（**図20.4**）。

議論のこの時点で，教師はまとめの話をする用意ができていた。彼女は，「have we decided tha::::t....（我々が決めたことは―）」（連続のコロンは「音声の引き延ばし」における母音の伸長化を示している）と言った。

「that」という単語は，普通は用いられない音声の引き延ばしの特徴に加えて，音量を強調し，ピッチを変動させ（前の音節のピッチ・レベルより高く始め，前の音節より低く終える。つまり高―低シフト），声質も喉が開いた声からより絞ったような厳しい声へと変化しながら発音された。これは，この文法的文脈における「that」の言い方としては，まれである（つまり目立たせる言い方）。より頻繁な「that」の言い方（つまり目立たせない言い方）では，音節のスピードはその前から続く単語と同じスピードを保って「that」以下の新しい節に続く。「have we decided that this set has the property of（その集合にはこのような性質があると我々は決めた）」

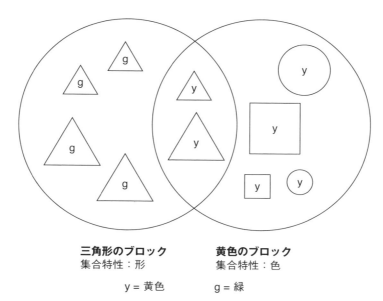

三角形のブロック　　　**黄色のブロック**
集合特性：形　　　　　　集合特性：色

y = 黄色　　　　g = 緑

図20.4　集合と集合の特性が示されたブロックとロープの輪

　一連の会話の中で，いくつかの与えられた今の瞬間にその直前とコントラストをつけて発音することは，際立った合図を送る方法である——すなわち，指示対象に文字通りではない解釈が必要とされるかもしれない何か特別なものがあることを伝えている。そのようなコントラストは，言語的手段によっても非言語的手段によっても明確にされるはずだ。言語的手段には，音量の増加または減少，音程の上昇または下降，直前の発話と比較しての音節生成テンポ（すなわち1秒にどれくらい音節が入るか）の加速または減速，そして声質や感情の「調子」（例えば，直接的なものから皮肉へ）の変化が含まれる。たった今という瞬間の直前に生じたことの行動形式にコントラストを生み出す非言語的手段には，それまで持続していた姿勢形態の変化，他の対話者を凝視したり目をそらしたりする視線の変化，身振りの方向と強度の変化，そして対人距離の変化が含まれる。

　通常，言語的行動と非言語的行動の全体的ゲシュタルトにおけるコントラストは，トピック間の主要な変わり目，あるいは感情のトーンが変化した時に生ずるものだ。所与のトピックが議論されている，またはある感情的トーンが維持されている所定の相互作用の中では，行動のコントラストはほとんどない傾向にある。むしろ通常，連続する各トピックの切片には明確な行動的連続性，つまり，その切片の最初から最後まで維持された，全体的なゲシュタルトがある。このように，行動形態の変化は，それが起きるときに「何か新しいことが今起きている」という一般的なメタメッセージとして機能しうるものであり，そして対話者たちは，お互いにその新しい配置に順応する。そしておそらく，直前の瞬間まではその信号を文字通りに読みとっていたにもかかわらず，その瞬間の信号を文字通りではない形で読みとっているのである（この議論については以下の文献を参照。Erickson and Shultz 1982/1997; McDermott *et al.* 1987）。

　（注意してほしいのは，通常の英会話にみられる音程パターンについてもっと指摘されるべきということだ。前の例では，連続して音が強められた音節の間に音程の高―低―高―低の繰り返しがあった：「night」「Christ-」「all」「house」。これは，強弱弱4歩格の英語の詩の，文体的に独特な抑揚のない発音の結果である。それに反して，普通の散文を声に出す場合，そこにはピッチ変動の様々なパターンが含まれる。一般的には，文の中にある中間の節の終わり近くにわずかなピッチの上昇があり，わずかなピッ

チの上昇［もしくは持続的なピッチ］の後に，文の終わりにわずかな降下が続く。言い換えれば，朗読が進むにつれて，節から節まで中レベルの基本ピッチに戻る傾向がある。これは，普通の英語の発話においても見られるもので，基本的な中庸のピッチ・レベルの発音の維持である。そういうわけで，「have we decided ... have we decided this set has the property ...」という発話において，音節のほとんどが，基本的な中庸のピッチ・レベルで話されるが，「decided」という単語の中心である「**cid**」という音節と「**this**」の音節にはアクセントを伴い——両方とも，文章の終わりの連結ではなく，統語的連結において見られるものであるが——周囲の単語よりもわずかに高いピッチで発せられる。普通は，これらの単語は目立って発せられることはない。代わりに「have we decided **tha::::t**」（伸長化した母音上で高一低へとピッチを変えながら）と言うことは，普通に話すこととははっきりと異なる。したがって，聴く人に予測されない。

現在議論中の例では，教師が行動的に普通ではない目立った方法で「**tha::::t**」という単語を発すると特別なこと何か——普通ではない何か——が意味された。そして，そのような表現によって，「that」という単語は特有の社会的意味をもった合図として機能した。すなわち，「落ち着いて座って，静かにしなさい」というベイトソン的メタメッセージである。ガンパーズ（1982/1992）は，この種のシグナルを「文脈化された合図」と呼んでいた。これは，口頭での談話に用いられるメカニズムを操作する社会的相互作用の基礎的な要素であり，談話の最中に暗示的にもしくは間接的にコミュニケーション可能であることを互いに伝え合っているのである。

我々は，教師が「that」という言葉を発した時に，「落ち着いて座って，静かにしなさい」という暗黙的な社会的意味合いが含まれていることを子どもの行動から推察できる。彼女が，「what have we de**cid**ed ... have we decided（我々は何を決めましたか，我々が決めたことは…）」と言った時に，子どもは同時にしゃべり，敷物の上を動き回っていた。そして，床の上のブロックを興奮しながら指さした。その言葉に続いて「**tha::::t**」という言葉が発せられると，子どもは徐々に静かに落ち着いた。ついに，「**tha::::t**」の「**t**」が発せられた時には，誰一人として動いたり，話したりすることはなかった。また，すべての子どもの視線は，敷物の上のブロックに向けられていた。全員の注目はやがて，時間的なある一瞬に向かい，情報が得られる空間的なある一点に向かって集まった（敷物の上に置かれた色付きで形のあるブロックという記号学的な象徴によって）。

ここに，すぐ次の談話で起こったことを挙げる。

1 教師：What have we de**cid**ed
  我々は何を決めましたか
2 Have we decided **tha::::t**
  我々が決めたことは
3 …
  （教師が，三角形のブロックを持ち上げる）
4 **these** blocks are all the property of the same what?
  これらのブロックは，どのような点で同じ仲間かな？
5 生徒たち: **SHAPE!**
  かたち！

教師は，左側に置いた三角形のブロックを1つ持ち上げながら，この「**these**」（「これらのブロック」の中に）という単語の音量を上げて強調し，わずかに高いピッチで発音した。この言語化された直示(ディクシス)（ギリシャ語に由来し，文字通りには「指さすこと」——すなわち手元で適切な実在を指し示す代名詞を使うことの意）には，親指と人差し指でブロックを持ち上げる非言語的な身振りが伴った。こうして生徒

T: **THESE** blocks are all the pro-per-ty of the same what? SS: **SHAPE**!

図20.5 子どもたちの注目は，三角形のブロックすべてとその集合の中の特別な1つに向けられた

たちの注意は敷物上のブロック全体ではなく，2つの集合のうちの1つ（三角形の形をしたブロックのすべて），そしてその集合を代表する1つに集まったのだ。我々はこのことを図表に置き換えてみることとする（**図20.5**）。

　教師の発話リズムは，「tha::::t」の後，1秒の休止によって分けられ，「dis-co-vered」という単語中の「co」，「tha::::t」，そして「these」これらすべての音節が，だいたい1秒間隔で生じ，抑揚のタイミング・ゲシュタルトを表していた。この特にゆっくりとした声の抑揚は，解答を入れる可能性のあるスロットとして，「こうした性質をすべて合わせもつのは…」に続く「次」を予感させ，子どもが答えることを助けた。そして，子どもは，答えをはめ込む枠に「形」と入れることができたのだ，ということをこの事例では示している。

　このような話者間のタイミングにおける交代の挿入によって，会話の参加者たちは互いの文章を完成させることが可能となる。教室において共通する談話形式は，前述した事例の通り「これらのブロックすべてがもっている特性は…」と，子どもが声を揃えて答えられるように，教師が「空白を埋める」問いを口にすることだ。

　さらに，次の事例では，教室談話において通常の間の取り方の関係性の中で解答枠と質問枠が生じているという主張の根拠が示される。

20.2.3　カルロスは「鉛筆ドラム」で答える

　北米のバイリンガルな初年次クラスでの学期の初めのことである。子どもたちは，1から10までのアラビア数字とスペイン語での数え方を教えられた。数字は，大きなカードの一連の束で提示され，教室の前方の黒板に1枚ずつ貼り付けられた。このカードは，黒板いっぱいに並べられ，それぞれの数字は，教室で子どもが読むのに十分な大きさであった。

　教師は，カルロスに黒板の前に立って，指示棒を持つように言った。そして，教師がそれぞれの数字を読み上げた後に続いて，カードを指し示すように言った。その継起の中には，抑揚のような時間的枠組みがあり，「numero **uno** .... numero **dos** .... numero **cin**co....」のように，音量の強調を伴った数字の音節が，「numero」の次の拍に置かれた。この規則的に刻まれた教師の数の読み上げ方から，数詞の強勢音節が発音されたその次の拍に解答枠があることがわかった。それがカイロスの瞬間（ギリシア語で「チャンスの瞬間」）であった。それはすぐに次が来てしまうような時間上一瞬の間であり，子どもが読み上げられた数のカードを指さして，それも教師の発話に表れる韻律のような時間枠の拍に合わせて指さして埋めるべき間であった（**図20.6**）。

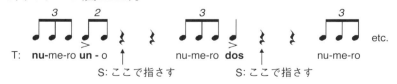
T: nu-me-ro **un** - o　　　nu-me-ro **dos**　　　nu-me-ro　etc.
S: ここで指さす　　S: ここで指さす

図20.6　教師の発話に表れる韻律のような時間枠の拍に合わせて指をさす

　カルロスと教師は，教師が1から10までの様々な数を読み上げて行なう質問‐解答という一連の流れ

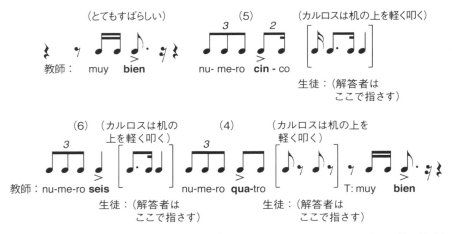

図20.7 カルロスが机の上にあった2本の鉛筆を手に取り，ドラムスティックとして使い始めた

をやり終えた。「よくできましたね，カリート」と教師は言った。それから今度は別の子どもを解答者として指名するために，カルロスに席に戻るよう言った。カルロスはいやいやするように頭を振りながら，しぶしぶ席に着いた。次の子どもが数字の書かれたカードを適切なタイミングで指さしながら解答を行なっていたとき，カルロスは机の上にあった2本鉛筆を手に取ってドラムスティックにし，教師の声に表れる抑揚のパターンから伝わる答えるべき間に合わせてリズムを刻んでいた（**図20.7**）。

20.2.4 「最大位値エネルギー！」

ここでは，同じ学校の初年次クラス（幼稚園年長と一緒のクラス）で他の年度に起こった事例を紹介する。1年を通して，子どもたちは物質，エネルギー，運動の物理学の一連のテーマの中で大事な概念を学んだ。彼らの学習は，6月に教室の大きさほどもあるローラーコースターを制作することで集大成を迎えた。このローラーコースターは，運動エネルギーと位置エネルギーの違いに基づいて動く複雑な乗り物である。ローラーコースターの車両をシミュレートするボールが，ローラーコースターシステムを転がるときに，ローラーコースター沿いの地点で，それぞれのエネルギーが最大になる場所に（「位置エネルギー」か「運動エネルギー」のどちらかが，英語とスペイン語で書かれている）カードを張りつ

図20.8 位置エネルギー，位置エネルギー，位置エネルギー。

けるように子どもたちは指示された。カードをローラーコースターに置き，その理由を討論したときに，子どもたちの誤解が明らかになった——下り坂コースでボールが加速すれば「エネルギーを獲得しており」，ボードが坂の頂上で減速すれば，「エネルギーを失っている」と考える子どもがいた（これは，科学教育では，アリストテレスの誤謬と呼ばれている。運動中の物体は，エネルギーを失ったり得たりせず，エネルギーはある形式から別の形式に変化するだけであり，エネルギーは位置エネルギーとして蓄積され，運動エネルギーとして消費されると，ニュートンは示した）。

　チームとして一緒に課題を行なっていた担任教師は，運動エネルギーと位置エネルギーの差を教え直す必要があると（急遽開いた検討ミーティング中に）気がついた。教師の1人は，その検討ミーティングから直接，クラスの子ども全員の集まりに出向いた。子どもたちはホワイトボードの前の敷物に座っていた。教師は，黒のフェルトマーカーを使って，一般的なローラーコースターの概略図をそのホワイトボードに描いた。教師は，子どもの1人に一緒にホワイトボードの方に来るように指示し，赤のマーカーを握っている子どもの手を自分の手で覆って，コースの位置エネルギーの場所を説明した。彼女と子どもは，図の左のスロープの底の部分にマーカーの先を置いた。そして2人でゆっくりと，既に描かれていた黒い線（**図20.8**）に並行に赤い線でトレースした。

　赤いマーカーがスロープを昇るにつれ，教師は声をだんだん大きくして，声のピッチも高くしながら話した。

```
                              MAX        TEN-
                                         PO
                           I-MUM       TIAL!!
                            最大     位置エネルギー
                potential ..
                位置エネルギー
            potential
            位置エネルギー
         potential
         位置エネルギー
```

　音のピッチの上昇，声量の増加は続き，マーカーがスロープ頂上まで移動した時に「**最大**」地点であるピークに達した——それはローラーコースターのコースの位置で，「最大位置エネルギー」となる場所であった。このようにして，声のピッチと音量の手がかりは，描く身振りが説明することと重なる（声のピッチと音量による）聴覚的な手がかりを利用して，スロープの傾きの上に線を描く身振りの手がかりと同時に与えられた。

20.3　結論

　発話行為における音楽的な側面——音程，音量，そして声質の対比，およびタイミングにおける抑揚のパターン——は，どこの教室の会話にも見られる。これらの側面は，教室談話において決定的といえる瞬間というものの意味に注意を向けるような（通常）暗黙的で（時として）明示的な信号システムとして機能するように見える。すなわち，文字通りの参照的な意味および隠喩的な社会的意味に注意を向けさせるのだ。したがって，理論的基礎に関する議論において私が当初使った言葉で言えば，教室の会話における音程，音量，そして声質は，ベイトソン的なメタメッセージの信号を発するように機能すると思われる。他方，教室の会話における抑揚のタイミング・パターンは，発話の流れに線的に表れる重要情報に注意を向けさせることで，情報環境を分かりやすくするはたらきをもつようだ。こうして生徒たちは，教師が意図するところでは注意を集中させ，他のところでは緩めることができる。情報の詳細に対する注意におけるこの一時的な減退や流れは，人間の情報処理に関する生来的な制限のために（認知心理学により示されるように——本書20.1節を参照），もしくは，現象学的な観点から見て，主観的目的の流動性ゆえに必要なものである。教室の会話における抑揚のタイミングは，会話分析家および談話

分析家によって明らかにされているように，会話の順次的な成り立ちを明らかにするために機能すると思われる。抑揚により，今の瞬間の認知が可能となり，今の瞬間に関連して次の瞬間の予測が可能となる。これらのすべては，教師と生徒という非対称の状況下で行われる。そこでは，教師は話題を決めるだけでなく教室談話に正規に参加する枠組みも制御しており，それはインフォーマルな社会的日常における相互作用の生態とは，全く違うやり方でなされるものである。要約すれば，生徒たちは，教室談話の内容と過程を制御する教師と生徒の非対称関係に絶えず気を配りながら，文字通り指示的意味と暗黙的な社会的意味合いの両方の観点を含んだ情報を伝えるシンボルと合図のシステムを，同時に認識できるようにすることに加えて，いつめりはりをつけて，進んで耳と目を使って参入すべきか，時空間のどこで注意を向けるべきかを学ぶ必要がある。

会話の中で伝達される意味というものは，明示的にしろ，暗黙的にしろ，相互が理解するための根本であり，正しい集合的な解釈はただ成り行き任せにされるべきでない。むしろ，意味を解釈するということは，可能な限り多くの方法で基礎づけられ指し示されなければならない――視覚的な合図と組み合わされた聴覚的な合図，つまり可能な限りの伝達性に満ちた手法を繰り返し利用することで。ほとんどの重要な意味は，人間の社会的相互作用においてたいていいつも多重様態的に信号が発せられる。私は，そのような理由から教室会話の多重様態的な談話分析についての文献（例えば Kress 2001; Jewitt and Kress 2003）が急増しているのではないかと推測する。

低学年の教室は，教室談話の基本的な形態を観察する場所として，そして，会話の音楽性が子どもの瞬間ごとの意味形成を助けるきっかけをどのように提供するのかいうことを知るための現場として，とりわけ実りが多い。本章では事例として，まず，音程，音量，声質，およびタイミングがいかに社会的関係性についてのメッセージの信号を発するか，（例えば，「動いたり話したりするのを止めなさい！」など）から始まり，会話の音楽性がいかに主題内容の決定的な重要点を明確に示し強調するか（例えば，斜面のどの位置で移動物体の位置エネルギーが最大化されるか）まで紹介された。これらの例は，社会的関係の意味，参照主題の意味，意味それ自体が信号化される記号コードなどは，すべて教室内会話における行動遂行――表面構造――の範囲内で解釈されるために提示されるということ，そして，意味への手がかりは，細切れの時間を横断して線形的に知覚されるということを実証する意図で取り上げられた。

これまでの著作でも言及してきたことだが，ここで示そうとしていることは，子どもと教師が教材や記号的な象徴システムを用いて相互にやりとりする時，リアルタイムでの彼らの会話や聞き取り活動の中での音楽性が，意思疎通の共同的作業の成功及び，共通理解の社会的組織化――相互認知または間主観性[4]――を築くための土台を提供するということである。発話における音程と音量の合図を通じて，子どもと教師は，情報の決定的に重要な今および次の瞬間について信号を出す。例えば，「リズムの次の拍でまさに言おうとしていることは，この発言の中でこれまで私が言った中で最も重要なことだから，よく聞いて特に注意を払ってね」，など。実際には話者は，そのような命令を明示的に発することはほとんどなく，むしろ，それは通常，タイミング，音程，音量，および声質の行動的手段により暗黙的に述べられる。話者は普通明示的に，「今まで私は真剣だったが，今は違う」とか「我々はこの物語の新しい場面を始めます」とか，「私は次にいくつかの事物を列挙します。そのリストの各項目に特別な注意を払いなさい」とか，「そのリストの中の高音程の名詞で始めて，中程度の音程で言われた名詞に移って，その後第3のリスト項目が続きますと暗黙的に私は言っていますよ，それがリストの最後の項目になることもね」，などと言うことはまずもってない。

教師と生徒が会話における注意と行動の調整のために類似した暗黙的な音楽的信号システムを共有す

---

[4] 巻末の参考資料「間主観性」を参照。

る時，彼らは，明確に相互に理解し合いお互いに対して肯定的な感情をもつ傾向にある。相互信号システムが効果的に作動せず，やりとりのつまずきが起こる時（舞踊や音楽のパフォーマンスのつまずきに似ている）には，否定的な影響や誤解がしばしば起こる（さらなる議論については，エリクソンとシュルツ〈1982〉の3章と4章，エリクソン〈1996〉と，エリクソン〈2004〉の3章を参照せよ）。つまり，トレヴァーセン（1999）が理論化しているように（マロックとトレヴァーセンによる本書第1章；Trevarthen and Malloch 2000；Hall 1983），我々がお互いに思いやり感じ合う能力は，会話の中でお互いになめらかで予測可能なリズムに乗って踊り歌う能力と結び付いているようだ。このことは，幼い子どもが行動しながら学ぶ際に，我々が彼らの自尊心をサポートしながら行為や経験を共にすることによってとりわけ明白となる（Trevarthen and Malloch 2002）。

　社会的相互作用を「意図的な参加」（Rogoff 2003；Gutierrez and Rogoff 2003）における学習の場として見る新ヴィゴツキー派の見解が「社会的相互作用の音楽性」に結びついた時，話すことと聴くことにおける相互的な音楽性が「発達の最近接領域」における教師と学習者間のかかわり合いの必須条件だということが明らかになる。言い換えれば，相互的な音楽性は，他の場所においてと同様に，教室内での学習の機会を得るための基礎とみなすことができるだろう。

　この章の例は，まだ教室談話で見出されていない音楽性のありとあらゆる方法論について語り尽くせるものでは到底ない。本稿の限界として言っておかねばならないことは，低学年の教室の比較的単純な会話文章に焦点を合わせているため，特に子どもの成長にしたがって生み出される，教室内での教師と子どものより複雑な会話文章については議論していないということである。非公式に，子どもに物語を音読した私の経験，小学校高学年の教師の授業の観察，そして大学レベルで教えた自分自身の経験から，会話機能の音楽性が，複雑な談話や説明的な会話文章において多様な意味を伝えることは知っているが，そのような主張を裏付け，説明するために体系的に整理されたデータは持っていない。

　もう1つの限界は，私が音楽的な転写で説明したタイミング・パターン，特にピッチの変化のパターンをより細かく特定するための発話例の音声分析に，最近使用可能のコンピューター・ソフトウェアを使用しなかったということである。話すことにおけるピッチの変化とタイミング・パターンの関係をより適切に明確に述べるためには，さらなる研究が必要である。教室談話は教室内での社会的相互作用の中で行なわれるため，これらのミクロ解析的分析には，学習における幅広いエスノグラフィーとの一体化が必要である。いわば前置きとなるこの章では社会的相互作用と教育学に対して問題を提起し，潜在的な重要性を指摘しているが，すべてはこの章の範囲で収まらない。他の研究者がこれらの限界を乗り越えようとすることを促すことを望むばかりである。

（市川恵訳）

引用文献

Auer P, Couper-Kuhlen E and Müller F (1999). *Language in time: The rhythm and tempo of spoken interaction*. Oxford University Press, New York and Oxford.

Bateson G (1954). The message 'this is play'. In B Schaffner, ed., *Group processes*, pp. 195–242. The Josiah Macey Foundation, New York. Reprinted in Bateson G (1975). *Steps to an ecology of mind*. Ballentine Books, New York.

Cazden C (2001). *Classroom discourse: The language of teaching and learning*. Heineman, Portsmouth, NH.

Erickson F (1982). Classroom discourse as improvisation: Relationships between academic task structure and social participation structure in lessons. In LC Wilkinson, ed., *Communication in the classroom*, pp. 155–181. New York: Academic Press. Reprinted in MV Maillo, FJG Castaño, and AD deRada (1993). *Lecturas de antropologia para educadores*, pp. 325–353, Impresión Cosmoprint SL Los Naranjos, Madrid.

Erickson F (1986). Listening and speaking. In D Tannen and JE Alatis, eds, *Language and linguistics: The interdependence of theory data, and application*, pp. 294–319. Georgetown University Round Table on Languages and Linguistics, 1985. Georgetown University Press, Washington, DC.

Erickson F (1992). They know all the lines: Rhythmic organization and contextualization in a conversational listing routine.

In P Auer and A di Luzio, eds. *The contextualization of language*, pp. 365–397. John Benjamin Publishing Company, Amsterdam/Philadelphia.

Erickson F (1996). Going for the zone: The social and cognitive ecology of teacher-student interaction in classroom conversations. In Deborah Hicks, ed., *Discourse, learning, and schooling*, pp. 29–62. Cambridge University Press, Cambridge and New York.

Erickson F (2003). Some notes on the musicality of speech. In D Tannen, ed., *Georgetown University Roundtable on Languages and Linguistics 2001*, pp. 11–35. Georgetown University Press, Washington, DC.

Erickson F (2004). *Talk and social theory: Ecologies of speaking and listening in everyday life*. Polity Press, Cambridge.

Erickson F and Shultz J (1982). *The counselor as gatekeeper: Social interaction in interviews*. Academic Press, New York.

Erickson F and Shultz J (1997). When is a context: Some issues and methods in the analysis of social competence. In M Cole, Y Engeström, and O Vasquez, eds, *Mind, culture, and activity*, pp. 22–31. Cambridge University Press, Cambridge.

Gratier M (1999). Expression of belonging: The effect of acculturation on the rhythm and harmony of mother–infant vocal interaction. *Musicae Scientiae (Special Issue 1999–2000)*, 93–122.

Gumperz J (1982). *Discourse strategies*. Cambridge University Press, Cambridge.

Gumperz J (1992). Contextualization and understanding. In Duranti A and Goodwin C, eds, *Rethinking context: Language as an interactive phenomenon*, pp. 229–252. Cambridge University Press Cambridge.（ガンパーズ，井上逸兵・出原健一・花崎美紀・荒木瑞大・多々良直弘訳『認知と相互行為の社会言語学――ディスコース・ストラテジー-』松柏社，2004）

Gutierrez K and Rogoff B (2003). Cultural ways of learning: Individual traits or repertoires of practice. *Educational Researcher*, **32(5)**, 19–25.

Hall ET (1983). *The dance of life, the other dimension of time*. Anchor Press/Doubleday, Garden City, NY.

Jewitt C and Kress G (2003). *Multimodal literacy*. Peter Lang, New York.

Kress G (2001). *Multimodal teaching and learning: The rehetorics of the science classroom*. Continuum, London and New York

Malloch S (1999). Mother and infants and communicative musicality. *Musicae Scientiae* (*Special Issue 1999–2000*), 29–57.

McDermott R, Gospodinoff K and Aron K (1978). Criteria for an ethnographically adequate description of concerted activities and their contexts. *Semiotica*, **24**, 245–275.

Mehan H (1979). *Learning lessons: Social organization in the classroom*. Harvard University Press, Cambridge, MA.

Merleau-Ponty M (1945/1962). *Phenomenology of perception*. Routledge, Kegan Paul, London.（メルロ＝ポンティ，竹内芳郎・小木貞孝訳『知覚の現象学Ⅰ』みすず書房（1967）；中島盛夫訳『知覚の現象学』法政大学出版局，1982，新装版2009）

Newell A and Simon HA (1972). *Human problem solving*. Prentice Hall, Englewood Cliffs, NJ.

Rogoff B (2003). *The cultural nature of human development*. Oxford University Press, New York.（ロゴフ，當眞千賀子訳『文化的営みとしての発達――個人，世代，コミュニティ』新曜社，2006）

Rommetveit R (1998). Intersubjective attunement and linguistically mediated meaning in discourse. In S Bråten, ed., *Intersubjective communication and emotion in early ontogeny*, pp. 354–371. Cambridge University Press, Cambridge.

Sacks H, Schegloff E and Jefferson G (1974). A simplest systematics for the organization of turn-taking in conversation. *Language*, **50**, 696–735.

Scollon R (1982). The rhythmic integration of ordinary talk. In D Tannen, ed., *Analyzing discourse: Text and talk*, pp. 335–349. Georgetown Roundtable on Language and Linguistics 1981. Georgetown University Press, Washington, DC.

Simon HA (1979). Information processing models of cognition. *Psychological Review*, **76**, 473–483.

Sinclair J and Coulthard M (1975). *Towards an analysis of discourse: The English used by teachers and pupils*. Oxford University Press, Oxford.

Trevarthen C (1999). Musicality and the intrinsic motive pulse: Evidence from human psychobiology and infant communication. *Musicae Scientiae (Special Issue 1999–2000)*, 155–215.

Trevarthen C and Malloch S (2000). The dance of wellbeing: Defining the musical therapeutic effect. *The Nordic Journal of Music Therapy*, **9(2)**, 3–17.

Trevarthen C and Malloch S (2002). Musicality and music before three: Human vitality and invention shared with pride. *Zero to Three*, **23(1)**, 10–18.

第21章

子どもの音楽性と音楽学習にみる自発性

ニコラス・バナン と シェイラ・ウッドワード

21.1 はじめに：直観的に音楽を学ぶ子どもたち

　教育哲学の発展により，音楽とはいずれにせよ教えられなければならない人為的な活動であるという見解に疑問が投げかけられている。両親と一緒に音楽的な遊びに参加する乳児の生得的な技能がより高く評価されるにつれ，幼い子どもによる自発的な音楽活動も，より重要視されてきている（Bjørkvold 1992; Dissanayake 2000a, b; Flohr and Trevarthen 2007）。同時に新しい「ワールドミュージックの文化」は，ロック・ミュージックやガレージ・バンドやカラオケといった音楽への参加というびわば民主化が起こることによって，活気づいている。音楽のテクノロジーが可能にした独自の自己表現の新しい機会も生じており，訓練を積んでいない音楽家が，コーネリアス・カーデューやレーモンド・マリー・シェーファーのような作曲家の創作活動や彼らの影響から生まれた実践に参加するようになってきている。これらすべてが，教育方針に変化をもたらした（Laycock 2005; Cox 2004; Paynter and Aston 1970）。そして，音楽を共有するということは音に応えて動こうとする動機の表現であり，このように動機付けられた動きはすべての人々のコミュニケーションの根底に横たわる，と考える理論的枠組みが形成され始めているのだ（Bannan 2002, 2004）。

　子どもたちによる自由で素朴な音楽づくり[1]は，内省的と同時に社交的に，動作や感情を音で育もうとする人間の自然な衝動を表すものと思われる。音楽が日常生活と儀式の両方で重要な役割を果たしている場所，例えばサブサハラ・アフリカ[2]や西環太平洋諸島などの文化において，そういう才能や必要性がはっきりと表れている（Dargie 1988; Feld 1990）。実際のところ音楽の自発的な表現と享受は，文化的進化や比較精神生物学の理論家により共通の人間性の基盤として明確化されている（Blacking 1973; Cross 1999; Campbell 1998; Wallin, Merker and Brown 2000; Mithen 2005; および本書第2部の各章を参照のこと）。

　本章で我々は，音楽的な行動への乳児の本能的参加が幼少期にわたってどのように育成されるのか，そして成熟した表現力あるミュージシャンシップ[3]にどのように発展しうるのか，という点に焦点を当

---

[1] 本章ではmusic-makingを語意に忠実に「音楽づくり」と訳すことにしたが，原著者が意図するところは創作（作曲）に限定されるものではなく，音楽を生み出すこととそれに関わる行為全般を意味していると思われる。
[2] サハラ砂漠以南のアフリカ。
[3] 巻末の参考資料「ミュージシャンシップとミュージキング」を参照。

てる．子どもたちが自由に音楽と関わることの本質を考察し，子どもたちの生得的な音楽性を解放も抑制もしうる文化とか教育とか，「押しつけられた」社会的慣習が，音楽芸術の実践や享受に関する様式や文脈や機会をどのように決定するのか，その過程について考察する．

21.2 音楽性の個人的な発達と社会的な発達
21.2.1 音楽的な人間の本質の起源

我々は，音楽性が「とても幼いうちから備わったものであり，表現への欲求を待つ人間的現象」(Campbell 1998, p. 226) であると理解している．幼少期におけるその発現——新生児による最初期の表情豊かな発声から始まり，乳児と両親との間で行なわれる自発的遊びに見られる自由な形式のリズム的・旋律的モチーフを経て，幼児の集団遊びにおける構造化された歌に至るもの——が確証するのは，子どもたちと大人が互いに認識するリズム的ナラティヴ[4]という形で音楽が生得的な喜びを満たすということである．

乳児は音楽のつくり手であるというだけでなく，新しい音楽の形式を学ぶ準備ができている．音楽的な同化の過程は，生まれる数か月前から始まる．新生児が最初に発するピッチのあるつぶやき声は，子宮の中で聴覚が機能しはじめた瞬間から胎児を包んできた人や環境の音に反応して出てくるものである．文化的に伝わる音楽の諸形式の学習は，音声言語の学習方法と共通する過程で始まる．すなわち，音楽と言語の両方に共通する音響現象の本質的な構成要素（ピッチ［高さ］，音価［長さ］，音色，振幅［大きさ］）に対する情動的な反応として始まる．言語や文法的音楽構造の諸部分に分割される以前の初期の発声が持つ表現的本質には，身振り[5]的な完全さがある (Papoušek and Papoušek 1989; Papoušek 1994; Kühl 2007). 大人からの意識的で指導的な注目があろうとなかろうと，音楽性の本質的なコンパニオンシップ[6]は反応を刺激し，記憶を呼び起こし，行動を形作る．こうした学習の準備において，生得的な人間の音楽性は「環境依存」であると同様に積極的な「環境期待」でもある (Bekoff and Fox 1972).

音楽的にコミュニケーションする人の世界で生活するための適応は身体のすべての部分にかかわるが，音声や聴覚システムにおける適応は特に重要である．身体の延長としての楽器は，胴体や手足の動きによって助長された手，あご，唇，舌のポリリズム的な調音によって，歌を模倣し，歌を超越する．このパフォーマンスは，触覚，視覚，聴覚および，機械刺激の受容器すべてによってモニターされている．ヒトの進化において，歌うことが最初に現れた可能性は高い．音楽的表現や知覚を結合したり調整したりするための神経回路が，手が音楽をつくることを始める以前に意思，思考，感情の音声コミュニケーションに役立つよう進化したと見ることができそうだ (Donald 2001; Mithen 2005; 本書第 5 章のクロスとモーリーおよび第 7 章のパンクセップとトレヴァーセン)．とは言え，舞踊における足は文化的な実践において早く現れていたかもしれない．歌や踊りにおける意味の社会的精緻化は，生活の中の話し言葉や言語と同様，楽器も道具も必要としない．しかし楽器の演奏技能は，音をつくる道具の開発とそれらの道具を使いこなす運動技能の学習を必要とする技術的な創造である（本書第 6 章のリーとシェーグラー）．書くことや録音することといった付加的な技術の発明によって，言語と音楽の両方における知の蓄積と伝統の歴史的精緻化が大幅に高まった (Donald 2001).

音楽づくりがヒト以前[7]および初期の人間社会の文化的進化においてどのような役割を担ったかを

---

[4] 巻末の参考資料「ナラティヴ」を参照．
[5] 巻末の参考資料「身振り（ジェスチャー）」を参照．
[6] 巻末の参考資料「コンパニオンシップ」を参照．
[7] 現生人類以前を指すと思われる．

調査する実践的音楽考古学は、新しい科学である。イアン・クロスと彼のチームは火打石を打つことから出る音をめぐり、作業することと聴くこととの関係性、そして共同の音楽づくりが他の目的での道具作りの副産物として起こる可能性を探究している (Cross et al. 2002)。木や骨や皮のような素材は残存していないため直接的な証拠は失われているが、我々の祖先が多種多様な製作物を使ってどのように音楽のつくり出し方を発見したのか、こうした研究が明らかにすることが期待される。

音楽づくりは社会生活に役立ち、初期の人間たちの間での共同作業の遂行を支えた。狩猟採集社会存続における音楽の役割については十分な証拠がある (Dargie 1988; Ellis 2001)。ガーフィンケル (2003) は、農業の発展に欠かせないものとしての集団舞踊の協調的動きが、中東の考古学における陶器や工芸品に描かれていることを認めている (本書の第5章クロスとモーリー)。彼は、大規模な農業組織に依存していた最初の人間の文化の達成が、仕事そのものの描写よりもむしろ、舞踊に従事する人々の多くの描写の中に記録されていることを認めている。

> 芸術や言語やコミュニケーションの産物よりも、その産物を生成する原理を探求して徹底的に実証することの方が間違いなく面白く根本的である。だから我々は人間の文化が機能的要求によって動かされるという仮説から始めるべきだ。
>
> エリス (1999, p. 11)

21.2.2 子どもの音楽性は、共有されたパフォーマンスの中に儀式性を求める

エリオット (1995) は、音楽をつくることは人間が「既にやっている」こと——すなわち、人が生来持つ「日常生活の諸側面を磨き上げる傾向」(p. 120) の一部だと定義している。音楽で意味をつくろうとする創造的な「音楽性」への動機は、脳の作用によって音が認知的に処理される体験で始まる。これが人間の本質的特徴であることは、歴史的にも比較文化的にも実証されている (Kühl 2007, 本書第4章のマーカーを参照のこと)。

還元主義的認知観からは、脳が言語を「理解する」ための「言語能力」を持つのと同じように、楽音に対する一式の情報処理装置、すなわち「音楽能力」もしくは特化された音楽知能を持つと示唆されている (Chomsky 2000; Gardner 1983, 1999)。聴き手が音の流れの中で音楽を「解読する」というこの理論は、聴き手によって享受されている場合にせよ、記憶の中で享受されている場合にせよ、あるいは演奏家によって創造されている場合にせよ、音楽の本質的で直感的な動機を正しく認識したものではない (Imberty 1997)。音楽をつくり共有するという行為は、必要とされるリズム的動きと情動的・感覚的機能に特化して人間の身体と脳が適応しているという点で明らかに生物学的に決定されているが (本書第6章のリーとシェーグラー、第7章のパンクセップとトレヴァーセン、第8章のターナーとイオアニデス)、特定の音楽的民族性についてはそのどれもが言語と同様に学習され、「社会的に決定づけられる」(Ellis 1999, p. 11)。人間の音楽性は、**音楽的なスキルを獲得して音楽的な伝統に参加すること**へと向かう独創的で協同的な動機を含んでいる。これを支えるのは、行為者間の表情豊かな動きに対する生得的な共感であり、加えて互いの音に意味を見出そうという欲求である。意図を持つ主体同士の動的表現間に起こる共感という従来当たり前に受け入れられていたことを、脳科学の進歩が実証した。これによって、生得的な音楽性と音楽が「意味する」過程とに関する我々の推論は変わるのだ (Rizzolatti et al. 2001; Kühl 2007; 本書第7章のパンクセップとトレヴァーセン、第8章のターナーとイアオアニデス)。

子どもたちは、歩いたり話したりすることを学ぶのと同じように、自然に音楽文化を習得する。しかし音楽的な理解の発達となると、特定の言語を学ぶように十分に熟練した音楽づくりの適切な環境刺激が必要となる。どの社会でも、祖先が創り出し多かれ少なかれ教師がフォーマルに教えるようなその社会独自の音楽的語彙や音楽的ストーリーが子どもたちを囲む。動的に物語を創り出そうとする想像力と

記憶の衝動が人間の本質にある社交的遊び心とともに育まれることによって，慣習や「儀式」は共有可能な意味を帯びる。子どもたちにとってそのような慣習や儀式として認識可能かつ親しみやすい音楽的「文法」が構成され始めるにつれて，音は意味をなすようになる (Turner 1982)。

子どもたちが音楽を学ぶとき，彼らは出会ってきた音楽的慣習における音の配列，あるいは伝統を決定づける一定のルールを取り入れる。彼らは，特定のサブカルチャーに特有の方言やアクセントとともに文化的環境の音楽的実践を学ぶ。しかし同時に，子どもたちは自分なりの想像力に富んだミュージシャンシップを保持する。彼らは音楽芸術を学びながら，大人の介入から独立した過程を経て独自の音楽的な創造を生み出し，世代を超えて音楽文化を変革するという変化の中に役割を持つ。こうした相補的な自然の現象，すなわち学習と創造を理解する枠組みの提供をめざして，我々は子どもたちの最初期の音楽的意識をさらに精査する。

21.2.3 出生前と出生直後の音楽的聴取と母親の声の役割

人間の聴覚の意識は子宮環境の中で始まる。そこでは外から送り込まれる広範な音が母親の体内音に混ざる (Woodward 1992a, b; Querleu et al. 1984; Benzaquen et al. 1990)。人の発する音に適応しようとする聴覚的知覚認知システムにおいて，音環境は内的に方向づいた成長過程や形態形成の引き金になったりそれらを具体化したりする。このことは，新生児の聴覚欠如が脳幹の聴神経核の中枢神経系に深刻な変化をもたらすという研究結果によって証明されている (Webster and Webster 1977)。これらの器官は刺激を受けないと萎縮するのだ。

出生の約3か月前から明らかとなる胎児の音楽への反応は，研究によれば次の2つの方法いずれかで誘発されるようだ。1つは，癒される音楽またはストレスを感じる音楽のいずれかを母親がヘッドホンで聴いている間，長時間にわたって胎児の心拍数の変化を見るもので，母体の反応によって間接的に媒介されうるものだ (Zimmer et al. 1982)。もう1つは，聴覚を遮断した母親の腹部に置いたヘッドホンを通して音響刺激を提示すると，胎児が音に直接的に反応する可能性がある，というものだ(Woodward 1992a, b)。胎生期における聴覚的な知覚，連想，記憶そして学習の能力は，馴化と驚愕反応という脱馴化，すなわち同じ刺激の繰り返しで抑制された反射運動が刺激の変化で再開される，という研究によって確認されている (Leader et al. 1982; Lecanuet et al. 1992; Kisilevsky and Muir 1992; Lecanuet et al. 1986; Shalev et al. 1989)。胎児は，例えば「bi-ba」の繰り返しから「ba-bi」に変化したときに反応するといったように，聴覚刺激が変化したときの微妙な違いに気づくことができる (Busnel et al. 1986)。

出生前から出生後までの長期的聴覚記憶については，新生児は出生前に親しんできた音が鳴ると行動に変化が生じるが，同じような音でも慣れていない音では変化が生じないという新生児行動変容の研究で明らかになっている。新生児は，よく似たような音であっても初めて聞くものよりは，母親の声や妊娠中に繰り返し聞かされた子守歌とか散文に対して，学習された選好性を示す (DeCasper and Fifer 1980; Satt 1984; De Casper and Spence 1986; DeCasper et al. 1994)。さらに胎児は母親の声だけでなく，母親の言語も他言語に比して選好性を獲得しているようである (Mehler et al. 1988)。こうした選好性は，明らかに出生前に学習されている。

出生時の聴覚意識は明らかに複雑で適応的であり，新しく出会う人の音にさらされるのを待ち，生得的間主観性[8]あるいは他者との共感的関わり合いという枠組みの中で花開こうとしている。新生児は仲間(コンパニオン)である人との聴覚的相互作用を介して，急速に聴くことの習慣を形成する。出生10分後には赤ちゃんは近くの音，とくに人の声に向かって頭を回し，こうした音源定位が胎生期の経験からの恩恵であって学習による反応ではないことを示す (Wertheimer 1961; Alegria and Noirot 1978; Muir and Field 1979;

---

[8] 巻末の参考資料「間主観性」を参照。

Clifton et al. 1981)。人と関わろうとする乳児のレディネスは，乳児の反応を促そうとする親の直観的な働きかけに出会う。愛情ある大人は乳児に話しかけるとき，対成人発話よりリズミカルでピッチが高く反復が多く，柔らかい口調で強い共感性を持った発話スタイル——言い換えればより音楽的で情動的な——「マザリーズ」または「対乳児発話 (infant directed speech，以下IDS)」[9]を用いる。プロソディ[10]を誇張するというIDSの特徴への選好性は出生時からみられ，乳児期の間続く (Cooper and Aslin 1990; Fernald 1985)。音楽的なIDSに対するこうした乳児の選好性は，なじみのない言語を提示した時でも言語の如何を超えてみることができる (Fernald 1993; Fernald et al. 1989)。さらに乳児は大人に歌いかけられるとき，乳児向けに明瞭な発音と高いピッチで歌われるほうを，そうでない歌われ方よりもはっきりと好む (Bergeson and Trehub 1999; Trainor 1996)。

　乳児は動きの中に音楽性を探知もする。IDSと赤ちゃん向けの歌のダイナミクスは，母親の手の身振りのダイナミクスと共通する。聴覚障害の母親を持つ聴覚障害の子どもたちに関する研究によって，ヒトの乳児がより遅いテンポと誇張された動きと繰り返しで特徴付けられた乳児向けの手話に対して，等しく関心を向けやすいことが示された (Masataka 1996)。人間の動きを調整する原理，それも本来的にコミュニケーション的であり知覚のモダリティ[11]からは独立した原理が存在する (本書第6章のリーとシェグラー，第9章のマゾコパキとクジュムザキス，第10章のパワーズとトレヴァーセン)。

　4〜7か月までに乳児は音楽的なフレーズを感知し，フレーズとフレーズとの間 (小休止が発生するのに「自然」な場所) に小休止を入れたモーツァルトのメヌエットを，フレーズ内に小休止を置いたもの(「不自然」な配置) よりも好む (Krumhansl and Juscyk 1990)。乳児はピッチのわずかな変化や旋律の輪郭や音色，そしてテンポやリズム・パターンの変化を探知することができる (Trehub and Trainor 1993; Trehub et al. 1984, 1985, 1990)。こうした初期の鋭い聴覚的識別能力の証明が，初期の自発的な音楽的表現のさらなる精査に刺激を与えている。

21.2.4　乳児の音楽表現：音楽的な仲間(コンパニオン)を求めて

　赤ちゃんは音楽的な音に積極的に関わり合おうとし，時にはじっと耳を傾けたりもするが，やがて「歌い」，同時に／あるいはリズミカルな動きをする (Metz 1989; Suthers 1995; 本書第9章マゾコパキとクジュムザキス)。音楽的な音から成る特有の有機体と通じ合おうとするこうした努力は，きわめて幼いときから現れるようだ。ヘッパー (1998) の研究によれば，母親に妊娠中毎日ドラマを見るよう依頼して胎内で連続ドラマのテーマ曲に繰り返しさらされた新生児は，母親がテレビ番組を見ていなかった赤ちゃんとは異なり，その曲が鳴ると泣き止んで／あるいは泣き止まなくても注意深くなる傾向がみられた。新生児も，自分が熱心に耳を傾ける相手の音声と身振りのリズムに共鳴して動くことができるのである (Condon 1979)。

　胎生期の聴覚記憶や乳児の音環境への積極的な反応から，年長児のより複雑で能動的な音楽経験への関与に至るまで，幼い時からのこうした音楽性の発現が強力に証明するのは，社会的参与と文化学習を担う表現とコミュニケーションの方略をマルチモーダルに見出そうとする動機である (Custodero and Johnson-Green 2003; Flohr and Trevarthen 2007)。幼い子どもたちが動きを通して積極的に音楽に反応することは，音楽構造の形式の知覚に有利であることがわかっている (Gromko and Poorman 1998b)。シムズは「音楽は多くの要素が同時に絡み合うことで特徴付けられるため…子どもたちの音楽への反応を完全に理解するには，複数の要素に一度にどう反応するかを見きわめることが重要と思われる」と示唆している (Sims 1991, p. 299; 音楽への子どもの反応を調べるための「自然な」実験パラダイムの提案に

---

9)　巻末の参考資料「乳児の音声コミュニケーションとその発達」を参照。
10)　巻末の参考資料「音声分析と音声情報」を参照。
11)　巻末の参考資料「モダリティ」を参照。

ついては本書第27章のロドリゲス，ロドリゲスとコレイアを参照のこと）。乳児が音声を共有する中にみられる音楽的／詩的特徴には，言語だけでなく他の文化的スキルの学習への準備が明らかにみられる（Papoušek et al. 1985; Papoušek 1996; Dissanayake 2000a; Miall and Dissanayake 2003; Goddard Blythe 2005; Kühl 2007; 本書第4章のマーカー，第10章のパワーズとトレヴァーセン，第20のエリクソン）。

赤ちゃんは熱意とスキルを高めながら，音楽に合わせて声を出して動く（本書第9章のマゾコパキとクジュムザキス）。彼らの反応は，胎生期に音響刺激に反応して全身や手足があちこち向かって動くことに始まり，乳児初期のリズミカルな上下動や手足を振るしぐさを経て把持やリーチング[12]対象に向かって手を伸ばす行動へと発達する。これは，モノをつかんだり押したり振ったり叩いたりして音を出すという，楽器を扱う可能性に直接的につながる動きである（Berk 2002）。

音楽の旋律的な語りかけに対するこうした自発的な反応は，人の行動を特徴づけるものである。人類に最も近いチンパンジーは，人が生成した音楽に合わせて動かないとみられる（Williams 1967; Merker 2000; Geissmann 2000; Donald 2001, 本書第4章のマーカー）。象のオーケストラがタイで編成されたり，馬場馬術の馬が踊ったり，コブラが音楽に魅せられたりしているようだが，これらはみな動物たちの本能的行動を意図的に訓練して，目に見える合図に従って音楽的に見せるようにした結果である。こうした訓練なしにこれらの動物種あるいは他の種が音楽に合わせて動くという証拠はほとんどないものの，他の種が音楽の音によって情動的に影響されうるという証拠はある（本書第7章のパンクセップとトレヴァーセン）。

21.3 音楽教育のモデル
21.3.1 音声表現はどう学ばれるようになるか

人の発達と教育のモデル化は，過去半世紀にわたって学習理論やピアジェ派認知心理学の概念的枠組みによって主導されてきた。年齢の高い子どもにあてはまるような意味論的認識や抽象的表象にかかわる後天的能力の諸概念が，音楽的能力の初期の発達をモデル化する試みに目下のところ影響を与えている。そのひとつが，ブルーナーの螺旋型モデル（Bruner 1960）を基に考え出されたスワニックとティルマンのモデル（1986）である。ブルーナーは個人の学習は直線的道筋ではなく，同じ経験を繰り返しながら次第に複雑なレベルに向かう過程を辿ると主張し，これを螺旋図で示した。スワニックとティルマン（1986）は同様の螺旋図を採用して，学校における子どもたちの音楽学習を説明した。この図は，児童期と青年期において概念的思考が大きく変化することを説明するピアジェの学習段階モデルに似ている。こうした説明は教育的な経験を要約して示してはくれるものの，他者との直観的な音楽的コミュニケーションがきわめて重要な役割を果たすと思われる乳児期早期において，抽象的思考の出現に先立って（Donaldson 1992）育つ決定的な動機的基盤の役割については，我々にほとんど何も示してくれない。

ブルーナーやスワニックとティルマンの螺旋型学習モデルの発展型のひとつとして，声による音楽的表現の直観的基盤を想定するものがあるが（Bannan 2002），これは認知発達と情動的に動機付けられた行動との間にこれまでとは異なるバランスを具体化している（**図21.1**）。このモデルは，螺旋の下端に表される出生から始まる。呼吸，泣き，吸啜，噛みつきやあくびなど乳児の不随意的な（もしくは随意性の少ない）自己調整行為と，学習したコミュニケーションを支える音出しメカニズムを実行する表現的音声コントロールの発達との結びつきが，ここには示されている。この螺旋モデルは，不随意的で自己調整的な反応，もしくは動機と自発的な行為，もしくはスキルとの間を仲介する時間的順序を，左右の軸間を行ったり来たりする曲線に描き出している。

---
[12] 対象に向かって手を伸ばす行動。

子どもの音楽性と音楽学習にみる自発性 | 451

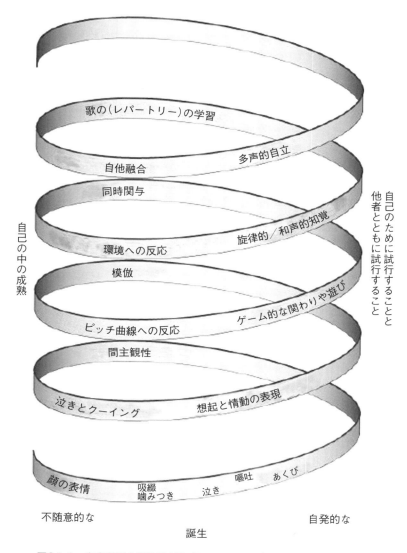

図21.1 音声学習の螺旋モデル（Bannan 2002）

　このモデルの目的は，最も高度にパフォーマンス能力が発達したオペラ歌手や講演者でさえも，人類出現以前に他の目的のため，それも主に自分のために進化した口唇および呼吸機能のシステムに依存せざるを得ないと示すことである。乳児は人生の最初の数時間から驚くべき手際の良さで本能的に出す音による表現を習得し，その後もともとは自分の操作の及ばないところで発する豊富で多彩な音を取り入れ，これらの音を自発的なひとり遊びや他者との相互作用と学習を通して精緻化する。

　このモデルは，自己内での**表象**と他者とのコミュニケーションの両方を変えていく過程としての音楽的行動の習得を描いている。これは，コミュニケーションが起こりうる前には，個体内の制御の統合手段が**表象書き換え**によって確立される必要があることを仮定するピアジェの認知理論との決定的な違いである（Karmiloff and Karmiloff-Simith 2001）。クロス（1999）はこのモデルを採用して音楽学習を説明している。またこうした考えの別の形を応用してガードナー（1983, p. 301）は，子どもが無秩序なな

ぐり描きの動きからトラックの絵をつくり出しつつ「ブルーンブルーン」と発声することを，視覚芸術を作る能力に向かう途上の初期の表象的段階と解釈した。しかし我々は，この行動が「トラック」という表象の創造的でマルチモーダル[13]な喚起の例であり，そこでは声という要素が手の動きという要素以上に精緻化されたと見なすほうがより適切であろうと確信する。芸術はここに社会的な目的をもって既に存在するのだ（Dissanayake 2000a, bを参照のこと）。

野放図な（または制御されきれない）泣き声やカチッとかドスンといった音を乳児が自分で出して自分で驚くこともしばしばあるが，こうした音と並んで**意図性**と呼べるような，より入念なコントロールのもとでの音も生み出されはじめる。この過程は他者の態度や解釈に開かれており，音そのものとの集中的なコミュニケーションができる1人だけの時間に起こることもあるし，人の心同士の共感的つながりを媒介することもある。意図的に作られた音が使えるようになり，「外部の対象物」を想起させるようになり，どんどん手の込んだつくりややり取りの中で使えるようになる（Donald 2001）。乳児は**知覚**と**産出**の複雑で記号論的往来の中で，情動的反応だけでなく意味を割り当てたり表明したりするようになる。この記号論的往来の中では，音と接触と視覚的手がかりが動きの反応と統合して刺激の経験を特徴付ける。幼児は描きながら踊り，創造の過程を身振りで表し声にする（Matthews 2003）。（音楽的表象と記号現象的過程の進化と発達に関する議論は，本書の第3章ブラントおよびKühl 2007を参照のこと。）

音がこうして外部の対象物としての性質を獲得すると，すなわち心に刻まれて心の中で取り戻されることができるようになると，音はたちまち**所有権**の移行が可能なものとなり指示性をもてるようになる。ウィニコット（1971）の言う物理的「移行対象」――お気に入りの人形や安心毛布――が母親の存在の安心感と愛情の代わりとなるように，歌もそうなることができる（Chong 2000）。自分の子どもを抱えながら手作業できない毛のない原人女性が，自分たちが働いている間に離れている子どもを歌ってなだめたことで進化した歌が物理的な養育行動の代用になると，フォーク（2004）は実際に提唱している。この理論は文化人類学の分野では「パーキング・ザ・ベビー」[14]というあだ名で呼ばれてきた。音楽的‐詩的な音が，仲間の存在を示すのだ（本書第9章のマゾコパキとクジュムザキス）。

21.3.2　子どもたちは他者の関心事に合わせて声を探求し，歌や発話の「表象」を発見する

乳児が自分の安定のためにどのように声を探索し，その声を発話や歌によるコミュニケーション手段としてどのように操作するかについては幅広く理論化されてきた。子どもは母親の歌の模倣や音楽的相互作用を通して歌うことを学ぶという見解もあれば（Moog 1976; Moorehead and Pond 1978; Hargreaves and Galton 1992; Custodero and Johnson-Green 2003），マロック（1999）とトレヴァーセン（1999）が主張するように間主観的意識と「原会話」の基盤をなす**直観的音楽的機能**を母親と共有するのだという見解もある。これら2つの見解が組み合わさったり織り交ざったりしたものなのかもしれない。

乳児の最初期の発声は，言語の前兆であるのと同じくらい歌のようなものである。しかし歌と発話とが分岐する発達上の一点を我々は特定することができるだろうか。失語症の研究結果（Sacks 1985; Morgan and Tilluckdharry 1982）や自閉症の子どもの行動（El Mogharbel *et al.* 2003）は，発話と歌に関わる神経回路が成人において分離されていることを示唆する。だが本書第8章でターナーとイオアニデスが紹介する脳機能画像からの知見は，2形式の音声表現とその意識が脳の処理過程の多くを共有する

---

13) 巻末の参考資料「モダリティ」を参照。
14) フォークは，猿や猿人類のように親の身体につかまることのできない赤ちゃんを母親がそばに置いて仕事や作業をしたことを指して，putting the baby downとも言っている。「赤ちゃんを置いたこと」で生まれる音声のやり取りが言語や歌の発達に影響したとするフォークの説については，以下のサイトを参照されたい。(http://deanfalk.com/the-origins-of-language-music-and-other-advanced-abilities/)。

ことを示している。音声発達が単一の未分化な表現機能として始まるのだとしたら，歌うことと話すことが子どもの心の中の異なった意図を表し始める時が来るに違いない。それを証拠立てるのは複雑なようである。どうやら子どもの母国語の発話や個人的な発話の特徴が，子どもの歌い方にも影響を与えうるようだ（Chen-Hafteck 1998; Rutkowski and Chen-Hafteck 2001）。しかし，香港とアメリカとイスラエルの子どもたちの間で平均的な話し声の高さには差がなかったものの，歌声の使い方には違いが見られたという研究もある（Rutkowsku et al. 2002）。歌うことの社会的語用論と言えそうなものがあり，その中で歌うか歌わないかを決めるのは社会的受容と仲間の評価であり，それが作用して表現的な発声が抑制されたり開放されたり精緻化が決定づけられたりする。

　こうした音声習得の諸過程がどう展開されうるかをモデル化したのが，**図21.2**と**図21.3**である（Bannan 2000）。これらは，次の2つの命題を両立しようとしている：(a) 自然淘汰の適応的産物としての発声という側面は，すべての人間を構成する体質の一部に違いない (b) 歌うことの実践と評価には文化的差異がある——確かに，西洋式産業社会におけるかなりの割合の人々が，自分たちは「歌えない」と思っている。

　音声習得に関するこの語用論は，ティンバーゲン（1951）によって提案された本能の理論に基づいている。この理論によれば，行動とは生得的な能力が環境的「誘因」によって**解放される**か，または**抑制される**かのいずれかである（図21.3）。人間の歌唱のように複雑な行動においては，螺旋モデル（図21.1）に示されているように，音声的な参与を決定すると思われる生得的な解放のメカニズムが人間の「解放を促す環境」に発達過程で繰り返し関わり合うことが見てとれるだろう。これらの働きは各レベルで様々な行動を生み出し，例えば，**孤独な歌手**（他者がいない時にだけ気持ちよく声を出す人）と**社交的な歌手**（他者から支えられる時にのみ気持ちよく歌える人）の両方を説明していくのである。

　子どもたちは声を探求し始めるにつれて，「音風景」を創造する力を見出していく。それは内側から現れ，外の聴覚世界を模倣し，立ち止まって耳を傾ける人に対しては彼らの音楽的な「ナラティヴ」への理解が育っていることを知らしめるものである。

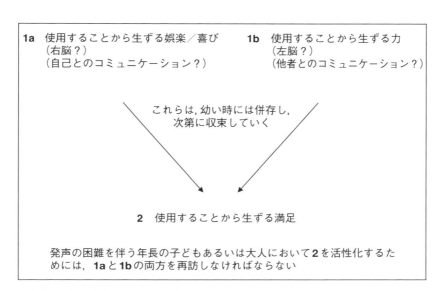

図21.2　音声発達の語用論的段階理論

解放された（状態）	抑制された（状態）
1a：人生を通じて歌の可能性を習慣的に探究し続ける状態	1b：家族または仲間の否定的な反応，あるいは不適切な指導の結果として生じた抑制された状態
兆候： 良い態度と自己肯定感；音の柔軟性；共鳴する喜びへの気づき；自身の活動と同様に他者の活動の価値を認める	兆候： 悪い態度と呼吸；低い自己評価；共鳴する喜びへの気づきの欠如；自身の活動，時には他者の活動に対しても低く評価する

図21.3 自分自身の声と他者の歌声への評価

21.3.3　音楽する子どもたちの創造性とプライド

　子どもたちの音楽的理解がどう発達するかを研究する最も有益な方法は，言語表現のスキルが発達する前の幼少期に自発的に音楽する姿を観察することである（Bjørkvold 1992; Flowers 1993; Gromko 1994; Flohr and Trevarthen 2007）。多くの大人がそうであるように，幼い子どもたちは音楽的概念や構成要素の名前を挙げたり説明したりすることはできないものの，すべての大人と同じように自発的に音楽する中で音楽的原理を直観的に理解していることを示すことができる。乳児や子どもたちが安定したビート，フレージング，ピッチと旋律，「ホーム」音（主音），繰り返し，反復進行，拡張，リズムや旋律のパターン，なかでも意図的なダイナミクスや表現の変化を使って創造するとき，これらの教育を受けてきた大人はこうした素朴な音楽的理解の詳細を合理的に評価することができる（Gromko 1994; Barrett 1996）。子どもたちが創造的に音楽することは，社交的な人としてあるための一側面——すなわち自分が何者で，どのように感じ何を知っているかを我々に示してくれるもの——である。簡単な遊び歌の儀式的パフォーマンスを習得することで持つプライドは，6か月齢乳児の社会的個性の一部である（Trevarthen 2002）。

　乳幼児がチャント[15]）を声に出している時や大きな太鼓を叩いて共振を聞いている時，1つのテーマを創り出した後に継ぎ足しをして拡張したり元に戻ったり最初のリズミカルなフレーズを繰り返したりして喜んでいる時，彼らは因果関係を探索しながら自分の出した音について熟考しているのかもしれない。「主題を反復する」ことで音を制御したり操作したりする乳児や幼い子どもの行為は，「非常に面白く，興味深く，魅力的なものである」（Dissanayake 2000a, p. 182）。乳児はジャズミュージシャンのように，自分が吸収してきた音楽文化の「文法的」構造のいずれかの中で自発的な音楽を創り出すことができる。きらきら星にみられる等拍の7音の後に小休止が来るフレーズの繰り返しのような，学習した音楽の影響を受けた可能性のある音の集合体を子どもたちは創造する（Young 2003）。旋律の延滞模倣は，聴覚記憶や創意の子どもの優れた能力およびリズムとフレージングと表情豊かな話法への本能的直感から自然に生まれるものである（本書第14章のグラティエとダノン）。

　反復進行を制御したり，パルスやダイナミクスや旋律の方向とかリズムの内容といったモチーフの何らかの要素を変化させたりすることで，繰り返しはすぐに拡張や変形に発展する。子どもたちはまた，前に提示したものに戻って繰り返したり決然と終わりを強調させたりすることで，自発的な音楽に論理的な形式と構造を与えているようにも見える（Barrett 1996; Gromko 1994）。創造的な抑制へと向かう内的必然性が，繰り返しやパターンを駆り立てているようだ（Dissanayake 2000a）。このような乳児の行

---

[15]）巻末の参考資料「歌とチャント」を参照。

為の中に，大人の創造的音楽づくりの本質的要素を見て取ることができる。すなわち，「**準備**（可能性の探究とアイディアの生成），**潜伏**（あまり意識化されない活動を含む），**解明**（「見つけた・わかった」の経験）と**精緻化**（明白な形で課題を解決する）」である（Boyce-Tillman 2000, p. 19）。

　初期の音遊びは，子どもたちが動くことで世界を，とくに社会的な意味での世界を目的をもって感覚的に探究することの一部である（Swanwick and Tillman 1986; Tillman 1987）。文化から吸収した音響パラメータがツールとなって初期の自発的表現が変形していくのと並行して，乳児は表現の中に独自の音楽性を示し続ける。「子どもたちは音楽を通して声で考える…子どもたちは，音楽を通して社会化し，感情を発散し，みずから楽しむ…まるで音楽が子どもたちから溢れ出るかのように…」（Campbell 1998, p. 4）。子ども自身の自発的な音楽活動は，独自のサブカルチャーを形成する（Bjørkvold 1992）。子どもたちは，複雑なゲームや唱え歌やボディパーカッションのリズムをよく伴って，遊び場の音楽のレパートリーを生み出す。子どもの音楽的な表現それぞれが，自分の物だという満足感をもてる所有物である。「子どもたちにとっての音楽の意味を掴むことは，彼らが何を知り何を大事にするかを理解することである」（Campbell 1998, p. 171）。

　教えることよりも子どもたちを観察することに時間をかければ，教師は子どもたちの音楽的な行動や発達段階や生活の中での音楽の役割について，そして間接的にではあるが最も効果的であろう教師の役割のあり方について，わかるだろう（Tarnowski 1996; Flohr and Trevarthen 2007；および本書第22章のフレーリッヒ，第23章のクストデロを参照のこと）。後ろに下がって邪魔にならないようにすれば，チクセントミハイ（1990）が挑戦と技能の間のバランスと定義するところの「フロー」の状態にある子どもたちがいかに自分たちの自発的音楽活動に全身全霊で関わり，集中しているかを見ることができるだろう。フローは最適な音楽体験に必須であり（Custodero 1998），自己成長につながる経験（Elliott 1995）であると述べられている。自発的な音楽づくりの多様なあり方をさらに詳しく見れば，初期の発声の関わり合いに起こる経験の相互調整に最初に出会うことになる。

21.4　音楽的な創作と模倣
21.4.1　歌を創り，コミュニケーションの中でその歌を育む

　自発的な発声は誕生以来，個人による独立した音の探索として，また世界の見方を養育者と共有することへと導く間主観性の本質的な一部として生起する。間主観性は，「コミュニケーションし合う人々の間にもたらされる相互理解」と言われる（Rogoff 1990, p. 67）。意味を持つ知識の確立は懸命な情動的相互作用の中で起こり，それは乳児期初期において「乳児によって強く調節される」（Trevarthen 1979, p. 343）。音楽的な反応と理解の発達は，多様な感情と人間の動きの「内発的動機パルス」[16]に対する感受性を基盤に，この直観的に「音楽的な」コミュニケーションから成長する（Trehub 1990, 2001; Trevarthen 1999; Flohr and Trevarthen 2007）。幼い乳児は，そこにいる親の愛情と喜びに満ちた顔や音声刺激の偶発的な応答に，たとえそれがビデオシステムを介してであっても絶妙な精度で反応する（Murray and Trevarthen 1985; Nadelet *et al.* 1999）。そして赤ちゃんはすぐに画面に映し出された顔の情動的メッセージをわかるようになり，「社会的参照」[17]によって画面上の表情から情報を引き出して，対象への反応のし方を学ぶ（Mumme *et al.* 1996; Mumme and Fernald 2003）。

　初期のコミュニケーション的相互作用においては音楽的特徴が音声信号の情動性を決定づけ，新生児はピッチを合わせようとしたり，聴覚的に認識し予測している様子を見せたり，馴染みのある音への選

---

[16]　巻末の参考資料「内発的動機パルス」を参照。
[17]　どのように行動すればよいかわからない時，例えば初めて見る物に近づこうかどうしようか迷う時，他者（多くの場合身近な養育者）の表情などを参照してみずからの行為を決めようとすること。

好性を示したりする (Kessen *et al.* 1979; Minami and Nito 1998; Dissanayake 2000b, Papoušek and Papoušek 1989，本書第10章のパワーズとトレヴァーセンを参照のこと)。しかしながらこれらの応答の範囲は明らかに身体構造上の制約を受けており，音声ピッチを真似る行動の窓口は生後12か月頃に喉頭の下降によって生じる変化までは部分的に閉じられているようである (Kessen *et al.* 1979; Minami and Nito 1998; Trollinger 2003)。

乳児初期の「喃語」(Locke 1993) は，長じて言葉を話したり歌詞をつけて歌ったりする活動の基盤となる「声によるなぐり描きと蛇行」であると述べられている (Dissanayake 2000b)。あるいは発声や音づくりの行為は，短い旋律とかリズムの断片そのものに赤ちゃんや幼児が集中していたり他の活動をしながらそれらが出てきたりというように生じる，音楽的な落書きとも言われる (Kartomi 1991, pp. 55-56)。

> 音楽することは，子どもたちの声や身体から流れ出る意識の道を流れるため，彼らは音楽していると気づいていないこともある。しかし同時に子どもたちは，音楽によって繋がれる歌やリズムやゲームを確かな意図をもって保持しようとする。こうした音楽は，子どもたちが自分たちの思考を音楽的に表現して音楽をつくりあげようと集中して努力したものでもある。
>
> キャンベル (1998, p. 13)

子どもたちは意図的な発声で感情を表現し，友達と交流し，エネルギーを放出し，任務に従事し，活動の終わりと始まりのけじめを知らせ，声に出して考え，名前を呼び，からかい，冷やかし，合図を出し，呼びかけ，ばかにし，批判し，称賛し，笑いものにし，大げさに表現し，教え，指示し，叫び，文句を言い，説明し，質問する (Campbell 1998)。ピッチのある発声は単音で現れたり，複数の音を示したり (例えば短3度の下降)，意味のない音節や単語の反復を組み込んだりもする。子どもたちは独自のメッセージ・ソング (特別な意味を持ったことば) を創作したり，以前に学んだ歌の素材のストーリーや断片 (一部または全部) を即興で演奏したりする (Omi 1992)。彼らは幅広い集団遊びや，活動，運動，遊び，モノや楽器の操作，ごっこ遊びに合うような自分のライム[18]やチャントや曲をつくる。発声はさらに，口笛や舌打ちやチュッという音などの唇や舌を使った多数の無声音も伴って出てくる。発声は多様な休止や強調や振幅やテンポや音質やリズムを乳児の時から包括しているようだ。

> 彼らの日常的な音楽的発話および音楽の伝承やレパートリーは…――それが綿密に考えられた結果であれ自発性の精神の中でもたらされたものであれ――…音楽が子どもたちの生活において不可欠なものであることの確かな証拠である。
>
> キャンベル (1998, p. 64)

子どもたちが楽器や他のモノを使って音づくりに携わっているとき，動きを持った発声の散発的で反復的なモチーフを頻繁に伴っていることが観察される (Matthews 2003)。このことから我々は，子どもたちの初期の発声が，声に劣らず「音楽的」な身体内のリズムの経験とともにいかに発達するかを考えさせられる。

21.4.2 自発的に踊ることと音楽を学ぶこと

人間の身体は，音楽的表現を生み出す豊かで万能な源である。子どもたちにとって基本的な動きの形式やタイミングを入念に洗練させたり秩序立てたり繰り返したりすることは生得的なものであり (Fein 1993)，これが踊りや歌や詩につながる (Dissanayake 2000a; Miall and Dissanayake 2003)。巧みな操作経験での機敏さや制御は，楽器を演奏することへとやがてつながる (Goddard Blythe 2005; 本書の第22

---

18) 韻を踏んだ言葉遊びや歌遊びのようなもの。

胎児が音に対して動いて反応する現象は、ドアのバタンというような突然の音や演奏会での長時間の大音量の音楽に反応して胎児がお腹を蹴ると感じる妊娠中の母親によって報告されている。保育器の未熟児は「穏やかな」音楽に反応して身体や手足のむずかる活動を減らすが、これはエネルギーの流れをつけ変えて、身体的成長の増加という形で目に見える大きな精神生理学的効果をもたらす可能性がある (Salk 1962; Katz 1971; Kramer and Pierpont 1976)。新生児は音刺激に向かって頭を回して自分から音源を定位し (Field et al. 1980)、行動を調節して馴染みのない音楽よりも馴染みのある曲を聴こうとする (Panneton 1985; Cooper and Aslin 1989)。乳児は、母親の歌や録音された音楽だけでなく自分自身の発声にも反応して身体的な動きを示す。そして、生後6か月には時期を同じくしてリズミカルな喃語と手に持ったモノでリズミカルに叩くバンギングをやるようになる (Dissanayake 2000a, b; Young 2002)。

本能的に見ることや手を伸ばしたり掴んだりすること、頭を回したり揺すったりすることや自己探索的な四肢と体幹の動きは、より目的的に手を伸ばしたり触れたり握ったり叩いたりする動きに次第に変わっていく。乳児が自発的に自分の身体リズムで創造したり試行したり音楽に反応したりするにつれて、リズミカルな動きの反復と拡張は、よりコントロールされるようになる（本書第9章のマゾコパキとクジュムザキス）。繰り返し掴んだり操作したりすることは音楽するためにモノや楽器で自発的に音を創り出すことにつながるが、これはすべての自発的動きのリズミカルな音楽性をもつ初期の経験の自然な結果として捉えることができる。幼児の楽器演奏には、舞踊と言ってよいような回転やステップや動きのパターンがつきものである (Young 2003)。

幼い子どもたちは、自由な遊びの中で表現豊かな身振り——例えば、リズミカルなパンチやジャブや指差しや手まねきといった動き——を使ってコミュニケートし、そこには多くの場合即興的な音楽的モチーフが伴っている。学校の休み時間に幼い子どもたちを観察したキャンベル (1998) は、子どもたちが規則的にリズミカルに体をくねらせていることを指摘した。足が前後に揺れ、肩が左右に揺れ、頭が拍節的に動くのである。子どもたちは自分ひとりであるいは周りの他の子どもたちと生み出す複数の動きの多声的な絡み合いの中で、パターンを繰り返しながらお弁当箱や保存ケースや包み紙のようなモノを巧みに扱う。子どもたちは様々なテンポでステップを踏み、足踏みし、スキップし、走り、小走りし、ギャロップし、つま先立ちし、足を踏み鳴らし、すり足で動き、スケートし、引きずり、ステップし、手を振り、伸びたりかがんだりし、滑り、たくさんのことをする。彼らは振付や動きのパターンや手拍子の連続を創り出し、それは時には2人あるいはそれ以上での相互作用から生まれる。子どもたちの想像力豊かな遊びは、動物や人やモノや感情や状況を音楽や動きで劇化したり表現したりする世界を通して子どもたちを導いていく。「リズムは聞こえるだけでなく子どもたちの動きの中に見えるものであった」(Campbell 1998, p. 30)。子どもたちが自分たちの「音楽文化」として創造した儀式を含むリズミカルで音楽的な遊び場のこうした行動は、ロシアやノルウェーや米国においてもヨン＝ロアル・ビョルクヴォルによって観察されている (Bjørkvold 1992)。

子どもたちは身体的な定型発達を通じて全身を使った自発的音楽的行為へと導かれるが、刺激の入力、特に他者からの刺激の入力はきわめて重要な役割を果たす。来る日も来る日もベビーベッドに仰向けに寝かされ、おもちゃもなく人から構いもされなかったイランの孤児院の乳児は、2歳になってようやく自分で移動したときには床の上を這うのではなくずり進み、3〜4歳になっても15％の子どもしか歩かなかったとデニス (1960) は報告している。

21.4.3 自己のため、あるいは「見せるため」の自発的音楽的物語づくりで、モノを「楽器」として扱うこと

結果を予測しながらどの程度腕や手の動きを制御したり修正したりすることができるかによって、楽

器を含むモノの操作を通して音をコントロールする能力が決まる（本書第6章のリーとシェーグラー）。新生児の掴む技術は，注視して狙っても方向が定まらず目当てのモノに触れられないが志向性のあるリズミカルな振りおろしや手振り（プレリーチングと呼ばれる）で始まる（Trevarthen 1984; Berk 2002）。生後約3か月頃からリーチングはより正確に届くようになって乳児の環境探索を促進し，6か月頃からの両眼立体視の発達による細かい動きの習得へと進むことで，モノや楽器を構造的に掴んで操作できるようになる（Case Smith *et al*. 1998）。指が手のひらに対して閉じるようにコントロールされた尺骨の握りしめは，この段階で現れる。生後4〜5か月頃からはバランスをとるために腕を必要としなくなって座れるようになり始め，身体から離れたモノを探索するために手を自由に使えるようになる。一方の手にモノを保持して，もう一方の手の指先でそれを注意深く調べることができる（Rochat 1992）。7か月頃から両手よりむしろ片手を伸ばして掴むようになり，9か月齢では視覚的に制御されたつまむ動作（親指と人差し指を反対向きに動かす）がより自在になる（Fagard and Pezé 1997; Berk 2002）。

5〜6か月くらいから赤ちゃんは手の届く範囲にあるモノの容器を空にしようとする（Goldschmied and Jackson 1994）。子どもはモノを掴んでから落とそうとするだろう。落下させる動作を使ってモノや楽器で音づくりする試みができることに子どもたちは次第に気づくようになる。意図的に振ること，打つこと，ひっかくこと，そして吹くことを用いて音は広がる（Young 2003）。ヤング（2003）は3〜4歳の子どもたちを観察して，子どもたちの自発的な楽器演奏に典型的にみられる視覚的空間的な方策とパターンを次のように述べている。ある子どもは自分の周りの床に楽器を一列に並べ，その端から端まで順に鳴らすことを数回やった後，今度は順番を逆にしてそれらを鳴らす。踏み込んで言えば，こうした実験的な遊びの中に数の論理と規則性とを明らかに見ることができるだろう。子どもたちは1人であるいは一緒に即興しながら，表現の中に和声的構造というよりむしろ多声的構造を用いて音を形作っていくのである（Pond 1981）。

「子どもたちは音楽を通して社会化し，感情を発散し，みずから楽しむ」（Campbell 1998, p. 4）。彼らはごっこ遊びの中で楽器を使ってモノになぞらえたり，楽器の音で人や生き物や物事を表現したりする。聞いたことのあるお話であっても即興的なオリジナルのお話であっても，全体の物語を楽器で「演じきる」ことができるのだ。子どもたちは見たことのある演奏者を明確に模倣して，パフォーマンスの状況を設定したりすることもある。ヤング（2003）によれば，多くの子どもたちは機械的に楽器の音を探索するところから始めて彼女の言う「安定」に向かい，そこから自分たちの創意工夫を広げることができる。少しではあるが，子どもたちを興奮させて活気づけるような陽気で元気のよい鳴らし方で大きな音を出し続ける子どももいると，ヤングは指摘している。

子どもたちが音を探索するやり方にどのようなものがあるかを精査し，音楽と言語の発達が並行して進むさまを見つめるにつれて，我々は子どもたちの音楽的相互作用の中にあるコミュニケーション的本質に直面せざるを得なくなる。同時に，言語とそれが伝える意味内容あるいは実践的コミュニケーションとその使用を超えて，音楽がいかに子どもたちの芸術的で美的な能力に機能するかという問題に直面せざるを得なくなる。

21.4.4　音楽のための音楽：音声の中に「意味」を見出すことと見失うこと

獲得した言葉を用いてパフォーマンスする1つの手段として，歌うことの発達が言語を支えるという広く受け入れられた仮説が文献に見られる（例えば Moog 1976; Hargreaves 1986; Hargreaves and Galton 1992）。これは，人類の音楽の発展が言語の進化の副産物であるというピンカー（1997）の理論に個体レベルで追従する見方である。音楽が，本来的にそして非本質的なこととして言語に依存するというこの学説は，すべての人間社会における音楽の役割（本書第3章のブラント，第5章のクロスとモーリー，第24章のディサナーヤカ），そして乳児期における音楽的コミュニケーション能力と音楽外的コミュニ

ケーション能力を知る人によって当然否定されている（Trevarthen 1994, 1999）。この学説は前述した乳児の自発的音楽性の現実とも，両親の立場としての経験とも一致しない。著者の一人の息子は言語を流暢に使い始めるよりもずっと前の生後18か月に，素晴らしい音楽的精度でもって子ども向けテレビ番組**機関車トーマス**のそれぞれの機関車のテーマを声にすることができたのだ。

　それでもなお解明されない謎が残る。仮に音楽的な発声を学習する傾向が話すことより前に発達し，ある意味で結果的に言語の習得を支えるのだとしたら，うまく話せるのに音楽的な可能性を開花させられない人がなぜこんなにもたくさんいるのだろう。音楽芸術を追求し続ける人々にとって音楽芸術の目的とは何であろうか。最初の問いを追究するための手段は，初期の自発的発声における原音楽的要素と原言語的要素の多様性を慎重に分析する中にあるかもしれない。しかし我々は答えを出せるほどの体系的な研究をもたない。２番目の質問には，音楽的発達のための一般的能力と子どもの発達および文化実践における音楽経験固有の役割との関連性を比較研究して，はじめて答えることができる。ここもまたデータが不足している。

　一方で，教育学の研究では子どもたちが熱烈に音楽に参与する現象を説明する試みがなされてきた。一連の記録の解釈から作成されたスワニックの1999年の**対話としての音楽**の理論モデルは，教師が「音楽的に音楽を教える」ことを目指す教育方法に影響を与えた。しかしながら，乳児の音声表現能力が直観的に身振り的であって，言語音にせよ本能的な声にせよ対象音のものまねであり，音の身振り全体を捉えようとする試みの表れであると見ることができるならば，乳児と楽器とのかかわりは１つ１つのピッチの集まりとしての旋律をつくるよりむしろ，ピッチと振幅の輪郭を全身で具現しようとすることで大きく動機づけられるとみてよいのではないだろうか。スワニックの音楽的構造に関する見解は，チョムスキー（1957）の言語理論と類似している。それは文化化によって，聴覚的行為と表現の分化や「離散化」とともに流暢さが獲得（本書第３章のブラント）されたのちに起こるであろうことについては捉えている。だが音楽的な習得に関するこの理論は，旋律中のピッチを同定するより前，もしくはそこから次の段階へ移行する時期に幼い子どもたちが何をしているのかを説明することはできない。音をどう集めて表情豊かな構造を組み立てるかを示すスワニックのチョムスキー的枠組みは，子どもたちが実際に何を行ない経験しているのかとは対極のところで，成人作曲家の合理的手法の影響を受けているようだ。

　子どもたちの本能的で音楽的な発声は，１つ１つの音が集まったパターンというよりは完結した全体をなす旋律的身振りまたはフレーズをなす傾向がある。対乳児発話のプロソディ分析の異文化間比較（Fernald 1989）を通して，成人もまた「原子的」レベルでの要素の集合としてというよりむしろ，身振り的に作用するピッチ曲線をつくり出すような自然な過程をもつことが明らかになった。シェーラー（1992）による音声コミュニケーションの種間比較研究によれば，発声の表現的曲線とそれを知覚する神経形態は多様な動物種間にわたって同様の構造特性を持って存在しており，したがってこれは明らかに人間の言語発達に先行することが示唆されている。動物は音楽に似たリズミカルでフレーズのある信号を作る（Wallin 1991; Wallin *et al.* 2000）。これはポール・マクリーン（1990）の進化・神経心理学研究とも一致する（および本書第７章のパンクセップとトレヴァーセンを参照のこと）。

　子どもたちの自発的歌唱が身体を動かす楽しみのためだけでなく，考えたことやアイディア，感情，物語や目的の方向を伝えようとする動機をもつことが多いのも明らかである（本書第18章のボンド，第22章のフレーリッヒ）。彼らの歓声や冷やかしや音楽的なナラティヴに目を近づけてみれば，子どもたちが動機付けられたキャラクターやモノや感情や物語を音によって象徴的に表す数え切れないほどの様子の一端を垣間見ることができる（Gromko and Poorman 1998a; Hetland 2000; Tommis and Fazey 1996; Omi 1992）。音楽療法の文献を見ると，即興的な音楽的コミュニケーションが言語外の創造性に強力な効果をもたらしうることが実証されている（El Mogharbel *et al.* 2003）のと同時に，習得された慣習の範囲内での自由遊びにも繋がることが示されており，後者は言語学者が発話の生成と結びつけるところの

ものである（本書第17章のロバーツ，第19章のウィグラムとエレファント）。さらに音楽は，異なる言語で育ち会話によって意思疎通が図れない子どもたち同士にとってうまく共有できる経験にもなれる。彼らは音楽によって何らかの考えを伝達し合えるようになるだけでなく，音の美的な質の発見やグループ活動の楽しさを分かち合うこともできるのだ（Turel 1992）。

多くの言語において，音楽すること，特に楽器を演奏することを表す言葉は遊ぶ（プレイ）である。言語習得が社会的コミュニケーションの試みから生じるのとちょうど同じように，音楽もまた音の発見，そして楽しいナラティヴあるいは情動的な目的のために用いられる音の可能性の延長として捉えることができるだろう。しかし，フォーマルな音楽学習や大人の指導的な影響に先立つ子どもの自発的音楽創造の本質とは何であろうか，そしてそれはどこにつながるのだろうか。乳児期に初めて経験した音楽的な遊びがどのように記憶に跡を残し，生涯にわたる音楽との関わりや知覚の足場がそこからどう構築されうるのかは今後の研究で明らかになるだろう。答えは今は手に入らないかもしれないが，それでも我々は大人の影響について検討してみよう——子どもの生得的な音楽性を大人がいかに阻害するのか，あるいは育てるのか。

21.5　音楽学習のための受容的環境
21.5.1　仲間（コンパニオン）としての大人の役割：手助けする人か指導者かそれとも両方か？

乳児は，人間同士で表情豊かな発声と動きを合わせることを生まれながらに好む（Brazelton *et al.* 1974; Richards 1974; Stern 1971, 1974; Stern *et al.* 1985）。とりわけ母親が彼らに合わせて真似ることで，自分たちの発声が母親の反応を引き出すことを聴きとり，すばやく学ぶ（Bullowa 1979）。間もなく乳児は，メアリー・キャサリン・ベイトソン（1975）が言語習得と「儀式的な癒しの行為」の両方の源であるとしたところの原会話的な対話を行うようになる。彼らは生き生きとした儀式的なゲームをつくり出すことに参加し，9か月頃には人から主導権を取り上げたりしながら協同作業をする（Trevarthen and Hubley 1979, Hubley and Trevarthen 1978）。この頃から赤ちゃんは，自分に近い大人にとって重要そうにみえる行為でできるものであれば何でも共有したり模倣したりすることにどんどん興味を示すようになる。彼らは「原言語」（Halliday 1975），そして我々が「原音楽」と呼びうるものを含む文化の学習を始める。ヴィゴツキー（1962）の理論によれば，新たな理解は個人の認知構造に取り込まれる前に，まず社会的文脈下で起こるはずである。乳児後期からよちよち歩きの時期に自分たちの音楽性を表現する新しい手段を学ぶのは，間違いなくこのようにしてである。先生となる大人が「発達の最近接領域」に進んで関与した時，彼らは学ぶのである（Erickson 1996，および本書第20章のエリクソンを参照のこと）。

家族が音楽の「演奏」を共有したりそれを受けて反応したりすることは，乳児期からの子どもの音楽学習を刺激して励ます。ホブソン（2004）は，音楽的な音に対する母親の反応が8か月児の興味を導くことを観察した。彼らが遊んでいるときに中国の鐘が鳴らされた。母親が反応を示さず遊びを続けると，乳児もまた遊びに集中していた。2例目では鐘が鳴らされて母親が遊びを中断して振り向き，音のする方を指差し「ああ」と声を出して反応すると，音に対する乳児の強い反応が引き起こされた。3歳から5歳児たちも同様に，教師が非常に強い感情を示したときにより注意深く耳を傾けた（Sims 1986）。母親の子豚さんの指遊びやお庭をグルグルのような遊び歌に込められた期待感は，母親の表現と同期するワクワクした動きと音と身振りを赤ちゃんから引き出すだろう（Young 2003，本書第11章のエッケダールとマーカーを参照のこと）。確かに子どもたちの自発的な発声は文化的な影響に強く左右されるかもしれない。ルトコウスキーとトロリンガー（2005）は，歌うことを奨励されなければ子どもは歌うことをやめてしまうだろうと示唆する。歌いたい欲求があっても，そこには評価してくれる仲間が必要なのだ。

家庭の音楽環境は，子どもたちのためというだけでなく，真似したがる子どもたちの興味を受け止めながら子どもと共に歌ったり楽器を演奏したりする機会を親たちに提供する。単純な旋律線を歌ったり小さな打楽器を一打したりすることから優れた技量の演奏まで，生の演奏は子どもがどんな年齢であっても音楽に関わりたくなる衝動を刺激し，伝統的な音楽的発想への好奇心を導く。1年が経つころには乳児はますます上手く意味を模倣したがるようになる。第二著者は，母親が自分のために弾くピアノ曲の最初の1小節を聴くたびに自分からそれぞれの曲の作曲家名を言うようになった18か月乳児のことを報告している (Woodward 2005)。これらの曲はその母親がよく知っている少しばかりのレパートリーの一部であった。彼女は自分が口にした作曲家の名前とそれぞれの曲の独特な音とを子どもが連想して覚えるとは予想していなかった。このラベリング行為の後は静かに聴くこともあれば，様々に動いて反応することもあった。彼女のラベリングは楽曲に特別な意味を与えたのである。

子どもたちが簡単に遊べる音具や楽器選びにあたって，両親が音質や音色を選択することは，子どもたちが表現のための音をありのままに探究することに影響を与えるだろう。しかし子ども向けの商業的な目的の「楽器」の中には，子どもたちにとって貧弱な音質と抑揚しか持たないものもあるし，危険なほどうるさいものもある。第二著者は，両親も参加する幼児対象のフォーマルな音楽レッスンにおける観察の中で，どんな楽器の混合もすべて許可したところ，幼い子どもたちの何人かにとっては明らかに不快で恐ろしいひどい不協和音になることに気がついた。こうしたことは，一度に同じ音色の楽器群を楽しんで子どもたちが特定の楽器特有の音質を聴くような活動に変えれば，避けられるだろうと確信する。他にも活動を左右することの中には，演奏の環境設定を考えたり，触れる楽器を制限したり，録音された音楽を物語の読み聞かせやゲームに取り入れたり，大人の観察や聴取や参加を促したりすることなどがある (Littleton 1991; Young 2003)。

録音された音楽に対して，発声や身振りや動きによって応える初期の自発的な音楽的反応は，後にはモノや楽器で音を出して応えるようになるが，このことは子どもの音楽づくりを育ても挫きもする大人の強力な役割を証明するものである (Chen-Hafteck 2004)。大人たちは，赤ちゃんや子ども向けに売られている粗悪な品質の録音を含め，増え続ける音のパレットからみずから選択をしなければならない。系統的な研究によって，各発育段階に適した録音がもっとわかるかもしれない。最も重要なことは，録音された音楽を早期に経験する価値や意味は，大人がいかに子どもたちの自発的な音楽的反応を共有し，それにフィードバックするかによって決まるということである。

伝統的な民謡や子どもの歌や子守唄のリズムを次世代に伝えることは，子どもたちを文化的遺産に浸すことによって，子どもたちの文化的アイデンティティを育てるうえで，乳児期から重要な役割を果たす (Custodero and Johnson-Green 2003; 本書第23章のクストデロを参照のこと)。こうすることは子どもたちが音楽的な語彙を育てることに貢献する。音楽的語彙は自発的な音楽づくりの中で模倣したり変化させたりしながら学ぶものであり，新しい音を作り出すツールとなるものである (Blacking 1995)。大人や年上の兄姉たちは遊び歌において，膝の上に抱えて上下に動かしたり，乳児の身体の一部を指差したり触ったりくすぐって動かしたり示したりする遊びを通して，身体的反応と音楽的反応とをつなげることに一役買っている (Stern 1990; Stern and Gibbon 1980)。このような遊びは，多くの場合，期待と解放とを育てるナラティヴを成立させる (Malloch 1999)。それにより，子どもたち自身の音楽に出現する楽音と動きとの関連付けが促されるのである。

21.5.2 即興することと文化的実践を共有すること

大人の演奏者が，自分たちの創造的な音楽づくりに子どもたちを触れさせる時，彼らは自分が体験している音の探索や新しい音楽的素材の創造の喜びを子どもたちに感じ取らせることになる。子どもたちが発声したり楽器を鳴らそうとしたりするのに応じて彼らは創造的に即興できる――これは，ノードフ

＝ロビンズが特別なニーズを持つ子どもたちと行なう音楽療法の方法において欠かせない部分である。子どもが発する音楽的な音に大人がすぐ音楽的に応えることで，子どもが音楽に参加するよう繰り返し的確に動機づけることになる。こうした動機づけは，子どもが電子的に録音された音楽にのって演奏しているときに得られるであろうものを超越したコミュニケーション的刺激になるのだということを，我々は主張したい。子どもたちが社会的なイベントやコミュニティの集まり，宗教行事，祭り，上演芸術の場などであらゆる種類の生の音楽体験に参加することは有益であると，我々は確信している。子どもを子守りに預けて集う西洋のクラシック音楽演奏会の場合とは異なり，多くの文化はコミュニティの音楽実践に幼い子どもたちを歓迎し，子どもたちが自発的に音楽に応答して参加する機会を提供するだろう。

　子どもの自発的な音楽づくりを育成しようとする大人が直面する最大の課題は，一方で励ましたり誘導したり応答したりすることと，もう一方で創造的過程の本質として子どもが独立して探索する自由を担保することとの間でどうバランスをとるか，である (Boyce-Tillman 2000; Flohr and Trevarthen 2007)。大人が批評したり修正したりすることが子どもの意欲や音楽的フローの楽しさを損ない，音づくりの探求を妨げる可能性がある。教師による「お手本」なしに自由につくる方が子どもたちの劇遊びが複雑なものになるという研究結果は，幼児期における独立した音楽活動の重要性を裏付けるものであり，指導者として大人が関わる度合いが少ないほど子どもたちは音楽的な自由さや創造性や自発性を示しうるのだ (Tarnowski and Leclerc 1994; Smithrim 1997)。大人が，見たり批評したり音楽的なモノを提示したり手本を示したり模倣したりして応答することは，その活動が関心を引くものであり他者によって価値づけられているものだというメッセージを子どもに送ることになる (Young 2003)。このことで子どもの満足感が刺激され，学ぶことが促される (Trevarthen 2002)。その他の相互作用的な活動には，音楽的な問いと応えを含む会話ゲームを始めること，子どものつくった拍動に合わせること，その拍動に発声のリズムや歌をのせて歌うことが含まれる。

　大人と子どもの親しさやつながり方，大人からの「尊重」の重要性は明らかである。ヤング (2000) は，3〜4歳の子どもたちは音楽的訓練を受けた見知らぬ人と組むよりも，音楽的訓練を受けていない身近な人と組んで相互作用する時のほうが，より長く自発的に楽器の演奏をするということを観察によって見出した。別の研究で大人がわざと「ひどい演奏」を試みたところ，子どもたちは気が散って自分の演奏を楽しまなくなり，楽器の持ち方を変えてもっと良い音を出して良い演奏にするよう大人に指示することに注意が向き始めた。子どもの演奏と無関係の合いの手を大人が演奏すると，子どもは興味を失った。さらに，子どもの演奏するフレーズに山びこしたり合わせたりするのが早すぎたり間が空きすぎたりすると，子どもはいらいらした (Young 1999)。こうした事実は，教室での幼児との会話においては協調的な音楽性が重要であると実証したエリクソンの見解に一致する (本書第20章のエリクソン)。

　幼い子どもたちは，3歳くらいですでに拍節の強調点を変化させる (例えば，ある旋律を3拍の拍節的まとまりに変更し，続けて2拍，もう一度2拍というように変更したりする) など，自発的な音楽の中に複雑な音楽的要素を発揮していると，キャンベル (1998) は書いている。彼女は子どもたちがいったん学校教育に入った後も，こうした音楽的経験を捉えて強めることで，子どもたちの持って生まれたミュージシャンシップが保たれるべきだと示唆している。学校の音楽カリキュラムの多くはそうはなっておらず，指導と教材のいずれにもこうした複雑さはずっと後まで含まれていないため，青年になってそれを学ぶときは知的な挑戦課題として再学習しなくてはならないのだ (Bjørkvold 1992)。子どもが持って生まれた音楽的知性を育むためには，フォーマルな教育の開始時点から可能な限り，即興し作曲する子どもたちの自然な能力をカリキュラムに組み入れるべきだと我々は信じている。教師が決めた音楽を学ぶだけの慣習的な決まりきった学習方法を越えていく時，教師は子ども自身の音楽と創造性の魅力的な世界に向けて教室を開くことになる (Laycock 2005; 本書第22章のフレーリッヒ，および第23章のクス

トデロ)。
　子どもたちが自ら音楽を生み出す時，彼らはつくり手であることの格別な感覚を経験することもわかっている。

　子どもたちが音楽の素材と構造を用いて創造的に取り組む機会を否定するということは，彼らの芸術的思考の能力を制限することであり，つまるところ，音楽的であることの意味を十分に探求させないということである。

キャンベルとスコット＝カスナー（2002, p. 271）

　子どもたちは，音楽経験が学習に大きな影響を与える本質的に意味深いものであることに気づく必要がある（Elliott 1995, Custodero 1998, Barrett 1990, 1992）。意味は文脈によって影響も受けるが，大人が提供する文脈は「決定的かつ複雑」である（Custodero 1998, p. 24）。しかしながら，子どもたちの自発的な音楽づくりにおいて，大人だけが主な社会的影響ではないということを忘れてはならない。子どもたちもまた仲間と共に発見し，学び，音楽活動や経験をつくり出す。

21.5.3　仲間との音楽的なコンパニオンシップ：言葉にできないものを歌い演奏する

　子ども同士の中で社会化することは，子どもの音楽づくりが大人の影響から抜け出て独り立ちしていくうえで重要な役割を果たす（非常に初期の例については本書第12章のブラッドリーを参照のこと）。ロメット（1992）はこの過程を見事に捉えて，ジャワ島のスンダ族の子どもたちが母親から乳児向けに歌われるNeng Neleng Kung[19]（ニン　ネレン　カン）という歌と関わり合うところから始まって，他の子どもたちと接して習得するPring Prang（プリン　プラン）という音楽的に全く異なるレパートリーに参加するようになるまでの変容を描いている。ロメットの記録と解説をもとに以下のような比較ができる。

ニン　ネレン　カン	プリン　プラン
大人が個々に歌う	子どもの集団で歌う
拍節的でない	拍節的である
メリスマ的	音節的
有機的	反復的
旋律的	リズム的
連続体	格子
個人	集団
継起的	共起的

　ロメットはこうして子どもから子どもへ伝わる歌という，他と一線を画したレパートリーの実例を集団参加に規定される構造的特徴とともに示している。これは，アイオナ・オーピーとピーター・オーピー（1985）そして言語学者ガイ・クック（2000）が，子どもたちの集団が互いに歌を交換するときに壊したり隠喩したりする方策をとると言ったことに通じている。既存の歌の変形であることも多いこの種のレパートリーを作成し共有することは，会話の中では言えなかったり，敢えて言わないような現実的な問題への情緒的な反応を社会的に解放したり暗号化したりする装置になる。子どもはそのような選択をしていることには気づいていないだろう。機関車トーマスに出てくる機関車すべてを表す曲を歌った男の子は，たいがいの子どもが言葉を使って概念を示すようになる時期をはるかに過ぎても，その旋律を声

---

[19] 原題は女性が男性に会いに行くという意味。

に出すことで機関車の示す色（赤，緑，青，黄色）を区別していた。だいぶ後になって両親にわかったことは，診断されていなかった色覚障害のために自信を持って色にラベリングできなかった彼がこうして色に対する反応を表現していたということである。

　子どもたちは音楽的な経験を通して共同体の中へと社会化されていったり，協同を担う一部になったりする（Campbell and Kassner 2002）。乳幼児期における自発的音楽づくりは，仲間圧力（ピア・プレッシャー）に強く影響される。2人かそれ以上の仲間がいると子どもたちは，音を作ることよりも仲間による「自分の行動や応答に対する賛同や承認や仲間意識」の確認に気を取られることがある（Custodero 1998）。早ければ生後6か月くらいから，赤ちゃんはにっこり笑ったり身振りをしたり遊び仲間の真似をしたりする様子が見られる（Vandell et al. 1980; Vandell and Mueller 1995，本書の第12章ブラッドリー）。仲間同士で相互作用しながら，子どもたちがからかったり，呼んだり，叱ったり，他の子どもたちと一緒に創造したりすることで，膨大な数の音楽的な表現が出てくる（Campbell 1998）。子どもたちは自由な遊びの中でお互いの話を発展させながらしばしば玩具や他のモノを用いてナラティヴを一緒に創造し，そこでは音楽が想像力に富んだ表現の手段となる（Gromko and Poorman 1998a; Young 2002）。さらに子どもたちは，ボディパーカッションや動作をしばしば伴うゲームを共同で考え出す。これらのゲームはリズム・パターンが入り組んでいることがあり，うまく参加するにはかなりのスキルが必要である。子どもたちが自分自身のためにこうして高レベルの挑戦を設定するにつれて，達成したときの喜びと自己実現のレベルも高くなる（Elliott 1995）。ネーデルらは，言葉をもつ前のよちよち歩きの乳児の間に見られるこうしたすぐに伝わる遊びは，意味ある動作の「即時模倣」であると述べており，同じことを一緒にやることから得られる喜びを研究の中で強調している（Nadel and Peze 1993）。

　想像遊びに音楽を取り入れることに加えて，子どもたちは自分の住む世界にうまく向き合うツールとして音楽を使う。「子どもたちが自分を取り巻く世界を表す方法を探し求めて見出すとき，音楽は彼らの中から魔法のように出てくる」（Campbell and Kassner 2002, p. xi）。よくあることの1つは，大人から教わった歌の歌詞を子どもが変えることである。めったに口に出せないような社会の恐ろしい出来事に対処する手助けとして子どもたちが音楽を使うと，深い心の傷として残る出来事でさえ遊び場の歌になる。第二著者は，1990年代後半の南アフリカの校庭で，幼い子どもたちが有名な子どもの歌を替え歌にして隣国ジンバブエで起きた農民の殺人と農場乗っ取り事件のことを歌っているのを聴いた記憶がある。それは次のような歌詞であった。

　　マクドナルドおじいさんの農場で　イーアイイーアイオー
　　農場で銃を持っていた　イーアイイーアイオー
　　こっちでバン，バン，　あっちでバン，バン
　　こっちでバン，あっちでバン，どこでもバンバン
　　マクドナルドおじいさんの農場はどこにもなくなった

　彼女は2000年代初頭にも，南アフリカの幼い子どもたちが子ども向けテレビ番組から覚えた歌に歌詞をあてはめてエイズの流行とレイプの高い発生率の両方に言及していたことを記録している。

　　私はあなたを愛している，あなたは私を愛している。
　　バーニーはわたしにHIVをくれた。
　　それはキスから始まりそして度を越した。
　　バーニーは彼の車の中で私をレイプした。

子どもたちは明らかに危険や残虐行為を認識させられていたが、子ども同士でそうした話をする様子はほとんど見られなかった。しかし子どもたちはそれらのことを歌にした。音楽はもしかしたら子どもたちに、恐怖に向き合い対処する手立てを与えてくれたのかもしれない。

最後に我々は、1つの世代から次の世代へと知識、社会的実践、物語、楽音とリズムと歌と音風景への美的反応といったものの総体を受け渡す人間のサイクルにおける音楽の役割に目を向ける。これは人間の存在にとって必須の現象である。

21.6 音楽的なライフサイクル：親として音楽性を取り戻すこと，そして学校教育がもたらすもの

もしも音楽に参加する能力が乳児にとって生得的なものであるならば、人間のライフサイクルにわたってこの能力はどうなっていくのだろうか。複雑に技術化が進んだ近代社会において、音楽性は成熟した大人に何か有利なことをもたらすのだろうか。手がかりはおそらく、大人が幼い子どもとコミュニケーションするやり方の中に見つけることができる。

母親は乳児のための特別な方法、すなわち他の社会的相互作用では使わないような表情豊かな話し方や仕草でコミュニケーションする。より穏やかな調子の対乳児発話（21.2.3節を参照のこと）が特徴づけこの相互作用は、実際のところ他の状況ではどこにもふさわしくないだろうが、生物学的に妥当性ある信号から成るものであることが示唆されている（Fernald 1992; Papoušek 1994; Papoušek 1996）。このコミュニケーションの形式を用いて、人間の経験と思考が乳児と共有され始める。「生後2か月の乳児に対する母親の反応は、活気を誘いだし、注意深く、確認するようであり、解釈的であり、強く寄り添おうとする」（Trevarthen 1979 p. 232）。乳児の行動が表現するのは「自分自身の意識と目的というだけではない。それらの表現は、他者の行動や経験と協調したものでもある」（Hobson 2004, p. 42）。乳児と母親との社会的なやりとりの中で、「やりとりに参加する両者は、相手から受け取る反応に応じて自らの行動を修正する—やりとりはこうして純粋に相互的になる」（Hobson 2004, p. 36）。成長につれて乳児は、「相互に思いやる対人関係の形式を次第に豊かで心地よいものとして育んでいく」（Hobson 2004, p. 42）。このような行動が適切であるということを母親はどうやって知るのだろうか。普通の話し方とはかなり異なる発声パターンをどうやって作動させるのだろうか。このような行動は普遍的なのだろうか。

考古学と人類学の考え方は、人間のもつ音楽という現象についての新しい発想をもたらした。原始社会における音楽づくりの役割を再構築してモデル化し、現代の子どもの発達における音楽の役割と比較してみると、構造と機能の両面で根本的な違いがあることがわかる。自己の経験と環境への反応の表象を交換する最初の手段を与えてくれるのが乳児と養育者間の音楽的関わり合いであるが、原始社会における音楽の役割はこれと同じ特徴を持つといえるかもしれない。こうした音楽的関わり合いは、やがて文化の中の役割を準備するような、より儀式性が強く仲間同士で応答しあうようなレパートリーに道を譲っていくだろう。その素材の中には、記憶をつくり信念を確立する教育機能をもった覚えやすい短い語句とかナラティヴな要素があるだろう。だが、音楽への参加は能動的で社会的な相互作用としての機能を、すべての段階——最も近い血縁、いとこや拡大家族、集団のアイデンティティと保護を提供する、より大きな社会的単位——で保ち続ける。このような条件下では、自己のための創造性と集団における個性とは同一であり、1人1人の参加者の特徴的で身体的な音声が全体に貢献する。

今日の子どもたちの音楽的成長をこうした自然論的な言葉で説明しようとすると、学校教育の影響を無視できないという問題に出くわす。学校教育は児童生徒の進歩と音楽家としての自己評価にも影響を及ぼすし、誰が音楽的に才能がありそうとか優れていそうといった見方をする社会的慣習にも直接的に影響を及ぼす。産業革命以前の文化に特徴的な「意図的参加学習」は今もレジャーやスポーツにとって

重要であるが，これが学校教育の教授型カリキュラムに取って代わられたことは音楽文化の経験に重大な結果をもたらしている（Bruner 1996; Rogoff 2003）。例えば「調子はずれ」（著者は使いたくない用語）というラベリングは，不適切な大人の判断や仲間圧力の結果以外の何ものでもないことが示されている（Knight 2000）。

　西洋社会では名声や先例の認識が表現活動の受容と評価に影響を及ぼすが，才能があるかどうかによる淘汰の道筋が収斂するところは，発達の早い時期に洗練された大人の行動を真似る子どもを褒めるという点である。それはクラシック音楽を習得できる並外れた演奏能力ということも，ポピュラー音楽の演奏のスタイルやレパートリーの物真似ということもあるが，どちらの場合も主に早熟であるという理由で演奏が称賛されるという愛くるしさの要素によって，鑑賞力ある大人も魅せられるのかもしれない。

　実際のところ，身体的にも精神的にも大人レベルの達成を強いられる活動で，子どもにとって健康的と思われるものはほとんどない。これができてしまうということは，音楽的な可能性と若い精神の可塑性との格別な関係の魅力的な一面でもある。広く受け入れられているこうした慣習的音楽的訓練は，才能ある若者自身だけでなく，多くの普通の音楽的能力を持つ子どもにとっても危険である。才能ある若者たちはそれまでの達成レベルを追求して子ども時代を犠牲にしても，大きすぎる期待から得るものがあるとは限らないし，多くの普通の子どもたちは効果を期待して音楽する機会を与えるまでもないだろうと判断される。こうして集中的で加速的な訓練に値する生徒として投資しがいのある「音楽的な子ども」という発想が形成される。

　関連する問題として，幼少期の音楽的発達の連続性に影響して成人期に音楽する楽しさを維持することにかかわるのは，中央で計画されたカリキュラムが，子どもたちが何を**選択して**やるかという面からではなく，何を**教えること**ができて**評価すること**ができるかという観点から音楽活動を決定しているやり方である。カリキュラムがすべきことはせいぜい，音楽的な文脈において，子どもが生まれつき持つ音声や動作の能力を拡大するような活動に参加する権利を構築することである。しかし，カリキュラムは教師が伝える知識を説明するための道具，すなわち音楽を通してではなく音楽について教える手段に，あまりにも簡単になりうる。子どもたちが教師から事実に関する知識を学べばよい場ではこうしたものが必要かもしれないが，自分自身が表現豊かに音楽に参加する能力を身につける場ではさほど必要ないだろう。子どもたちが自分の意思で音楽しようとする自信を阻害されることによる音楽的な好奇心の喪失は，どのようなシラバスによっても補うことはできない（Flohr and Trevarthen 2007）。

　これらの２つの特徴——すなわち，ほんの一部の子どもたちだけが音楽的であるとして選び抜かれる傾向と，言葉と概念によって定義された規定のカリキュラムへ向かう傾向——は，すべての子どもたちが生まれながらに音楽的であるのに比して自分が今も音楽的だと考える大人がほとんどいないという，西洋的不健全さの一因である。しかしこのことを補償するかのような一風変わった方法が，有性生殖そのものの結果とも言える大人の行動の変化として生物学的視点から提示される。ストリート（2003）は，自分が歌えると思っていなかった女性であっても，母性がいかに音楽的コミュニケーションの能力を発揮させるかを明らかにしている。これはトレハブ（2001）のデータと一致するし，イラーリら（2003）も同様の研究をしている。女性たちへのインタビューやアンケート調査に見られる否定的な自己評価と映像が捉えた彼女たちの表情豊かな声の表現との間には，著しい落差がある。

　父性がどの程度同じような結果を示すかは，今後の研究を待ちたい。父親と母親の間にどのような違いがあるにせよ，自分には音楽的な能力がないと言っていた大人でさえも，乳児のコミュニケーション的な必要性に関わり合うことで音楽的な振る舞いが引き起されるのだとわかることによって，音楽が生物学的に決定づけられた感情的欲求であるという見方に新しい次元が加わることになる。乳児が環境を音楽的に理解するように，大人は乳児にこたえて潜在的な音楽的表現性を再発見する。音楽づくりの役割の輪はここで一巡する。幼少期の自発的な音楽づくりは，生涯にわたる自己実現の構成要素として保

持し続けられることによって真の意味で受け継がれていくのである。

(早川倫子・今川恭子訳)

引用文献

Alegria J and Noirot E (1978). Neonate orientation behavior towards the human voice. *Early Human Development*, **1**, 291–312.

Bannan NJC (2000). Instinctive singing: lifelong development of 'the child within'. *British Journal of Music Education*, **17(3)**, 295–301.

Bannan NJC (2002). *Music in human evolution: an adaptationist approach to voice acquisition.* Unpublished Ph.D. thesis, Department of Arts and Humanities, University of Reading.

Bannan NJC (2004). Language as music: future trends in interdisciplinary research into the origins of human communication. Unpublished paper presented at the conference Music, Language and Human Evolution, University of Reading, 28 September–1 October, 2004.

Barrett M (1990). Graphic notation in music education. In *Music education: facing the future,* pp. 147–153. Helsinki: International Society for Music Education.

Barrett M (1992). Music education and the natural learning model. *International Journal of Music Education*, **20**, 27–34.

Barrett M (1996). Children's aesthetic decision-making: an analysis of children's musical discourse as composers. *International Journal of Music Education,* **28**, 37–61.

Bateson MC (1975).Mother–infant exchanges: The epigenesis of conversational interaction. In D Aaronson and RW Rieber, eds, *Developmental psycholinguistics and communication disorders,* pp. 101–113. Annals of the New York Academy of Sciences, Vol. 263. New York Academy of Sciences, New York.

Bekoff M and Fox MW (1972). Postnatal neural ontogeny: Environment-dependent and/or environmentexpectant? *Developmental Psychobiology,* **5(4)**, 323–341.

Benzaquen S, Gagnon R, Hunse C and Foreman J (1990). The intrauterine sound environment of the human fetus during labor. *American Journal of Obstetrics and Gynecology,* **163**, 484–90.

Bergeson TR and Trehub SE (1999). Mothers' singing to infants and preschool children. *Infant Behavior and Development,* **22**, 51–64.

Berk L (2002). *Infants, children and adolescents,* 4th edn. Allyn and Bacon, Boston, MA.

Bjørkvold J-R (1992). *The muse within: Creativity and communication, song and play from childhood through maturity.* Harper Collins, New York. (ビョルクヴォル，福井信子訳『内なるミューズ（上）（下）我歌う，ゆえに我あり』日本放送出版協会，2004)

Blacking J (1973). *How musical is man?* University of Washington Press, Seattle,WA. (ブラッキング，徳丸吉彦訳『人間の音楽性』岩波現代選書，1978)

Blacking J (1995). *Music, culture and experience.* University of Chicago Press, Chicago, IL.

Boyce-Tillman J (2000). *Constructing musical healing: The wounds that sing.* Jessica Kingsley, London.

Brazelton TB Koslowski B and Main M (1974). The origins of reciprocity: The early mother–infant reaction. In: M Lewis and R Rosenblum, eds, *The effect of the infant on the caregiver,* pp..Wiley, New York.

Bruner JS (1960). *The process of education.* Harvard University Press, Cambridge, MA. (ブルーナー，鈴木祥蔵，佐藤三郎訳『教育の過程』岩波書店，1963/1986)

Bruner JS (1996). *The culture of education.* Harvard University Press, Cambridge, MA. (ブルーナー，岡本夏木，池上貴美子，岡村佳子訳『教育という文化』岩波書店，2004)

Bullowa M (ed.) (1979). *Before speech: The beginning of human communication.* Cambridge University Press, London.

Busnel MC, Lecanuet JP, Granier-Deferre C and De Casper AJ (1986). Perception et acquisition auditives prénatales. *Médecine Périnatale,* 37–46.

Campbell PS and Scott-Kassner C (2002). *Music in childhood,* 2nd edn. Schirmer Books, New York.

Campbell PS (1998). *Songs in their heads.* Oxford University Press, New York.

Case-Smith J, Bigsby R and Clutter J (1998). Perceptual-motor coupling in the development of grasp. *American Journal of Occupational Therapy,* **52**, 102–110.

Chen-Hafteck L (1998). Pitch abilities in music and language of Cantonese-speaking children. *International Journal of Music Education,* **31(1)**, 14–24.

Chen-Hafteck L (2004) Music and movement from zero to three: A window to children's musicality. In L Custodero, ed., *Proceedings of the ISME Early Childhood Conference 'Els Mons Musical Dels Infants'* (The Musical Worlds of Children), pp.. Barcelona, Spain, July 5–10.

Chomsky N (2000). *New horizons in the study of language and mind.* Cambridge University Press, Cambridge.

Chomsky N (1957). *Syntactic structures*. The Hague: Mouton. (チョムスキー，勇康雄訳『文法の構造』研究社出版，1963)
Chong HJ (2000). Vocal timbre preference in children. In BA Roberts and A Rose, eds, *The phenomenon of singing 2*, pp. 53–63. Proceedings of the International Symposium. St John's, Newfoundland, Canada, Memorial University.
Clifton RK, Morrongiello BA, Kulig JW and Dowd JM (1981). Newborn's orientation toward sound: Possible implications for cortical development. *Child Development*, **52**, 833–838.
Cook G (2000). *Language play, language learning*. Oxford: Oxford University Press.
Condon WS (1979). Neonatal entrainment and enculturation. In M Bullowa. ed., *Before speech: The beginnings of human communication*, pp. 131–148. London: Cambridge University Press.
Cooper RP and Aslin RN (1989). The language environment of the young infant: Implications for early perceptual development. *Canadian Journal of Psychology*, **43**, 247–265.
Cooper RP and Aslin RN (1990). Preference for infant-directed speech in the first month after birth. *Child Development*, **61**, 1584–1595.
Cox G (2004). New sounds in class: Music teaching in UK schools in the 1960s, and its relationship to the present. In A Giráldez, ed., *Sound worlds to discover: Proceedings of the 26th World Conference of the International Society for Music Education, Tenerife, Spain*, pp..Madrid: Enclave Creativa Ediciones.
Cross I (1999). Is music the most important thing we ever did? Music, development and evolution. In Suk Won-Yi, ed., *Music, mind and science*, pp. 10–29. Seoul National University Press, Seoul.
Cross I, Jubrow E and Cowan F (2002). Musical behaviours and the archaeological record: A preliminary study. In J Mathieu, ed. *Experimental archaeology. British Archaeological Reports International Series 1035*, pp. 25–34.
Csikszentmihalyi M (1990). *Flow: The psychology of optimal experience*. Harper and Row, New York. (チクセントミハイ，今村浩明訳『フロー体験：喜びの現象学』世界思想社，1996)
Custodero L (1998). Observing flow in young children's music learning. *General Music Today*, **12(1)**, 21–27.
Custodero LA and Johnson-Green EA (2003). Passing the cultural torch: Musical experience and musical parenting of infants. *Journal of Research in Music Education*, **51(2)**, 102–114.
Dargie D (1988). *Xhosa music: Its techniques and instruments, with a collection of songs*. David Phillip, Cape Town.
De Casper AJ, Lecanuet J-P, Busnel M-C, Granier-Deferre C and Maugeais R (1994). Fetal reaction to recurrent maternal speech. *Infant behavior and development*, **17**, 159–164.
DeCasper AJ and Fifer WP (1980). Of human bonding: Newborns prefer their mothers' voices. *Science*, **208(4448)**, 1174–1176.
DeCasper AJ and Spence M (1986). Prenatal maternal speech influences newborns' perception of speech sounds. *Infant Behavior and Development*, **9**, 133–150.
Dennis W (1960). Causes of retardation among institutionalized children: Iran. *Journal of Genetic Psychology*, **96**, 47–59.
Dissanayake E (2000a). Antecedents of the temporal arts in early mother–infant interaction. In NL Wallin, B Merker and S Brown, eds, *The origins of music*, pp. 389–410. MIT Press, Cambridge, MA.
Dissanayake E (2000b). *Art and intimacy: How the arts began*. University of Washington Press, Seattle and London.
Donald M (2001). *A mind so rare: The evolution of human consciousness*. Norton, New York.
Donaldson M (1992). *Human minds: An exploration*. Allen Lane/Penguin Books, London.
Elliott DJ (1995). *Music matters*. Oxford University Press, Oxford.
Ellis DG (1999). *From language to communication*, 2nd edn. Lawrence Erlbaum Associates, Mahwah NJ.
Ellis CI (2001). Song for ages and stages. In L Macy, ed., *Australia 2, Central Aboriginal music ii*. http://www.grovemusic.com.
El Mogharbel C, Laufs I, Wenglorz M and Deutsch W (2003). The sounds of songs without words. In R Kopiez, AC Lehmann, I Wolther and C Wolf, eds, *Proceedings of the 5th Triennial Conference of the European Society for the Cognitive Sciences of Music*. Institute for Research in Music Education Monograph No. 6, Hanover.
Erickson F (1996). Going for the zone: the social and cognitive ecology of teacher–student interaction in classroom conversations. In Deborah Hicks, ed., *Discourse, learning, and schooling*, pp. 29–62. Cambridge University Press, Cambridge and New York.
Fagard J and Pezé A (1997). Age changes in interlimb coupling and the development of bimanual coordination. *Journal of Motor Behavior*, **29**, 199–208.
Falk D (2004). Prelinguistic evolution in early hominins: Whence motherese? *Behavioural and Brain Sciences*, **27**, 491–503.
Fein S (1993). *First drawings: Genesis of visual thinking*. Exelrod Press, Pleasant Hill.
Feld S (1990). *Sound and sentiment: Birds, weeping, poetics and song in Kaluli expression*. University of Pennsylvania Press, Philadelphia, PA.
Fernald A (1993). Approval and disapproval: Infant responsiveness to vocal affect in familiar and unfamiliar languages. *Child Development*, **64**, 657–667.
Fernald A (1992). Human maternal vocalizations to infants as biologically relevant signals: An evolutioanry perspective. In J

Barkow, L Cosmides and J Tooby, eds, *The adapted mind: Evolutionary psychology and the generation of culture,* pp. 392–428. Oxford University Press, New York.

Fernald A (1989). Intonation and communicative intent in mothers' speech to infants: Is the melody the message? *Child Development,* **60**, 1497–1510.

Fernald A (1985). Four-month-old infants prefer to listen to motherese. *Infant Behavior and Development,* **8**, 181–195.

Fernald A, Taeschner T, Dunn J, Papoušek M, Boysson-Bardies B and Fukui I (1989). A cross-language study of prosodic modifications in mothers' and fathers' speech to preverbal infants. *Journal of Child Language,* **16**, 477–501.

Field J, Muir D, Pilon R, Sinclair M and Dodwell P (1980). Infant's orientation to lateral sounds from birth to three months. *Child Development,* **51**, 295–298.

Flohr J and Trevarthen C (2007). Music learning in childhood: Early developments of a musical brain and body. In F Rauscher and W Gruhn, eds, *Neurosciences in music pedagogy,* pp. 53–100. Nova Biomedical Books, New York.

Flowers PJ (1993). Evaluation in early childhood music. In M Palmer and WL Sims, eds, *Music in preschool: Planning and teaching.* Music Educator's National Conference, Reston, VA.

Gardner H (1983). *Frames of mind: The theory of multiple intelligences.* Heinemann, London.

Gardner H (1999). *Intelligence reframed: Multiple intelligences for the 21st century.* Basic Books, New York.（ガードナー，松村暢隆訳『MI：個性を生かす多重知能理論』新曜社，2001）

Garfinkel Y (2003). *Dancing at the dawn of agriculture.* University of Texas Press, Austin, TX.

Geissmann T (2000). Gibbon song and human music from an evolutionary perspective. In NL Wallin, B Merker and S Brown, eds, *The origins of music,* pp. 103–123. MIT Press, Cambridge, MA.（ガイスマン「テナガザルの歌とヒトの音楽の進化」：ウォーリン，マーカー，ブラウン編，山本聡訳『音楽の起源（上）』人間と歴史社，2013所収）

Goddard Blythe S (2005). *The well balanced child: Movement and early learning.* Hawthorn Press, Stroud, Gloucestershire.

Goldschmied E and Jackson S (1994). *People under three: Young children in day care.* Routledge, London.

Gromko J (1994). Children's invented notations as measures of musical understanding. *Psychology of Music,* **22**, 136–147.

Gromko J and Poorman A (1998a) The effect of music training on preschoolers' spatial–temporal task performance. *Journal of Research in Music Education,* **46(2)**, 173–181.

Gromko J and Poorman A (1998b). Does perceptual–motor performance enhance perception of patterned art music? *Musica Scientiae,* **2(2)**, 157–170.

Halliday MAK (1975). *Learning how to mean: Explorations in the development of language.* Edward Arnold, London.

Hargreaves DJ and Galton M (1992). Aesthetic learning: psychological theory and educational practice. In B Reimer and RA Smith, eds, *The arts, education, and aesthetic knowing,* pp. 124–149. University of Chicago Press, Chicago, IL.

Hargreaves DJ (1986). *The developmental psychology of music.* Cambridge University Press, Cambridge.（ハーグリーブス，小林芳郎訳『音楽の発達心理学』田研出版，1993）

Hepper PG (1988). Fetal 'soap' addiction. Lancet, **1**, 1347–1348.

Hetland L (2000) Learning to make music enhances spatial reasoning. *Journal of Aesthetic Education,* (Special issue) **34(3/4)**, 179–238.

Hobson P (2004). *The cradle of thought: Exploring the origins of thinking.* Macmillan, London.

Hubley P and Trevarthen C (1979) Sharing a task in infancy. In I Uzgiris, ed., *Social interaction during infancy: New Directions for Child Development,* 4, pp. 57–80. Jossey-Bass, San Francisco, CA.

Ilari B, Polka L and Sundara M (2003). Preferences for 'a cappella' and accompanied songs: A study with infant listeners. In R Kopiez, AC Lehmann, I Wolther and C Wolf, eds, *Proceedings of the 5th Triennial Conference of the European Society for the Cognitive Sciences of Music,* pp.. Institute for Research in Music Education Monograph No. 6, Hanover.

Imberty M (1997). Trends of developmental psychology in music. Paper presented at the Florentine Workshops in Biomusicology 1. The origins of music, 29 May–2June, Fiesole, Italy.

Karmiloff K and Karmiloff-Smith A (2001). *Pathways to language: From fetus to adolescent.* Harvard University Press, Cambridge, MA.

Kartomi MJ (1991). Musical improvisations of children at play. *World of Music,* **33(3)**, 53–65.

Katz V (1971). Auditory stimulation and developmental behavior of the premature infant. *Nursing Research,* **20**, 196–201.

Kessen W, Levine J and Wendrich K (1979). The imitation of pitch in infants. *Infant Behaviour and Development,* **2**, 93–99.

Kisilevsky BS and Muir DW (1991) Human fetal and subsequent newborn responses to sound and vibration. *Infant Behavior and Development,* **14**, 1–26.

Knight S (2000). Exploring a cultural myth:What adult non-singers may reveal about the nature of singing. In BA Roberts and A Rose, eds, *The phenomenon of singing 2,* pp. 144–154. Memorial University of Newfoundland, St John's, NF.

Kramer LI and Pierpont ME (1976). Rocking waterbeds and auditory stimuli to enhance growth of preterm infants. *Journal of Pediatrics,* **88**, 297.

Krumhansl CL and Jusczyk PW (1990). Infants' perception of phrase structure in music. *Psychological Science,* **1**, pp. 70–73.

Kühl O (2007). *Musical semantics*. European Semiotics: Language, Cognition and Culture, No. 7. Peter Lang, Bern.

Laycock J (2005). *A changing role for the composer in society*. Peter Lang, Bern.

Leader LR, Baillie P, Martin B, Molteno C and Wynchank S (1982). The assessment and significance of habituation to a repeated stimulus by the human fetus. *Early Human Development*, **7**, 211–219.

Lecanuet J-P, Granier-Deferre C, Jaquet A-Y and Busnel M-C (1992). Decelerative cardiac responsiveness to acoustical stimulation in the near term fetus. *Quarterly Journal of Experimental Psychology*, **44**, 279–303.

Lecanuet J-P, Granier-Deferre C, Cohen H, Le Houezec R and Busnel M-C (1986). Fetal responses to acoustic stimulation depend on heart rate variability pattern, stimulus intensity and repetition. *Early Human Development*, **13**, 269–283.

Littleton D (1991). *Influence of play settings on preschool children's music and play behaviors*. Doctoral dissertation, University of Teas, Austin. Dissertation Abstracts International 52–4, 1198A.

Locke JL (1993). *The child's path to spoken language*. Harvard University Press, Cambridge MA.

MacLean PD (1990). *The triune brain in evolution, role in paleocerebral functions*. Plenum Press, New York.

Malloch S (1999). Mother and infants and communicative musicality. *Musicae Scientiae* (Special Issue 1999–2000), 29–57.

Masataka N (1996). Perception of motherese in a signed language by 6-month-old deaf infants. *Developmental Psychology*, **32**, 874–879.

Matthews J (2003) *Drawing and painting: Children and visual representation*, 2nd edn. Sage, London.

Mehler J, Jusczyk PW, Lambertz G, Halsted N, Bertoncini J and Amiel-Tison C (1988). A precursor of language acquisition in young infants. *Cognition*, **29**, 143–178.

Merker B (2000). Synchronous chorusing and human origins. In NL Wallin, B Merker and S Brown, eds, *The origins of music*, pp. 315–327. MIT Press, Cambridge MA.

Metz E (1989). Movement as a musical response among preschool children. *Journal of Research in Music Education*, **37**(1), 48–60.

Miall DS and Dissanayake E (2003). The poetics of babytalk. *Human Nature*, **14**, 337–364.

Minami Y and Nito H (1998). Vocal pitch matching in infants. In *Proceedings of the 8th International Seminar of the Early Childhood Commission of the International Society for Music Education (ISME)*, pp..

Mithen S (2005). *The singing neanderthals: The origins of music, language, mind and body*. Weidenfeld and Nicholson, London.（ミズン，熊谷淳子訳『歌うネアンデルタール：音楽と言語から見るヒトの進化』早川書房．2006）

Moog H (1976). *The musical experience of the pre-school child*, trans. Claudia Clarke. Schott, London.

Moorehead GE and Pond D (1978). *Music of young children*. Santa Barbara, CA, Pillsbury Foundation for Advancement of Music Education.

Morgan OS and Tilluckdharry R (1982). Presentation of singing function in severe aphasia. *West Indian Medical Journal*, **31**, 159–161.

Morley I (2002). Evolution of the physiological and neurological capacities for music. *Cambridge Archaeological Journal*, **12**(2), 195–216.

Muir D and Field J (1979). Newborn infants orient to sounds. *Child Development*, **50**, 431–436.

Mumme D and Fernald A (2003). The infant as onlooker: Learning from emotional reactions observed in a televised scenario. *Child Development*, **74**, 221–237.

Mumme D, Fernald A and Herrera C (1996). Infants' responses to facial and vocal emotional signals in a social referencing paradigm. *Child Development*, **67**, 3219–3237.

Murray L and Trevarthen C (1985). Emotional regulation of interactions between two-month-olds and their mothers. In TM Field and NA Fox, eds, *Social perception in infants*, pp. 177–197. Ablex, Norwood, NJ.

Nadel J, Carchon I, Kervella C, Marcelli D and Réserbat-Plantey D (1999). Expectancies for social contingency in 2-month-olds. *Developmental Science*, **2**(2), 164–173.

Nadel J and Pezé A (1993). Immediate imitation as a basis for primary communication in toddlers and autistic children. In J Nadel and L Camioni, eds, *New perspectives in early communicative development*, pp. 139–156. Routledge, London.

Omi A (1992). Explaining children's spontaneous singing. *In Proceedings 4th International Seminar of the Early Childhood Commission of the International Society for Music Education (ISME)*, pp..

Opie I and Opie P (1985). *The singing game*. Oxford University Press, Oxford.

Panneton RK (1985). *Prenatal auditory experience with melodies: Effects on postnatal auditory preferences in human newborns*. Unpublished D Phil thesis, University of North Carolina at Greensborough, North Carolina.

Papoušek H (1996). Musicality in infancy research: Biological and cultural origins of early musicality. In I Deliege and J Sloboda, eds, *Musical beginnings: Origins and development of musical competence*, pp. 37–55. Oxford University Press, Oxford.

Papoušek M (1994). Melodies in caregivers' speech: A species-specific guidance towards language. *Early Development and Parenting*, **3**, 5–17.

Papoušek M and Papoušek H (1989). Forms and functions of vocal matching in precanonical mother-infant interactions. *First Language*, **9**, 137–158.
Papoušek M, Papoušek H and Bornstein MH (1985). The naturalistic vocal environment of young infants: On the significance of homogeneity and variability in parental speech. In T Field and N Fox, eds, *Social perception in infants*, pp. 269–297. Ablex, Norwood NJ.
Paynter J and Aston P (1970). *Sound and silence*. Cambridge University Press, Cambridge.（ペインター，アストン，山本文茂，坪能由紀子，橋都みどり訳『音楽の語るもの－原点からの創造的音楽学習』音楽之友社，1982）
Pinker S (1997). *How the mind works*. Penguin Books, London.
Pond D (1981). A composer's study of young children's innate musicality. *Council for Research in Music Education*, **68**, 1–12.
Querleu D, Lefebvre C, Titran M *et al*. (1984). Discrimination of the mother's voice by the neonate immediately after birth. *Journal de gynecologie, obstetrique et biologie de la reproduction*, **13(2)9**, 125–134.
Richards MPM (1974). First step in becoming social. In MPM Richards, ed., *The integration of a child into a social world*, pp.. Cambridge: Cambridge University Press.
Rizzolatti G, Fogassi L and Gallese V (2001). Neurophysiological mechanisms underlying the understanding and imitation of action. *Nature Reviews Neuroscience*, **2**, 661–670.
Rochat P (1992). Self-sitting and reaching in 5- to 8-month old infants: The impact of posture and its development on early eye–hand coordination. *Journal of Motor Behavior*, **24**, 210–220.
Rogoff B (2003). *The cultural nature of human development*. Oxford University Press, New York.（ロゴフ，當眞千賀子訳『文化的営みとしての発達－個人，世代，コミュニティ』新曜社，2006）
Rogoff B (1990). *Apprenticeship in thinking: Cognitive development in social context*. Oxford University Press, New York.
Romet C (1992). Song acquisition in culture: A West Javanese study in children's song development, in H Lees, ed., *Music education: Sharing musics of the world. Proceedings of the 20th World Conference of the International Society for Music Education, Seoul*, Korea, pp. 164–173. ISME/University of Canterbury, Christchurch, NZ.
Rutkowski J and Trollinger VL (2005). Singing. In JW Flohr, ed., *The musical lives of young children*. Prentice Hall, Upper Saddle River, NJ.
Rutkowski J, Chen-Hafteck L and Gluschankof C (2002). Children's vocal connections: A cross-cultural study of the relationship between first graders' use of singing voice and their speaking ranges. In *Children's musical connections: Proceedings of the ISME Early Childhood Commission Conference*. ISBN 87–7701–949–0, Danish University of Education, Copenhagen, Denmark.
Rutkowski J and Chen-Hafteck L (2001). The singing voice within every child: A cross-cultural comparison of first graders' use of singing voice. *Early Childhood Connections: Journal of Music- and Movement-Based Learning*, **7(1)**, 37–42.
Sacks O (1985). *The man who mistook his wife for a hat*. Duckworth, London.（サックス，高見幸郎，金沢泰子訳『妻を帽子とまちがえた男』晶文社／早川書房，1992/2009）
Salk L (1962). Mothers' heartbeat as an imprinting stimulus. *Transactions, Journal of the New York Academy of Science*, **24(7)**, 753–763.
Satt BJ (1984). *An investigation into the acoustical induction of intra-uterine learning*. Unpublished D Phil thesis, Californian School of Professional Psychologists, Los Angeles.
Scherer KR (1992). Vocal affect expression as symptom, symbol and appeal. In H Papousek, U Jürgens and M Papousek, eds, *Nonverbal vocal communication: Comparative and developmental approaches*, pp. 43–60. Editions de la Maison des Sciences de l'Homme, Paris/Cambridge University Press, Cambridge.
Shalev E, Benett MJ, Megory E, Wallace RM and Zuckerman H (1989). Fetal habituation to repeated sound stimulation. *Journal of Medical Science*, **25**, 77–80.
Sims WL (1986). The effect of high versus low teacher affect and passive versus active student activity during music listening on preschool children's attention, piece preference, time spent listening, and piece recognition. *Journal of Research in Music Education*, **34**, 173–191.
Sims WL (1991). Effects of instruction and task format on preschool children's music concept discrimination. *Journal of Research in Music Education*, **39(4)**, 298–310.
Smithrim K (1997) Free musical play in early childhood. *Canadian Music Educator*, **38(4)**, 17–24.
Stern DN (1971). A micro-analysis of mother–infant interaction: Behaviors regulating social contact between a mother and her three-and-a-half-month-old twins. *Journal of American Academy of Child Psychiatry*, **10**, 501–517.
Stern DN (1974). Mother and infant at play: The dyadic interaction involving facial, vocal and gaze behaviours. In M Lewis and LA Rosenbum, eds, *The effect of the infant on its caregiver*, pp. 187–213. Wiley, New York.
Stern DN (1990). Joy and satisfaction in infancy. In RA Glick and S Bone, eds, *Pleasure beyond the pleasure principle*, pp. 13–25. Yale University Press, Newhaven, CT.
Stern DN, Hofer L, Haft W and Dore J (1985). Affect attunement: The sharing of feeling states between mother and infant

by means of intermodal fluency. In TM Field and NA Fox, eds, *Social perception in infants*, pp. 249–268. Ablex, Norwood, NJ.

Stern DN and Gibbon J (1980). Temporal expectancies of social behaviours in mother–infant play. In E Thoman, ed., *Origins of infant social responsiveness*, pp. 409–429. Erlbaum, New York.

Street A (2003). Mothers' attitudes to singing to their infants. In R Kopiez, AC Lehmann, I Wolther and C Wolf, eds, *Proceedings of the 5th Triennial Conference of the European Society for the Cognitive Sciences of Music*. Institute for Research in Music Education Monograph No. 6, Hanover.

Suthers L (1995). Music, play and toddlers. *International Play Journal*, **3**, 142–151.

Swanwick K and Tillman J (1986). The sequence of musical development: a study of children's composition. *British Journal of Music Education*, **3**, 305–339.

Swanwick K (1999). *Teaching music musically*. Routledge, London.（スワニック，塩原麻里，高須一訳『音楽の教え方‐音楽的な音楽教育のために』音楽之友社，2004）

Tarnowski S and Leclerc J (1994). Musical play of preschoolers and teacher–child interaction. *Update: Applications of Research in Music Education*, **13(1)**, 9–16.

Tarnowski S (1996). Preservice early childhood educators' observations of spontaneous imitative song in preschool children age two to five years. In *Proceedings of the 7th International Seminar of the Early Childhood Commission of the International Society for Music Education (ISME)*.

Tillman JB (1987) *Towards a model of the development of musical creativity: A study of the compositions of children aged 3–11*. Unpublished Ph. D. Thesis, University of London, Institute of Education.

Tinbergen N (1951). *The study of instinct*. Clarendon Press, Oxford.

Tommis Y and Fazey DMA (1996). The acquisition of pitch element of music literacy skills. In *Proceedings of the 7th International Seminar of the Early Childhood Commission of the International Society for Music Education*.

Trainor LJ (1996). Infant preferences for infant-directed versus non-infant-directed playsongs and lullabies. *Infant Behavior and Development*, **19**, 83–92.

Trehub SE (1990). The perception of musical patterns by human infants: The provision of similar patterns by their parents. In MA Berkley and WC Stebbins, eds, *Comparative perception; Vol. 1, Mechanisms*, pp. 429–459. Wiley, New York.

Trehub SE (2001). Musical predispositions in infancy. In RJ Zatorre and I Peretz, eds, *The biological foundations of music*. Annals of the New York Academy of Sciences, **930**, 11–16.

Trehub SE (1990). The perception of musical patterns by human infants: The provision of similar patterns by their parents. In MA Berkley and WC Stebbins, eds, *Comparative perception; Vol. 1, Mechanisms*, pp. 429–459. Wiley, New York.

Trehub SE and Trainor LJ (1993). Listening strategies in infancy: The roots of music and language development. In S McAdams and E Bigand, eds, *Thinking in sound: The cognitive psychology of human audition*, pp. 278–327. Oxford University Press, New York.

Trehub SE, Bull D and Thorpe LA (1984). Infants' perception of melodies: The role of melodic contour. *Child Development*, **55**, 821–830.

Trehub SE, Endman M and Thorpe LA (1990). Infants' perception of timbre: Classification of complex tones by spectral structure. *Journal of Experimental Child Psychology*, **49**, 300–313.

Trehub SE, Thorpe LA and Morrongiello BA (1985). Infants' perception of melodies: Changes in a single tone. *Infant Behavior and Development*, **8**, 213–223.

Trevarthen C (1979). Communication and cooperation in early infancy: A description of primary intersubjectivity. In M Bullowa, ed., *Before speech: The beginning of human communication*. Cambridge University Press, Cambridge.（トレヴァーセン「早期乳幼児における母子間のコミュニケーションと協応：第1次相互主体性について」：ブロワ編 鯨岡峻編訳，鯨岡和子訳『母と子のあいだ。』ミネルヴァ書房，1989所収）

Trevarthen C (1984). How control of movements develops. In HTA Whiting, ed., *Human motor actions: Bernstein reassessed*, pp. 223–261. Elsevier (North Holland), Amsterdam.

Trevarthen C (1994). Infant semiosis. In W Nöth, ed. *Origins of semiosis*, pp. 219–252. Mouton de Gruyter, Berlin.

Trevarthen C (1997). Foetal and neonatal psychology: Intrinsic motives and learning behaviour. In F Cockburn, ed., *Advances in perinatal medicine*, pp. 282–291. Parthenon, New York.

Trevarthen C (1999). Musicality and the intrinsic motive pulse: Evidence from human psychobiology and infant communication. *Musicae Scientiae* (Special Issue 1999–2000), 155–215.

Trevarthen C (2002). Origins of musical identity: evidence from infancy for musical social awareness. In RAR MacDonald, DJ Hargreaves and D Miell, eds, *Musical identities*, pp. 21–38. Oxford University Press, Oxford.

Trevarthen C and Hubley P (1978). Secondary intersubjectivity: Confidence, confiding and acts of meaning in the first year. In A Lock, ed. *Action, gesture and symbol*. Academic Press, New York.

Trollinger V (2003). Relationships between pitch-matching accuracy, speech fundamental frequency, speech range, age, and gender in American English-speaking preschool children. *Journal of Research in Music Education*, **51(1)**, 78–94.

Turel T (1992) Music education for babies. Paper presented at the International Society for Music Education Early Childhood Commission Seminar, Sharing Discoveries about the Child's World of Music, Tokyo, Japan.

Turner V (1982). *From ritual to theatre: The human seriousness of play*. Performing Arts Journal Publications, New York.

Vandell DL and Mueller EC (1995). Peer play and friendships during the first two years. In HC Foot, AJ Chapman and JR Smith, eds, *Friendship and social relations in children*, pp. 191–208. Transaction, New Brunswick, NJ.

Vandell DL, Wilson KS and Buchanan NR (1980). Peer interaction in the first year of life: an examination of its structure, content and sensitivity to toys. *Child Development*, **58**, 176–186.

Vygotsky L (1962). *Thought and language*. MIT Press, Cambridge, MA.（ヴィゴツキー，柴田義松訳『思考と言語(上)(下)／新訳版』明治図書出版，1962／新読社，2001）

Wallin NL (1991). *Biomusicology: Neurophysiological, neuropsychological, and evolutionary perspectives on the origins and purposes of music*. Pergamon Press, Stuyvesant, NY

Wallin NL, Merker B and Brown S (eds) (2000). *The origins of music*. MIT Press, Cambridge, MA.（ウォーリン，マーカー，ブラウン編，山本聡訳『音楽の起源(上)』人間と歴史社，2013所収）

Webster DB and Webster M (1977). Neonatal sound deprivation affects brain stem auditory nuclei. *Archives of Otolaryngology*, **103**, 392–396.

Wertheimer M (1961). Psychomotor coordination of auditory and visual space at birth. *Science*, **134**, 1692.

Williams L (1967). *The dancing chimpanzee: A study of primitive music in relation to the vocalising and rhythmic action of apes*. Norton, New York.

Winnicott DW (1971). *Playing and reality*. Tavistock, London.（ウィニコット，橋本雅雄訳『遊ぶことと現実』岩崎学術出版社，1979）

Woodward SC (1992a). *The transmission of music into the human uterus and the response to music of the human fetus and neonate*. Unpublished doctoral thesis: University of Cape Town.

Woodward SC (1992b). Intrauterine rhythm and blues? *British Journal of Obstetric Gynaecology*, **99**, 787–790.

Woodward SC (1996). *Prenatal auditory stimulation*. Practica, Roodepoort.

Woodward SC (2005). Critical matters in early childhood music education. In DJ Elliott, ed., *Praxial music education: Reflections and dialogues*, pp. 249–266. Oxford University Press, New York.

Young S (1999). Interpersonal features of spontaneous music-play on instruments among three- and four-year olds. Paper presented at the conference, Cognitive processes of children engaged in musical activity, Urbana IL: School of Music, University of Illinois at Champaign-Urbana, 3–5 June, 1999.

Young S (2000). *Young children's spontaneous instrumental music-making in nursery settings*. Unpublished Ph. D. thesis, University of Surrey.

Young S (2002). Young children's spontaneous vocalisations in free-play: Observations of two- to threeyear- olds in a day care setting. *Bulletin of the Council for Research in Music Education*, **152**, 43–53.

Young S (2003). *Music with the under 4's*. Routledge Falmer, New York.

Zimmer EZ, Divon MY, Vilensky A, Sarna Z, Peretz BA and Paldi E (1982). Maternal exposure to music and fetal activity. *European Journal of Obstetrics, Gynaecology and Reproductive Biology*, **13(4)**, 209–13.

第22章

音楽と舞踊の基礎的実存経験としての生気(ヴァイタリティ)[1]：音楽指導への適用

シャーロット・フレーリッヒ

22.1 はじめに

　カール・オルフとエミール・ジャック＝ダルクローズ（Orff and Keetman 1950; Jaques-Dalcroze 1921）の指導法が登場して以来，約70年間にわたって音楽教育学は音楽と動きを結びつけてきた。そして，音楽の授業や器楽指導においては，即興に一層多くの時間が割かれるようになってきている。今こそ，この傾向を推し進めたのはどのような経験だったのか，身体の動きへの直観を育む指導法の根拠となるのはどのような研究成果なのかを検討する時であろう。同時に，現在行われている指導法を洗練させることができる新しい指導法の開発を検討する時でもあるだろう。

　心理学的な課題遂行についての質問紙調査やテストを通して，音楽と動きの結びつきを論証しようとこれまで様々な実証的調査が行なわれてきた（例えば，Altenmüller and Gruhn 1997; Altenmüller et al. 2000; Aronson and Rosenloom 1971; Rauscher et al. 1995; Gruhn and Rauscher 2002）。しかしながら，これらの実験はそのほとんどが聴取と動きを測定することの関係性に関心を寄せており，動機づけに関する基本的過程の解明はしそこなっている。学習者の経験を問うように作られた質問紙では，研究者が期待するほどには学習者自身の動機をすくいあげられない可能性がある，ということを我々は理解しておく必要がある。意識は前もって規定された測定可能な指標では記述しきれない，ということがしばしばある。

　世界についての抽象的で「科学的な」概念は，受け取った現実の分析を出発点とする。つまり信頼性を達成するために，現実は可能な限り小さな部分に分割され，その分割された部分は1つ1つ測定されようとし，過程とはそうした部分部分に関係づけられたものと仮定される。こうした世界の見方は，合理的に組み合わされた方略や説明を使った操作的思考によって支えられている。そして音楽教育学の分野ではこうした見方が，1つ1つの音楽指導がもつ体系的でむしろ制限されているとも言える目的を前もって計画するようなカリキュラム実践につながっているのだろう。ここで大切にされてきたのは，現実から受けるどのような刺激によって行動が決まるのかということである。

　しかしながら，経験の創造的あるいは自発的要因を認め，幅広い記述方法を取り入れている人類学者と乳幼児研究者たちは，生まれながらの全体論的(ホリスティック)知覚が存在すると主張している。例えば発達心理学者

---

[1] 巻末の参考資料「生気，生気情動と自己感」を参照。

たちは，異なる感覚モダリティによってもたらされる知覚を赤ちゃんが自発的につなぎ合わせる現象を特徴づけて，「トランスモダリティ」[2]あるいは「アモダリティ」[3]という用語を使用する（Lawson 1980; Kuhl and Meltzoff 1982; Trevarthen 1993; Stern 1985/2000）。こうした統合的，合目的的な意識の過程は，乳児期，子ども期，成人期を通して，我々の芸術的および社会的経験の中心に存在する。

音楽づくりという自然な現象が実証研究の網の目からもれてしまうのには，もう1つの理由がある。それは，自分たちが信じている唯一の状況は繰り返すことができる，そのことは「科学的に」妥当であると研究者たちが考えようとしているということである。ビデオ視聴や授業記録の検討によって何度も状況を分析できることは，音楽教師としての我々にとって喜ばしいことだろう。しかしながら，まったく同じ結果を伴う特定の状況を繰り返すことは，実際には不可能なのである。私にとってこのことは指導の様々な部分に関係していく。つまり指導の質，特に音楽指導の質は，繰り返すことのできない間主観的瞬間の中にある。

動きの自発性が音楽を経験したり学んだりすることにとって本質的であると考えることは，必ずしも「非科学的」ではない。人間のあらゆる模倣的コミュニケーションにおいて音と舞踊／動きは共に重要な意義をもつという考えにもとづくと，音楽と舞踊／動きの有意味性を論理的に引き出すこと，あるいは音楽と舞踊／動きを結びつけるアプローチの正当性を主張することができる（Blacking 1988; Donald 2001）。生徒の動機が高まっていくのを観察すると，指導時に音楽と舞踊／動きを結びつけることが効果的であることがわかる。

教師としての自分の役割をふまえて私が見つけたいと考えたのは，指導法ではなく，芸術的経験の芽を摘むことなく開花させることができるような指導原理である。これらの原理が依拠するのは，乳幼児の認識がもつトランスモーダルな性質について述べた乳幼児研究（Trevarthen 1977; Stern 1985/2000, 2004），不可逆的あるいはうつろいゆく状況に対して人間がどのように対応するのかということに関する人類学的洞察（Tarasti 1994），および音楽の意味の中で一緒に動くことが果たす役割に関する研究である（Kühl 2007）。私の目的は，子どもと大人双方にとっての芸術的経験を解明し，教室の中で芸術的経験が生まれるよう援助することである。しかしこれらの原理が採用されたならば，教師である我々は，教えるにあたって迂回路と思われる道をその副産物として受け入れなければならなくなるだろう。

乳幼児期の経験の中で意図と感情を知ること，あるいはそれらに気づくこと，そしてそうした活動をすることが大人にとって癒しになるということが，精神分析によって明らかになっている。音楽経験とは単に分析的であるというよりもむしろトランスモーダルかつ意図的である，という理解にもとづいて子どもと大人が一緒に行なっている音楽活動は，高い動機づけのエネルギーと生命力の高い可能性を含んでいる。このことは，あえて心理分析学的用語を用いなくても私の日常的指導経験からわかる。我々はこれをどのように理解すればよいのだろうか？

『プレゼントモーメント―精神療法と日常生活における現在の瞬間』においてダニエル・スターン（2004）はコルウィン・トレヴァーセンの著作（Trevarthen 1980）を参照し，なぜ間主観性[4]が「基本的，原初的動機づけシステム」とみなされるべきであるかを説明した。音楽的にも模倣的にも我々がお互いに「調律」しようとする傾向にあるということは，人間の種の存続を裏付けているようである。それゆえに，我々が「間主観的空間の継続的調節」において認識され，参加することは非常に重要なことである（Stern 2004, p. 97）。音楽指導の間主観的空間において，音楽と動きを通して，自覚的で意識をもった主体として互いに参加し合っているならば，生徒たちにとって音楽指導におけるそれ以上の動機づけは必要ないだろう。「一緒にこれをやる」という経験だけで十分なのだ。ここにきわめて重要な問いが

---

[2] 巻末の参考資料「モダリティ」を参照。
[3] 巻末の参考資料「モダリティ」を参照。
[4] 巻末の参考資料「間主観性」を参照。

ある。すなわち，調律された間主観的やりとりに確実に近づくためには，どのように我々は音楽的セッションを始めればよいのか，ということである。もしこのアプローチで成功したならば，一緒に音楽をつくったり，踊ったりすることの教育学的影響のみならず「治療的な」影響についても言及していることになるだろう。

22.2　不可逆性と動機

　コミュニケーションの過程はどこをとっても不可逆的である。会話の「やり直し」はできない。このことが意味しているのは，私が話しかけたり，あるいは一緒に音楽をつくったりしている人と私が，会話あるいは音楽的相互作用の後にはどこかしら違う人になっているということである。例えば，もし私があるコンサートの演奏に深く感動したり，何かが伝わったと思ったりしたら，私はコンサートホールにさっきの自分を残してくるだろう。私はその芸術家と作品を決して忘れないだろう。そしてその作品を聴くときはいつでも，その特定の演奏を思い出すだろう。その作品と演奏者は，コミュニケーションのレベルで私に訴えかけたのである。（音楽のように）時間的に展開する芸術においては，（絵画のように）「固定的な」芸術と違って，解釈あるいは表現の過程と作品の両者を瞬時に目撃することになる。この出来事は，生きられた表現や活動に言及しているという点で不可逆的である。それが生きられた体験であることは非常に明白である。つまり，経験というものの特質の1つは「今」，それぞれの表現の瞬間において開示しているということである。

　あらゆる理解や発見の過程がいかに不可逆的であるか。そのことが，芸術家あるいは演奏家，教師あるいは学習者としての個人だけでなく，その人たちのその後の作品をどのように変えるのか。私は過去の文献においてこれらのことに言及した（Fröhlich 2002）。我々は，この不可逆的な過程の中に治療的かつ動機づけや活気づけとなる可能性を見出し，それらを利用することができる。このことが指導の場に適用される際の意義とは何であろうか？　音楽教育学の観点，および乳幼児研究の知見の系譜から見ると，好奇心と好奇心の強さというものは生気[5]それ自体にとって本質的なものである。それらはあらゆる非言語的経験の形につながるものである。子どものときに道端で見つけたカタツムリの殻から北極探検まで，あるいはキーキー鳴る床の探索から精巧な作品まで，小さな，あるいは大きな発見によって我々はお互いを，また自分たち自身を絶えず刺激するのである。

　教育学の文献においては，第一の動機づけと第二の動機づけは異なるものとされる（Deci and Ryan 1985）。第一の動機づけは活動それ自体から引き出されるものと理解される。それは内発的動機づけと同義である。第二の動機づけは自分自身の活動の外から受けた影響，例えばほめられたり，ご褒美をもらったりすることの結果として出るものであり，外発的動機づけとしても知られている。我々は指導過程において第二の動機づけを容易に用いることができる。それは第二の動機づけが，物質的であれ社会的であれ，外在的報酬を伴って学習したいという欲求と結び付いているからである。それに対して第一の動機づけは，教師の手では生み出すことができない動機づけであるとしばしば言われる。しかしながら指導，特に音楽指導は，間主観性に対する実存的衝動や，学習者が自らを刺激したいと思う内在的，直観的願望とつながっている必要があるだろう。未知のものを自分の生活経験に統合したいという欲求，そして継続的調節過程において我々がすでに知っているものを区別したり，詳しく説明したりしたいという願望は，第一の動機づけがもつ基本的な欲求である（パンクセップとトレヴァーセン執筆の本書第7章における第一の感情システムとされる「探究」動機を参照）。

　音楽指導において自然な生気衝動と動機を維持するためには，音楽と動きを共に不可逆的な出来事とみなし，このような理解を育んでいく必要があると考える。このアプローチは我々に重要な責務をもた

---

[5]　巻末の参考資料「生気，生気情動と自己感」を参照。

らす。この理論的枠組みの中で教師たちは，もはやあらかじめ考えられた計画に従って教えることはできず，子どもたちの自発的な音楽表現に気づき，絶えず子どもたちとのコミュニケーションや相互作用の中で指導していかなければならない。

22.3 我々は不可逆的な過程をいかにとらえることができるか？

この節では社会生物学に基盤を置き，音と動きと生気の結びつきを論証する経験と学習の様式について考えてみたい。不可逆的な創造過程についての我々の理解に基づいた教育活動に関する新しい原理を打ち立てる際には，実践において社会的（間主観的）にも芸術的にも効果を発揮するような力が統合されるべきである。まず，以下2つの実存的原理について考えよう。

1 我々の心がもつ「遠心的」傾向に関係し，自然的かつ個人的環境へ向かう結びつき（Riemann 1991）
2 我々の心がもつ「求心的」傾向に関係し，内的身体経験へ向かう結びつき

これら2つの基本的な経験様式によって，我々は創造的指導実践に関するさらなる原理を得ることができるだろう。

22.3.1 個人的・自然的環境

新しい状況，あるいは新しいモノ，すなわち自然的環境のあらゆる部分との出会いと同じように，新しい人との出会いは新しい領域の探索と似ている（**図22.1**）。冒険や挑戦に対しての意欲が高まるのは，生気が高まったときである（Chikszentmihalyi 1990; Custodero 2002）。コミュニケーション（我々と一緒に演奏している人の反応を探索すること）と即興（音空間によって新しい状況を創造すること）は，単純な技能の発達以上のものを含む基本的な学習経験である。これらの文脈における，そしてこれらの方法による経験は，例えば正しい音程の演奏を学ぶよりも我々の心の中にずっと残るものである。

声による即興と同様に，表情，身振り，その他の身体表現を含む模倣的コミュニケーションは表現的で時間的な輪郭をもつ活動である（このことに関する数学的吟味については，本書第6章リーとシェーグラーの論文を参照）。我々はあるひとつの表現や身振りを「巻き戻し」て伝えることはできない。これはスターンの言うところの「生気情動」[6]が音楽と共有する性質である（Stern 2004）。お互いから出ている衝動をもって他者とコミュニケーションし合っているとき，動きの基本的な志向性とそれをメッセージとして用いることによって，我々にはわかることがある。それは，音楽づくりの音空間が芸術的展開

図22.1 新しい状況，あるいは新しいモノとの出会いと同様に，新しい人との出会いは新しい領域の探索である

---

6) 巻末の参考資料「生気，生気情動と自己感」を参照。

図22.2 トライアングルの音と動きの探索による自己表現の交換

図22.3 柔らかに呼吸する（写真6も参照）

への挑戦であると同時に社会行為の形式であり（Gebauer and Wulf 2003），さらにそれだけでなく自己省察の方法と精神的成長でもある，ということだ。表現を互いに共有するという現象は創作された音楽や舞踊においても見られる。子守唄，ソロ・パフォーマンス，二重合唱作品，民俗舞踊とキャラクター・ダンス（ワルツやタンゴのような），聴衆参加型の集団即興とコンテンポラリー作品など，こうしたタイプのパフォーマンスによって間主観性の様々な過程，すなわち自己表現を相互に交換する行為に音空間が生み出される（**図22.2**）。

　例えば二重唱，あるいは応唱的な歌唱や舞踊において使用されるような自己表現の交換は，音楽と動きを教える際に高い動機づけをもたらす指導原理になるだろう。それゆえ教師の質は，集団やクラスにおける自発的な音楽表現や感情表現の「十分な調律」を教師がいかに引き出すか，ということによって示される。こうしたコミュニケーションの仲介物，すなわち音楽的自発性を活性化させる特定のアプローチについては後に論じたい（22.5節）。

　この種の指導法の例には音楽的な例として私とあなた（ミー アンド ユー）（22.6.2節）がある。そして，自己表現の相互交換を含むさらなるシナリオが，音楽作品や舞踊作品の創造における出発点として使われるだろう（夢を演じる（プレイング ア ドリーム）22.7節，p. 485）。

　ここで，探索的かつコミュニケーション的な力との関係という点から，動きと音楽の即興を見てみよう。幼い子どもの最初の足どりは即興的な歩行と，そして最初の発声は即興的な歌唱とみなされるだろう。もし子どもが「即興的な」歩行に成功したら，その子はさらに第二の，そして第三の歩行を行なう。子どもは自分の空間的状況を変化させることができるということを発見する。そしてこのことによって，きっと喜びに満ちた幸福な叫び声をあげるだろう。その子は喜びの叫び声を違った形にしようと探索したり，いろいろ試したりさえし始めるだろう。子どもは，音楽的あるいは舞踊的フレーズにおいて生きられた即興を行なっているのである。

　それゆえ，個人的・自然的環境への様々な誘いという観点から見て，対人的コミュニケーションは音空間の即興と同様，不可逆的な時間経験であるという結論を我々は得るだろう。それゆえ我々はそれらの経験を指導原理や教育的な方向付けの視点，あるいは生きた音楽経験への出発点として解釈したり用いたりすることができる。我々は，子どもたちの志向性をこうした発見とコミュニケーション的なふるまいから音楽創造へと変えることができる。しかしながら成人の指導においては，これら2つの段階にもう一段階入れる必要がある。自分たちのふるまいが「理性的」であること，その理性を言葉で意識することに非常に慣れてきた大人は，自分たちの自律的，芸術的表現を再発見したり，自覚したりするこ

図22.4 手拍子ゲームにおいて拍動を発見する

図22.7 コミュニケーションを楽しむ

とにさらなる援助を必要とするのである。

22.4 身体的実存

　無情にも，我々を取り巻く環境の発見だけでなく，身体的実存までもが不可逆的である。どんな身体的あるいは生理学的な出来事も，変化させることさえできない。我々の身体と精神の中には常に痕跡が残る。このことによって身体意識，すなわち我々がどのように動いているか，どのように動いたか，またどのように動きを導くかということについての意識は，「生きた」システムとしての音楽指導の道具たりうるということがわかる。

　我々の身体と精神における経験は不断の変化の中にある。例えば，我々は十分な会話や心動かされる即興にリラックスするかもしれない。我々は自分たちの心的状態に応じて，様々な形で内的かつ外的な動きを経験することができる。それゆえに我々の実存的志向性は，時間に沿って展開する芸術経験の背後に存在し，かつ音楽的表現の多様性を理解することへの根拠をもたらすのである。

　音楽づくりは踊ることと同様，身体的状況の中に立脚している。身体的レベルでの音楽と動きの基本的結合構造は呼吸と拍動の循環であり，それらの中でナラティヴ[7]がもつ流動的で劇的な状況である。呼吸ははっきりと発音されたフレーズの中で歌になる。一方，拍動は活動，記憶，そして想像力というリズム構造になる。

　体内の動きは，心拍あるいは脈拍をよく聴くことによって知覚されるだろう。我々が歩いたり，走ったり，ジャンプしたりすると拍が生まれる。それと同じ拍が手や腕の動きを支配する。揺れたり，手を叩いたり，打ったり，振ったり，編み物をしたりしているときに，規則的でリズミカルな動きがを生み出される。スウィングしたり，船を漕いだり，泳いだり，そして重いモノを引っ張ったりというように，規則的な間隔で全身を動かすことを我々は楽しむ。拍動は音楽と舞踊において起こる構造的かつ打楽器的瞬間への入口なのである（**図22.10**と**図22.13**）。

　我々の身体における生き生きとした経験がもつこれらの手段は，すべて他者に伝えることができる。集団がもつ力を高めたいと思ったら，拍動する動き，あるいは拍動する音を生み出すような課題やゲームによって，すなわち手を叩く，歩く，跳ぶ，あるいはこれらの動きの組み合わせによって簡単にこの

---

7) 巻末の参考資料「ナラティヴ」を参照。

図22.10 友達を叩く強さに敏感であること

図22.12 呼吸のダイナミクスを探索する

ことを達成できる。一方，もし集団を落ち着かせたいと思ったら，呼吸を意識するよう求めることによってこのことを達成できる。呼吸とは，ピッチの定まっていない音と旋律の両方を生み出すことができる声というものの入口である。我々は呼吸を調整することによって，（衝動を導く）ダイナミクスとアゴーギクの過程と，音楽的アーティキュレーションについての経験を深めることができる（図22.3 と 図22.12）。

22.5 音楽と動きの結びつきに関係する4つの仲介物

我々は，音楽と舞踊の結びつきにおける4つの仲介物を基礎とし，それらを，指導を始めるための一助とすることができる。音楽的文脈において「仲介物」という用語を使用するときには，能動的で効果的な力，すなわち人を活気づけるような特定の効果を生み出すことができるということを意味する。これらの仲介物がもつ固有の特性は，それらが子ども（と大人）の参加者の自己意識と音楽的経験を同時に活気づけるということである。さらに参加者は音楽と舞踊を学習している間，その特性によって自分を取り巻く環境を探索したいとか，コミュニケーションを通して他者から経験を得たいといった実存的欲求の意識をもち続けるようになる。

4つの仲介物とは，コミュニケーション，即興，拍動，呼吸循環である。コミュニケーションに注目すれば，言葉を用いない参加の仕方で音楽創造と舞踊創造を始めることができる。第二の仲介物，すなわち即興を用いて音楽と舞踊の過程を始め，展開することもできる。教師の助けを借りて子どもが自分の作曲と舞踊創作を発展させることができるよう，我々は音と新しい動きに対する好奇心を育てる。

拍動に重きを置けば，リズミカルに動く子どもの喜びを通して音楽創造と舞踊創造を始めることができる（図22.4）。拍動の経験を展開させるには，喜びに満ちた子どもの動きを音楽と舞踊のリズム，あるいは歌の伴奏に結びつけるという方法がある。第四の仲介物，すなわち音楽的経験と舞踊への4番目の出発点は，呼吸循環を意識することである。ここでの方法原理は子どもに声の探索とダイナミクスの変化に興味をもたせ，それを音楽的および社会的調律経験への出発点とすることである。大人と一緒に

図22.5 「イエス，マイ フレンド」における参加のリズム

Yes, my friend ..　　イエス，マイ　フレンド…
No, my friend ..　　ノー，マイ　フレンド…

活動する際にその方法は，出発点は平和で静かでありたいという彼らの欲求をふまえるように，動きと音づくりがリラックスした状況を直観的に作り出せるように変わるだろう．

22.6　コミュニケーションを伴った遊びを通して音楽的過程に入る方法

コミュニケーションによって音楽と動きを用いた活動を始める2つの方法を説明しよう（例えば図22.7）．これら2つの場合においてその目的は音楽を創造することであるが，指導は舞踊を創造するのと似たような方法で始まるだろう．きわめて重要な点は，教師と生徒，人間同士の生き生きとした触れ合い，という基本的状況を経験することである．例えばそのような状況は，「こんにちは，私はあなたを知っているよ」，「賛成するよ／反対だよ」，「私は1人でいたいんだ」，「一緒に行こう」，「私はとてもあなたに似ている／似ていない」のような様々な表現に見られるだろう．ここから私は2つの例を選んだ．1つ目は「賛成するよ／反対だよ」のテーマから，2つ目は似ているあるいは違っている，という感情の状態をめぐるテーマからである．

22.6.1　出発点の提案1：「イエス　アンド　ノー」

1　子どもたちが教室の中で動き回れるようにする．机は必要ではない．

2　子どもたちは小さな打楽器を選ぶ．それぞれ4分の4拍子1小節分のリズムをいくつか聴いて，おうむ返しに繰り返すように指示する．

3　すべての楽器が「イエス，マイ　フレンド」と言っているかのように聞こえる，と私は子どもたちに言う．私が演奏する最後のパターンは図22.5のようなものである．

そして，私は打楽器で1つの非拍節的なリズムを演奏し始める．私の楽器が明らかに問いを発したら，楽器で「イエス，マイ　フレンド」と答えてほしいと子どもたちに説明する．

4　自分たちの楽器が「ノー，マイ　フレンド」とも言っている，と子どもたちが気づいて自ら言い出すのにそう長い時間はかからないだろう．我々が同じリズムを扱っているということを彼らは直観的に理解する．そして，スムーズな「イエス」の様式で演奏することもできるし，断続的な「ノー」の様式で演奏することもできる，と私は言う．

5　ここで私は，素早く反応するであろうと経験的にわかっている子どもの方を向く．彼らの反応は，言葉による説明をたくさん必要とする他の子どもたちのモデルになるだろう．そうした言葉による説明は私が避けたいものである．

6　子どもたち自身がいくつかの「非拍節的」な質問をするまでにそう長い時間はかからないだろう．彼らがそのようにしたら，私は作曲家の視点から短い反応を返す．多くの場合私は質問の型を聴き，模倣や動きのある変奏，例えばだんだん強く，だんだん弱く演奏するという様々な方法を用いることで彼らが創意工夫できるよう援助する．このようにして，即興がもつ「お決まり(定型)」と「ユニーク(自由)」という両方の性質をもったアイディアを私は子どもたちに伝えようとする．同時に，音楽の流れをさえぎったり壊したりしないよう過剰な反応は返さない．

7　次にクラスを2つの集団に分ける．1つの集団は教室内を歩き回り，もう一方の集団はじっとしたままにする．非拍節的に遊びながら，動いている集団の子どもはそれぞれじっと立っている子どもの方に歩いていき，非拍節的な質問をする．答える側の子どものリズムは少し自由でよい．「イエス，イエス，イエス，マイ　フレンド」あるいは「イエス，マイ　フレンド，イエス，マイ　フレンド」，あるいはもっと大きな声で「ノー，ノーーーー　マイ　フレンド」と演奏したりするだろう．そのため，私はもとのリズムから生じた変奏を許容範囲とするだろう．

8　もちろん，すべての質問やすべての答えが等しい長さであるというわけではないので，教室は音響的混沌状態に陥るだろう．その後，質問する子どもと答える子どもの役割は毎回変えることが

482 | 第22章　フレーリヒ

できると伝える（非常に幼い子どもには求めない）。

9　このようにして子どもたちがお互い一緒に，音楽的に遊んでいる間，私はそれぞれの集団の演奏を，興味をもって聴いて回る。子どもたちは私の模倣的コミュニケーションも理解しなければならないし，私が興味をもっていることや自分たちのアイディアを高く評価していることにも気付かなければならない。私は音響的混沌を許容し，子どもが集中力や音楽的構造や社会的つながりを明らかに欠いていると判断したときのみ干渉する。

10　最後に，私は子どもたちをもう一度集団か円形に集め，「ジェニー，誰かさんがここを通った…？」と歌い始める。すると子どもたちは「ノー（イエス），マイ　フレンド」と自分の楽器を使って答えたり，歌ったりするだろう。私はそれに続いて「う～ん，お団子が全部ないんだけれど――私はあなたにそう言うわ――お団子が全部ないのよ」と歌う。

結果として，子どもたちはすでに歌のほとんどを学んだことになる（**図22.6**）。同時に，彼らはリズミカルな課題を行ない，即興者／作曲家として振る舞い，空間的な経験に参加し，そして多様な社会的役割に気付いたのである。音や音楽をつくることはコミュニケーション的な過程であることを子どもたちは理解した，とも言える。

ある歌の要素を最初に演奏したら，子どもたちはそれがその歌であることをすぐにわかるという場面に私は何度も遭遇してきた。このような指導方法によって子どもたちは自分自身のモチーフ，そして最

図22.6　「イエス　アンド　ノー」の音楽的コミュニケーションを通して学習された「ジェニー，誰かさんがここを通った？」

後には歌をつくり出すことができるようになる。それゆえに，音楽を創造する動機を高める，というコミュニケーションがもつ生得的能力を使って (Bjørkvold 1992)，私は指導を始めるのである。

22.6.2 出発点の提案2：「ミー　アンド　ユー」

最もよいのは，子どもたちがやっていることの何かしらに私が気付くことによって「ミー　アンド　ユー」のゲームが始まることである。次のような状況を考えてみよう。子どもたちは円形に集められている。しかし，2人の男の子が仲の良さそうな様子でお互いにつつき合っている。これは私の計画を妨害するものにもなりうるし，指導の出発点として私が使おうとするものにもなりうる。

1. 彼らのアイディアを真似したとは言わずに，例えば「ミー，ミー，ミー… アンド　ユー，ユー，ユー」のように彼らの動きに合うようなものを，何か私が話したり歌ったりする。私の提案は彼らの行動にとても似ているので，彼らは多くの場合それまでの行為をやめて，私のやることに参加するか，私の提案を自分たちの行為に関連させる。
2. まず私は自分自身を指し（「ミー，ミー，ミー」），次に円の中心に向かって指差す（「ユー，ユー，ユー」）。すぐに私は自分の動きを「ユー，ユー，ユー」に変え，円で私の隣にいる人をそっと押し始める。何回か繰り返すと，子どもたちは押し方を強くして，お互いをつつき始めるだろう。そうした動きを制しきれないかもしれないので，ここでそのクラスについて知っていることは極めて重要である。ある子どもはこのことを不作法になってよいというチャンス，あるいは誘いととらえるかもしれない。この可能性をなくすために，「私はジョンとマックスがやっているアイディアを使っているの。彼らはとても仲良くそれをやっていて，私たちはそれを真似することができるわ」と言うだろう。このようにして，男の子たちは受け入れられたと感じる一方で，私の表情から全面的に良いことだと思ってもらえたわけではない，ということにも気付くだろう。
3. ここで少なくとも2つの選択肢が発生する。1つは，私が第4項と第5項に書いた方法で続けること，もう1つは直接第6項にいくことである。
4. その場ですぐに私が小さな詩を作る——しかし複雑すぎるようにはしない。それは次のようなものである。

    ミー，ミー，ミー
    私はあの木のてっぺんからジャンプします

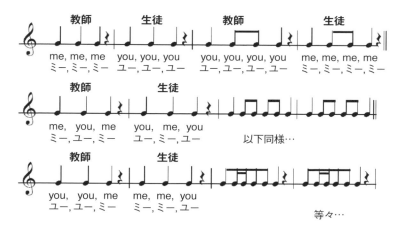

図22.8 Gordon (1997) の考えにもとづいた「ミー　アンド　ユー」ゲーム

ユー，ユー，ユー
私がやっていることをどうぞ見にきてください
5 私は子どもたちに「ユーの反復進行」を試すよう誘ってみる。我々はゲームに，以下のような様々な身振りを加えるだろう。
◆挙がっている相手の手を打つ
◆あご先の身振りを加える——少し「突き出て」見えるように
◆小指の先で相手の鼻に触れる
◆お互いのつま先あるいはかかとに触れる

ある音楽と動きの仲介物が（22.5節で述べたように）いかに素早くもう1つの仲介物につながるか，ということはすぐに明確になる。大きなカーブを描いて「ユー」と言うとき，私の呼吸は変化し，それは旋律の創作にさえつながるかもしれない。私が自分のつま先で相手に触れるとき，それは自分の足でリズムの正確さを訓練していることになる。ここで全体的なポイントとなることは，まさに最初の瞬間から，私が何がしかコミュニケーションにかかわる出来事に遭遇し，その出来事がもつ力を集団に持ちかけたということである。

6 第3項に続いて，私はエドウィン・ゴードンが指導のために提案したアイディアを用いるだろう（**図22.8**）（Gordon 1997）。「ミー，ミー，ミー」と「ユー，ユー，ユー」という応唱的反復進行を安定させた後，私はゆっくりとリズムを変化させ始める。9歳以上の生徒は「ユー」を使って答えるように指示する。9歳以下の子どもたちは，最初は，まるごと真似をして「ミー」で応えることを好んでいるようだが，最後には「ユー」と「ミー」が突然交替することを楽しむようになる。さらに，西洋音楽史の文脈においてこのようなコミュニケーション的な歌を子どもたちに意識してほしければ，後でモーツァルト作曲**魔笛**のパパゲーノとパパゲーナのアリアを一緒に聴くとよいだろう。

22.7　即興を通して音楽的過程に入る方法

音楽的過程はたいてい偶然から始まり，要求されて始まるということはほとんどない。子どもは椅子に刺さった画びょうを叩いて騒音を生み出すことを楽しむかもしれない。私はこのことに注目する。
1 私はすべての子どもに対して目を閉じるように指示し，その騒音を真似する。そしてそれが何であるかを推測し，真似するように言う。
2 多くの場合，このことによって他の子どもたちは新しい音や騒音を生み出すようになる。
3 この瞬間に私の注意が分断されるので，できるだけ速く2つのことを評価しなければならない。
◆私の指導方法が突然変わることは，活動の妨害になることをすべて許すわけではない，ということを子どもたちはわかってくれるだろうか？　ここで教師は集団の状況を素早く明確に判断し，感情的調律を作り出す必要がある。なぜならクラスの反応が挑戦的であるかもしれないからだ！
◆どの音，あるいはどの騒音が特別な音楽的可能性を与えるかを私は素早く評価しようとする。例えば私は次のようなものが聞こえないかと耳を澄ます。
(a) 非常に規則的に演奏される音
(b) 音量について広い幅をもつ音
(c) ある連想を引き起こすような音
4 私はこれら特定の音楽的特徴に反応し，小さな音楽的パターンとしてこれらの音を繰り返すように子どもたちに指示する。
5 私は続いて，自分たちのアイディアを使って作曲しようと提案するだろう。最後は，1つの音が

次の音に続くというような，シンプルに次々と音をつないでいく形になるだろう。しかしながらこれだけだと表面的になってしまう可能性もあるので，クラスのレベルに応じて作曲技法的に少しチャレンジングなことをもちこみたい。どうやって1つの形式的要素から次の要素に行くのだろうか？　手拍子1回でいけるか？　フェイドインとフェイドアウトで？　ゆっくりと音が混ざっていくように1つの音が次の音に行くことで？　段々密集していく音の連なりによって？　騒音の輪唱，つまり音の連なりから現れた新しい要素によって？　ロンドみたいに？　「グルーヴ」（我々が好きな歌のオスティナート）を使って？

子どもたちが集団の中でどのように一緒に活動するかということは，時間や季節，そして学校の雰囲気次第である。子どもたちがお互いを繊細に扱う傾向にあることを考えに入れておくならば，私は次のように即興を続けるだろう。

子どもたちは円形で座る。1人の子どもが有志で夢見る人になる。その子どもは，目を閉じて円の真ん中に横たわるだろう。我々はこれから「眠り人（スリーパー）」のために夢を演じるということ，しかし夢はあらかじめ計画することができないものなので，夢をどうやって演じるか，夢がどんなものなのかは誰にもわからないということを私は他の子どもに説明する。それゆえ，子どもたちは眠り人のために即興的に音や騒音を出し始める。

これらの即興の中には自然に終わりを迎えるものもある。時には私が合図を出して即興を終わらせなければならないこともある。たいてい，眠り人はいつ「夢」が終わるかを知っており，他の子どもたちは夢がどうだったかを眠り人に聞きたいと思っている。この即興的反復進行をクラシック音楽に関連づけたければ，例えばクロード・ドビュッシーの象の子守歌を聴くとよいだろう。

22.8　拍動を通して音楽的過程に参加させる方法

1. 指導の最初，子どもたちは円形で座る。
   - ◆少しの間，大股で足踏みするよう子どもたちに指示する。
   - ◆大きな音と柔らかい音で交互に足踏みするよう指示する。
   - ◆続けて，2回大きな音で足踏みする。しかし2回の足踏みの間には長い間隔をあけるよう提案するだろう。
   - ◆生徒がさらなるアイディアを出したら，我々はそれを皆でやってみたり，つなげてみたりする。
2. 我々はその場で歩き始め，私は子どもたちが規則的な拍で歩けるように援助する。我々がこの歩行を練習して正しい拍子を保っている間，私は新しい詩を作るか，よく知られた詩をリズミカルに話す。子どもたちがすぐにそれを記憶することができるように，この詩は短い，あるいは単純なものでなければならない。その詩が韻をふんでいるとか，意味がわかるかということは問題ではない。しかしその詩がいくつかの山場を含んでいるならよいことである（このことは多くの場

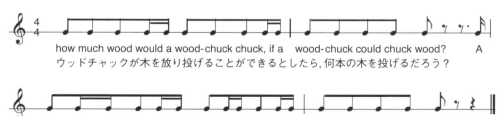

図22.9　「ウッドチャックは何本の木を投げるだろう」のリズム

図22.11 「ウッドチャック」拍動ゲームにおける足踏みと手拍子リズムの組み合わせ

合，かなり自然発生的に起こる。なぜなら詩をリズミカルに読んでいるとき，人は詩に対して「意味のある」終結を作るような傾向にあるからである）。例はよく知られた子どもたちの詩であるが，私は初めのうちは最初の2節のみをやってみるだろう（**図22.9**）。

3　集団に対して「ウッド」という言葉のところで手拍子をして参加するよう指示する。この言葉のところでうまく一緒に手拍子することができたら，私が喜んでいる姿を子どもたちに見せる。

4　ここで私は，子どもたちが「森の中の木のように」椅子を教室のどこにでも置いていいようにする。音楽的過程の中のこの短い中断の後，全員で最後の音節のところで手拍子をして，つながるリズムを見つけようとしてみる。次に我々は正確な拍子で足踏みをしながら，「木」のあいだを歩き始める。最後の音節に関するルールは，ここでは変えてもよい。例えば，

◆ 皆で座る
◆ 椅子の下に隠れる
◆ 詩の最後の長い「ウッド」を歌う間，座って全身を伸ばすと決める

生徒が提案した，指導を助けるようなアイディアを取り込んでいくことは，授業計画に厳格に従うことよりも重要である。

次のアイディアは，生徒と大人の愛好家との活動の中から生まれる。この節では2つの異なる課題がある。1つは子どもたちに関すること，もう1つは大人に関することである。その課題は子どもたち（だいたい10歳くらい）にとっては難しいが，このような音楽へのアプローチ法で本当に大人がやるようなチャレンジをすることによって，成功する機会を得ることになる。音楽を専門的に学ぶ生徒と大人の愛好家がその課題を達成するのは簡単だろう。身振りや打楽器演奏を詩に合わせるというこの方法を経験した後に，音楽的創造性を刺激される参加者もいるかもしれない。

5　我々は戻って円形に座り，詩全体を新しい音楽形式を作り出すための生の素材として扱っていく。

6　集団を「第一」声部と「第二」声部に分ける（**図22.11**）。第一声部のメンバーは「ウッド」のところで足踏みする。詩の最初の部分でこれをやることは簡単であろう。しかし，第二の部分ではさっきよりも難しくなる。

7　第二声部のメンバーは「チャック」の言葉のところで手拍子をする。そのときには，投げるような動きが続くよう手拍子をするために，左手の手のひらを越えて右手の手のひらをすべるように動かす。

8　集団が詩を繰り返すたびにだんだん静かに言うよう提案する。最後は，詩はまったく聞こえずに，手拍子，すべらせる，足踏みの音だけになる。

クラシック音楽作品と拍動ゲームの関連性を明らかにしたいなら，ラヴェルのボレロ，ビゼーのオペラ，カルメンの中の「カヴァティーナ」あるいはシューベルトの軍隊行進曲を聴くとよいだろう。

ウッドチャックの詩を用いた我々の活動においては，把握しておくべきさらなるチャレンジがまだある。リズムは三声部に分けて，あるいは輪唱として演奏することができる。輪唱で詩を演奏する際には，第二声部は普通は2小節後に入る。しかし，2拍後に第二声部が入ってくるのはもっと難しいだろう。この新しい展開は，集団の能力次第でさらなる即興のリズム的基礎として用いることも可能である。

22.9　呼吸と発声で遊ぶことを通して音楽的過程に入ること

　指導中に子どもたちがたくさん動きたいと思っていると感じたら，シフォンスカーフかクレープ紙を子どもたちに与えて，それを使って踊ることができるようにしている。彼らは教室中で自由かつ自発的に動き，私は1つの楽器，すなわちピアノ，テナーリコーダー，あるいは好んでジャンベ（西アフリカを起源とする太鼓の一種）で彼らの動きに伴奏をつける。

1　私は子どもたちに，踊り始める前に深く呼吸をするよう指示する。私は伴奏の中のフレーズの長さを，子どもたちが吐き出す息のだいたいの持続時間に合わせる。

2　私は「インディアンの輪」と題された次のようなひと連なりの遊びを与える。なぜそのようなタイトルであるかというと，南アメリカのインディアン[8]に関係する教師が私にこのゲームを教えてくれたからである。集団は集まって，できるだけ大きな円を作る。我々は一緒に呼吸をし，皆で円の中心に向かって「ヒュー」と音を立てて飛ばすように息を吐く。そしてもう一度はじめからやるために円を開く。

3　私は集団に，息を吐き出して円に入っていく別のやり方を提示する。私がこうした動きを突然に生み出していくのを子どもたちが見るのはよいことである。

　◆ 前方に向かってゆっくり動き始めながら，私は力強く「魔法のような」手の動きを伴って「シュシュシュ」と息を吐く。子どもたちは私の動きを真似し，繰り返す（手を用いることはこのひと連なりの遊びにおいて重要である。なぜなら普通ではない音を生み出すときに，子どもたちの注意を彼らの声と自己意識からそらすことに有用だからである）。

　◆ 力強い身振りを伴い，「ウウアア」という大きくて長い声で攻撃的に叫びながら，私は前方へ踏み出す。

　◆ 私は「シルルルルル」という音を出し，自分の手をハチドリの羽のように動かしながら円の中に入り，その中を回っていく。

4　円の境界に戻ってくるたびに，子どもたちと私は，私が彼らに見せたアイディアを繰り返す。

5　ゲームが進行するにつれて，子どもたちは自分自身のアイディアを発展させたり，リーダー役を引き継いだりできる。

6　ここで私は自分の直観を働かせなければならない。子どもたちが考え出した行動のいくつかを解釈することから私は始める。自分の提案が他者にとって意味がある，特に大人が自分のアイディアにかかわってくれる，と子どもたちに感じてもらうことは重要である。例えば私はこのように言うだろう。「私たちがエレンのアイディアをやっている間，皆風の中で泡立っているようだったわ」，あるいは「たくさんの風車のように見えたわ」，「秋の空に飛ぶ凧のようだったわ」，「私はまわりを飛んでいるたくさんの幸せそうな鳥を見たの。ヘンリーは，朝，他の鳥がやってくる前に1羽で最初の飛行を楽しんでいる鳥のようだったわ」と。

　多くの場合，子どもたちが提案したアイディアの中には，私があらかじめ準備した指導内容によく合うものもある。

　天気に関する歌と詩は，ダイナミクスを含む音楽創造の出発点として特にふさわしい。これらのタイプの歌を使用することで，ダニエル・スターンが言うところの「強度輪郭」あるいは「強度勾配の調整」にあたるような，強さの変化の可能性を我々は探索することができる（Stern 1985/200, p.88f）。結果として我々は，より強く，柔らかく，弱く，速くなど様々な方法を経験することができる。

　もし子どもたちに，西洋音楽の文脈の中でこうした強さの変化に気付いてほしいと思ったら，ヴィヴァ

---

[8]　この部分の表現は原書のままである。

ルディの四季から「夏の嵐」、あるいはハイドンの交響曲から「朝」を聴くとよいだろう。特に呼吸と発声のつながりに気付いてほしければ、ボビー・マクファーリンの録音（例えばwww.bobbymcferrin.com参照）、あるいはロッシーニの「猫の二重唱」を聴くとよいだろう。

即興とコミュニケーション・ゲームを通して音楽経験と舞踊経験を始めるには、ここで記述した以外にももっとたくさんの方法がある。重要なことは、拍動と呼吸循環の関連の中での身体への気付きである。十分に訓練され、想像力にあふれ、生来音楽的かつ創造的な教師の活動の中では、指導テーマに限界はないはずだ。

22.10 理想的環境

私の経験において多くの喜びや、相互理解と音楽的創造性への関心を生みだした指導法についてこれまで記述してきたので、ここではスイスのバーゼルでの私の指導環境について記述したいと思う。音楽学校と公立学校が緊密に連絡し合っていたと同時に、時間割がよく編成されていたため、私はこのような相互的な指導方法を発展させる機会に恵まれた。

多くの場合、私は特別音楽室で小学校のクラスの半分の生徒を指導した。もう半分は同時にクラス担任が指導を行い、後で交替する。音楽室は音楽指導のためだけに使用され、机はない。なぜなら、子どもたちが動き回ったり床に座ったりするような広い場所を確保するため、空いた空間になっているのだ。部屋の壁面に設置された戸棚には、多くの打楽器、シロフォン、シフォンスカーフ、ロープ、風船と弦楽器が入っている。そのため、指導の中で子どもたち自身のアイディアを自然に取り入れていくことが常に可能である。この種の部屋は音楽と動きを効果的に指導できるようにするのに単に有益であるというだけでなく、むしろ必要不可欠なものであると個人的には考えている。

22.11 集団で音楽づくりをするための生きたアプローチへ向けた手がかり

結論として、生徒の生気を高め、活気づけるために私が用いる指導原理をいくつか列挙したい。

- ◆ ダイナミクス、表現の本来的形式、他者との触れ合い、そして自己の認識は、子どもたちと音楽との出会いの初期段階においてきわめて重要な経験となる。もし子どもの全人的な「健全性」というものを念頭に置くならば、これらの要素は、音高を合わせることとか読譜といったことよりもずっと重要なものである。

図22.13 他者の音との関係を構築する

◆これは実験的音楽理論と言ってもよいかもしれないが，自分の身の回りの環境に対する幼い子ども自身のアプローチから始まる活動を指導の出発点として用いなさい。「ピアノ」や「クレッシェンド」といった，ほとんど一時的批評のような「大人」の用語をあまり使わないようにしなさい。子どもたちの専門用語とアプローチを使うことについてできるだけ多く考えなさい。

◆子どもたちの自発的な行動を音楽的に解釈し，それらを自分自身の指導レパートリーと芸術的レパートリーに関連づけなさい。

◆歌を子どもの自発的なアイディアや動きと結びつけたり，子どものアイディアと動きをよりよくしたり拡張したりすることによって，歌を単に教えることを超えて歌との絆をつくりなさい。

◆あまりにも幼い年齢で音符やリズム記譜を指導することは避けなさい。記譜法を指導することは，音楽を指導していることにはならない！ 認識的学習を要求することによって他の本質的な音楽経験を制限してしまうことになるので，このことは重要である。もちろん，認識は音楽づくりにおいて役に立つ道具ではあるかもしれないが，音楽そのものは認識でもなければ，記譜でもなければ，読譜でもない。よい経験的背景をもたずに使用しようとする道具は皆，有益というよりもむしろ経験を制限するものになる。

◆しかしながら，子どもたちの記憶を助けることができる場合には，音符やリズム記譜を使用しなさい。子どもは全体のシステムを理解していなくとも，これらを記憶の助けとして用いるだろう。子どもへの器楽指導では，この問題はほとんどそれ自体によって解決される。しかし楽器を演奏しない子どもは，すぐに記譜法を忘れてしまうかもしれない。もし教室の中で「役立たず」な記譜を指導するならば，子どもの時間と本質的な合奏経験の機会を無駄にすることになるだろう。

◆音楽芸術における指導は言ってみればスコアのようなもので，そこでは様々な音楽的事象が楽曲の声部のように相互作用し合い，絡まり合う。音楽指導の多様な目的は分割して指導することはできない。そうでなければ，我々は基礎となる経験である音楽を見失ってしまう。正しい音程で歌う，合図に反応する，他者の音を聴く，新しい素材を創造する，視覚化されたものと音の産出を結びつける，そして動きを歌と結びつけるといった事柄は，言ってみれば「指導」という曲の中の「声部」なのだ。バランスをとってそれらをきちんと関連づけなさい。

◆音楽的目的は簡単には分けることができないということ，そして音楽的瞬間は繰り返すこともできないし，再生産することもできないということを意識しなさい。最も素早い方法，すなわち最も効率的な方法では，基礎となる音楽経験を切り落としてしまう危険がある。時間をかけるということもまた音楽的である。教訓的に言えば，時間をかけるということは「人類学的に言って音楽的である」ということ，そして生徒たちの中には永続的な効果として確実に残るということである。

（長井覚子訳）

引用文献

Altenmüller E and Gruhn W(1997). *Music, the brain, and music learning.* GIML series vol. 2, CIA Publishing Inc., Chicago, IL.

Altenmüller E, Gruhn W, Parlitz D and Lieben G (2000). The impact of music education on brain networks: evidence from EEG-studies. *International Journal of Music Education*, **5**, 47–53.

Aronson E and Rosenbloom S (1971). Space perception in early infancy. *Science*, **172**, 1161–1163.

Bjørkvold JR (1992). *Det musiske menneske – barnet og sangen, leg og læring gennem livets faser.* Hans Reizels Forlag, København. Published in English as *The muse within: Creativity and communication, song and play, from childhood through maturity*, 1992. Aaron Asher Books/Harper Collins Publishers, New York.（ビョルクヴォル，福井 信子訳『内なるミューズ（上）（下）我歌う，ゆえに我あり』日本放送出版協会，1999）

Blacking J (1988). Dance and music in Venda children's cognitive development. In G Jahoda and IM Lewis, eds, *Acquiring culture: Cross-cultural studies in child development*, pp. 91–112. Croom Helm, Beckenham, Kent.

Csikszentmihalyi M (1990). *Flow: The psychology of optimal experience.* Harper and Row, New York.（チクセントミハイ，今村

浩明訳『フロー体験：喜びの現象学』世界思想社，1996）

Custodero L (2002). Seeking challenge, finding skill: Flow experience in music education. *Arts Education and Policy Review*, **103(3)**, 3–9.

Deci EL and Ryan RM (1985). *Intrinsic motivation and self-determination in human behavior*. Plenum Press, New York.

Donald M (2001). *A mind so rare: The evolution of human consciousness*. Norton, New York and London.

Frölich C (2002). *Präenz und Achtsamkeit. Beiträge zur psychosozialen Prävention aus Musiktherapie und Elementarer Musikpädagogik.* [*Being present, being aware. Contributions to psychosocial prevention from music therapy and elementary music pedagogy.*] Lang, Frankfurt.

Gebauer G and Wulf C (2003). *Mimetische Weltzugänge. Soziales Handeln – Rituale und Spiele – ästhetische Produktionen.* [*The mimetic relation to the world. Social actions – rituals and games – aesthetic productions.*] Kohlhammer, Stuttgart.

Gordon EE (1997). *A music learning theory for newborn and young children*. GIA, Chicago, IL.

Gruhn W and Rauscher F (2002). The neurobiology of music cognition and learning. In Colwell R and Richardson C, eds, *Second handbook of research on music teaching and learning*, pp. 445–460. Oxford University Press, New York.

Jaques-Dalcroze E (1921). *Rhythm, music and education*. Putnam's Sons, New York.（E.ジャック＝ダルクローズ，板野平訳『リズムと音楽と教育——リトミック論文集』全音楽譜出版社，1975）

Kühl O (2007). *Musical semantics*. European Semiotics: Language, Cognition and Culture, No. 7. Peter Lang, Bern.

Kuhl R and Meltzoff A (1982). The bimodal perception of speech in infancy. Science, **218**, 1138–1141.

Lawson KR (1980). Spatial and temporal congruity and auditory-visual integration in infants. *Developmental Psychology*, **16**, 185–192.

Orff C and Keetman G (1950). *Musik für Kinder* [*Music for children*]. Schott, Mainz.（C.オルフとG.ケートマン，オルフ「子どものための音楽」研究会 編『子どものための音楽』音楽之友社，1964）

Rauscher FH, Shaw GL and Ky KN (1995). Listening to Mozart enhances spatial-temporal reasoning: Towards a neurophysiological basis. *Neuroscience Letters*, **185**, 44.

Riemann F (1991). *Grundformen der Angst. Eine tiefenpsychologische Studie.* [*Basic forms of fear.*] Ernst Reinhardt, München, Basel.

Stern D (1985/2000) *The interpersonal world of the infant. A view from psychoanalysis and developmental psychology*, 2nd edn, 2000. Basic Books, New York.（スターン，小此木圭吾・丸田俊彦監訳『乳児の対人世界——理論編』岩崎学術出版社，1989）

Stern D (2004) *The present moment in psychotherapy and everyday life*. Norton and Company, New York.（スターン，奥寺崇監訳・津島豊美訳『プレゼントモーメント——精神療法と日常生活における現在の瞬間』岩崎学術出版社，2007）

Tarasti E (1994). *A theory of musical semiotics*. Indiana University Press, Bloomington, IN.

Trevarthen C (1977). Descriptive analyses of infant communicative behavior. In HR Schaffer ed., *Studies in mother–infant interaction*, pp. 227–270. Academic Press, New York.

Trevarthen C (1980). The foundation of intersubjectivity: Development of interpersonal and cooperative understanding in infants. In D Olson, ed., *The social foundation of language and thought*, pp. 316–342. Norton, New York.

Trevarthen C (1993). The self born in intersubjectivity: An infant communicating. In U Neisser, ed. *The perceived self*, pp. 121–173. Cambridge University Press, New York.

第23章

即興的な音楽パフォーマンスにおける親密性と相互性：成人アーティストと幼児から教育学的に学ぶこと

ロリ・A. クストデロ

　乳児は，成熟した精神をもつ大人の生きる世界と同じ世界に生まれてくる。しかしその立場は，学校の授業に身を置いてアルファベットを学ぼうとしている小中学生とは異なる。乳児は，生活の中にある自分自身の喜びを分かっている。それは世界が単なる道ではなく家であり，乳児が知恵をもって育つにつれて，世界は更に広がっていくからである。我々の道において，喜びを得ることはあらゆるところにある。知恵の獲得は1歩ずつ我々の道と共にある。というのも道と家とは1つだからである。それは我々を導いてくれるだけでなく，居場所をも与えてくれる。

タゴール[1] (1921, p. 91)

23.1　はじめに

　我々は音楽を通して，自分自身や自分と世界とのかかわりについて学ぶ。つまり旋律やリズムに携わることで，音や人や思考を理解する機会を得るのである。そのような共感的な理解は，知覚と経験，あるいは社会的な文脈と個人の気質との相互作用や結びつき（あるいは対立）の産物である。我々は音楽的時空間を共に経験することを通して意味を創り出す。すなわちそうした次元上で，自分と他者1人ひとりの解釈から私的な慰めやひらめきを得るのである。組み立てられた音の圧倒的な質に接し，そうした音を創ることで何かを得られる時，我々は自分たちに共通する人間性の開示によって他者に惹きつけられ，一方では1人ひとりが個性的に成し遂げる成果を通して芸術性に惹きつけられる。

　この結びつきと有能感[1)]の基盤は乳児期にある。乳児期には，母親や父親や祖父母そして保育者たちが，愛情のこもった表情や身振り[2)]を伴って音楽的に話しかけたり歌ったりすることで，共有される経験の構造的かつ感情的な本質を伝える。こうした早期の人間関係は，音の中に知覚される意味を聴いたりそれに応えたりすることを通して，お互いをもっと知りたいという欲求に動機づけられながら直観的

1　ラビンドラナート・タゴール (1861-1941)：ノーベル文学賞受賞者。サンティニケタン（カルカッタ郊外）に学校を建てた。そこでは授業が屋外で行われ，子どもたちは，芸術的表現や鑑賞等あらゆる科目の基礎を学んだ。
1)　人が環境と効果的に相互作用する能力についての主観的認知であり，内発的動機付けを引き起こす一因と考えられている。
2)　巻末の参考資料「身振り（ジェスチャー）」を参照。

に相互構築される。つまり，応答性と受容性との間で揺れ動きながら両者が互いに教え合おうとし，またそれを受け取り合うという意味において教育的である。本章において私は，関係性の基礎的な根源であるコミュニカティヴ・ミュージカリティが，音楽的な対話から成り，互いを知ることを通してその世界を知るということを引き起こすものであると考える。そのような知識は，与えられるものによく耳を傾けることによって，またよく考えて解釈し，元の型を尊重しながら模倣したり拡張したりしながら応答することによって，少しずつ収集される。コミュニカティヴ・ミュージカリティは，互いに情報を与え合い共に発見し合いながら立ち現れる過程として，様々な集団を跨ぐ人々の発達を支えるよう機能し (Trevarthen 1998)，教育的な文脈を検証するための枠組みとして，また教育に際する意思決定の基盤として期待できる。

乳児期におけるコミュニカティヴ・ミュージカリティは明確な役割を担っており，それは親子を結びつけたり，ターンテイキング[3]と模倣行為で成り立つ社会的結合をつくり出して親子を文化の中に巻き込んだりすることである (Malloch 1999; Trevarthen and Malloch 2002)。コミュニカティヴ・ミュージカリティは，そこにいる人々をその瞬間に参加するよう迫るものであり，生涯にわたって教育的である。つまり人々は聴きながら創りながら，自身の経験に基づいて，次に起きる音楽的瞬間の内容を予想する。音楽的な合図と社会的文脈のフィードバックを読み取りながら，パフォーマンスの感情的ニュアンスは調整され，聴取の予測が再評価され，想像上の聴き手が驚くような慣習の打ち破りが起きる。

本章の冒頭で引用したように，成熟した芸術性と幼い子どもの世界構築とを検証する時，生涯を見渡す観点を持つことは特に重要である。

> 子どものありのままの天才ぶりは，大人の天才の最高に洗練された独創性に匹敵する。それはどちらも，精神と神経系を組織する力を行為や意味生成へと解放する真のメタファーを捜し求めているからである。
> コッブ (1977, p. 102)

青年と成人に比べれば，幼い子どもと成熟した芸術家の方が似通っている。というのも青年と成人は，コッブが言うところのメタファーへのつながりの強さが異なっている (Gardner *et al.* 1990)。ピカソは，自身の芸術性に子どものようなアプローチを取り戻そうと生涯苦心していたが，それについての有名な言説は，数多くの音楽家の自己省察的な言葉の中に繰り返されている (例えばBarron *et al.* 1997; McCutchan 1999)。

最も基礎的な表現においてこれらの類似性を明らかにし，また精査するために，解放感や受容性といった空間に意識的に入り込む成人芸術家の即興的な行為と，日々自発的に生み出される幼い子どもの音楽づくりとを概観する。本来的に備わっている音楽づくりは，環境における社会的及び身体的状況に反応するものであり，そこに焦点化すると，タゴールが「旅」と「家」と言い表したものが共存することが分かる。これらの比喩は芸術的な経験の複雑性について言及しており，それは既知の環境の中での個人的な革新や発明といったきっかけを要求するものである。すなわちそれは創造的に生きること——生きていること，生きていくこと——の同時性なのである。

本書のこれまでの章では，コミュニカティヴ・ミュージカリティの本質を，関係性の構築や文化の維持と関連が深く，また衰弱性疾患に対処するための根源的資質として説明している。私はこの糸口に従う。それはありふれた毎日の経験と，音楽的な指示を通して理解したり共有したりする驚くべき能力とを編み合わせることである。本章では，乳児と養育者とのコミュニカティヴ・ミュージカリティを定義づける，有機的で同期的な相互作用の証拠を提示する。自由な創造的環境の中で，それと同様の相互作用の形態が大人と幼い子どもの中に，あるいは間に再現されるからである。初めに2人の作曲家の発言

---

[3] コミュニケーションの中で1人ひとりが互いに番（ターン）をとって発話ないし，発信すること。第1章の訳注[4]も参照。

を取り上げ，十分に発達したミュージシャンシップ[4]の中にあるコミュニカティヴ・ミュージカリティについて検討する。プロである彼女らの考えを示したインタビュー記録は，協同的な音楽づくりの過程や出来上がった作品に関する洞察を導き，母子間のコミュニケーションとの類似性を示唆する。この大人の即興演奏についての解釈を踏まえ，幼い子どもの自発的な音楽づくりを研究者と親との見解の中で扱い，観察して解釈する。音楽づくりでは大人も子どもも自分の好きなようにすることができ，そうした自発的文脈が示唆するのは，我々が互いの相互作用や自分たちを取り巻く環境にあるアフォーダンス[5]との相互作用から学ぶということである。このような様々な観点から乳児期以降のコミュニカティヴ・ミュージカリティについて明らかにすることで，相互性や親密性や行為主体性といったテーマが生まれ，教育的な理解の助けとなるのである。

23.2　芸術性に参与すること：即興演奏の専門家によるコメント

エレーヌ・バーキンとアレクサンドラ・ピアスは，即興演奏を重んじ実践する，学術的に熟練したキャリアを持つ作曲家である（**図23.1**）。現象学的研究の一環として（Custodero 2007），我々は週末，即興演奏とその過程への影響を見るために会っていた。私はその音楽づくりに時折参加しながら，彼女らの相互作用的で自発的な演奏を動画と音声で記録した。そして明らかに，あるいは暗に誘われた時には会話にも加わった。

コミュニカティヴ・ミュージカリティは，コラボレーションの詳細を見れば明らかだった。つまり，ピアノを弾くことで体現される音楽的な身振りを通して身体的に，また音楽的な誘いを受容する中で音響的に明示されていた。そしてそれは，互いによく聴き合って伝えられたものが関連づけられて結合し，ナラティヴ[6]の概念が共有されることによって特徴づけられていた。ナラティヴの型は，様々な時間の枠組みが入れ子になっているものだった。すなわち個人の演奏は，（a）1曲全体を構成する身振りやそ

エレーヌ・バーキン「つまり即興しようとするのではないのです…私は自分が行ったことのないどこかへ，音楽的かつ社会的に自分自身を連れていくことが好きなのです。そういった意味では非常に社会的な活動です」

アレクサンドラ・ピアスがエレーヌ・バーキンに語ったこと「あなたが何かをしたら，私もただ何かをするだけです」

図23.1　芸術性に参与すること——即興演奏の専門家によるコメント

---

4) 巻末の参考資料「ミュージシャンシップとミュージキング」を参照。
5) 巻末の参考資料「アフォーダンス」を参照。
6) 巻末の参考資料「ナラティヴ」を参照。

のつなぎ目における小さなレベル，(b) 3つの演奏のまとまりをその日にわたって包含するより大きなスケールのナラティヴ，(c) 演奏家たちが経験してきたものの背景を共に含めるマクロなナラティヴ，の3つのレベルで解釈可能だった。これら1つひとつのナラティヴ構造を省察するごとに，意味を共有するコミュニケーションの別のかたちがもたらされた。

　組み合わさった即興がもつ親密な性質は，コミュニカティヴ・ミュージカリティを定義するための興味深い課題と考察を生み出した。この堅く長年にわたる大人の友情の中には，他の誰でもないパートナーという強い意識があり，そのことが研究という状況によって高められていた。エレーヌが述べたのは，このようなタイプの即興的な音楽づくりの場合，違いが表面に現れてくること，そしてそれは「個性の型が違ったように振る舞う」ことであり，「違いが存在していないかのように振る舞うより，それに向き合って取り組む方が良い」ということだった。このことは最初，母子間のコミュニケーションとは無関係のように思われたが，大人と比較的幼い乳児の間にある認識的で生物学的で経験的な明らかな違いは，コミュニカティヴ・ミュージカリティがもつ機能の核となる部分にあるのかもしれない。つまりナラティヴの共同構築を通してこうした違いに直面することで，それらは理解すべき障害ではなく，応答するべき知覚への誘いへと変わるのである。そのような違いが面白味を添え——それらは二者択一的な知覚について教えてくれるものである——相互の努力や意図を通じて，想像もつかないようなものを生み出すのである。即興的な状況での個性の並列は，音楽経験に恩恵をもたらすものとして知られてきた（Bailey 1992）。

　この協同的取り組みの最も興味深いところは，その開始の過程にあった。私が到着した時，2人の音楽家の間には明らかに不安や緊張があり，それは取り組みへのモチベーションに障るほどだった。セッティングは研究の観点からは自然なものだったが，彼女らの普段の集まりに比べると自然なものではなく，またくつろげるものでもなかった。各々が別々の部屋でピアノの演奏をしている時，互いを聴き合いながら音楽的な合図で直接コミュニケーションをとり，研究という状況によってのぞき行為のようになりやすかったであろう身体的な合図から解放されることで，その問題は最終的に緩和された。

　　（カメラの前景にいた）エレーヌはゆっくりとグランドピアノに近づき，立ちあがって，大きく開放的な響きを奏でた。それは，アレクサンドラによる短い音楽的装飾を遊び心で使ったものだった。それは稀有で，簡潔な模倣的応答であった。2人の演奏家は明らかに耐えていた。長い休止の間，宙に浮いた静けさの中でエレーヌは目に見えて集中し，両目を閉じたりピアノに視線を注いだりして自分の息を整えた。13分ほどのところでアレクサンドラが小さなベルを持ってフロントルームに入り，身体的空間の境が越えられることで，差異あるいは少なくとも隔たりが解消されるということが示された。

　　　　　　　　　　　　　　　　　　　　　　　　　　　　　　　　　　クストデロ (2007, p. 84)

　音楽的身振りの性質は誘い合うものであった。つまりエレーヌが開放的な響きを提供し，アレクサンドラがその空間を受け入れることでそれに応じ，そしてまた応答を通して相補的な身振りで継続へと誘ったのだ。遊び心のある応答は明るみへの誘いであり，緊張を追い払うために用いられた優しいからかいのようなものだった。物理的距離はコミュニカティヴ・ミュージカリティを生み出す音楽的な親密さを容認し，また日常的なナラティヴを前進させていた。アレクサンドラはもう片方の部屋について「完全に解放されている」と言い，また自分の演奏パートナーから更なる寛容さをどのように感じたかについて，以下のように話した。

　　アレクサンドラ「（私は）あなたの寛容さを離れたところから感じたのよ，なぜなら私はあなたを寛容でなくしようと勤しんでいたから」
　　エレーヌ「今日の課題は，楽しもうということでしたね」
　　アレクサンドラ「実際とても楽しかったわ！（そして意図的に視線を合わせながら近づいて）あなたと演奏できて楽しかった，ということよ」

続く第2回目の即興では，エレーヌがバックルーム（アレクサンドラが以前いた部屋）で演奏した——それは意識的な相互作用の行為だった。演奏家たちは10分という時間枠も決めていたが，彼女らは驚くほど正確に時間調整をした。

> この曲は，音楽的な対話が突然溢れ出すことから始まった——様々な音域の素早くリズミカルな身振りが，模倣と拡張を通して応答された。この主題拡張の1つの例として半音のトリルがあった。まず初めはアレクサンドラによって，そのトリルが曲を開始する「基本形」として継続する形で導入され，後に装飾として繰り返されると，エレーヌによって表面的な時間だけが伸ばされ，ゆっくりとしたオスティナートの音型へと広げられた。アレクサンドラは音程を3度へと展開することでモチーフの空間的な性質を広げ，より長く保持された音に対する主要な対位旋律の中にこれを置いた。アレクサンドラが前の曲でやったように，エレーヌが前に出て「古風な」ギターの音色をかき鳴らすという驚くべきことを持ち込んだことで，全てのコラージュ効果は最高潮に達したのであった。
>
> クストデロ (2007, p. 84)

ここでもまた明らかなことは，誘いに応える身振りの中で，提供されたり思慮深く受け取られたり応答されたりする音楽的素材についての共通理解を通じ，コミュニカティヴ・ミュージカリティが定義されるということである。

初日最後の即興は，誘いと介入と受け取られる応答とが複雑に並ぶものだった。身体的な近さという親密性が，バレエのような美しいギブアンドテイクを生み出した——空間がたっぷりととられ，また穏やかに要求された。フラストレーションは確かにあったものの，ねばりと忍耐強さは「招かれざる共演者」のためのものとなり，その共演者は2人の演奏家の片方に，音楽的方法で予期せぬことに順応するよう誘う効果をもたらした。

> ついに，2人の演奏家は同じピアノに座った。エレーヌが右側だった。その演奏は，踊りと表現されて然るべきものだった——4つの手が鍵盤の上を優美に動いた。視覚化された音——その準備と解放——が，音楽の特徴を身体的に具現化することで観察者に伝えられ，また見たところ演奏しているパートナーにも伝えられていた。曲の1分半ほどのところで，その二重奏は四重奏になった。アレクサンドラの2匹の犬が音の風景に加わり，それが終わりまで続いた。そのコーラスはアレクサンドラにとってはなじみ深いものだった。エレーヌは最初明らかに取り乱していて，うっかり刺激を与えてしまわないか心配していたが，アレクサンドラによって音楽空間の中に静けさが保証されていたためエレーヌは続けた。距離の近さによって多くのじゃれ合いを観察することができ，それは次のことを含んでいた。(a)アレクサンドラの手がエレーヌの手を越えながら反復的に動くこと（アレクサンドラの4本の指が1つになって，繰り返し軽く親指に触れるような動き）によって起こる腕を交差した音域の交換，(b)高音の鍵盤が多くの倍音と共に響くように，音を出さずに低音の鍵盤を静かに押し下げておくこと，(c)犬の鳴き声に対する模倣ともとれる音楽的応答。最後は犬のしつこさに負け，和声とリズムを落ち着かせて終止した。
>
> クストデロ (2007, pp. 85-86)

この音楽家たちは，何が自分たちのコミュニカティヴ・ミュージカリティに貢献するのか，ということを分かっていた——その身振りは「他者に空間をどう与えるのか」を示す指標だった。ちょうど母親と乳児が，応答の時間を短くしたり長くしたりしながら自分たちのナラティヴの時間的性質を定める空間で遊ぶように，このアーティストたちにとって共に即興をすることは，個の空間に居ながら他者の提供する空間と融合するということだった。アレクサンドラは「開放的な音」は「居心地の良い部屋」であると言った。両者とも，これらの誘いはコールアンドレスポンスなどとは全く異なるものであると明言した。それは彼女たちにとって居場所の問題——つまりアレクサンドラがゴールと表現するところの，間主観性[7]と個人の主観性とのすり合わせの問題だった。これは「他者にそれぞれの空間を与え，（む

---

7) 巻末の参考資料「間主観性」を参照。

ずむずとではなく）嬉しそうにその場にいる」ということである。

　演奏経験から教えることへと関心が移っていったことは，この音楽家たちにとって自然な成り行きだった。ここで彼女たちは，誠実であり続ける必要があるという実感を得つつも，似たような良心，つまり積極的かつ音楽的な参加が重要だということを感じていた。彼女たちは，「人々に，自身の空間をもたせること」そして「集約する方法を探し，権威を手放すこと」について語り，「自分のいるところにいかに留まり，その一部であり続けることがどうしたらできるのだろう」ということを問うている。エレーヌは自分の作曲の生徒と即興することについて話している時，ノリノリになる必要性について回想し，こう言った。「この世で最も簡単なことは，誰かと演奏して真似ることよ。私は他者に帰属感を与える（ように見える）ことなんかには興味がないわ——皆あなたのことを聴いているのよ！」。

　即興という経験そのものは，コミュニカティヴ・ミュージカリティを検討するのに非常に適している。なぜなら即興では，個人的なコンタクトと音楽的創造との瞬間的な交わりに応えることが求められるからだ（第6章リーとシェーグラー参照。ジャズミュージシャンの相互作用的な即興が検討されている）。ここで取り上げた音楽家たちは，音楽活動の本質を熟慮している。つまり彼女らは演奏しながら常に「自分は何を聴いているのか」ということを問い続けているのである。彼女たちが「自分の意識が完全に高まっている」と主張しているように，その過程には教育的な機能が内在している。そのような行為にはリスクが伴わないわけではない。

> 私たちの誰にとっても，最も挑戦的なことというのは，やり直せないということ，つまりひどくむき出しにされる，ということです。こんな風に言えるかと思うのですが，一方では間違いというものはなく，また一方では「こうしたい」という自分がいます。

　要するに，専門的な音楽家の協同的即興の過程を検証するためにコミュニカティヴ・ミュージカリティというレンズを用いることで，アンサンブルにおける音楽家の芸術性についての重要な点があらわになるということだ。演奏者同士の視覚的なコンタクト（Finnegan 2002）や音楽的な音として具現化されたものが示すように，他者と共に音楽に携わることは親密な経験である。ディサナーヤカ（2000）はそのような親密性の役割について理にかなった説明をしており，その役割を，芸術性に繋がるような相互性の中に成就する精神生物学的な要求であるとしている（ディサナーヤカ，本書第2章）。親密性はまた脆弱性をも生み出す。つまり即興という性質が，前の段落で述べた音楽的な立脚点から外れるような危険に人をさらし，また他者と共同構築するという性質が，競い合って創造的になるような瞑想状態を招く可能性に人をさらすのである。しかしこのようなリスクを負うことは学びにも繋がる——それは個人の応答能力について，音楽的な可能性について，また他者の視点から見ることによる別のやり方についての学びである。

23.3　子ども期の芸術性について：研究者と親の見解

　子どもも大人も，乳児期のコミュニカティヴ・ミュージカリティによって後の人生における学習経験の備えをするのかもしれない。なぜならコミュニカティヴ・ミュージカリティは，音楽的文脈の中に信頼感や文化的な帰属感といった気質を生み出すからである（Trevarthen 1999）。子どもはすくすくと成長するにつれて，文化的な相互作用を自分の兄弟姉妹や家族，仲間，教師，他者へと広げていく。こうして教科書の内容と同じくらい，その伝達手段によって教育の機会を得るのである（Smith 1998）。幼い子どもは生物学的に音楽を好む傾向があるため（Trehub 2001），音楽的モデルを先導したりそれに応えたりしながら，世界における自分の行為の結果を発見していく。つまり子どもは日々の生活でリズミカルに声を出したり動いたりしていて（Bjørkvold 1989; Campbell 1998），それは周囲を取り巻く音やモノや状況や人々とコミュニケーションをする中で起きているのだ。成人音楽家の即興のように，子どもは

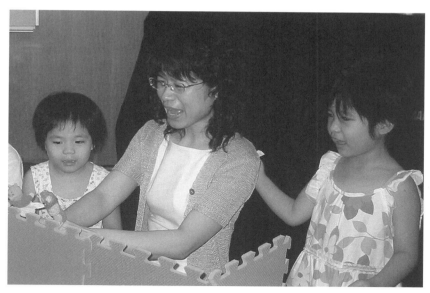

図23.2 母親と娘たちが音楽で遊んでいる様子

自分たちが創る音楽に自身の過去の経験と技術的な手段――すなわち自分なりの技能――を持ち込む（**図23.2**）。

　音楽づくりは子どもがいる所であればほとんどどこでも観察することができる――空港や地下鉄，家，シナゴーグや教会，運動場，レストラン，博物館，コンサート，お誕生日会，更にはスーパーマーケットでさえ観察できる。子どもたちは自分たちの経験に対する「サウンドトラック」として音楽を創り，自分たちの環境の中にある音に音楽的に応える。幼い子どもたちの中にあるコミュニカティヴ・ミュージカリティは，母子間の相互作用よりもグローバルに解釈可能かもしれない。なぜなら子どもたちは，ローカルな文化の中で相互にかかわりを持とうとしたり自分の立場を理解したりしようと努めるからだ。このことは，見聞きした音や身振りを体現することによって，つまり時間的かつ空間的特徴を本来的に備えている動きや音声のレパートリーへと変換することによって達成される。

　教師と親へのインタビューにおいても，また世界中を回って集めた子どもたちの音楽的な行動の録音においても，そのような音楽づくりや応答が幼い子どもたちの日常生活に浸透しているという圧倒的確証を，私は一貫して目の当たりにしたのだった。

　　【日記の記述，台北にて，1999年7月17日】
　　ホテルのレストランにて夕食。熱情的な器楽曲がBGMとしてスピーカーから発せられており，それは中国民謡のような響きである。ここに4歳くらいの幼い女の子が大家族と一緒にいる――家族は8人ほどの集団である。彼女だけが子どもで，面白いことをしたがっている。彼女は見たところ，誰かが見ているかもしれないと思っている様子はなく（とはいえ私もじっと見るというよりはこっそりちらちらと見ている），テーブルの上の花瓶から花を取り，音楽に合わせて非常に表情豊かにダンスを始める。その解釈的な動きは見る者を釘づけにし，また彼女は音と身振りの喜ばしい同調性に貫かれ，変化させられているようである。大人たちに花を戻すように言われるまで，彼女は5分以上それを続けている。

　ここに描かれている自己表現の親密性は，音そのものとのコミュニケーションを示している。その幼いダンサーは自分のプライベートな時間をもち，目に見えるパートナーなしに音楽と相互作用をしていた。彼女は1人きりで動いていたと言えるかもしれないが，他者と共にいるような知を示しており，そ

こには親密な応答が具現化されている。この時彼女は，これまで自分が見てきた型の集合体と音に内在する特徴とを自由に引き出せている。音楽を通した個人の心の発達が，個人間の有意義なコミュニケーションを可能にするのかもしれない。専門的な音楽家が音楽的親密性を得ようとして身体的親密性を遠ざけねばならなかったように，子どもたちは社会参加を始めるために1人の世界に入り込むことで，自分自身を音楽性の行為者とみなす必要があるのだろう（Archer 2000）。

　ヴァン＝マーネンとレフェリング（1996）は子ども時代の秘密の聖地について記述しており，そのような場が「生きていることや空想すること，思うこと，不思議に思うこと，感じることの可能性を試す」機会をいかに提示しているかについて述べた（p. 25）。こうした空間が鼓舞する想像力や冒険心は，「そこにいることで幸福感を味わえる雰囲気」をもたらすような親しみ深く秩序ある環境から生まれる（p. 31）。本章で議論してきたように，音楽はコミュニケーションの方法として本来的に備わっている身近なものである。すなわち連想されるイメージと一対になったその圧倒的な質──それは我々を感覚的に引きつけてやまないものである──は，ありふれた現実から，想起される過去や創り出される現在へと個人を連れていくことができる。

　それから6年後，ある研究生がこれに類似した個人内経験を収集した。彼は「ある日の台北」という名称の研究に参与していた（Custodero et al. 2006）。2005年7月のある土曜日，研究チームは博物館や公園，公共の乗物，ショッピングモール，レストランといった台湾の台北にある16箇所の家族向けの場所を訪れた（幼い子どもを連れた家族が確実に現れるように，それぞれの場所は予め訪れて選定した）。我々は子どもの音楽づくりに関する42のエピソードを記録し──歌ったり，ハミングをしたり，リズミカルに唱えたり，モノを楽器のように鳴らしたりすること（またそれらがパターン化したり反復したりするフレーズの中で行なわれていたもの）──，それらの機能と意味について分析した。次のエピソードは，ある男の子が自然に内在する音楽性を受け取ったりそれに応答したりしながら，環境とコミュニケーションをしていると解釈できるだろう。そこでの彼の声による応答と身体的姿勢は，静かで穏やかなその場の状況を具現している。本エピソードの観察者はその地域の音楽文化に通じている者だったが，その男の子の発声に特徴的な構造は感じなかった──それはまるで，彼が視覚的な美意識をスコアとして使っているかのようだった。

　　男の子はバルコニーの上に横になり，台北植物園の美しい風景を眺めながら歌った。彼は非常にリラックスしているように見えた。美しい風景が彼に歌を歌わせているのだ，と私は思った。彼は（学習した）歌を歌っているのではなく，自分の音楽を歌っていた。その音楽は非常に穏やかだった。彼の母親が子どもたちに蓮の池を見るように言うと，彼は数秒間歌うのを止め，それからまた歌を続けた……それは5分程続いた。私は彼の姉妹が歌うことを期待した……しかし彼女が彼と一緒に歌うことはなかった。5分が経ち，彼らの母親が降りる時間だと知らせた。

　この2つのエピソードは両方とも，子どもたちの私的な世界の一部である自発的な音楽行動が大人の邪魔になると思われたり，無指向的な行為としてどれ程頻繁に無視されたり誤って解釈されたりしているのかを示している。前述した最初の例では，その行動に向けられる大人の注意が行為を止める原因となっている。これは私が集めてきたエピソードにおいてもよく起こることだった。それはどんなに善意ある大人であっても，ナラティヴを中断させて，音楽が生み出す特別な場所から逸脱してしまうようなものである。成人音楽家の即興演奏にあった犬のコーラスのように，歓迎されない発言や例え大人による注意でさえ，子どもの私的な自由や想像力豊かな音楽性といった経験を奪いかねない。

　幼い子どもと大人とのコミュニカティヴ・ミュージカリティは，公共の場ではあまり見ることができない。公共の場は家と違ってモチベーションがしばしばお互いに食い違っており，親の注意がより一層子どもに向けられるからである。下記は大人と子ども間のコミュニカティヴ・ミュージカリティの例外

的な事例であり，ここでは両者ともその行為にしっかりと注意を向けている。

【日記の記述，ニューヨークにて，2003年7月19日】
午後の遅い時間，地下鉄の中でのこと。私はC電車に飛び乗り，乗車中に聞こえるあらゆる微妙な音楽づくりに気づけるように構えた。しかし今日は微妙どころではなかった。5, 6歳くらいに見える小さな女の子が，父親か叔父か兄弟といったところだろうか，一緒にいた若い男性と手拍子遊びを創っている。彼らはサウンド・オブ・ミュージックの「ドレミの歌」を歌っていて，リーダーは明らかに女の子の方だ。男性は彼女に従っていたが，彼はその遊びを広げようとして自分のアイディアを提供している――彼は歌をカノンにしたがっている。彼らはコラボレーションしながら入るタイミングを窺っていて，その子はその曲の繰り返し部分でくすくすと笑っている――女の子は努力し続け，男性はサポートを継続している。そのデュオは周囲全体の注意を引いていた。それは子どもによって始められ，また大人によって親切なサポートがなされているものであり，その喜ばしい出来事に私たちはお互いに顔を見合わせて笑い合う。その行為は彼らが電車を降りるまで，少なくとも10分間は続いた……

ここでは，子どもと大人に共有されていた意図と他の乗客の二次的享受の中に，コミュニカティヴ・ミュージカリティがはっきりと表れている――この二次的享受で我々は，自分たちが立ち会った相互作用を認めてそれに共感したことで，まるでその遊びの一部であるかのようだった。その行為の時間は，先に挙げた2つの「1人きり」の事例よりも長いもので，（電車を降りるという）共通の動機によって終わりを迎えている。自発的な音楽づくりの性質は文脈によって大きく変わる。すなわち，1人きりの音楽づくりは束の間で非計算的かつ内省的な傾向がある一方，子どもたちの間で共有される音楽はリズミカルな短い部分の繰り返しとなる傾向があり，しばしばオノマトペが用いられる（Moorhead and Pond 1978）。初めに引用した2つの事例の描写は，本事例とは時間的性格の点で異なっている。前者はテンポがゆっくりとしていて子どもの私的な表現である身振りが持続しており，後者の相互に影響し合いながらパターン化された反復とは非常に対照的である。

このエピソードでの大人の行為は，子どもの音楽的な遊びを価値あるものとして認識したという点で，他の大人の行為と全く異なっている。つまりナラティヴを作る子どもの行為に応えて（自分のものにするのではなく），子どもの一時的な感覚に従っている。我々は3歳児のいる家族10組を対象にした研究で，特に目立った音楽的行動が子どもに見られた際，両親に日記をつけてもらうようにした。その目的は頻度をカウントすることではなく，親が何を意味あるものと感じているのかを知ることだった（Custodero 2006）。これらのレポートから相当な数のコミュニカティヴ・ミュージカリティの証拠が得られた。そこには子どもの行為を助けようとして上手くいった試みや上手くいかなかった試みのみならず，共有された意図や親密性や相互のモデリングなどがあった。

育児は，変化していく子どもの要求に応える発達的技能として調査されてきた（Bornstien 2002）。家族の内部にある音楽的な相互作用は非常に様々で，また家族のメンバー間にさえも多様性がある。ある家族の母親と父親は，1人っ子である自分の子と相補的な方法で音楽的な相互作用をしていた。音楽的な訓練は受けていないと自称する母親と音楽教育家である父親の両者共に音楽的な相互作用をしていたが，両者はかかわり方の点で異なっている。この家族における母の相互作用は，3歳という娘の年齢に典型的な自発的歌唱に応えているように思われた（例えば，Bjørkvold 1989）。その母親は，自分が育児をしている時の音楽の多さに驚き，自分の母親の手法をモデルとして用いていたことに気がついた。

私は1日のうちにどれほど多くの音楽が生じるかということに気づきました。私の母がしてくれていたように，ドライブ中の歌や寝起き時の歌や，ちょっと創ってみただけのお馬鹿な歌や構造のないものや……自発的な音楽は1日を通して生まれています。私は日常のありふれたことについての歌をいつも歌っていました。何をすべきか，またいつ何が（音楽的に）上手く働くのかを，皆本能的に知っているのです。
クストデロ（2006, p. 45）

図23.3 子どもが大人の参加を促す様子

父親は自分のことを，より形式的な経験を与える者と認識していた。彼は自分の娘が関与した行為に大変驚いた。

　これを書き留めるにあたり，私が驚いたことで1つ申し上げたいのは，メラニーがどれほど多くの歌をせがんだかということです……ピアノの時間，私に演奏してもらいたがるのです……どんな歌であっても，半分くらいの歌は彼女が「じゃあ『スキップ・トゥ・マイ・ルー』にしよう」，「『クカブラ』にしよう，それか『スループ・ジョン・ビー』にしよう」と言って始まりました。そして時々，彼女は短い歌を創りました。彼女は詩とメロディーのようなものを歌うようにして創り，そして私は……それに合うようなⅠ度とⅤ度の（和声）進行を付けて演奏するのです。

伴奏者としてのこの大人の役割は，互いに支え合って即興する成人音楽家の役割に似ており（23.2参照），子どもが演奏できる空間を与えている。自発的歌唱に向き合う母と子の相互作用に見られるように，父と子のやり取りも相互性を有している。そしてそれは更に形式化された方法で起きていた。

　彼女は最近幼稚園を卒業したので，「小さな白いアヒル」のような歌に歌詞をつけて歌っていました。すると彼女が私に「こんな風に手を動かさないといけないのよ」と教えました。お分かりのように，学校にいる時のようにある種の動きをやってみたのです。「違うよお父さん，間違ってるよ，これはそっちでないと」。

おそらくこうしたことは人生のきわめて早い時期から現れるがゆえに，音楽は子どもたちが早くから一人前たりうる場を提供し，とかく子どもの人生の多くをコントロールしがちな大人と対等に共有するものを与えてくれる（図23.3）。この研究における別の家族の母親は，3歳の娘についての声の記録（括弧内の言葉は文章化されない音声）を提供した。

朝，ケイティは「ヘッド，ショルダーズ，ニーズ，アンド，トウズ」と歌いながら朝食の席に座っていて……そして「お父さんとドーナツを食べる日」のために学校で習った短い歌を歌い始めました。それは「ドーナツ屋さんに小さな3つのドーナツ，てっぺんには粉砂糖のかかったものもあるよ」（非常にリズミカルな短い歌）というようなものでした。いずれにせよ彼女はその歌をよく知っていたようでしたが，歌詞の一部をいくらか忘れていました。そのため彼女は一生懸命でした。そして私は彼女と一緒にその歌を歌い始めました。すると彼女は私にぶつぶつ文句を言い（笑いながら），非常に怒ってこう言いました。「お母さん，歌わないで」。彼女は明らかに1人で歌いたがっていて，私はそのことをどこか面白く思いました。ケイティは自分ひとりで歌うことを望んだのです（笑って，ため息をつく）。

ここでケイティは，音楽的行為者として自分の権利を主張している。彼女の母親の善意ある（しかし歓迎されない）援助は即座に拒否された。子どもにとって専門性の感じられる活動が発見（あるいは再発見）の機会としてではなく，援助の嘆願として大人に誤解された時，大人の助けへのこうした抵抗という反応が起きるのかもしれない。しかし他のエピソードで，ケイティはソロの演奏に母親を招いている——この時は即興だった。それは芸術的専門性を伴うコミュニケーションである。

ケイティは寝室で私に少しピアノを弾いて歌を歌ってくれたあと，彼女は楽器を……家の玄関ホールに持ってきて……家には私たちだけでした……「ママに最後の1曲を歌うわ」と言いました。彼女はこの長い長い作品を歌いながら，ピアノを弾いていました。と言ってもお分かりのように，ランダムに鍵盤を叩くだけです。それから彼女は……何の曲だか分かるような曲ではありませんでしたが，歌っていました。この長く表情豊かな作品は，彼女が過ごした1日についてのお話だったのです。彼女は日中どれほど母を恋しく思っていたか，そして母が帰って来た時どれほど嬉しかったかについて話していたのです。素敵な1日を過ごしたかったのに雨が降り続いていて1歩も外に出られず，雨のせいで素敵な1日が台無しになり，こうした色々なことでいかに自分が悲しかったかについて語っていました。ピアノを弾きながら，自分のしたことを非常に長々と表情豊かに歌っていたのです。そしてもちろん，お分かりのように，私はケイティの天才ぶりを感じていました。はい，以上です（笑いながら）。

クストデロ（2006, p. 49）

コミュニカティヴ・ミュージカリティは，乳児期後の早期児童期において多様に解釈可能な現象である。それは人間発達の結果であると同時に誘因として，広範囲にわたる共同性の中に顕在する——それらを観察できるのは，家や公共の場における親子の間や，一見1人で行為を探求しているところ，環境からの聴覚的あるいは視覚的合図への応答，その文化のもつ既存の歌の演奏などにおいてである。

音楽の専門家と同じように，これらのエピソードで観察された子どもたちは芸術性へのリスクに挑んでいるが，それは同時に傷つきやすいものでもある。子どもたちの秘密の遊び場は「物事が今とは違ったものになり得るという創造的実現を形成するように思える」（van Manen and Levering 1995, p. 33）空間であり，音楽はそこに区切りを与えることで経験に枠組みを与える。コミュニカティヴ・ミュージカリティを定義づける集合的理解は，秘密の場所で起こる模倣や創造によって促進される。そこでは，眼前の文脈や記憶の中にある型の目立った特徴を聴いたり，受け入れたり，それに応えたりすることで個人の行為が実践される。結果として出る行為の主体として，またナラティヴ構造を生み出す中で人との交わりを促進するアーティストとして我々が経験していることの中に音楽性の教育的機能があるとすれば，教育の場はコミュニカティヴ・ミュージカリティが開花すべき場所であるということになるだろう。

23.4 芸術性を教えるということ：コミュニカティヴ・ミュージカリティと教育学的洞察

コミュニカティヴ・ミュージカリティの特質は，幼い子どもとプロの作曲家双方の即興的音楽活動の中に見出すことができる。感情の激しさや時間構造の魅力的な統合，また身振りによる誘いを受容したりそれに応えたりするというナラティヴは，乳児期の範囲を越えた音楽的相互作用において明らかである。そのような特徴は，行為主体者としての学習者のビジョン，共同構築への参与，そして可能性に開

かれた応答的性質とに基づいた音楽指導を示唆している。

しかしこれらの集団は，応答したりそれを評価したりするための多くの経験を蓄積していること，また相互作用が内包するパートナーシップはしばしば非常に無作為的だったり固定的だったりすることから，コミュニカティヴ・ミュージカリティが直観的なものでなくなり，自信の喪失や即興的な実践を妨げる諸要因にさらされやすくなるかもしれない。アレクサンドラ・ピアスは以下に述べる即興演奏の研究の中で，個の調和におけるこの問題について言及した。

> 私にとって即興は好奇心をもった期待の状態として始まり，それは心の中で恐れないと決めることと結びついています。一度始まってしまえば，（客観的には）「良い」ものでなかったり音楽的に魅力のない出来事が聴こえてきたりしても，そういった悲観的な内なる声からわざと選択的に解放されるようにすることで即興魂を継続させます。物事を展開する際にこうした恐れずに信じる気持ち（自信）を持っておくことは，その瞬間や発展していくその文脈にはっきり応えようと（継続的に気持ちを補給しながら）自分を励ますものとなります。
>
> クストデロ（2007, p. 89）

これと同様の意図的な焦点が，指導することにも当てはめられる，と私は提案したい。この問題の普遍性の拠り所としてタゴールに立ち返りつつ，観察的で理論的な実践が教育的実践に移される際，考慮され得る共通のリスクや共通の恩恵についてここで言及したい。ナラティヴは音楽のみならず，たいていの場合共演者に対しても相互性や空間的親密性をもつような時間構造を形成する。そうしたナラティヴは母子間の相互作用を定義づけるだけではない。それらは指導者が，音楽的で教育的な意味深い経験を追い求めることの助けにもなるだろう。

23.4.1　立ち現れる音楽性：応答的教授の場合

> 完璧な知を得ることのできる唯一の媒体が愛情と行動であるという事実を，我々は心に留めておかなければならない。知というものは学者ぶることではなく英知であるからだ。このような場ではあらゆる事態に備えて体と心を訓練するだけでなく，生命と世界との響き合いに調和し，ハーモニーの均衡を見つけられるように訓練すべきであり，そのことこそ英知である。そうした場において，子どもたちにとって最初の大切な授業は即興することであり，そこでは既成のものが取り除かれることで，目を見張る成果を通じてその人の能力を切り開く機会が絶えず与えられる。このことが単調な日々にではなく，創造的な日々の中に1つの教訓を含んでいるということを私は明らかにしなければならない。人生はより複雑になっていくだろう。しかしもしその中心に生きた個性があるとすれば，そこに生命の調和が生まれる。
>
> タゴール（1926/1997, pp. 256-257）

母子間の相互作用のように，即興は典型的に経験に基づくものであり（Iyer 2004），「その瞬間を祝福すること」（Bailey 1992, p. 142）である。演奏者はリアルタイムに行動を起こしながら，音楽的素材に含まれる期待を解釈してそれに応える。即興演奏は協同的なものにおいても個人的なものにおいても，また公共性の高い教室やリハーサル室やスタジオであっても，音楽的誘いは，これまでに蓄積してきたあらゆる可能性のレパートリーを受けて音楽と文脈から生じる。

「目を見張る成果」に向けた指導には，可能性に開かれた姿勢が必要である。それは成人作曲家が言い表したところの質（「これまで行ったことのないような音楽的かつ社会的な場所へ辿り着くこと」）や，自分の子どもの音楽づくりを見た一部の両親が抱く不思議な感覚を扱うようなものだ。それは多様性や独自性を賞賛し，隠された秘密の才能を探すことから始まる教育方法を示唆している（van Manen and Levering 1996）。そのような教育方法は，ほとんどの音楽教育と食い違ったものである。ほとんどの音楽教育は，コンクールでの基準や国の基準，或いはその組織の中で期待されることといった形式の中で，明確な達成の概念がしっかりと植えつけられたものである。したがってコミュニカティヴ・ミュージカ

リティという枠組みを持って活動している音楽教育家は，アーチャー（2000）が言うところの「共同的行為主体性」（p. 11），すなわち社会構造の変形を扱う集合的アプローチ（この例は，本書第22章，フレーリッヒを参照）を促進する際，上述した隠された秘密の才能を探す教育方法とほとんどの音楽教育という2つのフィールドをすり合わせなければならない。

生徒の要求や興味に応えながら教えることを選択した者たちには，更なるリスクや課題が降りかかる。それは個人の欠陥が露呈されるという恐れである。こうした恐れが消滅するのは，誘いを読み取り，差し出されるものを認め，ナラティヴに貢献してそれに応えることで，その瞬間瞬間に焦点が当てられる時である。

私はジェイソン——ジャズ・ミュージシャンであり，幼児教育家であり，2005年春に大胆な企てをした人——に，彼が1年前私のクラスに向けて行なったプロジェクトについてのインタビューを行なった。彼は，模倣に値する手本のような芸術家の情熱をもってインタビューに応じ始め，自分の新しいハーモニカをどのようにベンド[8]できるようになったかという興奮を共有してくれた。

> それは完全なるアクシデントで，私は自分が起こしたアクシデントを再現しようとするのです。私はアクシデントを愛しています……アクシデントは，今自分がどうなっているのか，自分がどこに向かっているのかについて沢山のことを教えてくれます。ミス——ミスすることは成長です。もし1つもミスをしないのであればそれは停滞しているようなもので，自分がしていること全てを習得していて次に進む時なのです。ミスは指針を与えてくれるものです……1つもミスをしないのであれば，そこには課題もなければ成長もありません。だから私は完璧を目指すのではありません。実のところ，ミスを楽しんでいるのです。

ミスを発見や成長の機会として考える力には，予期せぬ可能性に注意深くなることと敏感に反応することが必要である。そのような特質は，教室内の多様な考え方や演奏の仕方に応答的であるコミュニカティヴ・ミュージカリティを反映している。このことはジェイソンのプロジェクトにおいて明らかだった。プロジェクトには，彼の8歳の従弟であるビリーが参加していて，彼は選択的聴取ができないという深刻な学習障害を抱えていた。ジェイソンはその障害についての本を出来る限り読みつくし，それから『ビリーの勇敢な音楽探検』という子どもの本を書いた。その本の中でビリーは，ドラゴンの巣へと進んで色を解き放つために，数々の音楽的挑戦を乗り越えなければならない。その本にはCDが付いていて，例えば音に感情的相関（例えば，嬉しい，悲しい等）を表すネーミングがされており，各挑戦の音楽的内容を提供している。最初にビリーにその話を読んだ時から彼は1つひとつの挑戦に首尾よく立ち向かい，その様子はビデオに収められた。ジェイソンは他の人が信じなかったビリーのコミュニカティヴ・ミュージカリティを信じ，それをこのプロジェクトで明らかにすることができた。

23.5 知る方法としての音楽的親密性

> 独立しているという単なる感覚だけの自由は無意味である。完全なる自由というのは関係性における調和にあるもので，我々はそれを知る事ではなくそこに在ることで悟る。知る対象は，知る主体である我々と果てしなく遠い距離を保っている。知とは集合体ではない。我々は完全な共感を通じて自由という世界に到達する。
>
> タゴール（1926, p. 253）

母子間の音楽的相互作用がもつ親密さは共感的な共鳴を創り出す。それは動機的衝動によって生み出される帰属感である（Trevarthen 1999）。音楽は年齢に関わらず，聴覚的合図を聴いてそこに耳を傾ける我々の諸感覚を横切り，親密性を引き起こす。聴覚的合図に注意を払うこととは，様式的なリズムや

---

[8] 唇をすぼめて音程を下げるハーモニカの奏法。

輪郭やテンポに合わせて演奏したり動いたり，あるいは楽譜や舞踏譜のような図像をみたり，「鳥肌感」[9]や激しくなる鼓動のような無意識の反応を経験したりすることである（Gabrielson 2001）。我々は音楽をよく聴くことで音楽に近づく。そこに我々の存在が宿っている。幼稚園教諭でありジャズミュージシャンであるジェイソンは，インタビューの中で自分が共に過ごした生徒について似たようなことを語った。「（子どもの）可能性は無限です…（彼らは私に）『どうだ！』（と教えてくれました）」。音楽経験のこうした具現化は全体的なもので，理解の深みを備えている。そのような理解は根本的なものであり，実践の重要性を通して人生における感情の意味を意識化させる（Archer 2000）。教える行為においてコミュニカティヴ・ミュージカリティを呼び覚ますことは，身体的なるものを通して概念的なるものを教えるという実践を内包しつつ，音楽が知として獲得されうる親密な方法を尊重するということである。

親密性は音楽が人の内側にどう位置づくかだけでなく，音楽に参与している他者との関連をも示す。先述した成人音楽家たちは，互いの音楽的合図に応答的であるために物理的に離れる必要があったが，彼女らと同じように，生徒たちは学ぶために自分がどういう立ち位置をとればいいのかを分かっているようだった。悪い空気を察知して集団の外側にいても，或いは容易にコミュニケーションできるような友人の傍であっても，有意義な方法で音楽にかかわるためにどんな人が必要とされどんな条件が求められているかという感覚を，幼い子どもたちはたいてい備えている（St John 2006）。

また，親密性は個人の領域も参照する（van Manen and Levering 1996）。そこで人は自分の思考や音楽づくりと1人で向き合い，自分のプライベートな空間の中にある可能性を試し，評価から解放され，芸術性の方向性を誤ることがなくなる。コミュニカティヴ・ミュージカリティを通じて指導や学習に貢献する教育環境は，音楽経験に内在する親密性を尊重し，仲間や友人やプライベートな空間の重要性を認めるものである。

23.6 相互関係のナラティヴ：教えることの恩恵

> 教育の場において我々の能力は，精神に自由を与えるために，また我々の想像力を芸術が属する世界に適したものにするために，そして我々の共感を掻き立てるために育まれなければならない。
>
> タゴール（1926/1997, p. 261）

コミュニカティヴ・ミュージカリティは相互的なものである。つまり当事者の両方に影響を及ぼすのである。教育環境の場合，恩恵にあやかる生徒だけでなく指導を引き受けている側にも，ということである。本章の締めくくりとして2人の教師の話を取り上げたい。彼女らは幼い子どもがもつ芸術性の可能性を受け入れ，自分たちが見聞きしたものに対して自身が満足のできる有意義な方法で応答的であった。

23.6.1 音楽的親密性：カースティンの話

カースティンは音楽の先生で，2年半前に実施したプロジェクトについてのインタビューに応じた時，ニューヨークのハーレムにあるカトリックK-8学校で教鞭を取っていた。彼女は自分の最年少の生徒たちが音楽について何を考えているのかをずっと知りたがっていて，学校の図書館で生徒たちにインタビューを行なった。そこからカースティンは，生徒たちが自分の音楽の好みとその理由及び家で聴いている音楽の種類について話せることに気づいた。そのプロジェクトは相互作用に関する研究であり，コミュニカティヴ・ミュージカリティの中に生徒たちを巻き込む試みだった。彼女はこの研究に対する自身の動機を以下のように語った。

---

[9] 第7章の訳注12）を参照。

私たちが音楽カリキュラムについて考える時，生徒と両親が考慮に入れられていないとしばしば思うのです。現に子どもたちは，家であろうと教会であろうと彼らの属するコミュニティのコンテクストのどこかであろうと，学校に限らず，特に家庭内や家族と一緒の時などの実生活でより多くの音楽を経験しています。

　彼女はその過程で，教師という職業に対する自分の印象と自分が行っている授業のどちらにも存在する仕来たりに疑問を抱くようになった。

　私の生徒たちは音楽とは何かということについて，学校の中と外とで全く異なる考えを持っています。多くは……音楽とは楽器を演奏したり歌を歌ったりすることだと考えていましたが，彼らは音楽づくりのようなものとの間にはっきりとした線引きをしていました……そして家庭でやっているであろうものが……私に次のような疑問を抱かせるのです。「なぜ私たちは，学校では西洋音楽（のみ）を教える必要があると思っているのだろう？」。というのも私の生徒の多くが，家庭では全く異なる音楽経験をしているからです。教師初年度の時，私は非常に教科書に頼っていて，生徒が学びたいことや生徒が既に知っていること，発展させたいこと，クラスメートに教えてあげたいことなどに目を向けず，教科書からアイディアを持ってきて授業を計画していました。

　音楽的な親密性に気づいたことによって，彼女は生徒の生活や音楽的行為やそれが貢献する可能性に興味を募らせた。

　ある人の家族についての情報を得るとその人と更に繋がることができますが，それは教室環境を良くする1つの素晴らしい方法だと思います——教室の環境をより快適に，より面白くするために。なぜなら音楽は楽しいものであり，そうであるべきですから。

　子どもへのインタビューのうちの1つで，彼女はこうした家族についての情報を内々に関知した。それは彼女が「これまでに自分で歌を創ったことはある？」と尋ね，生徒が美しい調べと共に回答した時だった。そこには以下のような詩が付いていた。

　　私はお人形が好きで，お人形も私が好き
　　私はお母さんが好きで，お母さんも私が好き
　　私はお父さんが好きで，お父さんも私が好き
　　それは私がキスをするから
　　お母さんもキスをするから

　カースティンは，子どもの話を聞くことをカリキュラムづくりの道具として取り入れたことで，コミュニカティヴ・ミュージカリティと再び繋がることができ，自分の生徒に喜びと驚きを見出した。

　生徒と話す経験そのものは本当に興味深いものでした。それから生徒が言ったことをカリキュラムに取り入れて，その期間が本当に面白いものであったかという結果を見るのです……未就園児と幼稚園児を含む私のクラスは今，実際に音楽を探索するようになったという意味において以前よりも自由ですし，私は彼らが知っていることを確かめる必要も感じません……この作曲家についてとかこの楽器についてとか。なぜなら楽しかったり面白かったりする時，そういったことはよりたやすく起こり，彼らは進んでのめり込み，楽しもうとするからです。

23.6.2　相互関係：キャロラインの話

　キャロラインは，娘が生まれてすぐに大学院に戻った人である。スズキ・メソードのチェロを教えて

おり，積極的な演奏キャリアを積んでいる。彼女は月齢23か月の娘の音楽づくりを記録する観察課題を実施した。そのことによって音楽や音楽活動に関する彼女の洗練された定義に疑念が抱かれ，彼女は自分が知っていたことを使って，自身が目撃したコミュニカティヴ・ミュージカリティを言い表すことができた。

　　おばちゃん（保育者）に観察する必要について説明した時，私はS（娘）がどのようにリズムに乗ってハミングをしていたかを説明しました。それは16分音符と付点8分音符の付点のリズムでした……（おばちゃんが）電話で話している間，彼女の相互作用はない状態で子どもを観察しました。Sはマラカスの1つを取ってハンマーのように使い始めました。他の子どもが彼女を囲みました。彼らにとってその音は少しばかり大きいと私は強く思いましたが，彼らは発せられるユニークな音に引き込まれていました。彼女のハンマーの動きはなお同じ付点のリズムパターンを刻んでいましたが，さっきよりも遅くゆっくりとしていました。P（少し年上の子ども）が別の2つのマラカスを取って，以前のビートに似ているけれどもより継続的な繰り返しのリズムを鳴らし始めました。Sは驚いてそれを見ました……

彼女は音楽の親密性とその圧倒的な質に気づくと同時に，幼い子どもたちが音楽的にかかわるその音楽的作用にも気づく。

　　おばちゃんはC（別の子ども）に「きらきら星」を歌えるかどうか尋ねました。彼はレの音で始めて，とても良いピッチで歌いました。Cの歌を聴いている間私は気づかなかったのですが，後でテープを聴いてみると，後ろで1人の子どもがガチャガチャと鈴を鳴らしたりマラカスを鳴らしたりしていました。この小さな男の子がはっきりと正しい歌詞で歌っていることが，私の耳には信じられないほどでした。おばちゃんが「漕ごう，漕ごう，ボートを漕ごう」と歌い始めると，Cは穏やかに「そっと流れに乗って，陽気に楽しく，人生はただの夢」と鈴を鳴らしました。おばちゃんが別の歌を歌うように言うと，彼は「マクドナルドじいさん」を歌い始めました。これはグループに広がっていきました。子どもたち全員が最後まで歌を歌いました。
　　歌の後，子どもたちはそれぞれの遊びに戻りました。それからすぐに4人全員が「マクドナルドじいさん」を歌ったりハミングしたりしました。彼らは各々自分のことをしていました。Pは車で遊び，Rはロッキングダックに乗っており，Cは文字で遊び，Sはテーブルから私のペンを取ろうとするのに忙しくしていました。私は子どもたち全員が同じ曲を口ずさんだことに驚嘆しました。彼らはリズムを少し重ね合わせながらほとんど同じ音で歌い，穏やかなカノンのように単純な音の重なりを創り出していました。魔法のような出来事でした。

キャロラインが「魔法のような」という言葉を使ったことは，コミュニカティヴ・ミュージカリティとそれが乳幼児の生命に行き渡っているということへの気づきを示している。彼女はどんなに幼い者にとっても，音楽をつくる社会性が存在することを指摘する。そして彼らが示す音楽的技能と注意深さに「驚嘆」する。観察の結果はキャロラインにとって重要で個人的なものだった。社会的参照への気づきが母親としての彼女の経験を照らし出し，また彼女自身の音楽的アイデンティティの構成要素を広げたのである。

　　私は自分が出くわす子どもたちの音楽行動をより意識するようになりました。そして自分の娘を見始めました。毎晩私たちは「ベッドでの読み聞かせ」という習慣的な時間をもち，彼女が眠りにつくまで添い寝しています…私は，彼女が眠るために（自分を眠らせようとして）歌ったり喃語を発したりするということに気づき始めました。この1週間，彼女を録音しました。私は自分が次に何をしようかという考えに没頭するのではなく，彼女が歌っているものによく耳を傾け始めました。彼女が知っている歌を歌うのを聴いたり，メロディーや歌詞をアレンジするのを聴いたり，また自分自身で歌を創ったりするのを聴いて私は驚きました。この過程を通して私はSに一層近づき，私の心は子どもの音楽づくりの自発的で素晴らしい世界へ開かれました。自分の声にはっきりと気づいて作曲を始められたことは，信じがたいほど魅力的なことだと思います。これは私が子どもの時にやりたかったことでもあり，やっていたことでもありますが，これまで重要だと思ったことはありませんでした。

子どものコミュニカティヴ・ミュージカリティに対するこの教師の気づきは，彼女自身に予期せぬ「目

を見張る成果」をもたらした．子どもにとって有意義な「正統的」カリキュラムをデザインする教師の能力に寄与する知識ベースを提供するということに加え，子どものコミュニカティヴ・ミュージカリティに気づくことで，不思議に思ったり魅力的に思ったりする感覚は育まれる．それは立ち現れる音楽行動に開かれることの助けとなり，そうした音楽行動は予想を上回るようなものとなるかもしれない．理論と実践とのこの結びつき——家を旅や過去の経験の集合に溶け込ませ，経験的証拠を自分自身で得ること——は，探求という慣習を教師が発展させることに貢献する．キャロラインは，自身の観察と音楽性と指導とを関連づける．

　私の耳は新たな世界に開かれました．常に調音で苦労していた生徒たちのことが分かり，今では音程が合っているのか合っていないのかを彼らは自分たちで気づくことができると認識しています．耳と心とが，本当に聴くということを再認識して新しい繋がりをもったのです．

23.7　結論

　生涯学習に対する気質が早期に確立され，音楽的になるかどうかがそこで方向づけられる可能性があるとすれば，知識内容が意味深い方法で伝達されない限りその知識は無駄であり，悪くすれば危険でさえある（Custodero 2003）．コミュニカティヴ・ミュージカリティについて，我々が分かっていることを生かしながらひとつの音楽教育観を述べてきたが，それは生徒と音楽素材の両方に応え，そして受け入れる態度を要する相互的な社会現象だった．そのような教授の型には，教師が計画を練ったり知識をもたらしたりするだけでなく，学習者に寄り添うことが求められる．教師のコミュニカティヴ・ミュージカリティは聴くことと観察することから始まる．すなわち音楽経験の親密性に思い切って踏み込みそれを尊重することで，生徒についてだけでなく自分自身についての学びを得て，相互に恩恵を得るのである．

（伊原小百合訳）

引用文献

Archer MS (2000). *Being human: The problem of agency.* Cambridge University Press, Cambridge.
Bailey D (1992). *Improvisation: Its nature and practice in music.* Da Capo Press, New York.（ベイリー，竹田賢一ほか訳『インプロヴィゼーション：即興演奏の彼方へ』工作舎，1981［1980年版からの訳］）
Barron F, Montuori A and Barron A (eds) (1997). *Creators on creating: Awakening and cultivating the imaginative mind.* Jeremy P. Tarchner, New York.
Bjørkvold J (1989). *The muse within: Creativity, communication, song, and play from childhood through maturity.* HarperCollins, New York.
Bornstein MH (ed.) (2002). *Handbook of parenting,* 2nd edn. Erlbaum, Mahwah, NJ.
Campbell PS (1998). *Songs in their heads: Music and its meaning in children's lives.* Oxford University Press, New York.
Cobb E (1977). *The ecology of imagination in childhood.* New York, Columbia University Press.（コッブ，黒坂三和子，村上朝子訳『イマジネーションの生態学——子ども時代の自然との詩的交感』新思索社，2012）
Custodero LA (2003). Perspectives of challenge: A longitudinal investigation of challenge in children's music learning. *Arts and Learning,* **19**, 25–53.
Custodero LA (2006). Singing practices in 10 families with young children. *Journal of Research in Music Education,* **54(1)**, 37–56.
Custodero LA (2007). Origins and expertise in the musical improvisations of adults and children: A phenomenological study of content and process. *British Journal of Music Education,* **24(1)**, 77–98.
Custodero LA, Chen JJ, Lin YC and Lee K (2006). One day in Taipei: In touch with children's spontaneous music making. Paper presented at the International Society for Music Education Early Childhood Seminar, July 9–14, Taipei, Taiwan.
Dissanayake E (2000). *Art and intimacy: How the arts began.* University of Washington Press, Seattle, WA.
Finnegan R (2002). *Communicating: The multiple modes of human interconnection.* Routledge, New York.
Gabrielsson A (2001). Emotions in strong experiences with music. In PN Juslin and JA Sloboda, eds, *Music and emotion:*

Theory and research, pp. 431–449. Oxford University Press, New York.（ガブリエルソン，小川容子訳「強烈な音楽体験による情動」〈ジュスリン，スロボダ編，大串健吾，星野悦子，山田真司監訳『音楽と感情の心理学』誠信書房，2008所収〉）

Gardner H, Phelps E and Wolf DP (1990). The roots of adult creativity in children's symbolic products. In CN Alexander and EJ Langer, eds, *Higher stages of human development: Perspectives on adult growth,* pp. 79–96. Oxford University Press, New York.

Iyer V (2004). Improvisation, temporality and embodied experience. *Journal of Consciousness Studies,* **11(3–4)**, 159–173.

Malloch S (1999). Mother and infants and communicative musicality. *Musicae Scientiae (Special Issue 1999–2000),* 29–57.

McCutchan A (1999). *The muse that sings: Composers speak about the creative process.* Oxford University Press, New York.

Moorhead G and Pond D (1978). *Music of young children* (Reprinted from the 1941–51 editions).Pillsbury Foundation for the Advancement of Music Education, Santa Barbara, CA.

St John PA (2006). Finding and making meaning, Young children as musical collaborators. *Psychology of Music,* **34 (2)**, 239–262.

Smith F (1998). *The book of learning and forgetting.* Teachers College Press, New York.（スミス，福田スティーブ利久，橋本直実監訳，澤部涼子訳『なぜ，学んだものをすぐに忘れるのだろう？―「学び」と「忘れ」の法則』大学教育出版，2012）

Tagore R (1921). *Thought relics.* New York, Macmillan.

Tagore R (1926/1997). A poet's school. In K Dutta and A Robinson, eds. *Rabindranath tagore: An anthology,* pp. 248–61. Macmillan, London.

Trehub SE (2001). Musical predispositions in infancy. In RJ Zatorre and I Peretz, eds, *The biological foundations of music,* pp. 1–16. New York Academy of Sciences, New York.

Trevarthen C (1998). The child's need to learn a culture. In M Woodhead, D Faulkner and K Littleton, eds, *Cultural worlds of early childhood,* pp. 87–100. New York, Routledge.

Trevarthen C (1999). Musicality and the intrinsic motive pulse: Evidence from human psychobiology and infant communication. *Musicae Scientiae (Special Issue 1999–2000),* 155–215.

Trevarthen C and Malloch S (2002). Musicality and music before three: Human vitality and invention shared with pride. *Journal of Zero to Three,* **23(1)**, 10–18.

van Manen M and Levering B (1996). *Childhood's secrets: Intimacy, privacy, and the self reconsidered.* Teachers College Press, New York.

第5部
演奏行為における音楽性

スティーヴン・マロックとコルウィン・トレヴァーセン

　演奏というのは，個人の創造的な行為でもあり，また仲間と音楽を享受し合うことでもある。バンドのメンバーとして，あるいはコンサートの聴衆として，互いにほとんど知り合いとは言えないような者同士であっても，我々は演奏者と強い絆で結ばれているという感覚に包まれることがある。このような親密な結びつきを自然と湧き上がらせているのは，演奏，すなわち運動感覚を伴った行為に対する生来の共感的理解に支えられた共通の文化的コードなのである。演奏者の声そして身体は，やがて我々の身体化された意識を捉えて離さないような力をもった身振り的なナラティヴ (gestural narratives) を生み出していく。それはちょうど，赤ちゃんの身振り的なナラティヴが，原会話や身体遊びにみられる不規則な強度のリズムのなかに私たちを引きずり込んでいくようなものである。歌や身振りを通して感情を表現することによって，特定の文化的な型に生命を吹き込みながら，演奏者は想像に満ちた旅の物語へと聴衆を導いていく。いやむしろ，「演奏者」と「聴衆」という境界は存在せず，音楽的な事象に等しく関わり合う者同士が，互いに調和したドラマティックなナラティヴのなかで「今という時」(Stern 2004) をともに創り上げているのかもしれない。音楽の演奏とは，共有体験を生み出すものであり，音楽性と身体化された調和のなかで，我々をより親密な関わりへと導いていくのである。

　第5部ではそれぞれの著者たちが，演奏行為というものを，例えば儀礼的なものとして，あるいは生物学的リズムの表出として，さらには作品に調和をもたらし，創造力をかき立てるものとして描き出そうとする。その端緒を開くのは，進化論的な視座である。本書第2章で母子間のコミュニケーションのなかに時間芸術の礎を見出そうとしたエレン・ディサナーヤカは，そのような洞察を，人類の文化と意味の発展における儀礼の役割に関する議論へと拡張している（第24章）。彼女は以下のように記している：

> 帰属意識，意味，そして有能感は，人間の不可欠な情動的欲求であり，儀礼的な儀式における時間芸術は，人々がそれらを達成し，維持するのに役立つのである。儀式において，音楽に揺さぶられた身体は，信念によって落ち着きを得て，そして共通の動機のもとで仲間と親密な絆で結ばれて，実存的な不安からの精神的解放に至るのである。

(本書　p. 522)

　ナイジェル・オズボーン（第25章）もエレン・ディサナーヤカと同様に，演奏行為における音楽性の根底にある基礎的な要素を見直そうとしている。しかし，ディサナーヤカが意味を育もうとする欲求に関心を向けているのに対して，オズボーンは，音楽の教授および作曲家としての立場から，我々の生物

学について思考をめぐらせている。特にそれは，生体の時間的側面を規定する生物時計に関するものであり，リズムと生物学，そして意識の渦（eddies of consciousness）の関係を取り上げようとしている。オズボーンによれば，人間の時間生物学的な特性を考慮すると，

> おそらく生存活動の中心にあるパルスを体験すること…において，我々は最も効果的に時間を把握するのである。…我々が記憶と予期とを結びつけ，時間の経過を数えることができ，大きな変化も意外性もない，しかしダイナミックに動き続ける現在に留まることができるのは，不変の音楽的なリズム性のなかにおいてであると言えるかもしれない。
> （本書　p. 529）

本書の最後の2つの章では，演奏の生体力学について検討しており，1つは身体的協調を分析する視座から（第26章），もう1つは演奏行為を熱狂的かつ情熱的な創造性として捉える視座からのものである。ジェーン・デイヴィッドソンとスティーヴン・マロック（第26章）は，音楽的な演奏を以下のようなものとして描写している；

> 演奏とは，身体の運動に内在する音楽性を通して演奏者同士や聴衆とコミュニケーションすることと考えられ，身体の運動によって生み出された音は，身振り的なナラティヴの形で意味を創造するための文化的実践と演奏技術によって秩序づけられている。
> （本書　p. 547）

東洋出身のソロ歌手の振る舞いが表現する連動性のあるメッセージ，そして二重奏の演奏を控えた2人のプロの西洋クラシック音楽の演奏家，これら2つの異なる演奏行為における身体運動を題材にして，著者たちは演奏する身体の運動が，音楽の鳴り響きのなかに埋め込まれた意味の「踊り」を生み出すということを示しているのである。第5部は，ヘレナ・ロドリゲス，パウロ・ロドリゲス，ジョルジェ・コレイアによる第27章――2つの演奏体験に関する記述と探求で締めくくられる。まずは，赤ちゃんに共感し，コンパニオンシップを感じている親の楽しげな歌や踊りが報告される。それは，熟練した劇団員たちと親子が一緒になって創造性を探索し，それを聴衆に伝えられるような環境の創出を目指したベベ・ババというプロジェクトである。続くもう1つの例は，音楽を学ぶ学生たちが，身体化されたナラティヴの実現を促す方法を用いて高いレベルでの演奏を行なおうとする，その探求に関する研究である。この学生たちは，技術的な問題ばかりを悶々と考えてしまうことがないように指導的援助を受け，やがてそれぞれの身体化された解釈に自然にたどり着くようになるのである。

　演奏とは，我々個人の，そして他者と共有される創造的なコミュニカティヴ・ミュージカリティを「はっきりと見せる」1つの方法である。1人ひとりの際立った特徴を表現する行為を通して，我々はまさに感じ取りたいと思う何らかの意味を見出すのである。こうして本書を通して語りかけてきたコミュニカティヴ・ミュージカリティをめぐる我々の物語は，仰々しいお辞儀とともに終幕を迎えるのだが…，願わくは，この身体に根ざした情動と意図の「物語を創作する」本質に心を動かされ，魅了された，人間の精神に強い関心を抱く勤勉な探求者によって，我々の物語が再び取り上げられ，さらに精緻に磨かれていってほしいものである。

（丸山慎訳）

引用文献

Stern DN (2004). *The present moment: In psychotherapy and everyday life.* Norton, New York.（スターン著，奥寺崇・津島豊美訳『プレゼントモーメント：精神療法と日常生活における現在の瞬間』岩崎学術出版社，2007）

第24章

音楽に揺さぶられる身体：
儀式上の儀礼[1]と一体化した時間芸術

エレン・ディサナーヤカ

> 多くの人々が音楽に魅了される，その背後にある主たる理由はおそらく，ある種の情動的な体験をするということである。
>
> ジュスリンとスロボダ（2001, p. 3）

24.1 はじめに

　小規模な社会集団において，時間的かつ遂行的な芸術の主たる舞台となるのは儀式上の儀礼であり，これらの活動——これらは緊密に一体化するので，この**活動**というべきかもしれない——は，きわめて重要で普遍的であるように思われる。歌唱や奏楽，そして表出的な身振り[2]や運動（拍手，足踏み，踊り，演技）といった時間芸術は，その儀式のメッセージを伝達する行動上の手段なのである。それらは，儀式の重要性を際立たせるばかりではなく，人の意識のなかにある種の根源的な変化を引き起こすために用いられる場合さえある（Akcorta and Sosis 2005; Nettle 2000, p. 468）。

　（儀式としての）儀礼を分析し，その意味を明らかにしようとする方法はいくつも存在する。例えば，その儀礼は何のために行われるのかという，地域社会や個人にとっての意味に関心を向ける学者もいる。他方，儀礼が成し遂げること，すなわち個人やその地域社会全体にもたらされる影響力に関心を持つ者

---

[1] 本章では「ritual」と「ceremonial」という，容易には区別し難い単語が頻繁に用いられている。「ritual」については，本書第1部第4章においても言及されており，訳語としては「儀礼」が用いられている（ただしその内容については社会学，文化人類学，動物行動学からの知見を考慮して3つの層から分類・整理されている）。これにならい，本章ではまず「ritual」については「儀礼（儀礼的）」と訳すことにした。そして一方の「ceremonial」については，「儀式（儀式的）」という訳語を一貫して使用することにした。これは専門用語としての「儀礼」と「儀式」との違いについて記した『儀礼の象徴性』（青木 保［著］岩波書店，2006年）を参考にしたものである。同書によれば，これらは日本語のみならず英語においても混同されている場合もあるが，「かなり異なる意味に用いられていることも確か」（前掲書，p. 29）であるという。両者を切り分ける特徴についてはさまざまな視座が紹介されており，そのうちのひとつを挙げておくとすれば「神秘性の有無（世俗的な分化の程度）」ということになるだろう。「儀礼」は日常性とは確実に異なった「超越的なまた象徴的な事象と大きくかかわる」（前掲書，p. 49）ものとし，一方の「儀式」は「パフォーマンスを含む日常的な出来事と重なるレベルを含むこと」（同）として，「この全体を指して儀礼ritualという用語をあてる。」（同）というのである（もちろん神秘性あるいは日常性というのは社会文化的な文脈で変動するので，それをもって儀礼と儀式が明確に分けられるわけではないが，ひとつの視点として記しておく）。

　本章では，「24.4.2：生得的かつ文化的に獲得された連想と暗示」においてワーグナーやメンデルスゾーンの結婚行進曲が流される「結婚式」の例が挙げられているが，そこには「ceremony」という単語があてられており，世俗性という点からみれば上述の訳語との対応があるとも考えられる。しかしながら本章では，「ceremonial ritual」という表現も何度か用いられており，著者が「儀礼」と「儀式」をどの程度まで厳密に使い分けていたのかが判然としない部分も見出される。そこで「ceremonial ritual」については訳者の解釈を交えずに「儀式上の（儀式的な）儀礼」とするに留めた。なお本章には他にも「rite」が用いられる場合があったが，それが単独で用いられている場合は「典礼」とし，慣用句として定訳が存在する場合はそれを採用した（例えば『ミサ聖祭the rite of Mass』［p. 520］，『通過儀礼rite of passage』［p. 521］）。

[2] 巻末の参考資料「身振り（ジェスチャー）」を参照。

もいる。さらには，儀礼がその意味や影響力をどのように浸透させようとするのかということに興味を持つ者もいる。

　本章では最後に述べた観点，とりわけ儀式によって伝えられる行動の発露あるいは信条を導くものとしての儀式上の儀礼が，時間芸術を介して，そこに集う人々に「認知的」（文化的あるいは社会的）な意味とともに，情動3)的かつ非言語的な意味を実行させ，共有させる，そのいくつかの方法に関心を向ける。すなわち，儀式の参列者が特殊な天然素材を用いてアンテロープやカメレオンの仮面を作成し，それを身に付け，一定の様式で踊るようなものであっても，またはその儀式が新しい年齢階級を獲得すること，あるいはヤムイモの豊穣な収穫を祝う「ため」のものであったとしても，こうした独特な手段と特別かつ実際的な目的というのは，その儀式と一体化した時間芸術を用いて展開・伝達される情動的および身体的な意味によって，力と信念を獲得するということである。そのようなもの「こそ」儀式であると主張する人もなかにはいるだろう。大概の儀式は，時間的に組織された事象であり，それらは乳幼児期に現れて発達し，情動的な協調および他者との調和をもたらす原音楽的な能力を基礎にしているのである（本書第2章のディサナーヤカ）。

　儀式をめぐるこのような視点は，文化人類学者や民族音楽学者（彼らの研究領域は，過度に普遍的ないし科学的原理にもとづく手法をとる，いわゆる本質主義に対しては批判的である），あるいは進化心理学者（認知を重視し，情動を主に究極的な適応目標に向かって注意を喚起する，あるいは行動を先導する至近現象として捉えている）にとってさえも，もはや時代遅れということになるのだろう。適応主義者による芸術の研究は，概して美学的な**特徴**に着目するが，その特徴というのは適応的な選択に結びつく知覚的ないし認知的な性質（心地よく感じられる風景，華やかな色彩や音響，認知的なまとまりをもたらすゲシュタルトのような形態，ロマンスを綴った文字通りの筋書きやコンフリクトの解消）から生じている場合に限られている。あるいはまた，美学的な**作品**に関心を向けるのだとしても，作品が行動や目的に関する抽象的なカテゴリ（「交尾」や「子育て」，「地位争い」）を描いている，またはそれらをもとにしている場合に限られているのである。美学的な**能力**あるいは**機序**，すなわち特徴や作品の効果からもたらされる行動上の，そして情動的な意味が検討されることはほとんどないのである。

　しかし芸術は，適応的な効果を（あるいは他のいかなる効果をも）持っているわけではない。それは，芸術というものが単に我々を良いつながりへと導く認知的モジュールを活性化させているだけ，あるいはそれが，例えば鮮血や熟れたチェリーのような，生物学的な意味での顕著な刺激を暗示する赤色を用いた作品だからということでしかないのである。そうした単なる刺激に過ぎないもの（いわばポルノグラフィーのイメージや剥き出しにされた傷といったようなもの）でも十分であるとすれば，芸術作品のなかにこれらのカテゴリや特徴といったものをわざわざ埋め込む必要はないはずである。刺激は，作品

---

3) Emotionは基本的に「情動」と訳出しているが，文脈等を考慮すると必ずしも杓子定規に処理できる単語ではないということを記しておきたい。なぜなら，「感情」と訳出される場合も見受けられるからである。実際，心理学における情動（emotion）と感情（affection）は，概念的な切り分けという点では必ずしも明確ではなかったと考えられ，そのどちらもが併用されてきているというのが実情のようである。例えば本章の冒頭で引用されているジュスリンとスロボダ（2001）による著作の原題は「Music and emotion：Theory and research」（下線訳者）だが，その邦訳書のタイトルは『音楽と感情の心理学』（下線訳者）とされている。

　荘厳（2006）によれば，語源をもとに考えると，emotionは「行動の動機づけ機能」に，一方のaffectionは「意識の認知機能」にそれぞれ異なる重きがあるという（中島義明・繁桝算男・箱田裕司［編著］『新・心理学の基礎知識』有斐閣ブックス，p. 243）。ここでは混乱を避けるためにemotionはすべて「情動」として訳出したが，それは内容的にも対応があると考えられる。というのも本章では，本文中に敢えて「e--motion（eとmotionをハイフンで区切る）」という表記をしている部分があり，その言葉が指し示すものとして，遂行的な芸術（儀礼のなかで行われる踊りや歌唱を含む）において参加者や聴取者が「揺さぶられる（情動的に動かされる）」ことを言い表そうとしているからである（本文p. 534）。これはまさに，本章が「motion：動き」，すなわち行動に関連する部分に重きを置いているということを示しているといえるだろう。ただし例外として，スターンによるvitality affectは定訳も存在すると思われることから「生気情動」という訳語をあてている。

のなかで他の刺激との関係のなかで配置されるか，あるいは操作されるのである。まさにこの**操作**（すなわち作品を仕上げ，その作品のねらいを達成する手段）こそが，情動的な反応あるいは芸術作品の効果を生み出すのである。時のなかで生まれる時間芸術の場合，表現力豊かな，そしてやがては適応的な結末に至るまでに，情動はどのように生み出され，そして操作されるのか，その原理をまずは定式化することができるかもしれない。

　先述の通り，適応主義にもとづく芸術の研究は，その大半が静的かつ物理的な実在物（視覚芸術品や文学作品）を扱っているのであり，それらは知覚されるあるいは読まれることがなかったとしても，モノとしては存在し続ける。美学的な物体や作品というのは，（作者の）行動の**残骸**であるのだが，それらがときとして真に迫った主題を表現することがある。これに対して，音楽や踊りといった（表現の過程がかかわる）遂行的な芸術は，何かに「ついて」の物語を示す，あるいは語るものではないのかもしれない。それは，（静的な物体や作品とは異なり）その開始と終了のなかで注意を喚起し，変化し続ける特徴や効果をもった行動である。それらの情動的な効果は，鑑賞者によって，主題やテーマと同等かそれ以上に形式や表現の特性のなかに見出されるのである。時間芸術において演者と鑑賞者とは，（イェイツの言葉を借りて）字義通りではなく比喩的にいうならば，その場で，その時に「音楽に揺さぶられている」身体ということになるのだろう。彼らは，身体を物理的にはっきりとは動かしていなくても，情動的には**動かされている**。それは，「情動 e-motion」という単語そのものが指し示す意味なのである（本書第7章のパンクセップとトレヴァーセン）。

　音楽的な情動という茫漠で複雑な主題は，ちょっとした小論などで扱えるものではない（その主題の導入としては，例えばKivy 1989, Langer 1953, Meyer 1956を，そして包括的な試みとしてはHodges 1996やJuslin and Sloboda 2001を参照）。本章において私は，時間芸術における情動の発生と操作の問題をめぐって継続されている論議に重要な貢献をすることができると期待している動物行動学，進化心理学および神経科学からのアイディアと成果を提示していく。

24.2　儀礼化と美学的作用

　本書の第2章において，私は音声／音響，運動，視覚，そして触覚を通じた「マルチメディア」あるいは「マルチチャンネル化された」母子間のインタラクションについて記述した。それは，母子が情動的な絆を結ぶと同時に母親の脳内において「親和神経回路」を強固にすることができるように展開していくものであり，それによって母親の子に対する絶え間ない気配りや注意が確かなものになっていくと述べたのである。母子間の行動と情動表出の協調は，「音楽的」あるいは「原音楽的」な要素，すなわち時間的に組織化された表現に富んだ音声と顔や身体の動きによって可能になる。それらは，大人同士で交わされる友情や合意の合図に類似した表現をはっきりと目立つように変化させたものである。

　母親が子にしてみせるうなずきや眉をあげる動作，そして微笑みを浮かべながら抑揚をもった音声で話しかけるといったことは，抽象的な意味ではあるが，他の動物，とりわけ鳥類において進化した特殊な伝達的行動の特徴に似ている（Huxley 1914）。動物行動学者たちは，このような進化的過程を「儀礼化」と呼ぶ（Hinde 1982; Tinbergen 1952）。

　儀礼化においては，実用的かつ，日常的な文脈で行なわれている運動（例えば毛繕いや飛翔前の羽ばたき）が改変され（様式化され，反復され，誇張や工夫が施される），それにあえて注意が向けられるようになり，やがてそれが新たな社会的メッセージを伝達していくのである。このとき，羽繕いはもはや単なる羽の手入れではなく，「こっちを見て！　僕はあなたに求愛したいんだ」という儀礼化された意味を持つのである。一方，羽ばたきが儀礼化されると，それは飛翔の前準備ではなく，「いいか，ここは私のテリトリーだ。譲らないぞ」ということを意味する。儀礼化された形態において，その前駆体となる行動は，それ自体とは異なる意味や見え方になるようなさまざまな操作に晒されていく。このよう

な操作あるいは「作用」には，単純化（常同的な動作あるいは様式化），反復（規則化），そして時空間的な誇張（より長く／短く，より速く／遅く，より大きく／小さく，より高く／低く）が含まれる。その結果として現れる合図は，目につきやすく，関心を惹くものになる。儀礼化された行動は，概して敵対的あるいは協同的，親和的な状況で用いられる。

　乳幼児に対する母親のいつもとは違う発声や表情，しぐさは，大人による親和性の合図から派生したものであり，本質的には事実ではないにしても，儀礼化されている（Dissanyake 2000a）。相互的なやり取りにおいて，赤ちゃんに対する笑みは，大人に向けた場合よりも，さらには年長の子どもに向けた場合よりも，概して大げさで長く持続する。ひょいっと頭を下げるとその後方に関心が向けられるようになり，うなずきは規則化してリズミカルに繰り返され，（興味ありげな親しい雰囲気で）見開いた目を強調しながら，バァッと笑ってみせる。赤ちゃんに語りかける声のピッチは際立って高くなり，軽快に揺れ動きながら，単語やフレーズを繰り返し，大人同士のコミュニケーションよりも長い休止が差し挟まれたりする。他の動物による完全に型にはまった儀礼的行動とは異なり，ヒトの母親は赤ちゃんに対して用いる発声や身振り，表情を時々変化させたり，さまざまに工夫してみたりする。乳幼児が成長するにつれて，母親は休止を挟んだり焦らしたり，さらにダイナミックで変化に満ちた特徴を示すなどして，彼らの期待を操作し始めるのである。しかしながら，儀礼化された行動の場合と同様，前駆的なコミュニケーションの合図に加わるこれらの作用のすべては，「自然発生的」であるか，あるいはそれと意識して表されたものではない。

　儀礼化の作用は，ヒトの音楽や踊りにおいても用いられているが，それは個人的ないし文化的に周到に作り込まれた意識的な方法で行われている，ということができる。例えば，日常生活のなかでみられる一般的な身体の動きは，それが様式化して繰り返され，誇張や精緻化が加えられると「踊り」になる。また，ごく平凡な発話の韻律あるいはパラ言語的な側面が，様式化，反復，誇張や精緻化を通して「歌」になる。それはまさに通常の文章や意味が，「詩歌」になるということである（他の芸術でも同様だろう）。儀礼化された行動のように，これらと同一の作用が，前駆的あるいは日常的な行動を他とは異なる何か特別なものへと変換するのである。そうした行動は注意を惹きつけ，さらに時間的に組織化された場合には，情動的な反応をより一層引き出したり，形を与えたりする可能性を持つのである（Watanabe and Smuts 1999, Alcorta and Sosis 2005も参照）[1]。

　儀礼化を特徴づけるような作用が，赤ちゃんとの相互的な関わりのなかで，大人によって自然発生的に用いられたとき，私はそれらを原美学的なものと呼ぶことができるのではないかと考えている。あるいはそのような作用は，母子間のインタラクションにおける相互関係の機序を構成していることから，原音楽的なものと呼ぶことができるのかもしれない。原美学的な作用にかかわり，反応する能力というのは，後に経験される意図的に作り込まれた美学的作用に対する，ある種の貯蔵庫として利用できる。つまり，「芸術」を作り上げようとするとき，あらゆるメディアにおいて人々が行なうこと，それは，身体の動きや音，材料，物体，言葉，周囲の環境，主題やアイディアに対する期待を様式化し，反復，誇張，精緻化，そして操作することなのである。そうした芸術の素材に注意が向けられるのは，美学的作用によって，それらが通常のコミュニケーションや実存的な文脈で用いられるのとは異なる（あるいは新たな）意味を与えられるからである。現代において芸術とみなされるものは，より一層，伝統に縛られない，あるいは原美学的な能力から派生したものになっている。こうした能力は，まず原型としての母子間のインタラクションのなかで徐々に進化し，後に宗教的な目的のために多様な伝達媒体を提供

1　これらの4つの儀礼化の作用を明らかにすることは，美学的な軌跡（それは，暗示と明示，先行と結果，適格性と従属性，含意，対比，変更，対立，順序交代，速度，緊張と弛緩，として表現され，また感じられるもの）に対する，その他の根本的な内在性の過程からもたらされる影響あるいは「ナラティヴ」の影響の存在とそれらの重要性を否定するものではない（Dyssanayake 2000b, p. 404; Tarasti 1994; 本書第7章のパンクセップとトレヴァーセン）。

できる儀式の文脈において発展して（本書第2章のディサナーヤカ），ついにほぼあらゆる文脈において独立したアートの形式として用いられるように解き放たれていったのである（本書第3章のブラント，第4章のマーカーを参照）。

24.3 仲間内による社会生活のために相互関係に囲い込む機序

　原音楽的（原美学的）な能力が，親和的な意図を伝達する合図から引き出されているということは重要である。社会性と集団への所属は，人の生存にとって決定的に重要なものであり，情動が表出され，共有・操作されるなかで母子の絆を深めさせていく諸要素が，あるグループの成員同士を結びつける要素でもあるはずというのは，決して意外なことではないだろう。人は，相互に親交を結ぶ機序を引き出し，それに反応できるように生まれてくるのである。我々は，その機序に対しては生涯を通して高い感度を維持するので，儀式的な文脈，そして現代においては時間芸術のような場面においてその機序が展開しはじめたとき，赤ちゃんや他の人々に対していつでもそれを用いることができるのである。

　定住生活や食物の余剰化，大規模な集団形成を可能にした動植物の家畜・栽培化が行われる以前まで，我々人類の先祖は，ギヴォンとヤング（2002）の言葉でいうところの「仲間内の社会」の成員であった。これと対比をなすものが紀元前8000年から6000年ごろから現れはじめた大規模でより複雑な「見知らぬ人の社会」であるという。

　人は，親しい仲間による社会のなかで生存し，繁栄してきたのであり，それらの99パーセント，ほぼ全てが独特の社会形態を持っていた（現在でも大規模な集団社会の孤立地域として残存している場合がある）。そのような社会にみられる顕著な特徴は，小規模な集団（50〜150名程度）や採餌（狩猟や収穫）の効率性，集団ごとの領地区分（各半径10〜20マイル範囲内），限定的な遺伝子給源，文化的な均一性，情報の同質性と安定性，合意形成にかかる統率組織，そして血縁を基盤とする社会的協同性，といったことである（Givón and Young 2002）。このような集団では，生存に必要なあらゆることが人々の手によって獲得ないし作成されるのである。協同性と相補性とは，自由意志に基づくものではなく，それらを確実にするために選択され，保持されてきた情動的な機序なのである。

　同質性と慣例が存在するにもかかわらず，そのような集団で生存し続けていくには，日々の生活やその維持についての不安がついてまわる。第2章で述べたように，不確実なことに対する不安は，脳の発達，遺伝的表現，そして生存や生殖に必要なさまざまな要素に作用する生理学的反応および神経性内分泌反応を引き起こしてしまう。支援的な社会的絆というものが明らかに作用する場合，そうしたストレス反応は低下することになる（Taylor 2002, p. 13）。支援的な社会的絆の最たるものは，母と乳幼児との間に存在する（Keverne et al. 1999）。それゆえ，母子間での相互関係をもたらすように進化した機序を取り入れた儀式的な芸術は，その鑑賞者である大人たちに協同性や共通の目的意識，そして情動的なやすらぎを与えるのであり，そのようにして社会的に支えられているという感覚およびストレス反応からくる身体への害を改善するコーピング[4]の感覚がもたらされる，と考えるのはおよそ道理に合ったことであろう。音響や運動を規則化し，それらを反復することは——とりわけ他者からの社会的な強化のもとで演じられる場合——心理的あるいは情動的な制御へと広がっていく実際の身体的な制御を必要とする。

　英国の人類学者であるラドクリフ＝ブラウンは，彼が活躍した時代の他の「構造主義的機能主義者」らと同様に，現在の人類学者によってはほとんど引用されることがなくなってしまった。しかしながら，彼がアンダマン諸島で観察した典礼や儀式の役割についての解釈は，後の適応主義者の思想をかなり先取りしたものだったのである（Radcliffe-Brown 1922）。彼によれば，宗教とはそれを信仰する人々の欲求，

---

[4] ストレスを評価し，対処しようとする方法。メンタルヘルスの用語でストレス・コーピングともいう。

あるいは思い——例えば繁栄，安全，健康，そして裕福な暮らしの保証——を実現してくれるかどうかといったこととは別に，地域社会におけるひとつの役割を持っているという。ラドクリフ＝ブラウンは，そのような宗教の役割とは，規律正しい社会生活の維持であると考えていたが（それは，彼が「典礼」と呼んで表現していたことにも表れている），それ自体は，他者との関係のなかで自分の行動を変化させ，かつ制御できる一定の心情をもった人々に左右されることである。典礼［音楽や運動そして他の諸芸術からなる儀式］によって，これらの心情［情動］が［喚起・明確にされ］，規則化，維持され，そして世代間で伝承されていくのである（［　］内は，私自身の再定式化，あるいはラドクリフ＝ブラウンによる言説への追加を意味する）。

　ここでさらにラドクリフ＝ブラウンが展開した主題を私なりに再構成してみたい。相互関係をもたらす機序（前節および第2章参照）にもとづいた時間芸術（装飾や衣装による視覚的な強調が施され，無理やりにでも注意を惹きつけさせようとするもの）とは，あらゆる社会集団の儀式的な儀礼においてみられるように，無数ともいえる種類やスタイルの巧みな行動様式を入念に作り上げたものであり，それらの様式は人々を調和させ，結び付け，さらにその儀式が伝達しようとしているメッセージの真の意味を人々に納得させるために用いられるのである。このようにして情動的に吹き込まれた信念や信条は，どのように成就するのだろうか？　情動的あるいは身体的な意味とは，果たして何だろうか？

24.4　情動的な意味を創り出す

　音楽における情動と意味を論じた大半の書物というのは，それが哲学者によるものだろうが，心理学者によるものだろうが，暗黙裡に，あるいは公然と西洋の高等芸術の流儀を前提としている。ここでいう音楽とは，楽譜をもとに高度な技術を持った演奏家が十分に稽古を重ねて，多くの場合コンサート・ホールのような特別な場で演奏されたものであり，心を揺さぶられ，ときに超越的な情動体験さえも求めようとする耳の肥えた聴衆を相手にしたものである。このような視点から書かれたものは，あらゆる時と場所において生じる音楽について一般化できるような代物ではないし，されるべきではないのである。

　それがたとえ，どのような視点からのものであっても——あるいは音楽とは情動的な体験をもたらすものであるという信念が一般的に浸透してしまっているのだとしても——，「音楽的な情動」とは何か，あるいはそれがどのようなものであり得るかを明確にすることは決して容易ではない。もっとも簡略化した意味でいえば，情動とは，我々にとって心地よいこととそうでないことを肯定的に受容するか，あるいは拒絶するかを判断する指標であるといえるだろう。例えば恐れを感じると，我々はその場で立ちすくんでしまうか，あるいは身に迫る危険から逃れようとするし，怒りを感じたならば，自分にとって大切なものを守ろうとして奮闘するだろう。愛する人とともに睦まじく心穏やかに過ごすときには，希望や喜びを感じることだろう。しかし，恐れや怒り，幸せ，さらに喜びといった情動を表す言葉は，我々が演奏者あるいは聴衆として時間芸術に携わるときに感じることを描写するには不十分なのである。

　おそらく，何を感じているのかを分析しようとするのではなく，むしろどのように情動が生じるのかを考えることの方が有益なのかもしれない。情動を表す言葉の骨子と現代の美学的思索を覆う捉えがたい玉虫色の外被との間にある隙間に，私はここで，音楽に対する情動的反応を生起させる4つの原因についての「予備的な動物行動学的分類法」を差し出してみたい。この分類は，現代のポピュラー音楽やその他さまざまな音楽の形態と同様に，儀式の音楽と西洋音楽のどちらにも適用されるものである：(a) 生来の感覚的そして認知的な傾向に対する訴求力，(b) 生得的かつ文化的にも獲得される連想と暗示，(c) 引き込み，同調，駆動，そして「漸進的に強化される展開」の利用，(d) 期待操作からもたらされる効果 (Dissanayake 2000a, pp. 209-18; 2005を参照)。

　以上の「分類タイプ」のそれぞれにおいて（ただし実際の体験においては相互に重なり合い不可分な場

合もあるだろう），先述した相互関係をもたらす機序——様式化，反復，誇張，精緻化，期待操作——が人々の注意を惹きつけ，音楽のもつ情動的な効果に寄与するのであろう（ここでは主に，儀式上の儀礼で演じられる時間芸術のように音楽と運動が一体となったものを対象とする）。

24.4.1　生来の感覚的・認知的な傾向への訴求力

　芸術には，生来の感覚や認知に訴えかける，魅力的で情動を捉えて離さないような形式や色彩，音響，そして運動が至る所に散りばめられている。新しい研究領域である進化論的美学とは，このような根本的な刺激がそれらに注意を惹きつけられ，その美的価値を認める人々に対してどのように適応的であったのか（そして現在でも適応的であるのか）を理解しようとするものである（Voland and Grammer 2003）。儀式において，鮮やかで印象的な色彩や形式，精力的でありながら優雅な動き，そして興奮を巻き起こすリズムが用いられること，あるいは演者の多くが，その優れた力量と容姿の美しさで人々の称賛と耳目を集める血気盛んな若者であるということは，決して偶然ではないだろう。西アフリカの仮面舞踏会において，アフィクポ（Afikpo）地域の男性たちは，派手な風貌に野心的なパフォーマンス，リズム的な動き，そして肉体的な強靭さといった男女の戯れにおける常套の形式によって，女性たちにセクシュアルな魅力を誇示するのである（Ottenberg 1982, p. 180）。

　生来的に人目を惹く要素というのは，儀式にとってきわめて重要であるが，そうした要素を普段よりもさらに引き立たせ，尋常ならざるものに仕立て上げることによって，何か特別な情動が生み出されるということが実現されている点も見逃してはならない。西アフリカの仮面舞踏者たちは，普段の生活における着衣や発声，身のこなしや態度といったものの規範を大きく逸脱しているのである（Ottenberg 1982）。例えば，衣装は，極端に煌びやかであるか冴えない色味かのいずれかである。声についても，喉音による奇怪な音や動物の鳴き声，あるいは全くの沈黙が用いられ，それらが仮面で「遮蔽」されるのだろう。装飾や誇張的表現は，仮面舞踏者が常人ではないということを際立たせるのである。アメリカ南西部に住むヤキ族の復活祭の儀式では，仮面をつけた男たちが，なんとも不器用というか，進化を逆向するかのような作業を遂行するのであり，ときには例えば歩いている途中で小走りになってみたり，雄牛の歩みを思わせてみたり，あるいはせわしなく動き回る鶏が足爪でひっかくような，即興的な動きをしてみせるのである（Goodridge 1999）。さらに，「根本的な美的感覚に訴えてくる刺激」というのは，時間とともに発展する文脈——多くの場合，活動性の高い進行中のかかわり——のなかで現れるということを忘れてはならない（Scherer and Zentner 2001, pp. 376-377）。それは，心を揺さぶる他のどのような要素にも増して，音楽的な情動を生み出す時間発展する構造なのである。

24.4.2　生得的かつ文化的に獲得された連想と暗示

　ワーグナーやメンデルスゾーンの結婚行進曲の調べがそうであるように，一般に音楽というものは，例えば結婚式のような儀式の開始や終了，あるいはそれ以外の部分でも注意を喚起する。花嫁が式場に入場してくる前でさえ，涙ぐんだり，実際に涙を流してしまうこともあるのだ。我々の情動は，音楽に「備わって」いるさまざまな期待と連想によって構造化されるのであり，お祭り気分や興奮，ロマンティックな雰囲気，集団としての誇りと不屈の精神，混乱の抑制，忘我の境地，そして他の多くの情動的な状態が思い起こされるのである。

　音楽が呼び起こす，さらに捉え難い神秘的な連想というものがある。それは，音が色彩やテクスチュアを感じさせたり，旋律が姿態を表したり，運動が私たち自身の身体の内奥で共鳴するかのような共感覚的な暗示である。このような奥深い，言葉ではなかなか言い表せない感覚は，抽象化された科学的言語を機械的に用いることで，第2章や上述の本章24.2で記述した母子のインタラクションをめぐる神経生物学にその起源をたどることができるかもしれない。これらのインタラクションでは，音声，視覚，

そして動作にかかわるモダリティ[5]からの信号が，交差して処理されている。つまり相互作用をしているパートナーの間で，視覚，触覚，聴覚，そして臭覚の感覚入力が眼窩前頭皮質で収斂し，皮質下の動機づけや情動的な統合の中枢に至る広範囲にわたる経路に送られるのである(Schore 1994, p. 35; Tucker 1992)。いくつかの感覚は不可分的に，そして相互的にさえ体験されているのであり，これがスターンら (1985) のいう「インターモーダルな流暢性」なのである。

仮に音楽が，そうした多感覚的－情動的な基盤を混ぜ合わせて成り立っているのだとすれば，プラトンの時代から現代に至る思想家たちによって，音楽の情動的な表現力が音楽と人間の表出的な行動や表現との「類似」ないし「類推」，あるいはその「表象」や「ミメーシス」にあると考えられてきたこと(Kivy 1989, p. 171)，あるいはその表現力が，人間の感覚の「メタフォリックな」(Blacking 1971) ないし「象徴的な」(Langer 1953) ものであるに違いないと考えられることに何ら不思議はないだろう。スティーヴン・フェルド (1981) は，カルリ族(パプアニューギニアの南部山岳地方)の音楽理論で用いられるメタファーを記述しているが，彼らにとっては流水の種類が音の「種類」になっているという。例えば sa あるいは「滝」と呼ばれる短三度下降は，最も基本的な音程であり，悲しみや孤独，そして喪失を象徴している(Feld 1982も参照)。メスカレロ・アパッチ族の儀式では，少女たちが文字通り「歌唱によって」女性らしく変貌していく。メロディーの反復とともにオクターブの跳躍進行を伴う明確な輪郭，三和音の組み合わせ，および声部の構造といったものが，儀式のその他の部分 (空を背景にした円錐形のテント小屋の形から Gaahe ［仮面を付けた踊り手たち］に描かれた幾何学的なデザインに至るまで) とよく調和する美学的趣向をその儀式にもたらすのである (Shapiro and Talamantez 1986, p. 85)。

この点にも，ダニエル・スターンによる「生気情動[6]」の概念が関連している。これらは，(乳幼児と大人の体験のなかで) 姿形や輪郭，強度，運動，持続，そしてリズムの性質として発生する (これらは個別の感覚や事象と結びつくのではなく，動的かつ抽象的なものとして私たちの心のなかに現れる個々のモダリティを超えた特性である)。例えば，気持ちが高まったり，徐々に色褪せたり，はかなく過ぎ去ったり，あるいは引き延ばされたりといったように，それぞれの性質が視覚や聴覚，そして動作にかかわるモダリティにおけるさまざまな状況に合わせて適用されるのである (Stern 1985)。これと同様に，バントとパヴリチェヴィック (2001, p. 195) は，「基本情動の伝達的および表現的な機序，つまり，強度，輪郭，テンポ，リズム，音色，強弱を伝える機序」を記述している。また音楽というのは，ある個別の情動 (喜びや悲しみ) や何らかの情動に縛られることなく，「我々のさまざまな情動の『構造』に類似したものを伝える」，あるいは「我々の表現行動と類似している」のである (Kivy 1989, pp. 37, 52)。

24.4.3　引き込み，同調，駆動，あるいは「漸進的展開」の利用

いくつかの昆虫やカエル (同期的な求愛音を発生させる種) は別として，外因性の一般的な，あるいは等尺性のパルスに合わせて自分たちの行動を同期させたり，引き込んだりする能力に関して，ヒトは動物界で唯一無二ともいえる存在である (Merker 2000)。このような引き込みに関する能力は，母親と2か月齢の乳幼児による声の掛け合いにおける「協調的な個人間のタイミング」(Feldstein *et al.* 1993) や，マレーとトレヴァーセン (1985) そしてネーデルら (1999) が記述した社会的偶発性に対する母子の期待感として予め表れているのであり，そのような場面では，行動と感情を調律するような実験的な摂動は，乳幼児と母親の双方にとって苦痛でしかないのである (Miall and Dissanayake 2003, p. 339も参照。彼らはこうした能力を「個人間の逐次的依存」と呼ぶ)。

他者とともに気ままに時間を過ごすことは，ウェルビーイング[7]あるいは多幸感を生む。歴史家ウィ

---

[5]　巻末の参考資料「モダリティ」を参照。
[6]　巻末の参考資料「生気，生気情動と自己感」を参照。
[7]　巻末の参考資料「ウェルビーイング」を参照。

リアム・H.マクニールは，彼が若い陸軍の召集兵として，密集教練の間に体験した共感現象を「力強い絆」と呼び，それが集団の仲間意識の形成に寄与することから，徐々に進化するものと推測した。彼はそれを，「自分が拡張するという奇妙な感覚，個人の生命よりも大きくなり，膨張していくようなもの」として描写したのである (McNeil 1995, p. 2)。

神経科学者のアンドルー・ニューバーグとユージン・ダキリは，かなりの数に上る研究のなかで，「落ち着きやエクスタシー，畏怖といった主観的感覚」および「超越的な統一的状態」を表現する「情動の放出をさまざまな強度で」生じさせる人間の儀礼の力が持つ神経生物学的な資源とそれに付随するものを明らかにしようとしてきた (Newberg and d'Aquili 2001; d'Aquili and Newberg 1999, 2000に彼ら自身および他の研究者による研究の出典指示がある)。彼らの主たる関心は，現代の宗教的体験における神秘主義と（意識の）変容状態にあったのだが，その研究結果は，どのような種類の儀式上の儀礼的行動においても音楽と運動の反復的使用に関しては当てはまるように思われる。

ニューバーグとダキリは，儀礼によって誘発された状態に随伴する情動の性質は，概ね自律神経系および脳のなかの他の部位に与えられる速いあるいは緩やかな反復性のリズムの効果からもたらされたものであるようだと報告している (Newberg and d'Aquili 2001, p. 88; Gellhorn and Kiely 1972)。中枢神経系を「同調」させ，それらの状態を引き出すテクニックは，ときに「駆動的行動」とも呼ばれ，レックス (1979) によって記述もされている。リズミックな伴奏に合わせて生き生きと踊るような行動は，交感神経の神経生理学的構造を刺激し，やがては恍惚状態あるいはエクスタシーとして感じられるあらゆる「変容状態」を誘発する副交感神経の反動（ホメオスターシスを維持しようとする身体の傾向からもたらされる効果）へと導くのである。

このような現象の代表的な例は，おそらくカラハリ砂漠のクン族によるジラフ・ダンスであり，そのなかで踊り手たちは，他者を癒すことのできるキア (kia) と呼ばれる境地に到達しようとする。男性も女性も，「歌や手拍子がどんどん活気づいて踊りに集中していくにつれて，ほとんど気づかないうちに気分が激しく高揚する」まで何時間も踊っていることがある (Katz 1982, p. 40)。キアとはきわめて激しい情動的な状態であり，その感化作用のもとで，クン族は例えば治療的な行為をしたり，火を手でつかむ，あるいは火の上を歩くといった尋常ではない活動を行うのである。踊ることそれ自体が，参加する人々に不安や反駁をものともしない興奮や喜び，そして強い力を与えるのだと考えられている。「踊りに生きる，それが我々の心を幸福にするのだ」とクン族はいうのである (Katz 1982, p. 34)。

24.4.4 期待操作からもたらされる効果

激しい情動を生み出しているのは，漸進的に強化されていく（儀礼の）展開ばかりではない。ニューバーグとダキリ (2001) は，速いおよび緩やかなリズムのどちらもが，少々異なる機序によってはいるものの，脳を統一的状態へと駆動していくことができると報告している。いずれの場合でも，リズム的な行動によって，「方向定位連合野」（物理空間において人を定位させる後方上頭頂小葉 posterior superior parietal lobe）が神経系の流れからブロックされるのである。

> 統一的状態の強さは，神経ブロックの程度に依存する。神経ブロックの程度は，いかなる増分によっても増強されうるので，理論的には完全な遮断に至るまで，統一的状態が徐々に広範囲に拡がっていくということが可能になる。
>
> ニューバーグとダキリ (2001, p. 115)

例えば詠唱をしたり，あるいは瞑想にふけっている人のように持続性のある穏やかで反復的な活動というのは，副交感神経系を活性化し，そうした活動がより高い水準に達した場合には交感神経の興奮とは逆の作用をもたらす抑制効果が発生する。それはエクスタシーや境界喪失，あるいは日常の自己を超越

し，意識の変容形態ないし「さらなる高遠な」力との結合に達するものとして主観的に解釈されるような「流動」と同様の情動的な効果を伴うのである。

神経ペプチドホルモンのオキシトシンとエンドルフィンとも呼ばれる内因性オピオイドペプチド[8]が，母性的行動やその他の親和的行動の際に放出され，一段と高められた肯定的感情，そして病的爽快や多幸症さえも発生させることは，既に広く知られている(Carter et al. 1999)。またこれらのホルモンは，スポーツやダンスといった社会的な相互作用を特徴づけているともいわれている(Flinn et al. 1996)。私が知る限り，儀式に参加する者とそれを傍観する者のいずれにおいても放出される脳内化学物質を確認した研究はいまだ存在しないが，時間芸術のなかで反復され相互的に作用し合う音や運動（上述した相互関係をもたらす原美学的な機序によって生じているもの）が，その儀式に関わる個々人の親和性神経回路に影響を与え，さらに他の参加者たちとの一体感をも高めるというのは，かなり可能性の高いことだろうと思われる。東インドのラーガや西洋音楽，あるいはジャズを聴くには，作品の時間的展開に対する高い集中力が必要になる。いくつもの調査が，現代の西洋人たちにとって，「音楽」とは「至高体験」をもたらす主な資源の1つであるということを示しており(Laski 1961, p. 190; Maslow 1976, pp. 169-170)，それは強烈に感じられる運動 – 感覚的反応，および情動的な融和ないし結合の感覚によって特徴づけられるのである(Gabrielsson 2001, p. 432)。

共通のパルスに合わせて時を刻み続けると，引き込みだけではなく，それ以外の相互に影響し合う能力，例えば音と行動の交互循環や（母子のインタラクション場面と同様の）音楽的な事象における日常的な実践，さらには別のビートとの間でも合わせることができるような能力がもたらされる。また時間を一定に取り続けることは，予期と期待操作を可能にするのであり，このことは西洋の音楽美学において情動を発生させ，形作る方法として広く認められている(Meyer 1956; Sloboda 1999を参照)。パプアニューギニアの南ハイランド地方における重要な儀式であるギサロ(gisalo)の踊り手は，「人々の期待を掻き乱してその表層下に入り込み，通常の思考パターンを再構成させて劇的な反応を誘起する」ことによって，その場の観察たちに涙を流させる(Feld 1982, p. 132)。24.2節で記述した母子のインタラクション——すなわち様式化，反復，誇張，そして精緻化——から派生したこのような「美学的作用」は，芸術における期待操作および情動的な意味を作り出すために利用され得るのである。

ニューバーグとダキリ(2001, p. 89)は，儀式（あるいは芸術的なディスプレイ活動）の最中に体験される激しい高揚状態を生み出すには，自律神経系の活動だけでは不十分であるが，そのような状態は，他の身体感覚の入力，および（最も重要なこととして）儀式が行われる認知的な文脈に依存しているということを力説している。芸術と儀式からもたらされる情動的な体験は，これまでを想起すること，これからを予期すること，そして現在知覚されていることとその他の体験の部分とを結びつけること，すなわち全ての認知的活動を必然的に伴っている。様式上の規範というのは，音楽的な事象にダイナミズムと表現性を賦与する期待と「意味作用の構造」(Tarasti 1994)を必ず伴うのである。

メスカレロ・アパッチ族による成熟年齢を迎えた女子たちのお祝いの儀式では，衣装に着けられたガラガラや鈴の発する拍，そして儀礼で焚かれた煙とともに歌われる慣習に則った歌唱の周期的な循環における反復が，儀礼の進行を整え，その規則性による充足感をもたらすために利用されている。この儀式は数日間に及ぶことから，時間の経過を特色づける他の要素——拍や転調そして静寂——は，超越的な体験を長い時間かけて持続させるために入念に構造化されている。さまざまな歌唱が構成要素となり，それらが儀礼の多様な部分を統合するために調和よく配置されると，あたかも時間が経過していないような，そしてこの特別な儀式が，神話的時間の流れる独自に再創造された王国のなかで人々を1つに結びつけるかのような印象を創り出すのである(Shapiro and Talamantez 1986)。

---

[8] 巻末の参考資料「内分泌および神経伝達物質補足説明」を参照。

オリヴァー・サックスは，支離滅裂な言動をし，見当識障害を患っていたジミー G. という記憶喪失の患者が，ミサ聖祭の最中にどのようにして完全に「再統合」されていくのかを記述している。いかなる瞬間も他の全てのものに思考が向けられ，意味で満たされているというミサの一貫性と統一性が，彼自身の論理的な連続性を（一時的にせよ）回復させたのである。彼は，「自身の渾身の行為において完全に支配・吸収され，そのことが有機的な連続性と統一性における感覚と意味を生み出した」のである（Sacks 1987, p. 38）。

24.5 儀式上の儀礼における音楽の機能

これまで数えきれないほど多くの研究者たちが，典礼や儀礼，儀式，そしてそれらの機能について重要な事項を述べている（Falassi 1987 and Zuesse 1987は有用な要約なので参照されたい）。ほぼ全ての研究者が指摘しているのは，儀礼というものが非日常的ないし特別な時間と空間のなかで，どのように催されているのか，そしてそうした時空間を引き起こすものになったのかということである。しかしながら，非常に多くの種類の儀礼が記述されているにもかかわらず，生物学的あるいは適応的な意味での儀式的行動の究極的な機能に関する示唆を，それらの研究のなかに探し求める甲斐はないようだ。

メリアム（1964）は，音楽の人類学に関する定評ある自著のなかで，音楽の利用と機能とを区別している。音楽の利用とは，進化論者が「至近」と呼ぶであろうこと，すなわち，ある一定の地域社会において音楽が用いられる明確に表現された方法のことであるのに対し，音楽の特殊な利用からもたらされる究極的な機能とは，その成員たちによってはっきりとは示されていない，もしくは認識すらもされていないのかもしれない。メリアムは，他の人類学者たちによる有力な視座を要約し，一般的かつ分析的な水準における音楽の10の主要な機能を列挙している。それらは情動的表現，美学的享受，娯楽，コミュニケーション，象徴的表象，身体的反応，社会的な規範への順応の強化，社会制度や宗教的儀礼の正当化，文化的な連続性と安定性への寄与，および社会集団の統合への寄与である（Merriam 1964, pp. 219-27）。これらの機能は相互に重なり合うものであり，そのうちのいくつかはある一定の音楽的な事象において作用していると考えることができるだろう。

これらの，あるいはそれ以外の音楽の機能は，後年の民族音楽研究のうち数百とまではいかないにしても，数多く記述されてきてはいるのだが（また現代社会においても音楽がおおよそ同じように機能していることを目の当たりにするのだが），音楽のこれらの目的がなぜ人間にとって重要なのか，音楽はそうした目的の実現を可能にするために，なぜ，どのように進化すべきであったのか，あるいは音楽がそれらをどのように達成することができるのかといったことが，人類学的な視座のなかで探求し続けられているわけではない。本章そして第2章の進化論的あるいは適応主義的な主張は，これらの問いに対する弁明ないし仮説を示しているといえるだろう。

進化心理学において，情動とは究極的な適応的目標を達成させる「至近行動」（例えば時間芸術への参加）へと我々を導いていくものとされる。このような見方は，愛情や宗教，そしてその他の芸術と同様に，我々の生活のなかに深遠で，かけがえのない意味をもたらす源泉としての音楽を眺める態度としては，あまりにも冷淡なのかもしれない。しかしながら，音楽がヒトという種にとって重要なものであり，適応をもたらすものであるということに疑いの余地はないはずである（Alcorta and Sosis 2005; Mithen 2005）。歌唱と踊りは，約10万年以上前のアフリカを起源とするホモ・サピエンスの出現時には存在していたとみられ，古代からの人間の行動であると考えられている（Cross 2003）。人類学的および社会学的な根拠としては，音楽に対する人間の応答性が世界中のどの地域においても見られるという事実が示されている（Hodges and Haack 1996）。またファン・ダム（1996, pp. 50-51）は，非西洋社会における美的価値観にとって，「過程としての」芸術が，静的あるいは視覚芸術よりも重要であると指摘する数多くの学者に言及している。

時間芸術によって引き出される激しい情動は，儀式上の儀礼において仲間内の地域社会の真理に関する文化的な信条をもたらし（かつ強化し），さらに自信や統一性を感じさせるように仕向けていく情動的な傾向を生み出す。時間芸術は，儀式の不可欠な要素として組み込まれている。なぜなら，その源泉を親和行動のなかで精緻化させることによって，参加者たちは（通過儀礼におけるような）社会的アイデンティティおよび(その集団に属しているという)一体感を得るからである。さらに時間芸術によって，儀式は，彼らの集団が発するメッセージの意義と重大性を人々に徐々に感じさせ，その儀礼がもたらす尊大で移ろいやすい状況に対処できるという有能感を得た気分にさせるのである。帰属意識，意味，そして有能感は，人間の不可欠な情動的欲求であり，儀礼的な儀式における時間芸術は，人々がそれらを達成し，維持するのに役立つのである。儀式において，音楽に揺さぶられた身体は，信念によって落ち着きを得て，そして共通の動機のもとで仲間と親密な絆で結ばれて，実存的な不安からの精神的解放に至るのである。

（丸山慎訳）

引用文献

Alcorta CS and Sosis R (2005). Ritual, emotion and sacred symbols: the evolution of religion as an adaptive complex. *Human Nature*, **16**, 323–359.

Blacking J (1971). The value of music in human experience. *Yearbook of the international folk music council 1969*, **1**, 33–71.

Bunt L and Pavlicevic M (2001). Music and emotion: Perspectives from music therapy. In PN Juslin and JA Sloboda, eds, *Music and emotion: Theory and research*, pp. 181–201. Oxford University Press, Oxford.（バントとパヴリチェヴィク「音楽と情動：音楽療法の視点」ジュスリンとスロボダ編著，大串健吾・星野悦子・山田真司監訳『音楽と感情の心理学』誠信書房，2008所収）

Carter CS, Lederhendler II and Kirkpatrick B (eds) (1999). *The integrative neurobiology of affiliation*. MIT Press, Cambridge, MA.

Cross I (2003). Music and biocultural evolution. In M Clayton, T Herbert and R Middleton, eds, *The cultural study of music: A critical introduction*. pp. 19–30. Routledge, London.

Damme W van (1996). *Beauty in context: Toward an anthropological approach to aesthetics*. Brill, Leiden.

d'Aquili EG and Newberg AB (1999). *The mystical mind: Probing the biology of religious experience*. Fortress, Minneapolis, MN.

d'Aquili EG and Newberg AB (2000). The neurobiology of aesthetic, spiritual and mystical states. *Zygon*, **35**, 39–52.

Dissanayake E (2000a). *Art and intimacy: How the arts began*. University of Washington Press, Seattle, WA.

Dissanayake E (2000b). Antecedents of the temporal arts in early mother–infant interaction. In NL Wallin, B Merker, and S Brown, eds, *The origins of music*, pp. 389–410. MIT Press, Cambridge, MA.

Dissanayake E (2005). Ritual and ritualization: Musical means of conveying and shaping emotion in humans and other animals. In S Brown and U Volgsten, eds, *Music and manipulation*, pp. 31–57. Berghahn, Oxford and New York.

Falassi A (1987). Festival: definition and morphology. In A Falassi, ed. *Time out of time: essays on the festival*. University of New Mexico Press, Albuquerque, NM.

Feld S (1981). 'Flow like a waterfall': The metaphors of Kaluli musical theory. *Yearbook for traditional music*, **13**, 22–47.

Feld S (1982). *Sound and sentiment: Birds, weeping, poetics, and song in Kaluli expression*. University of Pennsylvania Press, Philadelphia.（フェルド，山口修・卜田隆嗣・山田陽一・藤田隆則訳『鳥になった少年：カルリ社会における音・神話・象徴』平凡社，1988）

Feldstein S, Jaffe J and Beebe B et al. (1993). Coordinated interpersonal timing in adult–infant vocal interactions: A cross-site replication. *Infant behavior and development*, **16**, 455–470.

Flinn MV, Quinlan R, Turner M, Decker SA and England G (1996). Male–female differences in effects of parental absence on glucocorticoid stress response. *Human nature* **7**, 125–162.

Gabrielsson A (2001). Emotions in strong experiences with music. In PN Juslin and JA Sloboda, eds, *Music and emotion: Theory and research*, pp. 431–449. Oxford University Press, Oxford.（ガブリエルソン「音楽を伴う強烈な体験における情動」ジュスリンとスロボダ編著，大串健吾・星野悦子・山田真司監訳『音楽と感情の心理学』誠信書房，2008所収）

Gellhorn E and Kiely WF (1972). Mystical states of consciousness: Neurophysiological and clinical aspects. *Journal of nervous and mental disease*, **154**, 399–405.

Givón T and Young P (2002). Cooperation and interpersonal manipulation in the society of intimates. In M Shibatani, ed., *The grammar of causation and interpersonal manipulation*, pp. 23–56. John Benjamins, Amsterdam.

Goodridge J (1999). *Rhythm and timing of movement in performance: Drama, dance and ceremony*. Jessica Kingsley

Publishers, London.

Hinde RA (1982). *Ethology: Its nature and relations with other sciences.* Oxford University Press, New York.（ハインド，木村武二監訳『エソロジー：動物行動学の本質と関連領域』紀伊国屋書店，1989）

Hodges DA (ed.) (1996). *Handbook of music psychology*, 2nd edn. IMR Press, San Antonio, TX.

Hodges DA and Haack PA (1996). The influence of music on human behavior. In DA Hodges, ed., *Handbook of music psychology*, 2nd edn, pp. 469–555. IMR Press, San Antonio, TX.

Huxley J (1914). The courtship habits of the Great Crested Grebe (*Podiceps cristatus*) together with a discussion of the evolution of courtship in birds. *Journal of the Linnean Society of London: Zoology*, 53, 253–292.

Juslin PN and Sloboda JA (eds) (2001). *Music and emotion: Theory and research.* Oxford University Press, Oxford.（ジュスリンとスロボダ，大串健吾・星野悦子・山田真司監訳『音楽と感情の心理学』誠信書房，2008）

Katz R (1982). *Boiling energy: Community healing among the Kalahari Kung.* Harvard University Press, Cambridge, MA.（カッツ，永沢哲・田野尻哲郎・稲葉大輔訳『〈癒し〉のダンス：「変容した意識」のフィールドワーク』講談社，2012）

Keverne EB, Nevison CM and Martel FL (1999). Early learning and the social bond. In CS Carter, II Lederhendler, and B Kirkpatrick, eds, *The integrative neurobiology of affiliation*, pp. 263–273. MIT Press, Cambridge, MA.

Kivy P (1989). *Sound sentiment: An essay on the musical emotions.* Temple University Press, Philadelphia, PA.

Langer SK (1953). *Feeling and form.* Scribner, New York.

Laski M (1961). *Ecstasy: A study of some secular and religious experiences.* Cresset, London.

Lex BW (1979). The neurobiology of ritual trance. In EG d'Aquili, CD Laughlin Jr and J McManus, eds, *The spectrum of ritual: A biogenetic structural analysis*, pp. 117–151.

Maslow AH (1976). *The farther reaches of human nature.* Penguin, New York.（マスロー，上田吉一訳『人間性の最高価値』誠信書房，1973）

McNeill WH (1995). *Keeping together in time: Dance and drill in human history.* Harvard University Press, Cambridge, MA.

Merker B (2000). Synchronous chorusing and human origins. In NL Wallin, B Merker and S Brown, eds, *The origins of music*, pp. 315–327. MIT Press, Cambridge, MA.

Merriam AP (1964). *The anthropology of music.* Northwestern University Press, Evanston, IL.（メリアム，藤井知昭・鈴木道子訳『音楽人類学』音楽之友社，1980）

Meyer LB (1956). *Emotion and meaning in music.* University of Chicago Press, Chicago, IL.

Miall DS and Dissanayake E (2003). The poetics of babytalk. *Human nature*, 14, 337–364.

Mithen S (2005). *The singing Neanderthals: The origins of music, language, mind and body.* Weidenfeld and Nicolson, London.

Murray L and Trevarthen C (1985). Emotional regulation of interactions between two-month-olds and their mothers. In TM Field and NA Fox, eds, *Social perception in infants*, pp. 177–197. Ablex, Norwood, NJ.

Nadel J, Carchon I, Kervella C, Marcelli D and Réserbet-Plantey D (1999). Expectancies for social contingency in 2-month-olds. *Developmental science*, 2, 164–173.

Nettl B (2000). An ethnomusicologist contemplates universals in musical sound and musical culture. In NL Wallin, B Merker and S Brown, eds, *The origins of music*, pp. 463–472. MIT Press, Cambridge, MA.

Newberg A and d'Aquili E (2001). *Why God won't go away: Brain science and the biology of belief.* Ballantine, New York.

Ottenberg S (1982). Illusion, communication, and psychology in West African masquerades. *Ethos* 10, 149–185.

Radcliffe-Brown AR (1922). *The Andaman islanders.* The Free Press, Glencoe, IL.

Sacks O (1987). *The man who mistook his wife for a hat and other clinical tales.* Harper and Row, New York (original work published 1970).（サックス，高見幸郎・金沢泰子訳『妻を帽子とまちがえた男』早川書房，2009）

Scherer KR and Zentner MR (2001). Emotional effects of music: Production rules. In PN Juslin and JA Sloboda, eds, *Music and emotion: Theory and research*, pp. 361–392. Oxford University Press, Oxford.（シェラーとツェントナー「音楽の情動的効果：産出の規則」ジュスリンとスロボダ編著，大串健吾・星野悦子・山田真司監訳『音楽と感情の心理学』誠信書房，2008所収）

Schore AN (1994). *Affect regulation and the origin of the self: The neurobiology of emotional development.* Erlbaum, Hillsdale NJ.

Shapiro AD and A Talamantez (1986). The Mescalero Apache girls' puberty ceremony: The role of music in structuring ritual time. *Yearbook for traditional music*, 18, 77–90.

Sloboda JA (1999). Musical performance and emotion: Its uses and developments. In Suk Won Yi, ed., *Music, mind, and science*, pp. 220–238. Seoul National University Press, Seoul.

Stern D (1985). *The interpersonal world of the infant: A view from psychoanalysis and developmental psychology.* Basic Books, New York.（スターン，小此木啓吾・丸田俊彦監訳／神庭靖子・神庭重信訳『乳児の対人世界』岩崎学術出版社，1989）

Stern D, Hofer L, Haft W and Dore J (1985). Affect attunement: The sharing of feeling states between mother and infant by means of intermodal fluency. In TM Field, ed., *Social perception in infants*, pp. 249–268. Ablex, Norwood NJ.

Tarasti E (1994). *A theory of musical semiotics.* Indiana University Press, Bloomington, IN.

Taylor S (2002). *The tending instinct: How nurturing is essential to who we are and how we live.* Henry Holt, New York.（テイ

ラー.山田茂人監訳『思いやりの本能が明日を救う』二瓶社,2011)

Tinbergen N (1952). Derived activities: Their causation, biological significance, origin, and emancipation during evolution. *Quarterly review of biology*, **27**, 1–32.

Tucker DM (1992). Developing emotions and cortical networks. In MR Gunnar and CA Nelson, eds, *Minnesota symposium on child psychology*, vol. 24, Development, behavior, neuroscience, pp. 75–128. Erlbaum, Hillsdale NJ.

Voland E and Grammer K (2003). *Evolutionary aesthetics*. Springer, Berlin.

Watanabe JM and Smuts BB (1999). Explaining religion without explaining it away: Trust, truth, and the evolution of cooperation in Roy A. Rappaport's 'The obvious aspects of ritual,' *American anthropologist*, **101**, 98–112.

Zuesse EM (1987). Ritual. In M Eliade, ed., *Encyclopedia of religion*, **12**, pp. 405–422. Macmillan, New York.

第25章

音楽リズムの時間生物学に向けて

ナイジェル・オズボーン

25.1　生物学的時間への序論

　生物時計の存在——生命体の時を刻み，代謝，生殖，運動，コミュニケーション，そして人間の思考の時間的性質さえも調整するリズミカルに脈打つニューロン群 (Foster and Kreitzman 2004)——は，我々が動きながら体験するリズムと，音楽の中で容易に共有されるリズムの間の関係性，そして生物学と神経生物学，さらに文化的に精査された時間意識に関する重要な問題を提起している (Husserl 1969; Lakoff and Johnson 1980, 1999; Turner and Pöppel 1988; Schögler 1999; Pöppel and Wittman 1999; Pöppel 2002; Donald 1991; Krumhansel 2000; Stern 2004; Lee 2005; Schögler and Trevarthen 2007)。

　体内時計の中には長い周期の時間を測らなければならないものもある。あるセミの種は，たった数週間の成虫期間を迎える前，地中での17年という歳月を数日以内の正確さで数えている (Karban et al. 2000)。他にも24時間を周期とする概日時間の体内時計もあり，例えばそれは，円らな瞳のカブトガニのように，尾の部分にある光受容体の細胞が日光に反応して，体内時計を同期させ続ける一方で，夜になると体内の神経振動子が光への感度を100万倍増幅させるのである (Barlow 1990)。呼吸や心拍を調整するものを含む多くの振動子 (Delamont et al. 1999) は，音楽的なリズムやテンポに近い速度を制御している。それは，ヤツメウナギの脊髄インターニューロンのように，イオンチャンネル[1]のグルタミン酸の上昇に合わせてリズミカルに脱分極と過分極[2]を行ない，それによって泳ぎの運動を調整していることに似ている (Grillner, in Bear et al. 2006)。これは，人類の歩行と同等のテンポを生む脊髄の運動プログラムに類似した，あるいは進化的には相同的でさえある過程なのであり，その領域はメトロノームでいえば中央部分に相当する。たとえオタマジャクシであっても，その脊椎運動経路は，跳ねるようなアレグロから控えめなラルゴへの変化をもたらす情動システムと結果的にはほとんど同様の神経化学によって調整されている (Sillar et al. 1998)。注目すべきは，全ての生物時計が，本来そなわった基本周期をもっていながらも，環境からの刺激によってたいていは適応的な方向へと変化していくということで

---

[1] 生体膜に特定イオンを選択的に通過させる孔をつくる膜タンパク質。〔石川統・ほか編 (2010)『生物学辞典』東京化学同人，p. 62〕

[2] 細胞は細胞膜を境に内部がマイナス，外部がプラスの電位差も持つ分極の状態にあるが，この分極の減少を脱分極，増加を過分極という。〔石川統・ほか編 (2010)『生物学辞典』東京化学同人，p. 238, 823〕

ある。進化的にみれば音楽の前駆体[3]であるかもしれない動物の遊びや，子どもの脳の発達も含め，他の生活機能の調節器と同じように，それら体内時計は「環境による予測値」をもっているのである（Bekoff 1972; Bekoff and Fox 1972）。

時間生物学，すなわち体内時間に関する科学の本流ともいうべき知見は，これまで音楽と直接結びつけられてはこなかったのだが，おそらくその理由は，歌や楽器を表情豊かに演奏するためには相当な練習が必要とされるということに加え，我々の音楽的な嗜好に対する強い文化的な影響ゆえであろう。ところが時間生物学の論文は，音楽的な用語やメタファーで埋め尽くされている：例えば「リズム」，「律動性[4]」，「ビート」，「オクターヴ」，「キュー出し[5]」，「バンドマスター」，「指揮者」，「オーケストラ」などが定期的に出現する。おそらくそれらの用語の有用性とメタファーとしての力は，音楽におけるリズムが，人間の体験の内にある律動性との説得力のある出会いを示すという事実に由来する。すなわちそれは，ビートやキュー出し，同期といった概念が実際に存在し，具体化され，そして演じられているような意識の場であり，別の概念を使用してしまったら我々の生物学の様々な深みの中に埋もれてしまう，もしくは心理的な「現在」以上のことに到達できないことになるだろう。我々は視交叉上核[6]の律動的な振動や，てんかんの障害以外での大脳皮質におけるアルファリズムの揺らぎを容易に感じとることはできないし，季節の移り変わりの「グルーヴを感じる」こともできないが，ドラムのリズムに合わせて手拍子をしたり，ダンスをしたりすることはできる——我々は他者の身体の動きのパルスを感じるのである。おそらく，人間の時間生物学において音楽が占める特別の位置は，あまりにも身近すぎて気づかれてこなかったのだろう。

本章の目的は，この音楽の特別の位置を明らかにすることである。すなわち，それがどこにあるのか，何を意味するのか，どのように身体はリズムを生み出し，反応しているのか，リズムはどのように我々の間を調整し，同期させるのか，そして音楽のリズムの周波数振動に基づいた単純な記譜が，いかに生物学者に「解読しやすい」ものとなりうるか，ということである。これらは科学についての音楽家の思索であり，まずは音楽の物理学と形而上学へ，続いて音楽理論へと広がっていくだろうが，願わくばしかるべき周期性をもって音楽生物学に帰着していきたいと思う。

25.2 聴覚の世界，そして時間に関する運動の心理学におけるリズムと周波数

生物時計の振動とそれが制御する周期は，自然界においてリズムあるいは周期性を有する無限にも見えるような広大な領域のうちの一部分を形成している。それは電波天体から惑星運動など，さらには無線周波数から加速してガンマ線に至る電磁スペクトルを意味している。動物に聞こえる生体力学上の音エネルギーの波動（Manning 2004）は，全体的に非常にゆっくりだが，実に表情豊かである。音のエネルギー帯は，脳内の最速かつ最も進化した神経発火システムである，見事なまでに精巧な聴覚の構造によって人間に利用される（Brugge 1987）。このことは，少なくとも理論上，我々が他のどんなエネルギーや感覚に対して処理をしていることよりも，音の機微や聴覚について知覚し，知ることができるということを意味している。さらには，音の周波数の波動やエネルギー場それ自体を用いることで，本質的な探究が可能になるのである。時間的構造が複雑な事象に対する聴覚のきわめて優れた感度は，脳のポリリズム的な電気活動をコンピュータで「音波処理」することに応用されており，音に変換することで脳

---
[3] 一連の代謝反応において，着目した特定の物質より前の段階にある物質のことを指す。〔大木道則・ほか編（1989）『化学大辞典』東京化学同人，p. 1285〕
[4] 周期的にある運動がくり返されること。またその運動，リズム。
[5] 演奏のタイミングを他者と合わせるための指揮者による入りの合図や楽譜上の指示を指す。〔海老澤敏・ほか監修（2002）『新編音楽中辞典』音楽之友社，pp. 174-175〕
[6] 脳の視床下部にある神経核で，哺乳類動物における睡眠と行動や内分泌等の生理的現象の概日リズムを制御する時計中枢としての役割を担っている。〔石川統・ほか編（2010）『生物学辞典』東京化学同人，pp. 539-540〕　巻末の参考資料「脳地図」も参照。

波計の臨床的なアセスメントの補助手段となっている。それはまるで大脳皮質の「音楽」を聴くために聴診器をあてるかのようなものである (Hinterberger and Baier 2005)。

1960年代の終わり，私は，当時ヨーロッパで最も革新的な電子音楽のスタジオの1つであったポーランド国営ラジオ放送の実験スタジオで働いていた。そこはワルシャワ条約機構の政治的中枢でもあり，装置はアナログの真空管式で，創造的に効率よく利用されていた。そのスタジオは，日中は忙しく，学生たちは夜間に研究をしなければならなかった。当時，私は早朝にぼんやりと「純正」ピッチを作り出す発振器，つまり正弦波を発生させる装置で遊んでいたことを思い出す。これらの特別な装置は，もともと医学研究のためにつくられたもので，1秒ごとの音エネルギーの周期を表すヘルツ (Hz) の目盛りがついていた。時計回りに回転させてHzの目盛を上げていくと知覚されるピッチも高くなり，反時計回りに回転させて1秒ごとの周期を減少させると，ピッチも低くなった。発振器のピッチを操作して非常に低い周波数，例えば25Hzから20Hzの間にまで下げてみたとき，私はピッチというよりも速く規則的なパルス信号が聞こえはじめることに気がついた。さらに20Hz以下に下げると，はっきりとした，規則的でリズミカルな「ウー」という低い唸り音が聞こえ始めた。実はその信号は，一般的には80デシベルの音圧レベルで20Hzとされる可聴値 (これは聴覚にとってそれほど極端とまでは言えない領域で交通渋滞の音圧レベルを受容することに相当) を下回るものであった。この下可聴周波[7]を聴取可能にしたのは，単に信号の不純物やスピーカー振動膜の機械的な揺れであったのかもしれないが，私が遭遇したこの素朴な探求の種は，ある重要な理論の基盤を形作るものだったのである。

1957年，作曲家で電子音楽の先導的なパイオニアであったカールハインツ・シュトックハウゼンは，「時間の経過について」と題する論文を出版した (Stockhausen 1971, 1989)。その中で彼は音に関する新しい形態学を提案した。それは，ピッチとリズムが単一の連続体に属し，ピッチとして知覚される周波数の関係が，リズムの関係に合う状態になるように「減速する」といったもので，それはまさに私が正弦波の発生装置で体験したようなことなのだ。例えば，ピッチの領域では1オクターヴという調和的音程である220Hzと440Hz (1つの和音で歌われる「虹の彼方に」の最初の2つの音の関係のように) は，リズムの領域では1〜2Hzの関係にまで落ち着いていくだろうというのである (早足で歩きながら2歩ごとに手拍子をするようなものと考えればよい)。

この考えはまったく新しいものというわけではなかった。新プラトン主義の算術に触発された中世やルネッサンス期の音楽理論家たちは，ピッチの調和的比率と拍節とリズム的持続との関係を認識していた。モーリッツ・ハウプトマン[8]が独創性に富んだ『和声法と拍節の本質』(1853) を出版する頃には，音楽理論家たちの間で，ピッチの調和性とリズムの拍節が同等の価値を持つという一般的な認識が存在していた。ここでいう調和性とは，対称性のある共鳴体の基準ピッチを越えたところにある，通常は聴き取ることのできない倍音の関係を意味している。例えば，風が排水管や空洞のある木の穴を吹き抜けると，音が聴き取れるといったような場合がある。エネルギーの集中は，2倍音 (1:2, オクターヴ)，さらに3，4，5，6，7倍音といった関係のなかで，周波数帯すなわち倍音列の上昇パターンを形成する。ハウプトマンのような理論家は，拍節構造やパルスの集まり，そしてそれらの下位部分との間において，周波数と同一の比率がリズムの関係においても作用しているということ，すなわちリズムの「調和性」を指摘していた。シュトックハウゼンの理論において本当に画期的であったのは，形態学を証明してみせたこと，すなわち音エネルギーの連続体に関する詳細な探求を行い，それを作曲手法として利用したことなのである。

---

[7] 人間は通常，下は16Hzから上は20,000Hz程度までの鼓膜振動を音として感じることができ，この周波数帯域を可聴域といい，その可聴域を下回る低周波による音を指す。〔角倉一朗 監修 (1989)『図解音楽事典』白水社，p. 19〕

[8] Moritz Hauptmann (1792-1868) はドイツの音楽理論家・作曲家・ヴァイオリニスト。〔遠山一行・海老沢敏 編 (1989)『ラルース世界音楽事典』福武書店，下巻p. 1237〕

シュトックハウゼンは、「リズム」と「拍節」の時間領域を、およそ1秒の1/16（あるいは60ミリ秒の間隔）の周波数の上限と、およそ6秒に1回の周波数の下限との間、あるいは16Hzと0.16Hzのそれぞれの間にあるとした。一見すると、これは精神物理学あるいは生理学的研究（例えばPhillips and Farmer 1990; Pöppel and Wittmann 1999：2つの事象を別々のものとして識別するための最小時間は10から30ミリ秒であり、100から33.3Hzの間のパルスに相当する）とは矛盾するものであると思われるだろう。しかしシュトックハウゼンの関心は、事象の区切りを抽象化して識別するということよりも、むしろ音楽家によってはっきりと知覚され、そして演奏される最小の時間単位を証明することであった。
　「心理的現在」の定義は、測定状況にも依存するので今日でもかなり揺れ動くのだが、およそ3秒くらいまでといったところであろうか。シュトックハウゼンによるリズム的現在の時間領域に対する見積もりはもっと長いものであった。彼は、同時代の実験心理学（例えば、彼の指導教授であるヴェルナー・マイヤー＝エプラーの情報理論1959）の動向からも支持されており、また繰り返すようだが、何より音楽家としての実用的な体験からも裏付けを得ていたのである。6秒周期のパルスを（心の中でビートをより細かく分割せずに）無理なく正確に知覚し、演奏することは確かに可能である。また、6秒あるいはそれ以上の長さをもった独特の、ないしまとまりのある拍節構造や「フレーズ」であっても、その周期を構成要素とする事象のなかでリズム的現在に対する明確な感覚があれば演奏は可能である。例えば、インド音楽のティーンタールの16ビート（すくなくともそれを2等分に分けて考えた場合）、あるいは12ビートのフラメンコのコンパスというものがあるが、効果的な演奏のためにはそれらのパターンが音楽家によって完全に内化されていなければならない。リズム的現在と心理的現在の間には明らかに分岐があり、それは時間感覚が供する活動との関係においてもっともよく理解されるだろう。両者は重なり合いながらも別々の現象であるのか、あるいは能動的なリズムが生み出す現在は、ある「事象」が「現在」起こっていると感じる心理的感覚を何らかの形で引き伸ばす可能性をもっているのか、そのいずれかである。
　現在をめぐるいずれの解釈においても、「リズム」と「拍節」は、音エネルギーの波長の範囲や人間の時間生物学にとってきわめて重要な窓となっている。この特別な窓は、次のような性質をもっている（**表25.1**参照）：

- ◆ リズムの窓は、可聴域の下限となる周波数の周辺にある（およそ20Hz、帯域III参照、10〜20Hz）。この特定的かつ狭い感覚において、音楽としてのリズムを刻むことによって、人間の可聴域ではない、遅く低い周波数を耳と身体で感じ取ることが可能となり、楽器や人声によるさらに高い可聴域の周波数帯を通してそれらが明確に表現される。この窓は、心理的およびリズム的現在の限界で閉じる（0.32〜0.16Hz―3から6秒の周期、帯域II参照、0.14〜0.3Hz）；
- ◆ その窓は、音楽家が高速のリズムを運動として協調的かつ確実な方法で刻むことのできる最大周波数帯の周辺にあり（16〜20Hz）、リズム的に関連づけられたものとして個々の区切れが聴き取れなくなる、あるいはまとまらなくなるようなリズム的現在の限界点において閉じる（0.32〜0.16Hz）；
- ◆ 音楽としてのリズムの窓は、例えば生理的振戦[9]（8〜12Hz）、発話や手指のしぐさ（10Hz程度まで）、パーキンソン病患者の安静時振戦[9]（3〜5Hz）、心拍、歩行や性行為（1〜3Hz）、身体動揺（およそ0.5〜1Hz）そして呼吸（無意識的かつ正常時には0.16から3Hz、しかし意識的な場合は0.1Hzもしくはもっと低い場合さえある。この点に関してはさらに後述する）といった、実質的には人間の一般的なすべての随意的および不随意的な運動の周波数帯を含んでいる；
- ◆ これらの運動を随意的あるいは既定通りに制御する神経振動子は、そのリズムの窓に含まれる周波

---

[9] 生理的振戦とは緊張、興奮、恐怖、寒さなどの原因により、ごく自然な生理現象として現れる震えを指す。また安静時振戦は病的なもので筋肉の随意的収縮がまったくない状態で起こる震えを指す。〔下中邦彦編（1985）『大百科事典』平凡社、第7巻pp. 960-961〕

数範囲に必ず該当する周波数帯あるいは位相のいずれかを備えていなければならない。示唆に富む偶然の巡り会わせというべきか，意識と思考に関連するシステムもまたその窓を占めているのである。例えばアルファ波のリズム（8～12Hz，小児ではもっとゆっくり）でニューロンが同調的に発火することが，平静な覚醒状態に関わっているということ，あるいは高い集中力や不安で注意が一点に向けられているときに発生する非常に活性化したベータ波のリズム（12Hz以上），そしてその対極にあるのは，睡眠ないし眠気を感じている状態のときに現れるデルタ波（4Hz以下）やシータ波（4～7Hzから）がある（Epstein 1983）。

25.3 リズム的「現在」

　意識および「現在」の問題は，あらゆる哲学の伝統のなかで取り組まれている。それは，さまざまな時代や文化のなかで人々を魅了し，悩ませる難問であり続けている。例えば聖アウグスティヌスは，時間の本質とは何かと誰も私に問うことがなければ，私はそれが何であるかを知っているが，もし説明をするように求められたとすれば，私にはさっぱりわからない si nemo ex me querat, scio, si querenti explicare velim, nescio…，と告白している（『告白』第13巻，Augustine 2006）。彼は，過去の感覚 a praesentia de praeteritis は記憶に基づくものであり，現在という意識 a praesentia de praesentibus と未来に対する予感 a presentia de futuris は予期 expectatio に基づくものとして扱っている。このすべてにおいて，時間とは「現在」の連続ないし持続的な流動なのである。

　この見解が，例えばフッサールによる音楽的体験に関する省察のような，より近代の現象学とも矛盾しないということは特筆すべきである（Husserl 1969）。孔子もまた，移り気な「現在」を捉えようと奮闘し，時間とは「流れ続ける川のようだ」だと言っている（Fan and Cohen 1996）。D.A.マソロ（2000）による引用だが，アフリカの宗教哲学家であるジョン・ムビティは，汎アフリカ主義の時間概念をスワヒリ語のザマニ（Zamani）とササ（Sasa）を用いて特徴づけている。ザマニとは，力強く，すべてを包括する超自然的な過去の領域である。ササとは，ダイナミックに揺れ動く人間の現在であり，それ自体のなかで微かな過去とごく近い未来とを含んでいるが，そのすべてがザマニという過去へと埋め込まれていく過程に存在している。重要なのは，このような過程に平行するようにして，「その終わりも，急激な変化もわからないリズム」，すなわち出生，生殖，死，あるいは太鼓の音やダンスといったリズムが流れているということである。

　これらの思索はすべて，ダイナミックに流動し続ける意識の内にある現在を理解したいという人間の長きにわたる普遍的な願望に対する証言なのである。この意識は，理解し難く，堰き止められることのない川のごとくであり，私が文字をタイプした途端，それらを眼前の未来から現在を経由させて過去へと消え去らせてしまうのだ。それは，哲学，霊性への関心，心理学そして生物学が交差する問題であり，そこでリズムという窓が，実質的な意味をもつのである。おそらく生存活動の中心にあるパルスを体験すること，そしてその体験の内にある音楽的な時間生物学において，我々は最も効果的に時間を把握するのである。アダム・スミス（1777／1982）が言ったように，我々が記憶と予期とを結びつけ，時間の経過を数えることができ，大きな変化も意外性もない，しかしダイナミックに動き続ける現在に留まることができるのは，不変の音楽的なリズム性のなかにおいてであると言えるかもしれない。

　単純な拍を刻んでいる太鼓に耳を傾けていることを想像してみよう。ビートが1回聴こえてくれば，それは我々の注意を引き，それがもう1回聴こえてくれば，その周期がわかるようになる。3回目のビートが聴こえる頃には，我々はすでにある枠組みのなかに入り込んでいる。そこでは，それまでに聴こえたことを記憶に留めておく必要はもはやなく，これから起こることを正確に予測するようになる——やがて，我々は身体を動かしたくなるような衝動に駆り立てられてしまうのだ。ある意味で，我々は身体的にも，そして心理的にも，「時間の経過を超越した」いつまでも現在が持続しているかのような錯覚

表25.1 精神生物学的な時間（トレヴァーセン1999, 2007を改変）

	帯域I	帯域II	帯域III
	想像と記憶について「語る」時間	現在の瞬間における意識的な識別より下位の行為と反応の時間	意識的な識別より下位の行為と反応の時間
	感情的で「気まぐれな」時間：「深いかかわり合いのないもの」。未来あるいは過去、何かについての思考	活発で、意識的に監視された時間。即時的現在。[宣言的]で理にかなった体験あるいは回想。	前意識的な合間。即時的な感知
	分あるいはそれ以上	秒単位の周期と周波数	ミリ秒単位の周期と周波数
	30〜50　10〜25	3〜7　0.7〜1.5　0.3〜0.7	150〜200　50〜100　30〜40　5〜20
	0.02〜0.03Hz　0.04〜0.1Hz	0.14〜0.3Hz　0.6〜1.4Hz　1.4〜3Hz	5〜6Hz　10〜20Hz　25〜200Hz
	ナラティヴ	フレーズ	リズム
脳波	ガンマ波：副交感神経の心拍のメ脳波の変動	ベータ波：温度調節性のメイヤー波注1	デルタ　シータ　アルファ 8〜12Hz　ベータ 12〜30Hz　ガンマ 26〜100Hz
自律神経系の生理機能と「覚醒」		成人の心拍　新生児の心拍　アルファ波：リラックスした呼吸	
認知に関わる生理機能、事象関連電位	注意の周期	「定位と期待」の波	N200「ミスマッチ」波　N100 感覚の焦点性電位　脳幹反応
精神物理学	拡張された現在	単発で意識的に制御された行為。短期記憶	自動化された指の「クリックに制約される」振動子。体内の時計ユニット　知覚される時間的秩序の最小の間隔
眼と頭部の定位		眼球運動のスキャン・パス	頭部のみによる定位　サッカード間の間隔。頭部の回転　眼球のサッカードの持続
操作		操作的な進行	ゆっくりと手を伸ばす。ひろう、つかむ、ハンマーで打つ。　素早く手を伸ばす。の指による分節化、ひろう、つかむ、ハンマーで打つ。　反射、痙攣
歩行			ゆったりとした歩行　歩行から走行へ　かかとからつま先までのステップ　速い反射としてのステップ

音楽リズムに関する時間生物学に向けて

		フレーズ、長い単語。呼吸周期。	短い単語。呼びかけ、落ち着かせる音	音節、噛むこと。	短い母音/音節、冠詞、接頭辞。素早く数える	子音。発音。	唇と舌による発音。	声の開始時間
発話								
個人間の対話		長い転換	短い転換					
発声・身振り的表現				単発の発声	重複。中断。			
音楽	拡張された語り。より大きな楽曲の歌。バラード。物語。小説、戯曲、演劇、歴史。テクスト、スコア、メディアで構成されたあらゆるもの。	音楽的エピソードの「ナラティヴ」	フレーズ、ゆっくりした身振り	拍/ビート：ラルゴからアンダンテ	アレグロからプレスト	ヴィブラート：アルペッジョ。急速な動き	トリル、速いパッセージワーク	
歌唱		詩	フレーズ	小節		トレモロ		
旋律のあるいは身振り的な輪郭	時間に影響されない、浮遊性の		非常にゆっくりと、落ち着いた	ゆっくりと、優美あるいは重々しく	制御されている：緊迫した様子からくつろいだ様子まで	速く、爆発的。衝動的興奮		
韻文		節	フレーズ	足	強勢のある音節	強勢のない音節		
感情	想起された自己感知の感情：平穏や幸福 注2 に対する怒りや不安	雰囲気。感情の変化	自己調節と対人関係：平静、悲しみ、怒り、喜び	強勢のある音節		即時的で切迫した防衛的反応。コミュニケーションでの強い表現		

注1 一定の呼吸
注2 ある架空の、想像や想起された時間や場所において、あるいは自然界での類似した出来事や社会のなかでの人々とともに、など

のなかに閉じ込められるのである。その一方で，我々は時間の経過を几帳面に記録し，そのダイナミックな過程に没頭し，注意を向ける。この場合，拍が存在しているということが，いわば意識に対する「ホメオスターシス[10]」，あるいは自己安定化ないし秩序化をもたらし，他者と「遊ぶこと」や「気ままに過ごすこと」ができるような機会を提供するのである。我々は，個人としても集団としても，各個人が備え，かつ他者との共感的な結びつきをもたらす生物時計に同期し，それに合わせて活性化し，調整を行なうのである。

我々が活発に運動しているとき，「リズム的現在」の広さを決定していると思われるのは，リズムの時間領域における最低周波数帯であり，これはすでに述べてきたように「心理的現在」からは分岐しているようである。心理的現在とは，走っている列車の窓から外を眺めているようなものだ。この窓とは，我々がもつ現在についての感覚，および時間と体験の流れを意味している。リズム的現在もこの性質を共有しているが，それは同時に周期的であり，かつ「忙しなく動き回る」。下記に示された音楽にかかわる時間生物ダイヤグラムのように（**図25.1**および**25.2**），拍節とリズミカルなフレーズは，ミュージシャンシップ[11]の技術における慣習的ないし韻律的に整った拍，さらにはもっと急速なリズムの分節化のための枠組みとして，こうした周期的な構成単位をリズムの時間領域における最低周波数帯で作り出しているのである。それらは，およそ１秒から６秒の長さをもった列車の時間窓から連続する景色の円形パノラマを眺めているかのように，それら自体のなかで主観的に時間を特徴づけ，かつ包み込んでいく。私は，この過程が単に体験から合理的に構成されたゲシュタルトあるいは普遍的な認知的現象であるだけではなく，内発的動機づけの過程から引き出される生物学的なものでもあると主張したいのである。

25.4　リズムと動くこと

ほぼすべての人が，リズムが「あなたを動かしている」という感覚を体験したことがあるだろう（本書第９章のマゾコパキとクジュムザキスを見よ）。乳児はお座りができるようになるやいなや，ロックンロールに合わせて身体を揺り動かすだろう。コンドンとサンダー（1974）によって初めて示されたように，トレヴァーセン（1999）は，乳児がみせるごく発達初期の協調的な運動が，母親の発声における音楽的なパルスによってきっかけを与えられていたり，「引き寄せられ」たりしていることを発見した。パーキンソン病のある段階で，協調的な運動を引き出す契機として音楽リズムが強力な効果を発揮することについてはかなりの報告がなされており（Pacchetti *et al.* 2000; Sacks 2007），また音楽療法が，脳性麻痺における行動上の変化をもたらし，目標とする運動範囲の改善を示唆する事実がある（Krakouer *et al.*

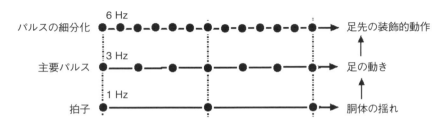

図25.1　ワルツにおける身体運動の拍子構造

---

10) 生体が外的および内的環境の変化を受けても，生理状態などを常に一定範囲内に調整し，恒常性を保つこと。〔石川統・ほか編（2010）『生物学辞典』東京化学同人，p. 1215〕
11) 巻末の参考資料「ミュージシャンシップとミュージキング」を参照。

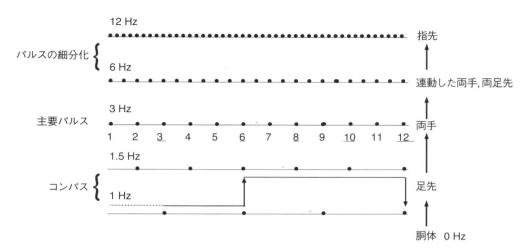

図25.2 フラメンコ・コンパスにおける動きの拍構造

2001)。実際，音楽リズムと人体の内臓のメカニズムにおける自律的に制御された周期的運動（例えば心拍と呼吸）との間には，何らかの引き込み合う過程が存在していることを数多くの研究が指摘しているのである (Skille and Wigram 1995)。

音楽のリズムによる刺激が，脳内の神経・運動システムをどのように活性化し，体性筋を興奮させるのか，すなわち音楽的な音響がどのように我々を運動させるのか，ということは未だ明らかにはなっていない。音刺激のうちのいくつかの種類には，行為の遂行にかかる我々の最も根本的な能力，とりわけそのリズムの発生原因に対する処理能力につながる神経の「ホットライン」があるという。このことは特に，突然の予期せぬ音がした時などに飛び上がったり，目をつぶったりしてしまうという，単純で即時的な聴覚性驚愕反応（ASR）において顕著である。我々は，飛び上がろうなどと考えもしないにもかかわらず，ただそうしてしまうのだ。ラットを用いたASRの研究は，脳幹における背側蝸牛神経核と (Meloni and Davis 1998) 中脳蓋における下丘の (Li *et al.* 1998) 関与を明らかにした。後者は，辺縁系および脊髄の両方がかかわる協調的なシステムのうち，とりわけそれらの中核となる「情動・運動システム」の近くに戦略的に配置されている (Holstege *et al.* 1996, Panksepp 1998)。ASRは，皮質下の全てではないものの，かなりの部分を介して引き起こされているようであり，このことはある種のリズム的な音刺激が，少なくとも部分的には，新皮質の認知的制御の範囲外で同様に処理されているという可能性を示唆している。

動物も人間も本能行動の直観的なリズムと動きの潜在意識的，情動的調整が，脳幹の情動を司る中心部，大脳基底核そして辺縁系と小脳を密接に結びつけているということ (McLean 1990; Panksepp 1998; Sacks 2007)，そして1つのまとまった意識のなかで活発に変化するあらゆる要素を統合させた主体的な「自己」(Merker 2005, 2006) として我々が「変化を感じる」(Damasio 1999) ためには，ダイナミックな身体的統合にかかわるこれらすべての調節器が重要であるということ，これらのことを示す神経生物学的な証拠は，動物と人間のどちらについても豊富に存在している。それらはまた，他者の意図や意識を「鏡のように忠実に映し出す」あるいは共鳴する能力においても役割を担っている (Adolphs 2003; Gallese 2003)。大脳皮質に蓄積される知能や記憶，そして技能の下位に位置するこれらの構造は，音楽の鑑賞や創造，その情動や意味の理解に確実に関与しているのである (Blood and Zatorre 2001; Zatorre and Peretz 2001; Peretz and Zatorre 2003; Kühl 2007; Sacks 2007; 本書第7章のパンクセップとトレヴァーセン，および第8章のターナーとイオアニデスを参照)。

その一方で，リズムに対する意識と新皮質に関する重要な研究が存在している。これによって，リズムに対する「より高次の」処理過程が，予想された通り，側頭葉の聴覚野にあることが突き止められた（例えばPeretz and Kolinsky 1993）。先述したいくつかの仮説には反するようだが，リズムパターンの維持ということについては，右前側の二次聴覚野が特異的な役割を担っているという証拠もある（Penhune et al. 1999）。しかしながら，知覚されたリズムを運動へと変換する際，あるいはその逆においても，複雑なシステムの全体が確実に関わっており，運動前野や大脳基底核，そして小脳を含む脳内の数多くの水準が駆り出されているのである（Zatorre and Peretz 2001; Peretz and Zatorre 2003）。また前頭葉も「ミラーニューロン」[12]効果に関与しているのだろう（Rizzolatti et al. 2001; Gallese 2003）。つまりリズムに反応するとき，我々はちょうど音楽家がダンサーの動きを感じ取るのと同じように，音を生み出す運動を感じ，内化し，模倣しているように思われる。このような仕方で，ドラマーとダンサーは同期し，身振りによる共感を示すのである（本書第6章のリーとシェーグラーの，この現象についての実験的研究を参照のこと）。

身体のリズム活動の調整は，そのすべてが音楽におけるリズム的「現在」にかかる周波数の窓に見い出されるものであり，その運動の周波数か，あるいはその位相のいずれかにおいて発火する振動子を必要とする。このことは，複雑な調和振動，さらには非調和振動さえも受容できるような異なる調整器についての可能性を膨らませる。ヴィットマンとペッペル（1999）は，2つの主要な周波数の水準として，およそ30ミリ秒（33Hz）周辺という高い帯域の水準——これはもちろんここで前提としているリズムの窓を超えている——と，心理的「現在」に対応するおよそ3ミリ秒（0.33Hz）周辺という低い周波数帯を挙げている。トレヴァーセン（1999）は，さらに多くの水準が存在しているといい，それらは速さや力の異なる複数の運動を目的的に協調させているポリリズム，そのような運動協調に関連した知覚のさまざまな過程，さらには心理的現在，および記憶と想像に関するより低い周波数帯，といったものの基盤として作用しているというのである。トレヴァーセンとエイトケン（1994）は，内発的動機構造（Intrinsic Motive Formation, IMF）が，ヒト胚の段階から脳の細胞増殖のなかで発達していくという仮説を提案している。このIMFは，脳の基幹システムを写し出す統合化された身体として，また人間の運動や体験から生じる神経化学的な感情の調整器および調節器として，生涯にわたって持続する（Panksepp 1998）。トレヴァーセンは，IMFの枠組みのなかで，神経および身体が運動する時間の発生器としてのシステムである内発的動機パルス（IMP）[13]の存在を示唆しており，それは運動や情動，そして思考といった我々のすべての生存活動を調整している，より大きなシステムの発生器の一部を形成しているのだという（本書第7章のパンクセップとトレヴァーセン）。

音楽リズムについてIMF仮説からもたらされる含意は，きわめて広範囲に及ぶものである。音楽と運動がかかわる点でいえば，2つの直接的かつ実際的なかかわりがあるといえる。つまりそれは，異なる音楽リズムやテンポが，身体およびその行為にかかる領域の脳内表象全体にわたってさまざまな機能を調整する多様な運動に付随している異なる神経の振動子を刻々と活性化し，引き込み，位相同期あるいは発火の合図をしているということ，そしてより複雑で多層化したリズムが，振動子の複数の集合体に同時に関与し，歌やダンスをするときのように両足と胴体，両腕と両手，呼吸，発声や発音の分節化という種々の運動システムに同時多発的に合図を与えているかもしれないということなのである。

25.5 音楽リズムの描写，記譜，そして表象

西洋の伝統における音楽のリズムの理解，描写，理論，そして記譜をめぐる歴史というのは，これまで提案してきたリズム体験の生物学的基盤という話からは何ともかけ離れた，的外れでただ広大なだけ

---

12) 他者の行為を見るとき，あたかも自分が同じ行為をしているかのように働く神経細胞群。
13) 巻末の参考資料「内発的動機パルス」参照。

の建造物のようなものである。普段は冷静かつ学究的なウィリー・アーペルは，自著『ポリフォニー音楽の記譜法』(1953)という画期的な研究において，リズムの記譜法をめぐる回りくどい複雑な進化について，呆然とした思いを告白している：

> その始まりから16世紀の後半に至るまで，ほんの微々たる成果を引き出すために費やされた時間と労力，創意工夫の総量は，全く信じ難いものである。大山鳴動して鼠一匹。

しかしながら，西洋の伝統的な，さらにいえば他のほとんどの文化的伝統においてもリズムの本質というのは，きわめてシンプルに表現されるものであろう。知的衛生上，また音楽に通じた読者には申し訳ないので，ここでは最小限の説明に留めたいと思う。

中心となる要素は拍であり，通常は一定の速さで演奏され，それがテンポとなる。拍というのは，例えばマーチのように2拍ごとに，あるいはワルツのように3拍ごとに強拍が置かれるように，一般に規則的な方法で強調されたり，「アクセント」がつけられたりするものである。これらのアクセントは拍子の分割点を特色づけることになる。つまり現代の西洋の記譜法では，これらの拍節の分割が小節(bars，アメリカ英語ではmeasures)と呼ばれているのであり，アクセントは最初の拍か，あるいは各小節のビートに置かれるのが通例である。それぞれのビートは通常，もとのビートに対して2つ，3つ，あるいは4つ，ときにはそれ以上の速いビートに細分化されるのだろう。さらに音符が，1つ以上のビートを通して維持され，異なる長さ，あるいは**持続**を生み出す可能性をもたらしている。

音楽認知をめぐる問題の山のような範囲のなかで，このような説明は，大山鳴動して鼠一匹の再現といった程度のものであろう。例えば拍節構造の「整ったプロトコル」を確立したラーダルとジャッケンドフ(1983)，スティードマンの韻律関連モデル(1996)，あるいはテンパリーの選好ルールシステム(2001)といった理論家たちによる独創的なルール依存の研究は，音楽のリズムの認知に関する複雑な原理を明らかにし，またその理解を豊かなものにしている音楽情報学や人工知能の分野における先駆的な業績を生む契機となったのである。しかし同時に，新皮質の介在を抑えた人間の反応のなかで最も活性化しやすい音楽のリズムの特徴については，あまり理論的な期待をせず，計算アルゴリズム的な方法を控えた方が理解しやすいのかもしれない。認知と生物学は，音楽にとって「どちらか」ではなく，「どちらも」かかわっているのである。例えばポヴェルとエッセンの時計依存モデル(1985)は，生物学的な関心に何らかの仕方で結合する認知に基礎を置いた理論である。ここでは，時間生物学の表現であると思われるリズムに関する一般的な関心事を取り上げる。

25.6　拍子と拍：初歩的な時間生物学

ここでもう一度，神経振動子の世界により近い用語を使いながら，ワルツのリズムについて書き留めておくことにしよう。数学的にわかりやすくするために，適度に活発なワルツ——チャイコフスキーの花のワルツのような——がいい例になるだろう。主要な拍あるいは「ビート」は，音楽用語でいえば1分間に180ビート，周波数としては3Hzのテンポとする。1小節に3つのビートがあり，各小節の最初のビートにアクセントが置かれている。これらのアクセントは，1小節に3つのビートがある一方で，周波数としては1Hzのパルスという，もう1つ別の層を作り出すことになる。このワルツに少し速い音符を加え，各ビートを2つに分割してみれば，6Hzの周波数が生じることになる。これが，このワルツのごく簡単な「時間生物ダイヤグラム」となる(図25.1参照)。

まず注目すべき点は，このワルツのリズムが3つの主要な周波数をもっているということである。ヴィットマンとペッペルの理論(1999)によると，これらの音楽リズムの周波数はおそらくすべて，心理的現在に属するそれらと同一の生物学的な低い周波数の領域と関連しているのだろう。またトレヴァーセンとエイトケンのIMF仮説(1994)に従うならば，少なくとも3つ，おそらくはもっと多くの

異なる生物時計が含まれていることになる。確かに，このワルツから連想される身体イメージと結びついたはっきりとした周波数が存在するといえる。それらはすなわち1Hzでの揺らぎや全身の運動（これは速いワルツなので！），3Hzでの足の運動，そして6Hzでの足先による断続的で装飾的な動きである。言うまでもないが，微妙な動きや揺れを調整する多くの周波数は，踊り手と音楽家のパフォーマンスのどちらにとっても不可欠である。もちろん，そのような振動子の増殖という理論は，それらの振動子が階層性のシステムにおいても結びついており，リズミカルな「調和性」をもった振る舞いをするという可能性，あるいはそのような見込みを排除しているわけではない。実際，ロシアの生理学者ベルンシュタイン（1967）は，運動の協調と調整に関する現代の定説にもなっている分析のなかで，脳の「運動イメージ」によって発生する力におけるリズムの「調和性」を明らかにする詳細な根拠を示し，子どもが心身ともに成長して歩いたり，走ったりするようになるにつれて，運動イメージがどのように変化していくのかを説明しているのである。

25.7　より複雑なリズム，まとまりのある身体イメージ

　さらに複雑な構造について考えてみることにしよう。フラメンコのコンパスとは，反復されるパルスの周期におけるアクセントのパターンである。それはまた，ダンサーの動きが音楽の音としても寄与する形式である。ここではブレリアと呼ばれるコンパスについて検討してみることにしよう。それは12のパルスないしビートが繰り返される周期，そして西洋の伝統的な小節構造あるいは拍節のパターンとは一致しないアクセントのパターン：1 2 **3** 4 5 **6** 7 **8** 9 **10** 11 **12**（太字の下線部分がアクセントを意味する）をもっている。独特な拡張されたリズム的「現在」を決定づけているのは，そのリズムの窓のうちの低い周波数帯における長い周期である。私は若い頃，セビリアにある少女たちが通うダンススクールに送られたフラメンコギターを演奏するという大いなる夢を抱きながら，ブレリアのリズムを手拍子で叩いていたことを思い出す。そこで思いついたのは，今この瞬間に再帰的に繰り返されている音楽的／運動パターンのなかで**数えることをやめ**，その構造を内化できるようにする――その構造を「感じ」始めるようになる，ということだったのである。

　図25.2で示された例では，リズムの窓の持続は4秒である。基本的な手拍子のパターンは3Hzである。コンパスのアクセントパターンは興味深いもので，慣習的な西洋音楽とは似つかず，周期の最初のビートにはアクセントがなく，その中間においてパターンの変化が存在するのだ。実際，アクセントの構造は2つの周期をもった振動（それぞれ1Hzと1.5Hz）に基づいているのである。つまり音楽とダンスにおける多くの複合的かつポリリズム的，そして非対称的な拍節を遂行するようにして，そのパターンは中間部分で一方の周波数の周期からもう一方の周期へと急に変化するのである。コンパスのアクセントは，多くの場合ダンサーによって踏み鳴らされ，手拍子は通常それに連動したやり方で分割される（ここでは6Hz）。ダンサーがカスタネットを手にしているときのように，足拍子がこの周波数の水準に加わることもある。さらに，ときにはギターが12Hz周辺で間欠的な右手指の動きのパターンを装飾的に付け加えることもあるだろう。繰り返すようだが，そのリズムは音楽とダンスにおけるしっかりとしたまとまりのある身体イメージによって理解されるのである：

- 最初は静かで動きのない，身体の中央で背筋をまっすぐ伸ばした状態から（理論上は0Hz）
- 続いて片足ずつ，足で踏み鳴らす動きへ（1Hzと1.5Hzとが重なり合う周期）
- そして手拍子へ（3Hz），手拍子，カスタネットそして両足の動きを連動させて（6Hz）
- 最後にギター奏者の指の動きへ（12Hz）

25.8　リズムと音色，リズム的な流動

　このようなごく簡単な時間生物ダイヤグラムは，本章で提案してきたリズムの「生物学的な」構成概念，および実際の表現の変化を通してそれがどのように「感じ」られ，予期的に認識かつ習得されるようになるのかということについて，最も初歩的な枠組みを示しているにすぎない。その構造のなかには他にも多くの特徴が存在している。例えばリズムの分節化におけるピッチの音域や音色は，表現のもつエネルギーを体験し，かつそれを導いていく上で重要なものであると思われる。ロックンロールでは，通常バスドラムやベースギターなどで刻まれる，およそ1 Hz周辺の深い鼓動のように響く拍があり（それはまるで子宮内で聴かされていた打ち寄せては返す母親の心拍のようでもある），それがロックンロールのリズムのパワーを活性化しているのである。4つのビート——**1**　2　**3**　4——を含む0.5 Hzの拍節の周期においては，通常3つ目のビートはやや先行気味で装飾的になるのだが，1拍目と3拍目のビートとして拍が現れる。またここには，いわゆる「裏打ち」1 **2** 3 **4**として知られる1 Hzで連動する拍子も存在している。これはシンコペーションの基本的な形式ないし従属的に連動する拍子へのアクセントの移動である。この裏打ちは，例えばスネアドラムのリムショットのように，より高いピッチの太鼓で打ち込まれ，リードギターによって補強される場合もある。さらにシンバルやおそらくはハイハットで，4 Hzの推進力のあるリズムが刻まれる。このようなリズムの周波数のコンビネーションと演奏される楽器の結びつきから生じる色調，そしてそれらとともに，これから引き続き議論していく重要な生物学的特徴とが混然一体となってロックンロールが形作られている。

　ここに普遍的な傾向——低速で低い周波数の拍にはサイズが大きめで低いピッチの楽器，より高いリズムの周波数帯には比較的高いピッチの楽器——が見て取れる。この周波数の「流動」ともいうべき傾向は，インドネシアの**ガムラン**やベルリン・フィルハーモニー管弦楽団にも，そしてロックのドラム一式にも同じように当てはまるのだ。それは，リズムとしての「身体地図」，すなわち脳内における身体の運動や諸感覚に関する解剖学的および機能的な表象（Damasio 1999）と深く関連しているのだろうが，一方で文化的な実践によってもその傾向を変化させるのである。例えば西アフリカの太鼓のアンサンブルでは，もともと低いピッチの太鼓がより速いリズムを刻んでいる一方で，相対的に高いピッチのカウベルが，単一の周期のなかで，より高いあるいはより低い周波数の拍を組み合わせた協調的な「タイムライン」を作り出している。これは，そのタイムラインがより明瞭に聴き取れるように，そして「分節化」するように進化してきたということなのだろう。

25.9　旋律と和声：拍節構造の調整

　ヨーロッパの伝統においては，他の文化的伝統と同様に，リズムの周期を分節化し，強化し，また変化させるうえで，旋律と和声が重要な役割を担っている。例えば上述したワルツ形式では，基本となる和声がだいたい2小節ごとに変化し，そうすることで2小節ごとの最初のビートに特別な力点が置かれるようになる。ある意味，我々は音高と和声についての直観的で「肝」となる評価——どのような「感じがするのか」——に関する認知の（あるいは「それらについて考える」）領域に入った。しかしまた別の意味でいえば，我々は結局，全身の行為とリズムに留まり続けているのかもしれない。なぜなら，重要な和声の変化を感知することは，そのアクセントを異なる仕方で分節化するように演奏家を鼓舞するからである（陳腐な表現だが，単に「**ウン・チャッ・チャッ**」「**ウン・チャッ・チャッ**」ばかりではなく，「**アーウン・チャッ・チャッ**」「**ウン・チャッ・チャッ**」など）。そのような分節化をめぐる問題は，旋律，和声，拍，拍節が組み合わされるという点において，西洋の古典的な伝統における音楽解釈の中心的な関心にもきわめて近いところにあり，またリズムに関するあらゆる生物学に対しても重要なのである。

25.10 アクセントと予期, 聴覚的な「タウ」?

　ワルシャワで私が師事した作曲の教授であるヴィトルト・ルジンスキーは，その生涯の大半をアクセントの分節化の神秘を探求することに捧げた。1930年代後半のパリでグレゴリオ聖歌の解釈に関するソレーム派の指導者であったアンドレ・モッケロー師（1849–1930）のかつての同僚ジョセフ・ガヤルド師とともに行なった研究（「グレゴリオ聖歌のリズムにおけるラテン語の強勢アクセントの役割と位置について」1901, Mocquereau 1927; Wellesz 1963参照）をはじめとして，西欧ではほとんど知られていないか認識されていない中欧および東欧からの重要な寄稿を含む（例えばSzuman1951, Kholopova 1994, Bielawski 1976），歴史的理論および現代的理論に関する詳細な知識に至るまで，ルジンスキーは1987年刊行の自著『音楽リズムの研究』において，東西ヨーロッパの知的伝統についての独自の見解をまとめたのである。

　アクセントの分節化に関する研究は，その歴史的な基盤を詩の韻律学と共有している。その中心となる考えは，**弱拍**（アクセントの付与を予期させるもの，または我々が歩くときに足を持ち上げる方法）と**強拍**（アクセントそれ自体，または持ち上げた足をどのように接地させるか）である。韻律学においてそれが典型的に現れているのが弱強格の韻脚である：da-**Daah**, da-**Daah** — 'When **chap**man **bil**lies leave the street'（バーンズ）[14]。それは，身体と動きに基づくイメージであり，まさにその特徴が音楽の時間生物学を先取りしたものになっている。アクセントを置く方法にはいく通りもの異なる方法がある。ある文脈においては，より遅いリズムの拍にアクセントが置かれるようにするために，それよりも速いリズムの拍が用いられる。例えばメキシコの有名なフォークソングである「ラ・クカラチャ」では，旋律のリズムはラテン系の打楽器アンサンブルに似たものになっており，より低い周波数のアクセントに先行する3つの速い拍がある（ラ・ク・カ・**ラー**チャ・ラ・ク・カ・**ラー**チャなど）。これと同様の過程は上拍（anacrusis）の考えでも起こるのであり，そこでは1つのアクセントを準備するためにたった1つの拍が用いられるのであろう。すなわち，1つの独立した「上拍」[15]が1つの「下拍」[15]を準備しているのである。この現象には時折，リズム的にあまり「釣り合わない」特徴が存在する。それは，アクセントに向かってより力動的かつ生体力学的に進んでいるような先取音とグリッサンドにおいてである。

　音の軌道が，アクセントに向かう運動の過程をたどり，その音を聴き，あるいはその音に合わせて動く人々に対するタウによる誘導として作用する場合——サンバの多くのスタイルにおける**クイーカ**[16]のホーホーという音，ヘコヘコ[16]による加速していくギコギコ音，あるいはアクセントの前にスルド[16]を左手で軽く打つといったような——おそらくその点にリーの一般タウ理論[17]（1998）と聴覚との関連があるのだろう。とりわけ興味深いのは，音楽演奏やダンス，あるいはこれら両方が一体となった芸術において，ある運動系列を実行する際のタウ関数の動力学的な話法を探求する理論が，近年新しい展開を見せているということである（本書第6章のリーとシェーグラーによるカッパ理論を参照）。

　手と腕の筋肉群が，これらの過程を身体的に顕在化させる要因であることは明らかだが，音楽家の主観的な体験は，そのようなリズムの予期のなかで全身を協調させることのできる，何かもっと核となるような起源の存在を示唆しているのである（本書第26章のデイヴィッドソンとマロック，音楽家の運動

---

[14] スコットランドの詩人ロバート・バーンズによる物語詩『大黒帽子』より冒頭の一節，若い行商人たちがその通りを立ち去ると。
[15] 拍節をもつ音楽において強拍にあたるのが下拍，弱拍を上拍という。4拍子では1・3拍目が下拍に，2・4拍目が上拍にあたる。
[16] ブラジル音楽で用いられる楽器。クイーカは打楽器に分類される楽器の一種で，太鼓の片面の皮（内側）の中央に垂直につけられた細い棒を，ぬらした手やしめった布でこすり振動させることにより，独特の音を出す。ヘコヘコは体鳴楽器のひとつで，金属の共鳴胴に取り付けられたバネをこすって音を出す。スルドは打楽器の一種で，筒状の太鼓で様々な大きさのものがある。〔若林忠宏（2010）『まるごと！民族楽器徹底ガイド』ヤマハミュージックメディア，pp. 139-143〕
[17] 巻末の参考資料「一般タウ理論と近年の音楽研究」を参照。

する身体における「モーメント中心」に関する26.6.2節の議論を参照)。

25.11　ルバート，スウィング，そしてリズムの「生気[18]」

　基本となるパルス[19]には，他にも共通してみられる変化が存在する。何らかの楽器で急速な拍(パルス)を刻む身体的な活動は，ごく自然な，なんとなく心地よい不揃いなムラを生み出す。例えばサンバのいくつかのスタイルのなかでマラカスを演奏する際，拍の最も速い層(多くの場合およそ8 Hz)の表現は，手と手首を前後に急速に動かす運動によって決まる。球体の楽器本体のなかにある種子や豆の軌道と衝突，位置エネルギーと運動エネルギーの相互作用，そして遠位筋の収縮と弛緩のパターンといったことが組み合わさることで，非対称性を含んだ非常に表情豊かな起伏が生じる。前方への運動は，より強い強勢と多少長い持続を引き起こす傾向があり，後方への運動はたいていやや控えめでより短い持続になる傾向がある。

　リズミカルな器楽曲というのは，このような心地のよいコミュニケーション的な不規則性であふれている。時間生物学的に決定されたパルスにおける生理学的な／筋活動による変化は，音に込められた演奏者のエネルギーや代謝の状態，そして「生気情動」についての力強いメッセージを十分に伝えることだろう(Stern 2000の53〜61ページ，および彼の引用によるHeinz Werner [1948]の動きにおける感情の相貌的知覚[20]に関する理論を参照)。20世紀中頃のジャズのスウィングは，このような変化とシンコペーションの独特のパターンとが組み合わされたものである。

　多くの音楽文化において，拍(パルス)のパターンはそれらの基本周波数の増速や減速によって調節される。西洋のロマン派におけるルバート奏法というのは，人を引きつける表情豊かなテンポの流れのことであり，小節から小節へと変化することも多いが，通常はもとの拍の周波数に戻っていくか，あるいはその「跡を追いかける」。他方では，アッチェレランドやリタルダンド(増速や減速)が，それぞれ元のテンポよりも速いあるいは遅いような完全に新しいテンポないし基本となる拍の周波数をもたらすことがある。ジャワのガムランの奏法では，基本となる拍(パルス)は長い流れのなかにあり，フレーズや楽節の全体を通して加速および減速するが，時にはもとの周波数に戻ったり，新しいイラマ[21]，あるいは基本の拍の細分化となるリズムの水準へと移行したりするが，それはランナーが一呼吸あたりの歩数を2歩から4歩へと徐々に加速していくようなものである。(呼吸と心拍のリズムにおける生理学的調節については，デラモントら1999を参照)。

　人間の運動が，ここで決定的に重要なものであるように思われる(Clarke 2001)。非常に素朴な言い方をすれば，増速および減速をしながら，拍(パルス)は，例えば歩行やランニング，水泳あるいは格闘といった人間のさまざまな活動におけるエネルギーや興奮の伝達速度および水準の変化に対応しているように思われる。実際，音楽文化のなかでそれはきわめて表現力の豊かな装置になるのであり，エネルギーの流動や興奮，抑制，力強さ，静けさ，前進，後退，そして非常に熟練した動作など，それらのうちにある繊細なニュアンスを明確に表現し，音楽言語としての旋律や対位法あるいは和声による表現に満ちた流れをひとつに結び合わせているのだろう。

---

18) 巻末の参考資料「生気，生気情動と自己感」を参照。
19) 本章ではpulseに対して「パルス」と「拍(パルス)」の訳語を用いている。「拍」は，音楽の時間的継起における基本単位で，一定の時間的間隔で刻まれる。連続する拍にアクセントの強弱(強拍・弱拍)の周期的パターンが生じたときに確立されるリズム構造を拍節，またはそのまとまりを拍子という。本章では生物における拍動，脈動，あるいは身体の動き，周波数としての意味合が強いと思われる場合に「パルス」とした。
20) H.ウェルナー(Werner, Heinz 1890-1964)により提唱された。外界の事物やその動きを，人間の顔かたちや表情・動作になぞらえて感じとること。〔中島義明 他編(1999)『心理学辞典』有斐閣，p. 535〕。
21) ガムラン音楽における速さの段階の意。イラマⅠ，イラマⅡなど幾つかの段階があり，イラマの変化はクンダン(太鼓)奏者の統率のもと行われる。〔小泉文夫(1982)『民族音楽』旺文社，p. 151〕。

ここに3つの謎が存在する。まず，我々はどのように加速していくパルスを「パルス」として認識することができるのかという謎——おそらく認知的かつ生物学的な参照が何らかの役割を果たしているのであろう。続いて，パルスが「対数的に」，あるいは「擬似対数的に」，ほぼ予測通りの時点で新しい周波数に到達するためには，我々はその加速の割合をどのように見積もるのかという謎。これは，繰り返しになるが，タウ関数のさらなる拡張に関わっているのだろう（本書第6章のリーとシェーグラー）。

いずれにせよ，音楽家の主観的な体験によれば，音楽のリズムにおける速度の変化というのは，意識的な意思決定と随意性の低い無意識的ないし神経／筋活動に支配された行為，そして運動のエネルギー効率に関わる本能的な神経システムによる調整，それらが組み合わされたものであるということが示唆されている。アッチェレランドを開始し，そして開始後しばらくはその推移を見守ろうとする意思決定は意識的なものだが，やがて運動量が高まってくると，より随意性の低い処理へと引き継がれていく瞬間が訪れる。この現象について，あくまで仮説にもとづく時間生物学からいうならば，ある種の「制御」振動子がここにはかかわっているのだろう。演奏者が意識的に持続時間の間隔を縮めながら「パルス」の区切りを動かしていくことや，脳そして／あるいは筋繊維と脊椎運動ニューロンの活動電位の相互作用によって決定される筋収縮の速度を加速する運動プログラムに抗するように，その振動子はもとの安定したテンポで固定されているのである。この過程において，少なくとも音楽家にとっては，速度を上げていくことは遅くすることよりも制御が容易であると思われる。

最後の謎は，例のワルツやフラメンコにおいてアッチェレランドをしていくとき，異なる複数の器楽奏者がかかわり合ういくつもの層の振動子や各奏者の異なる筋群は，その加速のすべての時点においてそれぞれの位相やリズムの調和性を的確に維持しながら，どのように速度を上げていくことができるのか，ということである。このことは，改めて言うようだが，予期的に知覚され，かつ意図的に調整される同調を可能にする重要な「調和的」協調ないし制御の何らかの形態を示唆している（シェーグラー 1999）。

25.12 拍も拍節もない音楽

拍あるいは拍節が一切ないと思われるような音楽には，数多くの種類が存在している。例えば日本の竹製の縦笛である尺八の楽曲の大部分は，リズムとしての周波数をもたないものと考えられている。そのフレーズは息の長さにもとづいており，意識的に制御された非自律的な文脈のなかで何秒にもわたって持続する。こうした息によるフレーズは，「数えられた」長さというよりもむしろ「感じられた」長さの音で表現され，滑らかな音型で柔軟に推移する音，そして音色や響きの繊細な形態を有している。作曲家の武満徹は，彼がレストランで友人らと高名な尺八の名人を囲んでいるとき，可能な範囲で最も長く，最も弱い音を演奏してほしいと頼んだときのことを私に語ってくれた。その名人は息を吸い込むと楽器を唇にあてたのだが，ずっと長い間，何も音がしないのだ。しかしその後，低い，共鳴したゴボゴボという奇妙な音が生じ，それが何秒も続いたのちに静かになった。友人たちは名人にどのようにしてこの驚くべき音を出したのかを尋ねた。すると名人は，「私は何も演奏していない。その音は台所でスープが沸騰している音でしたよ」と答えたという。

この息によるフレーズは，心理的，そしてリズム的「現在」のどちらにも関わる問題を提起している。尺八がその歴史において，禅宗の理念と修行に密接に関わってきたことは単なる偶然ではない。もし，このようなリズムをもたない音楽的な「現在」という特殊な様相を明確に説明できるような類似点が西洋哲学の伝統にもあるとすれば，それはおそらくフッサールの行為の連続体に関する理論であり，それによれば，今，ここにある音楽の瞬間を知覚するということは，記憶と予期を包含した連続的な流動に組み込まれているという（フッサール1969）。興味深いのは，尺八の楽曲が何年にもおよぶひたむきな研鑽とその繰り返しによって，演奏者たちのなかに深く内化されており，演奏がどのように展開していく

のかということについては特筆すべき一貫性があるということだ。明らかな周波数の時計は存在していないにもかかわらず、所要の周期性をもった振動子の存在については生理学的な証拠が得られている（Delamont et al. 1999）。重なり合う複数の振動子の非常に巧妙な無意識的配列、あるいは加速と減速を繰り返している拡張されたタウの関連構造が、おそらくここに作用していると考えられる（シェーグラーとトレヴァーセン 2007）。このような生理学と音楽的な「運動としての語り」の体験との結びつきは、きっと今後の有用な研究のテーマになるであろう（本書第7章のパンクセップとトレヴァーセン）。

　カールハインツ・シュトックハウゼンが1950年代に行なったピッチやリズムの形態論にまで至る作曲技法の研究は、彼自身をピッチやリズミカルな振動子からなる複雑な層構造の探求へと導いていった（Stockhausen 1971, 1989; Truelove 1998）。その結果、再び、音楽から基本的な拍や拍節の感覚が失われることになったのだが、しかしその感覚の喪失は、刻々と展開する無調の流動性を生み出し、リズム的「現在」に対する創造的な挑戦を示すものとなった。当時の保守的な音楽批評家、およびそれ以降の新保守派の人々は、この音楽を「ビートも節もない」、「非生物学的」なものとみなした──しかしダンサーたちは、「生物学的な」熱狂をもって反応したのだ。体重が下半身そして靴の底へと移動し、より複雑な調和性と不調和性を包含した運動を可能にするといったマーサ・グレアムのようなスタイルの革新に端を発するモダン・ダンスの系譜に並行して、シュトックハウゼンや彼の同時代の作曲家たちの音楽が、人間の運動から生まれるまったく新しい表情豊かなナラティヴ[22]を支持し、その対旋律となるものを提供したのである。重要なのは、モーリス・ベジャールのような、むしろバレエの伝統に近い人気のあった振付家たちが、これらの「非リズム的」な楽譜に激しい動きのダンスを付けることを楽しんでいたということである。

25.13　結論：音楽の時間生物学とコミュニケーションのリズム

　本章では、音楽が人間の時間生物学において重要な役割を果たしているだろうということを論じてきた。音楽を創造し、享受することは、心的時間に関する科学および人間のさまざまな活動、とりわけコミュニケーションにかかわる活動の内的な調節について理解することに役立つのである。ある意味で音楽リズムとは、顕在化し、行動で示された人間の時間生物学なのである。その実演は、我々がリズムの「窓」として体験することの中で起こるものであり、それは音高が終止する周波数および人間が演奏できるもっとも速いリズムから始まり、我々がリズムに関連するものとして独立した事象であるように知覚される個々の拍の分節をもはや感じ取ることができない低い周波数で終わるのだ。

　リズムとピッチは、それぞれに異なる時間領域においてではあるが、どちらも意識的な体験の特性であり、それは人間の身体における運動の発生と不可分である。すなわちそれらは、動くことによって生じる音の特性なのである。音楽のなかで、我々は動きの内にある、よく制御されたダイナミックな規則性を聴くのであり、このような聴取行為こそ、我々人間が持っている文化の意味を作り出す独自の能力と決定的に結びついているように思われる。マーリン・ドナルド（1991, 2001）やオリヴァー・サックス（2007）が提案するように、「**音楽の意味論**」（Kühl 2007）を生成する神話や儀礼のなかで集合的な体験を引き起こすために、我々は脳と身体の内部でリズムや旋律を利用している動物なのである（本書第4章のマーカー）。

　きわめて重要あるいは必然的なこととして、随意的あるいは不随意的な運動から自律的な周期性そして脳波に至るまで、行為の調節にかかわる人間の時間生物学の主要な作用に含まれるさまざまな周波数は、**知覚される音楽リズムの「窓」の内にすべて収まっている**。音楽リズムを体験すること、あるいはそれを理解することと、運動を遂行している際の主要な時間生物学の作用との間には強い結びつきが生

---

22) 巻末の参考資料「ナラティヴ」を参照。

じることがあり，それを示す根拠が存在する。このような結びつきは，皮質および皮質下の両方，あるいは脳全体にも存在するようである。またそれは，複雑な認知処理とともに，例えば概念的には聴覚性驚愕反応（ASR）に関連がある基本的な神経のホットライン，あるいは情動運動システムで発生する運動エネルギーおよび注意の，ややつかみどころのない波動や起伏，そして古皮質から新皮質へと広がる視床，大脳基底核，小脳の構造を維持する随伴性の時系列的な秩序といったことをも同様に含んでいる。これらの結びつきのまさにその中心に，ポリリズム的でアモーダル[23]な，そして相貌的に表現される内発的動機パルス（IMP）（トレヴァーセン 1999）の何らかの形態があるということ，あるいは音楽リズムおよび他者による随伴性の「共鳴的な」身体運動によって引き込み／引き込まれる神経振動子のシステムが存在しているということが理論化されている。

　音楽リズムというのは，さまざまな周波数が入れ子になり，多少なりとも平易に構造化されたシステムとして，あるいは同調に向かう振動子群として理解することができるだろう。ときには最も低い周波数がフレーズとして判断されることもあるが，多くの場合，それは拍節によって分節化される。主要な拍（パルス）は，より高い周波数の水準に位置し，フレーズおよび通常は拍節の上位に置かれる。リズムの下位区分は，最も高い周波数帯を形成する。このようなシステムは時間生物ダイヤグラムによって表現される。そこでは拍（パルス）の階層構造が，例えばIMPのような現時点では仮説としての神経システムに関連づけられ，さらに場合によっては中心から末端に至るまでが階層的に捉えられている身体地図にも関連づけられることがある。これらの振動子の間には，高い凝集性と調和性，そして同調性が存在しているようである。現象学的な見方をすれば，拍節／拍（パルス）システムは，いわゆるホメオスターシスや人間が感知する「現在」を引き伸ばすこと——それは思考し発話するといったことにおいて明白である——に作用しているとみなすことができる。運動の階層構造における時間的な調整に含まれる，それと同様の枠組みや意識内容のパターンは，手指による操作，発話，身振り，踊り，そして音楽の中にもみられる（**表25.1**）。

　音楽と運動，そして時間生物学のつながりは，リズムの周波数だけに依存するわけではない。さまざまな運動は，エネルギーあるいは「フロー」（Csikszentmihalyi 1990）の特性や強度によって調整されており，そこにそれら運動の情動的ないし情動の表出にかかる力が見出されるのである。旋律や和声，そして音色といった要因はもちろんだが，それらと同様にアクセントや先取音，聴覚的なタウやカッパ，不揃いなムラ，生気，加速と減速も重要な問題となる。明らかに拍節／拍（パルス）の構造を持っていないものであっても，運動の流動性あるいはさまざまな周波数の複雑な重ね合わせといった点からみれば，十分に効果的な時間生物学としての情報の伝達がなされているのかもしれない。

　音楽家たちにとって，実演されている時間生物学としてのリズムの理論は，数多くのよく知られた音楽的直観や体験（その多くはオリヴァー・サックスの最近の著書『音楽嗜好症』で検討されている）を裏づけるのに役立つことだろう。それらは例えば，リズムの知覚と運動の実行および制御との間に強力な連結が存在すること，この協調は脳内の聴覚および運動領にある身体のリズム地図に対応している可能性があること，リズムは非常に表現力豊かで，価値のある身体的そして情動的なメッセージを伝達するということ，またそれは心理的な充足，幸福感，身体的な活力を生み出しているということ，音楽家たちは内的なリズムの「時計」のなかで調和するものに合図を出し，それを整え，調整することによって，彼ら自身および他者を協調させているのだろう，といったことである。そのようなリズムの理論は，音楽のドラマ性や動きがもたらす想像的な物語を生み出す人間の能力について，最も厳密な説明を与えるものとなるだろう。

　生物学者たちにとっては，どのように，そしてなぜ，このような明らかに複雑で強力なシステムが進化してきたのかということが問題になる。社会人類学に端を発する古典的な説明によれば，音楽リズム

---

[23] 巻末の参考資料「モダリティ」を参照。

を伴った音楽は，現存するすべての文化でもそうであるように，儀礼や求愛，協同的な作業といった特定の社会的，精神的な機能をもたらすように進化してきた。この主張は今のところ事実であるが，これらの多様な活動は，乳児期にその兆しをみせる美学的および道徳的情動を源とする，さらに深い共通の核ないし起源に基礎を置いているように思われる（本書第 2 章のディサナーヤカ）。音楽に類似した何らかのものが，人類の進化の初期，おそらく我々が言語を知るよりもかなり前に現れていたということについては議論の余地が残されている。この点についての根拠は，考古学的でもあり（本書第 5 章のクロスとモーリーを参照），精神生物学的でもある。子宮内での音楽体験に対する胎児の諸反応（Lacanuet 1996）や，マロックとトレヴァーセン（Malloch 1999; Trevarthen 1999; Trevarthen and Malloch 2002）によって確認された母親とごく発達初期の乳児との豊かな音楽的／リズム的対話，そのどちらもが言語習得以前の段階における初期の兆しである可能性を示している。同様に，例えばピッチの推移や声の抑揚における特徴を検出することができ，運動や代謝，そして情動のシステムと密接に結びついた下丘や内側膝状体にある「音楽的」なニューロンのように，皮質下において音楽に関する単純だが漸加していく神経学の存在は，少なくとも人類の進化過程の初期に発生した音楽性の実現可能性ないし実用性を示している（本書第 7 章のパンクセップとトレヴァーセン）。もちろん，この進化が，非常に増大した学習を可能にする新皮質における革新的な変化や同化とは無関係に起こったと言っているのではなく，むしろ下位脳において，そうした過程のよく整えられた古くからの基盤があるということを示唆しているのである。

　動物が行なうコミュニケーションのための鳴き声や「踊り」による独特の行動様式から精巧に作り上げられてきた生得的な音楽性（本書第 4 章のマーカー，および第24章のディサナーヤカ）は，人類の社会的発達の初期段階における革新的な変化の契機と結びつけられてきたように思われる。それはすなわち，親密な者同士のグループでも，あるいはより大きな集団の中にあっても，互いの意図や心理，身体の状態を伝達し，理解しあう必要性が生じたということ，さらに発見や創作による意味に満ちた想像的なファンタジーを生み出す演奏の中で，他者と共鳴し，共感し，同調しようとする欲求が生れたということである。リズムの場と実演されている時間生物学は，これらすべての中心にある。

　我々が音楽のリズムというものを体内の生体リズムの「外化」であると認めるならば，音楽のリズムとは，いくつものパルスが共有され，入れ子になった状態へと他者の体内時計および運動を引き込みながら，人々を互いに協調させる時間生物学的なツールであるとみなすこともできるだろう。これは，まさにトレヴァーセンら（2006）が「共リズム性」（「両向性」の相互的な生理学的調整から生み出される）[24]を共有する心理として言及したものである。それはすなわち，音楽のリズムを共有することによって，他者との関係のなかで意識的な体内時計と自律的な体内時計のどちらをも調整し，協調させる状態のことである。音楽の時間生物学は，演奏者の身体，情動，動機，活力，生気について詳細な情報を伝達し，これらすべてを他者それぞれの目的意識の共有部分を通して分かち合う力をもっている。このような，他者と「ともに」リズミカルに協調している状態において（例えば，本書第14章のグラティエとダノン，第16章のパヴリチェヴィックとアンスデル，第24章のディサナーヤカを参照），現象学的な現在は，思考と意識の共通したホメオスターシスのなかで認識され，目的と体験からなる精巧な物語——我々の文化のなかで音楽家たちが作り出す無数の多様な音楽様式のなかにオーケストラ作品やジャズの即興，ロックンロールの曲，フォークソング等を取り込んでいるもの——の中で，情動と共通の主体感の両方を共有することへと導いているのかもしれない，ということが示唆されているのである。

（山原麻紀子・丸山慎訳）

---

[24]「両向性」「共リズム性」については本書第 9 章の原注 1 を参照。

引用文献

Adolphs R (2003). Investigating the cognitive neuroscience of social behavior. *Neuropsychologia*, **41**, 119–126.
Apel W (1953). *The notation of polyphonic music: 900–1600*. The Medieval Academy of America, Cambridge, MA.
Augustine, Saint (2006). *The confessions of St Augustine*. Translated from the Latin. Watkins, London.（アウグスティヌス，山田晶訳『告白』(全3巻)中央公論新社，2014）
Barlow RB (1990). What the brain tells the eye. *Scientific American*, **262(4)**, 90–95.
Bear MF, Connors BW and Paradiso MA (2006). *Neuroscience: Exploring the brain*, 3rd revised edn. Lippincott Williams And Wilkins, Philadelphia, PA, London.
Bekoff M (1972). The development of social interaction, play, and metacommunication in mammals: An ethological perspective. *The Quarterly Review of Biology*, **47(4)**, 412–434.
Bekoff M and Fox MW (1972). Postnatal neural ontogeny: Environment-dependent and/or environmentexpectant? *Developmental Psychobiology*, **5(4)**, 323–341.
Bernstein N (1967). *Coordination and regulation of movements*. Pergamon, New York.
Bielawski L (1976). Strefowa teoria czasu i jej znaczenie dla antropologii muzyki [Zonal Theory of Time and its Significance for the Anthropology of Music]. Polskie Wydawnictwo Muzyczne, Kraków.
Blood AJ and Zatorre R (2001). Intensely pleasurable responses to music correlate with activity in brain regions implicated in reward and emotion. *Proceedings of the National Academy of Sciences*, **98/20**, 11818–11823.
Brugge JF (1987). Auditory system. In G Adelman, ed., *Encyclopedia of neuroscience*, Vol. I, pp. 89–92. Birkhauser, Boston, MA, Basel, Stuttgart.
Clarke E (2001). Meaning and the specification of motion in music. *Musicae Scientiae*, **5(2)**, 213–234.
Condon WS and Sander LS (1974). Neonate movement is synchronized with adult speech: Interactional participation and language acquisition. *Science*, **183**, 99–101.
Csikszentmihalyi M (1990). *Flow: The psychology of optimal experience*. Harper and Row, New York.（チクセントミハイ，今村浩明訳『フロー体験：喜びの現象学』世界思想社，1996）
Damasio AR (1999). *The feeling of what happens: Body and emotion in the making of consciousness*. Harcourt Brace, New York.（ダマシオ，田中三彦訳『無意識の脳　自己意識の脳：身体と情動と感情の神秘』講談社，2003）
Delamont RS, Julu POO and Jamal GA (1999). Periodicity of a noninvasive measure of cardiac vagal tone during non-rapid eye movement sleep in non-sleep-deprived and sleep-deprived normal subjects. *Journal of Clinical Neurophysiology*, **16(2)**, 146–153.
Donald M (1991). *Origins of the modern mind: Three stages in the evolution of culture and cognition*. Harvard University Press, Cambridge, MA.
Donald M (2001). *A mind so rare: The evolution of human consciousness*. Norton, New York and London.
Epstein CM (1983). *Introduction to EEG and evoked potentials*. Lippincot, Philadelphia, PA.
Fan D and Cohen RS (1996). *Chinese studies in the history and philosophy of science and technology*. Trans. K Dugan and Jiang Mingshan. Springer, New York.
Foster RG and Kreitzman L (2004). *Rhythms of life: The biological clocks that control the daily lives of every living thing*. Profile Books, London.（フォスターとクライツマン，本間徳子訳『生物時計はなぜリズムを刻むのか』日経BP社，2006）
Gallese V (2003). The roots of empathy. The shared manifold hypothesis and the neural basis of intersubjectivity. *Psychopathology*, **36**, 171–180.
Hauptmann M (1853/1991). *The nature of harmony and metre [Die Natur der Harmonik und Metrik]*. Da Capo Press, New York.
Hinterberger T and Baier G (2005). Parametric orchestral sonification of EEG in real time. *IEEE MultiMedia*, **12**, 70–79.
Holstege G, Bandler R and Saper CB (eds) (1996). *The emotional motor system*. Progress in Brain Research, Volume 107. Elsevier, Amsterdam.
Husserl E (1969). *The phenomenology of internal time-consciousness (1893–1917). [Zur Phänomenologie des inneren Zeitbewusstseins (1893–1917)]*. English Translation R Boehm. Martinus Nijhoff, The Hague, Netherlands.（フッサール，谷徹訳『内的時間意識の現象学』筑摩書房，2016）
Karban R, Black CA and Weinbaum SA (2000). How 17-year cicadas keep track of time. *Ecology Letters*, **3**, 253–256.
Kholopova VN (1994). *Muzika kak vid iskusstva [Music as a kind of art]*. Parts 1 and 2, 2nd edn. Moscow Conservatory, Moscow. (In Russian).
Krakouer L, Houghton S, Douglas G and West J (2001). The efficacy of music therapy in effecting behaviour change in persons with cerebral palsy. *International Journal of Psychosocial Rehabilitation*, **6**, 29–37.
Krumhansel CL (2000). Rhythm and pitch in music cognition. *Psychological Bulletin*, **126(1)**, 159–179.
Kühl O (2007). *Musical semantics*. European Semiotics: Language, Cognition and Culture, No. 7. Peter Lang, Bern.
Lakoff G and Johnson M (1980). *Metaphors we live by*. University of Chicago Press, Chicago, IL.（レイコフとジョンソン，渡部

昇一・楠瀬淳三・下谷和幸訳『レトリックと人生』大修館書店，1986）

Lakoff G and Johnson M (1999). *Philosophy in the flesh, the embodied mind and its challenges to Western thought*. New York, Basic Books.（レイコフとジョンソン，計見一雄訳『肉中の哲学―肉体を具有したマインドが西洋の思考に挑戦する』哲学書房，2004）

Lecanuet J-P (1996). Prenatal auditory experience. In I Deliège and J Sloboda, eds, *Musical beginnings: Origins and development of musical competence*, pp. 3–34. Oxford University Press, Oxford/New York/Tokyo.

Lee DN (1998). Guiding movement by coupling taus. *Ecological Psychology*, **10**, 221–250.

Lee DN (2005). Tau in action in development. In JJ Rieser, JJ Lockman and CA Nelson, eds, *Action, perception and cognition in learning and development*, pp. 3–49. Erlbaum, Hillsdale, NJ.

Lerdahl F and Jackendoff R (1983). *A generative theory of tonal music*. MIT Press, Cambridge, MA.

Li L, Korngut LM, Frost BJ and Beninger RJ (1998). Prepulse inhibition following lesions of the inferior colliculus: prepulse intensity functions – selective uptake and axonal transport of D-[3H] aspartate. *Physiology and Behavior*, **65(1)**, 133–139.

MacLean PD (1990). *The triune brain in evolution, role in paleocerebral functions*. Plenum Press, New York.

Malloch S (1999). Mother and infants and communicative musicality. *Musicae Scientiae* (Special Issue 1999–2000), 29–57.

Manning A (2004). *The sound of life*. BBC Radio 4, July 2004. CD produced by S Blunt for the Open University, Milton Keynes.

Masolo DA (2000). From myth to reality: African philosophy at century-end. *Research in African Literatures*, **31(1)**, 149–172.

Meloni EG and Davis M (1998). The dorsal cochlear nucleus contributes to a high-intensity component of the acoustic startle reflex in rats. *Hearing Research*, **119(1–2)**, 69–80.

Merker B (2005). The liabilities of mobility: A selection pressure for the transition to cortex in animal evolution. *Consciousness and Cognition*, **14**, 89–114.

Merker B (2006). Consciousness without a cerebral cortex: A challenge for neuroscience and medicine. *Behavioral and Brain Sciences*, **30**, 63–134.

Meyer-Eppler W (1952). *Grundlagen und Anwendungen der Informationstheorie. Kommunikation und Kybernetik in Einzedarstellungen*, Band 1. Springer-Verlag, Berlin.

Mocquereau DA (1927). *Le nombre musical grégorien ou rythmique grégorienne – théorie et pratique [The measure of gregorian music or gregorian rhythm – theory and practice] – Tomes 1 et 2*. Société Saint Jean l'évangéliste, Desclée.

Pachetti C, Mancini F, Aglieri R, Fundaro C, Marignoni E and Nappi G (2000). Active music therapy in Parkinson's disease: An integrative method for motor and emotional rehabilitation. *Psychosomatic Medicine*, **62**, 386–393.

Panksepp J (1998). The periconscious substrates of consciousness: Affective states and the evolutionary origins of the self. *Journal of Consciousness Studies*, **5**, 566–582.

Penhune VB, Zatorre RJ and Feindel WH (1999). The role of auditory cortex in retention of rhythmic patterns as studied in patients with temporal lobe removals including Heschl's gyrus. *Neuropsychologia*, **37**, 315–331.

Peretz I and Kolinsky R (1993). Boundaries of separability between melody and rhythm in music discrimination: A neuropsychological perspective. *Quarterly Journal of Experimental Psychology*, **46A**, 301–325.

Peretz I and Zatorre R (eds) (2003). *The cognitive neuroscience of music*. Oxford University Press, Oxford.

Phillips DP and Farmer ME (1990). Acquired word deafness and the temporal grain of sound representation in the primary auditory cortex. *Brain Research*, **40**, 84–90.

Pöppel E (2002). Three seconds: A temporal platform for conscious activities. In A Grunwald, M Gutmann and EM Neumann-Held, eds, *On human nature.Wissenschaftethik und Technikfolgenbeurteilung*, Bd. 15, pp. 73–79. Springer Verlag, Berlin, Heidelberg, New York.

Pöppel E and Wittmann M (1999). Time in the mind. In R Wilson and F Keil, eds, *The MIT encyclopedia of the cognitive sciences*, pp. 836–837. The MIT Press, Cambridge MA.

Povel D-J and Essens P (1985). Perception of temporal patterns. *Music Perception*, **2(4)**, 411–440.

Rizzolatti G, Fogassi L and Gallese V (2001). Neurophysiological mechanisms underlying the understanding and imitation of action. *Nature Reviews Neuroscience*, **2**, 661–670.

Rudziński W (1987). *Nauka o rytmie muzycznym*. Polskie Wydawnictwo Muyczne, Kraków.

Sacks O (2007). *Musicophilia: Tales of music and the brain*. Random House, New York; Picador, London.（サックス，大田直子訳『音楽嗜好症（ミュージコフィリア）：脳神経科医と音楽に憑かれた人々』早川書房，2010）

Schögler B and Trevarthen C (2007). To sing and dance together. In S Bråten, ed., *On being moved: From mirror neurons to empathy*, pp. 281–302. John Benjamins, Amsterdam, Philadelphia.

Schögler BW(1999). Studying temporal co-ordination in jazz duets. *Musicae Scientiae* (Special Issue 1999–2000), 75–92.

Sillar KT, Reith CA and McDearmid JR (1998). Development and aminergic neuromodulation of a spinal locomotor network controlling swimming in *Xenopus* larvae. *Annals of the New York Academy of Sciences*, **860**, 318–332.

Skille O and Wigram A (1995). The effects of music, vocalisation and vibrations on brain and muscle tissue: Studies in vibroacoustic therapy. In A Wigram, B Saperston and R West, eds, *The art and science of music therapy: A handbook*, pp. 23–57. Harwood Academic, London.

Smith A (1777/1982). Of the nature of that imitation which takes place in what are called the imitative arts. In WPD Wightman and JC Bryce, eds, *Essays on philosophical subjects*, pp. 176–213. Liberty Fund, Indianapolis, IN.

Steedman M (1996). Phrasal intonation and the acquisition of syntax. In J Morgan and K Demuth, eds, *Signal to syntax*, pp. 331–342. Erlbaum, Mahwah, NJ.

Stern DN (2000). *The interpersonal world of the infant: A view from psychoanalysis and development psychology*. Originally published in 1985. Paperback 2nd edn, with new Introduction. Basic Books, New York.（スターン，神庭靖子・神庭重信訳『乳児の対人世界　理論編』岩崎学術出版社，1989／スターン，小此木啓吾・丸田俊彦訳『乳児の対人世界　臨床編』岩崎学術出版社，1991）

Stern DN (2004). *The present moment: In psychotherapy and everyday life*. Norton, New York.（スターン，奥寺崇・津島豊美訳『プレゼントモーメント：精神療法と日常生活における現在の瞬間』岩崎学術出版社，2007）

Stockhausen K (1971). *Texte zur Musik*. M DuMont Schauberg, Cologne.

Stockhausen K (1989). *Stockhausen on music*. Lectures and Interviews compiled by Robin Maconie. Marion Boyars, London and New York.

Szuman S (1951). Dowcip i ironia Chopina. *Muzyka*, **2**, 23–33.

Temperley D (2001). *The cognition of basic musical structures*. MIT Press, Cambridge, MA, London.

Trevarthen C (1999). Musicality and the intrinsic motive pulse: Evidence from human psychobiology and infant communication. *Musicae Scientiae* (Special Issue 1999–2000), 155–215.

Trevarthen C (2008). The musical art of infant conversation: Narrating in the time of sympathetic experience, without rational interpretation, before words. *Musicae Scientiae* (Special Issue), M Imberty and M Gratier eds. In press.

Trevarthen C and Aitken KJ (1994). Brain development, infant communication, and empathy disorders: Intrinsic factors in child mental health. *Development and Psychopathology*, **6**, 599–635.

Trevarthen C and Malloch S (2002). Musicality and music before three: Human vitality and invention shared with pride. *Zero to Three*, **23(1)**, 10–18.

Trevarthen, C, Aitken KJ, Vandekerckhove M, Delafield-Butt J and Nagy E (2006). Collaborative regulations of vitality in early childhood: Stress in intimate relationships and postnatal psychopathology. In D Cicchetti and DJ Cohen, eds, *Developmental psychopathology*, 2nd edn, pp. 65–126. Wiley, New York.

Truelove S (1998). The translation of rhythm into pitch in Stockhausen's Klavierstuck XI. *Perspectives of New Music*, **36(1)**, 189–220.

Turner F and Pöppel E (1988). Metered poetry, the brain, and time. In I Rentschler, B Herzberger and D Epstein, eds, *Beauty and the brain. Biological aspects of aesthetics*, pp. 71–90. Birkhäuser Verlag, Basel.

Wellesz E (1963). The interpretation of plainchant. *Music and Letters*, **44(4)**, 343–349.

Werner H (1948). *The comparative psychology of mental development*. International Universities Press, New York.（ウェルナー，園原太郎・鯨岡峻・浜田寿美男訳『発達心理学入門―精神発達の比較心理学』ミネルヴァ書房，2015復刻版）

Wittmann M and Pöppel E (1999). Temporal mechanisms of the brain as fundamentals of communication, with special reference to music perception and performance. *Musicae Scientiae* (Special Issue 1999–2000), 13–28.

Zatorre RJ and Peretz I (eds) (2001). *The biological foundations of music*. New York Academy of Sciences, New York.

第26章

音楽的なコミュニケーション：演奏における身体の動き

ジェーン・デイヴィッドソン と スティーヴン・マロック

26.1 はじめに

　音楽を創造し，伝える，さらには演奏において音楽の枠を超えた意味を伝達するときの身体の動きの役割は，学術的な注意を引き寄せてきた。楽音を創り出すために身体と楽器が相互に作用するという明らかな必要性を超えて，音楽的意味それ自体が身体から生まれる，あるいは，音楽が運動として体験されるという考えが探求されてきたのである（Cox 2001, 2006; Davidson and Correia 2002; Malloch 2005; 本書第5章のクロスとモーリー，第6章のリーとシェーグラー，そして第7章のパンクセップとトレヴァーセンを参照）。これらの考えの多くは，身体が意識的状態から無意識的状態に至るまでのあらゆる精神の状態を露わにし，かつ具体化すると主張した哲学者，マーク・ジョンソンとジョージ・レイコフの著作から着想を得てきたものである（Johnson 1987; Johnson and Larson 2003; Lakoff and Johnson 1980, 1999）。我々はこれらの考えに胸を躍らせ，表現としての音楽的コミュニケーションを生み出す際の身体の役割について，独自に研究を進めてきた。本章の第二著者は最初期の母子相互作用について研究を行ない，養育者と乳児のコミュニケーションは，我々が生来的に持っている音楽性の表れであると主張してきた（Malloch 1999; Trevarthen and Malloch 2000）。第一著者は，成人同士の間ではおおよそ発話として体験され，複雑な社会的・文化的実践を通して浸透してきた我々の音声コミュニケーションが，我々の音楽的表現の発達と産出に類似した過程であるという考えを展開してきた。これらに従えば，演奏とは，身体の運動に内在する音楽性を通して演奏者同士や聴衆とコミュニケーションすることであると考えられ，身体の運動によって生み出された音は，身振り[1]的なナラティヴ[2]の形で意味を創造するための文化的実践と演奏技術によって秩序づけられている。

　本章で我々はこれらの考えを探求し，音楽的コミュニケーションがいかにして生じるのかいうことをめぐる重要な理論的問題に対して実際的な洞察を与えるために，我々独自の研究成果がどのように結実していくのかを示していく。手短に2つのタイプの演奏を実例として挙げよう。はじめに，広東の歌手エイミー・ウーの演奏について検討する。演奏されている歌曲の解釈や，演奏の作法に関連するような社会文化的なルール，演奏者の社会的自己の投影感，そして，演奏者によって自分が表現される自己感覚といった多数の入り組んだメッセージを，エイミーの音声と身体の動きが共に明らかにしていること

---

[1] 巻末の参考資料「身振り（ジェスチャー）」を参照。
[2] 巻末の参考資料「ナラティヴ」を参照。

を実証する。別の言葉で言うならば、演奏とは自己認識を含むコミュニケーションの諸原理から浮かび上がる、音楽を媒介とした複雑なコミュニケーションなのである。2つ目に、フルート奏者とクラリネット奏者という西洋クラシック音楽のプロ奏者2人の音楽的な音と全体的な動きのパターンについて研究する。重要なのは、作品に親しむにつれ、全体的な動きのパターンがどのように変化するのか、また、ソロから二重奏になることによってどう変化するのかということである。特に、時間の流れの中で動きを相互に調整しながら、音楽的表現を共に明確化していく様を明らかにする。

26.2 演奏における動きの理論化
26.2.1 人間のコミュニケーションの基本的な形としての音楽における動き

　乳児をなだめ、乳児の感情や興味や関心を掻き立てたり伝えたりするのに用いられてきた対乳児発話や「マザリーズ」[3]は、例えば睡眠を促進するため、注意をひくため、そして言語を教えるためというように赤ちゃんの身体と精神の発達にとって、適応的な利点をもたらす(Ayers 1973; Fernald and Mazzie 1991; Kitamura and Burnham 2003; Snow 1977, 1989)。乳児と話したり、歌ったり、遊んだりすることは、相互関係や仲間関係の育成を促す(Malloch 1999; 2005; Trevarthen 1999; 2001a)。乳児と養育者が生み出す音と動きの相互作用に関する説得力ある動画やそのスペクトログラム分析[4]は、乳児の社会経験を促進するような相互的「同調」が存在するという考えを強固に裏付けている。マロック(1999)は相互作用のこうした側面をコミュニカティヴ・ミュージカリティとして研究し続けてきた。マロックは、母親が気分障害(例えば産後うつ)に直面しているとき、母親があまり「音楽性」を用いて乳児と関わり合いをせず、そのため、乳児もおそらく定型発達を辿らないという可能性を示唆してきた(Malloch 2004, 2005; Murray and Cooper 1997; Robb 1999)。このように、耳を傾けたり参加したりするコミュニカティヴ・ミュージカリティは、精神的・社会的発達の重要な基礎、つまり、人間の情動的であり意図を持ったコミュニケーションの中心的なチャンネルなのであろう(本書第7章のパックセップとトレヴァーセンを参照)。一般的な文化への適応──マザリーズや乳児が遊びうたに参加することから、幼児が遊びながら歌うことや、《ハッピーバースデー》を歌ったり、学校で音楽的な活動に加わったり、ラジオに合わせて歌ったりというような普通の社会的音楽的活動の共有に至るまで──は、ごく自然に歌う活動に参加したり、自分を取り囲む文化の音楽的言語の構造を学ぶことで、子どもたちが自分たちの歌声を発達させることを保障しているように見える(Sloboda 1985; Bjørkvold 1989)。ゴードン(1987)の音楽的測定の標準化に費やした研究は、我々の多くは9歳までに、一貫性のある範囲で音楽を聞いたり認識したりする技能を獲得しており、それは文化に関わらず、特別なトレーニングを受けていようといなかろうと関係ないと示している。そして、音楽を経験することは生得的であり発達する人間の能力であるという考えを支持している(Gordon 1987)。これを土台にすると、音楽性を伴った動きの適応的、発展的機能を基礎とした音楽的な価値と意味の理論を提案できるだろう。本書の寄稿者達は、このことを非常に説得力のある仕方でやり遂げている(本書第1章を参照)。マザリーズ(Trevarthen 1986, 2001b; Trevarthen and Malloch 2000)を生成し共に構成する際に身体が果たす重要な役割が示唆するのは、音楽や言葉のようにある特定の文化環境の中で経験され、その文化を規定するような洗練された抽象的な行動の基礎として、この根源的な経験をいかに使用するのかということである。

　我々の生得的な音楽性から発展し文化的に組み込まれた音楽的な型は、たくさんの捉えにくい社会的・文化的ルールに依存するような、洗練され抽象化されたコードを包含する。社会的・文化的なコミュニケーションを十分に認識するために、知識やコードを読み解く技能が求められる(Clark and Davidson

---

3) 巻末の参考資料「乳児の音声コミュニケーションとその発達」を参照。
4) 巻末の参考資料「音声分析と音声情報」を参照。

1998)。一方で，コミュニカティヴ・ミュージカリティの概念と類似する提案が現れる。それは，「重さ」「時間」「空間」そして「流れ」など，動きの中にある音楽的意味を支える要素といえるような非常に基礎的な身体的概念を強調する，音楽的言語そのものの理解や訓練に関するものである (Kühl 2007)。その主張は，音楽の本質やその意味を十分に認識するために，我々が自分たちの基本的な身体性とあらゆる社会的・文化的知識とその理解とを結びつけるというものである。よく引用されるこのような考えの着想の源は，エミール・ジャック＝ダルクローズ[5] (1921) の実践的な音楽指導から来ている。ジャック＝ダルクローズは音楽的な要素を一体化したり，音楽表現を焦点化したりする過程に不可欠なものとして，身体の動きを指摘した人物である。ピアース (1994, 2003) は上級の音楽家と共に，ダルクローズタイプの本質を研究に追加することで，アメリカ合衆国において大きな影響を与えてきた。彼女のピアノ学習者へのアプローチは，楽器から離れ，振り子の揺れる動きを通して音楽の拍子や拍を経験するというようなリズム指導を含むものである。このような練習の要点は，拍子に則った正確なアタックポイントを生み出すために，完全な動きを体現する必要があるということである (本書第6章のリーとシェーグラーを参照)。つまり，学習者は身体の揺れの中で，近付いてくるダウンビートとその周辺の瞬間を感じることができる。ガイル (Guile 2000) は彼女の考えと，舞踊理論家であり実践家でもあるルドルフ・ラバン[6] (1960) の考えとを関連させて，この領域により深く入り込んできた。ガイルは，例えば力，重さ，流れといった身体的な動きの記述は，音楽学習者に音楽的表現を顕在化させる方法として使われ得るということを明らかにしている。ここでいう表現とは，ある音楽が創られたり演奏されたりする特定の文化的枠組みに準じた，他とは異なる多かれ少なかれ芸術的にふさわしい1つの解釈を作るようなピッチ，音色，タイミング，そして強弱の繊細な多様性である。ガイルは，例えば「軽く叩く」運動が「軽く叩く」音楽行為に変化し，それが音楽的表現としての「軽く叩く」になっていくような，身体的な効果を試させることによって，子どもたちが特定の表現効果を使用するよう，数多くの異なる楽器を学ぶことを系統立てた。このように，抽象性の高い音楽的アイディアと考え得るものは，身体を通して率直に演奏に現れ得る。ガイルやピアースの実践や，そもそもダルクローズやその他の人々の実践が有効かどうかはともかくとして，これらの指導者たちは学習者の音楽技術や音楽表現のより深い「基礎訓練」や具現化を導くために，動く身体の体験を直接的に利用した。

　リドフ (1987, 2006) とハッテン (2006) は，音楽の表現についてあれこれとアイディアをめぐらすなかで，音楽を明確に表現するために必要となる自然発生的な身体的身振りがじっくりと検討されるならば，西洋クラシック音楽 (例えばベートーヴェンのソナタ) は自覚的に解読，理解することができる，ということを示した。例えば，音楽的な輪郭線の軌道を取り決めるために，身体がどのように必要なのかという観点からメロディーを眺めることは，例えばある特定の根本的な情動の質を伴ったレガートやスタッカートのような効果を達成するのに役立つ。知覚的に，音楽はしばしば本能的な反応を生み出す。例えば音楽を聴くことにより，背筋をぞくっとさせたり，胸をいっぱいにしたりすることがあるだろう (Sloboda 1991; 本書第7章のパンクセップとトレヴァーセン)。音楽的活動への参加は，強い身体的・感情的興奮を顕在化させる。ワットとアッシュ (1998) は，こうした情動経験は社会的相互作用に参加することと似ていると提案している。音楽は実際の人間がするように，演奏者もしくは聴き手に働きかけるのである。

26.2.2　演奏技能の主要な要素

　演奏技能の情報は，演奏においてどのように身体が機能するのかということを明らかにするのに役立

---

[5] ジャック＝ダルクローズ (1865-1950) は，スイスの音楽教育家，作曲家。音楽と身体の動きを協応させる独自の指導法を発展させた。彼の理念に基づいた音楽教育は，現代の日本でも広く行われている。
[6] 第18章の訳注1)を参照。

つ。1つの音楽作品を演奏することは，認知，知覚，行為の複雑かつ相互的な過程の範囲をどのくらい広げたかにかかっており，これらの過程は演奏者の記憶の中の内的な表象に依存する。このような「表象」は，状況的かつ課題特定的であり（詳細はLehmann and Davidson 2002を参照），知識と実践の相関的要素である心的表象をいかになめらかに生み出したり使ったりするかという水準に応じたものとなる。弦楽器の初学者はおそらくぎこちないフィンガリングの組み合わせから成る表象システムを持っている。他方，弦楽器のより上級の演奏者は，流れるようなフィンガリングだけでなく，なんらかの表現情報とそれに連動する基本的な和声進行，ある程度の音の聴覚的イメージ，そして楽譜の視覚的表象といったものからなる表象システムも持っている。リーマンとエリクソン(1997)は，演奏家は上手に弾くために，目標とする表象，産出する表象，今まさに演奏している表象という少なくとも3つの異なったタイプの心的表象を必要としていると提唱してきた。演奏者の身体的な関与の度合いは，演奏目標（技術的・表現的な目的）と演奏中に行われる自己監視の結果として説明することができ，これは知的／概念的理解と運動技能との結びつきに依存するものである。もちろん，演奏者はあらゆる演奏の側面に気づいているわけではないし，音楽における練習の重要な特徴は，一般的な演奏行為が完全に自動で行われるのを確実にすることである。このように，表現的な解釈や問題解決といった「そのとき」の状況を扱えるように，演奏の最中彼らが精神的により自由になるよう思考と運動行為をしっかりと定着させることを通して，1つの作品が学ばれるのである（ロドリゲスほかの本書第27章 第3節を参照）。

　特定の楽器を学んだことは，演奏者の音楽に関する表象を形作ることにおいて重大な役割を持つようになる。そして，たとえ演奏技術の基礎が同じ原理であったとしても，それぞれの楽器とその楽器の特殊性に応じて，それぞれの演奏者は少しずつ異なる演奏方法を発展させる。演奏家は楽器との相互作用において，レパートリーの相違と同時に，例えば，チェンバロとピアノ，あるいはヴィオラとヴァイオリンを演奏するときに要求される身体的なアプローチの相違に，人間工学の原理を適用するだろう。演奏家の身体的な投資は，彼あるいは彼女の演奏能力と，最終的な音楽的所産に影響するのである。

　演奏家が演奏を作り出すために使う身体の動きという観点からすると，身体的な無駄のなさと表現的な作用の間には一方を得れば他方を失うという関係がある。例えば，基本的な運動制御が達成されている状態は，人がある特定の課題を遂行しているときに最短の活動時間しかかからないことを示しているのであり，続いてその状態が（例えばボート漕ぎや箱詰め作業にみられるような）無駄のない運動を生み出していく（詳細はDavidson 2005参照）。演奏の間，演奏家は本当に彼ら独自の「圧縮できない最小限の」演奏プロファイルを持っている。また一方で，楽譜通りに演奏する技術的な達成のみならず，音楽的表現に関する表象に依存した操作も存在する。このように，2種類の動きの情報が，演奏における身体的行為の中には含まれる。それらは楽譜通りに演奏するために必要なものと，音楽的な効果を達成するためのものである。熟練した演奏者がよく弾きこんだ曲を演奏するとき，特にその楽曲が高度な自動性のなかで演奏されたならば，これらの行為は共に特定的なものとなる。

　音楽の遂行は，身体的な動きの「文法」に依存したものであり，それは音の生成においてはもちろん，さらには個人間のコミュニケーションにおいても，豊かな表現効果を生み出す意味論的なコードを持つものなのである。身振り的なコードは，話し言葉の中で使われるそれと類似した機能を持つように思われる。例えば，人が延々と話し続けている様子を表した手を回転させる動きのように，ある事象の特徴を描写するときに会話に付随して使われる身振りについて考えてみよう。実はこれと同じような動き（例えば腕を釣り上げて回転させる動き）は，さざめくような「延々と続く」旋律線が演奏されるときに，しばしばピアニストにも見られるのである（Davidson 2007）。

　演奏表現を形作る要となる身体に関する上記の要点に加えて，次の重要なことを書き加えておく。我々は音楽を聴くときににしばしば付随する活動（身体を揺らす，踊る）から生じる前庭覚[7]や他の自己受

---

[7] 重力にかかわる回転，加速度などを感じとる感覚。

容感覚を楽しむ，ということ。これは隠喩的な動きが運動自体を，さらには我々自身の中に運動の体験（Stevens *et al.* 2001はこれを「共感的な運動覚」と呼ぶ。Todd 1995, 1999も参照のこと）を誘発する，ということである。このような提案は，乳児に刺激を与えたり，心地よくするために軽く叩いたり，弾ませたり，歌ったりする時のリズム的な機能に関するトレヴァーセンの主張と一致する（例えば，Trevarthen and Aitken 2001）。我々は，演奏およびそれと共起する反応が，動きから生じるコミュニケーションと私的な楽しみとを結び付け，さらに，我々が作り出す動きというものが音楽的な統語論と意味論に関連するだけではなく，社会的行動のコードからも深く影響を受けているということを提案したいのである。

26.3 演奏における社会文化的コード
26.3.1 象徴的なやりとり

例えば，演奏者がお互いに音楽的な合図を出す方法，挨拶の仕方，聴衆が出迎える方法のように，演奏家同士，あるいは演奏家と聴衆の間には文化的に望まれる行動がある。演奏者にも聴衆にも，ある種の服装が望まれる。西洋クラシック音楽の演奏会では，演奏者は通常，男性は蝶ネクタイと夜会服，女性はロングドレスと正装を着用している。国，場所，聴衆の年齢，イベントの大きさによって多様性はあるものの，男性の聴衆はラウンジスーツ，女性はカクテルスタイルのドレスを身に着ける可能性が高い。例えばロンドンにあるロイヤル・アルバートホールのプロムナードコンサートでは，若い人たちがジーンズとTシャツでプロムナードの立見席にいて，年配の人々がフォーマルなドレスを着て豪華な階段状の座席に座っているのを見ることになるだろう。

26.3.2 コードの源泉

社会的そして文化的ないくつかのコードは歴史的な実践から発生する。それらはおそらく演奏の特定の「流派」から来ている。西洋クラシック音楽の声楽の訓練法のとある「系統」は18世紀のイタリアからフランスを通り，今日では世界のあらゆる場所まで辿ることができる。いくつかの様式が長く永続的な歴史を持つ一方，短期間に現れたり消えたりしている様式もある。灯したキャンドルを手にしてバラードのビートにあわせてゆったりと揺れ動くような，ポピュラー音楽の聴衆が集う場でみられるいくつかのファンの行動などは，せいぜい数年程度流行して消えていくものであろう。これらのコードは明らかに演奏者と聴衆が共有可能な情報を提供する。ある種の社会文化的な実践が意味するのは，そのコードのうちのいくつかが他のものよりも文化的に一層特殊なものであるということ，それゆえ「一般的な解読」が行われてしまう前に，それらのコードが現れた特殊な文化に関する知識が必要になるということである。西洋クラシック音楽の歌手は，音楽的統語論，歌う技術，歌のナレーションの間使われる手の動きの特殊性への親しみに欠けるために，中国の古典的な歌手が歌う型に従うことが非常に難しいということに気づくだろう。

コードは演奏者同士や聴衆にフォーマルで詳しい情報を提供することができる。歌に伴う身体的身振りという観点から，デイヴィッドソン（2002a），クロサワとデイヴィッドソン（2005）は歌うことに伴う一般的な身振りの使用について次のように提案した。

- ◆ 標識：十字を切るような象徴的な身体の動き
- ◆ 例示子：内容，抑揚，音量を隠喩的に説明したり，アクセントをリズミカルに表したり，アイディアを辿るような動き
- ◆ 感情表示：感情の状態を露わにする動き
- ◆ 調節子：相互作用の流れや中身を維持し，調整する動き

◆ **適応子**：両腕を身体に巻きつけながら揺らすような，個人的な「習慣づいた」行動は，おそらく自己防衛的（自己適応的）行為である。クロサワとデイヴィッドソン（2005）は，「ザ・コアーズ[8]」というバンドの歌唱場面において，適応子に分類される行動の中に親近感と親密さが表出されている，そのことが彼らの家族的な結びつきを反映しているようだと特に書き留めている。

腕や身体全体の動きの他にも，演奏者たちはコミュニケーションの重要な手段としてしばしば顔の表情を使う。顔の位置と視線は，ザ・コアーズから聴衆へ，そしてザ・コアーズのメンバー同士がコミュニケーション的情報を作り上げる中で重要な役割を持っていたことが明らかにされている（Kurosawa and Davidoson 2005）。

演奏における動きの機能的，象徴的，そして社会的なコミュニケーションの役割を考慮に入れつつ，これらをコミュニカティヴ・ミュージカリティの理論の観点から理解する試みとして，まずはソロ歌手による演奏の記述をし，続いて楽器の二重奏についての探求を行なっていく。

26.4 エイミー・ウー

エイミー・ウー は香港出身のポピュラー歌手で，彼女の名前を冠し商業的に成功を収めた30点以上のCD録音がある。彼女は，自身が現代的なイージーリスニングと古典的広東オペラ[9]の独創的な混交とみなしているようなもの，あるいは，エイミーが呼ぶところの「独自のスタイル」を聴衆に提供する。しかし，これは何を意味しているのだろうか。エイミーが操作していることを通して音楽的な意味について研究するために，彼女のレコード会社（ワールドスターミュージック，香港）の事務所にて，第一著者とパウリナ（通訳），そして彼女のレコーディング・マネージャー同席のもと，エイミーに非公式なインタビューを行なった。インタビューの間に，エイミーは古典的なレパートリーの中からよく知られた歌の一部を，彼女の「独自のスタイル」と伝統的なスタイルという２つの方法で歌うよう求められた。

図26.1 エイミーが「独自のスタイル」で歌った《赤い蝋燭の涙》。楽譜の上の線はフレーズの長さを示している。

---

8) アイルランド出身のフォーク・ロック・バンド・グループ。メンバー全員が兄弟。
9) 広東省や香港やマカオ等で育った古典劇で世界文化遺産のひとつでもある。粤劇ともいわれ，京劇が北京語で行われるのに対して，広東語が使用され，歌い方や化粧も京劇とは異なる。

音楽的なコミュニケーション：演奏における身体の動き | 553

図26.2 エイミーが「伝統的なスタイル」で歌った《赤い蝋燭の涙》。楽譜の上の線はフレーズの長さを示している。

我々はこの状況が適切ではないと感じていたが，エイミーはためらいを見せることもなく，演奏スタイルを歌い分けるために為すべきことを正確に理解していた。20年以上にわたる舞台とスクリーンのキャリアを通じて，彼女は伝統的な広東オペラで幅広く演奏するだけでなく，自身のCDをプロモーションしてきた。

表26.1 「独自のスタイル」（楽譜に示した4つの主要なフレーズ。最後は装飾的なフレーズの追加により拡張された）

音楽的フレーズ	身体の動き
1	H：装飾的なフレーズの終わりで，だんだんと目が開き，前方を見ている。頭が左右にそっと揺れる。
2	H：最初の音で顔を上げ，眉が上がる。その後，目を閉じ頭を右側に傾ける。エイミーが「苦労した」と歌うときは，左右に頭が少し揺れる。
3	H：「愛を壊すことはどれほど難しいか」と歌うとき，深く息を吸い，前方に頭を傾ける。左に頭を揺らす。眉は装飾音と共に動くが，目は閉じたまま。
4	H：頭を少し左側に倒したまま。 A：少し手を動かす（こうして両手の間に緊張感を作り出す，そのため肩も上がる）。 H：頭の動きが増し，歌い終えるまで動き続ける。「いくつかのもの——愛をほのめかしている——は売れない」と歌うとき，目は閉じたまま，眉はぴくぴく動く。エイミーがフレーズを歌い終えたとき，目を開ける。 最後の合図： A：身体を前に傾け軽く会釈するような動きと共に，腕を上げる（手のひらも一緒に）。

Hは頭の動き，Aは腕，手，肩の動き

表26.2　「伝統的なスタイル」（楽譜に示した4つの主要なフレーズ。最後は装飾的なフレーズの追加により拡張された）

音楽的フレーズ	身体の動き
1	H：前方をまっすぐ見ている。 A：親指と中指を付け，右手で筆を動かすような動作でフレーズをたどりながら，ウエストの位置から腕を広げる位置まで前方・上方に腕を動かす。 H：修飾音の終わりで頭を強く小刻みに動かす。
2	H：頭を少し左に傾けつつ前方を見続ける。 A：筆を動かす動きを反転させる。片手を下ろして，ウエストの位置でもう一方の手とからませる。
3	H：右側に傾けたまま，前方をじっと見ている。そして最後の装飾音で頭を小刻みに動かす。 A：胴の前から胸の位置まで一緒に両手を上げ，ウエストの位置まで下げる。そっと親指を絡ませるポーズをとる。
4	H：右側に傾けたまま，前方をじっと見ている。フレーズ中間の装飾音で頭を小刻みに動かす。身体全体をよりまっすぐにする。 A：胴の前から胸の位置まで一緒に両手を上げ，ウエストの位置まで下げ，そっと親指を絡ませるポーズをとるという動きを繰り返す。装飾音による拡大が始まると両手は離れ，左手が胸の高さまで上がり，人差し指で指し示す身振りをし，徐々に戻ってもう一方の手と一緒になり，両手はウエストの高さで止まる。 H：エイミーが最後の装飾音を発するまでそっと頭を小刻みに動かす。 最後の合図： 固定されたポーズを取り続け，その後身体から力が抜けて笑顔が出る。

Hは頭の動き，Aは腕，手，肩の動き

図26.1と**図26.2**は伝統的な歌《赤い蝋燭の涙》の始めの1節の採譜である。この曲は，エイミーが古典的な劇場で何度となく歌っており，自身のユニークな「独自のスタイル」で2つのCDに録音した曲である。広東語の歌詞の中の詩的な象徴性の層を訳すという試みはしないが，歌は失った愛を描き，「風の中で枝のように打ち震える」という歌い手の身体（蝋燭）のイメージを含む。

歌を五線譜で示した。2つの解釈の間に著しい音楽的な相違があった。枠組みを超えるバージョン，あるいは，「独自のスタイル」バージョン（図26.1）は伝統的なバージョン（図26.2）と比べて，長4度[10] 低く，遅いテンポである。我々がエイミーにこれらの相違について尋ねたところ，初めのバージョンで彼女は聴衆に向けて，その曲のより親密なコミュニケーションを届けたいと望んでいた，とコメントした。2つ目のバージョンでは，広東オペラの演奏における形式的な表現スタイルが，より高いピッチに加えて，より速いテンポと概してより大きい音量，そしてより計画的な演奏であることを決定づけている。ここで留意すべきは，最初の解釈では，わずかな，そして繊細な強弱の変化を伴ったピアニッシモで歌われ，2回目の演奏はより大きな声で，ピアノから始まりメッツォ・フォルテまで，最終的にはフォルテまでクレッシェンドされたことである。

作曲された素材が音楽的にどのように遂行されるのかという観点において，我々は演奏についてある程度「理解」できた。それでは，ノンバーバルな側面ではどうであろうか。どんなコードが使用されているのか，そして，それらは解釈によって異なるのだろうか。

表26.1と**表26.2**は，音楽的フレーズに照らして使われた動きのタイプを示している。

---

[10] 音程の呼び方の1つ。完全4度（ドとファの関係）より広く，増4度（ドとファのシャープの関係）より狭い。長音階・短音階の中では使われない音程である。

音楽的なコミュニケーション：演奏における身体の動き 555

図26.3　写真左：《赤い蝋燭の涙》を「独自のスタイル」の解釈で歌った，エイミーの歌い収めの様子
写真右：《赤い蝋燭の涙》を「伝統的スタイル」の解釈で歌った，エイミーの歌い収めの様子

　「独自のスタイル」（表26.1）の演奏において，エイミーは顔の表情も使う。ずっと腕を組んでおり，手を使ったしぐさはほんの少しあるか，あるいはほとんどない。第２フレーズの最初から彼女の眼は閉じられており，最後の言葉を歌う時にだけ開いた。彼女の表情は一連の表現を示しており，彼女の頭は静かに傾いたり揺れ動いたりしている。これらの動きを前掲の身振りのカテゴリのコードにあてはめると，ほとんどが例示子（言葉の意味と装飾音を強調する，あるいは言葉の意味か装飾音のどちらかを強調する）と適応子の機能（姿勢全体における自己適応の本質や，腕を組む「防御的」な位置）である。「伝統的なスタイル」（表26.2参照）では，動きは一層大きくなり，眼は開いたままある。手振りは，旋律線とその先を示し，それがさらに例示子的な演奏の身振りとして行われ，いくらかの落ち着きと喪失という標識としての意味を持つようになる。それらは，表示の要素も含んでいるが，適応子的な動きの特色を示す徴候はあまり見られなかった。

　読者は双方の解釈の最後のフレーズのイメージを明らかにする**図26.3**を見ることで，２つの演奏の相違を感覚的に捉えることができる。

　彼女に演奏の目的を尋ねたとき，エイミーは，「１人の聴衆に投げかける（「伝統的な」演奏）」よりもむしろ「聴衆を引き込む（彼女の説明するところの「独自のスタイル」の演奏）」方が好きだと話した。２つの解釈の間にある相違を特徴づけるこの考えから，彼女は音楽的にも（「より音が低いので聞きやすい」），情動的なコミュニケーションという点においても（「私の本当の情動」），彼女の「独自のスタイル」が潜在的により利用しやすいスタイルであるという結論を導いた。エイミーは彼女と聴衆の間に「社会的な層」や「文化の壁」はほとんどないと感じていた。エイミーは彼女自身の「内側」を表現していたのである。伝統的なスタイルにおいては，計画された，型にはまった身振り的スタイルの層がある。これは歴史伝承の一部であるから，この枠組みの中では，これらの標識的で例示子的な動きの使用は必要であるとエイミーは述べた。その一部が，非常にドラマチックな化粧をしたり，複雑なコスチュームを着たりするということである。しかし，伝統的な型の中では，個人的な感情を抑制した方が文化的に受け入れられやすいというのも理由である。

　第一著者と通訳は双方のスタイルによるエイミーの演奏に感動した。しかし，インタビュールームという文脈の中でさえも，いかに最初のスタイルがパワフルで感動を与えるかを知ることができた。インタビュー後，実際にパウリナは，エイミーが「彼女のスタイル」で歌った時，音楽と動き双方によって「感動させられた」と言っていた。

　エイミーの演奏は，演奏者の精巧な社会的・文化的役割を描き出したものであった。これに関して特

556 | 第26章　デイヴィッドソンとマロック

図26.4　マーク・スレイター作曲，フルートとクラリネットのための《ジェーンとスティーヴンのための音楽》の楽譜

に付け加えると，デイヴィッドソンとクーラム（2006）は，同一曲（ジョージ・ガーシュインの《サマータイム》）を歌う10名の歌手全員を研究し，音楽的な質と視覚的な美しさという点において，伴奏者およびビデオ視聴者から最も高く評価された演奏者が，最も適応子的な身振りを使っていたということを見出している。もちろん，これらの動きと音楽的な影響が完全に自発的なものであるのかどうか，あるいは，それらが過去のモデルに基づいて「振付された」ものであるのかどうかを判断することは不可能である。しかしながら，エイミー・ウーと同様に《サマータイム》の研究の中で見られた効果は，聴衆にとってより「心のこもった」ように見える演奏，そして，文化的な標識による介在がより少ない演奏に感動するということであった。ここから推論できるのは，適応子的な身振りが，普遍的でおそらく固有の魅力を持ち，人類にとってコミュニケーション的価値を持つということである。

我々はエイミーの例を通して，音楽と動きが合わさって明確化されるということを示してきた。我々はまた，具体化されたコミュニケーションの形としての音楽に本来的に備わる訴求力の中で，入念に作られた社会文化的実践は演奏の意味に関する多くの側面を形作るということも示したが，聴衆はある程度，慎重に計画された標識的コードと同じくらい，内的な個人感情を示す演奏の諸側面にも引きつけられるようである。しかし，我々はまだ演奏家が互いにどのように協調するのか，身体的存在と相互作用が演奏表現にどのような影響をもちうるのか，ということを検討していない。

26.5　デボラ・デグラーフ と リー・ロック

デボラ・デグラーフ（クラリネット）とリー・ロック（フルート）はプロの演奏家で，オーストラリアのシドニーで働いている。2人とも10年以上ソリストとして演奏したり，一流のプロのアンサンブルとして活動するなどしてきた。彼らはいつも一緒に仕事をしており，お互いが相手の音楽的，個人的な好みやスタイル，長所と短所を非常によく知っていると思っている。彼らは，英国の作曲家マーク・スレイター（www.markslater.net）によって，この研究のために特別に作曲されたフルートとクラリネットのための短い曲を練習し，その後，演奏するよう求められた。マークは，各パートが独立したラインとして機能することができ，そのためソロとして演奏できること，それだけでなく，2つのラインが結びつき二重奏として機能することを重視して各パートを創るよう依頼された。各パートは，技術的な難しさが等しく，音楽的な効果の幅が非常によく似ている。二重奏の形の楽譜は図26.4に示した。

この作品はたった1分強の長さであるが，極端な強弱の幅や，ピッチの高さ，そしてテンポの多様さといった，幅広い表現の効果が要求される。楽譜が示しているように，マークは作曲時，例えば小さなワルツやコン・モートのような動きを頭に描いていた。演奏者達は熟達した信頼できる初見視奏者であり，それゆえ，我々が要求した課題を遂行することができた。我々はまず，2人の演奏家にソロのラインを各自で視奏することから始めるように指示した。音楽的な内容を把握し，求められた解釈に達したと感じるまで，彼らが好きな方法で必要と感じるだけその曲を練習した。ソロの場合には，それぞれの演奏者は通して4回演奏し，通し演奏と通し演奏の間に短い部分練習や1音だけの練習をした。しかし，彼らの動機は異なっているように見えた。リーは彼女が「一定の解釈」を得られるまで弾くことを望んだ。デボラは「できる限り試し続けること」を望んだ。全ての通し演奏はビデオテープ，デジタル・オーディオテープ，モーションキャプチャ・トラッキングシステム（PEAK Motus）に記録された。これは，時間と共にどのように演奏者が動くか，3次元空間でなぞることができ，動きの流れを音楽的な音の流れと合わせることができたということを意味し，それによって，音楽的効果と身体の動きの関係性を研究することができたのである。

それぞれの演奏者が各自で演奏した後，2人はその楽曲を一緒に演奏するように求められた。この実践はアンサンブルのコンサートや録音の準備と類似している。この段階にきてようやく，彼らは二重奏バージョンの楽譜を見せられた。それまで，彼らは相手のパートと自分の旋律がどのように関連するの

か知らなかった。6回目，「最後の仕上げの演奏」であるとお互いが感じるまでに，2人はソロの録音と同じような方法で取り組み，二重奏バージョンを5回演奏した。全てのデータは同じ方法で収集した。多数のデータがこれらの手法で生成されたため，ここでは，その中の小さなセクションにのみ注目する。我々は，この楽曲のセクションBにおいて，デボラとリーのリハーサルのプロセスの中で何が起きているのかに焦点化し，ソロから二重奏へと進めていく。つまり，我々は最初に，それぞれのソロの1回目と4回目の通し演奏，それから二重奏の1回目と6回目の通し演奏を検討する。

26.5.1 データ収集の方法

演奏家の3次元的な動きはPEAK Motus運動追尾装置を使って記録された。3つのマーカー（演奏者の額，左肩，楽器の先端）が，演奏者の動きを追尾するために使用された。彼らが演奏する間，3つのマーカーの位置が6台のカメラによって追尾され，1秒間に50回の間隔で動画撮影された。集められた膨大なデータの中から，我々はここでは，楽器の先端の垂直方向の動きだけを議論することにした。楽器の先端はしばしば演奏者がお互いに合図する時の楽器そのものの動きであったり，楽器の動きが演奏者の胴体や彼らの腕の動き両方を反映したりするからである。このように，楽器の先端のグラフは演奏者の全ての動きのまとめということができる。実践的な理由から，ここでは楽器の先端の垂直方向（上下方向）の動きのみを議論する。ここで行なうのは動きのデータの記述的分析であるため，1箇所以上，1次元以上の記述はどうしようもないほどに複雑になる（数学を基礎とした記述を通してなら適応できるかもしれないが）。もう1つの実践的な問題は，縦の動きと対になる横の動きは，1つのグラフで捉えるのは非常に難しいということである。演奏者はどちらも演奏する空間の正面を向いて演奏し，演奏中，演

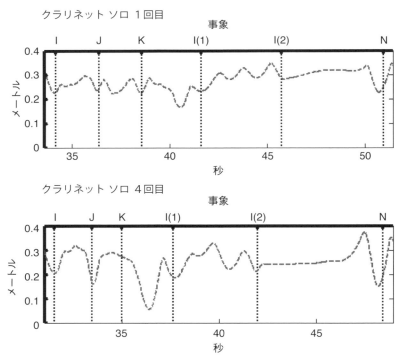

図26.5 クラリネット・ソロ1回目と4回目，B部分の動きのグラフ

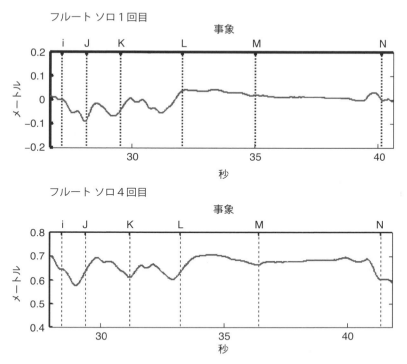

図26.6 フルート・ソロ1回目と4回目，B部分の動きのグラフ

奏者は身体や足を自由に動かすことができた。演奏者の身体の方向によって，カメラに対する前後（x軸）と左右（y軸）の動きの相対的な寄与が変化することになる。このように，x軸だけ，あるいはy軸だけで描くことは，横方向の動きに対して適切に説明することにならない。しかし，z次元だけを描き続けると，全ての上下動が明らかになるだろう。これら全ての理由から，演奏者の動きの以下の記述は単に楽器の先端の垂直方向（z軸）の動きについての検討である。

26.5.2　データの議論

図26.4の譜面上にある文字は2タイプある。四角で囲った文字（例えばB）は，楽曲のセクションの境界を定める。セクションBの中にある，四角で囲われていない文字は事象を示し，動きのグラフ上に示されるのと同じ文字を指し示す（**図26.5**，**26.6**，および**26.7**を参照）。四角で囲われていない大文字は，小節の始めの事象を示すために使用され，四角で囲われていない小文字は小節内で生じる事象を示す。

26.5.2.1　セクションB，ソロ（1回目と4回目）

セクションBのデボラとリーの演奏のスタイルの比較において，非常に目立つポイントが2つある。第1に，デボラ（クラリネット，図26.5）はリー（フルート，図26.6）と比べてとてもよく動く。第2に，両方の演奏者は4回目の演奏のほうが大きく速い動きをする。これはおそらく慣れに関連するが，セクションBを通してデボラの動きは，軌跡とその振れがソロの1回目の演奏と比べあちらこちらで大きく異なっている。一方，リーは2つのソロでよく似た動きのパターンが続いている。2人の女性のコメントは，これらの発見を理解するのに役立つ。（ⅰ）デボラは1つの解釈を見つけるためにできる限り音

楽的な素材を探索することに興味がある。(ii) リーは1つの解釈を確固たるものにするために通し練習をしたがる。

　動きのグラフのいくつかの細部を調べるのは有益である。デボラの4回目のソロの動きは，ソロの1回目よりも大きくて速い傾向があった。この違いは音にも反映されていた。デボラのソロの1回目と4回目の演奏を比較したとき，セクションBのソロ4回目は，切迫感と方向性をよりよく表現し，それぞれの小節がより明確に形作られ，強弱やリズムが融合されていた。ソロの1回目はより拍節的に均一で，それぞれのフレーズがそれぞれ独立していた。2つのソロの動きのグラフの中で，セクション(J)から(1(1))を比べると，ソロの1回目の方が向きが変わる回数が多いことがわかる。ソロの4回目はより長くて，スムーズな動きからなっていることがわかる。特に，ソロの4回目はソロの1回目で見られた11小節目の(K)の始めに示された下方向の動きを含んでいない。これは，10小節目と11小節目のフレーズがつながるように11小節目の始めの拍を「つなげて弾く」というデボラの意図を反映しており，それはまさにソロの4回目で実際に音楽を鳴らす方法であった。全体的に，ソロの1回目と4回目との間の動きの相違は，デボラの意図を反映しており，フレーズを結びつけてより大きな音楽的ユニットにするという解釈へと向かっている。

　リーの演奏は，セクションBは1回目と4回目のどちらも全体的に同じような形であり，小さな違いは彼女が考える1つのセクションのフレージングの方法の変化を反映している。例えば，ソロの1回目において，演奏者の動きは10小節目(J)と12小節目(L)の1拍目で「到達する」。ソロの4回目では演奏者は11小節目(K)のダウンビートで到達する。もしくは，(J)と(L)に続く小節の始めの8分音符を通して動く。したがって，リーが述べていたように彼女の解釈を確固たるものにするための欲求を伴いつつも，デボラと同様，彼女の動きもまた，彼女が音楽のフレージングや形作りを最善にしようと探求していることを示している。

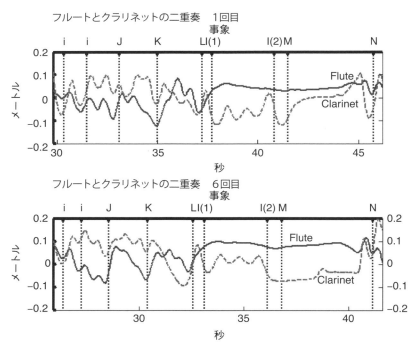

図26.7　二重奏　1回目と6回目のB部分の動きのグラフ

26.5.2.2　二重奏（1回目と6回目）

　2人の女性が一緒に二重奏を演奏したとき，いくつかの興味深いやりとりが生じた。（ⅰ）デボラが彼女の考えをリーと議論したがった。（ⅱ）リーは議論に参加したが，話すより弾く準備が整っているように見えた。（ⅲ）それぞれの通し弾きの後，デボラの指示で，短い部分練習が行われた。（ⅳ）全体的に，二重奏では双方ともより頻繁で，より小さい振れの動きがあったものの，両方の演奏者の動きのプロファイルは，ソロの通し演奏の特徴を共有する。

　図26.7は二重奏の1回目と6回目の動きを示している。ソロと比較したとき，どちらの演奏家も，もう1人と密にかかわるために動く方法を変えている。デボラは彼女の流れるような4回目のソロより，1回目の「忙しい」ソロに似た動きに戻った。これはとりわけ（I）と（1(1)）の間で顕著である。それはあたかも，彼女が物理的な空間を探しつつ，リーの反応に配慮しながら，二重奏のパートナーとどう「踊ったら」よいかみつけだそうとしているようである。リーの動きはここでずっと大きくなり，デボラの動きを積極的に映し出す。それはあたかもデボラの動きがリーの動きをひきつける磁石のようである。おそらく，リーはデボラの「グルーヴ」に調和するよう試みているのではないだろうか。ソロのときと全く同じく，デボラの動きは彼女がさらなる解釈を探求しているかのように，二重奏の1回目から6回目まででたくさんの変化を示している。一方で，リーの動きは，二重奏6回目も，最初に二重奏を合わせたときに確立したのと同じような形が描かれた。全体的に二重奏6回目の動きは二重奏の1回目より大きく，より表情が豊かである。彼らは一緒により自由に「踊って」いて，相手にテンポと強弱を投げかけ，楽曲の和声に反応している。

26.6　結論
26.6.1　実践研究のまとめ

　これまで報告してきた2つの実践研究と本章の冒頭で検討した考えを結びつけながら，我々は，音楽を創出して伝えるという点において，身体が重大な役割を持つということを立証するのに役立つ根拠を提供してきた。エイミーは社会的，そして文化的枠組みの役割を示し，さらに演奏者が身体を通していかに音楽を表現するか，そこにそれらがどのように影響を与えるのかということを明らかにした。我々は演奏の創出と遂行という双方の視点において，ある種の親密な個人的開示が生じるということを理解した。デボラとリーと共に，我々は2人の女性それぞれが，最初の満足いくソロバージョンをどのように確立するのか，そして，彼らが最終的な「演奏」に向けて議論したり演奏したり動いたりしながら，相互の音楽性や対人関係においてどのように協力するのかを観察した。彼女たちの演奏前後のコメントは，音楽的な成果を作り出す上で，デボラのより力強いリーダーシップが文字通りリーの動きを形作ったということを我々に気づかせてくれた。改めて，我々は音楽的な成果を作り出す，社会的なダイナミクスの役割を目の当たりにしたのである。さらに本研究は，彼らがリハーサルで行ったダンスのような連携する動きの効果と，身体が作り出す音楽的連続性と一体感に達する感覚の両方を，音楽的な構造が誘発するということを明らかにした。例えば，二重奏の1回目と6回目どちらも，セクションBにおけるフルートとクラリネットが連携した動きは，クラリネット奏者が演奏する拍の入りと終わりの動きを，フルート奏者に経験させるのに役立っているように見えた。この研究が明らかにするのは，2人の女性が連携した音楽作品を作り出すために，どのように物理的な空間をすり合わせるかということである。エイミーの研究もデボラとリーの研究も，これまで我々が議論しては来なかったさらなる要素を浮かび上がらせた。すなわち，3人全員が行なっている回転運動のような揺れである。この特徴の重要性は後述する。

26.6.2　理論的可能性

　ジェイムス・カッティングと彼の同僚による生体力学的な研究（Cutting and Kozlowski 1977; Cutting *et al.* 1978; Cutting and Proffitt 1981）は，身体表現に関わるモーメント中心について言及している。この理論によれば，揺れる，前後左右に動く，回転するといった意図に関する情報を明らかにするあらゆる動きに作用する中心点が存在しているのだという。運動がその動因を特徴づけているということは十分に確立された事実であるため，デイヴィッドソン（1997, 2002b）は音楽的な意図を身体的に表現するためのモーメント中心の存在可能性を主張してきたのである。

　デイヴィッドソンとドーソン（1995）は，ピアニストが読譜したり練習したり演奏したりする間，上半身を動かすのを抑制することを含めた学習状況を取り入れることで，音楽学習の状況をコントロールしようと試みた（ピアニストは，普通に直立して座ったポジションから身体を動かさずに済むような2オクターブの範囲でできた曲を学習する）。その結果，最終的な演奏において，上半身を動かすことを許可され，揺れたり回ったり自由にできた演奏者に比べて，動きを制限された学習者の音楽的表現や「意味」がはるかに乏しいということが明らかになった。我々がエイミーやデボラ，リーの演奏において観察したような上半身の揺れや回転は，実際に音楽的表現の生成の中心的な要素なのであろう（この考えのさらに詳しい議論はDavidson 2005を参照）。さらに，背景を乳児と養育者との間にある乳児の社会的世界の適応を促すようないくつかの相互同調行動（Malloch 1999）と結びつけるならば，我々はこの行為の一部が「会話のような」やりとりを伴う同調性の中で，揺り動かしたり，揺らしたり，回転させたりする行為を含むことに注目する。第二著者の観察で，母親が産後うつに直面したとき，彼らにはこの種の自然な身体的な揺れがなかったり，一緒に発声をしない傾向があることを示した（本書第14章のグラティエとダノンを参照。母親の置かれた環境や，精神的な状況から生じる母親の音楽性に関する潜在的に有害な影響のさらなる議論は，本書第13章のマーウィックとマレーも参照されたい）。本章で成人のプロのレベルの演奏が明らかにしたように，これまで見てきた演奏における動きの特性は本当にコミュニカティヴ・ミュージカリティの中心部分の1つだということを理論化できるかもしれない。これらの動きには特定の楽器の演奏遂行のための技術的な動きが含まれ，統合されたこの機能的な動きは個人内の表現的な動きである（エイミーの穏やかな適応子的な動きは，おそらく対外的なコミュニケーションであるとともに，自己表現でもあるのだろう）。加えて，演奏家同士，そしてその共演者たちと聴衆とのコミュニケーションをもたらす個人間に及ぶ動きも存在している。

　我々が本章で記述してきた調査研究が作法や身振りとしての標識，例示子的ないし表示的な動きのような社会文化的要因の役割までも照らし出してきたことを考えると，人類は精巧な社会的・文化的コードを発展させて，生物学的な適応機能からより抽象的で美学的な水準へとコミュニカティヴ・ミュージカリティの範囲を拡げてきた，と主張できるかもしれない。実際，今後の研究が向かうべきひとつの領域は，行動のうちにある社会的・文化的なコード——グラティエとダノンが「原習慣」（プロトハビトゥス）（本書第14章，14.2.2節参照）として提案するもの——を包括的に扱うために，コミュニカティヴ・ミュージカリティの理論にさらに磨きをかけていくことである。こうしてみると，本章の文脈の中から明らかになった重要なポイントは，演奏者が自身の音楽的なアウトプットを創るために必要な動きのコミュニケーション的／適応的な機能に気づくことで恩恵を得るだろうということ，そして彼らがさまざまな動きの可能性を見落としたりしたり，抑圧しようとするようなことはあってはならないということである。実際，（社会的・文化的な枠組みのなかで作用している）演奏を作り上げるために不可欠な動きがあるとしても，ピアースやガイルのような教育者たちが，学習者の音楽的な表現を生み出すために彼らのアイディアを例示，発展させるような入念な身体運動を探求する必要があるとするのは皮肉のようでもある（ただし，音楽的理解をもたらす動きの想像的利用については，ロドリゲスほかの本書第27章 第3節を見よ）。し

かし，身体的な束縛が表現の可能性を損なう可能性があるのと同様に，動きが過剰な場合でも，それはあてはまる。ジャズピアニストのキース・ジャレットの演奏は，省察を行うための興味深い決定的な事例を提供してくれている。間違いなく，ジャレットは驚異的な熟練の技を持っているが，姿勢と身振りの機能に関しては大きな論争の種なのである。ジャレットは普通では考えられないようなたくさんの身振りをし，鍵盤に対して奇妙な姿勢をとり，しばしば演奏しながら叫んだり，唸ったりする。彼は，自分の演奏の仕方を変えるのは不可能だし，変えたいとも思わないと述べている。実際，即興演奏家としてジャレットは，身体を通して音楽を生み出す方法は，自身が心の中で聞いた音を表現するための「企ての投影」であると語っている（Elsdon 2003, 2006参照）。ジャレットにとっては，これが唯一の演奏方法なのである。しかしながら，彼の奇妙な身体の動きや一風変わった発声について，その多くは音楽的内容を減ずるとして強く批判されてきた。これは興味深い事例である。ジャレットにとって，彼が作り出す非常に特徴的な身振りと音は彼の音楽表現の一部であり，間違いなく即興演奏に欠かせない。しかしながら，不服を感じる見物人や聴き手は，ジャレットに他の演奏家たちがステージでするようにしてほしいと思っているようだ。したがって，音楽の産出に含まれる技能は多様であり，さらに聴衆が存在しているか不在であるかということが，身体を通して音楽が思い抱かれ生み出される方法にも影響を及ぼすのであろう。そして演奏の披露や受容において，社会文化的な影響は常に重要な役割を持っているように見える。

　我々は結論としてこう述べておこう。よい演奏の核は，演奏者に備わり，身体を通して表現されるコミュニカティヴ・ミュージカリティに依拠する。そこには，演奏者と音楽的メッセージの受容者双方にとってホリスティックで意味深い結果を生み出すような心－身の思考と行為の統合された過程がある。

（村上康子・丸山慎・今川恭子訳）

謝辞
本章で報告した音楽家の運動を追尾した研究は，西シドニー大学からの研究助成を受けて実施された。

引用文献

Ayers B (1973) Effects of infant carrying practises on rhythm in music. *Ethos*, **1(4)**, 387–404.
Bjørkvold J-R (1989). *The muse within: Creativity and communication, song and play from childhood through maturity*. Aaron Asher Books/Harper Collins Publisher, New York.（ビョルクヴォル，福井信子訳『内なるミューズ（上）（下）我歌う，ゆえに我あり』日本放送出版協会，2004）
Clarke EF and Davidson JW (1998). The body in music as mediator between knowledge and action. In W Thomas, ed., *Composition, performance, reception: Studies in the creative process in music*, pp. 74–92. Oxford University Press, Oxford.
Cox A (2001). The mimetic hypothesis and embodied musical meaning. *Musicae Scientiae*, **5(2)**, 195–212.
Cox A (2006). Hearing, feeling, grasping gestures. In A Gritten and E King, eds, *Music and Gesture*, pp. 45–60. Ashgate, Aldershot, UK.
Cutting JE and Kozlowski LT (1977). Recognising friends by their walk: Gait perception without familiarity cues. *Bulletin of the Psychonomic Society* **9**, 353–356.
Cutting JE and Proffitt DR (1981). Gait perception as an example of how we may perceive events. In RD Walk and HL Pick, eds, *Intersensory Perception and Sensory Integration*, pp. 249–279. Plenum, New York.
Cutting JE, Proffitt DR and Kozlowski LT (1978). A biomechanical invariant for gait perception. *Journal of Experimental Psychology: Human Perception and Performance*, **4**, 357–372.
Davidson JW (1997). The social psychology of performance. In D J Hargreaves and AC North, eds, *The social psychology of music*, pp. 209–226. Oxford University Press, Oxford.（デイヴィットソン「演奏における社会的要因」：ハーグリーブス，ノース編／磯部二郎，沖野成紀，小柴はるみ，佐藤典子，福田達夫訳『人はなぜ音楽を聴くのか：音楽の社会心理学』pp. 257-282，東海大学出版 2004所収）
Davidson JW (2002a). The performer's identity. In R MacDonald, D Miell and DJ Hargreaves, eds, *Musical identities*, pp. 97–116. Oxford University Press, Oxford.（デイヴィッドソン「ソロの演奏家のアイデンティティ」：マクドナルド，ミエル，ハーグリーヴズ編／岡本美代子・東村知子訳『音楽アイデンティティ：音楽心理学の新しいアプローチ』北大路書房pp. 129-152，2011所収）
Davidson JW (2002b). Understanding the expressive movements of a solo pianist. *Musikpsychologie*, **16**, 9–31.
Davidson JW (2005). Bodily communication in musical performance. In D Miell, DJ Hargreaves and R MacDonald, eds,

Musical communication, pp. 215–238. Oxford University Press, New York.（デイヴィッドソン「演奏における身体コミュニケーション」ミール，マクドナルド，ハーグリーブス編／星野悦子訳『音楽的コミュニケーション：心理・教育・文化・脳と臨床からのアプローチ』pp. 247-273，誠信書房，2012所収）

Davidson JW (2007). Qualitative insights into the use of expressive body movement in solo piano performance: A case study approach. *Psychology of Music*, **35(3)**, 381–401.

Davidson JW and Correia JS (2002). Body movement in performance. In R Parncutt and GE McPherson, eds, *The science and psychology of music performance: Creative strategies for teaching and learning*, pp. 237–250. Oxford University Press, Oxford.（デイヴィッドソンとコレイア「身体（からだ）の動き」：パーンカット，マクファーソン編，安達眞由美・小川容子監訳『演奏を支える心と科学』pp. 370-394，誠信書房 2011所収）

Davidson JW and Coulam A (2006). Exploring jazz and classical solo singing performance behaviours: A preliminary step towards understanding performer creativity. In G Wiggins and I Deliege, eds, *Musical creativity: Current research in theory and practice*, pp. 181–199. Oxford University Press, New York.

Davidson JW and Dawson JC (1995). The development of expression in body movement during learning in piano performance. *Conference Proceedings of Music Perception and Cognition Conference*, p. 31. University of California, Berkeley, CA.

Elsdon P (2003). Keith Jarrett and the muse. *Conference proceedings, International Conference on Music and Gesture*, p.35 University of East Anglia, August.

Elsdon P (2006). Listening in the gaze: The body in Keith Jarrett's solo piano improvisations. In A Gritten and E King, eds, *Music and gesture*, pp. 192–207. Ashgate, Aldershot.

Fernald A and Mazzie C (1991). Prosody and focus in speech to infants and adults. *Developmental Psychology*, **27**, 209–221.

Gordon E (1987). *The nature, description, measurement and evaluation of music aptitudes*. Basic Books, New York.

Guile L (2000). The expressive world of flux! In C Woods, G Luck, R Brochard, F Seddon and J Sloboda, eds, *Conference Proceedings, 6th International Conference on Music Perception and Cognition*, p. 3. Keele University, Department of Psychology.

Hatten R (2006). A theory of musical gesture and its application to Beethoven and Schubert. In A Gritten and E King, eds, *Music and gesture*, pp. 1–23. Ashgate, Aldershot, UK.

Jaques-Dalcroze E (1921). *Rhythm, music and education*. Putnam's Sons, New York.（ジャック=ダルクローズ，河口眞朱美訳『リズム・音楽・教育』開成出版，2003）

Johnson M (1987). *The body in the mind: The bodily basis of meaning, imagination and reason*. University of Chicago Press, Chicago, IL.（ジョンソン，菅野盾樹・中村雅之訳『心の中の身体―創造力へのパラダイム変換』紀伊国屋書店，1991）

Johnson M and Larson S (2003). 'Something in the Way She Moves'—metaphors of musical motion. *Metaphor and Symbol*, **18(2)**, 63–84.

Kitamura C and Burnham D (2003). Pitch and communicative intent in mother's speech: Adjustments for age and sex in the first year. *Infancy*, **4(1)**, 85–110.

Kühl O (2007). *Musical semantics*. European Semiotics: Language, Cognition and Culture, No. 7. Peter Lang, Bern.

Kurosawa K and Davidson JW (2005) Nonverbal behaviors in popular performance: A case study of The Corrs. *Musicae Scientiae*, **19**, 111–136.

Laban R (1960). *The art of movement and dance*, 2nd edn. Macdonald and Evans, London.

Lakoff G and Johnson M (1980). *Metaphors we live by*. University of Chicago Press, Chicago, IL.（レイコフ，ジョンソン／渡部昇一・楠瀬淳三・下谷和幸訳『レトリックと人生』大修館書店，1986）

Lakoff G and Johnson M (1999). *Philosophy in the flesh: The embodied mind and its challenge to Western thought*. Basic Books, New York.（レイコフとジョンソン，計見一雄訳『肉中の哲学：肉体を具有したマインドが西洋の思考に挑戦する』哲学書房，2004）

Lehmann AC and Davidson JW (2002). Taking an acquired skills perspective on music performance. In R Colwell and C Richardson, eds, *Second handbook on music teaching and learning*, pp. 542–560. Oxford University Press, Oxford.

Lehmann AC and Ericsson KA (1997). Expert pianists' mental representations: Evidence from successful adaptation to unexpected performance demands. In A Gabrielsson, ed., *Proceedings of the Third Triennial ESCOM Conference*, pp. 165–169. Uppsala University, Uppsala, Sweden.

Lidov D (1987). Mind and body in music, *Semiotica*, **66**, 69–97.

Lidov D (2006). The emotive gesture in music and its contraries. In A Gritten and E King, eds, *Music and gesture*, pp 24–22. Ashgate, Aldershot, UK.

Malloch S (1999). Mother and infants and communicative musicality. *Musicae Scientiae (Special Issue 1999–2000)*, 29–57.

Malloch S (2004). *The infant reaches out: The communicative functions of adult–infant vocalisations and gestures*. 9th World Congress of the World Association for Infant Mental Health, Melbourne, 14–17 January.

Malloch S (2005).Why do we like to dance and sing? In R Grove, C Stevens and S McKechnie, eds, *Thinking in four dimensions: Creativity and cognition in contemporary dance*, pp. 14–28. Melbourne University Press, Melbourne.

Murray L and Cooper PJ (1997). The role of infant and maternal factors in postpartum depression, mother-infant interactions, and infant outcomes. In L Murray and PJ Cooper, eds, *Postpartum depression and child development*, pp. 111–135. Guilford Press, New York.
Pierce A (1994). Developing Schenkerian hearing and performing *Integral*, **8**, 51–123.
Pierce A (2003). *Letting gesture through: The practice of reverberation*. Paper presented at the International Conference on Music and Gesture. University of East Anglia, August.
Robb L (1999). Emotional musicality in mother-infant vocal affect, and an acoustic study of postnatal depression. *Musicae Scientiae (Special Issue 1999–2000)*, 123–153.
Sloboda JA (1991). Music structure and emotional response: Some empirical findings. *Psychology of Music*, **19**, 110–120.
Sloboda JA (1985). *The musical mind*. Clarendon Press, Oxford.
Snow CE (1977). The development of conversation between mothers and babies. *Journal of Child Language*, **4**, 1–22.
Snow CE (1989). Understanding social interaction and language acquisition: Sentences are not enough. In MH Bornstein and JS Bruner, eds, *Human interaction*, pp. 83–103. Lawrence Erlbaum Associates, Mahwah, NJ.
Stevens C, Malloch S and McKechnie S (2001). Moving mind: The cognitive psychology of contemporary dance. *Brolga* **15**, 55–67.
Todd NP McA (1995). The kinematics of musical expression. *Journal of the Acoustical Society of America*, **97**, 1940–1949.
Todd NP McA (1999). Motion and music: A neurobiological perspective. *Music Perception*, **17(1)**, 115–126.
Trevarthen C (1986). Development of intersubjective motor control in infants. In MG Wade and HTA Whiting, eds, *Motor development in children: Aspects of coordination and control*, pp. 209–261. Martinus Nijhof, Dordrecht, The Netherlands.
Trevarthen C (1999). Musicality and the intrinsic motive pulse: Evidence from human psychobiology and infant communication. *Musicae Scientiae (Special Issue 1999–2000)*, 155–215.
Trevarthen C (2001a). Intrinsic motives for companionship in understanding: Their origin, development and significance for infant mental health. *Infant Mental Health Journa*l, **22(1–2)**, 95–131.
Trevarthen C (2001b). The neurobiology of early communication: intersubjective regulations in human brain development. In AF Kalverboer and A Gramsbergen, eds, *Handbook on brain and behavior in human development*, pp. 841–882. Kluwer, Dordrecht, The Netherlands.
Trevarthen C and Aitken K (2001). Infant intersubjectivity: Research, theory, and clinical applications. *Journal of Child Psychology and Psychiatry*, **42(1)**, 3–48.
Trevarthen C and Malloch S (2000). The dance of wellbeing: Defining the musical therapeutic effect. *The Nordic Journal of Music Therapy*, **9(2)**, 3–17.
Watt R and Ash R (1998) A psychological investigation of meaning in music. *Musicae Scientiae*, **II**, 33–53.

第27章

創造的参加としての
コミュニカティヴ・ミュージカリティ：
乳幼児期から高度な演奏まで

ヘレナ・マリア・ロドリゲス，パウロ・マリア・ロドリゲスと
ジョルジェ・サルガド・コレイア

27.1　はじめに：音楽表現の体験

　本章では，タイプの異なる2つの芸術体験の報告を通して，コミュニケーション，音楽，そして人間の行動に関する基本的な考え方を検討する。この2つの体験は，異なる文脈の中で作り出されており，幅広くさまざまな年齢や背景の参加者と共に異なる目標を目指すもので，本章の著者が自分自身で考え出したものだ。こうした違いにもかかわらず，この2つの体験にはひとつの共通する重要な特徴がある。すなわち，両者とも創造力に富んだ音楽的芸術性と芸術作品に価値を置いたことである。

　1つ目の体験は乳幼児とその親を対象としたベベ・ババという音楽プロジェクトである。2001年に始まって以来，ベベ・ババは数回にわたり実践されている。ヘレナ・マリア・ロドリゲスとパウロ・マリア・ロドリゲスの熟考がこの体験の要であり，媒体としての音楽を伴う親と乳幼児との間の劇場的なコミュニケーションに焦点を当てている。

　2つ目の体験は，楽器を学ぶ若い上級の演奏者による体験で，音楽的に自分を表現する能力に身体がどのような影響を与えるかというものである。音楽的な意味を身体化することを重視した方略を用いる教師であるジョルジェ・サルガド・コレイアの影響を受けている学生グループの進歩について，彼らの演奏の上達具合が試験で正式に評価されるまでを追いかけている。これが上級の楽器演奏における音楽のコミュニケーションの本質に関する熟考の出発点である。

　著者は，人間のコミュニケーションとは先祖から受け継がれてきた音楽的表現の要素に根ざしていると考える。その要素とは高度な音楽演奏，アマチュアの音楽演奏，乳幼児とその養育者とのやり取り，興味や目的を共有する人々の間での日々の言語的または非言語的な交流にさえも見てとることができる。以下に詳細を述べる芸術体験は両方とも，音楽的コミュニケーションに内在する本質について問題を提起するものである。

27.2 ベベ・ババ，乳幼児と親による教育的芸術プロジェクト
ヘレナ・マリア・ロドリゲスとパウロ・マリア・ロドリゲス

27.2.1 アイディアから実践へ

　ベベ・ババの主たるアイディアは，音楽，乳幼児，その親を中心に置いた過程の中で，教育とパフォーマンスとを結び付けることである（Companhia de Música Teatral 2003; Rodrigues and Rodrigues 2004）。これは，近年，学際的な芸術プロジェクトをいくつか実施しているポルトガルの音楽グループ，コンパニーア・デ・ムシカ・テアトラル（www.musicateatral.com）が考え出したものだ。我々が初めてベベ・ババを実施したのは2001年，ヴィゼウのテアトロ・ヴィリアート[1]においてであり，以来，多くの場所で開催しているが，常に観客や参加者から熱烈な歓迎を受けている。ベベとはポルトガル語で赤ちゃんのことであり，ババは多くの文化において乳幼児が片言で話す際にしばしば発する音である。またブラジル人はこの言葉を「ベビーシッター」の意味で使う。また，父親と母親をあらわすポルトガル語のくだけた表現であるパパとママにも非常に近い音である。

　このプロジェクトの第一の目的は，乳幼児のために，乳幼児とともにショーを創造・開発することであり，そこには親も全面的に関わる（**図27.1**）。我々が強調したいのは，プロジェクトの目的が，単に楽しむためだけの出来合いのショーを提供することではなく，積極的なグループ参加と創造性を促しながら，乳幼児が親と協力して音楽を創造しゲームで遊べるようにすることだ。我々は条件を提供するが，自分の子どもに対してアーティストとなるのは親自身である。当初からベベ・ババは，多様性に富んだサポートを用いながら，音楽，音，視覚，触覚，動き，言語を統合するコミュニケーションゲームとして考え出された。大切なのは親が音楽を通じて自分の子どもとのコンパニオンシップ[2]を楽しむことである。

　第二の目的は，一般の人々を招き，最終パフォーマンス／発表の場に居合わせてもらい，この体験を共有してもらうことだ。これにより，乳幼児と親が音楽を作る方法を他の人々と共有することを意図したのである。

　我々はベベ・ババを「いくつものショー」の連鎖と考えた。乳幼児は，音楽，動き，おもちゃを通じて自分の親に楽しませてもらう。親は乳幼児の喜び，応答，反応を楽しむ。一般の人々は両者の親密なショーの観客となる。ある意味では，我々は最終的な完成型としてのショーを作ろうとはしなかった。つまりベベ・ババのあらゆる瞬間が小さなショーなのであり，最終的なパフォーマンスも，こうした瞬間の1つにすぎず，たまたま我々が外部の観客と共有すると決めただけのものである。

　典型的なベベ・ババプロジェクトは，4週間の一連のワークショップで始まるが，ワークショップには乳幼児とその親が参加するものもあれば，親だけが参加するものもある。通常，15組程度に参加してもらう（父親または母親とその子ども）。子どもの年齢の幅は生後数週間から2歳までである。乳幼児の子どもを持つコンパニーア・デ・ムシカ・テアトラルのメンバーも，同じように子どもを連れてくる。このことは，我々が参加者のモデルを務めることに役立ち，参加者と我々自身の体験を共有することができる。

　親と乳幼児のためのこのワークショップは，エドウィン・ゴードンの音楽学習理論に基づく子どもの音楽導入セッションから影響を受けている（Gordon 1990）。我々は彼の学習原理を取り入れれば，音楽演奏の間，子どもたちの興味を引きつけていられるのではないかと考えた。子どもたちの興味を最も促

---

[1] ポルトガル・ヴィセウにある劇場。1883年にTeatro da Boa Uniâoの名で設立される。
[2] 巻末の参考資料「コンパニオンシップ」を参照。

すのは多様性に富んだ短い音楽の断片が繰り返されることであるというゴードンの考えに従って，音楽の素材を選ぶ。我々が用いる歌やチャント[3]はさまざまな拍子や調性のものを含み，何種類かの表現や性格を示す。また，このガイドラインに沿って作曲した多様なオリジナル曲を使い，ポルトガルの伝統的な歌や童謡も加える。歌やチャントには，単純な音調とリズムパターンを使った意味のない音節で構成されているものもある。さらに親に「プライベート・サウンド」という遊びを提示して，皆で共有するよう求める。我々は，どの親もが自分の子どもと愛情を込めて音楽的なコミュニケーションを取るためのその親らしい方法を伸ばせるように励ますのだ。我々はひとつひとつのワークショップをすべての親が子どものために演じる小さな劇場と見なしている。

親向けのワークショップは，動きの活動，こちらから提供するパペット，小道具や材料を使った探索や創造的なゲーム，そして我々が選んだ音楽素材の練習で構成されている。早い段階から，信頼と一体感のある雰囲気を確立するために，動きの活動が重要な役割を果たし，身体と空間，くつろぎとエネルギーに対しての気づきを与えてくれる。さらなる探索的，創造的な活動は，グループ全体に良い雰囲気

図27.1 ベベ・ババでは，親も乳幼児も全面的に創作に参加する。

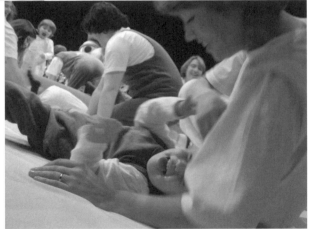

図27.2 乳幼児には生まれながらに音楽的である。彼らを自分たちの音楽文化で包み込まねばならない。

---

3) 巻末の参考資料「歌とチャント」を参照。

を作る一因となり，堅苦しさの克服に役立つほかに，オリジナルなアイディアの源として，乳幼児と共有，利用でき，結果的に最終パフォーマンスに組み込める可能性がある。

　ワークショップの一部は，我々が持ち込んだ音楽素材を習得することと，通常，親が自分の子どもに自宅で行なうために作り出した「プライベートな声遊び」を共有することの両方に関係している。ワークショップはまた，音楽や乳幼児に関する意見交換の場でもある。その過程のはじめでは，最終プレゼンテーションについては全く重視していない。過程のかなり後になるまで，内容を固めないでおく。しかし，ワークショップの間に，プレゼンテーションのアイディアについて話し合い，新しいアイディアが出てくるよう促し，すべてのベベ・ババに，特定の親たちのグループが創案したユニークな側面を持たせるようにする。親とのワークショップでは，音楽や舞台の基本的スキルをはじめ，強いコミュニティ意識，創造性のための環境，観客も見る最終パフォーマンスのまとめ方に関するディスカッションの場も提供する。

　ひと月が経つ頃までに，グループは提供された素材で具体的な形をつけ，披露するパフォーマンスの基本方針について意見をまとめる。ワークショップはビデオに収められ，最終段階では，乳幼児と親が行なってきた過程の報告であるコラージュに含まれる。これは親と乳幼児との音楽を通じたコミュニケーションの取り方を芸術的に評価したものでもある。こうした映像は，パフォーマンス中にスクリーンに映し出される。これには音がつくが，それはかなり幼い子どもでもコンピュータと交われるように我々が開発したインターフェイスを用いて，乳幼児たちが生み出すものである。一般に公開される2日間のステージの雰囲気は，乳幼児と親，そして我々の仲間である俳優／パフォーマーによる通常のセッションと非常によく似ている。ステージ上のライト，映写，そして空間の全体的な構成は，緊張感のある慣れない体験ではなく，概してまとまりや協力といった感覚をもたらし，非常に親しみやすい環境を確立している。これは観客が楽しんで見られる一種のゲームのような働きをする。美しく，愛情にあふれた，本物の様子だからだ。それゆえ一般公開のパフォーマンス／発表は，ワークショップ体験の延長と見なされる。実際，我々は最終発表をパフォーマンスとして計画しない。これほど愛情にあふれた雰囲気は，一般の人々の注目を捉えるにも十分な力強さがあるということを信じているだけである。

27.2.2　実践から考察へ：音楽文化に向けて「包み込む状態」を作りあげる

　ベベ・ババは，教育的環境と芸術的環境の合流点から生まれたようなものである。音楽学習理論に沿って，乳幼児期における音楽セッションを指導する上で，創造的な哲学とコンパニーア・デ・ムシカ・テアトラルのプロとしての実績には当初から繋がりがあった。プロジェクトのアイディアは，リスボンでエドウィン・ゴードンが行なった乳幼児と親との音楽導入セッションの見学中に生まれた。彼と同じく我々も，伝統文化における音楽的能力のルーツは乳幼児期に確立されるため，生まれたときから子どもたちを音楽文化に触れさせることが大切だと考えている。

　ベベ・ババの論理的根拠は他からも影響を受けて培われてきた。例えば，コルウィン・トレヴァーセンの研究を参考にしているが，これは，本章のタイトルにも引用したスティーヴン・マロックのコミュニカティヴ・ミュージカリティという概念を使用している (Malloch 1999; Trevarthen 1999; Trevarthen and Malloch 2002)。初期の音楽性や人間のコミュニケーションを形成するものに関して，ハヌス・パプチェクとメヒティルト・パプチェクのアイディアにも強く影響を受けている (H Papoušek 1995, 1996; M Papoušek, 1996)。我々は，特定の教育の型が人間の自然な成長を弱め，悪化させ，制限すると考えている。そして以下の考えに同意する。

　　乳幼児期においては，合理的に誘導された人工的な操作や公教育の介入により初期の直感的な音楽刺激を妨げるのではなく，それを初期の親子関係の貴重な部分と考え，隠さずにおくことが望ましいと言える。
　　　　　　　　　　　　　　　　　　　　　　　　　　　　　　　　　　　　　　M パプチェク (1996, p. 108)

一方で，我々はまた特定の型で音楽文化を伝えることは，人間社会で生活する上で避けられないとも考えている。人は生まれたときから，あるいはその前から，母語や子ども文化における食べ物の特徴の型を「押しつけられている」。乳幼児は自分たちの文化に包まれて生きているのだ。音楽的環境が，非常に幼い乳幼児の「音楽作品」に影響を与えることが示されている (Reigado 2007; Rocha 2007)。つまり，我々は子どもたちをできる限り最適な音楽で包み込む機会を逃すべきではないのだ (**図27.2**)。

メヒティルト・パプチェクが報告しているように，「現在の産業化社会では，多くの家族で親が歌ったり踊ったりすることが減少している傾向にある」(M Papoušek 1996, p. 89)。我々の研究では，自分自身の能力に気づいていない親と出会うことが多く，また彼らは自分の子どもの「達者な」行動に驚く。彼らは音楽を通じて，子どもたちと共にいる喜びを我々と一緒に再発見する。それゆえ，我々は自分たちのプロジェクトを産業化社会におけるある種の社会的補償メカニズムと捉えている。

親の参加を促すことが我々の基本的な目的であり，本プロジェクトを実行する過程で，親に参加を働きかけるための多くのメカニズムを見つけた。例えば，音楽的なトレーニングを受けていない大人でも簡単に真似のできる音調やリズムのパターン，そしてグループ内で維持しやすいオスティナート（音楽的なパターンを繰り返すこと）を用いて，親の興味を引くユーモラスな歌詞の歌を使う。我々は，親のウェルビーイング[4]を気にかけることが重要だと考えている。なぜならそれは間接的に子どものウェルビーイングに影響するからだ。

ある点において，我々はこの芸術的状況に対して，カール・ロジャーズの非指示的，人間中心療法の原理を取り入れている (Rogers 1961)。我々がワークショップで作り出す自由で共感的な雰囲気には非常に力強い影響力があると感じる。命令を押し付けるよりも自発的な参加を促す方をよしとしているし，適切な雰囲気の中でこそ全員の音楽的才能が浮かび上がると考えている（本書第22章のフレーリッヒ，および第23章のクストデロ）。ベベ・ババは，大人と乳幼児が豊かな音楽的環境に触れ，音楽を通じてコミュニティを作りあげる機会である。それは音楽文化に包まれることなのだ。

27.2.3 親と乳幼児とのやり取りを観察する

我々が最初にこのプロジェクトのアイディアを生み出したときの主な関心は，その芸術的可能性だった。時と共に，より一般的な音楽とコミュニケーションに関する問題の理解に興味を抱くようになった。そして，ベベ・ババが親と乳幼児の間の多様なやり取りを観察するための非常に興味深い機会となることに気づいた。我々はこれを「乳幼児実験」とは捉えていないが，我々の実証的研究は更に研究する価値のある多くの興味深いアイディアを提示してきたと考えている。

例えば，実は人の声が乳幼児とのやり取りに最適な音楽的媒体であることを我々は検証した。乳幼児の注目をそらさないためには，ピアノ伴奏付きと独唱の歌をかわるがわる流さねばならず，また歌と歌の間の静寂が乳幼児の関心を引き留めておくために不可欠であることに気づいた。乳幼児の音楽的反応の多くが，こうした「空白の」瞬間に起きた。乳幼児の反応は，定期的に行われている乳幼児期の音楽導入セッションで，しばしば得られる反応と同様であった。こうしたデータは，ゴードンの音楽学習理論の原理のいくつかを確認するものであり，徐々に我々はこのプロジェクトは乳幼児の音楽的発達を観察するための自然な文脈であると気づくに至った。

我々はすべての子どもが音楽に反応を示し，大抵は楽しんでいるのを目にした。音楽は生まれたときから乳幼児に多大な影響を及ぼしていると確信している。プロジェクトの開始時は，乳幼児はかなり注意深く，用心している。しかし最後になると彼らは全面的に関わり，もっと参加したがり，率先してや

---

[4] 巻末の参考資料「ウェルビーイング」を参照。

ろうとする。幼い乳幼児でさえ，我々が促す活動の一部になろうと努力しながら積極的に貢献する（乳幼児がお互いに行う豊かな社会的相互作用についての説明は，本書第12章のブラッドリーを参照）。

乳幼児は以前に聞いたことのある音楽の断片を認識していると考えられる多くのヒントが得られている。違うキーや違うテンポで提示されている場合，あるいは違う音楽の中に挿入されている場合で旋律を認識していることを示す子もいる。乳幼児は言葉や身振りを用いて曲を特定するし，しばしば音や身振りを使って特定の歌を要求してくる。あるいは自分の好きな特定の歌が歌われないと不満をあらわす。関心を向けていなさそうなときでも，彼らは常に音楽を吸収しているようだ。ワークショップの最終段階になると，次の音楽の抜粋を予測できるように見える子どもたちがいるため，自然に彼らがパフォーマンスのリーダーとなる。大人であれば素晴らしいパフォーマーの特徴として認識されるであろう，生まれながらの「ステージ気質」を発揮する子どももいる。すべての子どもに，他者との生きた体験の場に「属したい」という非常に強い欲求があるように見える。

我々は，これが乳幼児，親，そして一般市民にとって注目すべき体験であることを実証する反応を得ている。音楽は人と人とのコミュニケーションの非常に特殊な回路であると考える。しばしば音楽あるいは音楽のような交流を通して，親と乳幼児は初期の絆を確立する。我々は，ベベ・ババの過程を通じて，乳幼児と親の音楽に関わる方法やお互いに関わる方法が変化するのを観察してきた。音楽が次第にコミュニケーションのチャンネルとなり，すべての大人とすべての乳幼児との間の絆が発展し，グループの誰もが時とともにどんどん緊密になっていく（**図27.3**）。プロジェクトの1つの最後に，ある大人の参加者は，「我々はすべての乳幼児の母親や父親になりました。もはや単に自分の子どもの母親や父親であるだけではないのです」と話した。音楽自体が，人々を繋ぐある種の「糸」として働くのだろうか？単に人間関係のスキルやグループ・ダイナミクスの強化の問題なのだろうか？ あるいは我々が自分たちの熱意を参加者に伝えたという点で，我々のチームが音楽によって「社会的に影響を受けた」といえるのだろうか。

図27.3 母親と乳幼児は，チームとして調和の取れた音を出す。

ワークショップが始まる前やショーの終了後に参加者たちが残っている時間は，親が乳幼児と自然に（非指示的）やり取りをしている方法が見られる非常に興味深いひとときである。誰もが，話し言葉の音楽的特徴を強調するという方略を利用しているようで，ときにはそれが言語なのか音楽なのか分類するのが難しい場合もある。会話のこうした豊かな表現方法の具体的事例には，多くの共通点がある。すなわち，使われるパターンの種類，音高の変化，テンポ，反復の使用，身体の動きである。

　また，それぞれの2人組がどのようにやり取りするか，より詳細に観察し比べてみると，個人の表現にも大いなる多様性があることが分かる。すべての親／子どもは，独自の「特徴的性質」を持つレパートリー，語彙を発達させるようだ。他のペアもこの特定の語彙を理解できるが，各ペアの中には非常にプライベートな親密さがある。プロジェクトの過程では，親と乳幼児が非言語的に遊び，やり取りをする新しい方法を発展させるのを目にする。通常，これはワークショップで学んだことの繰り返しではなく，彼ら自身が開発したアイディアである。我々の行う作業が触媒となって，彼らがすでに持っている生得的な可能性を引き出しているようである。乳幼児が音楽に意図的に貢献すること，そして乳幼児が示すコミュニケーションや社会的なスキルは，子どもの発達に関する従来の概念に異議を唱えるものと考える（本書第14章のグラティエとダノンを参照）。

　ここで親の参加がいかに重要かを目にすることができる。乳幼児は親を自分の「師」として真似し，従うのだ（図27.3で白い上着を着ている女性が母親であると推測するのは簡単ではないだろうか？　それが分かる視覚的手がかりは何か？）。乳幼児が自分の父親や母親の歌に反応する様子は，他の大人の歌への反応の様子とは異なる。この年代の子どもは，確実に自分の親をモデルとして見ている。一方で親は乳幼児が理解してくれたことに刺激を受ける。親が歌ったり動いたりすると，その歌や動きは乳幼児にとって良いものであることを意味する。子どもはまた，自分の親からの承認を求める。ワークショップで乳幼児たちがいかに面白がったり静かにしたりしているかを見ると，小児科医はなぜ乳幼児が泣いたり不満そうにするのか，ひとつ新たな理由を付け加えるべきだろう。彼らは退屈しているのだ。彼らは生活の中に，単に食べたり休んだりする以上の刺激や何かワクワクすることを求めている。

　まとめると，我々がこのプロジェクトで観察したことは，乳幼児の音楽的発達に関して一般に受け入れられている知識や，彼らの社会的スキルに関する考えに異議を唱えるものである。あえて言えば，科学的研究の結果，人間は，自分たちの子どものことよりも類人猿，イルカ，クジラの行動の方が分かるようになってしまっていたのかもしれない！

27.2.4　研究への生態学的な文脈を作りあげる

　子どもの発達を研究することは，実証的根拠の厳密な収集という要件は満たすものの，実験的に統制された条件下のきわめて人工的な条件が，誤った結果の解釈にしばしば繋がると我々は考えている。こうした環境は，自然なあるいは慣れ親しんだ状況とはしばしばかけ離れており，そこで観察された行動は実験的設計に影響を受けている。動機が非常に複雑であり，かつ，多くの要素を持つ自発的な人間行動の研究は，比較が可能であるように焦点化された観察と測定が必要である。

　我々が開発した芸術的モデルは，統制された実験と自然観察の間の乖離を埋める科学的研究の文脈として利用できる可能性があると考えている。例えば，所定のテストにボランティアとして参加してくれる人を特別に探すよりも，我々が行なっているように，家族に本当に興味を持たせられる自前のプロジェクトの参加者を招いて研究に協力してもらうほうがより「自然」である。我々は親に対してベベ・ババの音楽的，芸術的作業に直接関わる研究に参加する可能性を示唆している。我々の体験では，親はこうした招きを気前の良い申し出と捉え，非常に喜んで協力してくれるようだ。こうして研究者は，観察や測定の条件をある程度制御する中で，豊かで活動的なできごとに入っていくことができる。言い換えれば，このような芸術的プロジェクトは，自然で生態学的に妥当な「赤ちゃんラボ」として機能すること

ができる。音楽的な目的でもその他の関連する問題の調査のためでも，簡単に参加者を募集できる。我々がやっているような種類のプロジェクトの機動性や順応性を考えると，これを移動実験室と見なすことができるかもしれない。つまり，異なる文化的文脈でも実験を複製して簡単に行えるということだ。

ベベ・ババは，ワークショップの前後で観察の機会を与えてくれるが，その中で親の協力を簡単に得ることができる。例えば，我々の取り組みの1つでは，1週間を通して，乳幼児がしたことを観察して日記に書き留めてもらった。ベベ・ババは，学習への刺激を「試すこと」ができる学習環境でもあるが，我々はあくまでも子ども自身の動機が主導するものでなければならないとわかった。例えば，1歳半から2歳の子どもが言葉か旋律で歌を認識できるか判断するための研究では，特定の歌に対して身振り（手を振る）で反応するよう教えることにしたが，この条件反応を確立するのはうまくいかなかった。しかし，我々は，その歌が聞こえると1歳半のマヌエルが彼の母親を引っぱって一緒にドアの方へ歩こうとすることに徐々に気づいた。我々が考案した反応を仕込むのを諦め，代わりに，その子どもが自然に表現し，彼がその歌を認識していると証明するような手がかりを書き留めることにした。

このように自発的に起きたことに細部にわたって注目することが，子どもの研究を概念化する我々の方法を劇的に変化させた。子どもから所定の反応（あるいはより難しい，あらかじめ指定された一貫性のある反応）を得ようとするのではなく，研究者は，観察できる事実を読み取ろうとし，それを子どもが自由に見せる有益な反応と見なせるかどうかを問いかけ，こうした種類の行動が確立された後で，変数を操作するべきだと考える。

ベベ・ババは，乳幼児期の音楽的発達および子どもと大人とのコミュニケーションを理解することに大きく寄与している。しかし，これまでのところ，その目的は第一に芸術的，教育的なものであった。より体系的に進めるよう選択することで，このモデルが，乳幼児期における音楽的発達と社会的相互作用の科学的研究に非常に役立つと確信する（**図27.4**）。我々は特定の問題に対する研究を一般的な芸術的状況の中に敷衍するのは難しくないだろうと考えている。我々は観察したことの客観性を間主観的なリアリティに一体化させる潜在的な可能性を持っている。

27.2.5　芸術とセラピーとの間

システムに特に配慮した方法で社会に関心を向けるアーティストとして，我々は，動的な社会システムの産物として芸術が創造される，まさにその発生の臨界点で芸術を感じることを楽しんでいるのである。芸術は人々に大いに貢献し，共に生きる方法を改善していけるものと考えている。個人的あるいは社会的な不安に対しての最適なセラピーとは，他者との交わりの中で，自己実現による自発的なウェルビーイングを促し，治療処置を個人に押し付ける必要性を減らすことだ。

親たちからの反応に耳を傾けると，ベベ・ババをめぐる我々の研究にはコミュニケーション的でセラピー的な面，少なくともセラピーにおける自己啓発的な意味があることに気づいた。ショーに参加することでサポートされているという実感が持て，参加者間にリラックスした人間関係を生み出すことが分かった。こうして，彼らは自分たちの父親そして母親としての感覚や関心事を他の親と共有することができた。驚いたことに，しばしば大人が子どものように遊び振る舞うのを見たが，我々はこうした子ども返りが音楽以外の目的でも探求できると考えるようになった。集団での音楽作りや芸術的チームの，概して非指示的な態度が人間的な力学を生み出し，人と人とのコミュニケーションや関係を前向きに変化させ，心理学的なウェルヴィーイングを促進する。これは単なる音楽的効果によるものではない。有益な力は，芸術的チームの信念やスキル，そして全員の前向きな意思と協力からももたらされている。

創造的なグループ活動が，乳幼児と親の関係に対する社会的支援を提供するために特に効果的だと明らかになる具体的な場面があった。これは，プロジェクトの1つに参加した3人の若い母親のケースである。ベベ・ババが彼女たちの母親としてのスキルを上達させるのに役立ったと語ってくれたのである。

また，自閉症スペクトラム障害と診断された乳幼児のケースもある。彼の父親はベベ・ババについて，自分の子どもと過ごす豊かで「お祭り気分の」環境を与えてくれたと称賛した。最後に，未熟児で生まれ，発達が遅れている兆候を見せていた子どものケースをあげよう。特に心を動かされた瞬間は，発達上の遅れを見せていたこの子どもが，ベベ・ババの最終発表中に，初めての1歩を踏み出したときだった。彼女の母親が感極まって「10回のセラピーセッションよりもベベ・ババの1回のセッションがずっと子どもの助けになった！」と言ったのだ。我々は他の親や乳幼児との触れ合いやリラックスした楽しい雰囲気がこうした子どもたちの包括的な発達を刺激すると同時に親に対して前向きで希望のある態度を促せると確信している。

我々はこのプロジェクトにより，芸術の肯定的な本質と触れ合える効果をもつと信じている。人間の闇の側面を示し，それに訴えかけ，暴力的な世界を反映するような破滅的な芸術もあると感じる。我々は対照的に，芸術の中にある楽観主義や愛情を追い求めることを選ぶのだ。芸術家として夢を提供し，人々の生活に光をもたらす方を好むのである。我々はヘルベルト・ヘルダーの詩からインスピレーションを得ているが，それはベベ・ババの最終発表の映像にも引用されている：

そして愛の中で。
すべてを愛することが唯一の可能性となるまで，
そして可能になっているのだから，すべてが再び愛の中で見つかる。

ヘルダー（1969）

ベベ・ババは，セラピーではなく芸術体験として考え出されているがゆえに，逆に力強いセラピー的効果を持つと考えている。優れた芸術にはそれだけで癒す力がある。敢えて言うが，優れた芸術が提供されれば，「芸術セラピー」の必要性はほとんどない。より簡単に言うと，我々がウェルビーイングを促すならば，混乱の場はほとんど存在しないのである。

27.2.6　より豊かな教育のためのメタファー

我々の社会は，「学校の危機」と呼ばれる状況に直面していると言われる（Rodrigues and Rodrigues 2006）。学校はますます時代錯誤の機関の様相を呈しており，幼い子どもたちでもすぐに利用できるマスメディアやインターネットのような他の情報源と張り合う能力がどんどん落ちている。同時に学校は，自らに帰する社会的役割をこなせなくなっている。多くの学校が，厳密に教育的という以上に社会的，経済的な機能を持つと考えられている。義務教育の制度は，労働市場を強く調整している。その中で働く者の雇用を保証しつつ，彼らが子どもの世話をすることで他者に仕事をさせることができるのである（Rodrigues 2004）。

我々の国，ポルトガルでは，子どもたちが学ぶ場所としての学校への依存が高まりつつあるのをひとりひとり目の当たりにしてきた。と同時に，家庭内での教育も重要性を失いつつある。それゆえ，学校と家庭との間に，力や責任をめぐるせめぎ合いがあっても驚きではない。年長の子どもの義務教育に割り当てられる時間が増えていることに加え，多くの乳幼児が4か月までに保育園に入り，多くの場合，1日10時間程度をそこで過ごす。学校と一緒になって，さらに多くの学校教育により，問題を解決しようという試みが行われているが，我々はそれがこの危機を新たな深みに陥らせていると考えている。

将来，子どもを教育する過程に対する責任を家庭で回復せねばならないと我々は考えている。この回復は，生まれた時から開始する必要があるが，これまで常に行ってきたように，自分の子どもの学習を見守り，親としての体験やその過程で得た知識を他者と共有する機会を親に与えることである。しかし，保育園や幼稚園に子どもたちを何年も「放り込んで」きた後では，家庭がすぐにその態度を変えることは期待できないと感じる。

図27.4 乳幼児には社交性があり，にぎやかな活動をグループで楽しむ。

図27.5 ベベ・ババでは，音楽的活動の催しでコミュニティを作る。

　我々はいくつかの環境で芸術プロジェクトを作りあげる機会を得て，親たちの幅広い反応を見てきた。その反応は，親が子どもの日々の世話に関わっているかどうか，子どもと体験や目的，関心事を共有しているかどうか，その度合いに関係しているようだ。このプロジェクトの根本原理をすぐに理解し，自分たちの責任を引き受け，積極的に役割を果たす母親や父親がいる一方で，子どもを我々に渡して子どもを楽しませてもらおうと期待し，子どもの世話をするという自分たちの責任を忘れているように見える人たちもいる。こうした場合，我々が態度の変化を促すと，彼らが，自分自身のなかに，そしてまた自分の子どものなかに，それまで気づいていなかった共同的な活動を楽しもうとする可能性を徐々に見出していくにしたがって，親からのやる気が見えるようになったのである。

　多くの家庭では，親と子どもが一緒に行なう活動がどんどん減っている。ポルトガルでは，国家が家庭での活動を支援するような仕組みがほとんどない。学校における子どもの学習不足，しつけの不足，安心感の不足は，家庭の機能不全と関係していると考える。そのため，我々は，ベベ・ババのような創造的なグループ活動の構造や概念は贅沢なものではなく，必要不可欠なものとなりつつあると結論づける。我々の生きる社会的ネットワークは，個々の子どもたちへの配慮がしばしば欠けており，家庭への支援も不足している。これはそのような社会的ネットワークにおける補償なのだ。

　社会に役立つものとしての学校の生き残りは，その力を強めることではなく，家庭生活の質を向上させることを目的とした社会的な再組織化にかかっている。学校の代わりとして機能し，効果的に使えな

いその力を弱めるような教育戦略を同時並行して展開することが不可欠である。乳幼児期から教育や芸術的な楽しみの機会を作ることは，家庭内の献身的な支援を発展させ，教育的資源を共有するのに役立つ方法である。乳幼児期は，親と子の間の愛情深い触れ合いの発達にとっても，そしてまた発見と学習を共有することにとっても，特別な時期である。我々は，創造的な音楽活動が，帰属意識を高め，関係性を育むための文脈や機会を与えながら，コミュニティ形成にどのように役立つかを例証できている。

べべ・ババは，母親や父親に関連する多くの情動，感覚，直感を生み出す愛すべき体験である。誰かの世話をすることはよい気分にさせるものだろう。べべ・ババは，主に人生——生と死——そして愛に関する物語である。プロジェクトの主な貢献の1つが，教育を芸術的パフォーマンスにどのように繋げるかを例証し，そして生まれたときから学習への意欲を刺激する音楽的相互作用がどのように可能かを示していることである。このプロジェクトはエンターテインメントの形式であることに加え，教育的でもあり芸術的でもあり，音楽的な文化変容に大きく寄与できる。我々の仕事は，生まれたときから子どもを音楽に触れさせる大切さを明らかにし，それがどのように生じるかを示すことだと考えている。

べべ・ババのモデルは，支援環境の中で大人たちがリラックスする時間を含んでいるが，それは若い親が自身の新しい変化しつつあるアイデンティティの側面を共有し，それらを確認することができる，「支持基盤（アファメーション・マトリクス）」[5]（Freeland et al. 1998）という場なのである。子どもと同じように親に気を配ることも重要だ。我々の社会では，かつては親を助け，彼らの新しい役割を代わりに引き受けてくれた社会的支援が失われている。べべ・ババでは，親は自分の子どもが参加しているのと同じような音楽体験に自らも関わることになる。こうして親は文化的活動を共有する意味と重要性をよりよく理解できる。我々は，親と学校を繋げ，共通の教育目標に彼らを関わらせる戦略を見つけたと考えている。べべ・ババのようなプロジェクトは，教育，芸術，セラピー，そしてコミュニティワークの間にある豊かな相互作用の手段を発見するのに役立つであろう。このことは学校そして社会組織に向けた新しいパラダイムを見つける助けとなるかもしれない。

27.2.7　理論への着想

べべ・ババに取り組み，トレヴァーセン，スターン，ゴードン，トレハブ，クール，ハヌスとメヒティルト・パプチェクをはじめとする著者の著作を読むことで，コミュニケーション，音楽，そして人間行動についての我々の考え方が形成された。しかし，それがどのようにして起きたのかを厳密に特定するのは難しい。乳幼児向けの演劇芸術の理論として我々が提案しているのは，実際は我々のものではない。それは近年，他の人々が語ってきたことについての脚注のようなものであり，アイディアの宇宙に散らばっていた断片をまとめたものと言える。我々は，将来性のある，「いくつもの事実のうちの1つの解釈」の枠組みを確立しようとしているのである。べべ・ババは，こうしたアイディアを試すための機会やアイディアにインスピレーションを与える源となっている。

27.2.8　音楽と言語：同じ源からの出現

我々が目にしている通り，乳幼児は生まれながらに音楽的であり，動作や音楽は生まれたときから乳幼児に大きな影響を与える。他の人々が「コミュニケーション的」，「社会的」あるいは「前言語的」と呼ぶようなある種の状況や反応を，我々が「音楽的である」として知覚する場合，我々の見方にはバイアスがかかっている可能性はある。生まれながらに音楽性があることは，我々にとっては非常に明白であるため，心理学的発達に関するほとんどの研究が初期の人間行動のこの側面を無視してしまっていることは不可解である。

---

[5] 新米の母親が自分より母親としても経験の深い別の女性に，承認や励まし，支援を求める心理的環境（Freeland et al. 1998 訳書 2012）。

言葉を発するようになる前，乳幼児は自分の意思や体験を声や身振りによる動作で表現する方法を学ばねばならない。この前言語的，非言語的コミュニケーションは，言語の発達過程の一部であり，始めから音楽的な性質を持つ（Trevarthen 1999）。幼児期のコミュニカティヴ・ミュージカリティ（Malloch 1999）は，乳幼児と世話をする人の間の活動的なゲーム，「マザリーズ[6]」による原会話，乳幼児と世話をする人の間のスキンシップによって心の状態や働きが伝えられるような状況で顕著に表われる。これは基本的，生物学的，普遍的なものと考えられる。音楽性は，世界のあらゆる言語から——それが話し言葉であれ，その他の活動方法による表現であれ——浮かび上がってくる（Rodrigues 2005）。言い換えれば，音楽と言語は，コミュニケーションを図るための同じ必要性とスキルから発展している。この2つは同じ源から出現しているため，共通する側面を共有しているが，発展の道筋は異なる。ある意味で，音楽的動作は，人間が物語る上での重要な鼓動という先祖から伝わる側面を保つ「言語」であり，歌，音楽，ダンス，演劇そして言語の生成に先行する（Rodrigues 2005; 音楽と言語の進化に関する考察は，本書第2章のディサナーヤカ，第3章のブラント，第4章のマーカー，第5章のクロスとモーリーを参照）。

27.2.9　言語の音楽性と音楽

　乳幼児をなだめるように，あるいは楽しませるように話しかけるとき，重要なのは言葉ではなく旋律だと我々は確信している。大人の発話において，旋律，音色，リズムは，言語的内容にとってなくても困らない単なる付属物ではない。話し言葉にはメッセージの言語的内容を強化したり，否定したりできる音楽性が保たれている（この例については，本書第20章のエリクソンを参照）。しかし，音楽的パフォーマンスでは，この音楽性は多かれ少なかれ明らかである。というのも，音楽家ではない者にとって，音楽と音楽性との区別は明白ではないかもしれないので，我々はこの点をすっきりさせたいと思う。文化や音楽的嗜好に関連するその他の側面を分かりにくくする可能性というリスクはあるものの，我々は，音楽性の有無が観客とコミュニケーションを取れる人と取れない人との違いを生むと考えている。従って，どのような音楽フレーズも多かれ少なかれ表現や音楽性で解釈できるかもしれない。

　音楽フレーズ，話し言葉，そして我々すべてが行う身振りや動作には，同等の表現力がある（本書第6章のリーとシェーグラー，第7章のトレヴァーセン，第26章のデイヴィッドソンとマロックを参照）。これは，我々が演奏家——プロの芸術家——のフレージングを評価するきわめて重要かつ本質的な側面について考察することに繋がる。我々は，音楽の非言語的表現の中に，人間のコミュニケーションにおける最も深くて欠かすことのできない層を見出しているのであり，人間の情動はそこから流れ出しているのである（Rodrigues 2005）。このコミュニケーションの科学を「感情の音響心理学」と呼べるだろう。本書の他の寄稿者と同様に，我々は，人間にとって原始的で普遍的であるダイナミックなコミュニケーションのパラメータがあると考えている。それらは乳幼児が他者との間に確立する最初のコミュニケーションの中，そして自発的な音楽的表現の中に存在する。語られたディスコースや芸術的パフォーマンスは，他の何よりもそれらをよく体現する。これは，コミュニケーションとしての有効性を説明する一部だ。

　ベベ・ババは，やりがいのある芸術体験である他に，哲学的で科学的な挑戦にもなっており，芸術や音楽，乳幼児の特質，そして人と人とのコミュニケーションの概念を変容させる。これはポッパー（1989）による，「創造的な研究者の仕事，理論は，芸術作品と多くの共通点がある。そしてその創造的な活動は，芸術家のそれと非常に似ている」という主張への理解をもたらす。我々の仕事が芸術か科学かというのは的外れなことである。より重要なのは，「源から吸収したこと」が音楽家や我々が共に働く人々のウェ

---

[6]　巻末の参考資料「乳児の音声コミュニケーションとその発達」を参照。

ルビーイングを増進させたのかどうかを知ることだ。理論の価値は，真実やフィクションの限界を試すことより，生産的で創造的な可能性に関係している。さらなる美しいフィクションに惚れ込むことは可能である。しかし，科学的論争にとって価値ある問題は，更に芸術的作品へのインスピレーションと同様に，この仕事から生まれているのである。人間が音楽を創る理由，それは，言葉が十分なものでないからである。音楽はほとんどの読み書き文化において重要な位置を占めているが，それは人間が生き残るための独自の重要性を保っているからだ。言語はそれに代わることができない。我々の創造的作業の体験は我々と共にそれを実践した人々の記憶の中に保存される。それが我々の体験する世界をより美しいものにしているのである。

27.3 演奏の教授における音楽性の発達

ジョルジェ・サルガド・コレイア

27.3.1 背景：指示方法の問題

楽器演奏の教師はしばしば問いかける。なぜ楽曲の演奏方法を生徒にただ「説明して見せる」ことができないのか？　即座に出るこの質問へのはっきりした答えは，音楽を解釈することは手本を真似するだけでは不可能だからということだ。楽譜の不確定性とは，解釈する者が創造的になれる，そして創造的になるべきことを意味する。そのため，解釈をして演奏するには個人的な尽力が必要となる。創造的な個人としての統合のみが，コミュニケーション的で，意味のある，意思を持った音楽的身振りや音楽演奏を可能にする。

演奏教授に関する既存の教育学的文献では，音楽作品の表現的要素について考え，練習し，演奏することに関わるプロセスは真剣に考えられていない。楽器演奏の技術的，形式的な面に重きが置かれている。さまざまな教授場面の事例を見れば，音楽の解釈について話し合われていることを示す証拠があるが，主に表記法の説明であり，定型化されたスタイルや手本を真似ることで得られる大量の標準化された表現効果を利用している。この手本はおそらく，教師，演奏の特定の流派，あるいは有名な解釈者の録音から得たものである。

こうした文脈において，演奏を教える教師の仕事とは，生徒に楽譜を多かれ少なかれ創造的に読み取らせるようにし，解釈した意味を構築するプロセスを作らせようとすることだ。これは芸術に対する自信を抑え込み，もっと悪ければ，破壊する可能性のある，教科書が強調する技術重視の練習とは反対のものだ。クラスの観察から明らかになるのは，生徒がある特有の表現をもった音楽的フレーズを真似することに成功したとしても——教師の模範演奏の直後にそれを再現するということ——その後の演奏では，教師の演奏において形態や表現のまとまりをもたらしていた「連続性」を捉えることが，段々とできなくなっていくように聴こえるということである (Correia 2003)。教師の実演のもとでは捉えられていた情報のすべてが徐々に消え去っていってしまうのであり，とりわけ情動的な基盤が脆弱な場合には，記憶は自ずと選択的で還元的になる。広く開かれた「素晴らしい」意識をもった心理状態とは対照的に，バラバラな表現の手がかりあるいはそれらの組み合わせに焦点化した注意というのも，同じように還元的なものである (Deleuze and Guattari 1980)。

以下の項で報告している指導方法は，生徒が，徐々に展開してきた音楽的ナラティヴ[7]にもっと気づき，演奏の個々の要素を気にしなくなるよう指導する方法を，演奏を教える教師が探求できるようデザインされている。この実践的な研究は，演奏家を目指す生徒に創造的な表現を教えるための最初の有益なステップとなるかもしれない。この実験において私は，早い段階での身体運動に基づいた音楽との

---

[7] 巻末の参考資料「ナラティヴ」を参照。

表現的かつコミュニケーション的なかかわりが，生徒がより音楽的で表現豊かになることに役立つのか，そして彼らにより創造的に演奏にアプローチをするように教授する助けになるのかどうか問うのである。

27.3.2　理論：主要な問題

　この実験で研究した主要な問題は，芸術的／教育的および理論的なものであり，どちらも音楽的コミュニケーションと関係している。生徒が創造的で意図的な，納得のいく演奏へのアプローチに成功することを通して，教授法を提案し，教育の方略を研究する。実験を展開し，その結果について議論をする中で，ひとつの理論仮説が浮上した。その主張は，音楽的コミュニケーションにおいては，演奏者と聴衆が自覚的な意識のもとで作用する音楽的所産の意味を共有するというものであり，それはまた動的な体験の身体的過程への気づきをもたらす。この水準において，それは，はっきりと伝達される文字通りの意味や指示的意味ではなく，擬似身体的あるいは「身体化された」体験という観点からのみ表現可能な音楽的，非言語的（言葉では表せない）意味を生み出す自己検知のプロセスである。そのため，音楽的コミュニケーションが生じるためには，演奏者の身振りに共感してくれる聴取者を引き込むべきだ。それはつまり，少なくとも2つの条件を満たすことができる人たちである。1つ目は，演奏者の動きに模倣的な反応を示す認知能力があること，2つ目は，社会的，文化的見地からこうした模倣的な反応によるごっこ遊びをするよう動機付けられていることだ。

27.3.3　方法

　私はプロのフルート奏者であり，ポルトガルのアヴェイロ大学でフルートを教えている。ここで報告する実践的研究は，私自身の教授についての自己内省的な事例であり，どうしたら積極的な研究者として，生徒たちの創造的学びのプロセスを促進できるかを探るものだ。アプローチのベースとなる概念は，効果的な教授とは，教師が提供する手本を生徒が真似ることに頼るよりも，解釈に対する生徒自身のアイディアを発展させるよう指導するというものである。この「自発的な学習」に到達するために，私は以下にあげる4つのポイントを教授法のモデルとして採用した。
　生徒は以下のような指導を受けた：

1. 楽曲を**文脈化**するよう促され，選ばれた文脈やテーマを十分に考慮して引き出した音を試す。
2. それから，表現について判断し，身体の動きと情動を調和させ，音によって情動的な物語を作りあげることで，（情）動的に文脈を探らねばならない（私は情動と身体の動きの親密な関係を指すために「（情）動」という言葉を使う）。
3. 神経系の**共活性化**[1]の過程を通して，つまり，曲の各楽章を積極的に表現するような「自動操縦」が生み出されるまで動作を繰り返すことにより，身体の生理学的記憶の中でそのナラティヴと深く同化しなければならない。

---

[1] 「主観的体験または判断の領域が，定期的に感覚運動領域と共活性化するたびに，シナプスの重量変化により持続的な神経結合が確立される…活性化した源領域と対象領域間のネットワークにおける一定の神経結合は，最初はランダムに確立され，それから繰り返す発火によりシナプスの重量を増加させる。こうした結合が活性化される回数が多いほど，重量も増していき，持続的な結合が構築される」(Lakoff and Johnson 1999, p. 57)

4．自分が考えついたナラティヴを伝える方法，生成[2]プロセスの中に自分を投じる方法，音楽的なナラティヴを演奏している実時間の中で創造的になる方法を検討しなければならない。

この方法が，その音楽に対する重要な意味とその演奏に対する信頼性をもたらすことが期待されたのである。生徒は課題を突きつけられ，この学習プロセスにより彼らの想像力と創造力が刺激されると仮説を立てた。研究報告はその結果として，私がこれら4つの理論的概念を実際面において明らかにしようとした一連の実践的な調査からなっている。

27.3.4　参加者

すべての人が同じレベルでフルートを学んでいるという事実を除き，参加者は特定の基準を基にして選ばれたわけではない。3名の生徒は，すべて私が最終試験の準備をしており，中等学校の最終学年であり，主要な教科として音楽演奏を選択していた。彼らにはプロの音楽家になる意思があり，大学の音楽演奏コースに出願するつもりだった。全員がフルートを少なくとも7年は学んでいた。

27.3.5　予備研究

最初の実験は，個々の生徒が創造的な文脈化に関わることと，その文脈を（情）動的に探ることで構成される。私は，この初期段階で生徒が作り出す音楽による情動的ナラティヴが，共活性化と生成という他の2つの局面を通じて持続し，前進すると期待していた。つまり，作り出された音楽による情動的ナラティヴは，共活性化のプロセスを通じて，持続力を増し，感覚に訴えかける身体の生理学的記憶に深く同化する。そしてこれが生成の体験を生む好ましい条件へと発展する。

この方法に取り組むと，生徒の1人が即座によい結果を手に入れた。彼女が面接で述べたのは，彼女自身の解釈とナラティヴを作り出さねばならないことに刺激を受け，意欲をかき立てられたということだ。彼女の音の中に表現的なニュアンスがすぐさま表われた。そして舞台上での自分の態度を変え，より「存在感」が増し，コミュニケーション的になったのである。

1つ例をあげよう。生徒のサンドラはドビュッシーの《シランクス》の演奏を学んでいた。この楽曲の文脈を探るうち，サンドラはこれがオウィディウスの変身物語と関連があると気づいた。演劇作品のために書かれた標題音楽であり，シランクスの神話的な物語は以下のようにまとめられると分かったのだ。「牧神が妖精シランクスを追いかけると，シランクスは川へと逃げ，川の精に助けを求めた。彼女はひと束の葦になって隠れることを許された。結局，牧神はその葦を摘んで自分の笛を作った」（サンドラのメモから引用）。

サンドラはこの楽曲の神話的文脈を探るよう求められた。まず，演じること，つまり牧神あるいはシランクスの役を演じ，身振りや動作でナラティヴを考えてみることだ。その後，フルートを演奏しながら，彼女は自分が作り出したナラティヴをさまざまなバージョンで表現しようと試みる。何度か練習を重ね，サンドラは楽曲の最初の部分を2つのバージョンで演奏した。言うなれば，最初のバージョンでは妖精，2つ目のバージョンでは神である牧神を体現したのだ。明らかにサンドラは両方のバージョンとも表現に集中していた。最初のバージョンでは，彼女は，牧歌的な雰囲気の中にいる典型的な女性ら

2　ドゥルーズとガタリ（1980）から借用した概念であり，自発的な創造力について以下のプロセスを参照している：演奏するとき，演奏者は自分たちが考えついた情動的ナラティヴに集中して，リハーサルで決めたことを再現する。しかし，演奏を始めるとすぐ，動作による鼓動や情動の変化がその行為が起きている文脈――「今ここで」演奏している状況――についての強い感情と共に戻ってくる。新しい情動の変化が起きる可能性があるのがこのときである。情動の強度の変化，リアルタイムの演奏中に生じる新しい要素や要因を統合する必要性に起因する変化である。こうした要因は，演奏の外側にある文脈からだけではなく，内側の文脈からももたらされる。つまり，身体の運動調節および／または演奏の儀式に誘発された情動反応である。

しい役柄の妖精シランクスに「なりきり」，優しく柔らかな音で演奏した。2つ目のバージョンでは，より激しく決然とした様子になり，妖精に心を奪われた男性の役柄である牧神を演奏した。彼女の音，顔の表情，そして身体の動きに大幅な変化が見られた。それは私にとって，彼女の表現的な関わり，つまり主人公と彼女との同一化を明らかに示していた。はっきりと耳に聞こえ，目に見えるようにすることで，サンドラは自分の考えついたナラティヴが持つ（情）動的な性質を表現した。

　この生徒にとって，役柄の行動，動作，情動の状態を想像し，音楽の素材にすぐに適用するのはかなり簡単だった。サンドラは，人の「存在」に関する（情）動的な形態を音の中で想像することにより自分の演奏を向上させることができた。シランクスあるいは牧神を想像したり演じたりしているとき，サンドラは，この人物たちの行動に帰するさまざまな身振りで表わした性質を音楽で表現することに変換した。彼女は，動きと静止，速さと遅さ，緊張と弛緩など，想像に描いた特徴を示す本質的な関係を演奏することへと移行したのだ。

　しかし，他の生徒には，文脈を探る際に，音楽のコミュニケーション的で解釈的な特徴との繋がりや関わりを得ることは簡単ではなかった。代わりに，彼らの努力はすべての情報を認知的に処理することに限定された。つまり，音の中で音楽の生命を表現することよりも，楽譜のページの上でその音楽を心的に表象することを気にかけてしまうのである。さらに，この生徒たちは，実験の前からまさに表現的に演奏することの難しさを体験していた。期待した結果をサンドラが得ているにもかかわらず，この実験は最も援助が必要だと思われる生徒たちに前向きな結果を生み出さなかった。

　これらの結果から，私は心と身体のアーティキュレーションを教えるさらに効果的な方法を探求することにした。言い換えるなら，楽曲の中の認知的構造を身体的構造による動作に結び付ける方法である。生徒がすべての情報を認知的に処理するとすれば，表現と身体との間に恐らく対話は生じない。生徒が自分の読み取ったものを動作や表現的な身振りに変換しなければならないときに問題が立ち現れたのである。彼らは楽譜の中にあることを変換する過程に失敗したのだ。この変換過程は，**文脈を（情）動的に探る**ことに相当するが，これが表現的な音を生み出すのである。こうして，この生徒たちが音の中に情動的ナラティヴ，言うなれば心を打つ音を作りあげたり，体験したりするのに失敗したことが明らかになった。

　楽曲の読解や解釈学を表現的な音へと変換するのがこの「懸け橋」であり，特別に注目する必要がある。解釈学的な次元に取り組むため，生徒たちには表現することを求められるドラマ練習が与えられた。楽曲が持つ歴史的なナラティヴの文脈を自分たちで探ることから示唆されるさまざまな役柄，感情，心情を最初に演じ，それからフルートで演奏する。楽曲の文脈（歴史的および分析的な）について集まった情報がその生徒たちにとって十分に豊かで示唆に富むものであると思われたとき，彼らは表現的な音を達成する懸け橋を築くことを促進する行動メタファーを探究するように求められた。

　音楽における行動メタファーは，ナラティヴの文脈やドラマからインスピレーションを得たメタ

図27.6　著者がドビュッシーの《シランクス》を演奏する間，物語を演じるサンドラ。

ファーであり，動作や身振り——俳優や主人公の動きや情動——への示唆に富み，音に変換できる。これは，選択した文脈と音楽的な音，そしてその関係の間の自由な連想過程に由来し，音楽に意味を与え，音に対する感情的反応を刺激する。高度な音楽演奏のレッスンに参加した者なら誰でも行動メタファーを探求した多くのケースを思い出すだろう。以下はマスタークラスの2人の言葉からの引用である。1つはイシュトヴァン・マトゥス，もう1つはパトリック・ガロワのものだ。

> ジョリヴェの《5つの呪文》を演奏するときは，そこにいる人々に話しかけるように，そして祈りの中で世界の平和を求めるようにするべきだ。
> イシュトヴァン・マトゥス

> フランク・マルタンのバラードからもう1つ例をあげよう…楽曲の冒頭を取りあげる。ここには，シャワーを浴びている罪のない被害者に殺人者の影が少しずつ近づいてくるのを見ているといったヒッチコック映画のようなサスペンス感がなくてはならない。自分の音の性質で，私はこの緊張感を表現しようとする。この不安感であなたの心臓の鼓動が早くなる。
> パトリック・ガロワ

こうした行動メタファーの探求には，対となる目的があり，そのメタファーが参照する身体的特性や，動作と静止，速さと遅さに内在する関係を捉え，それと同時に音楽素材の柔軟性を探し求めその関係を表現するのである。行動メタファーの創造的な探求は，象徴的な活動として働き，認知的構造と身体的構造を結び付け（両者の間に懸け橋を築く），生徒を意思のある芸術的演奏に創造力豊かに従事させようとする（記号論的過程の段階に関する論議については，本書第3章のブラントを参照）。

問題は，表現することに困難を感じた生徒の場合，認知的構造と身体的構造の間の結びつきに，ある種の妨害があったように見えたことだ。サンドラと違い，この生徒たちは表現力のある音楽演奏を達成するために，身体を効率的に使っていなかった。原因は，彼ら自身がメモやコメントに表わしている通り，恐らくフルート演奏の技術的知識を重視する傾向があったためである。

> 私には音楽的に表現したいことがちゃんと分かっているのですが，演奏を始めるやいなや，自分の技術的問題が邪魔をするように思えます…例えば，冒頭で，私は美しく暗いトーンを作り出し瞑想的な雰囲気を生むことを考えていましたが，演奏を始めてみると，私の音は息が多く，Bフラットは低すぎました。
> 学生の面接より

前向きな方法を見つける必要があるため，生徒の音楽的表現を発達させるための基質そして方法論的ツールの両方に関するものとして，身体の動作を探ることにした。クラスでの体験と自己観察により，身体の同じ動作を探ることで，異なる演奏家を同じ音楽的身振りや志向性に向けさせ，最終的には動作の目的について同じ解釈に行き着かせることに気づいた。これは音楽の形式的で構造的な特徴のみならず，情動的でナラティヴ的な側面にも有効に見えた。これが演奏における身体の表現性である（本書第6章のリーとシェーグラー，第26章のデイヴィッドソンとマロックを参照）。

27.3.6 共感する身体の動作：音楽的表現を指揮する

作曲家の音楽演奏に対する身体に基づいたアプローチを調べてみると，エミール・ジャック＝ダルクローズ（1921），トラスリット（1938, cited in Repp 1993），アレクサンドラ・ピアース（1994）では異なるため，私は，表現力のある演奏に到達するための近道の可能性を探ることに決めた。これはつまり，生徒たちが行動メタファーと自分たちの身体とを本当に対話させられるようにすることを確実にするためである。楽曲の表現がまずはじめに身体と対話したならば，身体の中で感じられた痕跡やマッピングはうまくいけば，音楽的なフレージングのための運動の産出に効果的に関連づけられて残るだろう。

主にダルクローズとピアースの研究から着想を得て，演奏する前にまず最初に表現と身体を対話させるようにする方法は，私が演奏している間に，楽曲の音楽的表現について指揮するよう各生徒に求めることだった。私は生徒の動きや身振りで示されたニュアンスにすべて反応するようにした。このアイディアは，生徒に，最も初級レベルの指揮者ができる程度に正確に内容，小節，拍子を示してもらうのではなく，自由にあらゆる身体的身振りを使って，事前に考えついた情動的ナラティヴを表現するのに必要なすべてのニュアンスを示してもらうものだ。彼らは表現のみに注力したため，フルート演奏の技術的問題が妨害してくる可能性は劇的に減った。この原理についてピアースが以下のように説明している。

　　動作プロセスは，聴覚による分析において，信頼性のある指標となる。例えば，弧を描くように腕を動かすことで表現法を見つけ，手を伸ばすことでクライマックスを確かめ，ベースを刻むことで内声の進行がわかる。各プロセスは簡単に使えて満足できるもので，探求心のある熟練者にも困惑している生徒にも役に立つ。動作は自信と徹底した表現力を促す。それぞれは単純だが，絶え間なく向上し，また完璧を求める継続的な探求を促すのに十分なほど興味をそそるものである。さまざまな曲の中でどれも非常に新しく感じる。演奏者にとって最も重要なのは，それぞれが演奏技術と同等の動作へと変換できることだ。これにより理論的な理解だけでなく，演奏力の向上も得られる。
　　　　　　　　　　　　　　　　　　　　　　　　　　　　　　　ピアース（1994, p. 58）

　ピアース（1994）の研究を詳述すると，表現を重視し，それを誰かに伝えられるところまで努力することが絶大な効果を発揮すると仮定するのは筋が通っているように思える。実際に楽器を演奏するとき，演奏の技術的な難しさに気が散るにもかかわらず，表現は深く同化し，音楽的な素材と親密に関わった状態を維持させるのである。この新しい方法論による手順がこの生徒グループとの予備研究で試されたとき，音楽的なナラティヴの構造は，生徒が楽曲を演奏するたびに，どれにも著しく保たれていた。もちろん，情動の強さ，強弱，テンポといった要素はバラエティに富んでいたが，ナラティヴの構造に対する全体的な感覚は，影響を受けているようには見えず，深く同化されているようだった。

27.3.7　新しい教授手順

　我々が報告しているこの実践的な調査のために最終的に取り決めた教授の手順は，これから説明する新しい要素を含んでいた。つまり，メタファー的な客体化や行動メタファーを通じた身体との事前の対話である。そのため，この実験に参加した3名の生徒は，上記に述べた提案方法の4つのステップに従ったが，プロセスの第2段階にこの新しい要素が加えられた。彼らは楽曲への解釈を作りあげながら楽曲を文脈化すること，その文脈の解釈を（情）動的に探り，情動的ナラティヴを構築して，主に表現を指揮することでまず身体と対話させ，それから音へと変換すること，その音楽による情動的ナラティヴを反復のプロセスを通じて動作の生理学的記憶の中に深く同化させること（共活性化），そして語り手となってこの音楽による情動的ナラティヴを観客に伝える方法を探ることを行なうように指導された。

27.3.8　結果

　音楽的な素材と生徒たちの身体とを対話させた後，あるいは言い換えるなら音楽の意味を体現させた後，生徒たちの音楽にはより表現力が増した。この実践的研究の3名の参加者は，技術的には問題があるにもかかわらず，表現力をつけて演奏する能力には飛躍的な進歩が見られた。審査員の前で行う最終試験で獲得された高得点は，必ずしも決定的とは言えないが，この実践的研究の肯定的な結果を比較的客観的に確認できたことを意味している。この3名の生徒が審査員に与えた印象は，音楽を自由に伝えており，技術的な困難をあまり気にすることなく，一貫して自信と表現力に満ちているというものだった。

面接では、3名の生徒ともこの実験を実りのある体験であるとしていた。自分たちの技術力が高くなくても音楽を伝えることができたと感じたからである。彼らは練習や演奏するときの焦点が変わったと報告した。この新しい取り組み方によって、彼らは表現力という目標と向き合い、リハーサル中や演奏中に音楽的表現をコントロールできていると感じられるようになった。次第に教師に依存していないと思うようになり、自分自身で解釈をすることについて安心感を覚え、知識もあると感じていた。

　　以前は、いつも先生が要求してくるようにやろうと一生懸命でした。そのため、結果にいつも不安を覚えていました。この方法で取り組むと、もっと自分が感じているように演奏できます。
　　　　　　　　　　　　　　　　　　　　　　　　　　　　ヴェラとの毎月の面接より

　その他にも重要な変化が見られた。演奏するときの生徒たちの何気ない動きも、もっとはっきり区別されるようになり、その音楽のアイディアに「関連」するようになった。彼らが以前に見せていた、技術的困難のせいで気が散っているような動きもほとんどなくなった。彼らの演奏は、十分熱意のこもったナラティヴを展開させ始めた。つまり、最終試験の演奏で、彼らは音楽的に心動かす瞬間を作りあげることに成功したのであり、それは人が彼らの音楽的な話法に容易に引き込まれてしまうほどだったのである。

27.3.9　結論

　ここで報告した実践的研究は、これまでの実践ではほとんど避けられてきたか無視されてきた課題を参加者に探るよう教えるものであり、演奏の研究分野に新しい視点を開くだろう。音楽の教育方法については相当量の研究がなされてきたが、それは主に認知的発達やスキルの獲得など分離した個別分野の上達を測定することや才能の年齢レベルを特定することに傾注してきた（例えば、Gabrielsson 2003）。数多くの研究分野から行われている学問的な探究の現在の主要部分は、能力の要素に関する論議を重視する傾向があり、首尾一貫した理論をまとめたり結合したりするのは、所詮、極端に難しいと考えられてきた（Gabrielsson 2003）。多くの創造性が、音楽演奏の着想、リハーサル、実演の向上にかかわっていることについては完全に無視されてきたのである（例外はある。Pierce 1994参照）。
　教授法に関する幅広い論文では、解釈よりも技術的問題を重視する傾向にあり、作品に対する個人の解釈は「教えることのできない些細なこと」と考えられている。また、そこでは形式、構成、構造にこだわる結果、例えば、解釈の方法、解釈を築く方法、そして創造する方法など、プロセスの根本的問題が無視されることになる。歴史的に見ても、教師と生徒の間にはある種の深いコミュニケーションや共感が確立され、また、解釈が見つかるのはこうした特別に強い関係の中であると論じられてきた。
　本章で報告した研究では、この深いコミュニケーションがどのように生じるのかを探ってきた。生徒が行ないがちな、教師の実演で見られた個々の特徴をすべて捉えようとすることではなく、自分自身の音楽的な身振りを開発、創出し、それを意図的に演奏するよう指導された。従来の教授方法では表現に関する個別のヒント（強弱、音色、アーティキュレーション、タイミングなどの音のクオリティ）を重視しすぎていたのかもしれないし、こうした対象に意識的な注意を向けるのは簡単である。個人的で個性のある、独自の結合物へと演奏を変えていく連続性を与える自己生成的な手がかりにはあまりにも注意を払ってこなかったのだ。

27.3.10　どのように音楽的コミュニケーションを取るのか？　1つの仮説

　ここで報告した体験により、我々が音楽的コミュニケーションを取る方法についての仮説を詳しく述べることにする。もしこの実践的研究に参加した生徒たちが、意図的な演奏をするために必要な身振りの連続性を伴う自らの音楽話法を提供するために、自己生成的な手がかりを求める必要があるとすれば、

音楽の聴取者もまた同様に，自分の聴覚体験を理解するために，自己生成的な手がかりを必要とする場合があるかもしれない。ウォルトン（1990, p. 336）が書いたように，「音楽鑑賞は絵画や文学の鑑賞よりもより個人的で私的な体験である…音楽を聴くことは夢を見るようなものだ。想像力による行為がほとんどすべてである」。

　これは我々が芸術形式を鑑賞する方法において決定的な違いとなる。絵画や文学の鑑賞では，意識の構造化を高いレベルで詳細に行い，そこに関与する時間がある。象徴的な意味において，我々の審美的体験を満たす時間がある。さらには，言語によるコメントを交わす時間もある。そしてこれらはすべて我々の長期記憶――ダマシオ（1999）が言うところの延長意識――を，個人的なごっこ遊びの構造へと引き込むことができるという意味だ。

　しかし音楽，あるいはその他の遂行的な時間芸術では，演奏で示された身振りの連続性（Hatten 1999）を，上演中に言葉で詳しく述べる時間はない。音楽の流れについていかねばならない。音楽が我々の内面，我々の身体に引き起こす変化に注意深く（内省的に）ついていきながら，表面上の変化に連続的に反応していかねばならない。生徒の演奏による我々の実験はこれをはっきりと示しているようだ。彼らは音楽的な身振りの連続性を表現できなかったが，それは，演奏時間外で表現のバラバラな手がかりにあまりにも注目しすぎていたからである。

　音楽が我々の内面に引き起こすこれらの変化（我々が内省的に従う）は，音声言語と共存するにもかかわらず前言語的表象に留まる（Donald 1991 p. 166およびp. 168を比較せよ）。それは身体化された意味であり，その生成プロセスから切り離せず，それを生み出し，体験している外面の運動活動と内面の知覚‐運動調整とが見分けのつかないほど絡み合っている。これは表現したり表明したりするよりも感じるものであり，ゆえに，その性質からして，ソシュールのシニフィエ（記号内容）とシニフィアン（記号表現）の間の差異や分離からは自由である（また，記号論の観点による音楽の進化に関する検討については，本書第3章のブラントを参照）。

　そのため，演奏者の動き，あるいは音楽的身振りは，従来の記号やシステムの介在しない反応を引き起こす。これは恐らく，音声言語，音楽，あるいはさらに一般的に言えば，身振り言語は，メッセージを伝えるように体系化はされておらず，つまり，すべての人に同じ命題的意味あるいは同じ現実を示すのではなく，直接的な影響を与えるためだろう（Cross 2005；本書第5章のクロスとモーリーを参照）。身振り言語の機能とは，我々の身体的な体験のパターンに関する潜在意識のレベルで，同様の身振りを呼び起こし，それを認識することのようだ。これは，乳幼児と母親のコミュニケーションあるいは演奏と観客とのコミュニケーションを参照しながら，コミュニケーション的な音楽性について語る理由を説明する（本書第2章のディサナーヤカ，第3章のブラント，第4章のマーカー，第5章のクロスとモーリー，第20章のエリクソンの音楽の「意味」についての論考を参照）。

　これは身振り言語には表象がないという意味ではない。ドナルド（1991）が論じたように，身振り言語には表象があるが，それは自分自身に対する表象である。送り手の動作は，それを「内面の自己生成的な手がかりに基づいて」のみで理解できる受け手によって再現できねばならない（Donald 1991, p. 173）。受け手は，聴覚的におよび／または視覚的に意味を理解する，あるいはこれらの意味に影響を受ける。なぜなら，彼らは共感あるいはさらにいえば共鳴することで，演奏者を真似ているようなものだからだ（私は「送り手」の代わりに「演奏者」という言葉を意図的に使い，言語学の専門用語を避けている）。再び，生徒の演奏による体験になるが，表現を指揮するということは，内面の自己生成的な手がかりに基づき，彼ら個人の音楽的身振りやナラティヴを作りあげるように，またそうした身振りやナラティヴを教師である私に適切に伝え，私が再現できるか実験して試すように，彼らを指導する手段であった。演奏する生徒が，運動という観点から彼ら自身を表現しているときはいつでも，情動が自然に，生来的に含まれ，偏在するのであり，それというのも，運動とは常に情動的だからである。この側面を強調す

るために，私は(情)動的という言葉を使ってきたのである（例えば，「(情)動的に文脈を探る」）。

　受け手は，演奏者の動作を理解するために真似をするが創造的に再現しなければならないという，身振り言語での表象の概念を十分に理解するためには，進化論的な観点に立つことが欠かせない。ドナルド（1991）は，身振り言語による人間のコミュニケーションはミメーシスによって間違いなく向上したと論じている。実際，ミメーシスの間主観的な特質と呼ばれるものを支持する神経学的証拠がある。

　シーツ＝ジョンストンの「間身体的な図像性」を補完する提言の中で，リゾラッティとアービブ（1998）はミラーニューロンが社会的な理解の基盤を提供しているのであり，だから他者の行為を自分自身の身体的体験に調和させることで，彼らの動機や意図の理解が可能になることを示唆している（Tolbert 2001, pp. 89-90も参照）。

　ドナルド（1991）に関するトルバート（2001）の論評においては，どのように表象が生じ，新しい模倣する精神を進歩させたのかが明らかになっている。

> 　ドナルドは，人間と人間以外の霊長類の知性について，主に人間の方が記憶への自発的なアクセスが高いという点で区別している。類人猿も高度な知性を示すが，記憶へのアクセスへは環境的な手がかりに依拠しているようである。ドナルドは，失われた文脈の手がかりとして身体それ自体を行使することで，自分自身の運動の作用を計画し，実行する能力が，直に接する文脈の代用品を提供することができ，それによって，記憶を自発的な制御のもとで配置しておけると仮定する。今，ここで，というものを置き換えることによって，ミメーシスは表象を文脈に依存した指標的な水準から象徴的な閾にまで動かしていくのである。
> 　　　　　　　　　　　　　　　　　　　　　　　　　　　　トルバート（2001, p. 88）

27.3.11　音楽的な体験の想像力に富んだ底流

　この「文脈に依存した指標的な水準から象徴的な閾にまで」という表象の動きは，主に無意識の水準で起こっている想像力に富んだ無数の作用の結果であった（そして，個体発生的にいえば，今もなお依然としてそうなのである）。このプロセスは，社会的意識の出現とそれらの文脈から切り離された記憶にアクセスする能力の両方を可能にした。象徴的な閾へのアクセスとは，表象における新たな水準の存在を含意しているのであり，その中で身体それ自体が失われた文脈の手がかりを提供することができるのである（Tolbert 2001と比較）。

　この「重大な転換点」は，二次神経地図（Damasio 1999, p. 170の専門用語）の出現に対応するものであり，上述した事項をより一層理解することを可能にする。つまり，表象は，「内面で自己生成された手がかりに基づいて，自分自身に対する」表象になる（Donald 1991, p. 173）。これは，こうした聴覚および／または視覚の受け手が，お互いの意図的な身振りに心を動かされたとき，共感（または共鳴）によって演奏者を真似ることと，そして呼び起こされた記憶と模倣のシナリオを用いて自分の内面に見た変化を解釈することの両方ができるようになることを意味する。これらは個人的な意味の連想により自然に培われるものだ。この個人的な意味の連想は，模倣的な反応により引き起こされ，実時間のなかで存続しているものであり，想像をめぐる身体的な構造，すなわち我々の(情)動的な体験の蓄えのなかから立ち現われる情動的な論理によって調整および処理される。

　意識的な，あるいは無意識的な我々のすべての認知的作用の中で想像力が担う重要な役割を強調することが大切だ。トレヴァーセンは以下のように結論づけている。

> 　ヒトは共感的な動機に対応したり，他者の歌の中にあるモティーフを「鏡に映すように正確に模倣する」あるいは「繰り返す」ように適合させたりする行動上および体験上の固有の時間感覚をもって生まれてくる…（これは）より適切には「ナラティヴ」の機能と見なされるのかもしれないが，1人の被験者の認知的な実行，知覚学習，問題解決と同じくらいに，想像とその間主観的な伝達にも関係している。
> 　　　　　　　　　　　　　　　　　　　　　　　　　　　　トレヴァーセン（1999, p. 193）

ウォルトン(1990)は，成人期において，想像とはごっこ遊びを行なうことであり，「成人期が到来して，ごっこ遊びが跡形もなく消えてしまうとしたら，驚くべきことであろう」(Walton 1990, pp. 11-12)と述べている。彼はごっこ遊びは「表象的芸術作品との相互作用の中で」続いていると主張し，ごっこ遊びを「想像的活動の1つの種(しゅ)」と定義する。特に彼は「それらは『小道具』を伴った訓練である」と言い足している(Walton 1990, p. 12)。ドナルド(1991, p. 169)が我々の表象する能力を「創造的で，新奇で，表現的な」行為として特徴づけて以来，想像があらゆる審美的体験，特に音楽的体験の中で果たす役割を考慮するのが不可欠であるように思われる。ここでは想像的な実演を行っている2つ目の実験が，この考えを支持する上で重要かもしれない。

　音楽演奏は，多くの意味の層を成す複雑な事象であり，儀礼の重要性と機能を持つという事実が，複数の意味によるその複雑さをさらに高めているのは確かだ。ウォルトン(1997, p. 82)は，音楽的儀礼の本質とは，想像を刺激する小道具としての機能を果たす聴覚体験を我々に与えることであると示唆している(本書第4章のマーカーを参照)。さまざまな聴取者がそれぞれ異なる想像的な意味を構築するのは，こうした聴覚体験に基づいてである。そのため，彼らは音楽を聴き，同時にそこから生じる聴覚体験を解釈する。レヴィが書いているように，「音楽はナラティヴとして聴かれている。なぜなら，音楽を聴くとき，我々はそれをナラティヴの観点から概念化しているからであり，このときナラティヴそれ自体があらゆる事物を理解可能にするような，ほとんどより包括的なメタファーとして作用している状態なのである。言い換えれば，音楽を聴くということは，はっきりしない印象や表面効果的な想像といった不明瞭で間接的な形態においてではあるものの，ナラティヴ／認知的活動を参照することであり，その中で意味の身体的な起源が自己に対して奥深く内省的に露わにされるのである。」(Lavy 2001, p. 99)。

　音楽の解釈やごっこ遊びの空想の糧となるのは，音楽に関する知識だけではなく，音楽に対する我々の感情的反応を刺激しうるその楽曲に関連するすべてのことである。すなわち，曲目解説の内容，歴史的文脈，楽曲のスタイルへの感情的／情動的反応，演奏中のいずれかの瞬間に生じた自由連想に呼び起こされた過去の情動的な記憶，音や演奏者の動きに対する(情)動的，聴覚的，視覚的模倣反応，そして演奏者の動作やその他の環境的刺激に起因する模倣の過程で，聴取者の心に浮かび上がり，彼らの個人的なナラティヴを一時的に開くことに焦点を合わせるよう促すようなものであればどのようなものでも，である。

　神経科学者および認知心理学者による証拠が示しているように(Damasio 1999; Donald 1991; Cox 2001を比較)，情動的な情報は，脳内で直接体験されるが，大抵の場合，意識的な制御を完全に免れている。これは音楽的身振りにより示された情動的な情報および／または流動が，意識下の気づきの水準で知覚され，処理されているかもしれないということである。情動的な内容は聴取者の聴覚体験において決定的役割を果たすため，聴取者の音楽的な体験の本質は彼／彼女の気づきあるいは意識的な制御には上らないと我々は推測している。我々の音楽的な体験は，かなりの範囲について我々の無意識の作用により決定されるのであろう(本書第7章のパンクセップとトレヴァーセンを参照)。

27.3.12　音楽の意味をめぐるもう1つの見解

　音楽聴取に関するこの短い学際的な理論的研究は，意味についての従来の理論を否定し，大きく異なる説明の方を選んで主張することによって展開してきた。このもう1つの説明は，音楽的な意味や音楽的コミュニケーションを理解するための方法を提供し，下記に挙げた原則により体系化されることができる。

1. すべての意味の産出の基礎となる無意識的な認知的動機づけの過程，および乳幼児期における人間の認識力の非常に初期の表れに伴って生じる(情)動的ナラティヴを作り出す能力が存在する。

2．想像力は，意識的であれ無意識的であれ，概念化と推論の最も高次に精緻化された形式を組み込み，かつ基礎を与えている心的活動のすべての水準に作用している。
3．それゆえ，想像力は（情）動的理論から作用し，適切であると感じれば首尾一貫したものになる。情動的な理論は，話し言葉であれ音楽的であれ，他のすべての言語が出現してきた元々の基礎である，身振り言語の中に（情）動的ナラティヴを構築する。あらゆる知識を構築していく中で，そしてコミュニケーションのあらゆる活動が行なわれている間中，想像力の自由な活動を培うのも制約するのも，情動的に動かされ，運動感覚的に構造化された我々の体験なのである。
4．身振り言語の意味は，身体化された象徴的な意味であり，このことは，この言語が産出されるためには演奏者によって演じられなければならないし，また，理解されるためには，その聴き手によって再現されなければならないということを含意している。
5．音楽的コミュニケーションの儀礼は，恐らく生来的に運動感覚的でインターモーダル[8]なものであり，それゆえ本質的に身振りによるものである。
   ◆ 音楽聴取者は，演奏者の儀礼化された行為に模倣的に反応しているようであり，連続した，創造的な内省の過程の中で個人的な（情）動的ナラティヴを虚構として演じ，ごっこ遊びをする。
   ◆ 音楽演奏者は，共活性化した彼らの個人的な（情）動的ナラティヴを「目の前で」再現しているようであり，連続した，創造的な即興の過程の中で，その瞬間，音楽演奏の儀礼化された社会的雰囲気に反応している。

27.4　結論：人間の音楽性をめぐるこれらの体験が我々に教えてくれたこと

ヘレナ・ロドリゲス，パウロ・ロドリゲスとジョルジェ・コレイア

　1つは乳幼児，もう1つは音楽を学ぶ生徒に関する，音楽芸術の制作におけるこの2つの異なる実験の説明は，部分的には分析的な理論から音楽にもたらされている過剰な合理主義に対する反発である。報告された体験や発見は，音楽教育や音楽心理学に関する既存の文献ではほぼ避けられているか無視されていると我々が考える問題を探求する力となるかもしれない。我々はこれが音楽の性質あるいは音楽による特定のコミュニケーション様式をよりよく理解するために寄与することを願っている。我々が，身体と心の間に伝統的にあるとされる分離を認めるなら，音楽的コミュニケーションは身体的‐感覚的側面と認知的‐理知的側面の統合を通して人間を取り込んでいるようである。それゆえ，音楽はその分離を癒す方法を提供するかもしれない。音楽に全面的に関わると，この分離を維持することが不可能になるからだ。

　報告した2つの「実験」結果は，音楽体験は本質的に全体論的であるという立場を支持し，分析的なモデルで規定するような，音楽を個別の側面で扱うことにこだわると誤った方向へと導かれてしまうという結論に達する。音楽心理学や音楽教授法における多くの研究がこの原子論的な傾向を支持し，音楽の統合的あるいは協調的な，情動的，感情的，そしてコミュニケーション的な側面を無視してきたのである（特に非学問的な文献においては，いくつかの例外もある。例えば，Green and Gallwey 1986; Ristad 1982）。音楽を教授することにおいては，しばしば生徒はまず楽譜の解釈や，教師の解釈を受け入れるよう指導される。自力で解釈する初心者として迎えられ，音楽からどのような影響を受けるかに注目するよう指導されることはめったにない。

　音楽は単に感情や情動を表現しているというロマンティックな見方を捨てようと試みる上で，20世紀

---

[8] 巻末の参考資料「モダリティ」を参照。

の多くの著者が，その生理学的あるいは有機的な土台，つまり，あらゆる音楽表現の根底にあり基礎となると我々が考える生物学的なルーツや身体的な動きを否定するところにまで行ってしまったのである。こうした傾向に従うようにして，多くの音楽教師が，音楽享受の内的なプロセスを刺激することよりも，むしろ音楽についての知識を奨励しているように思われる。文学に重ね合わせてみれば，これは著者の名前や本の題名を知ろうとするが，彼らが伝える数々の物語を完全に無視するようなものだ。音楽演奏の伝統的な教授法は，技術の向上をあまりにも重視しすぎ，技術の向上が必要な理由を忘れている。再び，文学になぞらえると，語彙は大量にあっても，語るべき独自の物語がひとつもなく，語ろうという意欲すらないようなものである。

　これらの体験を報告する中で，我々が目的とするのは，音楽はまるごとの生きる体験であるということを力説し，人間の特質においてきわめて基本的で本質的なもの，すなわちコミュニケーションの喜びや楽しさに焦点を合わせるということなのである。我々は，音楽的コミュニケーションにおいて，あらゆる種類の参加者――親，乳幼児，プロの演奏家，観客――が意識的な気づきを超えた，そして体験のうちにある身体的な構造を明らかにする（あるいは発見する）ような方法で意味を共有していると結論づける。その他の詳細な理解や関連性が取り入れられ評価されようとも，音で物語を創るという，音楽性をめぐって共有されるドラマは，乳幼児期から音楽的なスキルの高度なレベルに至るまで存在しているのは明らかなようである。プロフェッショナルなレベルでの，演奏者と聴衆との間の音楽的なコミュニケーション，そしてより直観的に音楽的なやり方になる乳幼児と母親とのコミュニケーションは，本質的には同じ性質のものであるということも明白である（Malloch 1999；Trevarthen 1999, pp. 161-62）。

　将来，著者たちは，乳幼児と母親とのコミュニケーション，集団での演奏者における音楽的なコミュニケーション，そして演奏者と観客とのコミュニケーションとの類似点をさらに立証していくことを目指している。そのために，芸術的創造と科学的研究を共に発展させていく方法をさらに探求していくことになる。

（石川眞佐江訳）

謝辞

我々の，音楽と乳幼児期発達に関する教育的，芸術的，および研究に関する活動に対する，カルースト・グルベンキアン財団，ポルトガル文化省，そして科学・技術・高等教育省のご支援に感謝する。

引用文献

Correia JS (2003). *Investigating musical performance as embodied socio-emotional meaning construction: Finding an effective methodology for interpretation.* Unpublished Ph.D. thesis, University of Sheffield.

Cox A (2001). The mimetic hypothesis and embodied musical meaning, *Musicae Scientiae*, **5(2)**, 195–212.

Cross I (2005). Music and meaning, ambiguity and evolution. In D Miell, R MacDonald and D Hargreaves, eds, *Musical communication*, pp. 27–43. Oxford University Press, Oxford.（クロス「音楽と意味，多義性，そして進化」ミール，マクドナルド，ハーグリーヴズ編／星野悦子訳『音楽的コミュニケーション――心理・教育・文化・脳と臨床からのアプローチ』誠信書房，2012所収）

Damasio A (1999). *The feeling of what happens: Body and emotion in the making of consciousness.* Harcourt Brace, Orlando, FL.（ダマシオ，田中三彦訳『無意識の脳　自己意識の脳：身体と情動と感情の神秘』講談社，2003）

Deleuze G and Guattari F (1980). *Mille Plateaux [One thousand plateaus]*. Les Éditions de Minuit, Paris.（ドゥルーズとガタリ，宇野邦一訳『千のプラトー：資本主義と分裂症』河出書房新社，2010）

Donald M (1991). *Origins of the modern mind: Three stages in the evolution of culture and cognition.* Harvard University Press, Cambridge, MA, London.

Freeland A, Stern DN and Bruschweiler-Stern N (1998). *O Nascimento de Uma Mãe.* Porto: Ambar. Published in English in 1998 as *The birth of a mother: how the motherhood experience changes you forever.* Basic Books, New York.（D.N.スターン，N.B.スターンとA.フリーランド／北村婦美訳『母親になるということ：新しい「私」の誕生』創元社，2012）

Gabrielsson Alf (2003). Music performance research at the millennium, *Psychology of Music*, **31(3)**, 221–272.

Gordon E (1990). *A music learning theory for newborn and young children.* GIA, Chicago, IL.

Green B and Gallwey T (1986). *The inner game of music*. Doubleday, New York. (グリーンとガルウェイ，辻秀一・池田並子・丹野由美子訳『演奏家のための「こころのレッスン」あなたの音楽力を100％引き出す方法』音楽之友社，2005)

Hatten R (1999) Musical gesture online lectures, Cyber Semiotic Institute, University of Toronto. URL:http://www.chass.utoronto.ca/epc/srb/cyber/hatout.html

Helder H (1969). *A Colher Na Boca* [*A spoon in the mouth*]. Ática, Lisboa.

Jaques-Dalcroze E (1921). *Rhythm, music and education*. Putnam's Sons, New York. (ジャック＝ダルクローズ，河口道朗・河口眞朱美訳『リズム・音楽・教育』開成出版，2009)

Lakoff G and Johnson M (1999). *Philosophy in the flesh: The embodied mind and its challenge to Western thought*. Basic Books, New York. (レイコフとジョンソン，計見一雄訳『肉中の哲学：肉体を具有したマインドが西洋の思考に挑戦する』哲学書房，2004)

Lavy MM (2001). *Emotion and the experience of listening to music: A framework for empirical research*. Unpublished Ph.D. thesis, Jesus College, Cambridge, 2001.

Malloch S (1999). Mother and infants and communicative musicality. *Musicae Scientiae (Special Issue 1999–2000)*, 29–57.

Papoušek H (1995). No princípio é uma palavra – Uma palavra melodiosa. [In the beginning was the word – a melodious word.] In JG Pedro and MF Patrício, eds. *Bebé XXI*. Criança e família na viragem do século [*The child and the family at the turn of the century*], pp. 171–175. Fundação Calouste Gulbenkian, Lisboa. (No translation has been published, however for text that covers similar material, see Papoušek H and Papoušek M (2002). Parent infant speech patterns. In G Gomes-Pedro, K Nugent, G Young and B Brazelton, eds. *The infant and family in the twenty-first century*, pp. 101–108. Brunner-Routledge, New York/Hove, UK.)

Papoušek H (1996). Musicality in infancy research: Biological and cultural origins of early musicality. In I Deliège and J Sloboda, eds, *Musical beginnings: origins and development of musical competence*, pp. 37–55. Oxford University Press, Oxford.

Papoušek M (1996). Intuitive parenting: a hidden source of musical stimulation in infancy. In I Deliège and J Sloboda, eds. *Musical beginnings: Origins and development of musical competence*, pp. 88–112. Oxford University Press, Oxford.

Pierce A (1994). Developing Schenkerian hearing and performing. *Intégral*, **8**, 51–123.

Popper K (1989). *Em busca de um mundo melhor*. Fragmentos, Lisboa. Published in English in 1992 as *In search of a better world*. Routledge, London.

Reigado J (2007). *Análise acústica das vocalizações de bebés de 9 a 11 meses face a estímulos musicais e linguísticos*. [*Acoustic analyses of 9–11 month-old babies' vocalizations after they are presented with musical and linguistic stimuli*.] MA Thesis presented to FCSH – UNL, Portugal.

Repp BH (1993) Music as motion: A synopsis of Alexander Truslit (1938) Gestaltung und Bewegung in der Musik. *Psychology of Music*, **21**, 48–72.

Ristad E (1982). **A soprano on her head**. Real People Press, Moab, UT.

Rizzolatti G and Arbib MA (1998). Language within our grasp. *Trends in Neurosciences*, **21(5)**, 188–194.

Rocha A (2007). *As vocalizações de bebés de 9 a 11 meses face à música e à linguagem – análise efectuada por juízes especializados*. [*Vocalizations of babies 9–11 months old interacting with musical and linguistic stimuli – specialized judges' analyses*.] MA Thesis presented to FCSH – UNL, Portugal.

Rodrigues H (2004). Desescolarizar a educação [Let's 'unschool' education]. *Jornal de Letras/ Educação*, 14 April, 8–9.

Rodrigues H (2005). A Festa da Música na iniciação à vida: da musicalidade das primeiras interacções humanas às canções de embalar [The festival of music at the beginning of life: from the musicality of first human interactions to lullabies]. *Revista da Faculdade de Ciências Sociais e Humanas*, **17**, 61–80.

Rodrigues H and Rodrigues P (2006). A Educação e a Música no divã – 'nóias', paranóias, dogmas e paradigmas – seguido de apontamento sobre uma 'gota no oceano' [Education and music from the couch – paranoias, dogmas and paradigms – followed by a note on a 'drop in the ocean']. *Revista de Educação Musical da Associação Portuguesa de Educação Musical*, **121–23**, 61–79.

Rodrigues P and Rodrigues H (2004). *Bebé babá – explorations in early childhood music*. GIA, Chicago, IL.

Rogers C (1961). *On becoming a person: A therapist's view of psychotherapy*. Constable, London. (ロジャーズ，諸富祥彦・保坂亨・末武康弘訳『ロジャーズが語る自己実現の道』岩崎学術出版社，2005)

Tolbert E (2001). Music and meaning: an evolutionary story. *Psychology of Music*, **29**, 84–94.

Trevarthen C (1999). Musicality and the intrinsic motive pulse: Evidence from human psychobiology and infant communication. *Musicae Scientiae (Special Issue 1999–2000)*, 155–215.

Trevarthen C and Malloch S (2002). Musicality and music before three: Human vitality and invention shared with pride. *Zero to Three*, **23(1)**, 10–18.

Walton KL (1990). *Mimesis as make-believe: On the foundations of the representational arts*. Harvard University Press, Cambridge, MA, London.

Walton KL (1997). Listening with imagination: Is music representational? In J Robinson, ed., *Music and Meaning*, pp. 57–82. Cornell University, New York.

参考資料

アタッチメント（愛着）……592
アフォーダンス……593
一般タウ理論と近年の音楽研究……595
ウェルビーイング……596
歌とチャント……596
音声分析と音声情報……597
間主観性……598
コンパニオンシップ……599
生気，生気情動と自己感……600
ナースリー・ライム……600
内発的動機パルス……601
内分泌および神経伝達物質補足説明……602
ナラティヴ……603
乳児の音声コミュニケーションとその発達……604
脳地図──本書に登場する脳の各部位について……606
浮動する意図性……610
身振り（ジェスチャー）……611
ミュージシャンシップとミュージキング……612
モダリティ……613

アタッチメント（愛着）

　ボウルビィが提唱したアタッチメント理論（愛着理論）は，特に発達心理学および臨床心理学領域において重視される。ボウルビィの原義では，アタッチメントとは，ある個体が危機にさらされ不安や恐れなどのネガティヴな情動状態に陥った際に，特定の対象に付着する（attach）ことで安全を確保し，平静状態へ回復する過程を指す。乳幼児期に関して言えば，アタッチメントの本質は，自活のままならない幼い個体が養育者などの信頼のおける成体に付着することでその生存確率を高めることにある。これが心理学におけるattachmentの要点であるが，これを「特定の事物に慣れ親しむ」という一般的な日本語としての「愛着」の意味合いで用いられた場合と峻別することが肝要である。

　アタッチメントは多くの動物種で見られるが，特にヒトにとって重要な役割を果たす。それは，ヒト乳児は他動物種に比べ身体運動能力などが未熟な状態で生まれるため養育者から継続的に保護される必要があり，また養育者にとっては，ヒト乳児は未成熟である上にその体重が母体に比して重いために養育コストが高いという特異性を持つためである（遠藤, 2005）。そのためヒト乳児が生き残るためには，世話をする側・される側の双方が情緒的に強く繋ぎとめられることが必要となる。この裏づけとして，近年の生理学的・脳科学的研究は，養育者－乳幼児間のアタッチメントの確立が実際に様々なホルモンの働き（オキシトシンやバソプレシンなど）や脳機能（海馬，視床下部，前帯状皮質，扁桃体などの働き）によって支えられていることを実証している（詳細はCoan (2016) を参照）。本書で言及される「親和神経回路」もこういった脳機能モデルの１つと言えよう。

　アタッチメントは単なる生き残り戦略にとどまらず，心理的発達の場となる。すなわち乳幼児は養育者との適度なアタッチメント経験を積み重ねることを通じて，養育者を精神的な拠り所とした信頼感を培い，「危機的状況に陥っても自分は助けてもらえる」という自他関係のモデル（内的作業モデル）を構築することで，最終的に養育者への物理的付着の度合いを減じていき，自律的に振舞えるようになるのである。これは典型的な安定型（secure）の発達過程であるが，アタッチメント経験の質によって乳幼児が構築する内的作業モデルには質的差異が生じる。例えば養育者が乳幼児に対し回避的な態度をとること，あるいは乳幼児に対し非一貫的な態度をとることが多かった場合には，その子どもは不安定型（insecure）の特徴を帯びやすくなる。なお，特定対象とのアタッチメント経験が極端に剥奪された場合には内的作業モデルの形成自体が阻害されうるが，そのような状況にある子どもに対しては臨床的支援が必要となる場合もある。

（蒲谷槙介）

文献

Coan, J. A. (2016). Toward a neuroscience of attachment. In J. Cassidy & P. R. Shaver(Eds.), *Handbook of attachment 3rd edition: Theory, research, and clinical applications* (pp.242-270). New York: Guilford Press.

遠藤 利彦（2005）．アタッチメント理論の基本的枠組み（数井 みゆき・遠藤 利彦編著『アタッチメント―生涯にわたる絆』pp. 1-20, ミネルヴァ書房）

アフォーダンス

　アフォーダンス (affordance) とは，アメリカの知覚心理学者ジェームス J. ギブソン（1979／1985）によって作られた概念であり，英語の「アフォードafford：もたらす，与える」からの造語である。

　ギブソンは「既存の用語では表現し得ない仕方で，環境と動物の両者に関連するもの」（Gibson, 1979 p.127／p.137）としてアフォーダンスを説明した。アフォーダンスは環境に存在し，そこに生活する動物に対して環境から提供される「行為の可能性」ないし「意味」，「価値」であり，「環境が，良いものであれ，悪いものであれ，動物に提供するもの」（同，p.127／p.137）であるという。既存の用語では表現し得ないとされたのは，アフォーダンスが従来の心理学でいうところの「反応を引き起こすための刺激」や「知覚や行為の唯一の原因」ではなく，環境と動物の相補的な関係のもとで定義されるものだからである。ただしアフォーダンスは，動物と環境との関わりのなかでその都度"作られる"ものではない。それは「知覚以前に成立」しており，探索行動を行なう者の「知覚によって発見されるのを待っている」（染谷，2017），すなわち環境や対象に既に（そして常に）潜在しているものなのである。心理学の伝統では，動物の周囲の意味とは感覚器官に入力された物理的な刺激が心的活動を経て因果的に生成されると考えられ，それが知覚過程とみなされてきた。アフォーダンスの発想は，こうした伝統に真っ向から対立するものであり，環境とその環境に関わる動物とが遭遇することに意味や価値の在処があるという大きな転換をもたらすことになった。

　それでは，アフォーダンスを知覚するとはどのようなことだろうか。この点に関しては，動物の能力と環境から提供される行為の可能性との間に生じる"すり合わせ (fit)"であると考えれば理解しやすい（Gibson & Pick, 2000; Adolph & Kretch, 2015）。例えば，ある「表面」がその性質として十分な堅さと広さを持っているとき，その表面は自律的な知覚／運動が可能な動物に対して「立つ」，「座る」，「寝る」，「移動する」等のさまざまな行為の可能性を提供することになるだろう。しかし，その面が「水面」ならばどうだろうか。ある水生の生物にとっては支持面としての可能性が知覚されるかもしれないが，ヒトをはじめとする陸生動物にとっては"すり合わせ"がうまくいかず，水面は支持面として知覚されない。また例えば「座る」という行為をアフォードする事物は，成人とそれよりも身体のスケールが小さい乳幼児とでは異なっている（Gibson & Pick, 2000）。成人に利用される高さのイスは，乳幼児にとっては「座る」ではなく，叩いて音を出したり，押したりして遊ぶ「音具・玩具」になるかもしれないし，「身を隠す」，「寄りかかる」，「物を置く」等々の行為をアフォードするかもしれない。あるいは進行方向への移動や視覚的探索を妨げる障害物または接近を躊躇させるような危険物として知覚されることも起こり得るだろう。このように「どのようなアフォーダンスが知覚されるか」は，種や発達（およびそれに応じた探索）の程度，学習あるいは習慣などの違いによっても変わってくる。それは，成長や学習によって動物側の能力が変化すれば環境から提供される行為の可能性とのすり合わせの仕方にも変化が生じ，それまで発見できていなかったアフォーダンスを発見して利用できるようになったり，アフォーダンスを見つけやすく環境を整備することもできるようになるからである。このように行為の可能性としてのアフォーダンスの発見と利用の仕方は，動物と環境，それら双方のあり方によって柔軟かつ多様になる。

　本書のなかで明示的にアフォーダンスに言及しているのは第16章および第23章である。このうち第16章では，かなりの頻度でアフォーダンスへの言及がみられるが，そこに特別な説明が加えられているわけではない。したがって，文脈に即した内容については推測の域を出ないが，その手がかりとなるのは，アフォーダンスが「（グループが）共有する文化的世界の音楽的な所産や，彼らが活動する社会文化的空間」（第16章，p.349）と言い換えられていることである。音楽および音楽をめぐる活動は，それら自体が既に何らかの意味や価値が備わったもの（あるいはそれらを利用したもの）であり，音楽にかかわる私たちの知覚や行動を導いたり，変化させたりする可能性をもっている。それは社会的・文化的な水準

においても同様に，そこに属する人々やその成員以外の人々にもさまざまな仕方で利用される意味や価値を備えているといえるだろう。しかしながら，アフォーダンスの理論と音楽的な諸現象との本質的な接続（例えば音楽はいったい"何を"，"どのように"アフォードするのか）については，先駆的な試みは存在するものの，現在でも十分な検証がなされているとはいえない（Windsor & de Bézenac, 2012）。それゆえ，本書で言及されているアフォーダンスがここで解説をした内容とどの程度の整合性を持っているのか，さらには本書のなかでアフォーダンスという概念を使用することに十分な根拠があるのかどうかといったことについては（少なくとも本書の記述だけでは）判断することが難しいと思われる。

（丸山慎）

文献

Adolph, K. E., & Kretch, K. S. (2015). Gibson's theory of perceptual learning. In H. Keller (Developmental Section Ed.), *International Encyclopedia of the Social and Behavioral Sciences*, (2nd ed., Vol.10, pp. 127-134). New York, NY: Elsevier.

Gibson, E. J., & Pick, A. D. (2000). An ecological approach to perceptual learning and development. New York: Oxford University Press.

Gibson, J. J. (1979). *The ecological approach to visual perception*. Lawrence Erlbaum Associates Publishers, Hillsdale, New Jersey London. ギブソン，ジェイムズ J.（1985）『生態学的視覚論：人の知覚世界を探る』古崎 敬・古崎愛子・辻 敬一郎・村瀬 旻（共訳），サイエンス社．

染谷昌義（2017）．知覚経験の生態学：哲学へのエコロジカルアプローチ．勁草書房

Windsor, W. L., & de Bézenac C. (2012). Music and affordances. *Musicae Scientiae*, 16(1), 102-120

一般タウ理論と近年の音楽研究

　第6章の中核となる一般タウ理論は，我々が何かしらの「間隙」をどのように閉じていくのか，そのパターンをカップリング係数 $\hat{k}$ あるいは κ プロフィールによって端的に要約することを可能にし，一定の目的を持った運動を我々がどのように制御しているのかを考察する枠組みを提供している。一般タウ理論においてはこの「間隙」はどのようなものでもよく，音楽に関して言えば，打楽器奏者がティンパニを鳴らそうとしている時の「マレットの先」から「鼓面」までの空間的間隙であり，または歌手がその歌声を滑らかに下降させようとする時の「ミの音」から「レ♯の音」までの音程的間隙であり，さらにはヴァイオリニストが弓で弦を擦って音を立ち上げる時の「弱い音」から「強い音」までの強度的間隙といったものが挙げられる。一般タウ理論によれば，我々は内生的タウをいわば間隙の閉じ方の雛形としつつ，間隙の閉じ方に速度的変化をつけることで多様な運動を生み出す。そして結局のところ，歌唱や楽器を用いた演奏はそういった体の動きに依存するため，最終的に紡がれる楽音はタウに基づいたものになるという。例えばティンパニの場合，マレットの先から鼓面までの間隙を最後まで加速し続けながら閉じた場合には，マレットが鼓面に強く衝突することとなり，それによって生み出される音はスフォルツァンドとなる。一方，間隙の閉じ終わりで緩やかに減速する際には鼓面にマレットが着地することとなり，結果として音はソフトなものとなる。なお，このような閉じ方の情報はそれを見聞きする者に直接的に届くため，聴き手は奏者が生み出す運動や音を予期的に覚知することができ，スムーズに協調することができると想定されている。

　本書の原著が刊行された2009年以降も，少数ではあるが，一般タウ理論を音楽研究に援用した試みが散見される。例えば，協和音程あるいは不協和音程を用いたメトロノーム音を成人に呈示した場合，前者の時の方がメトロノーム音の消失後もより安定的かつ正確に指でリズムを刻めること（Komeilipoor, Rodger, Craig, & Cesari, 2015），また，中級レベルのクラリネット奏者が演奏に習熟するにつれ，演奏時の身体の動きがプロ奏者のようにスムーズで表現的なものへ変容していくこと（Rodger, O'Modhrain, & Craig, 2013）が一般タウ理論を用いた分析によって明らかにされている。しかしこれらの研究は，いずれも産出された運動を一般タウ理論に基づいて記述するにとどまり，内生的タウに基づいた運動や音が聴き手にいかに伝わり，聴き手がどのような反応をするのかという側面には踏み込んでいない。音楽的要素に支えられたコミュニケーションは表現者と聴き手の間の両方向的な相互作用によって成り立つと考えられるが，一般タウ理論に基づいた近年の音楽研究が表現者の運動の記述にとどまるのであれば，これは未だ一方向的なアプローチと言えるかもしれない。いずれにせよ，一般タウ理論の汎用性の高さを活かした今後の実証的展開が期待される。

（蒲谷槙介）

文献

Komeilipoor, N., Rodger, M. W., Craig, C. M., & Cesari, P. (2015). (Dis-) Harmony in movement: Effects of musical dissonance on movement timing and form. *Experimental brain research, 233,* 1585-1595.

Rodger, M. W. M., O'Modhrain, S., & Craig, C. M. (2013). Temporal guidance of musicians' performance movement is an acquired skill. *Experimental brain research, 226,* 221-230.

ウェルビーイング

　1946年，世界61か国の代表により署名され，1948年に発効した世界保健機関憲章（Constitution of the World Health Organization）の前文で，"Health"（健康）の定義に用いられた言葉である。"Health is a state of complete physical, mental and social well-being and not merely the absence of disease or infirmity."「健康とは，身体的にも，精神的にも，社会的にも，すべてにわたって良好な状態（well-being）であり，単に病気でないことや虚弱でないことをさすものではない」というこの考え方は，現在もなお，WHOのもっとも重要な原理として掲げられている。人間の在り方を身体面だけでなく，全人的な見地からとらえようとした姿勢を示すものといえよう。

（羽石英里）

参考
世界保健機関（WHO）ホームページ　http://www.who.int/about/mission/en/

歌とチャント

　本書の訳者たちはsongを歌，chantをチャントと訳した。2つの語が出てくるときには，作品として成立した歌を歌う行為に近い時にはsong，語りや詠唱に近い時にはchantを使う傾向があると言ってよい。英語圏でchantの語が当てられた音楽様式といえば，グレゴリオ聖歌Gregorian chantを多くの人が思い浮かべるだろう。グレゴリオ聖歌はキリスト教の典礼文を詠唱することから始まっているが，そもそも歌うこと，語ること，詠唱すること，朗誦することなどは，それぞれ特徴的な音声使いを伴う表現の文化的括りとして概念上で分けられていても，実際の運用場面，とくに大人と乳幼児が関わり合う場面などにおいて明確に分かつのは難しい。

　The New Grove Dictionary of Music and Musicians（1980）はsong（英語）とchant（仏語）の間に区別をつけておらず，日本語訳『ニューグローヴ世界音楽大事典』（1993）はこれらを「歌」song（英）・chant（仏）としている。同事典は「歌」を「伴奏の有無を問わず，単一あるいは複数の声のための音楽作品，あるいは歌唱行為そのもの，歌唱芸術を指す」（第3巻p. 109）と定義して，西欧のルネサンス期から20世紀までの歌唱行為を中心に扱っているが，歌もしくはそれに類する人間の音声表現がこの範囲だけに限られないことは明らかだろう。

（今川恭子）

文献
『ニューグローヴ世界音楽大事典』（1993）柴田南雄・遠山一行総監修，講談社，1993
The New Grove Dictionary of Music and Musicians（1980）Macmillan.

音声分析と音声情報

　ここでは音声分析（音声の音響分析と呼ばれることもある）の基本的な用語について解説する。音声信号をフィルタ処理することにより，各周波数帯域におけるエネルギーの強度（スペクトル）の時間的な変化を可視化する装置は「サウンドスペクトログラフ」と呼ばれ，近年ではコンピューター上で簡単に利用できるようになった。用語として混用しやすいが，サウンドスペクトログラフにより表示される図を「サウンドスペクトログラム」と呼ぶ（例えば，第1章図1.1の図は原文では「スペクトログラフ（spectrograph）」となっているが，本文では正しく「スペクトログラム（spectrogram）」と訳すこととした）。分析の際に使用する時間窓の設定に応じ，周波数と時間の分解能が相反して変化する。すなわち，短い時間窓を利用すると時間分解能は高くなるが周波数分解能は低くなり，長い時間窓を利用したときはその逆となる。

　人間の音声，特に母音は，声帯の振動を音源とし，声道形状の変化により固有の共振を起こし，特定の周波数のエネルギーを強めることで生成される。声道の共振のピークとなる周波数をフォルマント周波数と呼び，音声分析の対象となることが多い。時間分解能に優れた短い時間窓のスペクトログラムで音声を表示することで，時間経過に伴うフォルマント周波数の遷移を濃い帯状の線として観察できる。一方，同一の音声を時間窓の長いスペクトログラムで表示すれば，周波数分解能が高くなり，基本周波数やその調波音などの詳細な周波数特徴を観察することができる。基本周波数は声帯の一秒あたりの振動回数を音声情報から推定した値である。1秒あたりの声帯の振動回数が多いほど，声は高くなる。

　音声分析では基本周波数の軌跡を時間軸上にプロットしたものをピッチ曲線と称することが多い。ただし，ピッチは心理的な音の高さの聞こえであり，基本周波数は純粋に物理的な周波数であるため，本来は常に一致するとは限らない。同様に音の物理的なエネルギー量である音の強さ（インテンシティ）や音圧と，心理的な感覚量としての音の大きさ（ラウドネス）も，厳密には異なるものを指していることに注意が必要である。時間の経過とともに変化する声の高さや大きさ，長さのように，母音や子音といった分節的単位を超えて変化する音響特徴はプロソディ（韻律）とよばれ，発話の意味内容の伝達だけでなく，話者の意図や情動などのパラ言語的・非言語的な表現に大きく関与している。

〈麦谷綾子〉

文献
R.Dケント，C.リード（1996）『音声の音響分析』荒井隆行，菅原勉監訳，海文堂出版

間主観性

　トレヴァーセンの主張の中でも主要な概念である。もともとはフッサールが用いた言葉であるが，トレヴァーセンはハバーマスの用法に近い意味で，母子相互作用のマイクロ分析をもとに，それを社会的コミュニケーションの文脈で，意図的，認知的，情動的な精神活動が人と人との間で通じ合うプロセスとして用いた(中野他, 2007)。トレヴァーセンは意識的な意図をもつことを主観性(subjectivity)と呼び，乳児がコミュニケーションのためにその主観性を他者の主観性に調整し適合させることが間主観的(または相互主体的)であると主張した。

　トレヴァーセンは間主観性に生得的な基盤を想定し，母子が相互に主体的に関わり合う生後2か月の第一次間主観性から，三項関係的にモノを介する生後9か月の第二次間主観性へと発達するものであると主張する。生後2か月頃から親は共感的でかつ表出的に乳児にかかわり，また乳児もそれに注意が喚起され，複雑なやり取りで応じることで相互的な行為が生じる。第一次間主観性とは，そこに見られる乳児の能動的で，大人のコミュニケーション意図に対する意図的な即応性のことをいう。その時期はまた原会話(proto-conversation)の時期でもあるといわれる。

　9か月になると乳児は，周囲のモノに対する興味と人に向けてのコミュニケーションとを組織的に結びつけようとするようになる。事物についての経験を他者と分かち合おうとするのである。6か月頃から乳児は，母親がもって遊びかけるモノに関心を向けてモノ遊びを楽しむようになるが，まだモノと母親に同時に注意を向けることはできない。9か月になって自他の分化に伴い，モノと他者への興味を結合したゲームを楽しむような，「人－人－モノ」という三項関係への気づきを特徴とする協力的間主観性へと進むのであり，トレヴァーセンはその段階の間主観性を第二次間主観性と呼んだのである(Trevarthen & Hubley, 1978)。その背後には，自己に対する自信と，その自己がもう1人の自己との間に結ぶ関係への信頼が横たわっている。9か月は共同注意の開始時期でもあり，トマセロはそれを「9か月革命」と呼んだ。そのことからも示されるとおり，この時期は乳児と母子関係の発達における重要な節目であるといえよう。

　　　　　　　　　　　　　　　　　　　　　　　　　　　　　　（根ケ山光一）

文献

中野茂・野呂衣美・町田真一(2007)　静的インターサブジェクティビティから動的インターサブジェクティビティへ：インターサブジェクティビティの発達過程の再検討　北海道医療大学心理科学部研究紀要　3, 25-65.

コンパニオンシップ

　トレヴァーセンとエイトケン(2001)は下図によって,乳児の意識と学習を司る「創造的・実践的な意識」「アタッチメントとケア」と「コンパニオンシップと協力」の関係を説明した。

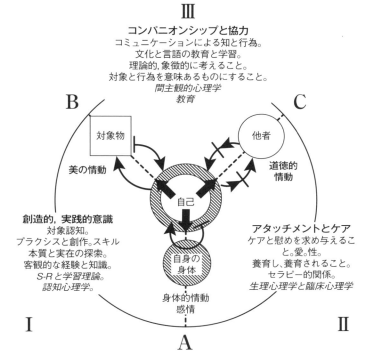

自己身体と外界に対する関与を調整する内発的動機(Trevarthen & Aitken, 2001)

　人間には,自分の身体や外界との間に3種類の関わりを協調させようとする内発的な動機づけ(自身の身体,対象物,他者に向けたもの)があり,それに対応して3種類の情動(身体的情動,審美的情動,道徳的情動)がある。図のAは,身体の生理学的機能を調節することによって,主体の有機体的統合を維持し生命維持機能を支える過程であり,Bは対象物や周囲環境とそれがアフォードする属性を知覚しつつ,行為の効果についての予期的制御を前提として物や状況と関わる過程,Cは他者の動機・情動の知覚によって,他者の目的や気づきを考慮しながら他者とコミュニケーションし,その他者の行動への調整を行う過程をそれぞれ表している。

　自己の異なる能動的な目的的心理過程を,認知の領域(Ⅰ),アタッチメントの領域(Ⅱ),コンパニオンシップの領域(Ⅲ)と呼んだが,それらは図にある通り,それぞれ自己身体と対象物,自己身体と他者,対象物と他者にまたがるところに位置付いている。外界へ向かうときには,まずモノへの関心と身体の動きが「認知的,実践的行為」を導き,他者にケアを求め自己の身体的心地よさを求めるときには「アタッチメント」を志向するのに対し,「コンパニオンシップ」への志向はモノへの関心を他者と共有し協力しようという場合に生ずるという(中野,2005)。

(根ケ山光一)

文献

中野茂(2005)　多面的な親子関係の発達モデルを探る:Attachmentから間主観的companionshipへ　北海道医療大学心理科学部研究紀要　1, 47-66.

生気,生気情動と自己感

スターン (2010) によれば,生気 (vitality) とは生の顕現である。我々はそれを自分の感情や他者の表出のなかに認める。音楽やダンスなどの時間芸術が我々を感動させるのは,そのような生気の表出への共鳴ゆえである。生気の顕現がなければ,この世界は大いに無味乾燥なものとなるだろう。運動・時間・力・場所・意図性の統合された全体が生気の経験を成立させるのであり,力動的な生気は,運動中の他者に対処するときの経験の最も基礎的なものである。

人との出会いにより直接に立ち現れる生気情動 (vitality affect) は,怒り・悲しみ・幸せなどカテゴリー性の情動に比べ,より力学的・動的表現で表されるものである。乳児が他者の行動を見るときも,抽象的な舞踊の鑑賞者や音楽の聴き手と同じように,生気情動を受け取る。パターン化され,時間の流れに沿った変化(活性化輪郭)が,それぞれの生気情動の基礎となっている。

スターンはまた,自己感を「新生自己感(出生〜2か月)」「中核自己感(2〜6か月)」「主観的自己感(7〜15か月)」「言語自己感(15か月以降)」の4つに分類してその発達を論じている (Stern, 1985)。新生自己感とは,モノや他者との交流を通じて生得的に体験を関連づけることによるオーガナイゼーションの新生とその過程の体験である。乳児はある知覚様式(モダリティ)で受け取った情報を別の知覚様式へと変換する生得的な能力(無様式(アモーダル)知覚)を持っている。中核自己感とは身体的単位として一貫性をもって体験される自己感であり,これが起こる時期の乳児は,自分と母親は身体的に全く別々な発動者で,異なった情緒体験を持ち,別々の生育歴を持つと感じるようになる。主観的自己感は,乳児が,自分自身だけでなく他者にも心があることを発見し,目に見えない意図や情緒を心に留めることができるようになる自己感である。この自己感は乳児と親のあいだの間主観性を可能にする。この段階では,模倣を越えて共有された情動状態がどんな性質のものか表現する「情動調律 (affect attunement)」が見られる。言語自己感では,自己と他者に関しオーガナイゼーションを促す主観的見通しが発達してきて,自己と他者が私的な世界の知識や体験の貯蔵庫をもつという感覚を有するようになり,自己を客観化し自己反省する能力,言語を理解し創り出す能力をもつ。

なお,19.4.1で「5つの自己感」といわれているものは「4つ」の誤りである。

(根ケ山光一)

ナースリー・ライム

広義には英語の子ども向けの歌一般を意味し,なかでも主に伝承的な童謡やわらべうた,あるいは子守唄を指す。狭義ではイギリスの伝承的な童謡『マザー・グースの歌』と同義に使われることもある。ナースリー (nursery) は子ども部屋(または保育施設),ライム (rhyme) は韻を意味する。本書中に登場する《ちっちゃなクモ》(Itsy bitsy spider) を例にとれば,「The itsy bitsy spider crawled up the water spout./ Down came the rain and washed the spider out./ Out came the sun and dried up all the rain./ And the itsy bitsy spider crawled up the spout again.」というように韻を踏んだ詩に節をつけて,言葉を大事にしながら大人が子どもに歌いかけるものと考えてよい。この歌はメロディーを付けて振り付きで歌うこともちろんあるが,幼い赤ちゃんに向けてメロディーを付けずにリズミカルに唱えるようにすることもある。日本で言えば,伝承的なわらべうたや子守唄,さらには保育者が乳幼児に歌いかける手遊びや指遊びがこうしたものに当たるだろう。

(今川恭子)

内発的動機パルス

　音楽の心理学的基盤である音楽性は，生まれつき備わったものである。それは私達の行動やコミュニケーションに深く根ざしており，そこには律動性という共通の特徴がある。内発的動機パルス（Intrinsic Motive Pulse, IMP）は音楽性と深く関わっており，その時間感覚を共感的にシェアすることで複数の個体間に行動の内発的な協応が生じる。それは他者との間に強力な共感を生み，その同調をベースとした親和的世界を作り上げる。

　このリズムとアクセントは，歩行やモノの操作，道具の発する音にも，また歌や発話の中にも現れる。手はさまざまにダイナミックな生気の発露となり，口唇部が作り出す以上の表現が楽器の操作を通して行なえる。音楽性は生得的な性質であり，発達的にはそのようなIMPは大人と遊びにふけったり音楽に反応したりする乳児の動作や注意，共感的表出のなかに明瞭に見られる。乳児は大人の語りや歌，音楽の音を好み，その音は乳児の身体をリズミカルに揺り動かす。そこには行為と共感への内発的でアプリオリな心理機制が存在する。

　音楽性にはそれを引き起こす脳神経系があり，その脳神経系は身体を1つのシステムとして調和的に動かすとともに，動きの情報が再求心的に脳に伝えられる。このような脳内システムは内発的動機構造（Intrinsic Motive Formation, IMF）と呼ばれ，これによって身体に引き起こされる情動を伴ったリズムがIMPである。要するにIMFの活動の聴覚的表出が音楽性であり，IMPはそのエージェントなのである。そしてそのIMFは，神経化学的な情動系と複雑に関連し，意識の内容と強度を規定している。音楽性は情動的活動の協応であり，ある結果に導く想像を伴ったナラティヴへの水路づけである。音楽が生む道徳的・精神的トーンもしくは活力と熱情は，その音を創り出す際の行為に対する聞き手側の共感から生じるものである。

　乳児は母親の発声の中に含まれる音楽的要素に敏感であるとともに，母親の表出に対してその限られた運動のレパートリーで協応しようとする。乳児は生まれながらにして音楽に対する欲求をもっており，親密なコミュニケーションのなかで音声や接触によって正確なタイミングと協応を示す。母親はマザリーズによって歌うように乳児に語りかけ，乳児はそれに呼応して発声し身体を動かす。そのやり取りはIMPをふまえ，複数の感覚間にまたがって複雑に関連し合っている。

〈根ケ山光一〉

内分泌および神経伝達物質補足説明

　神経伝達物質は，神経細胞と隣接する他細胞（神経細胞・筋細胞等）との接合部（シナプス）中に放出される。神経線維によって情報が伝えられ，速度は速く，作用時間は短い。一方，内分泌（ホルモン）は血液中に分泌され，体内を循環して標的となる細胞に情報を伝える。伝達速度は遅いが効果は長時間持続する場合もある。

◆コルチゾール（cortisol）
　副腎皮質で生産されるステロイドホルモンの1つ。副腎皮質からの分泌は，下垂体の副腎皮質刺激ホルモン（ACTH）によって支配される。主にストレスと低血糖に反応して分泌され，血糖上昇，タンパク質分解の促進，抗炎症作用などの作用を有する。

◆ノルエピネフリン（norepinephrine）
　カテコールアミンの1種で，生体内において，神経伝達物質またはホルモンとして働く。交感神経における神経伝達物質として，血圧・血糖の上昇などの作用を持つ。中枢神経系では，橋にある青斑核にノルエピネフリン作動性神経細胞が多く存在し，覚醒・睡眠やストレスに関する働きがある。

◆オキシトシン（oxytocin）
　下垂体後葉から分泌されるホルモンである。分娩時に分泌が増加し，さらに性行動や哺乳によって分泌が刺激される。射乳や子宮収縮作用を持ち，親近感，信頼感など人間関係や社会行動への影響についても明らかにされつつある。

◆プロラクチン（prolactin）
　下垂体前葉から分泌されるホルモンで，妊娠中は乳腺を発達させ，出産後は乳汁を合成・分泌させる。哺乳の刺激により分泌され，授乳中の女性はプロラクチンの働きによって排卵が抑制される。

◆ドーパミン（dopamine）
　神経伝達物質で，エピネフリン，ノルエピネフリンの前駆体である。脳内報酬系に関与し，意欲・動機・学習などに影響を与える。統合失調症やADHD（注意欠陥・多動性障害）等の疾患でドーパミン機能の異常が指摘されている。パーキンソン病は，中脳黒質の神経細胞の損傷によるドーパミン分泌の減少が主な原因である。

◆オピオイド（opioid）
　アヘンなどのアルカロイドや，そこから合成された化合物，また体内に存在する内因性の化合物を指し，鎮痛，幸福感，さらに便秘，呼吸抑制を引き起こす。内在性オピオイドのエンドルフィンは脳内で機能する神経伝達物質の1つである。鎮痛作用があり，また多幸感をもたらすと考えられている。

◆セロトニン（serotonin）
　動植物に広く分布し多様な薬理作用を持つ物質。人体では消化管粘膜に90％，血小板中に8％，脳内の中枢神経系に2％存在する。脳内において，セロトニンは神経伝達物質として働き，気分・睡眠・学習・痛覚などに関与する。うつ病を始め様々な精神疾患と関連しており，治療薬として選択的セロトニン再取り込み阻害薬（SSRI）が広く使われている。

◆アセチルコリン（acetylcholine）
　副交感神経や運動神経の末端から放出され，神経刺激を伝える神経伝達物質である。アセチルコリンは骨格筋や心筋，内臓筋の筋繊維のアセチルコリンの受容体に働き，収縮を促進する。副交感神経を刺激し，脈拍を遅くし，唾液の産生を促す活性がある。中枢では，意識・知能・記憶・覚醒と関係深く，アルツハイマー病に伴う認知機能低下が脳内のアセチルコリンの機能障害と関係する（コリン仮説）と考えられている。

◆デハイドロエピアンドロステロン（dehydroepiandrosterone：DHEA）
　副腎や性腺で生成される男性ホルモンの一種である。テストステロン（男性ホルモン）やエストロゲン（女性ホルモン）の前駆体。

◆バソトシン（vasotocin）
　哺乳類以外の脊椎動物の下垂体後葉に存在するホルモン。哺乳類のバソプレシン（抗利尿ホルモン：浸透圧を調節し尿量を減少させるホルモン）やオキシトシンと類似の活性をもつ。

（渡部基信）

ナラティヴ

　本書でいう「ナラティヴ」とは，「パルス」「クオリティ」とともに「絆の音楽性」（Communicative musicality）を構成するパラメータである。パルスは音声や仕草の行動の単位が一定の間隔で反復されること，クオリティは時間軸上で変化する音質・音高・強度のことであるのに対し，ナラティヴとは発声や動作を共同で生み出す際に，パルスとクオリティが組み合わさって表現や意図が表現されることを示す。ナラティヴは序・展開・クライマックス・解決（または終息）という4つの位相から成り立つ一連の過程であって，複数の人間の間において共感をベースにした時間の共有感覚を生み出すことを特徴とする。ナラティヴには他者との情動・経験の共有に対する生得的な動機が存在し，他者との共同活動を通じて意味の創造が成し遂げられる。

　ナラティヴは発達に伴って変化する（Delafield-Butt & Trevarthen, 2015）。その発達は，人間の知能の発達を理解することにとっても基本的なことである。人間は発達初期からよく動き，その生得的な感覚運動的知能がナラティヴの起源とされる。胎児期中期から，ジェスチャーと運動表出のなかに自己意識を伴った知的プランニングが存在するようになる。出生した後は単一の意図であったものが連鎖して身体化され，入れ子構造を示しつつプロジェクトへと組織化され，より大きく隔たったゴールに結びついて社会的意味をもつようになる。

　コミュニケーションにおける第一次間主観性から表出・モノのゲームを通じて，第二次間主観性のモノを介した課題のプロジェクトを共有するに至り，意味深い「つながり」の感覚を両者にもたらす。さらにタドラー期〔生後12か月頃に歩き始めてから3歳程度まで〕には大人の複雑なプロジェクトをまね，文化がもつスタイルを学ぶ。胎児期の身体運動から新生児模倣，初期の原会話，共同遊び，対話にいたるまでの，目的をもった行為主体の身体化された行為のあらゆる段階に，上記の序・展開・クライマックス・解決（または終息）という4位相構造が認められ，その基本構造のなかに身体運動における意味生成と対話の共同生成が立ち現れるのである。対人的な意味生成における身体化されたナラティヴの可能性は，社会情動的な障害がある場合に身体運動意図のタイミングと感情統合も崩れるという点からも支持される。

（根ケ山光一）

乳児の音声コミュニケーションとその発達

1）乳児の音声発達

　本書の折々に出てくるように，音声コミュニケーション発達は，音楽性や情動性の発達と深く関わっている。乳児の発声は，精神面での発達だけでなく，舌や唇，声道など音を作り出す運動にかかわる調音器官の物理的な形状や，その制御能力の発達も反映して，急速に変化していく。新生児の舌は哺乳に最適な形状で口の中いっぱいに広がり，喉頭は高い位置にある。そのため，舌が自由に動けるスペースは限られ，音の共鳴に必要な声道は成人の半分の短さしかない。このような解剖学的制約もあり，新生児が発するのは，泣き声やいきみ，不完全な母音様の音など，ごく限られている。生後2か月を過ぎると，乳児は声道の形状を変えて声に変化をつけられるようになり，機嫌の良いときに「クーイング（cooing）」と呼ばれる短く柔らかな音声を出すようになる。生後4か月ごろからは拡張期に入り，生成する音声の種類が増え，声道や調音器官を柔軟に変化させて母音や子音に類似した明瞭な音が出せるようになる。この時期には，唇を震わせたり金きり声をあげたりと盛んに多様な音声を発するため，「ヴォーカル・プレイ」または「声遊び」（vocal play）の時期とも呼ばれる。生後7か月前後になると，適切なタイミングで調音器官をコントロールし，子音と母音の組み合わせからなる音節が連なった「基準喃語」を発声するようになる。基準喃語期の初期には"ma-ma-ma"のように1つの音節を反復することが多いが，次第に単純な反復では記述できない多様な母子音の組み合わせが現れるようになり，複雑な音節と韻律を持つ長い発声に変化していくともいわれている。やがて，1歳を迎えるころに，初めての意味のあることば（初語）が出現する。基準喃語とその後の言語獲得は互いにつながりあった連続的な過程だと考えられている。しかし，喃語から言語への転換は，ある時点で急激に起こるわけではなく，喃語（または大人が理解できないという意味で喃語的な発声）はしばらくの間，意味のあることばと共存し，やがてゆっくりとその姿を消していく。

2）養育者の発話特徴

　乳幼児に対する語りかけは，対乳児発話（音声）（IDS/Infant directed speech），ペアレンティーズ（parentese），ベビートーク（baby talk）などと呼ばれる。IDSは変動が大きく抑揚が豊かな，そして高くゆっくりとした声で，短く区切って発話される。シンプルな文法構造，冗長で繰り返しや質問が多い談話構造を持ち，「育児語（幼児語）」と呼ばれる特有の単語が頻出する（例：わんわん）。日本語の育児語は擬音語や擬態語であるオノマトペが多く，音の繰り返しによる独特のリズムパターンをもっている。

　IDSを聴取すると新生児期から特異的な脳活動が示され，乳児はIDSに対して選択的に注意を向けることが知られている。これは，単に声の高さやピッチ変動の大きさが聴覚的に際立っているからだけではなく，IDSの持つ快や喜びといったポジティブな情動性が強く乳児の注意をひくためである。同様に，育児語特有のリズムパターンも乳児の注意をひきつける。そのため，言語学習を含む発達全般において，IDSや育児語がなんらかの促進的な役割を果たしている可能性が指摘されている。なお，IDSは古くからマザリーズ（motherese）とも呼ばれていたが，話し手は母親に限定されるわけではなく，父親を含めた乳児に関わる周囲の人々であることに注意が必要である。

3）関わり合うことの大切さ

　ことばによる会話が成立するようになるよりもずっと前，生後2か月より以前から，乳児は母親と適切にターンテイキング（話者交代）し，声を使ったコミュニケーションをとることができる。このとき，母親は声のピッチや音響的な質を乳児の発声や情動にあわせて調律している。一方で乳児の側も，一人で発声しているときと，ターンテイキングの文脈での発声ではその質が異なる。そのため，ランダムな

乳児の発声に母親が一方的に声を合わせているのではなく，母子双方の発話調整によって声のやりとりが成り立っていると考えられる。また，見つめ合いや手足の動き，表情などの非音声的なモダリティにおいても相補的にコミュニケーションをとっている。このような前言語的なコミュニケーションを「原会話（protoconversation）」と呼ぶ。生後2〜3か月ごろは情動の発露が原会話の中心にあるが，次第に他者の注意や意図を理解した上でのコミュニケーションに移行し，その過程で対象への注意を他者と分かち合い（例：共同注意），さらに，指差しのような行動を通して，他者の注意をコントロールして自分の意図を伝えることが可能となっていく。

（麦谷綾子）

文献

麦谷綾子, 廣谷定男. (2012). 「子どもの声道発達と音声の特性変化」(『小特集：子どもの音声』) 日本音響学会誌, vol.68, 234-240.
B・ド・ボワソン＝バルディ.(2008).「赤ちゃんはコトバをどのように習得するか：誕生から2歳まで」加藤晴久，増茂和男訳，藤原書店.
岩立志津夫・小椋たみ子編「よくわかる言語発達（改訂新版）」ミネルヴァ書房（2017年）

脳地図 —本書に登場する脳の各部位について——（50音順）

（例：8.8.1［7］は，第8章8節1項の第7段落を示す）

名　称	脳地図との対応	ブロードマン脳地図番号（※）	本書で言及される研究知見
一次感覚運動野	図1a ①	1〜5	旋律内の各音符に対応する高周波特性の処理に関与　8.8.1［7］
一次聴覚皮質	図1a	41, 42	（左半球のみ）純音がモノラル呈示されたときに賦活　8.6.1［3］
ウェルニッケ野	図1a	22（一部）	2ヶ月児が女性の顔を見ているときに賦活　8.6.1［1］ 突然のキー変化のような予測できない音楽事象において賦活　8.6.1［3］
運動前野	図1a	6（外側部）	運動の心的イメージに関与　8.7.3［3］ （左半球）音楽内の単純リズムに対して賦活　8.7.3［4］ 旋律内の各音符に対応する高周波特性の処理に関与　8.8.1［7］
延髄	図3a		呼吸の周期的な調節　15.2.3［6］
横側頭回（ヘシュル回）	図4 ②	41, 42	（中部）期待違反的な和音が呈示されたときに出現する右半球前部側頭陰性成分の発生源　8.6.2［7］ （左半球のみ）音節の音素的要素に反応　8.6.3［3］ ピッチ強度に応じて活動が増加　8.7.1［2］ （前部が）ピッチクロマの変化に応じて活動が増加　8.7.1［2］ （外側半面が）ピッチを生成する音が呈示されると活動が増加　8.7.1［2］ 音色の処理に関与　8.7.2［3］ 脳体積が，音楽経験と強く相関　8.9［5］
海馬	図3a		譜読み訓練後に活動が低下　8.9［4］ （左半球）音楽による鳥肌感が生じたときに活動が低下　8.10［6］
下丘	図5 ③		ピッチ強度の増加に伴う活動増加が認められない　8.7.1［2］
角回	図4 ④	39	（左半球のみ）単語を受動的に聞くときと能動的に意味判断するときに賦活　8.6.1［1］
下垂体	図3a		視床下部－下垂体－副腎皮質（HPA）軸としてストレスに対する苦痛に関与　7.3.3［3］
下前頭皮質	図1a ⑤		（右側が）期待違反的な和音が呈示されたときに出現する右半球前部側頭陰性成分の発生源　8.6.2［7］
下頭頂領域	図1a ⑥		（左半球が）音楽内の単純リズムに対して賦活　8.7.3［4］
眼窩前頭皮質	図1a, 図2	11, 12, 47	（右側が）鳥肌感強度の増加に応じて活動が増加　8.10［6］
視床	図3a, 図6		鳥肌感強度の増加に応じて活動が増加　8.10［6］
視床下部	図3b ⑦		視床下部-下垂体-副腎皮質（HPA）軸が身体のストレス反応と関係　15.2.5［7］
上側頭回	図4 ⑧	22, 41, 42	（左半球のみ）単語を受動的に聞くときと能動的に意味判断するときに賦活　8.6.1［1］ （右側が）旋律の知覚的性質について判断している時に賦活　8.7.1［2］
上側頭溝	図4 ⑨		（右側が）旋律の知覚的性質について判断している時に賦活　8.7.1［2］ （右半球優位で）旋律を生成するピッチの変化に対して賦活　8.7.1［2］ 音色の処理に関与　8.7.2［3］
小脳	図3a		運動の学習や予測的制御に関与　7.3.4［2］, 7.3.5［4］, 7.4.2［3］ リズム知覚に関係する神経回路の主要部位　8.7.3［4］ （右側前部が）音楽内の単純リズムに対して賦活　8.7.3［4］ 鳥肌感強度の増加に応じて活動が増加　8.10［6］
前頭前野	図1a	8（一部），9, 10, 11, 44, 45, 46, 47	行動選択やワーキングメモリに関与　8.10［3］
前頭前野腹内側部	図2 ⑩		音楽による鳥肌感が生じたときに活動が低下　8.10［6］
前脳基底部	図2 ⑪		記憶に関与する可能性（情動システムの一部）　第7章図7.3
前部帯状回	図2 ⑫	24, 32, 33	鳥肌感強度の増加に応じて活動が増加　8.10［6］
側坐核	図5 ⑬		腹側線条体の一部であり，音楽情報についての熟達した聴覚処理に関与　7.3.5［4］ 音楽による鳥肌感が生じたときに活動が増加　8.10［6］
側頭平面	図4 ⑭		能動的に音列のパターンを分析するときに賦活　8.6.1［1］ （左半球のみ）音節の音素的要素に反応　8.6.3［3］ （後部が）ピッチ高の変化に応じて活動が増加　8.7.1［2］
帯状皮質	図2	23, 24, 26, 29, 30, 31, 32	音楽情報についての熟達した聴覚処理に関与（情動システムの一部）　7.3.5［4］，第7章図7.3
大脳基底核	図3a		線条体，淡蒼球，視床下核，黒質から構成されるユニットであり，音楽情報についての熟達した聴覚処理に関与　7.3.5［4］
大脳辺縁系	図2, 図3		帯状皮質，扁桃体，海馬，海馬傍回，透明中隔，脳弓，乳頭体から構成されるユニットであり，内発的動機構造（IMF）システムの一部を担う。情動の表出，音楽情報についての熟達した聴覚処理，悲しみを感じる時のオピオイド活動，音楽聴取時の鳥肌感の喚起に関与　7.3.2［3］，7.3.4［1］，7.3.5［4］，7.3.7［5］
中側頭回	図4 ⑮	21	（左半球のみ）単語を受動的に聞くときと能動的に意味判断するときに賦活　8.6.1［1］ （後部が）意味的に関連あるいは無関連な文と音楽をプライム刺激として呈示し，そのプライミング効果が認められた領域　8.6.2［6］

名　称	脳地図との対応	ブロードマン脳地図番号（※）	本書で言及される研究知見
中脳水道周囲灰白質	図3a ⑯		全ての情動システムが集中する場所であり，音楽を聴いてポジティヴな感情反応を示している時の鳥肌感，様々な情動情報や感覚情報の統合と情動的な行動や身体的応答の調整に関与する　7.3.2 [3]，7.3.7 [5]，第7章図7.1，第7章図7.3
中脳背内側部	図3a		音楽による鳥肌感が生じたときに活動が増加　8.10 [6]
（聴覚）側頭葉	図1a ⑰		音楽情報についての熟達した聴覚処理に関与　7.3.5 [4]
聴覚野	図1a	41, 42	リズムの処理に関与　15.2.4 [12]
			右前側の二次聴覚野がリズムパターンの維持に関与　25.4 [4]
頭頂中心部	図2	7（内側部）	意味的誤りといった想定外の単語によりN400の事象関連電位が出現　8.6.2 [3]
			統語処理を反映するP600の事象関連電位が出現　8.6.2 [3]
			不一致な意味の単語が正しいピッチで呈示されるとN400が出現し，正しい単語が外れたピッチで呈示されるとP600が出現　8.6.2 [5]
頭頂葉背側部	図1a	7（一部）	（右半球が）譜読み訓練後に活動が増加　8.9 [4]
頭頂連合野	図1a ⑱		楽しい音楽に対して活動が減少し，悲しい音楽に対して活動が増加　7.3.6 [4]
島皮質	図1b	13	鳥肌感強度の増加に応じて活動が増加　8.10 [6]
島輪状溝	図1b ⑲		音色の処理に関与　8.7.2 [3]
内側膝状核	図6 ⑳		ピッチ強度の増加に伴う活動増加が認められない　8.7.1 [2]
脳幹（中脳・橋・延髄）	図3a		視床下部－下垂体－副腎系や交感神経－副腎髄質系といったストレスシステムの中継路であり，覚醒と睡眠，身体内外の変化に対して身体状態を一定に保つための神経性調節及び体液性調節（血液や細胞液等）に関与する．発達初期の運動と感覚のマッピングにおいて中核的な役割を果たす可能性　7.2.3 [2]，7.3.2 [3]，7.3.3 [3]，7.3.4 [1]，7.3.5 [1]
背側蝸牛神経核	図3a ㉑		聴覚驚愕反応（背側蝸牛神経核→下丘，脊髄系への直接経路）　15.2.4 [12]，25.4 [2]
腹側線条体	図3a（図5⑬側坐核を含む）		音楽聴時のポジティヴな感情反応を示している際の鳥肌感と正の相関　7.3.7 [5]
			（左半球が）音楽による鳥肌感が生じたときに活動が増加　8.10 [6]
ブローカ野	図1a	44, 45	2ヶ月児が女性の顔を見ているときに賦活　8.6.1 [1]
			突然のキー変化のような予測できない音楽事象において賦活　8.6.1 [3]
			オーケストラに所属する音楽家で灰白質密度が増加　8.9 [5]
分界条床核	図3b ㉒		扁桃体中心核→分界条床核→視床下部へとストレスに関する情報が伝わる　15.2.5 [7]
平面極	図4 ㉓		（右半球優位で）旋律を生成するピッチの変化に対して賦活　8.7.1 [3]
扁桃体	図3a		音楽情報についての熟達した聴覚処理に関与（情動システムの一部）　7.3.5 [4]，第7章図7.3
			（右半球が）音楽による鳥肌感が生じたときに活動が低下　8.10 [6]
			トラウマを負った子どもの特定の音に対する不快感（外側核-基底外側核）　15.2.1 [7]
			ストレスや恐怖と関連する感覚情報やストレスの多い体験を認識する大脳新皮質からの信号が扁桃体中心核に伝えられる　15.2.5 [7]
補足運動野	図1a	6（内側部）8（一部）	運動の心的イメージに関与　8.7.3 [3]
			旋律内の各音符に対応する高周波特性の処理に関与　8.8.1 [7]
			鳥肌感強度の増加に応じて活動が増加　8.10 [6]
V5野	図1a ㉔		ジャグリング経験により灰白質体積が増加　8.9 [6]
第7章図7.3A該当部分	図2 ㉕		哺乳類の皮質下情動システム　第7章図7.3A

※本表では各脳部位に相当するブロードマン脳地図番号を示しているが，当該部位とブロードマン脳地図番号とが完全に一対一対応するとは限らないため，あくまで大まかな位置の目安として参照されたい．

ヒトの脳は，両生類から見られる古い脳（大脳辺縁系）と，哺乳類で出現する新しい脳（大脳新皮質）から構成される。大脳新皮質は，外側溝と中心溝という大きなしわを境界にして，大まかに前頭葉・頭頂葉・側頭葉・後頭葉に分類される。より細かな分類としてはブロードマンの脳地図が知られる。これは大脳皮質において，その組織構造が均一である部分ごとに1から52までの番号を振ったもので，脳の特定領域を指し示す指針としてよく使われている（図1, 2）。また，解剖学的な分類法として，溝（こう）と回（かい）に着目する場合もある（図4）。ここでは読者のさらなる探究のための足掛かりとして，本書の7, 8, 15, 25章において言及される主な脳部位の情報を集約している。

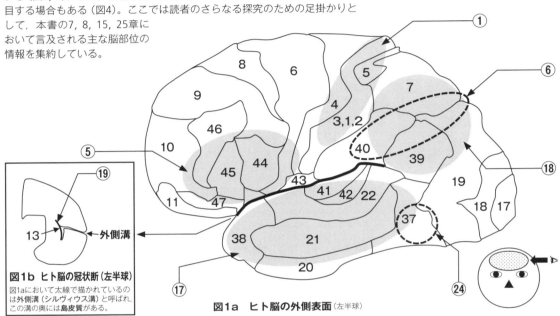

図1b ヒト脳の冠状断（左半球）
図1aにおいて太線で描かれているのは**外側溝（シルヴィウス溝）**と呼ばれ，この溝の奥には**島皮質**がある。

図1a ヒト脳の外側表面（左半球）

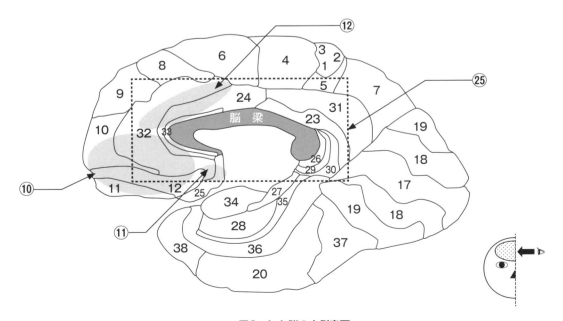

図2 ヒト脳の内側表面

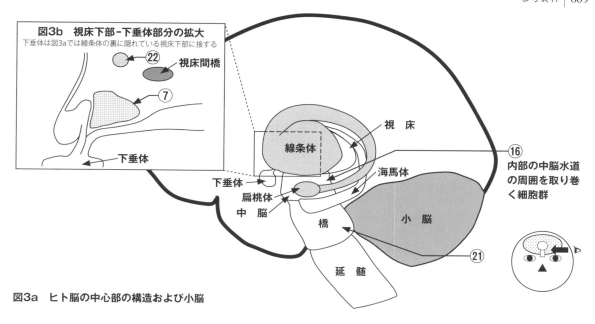

図3a　ヒト脳の中心部の構造および小脳

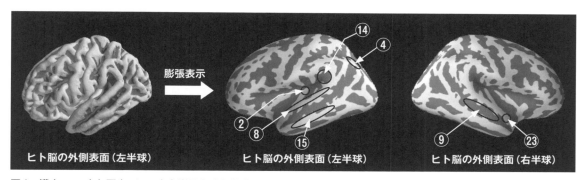

図4　溝（gyrus）と回（sulcus）を膨張させた模式図
注）ダークグレー部分は「溝」を，ライトグレー部分は「回」を表す
引用元）https://pysurfer.github.io/examples/index.html

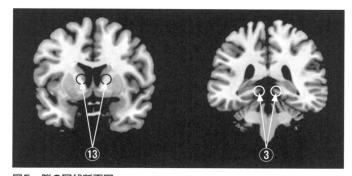

図5　脳の冠状断面図
（左：y＝6，右：y＝－36）

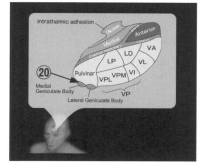

図6　ヒト脳における視床
（https://en.wikipedia.org/wiki/Thalamus#/media/File:Thalmus.pngより転載）

（蒲谷槙介・福山寛志・源　健宏）

浮動する意図性

　音楽がどのような形にせよコミュニケーションの媒体であることは，広く認められるところだろう。人が音楽と言語を使うことについては，音響現象を仲立ちとするコミュニケーションという点で古来しばしば結び付けられたり比較されたりしてきた。だが音楽は言語と異なり，何らかの概念を指し示して一定の意味を発信者から受信者へ伝達することはできない。音楽は文脈によって異なる意味をもちうるし，人によって異なる解釈がなされうる。このようにコミュニカティヴでありながら基本的に多義的もしくは曖昧である点を捉えて，本書第5章でクロスとモーリーは，音楽が「浮動する意図性floating intentionality」をもつと言う。クロスらが言う意図性とは，その音響現象が発信者の意図として特定の何かを指し示したり，何かについての情報を間違いなく伝達したりする可能性であり，「aboutness(about something)」と同義であるとされる (Cross, 2004)。

　音楽のコミュニカティヴな性質をめぐっては，西洋音楽の歴史をたどっても古代ギリシャ以来さまざまな見方がなされてきた。中でも，音楽はその意味内容として音以外のなにものかを運ぶのか，あるいは音そのもの以外のなにものでもないのかといった議論はいろいろな形で見られる。19世紀半ばにE.ハンスリックが，音楽の内容とは「鳴り響きつつ動く形式」つまり音そのものだと述べて，当時支配的だった「音楽は感情を表現する」という主張との間に論争を巻き起こしたことは有名である。音楽の意味内容をめぐる20世紀以降の大きな進展と言えば，1970年代ごろからソシュール，パース以降の近代記号論的見方を音楽に当てはめる研究が隆盛となり，音楽を記号体系として扱う理論モデルが出現したことである。音楽記号論は音楽を対象化して分析し，音楽作品（音楽作品とは何か，どこに在るのかの議論はさて置き）の組成を言語の文法に見立てて説明することで成果を収めたものの，「意味」との結びつきを深く論ずるには至れなかったといってよいだろう。

　クロスらの「浮動する意図性」概念は，音楽のコミュニカティヴな性質について，そもそも発信者から受信者への意味内容の伝達という情報理論的図式を前提としないという点で，20世紀後半の記号論的な見方と一線を画する。もっともこの前提は音楽実践の今日的な実態に通ずるとも言えるし，諸民族の多様な音楽実践を包括して考えれば当然と言えるかもしれない。人が音楽をすることの根拠を生物学的基盤と文化的基盤の両面から語ろうとするクロスは，人同士が言語レベルで一致できない状況であっても，曖昧性を抱える音楽的コミュニケーションによって絆を維持できるという点に着目する (Cross, 2004)。他の生物種と比較して，人は社会的相互作用においてずば抜けた多様性と柔軟性をもって集団を構成しており，音楽のもつ曖昧性は人間ならではの社会的絆の維持に貢献しているのではないか，と考えるのである。

　さらにクロスは発達的に見て，音楽性に支えられて原音楽と原言語が分かちがたく発現する乳児-養育者間の相互作用から，やがて言語は明確な意味伝達に向かうのに対して，音楽的行動はある程度「浮動する意図性」を保持し続けると言う。子どもたちは音楽のもつ効果的な曖昧性に繋がっていることによって，幅広い多彩な状況と情報に適応し続けることができていると考えている (Cross, 2004)。

〈今川恭子〉

文献

Cross, I. (2004). Music and meaning, ambiguity and evolution. in *Musical Communication*, eds. D. Miell, R. MacDonald & D. Hargreaves, Oxford University Press. 2004.

ハンスリック，E.（渡辺護訳）『音楽美論』岩波書店．1960（原書初版は1854）

身振り（ジェスチャー）

　身振り（gesture）は，相手とのコミュニケーションの際に，何かを伝えようという意図のもと生じ，伝えるべき内容に関連する情報を表す身体の動きのことを指す（喜多，2000）。この定義に従えば，たとえば片目だけを閉じる「ウィンク」や，会話の際に生じる「頷き」は身振りということになる。さらには，顔の筋肉の動きによって，快・不快をはじめとするさまざまな感情状態を表現する「表情」もまた，身振りの範囲に含まれるかもしれない。実際，表情を表情筋の動きとして細かく捉えようとする試みは，人間の表情の進化的起源を人間以外の霊長類に見出そうとする研究において近年盛んに取り上げられている（たとえば，Vick, Waller, Parr, Smith-Pasqualini, & Bard, 2009）。ただ，乳児や幼児を研究対象とする場合，身振りは主に，コミュニケーションの際に生じる手の動作のことを指す場合が多い（たとえばGoldin-Meadow, 1999）。したがって，子どもを対象とする場合の身振りは，おおよそ，身振りの中でも特に「手振り」を指す。

　乳児と養育者とが対面でコミュニケーションをする際，乳児の手や指が多様に動くことが知られている（Fogel & Hannan, 1985）。成人同士での言葉によるコミュニケーションと異なり，乳児と養育者とのコミュニケーションでは，乳児が伝えようとしている内容を正確に捉えることは難しく，コミュニケーションの際に乳児に生じる手や指の動きが，どのような情報を養育者に伝えるのかについてはまだよくわかっていない。したがって，この動きを厳密な意味で身振りとみなすことは適切でないかもしれない。しかし，養育者とのコミュニケーションの際，乳児のクーイングの前後に特化して，人差し指だけが伸展する「指立て」が生じること（Masataka, 1995）や，乳児が対面する養育者の手や指の動きを正確に模倣し，再現すること（Meltzoff & Moore, 1977; Nagy, Pal, & Orvos, 2014）が知られており，身振りにみなし得る動作は乳児にも見られると考えられる。1歳齢を過ぎると，成人の身振りに近い動作が，子どもにも現れるようになる。たとえば，環境内の特定の対象へ人差し指を向ける「指さし」や，おもちゃなどの物を相手に見せようとする「呈示」などの直示的身振り（deictic gesture; Salomo & Liszkowski, 2014），指をくるくると回転させて扇風機を表現するような映像的身振り（iconic gesture; 岸本，2011）などがそれにあたる。

（岸本健）

文献

Fogel, A., & Hannan, T. E. (1985). Manual actions of nine-to fifteen-week-old human infants during face-to-face interaction with their mothers. *Child development*, **56**, 1271-1279.
Goldin-Meadow, S. (1999). The role of gesture in communication and thinking. *Trends in cognitive sciences*, **3**, 419-429.
岸本健. (2012). 日常生活で観察された1歳齢幼児の映像的身振りと不在事象への指さしに関する事例研究. 子育て研究, **1**, 19-26.
喜多壮太郎. (2000). ジェスチャーの認知科学 ひとはなぜジェスチャーをするのか. 認知科学, **7**, 9-21.
Masataka, N. (1995). The relation between index-finger extension and the acoustic quality of cooing in three-month-old infants. *Journal of Child Language*, **22**, 247-257.
Meltzoff, A. N., & Moore, M. K. (1977). Imitation of facial and manual gestures by human neonates. *Science*, **198**, 75-78.
Nagy, E., Pal, A., & Orvos, H. (2014). Learning to imitate individual finger movements by the human neonate. *Developmental science*, **17**, 841-857.
Salomo, D., & Liszkowski, U. (2013). Sociocultural settings influence the emergence of prelinguistic deictic gestures. *Child development*, **84**, 1296-1307.
Vick, S. J., Waller, B. M., Parr, L. A., Smith-Pasqualini, M. C. , & Bard, K. A. (2007). A cross-species comparison of facial morphology and movement in humans and chimpanzees using the facial action coding system (FACS). *Journal of Nonverbal Behavior*, **31**, 1-20.

ミュージシャンシップとミュージキング

　音楽のあり方あるいは音楽概念そのものについては，西洋に限ってみても古代ギリシャのムーシケー（詩と音楽と舞踊の包括的概念）をはじめ古来さまざまな考えがある。その中で広く受け入れられてきたのは近代西洋の自律音楽美学に基づく音楽観であり，そこでは自律的価値をもつ「作品（楽曲）」が音楽の本質をなすとみなされる。作曲家が作曲し，演奏者が解釈・演奏し，聴衆が聴く対象たる作品中心のこうした音楽観は，世界に目を向ければそもそも普遍的でないことは自明であろう。西洋においても20世紀後半には多様な実践の中でこうした音楽観は相対化された。作品中心の音楽観を批判する代表的な概念のひとつが，ミュージキング（エリオット［1995, 2014］はmusicing，スモール［1998, 邦訳2011］はmusicking）である。ミュージックにingを付けていることから推測できるように，音楽の本質は音楽作品にあるのではなく，「実践する行為そのもの」（＝音楽すること）にあるという主張である。エリオットは，アリストテレスが人間の生活や状況のよりよい変容のための「行為の省察」や「省察的な行為」を意味して用いた「プラクシス（praxis）」の視点で音楽を捉え，演奏，即興，作曲，編曲，指揮という実践行為そのものが重要であり，音楽とは相互作用の中で生み出され価値付けられるものであると提唱した（Elliott, 2014）。スモールもまた，音楽の意味は実践する行為にあり，パフォーマンスや聴取過程の社会的・文化的関係性の中で生じると考える。近年では，エリオットやスモールの言う社会的実践行為だけでなく，「個人的で内面的な行為」（シャワーを浴びながらハミングすることや1人で口笛を吹くことなど）もミュージキングに含むべきという意見もある（山田, 2008）。

　ミュージキングという実践そのものに携わる中での包括的能力を意味するのが，「ミュージシャンシップ」である。音楽家性とも訳されるこの語は，一般的には知識のみならず演奏や鑑賞の能力を含む包括的音楽能力を指すが，本質的には音楽の実践者が音楽の創造過程で用いる特有の知であり，鳴り響く音に対して働きかけながら音楽的な問題解決をしていくための複雑な能力のことを指す。

（早川倫子）

文献
B. Reimer, R.A. Smith (1992). *The Arts, Education, and Aesthetic Knowing*. The University of Chicago Press.
D. J. Elliott (1995, 2014). *Music Matters: A New Philosophy of Music Education*, Oxford University Press.
D. J. Elliott (2005). *Praxial Music Education: reflections and dialogues*, Oxford University Press.
山田陽一編(2008).『音楽する身体：「わたし」へと広がる響き』, 昭和堂
C.スモール著, 野澤豊一・西島千尋訳(2011).『ミュージッキング　音楽は〈行為〉である』, 水声社（原著 C. Small 1998, *Musicking : The Meanings of Performing and Listening*, University Press of New England）
M.クレイトン, T.ハーバート, R.ミドルトン編, 若尾裕監訳(2011).『音楽のカルチュラル・スタディーズ』, ARTES

モダリティ

　モダリティとは，「感覚モダリティ」あるいは「感覚様相」ともいい，視覚，聴覚，触覚といった感覚の種類を意味する。古くは，心について論じた最初の書物とされるアリストテレスの「霊魂論（心とは何か：Peri Psyches）」に，既に「五感」の分類が指摘されている。これらの分類は，視覚には色，聴覚には音といったようにそれぞれの感覚にユニークに対応する「感覚されるもの」を基準としていた。その後，感覚・知覚の定量化の研究が展開するなかで，19世紀には感覚生理学の分野でミュラー（1801-1840）が「特殊神経エネルギー説（1838）」を唱え，感覚経験の種類は特定の種類の感覚神経とその感覚受容器の活動を反映するものとし，感覚神経系の差異をモダリティの分類基準とした（例えば視覚的感覚は，網膜とそれにつながる視神経活動により，聴覚的感覚とは区別される）。さらに，こうした感覚の差異をめぐる体系的な分析は，生理学者のヘルムホルツ（1821-1894）に受け継がれ，異種モダリティ間あるいは同一モダリティ内での類似性や経験の移行可能性といった感覚印象の質の違いにまで発展した。現代では，視覚，聴覚，味覚，臭覚，皮膚感覚（触覚・圧覚，痛覚，温覚，冷覚），運動感覚（筋感覚），平衡感覚，内臓（有機）感覚とに分けられる場合がある（大倉，1999）。

　ところでアリストテレスは，各感覚に固有の対象があることとは対比的な「共通感覚」という概念についても記している。共通感覚とは，あらゆる感覚で感受できる対象，つまり運動，静止，数，形，大きさのことである（例えば形は視覚でも触覚でも感覚することができる）。実際，各感覚モダリティはある程度独立したシステムとして扱われているが，その作用においては相互に無関係でないことは明白である。例えば「猫」という動物を経験するとき，その姿や毛並みは視覚，鳴き声は聴覚，毛や身体の手触りそして温かさは皮膚感覚（触覚・温覚等）といったように，私たちは同一の対象に対して異種のモダリティに関わる処理を同時に行なっている（そしてそれぞれが猫の経験に寄与している）。こうした複数の感覚モダリティ間での相互作用からもたらされる知覚経験は「マルチモーダル知覚」と呼ばれる。これに関してはいくつかの類似した用語が存在するが，モダリティ間での統合やコンフリクトを中心的な問題とする場合には「多感覚間統合」あるいは「感覚間統合」といわれることがあり，また他のモダリティの知覚に与える影響に焦点が向けられる場合には「クロスモーダル（通様相）知覚」と呼ばれることが多いという（和田，2014）。

　マルチモーダル知覚の代表的な例は「マガーク効果 McGurk effect」である。これは，ある音を発声している人の唇の動きの映像（視覚）とその唇の動きとは異なる音声（聴覚）とを同時に呈示すると，視覚／聴覚のどちらでもない音声が知覚されるという現象であり，一般的にモダリティ間でのコンフリクトを示すものとされている。他にも色の明度と音高との対応（明るい色と高い音との結びつきやすさ：Marks, 1974）という異種モダリティ間でのマッチング，あるいは「色聴（ある聴覚刺激が与えられると特定の色彩感覚が生起する）」を典型例とする「共感覚」等，マルチモーダル知覚に関連する現象は数多く存在する。

　一方，特定のモダリティに依存しない知覚経験も存在する。それは「アモーダル（非様相的）知覚」あるいは「アモーダル補完」と呼ばれる。これは非様相，つまり感覚を伴わない（基礎となる感覚刺激が存在しない）にもかかわらず明確な知覚が成立するという現象である。例えば対象の一部が遮蔽されて見えなくなっている（視覚的な感覚刺激が欠損している）場合でも，私たちはその遮蔽された部分を補完し，その部分も含めた全体の形を知覚することができる。最近の研究では，後頭部に位置する第1・2次視覚野において欠損した視覚像が補完されるという報告がある（Ban et al., 2013）。

（丸山慎）

文献

アリストテレス．心とは何か．桑子敏雄（訳）講談社学術文庫，2014

Ban, H., Yamamoto, H., Hanakawa, T., Urayama, S., Aso, T., Fukuyama, H., & Ejima, Y. (2013). Topographic Representation of an Occluded Object and the Effects of Spatiotemporal Context in Human Early Visual Areas. *The Journal of Neuroscience*, 33, 16992-17007

Marks, L. E. (1974). On associations of light and sound: The mediation of brightness, pitch, and loudness. *American Journal of Psychology*, 87, 173-188.

大倉正暉（1999）．モダリティ．中島義明・安藤清志・子安増生・坂野雄二・繁桝算男・立花政夫・箱田裕司（編）心理学辞典．有斐閣，p.841

和田裕一（2014）．マルチモーダル知覚とは．海保博之・楠見 孝（監修）心理学総合辞典（新装版）．朝倉書店，p.185

訳者あとがき

　本書の翻訳へと向かうきっかけとなったのは，2015年3月発達心理学会大会でのラウンドテーブルであった。企画者の志村洋子先生，指定討論者の根ケ山光一先生，そして話題提供者の丸山慎先生と本書の重要性を語り合ったことは忘れがたい。その後，蒲谷槙介先生はじめ私にとっては異分野の方々との出会いが広がり，本書邦訳の実現に繋がった。第1部根ケ山先生と蒲谷先生，第2部志村先生，第4部今川，第5部丸山先生がそれぞれ責任をもってとりまとめ役を担うことが決まり，最後に第3部は，東京芸術大学在学中以来の信頼できる後輩であり音楽療法を専門とする羽石英里先生にとりまとめをお願いすることが出来た。こうして多分野にまたがって「音楽性」を軸に研究の最前線に触れるチャンスに恵まれたことは，私にとってこの上ない幸いであった。

　人はなぜ音楽をするのか。この本質的な問いに私たちは容易に答えを出すことが出来ないでいる。原著者たちは様々な立ち位置から様々な方法で，人が本来的に音楽する存在であると語る。その語り口は実証的な言葉から哲学的な言葉まで，方法論も多岐にわたり，縦横な切り口から常に私たちを現象の本質へと導こうとする。翻って自分たちを顧みる時，本質以外の何かに気を取られて，自分が肌で知っているはずの現象の面白さや豊かさを見失いがちになってはいないだろうか。実証性を重んじながら本質をつかまえようとするエネルギーを本書から得た思いがしている。力不足ゆえに原著者たちの意が十分伝わる翻訳になっていないところは，ご容赦の上ご教示をお願いしたい。

　訳者たちが巻末に付した「参考資料」は，本文だけでは理解が難しい語や，背景を知ることで理解が促されると思われる語についての解説や説明である。中にはここだけでも十分読み応えのある項目も含まれており，本書全体にわたってぜひともここを参照しながら読み進めて戴きたい。

　索引は，そこに示されている語群がそのまま本文中に出てくるというわけではない文脈索引である。索引の訳出と作成は，小井塚ななえさん（東洋英和女学院大学）と，本書翻訳者である伊原小百合さん，市川恵さんの力に拠るところが大きい。あらためて感謝申し上げたい。

　最後になったが，音楽之友社の岡崎里美さんの支えがなかったら，この大著の翻訳をやり遂げることは出来なかっただろう。長期間にわたり，丁寧に訳文をチェックし根気強く訳者たちを励ましてくださった。その他にも多くの方々に支え励まして戴き，時にはご迷惑をおかけしたこともあっただろう。この場を借りて心からのお礼とお詫びを申し上げたい。

2018年3月

訳者を代表して　今川恭子

索引

［以下は原書索引の訳出であり，そこに示された語群がそのまま本文中に出てくるというわけではない文脈索引を含む。日本語版読者の便宜を考え，文中頻出する術語のイニシャル略記をアルファベット順で掲げ，50音順索引は正式名称でのみ掲げた］

アルファベット順

ACTH	→ 副腎皮質刺激ホルモン	IMF	→ 内発的動機構造
ASD	→ 自閉症／自閉症スペクトラム	IMP	→ 内発的動機パルス
ASR	→ 聴覚性驚愕反応	LAN	→ 左側前部陰性部分
BOLD	→ 血中酸素濃度依存	MBEA	→ モントリオール音楽不能評価バッテリー
BPD	→ 境界性人格障害	MEG	→ 脳磁図
CBF	→ 脳血流量	MFT	→ 磁場断層撮影法
CRH	→ 副腎皮質刺激ホルモン放出ホルモン	MMN	→ ミスマッチ陰性電位
CURRY 4.5（ソース位置特定ソフトウェア） 160		MRI	→ 核磁気共鳴画像法
DHEA	→ デハイドロエピアンドロステロン	PAG	→ 中脳における水道周囲灰白質
DRIR	→ 参照間隔比率からの時間的偏差	PEAK Motus（モーションキャプチャ・トラッキングシステム） 557-558	
DSM	→『精神疾患の分類と診断の手引き』		
ECD	→ 等価電流双極子	PET	→ 陽電子放出断層撮影
EEG	→ 脳波記録	Praat（ソフトウェア） 85, 90, 212, 217	
ELAN	→ 初期の前部陰性成分，左半球	PTSD	→ 心的外傷後ストレス障害
EMT	→ エコイックメモリ痕跡	RATN	→ 右側前部側頭陰性成分
EPI	→ エコプランナー画像法	SAM	→ 交感神経 - 副腎髄質系
ERAN	→ 初期の前部陰性成分，右半球	SMA	→ 補足運動野
ERP	→ 事象関連電位	SMI	→ 感覚運動領域
fMRI	→ 機能的磁気共鳴画像法	SM1	→ 一次感覚運動領域
GABA	→ γ（ガンマ）- アミノ酪酸	SPM	→ 統計的パラメトリックマッピング
HPA	→ 視床下部 - 下垂体 - 副腎	SSR	→ 定常的誘発電位
IDS	→ 対乳児発話	URPM	→ 音楽心理学研究ユニット

50音順

あ行

IQと音楽的活動　69
アイステーシスの役割　396
愛する人と名前　31-33
愛着　→アタッチメント
赤い帽子トリオ　257-263
《赤い蝋燭の涙》(歌)　552, 553
赤ちゃん／乳児(babies/infants)
　→乳児の発達と音楽；乳児の発声；対乳児発話
　(に)歌いかける　106, 123
　音楽性　251
　(との)音楽的コミュニケーション　178
　音楽に対する反応と感情の表現　186
　音響的な好みと感受性　270
　音声による大人との関わり
　　関係性と文化学習における情動の機能　207
　　乳児の表現に対する大人の反応　208
　　(と)発話の学習　204, 205
　(に向けた)音声表現と相互模倣　271-272
　　機能　274
　　特徴　271-272
　間主観的コミュニケーション，本質　201
　(との)原会話　1, 107
　言語獲得　30
　コミュニケーションの文化差　209, 286
　視覚的な回避　106
　自発的コミュニケーション　250
　情動的な表現
　　大人が聴いて感じること　220-221
　　大人による知覚　218
　　音楽を聴く時　189
　　感情表現　201
　　タイプ　185-186
　　とても幼い乳児の情動の検討　204
　スコットランド，情動あるいは人間関係の文化　209-210
　(の)生得的音楽性　180
　生得的な間主観性　2
　ダンスへの衝動　192-193
　日本，情動あるいは人間関係の文化　209-210
　脳波計測　113
　発話　22, 181, 205
　　学習　204-205
　発話の学習　204
　母親との相互作用(インタラクション)　→母子相互作用
　右半球優位性　113-115
　(による)模倣　179
　リズミカルな表現　179, 191
　　(の)持続時間　189
　　(の)測定　184

　　定義　183
　リズム
　　様々な種類　189
　　タイミング　193
　　年齢による差異　187
　　発達過程　188
　　(の)頻度　186
　　(の)マルチモダリティ　192
　　リズミカルな「対話」における情動の進化　193
アクセント，音楽理論における　95
アスペルガー症候群　409
アセチルコリン　331
遊び
　(と)音楽との関わり　460
　協同的な演奏　294
　社会的　108
　相互作用的，身体的活発さ　108-109
　(と)ダンス　389-392
　　参与の操作定義化　389
　　(の)内容と手法　389-391
　(と)晩成性　70-71
　(と)母音の発声　214-215
遊び歌　241-244
アタッチメント
　(への)動機　201
　乳児の——と音声相互作用　293
　臨床的即興音楽における　366-367
アボリジニ，儀礼　46
アミュージア／失音症　70
アリストテレス　8, 179
アンズデル，G.　7, 346
アンベルティ，M.，音楽の感情的詩，関係性，音楽的ナラティヴの時間と意味　103, 111, 291, 294, 296, 298, 447
イオアニデス，AA　154
移行できる所有権　452
イスラエルレットセンター　420
一次感覚運動領域(SM1)　161
一般タウ理論
　アクセントと予期　538
　音楽的交感の検証　97
　核となる概念としてのタウG誘導　82
　仮説　84
　(と)間隙のタウ／間隙のタウ・カップリング　81-82
　記述　80-81
　展望　97
遺伝理論(ダーウィン)　17
意図　111
意図性　452
意図的な参加　443
意図的な指導　47
意味
　(と)音楽　66-67, 102-104

あ行

   もう1つの見解　587-588
   音声の中に見出すことと見失うこと　458-460
   関係の　253-254
   （と）帰属感　290-291
   （の）共同構築　363-366
   （と）事実　35
   情動的　→　情動的な意味を創り出す
   （の）創造的構築　368
   （への）旅，乳児　200-204
   （の）本質　101
 意味論的な連携　31
 意味論的ミスマッチ　67
 イラクサの葉をむしる，類人猿の（文化的）伝統　45
 インディアン・ダンスの形式　106
 韻律（cadence），発話　435
 韻律（prosody）／プロソディ
  →　発話
  →　コミュニカティヴ・ミュージカリティ
  →　ナラティヴ
 ヴァイオリンの演奏　81
 ヴィゴツキー，LS，社会的相互作用と文化学習　207, 443
 ウィリアムズ症候群，音楽的能力　112-113
 ヴェーダ語　179
 ヴェーダ文化，インド　46
 ウェルニッケ野，言語　149
 ヴェンダ社会，南アフリカ　68
 ヴォーカル・プレイ，声を使った遊び　71, 416
 動き　→　ダンス
  音楽性の探知，乳児による　449
  （と）音楽の影響　127
  共感する身体　582-583
  （と）コミュニケーション，音楽的‐情動的　101-107
   「音楽的」意味　102-104
   音楽的文化の動機　102-104
  コミュニケーションにおける身体の——によるリズム感　183
  （と）情動，間主観性　111-112
  精神生物学的アプローチ　319-332
  伝えられる意味の情動的評価　109-111
  乳幼児における，生後1年の発達　192
  人間のコミュニケーションの基本的な形としての　548-549
  表現行動に組み込まれた——としての音楽　65
  表現的——の科学　79-80
  （の）メタファー　1
  （と）リズム　183, 532-534
  （の）理論　387, 390（図18.2）
 動き—音楽—動きのサイクル　97-98
 動き・知覚の間隙　81
 歌　→　歌うこと
  赤ちゃん　182
  形成的さえずり　48
  （と）詩　103
  動物の儀礼　51

  トリの発声学習　48-49
  嘆きの歌　32
  ノスタルジックな歌　32
  発達障害をもつ子どもの　414
  副次さえずり　48, 240
 歌うこと　32　→　歌
  赤ちゃんへの　106, 123
  歌おうとしている　238
  f_0移行　85-91
  音調のパターン　30
  クレッシェンド　81
  神経画像　168
  創り歌，発達　455-456
  動物の儀礼　51
  発声学習　48-49
  レガート　84
 右脳
  誘発成分（ERAN, RATN）　152
  （と）和音と音周波数の知覚　152-154
 埋め込まれた節　30
 運動調整システム　109-110
 運動野　83
 英国ウォー・チャイルド　317, 318
 エコイックメモリ痕跡（EMT）　154
 エコプランナー画像法（EPI）　143
 エッケダール，P.　7
 エディンバラ大学心理学部の乳児研究所　215
 N400陰性成分の事象関連電位　151, 152
 f_0移行
  （と）音楽的強調　87-88
  歌唱　84-90
  喉頭部　88
  トロンボーン　90-91
  略図　85
 エリクソン，F.　432-433
 エレキギター　95
 エレキベース　95
 遠距離の呼び声，ヒト科　52
 遠心性認知　36
 演奏
  （における）動き　547-563
  演奏技能，主要な要素　549-551
  （について）教えることにおける音楽性の発達
   新しい教授手順　583
   結果　583-584
   参加者　580
   指揮する　582-583
   方法　578-579
   予備研究　580-582
   理論　579
  （と）芸術　126-127
  実践研究，まとめ　561

社会文化的コード　551-552
　　審美的基盤　126-127
　　想像　586-587
　　ソロ　559-560
　　データ収集　558-559
　　伝統的なスタイル　554-555
　　二重奏　561
　　表現者／パフォーマー　78, 80
　　理論的可能性　562-563
演奏技能の主要な要素　549-551
オーケストラ　92
雄々しい絆　26
オキシトシン　62, 122, 124, 520
オクターヴの等価性　156
おしゃべり　106
雄のディスプレイとしての音楽行動　19
音，楽音　40
音づくり，乳児トリオにおける協調
　　赤い帽子トリオ　257-263
　　キャッツコーラストリオ　258-261, 263-265
驚き，乳児の情動表現　185
《お庭をぐるぐる》(ナースリー・ライム)　215 (図10.5)
オピエート受容体　114, 122
オピオイド　122, 520
オペラ　350-352
親であること，人間らしい概念　32　→ 母子相互作用
オランダ・ウォー・チャイルド　318
音階形式　368
音階と感情　41
音階と気分　41
音楽
　　(の)意識　113-114
　　意味　66-67
　　　新たな見解　587-588
　　埋め込まれているという　102
　　応用精神生物学　125-128
　　(の)起源　→ 音楽の起源
　　記号論的機能　34-35
　　技術としての　70
　　機能をもたない副産物としての　20
　　(と)言語　167, 576-577
　　言語にみる痕跡　30
　　原始的　18
　　個人間の協調と結合としての　23-24
　　コミュニカティヴ・ミュージカリティの構成要素としての　16
　　参加者が選択した／実験者が選択した　127
　　(と)詩　103
　　(の)時間生物学　→ 音楽の時間生物学
　　(の)社会学　355-356
　　(と)情動　→ 情動(感情)
　　(の)進化　→ 音楽の進化
　　進化的思考における　59-63

　　(の)神経科学　113-125
　　　社会的魅力及び「中毒」の神経化学　122-123
　　(の)神経学　115
　　心臓への影響　323
　　(の)身体感覚　120-122, 167
　　(と)心的な構造　35-38
　　(の)心理学　59
　　(の)精神生物学　→ 音楽の精神生物学
　　性淘汰理論　18-20
　　(の)多義性／曖昧さ　66, 68, 69
　　定義　80, 232
　　統語論と意味論における感情調整　128-129
　　(と)乳児の発達　→ 乳児の発達と音楽
　　(の)発達的価値　68-69
　　(の)発達的パラドクス　239-241
　　(と)発話　148-154
　　非適応的な根源　59
　　表現行動に組み込まれた　65
　　(の)「浮動する意図性」　7
　　(と)舞踊，4つの仲介物　480
　　文化と時間を越えた音楽　64
　　包括的な定義の必要性　63-67
　　マクロ構造　111
　　(と)誘引のダイナミクス，トリオにおける音楽　257-261
　　利用と機能　521
　　(の)療法的可能性　362
　　療法としての　→ 音楽療法音楽学
音楽学　356
音楽学者　64
音楽学習，受容的環境
　　即興と文化的実践の共有　461-463
　　仲間(companion)としての大人の役割　460-461
　　仲間との音楽的なコンパニオンシップ　463-465
音楽技術の習得　164-166
　　(と)意味　9, 446
音楽教育のモデル　450-455
　　音楽する創造性とプライド　454-455
　　音声表現，学習としての　450-452
　　声の探求と歌や発話の発見　452-453
音楽言語　61, 73
音楽行動の共同的機能　67-71
音楽指導
　　音楽的過程に入る
　　　呼吸と発声で遊ぶことを通して　487-488
　　　コミュニケーションを伴った遊びを通して　481-484
　　　即興を通して　484-485
　　　拍動を通して　485-486
　　個人的・自然的環境　477-478
　　集団活動　488-489
　　不可逆性　476-478
　　理想的環境　488
音楽社会学　355-356

音楽心理学　59
音楽心理学研究ユニット（URPM）　6
音楽性　　→コミュニカティヴ・ミュージカリティ
　（と）意味　9, 447
　（と）癒し　7, 362, 369
　音楽性の欠如，長期的な帰結　280-281
　（と）音楽または歌を学ぶこと
　　125-126, 446, 447-448, 452, 453（図21.2）, 456, 460
　帰属感覚，共有を通じた　287-291
　（と）言語発達　200-204, 577-578
　行為と意識の　41
　（と）コミュニティ音楽療法　344
　（と）自己のエネルギー　6
　熟達した　125-126
　（の）進化の可能性　104-105
　（の）進化論　104-105
　人類共通の才能としての　69
　生得的と獲得的　68-69, 104, 106, 115, 148, 153, 164-166, 252
　定義　5-6, 269
　（と）ナラティヴ　296
　乳児の　180-182, 251-254
　（と）人間の文化的儀礼へのリズム的動機
　　6, 51-53, 104-105, 362
　発達　　→音楽性の発達
　母親と赤ちゃんの相互作用　4, 202
　（と）母親のうつ　269-281
　（の）比較精神生物学　105-106
　非対称的，ヒトの脳において　114
　ヒト，神秘的な性質　106-107
　ヒトのコミュニケーションにおける　269
　ヒトの脳において捜し出す　116-118
　「ホールディング」としての　299-301
　本質，と音楽の療法可能性　362
　理論の必要性　106
音楽性の発達
　演奏の教授　577-588
　音楽的な人間の本質の起源　446-447
　音楽表現　449-450
　儀式性，共有されたパフォーマンスの中に求める　447-448
　出生前と出生直後の音楽的聴取　448-449
　生得的基盤　180-182
　乳児期におけるリズムの　183-195
音楽的イディオム　368
音楽的共感　111-113
音楽的強調とf_0移行　87
音楽的親密性　503, 504
音楽的創造と模倣　　→相互模倣
　歌を創り，育む　455-456
　音声の中に意味を見出すことと見失うこと　458-460
　自発的に踊ることと音楽を学ぶこと　456-457
　モノを「楽器」として扱うこと，音楽的物語づくり　457-458
音楽的対話　408-409

音楽的なシグナルと社会情緒的絆　61
音楽的なライフサイクル　465-467
音楽的能力　74
音楽的パルス，あるいは拍，拍節　38-39
音楽的文化の動機　102-104
音楽と舞踊における呼吸循環　480, 540
音楽と舞踊における拍動　480, 485-486
音楽に対する生得的な情動的反応　8, 105, 122-123, 166, 362, 442
音楽の曖昧さ　66, 67, 68, 69
音楽の意識　113
音楽の起源
　木の比喩　→木の比喩，音楽の起源
　考古学的証拠　29, 71
　高コスト・シグナル理論　18-19
　進化によらない説明　16
　進化理論　60-63
　性淘汰理論　18-20
　生物学的起源と機能　17
　（と）ヒトの文化　101-105
　リズム　17
音楽の時間生物学　525, 530-531, 541-543
　アクセントと予期　538-539
　息によるフレーズ　540-541
　心理学的時間　530-531
　「生気」　539
　生物学的時間　525-526
　旋律と和声　537
　タウの関数　538
　拍節構造の調整　537
　拍節をもたない　540-541
　パルスのパターン　539
　パルス／拍をもたない　540-541
　評価　541-543
　拍子と拍　535-536
　複雑なリズム　536
　リズム的「現在」　529, 532
　リズム的流動　537
　リズムと動き　532-534
　リズムと音色　537
　リズムと感情　110
　リズムと周波数　526-529
　ルバートのスタイルとスウィング　539, 540
音楽の時間的側面，研究　159-164
音楽の進化　59-63
音楽の神経学　115
音楽の精神生物学　→音楽の時間生物学
　ウィリアムズ症候群　112-113
　動き，伝えられる意味の情動的評価　109-111
　運動と音楽の影響　127
　応用　125-128
　音楽演奏の審美的基盤　126-127

音楽的感情及び音楽的知性と技能のトレーニング　125-126
　　音楽的共感　111-112
　　気分誘導と音楽の情動的効果　127-128
　　社会情緒的　107-113
　　心理的時間　111
　　相互作用的遊び　108-109
　　動物の鳴き声と母子間の対話　107-108
　　ナラティヴ，音楽的　111
音楽の知覚，大脳皮質の局在化
　　音色　157-158
　　ピッチと旋律　155-157
　　リズム　158-159
音楽の発達的価値　68-69
音楽のマクロ構造　111
音楽表現
　　f_0移行　→ f_0移行
　　幸せと悲しみ　92
　　ジャズデュエット　95-97
　　創造的で芸術的な表現，特徴　78-80
　　（における）タウG　83　→ 一般タウ理論，タウ理論，タウG分析
　　　　音楽療法における　362
　　　　（と）対乳児発話における音声身振り　270-271
　　調子の合った演奏　92-95
　　展望　97-98
　　乳児の　449
　　（と）人間の表現　363
音楽療法
　　（における）コミュニカティヴ・ミュージカリティ　362-363
　　コミュニケーションへの支援　407-409
　　コミュニティ　→ コミュニティ音楽療法
　　（と）自閉症スペクトラム　410-413
　　（における）生成　379
　　性的虐待を受けた子ども　→ 性的虐待を受けた子ども，音楽療法
　　文化中心音楽療法　340
　　（と）レット症候群　412-424
音楽をつくる人たちの聴覚的な自己意識　254
音響分析／録音　85, 88, 289（表14.1），304-306
音質／音色(timbre)　3（図1.1），95, 205
　　（と）動きのタウ誘導　81, 542
　　演奏における　78, 80, 142, 537, 540, 584
　　音楽の特質として　67, 141-142, 584
　　楽器の――と技術の習得　164, 446, 461, 549
　　（と）「帰属」　273, 300
　　（と）教師の言葉　431
　　コミュニカティヴ・ミュージカリティにおける　67, 364
　　（と）時間的に表現するエネルギー，リズムを補完する　182, 537, 540, 542
　　（と）情動　203, 206, 209, 364, 379, 518
　　乳児の意識における　4, 181, 271, 364, 449
　　（と）脳の反応　157-158, 164, 168
　　発話における　431, 577
　　（と）発話の学習　206, 271, 438

　　（と）人の声の質　80, 202, 577
　　母子コミュニケーションにおける　3, 4, 253, 291, 446
　　療法における　368, 420, 424
音声認識，脳皮質下システム　114
音節　434, 435
音節現象　41
音調のパターン　30
音量　95-96

か行

概日（サーカディアン）リズムの周期／体内時計の周期　525
外受容感覚による情動調整　116
開頭手術，覚醒状態の患者　153
カイ二乗検定　215
概念的‐意図的な複合体　66
海馬　330
会話の談話分析　270
過覚醒症候群　327
関わらないこと　214
関わり／参加／参与 (engagement)
　　赤ちゃん／乳児との音声による
　　　　→ 赤ちゃん／乳児　の下位項目を見よ
　　遊びへの　213-214
　　音楽的――とIQ　69
　　コミュニケーションへの　220
　　社会的参与と課題参与　392
　　出現したカテゴリー　393-394
　　ダンスと遊びにおける　389-390
　　ダンスへの，コンテクストの影響　396-397
　　　儀式　396-397
　　　声　397
　　　重力とのダンス　397
　　定義　214
核磁気共鳴画像法 (MRI)　143
　　（と）機能的核磁気共鳴画像法 (fMRI)　142
学習者のボトルネック　53
各半球の特定の部位，言語と音楽　149-166
可塑性　153-154
カタボンティスモス（古代ギリシャの儀式）　329
学校の危機　574
活動倫理，美的コミュニティ　400-401
カッパXG (κX,G) プロフィール　84, 87-92, 94
　　ジャズデュエットにおける　96-97
悲しみ，オピオイド活動　122
カプグラ症候群，妄想型統合失調症　32
仮面舞踏者，西アフリカ　517
空拍　39
カリンバ　親指ピアノ音楽　65
含意複合体　66
感覚運動領域 (SMI)　161
感覚障害，とダンス　386-389
関係性の感情，と認知　108

関係の意味　253-254
間隙のタウ・カップリング　82
観察学習　47
間主観性　68
　間主観的共感の脳処理の可視化　113
　（と）コミュニカティヴ・ミュージカリティ　364
　精神生物学的基礎　355
　生得的　2, 252
　第2の　414
　間合い　→ 間主観的間合いと即興
　理論の展開　201-202
間主観的間合いと即興
　「間主観的時間」の定義　295-296
　時間の単位と織り成す時間を予期する　291-292
　反復と変奏の重要性　293-295
　表現の間合いと即興領域　292-293
感情／情動 (affect)
　音楽における　66, 68, 549
　音楽療法における調整　367, 370
　人間同士の　31, 32, 222, 223
　発声における　203, 207, 209, 214, 215
感情神経科学　109-114, 534
感情的姿勢　36
感情（情動）能力，乳児　114, 201, 274, 280, 292, 446
感情表示，身振り　551
γ（ガンマ）-アミノ酪酸 (GABA)　330
記憶にもとづいた感情　29
記号，芸術的・音楽的　33-35　→ 記号論的カスケード
記号の機能のカスケード　33-35
記号論，乳児　298
記号論的カスケード
　音楽における　34
　絵画における　33
　（と）表現豊かな身体の記号化　35
儀式化／儀礼化　44, 513-515
儀式上の儀礼　511-522
　（における）音楽の機能　521-522
　儀礼化と美学的作用　513-515
　情動的な意味を創り出す　→ 情動的な意味を創り出す
　相互関係に囲い込む機序　515
儀式の芸術　19
疑似共鳴核　205
技術，としての音楽　70
帰属意識／帰属感覚
　音楽性とナラティヴ　296
　音楽性の共有を通じた——の形成　287-291
　「帰属」の定義　290-291
　帰属のモラルと美学　298-299
　研究成果　287-290
　（と）信頼性　306-307
　多義的で非論弁的な帰属のルーツ　297-298
基礎代謝　328

ギター　422
機能的磁気共鳴画像法 (fMRI)　142
　（と）MRI　143
　音楽技術の習得　164-166
　音楽に引き起こされる情動と脳活動　118-119
　（と）音楽の意味　67
　音色　157-158
　活動のメカニズム　143
　傾斜磁場　143
　言語と音楽　150-153
　今後の研究　168-169
　情動の発生器の局在性　118
　（と）ストレス　331
　長所と短所　143
　PETとの比較　142-143
　ピッチと旋律　155-157
木の比喩，音楽の起源　16-26
　こぶ　17, 20-21
　根　17
　葉　17-18
　花　17, 18-20
　不安のコントロール　24-25
　幹　17, 21-24
気分と音楽の情動的効果　127-128
逆問題，生物電気磁気学　146-147
キャッツコーラストリオ　257-261, 263-265
求愛のディスプレイから進化した音楽　18-20
キュール，O., 音楽のそのままの自然的な意味
　102-104, 181, 204, 292, 446-450, 475, 533-534, 549
境界性人格障害 (BPD)
　位置づけ　301-302
　音響分析の事例　304-306
　予備的な研究成果　303-304
共形動機　54
教室談話
　会話の事例　434-441
　低学年の教室　442
　話すことと聴くこと，音楽的性質　431-434
　抑揚のタイミング　441-442
教示的指導　47
競争　19
共同意識　208
共同的機能，音楽的行動　67-71
強度輪郭　487
強迫性障害　54
興味，乳児が表現する　185
共鳴受容感覚による情動調整　116(図7.2)
共リズム　195, 543
距離の間隙　81
儀礼 (ritual/rituals)　→ 儀礼文化
　学習によって身に付くという性質　47
　カポンティスモス（古代ギリシアの儀式）　329

儀式化，区別される 44
儀式上の 511-522
共有されたパフォーマンスの中に求める 447-448
形式による特徴 48
（と）言語 54-55
宗教的な（儀礼） 44
ダンスへの参与 396-397
単なる儀礼 50
定義 46-47
発達の進行に合わせて変化する儀式の形式 245-246
ヒト，社会的 52-53
（と）文化 43-48
報酬システム 61
（の）目的 44
儀礼的浄化 46
儀礼的文化 → 儀礼
（の）層 54
定義 44
動物の 48-51
儀礼の性質，一般的な 51-53
クジュムザキス，G. 179-180
クジラの鳴き声 49
クストデロ，L.A. 494-495, 501
駆動的行動 519
組み込まれていること 64
クラインズ，M.，表現のセンティック・フォームと心の中の時間 80, 105, 113
クラリネット，譜例 556-561
クルムハンスル，CL.，音楽的形式への乳児の感覚 105, 166, 297, 449
リズムの定義 182
クレッシェンド 81, 122
クロス，I. 7-8, 25
コミュニティ音楽療法 344
火打ち石を打つ実験 447
クロマニョン人 178
芸術 16, 18, 126
（と）ベベ・ババ（プロジェクト） 566
療法的 315
芸術家 79
芸術と科学の二重奏としての研究 389-392
芸術の集合体 22
形成的さえずり（プラスティックソング） 48, 239
啓蒙主義 16
血中酸素濃度依存（BOLD）性反応 145
血流反応測定 142-145
原意味論 103
原音楽，原音楽性 60, 103-105, 125, 128
原音楽行動 68-69, 74
（と）コミュニカティヴ・ミュージカリティ 21-23
（と）他の種 124, 354-355
療法における 342-345

原言語 128
言語 30-31 → 発話
（と）音楽 167, 576-577
音楽言語 61, 73
（における）音楽の痕跡 30
（と）儀礼 55
言語学的用語と音楽的意味 103
（と）真の価値 61, 66
（の）正確さ 66
生得性 141
ダーウィン 49, 252
（と）単語 148
注目すべき力 54
統語論と意味論における感情調整 128-129
バントゥー諸語 52
ブローカ野 149, 154, 165
身振りに起源を持つ 49（注）
言語的‐音楽的構成物 31
言語の本能，脳に生得的に刻み込まれた 141
「原始」社会，「原始的音楽」 17-18
原習慣／原初的習慣
（と）演奏における変奏 293-295
（と）演奏の社会的コード 562
（と）「帰属感」 290-291, 308, 562
（と）共有された実践 295
母親の苦悩に伴う欠如 307
母子のやり取りにおける 288-290
現象学的分析 38
原象徴的な表象 298
原ナラティヴ的な包み 111, 206, 209
効果を意図しない 64
交感神経‐副腎髄質系（SAM）の調整 115
後期旧石器時代 29
考古学的記録 71-73
高コスト・シグナル理論，音楽の起源 18-20
更新世 21
構造化された音楽，コミュニカティヴ・ミュージカリティを高める 417-420
喉頭運動記録 85, 88
喉頭撮影装置の「Lx波形」 85
行動内知覚研究室，エディンバラ大学 81（注）
喉頭部におけるf_0移行 88-89
行動メタファー 581
興奮，乳児の表現 186
声を使った遊び → ヴォーカル・プレイ
ゴードン，E.，音楽指導の手引き 484, 548, 567-569
古解剖学 72
呼吸（breath） 480, 487-488
呼吸（respiration） 324-326
呼吸困難 324, 325
こころ（日本の原理） 210
心の理論（ToM） 47

個人間の絆とオキシトシン　62
個人間の協調と結合としての音楽　23-24
個性の音楽性　32
古生物学　29
子ども期の芸術性，観察　296, 496-501
こぶの比喩，音楽の起源　17
コミュニカティヴ・ミュージカリティ
　　（と）遊び　108-109, 214, 220
　　動きの中での共感　8-9, 296-298
　　歌における　48, 49, 51, 53, 222
　　（と）うつあるいは双極性情動障害　276-281, 301-308
　　演奏におけるコード（code）　551-561, 578
　　音楽技能の学習と指導　445, 450-466, 501-503, 578-588
　　音楽と音楽学　6, 17, 237-238, 253, 356-357, 535-541
　　音楽療法における——と「ホールディング」
　　　　6, 299-301, 333-334, 361-363, 407-413, 424-425
　　（と）間主観性　207, 251, 269, 274, 364
　　（と）儀式／儀礼的，文化的実践　7, 25, 48-53, 241-244, 246,
　　　　396-401, 461-463, 511-515, 521-522, 551-563, 569
　　教育学的洞察，教師の経験　380-381, 501-507, 577-582
　　教育，指導，「教師の語り」における
　　　　429-433, 574-577
　　（と）共感覚，身体化　42, 479-480, 493-496, 532-541
　　芸術の根としての　17, 26
　　（における）原音楽　21-23, 68, 287
　　（と）言語　41-42, 69, 103, 128, 204, 233-234, 577
　　（と）構造化された音楽　417-420, 481-486, 578-579
　　子ども期の自発的な　496-501
　　コミュニケーションの身振り　494-495, 548-561
　　コミュニティ音楽療法　339-354, 573-574
　　（と）コミュニティ，「帰属感」　8, 23, 61, 66-68, 252, 287-291,
　　　　297-299, 307-308, 342-344, 356-357, 401-403, 463-464,
　　　　480-484, 491-492, 515-516, 569, 572-573
　　産業化社会における　570, 574-576
　　（と）自閉症の子ども　410-413
　　（と）社会脳　101, 354-355
　　（と）情動表現　205, 208, 209, 215-217, 221, 222, 269, 270,
　　　　516-518, 583
　　進化における　22, 48-51, 71-74, 104-105, 232-233, 299-300,
　　　　354, 445-447
　　（の）神経科学　113-125, 354-355
　　（と）心的外傷後ストレス障害（PTSD）　368-381
　　（と）心的な構造／知能　35, 37, 69
　　精神生物学　105, 107-111, 208
　　生得的な能力の喪失　465-466, 570
　　創造的参加としての，産出／形成／生成過程　287-288,
　　　　366-372, 474-489, 492-493, 562-563, 566-589
　　想像と意味　587-588
　　即興演奏の専門家／演奏家　493-496, 548-563
　　即興領域／反復と変奏　292-294, 381, 484-485
　　ダンスと音楽の実践における，共有された身体化
　　　　385-401, 474, 516, 521-522, 532-534, 541-543, 582-583
　　（と）直観的ペアレンティング　6, 22, 25, 68, 175-177,
　　　　180-182, 207, 208, 218-224, 235-236, 251-252, 271-272,
　　　　287, 449, 569-570
　　定義　1-6
　　（と）ナラティヴ，意味をつくること　4-6, 296, 363-366,
　　　　369-370, 504, 578-579, 587-588
　　乳児と親のための劇場　566-578
　　乳児とのリズミカルな対話
　　　　193-195, 206, 273, 287, 288, 292
　　乳児のトリオにおける　257-266
　　乳児の反応　218, 239, 270, 271, 569-572
　　能動的な聴取　584-587
　　発声学習　204-207, 240-241, 487-488
　　（と）母親の発話の韻律／プロソディ　279
　　（と）美学，美的コミュニティ
　　　　23, 35, 126-127, 385-386, 394-396, 399-400, 513-515
　　（と）不安　24, 515
　　プライドと恥の連続体　7, 208, 368
　　（と）文化的意味　7-8, 102, 222-223, 289, 517-518, 551-563
　　間合い／タイミング，時間生物学
　　　　291-293, 301, 525-529, 530-531, 541-543
　　リズム的現在　529, 532
　　（と）レット症候群　413-424
コミュニケーション
　　（を伴った）遊び　481-484
　　（と）動き　101-107, 183, 548-549
　　（と）うつの母親の表現力　276-277
　　（における）音楽性　269-270
　　音楽と舞踊，相互関係　480
　　音楽の支え　424-425
　　間主観的，本質　201-203
　　コンパニオンシップの感覚へ導く　222-224
　　（への）支援，臨床的音楽療法における　407-409
　　自発的，赤ちゃんの　251
　　乳児との，音楽的　178-180
　　非言語的基盤　232-237
　　人の——の複雑さ　206
　　（と）母音　203-204
　　母子間　→ 母子相互作用
　　模倣的　477
コミュニケーションの障害　128
コミュニタス　401-402
コミュニティ音楽療法
　　音楽的コミュニティ　342
　　音楽的-社会的発達モデル　344-348
　　学際的関連性の示唆
　　　　音楽学　356
　　　　社会心理学と音楽社会学　355-356
　　　　社会哲学　356-357
　　　　人類学　354
　　　　生物音楽学　354
　　　　認知的神経科学　354-355

実践と理論の移行　340-342
　　集団生活（音楽療法の出来事）　348-350
　　西洋の音楽的出来事（オペラ）　350-352
　　伝統的なアフリカの儀式　352-353
子守歌　106
固有名詞　32
コラボレイティヴ・ミュージキング　340, 347
コルチゾール　330, 331
コレイア, J. S.　566
コントラバス　91-92, 94
コンドン, W.S., 大人同士および大人と乳児との間の表現的動き
　の相互作用的同期について　106, 270, 299, 300, 449, 532
　　情緒障害をもつ子どもたちの混乱　365
コンパス　536
コンパニオンシップの動機, 間主観的　202

さ行

作曲　83
サックス, O., 脳の中の音楽　15, 541, 542
　（と）パーキンソン病　532-533
ザトーレ, R.J., リズムと音楽における脳の情動システム
　　110, 114, 115, 117-119, 149, 156, 533-534
サブソング　→ 副次さえずり
《サマータイム》（ガーシュウィン）　557
サル　83, 155
参加／参与　→ 関わり
産後うつ　→ うつの母親
参照間隔比率からの時間的偏差（DRIR）　161-163
サンダー, L.W., 大人と乳児の相互同期　106, 261, 271, 532
サンバ　538
詩　30-31, 103
　　（と）音楽療法　370
　　リズム　193
自我　35
時間生物ダイヤグラム　535, 542
時間的な同期　20
時間の名称　40
時間をかけた模倣　48
指揮すること　582-583
至近行動　521
刺激の貧困　53
次元, 心的な構造　35
至高体験　299
思考のゆりかご（ホブソン, P.）　107
自己受容感覚による情動調整　116（図7.2）
視床下部　330, 331
視床下部 - 下垂体 - 副腎（HPA）
　　HPA軸　115, 330-332
事象関連脱同期及び同期（ERD及びERS）アルゴリズム　119
事象関連電位（ERP）　151　→ ELAN, ERAN, N400も見よ
施設入所している子どもたち　385
自然的環境　477

持続　535
自他認識　111
視聴覚障害を持つ子どもたち　385-386
　　アイステーシス, 即時的な知覚の役割　396
　　ダンス／ムーブメントセラピー　387, 390-392
　　　遊び　392
　　　研究　389-392
　　　参与に関連して出現したカテゴリー　393-394
　　　社会的参与と課題参与　392
　　　ダンス　391-392
　　　ダンスと遊びにおける参与　389
　　　内容と手法　389-391
失音楽症　→ アミュージア
磁場断層撮影法（MFT）　163
自閉症／自閉症スペクトラム（ASD）　54, 112, 409-413
　　症例研究　411-413
社会関係　13
社会指向行動　255
社会情緒的絆, と音楽的なシグナル　61-62
社会心理学　355-356
社会的関係の変革, 美的コミュニティ　401
社会哲学　356-357
社会文化的概念化　40
社会文化的コード, 演奏における　551
弱拍　538
ジャズ, 調性の有無にかかわらず　412
ジャズデュエット
　　強さの移行の同期　95-96
　　（と）母子相互作用　293（含む注）
ジャズミュージシャン　83
ジャック＝ダルクローズ, E., 音楽の指導法　549
ジャッケンドフ, R., ルール依存の音楽理論　166, 535
習慣（ハビトゥス）　290（含む注）
宗教儀式　30, 44
集団アイデンティティ　61
集団カタルシス　61
集団生活（音楽療法の出来事）　348-350
集団的考え　61
集団淘汰の産物としての音楽　60-61
集団の凝集性
　　音楽が高める　60
　　（と）不安の緩和　24-25
集中力の負荷　65
シュッツ, A., 音楽社会学　295, 299
　　音楽の共同性　356
　　モーツァルトの音楽の社会的力　351
受動的な音楽認知　65
シュトックハウゼン, K.　527-528, 541
小学生たちのなかで（イェイツ）　16
象徴化
　　（の）行為　38
　　定義　361

さ行

　　（の）臨床的手法　368-370
　象徴的な種としての人間　31
　象徴的なやりとり　551
　情動／感情（emotions）　→ 感情／情動（affect）
　　「ウェルビーイングのダンス」における　363-366
　　　（と）音楽　166-167, 168
　　　　気分誘導と情動的効果　127-128
　　　（の）神経科学　113-125
　　　　精神生物学，社会情緒的　107-113
　　　　脳活動　118-119
　　　音楽的‐情動的な動きとコミュニケーション　101-107
　　　外受容感覚による情動調整　116
　　　関係性と文化学習における機能　206
　　　（と）間主観性　111
　　　基本的な　208
　　　共鳴受容感覚による情動調整　116
　　　「幸せ」と「悲しみ」の音楽的表現　92
　　　自己受容感覚による情動調整　116
　　　自己制御的　203
　　　情動的な意味を創り出す　516-521
　　　潜在的領域　368
　　　動物の情動システム　101
　　　乳児に関する研究上の問題点　208
　　　乳児の情動表現
　　　　大人が聴いて感じること　221-222
　　　　大人による受信　218-221
　　　　大人の受信　218-221
　　　　音楽聴取における　189-191
　　　　声による感情表現　201-203
　　　　とても幼い赤ちゃん　204-209
　　　　表現のタイプ　185-186
　　　母子の音声の測定
　　　　遊びへの関わり　214-215
　　　　音の特徴，類似点と相違点　211-214
　　　　ナースリー・ライム，異なる雰囲気で歌う　215-217
　　　　母親の雰囲気の変化への反応　218
　情動的間隙　98
　情動的な意味を創り出す
　　感覚的・認知的傾向への訴求力　517
　　期待操作，効果　519-521
　　生得的かつ文化的に獲得された連想と暗示　517-518
　「情動的な声」パラダイム　215
　情動的な結びつき　32
　情動への共感のための共鳴受容感覚　116（図7.2）
　初期の前部陰性成分，左半球（ELAN）　150（表8.2），152
　初期の前部陰性成分，右半球（ERAN）　150（表8.2），152, 153, 154
　ジラフ・ダンス　519
　シリアス・ロード・トリップ　326
　自律神経系　321-323, 330
　神経運動量の間隙　83
　神経化学

　　社会的魅力及び「中毒」の　122-123
　　情動と音楽の　123-125
　神経科学
　　動きとコミュニケーション，音楽的‐情動的　101-107
　　音楽の　113-125
　　音楽の社会情緒的精神生物学　107-113
　　音楽の認識に関わる脳機能の非対称性と情動的基盤　114-115
　　感情神経科学　113-114
　　社会的魅力及び「中毒」の神経化学　122-123
　神経画像
　　→ 機能的核磁気共鳴画像法（fMRI）
　　→ 脳磁図（MEG）
　　→ 脳波記録（EEG）
　　→ 陽電子放出断層撮影（PET）
　　音楽技術，習得　164-166
　　音楽知覚，皮質の局在化　155-159
　　音楽の時間的側面，研究方法　159-164
　　技術を組み合わせる　148
　　　電気生理学的手法　145-147
　　　血流反応測定の技術　142-145
　　　今後の研究　168-169
　　　最先端研究と実施上の問題点　147
　　　知見，脳画像研究　167-168
　神経システムにおけるタウ
　神経生物学　533
　神経的タウメロディー　83
　神経伝達物質とストレス　330, 331
　神経ペプチド　124
　新生自己感　414
　新生の瞬間（モーメント）　366
　心臓と自律神経系　321-323
　身体感覚
　　音楽からの　120-122, 166
　　乳児の　220
　身体的実存　479-480
　心的外傷後ストレス障害（PTSD）　316, 319, 321
　　（と）呼吸障害　325
　　（と）心臓　322
　　（と）ホルモン　329-332
　　（と）幼少期における性的虐待　368-369
　心的な構造と音楽　35-38
　信頼性と帰属　306
　真理値と言語　61, 66
　心理的現在　526, 528, 532
　心理的時間　111, 526, 530-531（表25.1）
　心理的制御　195（注）
　人類学　354
　随意的呼吸　325
　スコットランド
　　情動あるいは人間関係の文化　209-210
　　ナースリー・ライム，異なる雰囲気で歌いかける　215-217
　　母音，母子相互作用における意味　210-214

図像（アイコン）　33
スターン, D.　4
　音をつくること, 乳児　263-264
　音楽療法　341
　間主観性　355, 475
　強度輪郭　487
　新生自己感　414
　新生の瞬間（モーメント）　366
　生気情動（vitality affect）　119, 295, 518
　トレヴァーセン　475
　ナラティヴと原ナラティヴ的な包み　111, 206
　乳児への話しかけ　271-272
　母親のうつ, 影響　280
　母子相互作用　293（注）
スティードマン, M.　535
ストレス　→母親のうつ
　過覚醒症状群　321, 327
　心的外傷後ストレス障害　→心的外傷後ストレス障害（PTSD）
　（と）代謝　328-332
　不安のコントロール　24-25
　ホルモン（内分泌）　24
スペイン内戦（1936-39）　315
スペクトログラム　3（図1.1）, 288（図14.1）, 304（図14.5）
スミス, A., 模倣芸術としての音楽　6, 108
　音楽は記憶と期待の間を生きる　529
生気情動（vitality affect）　119, 295, 518
生気（vitality）輪郭　4
声質　→音質, 音色
　教室の会話における　435, 437, 441
　（と）コミュニカティヴ・ミュージカリティ　4
　乳児とのコミュニケーションにおける　4, 206, 270-281
　人間の声の豊かさ　203
　雰囲気による母親の声の変化　214
成熟年齢を迎えた儀式　520
『精神疾患の分類と診断の手引き第4版』（DSM-IV）　316
精神生物学
　音楽の　→音楽の精神生物学
　聞くことと聴くこと　319-321
　基礎代謝　328-332
　呼吸　324-326
　証拠　208
　自律神経系と心臓　321-323
　身体の動き　326-328
　精神生物学的ループ　332-333
生成の概念　580
性的虐待を受けた子ども, 音楽療法
　象徴化の臨床的手法　369-371
　症例（サリー）　372-380
　　音楽療法　373
　　教育的な発達, 側面　380-381
　　セッションにおける重要なエピソード　374-378
　　治療上の変化, 局面　380

　　背景　372-373
　　変容のまとめ　378-380
　（と）心的外傷後ストレス障害　368-369
　幼少期における虐待と心的外傷後ストレス障害（PTSD）　368-369
性淘汰説　18-20, 62-63, 70
生得性
　音楽性　69, 104, 106, 148
　　乳児　180-182
　（と）可塑性　153-154
　言語　141
　主観性　2, 251-252
　連想と暗示　517-518
生得的な間主観性／共感　2, 251, 447, 448
生物音楽学　354
生物‐音楽研究の近未来　129-130
生物学的時間　525
生物心理社会学的パラダイム　333
　精神生物学的アプローチ　→精神生物学
　精神生物学的ループ　332-333
　紛争地域の子どものための音楽　315-319
生物時計　→音楽の時間生物学
西洋音楽の風習　63-64
生理的制御　195（注）
セロトニン　124
染色体
　欠陥のある遺伝子　112
先祖／祖先　29, 52
センティック・フォーム　105
前脳　109
前文法的　68, 103
旋律／メロディー
　動き／知覚の間隙　81
　音楽の発達的パラドックス　239
　音楽療法　416
　タウ理論　83
　定義　156
　拍節構造の調整　537
　（と）ピッチ　155-157
旋律的フレーズ, 再現性　41
旋律の統合　41
相互関係の機序　515-516
相互性　505-507
相互模倣
　音楽学習における　492
　（と）間主観的時間　295-296
　教室の会話における　432-433, 441-442
　乳児との　206, 235, 271-273
祖先　→先祖
即興
　（を通して）音楽的過程に入る　484-485
　音楽とダンス, 相互関係　481

学習環境　461-463
（と）間主観的間合い　→ 間主観的間合いと即興
専門家のコメント　493-496
即興領域　292-293
（と）母子相互作用　502-503
臨床的即興と創造的な「今」　366-368
即興音楽療法と自閉症スペクトラム（ASD）　409-410

た行

ダーウィン，C　16
　遺伝理論　17
　楽音　237
　求愛のディスプレイと音楽　18-20
　言語　49, 252
　性淘汰理論　18-20
　ヒトにおける音楽の進化　62
ターナー，V., 遊びと演劇
　　6, 46, 102, 127, 354, 401-402, 447
　子ども期の　109
体現された表現の動きとしての音楽　65
体細胞レベルの受容器と電気信号
　36（図3.3）
胎児の音楽への反応　448
代謝　328-332
対乳児発話（IDS）
　演奏　548
　音楽の起源　22
　定義　181
　乳児の情動調節　272
　母親のうつの影響　→ 母親のうつ
　ピッチ／音高　271
　プロソディ／韻律の特徴　449
　母音の機能　204-205
大脳基底核　118
大脳内カイニン酸　123-124
大脳皮質における周波数地図　155
対話，音楽的　407, 408
対話‐構成の普遍性　251
タウG分析
　f_0移行　84-85, 87-91
　音楽的表現におけるタウG　83
　ジャズデュエット　95-97
　タウGの測定　83
　タウGの定義　82
　（と）タウG誘導　82
　分析手続き　88（図6.3）
タウ理論　→ 一般タウ理論
　仮説　84
　間隙のタウ　81-82
　コミュニケーション　252
　神経システムにおけるタウ　83
　メロディー　83

ダウン症の子どもたち，ウィリアムズ症の子どもたちとの違い
　112
ダキリ，E., （と）儀礼における情動　519, 520
他者が意識的におこなっているコト　37
立ち現れる音楽性　502-503
脱酸化ヘモグロビン　143
ダマシオ，A. 動く身体と意識　9, 355, 533, 537
　（と）生きた経験　370
ダンス　52, 53, 185　→ 動き
　（と）遊び　389-391
　インディアンダンスの形式　106
　大人の参与　398-399
　（と）音楽，4つの仲介物　480-481
　（と）感覚障害　386-388
　儀式　396-397
　声　396
　参与に及ぼすコンテクストの影響　396-397
　重力とのダンス　397
　同世代間の社会的参与　398
　乳児の衝動　192-193
　フラメンコ　536
　リーダーシップ　399
　ワルツ　532, 535
断層撮影，定義　142
知覚運動行為研究センター，エディンバラ大学　98
チクセントミハイ，M., フロー理論　299, 455, 477
《ちっちゃなクモ》（遊び歌）　241
　さまざまなバージョン　245-246
中脳における水道周囲灰白質（PAG）　114
聴覚イメージ　35
聴覚‐視覚のモダリティ　51
聴覚性驚愕反応（ASR）　533, 542
聴覚皮質の局在化　156
調節子（regulators），身振り　551
超文節的構造　30
調律の理論と関わり　214
鳥類
　音声発達　48, 240
　形成的さえずり　48, 240
　原音楽性　105
　社会的遊び　108
　副次さえずり　48, 240
　鳴禽のさえずりと言語の比較　153
　　原初的な儀礼として　49
調和／和声（harmony）　178, 179, 537
直観と音楽学習　445
チョムスキー，N., 生得的言語能力　148, 447
チンパンジー／チンパンジーの文化　44-46, 51, 72
　→ ボノボ
　ヒトの乳児との比較　234
チンパンジーのシロアリ釣り　44-45
チンパンジーの虫釣り　45

強さの移行
　　即興ジャズデュエットにおける同期　95-96
　　タウG誘導　96
　　定義　91-92
　　ボウイング　91-92, 93, 94
デイヴィッドソン，JW　552
定常的誘発電位（SSR）　159
ティルマン，J.　450
適応子（adaptors），身振り　551
手の移行　90, 91（図6.7）
デハイドロエピアンドロステロン（DHEA）　330
天球の調和（ハーモニー）　178
テンポ　416, 535
同一性（アイデンティティ）
　　数的と質的　32
　　名付けの情動的背景　31-33
等価電流双極子（ECD）　147, 152, 153
動機
　　アタッチメント　201
　　第一の動機づけと第二の動機づけ　476
　　（と）不可逆性　476
洞窟，ポルテ　29（注）
洞窟の芸術と音楽　21, 29
道具的文化　53
統計的パラメトリックマッピング（SPM）　163-164
統語的なフレーズ構造　41
闘争性　257
同調するきっかけ　62
頭頂皮質　83
頭部磁場の等高線図　161（図8.2）
動物　→類人猿の文化；チンパンジー／チンパンジーの文化
　　情動システム　101
　　知覚運動システム　81
　　動物の鳴き声と母子間の対話　107-108
　　脳，感情システムの神経化学　123-125
　　発する音声　203
　　ドーパミン　109, 122-124
　　パーキンソン病における欠如　128
ドナルド，M.
　　儀礼　51
　　時間生物学　541
　　生得的音楽性について　104
　　動物の鳴き声と母子間の対話　107
　　表現的な動きについて　79-80
　　模倣文化　195
ドラム　422
ドラムセット　95-96
鳥のさえずり，脳メカニズム　105
鳥肌感，喚起　120-122, 166
トレヴァーセン，C.　43
　　音楽療法　340, 341
　　間主観性　68, 251-253, 475

共リズム性　543
コミュニカティヴ・ミュージカリティ　358, 414
コミュニティ音楽療法　343
制御のタイプ　195
内発的動機構造（IMF）　115-116, 534
内発的動機パルス（IMP）　8, 125, 180
乳児と音楽性　253
乳児への話しかけ　272
母親のうつの影響　277
（と）べべ・ババ（プロジェクト）　569
トレハブ，S.E.，乳児の音楽的な音と音楽的特徴の知覚
　　2, 106, 180-182, 203-204, 212, 238-239, 272, 273, 363, 449, 455, 466, 496, 576
トロンボーンのf_0移行　90-91

な行

ナースリー・ライム，異なる雰囲気における反応　215-217
　　乳児の反応　215-216
内生的誘導　81
内発的動機構造（IMF）　115-116, 534, 542
内発的動機パルス（IMP）　8, 125, 180, 191, 355, 455, 534, 542
内発的な動機，本能的な動機　115-116, 207
流れ
　　音楽的表現における　79, 80, 577
　　音楽療法における　362, 369, 379, 380
　　（と）期待　519
　　タウ理論による測定　82
　　共に知ることの　298-299
　　乳児とのコミュニケーションにおける　6, 106, 274
　　（と）リズム　529, 535, 541
嘆きの歌　32
名づけるという行為　32
ナポリの和音　152
ナラティヴ
　　（と）息の長い発声　204
　　（と）韻律／プロソディ　270
　　エピソード　36, 288-289, 296
　　演奏における　509, 578-588
　　（と）音楽性　7, 296-298, 495
　　（と）音楽性の共有を通じた「帰属感覚」
　　　　6, 287, 288, 297, 306-307, 498
　　音楽的特徴の予測　206, 295
　　（の）音楽的表現　78, 96, 105-106, 288, 479
　　（と）音楽の精神生物学　110-111, 125, 158, 369
　　音楽を学んだり教えたりするなかで　453, 498-501, 578-588
　　科学的理論の必要性　106
　　学校における　442-443
　　感情表出　102
　　共同構築された　181, 494, 498
　　（と）芸術性　493, 501, 578-588
　　原会話における　1, 3, 209, 271
　　原動力　36, 78, 102, 111, 125, 514, 583

原ナラティヴ的な包み　111, 206, 223
　子どもたちの遊びにおける　459
　個のナラティヴの歴史　301, 369, 494
　自伝的　370-371, 377
　周期　4-6, 111, 288, 292, 297
　情緒的疾患における障害　277, 306
　（と）情動的表現
　　2, 80, 216（図10.5）, 216-217, 296-297, 306-307, 321, 583
　相互関係の　504-507
　即興演奏における　493-503
　ナースリー・ライムにおける，遊び歌　111, 183, 216-218, 241, 466
　「ナラティヴ」の概念　4, 30-31, 111, 288, 292, 296, 297
　ナラティヴの時間感覚　300, 493
　乳児の発声における　206, 288（図14.1）, 297
　（と）人間の文化的儀礼へのリズム的動機
　　6, 7, 51-53, 104, 125, 363-364
　（と）脳活動　142, 148
　母親の情動の変化に対する乳幼児の反応　218
　パルスとクオリティ　4
　フォーマット　4, 5（図1.2）, 296, 493, 583
　身振り的な　547
　（と）療法　317, 321, 341, 415-420
ナルトレキソン　118
ナロキソン　118
喃語，乳児における　→ 乳児の発声
二者関係のためのアタッチメント理論　254
二重奏　561
　ジャズ　95-97, 293（注）
二進法　39
日本
　情動あるいは人間関係の文化　209-210
　母音，母子相互作用における意味　211-214
二分法　8-9
乳児（infants）　→ 赤ちゃん／乳児
乳児のグループパラダイム，トリオ　254-257
乳児のトリオ　257-265
乳児の発声　→ 赤ちゃん／乳児；母親の対乳児音声
　ヴォーカル・プレイ　71
　歌を創り，育む　455-456
　延長された音　204
　音楽表現　449-450
　初期の発声と相互模倣　272-273
　前言語の喃語　18
　（と）他の生物種　71
　トリオにおける　257-266　→ 赤い帽子トリオ，キャッツコーラストリオ
　（と）トリの副次さえずり　48
　発声のコード化　259
　発話の学習　204-205
　　音楽性の発達　206-207
　（の）分析　2

抑揚　271
リズミカルな表現　　→リズミカルな表現，乳児の
乳児の発達と音楽　231-246
　→ 赤ちゃん／乳児；母子相互作用
　遊び歌　241-244
　音楽としての音楽　237-239
　音楽の発達的パラドクス　239-241
　コミュニケーションの非言語的基盤　232-237
　発達の進行に合せて変化する儀式の形式　245-246
ニュートラルな感情表現，乳児　186
乳児との原会話
　韻律的特徴　270, 273
　音楽と言語の基礎としての　576
　（と）「儀礼」と相互共感を伴う対話としての　1, 461-462
　原会話の文化特性　288（表14.2）
　「詩的形式」　4
　相互模倣における　273
　ダブルビデオによる　275（図13.2）
　（と）乳児の発声　107, 452
　（と）脳画像法　149
　（と）母親の情緒的疾患　277, 278（図13.3）, 303
　（と）母親の助け　209, 273-274, 460
　反応随伴性に対する感受性　274, 275（図13.2）
　（の）間合いとリズム　3（図1.1）, 4-5, 273, 509
　例　3-5（図含む）, 235（図含む）, 288（図14.5）
ニューロン　82, 83
人相学的様式　202
認知記号論
　記号，芸術的で音楽的な　33-35
　言語　30-31
　死や危険に直面して　29-30
　情動　31-33
認知神経科学　354-355
認知的柔軟性　69
認知理論，会話と音楽　148
ニンネレンカン（ジャワ島の歌）　463
脳
　音楽性
　　（における）非対称性　114-115
　　　皮質下において捜し出す　109-112, 116-118
　　音楽的 - 情動的成長　115-116
　　音楽に関連する事象のタイミング　160
　　音楽に引き起こされる情動　118-119
　　音楽の認識に関わる大脳の非対称性とその情動的基盤　114-115
　　音声認識，脳皮質下システム　114
　　間主観的共感の脳処理の可視化　113
　　情動システム　110, 113-118
　　脊椎動物の――の非対称性　115
　　大脳基底核　118
　　（の）中核　110
　　動物の脳における感情システムの神経化学　123-124

鳥の　105
　　乳児の脳の計測　113
　　乳児の右半球優位性　114-115
　　脳活動の測定における逆問題　146
　　脳活動の測定における順問題　146
　　脳半球の認知神経心理学　113-114
　　(における)発達的変化　117
　　皮質下において捜し出す　110-112, 116-118
　　左の新皮質　115
　　左半球　149
　　扁桃体　118, 331
脳幹　109, 114, 115, 117
脳血流量(CBF)　143
脳磁図(MEG)　145-147
　　エコイックメモリ痕跡　154
　　音楽に引き起こされる情動，脳活動　118-119
　　言語と音楽　150-153
　　従来の分析方法　159
　　単一試行データ　146-147
　　ピッチと旋律　155-157
脳波記録(EEG)　145-147
　　音楽に引き起こされる情動と脳活動　118-119
　　音楽の社会情緒的精神生物学　111
　　言語と音楽　150-153
　　時間分解能　159
　　(と)ストレス　331
　　生データ　146
　　乳児の脳波計測　113
脳マッピング研究　143, 160-161
ノードフ，P., 子どもへの相互作用的音楽療法　362, 365-367
ノスタルジックな歌　32
ノルエピネフリンの注意システム　124

は行

バーキン，E.　493-496
パーキンソン病　128, 328
バーンスタイン(ベルンシュタイン), N.A., 内生的な運動の調整，運動のイメージ　80, 536
俳句，連　40
ハウゲ，T.S., 音楽的対話　408
パヴリチェヴィック，M.　7
拍／拍動／パルス　→パルス
拍／ビート　38, 39
発火率のデータ，サル　83
発声学習　43, 48-51
発せられた言葉　41
発話　→対乳児発話，言語，原会話
　　韻律／プロソディ　103, 107, 236
　　　教室の会話における　431-443
　　　乳児への話しかけにおける　269-280
　　　ウィリアムズ症候群における　112, 113
　　(と)音楽　30, 61, 105-106, 148-154, 233, 491-492
　　　EEGとMEG研究　150-153
　　　PETとfMRI研究　149-150
　　音楽の起源　17-18, 43, 49, 69, 125-126, 128-129, 446, 576-577
　　音質　206　→声質
　　音節　435, 436
　　境界性人格障害(BPD)における　304-306
　　教室における　431-443
　　(と)儀礼　48
　　ゲシュタルト　437, 439
　　(と)子どもの時に歌うこと　452, 458-459
　　(と)コミュニカティヴな表現　21, 103-104, 193-194
　　知覚　73, 107-108, 114-116
　　ナラティヴの過程，時間的な　4, 5, 296
　　乳児期における発話の学習
　　　52, 60, 105, 153-154, 204-206, 239-240
　　　鍵となる要素としての母音　203-204
　　　情動的な適合　208-209
　　　母親が発話に費やす時間　240-241
　　　文化差　209-214, 223
　　乳児の前言語　→乳児の発声
　　脳メカニズム　105, 113, 148-153, 154
　　　異なる時間軸における生得性と可塑性　153-154
　　発音のコントラスト　437
　　母親のうつにおける　212-213, 276-281
　　母親の発話　→対乳児発話
　　　音楽性　5
　　　(と)「帰属」　290-291
　　　機能　274-276
　　　研究　4, 181, 448-449
　　　情動の変化　215-217
　　　乳児の反応／好み　218, 270-271
　　　反復と変奏　287, 293-295
　　ピッチ　437-438
　　母音と情動の伝達　203-204
　　間合い　528, 531
　　リズミカルな表現　184-185
　　(と)身振り　550
花の比喩，音楽の起源　16-20
葉の比喩，音楽の起源　16, 17-18
母親のうつ
　　エディンバラ産後うつ尺度　281
　　音楽性への影響　268-280
　　　欠如の長期的な帰結　280-281
　　発話　212-213
　　　母親のコミュニケーションと表現力　276-277
　　　成人同士の会話と成人-乳児間の会話の表現　277-280
　　　臨床応用への示唆　281
パプチェク，H.　6, 60, 253, 270, 569
パプチェク，M.　6, 208, 237, 253, 270

は行

(と)ベベ・ババ　569, 570
ハラン・トンスベリ, G.E., 音楽的対話　408
ハリデー, MAK, 原言語　255
パルス　4, 38, 535
バロワ, M., ことばの前のコミュニケーション　2, 200
パンクセップ, J.　8, 25, 119
晩成性と遊び　70-71
バントゥー諸語　52
ハンナ, JL, ダンス　396
ピアス, A.　493, 549, 582, 583
ピアノのメカニズム，ハンマーが振り出される位置　81
P600 事象関連電位　151
引き込み　65
ピグミー・マーモセット，ヴォーカル・プレイ　71
皮質の機能分化　164
ピタゴラス, 自然の定理　178
左側前部陰性部分 (LAN)　151
左半球，言語と音楽における　149, 165
ピッチ／音高
　　(と)旋律　155-157
　　対乳児発話　270
　　(の)知覚，ウィリアムズ症の子ども達の　112
　　発話における　437-438
ピッチの混合　20
ピッチ・プロット　5 (図1.2), 216 (図10.5), 278 (図13.3)
ビデオ，母子相互作用　244
ビデオロガー行動記録器　184
美的コミュニティ　385, 394-395, 399-400
　　先駆者たち　385-386
　　特徴　399-401
　　(への)道　402
ヒトの文化　43-55
　　3 層からなる概念　43, 53-55
『ビフォア・スピーチ』(バロワ)　2
描画の意味機能　33
表現行動　238
表現的な動きの科学　78-80
拍子 (metre)　535
標識 (emblems), 身振り　551
ビョルクボル, J-R., 子どもの音楽文化　301, 457
非論弁的意味　297
ピンカー, S., 「報酬」あるいは快としての音楽　20-21, 63, 70, 354
不安のコントロール，音楽の起源　24-25
笛／フルート
　　尺八 (日本の竹の笛)　540
　　発明　29
　　譜例　556-561
フォナギー, I., 言語の内の表現的コミュニケーション　103, 204
フォンタナ洞窟　29 (注)
不可逆性
　　身体的実存　479

　　(と)動機　476-477
　　不可逆的な過程をとらえる　477-478
不協和音と協和音の刺激　106
副次さえずり (サブソング)　48, 240
副腎皮質刺激ホルモン (ACTH)　330
副腎皮質刺激ホルモン放出ホルモン (CRH)　330
普通名詞　32
物理的環境，美的コミュニティ　401
「プライミング」現象　166
ブラウン, S.　73
　　音楽的なシグナル　61-62
　　音楽の定義の必要性　63-64
　　集団の凝集性と音楽　70
　　性淘汰理論　20
　　ミメーシス　106
プラスティックソング　→ 形成的さえずり
ブラッキング, J.
　　親指ピアノ音楽，カリンバ　65
　　音楽の発達的価値　68
　　コミュニティ音楽療法　344
　　集団の凝集性と音楽　60
　　性淘汰説　20
　　「外の」意味　66
　　文化を越えた音楽　64
プラトン, 音楽の数学　178, 182, 527
　　(と)行動のミメーシス　518
フラメンコ　536
フリーマン, WJ　62
ブルデュー, P., 社会的な習慣 (habitus)　290
ブルーナー, J.S.　252, 450
　　歌のルール構造　242
　　教育理論　450
　　言語の前の間主観性　253
　　コミュニケーションの随伴性　292-293
　　ナラティヴ　296
　　抑揚曲線の情報　272-273
震えの感覚，音楽によって引き起こされる　120-122, 166　→ 鳥肌感
フレーズ
　　(と)歌う際の身体の動き　553-555
　　音楽と言語における　30, 41
　　音楽におけるパルスとの関連　542
　　管楽器演奏における息のフレーズ　540
　　境界性人格障害における　303-306
　　(と)「心理的現在」　528, 532
　　(と)「生気情動」　295
　　乳児の音楽的感知　449
　　乳幼児の発声における　454, 459
　　母親の対乳児発話における　288, 289 (表14.1), 291, 297
　　(と)表現的運動　84, 91, 92
　　(と)表現における変化　560
ブレリア　536

フロー
  音楽教育における 455
ブローカ野，言語 149, 154, 165
プロソディ → 韻律
プロラクチン 124
文化
  音楽的文化の動機 102-104
  （と）儀礼的文化 43-48
  世代間の文化継承 43
  道具的 53-54
  類人猿 43-46, 54
文化中心音楽療法 340
文化適応度 60-61
紛争地域の子どものための音楽
  → スペイン内戦，ウォー・チャイルド
  研究，評価，責任 318-319
  戦争とトラウマ 315-317
  プロジェクトの背景 317-318
  歴史的背景 315
文法 41
分離性 41
ベイトソン，G.，メタ・コミュニケーション 431-432, 438, 441
ベイトソン，M.C.，原会話 1, 106-107, 202, 460
ヘシュル回（左半球の一次聴覚皮質） 149
  音色 157-158
  電気生理学の知見 153-154
  等価電流双極子（ECD）の位置推定 152
  ピッチと旋律 155-157
ペッペル，E.，心理的な音楽時間 6, 31, 528, 534, 535
ベベ・ババ（プロジェクト） 566-578
  アイディアから実践へ 567-569
  「いくつものショー」の連鎖としての 567
  親と乳児の間のやり取りの観察 570-572
  芸術とセラピー 573-574
  研究のための生態学的な文脈 572-573
  実践から考察へ 569-570
  （への）着想 576
ペルゴレージの二重唱曲 84
扁桃体，脳 117, 118, 331
ポイエーシス／生成，音楽療法における 379
母音
  （の）音と遊び 214-215
  疑似共鳴核 205
  機能，発話の学習 204-205
  （と）情動と意味のコミュニケーション 203-204
  定義 204
  母子相互作用における意味（日本とスコットランド） 210-214
ボウイングの強さの移行 91
ポヴェル，D-J. 535
ボウルズ，S. 61
ボウルビィ，J. 255
ポーランド国営ラジオ放送の実験スタジオ 527

母子相互作用 → 赤ちゃん／乳児
  赤ちゃんたちの間の誘引 257
  遊び歌 231, 241-244, 272, 446, 454, 460, 461
    日本とスコットランドにおける 209-215
  オキシトシン 122
  音楽性 5, 203
  音声相互作用，テープ 3(図1.1), 4
  回帰的な時間単位の埋め込み 292
  間主観的タイミングと即興 291-296
  帰属意識（帰属感覚） → 帰属意識
  （と）原音楽 21, 22
  原会話における → 原会話
  子守歌 106
  （の）時間組成 292
  種特異的 21
  情動の測定 210
    遊び，関わり 214-215
    音の特徴，類似点と相違点 211-214
    ナースリーライム，異なる雰囲気の乳児に対して 215-217
    母親の情動の変化に対する反応 218
  相互的な間合い 236
  （と）即興 502
  中程度の音声リズムの調整 293
  （と）動物の鳴き声 107-108
  発見の背景 1-6
  発達初期の乳児と母親とのコンパニオンシップの感覚をやりとりする声の調子 222-224
  発話に費やされる時間 240
  母親のうつの影響 → 乳児の発声
  反復と変奏の重要性 293-295
  ビデオ 244-245
  不安のコントロール 24-25
  ホルモンの分泌 21
  リズミカルな音楽性 102
  リズミカルなテンポの様式 202
補足運動野（SMA） 161, 163（図8.4）
ポッパー，K. 577
哺乳類 48, 104-105, 108-109
ボノボ 72 → チンパンジー／チンパンジーの文化
ホブソン，P.，「思考のゆりかご」 107, 207, 364
ホムンクルス，芸術的で音楽的な記号における 33-35
ホモ・エルガステル 22, 72, 73
ホモ・エレクトス 72, 73
ホモ・サピエンス 29, 72, 73
ホモ・ハイデルベルゲンシス 22, 73
ホモ・ハビリス 72
ホモ・ルドルフェンシス 72
ホライズンNHS信託ハーパーハウス子どもサービス 421
ホルク，U.，音楽的インタラクション療法 408
ポルテ洞窟 29（注）
ホルモン
  （と）音楽的なシグナル 61-62

は行・ま行・や行・ら行・わ行

基礎代謝　330
（と）PTSD　329-332
不安のコントロール　24
（と）母子相互作用　21

ま行

間合い／タイミング　→音楽の時間生物学，内発的動機パルス
　　間主観的——と即興　291-296
　　声の　206
　　相互的な，母親と乳児の相互作用　236
　　調整された個人間の　206
　　ナラティヴ　206-207
　　表現の　292-293, 300
　　リズム　193
マーウィック，H.　272
マーカー，B.　7, 25, 53
マイアル，D.　5
マウンテンゴリラ　45
マザリーズ　→対乳児発話（IDS）
マレー，L.　274, 276, 277, 280, 281
マロック，S.　4, 206
　　音楽療法　339
　　コミュニカティヴな動き　364
　　コミュニカティヴ・ミュージカリティ　357, 414, 548
　　コミュニティ音楽療法　345
　　文化　251
　　母子間の時間的調節　288
右側前部側頭陰性成分（RATN）　151
幹の比喩，音楽の起源　21-24
ミスマッチ陰性電位（MMN）　152, 153
ミズン，S.，音楽の社会的機能と言語の進化的起源　17, 18, 22, 24, 102-105, 127
　　音楽への科学的無視　106
身振り（ジェスチャー）
　　（と）おしゃべり　106
　　（と）歌唱のf_0移行　89-90
　　感覚を合わせる　78
　　（と）言語　49
　　（の）タイプ　551-552
　　乳児のリズミカルな手の　185
ミメーシス　106, 243
ミュージキング　342, 345-346
ミュージシャンシップ　345
ミュージック・チャイルド，概念　364-365
ミラー，G.，音楽行動の進化的淘汰　17-20, 21, 53, 62-63, 70
　　幼い子どもの音楽的な社交性　104
ミラーシステム　158
鳴禽，意思疎通学習における　153
迷走神経活性，呼吸　325
メイヤー，L.B.，音楽の意味と情動　66, 67, 298, 416, 513
　　西洋の音楽美学における　520
メッセージの発信の実践　29

モーツァルト，W.A.
　　コジ・ファン・トゥッテの上演　350-352
　　トロンボーンの演奏　90
　　ピアノ協奏曲　121
　　モーツァルト効果　127
モーメント中心　562
モーラ（日本語）　209
モーリー，I.　8
模倣　47-49, 179
模倣学習　47
模倣芸術　6
模倣のゼネラリスト　52
模倣文化　195
モントリオール音楽不能評価バッテリー（MBEA）　70

や行

誘因係数　260
有限性　41
有史以前の芸術と音楽　21, 29
指のタッピング　159
陽子，fMRI　143
陽電子放出断層撮影（PET）　142
　　fMRIと比較　143
　　音楽性を捜し出す，ヒトの脳において　116
　　音楽に引き起こされる情動，脳活動　118-119
　　行為のメカニズム　142-143
　　今後の研究　168
　　鳥肌感体験　167
　　長所と短所　143
　　発話と音楽　148
　　辺縁系のオピオイド活動　122
　　リズム　158-159
予測計算システム　6
喜び（joy），乳児が表現する　186
喜び（pleasure）
　　（と）オピオイドシステム　118
　　音楽に求められる　102, 127, 178
　　乳児の感情表現における　186, 189-194

ら行

ラーダル，F.，ルール依存の音楽理論　166, 182, 535
ラバン，R.，舞踊理論と学習　387, 391, 549
ランガー，S.，音楽的ナラティヴと「感覚の形式」の哲学　9, 66, 103, 295, 297, 513, 518
リー，D.　9
リーフ・クリッピング，類人猿の伝統　45
リズミカルな音楽性　102
リズミカルな過程　111
リズミカルな表現，乳児の　179, 191　→乳児の発声
　　（の）持続時間　189
　　（の）測定　184
　　定義　183

リズミックなチャント　52
リズム
　（と）動き　182, 532-534
　音楽の起源　17
　音楽の時間生物学　526-529
　起源　183
　客観的　182
　原会話における　1-6, 273, 287-289
　原会話の文化差　289（表14.2）
　主観的　182
　（の）タイミング　193
　多様性，音楽療法における　416
　定義　182
　乳児
　　月齢差異　188
　　すべてのリズムの頻度　186-187
　　タイミング　193
　　発達過程　188
　　（の）マルチモダリティ　192-193
　　リズミカルな「対話」における情動の進化　193-195
　　（の）リズミカルな表現　191-192
　　リズミカルな表現の持続時間　189
　　リズムの種類　189
　発達研究　183-186
　　記録条件　184
　　データの分析　184-186
　描写，記譜，表象　534-535
リズム的「現在」　529-532
リズム的秩序　38, 41
両向的制御　195（注）
臨床的音楽療法　→ 音楽療法
類人猿の文化　43, 44, 45, 54　→ チンパンジー／チンパンジーの文化；サル
ルバート奏法　539
レイコフ，G.，（と）動きの中での時間経験　9, 39, 579
　計数　39
　（と）脳の「ミラーリング」　364
例示子（illustrators），身振り　551
レイン・ダンス　45
レガート歌唱　85
レット症候群
　（と）音楽的対話　409
　構造化された音楽　417-420
　　症例　418-420
　（の）子どもにとってのコミュニカティヴ・ミュージカリティ　413-420
　（の）女児たち　414-417
　　音楽療法　420-424
　　嗜好　414-417
　　症例　423-424
　レットセラピークリニック　421
ロドリゲス，H.M.　566

ロドリゲス，P.M.　566
ロブ，L.，母親の声の音楽性，とうつの影響　6, 106, 181, 213, 279, 548
ロマン派　539

わ行

和音　148
枠組み作りのテクニック　411
ワシントン合意（1994）　319
私／あなた‐我々の連続体　347, 348
ワルツ　532（図25.1），535

訳者紹介

監訳者

根ケ山光一（ねがやま　こういち）　早稲田大学名誉教授：発達行動学
今川恭子（いまがわ　きょうこ）　聖心女子大学現代教養学部教授：音楽教育学，音楽学
蒲谷槙介（かばや　しんすけ）　愛知淑徳大学心理学部准教授：発達心理学
志村洋子（しむら　ようこ）　埼玉大学名誉教授，同志社大学赤ちゃん学研究センター嘱託研究員：乳幼児音楽教育学
羽石英里（はねいし　えり）　昭和音楽大学音楽学部教授：音楽療法
丸山 慎（まるやま　しん）　駒沢女子大学人間総合学群准教授：身体性認知科学，生態心理学

訳者（50音順）

石川眞佐江（いしかわ　まさえ）　静岡大学学術院教育学領域准教授：乳幼児期の音楽教育，ピアノ
石島このみ（いしじま　このみ）　白梅学園大学子ども学部講師：発達行動学，発達心理学
市川恵（いちかわ　めぐみ）　東京藝術大学音楽学部特任准教授：音楽教育学
伊原小百合（いはら　さゆり）　日本学術振興会特別研究員（PD）：音楽教育学，音楽学
岡崎香奈（おかざき　かな）　神戸大学大学院人間発達環境学研究科准教授：音楽療法，即興演奏
小川容子（おがわ　ようこ）　岡山大学大学院教育学研究科教授：音楽教育学，音楽認知心理学
香取奈穂（かとり　なほ）　慶應義塾大学医学部小児科学教室　小児科専門医：小児精神保健学
岸本健（きしもと　たけし）　聖心女子大学現代教養学部准教授：発達心理学
坂井康子（さかい　やすこ）　甲南女子大学人間科学部教授：音楽教育学，乳幼児音声研究
嶋田容子（しまだ　ようこ）　同志社大学赤ちゃん学研究センター特任研究員：発達心理学，乳児音声研究
高田明（たかだ　あきら）　京都大学大学院アジア・アフリカ地域研究研究科准教授：人類学，アフリカ地域研究
田原ゆみ（たはら　ゆみ）　昭和音楽大学音楽学部講師：音楽療法
長井覚子（ながい　さとこ）　白梅学園短期大学保育科准教授：音楽教育学，音楽学
沼田里衣（ぬまた　りい）　大阪市立大学文学研究科准教授：臨床音楽学，音楽療法
早川倫子（はやかわ　りんこ）　岡山大学大学院教育学研究科准教授：音楽教育学
福山寛志（ふくやま　ひろし）　鳥取大学地域学部講師：発達心理学
源 健宏（みなもと　たけひろ）　島根大学人間科学部准教授：認知神経科学
麦谷綾子（むぎたに　りょうこ）　日本女子大学人間社会学部准教授：発達心理学，音声言語獲得
村上康子（むらかみ　やすこ）　共立女子大学家政学部教授：音楽教育学
山原麻紀子（やまはら　まきこ）　東洋大学ライフデザイン学部准教授：音楽教育学，音楽学
山本寿子（やまもと　ひさこ）　日本学術振興会特別研究員（PD）：発達心理学，認知心理学
渡辺久子（わたなべ　ひさこ）　LIFE DEVELOPMENT CENTER 渡邊醫院　副院長：乳幼児・小児・思春期精神保健学
渡部基信（わたなべ　もとのぶ）　社団医聖会学研都市病院小児科部長，同志社大学赤ちゃん学研究センター副センター長：臨床心理，睡眠障害

(以上，敬称略：2021年4月1日現在)

絆の音楽性　つながりの基盤を求めて

2018年4月20日	第1刷発行
2021年6月30日	第3刷発行

編著者	スティーヴン・マロック，コルウィン・トレヴァーセン
監訳者	根ケ山光一，今川恭子，志村洋子，蒲谷槇介，丸山慎，羽石英里
発行者	堀内久美雄
	東京都新宿区神楽坂6－30
発行所	株式会社　音楽之友社
	電話03（3235）2111（代）　〒162-8716
	振替00170-4-196250
	https://www.ongakunotomo.co.jp/

組版・印刷・製本：	共同印刷株式会社
装丁：	森川雄司（クレアレスタ）

Japanese Translation © 2018 by Koichi NEGAYAMA, Kyoko IMAGAWA et al.
ISBN978-4-276-13909-1
Printed in Japan

本書の全部または一部のコピー，スキャン，デジタル化等の無断複製は著作権法上での例外を除き禁じられています。また，購入者以外の代行業者等，第三者による本書のスキャンやデジタル化は，たとえ個人や家庭内での利用であっても著作権法上認められておりません。

落丁本・乱丁本はお取替いたします。

好評発売中！

ブルックナー研究
レオポルト・ノヴァーク 著／樋口隆一 訳

「ノヴァーク版」で有名なブルックナー研究家のレオポルト・ノヴァークが執筆したブルックナーに関する論文を集めた1冊。ノヴァークによる研究の全貌を伝えるテーマ17本を厳選。

A5判・200ページ　定価3025円（本体2750円＋税10％）ISBN978-4-276-22606-7

シベリウス〔作曲家◎人と作品〕
神部智 著

最新の研究成果を盛り込んだ画期的なシベリウス伝の誕生！「生涯篇」「作品篇」「資料編」より、作曲家シベリウスの真実の姿に迫る。豊富な資料にもとづき、従来の誤ったデータを修正。

B6変型判・296ページ　定価2530円（本体2300円＋税10％）ISBN978-4-276-22196-3

ベートーヴェンの交響曲 理念の芸術作品への九つの道
マルティン・ゲック 著／北川千香子 訳

ベートーヴェンの交響曲を歴史的、文化史的な脈絡のなかで捉え直す論考。音楽、文学、思想、歴史といった領域を縦横無尽に行き来し、分析と解釈を結び合わせて思索する。

A5判・176ページ　定価3520円（本体3200円＋税10％）ISBN978-4-276-13126-2

ファンダメンタルな楽曲分析入門
沼野雄司 著

奥泉光推薦！「楽曲分析」の入門書。とりわけ「音楽形式」に関する分析について最も基礎的な段階から考える。ファンダメンタル（原理的）な次元で考えるので、様々な音楽に応用できる。

A5判・176ページ　定価2200円（本体2000円＋税10％）ISBN978-4-276-13204-7

決定版　はじめての音楽史 古代ギリシアの音楽から日本の現代音楽まで
片桐功、吉川文、岸啓子、久保田慶一、長野俊樹、白石美雪、高橋美都、三浦裕子、茂手木潔子、塚原康子、楢崎洋子 著

音楽史入門書のロングセラー。久保田慶一書き下ろしのコラム「もうひとつの音楽史」を加えた決定版。コラムでは音楽理論、音楽と社会、音楽の職業、記譜法、音楽メディアを取り上げる。

A5判・230ページ　定価2200円（本体2000円＋税10％）ISBN978-4-276-11019-9

フーガとソナタ 音楽の2つの文化について
アウグスト・ハルム 著／西田紘子、堀朋平 訳

西洋芸術音楽の主要形式「フーガ」と「ソナタ」の性格の違いを、J. S. バッハとベートーヴェンの作品を中心に考察する。2つの形式が止揚されたものとしてブルックナーを位置づける。

A5判・176ページ　定価2420円（本体2200円＋税10％）ISBN978-4-276-10555-3

バロック音楽を考える Rethinking Baroque Music
佐藤望 著

過去の音楽をただ知識として受け入れるのではなく、一人一人が、自分自身と音楽との関わりを歴史的脈絡を通じて考えるための新しい音楽史。通史ではなく、トピックごとの構成。

A5判・176ページ　定価2200円（本体2000円＋税10％）ISBN978-4-276-11027-4

ONGAKU NO TOMO SHA CORP

定価は重版等により予告なく改定されることがありますので、ご了承ください。
お問い合わせ：営業部 03-3235-2151
詳細・最新情報は「音楽之友社 OnLine」をご覧ください。http://www.ongakunotomo.co.jp/

音楽之友社 辞典・楽典・理論書 好評既刊

■辞典■

新編 音楽中辞典

海老澤 敏、西岡信雄、上参郷祐康、山口 修監修
● A5判・896頁　定価6050円　ISBN978-4-276-00017-9

西洋音楽はもとより、日本音楽、民族音楽、ポピュラー音楽の全分野を対象とし、楽語、楽器、人名、曲名などあらゆる項目を収録。新しい音楽用語も積極的に収載した。項目数は約8000。気鋭の研究者による全項目書き下ろし。理論関係の項目には譜例を、楽器項目には図版を多数掲載。

新編 音楽小辞典

金沢正剛監修
● 新書判・504頁　定価2515円　ISBN978-4-276-00019-3

どこにでも携行しやすいハンディな音楽辞典。楽語、楽器、人名、曲名など3200項目を、気鋭の研究者69名が簡潔、明解に記述する。

ポケット音楽辞典

音楽之友社編
● 148mm×80mm・304頁　定価1257円　ISBN978-4-276-00018-6

いつでも、どこでも、片手でひける、最新の音楽知識の精髄をポケットサイズに収めた辞典。クラシック、ポピュラー、日本音楽、民族音楽……充実のオールジャンル3200項目。音楽用語をはじめ作曲家・演奏家、作品、楽器とその奏法等まで網羅。用語・人名の表記は文部省教育用語に準拠。

アルファベットで引く 6か国語音楽用語辞典
イタリア語・ドイツ語・フランス語・英語・スペイン語・ラテン語

音楽之友社編　久保田慶一監修
● A5判・240頁　定価1210円　ISBN978-4-276-00060-5

楽譜上のあらゆる音楽用語5500を網羅。原語のまま引けて簡潔な記述、見やすいレイアウト、アクセントもわかるカタカナ発音が好評。楽器名一覧など巻末付録も充実！

■楽典■

楽典 理論と実習 新装版

石桁真礼生、他共著
● A5判・272頁　定価2145円　ISBN978-4-276-10000-8

受験生必携のロングセラーの楽典で、従来の類書の盲点を追求、誰にも納得できる合理的な理論書とした。

楽典 音楽家を志す人のための 新版 付・音大入試問題と解答
菊池有恒著
● A5判・476頁　定価3421円　ISBN978-4-276-10007-7

音楽高校で生徒に接してきた著者が書きおろした新しい楽典。理論の丸暗記になりがちだった楽典を、実際の音楽と一体にしようとしている。

ポケット楽典

大角欣矢著
● 148mm×80mm・200頁　定価1047円　ISBN978-4-276-10012-1

合奏や合唱の練習中に、あるいは通学の電車の中で、いつでも取り出せる強い味方。コードネームもあり。

応用楽典 楽譜の向こう側 独創的な演奏表現をめざして

西尾 洋著
● B5判・176頁　定価2970円　ISBN978-4-276-10023-7

楽譜を分析してそれをどう解釈するのか、楽典を切り口に、楽譜に書かれていること、書かれなかったことを読み解き、独創的な演奏への方法を考える。

音符と鍵盤でおぼえる わかりやすい楽典

川辺 真著
● A5判・216頁　定価1870円　ISBN978-4-276-10031-2

鍵盤図をふんだんに用いた楽典。音を出してすぐ確認できるなど鍵盤を弾く人には大変わかりやすい。ポピュラー音楽には必須のコードネームも。

フォルマシオン・ミュジカル 名曲で学ぶ音楽の基礎 Ⅰ、Ⅱ
楽典・ソルフェージュから音楽史まで

舟橋三十子著
● B5判・各々104頁　各々定価2310円
ISBN978-4-276-10053-4 ／ 978-4-276-10054-1

フランスで行われている、名曲をテキストにして、音楽を多角的な面から考え、真の音楽家が身につけるべき広い教養と高い音楽性や創造性を目指す学習方法Formation Musicale。その考え方に基づいて構成された問題集。全2巻。Ⅰは初級、Ⅱは上級。

名曲理解のための実用楽典

久保田慶一編著　神部 智、木下大輔著
● B5判・144頁　定価2860円　ISBN978-4-276-10061-9

一般のクラシック・ファンが、楽典の知識でより深く名曲を理解し、楽しむためのガイド本。第Ⅰ部は楽典のおさらい、第Ⅱ部は有名曲15曲の分析から。

■和声法■

和声 理論と実習 Ⅰ、Ⅱ、Ⅲ

池内友次郎、島岡 譲、他著
● Ⅰ B5判・168頁　定価3080円　ISBN978-4-276-10205-7
● Ⅱ B5判・196頁　定価3850円　ISBN978-4-276-10206-4
● Ⅲ B5判・464頁　定価6820円　ISBN978-4-276-10207-1

東京藝術大学作曲科教授陣の総意を結集した和声教本で、大学向きにきわめて高能率な方式が展開される。Ⅰは古典的和声の根幹を説く。Ⅱは借用和音、変化和音、およびソプラノ課題を扱う。Ⅲは非和声音をすべて転位構成音として把握する独自の理論により、高度な対位法的運用技術までマスターする。

和声 理論と実習 別巻 ―課題の実施―
池内友次郎、島岡 譲、他著
● B5判・360頁　定価6600円　ISBN978-4-276-10208-8

『和声 理論と実習Ⅰ、Ⅱ、Ⅲ』の各巻に含まれる主要課題の実施例を収載。

和声のしくみ・楽曲のしくみ
4声体・キーボード・楽式・作曲を総合的に学ぶために

島岡 譲著
● B5判・248頁　定価3520円　ISBN978-4-276-10219-4

本来切り離したい「和声」と「楽曲」について総合的に学べるこれまでにない入門書。国立音楽大学夏期講習のテキストをもとに、大幅に加筆・改稿した。

名曲で学ぶ和声法

柳田孝義著
● B5判・256頁　定価3850円　ISBN978-4-276-10242-2

名曲の譜例をもとに和声法を学ぶ。『名曲で学ぶ対位法』姉妹書。実習編の各章には練習例題と参考実施例、実習課題（巻末にその実施例集も）。

ハーモニー探究の歴史
思想としての和声理論

西田紘子、安川智子編著　大愛崇晴、関本菜穂子、日比美和子著
● A5判・192頁　定価2750円　ISBN978-4-276-10254-5

いかにハーモニーは探究されてきたか？ ルネサンスから現代まで、各時代の専門家が一般の学生にも分かるようにやさしく解説。大学のテキストに最適。

ピストン デヴォート 和声法 分析と実習

W・ピストン著　M・デヴォート増補改訂　角倉一朗訳
● B5判・592頁　定価13200円　ISBN978-4-276-10321-4

アメリカでもっとも広く使用されている和声法教本の待望の全訳。18世紀～20世紀初頭の西洋音楽のしくみを総合的に理解できる。独習者にも最適。

■対位法■

ピストン 対位法 分析と実習

ウォルター・ピストン著　角倉一朗訳
● B5判・244頁　定価7150円　ISBN978-4-276-10564-5

バッハを指針とする自由対位法を、実作品からの抜粋譜例を多数掲げ、明快に記述。和声・リズムの問題も大きく扱う。大学のテキストや独習者に最適。

二声対位法

池内友次郎著
● B5判・128頁　定価2750円　ISBN978-4-276-10522-5

作曲を学ぶ者が身に付けるべき対位法の第一歩を養うための、最も権威ある教本。豊富な範例と実習を通して正確な音楽書式をマスターできる。

名曲で学ぶ対位法 書法から作編曲まで

柳田孝義著
● B5判・144頁　定価3080円　ISBN978-4-276-10542-3

教員養成課程や音楽大学の通年の授業に適した、初めての実践的対位法教科書。古今の名曲を対位法的観点によって理解した後、二声対位法を修得する。

厳格対位法 第2版 パリ音楽院の方式による
山口博史著
● B5判・160頁　定価3630円　ISBN978-4-276-10545-4

パリ国立高等音楽院で学んだ著者が、これまでの30年の教育経験を基に書き下した。2～8声対位法、二重合唱、転回可能対位法、カノンを扱う。

フーガ書法 パリ音楽院の方式による

山口博史著
● B5判・136頁　定価3960円　ISBN978-4-276-10546-1

著者をはじめパリ音楽院の「学習フーガ」作例を豊富に掲載。バッハ、モーツァルト他、作曲家の様式フーガ作例も。導入は2、3声、主に4声体を扱う。

バッハ様式によるコラール技法 課題集と60の範例付き

小鍛冶邦隆、林 達也、山口博史著
● B5判・160頁　定価3630円　ISBN978-4-276-10606-2

2014年より東京藝大作曲科入試で出題されるコラール技法を学べる唯一のテキスト。視唱、聴音、スコアリーディング、通奏低音の教材としても最適。

※定価（本体価格＋税10%）　※重版により定価が変わる場合がございます。予めご了承ください。

〒162-8716 東京都新宿区神楽坂6-30 **音楽之友社** TEL. 03 (3235) 2151 FAX. 03 (3235) 2148 (営業) https://www.ongakunotomo.co.jp/